Ronen Bergman, geboren 1972, ist Chefkorrespondent für Militär- und Geheimdienstthemen bei der israelischen Tageszeitung *Yediot Acharonot*. Er ist einer der führenden Experten für Sicherheitsfragen und Geheimdienste im Nahen Osten, seine Analysen werden u. a. in der *New York Times*, im SPIEGEL und in der *ZEIT* veröffentlicht. Für seine publizistische Arbeit wurde er mehrfach ausgezeichnet , sein Buch *Der Schattenkrieg* ist ein preisgekrönter internationaler Bestseller.

Der Schattenkrieg *in der Presse:*

»Eine beachtliche Leistung. Es gelingt ihm sogar, hinter die Fassaden des Mossad zu blicken. Herausgekommen ist das Porträt eines der umstrittensten und geheimsten Geheimdienste der Welt.«
ARD »titel, thesen, temperamente«

»Absolut Augen öffnend. Bergmans Geschichte der ›gezielten Tötungen‹ Israels lässt kaum ein Geheimnis unberührt. Jeder, der sich um das Schicksal Israels und Palästinas sorgt, muss dieses hervorragende Buch lesen.«
Kai Bird, Pulitzer-Preisträger und Autor von »The Good Spy«

»Dieses packend erzählte und tadellos recherchierte Buch ist unverzichtbar, um den Überlebenskampf des Staates Israel zu verstehen. Eine Offenbarung auf jeder Seite.«
Robert Baer, Autor von »Der Niedergang der CIA«

»Ein beeindruckendes Werk über das gezielte Töten im Namen des Staates. Dieses großartig recherchierte und geschriebene Buch über einen endlosen Schattenkrieg setzt Maßstäbe.«
Tim Weiner, Pulitzer-Preisträger und Autor von »CIA. Die ganze Geschichte«

Ronen Bergman

Der Schattenkrieg

Israel und die geheimen
Tötungskommandos des Mossad

Aus dem Englischen
von Henning Dedekind, Jens Hagestedt,
Norbert Juraschitz und Heide Lutosch

PENGUIN VERLAG

Die amerikanische Originalausgabe erschien 2018 unter dem Titel
Rise and Kill First. The Secret History of Israel's Targeted Assassinations
bei Random House, New York.

MIX
Papier | Fördert gute Waldnutzung
FSC® C014496

Penguin Random House Verlagsgruppe FSC® N001967

4. Auflage

In Kooperation mit dem SPIEGEL-Verlag,
Hamburg, Ericusspitze 1, 20457 Hamburg
Umschlag: www.bürosüd.de
nach einem Entwurf von Büro Jorge Schmidt, München
Umschlagmotiv: UllrichG/Shutterstock.com;
Wikimedia Commons/Public Domain
Satz: Buch-Werkstatt GmbH, Bad Aibling
Druck und Bindung: GGP Media GmbH, Pößneck
Printed in Germany
ISBN 978-3-328-10422-3
www.penguin-verlag.de

Für Yana, die genau zur rechten Zeit erschien

»Wenn jemand kommt, dich zu töten,
steh auf und töte ihn zuerst.«

Babylonischer Talmud, Traktat Sanhedrin,
Abschnitt 72, Vers 1

Inhalt

Vorbemerkung zu den Quellen

Die israelische Geheimdienstgemeinde wacht argwöhnisch über ihre Geheimnisse. Die fast vollständige Intransparenz ihres Handelns wird durch einen Komplex von Gesetzen und Verhaltensregeln gesichert, durch strenge Militärzensur, durch Einschüchterung, Befragung und strafrechtliche Verfolgung von Journalisten und ihren Quellen sowie durch die interne Solidarität und Loyalität der Geheimdienstmitarbeiter selbst. Alle Blicke hinter die Kulissen haben daher bis heute bestenfalls Einzelheiten erhascht.

Wie ist es dann möglich, über eine der verschwiegensten Organisationen der Welt ein ganzes Buch zu schreiben?

Bemühungen, den israelischen Verteidigungsapparat zur Kooperation bei den Recherchen für dieses Projekt zu überreden, haben zu nichts geführt.[1] Aufforderungen, die Geheimdienstgemeinde möge dem Gesetz Genüge tun, indem sie ihre historischen Dokumente dem Staatsarchiv übergebe und der Veröffentlichung von 50 oder mehr Jahre alten Materialien zustimme, wurden mit eisernem Schweigen beantwortet. Die Behandlung einer Petition an das Oberste Gericht, die Einhaltung des Gesetzes zu erzwingen,[2] wurde unter Mitwirkung des Gerichts jahrelang torpediert und endete mit – einer Änderung des Gesetzes: Die Geheimhaltungsfrist wurde von 50 auf 70 Jahre verlängert, das heißt auf eine Zeitspanne, die länger ist als die Geschichte des Staates.

Im Übrigen sah der Verteidigungsapparat der Entstehung des Buches nicht tatenlos zu.[3] Schon 2010, zu einem Zeitpunkt, da nicht einmal der Vertrag über das Buch unterzeichnet war, hielt die Caesarea, die Mossad-Abteilung für verdeckte Operationen, eine Sondersitzung ab, um Möglichkeiten zu besprechen, meine Recherchen zu behindern. Alle ehemaligen Mossad-Bediensteten wurden angeschrieben und davor gewarnt, mir Interviews zu geben. Mit den mutmaßlich »problematischsten« ehemaligen Mitarbeitern wurden Einzelgespräche geführt. Ende 2011 bat der Generalstabschef der israelischen Armee, Generalleutnant Gabi Aschkenasi, den Schin Bet, aggressive Schritte gegen mich zu unternehmen, da ich »schwere Spionage« begangen hätte, was daraus hervorgehe, dass ich »als geheim eingestufte Dokumente« in meinem Besitz hätte und von »geheimem Material« Gebrauch machte, um Aschkenasi »persönlich in Verruf zu bringen«. Seither haben mehrere Organisationen versucht, ein Publikationsverbot für das Buch oder für große Teile desselben zu erwirken.

Wenn israelische Medien geheime Aktionen, vor allem gezielte Tötungen, erwähnen, die einem israelischen Geheimdienst zugeschrieben werden, müssen sie, einer Auflage des Militärzensors gehorchend, durch den Zusatz »ausländischen Publikationen zufolge« kenntlich machen, dass die Erwähnung nicht auf offizieller Anerkennung von Israels Verantwortlichkeit basiert. Insofern muss dieses Buch, dessen Inhalte von israelischer Seite keinerlei offizielle Bestätigung erfahren haben, als »ausländische Publikation« gelten.

Keines der 1000 Interviews, auf denen dieses Buch basiert[4] – Interviews mit einem breiten Spektrum von Quellen, von Persönlichkeiten der politischen Führung über Chefs von Geheimdiensten bis hin zu Attentätern –, wurde von Israels Verteidigungsapparat genehmigt. Die meisten Quellen werden durch ihre Namen kenntlich gemacht. Andere fürchteten verständlicherweise, identifiziert zu werden, und werden daher unter Angabe ihrer Spitznamen oder der Initialen ihrer bürgerlichen Namen zitiert; außerdem erwähne ich nur jene Charakteristika, die die Identitäten der Personen nicht verraten.

Zudem habe ich von den Tausenden Dokumenten Gebrauch gemacht, die ich von diesen Quellen erhalten habe und die in diesem Buch erstmals für die Öffentlichkeit ausgewertet wurden. Meine Quellen waren nicht befugt, die Dokumente von ihrem Arbeitsplatz zu entfernen, geschweige denn, sie an mich weiterzugeben. Von einer autorisierten Geschichte der israelischen Geheimdienste ist dieses Buch also denkbar weit entfernt.

Aber warum haben meine Quellen mit mir gesprochen und mir diese Dokumente zur Verfügung gestellt? Jeder meiner Gesprächspartner hatte seine eigenen Motive, und manchmal war die Hintergrundgeschichte kaum weniger interessant als der Inhalt des Interviews. Es ist klar, dass einige Politiker und Geheimdienstleute – Angehörige von Berufsgruppen, die sich bestens auf Manipulation und Täuschung verstehen – den Versuch machten, mich als Übermittler ihrer Version der Ereignisse zu benutzen oder die Geschichte vorteilhaft für sie selbst darzustellen. Ich habe mich bemüht, solche Versuche durch Abgleich mit möglichst vielen schriftlichen und mündlichen Quellen zu durchkreuzen.

Ich hatte aber den Eindruck, dass das Motiv oft ein anderes war – eines, das viel mit einem für Israel typischen Widerspruch zu tun hat: Einerseits ist nahezu alles in diesem Land, was mit den Geheimdiensten und der nationalen Sicherheit zu tun hat, als »streng geheim« klassifiziert. Andererseits möchte jeder über das sprechen, was er getan hat. Taten, zu denen sich Menschen in anderen Ländern aus Scham nicht bekennen würden, sind für Israelis Grund, stolz zu sein, weil sie kollektiv als notwendig für die nationale Sicherheit betrachtet werden, als notwendig für den Schutz des bedrohten Lebens israelischer Bürger, ja für die Erhaltung der Existenz des bedrängten Staates.

Nach einiger Zeit gelang es dem Mossad, die Verbindung zu einigen meiner Quellen zu kappen (in den meisten Fällen allerdings erst, nachdem sie mit mir gesprochen hatten). Weit mehr Quellen sind gestorben, seit ich mich mit ihnen getroffen habe, die meisten von ihnen eines natürlichen Todes. Die Darstellungen aus erster Hand, die diese Männer und Frauen für das vorliegende Buch gegeben haben – Männer und Frauen, die Zeugen waren von bedeutsamen historischen Ereignissen und diese mitbestimmt haben –, sind die einzigen, die außerhalb der Geheimarchive des Verteidigungsapparats existieren. Zum Teil sind sie die einzigen, die überhaupt existieren.

Prolog

Meir Dagan, Chef des israelischen Mossad, legendärer Spion und Attentäter, betrat den Raum.

Er ging gestützt auf seinen Gehstock, den er seit den 1970er-Jahren gebrauchte, als er noch ein junger Sondereinheitsoffizier war und im Gazastreifen gegen palästinensische Terroristen kämpfte. Durch eine ihrer Landminen war er damals verwundet worden. Dagan, der über die Macht von Mythen und Symbolen so einiges wusste, stritt ganz bewusst nicht die Gerüchte ab, dass sich in seinem Stock eine Klinge verbarg, die er durch einen Knopfdruck ziehen könnte.

Dagan war ein kleiner Mann und so dunkelhäutig, dass die Menschen stets überrascht waren, wenn sie erfuhren, dass er polnischer Herkunft war. Vor sich her schob er einen gewaltigen Schmerbauch. Zu dieser Gelegenheit trug er ein einfaches, offenes Hemd, leichte schwarze Hosen und schwarze Schuhe. Er wirkte, als hätte er sich keine großen Gedanken um sein Äußeres gemacht. Er strahlte ein direktes, prägnantes Selbstvertrauen aus und besaß ein ruhiges, bisweilen bedrohlich wirkendes Charisma.

Das Konferenzzimmer, das Dagan an jenem Nachmittag des 8. Januar 2011 betrat, befand sich in der Mossad-Akademie nördlich von Tel Aviv. Zum ersten Mal überhaupt traf sich der Chef der Spionagebehörde im Herzen einer von Israels bestbewachten und geheimsten Einrichtungen mit Journalisten.

Dagan hatte für die Medien wenig übrig. »Ich bin zu dem Schluss gekommen, dass sie ein unersättliches Monster sind«, sagte er mir später. »Also gibt es keinen Grund, eine Verbindung zu ihnen zu unterhalten.«[1] Trotzdem hatten ich und einige weitere Korrespondenten drei Tage vor dem Treffen eine vertrauliche Einladung erhalten. Ich war überrascht.

Ein ganzes Jahrzehnt lang hatte ich den Mossad und insbesondere Dagan scharf kritisiert, was diesen schwer erzürnt hatte.[2]

Der Mossad tat, was er konnte, um das Treffen möglichst abenteuerlich wirken zu lassen. Wir waren angewiesen, zum Parkplatz des Cinema City zu kommen, eines nicht weit vom Mossad-Hauptquartier gelegenen Kino-Komplexes, und außer Notizblöcken und Schreibutensilien alles im Auto zu lassen. »Man wird Sie gründlich durchsuchen, und wir wollen jegliche Unannehmlichkeiten vermeiden«, sagte uns ein Begleiter. Von dort fuhr man uns in einem Bus mit dunkel getönten Fenstern zum Komplex des Mossad-Hauptquartiers. Wir passierten eine Reihe elektronisch gesicherter Tore und elektrischer Schilder, die die Besucher informierten, was im Innern der Eingrenzung gestattet und was verboten war. Dann wurden wir mit Metalldetektoren gründlich gefilzt, um sicherzugehen, dass wir keine Audio- oder Video-Aufzeichnungsgeräte mitgebracht hatten. Wir betraten das Konferenzzimmer. Ein paar Minuten später kam Dagan, ging umher und schüttelte Hände. Als er zu mir gelangte, drückte er einen Augenblick lang meine Hand und sagte mit einem Lächeln: »Sie sind mir ja so ein Bandit!«

Dann setzte er sich. Zu seinen Seiten saßen der Sprecher des Ministerpräsidenten Benjamin Netanjahu und die Chefzensorin des Militärs, eine Brigadegeneralin. (Der Mossad ist eine dem Ministerpräsidenten unterstellte Einheit; jede Berichterstattung über seine Aktivitäten unterliegt nach Landesgesetz der Zensur.) Sowohl der Sprecher als auch die Generalin glaubten, Dagan hätte das Treffen nur einberufen, um sich von den Personen zu verabschieden, die seine Amtszeit begleitet hatten, und dass er nichts Substanzielles sagen würde.

Sie täuschten sich. Die Überraschung stand dem Sprecher des Ministerpräsidenten ins Gesicht geschrieben, dessen Augen immer größer wurden, während Dagan redete.

»Eine Rückenverletzung hat ihre Vorteile«, begann Dagan seine Ansprache. »Man bekommt ärztlich attestiert, dass man nicht wirbellos ist.« Rasch erkannten wir, dass dies nicht nur bloßer Wortwitz war, denn Dagan setzte zu einem vehementen Angriff auf den israelischen Ministerpräsidenten an. Benjamin Netanjahu, so behauptete Dagan, verhalte sich unverantwortlich und manövriere das Land aus egoistischen Motiven in eine Katastrophe hinein. »Dass jemand gewählt wird, bedeutet nicht, dass er auch schlau ist«, lautete eine seiner Spötteleien.

Es war der letzte Tag von Dagans Amtszeit als Direktor des Mossad. Netanjahu wies ihm die Tür, und Dagan, dessen Lebenstraum es gewesen war, die Position des obersten Spions Israels zu bekleiden, wollte nicht länger tatenlos zusehen. Die akute Vertrauenskrise zwischen den beiden Männern war aus zwei Fragen heraus entstanden, und beide waren fest verwoben mit Dagans Lieblingswaffe: den Tötungsmissionen.

Acht Jahre zuvor hatte Ariel Scharon Dagan zum Mossad-Chef ernannt und ihn mit der Aufgabe betraut, das iranische Atomwaffenprojekt aufzuhalten, das beide Männer als existenzielle Bedrohung für Israel betrachteten. Um diese Aufgabe zu erfüllen, agierte Dagan auf unterschiedliche Weise. Die schwierigste, aber auch wirkungsvollste Methode war seiner Meinung nach, die wichtigsten iranischen Nuklear- und Raketenforscher ausfindig zu machen und zu töten. Der Mossad bestimmte 15 solcher Zielpersonen, von denen sechs eliminiert wurden, meist auf dem morgendlichen Weg zur Arbeit. Dies erfolgte durch Bomben mit Kurzzeitzündern, die Motorradfahrer an ihren Autos anbrachten. Außerdem wurde ein General der Iranischen Revolutionsgarden, dem das Raketenprojekt unterstand, zusammen mit 17 seiner Männer in seinem Hauptquartier in die Luft gesprengt.

All diese Operationen waren erfolgreich, doch Netanjahu und sein Verteidigungsminister Ehud Barak fanden, dass ihr praktischer Nutzen schwand. Sie beschlossen, dass verdeckte Maßnahmen das iranische Nuklearprojekt nicht mehr effektiv verzögern könnten und nur ein massives Flächenbombardement der iranischen Nukleareinrichtungen die Entwicklung eigener Atomwaffen erfolgreich aufhalten könne.

Dagan sprach sich entschieden gegen diesen Gedanken aus. Tatsächlich stand er gegen alles, woran er glaubte: dass offene Kriegführung nur in Betracht komme, wenn »das Schwert an unserem Hals ist«, oder als letztes Mittel in Situationen, in denen keine Wahl blieb. Alles andere könnte und sollte durch verdeckte Maßnahmen erledigt werden.

»Attentate haben eine Auswirkung auf die Moral«, sagte er, »ebenso wie einen praktischen Effekt. Ich glaube nicht, dass es viele Männer gab, die Napoleon hätten ersetzen können, oder einen Präsidenten wie Roosevelt oder einen Premierminister wie Churchill. Der persönliche Aspekt spielt eine große Rolle. Es stimmt, dass jeder ersetzbar ist, aber es gibt einen Unterschied zwischen einem Ersatzmann mit Mumm und irgendeiner farblosen Figur.«

Obendrein war die Anwendung von Attentaten aus Dagans Sicht »weitaus moralischer« als eine uneingeschränkte Kriegführung. Die Neutralisierung von ein paar wichtigen Personen genügt, um letztere Option unnötig zu machen, und rettet unter Soldaten und Zivilisten beider Seiten unzählige Menschenleben. Ein groß angelegter Angriff auf den Iran würde zu einem schweren Konflikt im gesamten Nahen Osten führen, und selbst dann würden die iranischen Einrichtungen wahrscheinlich nicht ausreichend beschädigt.

Würde Israel einen Krieg gegen den Iran beginnen, so Dagans Meinung, stünde damit außerdem seine gesamte Karriere unter Anklage. Die Geschichtsbücher würden zeigen, dass er die ihm von Scharon übertragene Aufgabe nicht erfüllt hatte: dem iranischen Atomprogramm mit verdeckten Mitteln ein Ende zu setzen und so auf einen offenen Angriff zu verzichten.

Dagans Widerstand und ähnlich starker Druck von Seiten der obersten Militär- und Geheimdienstchefs bewirkten, dass der Angriff auf den Iran immer wieder verschoben wurde. Dagan setzte sogar den CIA-Direktor Leon Panetta über den israelischen Plan in Kenntnis (der Ministerpräsident deutete an, dass er dies ohne Erlaubnis tat), und bald mahnte auch Präsident Obama seinen Amtskollegen Netanjahu, nicht anzugreifen.

Die Spannung zwischen den beiden Männern nahm 2010 sogar noch zu. Dagan war nun sieben Jahre im Amt. Er hatte ein Killerkommando aus 27 Mossad-Agenten nach Dubai geschickt, um dort einen hohen Vertreter der palästinensischen Terrororganisation Hamas zu eliminieren. Sie erledigten den Job: In seinem Hotelzimmer spritzten ihm die Attentäter ein lähmendes Mittel und machten sich davon, bevor die Leiche entdeckt wurde. Kurz nach ihrer Abreise jedoch bekam die ganze Welt Bildmaterial mit ihren Gesichtern und eine lückenlose Aufzeichnung ihrer Bewegungen zu sehen. Der Grund dafür war eine ganze Reihe schwerer Schnitzer: Man hatte die unzähligen Überwachungskameras in Dubai außer Acht gelassen und obendrein dieselben Pässe verwendet, mit denen die Agenten vorher schon einmal nach Dubai eingereist waren, um die Zielperson zu verfolgen. Zu guter Letzt wurde noch eine Telefonverbindung benutzt, die von der örtlichen Polizei problemlos geknackt werden konnte. Die Erkenntnis, dass es sich um eine Operation des Mossad handelte, fügte der Behörde ernsten operativen Schaden zu und brachte daneben den Staat Israel in eine höchst peinliche Lage, da dieser erneut dabei erwischt worden war, seine Agenten mit falschen Pässen freundlich gesinnter westlicher Länder ausgestattet zu haben. »Aber Sie haben mir doch gesagt, das Ganze wäre ein Kinderspiel, und das Risiko, dass etwas schiefgehe, wäre praktisch gleich null«, schimpfte Netanjahu mit Dagan und befahl ihm, viele der anstehenden Attentatspläne und andere Operationen bis auf Weiteres auf Eis zu legen.[3]

Die Konfrontation zwischen Dagan und Netanjahu spitzte sich zu, bis Netanjahu – so seine eigene Version – beschloss, Dagans Amtszeit nicht zu verlängern. Dagan hingegen formulierte es so: »Ich konnte ihn einfach nicht mehr ertragen, also beschloss ich, aus dem Dienst auszuscheiden.«

Bei jenem Gespräch in der Mossad-Akademie und bei einigen späteren Interviews für dieses Buch legte Dagan die unerschütterliche Überzeugung an den Tag, dass es dem Mossad unter seiner Führung gelungen wäre, das iranische Atomprogramm durch Attentate und andere gezielte Maßnahmen zu stoppen – zum Beispiel durch eine Zusammenarbeit mit den Vereinigten Staaten, um die Iraner an der Einfuhr wichtiger Elemente für ihr Atomprojekt zu hindern, die sie nicht selbst herstellen konnten. »Wenn es uns gelingt, zu verhindern, dass die Iraner bestimmte Komponenten bekommen, wäre dies ein ernster Schlag gegen ihr Projekt. Ein Auto besitzt im Schnitt 25000 Teile. Stellen Sie sich vor, dass 100 davon fehlten. Es wäre sehr schwierig, es zum Fahren zu bringen.«

»Andererseits«, fuhr Dagan mit einem Lächeln fort und kehrte zu seinem bevorzugten Modus operandi zurück, »ist es bisweilen am wirkungsvollsten, den Fahrer zu töten, und fertig.«

Von allen Mitteln, derer sich eine Demokratie zum Schutz ihrer Sicherheit bedient, ist keines belasteter und kontroverser als die »Tötung des Fahrers« – ein Mordanschlag. Manche wählen den euphemistischen Begriff der »Liquidierung«. Die amerikanischen Geheimdienste sprechen aus rechtlichen Gründen von sogenannten gezielten Tötungen. In der Praxis laufen alle Begriffe auf dasselbe hinaus: die Tötung eines bestimmten Individuums zur Erreichung eines bestimmten Zieles – um das Leben von Menschen zu retten, die die Zielperson zu töten beabsichtigt, oder einen gefährlichen Akt zu verhindern, den sie durchführen will, und manchmal auch, um einen Führer zu beseitigen und so den Lauf der Geschichte zu ändern.

Bedient sich ein Staat eines solchen Mittels, werden zwei sehr schwierige Dilemmas berührt. Erstens: Ist die Maßnahme überhaupt wirkungsvoll? Wird die Welt durch die Eliminierung eines Individuums oder einer bestimmten Anzahl von Individuen zu einem sichereren Ort? Zweitens: Ist das Ganze moralisch und rechtlich vertretbar? Ist es ethisch und juristisch legitim für ein Land, zum Schutz seiner eigenen Bürger das nach sämtlichen ethischen Kodizes oder Gesetzen schwerwiegendste Verbrechen zu begehen – die vorsätzliche Vernichtung menschlichen Lebens?

Dieses Buch befasst sich hauptsächlich mit den Attentaten und gezielten Tötungen, die der Mossad und andere Arme der israelischen Regierung sowohl in Friedens- als auch in Kriegszeiten durchführten, sowie – in den ersten Kapiteln – mit den Aktivitäten der Untergrundmilizen der vorstaatlichen Ära, Organisationen, aus denen nach der Staatsgründung die Armee und die Geheimdienste hervorgingen.

Seit dem Zweiten Weltkrieg hat Israel mehr Menschen liquidieren lassen als jedes andere Land der westlichen Welt. Unzählige Male überlegten die Staatslenker, wie die nationale Sicherheit am besten zu verteidigen sei, und entschieden sich unter Abwägung sämtlicher Optionen immer wieder für Geheimoperationen, wobei Attentate das Mittel der Wahl waren. Dies, so glaubten sie, würde komplizierte Probleme lösen, denen sich der Staat gegenübersah, und bisweilen sogar den Lauf der Geschichte verändern. In vielen Fällen befand die israelische Führung sogar, dass es zur Tötung einer bestimmten Zielperson moralisch und legal sei, das Leben unschuldiger Zivilisten zu gefährden, die zufällig in die Schusslinie geraten könnten. Solchen Menschen Schaden zuzufügen gilt dabei als notwendiges Übel.

Die Zahlen sprechen für sich. Bis zum Beginn der zweiten palästinensischen Intifada im September 2000, als Israel auf Selbstmordanschläge erstmals mit dem Einsatz bewaffneter Drohnen zur Ausführung von Tötungen reagierte, hatte der Staat etwa 500 gezielte Tötungsmissionen angeordnet. Bei diesen waren mindestens 1000 Menschen getötet worden, sowohl Zivilisten als auch Gegner.[4] Während der zweiten Intifada führte Israel weitere 1000 Operationen durch, von denen 168 erfolgreich waren. Seither – und bis zur Niederschrift dieses Buches – hat Israel rund 800 gezielte Tötungen ausgeführt, die fast gänzlich Teil der Kriegführung gegen die Hamas im Gazastreifen in den Jahren 2008, 2012 und 2014 waren, oder Mossad-Operationen im gesamten Nahen Osten gegen palästinensische, syrische und iranische Zielobjekte.[5] Zum Vergleich: Von den Vereinigten Staaten wurden während der Präsidentschaft George W. Bushs einer Schätzung zufolge 48 gezielte Tötungen durchgeführt; unter Präsident Obama gab es 353 solcher Anschläge.[6]

Israels Rückgriff auf das Attentat als militärisches Mittel ergab sich nicht durch Zufall, sondern wurzelt vielmehr in den revolutionären und aktivistischen Anfängen der Zionistenbewegung, im Trauma des Holocausts und in der Ansicht der israelischen Führung und Bürger, dass dem Land und seinem Volk ständig die Vernichtung drohte und, wie im Holocaust, niemand zu Hilfe kommen werde, wenn dieser Fall eintritt.

Aufgrund der geringen Staatsfläche Israels, der Versuche arabischer Staaten, es noch vor der Staatsgründung zu vernichten, ihrer fortdauernden Drohungen, dies zu tun, und der ständigen Gefahr durch den arabischen Terrorismus brachte das Land ein höchst effektives Militär und die wohl besten Geheimdienste der Welt hervor. Diese wiederum haben die robusteste und rationellste Attentatsmaschinerie der Geschichte entwickelt.

Auf den nachfolgenden Seiten werden die Geheimnisse dieser Maschinerie – einer Verbindung von Guerilla-Kriegführung mit der militärischen Macht eines technologischen Kraftwerks – detailliert dargestellt: Agenten, Führungsfiguren, Methoden, Ziele, Erfolge, Fehlschläge und moralische Fragen. Dieses Buch zeigt auf, wie sich zwei separate Rechtssysteme in Israel entwickelten – eines für gewöhnliche Bürger und eines für Angehörige von Geheimdiensten und militärischer Führung. Letzteres

System hat ohne parlamentarische oder öffentliche Beteiligung, nur mit einem Nicken oder Zwinkern, hoch problematische Tötungsmissionen gestattet, bei denen viele unschuldige Menschen ihr Leben verloren.

Andererseits waren es gerade diese als Waffe eingesetzten, auf einer »schlicht hervorragenden« Geheimdiensttätigkeit (so der frühere Chef von NSA und CIA, General Michael Hayden) basierenden Attentate, die Israels Krieg gegen den Terror zu einem der wirksamsten machten, den je ein westliches Land geführt hat. Oft wurde Israel durch ein Attentat vor einer schweren Krise bewahrt.

Der Mossad und die anderen israelischen Geheimdienste haben Individuen beseitigt, die als direkte Bedrohung der nationalen Sicherheit erkannt wurden. Ihre Tötung beinhaltete zudem eine klare Botschaft: *Wenn du ein Feind Israels bist, finden und töten wir dich, egal, wo du auch bist.* Diese Botschaft wurde auf der ganzen Welt vernommen. Gelegentliche Patzer haben den Ruf des Mossad als aggressive und gnadenlose Organisation nur verstärkt – nicht das Schlechteste, wenn die Abschreckung ein ebenso wichtiges Ziel ist wie die Verhinderung spezifischer feindseliger Akte.

Die Attentate wurden nicht sämtlich von kleinen, geschlossenen Gruppen ausgeführt. Je komplexer sie wurden, desto mehr Personen waren daran beteiligt, bisweilen Hunderte, die Mehrheit davon unter 25 Jahre alt. Manchmal treffen sich diese jungen Menschen und ihre Kommandeure mit dem Ministerpräsidenten – dem Einzigen, der grünes Licht für eine Tötungsmission geben kann –, um eine jeweilige Operation zu erklären und endgültige Zustimmung einzuholen. Solche Foren, in denen die meisten Mitwirkenden, die sich für den Tod eines Menschen aussprechen, unter 30 Jahre alt sind, gibt es vermutlich nur in Israel. Einige der rangniederen Offiziere, die an derartigen Treffen teilgenommen haben, sind über die Jahre zu nationalen Führungsfiguren aufgestiegen und manche sogar selbst Ministerpräsident geworden. Wie hat sie diese Zeit geprägt, als sie noch an Tötungsoperationen beteiligt waren?

Die Vereinigten Staaten haben sich die in Israel entwickelten Attentatstechniken und Methoden der Informationsbeschaffung zum Vorbild genommen. Nach dem 11. September und nachdem Präsident George W. Bush beschlossen hatte, mit einer Reihe gezielter Tötungen gegen al-Qaida vorzugehen, übernahmen die USA einige dieser Methoden für ihre eigenen Geheimdienste und Terrorabwehrsysteme.

Die Kommando- und Kontrollsysteme, die Einsatzzentralen, die Methoden der Informationsbeschaffung und die Technologie der unbemannten Flugkörper (oder Drohnen), die wir heutzutage bei Amerika und seinen Verbündeten sehen, wurden zum großen Teil in Israel entwickelt.

Wenn Amerika heute dieselbe Art außergerichtlicher Tötungen, die Israel seit Jahrzehnten anwendet, tagtäglich als Waffe gegen seine Feinde einsetzt, ist es angemessen, nicht nur die beeindruckenden operativen Ressourcen zu bewundern, die Israel geschaffen hat, sondern sich auch mit dem hohen moralischen Preis zu befassen, der für den Gebrauch solcher Macht bezahlt wurde und immer noch bezahlt wird.

Ronen Bergman
Tel Aviv

1 In Blut und Feuer

Am 29. September 1944 verbarg sich David Schomron im Dunkel der St. George Street, nicht weit entfernt von der Rumänischen Kirche in Jerusalem. Ein Kirchengebäude wurde von den britischen Machthabern in Palästina als Offiziersunterkunft genutzt, und Schomron wartete darauf, dass einer dieser Offiziere – ein Mann namens Tom Wilkin – die Unterkunft verließ.

Wilkin war Kommandeur der jüdischen Einheit der CID (*Criminal Investigation Department*, Kriminalpolizei) im britischen Mandatsgebiet. Er machte seine Arbeit ausgezeichnet, insbesondere wenn es darum ging, den jüdischen Untergrund, der regelmäßig für Unruhe sorgte, zu unterwandern und zu stören.[1]

Wilkin war aggressiv, gleichzeitig aber außerordentlich geduldig und berechnend, sprach fließend Hebräisch und hatte sich in 13 Dienstjahren in Palästina ein weitreichendes Netzwerk von Kontaktmännern aufgebaut. Dank der Informationen, die diese lieferten, wurden Untergrundkämpfer verhaftet, ihre Waffenlager beschlagnahmt und geplante Aktionen vereitelt, die auf einen britischen Abzug aus Palästina gerichtet waren.[2]

Das war der Grund, warum David Schomron Tom Wilkin umbringen wollte.

Schomron und sein Partner an jenem Abend, Jaakow Banai (Deckname Mazal, »Glück«), waren Agenten der Lechi, der radikalsten aller zionistischen Untergrundbewegungen, die Anfang der 1940er-Jahre gegen die Briten kämpften. Lechi war zwar das Akronym für »Kämpfer für die Freiheit Israels« auf Hebräisch, doch betrachteten die Briten die Gruppe als Terrororganisation und bezeichneten sie abfällig als »Stern-Bande«, nach ihrem Gründer, dem romantischen Ultranationalisten Avraham Stern.

Stern und seine kleine Gefolgschaft verursachten mit Attentaten und Bombenanschlägen ein gezieltes Chaos – eine Kampagne »persönlichen Terrors«, wie der Einsatzleiter der Lechi (und spätere israelische Ministerpräsident), Jitzchak Schamir, es nannte.[3]

Wilkin wusste, dass man ihn im Visier hatte. Fast drei Jahre zuvor hatte die Lechi schon einmal versucht, ihn und seinen Chef Geoffrey Morton umzubringen. Es war die erste, unbeholfene Aktion der Gruppe. Am 20. Januar 1942 brachten Attentäter auf dem Dach und in den Räumlichkeiten des Gebäudes Yael Street Nr. 8 in Tel Aviv Bomben an. Doch statt der beiden Personen, auf die sie es abgesehen hatten, töteten sie drei Polizeibeamte – zwei Juden und einen Engländer, die eintrafen, bevor Wilkin und Morton die Ladungen auslösen konnten. Wenig später floh Morton aus Palästina, nachdem er bei einem weiteren Angriff auf sein Leben verletzt worden war – diesmal als Racheakt dafür, dass er Stern erschossen hatte.[4]

Solche Einzelheiten, das Hin und Her, wer wen in welcher Reihenfolge getötet hatte, kümmerten Schomron nicht. Die Briten hatten das Land besetzt, das die Zionisten als das rechtmäßig ihre betrachteten, und das allein zählte. Schamir hatte gegen Wilkin öffentlich die Todesstrafe verhängt.[5]

Für Schomron und seine Kameraden war Wilkin kein Mensch, sondern vielmehr ein Ziel, prominent und daher wertvoll. »Wir waren zu beschäftigt und hungrig, um uns Gedanken über die Briten und ihre Familien zu machen«, sagte Schomron.[6]

Als die Attentäter herausfanden, dass Wilkin im Nebengebäude der Rumänischen Kirche lebte, machten sie sich zu ihrer Mission auf. Schomron und Banai hatten Revolver und Handgranaten in ihren Taschen. In der Nähe befanden sich zusätzliche Lechi-Mitglieder, elegant mit Anzug und Hut bekleidet, damit sie wie Engländer aussahen.

Wilkin verließ die Offiziersunterkunft in der Kirche und machte sich auf den Weg zur Einrichtung der Kriminalpolizei im Russenbau, wo der Untergrundtätigkeit verdächtige Personen festgehalten und verhört wurden. Er war wachsam wie immer und sah sich unterwegs ständig um. Dabei behielt er eine Hand die ganze Zeit über in der Tasche. Als er die Ecke St. George Street und Mea Schearim Street erreichte, erhob sich ein

Jugendlicher, der vor einem örtlichen Gemüseladen saß, und ließ seinen Hut fallen. Das war das Signal. Die beiden Attentäter gingen auf Wilkin zu und identifizierten ihn anhand der Fotos, die sie sich angesehen hatten. Schomron und Banai ließen ihn passieren und hielten mit schweißnassen Händen ihre Revolver umklammert.[7]

Dann wandten sie sich um und zogen die Waffen.

»Bevor wir es taten, sagte Banai: ›Lass mich als Erster schießen‹«, erinnerte sich Schomron. »Doch als wir ihn sahen, konnte ich mich nicht zurückhalten, glaube ich. Ich schoss als Erster.«

Insgesamt feuerten Banai und Schomron 14 Schüsse ab. Elf dieser Kugeln trafen Wilkin. »Es gelang ihm, sich umzudrehen und seine Pistole zu ziehen«, sagte Schomron. »Doch dann fiel er mit dem Gesicht voran zu Boden. Aus seiner Stirn ergoss sich ein Strahl Blut wie aus einer Quelle. Es war kein besonders schöner Anblick.«

Eilig kehrten Schomron und Banai ins Halbdunkel zurück und flüchteten mit einem Taxi, in dem ein anderes Lechi-Mitglied bereits auf sie wartete.

»Das Einzige, was ich bereute, war, dass wir vergaßen, seine Aktentasche mitzunehmen, in der er seine ganzen Dokumente hatte«, sagte Schomron. Abgesehen davon »empfand ich rein gar nichts, nicht einmal den Anflug eines Schuldgefühls. Wir glaubten, je mehr Särge nach London geschickt würden, desto näher wäre der Tag der Befreiung.«[8]

Die Vorstellung, dass die Rückkehr des Volkes Israel in das Land Israel nur durch Gewalt erreicht werden könne, war freilich keine Erfindung von Stern und seinen Kameraden von der Lechi.

Diese Strategie geht auf acht Männer zurück, die am 29. September 1907 in einer stickigen Einzimmerwohnung mit Blick über einen Orangenhain in Jaffa zusammenkamen. Es war exakt 37 Jahre, bevor das Blut aus Wilkins Kopf strömte. Damals war Palästina noch ein Teil des Osmanischen Reiches. Mieter des Apartments war Jitzchak Ben Zwi, ein junger Russe, der früher im Jahr in das osmanische Palästina emigriert war. Wie die anderen, die sich an jenem Abend in seiner Wohnung trafen – sämtlich Einwanderer aus dem Russischen Reich, die auf einer Strohmatte auf dem Fußboden des von Kerzen erhellten Zimmers saßen –, war auch er ein bekennender Zionist, wenngleich er einer Splittergruppe angehörte, die einst die Bewegung zu entzweien gedroht hatte.[9]

Der Zionismus als politische Ideologie war 1896 aufgekommen, als der jüdische Wiener Journalist Theodor Herzl *Der Judenstaat* veröffentlichte. Das Werk war unter dem Eindruck seiner Berichterstattung über den Prozess von Alfred Dreyfus entstanden, eines in Paris zu Unrecht des Verrats bezichtigten und verurteilten jüdischen Armeeoffiziers.

In seinem Buch argumentierte Herzl, der Antisemitismus sei in der europäischen Kultur so fest verwurzelt, dass das jüdische Volk wahre Freiheit und Sicherheit nur in einem eigenen Nationalstaat erlangen könne. Die jüdische Elite Westeuropas, der es gelungen war, sich eine bequeme Existenz einzurichten, lehnte Herzls Ideen zum großen Teil ab. Bei den armen und zur Arbeiterklasse gehörenden Juden Osteuropas hingegen, die unter regelmäßigen Pogromen und ständiger Unterdrückung litten, fielen seine Gedanken auf fruchtbaren Boden. Manche reagierten damit, dass sie sich linken Aufständen anschlossen.

Herzl selbst betrachtete das jüdische Stammland Palästina zwar als ideales Gebiet für einen künftigen jüdischen Staat, betonte dabei aber, dass jedwede Ansiedlung dort geregelt und behutsam vonstattengehen müsse, über offizielle diplomatische Kanäle und mit internationaler Duldung, sollte ein jüdischer Staat denn eine Überlebenschance in Frieden haben. Herzls Weltsicht wurde als *politischer* Zionismus bekannt.

Ben Zwi und seine sieben Kameraden waren, wie auch die meisten anderen russischen Juden, *praktische* Zionisten. Anstatt darauf zu warten, dass ihnen der Rest der Welt eine Heimat zugestand, glaubten sie daran, selbst eine zu schaffen – indem sie nach Palästina gingen, das Land bestellten und die Wüste zum Erblühen brachten. Sie wollten nehmen, was ihnen nach eigener Überzeugung zustand, und verteidigen, was sie genommen hatten.[10]

Dies brachte die praktischen Zionisten in direkten Konflikt mit den meisten Juden, die bereits in Palästina lebten. Als winzige Minderheit in einem arabischen Land – viele waren Krämer, Religionsgelehrte und Beamte des Osmanischen Reiches – zogen sie es vor, nicht aufzufallen. Durch Unterwürfigkeit, Kompromisse und Bestechung war es diesen eingesessenen palästinensischen Juden gelungen, sich ein gewisses Maß an Frieden und Sicherheit zu erkaufen.

Ben Zwi und die anderen Neuankömmlinge waren über die von ihren Landsleuten hingenommenen Bedingungen jedoch entsetzt. Viele lebten in bitterer Armut und besaßen keinerlei Möglichkeit, sich zur Wehr zu setzen, wodurch sie auf Gedeih und Verderb von der arabischen Mehrheit und den führenden Beamten des korrupten Osmanischen Reiches abhängig waren. Arabische Mobs griffen jüdische Siedlungen an und plünderten sie, meist ohne Konsequenzen. Schlimmer noch fanden Ben Zwi und die anderen, dass sich ebendiese Siedlungen unter den Schutz arabischer Bewacher gestellt hatten – die ihrerseits bisweilen mit dem angreifenden Pöbel zusammenarbeiteten.[11]

Diese Situation hielten Ben Zwi und seine Freunde für unhaltbar und unerträglich. Einige waren ehemalige Mitglieder linksrevolutionärer russischer Bewegungen in der Folge von *Narodnaja Wolja* (*Wille* oder *Freiheit des Volkes*), einer aggressiven antizaristischen Guerillabewegung, die sich terroristischer Taktiken bediente und auch Attentate verübte.[12]

Enttäuscht über die fehlgeschlagene Russische Revolution von 1905, die am Ende lediglich minimale Verfassungsreformen bewirkt hatte, wanderten manche dieser sozialistischen Revolutionäre, Sozialdemokraten und Liberalen ins osmanische Palästina aus, um einen jüdischen Staat wiederzuerrichten.

Allesamt waren sie bettelarm und konnten sich kaum über Wasser halten. Mit Unterricht und Schufterei auf Feldern oder in Orangenhainen verdienten sie nur das Nötigste. Nicht selten litten sie Hunger. Doch sie waren stolze Zionisten. Wenn sie eine Nation gründen wollten, mussten sie sich zuerst selbst verteidigen. Also stahlen sie sich allein und zu zweien durch die Straßen Jaffas, um zu dem Geheimtreffen in Ben Zwis Wohnung zu gelangen. Diese acht Personen bildeten an jenem Abend die erste hebräische Kampfeinheit der Moderne. Sie erklärten, dass sich künftig alles vom weltweit verbreiteten Bild des schwachen, verfolgten Juden unterscheiden solle. In Palästina würden Juden nur von Juden verteidigt.[13]

Sie gaben ihrer Flüchtlingsarmee den Namen Bar Giora, nach einem Führer des großen Jüdischen Aufstands gegen das Römische Reich im

1. Jahrhundert christlicher Zeitrechnung. Auf ihrem Banner zollten sie dieser antiken Rebellion Tribut und sagten ihre eigene Zukunft voraus. »In Blut und Feuer fiel Judäa«, hieß es dort. »In Blut und Feuer wird Judäa neu erstehen.«

Judäa sollte tatsächlich wiedererstehen und Ben Zwi eines Tages der zweite Präsident der jüdischen Nation werden. Zunächst aber sollte es viel Feuer und viel Blut geben.

Die Bar Giora war anfangs keine Volksbewegung. Doch jedes Jahr trafen aus Russland und Osteuropa mehr Juden ein (35000 allein zwischen 1905 und 1914), die dieselbe entschlossene Philosophie des praktischen Zionismus mitbrachten.

Da immer mehr gleichgesinnte Juden in den Jischuw strömten, wie man die jüdische Gemeinde in Palästina nannte, wurde aus der Bar Giora heraus 1909 die größere und aggressivere Haschomer (hebräisch für »der Wächter«) gegründet. Im Jahre 1912 schützte die Haschomer bereits 14 Siedlungen. Daneben entwickelte die Gruppe heimlich aber auch offensive Fähigkeiten und bereitete sich auf den aus praktisch-zionistischer Sicht unvermeidlichen Krieg um die endgültige Herrschaft in Palästina vor. Die Haschomer betrachtete sich daher als Keimzelle einer künftigen jüdischen Armee und eines jüdischen Geheimdienstes.

Berittene Bürgerwehren der Haschomer überfielen einige arabische Siedlungen, um dort lebende Einwohner zu bestrafen, die Juden etwas angetan hatten. Manchmal schlugen sie diese nur zusammen, manchmal kam es zu Hinrichtungen. In einem Fall wurde bei einer geheimen Versammlung von Haschomer-Mitgliedern beschlossen, einen beduinischen Polizisten zu eliminieren – Aref al-Arsan, der den Türken geholfen und jüdische Gefangene gefoltert hatte. Im Juni 1916 wurde er von der Haschomer erschossen.[14]

Die Haschomer schreckte auch dann nicht vor Gewaltanwendung zurück, wenn es darum ging, anderen Juden gegenüber ihre Machtposition zu behaupten. Während des Ersten Weltkriegs war die Haschomer ein erbitterter Gegner des Spionagenetzwerks NILI, das für die Briten im osmanischen Palästina arbeitete. Die Haschomer fürchtete, die Türken könnten die Spione enttarnen und einen Rachefeldzug gegen die gesamte jüdische Gemeinde führen. Als es nicht gelang, NILI zur Beendigung seiner Tätigkeit zu bewegen oder wenigstens dazu, einen Stapel Goldmünzen herüberzureichen, die sie von den Briten erhalten hatten, verübte die Haschomer ein Attentat auf das NILI-Mitglied Josef Lischanski, der dabei allerdings nur verwundet wurde.[15]

Im Jahre 1920 wandelte sich die Haschomer erneut, diesmal zur Haganah (hebräisch für »Verteidigung«). Wenngleich die Organisation nicht offiziell legal war, wurde sie von den britischen Machthabern, die das Land seit etwa drei Jahren beherrschten, als Verteidigungsarm des Jischuw geduldet. Die im selben Jahr gegründete Histadrut, die sozialistische Arbeitervereinigung der Juden in Israel, und die einige Jahre später gegründete autonome Regierungsorganisation des Jischuw, die Jewish Agency, beide unter Leitung von David Ben Gurion, behielten das Kommando über die Geheimorganisation.

Ben Gurion wurde 1886 als David Josef Grün im polnischen Płońsk geboren. Bereits in jungen Jahren trat er als zionistischer Aktivist in die Fußstapfen seines Vaters. Im Jahre 1906 emigrierte er nach Palästina und wurde dank seines Charismas und seiner Entschlossenheit trotz seiner Jugend rasch zu einer Führerfigur des Jischuw. Dann änderte er, nach einem anderen Anführer der Rebellion gegen die Römer, seinen Namen in Ben Gurion um.

In ihren Anfangsjahren war die Haganah noch vom Geist und der aggressiven Haltung der Haschomer geprägt. Am 1. Mai 1921 massakrierte ein arabischer Mob 14 Juden in einer Unterkunft für Einwanderer in Jaffa. Als die Haganah erfuhr, dass ein arabischer Polizist namens Tewfik Bey dem Mob Zugang zu der Herberge verschafft hatte, entsandte sie ein Killerkommando, um ihn auszuschalten. Am 17. Januar 1923 wurde er in Tel Aviv auf offener Straße erschossen. Den Beteiligten zufolge sei es »Ehrensache« gewesen, ihn von vorne und nicht hinterrücks zu erschießen. Zweck sei gewesen, »den Arabern zu zeigen, dass ihre Taten nicht vergessen sind und ihr Tag kommen wird, wenn auch etwas verspätet«.[16]

Die Mitglieder der Haschomer, die die Haganah anfangs leiteten, waren sogar bereit, Gewaltakte gegen andere Juden zu verüben. Jacob de Haan war ein in den Niederlanden geborener Haredi – ein ultraorthodoxer

Jude –, der Anfang der 1920er-Jahre in Jerusalem lebte. Er propagierte die Überzeugung der Haredi, dass nur der Messias einen jüdischen Staat errichten könne, dass Gott allein entscheiden werde, wann die Juden in ihre angestammte Heimat zurückkehrten, und dass Menschen, die diesen Prozess zu beschleunigen versuchten, eine schwere Sünde begingen. Mit anderen Worten: De Haan war ein eingefleischter Antizionist und zudem äußerst geschickt darin, die internationale Meinung zu beeinflussen. Für Jitzchak Ben Zwi – damals ein prominenter Haganah-Führer – war de Haan somit gefährlich. Also befahl er seinen Tod.

Am 30. Juni 1924 – nur einen Tag, bevor de Haan nach London reisen wollte, um die britische Regierung zu bitten, ihr Versprechen, einen jüdischen Nationalstaat in Palästina zu errichten, noch einmal zu überdenken – eröffneten zwei Attentäter das Feuer auf ihn, als er aus einer Synagoge an der Jaffa Street in Jerusalem trat. Er wurde von drei Schüssen getroffen.[17]

Ben Gurion indes war von solchen Akten nicht gerade erbaut. Er begriff, dass er der halblegalen Miliz unter seinem Kommando zwingend klarere und gemäßigtere Normen vorgeben musste, wenn er wollte, dass die Briten die zionistischen Ziele auch nur teilweise anerkannten. Nach dem Mord an de Haan wurden die tapferen und tödlichen einsamen Reiter der Haschomer durch eine straff organisierte, hierarchisch gegliederte Streitmacht ersetzt. Ben Gurion wies die Haganah an, von gezielten Tötungen künftig abzusehen. »Was den persönlichen Terror anbelangte, war Ben Gurions Linie konsequent und strikt dagegen«, sagte der Haganah-Kommandeur Jisrael Galili später aus. Er berichtete von mehreren Gelegenheiten, bei denen Ben Gurion seine Zustimmung zur Ermordung einzelner Araber verweigert habe. Zu diesen hätten der Palästinenserführer Haj Amin al-Husseini und andere Mitglieder des Arabischen Hohen Komitees gehört, aber auch Angehörige der britischen Mandatsregierung wie etwa ein hoher Beamter der Landbehörde, der jüdische Siedlungsprojekte behindert habe.[18]

Nicht alle waren bestrebt, Ben Gurion zu besänftigen. Abraham Tehomi, der Mann, der de Haan erschossen hatte, war die gemäßigte Richtung verhasst, die Ben Gurion gegenüber den Briten und den Arabern einschlug. Gemeinsam mit einigen anderen Führungsfiguren verließ er

1931 die Haganah und gründete die Irgun Zwai Leumi, die »Nationale Militärorganisation«, deren hebräisches Akronym »Etzel« lautete und die meist nur Irgun oder IZL genannt wurde. Diese radikale Gruppe des rechten Flügels wurde in den 1940er-Jahren von Menachem Begin geleitet, der 1977 Ministerpräsident Israels wurde. Auch innerhalb der Irgun gab es persönliche und ideologische Grabenkämpfe. Gegner von Begins Übereinkunft, mit den Briten in deren Krieg gegen die Nazis zu kooperieren, spalteten sich ab und gründeten die Lechi. Für diese Männer war jede Zusammenarbeit mit den Briten undenkbar.

Beide Dissidentengruppen rechtfertigten mehr oder weniger die Anwendung gezielter Attentate gegen den arabischen und britischen Feind sowie gegen Juden, die sie als Feinde ihrer Sache betrachteten.[19] Ben Gurion blieb unumstößlich bei seiner Meinung, dass gezielte Tötungen nicht als Waffe einzusetzen seien, und ergriff harte Maßnahmen gegen diejenigen, die sich seinen Anordnungen widersetzten.[20]

Doch dann endete der Zweite Weltkrieg, und alles änderte sich, selbst die Ansichten des hartnäckigen Ben Gurion.

Während des Zweiten Weltkriegs meldeten sich etwa 38000 Juden freiwillig zum Dienst in der britischen Armee in Europa. Die Briten stellten die sogenannte Jüdische Brigade auf, wenngleich etwas widerwillig und erst unter dem Druck der zivilen Führung des Jischuw.

Da man sich nicht ganz sicher war, wie die Brigade einzusetzen war, schickten die Briten sie zunächst zur Ausbildung nach Ägypten. Dort hörten ihre Mitglieder Mitte 1944 zum ersten Mal vom Völkermord der Nationalsozialisten an den Juden. Als sie schließlich nach Europa geschickt wurden, um in Italien und Österreich zu kämpfen, sahen sie die Gräueltaten des Holocausts mit eigenen Augen und waren unter den Ersten, die Ben Gurion und andere Führer des Jischuw mit detaillierten Berichten versorgten. Einer dieser Soldaten war der 1922 in Berlin geborene Mordechai Gichon, der später zu den Gründern des israelischen Militärgeheimdienstes zählte. Sein Vater war ein Russe, seine Mutter ein Spross einer berühmten deutsch-jüdischen Familie, die Nichte von Rabbi Leo Baeck, eines Führers der liberalen (reformerischen) Juden Deutschlands. Gichons Familie zog 1933 nach Palästina, als Mordechai in seiner deutschen Schule Anweisung erhalten hatte, den Hitlergruß auszuführen und die Parteihymne zu singen.

Als Soldat kehrte er in ein Europa zurück, das in Schutt und Asche lag. Sein Volk war beinahe vernichtet, seine Gemeinden rauchende Ruinen. »Man hatte das jüdische Volk erniedrigt, mit Füßen getreten, ermordet«, sagte er. »Jetzt war es an der Zeit, zurückzuschlagen, Rache zu nehmen. Als ich mich meldete, träumte ich davon, meinen besten Freund aus Deutschland festzunehmen, der Detlef hieß und Sohn eines Polizeimajors war. So wollte ich meine verlorene Ehre als Jude wiederherstellen.«[21]

Es war dieses Gefühl der verlorenen Ehre, der Demütigung eines ganzen Volkes, ebenso wie der Zorn auf die Nazis, das Männer wie Gichon antrieb. An der Grenze zwischen Österreich und Italien begegnete er zum ersten Mal jüdischen Flüchtlingen. Die Männer der Brigade gaben ihnen zu essen und zogen ihre eigenen Uniformen aus, um sie mit warmer Kleidung gegen die Kälte zu schützen. Sie versuchten, von ihnen Einzelheiten über die Gräuel zu erfahren, die sie erduldet hatten.[22]

Gichon erinnerte sich an eine Begegnung im Juni 1945, als sich eine geflüchtete Frau an ihn wandte. »Sie löste sich von ihrer Gruppe und sprach mich auf Deutsch an«, sagte er. »Sie sagte: ›Ihr, die Soldaten der Brigade, seid die Söhne von Bar Kochba!‹« – des großen Helden des zweiten jüdischen Aufstands gegen die Römer in den Jahren von 132 bis 135 n. Chr. »Sie sagte: ›Ich werde mich immer an euer Abzeichen erinnern und daran, was ihr für uns getan habt.‹«

Gichon fühlte sich zwar durch den Vergleich mit Bar Kochba geschmeichelt, empfand aber angesichts ihres Lobes und ihrer Dankbarkeit nur Scham und Mitleid. Wenn die Juden der Brigade die Söhne Bar Kochbas waren, wer waren dann diese Juden? Die Soldaten aus dem Lande Israels, aufrecht stehend, hart und stark, betrachteten die Holocaust-Überlebenden als Opfer, die Hilfe benötigten, aber auch als Teil der europäischen Juden, die sich bereitwillig hatten abschlachten lassen. Sie verkörperten das Stereotyp des feigen, schwachen Juden der Disapora – im traditionellen jüdischen und zionistischen Sprachgebrauch das Exil –, der sich eher ergab, als zurückzuschlagen, der nicht mit einer Waffe umgehen oder schießen konnte. Dieses Bild – in seiner extremsten Version das des Juden als »Muselmann«, in der Sprache der Konzentrationslager der Begriff für bis auf die Knochen abgemagerte, dem Tode nahe Insassen – lehnten die neuen Juden des Jischuw ab. »Mein Gehirn konnte und kann es bis heute nicht fassen, ... dass sich Zehntausende Juden in einem Lager mit nur ein paar deutschen Wachleuten befanden, aber sich nicht gegen diese erhoben, sondern einfach wie Lämmer zur Schlachtbank gingen«, sagte Gichon mehr als 60 Jahre später. »Warum rissen sie [die Deutschen] nicht in Stücke? Ich habe immer gesagt, dass so etwas in Israel nicht passieren könnte. Hätten diese Gemeinden Führer gehabt, die ihres Namens würdig gewesen wären, hätte die ganze Angelegenheit völlig anders ausgesehen.«

Die Zionisten des Jischuw sollten in den Nachkriegsjahren sowohl der Welt als auch, was noch wichtiger war, sich selbst beweisen, dass Juden sich niemals wieder zur Schlachtbank führen lassen würden – und dass jüdisches Blut nicht ungestraft vergossen werden konnte. Die sechs Millionen Toten sollten gerächt werden.

»Wir dachten, wir könnten nicht ruhen, bis Blut mit Blut und Tod mit Tod vergolten wäre«, sagte Hanoch Bartow, ein hochangesehener israelischer Schriftsteller, der sich einen Monat vor seinem 17. Geburtstag zur Brigade gemeldet hatte.[23]

Solche Rache jedoch, Gräuel gegen Gräuel, verstieß gegen die Regeln des Krieges und wäre für die Sache der Zionisten wahrscheinlich katastrophal gewesen. Ben Gurion, pragmatisch wie immer, sagte öffentlich nur so viel: »Rache ist heute ein Akt ohne nationalen Wert. Sie kann die Millionen, die ermordet wurden, nicht wieder lebendig machen.«[24]

Persönlich allerdings hatten die Führer der Haganah Verständnis für die Notwendigkeit einer Form von Vergeltung – sowohl, um die Truppen zu befriedigen, die den Gräueln ausgesetzt gewesen waren, als auch, um ein gewisses Maß an historischer Gerechtigkeit zu erlangen und künftige Versuche, Juden zu ermorden, zu verhindern. Deshalb billigten sie bestimmte Vergeltungsmaßnahmen gegen die Nazis und deren Helfershelfer.[25] Gleich nach dem Krieg wurde innerhalb der Brigade ohne Kenntnis der britischen Kommandeure eine geheime Einheit gebildet, mit Genehmigung und unter Leitung der Haganah. Diese hieß Gmul, Hebräisch für »Vergeltung«. Die Mission der Einheit war »Rache, aber nicht die Rache eines Räubers«, wie es in einem geheimen Memo aus dieser Zeit hieß. »Rache gegen jene SS-Männer, die selbst an dem Massaker teilnahmen.«[26]

»Wir suchten nach den großen Fischen«, sagte Mordechai Gichon und brach damit ein Schweigegelübde unter den Gmul-Kommandeuren, das er über 60 Jahre lang gehalten hatte, »den hohen Nazis, denen es gelungen war, ihre Uniformen abzustreifen und nach Hause zurückzukehren.«[27]

Die Agenten der Gmul blieben auch dann verdeckt, wenn sie ihre regulären Pflichten bei der Brigade erfüllten. Gichon selbst nahm bei der Nazi-Jagd zwei verschiedene falsche Identitäten an – eine als deutscher Zivilist, eine als britischer Major. Bei seinen Reisen unter deutscher Tarnung rettete er die Gestapo-Archive in Tarvisio, Villach und Klagenfurt, die von fliehenden Nazis in Brand gesteckt wurden, aber nur zu einem kleinen Teil tatsächlich verbrannten. Als britischer Major entlockte er jugoslawischen Kommunisten, die immer noch Angst hatten, eigene Vergeltungsmaßnahmen durchzuführen, weitere Namen von Tätern. Auch einige Juden aus amerikanischen Geheimdienstkreisen waren bereit, zu helfen, indem sie Informationen über geflohene Nazis weitergaben, von denen sie glaubten, dass die palästinensischen Juden mehr damit anfangen könnten als das amerikanische Militär.

Nötigung funktionierte ebenfalls. Im Juni 1945 entdeckten Gmul-Agenten ein polnisches Paar, das in Tarvisio lebte. Die Ehefrau war daran beteiligt gewesen, gestohlenes jüdisches Eigentum von Österreich und Italien nach Deutschland zu überstellen, und ihr Ehemann hatte beim Betrieb der regionalen Gestapo-Dienststelle geholfen.[28] Die jüdischen Soldaten aus Palästina stellten sie vor eine klare Wahl: Kooperation oder Tod.[29]

»Der Goi knickte ein und sagte, er sei bereit, zu kooperieren«, sagte Jisrael Karmi, der das Paar verhörte und später, nach der Geburt Israels, zum Kommandeur der israelischen Militärpolizei wurde. »Ich wies ihn an, Listen sämtlicher hohen Beamten zu erstellen, die er kannte und die mit der Gestapo und der SS zusammengearbeitet hatten. Name, Geburtsdatum, Bildung und Positionen.«[30]

Das Ergebnis war ein spektakulärer geheimdienstlicher Durchbruch, eine Liste mit Dutzenden von Namen. Gmuls Leute spürten jeden verschollenen Nazi auf – manche lagen verwundet in einem Ortskrankenhaus, wo sie unter gestohlenen Decknamen behandelt wurden – und setzten diese Männer dann unter Druck, weitere Informationen preiszugeben. Allen versprachen sie, dass man ihnen nichts tun werde, sofern sie kooperierten, was die meisten daraufhin auch taten. Dann, wenn sie nicht mehr nützlich waren, schossen die Gmul-Agenten ihnen in den Kopf und entsorgten die Leichen. Es hatte keinen Sinn, sie am Leben zu lassen, denn sonst wäre das britische Kommando womöglich auf die geheime Mission der Gmul aufmerksam geworden.

Wenn ein bestimmter Name einmal verifiziert war, begann die zweite Phase – man lokalisierte das Ziel und sammelte Informationen für die endgültige Tötungsmission. Gichon, der in Deutschland geboren worden war, wurde häufig mit dieser Aufgabe betraut. »Niemand verdächtigte mich«, sagte er. »Meine Stimmbänder waren echte Berliner Vorkriegsware. Ich ging etwa zum Gemüseladen an der Ecke oder in eine Kneipe oder klopfte sogar an eine Tür, um Grüße von jemandem zu überbringen. Meist reagierten die Menschen [auf ihre wahren Namen] oder verfielen in vages Schweigen, was ebenso gut wie eine Bestätigung war.«[31] War die Identifikation abgeschlossen, verfolgte Gichon die Bewegungen des Deutschen und lieferte eine detaillierte Skizze des Hauses, in dem er wohnte, oder des Gebiets, das für eine Entführung ausgewählt worden war.

Die Killer selbst arbeiteten in Gruppen von weniger als fünf Personen.[32] Wenn sie ihrer Zielperson begegneten, trugen sie in der Regel Uniformen der britischen Militärpolizei und sagten, sie seien gekommen, um einen Mann namens soundso zum Verhör mitzunehmen. Meistens kamen die Deutschen widerstandslos mit. Wie Schalom Giladi in seiner Aussage für das Haganah-Archiv berichtete, wurden Nazis manchmal sofort getötet, bisweilen aber auch an einen anderen, entlegenen Ort gebracht, bevor man sie tötete. »Mit der Zeit entwickelten wir leise, rasche und effiziente Methoden, uns um die SS-Männer zu kümmern, die uns in die Hände fielen«, sagte er.

> Wie jedermann weiß, der jemals in einen Pick-up eingestiegen ist, stellt eine Person, die sich in ein solches Fahrzeug hochzieht, einen Fuß auf das hintere Trittbrett, beugt sich nach vorn unter die Stoffplane und rollt sich irgendwie hinein. Der Mann, der im Lastwagen wartete, machte sich diese natürliche Neigung des Körpers zunutze.

In der Minute, in der der Kopf des Deutschen im Halbdunkel auftauchte, beugte sich der Lauerer über ihn und schlang die Arme in einer Art umgedrehtem Würgegriff unter sein Kinn – um den Hals. Um dies bis zur Erdrosselung weiterzuführen, ließ sich der Lauerer flach auf die Matratze zurückfallen, die jedes Geräusch erstickte. Der Fall nach hinten, bei dem der Kopf des Deutschen fest umklammert blieb, erstickte den Deutschen und brach ihm sofort das Genick.

Eines Tages floh eine SS-Offizierin aus einem englischen Straflager in der Nähe unseres Stützpunktes. Als die Briten entdeckten, dass sie entflohen war, gaben sie an sämtliche Stationen der Militärpolizei Fotos von ihr heraus, die sie – seitlich und von vorne – während der Inhaftierung zeigten. Wir gingen durch das Flüchtlingslager und identifizierten sie. Als wir sie auf Deutsch ansprachen, spielte sie die Unwissende und sagte, sie spreche nur Ungarisch. Das war kein Problem. Ein ungarischer Junge ging zu ihr und sagte: »Ein Schiff mit illegalen Immigranten fährt nach Palästina. Pack heimlich deine Sachen und komm mit uns.« Es blieb ihr nichts anderes übrig, als nach dem Köder zu schnappen, und sie kam zu uns in den Laster. Während dieser Operation saß ich zusammen mit Zaro [Meir Zorea, ein späterer IDF-General] hinten, während Karmi fuhr. Karmi hatte uns folgende Anweisung erteilt: »Wenn ich in einiger Entfernung einen passenden einsamen Ort erreiche, drücke ich auf die Hupe. Das ist dann das Zeichen, sie loszuwerden.«

Genau so geschah es auch. Ihr letzter Schrei auf Deutsch war: »Was ist los?« Um sicherzugehen, dass sie tot war, erschoss Karmi sie, und wir drapierten ihrer Leiche so, dass alles wie ein Sexualverbrechen aussah.

In den meisten Fällen brachten wir die Nazis zu einer kleinen Reihe von Befestigungen in den Bergen. Dort gab es verlassene, befestigte Höhlen. Die meisten derjenigen, denen die Hinrichtung bevorstand, verloren ihre Nazi-Arroganz, wenn sie hörten, dass wir Juden waren. »Habt Erbarmen mit meiner Frau und meinen Kindern!« Dann fragten wir sie, wie viele solche Schreie ihrer jüdischen Opfer die Nazis in den Vernichtungslagern gehört hätten.[33]

Die Operation dauerte nur drei Monate, von Mai bis Juli. In diesem Zeitraum tötete die Gmul zwischen 100 und 200 Menschen.[34] Mehrere Historiker, die Nachforschungen dazu anstellten, meinen, dass die Methoden zum Aufspüren der Zielobjekte unzureichend waren, wodurch viele Unschuldige getötet worden seien. Oft seien die Gmul-Teams von ihren Informanten missbraucht worden, um deren persönliche Rachsucht zu befriedigen; in anderen Fällen identifizierten die Agenten schlicht die falsche Person.[35]

Die Gmul wurde auf Eis gelegt, als die Briten, denen Klagen deutscher Familien über das Verschwinden von Angehörigen zu Ohren gekommen waren, begriffen, was vor sich ging. Sie beschlossen, der Sache nicht weiter nachzugehen, verlegten aber die Jüdische Brigade nach Belgien und in die Niederlande, weg von den Deutschen. Von der Haganah kam der strikte Befehl, jegliche Racheakte einzustellen. Die neuen Prioritäten der Brigade – so die Haganah, nicht die Briten – waren es, sich um die Holocaust-Überlebenden zu kümmern, trotz des Widerstands der Briten bei der Emigration von Flüchtlingen nach Palästina zu helfen und geeignete Waffen für den Jischuw zu beschaffen.[36]

Die Haganah-Führung untersagte zwar weitere Tötungen durch die Gmul in Europa, verurteilte damit die Vergeltung an sich aber nicht. Man beschloss, dass die Rache, die in Europa zum Stillstand gekommen war, in Palästina selbst fortgesetzt werden sollte.

Mitglieder der Deutschen Tempelgesellschaft, der Templersekte, waren aufgrund ihrer Nationalität und ihrer Sympathie für die Nazis zu Kriegsbeginn von den Briten aus Palästina ausgewiesen worden. Viele schlossen sich den deutschen Kriegsbemühungen an und nahmen aktiv an der Verfolgung und Vernichtung der Juden teil. Bei Kriegsende kehrten manche in ihre frühere Heimat zurück, etwa nach Sarona, im Herzen von Tel Aviv.

Der Führer der Templer in Palästina war ein Mann namens Gotthilf Wagner, ein reicher Industrieller, der während des Krieges Wehrmacht und Gestapo unterstützt hatte.[37] Ein Holocaust-Überlebender namens Schalom Friedman, der sich als ungarischer Pfarrer ausgab, berichtete, dass er 1944 Wagner begegnet sei, der »damit prahlte, er sei zweimal in Auschwitz und Buchenwald gewesen. In Auschwitz habe man eine große

Gruppe Juden geholt, die Jüngsten, und sie mit einer brennbaren Flüssigkeit übergossen. ›Ich fragte sie, ob sie wüssten, dass es eine Hölle auf Erden gibt, und als man sie anzündete, sagte ich ihnen, dass ihre Brüder in Palästina dasselbe Schicksal erwarte.‹«[38] Nach dem Krieg organisierte Wagner die Versuche, den Templern eine Rückkehr nach Palästina zu ermöglichen.

Rafi Eitan, Sohn jüdischer Pioniere aus Russland, war damals 17. »Da kommen diese Deutschen fröhlich daher, die Mitglieder der Nazi-Partei waren, die bei der Wehrmacht und der SS waren, und wollen nun, da sämtliche jüdischen Besitztümer ringsum in Schutt und Asche liegen, auf ihren Grund und Boden zurückkehren«, sagte er.[39]

Eitan war Mitglied einer 17 Mann starken Einheit der »Sonderkompanie« der Haganah, die unter direktem Befehl der Haganah-Führung entsandt wurde, Wagner zu liquidieren.[40] Der Haganah-Stabschef Jitzchak Sadeh erkannte, dass es sich hierbei um keine reguläre militärische Operation handelte, und rief die beiden Männer zu sich, die dazu auserkoren waren, den tödlichen Schuss abzugeben.[41] Um ihnen Mut zuzusprechen, erzählte er ihnen von einem Mann, den er in Russland als Rache für ein Pogrom mit einer Pistole erschossen hatte.[42]

Am 22. März 1946, nachdem man sorgfältig Informationen gesammelt hatte, lauerte das Tötungskommando Wagner in Tel Aviv auf. Sie drängten ihn von der Straße ab auf ein sandiges Grundstück in der Levinsky Street 123 und erschossen ihn. Der Untergrund-Radiosender der Haganah, Kol Jisrael (»die Stimme Israels«), verkündete am Tag darauf: »Der bekannte Nazi Gotthilf Wagner, Führer der deutschen Gemeinde in Palästina, wurde gestern vom hebräischen Untergrund hingerichtet. Hiermit sei zu verstehen gegeben, dass kein Nazi seinen Fuß auf israelischen Boden setzen wird.«

Kurz darauf verübte die Haganah Attentate auf zwei weitere Templer in Galiläa und auf noch einmal zwei in Haifa, wo die Sekte ebenfalls Gemeinden errichtet hatte.[43]

»Es zeigte unmittelbare Wirkung«, sagte Eitan. »Die Templer verschwanden aus dem Land, ließen alles zurück und wurden nie wieder gesehen.« Das Templer-Viertel in Tel Aviv, Sarona, wurde zum Sitz der israelischen Streitkräfte und Geheimdienste. Und Eitan, der mit 17 zum

Attentäter geworden war, half, die Einheit für gezielte Tötungen des Mossad aufzubauen.[44]

Die Ermordung der Templer war nicht nur eine Fortsetzung der Racheakte gegen die Nazis in Europa, sondern markierte einen wichtigen Politikwandel. Die Lektionen, die die neuen Juden Palästinas aus dem Holocaust gelernt hatten, waren, dass dem jüdischen Volk ständig die Vernichtung drohte, dass man sich zum eigenen Schutz nicht auf andere verlassen konnte und dass die einzige Möglichkeit, dies umzusetzen, ein unabhängiger Staat war. Ein Volk, das mit diesem Gefühl der andauernden Existenzbedrohung lebt, ergreift zum Erhalt der eigenen Sicherheit alle nur erdenklichen Maßnahmen, ganz gleich, wie extrem diese auch sein mögen, und orientiert sich dabei falls überhaupt erst in zweiter Linie an internationalen Gesetzen und Normen.

Von nun an setzten Ben Gurion und die Haganah – neben der Propaganda und den erprobten politischen Maßnahmen – gezielte Tötungen, Guerillataktiken und Terrorangriffe als zusätzliche Mittel ein, um das Ziel eines eigenen Staates zu erreichen und diesen zu schützen. Was noch wenige Jahre zuvor ausschließlich von ultra-extremistischen Gruppen wie der Lechi und der Irgun praktiziert worden war, betrachtete der Mainstream nun als praktikable Maßnahme.

Die Haganah-Einheiten begannen zunächst mit Attentaten auf Araber, die jüdische Zivilisten ermordet hatten.[45] Dann befahl das Oberkommando der Miliz einer »Sonderkompanie«, mit »persönlichen Terroroperationen« zu beginnen. Der Begriff wurde damals für die gezielte Tötung britischer Kriminalpolizeibeamter gebraucht, die den jüdischen Untergrund strafverfolgt und der jüdischen Immigration nach Israel entgegengewirkt hatten. Den Soldaten wurde befohlen, »britische Geheimdienstzentralen in die Luft zu sprengen, die der jüdischen Bewaffnung zuwiderhandelten«, und »Vergeltung in den Fällen zu üben, wo britische Militärgerichte Mitglieder der Haganah zum Tode verurteilen«.[46]

Ben Gurion sah voraus, dass in Palästina bald ein jüdischer Staat gegründet würde und die junge Nation unverzüglich gezwungen wäre, einen Krieg gegen die Araber in Palästina zu führen sowie Invasionen der Armeen benachbarter arabischer Staaten abzuwehren. Deshalb begann das Kommando der Haganah, sich im Geheimen für diesen Mehrfrontenkrieg zu wappnen. Als Teil der Vorbereitungen erging ein Befehl mit dem Decknamen »Star«, der die Ermordung der arabischen Führungsschicht in Palästina vorsah.

Während die Haganah nach und nach immer mehr gezielte Tötungen anordnete, war der Tötungsfeldzug der radikalen Untergrundbewegungen bereits in vollem Gange. Man versuchte, die Briten aus Palästina zu drängen.

Jitzchak Schamir, inzwischen Befehlshaber der Lechi, beschloss, nicht nur vor Ort Schlüsselfiguren des britischen Mandats zu beseitigen – indem man Kriminalbeamte tötete und zahlreiche Attentatsversuche auf den Jerusalemer Polizeichef Michael Joseph McConnell und den Hochkommissar Sir Harold McMichael verübte –,[47] sondern auch Engländer in anderen Staaten, wenn diese eine Bedrohung seiner politischen Ziele darstellten. Walter Edward Guiness etwa, auch bekannt als Lord Moyne, war Resident Minister of State (Staatsminister) in Kairo, das ebenfalls unter britischer Herrschaft stand. Die Juden in Palästina sahen in Moyne einen widerlichen Antisemiten, der seine Position schamlos ausgenutzt hatte, um die Macht des Jischuw zu begrenzen, indem er die Einwanderungsquoten für Holocaust-Überlebende signifikant beschnitten hatte.[48]

Schamir gab den Befehl, Moyne zu töten. Er schickte zwei Lechi-Agenten nach Kairo, die dort an der Tür von Moynes Haus warteten: Elijachu Hakim und Elijachu Bet Zuri. Als Moyne mit seiner Sekretärin im Wagen vorfuhr, rannten Hakim und Bet Zuri auf das Fahrzeug zu. Einer steckte eine Pistole durchs Fenster, zielte auf Moynes Kopf und feuerte dreimal. Moyne griff sich an den Hals. »Oh, sie haben uns erschossen!«, schrie er, dann sackte er in seinem Sitz vornüber zusammen. Dennoch war das Ganze eine amateurhafte Operation. Schamir hatte seinen jungen Killern geraten, in einem Auto zu fliehen, doch stattdessen suchten sie auf langsamen Fahrrädern das Weite. Die ägyptische Polizei hatte sie bald geschnappt. Hakim und Bet Zuri wurden angeklagt, verurteilt und sechs Monate später gehängt.[49]

Das Attentat zeigte entscheidende Wirkung auf die britischen Machthaber, wenn auch nicht die von Schamir gewünschte. Auch in den kommenden Jahren musste Israel immer wieder feststellen, dass es kaum vorhersehbar ist, wie sich der Lauf der Geschichte ändert, wenn jemandem in den Kopf geschossen wird.

Nach dem absoluten Grauen des Holocausts, dem Versuch, ein ganzes Volk in Europa auszulöschen, stieß die zionistische Sache im Westen auf wachsende Sympathie. Einigen Berichten zufolge hatte der britische Premierminister noch bis zur ersten Novemberwoche 1944 sein Kabinett zur Schaffung eines jüdischen Staates in Palästina gedrängt. Er versuchte, mehrere einflussreiche Personen als Befürworter seiner Initiative zu gewinnen, darunter auch Lord Moyne. Es liegt somit durchaus im Bereich des Möglichen, dass Churchill mit einer klaren, positiven Haltung hinsichtlich eines künftigen jüdischen Staates zur Jalta-Konferenz mit Franklin Roosevelt und Josef Stalin gereist wäre, hätte die Lechi nicht interveniert. Nach dem Anschlag in Kairo jedoch bezeichnete Churchill die Attentäter als »neue Gruppe von Gangstern« und verkündete, er wolle seine Position noch einmal überdenken.[50]

Und das Töten ging weiter. Am 22. Juli 1946 deponierten Mitglieder von Menachem Begins Irgun im Südflügel des King David Hotel in Jerusalem, wo sich die britische Mandatsverwaltung sowie die Büros von Armee und Geheimdienst befanden, 350 Kilo Sprengstoff. Einen Warnanruf der Irgun tat man als üblen Scherz ab; das Gebäude wurde nicht evakuiert. Es kam zu einer gewaltigen Explosion, bei der 91 Menschen ihr Leben verloren und weitere 45 verletzt wurden.

Das war keine gezielte Tötung eines verhassten britischen Beamten und kein Guerillaangriff auf eine Polizeiwache. Vielmehr war es ein offener Akt des Terrors, der sich gegen ein Ziel richtete, an dem sich zahlreiche Zivilisten aufhielten. Besonders erdrückend war, dass sich unter den Opfern auch viele Juden befanden.

Das Bombenattentat auf das King David Hotel führte zu einem scharfen Disput innerhalb des Jischuw. Ben Gurion verurteilte die Irgun sofort und nannte sie »einen Feind des jüdischen Volkes«.

Die Extremisten ließen sich indes nicht beirren.

Drei Monate nach dem King-David-Attentat, am 31. Oktober, verübte eine erneut autonom und ohne Ben Gurions Zustimmung oder Wissen arbeitende Lechi-Zelle einen Bombenanschlag auf die britische Botschaft in Rom. Das Botschaftsgebäude wurde schwer beschädigt, doch weil die

Operation nachts stattfand, wurden lediglich ein Wachmann und zwei italienische Fußgänger verletzt.[51]

Beinahe im direkten Anschluss daran verschickte die Lechi Briefbomben an alle höheren Mitglieder des britischen Kabinetts in London. In einer Hinsicht war diese Operation ein spektakulärer Misserfolg, da nicht ein einziger Brief explodierte. Dennoch war es der Lechi damit gelungen, ihren Standpunkt und ihre Reichweite zu verdeutlichen. Die Akten des britischen Inlandsgeheimdienstes MI5 zeigten, dass zionistischer Terror als ernsteste Bedrohung der inneren Sicherheit im Vereinigten Königreich betrachtet wurde – sogar noch ernster als die Sowjetunion. In Großbritannien entstanden Irgun-Zellen, um »den Hund in seinem eigenen Zwinger zu besiegen«, wie es in einem MI5-Memo hieß.[52] Britische Geheimdienstquellen warnten vor einer Anschlagswelle auf »ausgewählte VIPs«, darunter auf den Außenminister Ernest Bevin und sogar den Premierminister Clement Attlee selbst. Ende 1947 waren in einem Bericht an den britischen Hochkommissar die Opfer der vergangenen zwei Jahre aufgeführt: 176 Personen, Mitarbeiter des britischen Mandats und Zivilisten, hatten ihr Leben verloren.[53]

»Nur diese Aktionen, diese Exekutionen bewegten die Briten dazu, das Land zu verlassen«, sagte David Schomron zwei Jahrzehnte, nachdem er Tom Wilkin auf einer Straße in Jerusalem erschossen hatte. »Hätte [Avraham] Stern den Krieg nicht begonnen, hätte es nie einen Staat Israel gegeben.«[54]

Über solche Aussagen lässt sich streiten. Das schrumpfende britische Weltreich gab die Herrschaft über den Großteil seiner Kolonien auf, auch in vielen Ländern, in denen es nicht zu Terrorakten gekommen war. Grund waren meist wirtschaftliche Motive und wachsende Unabhängigkeitsbestrebungen der Bevölkerung. Indien beispielsweise erlangte seine Unabhängigkeit etwa zur selben Zeit. Nichtsdestotrotz waren Schomron und andere Gleichgesinnte überzeugt, dass ihre Kühnheit und ihre extremen Methoden den Abzug der Briten herbeigeführt hätten.

Es waren schließlich diese Männer, die jenen blutigen Untergrundkrieg geführt hatten – Guerillakämpfer, Attentäter, Terroristen –, die in dem jungen Staat Israel eine zentrale Rolle beim Aufbau von Streitkräften und Geheimdienst spielen sollten.

2 Eine geheime Welt entsteht

Am 29. November 1947 beschloss die Generalversammlung der Vereinten Nationen, Palästina zu teilen und einen souveränen jüdischen Staat zu schaffen. Die Teilung sollte erst sechs Monate später wirksam werden, doch bereits am nächsten Tag kam es zu Angriffen der Araber. Hassan Salameh, Befehlshaber der palästinensischen Kräfte im Südteil des Landes, und seine Kämpfer überfielen zwei israelische Busse nahe der Stadt Petach Tikwa, ermordeten acht Insassen und verletzten zahlreiche andere.[1] Zwischen palästinensischen Arabern und Juden war ein Bürgerkrieg ausgebrochen. Am Tag nach dem Attentat auf die Busse stand Salameh auf dem zentralen Platz der arabischen Hafenstadt Jaffa. »Palästina wird sich in ein Blutbad verwandeln«, versprach er seinen Landsleuten. Er hielt sein Versprechen: Während der folgenden zwei Wochen wurden 48 Juden getötet und 155 verletzt.[2]

Salameh, der eine Streitmacht von 500 Guerillakämpfern befehligte und sogar Tel Aviv angriff, erlangte in der arabischen Welt Heldenstatus und wurde von der Presse hochstilisiert.[3] Unter der Schlagzeile »Der Held Hassan Salameh, Kommandeur der Südfront« brachte die ägyptische Zeitschrift *Al-Musawar* in ihrer Ausgabe vom 12. Januar 1948 ein riesiges Foto von Salameh, wie er gerade seine Truppen instruierte.

Ben Gurion war auf derartige Attacken vorbereitet. In seiner Vorstellung waren die Araber Palästinas der Feind, und die Briten – die bis zum formalen Inkrafttreten der Teilung im Mai 1948 weiter regierten – waren ihre Helfershelfer. Die Juden konnten sich nur auf sich selbst und ihre rudimentäre Verteidigung verlassen. Die meisten Haganah-Truppen waren schlecht ausgebildet und schlecht ausgerüstet, ihre Waffen versteckt in geheimen Lagern, um eine Beschlagnahmung durch die Briten zu vermeiden. Sie waren Männer und Frauen, die in der britischen Armee gedient hatten, unterstützt von neuen Einwanderern, die den Holocaust überlebt hatten (darunter Veteranen der Roten Armee), doch die vereinten Streitkräfte der arabischen Staaten waren ihnen zahlenmäßig weit überlegen. Ben Gurion war sich der Einschätzungen von CIA und anderen Geheimdiensten bewusst, dass die Juden einem arabischen Angriff nicht standhalten würden. Auch manche seiner eigenen Leute waren nicht gerade siegessicher. Doch zumindest äußerlich zeigte sich Ben Gurion zuversichtlich, dass die Haganah gewinnen könnte.

Um die zahlenmäßige Unterlegenheit wettzumachen, plante die Haganah, gezielte Einsätze auf ausgewählte Ziele durchzuführen. Davon versprach man sich eine maximale Wirkung. Diesem Konzept folgend, startete das Oberkommando nach einem Monat Bürgerkrieg die Operation »Star«, deren Ziel 23 namentlich benannte Führer der palästinensischen Araber waren.[4]

Dem leitenden Befehlshaber der Haganah, Jaakow Dori, zufolge war die Mission dreigeteilt: »Eliminierung oder Gefangennahme der Führer der arabischen politischen Parteien; Schläge gegen militärische Zentren; Schläge gegen arabische Wirtschafts- und Produktionszentren.«

Hassan Salameh stand ganz oben auf der Liste. Unter Führung von Haj Amin al-Husseini, dem Großmufti von Jerusalem und spirituellen Vordenker der palästinensischen Araber, hatte Salameh den arabischen Aufstand von 1936 mit angeführt, in dem arabische Guerillakämpfer drei Jahre lang britische und jüdische Ziele angegriffen hatten.

Sowohl al-Husseini als auch Salameh flohen aus Palästina, als sie auf die Liste der Meistgesuchten des britischen Mandats gesetzt wurden. Im Jahre 1942 schlossen sie sich mit der Abwehr zusammen, dem Militärgeheimdienst der Nazis. Gemeinsam plante man die Operation »Atlas«, ein größenwahnsinniges Vorhaben, bei dem deutsche und arabische Kommandos mit dem Fallschirm über Palästina abspringen, die Wasserversorgung Tel Avivs vergiften und dadurch so viele Juden wie möglich töten sollten. Obendrein sollte dies die im Lande lebenden Araber zum heiligen Krieg gegen die britischen Besatzer aufstacheln. Das Ganze ging jedoch gründlich schief: Als Salameh und vier weitere Personen am 6. Oktober 1944 über einer Wüstenschlucht in der Nähe von Jericho absprangen, wurden sie von den Briten, die den Enigma-Code der Nazis geknackt hatten, gefangen genommen.[5]

Nach dem Zweiten Weltkrieg ließen die Briten al-Husseini und Salameh frei. Die politische Abteilung der Jewish Agency, die einen Großteil der Geheimtätigkeiten des Jischuw in Europa überwachte, versuchte zwischen 1945 und 1948 mehrfach, Ersteren ausfindig zu machen und zu töten. Das Motiv war teilweise Rache für die Verbindung des Muftis zu Hitler, daneben aber auch defensiver Natur: Al-Husseini war vielleicht außer Landes, doch immer noch aktiv an der Vorbereitung von Angriffen auf jüdische Siedlungen im Norden Palästinas und Attentatsversuchen auf jüdische Führungspersönlichkeiten beteiligt. Sämtliche Versuche, ihn auszuschalten, scheiterten jedoch an einem Mangel an geheimdienstlicher Aufklärung und ausgebildetem Einsatzpersonal.[6]

Die Jagd auf Salameh, die erste Operation der Haganah, bei der menschliche und elektronische Nachrichtentätigkeit ineinandergriffen, begann vielversprechend. Eine Einheit, die zum SHAI, dem Geheimdienst der Haganah, gehörte und von Isser Harel befehligt wurde, zapfte die Haupt-Telefonleitung an, die Jaffa mit dem Rest des Landes verband. Harel ließ auf dem Gelände der nahegelegenen Landwirtschaftsschule Mikwe Israel einen Werkzeugschuppen bauen, den er mit Baumscheren und Rasenmähern füllte. Verborgen in einer Grube unter dem Fußboden, befand sich jedoch ein Abhörgerät, das mit den Kupferdrähten des Telefonsystems von Jaffa verbunden war. »Ich werde nie das Gesicht des Arabisch sprechenden SHAI-Agenten vergessen, der sich ein Paar Kopfhörer aufsetzte und das erste Gespräch belauschte«, schrieb Harel später in seinen Memoiren. »Sein Mund stand vor Staunen weit offen, und er winkte den anderen, die gespannt warteten, aufgeregt zu, sie sollten still sein ... Die Leitungen platzten vor Gesprächen, die politische Führer und die Chefs bewaffneter Kontingente mit ihren Kollegen führten.« Einer der Sprecher war Salameh. Aus einem der abgefangenen Gespräche erfuhr der SHAI, dass er nach Jaffa reisen wollte. Agenten der Haganah planten, ihm aufzulauern, indem sie einen Baum fällten und die Straße blockierten, über die er in seinem Wagen kommen musste.[7]

Der Plan schlug jedoch fehl, und es blieb nicht der letzte Fehlschlag. Salameh überlebte zahlreiche Attentatsversuche und fiel schließlich im

Kampf durch die Hand eines Gegners, dem dies in jenem Augenblick gar nicht bewusst war.[8] Auch die anderen Tötungsaufträge der Operation »Star« schlugen durch mangelhafte Geheimdiensttätigkeit oder die dilettantische Ausführung der unzureichend geschulten und unerfahrenen Attentäter beinahe sämtlich fehl.

Die wenigen erfolgreichen Operationen wurden von zwei Eliteeinheiten der Haganah ausgeführt, die beide zum Palmach gehörten, dem einzigen gut ausgebildeten und einigermaßen gut bewaffneten Truppenteil der Miliz. Eine dieser Einheiten war der Paljam, die »Marinegruppe«, die andere war der »Arabische Zug«, eine geheime Kommandoeinheit, deren Mitglieder als Araber verkleidet operierten.

Der Paljam, die Marineeinheit, erhielt den Befehl, nach Abzug der Briten unverzüglich den Hafen von Haifa einzunehmen, den wichtigsten Meereszugang Palästinas. Aufgabe war es, so viele von den Briten verfrachtete Waffen und Gerätschaften wie möglich zu stehlen und zu verhindern, dass die Araber dasselbe taten.

»Wir konzentrierten uns auf die arabischen Waffenbeschaffer in Haifa und im Norden. Wir suchten und töteten sie«, erinnerte sich Avraham Dar, einer der Männer des Paljam.

Dar, der Englisch als Muttersprache beherrschte, und zwei weitere Männer des Paljam gaben sich als britische Soldaten aus, die den Palästinensern gegen eine hohe Summe Geld gestohlene Ausrüstungsgegenstände anboten. Für den Handel wurde ein Treffen nahe einer verlassenen Mühle im Vorort eines arabischen Dorfes vereinbart. Die drei in britische Uniformen gekleideten Juden befanden sich bereits am Treffpunkt, als die Palästinenser eintrafen. Vier weitere Männer, die in der Nähe auf der Lauer lagen, warteten auf das Signal und fielen dann über die Araber her, die sie mit Metallrohren totschlugen. »Wir fürchteten, dass Schüsse die Nachbarn wecken könnten, also entschieden wir uns für ein lautloses Vorgehen«, sagte Dar.[9]

Der Arabische Zug wurde eingerichtet, als die Haganah befand, dass sie eine Kernzelle ausgebildeter Kämpfer benötige, die weit hinter feindlichen Linien operieren, Informationen sammeln sowie Sabotageakte und gezielte Tötungen verüben konnten. Die Ausbildung dieser Männer –

meist Immigranten aus arabischen Ländern – umfasste neben Kommandotaktiken auch den Umgang mit Sprengstoff sowie das intensive Studium des Islam und arabischer Gebräuche. Man nannte sie scherzhaft *Mistaravim*, wie jüdische Gemeinden in einigen arabischen Ländern genannt wurden, die zwar den jüdischen Glauben praktizierten, ansonsten jedoch den Arabern ähnlich waren, was Kleidung, Sprache oder gesellschaftliche Umgangsformen betraf.[10]

Die Zusammenarbeit der beiden Einheiten mündete in einem Attentatsversuch auf Scheich Nimr al-Khatib, einen Führer der islamischen Organisationen Palästinas und aufgrund seines beträchtlichen Einflusses auf die Straße in Palästina eine der ursprünglichen Zielpersonen der Operation »Star«.[11] Ungehindert sowohl von den Briten als auch von den Arabern konnten die Mistaravim vorgehen. Im Februar 1948 lauerten sie al-Khatib auf, als dieser mit einer Wagenladung Munition von einer Reise nach Damaskus zurückkehrte. Er wurde schwer verletzt, verließ Palästina und zog sich aus der aktiven Politik zurück.[12]

Ein paar Tage später erfuhr Avraham Dar von einem seiner Informanten unter den Hafenarbeitern, dass eine Gruppe Araber in einem Café über deren Plan gesprochen habe, in einer belebten Gegend von Haifa ein mit Sprengstoff beladenes Fahrzeug in die Luft zu jagen. Der britische Krankenwagen, den sie für diesen Zweck besorgt hatten, wurde in einer Werkstatt in der Nazareth Road, im arabischen Teil der Stadt, für den Einsatz vorbereitet. Die Mistaravim luden eine eigene Bombe auf einen Laster, mit dem sie in den arabischen Distrikt fuhren und den sie neben der Mauer der Werkstatt parkten. Dabei gaben sich die Männer als Arbeiter aus, die eine Rohrleitung reparierten. »Was macht ihr da? Hier ist Parkverbot! Weg mit dem Laster!«, riefen ihnen die Männer aus der Werkstatt zu.

»Sofort, wir trinken nur rasch etwas und gehen auf die Toilette«, entgegneten die Mistaravim auf Arabisch und fügten ein paar saftige Flüche hinzu. Dann gingen sie zu einem wartenden Auto. Minuten später explodierte ihre Bombe, die auch den Sprengsatz im Krankenwagen zur Detonation brachte. Die fünf Palästinenser, die daran arbeiteten, wurden getötet.[13]

Am 14. Mai 1948 rief Ben Gurion die Gründung des neuen Staates Israel aus und wurde dessen erster Ministerpräsident und Verteidigungsminister. Er wusste, was ihn als Nächstes erwartete.

Schon Jahre zuvor hatte Ben Gurion die Bildung eines weitverzweigten Informanten-Netzwerks in den arabischen Ländern angeordnet. Nun, drei Tage vor der Gründung Israels, hatte ihn Reuwen Schiloach, Direktor der politischen Abteilung der Jewish Agency, der Geheimdienstabteilung der Agency, darüber informiert, dass »die arabischen Staaten beschlossen haben, am 15. Mai einen gemeinsamen Angriff zu starten ... Sie bauen auf das Fehlen schwerer Waffen und einer hebräischen Luftwaffe.« Schiloach lieferte viele Einzelheiten über den Angriffsplan.[14]

Die Information war zutreffend. Um Mitternacht nach Verkündung der Staatsgründung griffen sieben Armeen an.[15] Den jüdischen Streitkräften waren sie zahlenmäßig überlegen und unendlich besser ausgerüstet, sodass sie rasch bedeutende Vorstöße machten, Siedlungen einnahmen und Verluste verursachten.[16] Der Generalsekretär der Arabischen Liga, Abdul Rahman Azzam, erklärte: »Dies wird ein Krieg großer Zerstörungen und Gemetzel sein, der wie die Massaker der Mongolen und der Kreuzritter in Erinnerung bleiben wird.«[17]

Doch die Juden – inzwischen offiziell »Israelis« – formierten sich rasch neu und gingen sogar zur Gegenoffensive über. Nach einem Monat wurde ein von dem Sondergesandten der Veinten Nationen Graf Folke Bernadotte vermittelter Waffenstillstand geschlossen. Beide Seiten waren erschöpft und benötigten Ruhe und Nachschub. Als die Kampfhandlungen fortgesetzt wurden, wendete sich das Blatt. Dank ausgezeichneter Geheimdiensttätigkeit, gutem Kampf-Management sowie der Hilfe vieler Holocaust-Überlebender, die eben erst aus Europa eingetroffen waren, schlugen die Israelis die Araber zurück und eroberten schließlich ein wesentlich größeres Territorium, als dem jüdischen Staat im Teilungsplan der Vereinten Nationen zugestanden worden war.

Obgleich sich Israel gegen überlegene Armeen behauptet hatte, war Ben Gurion im Hinblick auf den kurzfristigen Sieg der noch in den Kinderschuhen steckenden Israelischen Verteidigungsstreitkräfte nicht besonders zuversichtlich. Die Araber mochten die ersten Schlachten verloren haben, doch weigerten sie sich, die Legitimität der neuen Nation anzuerkennen – was sowohl für die Araber in Palästina als auch für die in den umliegenden arabischen Staaten lebenden Araber galt.[18] Sie schworen, Israel zu vernichten und den palästinensischen Flüchtlingen ihre Heimat wiederzugeben.[19]

Ben Gurion wusste, dass die Israelischen Verteidigungsstreitkräfte militärisch noch nicht in der Lage waren, die langen, verschlungenen Grenzen des Landes ausreichend zu verteidigen. Er musste damit beginnen, aus den Überresten des SHAI ein funktionierendes Spionagesystem aufzubauen, das eines legitimen Staates angemessen war.

Am 7. Juni rief Ben Gurion seine wichtigsten Mitarbeiter in seinem Büro in der ehemaligen Templerkolonie in Tel Aviv zusammen. »Ein Geheimdienst ist eines der militärischen und politischen Instrumente, die wir in diesem Krieg dringend benötigen«, schrieb Schiloach in einem Memo an Ben Gurion. »Es muss eine dauerhafte Einrichtung werden, die [in Friedenszeiten] in unseren politischen Apparat eingebettet ist.«

Ben Gurion musste nicht überredet werden. Schließlich waren die Errichtung des Staates gegen alle Widerstände und seine Verteidigung zum großen Teil dem effizienten Gebrauch geheimdienstlicher Informationen zu verdanken.[20]

An jenem Tag befahl er den Aufbau von drei Agenturen. Die erste war die Geheimdienstabteilung des Generalstabs der Israelischen Verteidigungsstreitkräfte, später bekannt unter ihrem hebräischen Akronym AMAN. Die zweite war der Schin Bet (Akronym für Sicherheitsdienst), verantwortlich für die innere Sicherheit und geschaffen als eine Art Hybrid zwischen dem amerikanischen FBI und dem britischen MI5. Eine dritte, die politische Abteilung – die statt der Jewish Agency nun dem Außenministerium unterstand –, sollte Auslandsspionage und Informationssammlung betreiben.[21] Jeder Organisation wurden verlassene Templer-Häuser in Sarona in der Nähe des Verteidigungsministeriums zugeteilt. Ben Gurions Büro lag damit im Zentrum einer vordergründig organisierten Streitmacht von Sicherheitsdiensten.[22]

In den ersten Monaten und Jahren lief jedoch keinesfalls alles so geordnet ab. Überreste von Haganah-Agenturen gingen in verschiedenen Sicherheitsdiensten oder Spionageringen auf, dann wurde alles wieder neu gemischt und umgruppiert. Bedenkt man dazu die unzähligen Grabenkämpfe und die widerstreitenden Egos derjenigen, die im Grunde Revolutionäre waren, kann man sich vorstellen, welches Chaos im Spionage-Untergrund herrschte.

»Das waren schwere Jahre«, sagte Isser Harel, einer der Gründerväter der israelischen Geheimdiensttätigkeit. »Wir mussten ein Land aufbauen und es verteidigen. [Doch] die Strukturierung der Dienste und die Aufteilung der Arbeit wurden ohne jede systematische Beurteilung vorgenommen, ohne Diskussionen mit den relevanten Personen, auf beinahe dilettantische und verschwörerische Weise.«[23]

Unter normalen Bedingungen hätten die Machthaber klare Grenzen und Vorgehensweisen eingeführt und die aktiven Agenten ihre Informationsquellen über einen Zeitraum von mehreren Jahren geduldig gepflegt. Diesen Luxus gab es für Israel jedoch nicht. Seine Geheimdienste mussten ihre Tätigkeit unverzüglich und im Belagerungszustand aufnehmen, während der junge Staat um seine schiere Existenz rang.

Die erste Herausforderung, vor der Ben Gurions Spione standen, war interner Natur: Es gab Juden, die sich Ben Gurions Autorität offen widersetzten, darunter die Überreste der rechtsgerichteten Untergrundbewegungen. Ein extremes Beispiel für diese Missachtung war die Affäre *Altalena* im Juni 1948. Ein Schiff dieses Namens, das die Irgun aus Europa geschickt hatte, sollte bald eintreffen. An Bord waren Immigranten und Waffen. Doch die Organisation weigerte sich, sämtliche Waffen der Armee des jungen Staates zu übergeben, und bestand darauf, dass ein Teil davon an noch intakte eigene Einheiten ging. Ben Gurion, den Insider-Agenten über die Pläne der Irgun informiert hatten, befahl, das Schiff gewaltsam zu übernehmen. Bei den darauffolgenden Kampfhandlungen wurde es versenkt, und 16 Irgun-Mitglieder sowie drei Soldaten verloren ihr Leben. Wenig später ergriffen Sicherheitskräfte 200 Irgun-Mitglieder im ganzen Land, was praktisch das Ende der Organisation bedeutete.[24]

Jitzchak Schamir und die unter seinem Kommando stehenden Lechi-Agenten weigerten sich ebenfalls, die gemäßigtere Politik Ben Gurions anzuerkennen. Im Sommer, während des Waffenstillstandes, erarbeitete der UN-Gesandte Folke Bernadotte einen für beide Seiten attraktiven Friedensplan, der die Kämpfe beendet hätte. Doch dieser Plan war inakzeptabel für die Lechi und Schamir, der Bernadotte der Kollaboration mit den Nazis während des Zweiten Weltkriegs bezichtigte und ihm vorwarf, sein Vorschlag ziehe neue Landesgrenzen, mit denen das Land nicht überlebensfähig sei – so sollten ein großer Teil des Negev, der Hafen von Haifa, der Flughafen Lydda und Jerusalem den Arabern zufallen, und der jüdische Staat sollte verpflichtet werden, 300 000 arabische Flüchtlinge wiederaufzunehmen.

Die Lechi gab mehrere öffentliche Warnungen in Form von Mitteilungen aus, die in den Straßen der Städte aufgehängt wurden: »Dem Agenten Bernadotte sei geraten: Verlassen Sie das Land.« Das Untergrundradio war noch deutlicher und erklärte: »Der Graf wird enden wie der Lord« (eine Anspielung auf den ermordeten Lord Moyne). Bernadotte ignorierte die Warnungen und wies UN-Beobachter sogar an, keine Waffen zu tragen. »Die Flagge der Vereinten Nationen schützt uns«, sagte er.[25]

Überzeugt, dass der Plan des Gesandten angenommen würde, befahl Schamir ein Attentat auf ihn. Am 17. September, vier Monate nach Ausrufung des Staates und einen Tag, nachdem Bernadotte seinen Plan beim UN-Sicherheitsrat eingereicht hatte, war er mit seinem Gefolge in einem Konvoi aus drei weißen DeSoto-Limousinen vom UN-Hauptquartier in das Viertel Rechavia in Jerusalem unterwegs, als ihnen ein Jeep den Weg versperrte. Drei junge Männer mit Schirmmützen sprangen heraus. Zwei schossen in die Reifen der UN-Fahrzeuge. Der dritte, Jehoschua Cohen, riss die Tür des Wagens auf, in dem Bernadotte saß, und eröffnete mit seiner Maschinenpistole, einer Schmeisser MP40, das Feuer. Die erste Salve erwischte den Mann neben Bernadotte, einen französischen Oberst namens André Serot, doch die nächste, genauer gezielte traf den Grafen in die Brust. Beide Männer starben.[26] Binnen weniger Sekunden war der ganze Angriff vorüber. »Wie Blitz und Donner, die Zeit, die man braucht, um 50 Schuss abzufeuern« – so beschrieb ihn der israelische Verbindungsoffizier Hauptmann Mosche Hillman, der mit den Opfern im Fahrzeug saß.[27] Die Attentäter wurden nie gefasst.[28]

Die Tat erzürnte und beschämte die jüdische Führung zutiefst. Der Sicherheitsrat der Vereinten Nationen (UN) verurteilte den Anschlag als »feigen Akt, der offenbar von einer kriminellen Jerusalemer Terrorgruppe begangen wurde«, und die *New York Times* schrieb am Tag darauf: »Keine arabische Armee hätte [dem jüdischen Staat] in derart kurzer Zeit solch großen Schaden zufügen können.«[29]

Ben Gurion betrachtete die skrupellose Operation der Lechi als ernst zu nehmende Infragestellung seiner Autorität, die zu einem Staatsstreich oder sogar zu einem Bürgerkrieg führen könnte. Er reagierte unverzüglich mit einem Verbot sowohl der Irgun als auch der Lechi. Dem Chef des Schin Bet, Isser Harel, befahl er, Mitglieder der Lechi festzunehmen.[30] Ganz oben auf der Gesuchtenliste stand Jitzchak Schamir. Er wurde nicht gefasst, dafür aber viele andere, die man unter schwerer Bewachung einsperrte. Die Lechi als Organisation existierte somit nicht mehr.[31]

Ben Gurion war Harel für sein energisches Durchgreifen gegen den Untergrund dankbar und machte ihn zum obersten Geheimdienstler des Landes.

Isser Harel war ein kleiner, zuverlässiger und getriebener Mann, beeinflusst von der revolutionären russischen Bewegung der Bolschewiken und deren Einsatz von Sabotage, Guerillataktiken und Attentaten, doch er verabscheute den Kommunismus.[32] Unter seiner Führung wurden die politischen Gegner Ben Gurions – die linksgerichteten sozialistischen und kommunistischen Parteien sowie die von ehemaligen Irgun- und Lechi-Mitgliedern gegründete rechte Cherut-Partei – vom Schin Bet lückenlos überwacht und politisch ausspioniert.[33]

Derweil waren sich Ben Gurion und sein Außenminister Mosche Scharet uneins darüber, welche Position man gegenüber den Arabern einnehmen sollte. Scharet war die bekannteste der frühen Führungspersönlichkeiten Israels, die davon überzeugt waren, dass die Diplomatie am besten geeignet sei, einen regionalen Frieden und damit Sicherheit für das Land zu erreichen. Sogar noch vor der Unabhängigkeit unternahm er geheime Versuche der Kontaktaufnahme mit dem jordanischen König Abdullah und dem libanesischen Ministerpräsidenten Riad al-Solh, die bei der Bildung einer arabischen Invasion Schlüsselrollen einnehmen würden und bereits zum Großteil für die palästinensischen Milizen verantwortlich gewesen waren, die dem vorstaatlichen Jischuw schwere Verluste zugefügt hatten. Trotz al-Solhs aggressiv antijüdischer Rhetorik und antiisraelischer Aktionen traf er sich Ende 1948 in Paris mehrfach heimlich mit Elijachu Sasson, einem von Scharets Stellvertretern, um ein

Friedensabkommen zu diskutieren. »Wenn wir Kontakte zu den Arabern knüpfen wollen, um den Krieg zu beenden, müssen wir mit denjenigen sprechen, die jetzt an der Macht sind«, sagte Sasson, als ihn der von seinen geheimen Kontakten begeisterte Scharet zur Berichterstattung vor das Kabinett lud. »Mit denjenigen, die uns den Krieg erklärt haben ... und die sich nun schwertun, diesen fortzusetzen.«

Offensichtlich waren diese diplomatischen Annäherungsversuche nicht erfolgreich. Am 12. Dezember 1948 befahl Ben Gurion Agenten des Militärgeheimdienstes, al-Solh zu ermorden.[34]

»Scharet sprach sich vehement gegen diese Idee aus«, erinnerte sich Asher (Arthur) Ben Natan, ein führender Kopf der politischen Abteilung des Außenministeriums, die auch für geheime Auslandsaktivitäten zuständig war. »Als unsere Abteilung gebeten wurde, dem Militärgeheimdienst durch unsere Kontakte in Beirut bei der Ausführung des Befehls zu helfen, gab er einen Gegenbefehl heraus, der das Ganze praktisch zunichtemachte.«[35]

Dieser Vorfall sowie eine Reihe weiterer Konflikte zwischen Harel und Scharet brachten Ben Gurions Blut zum Kochen. Ben Gurion betrachtete die Diplomatie als schwachen Ersatz für ein starkes Militär und einen fähigen Geheimdienst und sah in Scharet einen persönlichen Widersacher, der die Macht des Ministerpräsidenten bedrohte. Im Dezember 1949 gliederte Ben Gurion die politische Abteilung aus dem Außenministerium aus und unterstellte sie seiner direkten Kontrolle. Später gab er der Behörde einen neuen Namen: Institut für Geheimdienst und besondere Operationen. Gebräuchlicher wurde jedoch schlicht das hebräische Wort für »Institut« – Mossad.

Mit der Gründung des Mossad fügten sich die israelischen Geheimdienste zu jenem Dreigestirn zusammen, das in dieser Form mehr oder weniger bis heute Bestand hat: Der Militärgeheimdienst AMAN versorgt die Israelischen Verteidigungsstreitkräfte mit Informationen; der Schin Bet ist für Inlandsgeheimdiensttätigkeit, Terrorabwehr und Gegenspionage zuständig, und der Mossad kümmert sich um geheime Aktivitäten jenseits der Staatsgrenzen.[36]

Darüber hinaus aber war es ein Sieg für all jene, die eine schlagkräftige Armee und einen guten Geheimdienst für die Zukunft des israelischen

Staates für wichtiger erachteten als Diplomatie. Dieser Sieg drückte sich auch in Immobilien aus: Die bislang von der politischen Abteilung belegten ehemaligen Templer-Häuser in Tel Aviv wurden nun dem Mossad übergeben. Obendrein war es ein persönlicher Sieg für Isser Harel, der bereits dem Schin Bet vorstand und nun auch zum Chef des Mossad ernannt wurde, was ihn zu einer der mächtigsten und undurchsichtigsten Figuren in der frühen Geschichte Israels machte.[37]

Von diesem Punkt an wurden Entscheidungen über israelische Außen- und Sicherheitspolitik zwischen Tel Aviv – wo das militärische Oberkommando, das Geheimdiensthauptquartier und das Verteidigungsministerium saßen und wo Ben Gurion den Großteil seiner Zeit verbrachte – und Jerusalem gefällt, wo in einer Ansammlung von Fertighütten das Außenministerium untergebracht war. Tel Aviv behielt stets die Oberhand.

Ben Gurion hatte sämtliche Behörden unter seiner direkten Kontrolle. Mossad und Schin Bet unterstanden ihm in seiner Eigenschaft als Ministerpräsident, der Militärgeheimdienst lag in seinem Zuständigkeitsbereich als Verteidigungsminister. Es war eine enorme Konzentration versteckter und politischer Macht, was jedoch von Beginn an offiziell vor der israelischen Öffentlichkeit geheim gehalten wurde. Ben Gurion untersagte jedem strikt, einzuräumen, geschweige denn offenzulegen, dass sein wachsendes Netz offizieller Institutionen auch nur existierte. Bis in die 1960er-Jahre war es sogar verboten, die Namen von Schin Bet oder Mossad in der Öffentlichkeit zu nennen. Da sie offiziell nicht existierten, verhinderte Ben Gurion die Schaffung einer gesetzlichen Grundlage für die Operationen ebendieser Behörden. Es gab kein Gesetz, das ihre Ziele, Rollen, Missionen, Befugnisse, Budgets oder ihre Beziehungen untereinander regelte.[38]

Mit anderen Worten: Von Beginn an nahmen die israelischen Geheimdienste einen Schattenbereich ein, zwar in der Nähe, aber doch separat von den demokratischen Institutionen des Landes. Die Aktivitäten der Geheimdienste, meist unter direktem Kommando des Ministerpräsidenten (Schin Bet und Mossad), fanden praktisch ohne Aufsicht des Parlaments oder einer anderen unabhängigen, externen Körperschaft statt.

In diesem Schattenreich rechtfertigte die »Staatssicherheit« eine große Anzahl von Aktionen und Operationen, die in der sichtbaren

Welt Strafverfolgung und lange Haftstrafen nach sich gezogen hätten: Dauerbeschattung von Bürgern aufgrund ihrer ethnischen oder politischen Zugehörigkeit; Verhörmethoden wie Dauerarrest ohne richterliche Anordnung und Folter; Meineid vor Gericht und Verschleierung der Wahrheit vor Anwälten und Richtern.

Das bemerkenswerteste Beispiel waren gezielte Tötungen. Das israelische Gesetz sieht keine Todesstrafe vor,[39] doch Ben Gurion umging dies, indem er sich selbst die Befugnis verlieh, außergerichtliche Exekutionen anzuordnen.

Die Rechtfertigung dieses Schattenreichs lautete, dass alles andere als eine vollkommene Geheimhaltung zu Situationen führen könne, die den Bestand des Staates Israel bedrohten.

Von der britischen Mandatsregierung hatte Israel ein Rechtssystem geerbt, das Notstandsregelungen umfasste, um die Ordnung wiederherzustellen oder Aufstände niederzuschlagen. Unter diesen Regelungen befand sich auch die Vorschrift, dass sämtliche Print- und Funkmedien Berichte über geheimdienstliche und militärische Aktivitäten einem militärischen Zensor vorlegen mussten, der einen Großteil des Materials nicht genehmigte. Der Ausnahmezustand ist zum Zeitpunkt des Verfassens dieses Buches noch nicht wieder aufgehoben worden. Um die hungrigen Medien zu besänftigen, gründete der gerissene Ben Gurion jedoch ein Redakteursgremium, das aus den Chefredakteuren von Printmedien und Rundfunkstationen bestand. Von Zeit zu Zeit traten Ben Gurion selbst oder einer seiner Vertreter vor das Gremium, um ein paar geheime Einzelheiten zu offenbaren. Dabei wurde jedoch erklärt, dass diese unter keinen Umständen an die Öffentlichkeit gelangen dürften. Die Redakteure waren begeistert, weil sie persönlich einen Einblick in die Schattenwelt und deren Geheimnisse erhaschen konnten. Aus Dankbarkeit verpflichteten sie sich zu einer Selbstzensur, die noch weit über das Maß dessen hinausging, was der eigentliche Zensor von ihnen verlangt hätte.

Im Juli 1952 wurde im Nationalmuseum in Kairo eine Ausstellung mit Werken des deutsch-französischen Malers Charles Duvall eröffnet. Duvall, ein hochgewachsener junger Mann, von dessen Lippen ständig eine Zigarette hing, war zwei Jahre zuvor von Paris nach Ägypten gezogen und hatte verkündet, er habe sich »in das Land des Nils verliebt«. Die Kairoer Presse veröffentlichte eine Reihe schmeichelnder Artikel über Duvall und sein Werk – das, so die Kritik, stark von Picasso beeinflusst sei. Bald wurde er zu einer Größe der höheren Gesellschaft. Der ägyptische Kultusminister wohnte einer Ausstellungseröffnung Duvalls bei und kaufte sogar zwei Bilder, die er dem Museum als Leihgabe überließ, wo sie die nächsten 23 Jahre hängen blieben.

Fünf Monate später, als die Ausstellung beendet war, sagte Duvall, seine Mutter sei erkrankt und er müsse nach Paris zurück, um sich um sie zu kümmern. Nach seiner Rückkehr nach Frankreich schickte er ein paar Briefe an alte Freunde in Ägypten, dann hörte man nie wieder etwas von ihm.

Duvalls richtiger Name war Schlomo Cohen-Abarbanel, und er war ein israelischer Spion. Er war der jüngste von vier Söhnen eines bekannten Hamburger Rabbis. Im Winter 1933, als die Nazis an die Macht gelangt waren und begannen, Rassengesetze zu erlassen, floh die Familie erst nach Frankreich, dann nach Palästina. 14 Jahre später kehrte Cohen-Abarbanel, dessen künstlerische Begabung seit frühester Kindheit offenkundig war, im Alter von 27 Jahren 1947 nach Paris zurück, um dort Malerei zu studieren. Kurz darauf erfuhr die Haganah von seinem Talent und warb ihn an. Er fälschte Pässe und Papiere für europäische und nordafrikanische Juden, die entgegen britischen Einwanderungsgesetzen nach Palästina geschleust wurden. Es war der Beginn einer langen Spionagekarriere. Cohen-Abarbanel, der sich als Künstler und Lebemann gab, unterhielt Agentennetzwerke in Ägypten und warb in der gesamten arabischen Welt neue Agenten an. Er sammelte Informationen über Nazi-Kriegsverbrecher, die im Nahen Osten untergetaucht waren, und berichtete seinen Vorgesetzten über die ersten Versuche deutscher Raketenwissenschaftler, ihre Dienste an arabische Armeen zu verkaufen. Als er 1952 nach Israel zurückkehrte, drängte er seine Vorgesetzten in der jungen Geheimdienstbehörde Mossad, mehr Mittel in die Suche nach Nazis und deren Tötung zu investieren.[40]

Kurz nachdem Isser Harel die Leitung des Mossad übernommen hatte, bat er Cohen-Abarbanel, ein offizielles Emblem für die Agentur zu entwerfen. Der Künstler schloss sich in seinem Zimmer ein und kam mit einem handgezeichneten Entwurf wieder heraus. In dessen Mitte befand sich eine siebenarmige Menora, der heilige Leuchter, der im heiligen Tempel in Jerusalem gestanden hatte, bevor ihn die Römer 70 n. Chr. zerstörten. Auch das Siegel trug eine Botschaft: Kapitel 24, Vers 6 der Sprüche Salomos. Dieser lautet: »Mit List soll man Krieg führen.« Dies wurde später durch eine andere Stelle aus den Sprüchen ersetzt, die da lautet: »Wo nicht weiser Rat ist, da geht das Volk unter; wo aber viele Ratgeber sind, findet sich Hilfe« (Kapitel 11, Vers 14). Cohen-Abarbanels Botschaft hätte nicht klarer sein können: Der Mossad sollte der wichtigste Schutzschild des neuen jüdischen Gemeinwesens sein und sicherstellen, dass Juden niemals wieder entehrt, dass Judäa niemals wieder fallen würde.

Die von Harel verfasste Charta des Mossad war ähnlich breit angelegt und ambitioniert. Seine Nachfolger überarbeiteten und erweiterten sie noch. An der Wand hinter dem Schreibtisch des Direktors sowie in den Büros aller Abteilungsleiter hängen gerahmte Exemplare. Aufgaben der Organisation, so die offizielle Anweisung, waren die »verdeckte Sammlung von (strategischen, politischen, operativen) Informationen außerhalb der Landesgrenzen; die Ausführung besonderer Operationen außerhalb der israelischen Grenzen; die Vereitelung von Entwicklung und Beschaffung unkonventioneller Waffen durch feindliche Staaten; die Verhinderung von Terrorangriffen gegen israelische und jüdische Ziele außerhalb Israels; Aufbau und Unterhalt geheimdienstlicher und politischer Beziehungen zu Ländern, die keine diplomatischen Beziehungen mit Israel pflegen; die Verbringung von Juden aus Ländern, die ihnen die Ausreise nicht gestatten, nach Israel und die Schaffung von Verteidigungskonzepten für die Juden, die sich noch in solchen Ländern befinden«. Mit anderen Worten: Der Mossad hatte nicht nur den Auftrag, Israel und seine Bürger zu schützen, sondern sollte auch als Schildwache der jüdischen Weltgemeinschaft fungieren.

Israels junge Geheimdienste mussten eine Antwort auf die Frage finden, wie man auf die Gefährdung durch die 21 arabischen Staaten reagieren sollte, die Israel wie ein Ring umschlossen und es zu vernichten drohten. Auf höchster Verteidigungsebene gab es Stimmen, die glaubten, solchen

Herausforderungen sei am besten mit dem Einsatz punktgenauer Spezialoperationen weit hinter den feindlichen Linien zu begegnen.

Zu diesem Zwecke schuf der AMAN eine Einheit namens »Geheimdienst 13« (in der jüdischen Tradition eine Glückszahl).[41] Avraham Dar, nun einer der herausragenden Offiziere der neuen Einheit, ging 1952 nach Ägypten, um aus örtlichen zionistischen Aktivisten ein Agentennetzwerk aufzubauen. Unter den verschiedensten Vorwänden reisten die neuen Rekruten erst nach Europa, dann nach Israel, wo sie in Spionage und Sabotage ausgebildet wurden. Das Ziel seines Netzwerkes umriss Dar folgendermaßen: »Das zentrale Problem, das Ägypten gegenüber Israel so feindselig machte, war, wie König Faruk die Regierung leitete. [Wir dachten], wenn wir dieses Hindernis überwinden könnten, wären viele Probleme gelöst. Mit anderen Worten [und hier bediente sich Dar eines spanischen Sprichworts]: kein Hund, keine Tollwut.«[42]

Den »Hund« loszuwerden war gar nicht notwendig – Faruk wurde bald durch einen Staatsstreich gestürzt. Auch die Annahme des AMAN, dass alles besser würde, wenn er erst fort wäre, erwies sich als vollkommen unbegründet. Der Gedanke indes, mithilfe eines bereits errichteten ägyptischen Netzwerkes den Lauf der Geschichte in der Region zu verändern, war schlicht zu verlockend, als dass ihn die israelische Führung hätte aufgeben können. Der AMAN beschloss, die örtlichen Agenten gegen die Bewegung Freie Offiziere einzusetzen, die Faruk gerade abgesetzt hatte. Man wollte »das westliche Vertrauen in die [ägyptische] Regierung untergraben, indem man öffentliche Verunsicherung erzeugte und Demonstrationen, Verhaftungen und Vergeltungsmaßnahmen provozierte, wobei die Rolle Israels verborgen bleiben sollte«. Doch die ganze Operation endete in einer Katastrophe.[43]

Trotz intensiver Ausbildung waren die AMAN-Rekruten amateurhaft und nachlässig, sodass all ihre Sabotageakte fehlschlugen. Schließlich spürten die ägyptischen Behörden elf Agenten auf. Manche wurden nach kurzen Verfahren hingerichtet, einer beging Selbstmord, nachdem man ihn grausam gefoltert hatte. Wer Glück hatte, wurde zu langen Haftstrafen und Zwangsarbeit verurteilt.[44]

Der nachfolgende Aufruhr entfachte einen gewaltigen politischen Disput, der in Israel viele Jahre lang andauerte – und zwar darüber, ob der

AMAN für diese verbotenen Operationen die Zustimmung des politischen Establishments eingeholt hatte.

Die wichtigste Lektion, die Israel daraus lernte, war, dass man in feindlichen »Ziel«-Ländern niemals dort lebende Juden anwerben sollte. Ihre Gefangennahme endete stets fast zwangsläufig mit dem Tod und erschütterte so die gesamte jüdische Gemeinde. Trotz der Versuchung, Personen einzusetzen, die sich bereits vor Ort befanden und nicht erst eine Tarnung aufbauen mussten, tat Israel dies in Zukunft so gut wie nicht mehr.

Die zugrunde liegende Überzeugung, dass Israel durch kühnes Vorgehen und Sondereinsätze hinter den feindlichen Linien den Lauf der Geschichte beeinflussen könne, hielt sich jedoch und wurde sogar als Kernprinzip der israelischen Sicherheitsdoktrin zementiert. Diese Philosophie – dass Spezialoperationen in Feindesland zumindest eine der primären Methoden der nationalen Verteidigung Israels sein sollten – herrscht im politischen und geheimdienstlichen Establishment bis zum heutigen Tag vor.

Während viele etablierte Nationalstaaten der Welt eine Trennung vollzogen zwischen den Geheimdiensten, die Informationen sammelten, und den Einsatzkräften, die diese Informationen zur Ausführung geheimer Missionen nutzten, waren Israels Sondereinsatzkräfte von Anfang an Teil seiner Geheimdienstagenturen. In Amerika etwa gehören die Sondereinsatztruppen Delta Force und SEAL Team Six zum Joint Special Operations Command, nicht zur CIA oder zum Militärgeheimdienst. In Israel hingegen unterstanden die Sondereinsatztruppen direkt den Geheimdiensten Mossad oder AMAN.

Ziel war es, gewonnene Informationen kontinuierlich in Operationen umzusetzen. Zwar erfassten damals auch andere Nationen in Friedenszeiten geheime Informationen, aber nur, um im Falle eines Kriegsausbruchs gewappnet zu sein oder um gelegentliche Spezialeinsätze bewilligen zu können. Israel hingegen nutzte seine gewonnenen Informationen unablässig zur Planung von Spezialeinsätzen hinter feindlichen Linien, in der Hoffnung, dadurch eine offene Kriegführung vollständig zu vermeiden.

Der Entwurf eines Emblems, einer Charta und einer militärischen Philosophie war eine Sache. Die Umsetzung aber war eine ganz andere, wie

Harel bald erfahren sollte, insbesondere wenn es zu aggressiven Handlungen kam.

Die erste größere Operation des Mossad nahm ein böses Ende. Im November 1954 stahl sich ein Hauptmann der israelischen Marine namens Alexander Jisraeli – ein hoch verschuldeter Frauenheld – mit einem falschen Pass außer Landes und versuchte, der ägyptischen Botschaft in Rom streng vertrauliche Unterlagen zu verkaufen. Ein Agent des Mossad, der in der Botschaft arbeitete, informierte seine Vorgesetzten in Tel Aviv, die sofort einen Plan entwarfen, Jisraeli zu entführen und ihn als Verräter nach Israel zurückzuschaffen.

Für Harel stellte dies sowohl die Sicherheit der Nation als auch seine eigene Karriere auf eine kritische Probe. In jenen Gründungsjahren rangen die Köpfe sämtlicher Agenturen um Macht und Prestige. Ein einziger schwerer Fehlschlag konnte für das berufliche Fortkommen fatal sein. Harel stellte daher ein Topteam aus Agenten von Mossad und Schin Bet zusammen, um Jisraeli in Europa zu fassen. Mit der Leitung der Aktion betraute er seinen Cousin zweiten Grades, Rafi Eitan, der als Teenager zwei deutsche Templer ermordet hatte.

»Manche schlugen vor, Jisraeli aufzuspüren und unverzüglich zu töten«, sagte Eitan. »Harel schmetterte dies jedoch sofort ab. ›Wir töten keine Juden‹, sagte er und erklärte, dies sei ein Entführungskommando.«[45] Harel selbst sagte: »Es kam mir nie in den Sinn, Befehl zu erteilen, einen der Unsrigen zu töten. Ich wollte, dass er nach Israel zurückgebracht und wegen Verrats vor ein Gericht gestellt wurde.«[46]

Das ist ein wichtiger Punkt. Im Judentum gibt es eine Tradition gegenseitiger Verantwortung und eine tiefe Verbundenheit zwischen allen Juden, als wären sie eine große Familie. Diesen Werten wird es zugeschrieben, dass das jüdische Volk über 2000 Jahre im Exil als Nation überleben konnte. Es gilt daher als untragbar, dass ein Jude einem anderen Schaden zufügt. In den Tagen des palästinensischen Untergrunds, als es praktisch unmöglich war, Gerichtsverfahren einzuleiten, hielt man es bis zu einem gewissen Grad für statthaft, jüdische Verräter zu eliminieren, nach der Staatsgründung jedoch nicht mehr. »Wir töten keine Juden« – selbst wenn man in ihnen eine ernste Gefahr für die nationale Sicherheit sah – wurde zu einem ehernen Gesetz der israelischen Geheimdienstkreise.

Zunächst lief alles perfekt nach Plan. Eitan und drei weitere Agenten schnappten Jisraeli, als er von einem anderen, weiblichen Mossad-Mitglied an einer Kreuzung in Paris angehalten wurde. Man brachte Jisraeli in eine konspirative Wohnung, wo ihm ein Arzt des Mossad ein Sedativum spritzte und ihn in eine Kiste legte, wie sie typischerweise für Waffentransporte verwendet wird. Dann schickte man ihn auf einen langen Mehrfachstopp-Flug mit einer Transportmaschine der israelischen Luftwaffe. Bei jedem Stopp bekam Jisraeli eine neue Injektion, bis er bei der Landung in Athen einen schweren Krampf erlitt und starb. Harels Anweisungen folgend, warf einer von Eitans Männern die Leiche schließlich aus dem Heck des Flugzeugs ins Meer.[47]

Harels Leute fütterten die israelische Presse mit Falschinformationen. Jisraeli, der eine schwangere Frau zurückließ, habe Geld gestohlen und sich irgendwo in Südamerika niedergelassen. Harel, dem es äußerst peinlich war, dass eine seiner Operationen mit dem Tod eines Juden geendet hatte, befahl, dass sämtliche Unterlagen zu dem Fall in einem Safe des Mossad geheim verwahrt wurden. Seine Gegenspieler behielten jedoch Kopien einiger Dokumente, um sie, wenn nötig, eines Tages gegen ihn zu verwenden.[48]

Daneben gelangte Harel zu dem Schluss, dass es dringend notwendig sei, eine Sondereinheit zu gründen, die auf Sabotageakte und gezielte Tötungen spezialisiert war. Er begann, nach »ausgebildeten Kämpfern« zu suchen, »die, wenn erforderlich, nicht zögern würden, den Abzug zu betätigen«. Er fand sie, wo man am wenigsten erwartet hätte, dass er sie suchen würde: unter den Veteranen von Irgun und Lechi, gegen die er einst so erbittert gekämpft hatte.

Ben Gurion hatte die Einstellung ehemaliger Mitglieder des rechten Untergrunds bei Regierungsbehörden verboten. Viele waren arbeitslos, frustriert und tatendurstig. Der Schin Bet hielt einige von ihnen für gefährlich und glaubte, sie könnten Untergrundbewegungen gegen die Regierung bilden. Tatsächlich wurden manche genau dabei ertappt und strafrechtlich verfolgt.

Harel wollte zwei Fliegen mit einer Klappe schlagen: seine Spezialeinheit aufbauen und die Untergrundkämpfer unter seinem Kommando außerhalb der Staatsgrenzen einsetzen.

Harel bestellte David Schomron, Jitzchak Schamir und diejenigen ihrer Kameraden aus Irgun und Lechi, die als hart und wagemutig genug galten, in sein Haus im Norden Tel Avivs und schwor sie ein. Das war die Gründung des »Mifraz« (hebräisch für »Golf« oder »Bucht«), des ersten Killerkommandos des Mossad.[49]

3 Die Agentur, die Treffen mit Gott arrangiert

Der israelische Unabhängigkeitskrieg endete 1949 mit Waffenstillstandsvereinbarungen. Die inoffiziellen Kämpfe endeten jedoch nie. Anfang der 1950er-Jahre wurde das Land andauernd von Arabern aus jenen Teilen Palästinas infiltriert, die nach dem Krieg in arabischer Hand geblieben waren, vor allem aus dem Gazastreifen im Süden, der unter ägyptischer Verwaltung stand, und dem Westjordanland im Osten, das von Jordanien annektiert worden war. Die Israelischen Verteidigungsstreitkräfte schätzten, dass allein im Jahre 1952 etwa 16000 Personen eindrangen (11000 aus Jordanien, der Rest aus Ägypten). Manche dieser Infiltratoren waren Flüchtlinge, die während des Unabhängigkeitskrieges freiwillig oder unfreiwillig geflohen waren und nun versuchten, in ihre Dörfer zurückzukehren und zu retten, was von ihrem Besitz übrig war. Viele andere jedoch waren Kämpfer, deren Ziel es war, Juden zu töten und Schrecken zu verbreiten. Sie nannten sich *Fedajin* – »die ihr Leben opfern«.[1]

Die Ägypter hatten zwar den Waffenstillstand unterzeichnet, erkannten jedoch rasch, dass die Fedajin einen Stellvertreterkrieg in ihrem Interesse führen könnten. Mit ordentlicher Ausbildung und entsprechender Lenkung könnten diese Palästinenser ein beträchtliches Chaos anrichten und Ägypten dabei ein Deckmäntelchen verschaffen, eine direkte Beteiligung abzustreiten.

Ein junger Hauptmann des ägyptischen Militärgeheimdienstes, Mustafa Hafez, erhielt den Auftrag, die Fedajin zu organisieren. Mitte 1953 begann Hafez damit (zusammen mit Salah Mustafa, dem ägyptischen Militärattaché in der jordanischen Hauptstadt Amman), Guerillakämpfer anzuwerben und auszubilden, die in den Süden Israels geschickt werden sollten.[2] Drei Jahre lang stahlen sich diese Gruppen, insgesamt 600 Fedajin, von Gaza über die Grenze und zerstörten, was ihnen in die Hände fiel.

Sie sprengten Wasserleitungen, steckten Felder in Brand, legten Bomben auf Bahngleisen und verminten Straßen; sie ermordeten Bauern auf ihren Feldern und Jeschiwa-Studenten beim Lernen, insgesamt etwa 1000 Zivilisten zwischen 1951 und 1955. Sie verbreiteten Angst und Schrecken bis zu einem Punkt, an dem die Israelis im Süden nachts die Hauptstraßen nicht mehr befuhren.[3]

Die Stellvertreter-Einheiten galten als gewaltiger Erfolg. Die Israelis konnten Ägypten oder Jordanien nicht direkt verantwortlich machen. Stattdessen reagierten sie, indem sie eigene Terrorkämpfer anwarben, Araber zu Informanten machten und Geheiminformationen über Fedajin sammelten – die sie dann töteten. Solche Aufgaben wurden größtenteils einer Geheimdienstgruppe der Israelischen Verteidigungsstreitkräfte namens Einheit 504 übertragen.

Manche Männer der Einheit 504 waren in arabischen Vierteln Palästinas aufgewachsen und daher mit Sprache und Gebräuchen der Einwohner unmittelbar vertraut. Einheit 504 stand unter dem Kommando von Rehavia Vardi. Der gebürtige Pole hatte vor der Staatsgründung als hoher Geheimdienstoffizier in der Haganah gedient und war bekannt für seinen scharfen Witz und seine derben Sprüche. »Jeder Araber«, so sagte er, »kann auf Grundlage eines der drei Ps angeworben werden – *praise* (Lob), *payment* (Bezahlung) oder *pussy* (Sex).«[4] Ob nun über diese Ps oder mit anderen Mitteln, sei dahingestellt – jedenfalls warben Vardi und seine Leute 400 bis 500 Agenten an, die zwischen 1948 und 1956 Daten von unschätzbarem Wert lieferten. Diese Agenten versorgten die Einheit 504 unter anderem mit Informationen über wichtige Führer der Fedajin. Einige wurden identifiziert, ausfindig gemacht und auf eine Todesliste gesetzt. In zehn bis fünfzehn Fällen überredeten die Israelis ihre arabischen Agenten, Bomben in der Nähe der Zielpersonen zu platzieren.[5]

Dann kam stets die Einheit 188 ins Spiel. Und man benötigte die Dienste von Natan Rotberg.

»Es war alles sehr, sehr geheim«, sagte Rotberg. »Es war uns nicht erlaubt, die Namen unserer Einheiten zu erwähnen, es war uns nicht erlaubt, irgendjemandem zu sagen, wohin wir gingen, wo wir dienten oder – versteht sich von selbst – was wir taten.«[6]

Rotberg, ein dickhalsiger und gutmütiger Kibbuznik mit einem buschigen Schnauzbart, gehörte zu einer kleinen, nur wenige Hundert Mann umfassenden Gruppe, die an der Schaffung des ursprünglichen Triumvirats aus AMAN, Schin Bet und Mossad beteiligt gewesen war. Im Jahre 1951, als Rotberg einer Kommandoeinheit der Marine namens Schajetet 13 (Flottille 13) zugeteilt wurde, eröffnete der israelische Geheimdienst nördlich von Tel Aviv ein geheimes Zentrum, wo »besondere Zerstörungen« geübt und raffinierte Bomben gebaut wurden. Rotberg, der Sprengstoffoffizier der Flottille 13, wurde zum Leiter ernannt.

Rotberg ließ einen riesigen Bottich aufstellen, in dem er TNT, Pentaerythrityltetranitrat und andere Chemikalien zu tödlichen Cocktails zusammenmischte. Doch obwohl seine Mixturen zur Tötung von Menschen bestimmt waren, behauptete er, er handle nicht mit Hass in seinem Herzen. »Man muss wissen, wie man vergibt«, sagte er. »Man muss wissen, wie man dem Feind vergibt. Allerdings steht es uns nicht zu, Leuten wie bin Laden zu vergeben. Das kann nur Gott. Unser Job ist es, ein Treffen zwischen den beiden zu arrangieren. In meinem Labor betrieb ich eine Kontaktagentur. Ich fädelte über 30 solcher Treffen ein.«

Wenn Rehavia Vardi und seine Leute eine Zielperson identifiziert hatten, gingen sie wegen der Bombe zu Rotberg. »Anfangs arbeiteten wir mit doppelbödigen Weidenkörben«, sagte Rotberg. »Ich kleidete den Boden eines Korbes mit undurchlässigem Papier aus und leerte das Gebräu aus dem Bottich hinein. Dann deckten wir das Ganze ab und füllten den Korb mit Obst und Gemüse auf. Für den Auslöser verwendeten wir Bleistifte, in die wir mit Säure gefüllte Ampullen einsetzten. Die Säure fraß sich durch die Abdeckung, bis sie den Zünder erreichte, ihn aktivierte und die Ladung freisetzte. Das Problem mit der Säure war, dass die Wetterbedingungen Einfluss darauf hatten, wie lange es dauerte, bis die Abdeckung zerfressen war, sodass ein exaktes Timing nicht möglich war. Eine Bombe im Gazastreifen ging zu einem anderen Zeitpunkt hoch als eine im Westjordanland, wo es in der Regel kälter ist. Daher gingen wir zu Uhren über, die wesentlich genauer sind.«

Rotbergs Bomben genügten jedoch kaum, um das Fedajin-Problem zu lösen. Mehreren Quellen zufolge wurden zwischen Mitte 1951 und Mitte

1953 nur sieben Zielpersonen mit Sprengstoff getötet, wobei sechs Zivilisten ihr Leben verloren.

Die Angriffe gingen ungehindert weiter, versetzten israelische Zivilisten in Angst und Schrecken und waren eine Demütigung für die Israelischen Verteidigungsstreitkräfte. Vardi und seine Leute waren zwar begabt im Anwerben von Agenten, konnten jedoch nur spärliche Informationen über die Identitäten der Fedajin-Anführer gewinnen. Selbst wenn die Einheit ein bestimmtes Ziel ausmachte, waren die Verteidigungsstreitkräfte nicht in der Lage, die betreffende Person zu finden oder zu töten. »Wir hatten unsere Einschränkungen«, sagte Jigal Simon, ein Veteran und späterer Kommandeur der Einheit 504. »Nicht immer verfügten wir über die notwendigen Informationen, wir konnten unsere Agenten nicht überallhin schicken, und in der Armee brachten sie uns eine zu geringe Wertschätzung entgegen. Für das Oberkommando war es wichtig zu zeigen, dass die Verteidigungsstreitkräfte, jüdische Hände, solche Aktionen durchführen konnten.«[7]

Reguläre Einheiten der Armee versuchten tatsächlich mehrere Male, in den Gazastreifen, auf die Sinai-Halbinsel und nach Jordanien einzudringen, um Vergeltungsangriffe durchzuführen, scheiterten jedoch immer wieder. Ministerpräsident Ben Gurion beschloss daher, die offenbar mangelnden Möglichkeiten der Verteidigungsstreitkräfte aufzustocken. Bei einer geheimen Sitzung am 11. Juni 1953 stimmte das israelische Kabinett seiner Empfehlung zu, »den Verteidigungsminister« – also Ben Gurion selbst – »zu ermächtigen, Vergeltungsmaßnahmen für Angriffe und Morde zu genehmigen, die von jenseits der israelisch-jordanischen Waffenstillstandsgrenzen kommen«.[8]

Bald darauf machte Ben Gurion von der ihm übertragenen Machtbefugnis Gebrauch. Am 13. Juli wurden in Ewen Sapir, einer Siedlung in der Nähe von Jerusalem, zwei Wachleute getötet. Ben Gurion befahl, dass sofort ein geheimes Einsatzkommando entsandt werden solle, um einen palästinensischen Erzterroristen namens Mustafa Samweli zu beseitigen, der hinter der Ermordung der Wachleute stand.

Ben Gurion brauchte nur noch den richtigen Mann, um die Aktion zu leiten.

Ariel Scheinermann – besser bekannt als Ariel Scharon – war im Sommer 1953 noch ein 25-jähriger Student, verfügte jedoch bereits über umfassende Kampferfahrung. Seit seinen Tagen als halbwüchsiger Jugendbewegungsbeirat hatte er sich als Führungsfigur etabliert und seinen Mut im Unabhängigkeitskrieg bewiesen, in dessen Verlauf er schwer verwundet worden war. Arik, wie er auch genannt wurde, galt als charismatisch und gebieterisch, ein Krieger in körperlicher Höchstform. Als ihn der Generalstab der Israelischen Verteidigungsstreitkräfte anwarb, Samweli zu eliminieren, zögerte er nicht. »Mein Vater sagte sofort Ja«, schrieb Scharons Sohn Gilad in einer Biografie über Ariel. »Er war zuversichtlich, dass er es mit sieben oder acht guten Männern, Freunden, die im und nach dem Krieg mit ihm gedient hatten, und der richtigen Ausrüstung schaffen könnte.«[9]

Scharon und einer aus Reservisten bestehenden Gruppe gelang es, in Samwelis Dorf im Westjordanland einzudringen und sein Haus in die Luft zu sprengen. Die ihnen vorliegenden Informationen waren jedoch unzureichend, und Samweli war nicht zu Hause. Die Einheit geriet in eine Schießerei und konnte sich nur mit größter Not retten.

Das Oberkommando betrachtete die Operation als Erfolg – tiefes Eindringen in feindliches Gebiet, Demonstration der Fähigkeit, eine Zielperson auszuschalten, und Rückkehr zum Stützpunkt ohne Verluste. Scharon hingegen kehrte erschöpft und vollkommen unzufrieden zurück. Seine Schlussfolgerung war, dass derartige Operationen von professionellen Teams ausgeführt werden müssten, ganz anderen Leuten als der zusammengewürfelten Schar Kumpels, die er an jenem Abend bei sich hatte. Er teilte seinen Vorgesetzten mit, dass man eine Elite-Kommandoeinheit brauche. Am 10. August wurde die Einheit 101 gegründet.[10]

»Diese Einheit wurde für Operationen jenseits der Grenze geschaffen, für jene außergewöhnlichen Missionen, die eine besondere Ausbildung voraussetzen und Höchstleistungen bei der Durchführung erfordern«, hieß es im von Scharon selbst verfassten »101 Operationshandbuch«.[11]

Scharon erhielt freie Hand bei der Auswahl seiner Männer. Diese waren sowohl wieder zur Armee eingezogene Reservisten als auch reguläre Soldaten. Er ließ sie eine knallharte, einjährige Ausbildung absolvieren. Seine Kämpfer lernten den Umgang mit Sprengstoff, die Navigation über weite Entfernungen und wie man bei der Flucht über bergiges Terrain akkurat und präzise feuert – Übungen, durch die die Männer sowohl Fähigkeiten entwickelten als auch ein Gefühl von Stolz und Zuversicht gewannen.

Der junge Führer sorgte dafür, dass sich seine Männer von den regulären Truppen unterschieden, und rüstete sie mit einer anderen persönlichen Waffe aus als mit dem damals gebräuchlichen, veralteten tschechoslowakischen Kammerverschlussgewehr. Stattdessen bekamen sie Carl-Gustav-Maschinenpistolen und waren außerdem die Ersten, die die neue und damals noch geheime, in Israel produzierte Uzi ausprobierten.[12]

Daneben lockerte Scharon die Anzugs- und Verhaltensvorschriften. An ihrem geheimen Stützpunkt in den Jerusalemer Bergen arbeiteten die Männer der Einheit 101 oft in Zivilkleidung. Für Scharon waren militärische Äußerlichkeiten zweitrangig. Viel wichtiger war, dass diese Männer daran glaubten, dass sie etwas Besonderes waren, besser als die anderen, die Besten. Und dass sie ihrem Kommandeur vertrauten: Scharons Einsatzinstruktionen waren präzise und eindeutig, und er kämpfte an vorderster Front seines Bataillons, oft in der gefährlichsten Position, getreu dem bekannten Motto der israelischen Armeekommandeure: »Folgt mir!«

Scharon war erfüllt von einer grenzenlosen und ungezügelten Motivation, Operationen durchzuführen. Wenn er erst auf genaue Informationen des AMAN warten müsste, um eine gezielte Tötung vorzunehmen, würde vielleicht nie etwas geschehen.

Deshalb wechselten Scharon und Generalstabschef Mosche Dajan ihre Taktik und gaben die punktgenaue Präzision zugunsten einer archaischeren Vorgehensweise auf. Statt palästinensische Topterroristen umzubringen, vergalten sie Morde an Israelis nun damit, dass sie die arabischen Dörfer angriffen und terrorisierten, aus denen die Terroristen ausgezogen waren, um Juden Schaden zuzufügen. Auch Armeelager und Polizeiwachen gehörten zu den Zielen.

»Wir können die Ermordung von Arbeitern auf den Obstplantagen oder von Familien in ihren Betten nicht verhindern«, sagte Dajan 1955 bei einem Vortrag, »aber wir können für unser Blut einen hohen Preis verlangen.«

Der tatendurstige Scharon entwarf Pläne für eine Reihe von Strafaktionen gegen zivile und militärische Ziele der Araber, dann drängte er seine Vorgesetzten, diese zu bewilligen. Die Frage, ob diese Aktionen nun strafender oder provokativer Natur waren, blieb in vielen Fällen jedoch offen. Scharon gefiel Dajans berühmter Ausspruch: »In Friedenszeiten ziehen wir nicht in die Schlacht.« Uzi Eilam, der unter Scharon als Geheimdienstoffizier diente, deutet an, dass dies jedoch kein ehernes Gesetz gewesen sei. »In vielen Fällen provozierten wir auf Ariks Betreiben den Feind jenseits der Grenze und brachen einen Krieg vom Zaun. Analysierte man sämtliche Vergeltungsmaßnahmen der Israelischen Verteidigungsstreitkräfte objektiv danach, ›wer angefangen hat‹, kommen wir nicht mit vollständig weißer Weste davon.«[13]

Selbst in Echtzeit, also bei der Umsetzung von Scharons Taktik, zeigte diese eine deutliche Kehrseite. Im Herbst 1953 ermordeten Fedajin eine junge Frau und ihre beiden Kinder in Jehud, einer südöstlich von Tel Aviv gelegenen Stadt. Die brutale Tat schockierte die israelische Öffentlichkeit, und die Regierung schwor Vergeltung. Man ging davon aus, dass die arabischen Milizen Dörfer im Westjordanland als Stützpunkte für Angriffe auf Israel nutzten. Scharon wählte eines dieser Dörfer als Ziel aus: Qibya, das in Zusammenhang mit den Morden in Jehud stand – oder auch nicht.[14]

Am 15. Oktober führte Scharon noch vor Morgengrauen eine Streitmacht von 130 Mann aus der Einheit 101 und anderen Truppenteilen an, die über 750 Kilogramm Sprengstoff nach Qibya brachten.[15] Innerhalb weniger Stunden war das Dorf zerstört. »Bei der Operation Qibya sprengten wir 43 Häuser in die Luft«, sagte einer von Scharons Leutnanten später aus. »Die Israelischen Verteidigungsstreitkräfte waren mit kleinen Taschenlampen ausgerüstet, die die britische Armee übrig gelassen hatte, etwas, womit man kaum sehen konnte. Wir gingen mit einem Megafon hinein, leuchteten mit unseren Lampen herum und schrien: ›Wenn jemand hier ist, kommt heraus, weil wir gleich alles in die Luft jagen.‹ Manche standen auf und kamen heraus. Dann brachten wir die Ladungen an und sprengten das Haus. Als wir zurückkehrten, meldeten wir elf [Araber] als getötet. Es war nicht so, dass wir gelogen hätten, wir wussten es einfach nicht genau.«[16]

Die tatsächlichen Opferzahlen lagen sechsmal so hoch. Mindestens 69 Personen kamen ums Leben, die meisten waren Frauen und Kinder. Die Welt, darunter auch große Teile Israels und jüdischer Gemeinden rund um den Globus, war entsetzt. Der UN-Sicherheitsrat verurteilte die Aktion, ebenso wie das US-Außenministerium, das verlauten ließ, es habe seine Israel-Hilfen wegen Verletzung des Waffenstillstandsabkommens von 1949 bereits eingefroren.

In der offiziellen Erklärung Israels hieß es, räuberische jüdische Zivilisten seien für das Massaker verantwortlich. In der Nacht des Überfalls hätten sich »sämtliche Einheiten der Verteidigungsstreitkräfte an ihren Stützpunkten befunden«, sagte Ben Gurion öffentlich. Bei einer Sitzung des UN-Sicherheitsrats wiederholte der israelische UN-Botschafter Abba Eban die Lüge Ben Gurions.[17]

Persönlich hatte Scharon die volle Unterstützung Ben Gurions, weil die Einheit 101 – trotz weltweiter Proteste – die Moral innerhalb einer Truppe stärkte, die von unablässigen Verteidigungsmaßnahmen erschöpft war. Die Einheit stand für Entschlossenheit, Wagemut, körperliche Tüchtigkeit und geistiges Stehvermögen, Ideale, denen jede Einheit der Verteidigungsstreitkräfte nacheiferte. Die Einheit 101 habe »innerhalb kurzer Zeit bewiesen, dass es keine Mission gab, die sie nicht durchführen konnte«, und dass diese Missionen dazu beigetragen hätten, die israelischen Grenzen zu sichern, sagte Scharon später.[18]

Über diese Behauptung lässt sich streiten. Es ist äußerst fragwürdig, wie erfolgreich solche Strafeinsätze waren, um die Angriffe arabischer Infiltratoren einzudämmen. Manche Aktionen erreichten nicht einmal ihre direkten Ziele. Die israelischen Soldaten indes glaubten daran.

Und das genügte. Anfang 1954, nur fünf Monate nach der Gründung der Einheit 101, verschmolz Dajan sie mit der Fallschirmjägerbrigade. Scharon wurde zum Bataillonskommandeur ernannt. Dajan glaubte, dass die Einheit 101 in Sachen Ausbildung, Fähigkeiten, Entschlossenheit und Disziplin zu einem Vorbild geworden sei, das Scharon zuerst bei den Fallschirmjägern und dann in der gesamten Armee kopieren könnte.[19]

Scharons Aktivität bei den Fallschirmjägern war indes etwas verhaltener, da er nun nicht mehr Befehlshaber einer unabhängigen Einheit war und zudem ein Wandel im Oberkommando stattgefunden hatte. Ben Gurion war zurückgetreten und als Ministerpräsident von dem pazifistischen Mosche Scharet abgelöst worden, der Vergeltungsmaßnahmen generell nicht guthieß.

Doch was Scharet nicht bewilligte, unternahmen Scharons Leute auf eigene Faust. Die Schwester des bekanntesten 101-Kämpfers Meir Har Zion wurde bei einem illegalen Grenzübertritt nach Jordanien während einer Wanderung auf brutale Weise von Beduinen ermordet. Mit Scharons moralischer Unterstützung und logistischer Hilfe suchten Har Zion und zwei Kameraden den Schauplatz auf und töteten aus Rache vier beduinische Schafhirten. Scharet verlangte, dass man sie vor ein Kriegsgericht stelle, doch Dajan und Scharon verhinderten dies mit Unterstützung Ben Gurions.

Am 11. Januar 1955 schrieb Scharet in sein Tagebuch: »Ich mache mir Gedanken über Wesen und Schicksal dieser Nation, die zu solch hoher spiritueller Sensibilität fähig ist, zu solch profunder Menschheitsliebe, solch aufrichtigem Streben nach dem Schönen und Erhabenen, gleichzeitig aber in den Reihen ihrer Jugend junge Männer hervorbringt, die dazu fähig sind, mit klarem Geist und kaltem Blut Menschen zu ermorden, indem sie Messer in das Fleisch junger, wehrloser Beduinen stechen. Welche der beiden Seelen, die sich auf den Seiten der Bibel tummeln, wird innerhalb dieser Nation ihre Rivalin besiegen?«[20]

Derweil war Mustafa Hafez immer noch am Leben. Der ägyptische Geheimdienst-Hauptmann und sein jordanischer Kollege Salah Mustafa schickten weiterhin palästinensische Infiltrationsteams nach Israel, die dort Chaos stifteten.

Am 17. März 1954 überfiel eine Gruppe von zwölf arabischen Terroristen am Scorpion's Ascent, einem steilen, gewundenen Straßenabschnitt im Herzen der Negev-Wüste, einen zivilen Bus auf dem Weg von Eilat nach Tel Aviv. Sie feuerten aus nächster Nähe und töteten elf Passagiere. Ein neunjähriger Junge, Chaim Furstenberg, der sich unter einem Sitz versteckt hatte, kam hervor, als die Terroristen den Bus verlassen hatten, und fragte: »Sind sie weg?« Die Terroristen hörten ihn, kehrten zum Bus zurück und schossen ihm in den Kopf. Er überlebte, war aber für den Rest seines Lebens gelähmt. Er starb 32 Jahre nach dem Attentat. Die Araber bespuckten und verstümmelten die Leichen. Es stellte sich heraus, dass sie von Salah Mustafa unterstützte Palästinenser und Beduinen aus Jordanien waren.

Scharet stand unter immensem Druck, eine Vergeltungsmaßnahme einzuleiten, doch er stimmte einer Racheaktion nicht zu. »Ein Akt als Reaktion auf das Blutbad würde dessen grausige Wirkung verwischen und uns auf eine Stufe mit den Massenmördern auf der anderen Seite stellen«, schrieb er in sein Tagebuch.

Stattdessen entsandte die Einheit 504 des AMAN ein kleines Team aus vier beduinischen Attentätern, die als Agenten tätig waren. Schwer bewaffnet und mit zwei von Natan Rotberg konstruierten Sprengkörpern überquerten sie die Grenze nach Jordanien. Sie fanden heraus, wo einer der Terroristen lebte, in einem Dorf in Südjordanien. Sie beschlossen, sein Haus nicht in die Luft zu jagen, sondern warteten, bis er allein war, und erschossen ihn. »Unsere Agenten fanden den Ausweis des Busfahrers unter den Beutestücken und brachten ihn uns wieder«, erinnerte sich Jigal Simon, ein alter Veteran der Einheit 504.

Diese punktgenaue Operation wurde von der Einheit 504 zwar als Erfolg betrachtet, machte jedoch im weiteren Kontext keinen großen Unterschied. Aufgrund der begrenzten Wirkung gezielter Tötungen war es nicht gelungen, die Angriffe von jenseits der Grenze zu stoppen oder wenigstens signifikant zu verringern. Strafaktionen hatten zwar weltweiten Unmut hervorgerufen, das Schlachten aber nicht beendet.

Mitte der 1950er-Jahre war Hafez auf der Gewinnerseite. Die von ihm ausgebildeten Terroristen verübten immer mehr tödliche Attentate auf israelischem Gebiet – sie sammelten Informationen, sabotierten die Infrastruktur, stahlen Eigentum und töteten Israelis. Israel, das über keine angemessene Infrastruktur verfügte – etwa hochauflösende Aufklärungssysteme, Erfahrung, Know-how und eine ausreichend große und gut ausgerüstete Streitkraft –, konnte darauf nur mit zunehmend unspezifischen Vergeltungsmaßnahmen und einem schweren Bombardement des Gazastreifens reagieren.[21]

Hafez' Name erschien regelmäßig in den Berichten, die die Einheit von ihren Quellen im Süden erhielt. Dennoch war er eine unklare, schattenhafte Figur. »Wir bekamen nie ein Bild von ihm«, sagte Jaakow Nimrodi, der den südlichen Stützpunkt der Einheit befehligte. »Aber wir wussten, dass er ein junger Mann um die 30 war, einigermaßen gut aussehend und sehr charismatisch. Unsere Gefangenen und Agenten sprachen mit Bewunderung und Ehrfurcht von ihm.«[22]

Hafez und Nimrodi, selbst ein junger und charismatischer Offizier, standen auf verschiedenen Seiten des arabisch-israelischen Konflikts. »Hafez galt als einer der klügsten Köpfe im ägyptischen Geheimdienst«, sagte Nimrodi. »Nur wenigen unserer Männer gelang es, ihm durch die Finger zu schlüpfen. Viele wurden gefangen und liquidiert oder wurden nach der Behandlung, der er sie unterzog, zu Doppelagenten und wandten sich gegen uns. In diesem Krieg des Geistes gewannen und überlebten nur die Besten.«

Vor dem Hintergrund der Unfähigkeit zur Verteidigung und unter schwerem öffentlichem Druck sah sich Scharet gezwungen, Ben Gurion erst als seinen Verteidigungsminister zu akzeptieren und ihm dann im November 1955 das Amt des Ministerpräsidenten zurückzugeben. Scharet wurde wieder Außenminister und musste später auf Druck von Ben Gurion zurücktreten.

Ben Gurions Rückkehr ermutigte den AMAN dazu, rigorosere Maßnahmen gegen die Fedajin zu planen. Eine Idee war, Hafez zu beseitigen. »Er war der Kopf der Schlange, den wir abhacken mussten«, sagte Nimrodi.

»Aus dreierlei Gründen war das jedoch schwierig«, meinte Avraham Dar, der als AMAN-Hauptmann nun damit betraut war, Informationen über Hafez zu sammeln. »Erstens musste man genügend Informationen über ihn gewinnen und über die Orte, an denen er sich aufhielt; zweitens an ihn herankommen und ihn töten. Drittens blieb das diplomatische Problem. Er war ein hoher Offizier in der Armee eines souveränen Staates. Seine Ermordung hätte als Übertretung einer roten Linie in den Beziehungen zu Ägypten gewertet werden und zu deren Verschlechterung führen können.«

Versuche der Vereinten Nationen, zwischen Ägypten und Israel zu vermitteln, schlugen fehl. Hafez' Angriffe setzten sich das gesamte Jahr 1955 und bis ins Frühjahr 1956 fort.

Am 29. April 1956 eröffnete eine Gruppe palästinensischer, von Hafez ausgebildeter Guerillakämpfer das Feuer auf Bauern, die auf den Feldern von Nachal Os arbeiteten, eines Kibbuz an Israels südlicher Grenze. Roi Rotberg, ein junger Oberleutnant der Reserve, der für die Sicherheit des Kibbuz verantwortlich war, versuchte, die Angreifer zu Pferd abzuwehren. Die Palästinenser töteten ihn, drückten ihm die Augen aus und schleiften seine Leiche durch das Feld und über den Graben, der die Grenze markierte, um es so aussehen zu lassen, als hätte Rotberg diese in aggressiver Absicht übertreten.

Mosche Dajan ging Rotbergs Tod besonders nahe. Erst am Tag zuvor war er bei einer Reise durch die Siedlungen des Südens dem Leutnant begegnet. Am nächsten Tag, dem 30. April, stand Dajan an Rotbergs offenem Grab und las eine Trauerrede, die im Lauf der Jahre zunehmend als grundlegende Formulierung israelischen Militarismus betrachtet wurde:[23]

> Gestern Morgen wurde Roi ermordet. Die Stille des Frühlingsmorgens täuschte ihn, und er sah nicht die, die ihm am Feldrand auflauerten. Lassen Sie uns heute nicht den Mördern die Schuld geben. Was geht es uns an, dass sich ihr brennender Hass auf uns richtet? Seit acht Jahren sitzen sie in den Flüchtlingslagern im Gazastreifen, und vor ihren Augen verwandeln wir das Land und die Dörfer, in denen sie und ihre Vorfahren lebten, für uns in unser Erbe.
>
> Nicht von den Arabern im Gazastreifen, denn von uns selbst wurde Rois Blut gefordert. Wie konnten wir unsere Augen verschließen und nicht klar unser Schicksal sehen und die Berufung unserer Generation in ihrer ganzen Brutalität? Haben wir vergessen, dass auf den Schultern dieser Gruppe von jungen Menschen, die in Nachal Os wohnen, die schweren Tore zum Gazastreifen lasten? Jenseits der Grenzlinie liegt ein Meer des Hasses und des Wunsches nach Rache, das auf den Tag wartet, an dem die Ruhe unsere Wachsamkeit schmälert, auf den Tag, an dem wir auf die Botschafter der schikanösen Heuchelei hören, die uns dazu aufrufen, unsere Waffen niederzulegen.
>
> Zu uns und nur zu uns schreit Rois Blut aus seinem zerrissenen

Körper. Denn wir schworen tausendfach, dass unser Blut nicht umsonst vergossen wird, und gestern wurden wir wieder verführt, glaubten, was wir hörten.

Heute rechnen wir mit uns selbst ab. Wir sind die Siedlergeneration: Ohne Stahlhelm und ohne Waffe können wir keinen Baum pflanzen und kein Haus bauen. Lasst uns nicht zurückschrecken vor dem Anblick der Boshaftigkeit, die entflammt ist und die Leben von Hunderttausenden von Arabern erfüllt, die um uns herum leben. Lasst uns unseren Blick nicht abwenden, damit wir nicht geschwächt werden. Das ist das Los unserer Generation. In unserem Leben haben wir die Wahl, entweder vorbereitet und bewaffnet, stark und zäh zu sein, oder das Schwert wird uns aus der Hand geschlagen und wir verlieren unser Leben.

Roi, der Junge, der von Tel Aviv fortging, um ein Haus in den Toren zum Gazastreifen zu bauen, um uns als Mauer zu dienen. Das Licht seines Herzens blendete ihn, und so sah er das Blitzen des Schlachtmessers nicht. Die Sehnsucht nach Frieden betäubte seine Ohren, und so hörte er das Geräusch des lauernden Mordes nicht. Die Tore zum Gazastreifen lagen schwer auf seinen Schultern und erdrückten ihn.[24]

Einfacher formuliert, meinte Dajan, dass die Juden im Staat Israel als Siedler gekommen sein mochten, die in ihre angestammte Heimat zurückkehrten, aus Sicht der Araber hingegen Eindringlinge waren. Deshalb hassten die Araber die Juden, was von ihrem Standpunkt aus nachvollziehbar war. Die dauerhafte Ansiedlung der Juden stärkte vor allem ihre Fähigkeit, sich gegen die Araber zu verteidigen, die ihnen nach dem Leben trachteten. Der Rest – Entwicklung, Wirtschaft, Gesellschaft und Kultur – war nachgeordnet und musste sich den Bedürfnissen von Sicherheit und Überleben beugen. Aus Dajans Sicht war das Israels Schicksal, geboren aus Jahrtausenden jüdischer Geschichte.

Während Dajan diese Worte sprach, stand auch Rois Vetter Natan Rotberg am Grab, der Bombenbauer. Nach der Beerdigung versprach Natan seinem Onkel Schmarjachu, er werde seinen Sohn Roi rächen.[25]

Auch Dajan war fest entschlossen, Roi und all die anderen Israelis zu rächen, die von Hafez' Kommandos terrorisiert und getötet worden waren. Er überredete Ben Gurion nicht nur zu einem Vergeltungsschlag gegen ein palästinensisches Dorf, sondern ließ sich von ihm obendrein eine Anweisung der Geheimdienste genehmigen, jene Ägypter zu töten, die die Killer nach Israel schickten – die Obersten Mustafa Hafez und Salah Mustafa. Dies war eine signifikante Eskalation.

Avraham Dar schrieb den Einsatzbefehl mit dem Codenamen »Eunuch« (Saris). Soweit bekannt ist, war dies der erste sowohl schriftlich erteilte als auch ausgeführte Einsatzbefehl für eine gezielte Tötung in der Geschichte des Staates Israel.

»Angesichts der ägyptischen Organisation von Aktivitäten der Fedajin im Gazastreifen und in Jordanien wurde beschlossen, gegen deren Organisatoren vorzugehen, Mustafa Hafez im Gazastreifen und gegen den ägyptischen Militärattaché in Jordanien«, schrieb Dar. »Das Ziel: die physische Eliminierung besagter zweier Männer durch versteckte Sprengladungen.« In Hafez' Fall, so erinnert sich Dar, »war uns klar, dass ihm jemand die Bombe geben musste, dem er vertraute«.

Sie fanden ihren Mann in Muhammad al-Talalqa, einem jungen Beduinen, der im Gazastreifen lebte und sowohl für Hafez als auch für die Einheit 504 arbeitete. Weder al-Talalqa noch Hafez wussten, dass der Einheit diese Doppelagententätigkeit bekannt war. Die AMAN-Einheit beschloss, dies auszunutzen und ihm etwas in einem Paket zu geben, das so wichtig wirkte, dass er es, ohne zu zögern, zu Hafez bringen würde.

Was könnte dieses Etwas sein? Ein Buch, das sämtliche von den Israelis verwendeten, codierten Morsezeichen enthielt, und das al-Talalqa auf Anweisung der Einheit 504 einem anderen israelischen Agenten im Gazastreifen bringen sollte.

Abermals benötigte man die Dienste von Natan Rotberg. Nun könnte er seinen Vetter tatsächlich rächen.

»Zadok [Ofir, ein Offizier am Südstützpunkt der Einheit 504] rief mich an und erzählte mir von dem Plan«, sagte Rotberg über fünf Jahrzehnte später. »Ich hörte, um wen es dabei ging, und freute mich sehr. Ich sagte ihnen, wenn es ihnen gelänge, Hafez ein dickes Buch zu bringen, würde ich mich um den Rest kümmern. Ich schnitt die Innenseiten des Buches heraus und kippte 300 Gramm von meinem Zeug hinein. War das genug?

Natürlich. Ein Sprengzünder wiegt 20 Gramm – wenn einem der in der Hand explodiert, hat man keine Finger mehr. Wenn also 300 Gramm direkt vor einem Menschen explodieren, bringt ihn das mit Sicherheit um. Der Apparat bestand in der Hauptsache aus einem Metallarm, einer Murmel und einer starken Feder. Wenn das Buch geschlossen ist, in einem mit Bändern verschnürten Umschlag, ist der Arm unter Spannung und bewegt sich nicht. In dem Augenblick, in dem man die Bänder löst und die Hülle öffnet, löst sich der Arm und treibt die Murmel nach vorn. Diese trifft auf die Sprengkapsel, die die Bombe zündet, und – *kabumm!*«[26]

Der Plan und die Sprengladung funktionierten einwandfrei. Am 11. Juli 1956 überquerte al-Talalqa die Grenze, ging direkt zum Hauptquartier des ägyptischen Geheimdienstes in Gaza und überreichte Hafez aufgeregt das Paket. »Als er das Buch aus der Verpackung zog, fiel ein Stück Papier heraus«, berichtete ein Augenzeuge später im Rahmen einer ägyptischen Geheimermittlung. »Oberst Mustafa Hafez bückte sich, um es vom Boden aufzuheben, und im selben Augenblick kam es zur Explosion.«[27] Hafez wurde tödlich verletzt. Einige Anwesende sagten aus, als er ausgestreckt am Boden lag, habe er geschrien: »Jetzt habt ihr mich erwischt, ihr Hunde!«

Am nächsten Abend stattete Natan Rotberg seinem Onkel, Rois Vater, einen Besuch ab. Er legte großen Wert darauf, dabei seine Ausgehuniform zu tragen. »Ich sagte zu ihm, ›Schmarjachu, ich habe mich für dich um Mustafa Hafez gekümmert‹«, erzählte Rotberg. »Ging es ihm dadurch besser? Ich bin nicht ganz sicher, aber mir jedenfalls. Ich war glücklich. Schmarjachu schwieg. Tränen traten ihm in die Augen, und er dankte mir dafür, dass ich ihm Bescheid gesagt hatte.«

Die Ägypter waren zu beschämt, um ihre Sicherheitslücke öffentlich zuzugeben. Am Tag nach Hafez' Tod erschien in der ägyptischen Zeitung *Al-Ahram* folgende Mitteilung: »Oberst Mustafa Hafez, stationiert im Gazastreifen, kam ums Leben, als sein Fahrzeug auf eine Mine traf ... Er war ein Held des Palästinakrieges und kämpfte für die Befreiung des Landes. Seine Heldentaten werden in die Geschichte eingehen. Sein Name säte Angst und Schrecken in Israel.«

Am selben Tag, an dem Hafez getötet wurde, erhielt Salah Mustafa, der ägyptische Militärattaché in Amman, mit der Post ein Exemplar des

Buches *Achtung – Panzer!* von Heinz Guderian, dem deutschen Panzer-Kriegshelden und einem der Väter des Blitzkrieges. Avraham Dar, ein Kenner der Militär- und Strategiegeschichte, hatte das Buch ausgewählt, weil er sicher war, dass Mustafa es für ein passendes Geschenk halten würde. Zwei Mistaravim waren nach Ost-Jerusalem eingedrungen, das damals unter jordanischer Herrschaft stand, und hatten das Buch dort mit der Post aufgegeben, damit der Stempel keinen Verdacht erregte. Mustafa, der von dem Attentat auf seinen Amtskollegen in Gaza noch nichts gehört hatte, öffnete das Buch, und es explodierte. Tödlich verwundet, starb er später im Krankenhaus.

Stabschef Dajan wusste um die Bedeutung dieser beiden Anschläge und gab in seinem Hinterhof eine ausschweifende Party, um die Tötungen zu feiern. Avraham Dar stellte die Gästeliste zusammen.[28]

4 Die gesamte militärische Führung, mit einem einzigen Schlag

Die gezielten Tötungen von Mustafa Hafez und Salah Mustafa sorgten in ägyptischen Geheimdienstkreisen für Unruhe, und es kam zu einem gewissen Rückgang der terroristischen Grenzübertretungen nach Israel. Aus israelischer Sicht war dies ein Erfolg.

Doch dann zogen sich aus einem anderen Grund dunkle Wolken über der Region zusammen.

Am 26. Juli 1956 verstaatlichte der ägyptische Präsident Gamal Abdel Nasser den Suezkanal, die lebenswichtige Transportader zwischen dem Mittel- und dem Roten Meer, um Ägypten vollends aus seinen kolonialen Fesseln zu befreien. Die Regierungen von Frankreich und Großbritannien, deren Bürger Hauptanteilseigner des äußerst gewinnbringenden Unternehmens waren, das den Kanal betrieb, waren außer sich. Israel wünschte seinerseits, eine Passage durch den Wasserweg wiederzuerlangen, sah aber auch eine Gelegenheit, eine klare Botschaft an Ägypten zu senden: nämlich, dass Nasser am Ende einen hohen Preis dafür zahlen müsse, Kämpfer in den Gazastreifen geschickt zu haben, um Israel anzugreifen, und dass seinen Bestrebungen, das Land zu vernichten, mit massiver Gewalt begegnet werde.

Diese Interessenkonvergenz führte zu einer geheimen Allianz zwischen den drei Ländern, in der der energische junge Generaldirektor des israelischen Verteidigungsministeriums, Schimon Peres, eine Schlüsselrolle bei der Erarbeitung eines ambitionierten Kriegsplanes spielte. Israel sollte auf die Sinai-Halbinsel einmarschieren und dadurch den Franzosen und Briten einen Vorwand liefern (eine den Suez bedrohende Krise), ebenfalls einzumarschieren. Frankreich sagte Israel einen Schutzschirm gegen Angriffe der ägyptischen Luftwaffe zu.

Kurz vor dem D-Day erfuhr der israelische Geheimdienst AMAN, dass eine Delegation aus Kairo mit dem Flugzeug nach Damaskus aufgebrochen war. Zu dieser gehörten der mächtige ägyptische Stabschef Feldmarschall Abd al-Hakim Amer und viele hochrangige Militärs. Die Gelegenheit war günstig: Mit einem einzigen präzisen Schlag könnte Israel fast die gesamte militärische Führung Ägyptens eliminieren.

Die Luftwaffe begann mit intensiven Nachtabfangübungen, die bei dem damaligen Stand der Technik noch ein schwieriges Unterfangen waren. Ben Gurion und Dajan beschlossen, dass Israel alles in seiner Macht Stehende tun solle, seine Beteiligung zu verschleiern, und es so aussehen lassen solle, als wäre das Flugzeug aufgrund eines technischen Fehlers abgestürzt.[1]

Die Mission erhielt den Codenamen Operation »Hahn«.

Man ging davon aus, dass die Ägypter die kurze Strecke von Damaskus zurück nach Kairo in zwei Iljuschin-Il-14-Maschinen zurücklegen würden. Die Aufgabe, den Luftkonvoi zu identifizieren und zu verfolgen, übertrug der AMAN seiner Funkaufklärungseinheit (SIGINT, heute bekannt als Einheit 8200). Die Einheit hatte im Krieg von 1948/1949 bereits eine Anzahl wichtiger Erfolge erzielt. Später hatte der AMAN umfassende Mittel in die weitere Entwicklung der Einheit investiert, die schließlich zur größten und, wie manche behaupten, wichtigsten innerhalb der Israelischen Verteidigungsstreitkräfte wurde.[2]

Die Investition machte sich bezahlt. Wenige Tage bevor die Delegation Kairo in Richtung Damaskus verließ, gelang es Technikern der SIGINT, die Sendefrequenz zu isolieren, die die Ägypter auf ihrem kurzen Flug zurück nach Kairo voraussichtlich verwenden würden. Im nördlich von Tel Aviv gelegenen Hauptquartier in Ramat Hascharon arbeiteten 20 israelische Funker, allesamt unter 25, rund um die Uhr und warteten gespannt darauf, dass die Ägypter in Damaskus abhoben. Die Einheit stand unter immensem Druck seitens des Oberkommandos, da die Landinvasion der Sinai-Halbinsel für den 29. Oktober geplant war und das demoralisierende Chaos durch den Verlust der gesamten militärischen Führungsriege einen klaren Nachteil für die Ägypter bedeuten würde. Die Zeit lief ab.

Die Tage vergingen langsam. Geduldig warteten die Funker auf ein Geräusch in ihren Kopfhörern. Am Morgen des 28. Oktober dämmerte es schon, und noch immer hatten die Ägypter Syrien nicht verlassen. Dann endlich, um 14 Uhr am Nachmittag des 28. Oktober, wurde das Signal aufgefangen, auf das sie warteten: Die Piloten der zwei Iljuschin Il-14 bereiteten sich auf den Start vor.[3]

Mattias »Chatto« Birger, Kommandeur des 119. Luftwaffengeschwaders und damals einer der besten Piloten der Luftwaffe, wurde für die dramatische Mission auserwählt. Gegen 20 Uhr informierte die SIGINT die Luftwaffe, dass die beiden ägyptischen Iljuschins abgehoben hatten. Immer noch ging die SIGINT davon aus, dass sämtliche ägyptischen Militärführer an Bord wären. Die Operation »Hahn« lief an.

Chatto kletterte in seine Meteor Mk. 13 und hob mit seinem Navigator, Eljaschiw »Schiwi« Brosch, ab. In jener Nacht war es besonders dunkel, so dunkel, dass sogar der Horizont beinahe in der Finsternis verschwand.

Chatto stieg auf drei Kilometer und stabilisierte seine Maschine. Der Radar erfasste ein sich näherndes Flugzeug. »Kontakt, Kontakt, Kontakt!«, sagte Schiwi über die Funksprechanlage. »Zwei Uhr, unsere Flughöhe, fünf Kilometer voraus, Bewegung nach drei Uhr. Vier! Hart nach rechts! Langsamer! Du näherst dich zu schnell!«

Vor dem gewaltigen schwarzen Himmel sah Chatto winzige orangefarbene Leuchtpunkte, die Flammen aus den Düsen der Iljuschins. »Augenkontakt«, meldete er der Bodenkontrolle.

»Ich will eine positive Identifikation der Maschine«, sagte Luftwaffenkommandeur Dan Tolkowski, der im Kontrollcenter saß. »Positiv, ohne jeglichen Zweifel. Verstanden?«

Chatto schwenkte leicht nach links, bis er das Licht in den Fenstern der Passagierkabine sehen konnte. Die Fenster des Cockpits waren größer als die anderen. *Das ist eine positive Identifikation*, dachte Chatto. *Nur eine Iljuschin hat solche Fenster.* Obendrein erkannte er Menschen in Uniform, die zwischen den Sitzen umhergingen.

»Identifikation bestätigt!«, sagte er.

»Offenes Feuer freigegeben, aber nur, wenn Sie keinerlei Zweifel haben«, erwiderte Tolkowski.

»Roger.«

Aus den 20-Millimeter-Kanonen, die in der Nase des Flugzeugs eingebaut waren, donnerten Geschosse. Chatto wurde von einer unerwarteten

Grellheit geblendet: Jemand vom Bodenpersonal hatte es gut gemeint und die Geschütze mit Leuchtspurmunition geladen, doch die grellen Blitze in der fast vollkommenen Finsternis schmerzten ihm in den Augen.

Chatto konnte jedoch bald wieder klar sehen. Er erkannte Feuer am Himmel. »Hab ihn!«, meldete er an die Bodenkontrolle. »Die linke Maschine brennt, und es sieht aus, als hätten sie einen Kurzschluss, weil alles dunkel ist.«

Chatto betätigte erneut den Abzug. Die Iljuschin explodierte wie ein Feuerball in der Nacht, der brennende Wrackteile von sich spuckte. Sie begann ins Meer abzustürzen.

»Konnten Sie den Absturz beobachten?«, fragte Tolkowski, während Chatto sein Flugzeug aus der Gefahrenzone brachte.

»Absturz bestätigt«, antwortete Chatto.

Mit dem letzten Rest Treibstoff flog Chatto zurück und wurde noch auf der Landebahn von Stabschef Mosche Dajan und General Tolkowski begrüßt, die ihm mitteilten, dass Amer offenbar in letzter Minute beschlossen habe, auf das zweite Flugzeug zu warten.

»Wenn noch genügend Zeit ist, tanken wir auf und gehen noch mal raus«, sagte Chatto.

»Darüber haben wir auch schon nachgedacht, sind jedoch zu dem Schluss gekommen, dass es zu auffällig wäre und möglicherweise unsere Informationsquelle enttarnen könnte«, entgegnete Dajan. »Wir haben daher beschlossen, Amer davonkommen zu lassen. In dem Augenblick, in dem Sie den ägyptischen Generalstab liquidierten, gewannen Sie trotzdem den halben Krieg. Lassen Sie uns auf die zweite Hälfte anstoßen.«[4]

Die Operation »Hahn« war zweifelsohne eine außerordentliche Leistung in den Bereichen Spionage und Luftkriegführung. Die Beteiligten sprachen später sogar vom »Niedergang des ägyptischen Generalstabs« und behaupteten, das Chaos, das danach im Kairoer Oberkommando herrschte, habe entscheidend zu Israels Sieg in jenem Krieg beigetragen, der am nächsten Tag ausbrach.[5]

Ob die Wirkung nun so stark war, wie diese Männer behaupteten, oder nicht – die Israelischen Verteidigungsstreitkräfte konnten die ägyptische Armee jedenfalls vernichtend schlagen. Die Aktion demonstrierte der Welt Folgendes: Der jüdische Staat besaß nun eine ernst zu nehmende

Kampfkraft. Ben Gurion, der sich in einem Zustand kurzzeitiger Euphorie befand, schickte einen öffentlichen Brief an die Offiziere und Soldaten der 9. Brigade, in dem er vom »Dritten Königreich Israels« sprach.

Zusammen mit der Sinai-Halbinsel hatte Israel nun also den Gazastreifen erobert. Rehavia Vardi entsandte einige seiner Männer von der Einheit 504, das Geheimdienstgebäude in Gaza-Stadt zu suchen, wo Mustafa Hafez ein paar Monate zuvor getötet worden war. In einem Keller entdeckten sie einen verborgenen Schatz, den verzweifelt fliehende Ägypter vergessen hatten zu zerstören: die unbeschädigte Kartei aller palästinensischen Terroristen, die Hafez und seine Männer in den fünf Jahren vor dem Sinai-Krieg gegen Israel eingesetzt hatten.

Es war, als hätten die Ägypter eine Todesliste hinterlassen. Vardi traf sich mit Stabschef Dajan und bat um die Erlaubnis, die in der Kartei aufgeführten Palästinenser zu töten. Dajan wiederum erwirkte die Zustimmung Ben Gurions. Daraufhin wies Vardi Natan Rotberg an, mit seinem Sprengstoffbottich in den Turbogang zu schalten.

Rotbergs Spezialgemisch wurde in Weidenkörben, Feuerzeugen, Früchten, Gemüse und sogar in Möbelstücken versteckt. Arabische Agenten der Einheit 504 platzierten die Bomben an geeigneten Orten oder überreichten sie als Geschenke an mindestens 30 Fedajin in Gaza. Zwischen November 1957 und März 1958 arbeiteten Vardis Männer die Kartei ab und eliminierten Männer, die Israel jahrelang terrorisiert hatten. Aus taktischer Sicht waren diese gezielten Tötungen im Großen und Ganzen ein Erfolg, strategisch betrachtet jedoch nicht unbedingt. »Diese ganzen Eliminierungen waren von eher geringer Bedeutung, weil schlicht andere an ihre Stelle traten«, sagte Rotberg.

Das geheime Zusammenwirken von Großbritannien, Frankreich und Israel in der Suezkrise verwandelte sich rasch in ein diplomatisches Desaster, das international Wellen schlug. Die Vereinigten Staaten zwangen Israel, sich aus Sinai und Gaza zurückzuziehen. Frankreich und Großbritannien gaben ebenfalls nach und verloren schließlich die Kontrolle über den Kanal. Die Führer der beiden Supermächte mussten ihren Hut nehmen. Nun sah es so aus, als hätte sich das ägyptische Regime gegen einen aufdringlichen westlichen Kolonialismus zur Wehr gesetzt und zwei europäische Großmächte sowie ihren jüdischen Erzfeind in die Knie gezwungen. Nasser wurde zum Helden erklärt und wurde faktisch zum neuen Führer der arabischen Welt.

Nasser stimmte jedoch zu, israelischen Schiffen die Benutzung des Kanals zu gestatten und keine weiteren Operationen der Fedajin in Gaza zu unterstützen. Er erkannte, dass die Gefahr, durch solche Operationen eine militärische Eskalation mit Israel zu provozieren, größer war als die potenziellen Vorteile, die man aus ihnen ziehen könnte.

Im Jahre 1957 schien es endlich so, als würde kein Terror mehr über die Grenze nach Israel kommen.

Der Sinai-Krieg zeigte den arabischen Staaten, dass es schwer würde, Israel zu vernichten, und verschaffte Israel bis zum Sechstagekrieg 1967 elf Jahre der Ruhe ohne größere Kampfhandlungen. Die Israelischen Verteidigungsstreitkräfte nutzten diese Zeit, um sich zu einer mächtigen, großen, gut ausgebildeten Truppe zu mausern, die technologisch auf der Höhe der Zeit war, ausgestattet mit modernsten Waffen und einem Geheimdienstzweig, dem AMAN, der über weitreichende Möglichkeiten verfügte.

Die folgenden Jahre waren auch für den Mossad gute Jahre. Isser Harel hatte ihn von einer unerfahrenen, bisweilen strauchelnden Organisation zu einer Behörde mit fast 1000 Mitarbeitern hochgepäppelt, die für ihr hartes Vorgehen, ihre Beharrlichkeit und ihre Entschlusskraft weltweit bekannt war.

Israel hatte sich seit 1956 zur Geheimdienstmacht entwickelt, nachdem Nikita Chruschtschow beim XX. Parteitag der KPdSU (Kommunistischen Partei der Sowjetunion) eine geheime Rede gehalten und darin offen über die von seinem Vorgänger Josef Stalin begangenen Verbrechen gesprochen hatte. Jede Spionageorganisation der westlichen Welt brannte auf diesen Text, von dem man sich einen gewissen Aufschluss über Chruschtschows Geisteshaltung versprach, doch niemandem gelang es, den eisernen Vorhang sowjetischer Geheimhaltung zu durchdringen. Bis auf den israelischen Geheimdienst. Isser Harel ordnete an, eine Kopie der Rede der CIA zu übergeben.

Der beeindruckte und dankbare Direktor der Agentur, Allen Dulles, leitete sie an Präsident Dwight Eisenhower weiter, der wiederum Anweisung gab, sie der *New York Times* zuzuspielen. Die Veröffentlichung erregte weltweit Aufsehen und stellte die Sowjetunion bloß.[6]

Die geheime Allianz zwischen amerikanischen und israelischen Geheimdiensten war geboren. Auf amerikanischer Seite stand an der Spitze James J. Angleton, Chef der Gegenspionageabteilung der CIA, ein Unterstützer Israels, der, wie Harel, unter jedem Bett einen sowjetischen Spion vermutete. Durch diesen Kanal hat die CIA viele Geheiminformationen über den Nahen Osten erlangt, eine Praxis, die bis zum heutigen Tage andauert.[7]

Der Sinai-Krieg Israels von 1956, wenngleich politisch eine Katastrophe, festigte die Position des Landes als Geheimdienstmacht. Im Gefolge des kurzen Krieges begann Harel in Ländern des gesamten Nahen Ostens, in Asien und Afrika, darunter auch in vielen Ländern, die offiziell auf Seiten der Araber standen, ein Netzwerk aus Geheimkontakten zu knüpfen.[8] Diese Vorgehensweise wurde innerhalb des Mossad als »Peripherie-Doktrin« bezeichnet und erforderte den Aufbau geheimer Beziehungen zu Ländern und Organisationen außerhalb des Rings feindlicher arabischer Staaten, der Israel umgab, oder zu Minderheiten innerhalb solcher Staaten, die in Konflikt mit den Gegnern Israels standen.[9]

Die herausragende Leistung der Peripherie-Strategie des Mossad war eine geheimdienstliche Dreiparteien-Allianz – Codename »Trident« – zwischen Israel, dem Iran des Schahs und der Türkei. Die Köpfe der Spionageagenturen der drei Länder trafen sich von Zeit zu Zeit und tauschten große Mengen geheimer Daten aus. Daneben führte die Allianz auch gemeinsame Operationen gegen die Sowjets und die Araber durch. Ben Gurion überzeugte Präsident Eisenhower davon, dass die Trident ein Top-Aktivposten war, und die CIA stellte Mittel für ihre Aktivitäten zur Verfügung.[10]

Der größte Coup des Mossad war jedoch, als israelische Agenten Adolf Eichmann – einen der organisatorisch und praktisch Hauptverantwortlichen für Hitlers »Endlösung« – in Buenos Aires aufspürten, wo er unter dem Namen Ricardo Klement seit zehn Jahren lebte.

Der jüdisch-deutsche Generalstaatsanwalt Fritz Bauer verzweifelte angesichts der Hürden, Nazi-Kriegsverbrecher nach Deutschland vor Gericht zu bringen, also spielte er stattdessen dem Mossad Informationen zu, die er über Eichmann gesammelt hatte. Als ihn ein Agent des Mossad aufsuchte, ließ Bauer diesen allein im Zimmer. Die geheimen Dokumente lagen offen auf dem Schreibtisch. Der Israeli verstand den Hinweis und kopierte die relevanten Details.[11]

Ben Gurion ermächtigte Harel, an der Spitze eines großen Teams nach Buenos Aires zu gehen. Der Ministerpräsident war entschlossen, mit Eichmann abzurechnen, dem man den Codenamen »Dybbuk« gegeben hatte, hebräisch für einen bösen Geist, der von einem lebenden Menschen Besitz ergreift. Das Ziel der Operation war jedoch weit größer als nur die Rache an einem Einzelnen, so ungeheuerlich dessen Taten auch gewesen sein mochten. Ben Gurion befahl Harel und seinen Leuten, Eichmann körperlich unversehrt zu lassen – wenngleich es am einfachsten gewesen wäre, ihn zu töten – und ihn stattdessen zu entführen und nach Israel zu bringen, um ihn dort vor Gericht zu stellen. Ziel war es, durch die Offenlegung der Taten eines Hauptschuldigen ein internationales Bewusstsein für und eine unauslöschliche Erinnerung an den Holocaust zu schaffen.

Dutzende von Mossad-Agenten und Kollaborateuren nahmen an der Operation teil. Manche davon besaßen und wechselten Pässe von bis zu fünf Staaten. Sie verteilten sich auf mehrere konspirative Wohnungen in der gesamten argentinischen Hauptstadt.

Am 11. Mai positionierte sich das Team in der Nähe der Haltestelle, wo der Mann mit dem Decknamen »Klement« jeden Abend um 19.40 Uhr aus dem Bus stieg und die kurze Strecke nach Hause zu Fuß zurücklegte. An jenem Abend kam der Bus, aber Eichmann tauchte nicht auf. Das Team hatte Anweisung, nicht länger als bis 20 Uhr zu warten. Sollte er bis dahin nicht eingetroffen sein, sollte die Aktion abgebrochen werden, um keinen Verdacht zu erregen.

Um 20 Uhr wollten sie gerade aufbrechen, doch der leitende Kommandeur Rafi Eitan beschloss, noch etwas länger zu warten. Fünf Minuten später, als Eitan für jenen Abend endgültig abbrechen wollte, hielt ein weiterer Bus. Klement stieg aus und trat mit einer Hand in der Tasche den Heimweg an.

Peter Zvi Malkin handelte als Erster. Da er fürchtete, Klement könnte etwas ahnen und eine Waffe ziehen, ergriff er ihn nicht, wie geplant, von hinten und zerrte ihn in den Wagen, sondern stieß ihn von vorn in einen

Graben und warf sich dann auf ihn. Eitan und ein weiterer Agent folgten sofort nach. Klement schrie, aber es war niemand da, der ihn hätte hören können. Innerhalb weniger Sekunden wurde er überwältigt und auf den Rücksitz eines Autos geworfen. Dort saß Zvi Acharoni, ein Mossad-Agent, der ihm auf Deutsch mitteilte, man werde ihn auf der Stelle erschießen, wenn er Schwierigkeiten mache.

Eitan suchte nach Hinweisen darauf, dass er tatsächlich Eichmann war. Die Narbe unter seinem Arm, wo sich die SS-Tätowierung befunden hatte, war rasch gefunden. Eine Blinddarmoperation zu bestätigen, die in seiner SS-Akte minutiös dokumentiert war, stellte hingegen ein Problem dar. Eitan musste Klements Gürtel lockern und seine Hand in dessen Hose stecken, während das Auto die Straße entlangraste und die Insassen hin und her geschüttelt wurden. Schließlich aber fand er die Narbe und rief: »*Seh huh! Seh huh!*« – hebräisch für »Er ist es! Er ist es!«

Eitans und Malkins Augen strahlten in der Dunkelheit. Sie schüttelten sich die Hände und summten ein paar Takte des »Partisanenliedes«, das zu Ehren der Juden geschrieben worden war, die in den Wäldern gegen die Nazis gekämpft hatten. Es endet mit der Zeile: »Dröhnen wird unser Schritt: Wir sind da.«[12]

Eichmann wurde sediert und in einer El-Al-Maschine nach Israel gebracht. Sein Prozess in Jerusalem erregte beispiellose internationale Aufmerksamkeit, und die Zeugenaussagen erinnerten die Welt an die Gräueltaten des Holocausts. Eichmann wurde zum Tode verurteilt und durch den Strick hingerichtet. Sein Leichnam wurde verbrannt und die Asche ins Meer gestreut.

Die dürftige Berichterstattung über die Entdeckung und Entführung Eichmanns hatte dem Mossad derweil den Ruf einer skrupellosen und schlagkräftigen Spionageagentur eingebracht. Mitte 1962 galt Harel als starker Mann des Geheimdienstes und der Verteidigungseinrichtungen Israels.[13]

Ben Gurion hatte alles bekommen, was er sich erhofft hatte.

Bei allem Glanz und Gloria hatte Harels Agentur jedoch eine verheerende Bedrohung übersehen, die sich direkt vor der Haustür zusammenbraute.

5 »Als fiele uns der Himmel auf den Kopf«

Als die Israelis am 21. Juli 1962 erwachten, war ihr schlimmster Albtraum wahr geworden: In der ägyptischen Presse wurde der erfolgreiche Test von vier Boden-Boden-Raketen verkündet, zwei davon gehörten zum Typ al-Zafer (»der Sieger«), die anderen beiden zum Modell al-Qaher (»der Eroberer«). Zwei Tage später wurden die Raketen – zehn Stück von jedem Modell, drapiert mit ägyptischen Flaggen – bei einer Parade durch Kairo entlang des Nils zur Schau getragen.[1] Unter den Zuschauern waren rund 300 ausländische Diplomaten und viele Kairoer. Von einer Tribüne aus, die eigens vor einem Regierungsgebäude in der Nähe des Nils aufgestellt worden war, verfolgte Präsident Nasser persönlich die Parade. Das ägyptische Militär sei nun in der Lage, »jeden Punkt südlich von Beirut« zu treffen, verkündete er stolz. Angesichts der Lage des Staates Israel zwischen Ägypten im Süden und dem Libanon mit der Hauptstadt Beirut im Norden blieb kein Zweifel, was damit gemeint war.[2]

Noch deutlicher wurde am Tag darauf eine Sendung der ägyptischen Radiostation »Donnergrollen Kairo«, die auf Hebräisch ausgestrahlt wurde. »Diese Raketen sind dazu bestimmt, den Arabern das Tor zur Freiheit zu öffnen und ihnen die Heimat zurückzuerobern, die ihnen durch imperialistische und zionistische Verschwörung genommen wurde«, rief der Sprecher triumphierend.

Die Besorgnis in der israelischen Öffentlichkeit wuchs, als sich wenige Wochen später herausstellte, dass eine Gruppe deutscher Wissenschaftler bei der Entwicklung der Raketen eine wesentliche Rolle gespielt hatte. Das Ende des Zweiten Weltkriegs war gerade einmal 17 Jahre her, und plötzlich wurde das Trauma des Holocausts – aus dem die Bilder von deutschen Wissenschaftlern in Wehrmachtsuniformen nicht wegzudenken waren – von einer anderen existenziellen Bedrohung überlagert:

Massenvernichtungswaffen in den Händen von Israels neuem Todfeind Nasser, der für die Israelis der Hitler des Nahen Ostens war. »Deutsche Ex-Nazis unterstützen jetzt Nasser bei seinen antiisraelischen Völkermordprojekten« – so wurde es in jüdischen Zeitungen zusammengefasst.[3]

Der Mossad war, trotz seines weitreichenden Programms, Israel zu bewachen und vor allen äußeren Bedrohungen zu schützen, kalt erwischt worden. Fassungslos erkannten die Nachrichtendienste sowie die politischen und militärischen Führungspersonen des jüdischen Staates, dass sie erst wenige Tage vor dem ersten Test überhaupt von dem ägyptischen Raketenprojekt erfahren hatten. Dies war eine niederschmetternde Erinnerung an die Verwundbarkeit des kleinen Landes und ein demütigender Misserfolg für den Mossad unter Harels Leitung.[4]

Schlimmer noch: Die deutschen Entwickler ägyptischer Raketen, die das Potenzial hatten, Israel zu zerstören, waren durchaus keine unbekannten Techniker. Sie gehörten vielmehr zu den Topingenieuren des Naziregimes. Während des Krieges waren diese Männer in der Heeresversuchsanstalt Peenemünde auf der Ostsee-Insel Usedom beschäftigt gewesen, wo die fortschrittlichsten Waffen des »Dritten Reichs« entwickelt wurden. Sie waren am Bau der »V1« beteiligt gewesen, jenes Marschflugkörpers, der England terrorisiert hatte, wie auch am Bau der »V2«, einer ballistischen Rakete, die zum Prototypen heutiger Boden-Boden-Raketen großer Reichweite wurde. Mit ihrer Hilfe hatten die Deutschen große Gebiete Antwerpens und Londons zerstört.[5]

»Ich fühlte mich machtlos«, sagte Asher Ben Natan, der Generaldirektor des Verteidigungsministeriums, »als fiele uns der Himmel auf den Kopf. Wieder und wieder erzählte Ben Gurion von einem Albtraum, der ihn nachts wach hielt: wie er als erster Ministerpräsident die überlebenden Juden Europas nach Israel geholt hatte und wie sie nun hier, in ihrem eigenen Land, einen zweiten Holocaust durchleiden sollten.«[6]

In einer streng geheimen internen Untersuchung, die im Jahr 1982 über diese Angelegenheit durchgeführt wurde, fasste es der Mossad selbst so zusammen: »Dies war eines der wichtigsten und traumatischsten Ereignisse in der Geschichte der israelischen Geheimdienste, eines dieser Ereignisse, das eine Kettenreaktion mit extremen Folgen auslöst.«[7]

Und extrem waren die Reaktionen in der Tat.

Harel rief für den gesamten Mossad den Alarmzustand aus. In jedem Gang der Behörde war die Krisenstimmung mit Händen zu greifen, und sie spiegelt sich auch in den internen Schreiben dieser Monate wider. »Wir müssen an Informationen kommen, was immer auch passiert«, telegrafierte das Hauptquartier in Tel Aviv im August 1962 an alle Mossad-Stationen in Europa. »Wenn irgendwo ein Deutscher auftaucht, der etwas weiß und nicht bereit ist zu kooperieren, dann werden wir ihn gewaltsam verschleppen und zum Reden bringen. Wir bitten, dies unbedingt zu beachten, denn wir brauchen Informationen um jeden Preis.«

Umgehend begannen Mossad-Agenten in die ägyptischen Botschaften und Konsulate etlicher europäischer Hauptstädte einzubrechen, um Dokumente zu fotografieren. Außerdem gelang es ihnen, einen Schweizer Angestellten im Büro der Egypt Air in Zürich anzuwerben – die Firma diente gelegentlich zur Tarnung für Nassers Geheimdienste. Dieser Mann gestattete es den Mossad-Agenten, zweimal die Woche nachts die Postsäcke abzuholen und in eine konspirative Wohnung zu bringen, wo sie geöffnet wurden, damit der Inhalt fotokopiert werden konnte. Anschließend wurden die Säcke von Experten auf eine Weise wiederverschlossen, die keinerlei Hinweise darauf gab, dass sich jemand an ihnen zu schaffen gemacht hatte – dann brachte man sie zurück ins Büro der Fluglinie. Schon nach ziemlich kurzer Zeit hatte der Mossad erste Einblicke in das ägyptische Raketenprojekt und seine Führungsriege.

Das Projekt war von zwei international bekannten Wissenschaftlern ins Leben gerufen worden, Dr. Eugen Sänger und Wolfgang Pilz. Während des Krieges hatten sie in der Heeresversuchsanstalt Peenemünde eine zentrale Rolle gespielt und waren daraufhin im Jahr 1954 an das Institut für Physik der Strahlenantriebe in Stuttgart gegangen. Sänger wurde der Direktor der renommierten Einrichtung. Pilz und zwei andere ehemalige Wissenschaftler der Wehrmacht, Dr. Paul Goercke und Dr. Heinz Krug, übernahmen die Geschäftsführung. Doch die Männer fühlten sich im Nachkriegsdeutschland unausgelastet und nutzlos, und so gingen sie im Jahr 1959 auf das ägyptische Regime zu und boten ihm an, zum Zweck der Entwicklung von Boden-Boden-Raketen großer Reichweite Wissenschaftler anzuwerben und die Gruppe zu leiten. Nasser stimmte bereitwillig zu und ernannte einen seiner engsten Militärberater als Koordinator: General 'Isam al-Din Mahmoud Khalil, den früheren Direktor des Luftwaffennachrichtendienstes und Leiter der Forschungs- und Entwicklungsabteilung der ägyptischen Armee. Khalil schuf für die deutschen Wissenschaftler, die erstmals im April 1960 für einen Kurzbesuch in Ägypten landeten, eine unterteilte, vom Rest der ägyptischen Armee abgetrennte Organisationseinheit.

Ende des Jahres 1961 zogen Sänger, Pilz und Goercke nach Ägypten und überzeugten 35 erfahrene deutsche Wissenschaftler und Techniker, ihnen zu folgen. Die Anlage in Ägypten bestand aus Testfeldern, Laboratorien und luxuriösen Wohnquartieren für die deutschen Auswanderer, die in den Genuss von exzellenten Bedingungen und üppigen Gehältern kamen. Nur Krug blieb in Deutschland. Er gründete dort eine Firma namens Intra-Handelsgesellschaft mbH, die der Gruppe faktisch als europäischer Außenposten diente.

Doch beinahe sofort, nachdem der Mossad einen grundlegenden Einblick in die Situation gewonnen hatte, kam die nächste schlechte Nachricht. Am 16. August 1962 tauchte Isser Harel mit Grabesmiene bei Ben Gurion auf, um ihm ein Dokument aus den Postsäcken des ägyptischen Geheimdienstes zu überbringen, das zwei Tage zuvor in Zürich fotokopiert worden war.

Die Israelis waren zutiefst schockiert. Bei dem Dokument handelte es sich um eine Bestellung, die Pilz im Jahr 1962 an die ägyptischen Projektmanager geschickt hatte. Sie enthielt eine Aufstellung der in Europa zu erwerbenden Materialien für den Bau von 900 Raketen. Das war eine gewaltige Menge. Einem internen Bericht zufolge wurde der gesamte Mossad nach diesem Fund von einer Stimmung ergriffen, die an Panik grenzte. Schlimmer noch, das Dokument weckte unter israelischen Experten neue Befürchtungen über die wahren Ziele der Ägypter: die Ausrüstung der Raketen mit radioaktiven und chemischen Sprengköpfen.[8]

Ben Gurion berief Notkonferenzen auf höchster Ebene ein.

Harel hatte einen Plan, oder zumindest etwas Ähnliches. Die Informationen nämlich, die bis dahin vom Mossad gesammelt worden waren, offenbarten den wunden Punkt des Raketenprojekts: Man hinkte mit der Entwicklung der Lenksysteme so weit hinterher, dass sie noch so gut wie unbrauchbar waren und den Beginn der Massenproduktion verhinderten. Solange dies so blieb, war Ägypten auf die deutschen Wissenschaftler angewiesen. Ohne sie würde das gesamte Projekt scheitern. Entsprechend bestand Harels Plan darin, die Deutschen entweder zu entführen oder zu eliminieren.[9]

Ende August fuhr Harel nach Europa, um den Plan in die Tat umzusetzen. Dort wurde es langsam kühler, der eisigste Winter seit vielen Jahren kündigte sich an. Nachdem alle Versuche, Pilz ausfindig zu machen, fehlgeschlagen waren, entschied sich Harel, stattdessen gegen Krug vorzugehen.[10]

Am 10. September, einem Montag, rief um 17.30 Uhr bei Krug zu Hause in München ein Mann an, der sich als Saleh Qaher vorstellte. Er sagte, er spreche im Auftrag von Oberst Said Nadim, der die rechte Hand General Mahmoud Khalils war. Nadim bitte um ein Treffen mit Krug, »in einer dringenden Angelegenheit und möglichst sofort«. Krug kannte Nadim gut. Dieser lasse ihn grüßen, ließ ihn Qaher mit überaus freundlicher Stimme wissen, er sei im Münchner Hotel Ambassador abgestiegen, um dort auf Krug zu warten. Die Sache, um die es ging, so Qaher, sei geschäftlich, und es werde ein ordentlicher Gewinn für Krug dabei herausspringen. Die Hintergründe seien jedoch etwas speziell und könnten deshalb keinesfalls im Büro der Intra besprochen werden.[11]

Krug fand daran nichts Ungewöhnliches und nahm die Einladung an. Qaher jedoch war kein anderer als der langjährige Mossad-Mann Oded. Im Irak geboren, hatte er sich dort dem zionistischen Untergrund angeschlossen und 1949, nachdem er beinahe gefasst worden war, das Land verlassen. Er hatte in Bagdad zusammen mit muslimischen Kindern die Schule besucht und ging ohne Weiteres als Araber durch. Seit vielen Jahren arbeitete er in einem Einsatzteam des Mossad gegen arabische Ziele.

Oded traf sich mit Krug in der Lobby des Hotels Ambassador. »Oberst Nadim und ich brauchen Sie für eine wichtige Aufgabe«, erklärte er.

Am nächsten Tag fuhr Oded zum Büro der Intra, um Krug abzuholen. Das Treffen mit Nadim sollte außerhalb der Stadt in einer Villa stattfinden. »Ich kam mit dem Taxi, und Krug war erfreut, mich zu sehen, und stellte mich den Mitarbeitern seiner Firma vor. Keinen Moment lang kam er auf die Idee, dass ich nicht derjenige war, als der ich mich ausgab. Wir verstanden uns gut. Im Mercedes, auf dem Weg zu der Adresse, die ich ihm gegeben hatte, schmierte ich ihm Honig ums Maul und sagte ihm, wie sehr wir im ägyptischen Geheimdienst seine Dienste und seinen Einsatz zu schätzen wussten. Er selbst sprach hauptsächlich von dem neuen Mercedes, den er sich gerade gekauft hatte.«

Die beiden kamen zu dem Haus, in dem, wie Krug glaubte, Nadim schon wartete. Sie stiegen aus dem Auto. Eine Frau öffnete die Tür, und Krug trat ein. Oded war hinter ihm und blieb wie geplant draußen, als sich die Tür hinter Krug schloss.[12]

Drinnen warteten drei weitere Agenten. Mit wenigen Hieben schlugen sie Krug bewusstlos, dann wurde er geknebelt und gefesselt. Als er zu sich kam, untersuchte ihn ein Arzt, ein französischer Jude, den die Gruppe angeworben hatte. Ihm zufolge hatte Krug einen leichten Schock erlitten, weshalb er von Beruhigungsspritzen abriet. Ein Deutsch sprechender Mossad-Agent erklärte Krug: »Sie sind unser Gefangener. Wenn Sie nicht tun, was wir sagen, machen wir Sie kalt.« Krug versprach zu gehorchen und wurde in einen geheimen Raum gebracht, der in einem der Fahrzeuge, einem VW-Bus, installiert worden war. Die ganze Mannschaft, einschließlich Isser Harel, der den gesamten Einsatz begleitete, fuhr mit diesem und zwei weiteren Autos Richtung französische Grenze. Sie hielten in einem Wald, und Harel erklärte Krug, dass sie im Begriff waren, die Grenze zu überqueren. Falls er auch nur einen Laut von sich gäbe, würde der Fahrer per Knopfdruck eine tödliche Dosis Giftgas in seiner Zelle freisetzen.

Krug, dem man entgegen dem ärztlichen Rat starke Beruhigungsmittel verabreicht hatte, wurde nach der Ankunft in Marseille in eine El-Al-Maschine gesteckt, die jüdische Einwanderer aus Nordafrika nach Israel brachte. Gegenüber den französischen Behörden hatten die Mossad-Leute ihn als erkrankten Immigranten ausgegeben.[13]

Gleichzeitig lancierte der Mossad eine weitreichende Desinformationskampagne, in der ein Mann, der Krug ähnlich sah und einen entsprechenden Ausweis bei sich trug, durch Südamerika reiste und eine Spur von Papieren hinterließ, die darauf hindeuteten, dass Krug Ägypten und seinen Kollegen den Rücken gekehrt und sich mit dem Geld aus dem Staub gemacht hatte. Zudem ließ der Mossad gegenüber den Medien die

Behauptung durchsickern, dass Krug mit General Khalil und seinen Leuten Streit gehabt hatte und offenbar von ihnen entführt und ermordet worden war.[14]

In Israel wurde Krug in einer geheimen Mossad-Anlage inhaftiert und harten Verhörmethoden unterzogen. Zuerst schwieg er, aber dann kooperierte er doch, und im Verlauf mehrerer Monate »trug er üppig Früchte«, wie es in einem Mossad-Bericht heißt. »Der Mann hatte ein gutes Gedächtnis und wusste über sämtliche organisatorisch-administrativen Einzelheiten des Raketenprojekts Bescheid.« Die Dokumente in seiner Brieftasche waren ebenfalls hilfreich. »Mithilfe dieser Unterlagen war es uns möglich, ein ganzes Lexikon von Informationen aufzubauen«, schloss der Bericht.[15]

Krug bot sogar an, als Mossad-Agent zurück nach München zu gehen. Doch die Vernehmungsagenten hatten den Eindruck gewonnen, dass er ihnen alles gesagt hatte, was er wusste. Der Mossad schwankte, was mit Krug zu tun sei. Wenn man sein Angebot annahm, bestand offensichtlich die Gefahr, dass Krug seine neuen Führungsoffiziere betrog, zur Polizei ging und zu Protokoll gab, wie Israelis einen deutschen Staatsbürger auf deutschem Territorium entführt hatten. Harel entschied sich für den leichteren Ausweg. Er befahl S. G., einem seiner Männer, Krug an einen verlassenen Ort nördlich von Tel Aviv zu bringen und zu erschießen. Ein Flugzeug der Luftwaffe holte den Leichnam ab und warf ihn ins Meer.[16]

Der Erfolg des Einsatzes ermunterte Ben Gurion, für mehr und mehr gezielte Tötungsaktionen grünes Licht zu geben. Auch befürwortete er die Verwendung einer geheimen Einsatztruppe des Nachrichtendienstes der Streitkräfte (AMAN), der sogenannten Einheit 188, die israelische Soldaten mit falscher Identität tief in feindliche Länder einschleuste. Die Kommandozentrale dieser Einheit befand sich in der Militärbasis Sarona in Tel Aviv, in der Nähe von Ben Gurions Büro, und sie hatte ein Übungsgelände am Strand im Norden von Tel Aviv, direkt neben Natan Rotbergs Sprengstofflabor.

Isser Harel hatte nichts für die Einheit 188 übrig. Seit Mitte der 1950er-Jahre hatte er versucht, Ben Gurion zu überreden, sie in den Mossad zu überführen oder ihm zumindest die Leitung zu übergeben. Aber die Armee war vehement dagegen, und Ben Gurion ließ ihn auflaufen.[17]

Der Chef des AMAN, Generalmajor Meir Amit, war nicht der Ansicht, dass die deutschen Wissenschaftler eine derart große Bedrohung darstellten, wie Harel glaubte. Aber wegen der Rivalität zwischen den beiden Organisationen verlangte er, dass seine Einheit 188 ebenfalls die Erlaubnis erhielt, gegen die Deutschen vorzugehen, denn, so drückte er es aus, »wir dürfen diese Sache nicht ignorieren und müssen sie im Keim ersticken«. Und so entbrannte zwischen der Einheit 188 und dem Mossad ein heftiger Konkurrenzkampf darüber, wer mehr Deutsche töten konnte.

Während dieser Zeit hatte die Einheit 188 einen altgedienten Agenten unter falscher Identität in Ägypten. Wolfgang Lotz war als Sohn eines nichtjüdischen Vaters und einer jüdischen Mutter der perfekte Maulwurf. Er war nicht beschnitten und sah aus wie ein typischer Deutscher. In seiner Tarnbiografie als ehemaliger Wehrmachtsoffizier in Rommels Afrikakorps gab er sich als Pferdezüchter aus, der nach Ägypten zurückgekehrt war, um ein Gestüt aufzubauen.

Innerhalb kürzester Zeit wurde Lotz, der ein begnadeter Schauspieler war, ein integraler Bestandteil der wachsenden deutschen Community in Kairo. Er versorgte die Einheit 188 mit zahlreichen Einzelheiten über die Raketenprojekte und ihre Beschäftigten. Die Befürchtung, dass er enttarnt werden könnte, machte es ihm jedoch unmöglich, die Ausschaltung der Wissenschaftler selbst in die Hand zu nehmen. Und so war es nach Ansicht von Josef Jariv, dem Chef der Einheit 188, das Beste, die deutschen Wissenschaftler durch den Einsatz von Brief- und Paketbomben aus dem Weg zu räumen.[18]

Jariv wies Natan Rotberg an, mit der Vorbereitung der Bomben zu beginnen. Zufälligerweise arbeitete Rotberg gerade an einer neuen Sprengvorrichtung: an dünnen, flexiblen Deta-Platten »aus explosivem Material, die für zivile Zwecke entwickelt worden waren« und die es möglich machten, die Ladung besser zu verdämmen. »Wir mussten eine Vorrichtung erfinden, die trotz all der Stöße, die ein Brief während der Abfertigung abkriegt, sicher und entschärft blieb und dann im richtigen Moment explodierte«, erklärte Rotberg. »Dementsprechend war der Mechanismus des Umschlags so konstruiert, dass die Bombe nicht schon dann scharf wurde, wenn man den Umschlag öffnete, denn das hätte die ganze Sache verdammt explosiv gemacht. Vielmehr wurde die Bombe erst dann scharf, wenn etwas aus dem Umschlag herausgeholt wurde.«[19] Das Projekt wurde in Zusammenarbeit mit den französischen Nachrichtendiensten entwickelt und umgesetzt. Im Gegenzug erhielten diese von Lotz Informationen über die Untergrundaktivitäten der algerischen Nationalen Befreiungsfront (FLN) in Kairo. Darüber hinaus half die Einheit 188 den Franzosen, Sprengstoff nach Kairo zu schmuggeln, um damit FLN-Mitglieder zu ermorden.[20]

Erstes Opfer der neuen Briefbomben sollte Alois Brunner sein, ein flüchtiger Nazi-Kriegsverbrecher, der einer der wichtigsten Mitarbeiter Adolf Eichmanns gewesen war und als Kommandant eines französischen Konzentrationslagers 130 000 Juden in den Tod geschickt hatte. Die Einheit 188 machte ihn in Damaskus ausfindig, wo er seit acht Jahren unter falschem Namen lebte. Die arabischen Länder hatten nicht wenigen Nazi-Kriegsverbrechern Asyl gewährt und waren im Gegenzug in den Genuss verschiedenster Dienstleistungen gekommen. Brunner etwa half bei der Ausbildung von Befragungs- und Foltereinheiten des syrischen Geheimdienstes.

Gefunden wurde er mithilfe von Eli Cohen, einem der Topagenten der Einheit 188, der in eine höhere Position in den syrischen Verteidigungsbehörden eingeschleust worden war. Nachdem Ben Gurion die Genehmigung für Brunners Beseitigung erteilt hatte, entschied Jariv, dass Rotbergs Deta-Platten-Konstruktion an dem Nazi ausprobiert werden sollte. »Wir schickten ihm ein kleines Geschenk«, sagte Rotberg.

Am 13. September 1962 erhielt Brunner in Damaskus einen großen Umschlag, der explodierte, nachdem er ihn geöffnet hatte. Brunner erlitt schwere Verletzungen im Gesicht und verlor sein linkes Auge, aber er überlebte.[21]

Trotzdem fühlte die Einheit 188 sich ermutigt, denn immerhin war es gelungen, die Bombe zum Zielobjekt zu schicken. Sie konnte es kaum erwarten, dieselbe Methode gegenüber den deutschen Wissenschaftlern anzuwenden. Doch der Mossad erhob Einspruch. Rafi Eitan erklärte: »Ich bin gegen alle Aktionen, die man nicht steuern kann. Der Umschlag könnte von einem Briefträger geöffnet werden – oder von einem Kind. So etwas tut man nicht.«[22]

Außerdem stellte sich heraus, dass es extrem schwierig war, an die Deutschen in Ägypten heranzukommen, weil sie ihre Post nicht direkt in Empfang nahmen. Der ägyptische Geheimdienst sammelte die gesamte Post für das Projekt und seine Mitarbeiter in den jeweiligen Büros der Egypt Air, und erst von dort aus wurde alles weiter nach Kairo geschickt. Man beschloss also, nachts in ein Büro der Fluggesellschaft einzubrechen und die Umschläge in die Postsäcke zu legen.[23]

Mithilfe einer in den Werkstätten des Mossad entwickelten neuen Methode, die es erlaubte, Schlösser mit einem ausgeklügelten Generalschlüssel zu öffnen, gelangten Mossad-Agenten, die die Einheit 188 unterstützten, am 16. November in das Frankfurter Büro der Egypt Air. Der Einbruchsspezialist war während der Aktion halb hinter einer Agentin versteckt: Die beiden lehnten sich zusammen gegen die Tür, als wären sie ein Liebespaar. Doch als das Team in das Büro kam, waren die Postsäcke nicht zu finden. Am nächsten Tag versuchten sie es erneut, und während sie noch mit der Tür beschäftigt waren, tauchte der schwer alkoholisierte Hausmeister auf. Diesmal waren keine Frauen im Team, weshalb zwei männliche Mitarbeiter so taten, als wären sie ein schwules Pärchen, das hier herumknutschte. Sie entkamen, ohne das Misstrauen des betrunkenen Hausmeisters zu wecken. In der nächsten Nacht folgte ein weiterer Versuch, und diesmal lief alles glatt. Der Sack mit der Post, die nach Ägypten geschickt werden sollte, lag auf einem der Schreibtische, und die Umschläge mit den Sprengsätzen wurden hineingelegt.

Als Hauptzielobjekt war Pilz ausgewählt worden. Die Informationen, die man über ihn gesammelt hatte, ließen erkennen, dass er sich von seiner Frau scheiden lassen wollte, um seine Sekretärin Hannelore Wende zu heiraten. Die Ehefrau lebte in Berlin, hatte sich jedoch einen Anwalt in Hamburg genommen. Man ließ folglich den Brief mit der für Pilz bestimmten Bombe so aussehen, als käme er von diesem Anwalt, mit dem Firmenzeichen und der Adresse hinten auf dem Umschlag. »Die Projektplaner waren davon ausgegangen, dass Hannelore Wende einen derart persönlichen Brief nicht öffnen, sondern Pilz aushändigen würde«, heißt es im Abschlussbericht zu dem Einsatz.

Doch die Planer hatten sich geirrt. Wende, die am 27. November die Post in Empfang nahm, war offenbar der Ansicht, dass dieser Brief ihr eigenes Leben ebenso betraf wie das von Pilz. Als sie ihn öffnete, explodierte er in ihren Händen und riss ihr mehrere Finger ab. Sie erblindete an einem Auge, auch das andere Auge wurde schwer verletzt, zusätzlich verlor sie zahlreiche Zähne. Die ägyptischen Behörden wussten sofort, was sich abspielte, und machten die anderen Briefbomben mithilfe von Röntgengeräten ausfindig. Man übergab sie zur Entschärfung und Untersuchung dem sowjetischen Geheimdienst in Kairo.

Die Explosionen von Kairo jagten den Wissenschaftlern und ihren Familien zwar Angst ein, aber letztlich bewegten sie keinen von ihnen, seine angenehme und gut bezahlte Stelle zu kündigen. Stattdessen stellte der ägyptische Geheimdienst einen erfahrenen deutschen Sicherheitsoffizier ein, einen früheren SS-Mann namens Hermann Adolf Vallentin. Er besuchte die Intra-Büros und verschiedene Zulieferer des Projekts und gab Ratschläge in Bezug auf Sicherheitsmaßnahmen, das Austauschen von Türschlössern und die Kontrolle von Postsendungen. Gleichzeitig begann er, Nachforschungen über bestimmte Mitarbeiter anzustellen.

Das nächste Ziel auf Harels Liste war Dr. Hans Kleinwächter mit seiner Forschungsstätte in Lorch, die mit der Entwicklung eines Sicherheitssystems für die Raketen beauftragt worden war. Harel schickte die Tsiporim (»Vögel«) nach Europa, die Einsatzgruppe des Schin Bet, deren Dienste auch vom Mossad in Anspruch genommen wurden. Sie sollten umgehend mit den Planungen für die Operation »Igel« gegen Kleinwächter beginnen. Harels Befehl war schlicht: »Kleinwächter ist zu entführen und nach Israel zu bringen oder, falls das nicht funktioniert, umzubringen.«[24]

Harel selbst hatte sein Hauptquartier in der französischen Stadt Mulhouse aufgeschlagen und wurde mit jedem Tag ungeduldiger.

Der Chef der Tsiporim, Rafi Eitan, erinnert sich: »Es ist mitten im Winter, furchtbarer Schnee, eisige Kälte, ca. 20 Grad minus. Isser hockt fuchsteufelswild in einer Pension auf der anderen Seite des Rheins. Er zeigt mir ein paar Fotos und sagt: ›Das ist die Zielperson, geh los und töte sie.‹«

Die Tsiporim waren erschöpft. In Verbindung mit den deutschen Wissenschaftlern hatte man sie während der vergangenen Monate für unzählige Dienste eingeteilt, und sie mussten zusätzlich die Einheit 188 unterstützen. Schließlich sagte Eitan zu Isser Harel, dass seiner Meinung nach die Voraussetzungen für eine gezielte Tötung noch nicht gegeben waren.

»Statt einfach auf offener Straße Leute zu erschießen, mussten wir abwarten und an einer guten Falle arbeiten. ›Gib mir einen Monat Zeit‹, sagte ich zu ihm. ›Ich führe den Auftrag aus, ohne dass jemand auch nur ahnt, dass ich hier gewesen bin.‹«[25]

Aber Harel hörte nicht auf ihn. Am 21. Januar schickte er die Tsiporim nach Hause und schaltete zur Beseitigung von Kleinwächter den Mifraz ein, eine von Jitzchak Schamir geleitete Mossad-Einheit für gezielte Tötungen. Was Harel nicht wusste, war, dass Vallentin erkannt hatte, dass Kleinwächter das nächste Ziel des Mossad sein würde. Vallentin gab Kleinwächter eine Reihe von Instruktionen, stellte sicher, dass er nie ohne Begleiter war, und stattete ihn mit einer ägyptischen Armeepistole aus.[26]

Am 20. Februar sah ein Beobachtungsposten des Mossad, wie Kleinwächter sich allein auf den Weg von Lorch nach Basel machte. Es wurde beschlossen, zuzuschlagen, wenn er zurückkam. Schamir, der die Operation zusammen mit Harel vor Ort leitete, übertrug die Aufgabe an Akiwa Cohen, einen ausgebildeten Attentäter, der früher für die Irgun gearbeitet hatte: Er sollte die Schüsse abfeuern. Harel stellte ihm Zvi Acharoni zur Seite, der Deutsch sprach. Sie warteten darauf, dass das Zielobjekt am Abend zurückkam. Doch Kleinwächter tauchte nicht auf, und der Einsatz wurde abgeblasen. Danach ging alles schief. Kleinwächter erschien doch noch, und der Befehl, die Operation abzubrechen, wurde Hals über Kopf zurückgenommen. Die Ausführung war dann aber hektisch und dilettantisch. So versperrte das Auto der Mifraz-Agenten Kleinwächters Wagen zwar den Weg, aber die Art und Weise, wie die beiden Autos auf der engen Straße geparkt waren, hinderte die Mossad-Männer später am Wegfahren.

Acharoni stieg aus dem Auto und ging auf Kleinwächters Wagen zu, als wollte er nach dem Weg fragen. Der Plan war, ihn dazu zu bringen, das Fenster herunterzukurbeln. Als er damit anfing, zog Cohen, der sich hinter Acharoni näherte, seine Pistole. Er versuchte, durch das offene Fenster zu zielen, und drückte ab. Doch die Kugel traf das Glas und zertrümmerte es, bevor sie Kleinwächters Schal streifte, aber ihn selbst verfehlte. Aus unbekanntem Grund wurde kein weiterer Schuss abgegeben. Eine Theorie ist, dass der Verschluss klemmte, eine andere, dass die Kugel ein Versager war, und eine weitere, dass das Magazin sich gelockert hatte und die Pistole deshalb nicht automatisch nachladen konnte. Acharoni erkannte, dass der Plan gescheitert war, und rief den anderen zu, wegzulaufen. Ihr Auto konnten sie nicht nehmen, also rannten sie in verschiedene Richtungen davon, um zu den wartenden Fluchtfahrzeugen zu gelangen. Kleinwächter zog seine Pistole und schoss auf die fliehenden Israelis. Er verletzte niemanden, aber die ganze Operation war ein peinlicher Misserfolg.[27]

Daraufhin brachte Harel mehrere Aktionen in Gang, die darauf abzielten, den Wissenschaftlern und ihren Familien Angst einzujagen: Sie reichten von Todesdrohungen mit anonymen Briefen, die zahlreiche Informationen über sie enthielten, bis hin zu tatsächlichen Besuchen mitten in der Nacht, bei denen Ähnliches angekündigt wurde.

Auch diese Operationen waren kläglich gescheitert, als die Schweizer Polizei einen Mossad-Agenten namens Joseph Ben Gal festnahm, nachdem er Professor Goerckes Tochter Heidi bedroht hatte.[28] Er wurde nach Deutschland ausgeliefert und zu einer kurzen Haftstrafe verurteilt. Die Mossad-Agenten, die den Prozess verfolgten, sahen voller Unbehagen mit an, wie der riesenhafte Sicherheitsoffizier des Raketenprojekts, Hermann Vallentin, mit süffisantem Lächeln vor Gericht erschien. Er tat noch nicht einmal so, als wollte er seine Pistole verstecken.

Bis zum Frühjahr 1963 konnte das für Israel so bedrohliche ägyptische Raketenprojekt von Harels Mossad nicht verlangsamt, geschweige denn beendet werden. Also griff Harel zu einer politischen List, indem er anfing, Gerüchte an die Presse durchsickern zu lassen. Manche stimmten, andere waren aufgebauscht, wieder andere komplett erfunden (wie zum Beispiel die, dass die Deutschen Ägypten beim Bau von Atombomben und tödlichen Laserstrahlen unterstützten). Gerüchte also über Nazis, die den Arabern beim Bau von Waffen zur Ermordung von Juden halfen. Harel hatte keine Zweifel, dass die deutschen Wissenschaftler noch immer überzeugte Nazis waren, die die »Endlösung« vollenden wollten. Seiner Ansicht nach wussten die deutschen Behörden über ihre Machenschaften Bescheid, taten aber nichts, um sie zu stoppen. In Wahrheit waren die Wissenschaftler jedoch lediglich Leute, die sich an ihr gutes Leben im »Dritten Reich« gewöhnt hatten. Mit der deutschen Kapitulation hatten sie ihren Job verloren, und nun versuchten sie schlicht und ergreifend, in Ägypten zu schnellem Geld zu kommen, wobei es ihnen herzlich egal war, wie sich ihre Hilfeleistung auf die Situation im Nahen Osten auswirkte. Harel jedoch infizierte die gesamte Behörde, ja das ganze Land, mit seiner Besessenheit.

Um seine Behauptungen zu beweisen, legte Harel Informationen vor, die in Kairo über Dr. Hans Eisele, den Schlächter von Buchenwald, gesammelt worden waren. Dieser Mann war an entsetzlichen Experimenten an jüdischen Häftlingen beteiligt gewesen. Als nachweislicher Kriegsverbrecher hatte er sich einem Prozess entzogen und in Ägypten eine angenehme Zuflucht gefunden, wo er als Arzt für die deutschen Wissenschaftler arbeitete. Harel fühlte in Kairo noch ein paar anderen Nazis auf den Zahn, aber es war niemand dabei, der zum Kreis der Raketenforscher gehörte.[29]

Er hatte das Ziel, Deutschland in aller Öffentlichkeit bloßzustellen. Mit der Bundesrepublik verband Israel eine komplizierte, innenpolitisch höchst umstrittene Beziehung. Relativ moderate Figuren wie Ben Gurion und sein engster Mitarbeiter Schimon Peres verfochten die Ansicht, dass Israel es sich nicht leisten konnte, die Unterstützung der westdeutschen Regierung abzulehnen – zumindest nicht in Zeiten, in denen die USA die erbetene militärische und ökonomische Hilfe nur sehr zögerlich gewährten. Die deutsche Unterstützung wurde in Form eines Wiedergutmachungsabkommens geleistet. Außerdem verkaufte Westdeutschland Militärausrüstung an Israel und verlangte dafür nur einen Bruchteil des eigentlichen Preises. Hardliner wie Golda Meir und Harel selbst lehnten dagegen die Auffassung ab, dass die Bundesrepublik Deutschland ein »neues« oder »anderes« Deutschland war. Ihrer Ansicht nach hatte die Geschichte einen nicht auszuwaschenden Schandfleck hinterlassen.

Harel berief außerdem das Editors Committee ein, jenes besondere israelische Gremium, das damals aus den wichtigsten Zeitungsverlegern und den führenden Intendanten der Rundfunk- und Fernsehanstalten zusammengesetzt war und auf Bitten der israelischen Regierung regelmäßig Beiträge in den eigenen Medien zensierte oder zurückhielt. Harel bat das Editors Committee, ihm drei Journalisten zur Verfügung zu stellen, die dann von ihm in den Mossad eingeschleust wurden. Man schickte sie auf Mossad-Kosten nach Europa, damit sie Informationen über die Scheinfirmen sammelten, die die Ausrüstung für das ägyptische Projekt beschafften. Harel behauptete, dass er die Journalisten aus operativen Gründen brauchte, die Wahrheit war jedoch, dass er ihre Mitwirkung und das von ihnen gesammelte Material nutzen wollte, um Informationen zu waschen, die er längst hatte. Auf diese Weise konnte man es gegenüber den ausländischen und israelischen Medien durchsickern lassen, um mithilfe dieser Presseberichte ein Klima erzeugten, das Harels Zwecken nutzte.[30]

Harels Kampagne löste in Israel ein Medienspektakel und eine schleichende Panik aus.[31] Ben Gurion versuchte vergeblich, Harel zu beruhigen.[32] »Ich hatte das Gefühl, dass er in dieser Hinsicht nicht ganz zurechnungsfähig war«, sagte der damalige Schin-Bet-Chef Amos Manor. »Es ging sehr viel tiefer als ein Spleen. Man konnte mit ihm darüber kein vernünftiges Gespräch führen.«[33]

Wie es so häufig passiert: Am Ende sollte Harel sich mit seiner Obsession selbst zugrunde richten. Harels Öffentlichkeitskampagne, die grellen Zeitungsgeschichten über Hitlers Lakaien, die aus der Versenkung hervorkrochen, schadeten Ben Gurion in hohem Maße. Man warf dem Ministerpräsidenten vor, dass er nicht genug getan hatte, um die Bedrohung zu beenden, die von den in Ägypten tätigen deutschen Wissenschaftlern ausging – eine Bedrohung, die Israels Bürger als schwere und völlig reale Gefährdung ihrer nackten Existenz auffassten. Auch dass er ihr Land zu einer Aussöhnung mit Westdeutschland geführt hatte, nahm man Ben Gurion übel, denn nun sah es ja so aus, als wäre ebendieses Land zumindest indirekt für eine Neuauflage der »Endlösung« verantwortlich.[34]

Am 25. März 1963 rief Ben Gurion Harel in sein Büro und verlangte von ihm eine Erklärung für eine Reihe von Maßnahmen gegenüber nationalen und internationalen Medien, die Harel ohne seine Zustimmung durchgeführt hatte. Das Gespräch artete in eine erbitterte Auseinandersetzung darüber aus, welche Haltung die israelische Regierung gegenüber Deutschland einnehmen sollte. Der Ministerpräsident erinnerte Harel daran, dass er die Politik der Regierung lediglich auszuführen hatte und sie nicht bestimmte. Von dieser Zurechtweisung verletzt, bot Harel seinen Rücktritt an – er war sich sicher, dass der Alte ohne ihn nicht zurechtkam und ihn bitten würde, weiterzumachen.[35]

Ben Gurion sah das nicht so. Er akzeptierte den Rücktritt auf der Stelle. Isser Harels einst so glänzende Karriere endete in einem misslungenen Bluff und einer vernichtenden Niederlage. Seine Ablösung durch Meir Amit, den Chef des AMAN, erfolgte umgehend.[36]

Aber für Ben Gurion war es ebenfalls zu spät. Harels Kampagne gegen die Wissenschaftler hatte dem Oppositionsführer Begin in die Hände gespielt, der nie aufgehört hatte, Ben Gurion zu attackieren. Selbst in dessen eigener Partei Mapai war die Stimmung gekippt. Mit Golda Meir, Harels wichtigster Unterstützerin, war Ben Gurion in ständige Streitereien verwickelt.

Weniger als zwei Monate nach der Ablösung Harels trat Ben Gurion zurück. Es war ihm klar geworden, dass er selbst in seiner eigenen Partei keine Unterstützer mehr hatte.[37] Sein Nachfolger wurde Levi Eschkol.

Unterdessen tüftelte man in Ägypten weiter an den Lenksystemen für die Raketen, die Israel ernsthaften Schaden hätten zufügen können.

Meir Amit, ein hervorragender junger Befehlshaber der Israelischen Verteidigungsstreitkräfte – einer der Strategen des Sinai-Feldzugs 1956 und über mehrere Generationen verantwortlich für die weitreichende Modernisierung des militärischen Nachrichtendienstes –, übernahm einen Mossad, der sich im Zustand der Auflösung befand.[38]

Die gesamte Behörde war zutiefst demoralisiert. In den neun Monaten, seit die vier Raketentests von Ägypten bekannt gegeben worden waren, hatten die Israelis herzlich wenig über das Programm herausgefunden, und alles, was der Mossad und der AMAN bis dahin versucht hatten, war nicht dazu geeignet gewesen, das Projekt auch nur zu verlangsamen, geschweige denn zu stoppen. Deutschland unter Druck zu setzen – sei es durch Harels selbstzerstörerische Pressekampagne oder durch Außenministerin Golda Meirs feurige Reden in der Knesset – hatte nichts genützt. Auch ein scharf formulierter Brief von Eschkol an Bundeskanzler Konrad Adenauer im Spätsommer dieses Jahres mit der Aufforderung, sofortige Maßnahmen zur Rückführung der Wissenschaftler aus Ägypten zu ergreifen, bewegte die Deutschen nicht zum Handeln. Israelische Diplomaten meldeten an das Außenministerium in Jerusalem, sie hätten den Eindruck, dass »Adenauer und die Regierung mit wichtigeren Problemen beschäftigt sind«. Dazu gehörte zum Beispiel, »nach der Kubakrise eine Eskalation des Kalten Krieges zu verhindern«.[39]

Amit machte sich daran, die Behörde zu sanieren, indem er sich Verstärkung aus dem Kreis der besten Mitarbeiter des AMAN holte. In dem Augenblick, in dem er das Ruder übernahm, stoppte er außerdem sämtliche Projekte, die er als sachfremd betrachtete. Dies schloss eine drastische Reduzierung jener Mittel ein, die für die Jagd auf Nazi-Verbrecher vorgesehen waren. »Es geht hier um Prioritäten«, sagte er. »Vor allem anderen müssen wir Informationen über Israels heutige Feinde beschaffen.«[40]

Amit wusste, dass er einen taktischen Neuanfang brauchte und dass der Mossad seine Vorgehensweise bezüglich des ägyptischen Raketenproblems überdenken musste. Entsprechend befahl er eine Ressourcenverschiebung weg von gezielten Tötungsaktionen hin zu einer möglichst genauen Untersuchung dessen, was im Innern des Raketenprojekts vor sich ging.

Unter der Hand aber, indem er nur wenige Führungskräfte einweihte, bereitete er weitere gezielte Tötungsaktionen gegen die Wissenschaftler vor. Operative Mitarbeiter suchten nach einem Weg, Paketbomben direkt in Ägypten aufzugeben und dadurch die Zeit zwischen dem Verschicken und dem Öffnen des Pakets wesentlich zu verkürzen. Sie testeten die Methode an einem relativ leichten Ziel, dem Arzt Hans Eisele. Am 25. September explodierte im Postamt des wohlhabenden Kairoer Stadtviertels Maadi eine Briefbombe, die an Dr. Carl Debouche adressiert war. Dies war der Name, unter dem Eisele damals lebte. Ein Mitarbeiter der Post verlor durch die Explosion sein Augenlicht.[41]

Das Scheitern der Operation brachte Amit zu der Überzeugung, dass gezielte Tötungen äußerst sparsam eingesetzt werden sollten – nicht gerade als letztes Mittel, aber doch nur nach sorgfältigster Planung. Peinliche Fehlschläge könnten so in Zukunft verhindert werden. Trotzdem ordnete er an, dass der Mossad Pläne vorbereitete, die darauf abzielten, die Wissenschaftler zu erschießen, in die Luft zu jagen oder zu vergiften, falls die Versuche, die Sache friedlich zu lösen, keinen Erfolg hatten.[42]

Amit befahl eine Verstärkung der Einbrüche in die deutschen und schweizerischen Büros, die mit dem Raketenprojekt in Verbindung standen. Es sollten so viele Dokumente wie möglich fotografiert werden. Diese Operationen waren ungeheuer komplex. Die Standorte wurden streng bewacht, sowohl vom ägyptischen Geheimdienst als auch von Hermann Vallentins Männern. Und sie befanden sich in den Zentren dicht besiedelter europäischer Städte und damit in Ländern, in denen die Gesetze strenge Geltung hatten.

Mossad-Agenten plünderten die Botschaften von Ägypten, die ägyptische Handelsmission in Köln und das Intra-Büro in München. Zwischen August 1964 und Dezember 1966 brachen sie mindestens 56-mal in das Büro der Egypt Air in Frankfurt ein.

Die Informationen, die man durch die Einbrüche erhalten hatte (allein bis 1964 wurden rund 30 000 Dokumente fotografiert), waren wichtig, aber nicht im Geringsten befriedigend. Jemand vom Mossad musste direkt in das Raketenprojekt eingeschleust werden. Diese schwierige Aufgabe wurde einer Abteilung namens Tsomet (»Kreuzung«) übertragen, die sich durch die Beschaffung eines Großteils der Informationen zur wichtigsten Abteilung des Mossad entwickeln sollte.

Anders als in Hollywood-Filmen und Groschenromanen werden die meisten dieser Informationen jedoch nicht von im Schatten umherschleichenden Mossad-Leuten gesammelt, sondern von ausländischen Bürgern in ihren Heimatländern. Die Mitarbeiter des Mossad, die dafür zuständig sind, solche Quellen anzuwerben und zu führen, nennt man »Sammlungsoffiziere«, im hebräischen Akronym *katsa*. Als erfahrene Psychologen wissen sie, wie man einen Menschen dazu bringt, alles zu verraten, woran er glaubt: seine Freunde, seine Familie, seine Organisation und sein Land.

Doch leider hatte es bisher keiner von ihnen geschafft, seine psychologischen Kenntnisse an jemandem zu erproben, der eine gewisse Nähe zu dem ägyptischen Raketenprojekt hatte. In der langfristigen Strategie bekam das Rekrutieren von Agenten in arabischen Ländern Priorität, aber jetzt tickte die Uhr, und Tsomet musste sich anderswo umgucken.

Im April 1964 wurde Rafi Eitan von Amit nach Paris geschickt, das als europäische Schaltzentrale des israelischen Geheimdienstes fungierte. Von dort aus sollte er die Arbeit der Abteilung Tsomet auf dem europäischen Kontinent koordinieren. Bisher waren sämtliche Anstrengungen von Tsomet gescheitert, einen der Wissenschaftler zu rekrutieren, was vor allem an Vallentins strikten Sicherheitsvorkehrungen lag. Dieser Mann wurde mehr und mehr zum Problem.

Die Notwendigkeit, Vallentin auszuschalten, führte dann zum Fang eines sehr viel größeren Fisches. Abraham Achituv, der Koordinator der Abteilung Tsomet in Bonn, hatte einen Einfall, den er Eitan im Mai 1964 in Paris unterbreitete. Er hatte jemanden aufgetan, einen zwielichtigen Charakter, der sowohl Waffen als auch Informationen an das Nasser-Regime verkauft hatte und darüber hinaus den deutschen Wissenschaftlern nahestand. »Es gibt nur ein kleines Problem«, sagte Achituv. »Otto Skorzeny, so heißt der Mann, war ein hochrangiger Wehrmachtsoffizier, hatte das Kommando über Hitlers Sonderverbände und war ein Liebling des Führers.«

»Und diesen Otto willst du anwerben?«, fragte Eitan sarkastisch. »Na, wunderbar.«

»Ach so, und noch eine Kleinigkeit«, ergänzte Achituv. »Er war überzeugter Nazi und Mitglied der SS.«

Im Jahr 1960, so erzählte Achituv Eitan, hatte Harel der Spezialeinheit für die Jagd von Nazi-Verbrechern, der Amal, den Auftrag erteilt, möglichst viele Informationen über Skorzeny zu sammeln. Ziel war es, ihn vor Gericht zu bringen oder zu töten. Aus seiner Akte konnte man ersehen, dass er mit 23 Jahren ein begeistertes Mitglied der österreichischen NSDAP geworden war, im Jahr 1935 einer geheimen SS-Einheit in Österreich beigetreten und an Hitlers Annexion von Österreich, dem »Anschluss«, ebenso beteiligt gewesen war wie an der Reichspogromnacht. Er machte eine steile Karriere in der Waffen-SS und wurde der Leiter ihrer Sonderverbände.

Sturmbannführer Skorzeny sprang mit dem Fallschirm über dem Iran ab und bildete die dortigen Stämme darin aus, Erdölleitungen zu sprengen, die der Versorgung der alliierten Truppen dienten. Außerdem zettelte er eine Verschwörung zur Ermordung der »Großen Drei« an – Churchill, Stalin und Roosevelt. Er entwarf außerdem einen Plan zur Entführung und Ermordung von General Dwight D. Eisenhower, der deshalb das Weihnachtsfest 1944 unter strenger Bewachung verbringen musste. Am berühmtesten aber war er dafür, dass Hitler ihn persönlich auserwählt hatte, das »Unternehmen Eiche« anzuführen. Bei dieser Operation wurde der gestürzte faschistische Diktator Benito Mussolini, ein Freund und Verbündeter des »Führers«, aus dem Hotel Campo Imperatore in den Abruzzen befreit, in dem er von der italienischen Regierung gefangen gehalten wurde.

Alliierte Geheimdienste nannten Skorzeny daraufhin den »gefährlichsten Mann Europas«.[43] Er wurde jedoch nie für Kriegsverbrechen verurteilt. Ein Gericht sprach ihn frei, und nachdem er wegen anderer Beschuldigungen erneut inhaftiert worden war, konnte er mithilfe seiner SS-Freunde entkommen. Er suchte Zuflucht in Francos Spanien, von wo aus er profitable Geschäftsbeziehungen mit faschistischen Regimen in aller Welt anknüpfte und auch mit den deutschen Wissenschaftlern in Ägypten Kontakt hielt.

Skorzenys Bekanntschaft mit den Wissenschaftlern und die Tatsache, dass er während des Krieges der Vorgesetzte von Vallentin gewesen war, reichten nach Eitans Ansicht aus, ihn trotz seiner Nazi-Vergangenheit zu rekrutieren. Eitan war kein Holocaust-Überlebender, und er ging mit der Angelegenheit, wie stets in solchen Fällen, ausgesprochen sachlich um. Wenn Israel dadurch geholfen wurde, so dachte er, dann war es verzeihlich. »Und wir konnten ihm im Gegenzug etwas anbieten, das sonst niemand für ihn hatte«, berichtete er seinen Kollegen. »Ein Leben ohne Angst.«

Mithilfe einer Reihe von Mittelsleuten baute der Mossad einen Kontakt zu Gräfin Ilse von Finckenstein auf – der Ehefrau von Skorzeny. Sie diente dem Mossad als Eintrittskarte. In der Mossad-Akte über die Gräfin heißt es, sie sei »Mitglied des Hochadels, eine Cousine von Hjalmar Schacht, der vor dem Krieg deutscher Reichswirtschaftsminister war. 45 Jahre alt, eine ziemlich attraktive Frau, die vor Energie sprüht.«[44]

»Sie war in alles einbezogen«, sagte Raphael (Raphi) Medan, der in Deutschland geborene Mossad-Agent, der mit der Aufgabe betraut wurde. »Sie verkaufte Adelstitel, hatte Verbindungen zum Geheimdienst des Vatikans und handelte ebenfalls mit Waffen.« Zudem hatten ihr Mann und sie eine sehr freie Auffassung von ihrer Beziehung. »Sie waren kinderlos und führten eine offene Ehe«, sagte Medan. »Ilse sah stets umwerfend aus. Um ihre Jugend zu bewahren, unterzog sie sich alle zwei Jahre einer Hormonbehandlung in der Schweiz.«[45]

Medan war »bekannt dafür, wegen seines europäischen guten Aussehens Eindruck auf Frauen zu machen«, heißt es in einem Mossad-Bericht über die Angelegenheit. Für den späten Juli 1964 wurde in Dublin ein Treffen vereinbart. Medan stellte sich als beurlaubter Mitarbeiter des israelischen Verteidigungsministeriums vor, der nach einer Marktlücke im internationalen Tourismus suchte. Er sei unter Umständen interessiert, bei dem Bahamasprojekt mitzuwirken, an dem die Gräfin beteiligt war, behauptete er. Die Gräfin mochte Medan, und sie kamen sich näher. Als die geschäftlichen Gespräche erledigt waren, lud sie ihn zu einer Party auf ihren Gutshof ein. Das war der Auftakt zu einer Reihe von zum Teil recht wilden Begegnungen, bei denen sie gemeinsam durch die Clubs und Diskotheken Europas zogen.

Einem Gerücht zufolge, das jahrelang im Mossad zirkulierte und auf das auch die Berichte (ohne jemals eindeutig zu werden) immer wieder anspielen, »opferte« sich Medan für sein Land, indem er die offene Ehe des deutschen Paares ausnutzte, der Gräfin den Hof machte und schließlich mit ihr ins Bett ging. (Medan selbst kommentierte die Geschichte mit dem Satz: »Es gibt Dinge, über die ein Gentleman nicht spricht«. Ihre Begegnung sei »angenehm, ja erfreulich« gewesen, fügte er mit einem Lächeln hinzu.)

In Madrid, in der Nacht des 7. September, teilte Medan ihr mit, dass sich ein Freund aus dem Verteidigungsministerium gern mit ihrem Mann treffen würde, und zwar »in einer sehr wichtigen Angelegenheit«. Dieser Freund sei bereits in Europa und warte auf eine Antwort.

Es war nicht schwierig, von Finckenstein zur Mitarbeit zu überreden. Erst vier Jahre zuvor war Adolf Eichmann von Israel ausfindig gemacht, festgenommen, vor Gericht gebracht und hingerichtet worden. In der jüdischen Welt gab es mächtige Kräfte, darunter den Nazijäger Simon Wiesenthal, die sich in weltweiten Kampagnen dafür einsetzten, dass Nazis wie Skorzeny aufgespürt und vor Gericht gestellt wurden. Und Medan konnte nun also der Gräfin – und im weiteren Sinne auch ihrem Ehemann – ein »Leben ohne Angst« anbieten.

Gleich morgens, noch etwas angeschlagen vom Rauchen und Trinken in den Clubs, ließ Ilse von Finckenstein Medan freudig wissen, dass ihr Mann bereit sei, sich mit seinem Freund zu treffen – wenn möglich noch am selben Abend.

Medan rief Achituv nach Madrid und organisierte für den Abend ein Treffen in einer Hotellobby. Die Gräfin erschien als Erste, glamourös gekleidet. 15 Minuten später tauchte der Oberst auf. Medan stellte ihnen Achituv vor. Dann nahm er von Finckenstein für ein »geschäftliches Gespräch« beiseite. Skorzeny blieb bei Achituv.

In dem internen Abschlussbericht, den der Mossad über die Angelegenheit verfasst hat, ist trotz der spröden und sachlichen Sprache nicht zu überhören, wie aufreibend dieses Treffen gewesen sein muss: »Es kann nicht genug betont werden, wie groß Abraham Achituvs emotionale Widerstände gegen diese Operation waren. Abraham kommt aus einer praktizierenden jüdischen Familie, er wurde in Deutschland geboren und hat eine religiöse Schule besucht. Für ihn war das Zusammentreffen mit einem Nazi-Monster ein schockierendes und bedrückendes Erlebnis, das weit über die normalen Anforderungen des Berufs hinausging.«[46]

In dem ausführlichen Bericht, den Achituv selbst am 14. September 1964 vorlegte, beschrieb er die Gespräche, die er in jener Woche mit Skorzeny hatte:

> Skorzeny war ein Hüne. Ein Klotz von einem Mann. Jeder konnte sehen, dass er körperlich extrem stark war. Auf seiner linken Wange war die Narbe, die man von Fotos kannte und die bis zum Ohr reichte. Auf diesem Ohr war er zur Hälfte taub, und er bat mich, auf seiner rechten Seite zu sitzen. Sehr gut gekleidet.
>
> Zweimal hat Skorzeny mir Angst eingejagt: Er blätterte in seinem Adressbuch, um mir eine Telefonnummer herauszusuchen. Plötzlich nahm er ein Monokel aus der Tasche und steckte es in seine rechte Augenhöhle. Die Riesenhaftigkeit, die Narbe, das wütende Starren: Er sah aus wie der vollendete Nazi. Der zweite Vorfall ereignete sich, als wir im Anschluss an unsere Unterredung in einem Restaurant in der Nähe seines Büros zu Abend aßen. Plötzlich kam ein Mann an unseren Tisch, schlug laut die Hacken zusammen und sprach ihn auf Deutsch mit »Mein General« an. Skorzeny zufolge war er der Besitzer des Restaurants. Er sei hier in der Gegend einer der führenden Nazis gewesen. ...

> Über seine eigentlichen Ansichten mache ich mir keine Illusionen. Nicht einmal seine Frau versuchte ihn zu entlasten. Sie betonte lediglich, dass er nicht in den Holocaust verwickelt gewesen war ... Bei unserem ersten Gespräch ging es fast nur um politische Themen: den Zweiten Weltkrieg und den Holocaust, die Ost-West-Beziehungen und die Situation im Nahen Osten.[47]

Achituv brachte Skorzenys Beteiligung an den Pogromen in der »Kristallnacht« zur Sprache. Er holte eine lange Liste hervor, auf der alle Personen vermerkt worden waren, die sich an den Angriffen beteiligt hatten, und zeigte sie Skorzeny, der das Dokument schon kannte. In dem Kriegsverbrecherprozess, dem er sich hatte entziehen können, war der Vorwurf erhoben und diskutiert worden, weshalb das Dokument in Yad Vashem aufbewahrt wurde.

Er zeigte auf das Kreuz neben seinem Namen. »Das ist der Beweis, dass ich nicht dabei gewesen bin«, sagte er. Doch der Nazijäger Wiesenthal interpretierte die Markierung als Beweis des genauen Gegenteils. Wiesenthal mache regelrecht Jagd auf ihn, beklagte sich Skorzeny, und er habe schon mehrmals um sein »Leben fürchten müssen«.[48] Achituv beschloss, die Sache nicht zu weit zu treiben, und behielt seine Gegenargumente für sich.

Irgendwann war es Skorzeny leid, über den Krieg zu sprechen. »Er unterbrach mich und fragte nach meinem Beruf. Es lag auf der Hand, dass es keinen Sinn machte, Versteck zu spielen, und ich sagte ihm, dass ich beim israelischen Geheimdienst war. [Skorzeny sagte], es wundere ihn nicht, dass wir Kontakt zu ihm aufgenommen hätten. In unterschiedlichen Zeiten sei er mit unterschiedlichen Ländern verbunden gewesen, und zu einigen von ihnen habe er nach wie vor exzellente Beziehungen. Er war durchaus auch mit uns zu einem Meinungsaustausch bereit.«

»Meinungsaustausch« war Skorzenys eigenwilliger Ausdruck dafür, dass er in eine vollständige und umfassende Kooperation mit Israel einwilligte. Er verlangte eine Belohnung für seine Hilfe. Er wollte einen gültigen österreichischen Pass, ausgestellt auf seinen richtigen Namen, eine von Ministerpräsident Eschkol unterschriebene Verfügung, die ihm lebenslange Immunität garantierte, und die sofortige Streichung seines Namens von Wiesenthals Liste der meistgesuchten Nazi-Kriegsverbrecher. Darüber hinaus verlangte er Geld.[49]

Skorzenys Bedingungen lösten innerhalb des Mossad heftigen Streit aus. Achituv und Eitan sahen in ihrer Erfüllung »ein notwendiges operatives Mittel für den Erfolg der Aktion«. Andere Verantwortliche waren der Ansicht, Skorzenys Forderungen seien »der Versuch eines Nazi-Verbrechers, seinen Namen reinzuwaschen«. Sie verlangten, einen neuerlichen Blick auf Skorzenys Vergangenheit zu werfen. Die neue Untersuchung enthüllte weitere Einzelheiten über seine Rolle in der Wiener Reichspogromnacht, bei der er als »Anführer eines Mobs Synagogen in Brand gesteckt hatte«. Außerdem stellte sich heraus, dass er »bis vor Kurzem ein engagierter Unterstützer von Neonazi-Organisationen« gewesen war.

Meir Amit, pragmatisch und nüchtern wie stets, fand, dass Eitan und Achituv recht hatten. Er brauchte aber die moralische Unterstützung des Ministerpräsidenten. Levi Eschkol hörte sich an, was Amit zu sagen hatte, und zog dann ein paar hochrangige Mossad-Mitglieder zurate, die (anders als Amit, Eitan und Achituv) Holocaust-Überlebende waren. Obwohl sie sich vehement dagegen aussprachen, erklärte Eschkol sich schließlich damit einverstanden, dass man Skorzeny Geld und einen Pass gab und ihm Immunität gewährte.[50] Der Ministerpräsident billigte außerdem die Forderung, die Wiesenthal betraf, doch weder ihm noch dem Mossad stand es zu, diese Entscheidung zu treffen. Wiesenthal war ein gradliniger und eigensinniger Mann. Er pflegte zwar enge Verbindungen zum israelischen Staat und sogar zum Mossad, von dem er sich einige seiner Aktionen hatte finanzieren lassen, aber er war kein israelischer Staatsbürger. In Wien, von wo aus er arbeitete, war er der israelischen Gerichtsbarkeit nicht unterworfen.

Im Oktober 1964 traf sich Raphi Medan mit Wiesenthal, um ihm – unter Aussparung von operativen Einzelheiten – zu erklären, warum Skorzeny von seiner schwarzen Liste gestrichen werden musste. Auf dieser Liste standen die Nazi-Kriegsverbrecher, die aufgespürt und vor Gericht gebracht werden sollten.

»Zu meinem großen Erstaunen sagte Wiesenthal: ›Vergessen Sie es, Herr Medan! Der Mann ist ein Nazi und Kriegsverbrecher, und wir werden ihn niemals von unserer Liste streichen‹«. »Völlig egal, was ich gesagt oder versucht habe«, erinnerte sich Medan, »er hat kategorisch abgelehnt.«[51]

Als ihm gesagt wurde, dass er auf Wiesenthals Liste bleiben würde, war Skorzeny enttäuscht, stimmte der Abmachung aber dennoch zu. Auf diese Weise geschah das Unglaubliche: Der Liebling des »Führers«, der auf der ganzen Welt als Nazi-Kriegsverbrecher gesucht wurde, der Synagogen angezündet und an SS-Operationen teilgenommen hatte, wurde ein Schlüsselagent in der wichtigsten Operation, die der israelische Geheimdienst zu dieser Zeit durchführte.

Skorzenys erster Schritt bestand darin, jeden seiner Freunde unter den Wissenschaftlern in Ägypten wissen zu lassen, dass er im Begriff war, ein Netzwerk aus Waffen-SS- und Wehrmachtsveteranen wiederzubeleben. Dieses Netzwerk solle dem Zweck dienen, »ein neues Deutschland zu bauen«, mit anderen Worten, ein »Viertes Reich« zu errichten. Um den Grundstein dafür zu legen, sagte er ihnen, werde seine Organisation heimlich Informationen sammeln müssen. Dementsprechend seien die für Nasser arbeitenden deutschen Wissenschaftler durch ihren Wehrmachtseid dazu verpflichtet, Skorzenys Phantom-Organisation mit Einzelheiten über ihre Forschungen zu versorgen, damit diese von der neu entstehenden deutschen Militärmacht genutzt werden konnten.

Zur selben Zeit entwarfen Skorzeny und Achituv einen Plan, der darauf abzielte, auch dem Furcht einflößenden Sicherheitsoffizier Hermann Vallentin Informationen zu entlocken. Er wusste alles über das ägyptische Raketenprogramm. Anders als bei der Rekrutierung des gebildeten und erfahrenen Skorzeny, dem sofort klar war, dass er es mit einem Mossad-Mann zu tun hatte, und dem Achituv niemals etwas vormachte, wollten die beiden bei Vallentin eine List einsetzen.

Skorzeny spielte seine Rolle perfekt. Er bestellte Vallentin unter dem Vorwand nach Madrid, dass er für seine Untergebenen aus dem »ruhmreichen Krieg« eine besondere Zusammenkunft ausrichten wolle. Er brachte Vallentin auf Mossad-Kosten in einem Luxushotel unter und präsentierte ihm seinen vorgetäuschten Plan zur Wiederbelebung des Reichs. Dann offenbarte er ihm, dass dies nicht der einzige Grund für seine Einladung nach Madrid war und dass er ihn gern einem »engen

Freund« vorstellen wollte, einem Offizier des britischen Geheimdienstes MI6. Die Briten, sagte er, seien interessiert daran zu erfahren, was in Ägypten vor sich ging, und er bat Vallentin, dem Freund zu helfen.

Vallentin war misstrauisch: »Sind Sie sicher, dass da nicht die Israelis ihre Finger im Spiel haben?«, fragte er.

»Stehen Sie stramm, wenn man mit Ihnen spricht, und entschuldigen Sie sich!«, schnauzte Skorzeny. »Wie können Sie es wagen, so mit einem Vorgesetzten zu sprechen?«

Vallentin bat ordnungsgemäß um Entschuldigung, war jedoch nicht überzeugt. Und natürlich hatte er recht. Skorzenys »Freund« war kein Brite, sondern ein in Australien geborener Führungsoffizier des Mossad namens Harry Barak.

Vallentin war zu einem Treffen, jedoch nicht zu einer Zusammenarbeit bereit, und die Unterredung der beiden führte zu nichts.

Der findige Skorzeny hatte sofort eine Lösung parat. Bei seinem nächsten Treffen mit Vallentin sagte er ihm, dass sein Freund vom MI6 ihn erinnert habe, dass das Telegramm, mit dem Skorzeny kurz vor Kriegsende Vallentins Beförderung übermitteln wollte, nie bei diesem oder dem Generalstab angekommen war.

Vallentins Augen leuchteten auf. Obwohl die rückwirkende Beförderung nur noch einen symbolischen Wert hatte, bedeutete sie ihm offensichtlich viel. Er stand auf, zeigte den Hitlergruß und bedankte sich überschwänglich bei Skorzeny.

Skorzeny sagte Vallentin, dass er bereit sei, ihm ein schriftliches Dokument auszustellen, das die Beförderung bestätigte. Aus Dankbarkeit für die Informationen, die er zur Verfügung gestellt hatte, willigte Vallentin ein, seinem neuen Freund vom britischen Geheimdienst zu helfen, wann immer es nötig war.

Nach und nach lud Skorzeny auch andere ehemalige Wehrmachtsoffiziere, die an dem Raketenprojekt beteiligt waren, nach Madrid ein. Sie feierten ausschweifende Partys in seinem Haus, die als Zusammenkünfte von Veteranen der Waffen-SS verbucht wurden. Seine Gäste aßen, tranken und amüsierten sich bis tief in die Nacht, ohne zu ahnen, dass die israelische Regierung für ihre Mahlzeiten und Getränke bezahlte und ihre Gespräche abhörte.[52]

Die Informationen, mit denen Skorzeny, Vallentin und die Wissenschaftler, die nach Madrid gekommen waren, den Mossad versorgten, schlossen fast alle Wissenslücken in Bezug auf das ägyptische Raketenprogramm. Sie offenbarten zuverlässig, wer an dem Projekt beteiligt war und in genau welchem Stadium sich jede einzelne Komponente befand.

Dank der reichen Informationen aus diesem Einsatz schaffte es Meir Amits Mossad mithilfe einiger parallel angewandter Methoden, das ägyptische Raketenprojekt von innen zu zersetzen. Eine dieser Methoden bestand darin, Drohbriefe an die deutschen Wissenschaftler zu schicken. Die Briefe basierten auf den erstklassigen Informationen, die Vallentin bereitgestellt hatte, waren klug formuliert und enthielten intime Einzelheiten über ihre Empfänger.

»Bedenken Sie zum Wohle Ihrer eigenen Zukunft und der Ihrer jungen Familie, dass Sie, selbst wenn Sie an den Verbrechen der Deutschen in der Vergangenheit keine Schuld tragen, die Verantwortung für Ihre heutigen Taten nicht werden leugnen können.« Unterschrieben waren die Briefe von einer unbekannten Gruppierung: »die Gideons«.[53]

Inzwischen erfuhr der Mossad dank seiner neuen Quellen (vor allem Vallentins) von dem geheimen Plan der Ägypter, zahlreiche Angestellte der Freiburger Firma Hellige zu rekrutieren, einer Flugzeug- und Raketenfabrik, die kurz davor stand, Mitarbeiter zu entlassen. Amit entschloss sich, die Gunst der Stunde zu nutzen und umgehend in Aktion zu treten, um ihre Abreise nach Ägypten zu verhindern.

Am Morgen des 9. Dezember flogen Schimon Peres, damals stellvertretender Verteidigungsminister, und Raphi Medan zu einem eilig anberaumten Treffen mit dem ehemaligen westdeutschen Verteidigungsminister Franz Josef Strauß, der als einer der erfahrensten Politiker des Landes galt.[54] Sie hatten einen versiegelten Koffer mit englischsprachigen Dokumenten dabei, die vom Büro des Mossad-Direktors vorbereitet worden waren. Das Material, auf dem sie beruhten, stammte von Skorzeny und Vallentin sowie von den Wissenschaftlern, die nach Madrid gekommen waren. Peres und Strauß waren die Architekten einer kompensatorischen Rüstungszusammenarbeit zwischen Westdeutschland und Israel gewesen. Strauß erhob sich von seinem Platz, um die zwei Israelis zu begrüßen. Er und Peres umarmten sich freundschaftlich.[55]

»Unser Gespräch dauerte sechs Stunden«, sagte Peres. »Mein Gott, konnte der Mann trinken! Wein aus aller Herren Länder und Bier natürlich. Ich bin auch kein schlechter Trinker, aber solche Mengen? Sechs Stunden – und wir tranken ununterbrochen.«

Das Material, das Strauß von Peres präsentiert wurde, war viel detaillierter, seriöser, authentischer und beunruhigender als alles, was die Deutschen bisher gesehen hatten. »Es ist unvorstellbar, dass deutsche Wissenschaftler unseren schlimmsten Feinden auf diese Weise helfen, während Sie untätig danebenstehen«, sagte Peres zu Strauß. Dieser konnte durchaus ermessen, was passieren würde, wenn man derartiges Material an die internationale Presse durchsickern ließ.

Strauß sah sich die Dokumente an und versprach einzuschreiten. Er telefonierte mit Ludwig Bölkow, einer mächtigen Figur in der deutschen Luftfahrtindustrie, und bat ihn um Hilfe. Bölkow schickte seine Bevollmächtigten zu den Forschern und Ingenieuren der Firma Hellige. Denjenigen von ihnen, die versprachen, den Ägyptern nicht zu helfen, wurden attraktive Arbeitsstellen in Bölkows Werken angeboten.

Der Plan funktionierte, und der Großteil der Gruppe reiste nie nach Ägypten aus. Noch immer fehlte dort Unterstützung für das stockende Lenksystem, wodurch das Projekt schließlich komplett lahmgelegt wurde.

Der Todesstoß kam, als ein Bevollmächtigter von Bölkow nach Ägypten reiste, um die Wissenschaftler, die dort schon arbeiteten, zur Rückkehr zu überreden. Einer nach dem anderen kehrte dem Projekt den Rücken. Im Juli 1965 hatte sich sogar Pilz davongemacht. Er war nach Deutschland zurückgekehrt, um eine von Bölkows Fluggerätezubehör-Abteilungen zu leiten.

Die Affäre um die deutschen Wissenschaftler war die erste Gelegenheit, bei der der Mossad sämtliche Kräfte mobilisierte, um einer als existenziell wahrgenommenen Bedrohung durch einen Gegner Einhalt zu gebieten. Darüber hinaus erlaubte es sich Israel in diesem Fall zum ersten Mal, Zivilisten aus Ländern ins Visier zu nehmen, mit denen der Staat diplomatische Beziehungen unterhielt. Angesichts der hohen Opferzahlen untersuchte man in einem internen Geheimbericht von 1982, ob es möglich gewesen wäre, die Affäre mit »sanften« Methoden zu beenden, also mit großzügigen Zahlungen der deutschen Regierung an die Wissenschaftler und ohne »das mysteriöse Verschwinden Krugs, die Verstümmelung Hannelore Wendes durch eine Bombe, die anderen Bomben und die Einschüchterungen«.

Der Bericht kam zu der Einschätzung, dass es nicht möglich gewesen wäre. Nach Auffassung des Mossad wären die deutschen Wissenschaftler ohne die Androhung von Gewalt niemals bereit gewesen, das Geld anzunehmen und das Projekt aufzugeben.

6 Eine Reihe von Katastrophen

Nach der Affäre um die deutschen Wissenschaftler hatte der Mossad eine Glückssträhne. Meir Amit heuerte weitere Fachleute aus dem Militär an, führte neue Technologien ein und stärkte die Verbindungen zu ausländischen Geheimdiensten. Darüber hinaus nahm er zahlreiche organisatorische Umstrukturierungen in Angriff.

Amit wollte innerhalb des Mossad eine einzige, gemeinsame Einsatzabteilung für alle Einheiten aufbauen, die in den arabischen Ländern für Sabotage, gezielte Tötungsaktionen und Spionage zuständig sein sollte. Zu diesem Zweck entschied er sich für einen Schritt, den Harel – gegen Amits beharrlichen Widerstand – jahrelang hatte tun wollen: Er überführte die Einheit 188 vom AMAN in den Mossad und fusionierte ihn mit Schamirs Mifraz. Josef Jariv wurde zum Chef der Abteilung ernannt, Schamir zu seinem Stellvertreter.[1]

Der Mossad-Chef benannte die Abteilung nach der antiken römischen Stadt an der Mittelmeerküste: Caesarea – ein weiteres Beispiel für die Vorliebe der israelischen Geheimdienste für Decknamen aus der antiken Geschichte des Landes. Das Kontaktnetz für Caesarea-Aktivitäten außerhalb Israels bekam den Decknamen »der Senat«.

Außerdem wünschte sich Amit eine eigene Nachrichtenabteilung. Bis vor Kurzem hatte ein und dieselbe Einheit, die Tsiporim, sowohl dem Schin Bet als auch dem Mossad gedient. Amit wollte nun für die Auslandsspionage eine gesonderte Abteilung, und sie sollte ausschließlich für den Mossad arbeiten. Einen Teil der Mitarbeiter der Tsiporim holte er zu dieser neuen Nachrichtenabteilung, der er den Namen Colossus gab.

Zusätzlich zu diesen eher organisatorischen Veränderungen konnte der Mossad unter Amits Leitung Operationen durchführen, bei denen ungeahnte Mengen an Geheimdienstmaterial über die arabischen Staaten und ihre Streitkräfte gewonnen wurden. Eine der bedeutendsten war die Operation »Diamant«, in der die Abteilung Tsomet den irakischen Piloten Munir Redfa rekrutierte, der sich dann mit seiner nagelneuen MiG-21 nach Israel absetzte. Dieses Kampfflugzeug war die fortschrittlichste und gefährlichste Angriffswaffe, die dem Ostblock damals zur Verfügung stand. Die israelische Luftwaffe war nun in der Lage, sich auf eine künftige Luftschlacht mit ihrem mächtigsten Gegner vorzubereiten. Auch das Pentagon interessierte sich brennend für die Geheimnisse der Maschine, und Amit übergab den Amerikanern nicht nur die Pläne der MiG, sondern auch das komplette Flugzeug und obendrein einen ausgebildeten Piloten.[2]

Sehr beharrlich hatte Amit außerdem Israels geheime Beziehung zu Marokko ausgebaut, ganz wie es die »Peripherie-Doktrin« vorsah. Marokko war zwar ein arabisches Land, das mit Israels größten Feinden in engem Kontakt stand, aber gleichzeitig war es gemäßigt und hatte keine Grenzstreitigkeiten mit Israel. Außerdem wurde es von dem vergleichsweise prowestlichen König Hassan II. regiert.

Marokko bekam von Israel wertvolle Informationen und technologische Unterstützung, im Gegenzug gab Hassan den marokkanischen Juden die Erlaubnis, nach Israel auszuwandern. Darüber hinaus wurde es dem Mossad gestattet, in der Hauptstadt Rabat eine ständige Station aufzubauen, von der aus er die arabischen Länder ausspionieren konnte.[3]

Ihren Höhepunkt erreichte die Zusammenarbeit im September 1965, als es der König einem Mossad-Team unter Peter Zvi Malkin und Rafi Eitan erlaubte, während eines arabischen Gipfeltreffens in Casablanca in sämtlichen Konferenzräumen und in den privaten Suiten der Staatsoberhäupter der arabischen Welt und ihrer militärischen Befehlshaber Wanzen zu installieren. Ziel des Treffens war es, über die Einrichtung eines gemeinsamen arabischen Kommandos in künftigen Kriegen mit Israel zu diskutieren. Da aber König Hassans Beziehungen zu einigen der arabischen Machthaber von Konflikten belastet waren, fürchtete er, dass sie auf seine Absetzung hinarbeiten könnten. Dies war der Grund, warum er den Mossad mithören ließ.[4]

Israel erhielt auf diese Weise einen nie dagewesenen Einblick in die militärischen und nachrichtendienstlichen Geheimnisse seiner wichtigsten Gegner und in die Denkweise der Staatsoberhäupter dieser Länder. Während des Gipfels stellten die Kommandanten der arabischen Armeen klar, dass ihre Streitkräfte für einen erneuten Krieg gegen Israel nicht gerüstet waren. Das immense Selbstvertrauen, mit dem das israelische Militär Ministerpräsident Eschkol zwei Jahre später, im Juni 1967, zum Krieg drängte, beruhte auf dieser Information. »Das sensationelle Material war einer der größten Triumphe des israelischen Geheimdienstes seit seiner Gründung«, heißt es in einem Mossad-Bericht.[5]

Die erfolgreichen Operationen versorgten die Israelischen Verteidigungsstreitkräfte mit Informationen, die für die Vorbereitung auf den nächsten Krieg gebraucht wurden. Dann jedoch brach in schwindelerregendem Tempo eine Katastrophe nach der anderen über Amit und seine Behörde herein.

Der Topspion der ehemaligen Einheit 188 und nun der Caesarea hieß Eli Cohen. Er war der Mann, der bis in die Führungszirkel von Damaskus vorgedrungen war und die Informationen geliefert hatte, mit deren Hilfe der Mossad den Nazi Alois Brunner aufgespürt und ihm dann eine Briefbombe geschickt hatte.[6]

Cohens eigentliche Aufgabe war es nicht, Informationen zu sammeln und weiterzugeben, sondern als Schläfer nur dann aktiv zu werden und Israel zu warnen, wenn Syrien einen Überraschungsangriff plante.

Aber er stand unter dem Druck seiner Vorgesetzten und identifizierte sich stark mit seiner Tarnbiografie, die ihm wasserdichter vorkam, als sie war. So fing er an, mittels einer in seiner Wohnung versteckten Funkanlage tagtäglich Nachrichten an seine Führungsoffiziere zu senden. Er berichtete über geheime Militäranlagen und über den Plan, mithilfe einer saudischen Firma, die von Muhammad bin Laden, dem Vater von Osama,[7] geleitet wurde, die Wasserquellen der Region unter syrische Kontrolle zu bringen. Er berichtete über Syriens Beziehungen zur Sowjetunion genauso wie über in Damaskus versteckte Nazis, über parlamentarischen Klatsch und über Machtkämpfe innerhalb der Regierung. Es war falsch und extrem unprofessionell von Cohen, derartige Informationen in solcher Häufigkeit weiterzugeben, aber sehr viel größer war der Fehler auf Seiten seiner Führungsoffiziere.[8]

»Eli Cohen war eigentlich einer, der sich am Rand hält und auf diese Weise gut durchs Leben kommt«, sagte Moti Kfir, der neben anderen Tätigkeiten für den Mossad in den frühen 1960er-Jahren das Ausbildungsprogramm leitete. »Als jemand, der am Rand steht, bekommt man leicht das Gefühl, unsichtbar zu sein. Aber damit lag er falsch. Er wurde immer sichtbarer, zu sichtbar. Während der Ausbildung habe ich ihm immer gesagt: Mach nie einen auf Partylöwe. Aber genau das hat er getan.«[9]

Die Briefbombe an Brunner und das lebhafte Interesse an anderen Nazis, das Cohen in Gesprächen mit hochgestellten Syrern zeigte, weckten schließlich den Argwohn der syrischen Geheimdienste. Hinzu kam, dass »seine Situation ungewöhnlich« war: »ein arbeitsloser Einwanderer ..., der Partys gab, sich unter die High Society mischte und seine Gäste und Freunde mit Amüsements aller Art erfreute«. Irgendwann begann einer seiner Gesprächspartner zu zweifeln, ob er wirklich dieser Kamal Amin Thabet war, der reiche syrische Großkaufmann, der nach langen Jahren des Exils in Buenos Aires in seine Heimat zurückgekehrt war.[10]

Durch einen für Cohen tragischen Zufall verursachte genau zu dieser Zeit sein Funkgerät Interferenzen mit Übertragungen aus dem Hauptquatier des syrischen Generalstabs. Das Militärgebäude befand sich direkt gegenüber von Cohens Luxusapartment, in dem er die wilden Partys für die hochgestellten syrischen Funktionäre veranstaltete. Verdutzt baten die Syrer den sowjetischen Militärnachrichtendienst GRU, die Sache zu untersuchen. Die Russen schickten spezielle Peilfahrzeuge, mit denen es ihnen gelang, die Signale einer Nachricht abzufangen, die Cohen gerade übermittelte.

Cohen wurde verhaftet, brutal gefoltert, zügig vor Gericht gestellt und zum Tode verurteilt.[11] Man hängte ihn öffentlich, am 18. Mai, auf dem zentralen Platz in Damaskus. Sein Leichnam wurde am Galgen hängen gelassen, er war in ein weißes Tuch gehüllt, auf dem der Text seines Todesurteils stand – als Botschaft an den israelischen Staat.

Gedaliach Khalaf, der Mann, der Cohen rekrutiert, ausgebildet und befehligt hatte, erzählte später: »Da sah ich ihn im syrischen Fernsehen, meinen Eli, und in seinem Gesicht war zu erkennen, wie bestialisch man ihn gefoltert hatte. Ich wusste nicht, wohin mit mir, ich wollte schreien, irgendetwas machen, mir eine Pistole schnappen und das Mezzeh-Gefängnis stürmen, mit dem Kopf gegen die Mauer rennen, bis sie einstürzte, bis wir ihn retten konnten. Aber sie haben ihn umgebracht, und wir konnten nichts tun – nur dabeistehen und zusehen.«[12]

Amits Mossad, der gerade sein Selbstvertrauen zurückgewonnen hatte, stand ohnmächtig und gedemütigt da. Schlimmer noch: Der Mossad war exponiert worden. Die Syrer hatten Cohen so schwer gefoltert – seine Fingernägel herausgezogen, seine Genitalien unter Strom gesetzt –, dass sein Wille gebrochen wurde. Er verriet die geheimen Kommunikationscodes und entschlüsselte 200 von ihm selbst gesendete Nachrichten, die die Syrer abgefangen hatten, aber nicht lesen konnten. Er offenbarte ihnen außerdem, was er über Rekrutierungs-, Ausbildungs- und Tarnmethoden des israelischen Nachrichtendienstes wusste.[13]

Kurz nachdem Cohen gefasst worden war, traf die Caesarea ein weiteres Unglück. Am 10. Februar 1965 enttarnte man auch Wolfgang Lotz, den Mann, der für die Caesarea in Kairos High Society spioniert und bei der Informationsbeschaffung für die geplanten Mordanschläge auf die deutschen Wissenschaftler in Ägypten eine zentrale Rolle gespielt hatte. Auch ihm wurden übermäßige Aktivität und zu viel Vertrauen in seine Tarnbiografie zum Verhängnis, neben einigen groben Fehlern, die ihm selbst und seinen Führungsoffizieren unterliefen.

Das Einzige, was Lotz davor bewahrte, das gleiche Schicksal zu erleiden wie Eli Cohen, war das Eingreifen des deutschen Nachrichtendienstes BND, der auf Israels Bitten den Ägyptern zu verstehen gab, dass Lotz auch für sie arbeitete. Lotz und seiner Frau Waltraud wurde der Galgen erspart, und man verurteilte sie zu einer lebenslänglichen Gefängnisstrafe. (Im Jahr 1967 kamen sie in der Folge des Sechstagekriegs bei einem Gefangenenaustausch frei.) Trotzdem war es ein harter Schlag für den Mossad. Aus Angst vor weiteren Verlusten beorderte Josef Jariv seine übrigen Spione, deren Ausbildung und Tarnung Jahre gekostet hatten, zurück nach Hause.[14] Die Caesarea, gerade erst den Kinderschuhen entwachsen, stand am Rande des Ruins.

Für Ministerpräsident Eschkol war die Enttarnung der zwei Spione eine nationale Katastrophe.[15] Der schlechte Zustand des Mossad hinderte ihn aber nicht daran, einem Spezialeinsatz zuzustimmen, bei dem eine gezielte Tötungsaktion in Uruguay durchgeführt werden sollte. Zwei Monate zuvor waren auf einer Konferenz der Geheimdienste die Fortschritte bei der Jagd auf Nazis besprochen worden, die auf der Prioritätenliste nicht mehr sehr weit oben stand. Raphi Medan, stellvertretender Leiter der Amal, der mit der Sache betraut war, sichtete gerade die Liste, von der Otto Skorzenys Name vor Kurzem gestrichen worden war, nach möglichen Zielpersonen für Attentate. Dabei stieß er auf den Namen Herberts Cukurs, einen lettischen Nazi-Kriegsverbrecher, der als Flieger freiwillig die SS und die Gestapo unterstützt hatte. Als Medan anfing, seine entsetzlichen Taten zu schildern, hörte man einen dumpfen Aufschlag. Der Chef des Militärgeheimdienstes AMAN, Generalmajor Aharon Jariv, war zusammengebrochen. Als er wieder zu sich kam, stellte sich heraus, dass Cukurs mehrere von Jarivs Freunden und Verwandten bei lebendigem Leib verbrannt hatte.[16]

Nach der Konferenz ging Amit, der Jariv sehr nahestand, tief getroffen von dem Vorfall zu Ministerpräsident Eschkol und bekam die Erlaubnis, Cukurs liquidieren zu lassen.

Cukurs hatte Juden zum Vergnügen getötet. Er schoss sie auf der Straße nieder, nachdem er ihnen gesagt hatte, sie sollten um ihr Leben rennen. Er schloss Juden in Synagogen ein, die er in Brand steckte, um dann bei einem Glas Whisky ihren Schreien zuzuhören. Holocaust-Überlebende nannten ihn den »Schlächter von Riga«, und sein Name tauchte häufig in den Nürnberger Kriegsverbrecherprozessen auf. Den Aussagen zufolge war er direkt an der Ermordung von ungefähr 15000 Juden beteiligt und trug die indirekte Verantwortung für den Tod von weiteren 20000 Menschen. Trotzdem hatte er es nach dem Krieg geschafft, nach Brasilien zu entkommen, wo er ins Tourismusgeschäft einstieg. Aus Angst, dass ihn das gleiche Schicksal ereilen könnte wie Eichmann, heuerte er zahlreiche Sicherheitsleute an.[17]

Jaakow Meidad, ein Caesarea-Agent, der Spanisch und Deutsch sprach, gab sich als australischer Geschäftsmann aus, der in Südamerika nach Marktlücken in der Tourismusindustrie suchte. Es gelang ihm, Cukurs zu überreden, nach Uruguay zu kommen, damit sie sich dort mit einer Gruppe von Bauunternehmern treffen konnten. Bei der Luxusvilla außerhalb von Montevideo, in der das Treffen stattfinden sollte, lagen dann drei

Attentäter auf der Lauer. Der Plan war, dass Meidad zuerst eintrat, gefolgt von Cukurs. Einer der Attentäter würde ihn nach drinnen schubsen und die Tür hinter sich schließen. Sobald das Mossad-Team aus der Schusslinie war, sollte Cukurs erschossen werden.

Die Sache verlief jedoch nicht so glatt wie geplant. Cukurs war wachsam und hatte Angst vor einer Falle. Als er eintrat, wurde ihm klar, was los war, und er versuchte zu entkommen. Jariv bemühte sich, ihn in den Schwitzkasten zu nehmen, während ein anderer Israeli ihn nach drinnen zog. »Dass Cukurs in Todesangst war und dass er 20 Jahre lang in Furcht vor diesem Augenblick gelebt hatte, gab ihm übermenschliche Kräfte«, sagte Meidad. »Er schaffte es, den Agenten niederzuschlagen, und langte nach dem Türgriff. Wenn wir nicht zu dritt die Tür zugehalten hätten, wäre er entkommen.«

Cukurs biss Jariv in den Finger, bis die Spitze abgetrennt war und in seinem Mund blieb. Jariv musste schreiend vor Schmerzen seinen Griff um Cukurs' Hals lockern, der es daraufhin fast geschafft hätte, sich zu befreien. Doch einer der Attentäter, Zew Amit (ein Cousin des Mossad-Direktors), der nicht geschossen hatte, um seine Kameraden nicht in Gefahr zu bringen, griff sich im letzten Augenblick einen Hammer und schlug damit wieder und wieder auf Cukurs' Kopf ein. Als dieser das Bewusstsein verlor, gab der dritte Attentäter, Eliezer Sodit Scharon, ein ehemaliger führender Auftragsmörder der Irgun, zwei Schüsse auf den Massenmörder ab, um sicherzustellen, dass er tot war.[18]

Die Agenten packten den Leichnam in einen Koffer und ließen ihn in der Villa zurück. Auf den Deckel klebten sie einen »Urteilsspruch«, ein Blatt Papier mit den Worten: »In Anbetracht seiner persönlichen Verantwortung für die bestialische Ermordung von 30000 Juden wurde dieser Mann zum Tode verurteilt und exekutiert. [Gezeichnet] Die, die niemals vergessen.«[19]

Offiziell wurde die Operation innerhalb des Mossad als Erfolg gewertet, doch in Wahrheit hätte ihre unprofessionelle Ausführung beinahe zu einer Katastrophe geführt. So oder so hinterließ sie Jariv mit einem halb abgebissenen Finger. Zew Amit, der Mann, der Cukurs' Kopf mit einem Hammer zertrümmert hatte, war von der Tat schwer traumatisiert und litt für den Rest seines Lebens unter grauenvollen Albträumen.[20]

Die nächste Katastrophe kostete Ministerpräsident Eschkol und Direktor Amit beinahe ihre Jobs. Am 30. September 1965, nur einen Tag, nachdem er die unschätzbar wichtigen Tonbänder von dem arabischen Gipfeltreffen erhalten hatte, wurde der Mossad von einem Kommandeur des marokkanischen Geheimdienstes kontaktiert. Sein Name war Ahmed Dlimi, und er erklärte in aller Deutlichkeit, dass die Marokkaner für die wertvollen Informationen so bald wie möglich eine Gegenleistung erwarteten. In der Welt der Geheimdienste bekommt man nichts geschenkt.[21]

Amit erstattete Eschkol Bericht: »Sie haben uns die Tonbänder gegeben, aber nun halten sie die Hand auf. Was sie wollen, ist ganz einfach: Es gibt da diesen Goi, Ben Barka, der in Opposition zum König steht ..., und der König hat befohlen, ihn zu beseitigen. Sie sind an uns herangetreten und haben gesagt: ›Ihr seid doch großartige Mörder. ... Macht ihr es!‹«[22]

Mechdi Ben Barka, der Anführer der marokkanischen Opposition, hatte Anfang der 1960er-Jahre ins Exil gehen müssen und war später in Abwesenheit zum Tode verurteilt worden. Die marokkanischen Geheimdienste hatten versucht, ihn aufzuspüren, aber Ben Barka achtete sorgsam darauf, seinen Aufenthaltsort durch ständige Umzüge und den Einsatz von Tarnnamen geheim zu halten. Die Chefs der marokkanischen Geheimdienste baten den Mossad, ihnen zu helfen, Ben Barka zu finden, in eine Falle zu locken und zu töten.[23]

»Wir standen vor einem Dilemma«, erinnerte sich Amit, »entweder wir halfen ihnen und wurden in die Sache hineingezogen. Oder wir weigerten uns und gefährdeten nationale Belange auf höchster Ebene.«[24]

Jahre später versuchte Amit, sich als jemand darzustellen, der entschlossen gewesen ist, »beiden Übeln auszuweichen«. Er habe die direkte Beihilfe zu der Ermordung abgelehnt, »aber den Marokkanern im Rahmen unserer normalen Zusammenarbeit Hilfe angeboten«. Ein genauer Blick auf die internen Funksprüche und Akten zeigt jedoch, dass die Behörde tief in die Sache verstrickt gewesen ist.

Caesarea und Colossus halfen den Marokkanern, den Genfer Kiosk ausfindig zu machen, zu dem sich Ben Barka seine Zeitschriften schicken ließ. Dadurch wurde es möglich, ihn zu observieren. Später schlugen sie vor, Ben Barka von einem Mann nach Paris locken zu lassen, der sich als

Dokumentarfilmer ausgab, der von der Lebensgeschichte des marokkanischen Exilanten fasziniert war und einen Film über ihn drehen wollte. Der Mossad versorgte die Marokkaner nicht nur mit konspirativen Wohnungen in Paris, Fahrzeugen, falschen Pässen und zwei verschiedenen Sorten Gift für Ben Barkas Ermordung, sondern auch mit Schaufeln und »etwas, um die Spuren zu beseitigen«.

Als Ben Barka am 29. Oktober 1965 nach Paris kam, entführten ihn die Marokkaner mithilfe von korrupten französischen Polizisten. Er wurde zu einem leerstehenden Mossad-Unterschlupf gebracht, wo die Marokkaner ihn verhörten und folterten. Dann tauchte man ihn so lange in eine Wanne mit verdrecktem Wasser, bis er erstickte.

Mossad-Agenten waren weder anwesend noch beteiligt, als der Mord begangen wurde, aber sie nahmen es auf sich, die Leiche zu beseitigen. Ein gemeinsames Team aus Caesarea- und Colossus-Agenten brachte den Toten in den nahegelegenen Wald von Saint-Germain, wo die Agenten ein tiefes Loch buddelten und ihn verscharrten. Auf die Stelle schütteten sie Chemikalien, die dafür gemacht waren, den Leichnam zu zersetzen, und die besonders gut in Verbindung mit Wasser funktionierten. Es gab dann tatsächlich einen starken Regenschauer, sodass schon kurze Zeit später nicht mehr viel von Ben Barka übrig gewesen sein dürfte.[25] Was von ihm übrig war, wurde nach Auskunft einiger beteiligter Israelis noch einmal verlagert und liegt heute unter der Straße zu der vor wenigen Jahren eröffneten ultramodernen Stiftung Louis Vuitton oder sogar unter dem Gebäude selbst. Amit hatte Eschkol versprochen: »Ich werde nichts unternehmen, ohne Sie einzuweihen.« Aber er erzählte ihm dann höchstens die halbe Wahrheit – und das auch erst im Nachhinein: »Alles ist gut«, ließ Amit Eschkol am 25. November 1965 wissen.[26]

In Wahrheit war alles äußerst ungut. Die Tatsache, dass Ben Barka in Paris verschwunden war und dass die Köpfe des marokkanischen Geheimdienstes sowie geldgierige Franzosen in die Sache verwickelt waren, führte in den französischen Medien zu einer regelrechten Explosion, und die Affäre blieb lange in den Schlagzeilen. Präsident Charles de Gaulle löste seine Nachrichtendienste auf und ordnete die strafrechtliche Verfolgung einiger Beteiligter an. Als König Hassan sich weigerte, die Chefs seiner Spionagebehörden auszuliefern, damit sie vor Gericht gestellt werden konnten, brach de Gaulle verärgert die diplomatischen Beziehungen zu Marokko ab.

Die Folgen der Operation waren noch Jahrzehnte später zu spüren und hinterließen einen dunklen Schatten auf den marokkanisch-französischen Beziehungen. In Frankreich ist nach wie vor ein Untersuchungsrichter mit dem Fall befasst. Als bei den Nachforschungen auch ein Verdacht gegen den Mossad aufkam, verließen alle Beteiligten Paris fluchtartig. Sie mussten noch viele Jahre lang befürchten, vor Gericht gestellt zu werden.

Isser Harel fungierte zu dieser Zeit als Eschkols Geheimdienstberater. Er war verbittert und frustriert über die Art seiner Absetzung als Mossad-Direktor und voller Neid auf den erfolgreichen Amit. Als er die einschlägigen Dokumente zur Ben-Barka-Affäre in die Hände bekam, begann er einen Krieg gegen Amit.

In einem ausführlichen Bericht, den er dem Ministerpräsidenten überreichte, erklärte er: »Der Mossad und dadurch der Staat selbst waren in mehrere Aktionen verwickelt, die mit einem politischen Attentat in Verbindung standen, an dem Israel kein Interesse hatte und an dem es – aus moralischer, öffentlicher und internationaler Perspektive – auf keine Weise hätte beteiligt sein dürfen.«[27]

Harel verlangte, dass Amit gefeuert wurde und dass Eschkol einen persönlichen Gesandten zu de Gaulle schickte, der ihm die Wahrheit erzählen sollte. Eschkol weigerte sich, und Harel unterstellte dem Ministerpräsidenten, sich selbst in den Mord zu verstricken. Er verlangte, dass Eschkol unverzüglich zurücktrat, und drohte ihm, dass »das Echo dieser Affäre in der Öffentlichkeit zu hören sein wird. Die gesamte [Arbeiter-]Partei wird mit in den Dreck gezogen werden.«

Als das nicht funktionierte, ließ er den Kern der Geschichte an ein wöchentlich erscheinendes Klatschblatt durchsickern, und als der Zensor die Veröffentlichung blockierte, informierte er hochrangige Parteimitglieder über die Einzelheiten und drängte sie, gegen Eschkol zu rebellieren.[28] Diese Mitglieder versuchten dann, Golda Meir zu überreden, einen Putsch gegen Eschkol anzuführen. Meir meinte auch, dass Amit gehen müsse, doch eine Amtsenthebung des Ministerpräsidenten kam für sie nicht in Frage. »Ich soll Eschkol stürzen und seinen Platz einnehmen?«, fragte sie die Verschwörer mit dem Pathos, für das sie berühmt war. »Lieber stürze ich mich ins Meer.«[29]

Als Harels giftige Angriffe nicht nachließen, beschlossen Eschkol und Amit, sich zu wehren, indem sie Erpressung mit Erpressung beantworteten. Wie Amit zu seinen engsten Vertrauten sagte: »Harel wird das Thema nicht fallenlassen, bis man ihm den Hinweis gibt, dass es in seiner Vergangenheit genügend Material gibt, mit dem sein Anspruch, der ›moralische Wächter‹ des Mossad zu sein, ad absurdum geführt werden kann.«[30]

Und tatsächlich gab es genügend Material. Amit ließ Alexander Jisraelis Akte aus den Archiven holen. Jisraeli war der Marineoffizier, der im Jahr 1954 Geheimnisse an Ägypten verkauft hatte und dann entführt worden war, damit er vor Gericht gestellt werden konnte. Er war auf dem Überflug an einer Überdosis Beruhigungsmittel gestorben. Harel hatte angeordnet, dass seine Leiche ins Meer geworfen wurde und man seiner Familie erzählte, dass er sich in Südamerika niedergelassen hätte.[31]

Amit gab Jisraelis Akte einem Mossad-Veteranen, der Harel hasste, mit Amit freundschaftlich verbunden war und über die ganze Sache Bescheid wusste. Von diesem Mann wurde Harel zu einem Treffen gebeten. »Was glauben Sie, würde passieren, wenn diese Affäre öffentlich würde?«, fragte er Harel. »Meinen Sie nicht, dass eine solch ernste Angelegenheit eine gründliche Vernehmung und intensive Nachforschungen nötig machen würde? Natürlich werden wir versuchen, die Geschichte unter dem Deckel zu halten, aber wir sind nicht die Einzigen, die davon wissen, und es ist haarsträubend, was Journalisten heutzutage alles rauskriegen.«

Harel verstand, was gespielt wurde. Kurze Zeit später reichte er seine Kündigung ein.[32]

Für Amit war die wichtigste Lektion, die er aus der Affäre zog, dass »wir uns niemals in heikle Missionen anderer verwickeln lassen dürfen, wenn wir keine direkten Interessen verfolgen, vor allem nicht in Attentate. Wir dürfen nur die umbringen, die Israels Interessen bedrohen, und die Ausführung: ausschließlich blau und weiß.« [Er spielt auf die Farben der israelischen Flagge an und meint: »nur von Israelis«.][33]

All diese Katastrophen ließen den Mossad und besonders seine Speerspitze, die Caesarea, lädiert und konfus zurück. Amit richtete mehrere Untersuchungsausschüsse ein, um zu analysieren, was schiefgelaufen war.

Die beherrschende Gestalt bei der Durchführung dieser Befragungen war Michael »Mike« Harari. Als seine Arbeit abgeschlossen war, ernannte Amit Harari zum stellvertretenden Chef der Caesarea. Harari diente in dieser Position fünf Jahre lang, zunächst unter Josef Jariv, später unter Zvi Acharoni, aber in Wirklichkeit war er der Kopf der Abteilung, und er war es, der sie befehligte. Im Jahr 1970 wurde er zum Chef der Caesarea gemacht, eine Position, die er zehn Jahre lang innehatte. Die 15 Jahre, in denen er die Abteilung leitete, waren die wichtigsten und turbulentesten ihrer Geschichte. Harari hatte den Spitznamen »Caesar«, und sein Einfluss in der Welt der Mossad-Spezialoperationen hätte nicht größer sein können.[34]

Harari wurde im Jahr 1927 in Tel Aviv geboren. »Zwei Ereignisse haben mich geprägt«, sagte er. Noch als Kind, im Jahr 1936, erlebte er die gewaltsamen Revolten der palästinensischen Araber gegen die Juden und Briten, die später als »Arabischer Aufstand« bekannt wurden. »Ich sah den randalierenden Mob, und in einem ausgebrannten britischen Jeep hielt die verkohlte Leiche des Feldwebels noch immer das Lenkrad umklammert.« Als er Araber und Juden kämpfen sah, so Harari, zögerte er nicht und lief in den nächsten Laden, um etwas zu suchen, das als Waffe taugen konnte. Er entschied sich für den groben Stiel einer Spitzhacke und stürzte sich damit in die Schlacht gegen die Araber.

Das zweite prägende Erlebnis ereignete sich im Jahr 1942. Er wollte zum Spielen auf die Straße und kam gerade dazu, als Beamte der britischen Kriminalpolizei Avraham Stern erschossen hatten, den Kopf der extremistischen jüdischen Untergrundorganisation Lechi. »Ich sah, wie sie seinen Leichnam auf die Straße brachten. Ich ging dann einfach nach oben, niemand hielt mich auf, ich war ja nur ein Kind. In der Wohnung fand ich den Schrank, in dem er sich versteckt hatte. ... So was lässt einen nicht kalt.«

Im Jahr 1943 gab er ein falsches Alter an, um in den Palmach aufgenommen zu werden, die Geheimarmee des Jischuw in Palästina. »Sie operierten aus dem Untergrund, sie waren klandestin – das faszinierte mich.«

Er war an zahlreichen Aktionen beteiligt, an Sabotageakten auf Eisenbahnschienen und Brücken, Anschlägen auf britische Polizeistationen und an der Jagd auf Geheimdienstmaterial. Mehrmals wurde er von der Kriminalpolizei verhaftet.[35]

Als der Führungsstab der Haganah nach dem Zweiten Weltkrieg hörte, dass Harari mehrere Sprachen beherrschte, wurde er nach Europa geschickt. Er sollte dabei helfen, jüdische Überlebende nach Israel zu bringen. Am geheimen Ankauf von Schiffen war er genauso beteiligt wie an der komplizierten Logistik, die erforderlich war, um die illegalen Immigranten durch die Ruinen Europas zu ihren Schiffen zu lotsen und sie dann direkt unter der Nase der Briten nach Palästina einzuschmuggeln. »Dies war die Zeit, in der ich die Grundsätze und Methoden für geheime Auslandsaktivitäten entwickelte. Sie wurden das Handwerkszeug, das ich später im Mossad benutzte.«[36]

Nach der Staatsgründung holte Isser Harel Harari zum Schin Bet und später zum Mossad, wo er eine steile Karriere machte, bevor ihm die Untersuchung der Caesarea-Operationen übertragen wurde. Die Einheit, die er vorfand, war in äußerst schlechtem Zustand: ein Sammelsurium von Mitarbeitern (unter anderem früheren Mitgliedern der Einheit 188, des Mifraz und der Tsiporim, der Einsatzgruppe des Schin Bet) mit schwammigen Grundsätzen und nicht genau definierten Zielen.

Die Kette von Misserfolgen, die die Caesarea erlebt hatte, brachte Harari zu der Überzeugung, dass die Abteilung durch eine Neudefinition ihrer Ziele, Aufgaben und Verantwortlichkeiten von Grund auf erneuert werden musste. Nach monatelanger Arbeit überreichte er dem Führungsstab des Mossad seine Leitlinien: »So, wie ich die Welt sehe, braucht jedes Land zu seinem Schutz eine Caesarea: eine klandestine, in kleine Einheiten gegliederte Eliteabteilung, die jenseits der Landesgrenzen all jene Dinge erledigen kann, zu denen keine andere staatliche Behörde in der Lage ist. Für unsere Staatsführung ist sie das ideale Instrument, um gegen die Feinde des Landes vorzugehen.«[37]

Die wichtigsten Ziele der Caesarea waren Hararis Definition zufolge gezielte Tötungen, Sabotage, Sammeln von Geheimdienstinformationen in feindlichen »Ziel-Ländern«, sowie Spezialoperationen, wie entführte Menschen über Grenzen zu schmuggeln.

Bei den meisten Mifraz-Agenten, die von Harari überprüft wurden, handelte es sich um frühere Mitglieder der extremistischen antibritischen Untergrundgruppen. Isser Harel hatte sie angeworben, und Jitzchak Schamir hatte sie befehligt. Nach allem, was Harari herausfand, waren sie sehr hartgesotten und hatten jede Menge Erfahrung mit Kampfeinsätzen und Geheimoperationen. Im Zweifel waren sie jederzeit bereit zu schießen. Davon abgesehen schätzte Harari sie jedoch als extrem schwach ein: »In der Fluchtphase versagten diese Leute regelmäßig. Schon bei der Planung sollten deshalb von nun an Ziel und Flucht den gleichen Stellenwert bekommen: Wenn ihr keine Möglichkeit seht, heil rauszukommen, lasst es sein!«

Harari ordnete den Aufbau eines »Zielobjekte-Ausschusses« an, der nach gründlichen Recherchen festlegen sollte, wer auf die Anschlagsliste gesetzt wurde. Außerdem schrieb er vor, dass die Morde nicht aus unmittelbarer Nähe begangen werden durften, also niemals mit Messern oder anderen »kalten« Waffen.

Die Mitglieder der beiden Operationsabteilungen Caesarea und Colossus mochten es gar nicht, wenn man sie »Nachrichtendienstler« nannte, es klang nach Langeweile und Routine und hatte nicht den angemessenen heroischen Beiklang. (Noch schlimmer fanden sie den Ausdruck »Spitzel«, eine beinahe verächtliche Bezeichnung für die Mitbürger ausländischer Herkunft, die angeworben worden waren, um ihre eigenen Länder an Israel zu verraten.) Vielmehr verstanden sie sich als »Kämpfer« *(lochamim)*, die sich der Verteidigung und Bewahrung ihres jungen Staates geweiht hatten.

Kämpfer mögen sie alle gewesen sein, doch es gab einen wesentlichen Unterschied zwischen den Mitarbeitern der beiden Einheiten. Wenn ein Colossus-Spion in einem »Stützpunkt-Land« wie Frankreich oder Italien gefasst wurde, das umfassende diplomatische Beziehungen zu Israel hatte, riskierte er vielleicht eine Gefängnisstrafe. In einem Ziel-Land wie Syrien oder Ägypten jedoch würde ein gefasster Caesarea-Kämpfer nach unerträglicher Folter und zahlreichen Verhören höchstwahrscheinlich exekutiert werden. Die Enttarnung und Gefangennahme eines Caesarea-Agenten werden in Israel als nationale Katastrophe betrachtet, weshalb Harari auf eiserner Disziplin und absoluter Perfektion bestand.

Und tatsächlich hat es seit der Zeit, als Harari die Caesarea neu aufgebaut hat, kaum gravierende Fehler gegeben. In der gesamten Geschichte der Abteilung blieb Eli Cohen der einzige Agent, der gefasst und exekutiert wurde.

»Diese fabelhafte Bilanz hatten wir hauptsächlich Hararis Neuerungen zu verdanken«, so »Ethan«, der der Einheit viele Jahre lang als hoher Offizier gedient hat, »allem voran den wasserdichten Tarnbiografien.«[38]

Auch der Rekrutierungsprozess war ein wichtiger Faktor für den Erfolg der Abteilung. »Die Hauptwaffe eines Caesarea-Agenten ist die Fähigkeit, in absoluter Heimlichkeit zu arbeiten«, so Ethan. »Diese Waffe müssen sie mitbringen. Den ganzen Rest können wir ihnen beibringen.«

Der Mossad hatte Zugang zur israelischen Bevölkerungsdatenbank erhalten, und die Selektionsexperten der Caesarea durchforsteten sie nach bestimmten Typen von Menschen. Für Harari war es selbstverständlich, als Erstes unter denjenigen nach Mitarbeitern zu suchen, die bei den Israelischen Verteidigungsstreitkräften in Kampfeinsätzen dienten oder gedient hatten. Dies war jedoch nur der Anfang des Auswahlverfahrens. Nach dem Desaster mit Eli Cohen und nachdem herausgekommen war, dass Juden aus arabischen Ländern vom Mossad als Spione benutzt worden waren, ordnete Harari an, sich hauptsächlich auf Leute zu verlassen, die sich als Nichtjuden aus westlichen Ländern ausgeben konnten.

Der ideale Bewerber sah europäisch aus und konnte als Tourist oder Geschäftsmann aus einem Land durchgehen, dessen Bürger in der arabischen Welt willkommen waren. Eine Gruppe möglicher Anwärter bestand aus den Kindern israelischer Wissenschaftler und Diplomaten, die wegen der Berufe ihrer Eltern viel Zeit im Ausland verbracht hatten. Die meisten Rekruten jedoch waren Immigranten, die bis ins Erwachsenenalter in ihren Heimatländern gelebt hatten (nur in ganz seltenen Fällen wird die Caesarea einen Juden anwerben, der weiterhin außerhalb Israels lebt). Der Vorzug dieser Bewerber lag auf der Hand: Sie mussten nicht lange auf die Rolle des Nichtisraelis vorbereitet werden.

Andererseits, so der ehemalige Ausbildungschef Moti Kfir, gab es genau mit solchen Kandidaten ein bestimmtes Problem: Alle Anwärter werden selbstverständlich einer gründlichen Sicherheitsprüfung durch den Schin Bet unterzogen. Wenn jedoch ein Einwanderer nicht in der

Wolle der israelischen Gesellschaft gefärbt ist – wenn er oder sie nicht in den Israelischen Verteidigungsstreitkräften gedient hat, über kein Netzwerk von alten Freundschaften verfügt, keine Verwandten im Land hat –, ist es sehr viel schwieriger, seine Loyalität gegenüber Israel und dem Mossad zu überprüfen. Es ist sogar möglich, dass er schon für ein anderes Land spioniert. Entsprechend wurden die Hintergrundkontrollen für die Caesarea-Anwärter, die ohnehin schon die strengsten im ganzen Mossad waren und auf die anfänglichen Lügendetektortests folgten, noch einmal verschärft. Die Ermittler fuhren manchmal sogar ins Ausland, um die Vergangenheit der Bewerber unter die Lupe zu nehmen. Für die Rekrutierung jedes einzelnen Kandidaten wurde ein massiver Aufwand getrieben.[39]

Sobald man mögliche Mitarbeiter identifiziert hatte, wurden sie von Kontaktpersonen angerufen, die sich als »Regierungsmitarbeiter« vorstellten und ein Treffen in einem Café vorschlugen, wo dann in sehr allgemeiner Weise erklärt wurde, worum es ging. Andere bekamen einen ziemlich kryptischen Brief vom Büro des Ministerpräsidenten oder vom Verteidigungsministerium, alle ungefähr mit folgendem Wortlaut: »Wir bieten Ihnen die Möglichkeit, an einer abwechslungsreichen und ungewöhnlichen Aufgabe mitzuwirken, die Sie mit aufregenden Herausforderungen konfrontieren wird. Während Sie sie meistern, haben Sie die Chance, zu Ihrer größten persönlichen Zufriedenheit Ihr volles Potenzial auszuschöpfen.« Zusätzlich zu dieser direkten Ansprache schaltete der Mossad über Jahre hinweg vage formulierte Stellenanzeigen in israelischen Zeitungen, die auf eine »staatliche Organisation« verwiesen, die Bewerber für »eine anspruchsvolle Aufgabe« suchte.

Diese Gruppe potenzieller Kandidaten wurde mithilfe von Tests so lange gesiebt, bis diejenigen übrig blieben, die psychologisch für die Tätigkeit geeignet waren. Das Auswahlverfahren für Mossad-Agenten wurde schon immer von Rekrutierungsbeamten und Psychologen durchgeführt. Harari bestand nun aber darauf, dass auch die Psychologen selbst ein strapaziöses Ausbildungsprogramm durchliefen, einschließlich der berüchtigten »Gefangenen-Übung«. So konnten sie ihre Selektionskriterien verfeinern und besser ermessen, welche Charaktereigenschaften ein Agent mitbringen musste.[40]

Kandidaten mit allen gewünschten Eigenschaften zu finden war und ist eine große Herausforderung. Im Mossad ist man stolz darauf, dass die Aufnahmequote bei 0,1 Prozent liegt. Dazu Moti Kfir: »Der Kämpfer, den wir uns wünschen, muss Zionist sein, und er muss sich mit Israel und seinen Anliegen identifizieren. Am wichtigsten ist es, dass er ein Gleichgewicht von gegensätzlichen Eigenschaften vorweisen kann. Er braucht Entschlusskraft ohne Angriffslust. Er muss mutig sein, aber nicht furchtlos, kontaktfreudig, aber verschwiegen. Die Kandidaten müssen bereit sein, hohe Risiken auf sich zu nehmen, dürfen aber den Auftrag oder die Organisation niemals gefährden. Ihre Risikobereitschaft darf nicht zur Todessehnsucht werden. Sie müssen in der Lage sein, ein Leben in Lüge und Täuschung zu leben, und sollen gleichzeitig verlässliche Berichte schreiben und nichts vor ihren Vorgesetzten verbergen. Sie müssen ihren Charme einsetzen können, ohne persönliche Bindungen einzugehen.«[41]

Die Motivation ist dabei immer ein Thema: Warum wählt jemand, ob Mann oder Frau, einen der gefährlichsten Berufe der Welt? »Es gibt zwei Arten von Kämpfern«, so Kfir. »Die einen kommen aus einer positiven Richtung, sie kommen *für etwas*. Die zweite Gruppe kommt aus einer negativen Richtung, das sind Leute, die *von etwas weg* wollen. Die aus der positiven Richtung haben kein Problem, ihren Lebensunterhalt zu verdienen, und sie haben auch keine Frauen, von denen sie sich unverstanden fühlen. Diese Leute kommen zu uns, um dem Zionismus zu dienen und ihre Abenteuerlust zu stillen. Sie wollen die Welt sehen – und sie wollen spielen, weil sie das Spiel lieben. Die aus der negativen Richtung – das sind Leute, die vor etwas weglaufen, die sich zu Hause nicht wohlfühlen, die im zivilen Leben keine Karriere machen konnten. Es sind Menschen, die nach einem besseren Leben suchen.«

Der Mossad nimmt beide Arten von Kämpfern, die positiven und die negativen. Die Gründe, aus denen sie ihrem alten Leben den Rücken kehren, sind weniger wichtig als ihre Fähigkeit, in einem feindlichen Land zurechtzukommen, in völliger Isolation, mit einer komplett neuen Identität. »Man ist beides: Soldat und General«, so Kfir, »und das ist eine große seelische und mentale Belastung.«

In der Hoffnung, diese Belastung überflüssig zu machen oder zumindest abzumildern, rief Harari ein weiteres, besonders ehrgeiziges Rekrutierungsprogramm ins Leben. »Ich hatte gehört, dass der KGB regelmäßig Waisenkinder im Alter zwischen 13 und 14 Jahren ausfindig machte, die völlig ohne einengende Bindungen waren. Der KGB nahm sie unter seine Fittiche und bildete sie unter den bestmöglichen Bedingungen zu Undercoveragenten aus. Ich fand die Idee gut.« Er bat die Psychologen der Caesarea, einen 14-jährigen israelischen Jungen ausfindig zu machen, der keine Eltern mehr hatte. Ohne dass er wusste, wer da für ihn sorgte, nahm die Caesarea diesen Jungen unter ihre Fittiche. Ein Psychologe und zwei Privatlehrer behielten ihn ständig im Auge, und er bekam eine exzellente Ausbildung, zusätzliche Kurse in Kunst und Kultur sowie Zeit für Sport und Freizeit. »Wir sagten ihm, dass wir hofften, er werde als Erwachsener seiner Nation dienen«, so Harari.[42]

Die sorgsame Pflege und teure Ausbildung führten zum Erfolg. Der Junge wurde Soldat und später ein talentierter junger Offizier, hochkultiviert und bestens geeignet, im Ausland undercover zu arbeiten. Dennoch war das Projekt als Ganzes zum Scheitern verurteilt. »Mir wurde klar, dass so etwas vielleicht in einem totalitären Staat wie Russland funktionieren konnte, aber nicht in Israel. Die israelischen Juden haben nicht diese Art von Beharrlichkeit: Auf einmal wünschte er sich eine Freundin, einen zivilen Beruf und ein gutes Gehalt. Er hatte offensichtlich Pläne, die in eine ganz andere Richtung gingen als das, was der Geheimdienst ihm bieten konnte. Uns blieb nichts anderes übrig, als ihn seinen eigenen Weg gehen zu lassen.«

Andere Rekrutierungsstrategien erwiesen sich als erfolgreicher. So wurde der Mossad aus ganz praktischen Gründen zum Pionier in Sachen Geschlechtergleichstellung. »Es ist ein riesiger Vorteil, wenn man während des Einsatzes eine Frau in der Gruppe hat«, so Ethan. »Für ein Team, das aus beiden Geschlechtern besteht ..., kann man bessere Coverstorys erfinden, und die Verdachtsmomente werden dadurch minimiert.«[43]

Wenn die Anwärter die erste Auswahlrunde geschafft haben, beginnen sie mit dem »Agenten-Lehrgang«. Während der Ausbildung lernen die meisten Caesarea-Kadetten weder das Mossad-Hauptquartier kennen, noch haben sie Kontakt zu anderen Auszubildenden. Falls sie gefasst und gefoltert werden, sollen sie so wenig wie möglich preiszugeben haben. Ihre Basis befindet sich in einer von mehreren Wohnungen in Tel Aviv, sodass sie nicht mit den normalen Mossad-Mitarbeitern in Kontakt kommen, die täglich im Hauptquartier zur Arbeit gehen.

Die Kadetten werden in zahlreichen Spionagetechniken ausgebildet: verschlüsselte Kommunikation mit Morsezeichen (bis diese Form der Nachrichtenübermittlung durch die technische Entwicklung überholt war), Observation, Abschütteln von Verfolgern, Bewaffnung und der Kampf Mann gegen Mann. Außerdem lernen sie alles über die Geografie, Politik und Geschichte der arabischen Länder.

Diese Fähigkeiten werden in zahlreichen praktischen Einsätzen verfeinert, die fast durchgängig auf israelischem Boden stattfinden. Meist sind sie relativ banal: im Empfangsbereich einer Bank eine Wanze in einem Telefon verstecken, harmlose Dokumente zurückholen und zum bloßen Beweis, dass man es kann, in Wohnhäuser oder Geschäftsräume einbrechen.[44]

Eine durchdachte Tarnbiografie ist viel mehr als ein falscher Name. Von dem Rekruten erwartet man, dass er einen komplett neuen, fiktiven Lebenslauf einstudiert: wo er geboren und aufgewachsen ist, wer seine Eltern sind, unter welchen sozialen, kulturellen und ökonomischen Umständen er seine Kindheit verbracht hat, welche Hobbys er hat und so weiter. Ein Reisepass, der von einem befreundeten Land ausgestellt worden ist oder den der Mossad gefälscht hat, gewährt ihm Reisefreiheit – sogar in Länder, die Israelis die Einreise verweigern. Sein fingierter Beruf ist dabei typischerweise eine Tätigkeit, die häufige Auslandsreisen erfordert und bei der man viel Zeit allein verbringt, ohne Partner, Büros oder regelmäßige Arbeitszeiten. Zeitungsreporter oder Fotograf zum Beispiel funktionieren gut, oder auch Drehbuchautor bei der Recherche für einen Film. Weitergehende Erklärungen sind hier in der Regel unnötig.

Die nach und nach ausgestaltete Tarnbiografie entfremdet den Rekruten von seinem eigentlichen Selbst, und er bekommt in einem neuen Land ein neues Leben, das keinerlei Verdacht erregt. Als Nächstes üben die Rekruten, wie sie, je nach Situation, eine zweite Deckung aufbauen. Falls ein Kämpfer von einem neugierigen Polizisten gelöchert wird, muss er jederzeit in der Lage sein, plausibel zu erklären, warum er sich zu einer bestimmten Zeit an einem bestimmten Ort aufgehalten hat oder weshalb er zum Beispiel (wenn er feststellen wollte, wie viele Leute hinein- und hinausgehen) vor einem Ministerium herumgestanden hat. So eine Erklärung muss schnell und ruhig gegeben werden, mit gerade so vielen Einzelheiten, dass es nicht unglaubwürdig wird. Wenn man zu viel erklärt, kann das ebenso verdächtig wirken, wie wenn man gar nichts erklärt.[45]

Die Ausbilder erhöhen dann den Druck, indem sie eine Verhaftung und ein brutales Verhör simulieren. Einem Caesarea-Kämpfer mit dem Codenamen »Kurtz« zufolge ist dies der härteste Teil des Lehrgangs. »Wir wurden zum Beschatten ausländischer Diplomaten zu zweit nach Jerusalem geschickt. Das kam uns leicht vor: Wir sollten ihnen einfach nur folgen und Bericht erstatten, ohne Kontakt aufzunehmen«, so Kurtz. »Wir wurden mit ausländischen Pässen ausgestattet und bekamen die Anweisung, unter keinen Umständen zu verraten, wer wir wirklich sind. Und plötzlich, aus dem Nichts, halten drei Polizeiautos neben uns, ein paar Schlägertypen in Zivil springen heraus, schlagen uns zu Boden, legen uns Handschellen an und werfen uns in den Wagen.

Sie brachten uns in die Verhöranlage des Schin Bet im Russischen Viertel von Jerusalem. Wir verbrachten dort dreieinhalb furchtbare Tage, ohne Schlaf, in Handschellen, mit verbundenen Augen. Einen Teil der Zeit waren wir mit Handschellen an einen Stuhl gefesselt, die Arme nach hinten gebogen, sodass der ganze Körper unter Spannung stand. Dann wieder ketteten sie uns an der Decke an, sodass wir gezwungen waren, auf Zehenspitzen zu stehen. Während der Befragungen wurden wir von Polizisten und Schin-Bet-Agenten geschlagen und bespuckt. Sie sollen sogar auf einen von uns uriniert haben. Sie wollten herausfinden, wer einknickte und wer bei seiner Geschichte blieb.« Kurtz knickte nicht ein, und falls er es getan hätte, wäre das für ihn wahrscheinlich das Ende des Ausbildungsprogramms gewesen.[46]

Nach erfolgreicher Beendigung des Lehrgangs haben sich die Kadetten als Agenten qualifiziert, und sie gehen in Ziel-Ländern auf Einsatz.

Harari führte in der Caesarea eine eiserne Disziplin ein und forderte absoluten Gehorsam. Jeder, der dem Weg nicht folgte, den er vorgezeichnet hatte, wurde auf der Stelle hinausgeworfen. Das Abteilungsbüro im zehnten Stock in der Kaplan Street 2 in Tel Aviv arbeitete geräuschlos und mit vorbildlicher Sorgfalt. »Mike brachte ein europäisches Betriebsklima in die Caesarea«, so Ethan. »Die Art zu sprechen, die Raffinesse, die Methoden, die Manieren. Sein Büro war immer sauber und ordentlich, tipptopp, genau wie er selbst – in seinem ganzen Benehmen und in seiner Kleidung. Er war stets gepflegt und glattrasiert, und immer umgab ihn der Duft seines französischen Lieblingsparfüms. Das war wichtig, denn dadurch gewöhnte sich die gesamte Abteilung an die Arbeitsatmosphäre der Länder, aus denen wir vorgeblich kamen.«[47]

»Gute Geheimdienstarbeit und eine starke Caesarea gibt es nicht umsonst«, gab Harari Amit zu verstehen. Er verlangte zunehmend größere Geldmittel, die er in die Agentenausbildung sowie in den Ausbau von Rahmenbedingungen und Netzwerken für Einsätze investierte. Hararis Leute gründeten Hunderte von Handelsfirmen in unzähligen Branchen und Ländern, die dem Mossad noch viele Jahre lang, nachdem Harari längst pensioniert war, von Nutzen sein sollten. Für die meisten Unternehmen gab es zunächst keinerlei direkte Verwendung, aber Harari war weitsichtig genug, um vorauszusehen, dass es eines Tages für die Caesarea von Vorteil sein würde, zum Beispiel in einem Land des Nahen Ostens im Besitz einer Reederei zu sein. Und tatsächlich kam eine Zeit, in der die Einheit ein ziviles Frachtschiff brauchte, das einem Mossad-Team in jemenitischen Gewässern als Tarnung dienen konnte. Die Mossad-Einheit lud Fleischpakete auf ein Schiff und transportierte sie von Ort zu Ort, während sie heimlich ihren Spionageauftrag ausführte.[48]

Im Jahr 1967 begannen Hararis Maßnahmen, Früchte zu tragen, und die Agenten der Caesarea schickten tagtäglich wertvolle Informationen aus den Ziel-Ländern zurück nach Israel. Die meisten Informationen betrafen Israels damalige Hauptgegner: Syrien, Ägypten, Jordanien und Irak. Es war naheliegend, dass in dieser Zeit der Mossad, der AMAN und die Regierung die meisten Ressourcen für die Vorbereitung der nächsten militärischen Konfrontation mit den arabischen Staaten verwendeten, die dann in jenem Juni tatsächlich erfolgte.

Doch wurde darüber die nächste große Herausforderung von den israelischen Nachrichtendiensten übersehen: Zahllose Palästinenser waren bereit, für die Rückkehr in ihre Heimat zu kämpfen, und schon bald rollte eine Welle des gegen Israelis und andere Juden gerichteten palästinensischen Terrors über den Nahen Osten und Europa hinweg.

»Wir waren auf diese neue Bedrohung in keiner Weise vorbereitet«, so Harari.[49]

7 »Der bewaffnete Kampf ist der einzige Weg zur Befreiung Palästinas«

Aus den Gebieten, auf denen der Staat Israel errichtet wurde und die er im Krieg von 1948/49 eroberte, flohen zwischen 600 000 und 750 000 Palästinenser beziehungsweise wurden von dort vertrieben. Die Araber schworen, den neugeborenen Staat zu vernichten, und die israelische Führung glaubte, es wäre für den Bestand ihres noch instabilen, verwundbaren Landes am besten, wenn sich innerhalb seiner Grenzen möglichst wenige Araber befänden. Dies war der – moralisch durchaus fragwürdige – Gedanke sowohl hinter den Vertreibungen als auch der generellen Weigerung, Flüchtlingen jemals eine Rückkehr zu gestatten.

Die Flüchtlinge wurden in Gaza (einem als Folge des Krieges von 1948/49 entstandenen, 360 Quadratkilometer großen Streifen an der südwestlichen Küste des Mandats Palästina, bis 1967 von Ägypten und seitdem von Israel kontrolliert), dem Westjordanland (der Name der Gebiete im ehemaligen Palästinamandat, die nach dem 1948er-Krieg von Jordanien kontrolliert wurden; 1967 eroberte Israel diese Gebiete, die etwa 5900 Quadratkilometer umfassen) oder baufälligen Lagern in benachbarten arabischen Ländern angesiedelt, wo sich die herrschenden Regime damit brüsteten, die Zionisten irgendwann von der Landkarte zu fegen, sodass die Palästinenser in ihre Heimat zurückkehren könnten. Meist handelte es sich um bloße Lippenbekenntnisse.

In der Realität schufen die Regierungen der Aufnahmeländer ihrerseits erschwerte Bedingungen für die unglücklichen Flüchtlinge, die oft keinerlei Rechte, keine nennenswerte Kontrolle über ihr Leben und wenig Aussicht auf höhere Bildung oder eine angemessene Beschäftigung hatten. Die Lebensumstände waren erbärmlich. Um Gesundheitsversorgung und Nahrungsmittelsicherheit stand es ähnlich. Durch die Flüchtlinge, die während des Krieges von 1948/49 in den Gazastreifen strömten, verdreifachte sich die dortige Bevölkerung. Dies führte zu einer der höchsten Bevölkerungszuwachsraten der Welt. Von 70000 Einwohnern stieg die Zahl bis 1950 auf 245000 an, bis 1967 auf etwa 356000. Im Jahre 2015 zählte man 1,71 Millionen.[1]

Die Flüchtlinge waren zu Staatenlosen geworden, vertrieben aus ihrem eigenen Land und in allen anderen unerwünscht. Dennoch betrachteten sie sich immer noch als ein *Volk*. Dasselbe galt für die dauerhaften palästinensischen Einwohner der Dörfer und Städte im Westjordanland und in Gaza. In den trostlosen Lagern schlossen sich junge Kämpfer zu nationalistischen Bewegungen zusammen, getrieben von Stolz und Hass auf Israel.

Unter ihnen war ein Junge namens Chalil al-Wasir, der 1935 in Ramla zur Welt gekommen war, einer südöstlich von Tel Aviv gelegenen Stadt. Wie viele andere Bürger von Ramla wurden auch er und seine Familie während des Krieges 1948 nach Gaza deportiert, wo sie fortan in einem Flüchtlingslager lebten.[2]

Im Alter von 16 Jahren war Chalil al-Wasir bereits Anführer einer militanten Gruppe. Begierig, die Deportation seiner Familie aus Ramla zu rächen, suchte al-Wasir, wie er sagte, »Mudschaheddin, die am Palästinensischen Krieg [1948] teilgenommen hatten, damit wir von ihrer persönlichen Kampferfahrung lernen konnten«.[3]

Diese Veteranen des 48er-Krieges bildeten al-Wasir und seine Freunde aus, die wiederum andere junge Palästinenser unterwiesen. Im Jahre 1953 kommandierte der damals gerade 18-jährige al-Wasir 200 junge Männer, allesamt leidenschaftlich motiviert, den zionistischen Feind zu bekämpfen. Ende 1954 und Anfang 1955 begannen al-Wasirs Männer eine Serie von Sabotage- und Mordanschlägen in Israel. Die Ägypter, die die jungen Kämpfer als billige Stellvertreter nutzten, schickten palästinensische Studenten aus Kairo zur Verstärkung nach Gaza. Unter ihnen war ein junger Elektrotechnik-Student an der Universität von Kairo namens Mohammed Yasser Abdel Rahman Abdel Raouf Arafat al-Qudwa al-Hussein – Jassir Arafat.

Arafats Geburtsort ist strittig. Nach offizieller palästinensischer Version kam er 1929 in Jerusalem zur Welt, wie man es von einem Palästinenserführer auch erwarten kann. Andere Quellen hingegen behaupten, er stamme aus Gaza oder sogar aus Kairo. Auf jeden Fall war er der Spross einer wichtigen palästinensischen Familie mit Beziehungen zu Großmufti Haj Amin al-Husseini und Abd al-Qadir al-Husseini, dem Kommandeur der palästinensischen Streitkräfte im 1948er-Konflikt. Beide standen damals ganz oben auf der Todesliste.[4]

Arafat, der den *nom de guerre* Abu Ammar annahm, und al-Wasir, der sich nun Abu Dschihad nannte, wurden zu Verbündeten und Vertrauten. Gemeinsam arbeiteten sie an der Stärkung der palästinensischen Zellen im Gazastreifen.

Trotz alledem machte sich der israelische Geheimdienst keine allzu großen Sorgen um die schwelende Aggression in den Flüchtlingslagern. »Generell könnte man sagen, dass uns die palästinensische Diaspora nicht interessierte«, sagte Acharon Levran, der damals als AMAN-Offizier diente. »Zu jener Zeit stellten sie keine ernst zu nehmende Bedrohung dar.« Statt als langfristige militärische Angelegenheit betrachtete man die Kämpfer als unmittelbares taktisches Problem, das nur insofern Sorgen bereitete, als es zu Grenzübertretungen und Gewalt gegen Juden kam. Obendrein wurde dieses Problem durch den Sinai-Feldzug 1956 vermeintlich gelöst: Ägypten, das israelische Vergeltungsschläge fürchtete und der Erhaltung des Friedens an der Grenze Vorrang vor der Palästinenserfrage einräumte, fror seine Mittel für solche Überfälle ein.

Die Kämpfer jedoch sahen das Ganze vollkommen anders. Abu Dschihad und Arafat fielen aus allen Wolken und fühlten sich betrogen, als die Ägypter weitere Infiltrationen untersagten. Sie befanden daher, dass die Palästinenser ihrer Notlage nur durch unabhängige Operationen ein Ende bereiten könnten. Der Sieg des israelischen Militärs im Sinai-Krieg, der die terroristische Infiltration durch Palästinenser von ägyptischem Hoheitsgebiet beendete, führte somit unbeabsichtigt zur Gründung einer separaten Guerillabewegung.[5]

Nachdem sie jahrelang von einem Land ins nächste gezogen waren, siedelten Arafat und Abu Dschihad Ende des Jahres 1959 nach Kuwait über. Sie waren zu der Erkenntnis gelangt, dass sie in den Augen Nassers, der die arabische Welt unter seiner Führung zu einen versuchte, nur Hindernisse darstellten. Sie wussten, dass es ihnen nie gelingen würde, eine schlagkräftige gesamtpalästinensische Organisation unter eigener Flagge zu gründen, solange sie in einem der großen arabischen Länder blieben.[6]

Abu Dschihad erkannte die Vormachtstellung des sechs Jahre älteren Arafat an, der bereits über ein weitverzweigtes Netzwerk von Kontakten in der gesamten palästinensischen Diaspora verfügte. Arafat sah sich zwar als Führer, erkannte jedoch sofort Abu Dschihads operative Begabung, etwas, woran es ihm selbst mangelte. Über einen Zeitraum von zwei Jahren erarbeiteten Arafat, Abu Dschihad und drei weitere Kameraden eine Reihe von Prinzipien und einen Handlungsrahmen für ihre Organisation. Dies taten sie im Geheimen, um nicht den Widerstand der arabischen Staaten hervorzurufen. Am 10. Oktober 1959 wurde die Palästinensische Befreiungsbewegung schließlich offiziell gegründet.

Sie entdeckten jedoch bald, dass das arabische Akronym ihres Namens, *Hataf*, für ein Wort stand, das sich dummerweise mit »schneller Tod« übersetzen ließ. Abu Dschihad, der ein besonderes Gespür für Symbolik hatte, schlug daher vor, die Buchstaben umzudrehen und daraus das Wort *Fatah* zu bilden. Dieses bedeutete »ruhmreicher Sieg«.

Die Grundprinzipien, die damals in Form von Flugblättern verbreitet wurden, wurden später in der Palästinensischen Nationalcharta zusammengefasst.[7] Artikel 9 stellt fest: »Der bewaffnete Kampf ist der einzige Weg zur Befreiung Palästinas.« In Artikel 6 wird praktisch die Deportation aller nach 1917 in Palästina eingetroffenen Juden gefordert. In Artikel 20 heißt es: »Ansprüche der Juden auf historische und religiöse Bindungen mit Palästina stimmen nicht mit den geschichtlichen Tatsachen überein. ... Ebenso wenig stellen die Juden ein einzelnes Volk mit eigener Identität dar, vielmehr sind sie Bürger der Staaten, denen sie angehören.« Artikel 22 besagt, der Zionismus sei »rassistischer und fanatischer Natur; seine Ziele sind aggressiv, expansionistisch und kolonialistisch; seine Methoden sind faschistisch«. Die in der Charta geäußerte Kritik am Zionismus stellt diesen zumeist als Instrument des internationalen Imperialismus dar.

Den israelischen Geheimdiensten, vollauf beschäftigt mit Nasser und überzeugt, dass Ägypten die wahrscheinlichste und größte Bedrohung darstellte, entging die Gründung der Fatah völlig. Erst mehr als vier Jahre später, Anfang 1964, verfassten zwei israelische Spione die ersten Berichte über die Organisation. Uri Jisrael (innerhalb des Mossad bekannt als »Ladijah«) und Jitzchak Sagiv (»Jisrael«), die als palästinensische Geschäftsleute getarnt arbeiteten, warnten, dass die von der Fatah unterstützten und ideologisch infiltrierten Studentenzellen in Europa an Dynamik gewännen und nicht zu unterschätzen seien. Am 6. April 1964, als der gesamte Mossad mit der Angelegenheit um die deutschen Wissenschaftler befasst war, schrieb Ladijah an den Kopf des Mossad in Europa, Rafi Eitan, und warnte ihn: »Ich komme zu dem Schluss, dass die Gefahr, der wir uns von Seiten der Wissenschaftler, Studenten und gebildeten [Palästinenser] gegenübersehen, in ihrer Bedeutung der Aufrüstung arabischer Staaten mit Massenvernichtungswaffen in nichts nachsteht.«[8]

Anfangs zeigten sich ihre Führungsoffiziere im Mossad unbeeindruckt und taten Arafat, Abu Dschihad und deren Freunde als »Studenten und Intellektuelle« ab, die »stärker mit Worten sind als mit Taten«. Doch Ladijah und Jisrael blieben beharrlich und warnten, dass ihre palästinensischen Bekannten mit zunehmender Regelmäßigkeit vom »bewaffneten Kampf gegen das zionistische Gebilde« sprächen.

Die Fatah sei »etwas vollkommen anderes als alles, was bisher existierte«, schrieben sie in einem Bericht vom Mai 1964. »Diese beiden [Arafat und Abu Dschihad] sind in der Lage, die Palästinenser gegen uns aufzubringen.«[9]

Ihren ersten Terroranschlag verübte die Fatah am 1. Januar 1965. Es war der Versuch, die israelische Landeswasserleitung zu sprengen, jenes riesige Rohr- und Kanalsystem, über das der trockene Süden des Landes mit Wasser vom See Genezareth versorgt wird. In einer Wüste wie dem Nahen Osten den Quell des Lebens, das Wasser, als Ziel zu wählen war ein hoch symbolischer Akt – der die blank liegenden Nerven aller in der Region ansässigen Menschen traf. Die Konstruktion des Kanalsystems war eine umstrittene Angelegenheit gewesen, die in der arabischen Öffentlichkeit seinerzeit für beträchtliches Aufsehen gesorgt hatte.[10] Obwohl der Ministerpräsident Syriens, Salah Bitar, im September 1963 erklärte, die arabischen Staaten hätten beschlossen, »unnachgiebig dagegen vorzugehen, dass Israel seinen Traum verwirklicht«, Wasser in die Wüste zu bringen, blieben dies doch leere Worte. Erst die Fatah, die immer noch klein war und über geringe Mittel verfügte, ergriff die Initiative und handelte.[11]

Die von Abu Dschihad geplante Operation war ziemlich amateurhaft und ein totaler Fehlschlag. Die Gruppe, die den ersten militärischen Schlag der Fatah ausführen sollte, wurde eine ganze Woche vor dem geplanten Termin in Gaza verhaftet.[12] Eine weitere Gruppe wurde wenige Tage vor ihrem gesetzten Termin im Libanon festgenommen.[13] Schließlich gelang es einer dritten Gruppe aus Jordanien, Sprengsätze an der Landeswasserleitung anzubringen, doch explodierten diese nicht und wurden von einer Sicherheitspatrouille entdeckt. Die Mitglieder der Einheit wurden verhaftet.[14] Trotz dieses offensichtlichen Fehlschlages fand die Nachricht der Operation gewaltigen Widerhall in der arabischen Welt. Zumindest gab es eine Kraft, die nun bereit war, es mit den Israelis aufzunehmen. Auch der AMAN nahm davon Notiz, tat jedoch kaum mehr als das.

Zur selben Zeit zahlten sich Ladijahs Beziehungen aus, die er in den Jahren seines Doppellebens geknüpft hatte. Arafat und Abu Dschihad hielten engen Kontakt zu palästinensischen Studenten in ganz Europa, insbesondere in Ost- und Westdeutschland. Dort hatte Ladijah einen palästinensischen Freund namens Hani al-Hassan, der der Generalunion palästinensischer Studenten vorstand und dessen Bruder Chaled eines der fünf Gründungsmitglieder der Fatah war. Hani war in finanziellen Schwierigkeiten, und Ladijah kam ihm zu Hilfe. Er bot an, die Miete für Hanis Wohnung in der Beethovenstraße 42 in Frankfurt zu bezahlen, die nebenbei als Hauptquartier der Studentenorganisation diente. Die Fatah-Führer kamen dort ebenfalls regelmäßig zusammen.

Im Januar 1965 verwanzte der Colossus, die Überwachungseinheit des Mossad, die Wohnung mit Mikrofonen. Über die nächsten acht Monate belauschten israelische Agenten die Strategiesitzungen der Palästinenser von einem Posten auf der anderen Seite des Hausflures und hörten, wie sie schworen, »Israel von der Landkarte zu fegen«, wie Abu Dschihad bei einem der heimlich aufgezeichneten Treffen erklärte.[15]

Rafi Eitan, der Jahre zuvor Kommandeur jener Militäreinheit gewesen war, die Abu Dschihads Familie aus Ramla deportiert hatte, leitete damals die Europaoperationen des Mossad. Als er das Komplott belauschte, war ihm sofort klar, dass dies eine Bewegung mit Potenzial war, die obendrein einen besonders charismatischen, gefährlichen Anführer besaß. »Arafats wahre Natur zeigte sich schon damals bei den Treffen in Frankfurt«, so Eitan. »Die Studenten berichteten Arafat und Abu Dschihad, es gebe 15 Palästinenserorganisationen und es sei wichtig, alle unter einem einzigen Kommando zusammenzuführen. Arafat sagte, dies sei nicht notwendig und es sei vielmehr gut, wenn jede Organisation eine eigene Miliz und ein eigenes Budget habe. Damit sei ›die Fortführung des Kampfes gegen den Zionismus, bis wir alle Juden ins Meer geworfen haben‹, gesichert, sagte er.«[16]

Während der ersten Hälfte des Jahres 1965 verübte die Fatah weitere Guerillaangriffe, verminte Straßen, sabotierte Pipelines und schoss mit Kleinfeuerwaffen auf Israelis.[17] Die meisten dieser Angriffe schlugen fehl, doch ihre Echos erreichten Rafi Eitan in Paris. Im Mai 1965 bat Eitan den Mossad-Direktor Amit, eine Caesarea-Einheit zu entsenden, die in die Wohnung in der Beethovenstraße eindringen und alle dort befindlichen Personen liquidieren solle. »Das stellt kein Problem für uns dar«, schrieb er an Amit. »Wir haben Zugang zum Ziel, und dies ist eine Gelegenheit, die wir vielleicht nicht noch einmal bekommen.«

Amit jedoch, der immer noch an der Gefangennahme der Caesarea-Agenten Cohen und Lotz zu knabbern hatte, verweigerte seine Zustimmung. Er sah in der Gruppe nicht viel mehr als einen Trupp junger Schläger mit sehr begrenzten Möglichkeiten.

»Zu schade, dass sie nicht auf mich gehört haben«, sagte Eitan Jahrzehnte später. »Wir hätten uns viel Mühe, Kopfzerbrechen und Kummer ersparen können.«[18]

In den Monaten, die nun folgten, gab es mit zunehmender Häufigkeit weitere Anschläge, insgesamt 39 im Jahre 1965.[19] Es war klar, dass Arafat und Abu Dschihad ein Problem darstellten, das sich nicht von selbst lösen würde. »Zu Beginn waren ihre Terroranschläge lächerlich«, sagte Acharon Levran, damals stellvertretender Leiter der Abteilung Informationsgewinnung des AMAN. »Mit der Zeit jedoch wurden sie zunehmend ernster ... Angesichts dieser Situation reagierten die Geheimdienste auf zweierlei typische Weise. Erstens richteten sie eine Spezialeinheit ein, die sich um die Angelegenheit kümmern sollte. Zweitens schlugen sie an der Spitze der Pyramide zu.«

Die »Spezialeinheit«, ein geheimes Komitee zur Untersuchung, wie dem palästinensischen Terror zu begegnen sei, wurde im August 1965 gegründet und hatte drei Mitglieder: Levran; den stellvertretenden Leiter der Caesarea, Mike Harari; und Schmuel Goren, Kommandeur der AMAN-Einheit 504.

Dieses Komitee gab Befehl zur Eliminierung von Arafat und Abu Dschihad. Angesichts der jüngsten Fehlschläge der Einheit wussten die drei, dass es extrem unwahrscheinlich war, einen gezielten Tötungseinsatz der Caesarea genehmigt zu bekommen. Daher empfahlen sie stattdessen eine Rückkehr zur Briefbombe. Auf Basis von Informationen, die Ladijah und Jisrael gesammelt hatten, sollten diese Bomben an eine Reihe führender Fatah-Leute im Libanon und in Syrien geschickt werden.

Am 8. Oktober traf sich Mossad-Direktor Amit mit Ministerpräsident und Verteidigungsminister Levi Eschkol, um ihm seinen Plan zur Genehmigung vorzulegen. »Wir haben drei Zielpersonen«, sagte Amit. »Unser Mann [Ladijah] ist aus den Hauptstädten zurück [Beirut und Damaskus], und wir wollen handeln.«

Amit nannte zunächst die Zielpersonen und bemerkte dann, dass Ladijah »alle notwendigen Informationen beschafft hat; der Vorschlag ist, jedem ein ›Präsent‹ zu schicken«. Die Briefe sollten als Absender Namen tragen, die den Zielpersonen persönlich bekannt waren. Damit alles möglichst glaubhaft wirkte, sollten sie direkt im Libanon aufgegeben werden.

»Diesmal wird es eine Frau machen. Sie wird nach Beirut gehen und die Briefe dort einwerfen. ... [Sie ist] Südafrikanerin mit britischem Pass, und sie ist bereit, es zu tun.« Amit sprach von Sylvia Rafael, Tochter eines jüdischen Vaters und einer nichtjüdischen Mutter, die eine starke Bindung zum jüdischen Volk aufgebaut hatte, nach Israel gezogen und vom Mossad angeworben worden war. Sie wurde von Moti Kfir ausgebildet und wurde die berühmteste Agentin in der Geschichte der Caesarea.

Amit sagte Eschkol, dass eine ganze Welle von Briefbomben geplant sei. Während sich der Mossad auf seine drei Zielobjekte konzentrierte, werde der AMAN gleichzeitig zwölf bis fünfzehn seiner tödlichen Umschläge an Fatah-Aktivisten in Jordanien schicken.

Eschkol war skeptisch. »Haben wir je etwas versucht, das bis zum Schluss planmäßig verlaufen ist? ... In Ägypten ist es nicht planmäßig gelaufen«, sagte er und erinnerte Amit an die Briefbomben, die sie an die deutschen Wissenschaftler in Ägypten geschickt hatten. Die Empfänger kamen dabei nicht ums Leben, sondern wurden lediglich verletzt. Amit versicherte ihm: »Wir nehmen diesmal mehr Sprengstoff. Diesmal nehmen wir 20 Gramm.«[20]

Trotzdem funktionierten die Briefbomben auch dieses Mal nicht. Einige wenige Empfänger wurden leicht verletzt, doch die meisten Briefe wurden entdeckt und entschärft, bevor sie irgendwelchen Schaden anrichten konnten.

Zu dieser Zeit waren Arafat und Abu Dschihad in Damaskus, das eingewilligt hatte, seine Protektion der Fatah auszuweiten und ihren militärischen Einheiten die Nutzung einiger syrischer Ausbildungslager zu gestatten. Die Möglichkeit der Israelis, wie auch immer geartete Aktionen in Damaskus durchzuführen, waren äußerst begrenzt, insbesondere nach der Festnahme von Eli Cohen und der panikartigen Evakuierung der anderen dort tätigen Agenten. Von Syrien aus konnte die Fatah zudem ihren Kampf gegen Israel besser koordinieren und drang regelmäßig ins Westjordanland ein, das damals unter jordanischer Herrschaft stand. Die Fatah errichtete dort Stützpunkte, von denen aus sie Anschläge innerhalb Israels verübte. Die meisten dieser Angriffe waren Sabotageakte, die sich gegen zivile Ziele richteten, darunter Privathäuser, Institutionen und Infrastruktur wie Wasserleitungen, Eisenbahngleise und unbefestigte Straßen.[21]

Im Jahre 1966 gab es 40 Anschläge der Fatah in Israel. Wenngleich die Frequenz der Angriffe dieselbe blieb wie 1965, gab es einen dramatischen Unterschied in Dreistigkeit und Qualität.

Mitte 1966 begann die Fatah damit, gegen militärische Ziele Israels vorzugehen. Bei einer solchen Operation am 11. November 1966 wurden drei israelische Soldaten getötet, als ihr Fahrzeug auf eine Landmine traf. Die Vergeltung folgte zwei Tage später: Israelische Streitkräfte überfielen das auf jordanischem Hoheitsgebiet gelegene palästinensische Dorf Samua südlich von Hebron. Das ursprüngliche Ziel war es gewesen, Häuser im Dorf zu zerstören. Man hatte gehofft, damit ein abschreckendes Signal an die arabischen Staaten zu senden, um diese dazu zu motivieren, gegen die Fatah vorzugehen. Doch dann griff die jordanische Armee ein. Am Ende kam es – neben der unweigerlichen Zunahme der Grenzspannungen – zu 16 Verlusten auf jordanischer und einem auf israelischer Seite.

Dennoch war der Drang, das Palästinenserproblem unter den Tisch zu kehren, so stark, dass das israelische Establishment nach Kräften bemüht war, den Namen Fatah nicht einmal auszusprechen. »Wir wollten die Fatah nicht anerkennen, nicht sagen, dass dieser oder jener Terroranschlag ihr Werk war«, sagte Schlomo Gasit, von 1964 bis 1967 Leiter der Forschungsabteilung des AMAN. »Andererseits mussten wir irgendwie darüber reden, also verständigten wir uns auf einen neutralen Begriff.« Das Wort war *Paha*, das hebräische Akronym für *feindliche terroristische Aktivität*. Jahrzehntelang war dies der Begriff, den israelische Regierungsvertreter verwendeten, wenn sie der Öffentlichkeit mitteilten, wer hinter Terrorakten steckte.[22]

Anfang 1967 verschlechterte sich die Situation rapide. Bis Mai hatte die Fatah über die Grenzen Jordaniens, Syriens, Ägyptens und des Libanon hinweg bereits mehr als 100 Anschläge auf Israel verübt. Dreizehn Israelis, neun Zivilisten und vier Soldaten verloren ihr Leben.[23] Das Hin und Her kleiner Angriffe – Palästinenser verübten einen Anschlag über die Grenze, Israelis übten Vergeltung – zerrüttete die ohnehin brüchigen Beziehungen Israels zu den arabischen Nachbarstaaten.

Am 11. Mai erklärte Israel, es warne Syrien zum letzten Mal, dass es eine groß angelegte militärische Aktion einleiten werde, sollte das Land die Machenschaften der Fatah nicht unterbinden. Diese Warnung führte zur Einrichtung einer gemeinsamen Militärführung Ägyptens, Syriens und Jordaniens sowie zu einer enormen Konzentration von Streitkräften auf allen Seiten. Viele Araber glaubten damals, dass die Vernichtung des Staates Israel nun endlich bevorstünde.[24]

In Israel fürchteten viele Menschen einen neuen Holocaust. Es herrschte eine gedrückte Stimmung. Manche rechneten mit Zehntausenden von Toten. In Parkanlagen wie dem Gan Meir im Herzen Tel Avivs wurden hastig Massengräber vorbereitet.

Am 28. Mai 1967 hielt Ministerpräsident Eschkol eine Rede im israelischen Radio, die alles noch verschlimmerte. Da der Text im letzten

Augenblick geändert worden war, stotterte Eschkol bei einigen Schlüsselpassagen. Die israelische Öffentlichkeit deutete dies als Zeichen der Unentschlossenheit, was die bestehenden Ängste weiter schürte.[25]

Die Führungen von Armee und Geheimdiensten waren im Hinblick auf ihre eigenen Möglichkeiten jedoch zuversichtlich und drängten Eschkol, einen Erstschlag zu bewilligen. Mossad-Chef Amit flog nach Washington, wo er sich mit dem Verteidigungsminister Robert McNamara traf.[26] Amit deutete McNamaras Antwort dahingehend, dass dieser Israel »grünes Licht« für einen Präventivschlag gegeben habe, wie er später sagte.[27]

Am Morgen des 5. Juni 1967 um 7.45 Uhr brach der Sechstagekrieg aus. Die gesamte israelische Luftwaffe bombardierte und zerstörte Dutzende feindlicher Flugfelder. Dank detaillierter und präziser Informationen, die Mossad und AMAN in langen Jahren der Kriegsvorbereitung gewonnen hatten, gelang es der israelischen Luftwaffe innerhalb weniger Stunden, fast alle ägyptischen, syrischen und jordanischen Kampfflugzeuge zu zerstören. Als der Krieg fünf Tage später am 10. Juni endete, hatte Israel Gebiete in dreifacher Größe der bisherigen Staatsfläche besetzt; sie umfassten die Sinai-Halbinsel sowie die Golanhöhen, das Westjordanland und den Gazastreifen.

Unter israelischer Aufsicht standen somit auch die Millionen palästinensischer Einwohner in jenen Gebieten. Viele waren Flüchtlinge, die sich nun von denselben Kräften besetzt sahen, die sie bereits 20 Jahre zuvor von ihrem Land vertrieben hatten. In weniger als einer Woche hatte sich das Antlitz des Nahen Ostens grundlegend verändert.

Der Krieg zeigte, dass die israelischen Geheimdienste und das Militär eine unangefochtene Überlegenheit über ihre Gegenspieler in den arabischen Staaten genossen. Manche Israelis erkannten jedoch, dass der glorreiche Sieg nicht nur Anlass zum Frohlocken bot, sondern auch die Gelegenheit, einen langfristigen Waffenstillstand zu schließen. Der AMAN-Forschungsleiter Gasit setzte ein spezielles, streng geheimes Papier auf, das den Köpfen von Regierung und Militär zugeleitet wurde. Es enthielt eine Warnung: »Wir sollten nicht wie Prahlhänse wirken, die einen geschlagenen Gegner verhöhnen und damit ihn und seine Führer erniedrigen.« Das Memo riet zu sofortigen Verhandlungen mit den arabischen Staaten und zum Einsatz der eroberten Gebiete bei einem Kuhhandel – ein israelischer Rückzug und die Errichtung eines »unabhängigen palästinensischen Staates« gegen einen umfassenden, absoluten und endgültigen Friedensvertrag.[28] Auch innerhalb des Schin Bet gab es viele, die an diese historische Gelegenheit glaubten, den nationalen Konflikt zwischen Juden und Arabern beizulegen. Selbst Israels oberster Spion Meir Amit erkannte die Chance auf Frieden. Doch sein Rat traf auf taube Ohren.

Der rasche und harte Wandel der israelischen Öffentlichkeit, der Parlamentarier und Kabinettsminister – von Bürgern und Staatslenkern eines Landes am Rande der Vernichtung zu Einwohnern eines scheinbar unbesiegbaren Reiches – machte alle blind für die Wahrheit, dass selbst ein Sieg und die Besatzung von Feindesland erhebliche Gefahren nach sich ziehen konnten.

Amit zählte zu den wenigen, die diese grundlegende und gefährliche Entwicklung der nationalen Psyche erkannten. »Was gerade geschieht, ist eine Enttäuschung, eine schmerzliche Enttäuschung«, schrieb er zwei Wochen nach dem Krieg in sein Tagebuch. »Ich bin über diese Verschwendung eines Sieges besorgt, beunruhigt und bange. ... Wenn ich sehe, wie damit umgegangen wird, werden meine Hände kraftlos und mich beschleicht ein entsetzliches Gefühl.«[29]

Während Amit den israelischen Sieg als Gelegenheit für einen Friedensschluss betrachtete, sahen Jassir Arafat und Abu Dschihad in der verheerenden Niederlage der arabischen Staaten eine Katastrophe, die es auszuschlachten galt. Sie erkannten, dass das unrühmliche Versagen der arabischen Staatschefs in der Öffentlichkeit Raum für neue Führungsfiguren schaffen würde, die als jung, tapfer und nicht korrumpiert gesehen würden. Abu Dschihad erkannte zudem, dass es nun leichter wäre, einen Guerillakrieg gegen Israel zu führen.

Am 20. Juni, nur zehn Tage nach Kriegsende, verkündeten Arafat und Abu Dschihad aus Beirut, dass die Fatah ihren Kampf fortsetzen werde, nur eben künftig von jenen Gebieten aus, die Israel gerade erobert habe. Getreu seinem Wort läutete Abu Dschihad in Gaza und im Westjordanland eine Welle zerstörerischer Terroranschläge ein – im September

1967 fanden 13 Angriffe statt, im Oktober 10, im November 18 und 20 im Dezember. Die Ziele waren meist zivil: Fabriken, Häuser, Kinos und dergleichen.[30]

Angesichts dieser Angriffe wagte es innerhalb der israelischen Geheimdienstkreise niemand, sich für Verhandlungen mit der Fatah auszusprechen.

Obwohl Abu Dschihad den Krieg führte, war den Israelis klar, dass Jassir Arafat an der Spitze der Fatah stand. Er war es, der die diplomatische und ideologische Richtung vorgab und dem es schrittweise gelang, sämtliche palästinensischen Splittergruppen unter seiner Autorität zu vereinen. Daneben hatte er begonnen, Beziehungen zu den Führern der arabischen Staaten zu knüpfen, die die Fatah anfangs als gefährliche Bedrohung betrachtet hatten. Im Jahre 1964 gründeten die arabischen Staaten die Palästinensische Befreiungsorganisation (Palestine Liberation Organization, PLO) und setzten als Anführer eine Marionette ein – Ahmad Schukeiri. Angesichts der jämmerlichen Vorstellung, die die Organisation im Sechstagekrieg geboten hatte, und Arafats wachsender Beliebtheit übernahm die Fatah jedoch nach und nach die Kontrolle über die PLO, bis Arafat schließlich zu deren Vorsitzendem gewählt wurde. Abu Dschihad wurde Koordinator der militärischen Aktivitäten, praktisch also der Nächste in der Rangfolge.

Arafat machte es sich zur Gewohnheit, eine *Kufiya* zu tragen, die er so anlegte, dass sie an die Umrisse von Palästina erinnerte. Er wurde zur Symbolfigur des palästinensischen Kampfes.

»Israel muss die Terrororganisation ins Herz treffen, ihr Hauptquartier«, schrieb Jehuda Arbel, Kommandeur des Schin Bet für Jerusalem und das Westjordanland, in sein Tagebuch. »Die Eliminierung von Abu Ammar« – Arafat – »ist für eine Lösung des Palästinenserproblems unabdingbar.«[31] Arbel drängte das Dreierkomitee, Schritte in Richtung dieses Zieles zu unternehmen. Seinerseits entwarf und verbreitete er einen Steckbrief, den ersten von vielen, auf dem sich unter anderem folgende Personenbeschreibung fand: »Klein, 155–160 cm; dunkle Haut. Körperbau: korpulent; kahle Stelle in der Kopfmitte. Haar an Schläfen – grau. Schnurrbart rasiert. Verhalten: unruhig. Augen: konstante Hin- und Herbewegung.«[32]

Während des Sechstagekriegs und unmittelbar danach versuchten israelische Streitkräfte mehrfach, Arafat zu töten. In den Tagen nach dem Sieg Israels entdeckte ein Informant des Schin Bet sein Versteck in der Jerusalemer Altstadt, nicht weit vom Jaffa-Tor. Eine Abteilung Soldaten wurde entsandt, Arafat tot oder lebendig zu fassen, doch diesem gelang wenige Minuten vor Eintreffen des Kommandos die Flucht. Zwei Tage später durchsuchten Soldaten, die ebenfalls dem Tipp eines 504-Informanten folgten, eine Wohnung in Beit Hanina, einem Dorf östlich von Jerusalem, fanden jedoch nur ein mit Salat und Sesampaste gefülltes Fladenbrot, von dem einige Bissen fehlten. Am Tag darauf gelang es dem als Frau verkleideten Arafat, in einem Taxi, das einem seiner Anhänger gehörte, eine Brücke über den Jordan zu überqueren.[33]

Derweil wurden die Terroranschläge der PLO gegen Israel immer regelmäßiger und tödlicher. Zwischen Kriegsende und März 1968 wurden 65 Soldaten und 50 Zivilisten getötet sowie 249 Soldaten und 295 Zivilisten verletzt. Die vom Fatah-Hauptquartier in Karame im südlichen Jordantal aus geleiteten Angriffe führten zu regelmäßigen Auseinandersetzungen zwischen den Israelischen Verteidigungsstreitkräften und der jordanischen Armee. Die lange Grenze zwischen den beiden Ländern knisterte vor Spannung, was ein normales Leben auf israelischer Seite unmöglich machte. Die Lamettaträger der Israelischen Verteidigungsstreitkräfte drängten Eschkol, eine massive Militäraktion zu genehmigen, doch dieser zögerte.[34]

Der Mossad war frustriert. »Die Demütigung durch die Terrorangriffe erzeugte ein Gefühl der Hilflosigkeit«, erinnerte sich Caesarea-Chef Zvi Acharoni. »Ich sagte zu den Jungs: ›Denkt über den Tellerrand hinaus. Überlegt, wie man Arafat töten könnte.‹«[35]

Der Plan, den sie im Januar 1968 fassten, sah vor, ein großes Automobil von Europa nach Beirut zu verfrachten, wo es mit Sprengstoff beladen und dann von einem als Geschäftsmann getarnten Caesarea-Mitarbeiter nach Damaskus gefahren würde. Es sollte vor Arafats Aufenthaltsort abgestellt und dann im rechten Augenblick ferngezündet werden. Amit wollte von Eschkol die Genehmigung einholen, die dieser jedoch strikt verweigerte – mit der Begründung, dass dieser Anschlag Vergeltungsmaßnahmen gegen politische Führer in Israel auslösen und rechtfertigen würde.[36] Eschkol betrachtete Arafat zwar als Terroristen, aber als einen, der den Status eines politischen Führers erlangt hatte. Dies war vielleicht der beste Beweis für den Erfolg des PLO-Vorsitzenden.

Der palästinensische Terror ging jedoch ungehindert weiter. Am 18. März fuhr ein Schulbus auf eine Landmine. Zwei erwachsene Begleitpersonen wurden getötet und zehn Kinder verletzt. Nun musste sich der zögerliche Eschkol dem Druck beugen. Er stimmte zu, dass Arafat das primäre Ziel der Operation gegen die palästinensischen Kräfte in und um Karame sei.

Am 21. März 1968 wurde ein Trupp der Elite-Kommandoeinheit Sajeret Matkal per Hubschrauber zu einem Sammelpunkt in der Wüste geflogen, der nahe der Fatah-Basis in Karame lag. Die Befehle waren einfach, klar und deutlich: »Angriff bei Tageslicht, Terroristen isolieren und töten.« Bei einer Kabinettssitzung am Abend zuvor hatte Generalstabschef Generalleutnant Chaim Bar-Lew eine »saubere Operation« versprochen, womit er meinte, dass es keine oder fast keine israelischen Verluste geben werde.

Das Ganze ging jedoch gründlich schief, und die Schlacht zog sich länger hin als geplant. Der Jordan führt zu dieser Jahreszeit Hochwasser, die Vegetation an den Flussufern war dicht und das Gelände schwer passierbar, was die mechanisierten Streitkräfte aufhielt, die die Kommandos unterstützen sollten. Aufgrund schlechter Koordination warf die Luftwaffe obendrein Flugblätter ab, auf denen die Zivilbevölkerung aufgerufen wurde, ihre Häuser zu einem bestimmten Zeitpunkt zu räumen. Das Überraschungsmoment ging somit verloren, und die Fatah-Kräfte hatten ausreichend Zeit, sich auf den Angriff vorzubereiten. Sie wehrten sich erbittert.

Arafat – abermals als Frau verkleidet – raste auf einem Motorrad davon.[37]

Obwohl die Verluste – 33 tote und drei vermisste Israelis, 61 Jordanier und mehr als 100 Palästinenser – auf Seiten der israelischen Streitkräfte am geringsten waren, war es den Palästinensern doch zum ersten Mal gelungen, der stärksten Armee des Nahen Ostens in einem direkten Kampf die Stirn zu bieten und dabei Panzer und andere gepanzerte Fahrzeuge außer Gefecht zu setzen. Dies zeigte, wer die eigentlichen Sieger waren.[38]

Arafat, der das öffentlichkeitswirksame Potenzial von Israels verpfuschter Operation sofort erkannte, machte daraus eine Legende palästinensischer Tapferkeit im Angesicht eines feindlichen Angriffs. Er prahlte sogar (wahrheitswidrig), seine Kräfte hätten den israelischen Verteidigungsminister Mosche Dajan verwundet. Tausende Palästinenser schlossen sich der PLO an. Nach Karame zweifelte niemand mehr daran, dass es ein palästinensisches Volk gab, selbst wenn Israel es noch viele Jahre lang offiziell abstritt. Und eines war ebenso unmissverständlich klar: Jassir Arafat war der unangefochtene Führer dieses Volkes.

Der Fehlschlag der Karame-Operation führte in Israel zu einer zurückhaltenderen Politik, was die Übergriffe auf jordanisches Hoheitsgebiet betraf. Bei den Verteidigungsstreitkräften kam dadurch freilich große Frustration auf. Mitschriften von Generalstabstreffen aus jener Zeit zeigen, in welchem Ausmaß sich die hohen Militärs mit der PLO und Jassir Arafat beschäftigten, der von der palästinensischen Jugend als Idol verehrt wurde.[39]

Militär und Geheimdienste suchten weiter nach Möglichkeiten, Arafat ausfindig zu machen und zu eliminieren, doch ohne Erfolg. In ihrer Verzweiflung verfielen sie schließlich auf einen besonders bizarren Plan. Im Mai 1968 erfuhr der charismatische schwedischstämmige Marinepsychologe Benjamin Schalit irgendwie von dem Drei-Mann-Komitee und unterbreitete diesem eine Idee, die auf dem Film *Botschafter der Angst* basierte. Darin unterzieht ein chinesischer Geheimdienst-Hypnotiseur einen amerikanischen Kriegsgefangenen einer Gehirnwäsche und schickt ihn aus, einen US-Präsidentschaftskandidaten zu ermorden.[40]

Schalit behauptete, er könne dasselbe tun – mit Arafat als Zielperson. Bei einer Sitzung des Komitees, an der auch AMAN-Chef Generalmajor Aharon Jariv teilnahm, sagte Schalit, wenn man ihm einen palästinensischen Gefangenen gebe, einen der Tausenden in israelischen Gefängnissen, der die richtigen Charakterzüge besitze, könne er diesen einer Gehirnwäsche unterziehen und durch Hypnose zu einem programmierten Killer machen. Er solle dann auf die andere Seite des Jordans geschickt werden, sich dort der Fatah anschließen und dann im geeigneten Moment Arafat ausschalten.

Unglaublicherweise hieß das Komitee den Plan gut.[41] Der Schin Bet fand mehrere passende Kandidaten, aus denen Schalit nach langwierigen Gesprächen den am besten geeigneten Mann auswählte. Dieser stammte aus Bethlehem, war 28 Jahre alt, kräftig gebaut und dunkelhäutig, nicht besonders intelligent, leicht zu beeinflussen und Arafat als Führungsperson offenkundig nicht vollkommen ergeben. Zum Zeitpunkt seiner Festnahme hatte er in einem kleinen Dorf in der Nähe von Hebron gelebt. Als rangniedriger Fatah-Kämpfer erhielt er den Codenamen »Fatkhi«.

Die AMAN-Einheit 504 wurde mit der Bereitstellung der notwendigen Infrastruktur beauftragt, doch die Leiter der Einheit sprachen sich vehement gegen den Plan aus. »Es war eine törichte, verrückte Idee. Die ganze Angelegenheit erinnerte mich an Science-Fiction. Wilde Fantasien und Wahnvorstellungen«, sagte Rafi Sutton, der damalige Kommandeur des Jerusalemer Stützpunktes, rückblickend.

Suttons Einwände wurden jedoch abgeschmettert. Man stellte Schalits Team ein kleines Gebäude mit etwa zehn Zimmern zur Verfügung. Darin bearbeitete Schalit drei Monate lang Fatkhi, indem er verschiedene Hypnosetechniken anwandte. Die Botschaft, die dem beeinflussbaren jungen Mann eingehämmert wurde, lautete: »Fatah gut. PLO gut. Arafat schlecht. Er muss beseitigt werden.« Nach zwei Monaten schien Fatkhi die Botschaft zu verinnerlichen. Im zweiten Abschnitt seiner Vorbereitung brachte man ihn in einen speziell präparierten Raum und gab ihm eine Pistole. In verschiedenen Ecken sprangen Bilder von Arafat auf, und er wurde angewiesen, sofort auf diese zu schießen, ohne erst nachzudenken – direkt zwischen die Augen; schießen, um zu töten.

AMAN-Chef Jariv und Acharon Levran, ein hoher AMAN-Offizier und Mitglied des Drei-Mann-Komitees, das die gezielte Tötung Arafats beschlossen hatte, wohnten Schalits Arbeit mehrere Male bei. »Fatkhi stand in der Zimmermitte, und Schalit redete mit ihm, als führten sie ein ganz normales Gespräch«, erzählte mir Levran. »Plötzlich knallte Schalit seine Hand auf den Tisch, und Fatkhi begann, um den Tisch herumzurennen. Er reagierte automatisch auf alle möglichen Gesten von Schalit. Dann brachte er ihn in ein Zimmer und zeigte uns, wie Fatkhi jedes Mal seine Pistole in Schussstellung brachte, wenn Arafats Bild hinter einem der Möbelstücke auftauchte. Es war beeindruckend.«[42]

Mitte Dezember meldete Schalit, die Operation könne nun anlaufen. Die Stunde null wurde auf die Nacht des 19. Dezember festgelegt. Dann sollte Fatkhi planmäßig über den Jordan ins Königreich Jordanien schwimmen. Ein heftiger Sturm kam auf, und es regnete unablässig. Der normalerweise ruhige und schmale Jordan trat über die Ufer. Der AMAN wollte die Aktion verschieben, doch Schalit beharrte darauf, Fatkhi befinde sich in »optimal hypnotischer« Verfassung, und diese Gelegenheit müsse man nutzen.

Ein beachtliches Gefolge begleitete Fatkhi von Jerusalem bis zum Fluss. Schalit setzte seinen Schützling dort ab und sprach ein paar hypnotische Worte. Mit einem Rucksack, in dem sich seine Ausrüstung befand, ging Fatkhi in das tosende Wasser. Er begann zu waten, wurde jedoch bald von der Strömung umgerissen. Er hielt sich an einem Gesteinsbrocken fest, gleichermaßen unfähig, zur anderen Seite zu gelangen und wieder zurückzukehren. Ovad Natan, ein großer und kräftig gebauter Fahrer der Einheit 504, sprang ins Wasser. Unter Einsatz seines eigenen Lebens zog er Fatkhi zu sich und band ihn mit einem Seil an sich fest. Dann überquerte er mit Fatkhi den Fluss und setzte ihn auf jordanischem Hoheitsgebiet ab.

Rafi Sutton stand auf der israelischen Seite des Jordans und sah zu, wie Fatkhi, zitternd und durchnässt, seinen Betreuern zum Abschied winkte: »Er formte eine Pistole mit den Fingern und tat so, als schösse er einem imaginäre Zielobjekt zwischen die Augen. Ich bemerkte, dass Schalit mit seinem Patienten zufrieden war. Es war kurz nach ein Uhr.«[43]

Etwa fünf Stunden später erhielt die Einheit 504 von einem ihrer Agenten in Jordanien eine Nachricht: Ein junger Palästinenser, ein Fatah-Kämpfer aus Bethlehem, habe sich bei der Polizeistation in Karame gemeldet. Er habe den Polizisten gesagt, der israelische Geheimdienst habe versucht, ihn einer Gehirnwäsche zu unterziehen, damit er Arafat töte, und den Beamten seine Waffe ausgehändigt. Drei Tage später berichtete eine Quelle innerhalb der Fatah, dass Fatkhi der Organisation übergeben worden sei, wo er eine leidenschaftliche Rede zur Unterstützung Jassir Arafats gehalten habe.[44]

8 Meir Dagan und seine Expertise

Im Gefolge der israelischen Besatzung sahen sich Palästinenser im Gazastreifen und im Westjordanland – sowohl Flüchtlinge als auch diejenigen, die schon immer dort gelebt hatten – plötzlich vom Feind regiert, dem jüdischen Staat, den die PLO zu vernichten geschworen hatte. Palästinenser, die in nationalistischer Politik weder aktiv waren, noch sich je dafür interessiert hatten, wurden nun von einem Strudel gegensätzlicher Strömungen erfasst: der Entschlossenheit der Israelis, die besetzten Gebiete zu kontrollieren, und der Entschlossenheit der PLO, die Israelis von dort zu vertreiben.

Alle hatten unter grausamen und diktatorischen arabischen Regimen gelebt, doch hatte man sich als Palästinenser aus dem bewaffneten Grenzkonflikt zwischen den arabischen Staaten und Israel einigermaßen heraushalten können. Nun jedoch, da Israel angesichts der Terroraktivitäten der PLO aggressiv versuchte, seine Autorität zu sichern, wurden die Lager, die zu großen, überfüllten Slums angewachsen waren, und die großen palästinensischen Städte – Gaza, Nablus, Ramallah, Dschenin und Hebron – zum Hauptschlachtfeld.

Die Mission der Israelischen Verteidigungsstreitkräfte und ihrer Soldaten, insbesondere der 18- bis 20-Jährigen, die ihren seit 1949 vorgeschriebenen Wehrdienst leisteten, erfuhr ebenfalls einen grundlegenden Wandel. Hatten bislang Kampfeinheiten an den Grenzen des Landes patrouilliert, um es vor äußeren Feinden zu schützen, hatten sie nunmehr die Aufgabe, in palästinensischen Städten und Ortschaften für Ordnung zu sorgen. Auch innerhalb der Geheimdienste führte der Krieg zu einschneidenden Veränderungen. Der Mossad, zuständig für die Informationsgewinnung außerhalb der israelischen Grenzen, gab die Verantwortung für die neu besetzten Gebiete an den Schin Bet ab, eine kleine

Agentur mit etwa 700 Mitarbeitern, die zuvor hauptsächlich mit Gegenspionage und politischer Unterwanderung befasst gewesen war.

Von 1968 bis 1970, als die PLO-Angriffe auf israelische Soldaten und Zivilisten häufiger, effektiver und tödlicher wurden, erweiterte man den Schin Bet zügig. Der Inlandsgeheimdienst erhielt Bewilligungen für Budgets, Einrichtungen und Personal und übernahm viele Arabisch sprechende Mitarbeiter des AMAN, insbesondere von der Einheit 504, die für die Anwerbung arabischer Quellen zuständig gewesen war. Bald wurde die Abwehr des Palästinenserterrors zur Hauptaufgabe der Organisation.[1]

Das heißeste Pflaster war der Gazastreifen, eine der am dichtesten besiedelten Regionen der Erde. Nach dem Sechstagekrieg fuhren Israelis durch den Streifen nach Sinai, suchten auf den dortigen Märkten nach Schnäppchen und holten palästinensische Feld- und Bauarbeiter ins Land. Im Jahre 1970 begann Israel mit der Errichtung jüdischer Siedlungen im Gazastreifen und im Norden der Sinai-Halbinsel. Immer häufiger wurden die Israelis angegriffen. Dies gipfelte 1970 in 500 Terrorangriffen im Gazastreifen. 18 israelische Zivilisten verloren bei diesen Zwischenfällen ihr Leben, Hunderte wurden verletzt. Die Verteidigungsstreitkräfte konnten damals nur die Hauptverkehrsadern schützen; überall sonst herrschte die PLO.[2]

Um den Terror im Gazastreifen zu unterdrücken, stellte der Schin Bet eine Liste dort lebender Personen auf, die man verdächtigte, in die Angriffe auf Israelis verwickelt zu sein. Eine Menge Informationen wurde zusammengetragen, und die Liste wurde länger und länger. Rasch wurde klar, dass der Schin Bet – eine Organisation zur Informationsgewinnung – nicht alleine operieren konnte. Um gesuchte Personen festzunehmen oder zu eliminieren, benötigte er die personelle Stärke und die Feuerkraft des Militärs. Bei Generalmajor Ariel »Arik« Scharon, der 1969 zum Befehlshaber des südlichen Kommandobereichs der Verteidigungsstreitkräfte ernannt worden war, stieß man auf offene Ohren. Scharon begann, immer mehr Militäreinheiten in den Streifen zu verlegen, um den Schin Bet bei der Jagd auf Terroristen, deren Festnahme und Liquidierung zu unterstützen. Die geheimen Informationen für diese Aktivitäten stammten hauptsächlich von palästinensischen Informanten oder wurden mit harten Verhörmethoden aus Gefangenen herausgepresst.[3]

Nicht alle waren mit Scharons aggressivem Ansatz einverstanden. Jitzchak Pundak, Militärgouverneur des Gazastreifens und verantwortlich für zivile Angelegenheiten, vertrat die Ansicht, der palästinensische Terror lasse sich besser bekämpfen, wenn man die Lebensqualität der Einwohner des Gebiets verbessere und ihnen gestatte, ihre zivilen und kommunalen Belange selbst zu regeln. In bewohnten Gebieten solle die Militärpräsenz auf ein Minimum beschränkt bleiben. »Säbelrasseln und Töten um des Tötens willen mussten zwangsläufig zu einer Intifada [Aufstand] führen«, schrieb Pundak in einem im Jahre 2000 erschienenen Buch. »[Verteidigungsminister] Dajan und Scharon waren uneins, wie man mit dem Gazastreifen umgehen solle. Dajan wollte Kontakte und Verbindungen zur Bevölkerung, wohingegen Scharon Terroristen jagte und alles nur durch das Visier seines Gewehrs sah. Die Bevölkerung interessierte ihn überhaupt nicht.«

Pundak war über Scharons Vorgehensweise entsetzt und übte scharfe Kritik. »Ich habe Scharon vor sämtlichen Offizieren sagen gehört: ›Wer mir einen Terroristen tötet, bekommt eine Flasche Champagner, und wer einen Gefangenen nimmt, bekommt eine Flasche Brause.‹ Ich sagte: ›Mein Gott, was für eine Art von Politik ist denn das? Wer spricht denn so? Wenn wir ihnen nicht ein bisschen Hilfe leisten, ein bisschen Wohlstand zuerkennen, werden sie den Pfad des Terrors einschlagen.‹«[4]

Scharon hingegen pochte darauf, dass ein friedliches Nebeneinander mit den Palästinensern nicht möglich sei. Terroristischen Angriffen sollte mit Gewalt begegnet werden, und auf der anderen Seite gebe es niemanden, mit dem man Friedensgespräche führen könne. Wenn Arafat und der Rest der PLO das Ziel hatten, Israel zu vernichten, was gab es dann noch zu verhandeln?

Die regulären Armeeeinheiten in Scharons Südkommando hatten andere Pflichten – etwa an der langen israelisch-ägyptischen Grenze zu patrouillieren und die Kämpfe auszufechten, die während des dreijährigen Abnutzungskrieges entlang des Suezkanals ausbrachen. Scharon brauchte also eine Einheit, deren einzige Aufgabe die Terrorbekämpfung war. Daneben wollte Scharon, was ebenso wichtig war, eine kleine, geschlossene Gruppe von Männern schaffen, die ihm direkt unterstünden und auf Grundlage derselben Werte und Gesinnung operierten.

Als es an der Zeit war, zu entscheiden, wer die neue Einheit leiten sollte, kam Scharon sofort Meir Dagan in den Sinn. Er erinnerte sich an einen Zwischenfall im Norden Sinais Mitte 1969. Die Fatah hatte mitten in einem Minenfeld mit Zeitzündern versehene Katjuscha-Raketen platziert und sie auf einen Stützpunkt der Israelischen Verteidigungsstreitkräfte gerichtet. Nicht ein einziger Soldat oder Offizier wagte es, sich den Raketen zu nähern und sie zu entschärfen. Da meldete sich Dagan, damals ein junger Aufklärungsoffizier. Furchtlos ging er zu den Katjuschas und entschärfte sie. Er erinnerte Scharon an sich selbst, als er noch ein junger Offizier gewesen war.[5]

Dagan kam 1945 auf dem Fußboden eines eiskalten Güterwaggons in einem Zug von Sibirien nach Polen zur Welt. Seine Eltern waren sechs Jahre zuvor aus der polnischen Stadt Łuków geflüchtet, nachdem ein russischer Offizier sie gewarnt hatte, dass die Deutschen das Gebiet erobern wollten und dies für die Juden nichts Gutes bedeute. In der ungastlichen Weite Sibiriens fanden sie Zuflucht. Nach dem Krieg kehrten sie mit Zehntausenden anderen Flüchtlinge nach Polen zurück, ohne zu ahnen, dass ihr Zuhause oder die Juden, die nicht hatten fliehen können, nicht mehr da waren. Meir wurde bei einem Halt des Güterzuges irgendwo in der Ukraine geboren. Seine Überlebenschancen standen in dem engen, kalten Güterwaggon nicht besonders gut, doch die elterliche Fürsorge und seine offenbar angeborene körperliche Robustheit retteten ihn.

»Meine Eltern sprachen nie über diese Zeit«, sagte Dagan. »Es war, als hätte jemand die Jahre 1933 bis 1945 aus dem Kalender entfernt. Ja, sie überlebten und retteten uns, aber der Krieg raubte ihnen den Lebensmut. Sie erholten sich nie ganz davon.« Nur einmal war sein Vater bereit, ihm von ihrer Rückkehr in die zerstörte Heimatstadt zu erzählen. Dort fand er das Todestal, wo die Juden ermordet und in einem Massengrab verscharrt worden waren, und wollte ihnen zum Gedenken ein Mahnmal errichten. Er engagierte einen polnischen Nichtjuden aus dem Dorf, der ihm dabei helfen sollte. Dieser Mann erzählte ihm, dass die Deutschen von ihm verlangt hätten, bei einer der letzten Juden-Zusammentriebe durch die Gestapo Fotos zu machen. Bei ihrem Abzug aus dem Gebiet hätten sie den Film vergessen. Der Mann gab ihn Meirs Vater. Als dieser die Bilder entwickelte, stellte er fest, dass auf einem sein eigener Vater zu sehen war, Meirs Großvater, kurz bevor man ihn erschossen und in das Massengrab gestoßen hatte.[6]

Mit seinem langen Bart, Ohrenlocken und Entsetzen im Blick kniet der Großvater, Dov Ehrlich, vor grinsenden deutschen Soldaten mit aufgepflanzten Bajonetten. »Es ist uns angenehmer, zu glauben, dass nur die extremen Faschisten, die Fanatiker, zu solchen Mördern wurden«, sagte Dagan. »Die Wahrheit ist jedoch eine andere: Das Bataillon, das dieses Massaker anrichtete, war eine Etappeneinheit der Wehrmacht. Die kämpfenden Einheiten waren an der Front. Diese Männer waren Rechtsanwälte und Kaufleute, ganz gewöhnliche, normale Menschen. Die Schlussfolgerung ist schrecklich: Man kann jeden zum Mörder machen.« Dagans zweite Lektion war sogar noch wichtiger: »Sehen wir der Wahrheit ins Auge: Die meisten Juden im Holocaust starben kampflos. Dazu darf es nie wieder kommen, dass wir uns niederknien, ohne die Fähigkeit, um unser eigenes Leben zu kämpfen.«[7]

Nach fünf Jahren in Polen, während deren Meir die Sprache erlernte (was ihm Jahrzehnte später als Leiter des Mossad zugutekam, um bei Treffen mit polnischen Amtskollegen das Eis zu brechen), reiste die Familie nach Italien. Dort schiffte sie sich auf einem Viehtransporter ein, mit dem Immigranten nach Israel gebracht wurden. Ein Freund, der mit Dagan an Bord war, sagt, dass sich dieser schon damals, unter erbärmlichen und beengten Umständen, »benahm wie ein geborener Soldat«.[8] Unterwegs ging das Schiff während eines Sturms beinahe unter. Meir, der mit einer Rettungsweste an Deck wartete und eine Orange umklammert hielt, sah abermals dem Tod ins Auge. An diese Frucht in seiner Hand erinnerte er sich. »Dort, an Bord des Schiffes, kostete ich zum ersten Mal Orangen«, sagte er. »Ich erinnere mich noch daran, wie unglaublich stolz mein Vater war, als er mir die Frucht gab und sagte, sie stamme aus dem Land Israel.«[9]

Nach einem Monat auf See erreichten sie Haifa. Dort brachten Mitarbeiter der Jewish Agency die Passagiere zunächst in ein Durchgangslager, wo sie in wackeligen Zelten übernachteten, und dann weiter zu temporären Behausungen in einem evakuierten britischen Armeelager in der Nähe von Lod. Sechs Familien teilten sich einen Raum, nur durch einen Vorhang voneinander getrennt. Pro Baracke gab es eine Dusche.

Neben den schwierigen Lebensumständen mussten die Einwanderer die demütigende Haltung der Alteingesessenen ihnen gegenüber erdulden. Die Sabras, wie man die in Israel Geborenen nannte, behandelten die jüdischen Flüchtlinge mit Verachtung. Statt sich gegen die Nazis zu wehren, so warfen ihnen die Sabras vor, seien sie still und geordnet in die Gaskammern gegangen, wie Lämmer zur Schlachtbank.

Mit 17 brach Dagan die höhere Schule ab und meldete sich zur Sajeret Matkal, der Elitetruppe, die geheime Missionen hinter feindlichen Linien durchführte (und zudem eine Kaderschmiede war, die zahlreiche zivile und militärische Führungspersönlichkeiten hervorbrachte). Von den 30 Rekruten der Streitkräfte, die sich im August 1963 freiwillig zur Sajeret Matkal meldeten, schlossen nur 14 die 75 Wochen lange, anstrengende Ausbildung ab. Unter denjenigen, die zusammen mit Dagan anfingen, war auch Danny Jatom, der später eine Reihe hoher militärischer Posten bekleidete und auch Chef des Mossad wurde – einer von Dagans Vorgängern. Jatom erinnerte sich, dass er bei der ersten Begegnung mit Dagan einigermaßen besorgt gewesen sei. »Er zog ständig sein Kampfmesser und warf es auf jeden Baumstamm oder Telefonmasten«, sagte er. »Ich dachte bei mir, dass ich in eine Einheit echter Killer geraten sei – und dass ich an einem solchen Ort möglicherweise keine Überlebenschance hätte.«[10] Jatom schaffte es, aber Dagan nicht. »Rückblickend sieht es für mich so aus, als hätte ich einfach nicht hineingepasst«, sagte Dagan. »Kein Sabra. Kein Kibbuznik. Nicht aus dem Tal.« Er meinte damit die Jesreelebene, die sich östlich von Haifa erstreckt und in der sich viele Kibbuze gegründet haben – und woher ein hoher Anteil der Sajeret-Rekruten stammt. »Sie dachten sich: ›Was ist das denn für ein komischer Fremder, der da versucht, sich bei uns reinzudrücken?‹«[11]

Dagan wurde den Fallschirmjägern zugewiesen und diente in der Aufklärungseinheit. Er absolvierte einen Infanterie-Offizierslehrgang und wurde 1966 im Rang eines Leutnants entlassen. Im Sechstagekrieg zog man ihn als Reservist ein, und er diente als Kommandeur einer Fallschirmjägerkompanie. Er kämpfte erst im Sinai und dann auf den Golanhöhen.

»Plötzlich fanden wir uns in einer ununterbrochenen Kette von Kriegen wieder«, sagt er. »Wie bekam ich den Eindruck, die Existenz Israels sei nicht gesichert? Nur durch meine Füße; nur durch diese ganzen Schlachten.« Nach dem Sechstagekrieg schloss er sich abermals den regulären Truppen an und wurde als Einsatzoffizier in den Sinai versetzt, wo er Scharon durch seine Kühnheit auffiel, als er die Katjuschas entschärfte.

Im Jahre 1969 wurde er Befehlshaber von Scharons neuer Sondereinsatztruppe. Es war eine kleine Einheit von maximal 150 Soldaten, und sie war streng geheim. In internen Dokumenten der Verteidigungsstreitkräfte lief sie nur unter der Bezeichnung Nummer 5176. Inoffiziell wurde sie Sajeret Rimon genannt – die »Granaten-Ranger« –, weil ihr Abzeichen eine Handgranate, ein Messer und die Flügel der Fallschirmjäger zeigte. Als Stützpunkt bezog Dagan eine verlassene Villa am Strand ein wenig südlich von Gaza-Stadt, die einst von Ägyptens Präsident Nasser genutzt worden war.

Dagan »hatte eine ernste Störung in seinem Angstempfinden«, sagte einer seiner Soldaten. Auf jeden Fall war er außerordentlich kühn, fokussiert und aggressiv. Passenderweise besaß auch seine neue Einheit nur wenige der Attribute, die man normalerweise mit einer militärischen Truppe verbindet. Sie war frei, wild und nur an einem interessiert – so viele Operationen wie möglich durchzuführen. Jeden Morgen verließ Dagan mit nacktem Oberkörper sein Schlafzimmer und ging in Begleitung seines Dobermanns Paco in den Hof. Dort zog er seine Pistole und schoss auf die Getränkedosen, die seine Männer hatten liegen lassen. Dann bereiteten ihm seine Assistenten das Frühstück zu und polierten seine Stiefel. Dagan wählte seine Soldaten persönlich aus anderen Einheiten aus. Er suchte nach Männern, die bereit waren, ihm überallhin zu folgen.[12]

Dagan, gerade erst Mitte 20, entwickelte seine eigene Kampfdoktrin, die auffällige Ähnlichkeit mit jener Doktrin besitzt, die von Israels Verteidigungsstreitkräften und Spionageagenturen bis zum heutigen Tag befolgt wird. Das Leitprinzip der Doktrin war, dass Israel große Kriege vermeiden solle, denn »der große, rasche Sieg des Sechstagekriegs wird sich nicht wiederholen lassen«. In der Zukunft solle Israel eine groß angelegte militärische Konfrontation daher nur eingehen, »wenn man uns das Schwert an den Hals setzt«. Stattdessen, so glaubte er, ließen sich die Araber eher durch eine Reihe gezielter, begrenzter Gefechte schlagen.

Dementsprechend sollten feindliche Führer und wichtige Feldagenten erbarmungslos verfolgt, aufgespürt und eliminiert werden.[13]

Gegen Ende 1969, nachdem Dagan etwa ein halbes Jahr damit verbracht hatte, Soldaten anzuwerben, auszubilden und seine Einheit aufzubauen, beschloss er, dass es nun Zeit für den ersten Einsatz sei. Der Schin Bet übergab ihm eine Akte über gesuchte Männer im Gazastreifen. »Die Liste wurde immer länger«, sagte Avigdor Eldan, einer der ersten Rekruten der neuen Einheit.[14] Der Schin Bet mochte wissen, nach wem er suchte, doch ohne die notwendige Feuerkraft konnte die Agentur nur wenig ausrichten. Die Akte enthielt über 400 Namen.

Der Schin Bet unterteilte die Fahndungsliste in zwei Kategorien: »Schwarze« Zielpersonen waren meist untergeordnete Agenten, die nicht wussten, dass man sie verhören wollte. Dagans Männer versuchten, dieser Zielpersonen durch Missionen zur »Identitätsaufklärung« habhaft zu werden, wie er sich ausdrückte. Ein gefangener »schwarzer« PLO-Agent wurde vom Schin Bet verhört und, wenn er eine Kooperation verweigerte, gefoltert. Daraufhin setzte man ihn in ein Taxi, eingezwängt zwischen zwei von Dagans Männern, die mit Pistolen bewaffnet waren. Sie befahlen ihm, geheime Unterschlupfe zu verraten, Familien, die der PLO halfen, von den Kämpfern genutzte Routen und anderes. Soldaten der Sajeret Rimon folgten in Jeeps und handelten anhand der so preisgegebenen Informationen auf der Stelle: Wen der Informant bezichtigte, der wurde sofort verhaftet.

»Rote« Zielpersonen hingegen wussten, dass man nach ihnen fahndete, was bedeutete, dass sie wesentlich achtsamer, bereits flüchtig und für gewöhnlich schwer bewaffnet waren. Die Eliminierung »roter« Personen erforderte, nahe genug an diese heranzukommen, um rasch die Waffe ziehen und töten zu können. Deshalb schickte Dagan nur seine besten Leute in die Wohnviertel in Gaza, verkleidet als Araber und in Begleitung palästinensischer Kollaborateure, die ihnen eine überzeugende Tarnung verschafften.[15]

Diese gemeinsam mit dem Schin Bet aufgestellte Truppe erhielt den Codenamen »Sikit« (»Chamäleon«). Für den Anfang wurden acht Elitesoldaten ausgewählt. Das Projekt Sikit war so geheim, dass »wir [anfangs] nicht wussten, wozu sie uns ausbildeten«, sagte Eldan. »Alles, was wir wussten, war, dass sie uns den Arsch aufrissen. Dabei darf man nicht vergessen, dass wir bereits in Topform waren, als wir dort eintrafen.«[16]

Die Sikit-Männer hatten gefälschte örtliche Papiere bei sich, die der Schin Bet besorgte. Sie waren in der Lage, in dicht besiedelte Gebiete vorzudringen, wo man sie nicht bemerkte, bis sie ihre Waffen zogen.[17]

»Wir machten uns den größten Schwachpunkt dieser Terrorzellen zunutze«, sagte Dagan. »Aufgrund ihres marxistischen Hintergrunds praktizierten sie zu einem hohen Maße eine ›Kenntnis nur, wenn nötig‹-Aufspaltung. Jeder Mann kannte nur die Männer seiner eigenen Zelle und nicht die anderer Zellen. Wenn man als bewaffneter Ortsansässiger auftritt und die Sprache der Zielperson spricht, kommt er nicht dahinter, dass das Ganze eigentlich ein Trick ist, bevor es zu spät ist.«[18]

Zum Beispiel, so erzählte Mosche Rubin, ein Veteran der Einheit, »stellten wir fest, dass die Terrororganisationen Waffen und Geld per Schiff aus dem Libanon erhielten. Sie fuhren in einem Mutterschiff von Beirut bis weit hinaus aufs Meer vor der Küste Gazas, stiegen in kleine Fischerboote um und segelten damit ans Ufer. Wir sagten zu uns selbst: ›Warum sollten wir nicht auch mit einem Schiff aus dem Libanon eintreffen?‹«

Im November 1970 gingen daher sechs Männer der Einheit Sikit an Bord eines Fischerbootes, das die israelische Marine bis zu einem Punkt vor der Küste Gazas ins Schlepptau nahm.

Die Gruppe umfasste drei jüdische Soldaten der Verteidigungsstreitkräfte, angeführt von Dagan, sowie zwei palästinensische Kollaborateure. Einer davon war dem Massaker entronnen, das König Hussein von Jordanien zwei Monate zuvor unter PLO-Leuten angerichtet hatte, und war den Israelis dankbar für seine Rettung. Der andere – mit dem Codenamen »U-Boot« – hatte einen Verwandten ermordet, indem er ihm einen Dolch in den Schädel rammte. Im Gegenzug für seine Mitarbeit hatte der Schin Bet ihn auf freien Fuß gesetzt. Das letzte Mitglied war ein israelisch-beduinischer Offizier der Verteidigungsstreitkräfte, dessen Aufgabe es war, die Signale der von den Palästinensern getragenen Mikrofone zu überwachen. Die beiden sollten eine Vorhut bilden, Kontakt zu den Gesuchten aufnehmen und dann die anderen über den Stand der Dinge in Kenntnis setzen. Der Beduine hatte noch eine weitere Aufgabe, nämlich Dagan zu informieren, falls die Palästinenser ihn zu verraten versuchten.

Die Sikit-Einheit erreichte den Strand und verbarg sich einige Tage lang in dem verlassenen Packschuppen einer Obstplantage. Die Kollaborateure unternahmen gelegentliche Vorstöße in die umliegenden Flüchtlingslager, wo sie vorgaben, sie seien Mitglieder der Volksfront zur Befreiung Palästinas und stammten aus dem Libanon.

Zu Anfang kam niemand. »Sie hatten Angst vor uns – nicht weil sie uns für Israelis hielten, sondern weil sie überzeugt waren, dass wir PLO-Leute wären«, erinnerte sich ein Mitglied der Einheit. »Die gesuchten Terroristen waren der örtlichen Bevölkerung gegenüber nicht immer nett. Sie beuteten sie häufig aus, verlangten immer mehr Essen und vergewaltigten die Frauen. In den Zitronenhainen fanden wir Leichen von Arabern, die nicht wir, sondern die gesuchten Männer getötet hatten, die persönliche Rechnungen unter dem Vorwand beglichen, sie exekutierten Kollaborateure mit Israel.«[19]

Bei einer inszenierten Operation, die der Angelegenheit Glaubhaftigkeit verleihen sollte, wurde die Gruppe von einer Patrouille der Israelischen Verteidigungsstreitkräfte »entdeckt«, die das Feuer eröffnete und so tat, als nähme sie die Verfolgung auf. Dagan und seine Männer flohen in die Sanddünen südlich des Flüchtlingslagers Beit Lahia.

Das Scharmützel weckte die Neugier der Ortsansässigen. U-Boot gelang es, ein Treffen zwischen den Sikit-Männern und einer Frau zu arrangieren, die bekanntermaßen in Kontakt zu hohen und gesuchten Mitgliedern der Volksfront stand. Die Sikit-Männer töteten ein Huhn und schmierten sein Blut auf Bandagen, die sie sich um den Hals wickelten, um zu erklären, warum sie nicht sprechen könnten. Dann überließen sie das Reden dem Kollaborateur. »Wir sind gekommen, um euch zu helfen«, sagte dieser zu der Frau. »Bringt die Oberkommandeure zu den Dünen.«[20]

Einen Tag später tauchten die Terroristen auf. »Sie waren zu dritt, zwei Männer und eine Frau, bewaffnet. Oberkommandeure«, erinnerte sich Dagan. Nachdem man Grußformeln ausgetauscht hatte, flüsterte Dagan das Codewort. Die drei Soldaten eröffneten mit ihren 9-mm-Beretta-Pistolen aus nächster Nähe das Feuer und töteten die beiden Männer, die jeweils von 15 bis 20 Kugeln getroffen wurden.

»Die Frau wurde nicht erschossen«, sagte Dagan, offenbar zufrieden.[21]

Eldan erinnerte sich, »dass Meir sich hastig von der hohen Düne, auf der wir standen, zu ihnen hinabgleiten ließ und einem von ihnen, dem es gelungen war, seine Waffe zu ziehen und zurückzuschießen, die Star-Pistole abnahm und ›auf Nummer sicher‹ ging – er schoss jedem der beiden Männer weitere zwei Kugeln in den Kopf«. Dagan behielt die Star und gab Eldan das Halfter.

Dann nahmen sie die Frau mit und übergaben sie dem Schin Bet zum Verhör.

An einem warmen Samstag Anfang Januar 1971 fuhr ein 30-jähriger Werbefachmann namens Bob Aroyo mit seiner Familie zum Wandern in die Hügellandschaft, die die Bardawil-Lagune an der Mittelmeerküste der Sinai-Halbinsel überblickt. Der in Malta geborene und in England aufgewachsene Bob Aroyo war 1969 mit seiner Frau Preeti und ihren beiden Kindern Mark und Abigail nach Israel gezogen und hatte sich in einem kleinen Vorort im Osten von Tel Aviv niedergelassen. Die Kinder waren noch klein – Mark war acht, Abigail sechs –, sodass Aroyo eine kurze, leichte Wanderung plante; sie wollten einen Ausflug in den Süden machen, etwas Sonne und frische Luft tanken und dann frühzeitig zum Abendessen wieder zu Hause sein. Beide Kinder waren auffallend hübsch, und ihre Gesichter waren ein vertrauter Anblick in Israel, da ihr Vater sie ab und zu im Rahmen eines Werbeauftrags abbildete.

Um etwa 15 Uhr hatten die Aroyos ihre Wanderung beendet und stiegen wieder in ihren Ford Cortina, um den Heimweg anzutreten. Sie wandten sich gen Norden und passierten El Arisch, bevor sie in den Gazastreifen fuhren, vorbei an palästinensischen Dörfern und Flüchtlingslagern entlang der Haupt-Überlandstraße. Israelis, die nach Sinai wollten, durchquerten damals noch häufig den Gazastreifen, weil es die kürzeste, einfachste und bis dahin auch eine einigermaßen sichere Route war.

Etwas nördlich von Gaza-Stadt, in der Nähe einer 7Up-Fabrik, wurden sie an einer provisorischen Straßensperre angehalten. Ein junger Mann rannte auf das Auto zu und warf eine Handgranate auf den Rücksitz. Die Explosion zerriss das Wageninnere fast vollständig, das in einem Feuerball aufging. Schwer verletzt kroch Aroyo aus dem Fahrzeug und flehte zwei nahestehende junge Männer um Hilfe an, die jedoch nur lachten und spotteten. Abigail starb im Wagen. Mark starb im Krankenhaus. Preeti war aufgrund ihrer Verletzungen für den Rest ihres Lebens schwerbehindert. Zwei Tage später wurden die Aroyo-Kinder in einem gemeinsamen Grab auf dem alten Jerusalemer Friedhof am Ölberg beigesetzt. Tausende Israelis wohnten der Zeremonie bei. Der leitende Kaplan der Verteidigungsstreitkräfte, Generalmajor Rabbi Schlomo Goren, verlas die Totenrede. Ganz Israel trauerte.[22]

Zwei Wochen später fasste der Schin Bet die Attentäter. Der Junge, der die Handgranate geworfen hatte, war ein 15-Jähriger namens Mohammed Suleiman al-Saki und stammte aus dem Viertel Schedschaija in Gaza; seine beiden Komplizen waren 16 und 17. Alle drei besuchten die Oberschule Falastin in der Stadt und waren von einem hohen Fatah-Mitglied für die Aktion angeworben worden. Das Attentat auf die Familie Aroyo war nicht ihre erste Mission gewesen.

Der Mord an Mark und Abigail Aroyo markierte einen Wendepunkt in der Reaktion auf die Flut terroristischer Angriffe nach dem Sechstagekrieg. »Wir beschlossen, dass es so nicht weitergehen konnte«, sagte Meir Dagan. »Nach dem Mord an diesen beiden Kindern machte Arik [Scharon] den Terror im Gazastreifen zu seiner persönlichen Angelegenheit.« Scharon gab sich nicht mehr damit zufrieden, Berichte von Dagan zu erhalten, obgleich er immer noch volles Vertrauen in ihn hatte. Von diesem Punkt an »erschien [Scharon] häufig in unserer Villa und beteiligte sich bis ins kleinste Detail an der Planung unserer Missionen und Patrouillen.«[23]

Die Debatte innerhalb der israelischen Militärelite über den Umgang mit der palästinensischen Bevölkerung in den besetzten Gebieten kam durch die Aroyo-Morde ebenfalls praktisch zum Erliegen. Scharons Ansatz gewann die Oberhand. Gewaltige Truppenteile wurden in den Gazastreifen entsandt und zerstörten auf Scharons Geheiß Häuser, um breite Zugangsstraßen durch die überfüllten Flüchtlingslager zu schaffen. Eines Abends im Januar 1972 befahl Scharon die Vertreibung Tausender Beduinen aus einem 1000 Hektar großen Gebiet südlich von Rafah. General Schlomo Gasit, dem die Regierungsaufgaben in den besetzten Gebieten unterstanden, war entsetzt, als er am nächsten Morgen von der

Aktion hörte. Kochend vor Zorn drohte er, seinen Dienst zu quittieren. »Dieser Akt lässt sich nur als ethnische Säuberung und Kriegsverbrechen bezeichnen«, sagte er später.[24]

Scharon erhielt freie Hand für den Einsatz von Spezialkräften und geheimen Einheiten, um Terroristen ausfindig zu machen und zu töten, bevor sie in Israel zuschlagen könnten.

Derweil ersannen Dagan und seine Männer ständig neue Methoden, diese gesuchten Palästinenser zu finden und loszuwerden. Eine Taktik war es, ihnen in Bordellen aufzulauern, eine andere, sich in den Bäumen der Zitronenhaine zu verstecken, wenn bekannt wurde, dass dort ein Treffen von Terroristen geplant war. Die Kommunikation erfolgte mittels Ziehen an straff gespannten Angelschnüren, um jeden Laut zu vermeiden. Wenn die Terroristen auftauchten, wurden alle erschossen.

Regelmäßig setzten sie auch einen palästinensischen Kollaborateur ein, der präparierte Handgranaten an die Palästinensische Befreiungsarmee verkaufte. Statt der üblichen Verzögerung von drei Sekunden detonierten diese bereits eine halbe Sekunde nach Ziehen des Splints, sodass jeder, der sie verwendete, sich selbst in die Luft sprengte. Einmal bediente sich Dagan bei einer Idee der Briten aus dem Zweiten Weltkrieg, der sogenannten Operation »Hackfleisch«. Er spielte eine Leiche und ließ sich von seinen Kameraden, zwei davon palästinensische Kollaborateure und die anderen als Araber verkleidet, in einen Terroristen-Unterschlupf tragen. Dort angekommen, töteten sie alle Anwesenden.[25]

Einen Monat nach den Aroyo-Morden, am 29. Januar 1971, fuhren zwei Jeeps unter Dagans Kommando auf einer Straße, die zwischen dem Flüchtlingslager Dschabalija und Gaza-Stadt verlief. Unterwegs begegneten sie einem voll besetzten örtlichen Taxi, das in der Gegenrichtung unterwegs war. Dagan erkannte unter den Passagieren zwei »Rote«: Fausi al-Ruheidi und Mohammad al-Aswad, auch bekannt als Abu Nimr. Dagan befahl zu wenden und die Verfolgung des Taxis aufzunehmen. Die Jeeps holten das Taxi ein und blockierten die Straße, Dagans Soldaten stiegen aus und umstellten das Taxi. Mit gezogener Waffe ging Dagan auf das Fahrzeug zu. Abu Nimr sprang heraus, in der Hand eine Handgranate mit gezogenem Splint. »Wenn du näher kommst, werden wir alle sterben«, schrie er. Dagan hielt eine oder zwei Sekunden inne. Dann schrie er »Granate!« und ging auf Abu Nimr los, indem er die Hand mit der Granate ergriff und ihm gleichzeitig mit seinem Helm einen Schlag auf den Kopf gab. Stark blutend, verlor Abu Nimr das Bewusstsein. Ruhig und vorsichtig löste Dagan die Granate aus seinem Griff, fand den Splint auf dem Boden und steckte ihn wieder hinein. Für diese tapfere Tat erhielt Dagan eine Medaille vom Stabschef. Für Scharon indes gab sie Anlass zu seiner schwarzhumorigen Beschreibung Dagans: »Am besten ist er darin, einen Araber und seinen Kopf voneinander zu trennen.«[26]

Tatsächlich lässt sich über die Wirksamkeit der von Dagan gewählten Methoden kaum streiten. Mit Anregung und Unterstützung durch Scharon radierten die Sondereinsatzkräfte von Schin Bet und Militär, angeführt von der Sajeret Rimon, zwischen 1968 und 1972 den Terrorismus im Gazastreifen praktisch aus. Dagans Taktiken hatten die Palästinenserorganisationen nichts entgegenzusetzen. Sie konnten sich nicht erklären, wie der Schin Bet ihre Geheimnisse erfuhr oder wie als Araber verkleidete israelische Soldaten plötzlich und unentdeckt auftauchen konnten, um ihre Kämpfer zu fassen und zu töten. Die Liste des Schin Bet mit 400 gesuchten Männern (denen kontinuierlich neue hinzugefügt wurden) war bis 1972 bis auf zehn Namen abgearbeitet. In jenem Jahr kam es, nach Hunderten in den vergangenen Jahren, zu lediglich 37 Terroranschlägen aus dem Gazastreifen. In den kommenden vier Jahren wurden es mit jedem weiteren Jahr noch weniger.[27]

Doch solche Methoden hatten auch ihren Preis.

Jitzchak Pundak erinnert sich daran, wie er einen von der Einheit eingereichten Bericht las, in dem es hieß: »Unser Einsatzkommando verfolgte einen gesuchten Terroristen in Schate [einem Flüchtlingslager in Gaza]. Er rannte in eines der Häuser. Die Einheit drang ebenfalls in das Haus ein, entwaffnete ihn und tötete ihn in dem Haus.« Pundak sagt, er habe einen Geheimdienstoffizier darauf aufmerksam gemacht, dass ein solcher Bericht einen internationalen Skandal auslösen könne, wenn die UN oder das Rote Kreuz davon Kenntnis bekämen. »Wo ist das Problem?«, sagte laut Pundak der Offizier. »Vernichten Sie den Bericht.«

Pundak ging mit dieser Geschichte zum Chef des Südkommandos, Scharon. Als dieser sich weigerte, nähere Untersuchungen anzustellen, entgegnete Pundak eigenen Angaben zufolge: »Sie sind ein Lügner, ein

Gauner und ein Knecht.« Scharon stand auf und hob eine Hand, als wollte er Pundak schlagen, doch Pundak fürchtete sich nicht. »Wenn Sie das tun, breche ich Ihnen hier in Ihrem Büro die Knochen«, sagte er. Scharon setzte sich wieder. Pundak sagt, er habe salutiert und erklärt: »Jetzt weiß ich, dass Sie außerdem ein Feigling sind.« Dann verließ er das Zimmer.[28]

Mehreren Journalisten liegen Berichte von Dagans Männern vor, aus denen hervorgeht, dass sie Menschen erschossen, obwohl sich diese bereits mit erhobenen Händen ergeben hatten. Ein Soldat soll gesagt haben, dass er und einige Kameraden einen Palästinenser gefasst hätten, der wegen Mordes an einem israelischen Militäroffizier gesucht worden sei. Ein Agent des Schin Bet, der bei ihnen war, sagte angeblich, dem Mann könne niemals ein Verfahren gemacht werden, da der Geheimdienst vor Gericht gezwungen sei, den Namen des Kollaborateurs zu nennen, von dem die zur Festnahme führende Information stamme. Die Soldaten ließen ihren Gefangenen »entwischen« – und erschossen ihn, als er davonrannte.

Ein anderer Veteran der Einheit sagt: »Der Gefangene wurde von dem Haus, wo man ihn gefasst hatte, in eine dunkle Nebengasse geführt, wo die Soldaten eine Pistole oder Granate auf bestimmte Weise liegen ließen, sodass er versucht war, danach zu greifen. Tat er das, erschossen sie ihn. Manchmal sagten sie zu ihm: ›Du hast zwei Minuten, um wegzurennen‹, und dann erschossen sie ihn mit der Begründung, er habe zu fliehen versucht.«[29]

Andere Ehemalige der Sajeret Rimon sagten, wenn es um die Liste »roter« Zielpersonen gegangen sei, habe Dagan ausnahmslos die innerhalb der Streitkräfte geltende Regel außer Kraft gesetzt, dass man einem Verdächtigen die Möglichkeit lässt, sich zu ergeben, bevor man ihn erschießt. Unter Dagans Kommando war ein »Roter« ein bewegliches Ziel, sobald man seiner gewahr wurde. Dagan bestätigt das, sagt aber, es sei gerechtfertigt gewesen: »Diese ganzen Anspielungen, wir wären ein Todesschwadron oder eine Mörderbande gewesen, sind blanker Unsinn. Wir handelten unter Kampfbedingungen, wobei sowohl wir als auch die Gesuchten zivil gekleidet waren und die gleichen Waffen trugen. Aus meiner Sicht gibt es bei einem bewaffneten Mann keine Möglichkeit der Festnahme, kann es auch nicht geben. Fast alle gesuchten Personen waren damals bewaffnet. Jeden Mann, der eine Waffe trägt, erschießt man – ob er sich nun umdreht, davonrennt oder flieht, solange er die Waffe noch in der Hand hält. Uns ging es nicht darum, sie zu töten, aber wir wollten auch keinen Selbstmord begehen. Es war klar, dass sie auf uns schießen würden, wenn wir nicht vorher auf sie schossen.«[30]

Als eine Festnahme am 19. November 1972 mit dem Tod des Gesuchten endete, verlangte Pundak, dass Dagans Stellvertreter, Schmuel Pas, vor ein Militärgericht gestellt würde. In dem Verfahren wurde ausgesagt, dass Pas aus einiger Entfernung auf den mit einem Gewehr bewaffneten Mann gefeuert hatte und dieser zu Boden gefallen war. Darauf hatte sich Pas ihm genähert und dabei weitergeschossen, um sicherzugehen, dass er tot war. »Und was genau hätten Sie von mir erwartet?«, fragte Pas. »Die Tatsache, dass der Mann fällt, bedeutet nicht, dass er uns nichts vorspielt; vielleicht ist er nur verletzt und immer noch in der Lage, auf uns zu schießen. In einer solchen Situation gibt es keinen Handlungsspielraum«, sagte Dagan.[31]

Pas wurde mangels weiterer Beweise freigesprochen. Alle anderen Beschwerden, Gerüchte, Zeugenaussagen – ganz zu schweigen von den vielen Leichen – wurden in einen fest verschlossenen Schrank weggesperrt, um jede Untersuchung von außen zu verhindern.

Zweifellos war Dagans Einheit äußerst rücksichtslos und operierte nach eigenen Regeln. Man kann durchaus behaupten, dass dies der Beginn eines außergerichtlichen Rechtssystems parallel zum Strafrecht in Israel war, eines Systems, das sich vollkommen geheim und unbemerkt entwickelte. Zum ersten Mal eliminierte Dagans Einheit Menschen auf von Israel kontrolliertem Territorium, statt sie festzunehmen und vor Gericht zu stellen, wie es internationales Recht verlangte. »Um seine Bürger zu schützen, muss der Staat bisweilen Maßnahmen ergreifen, die der Demokratie zuwiderlaufen«, sagte Dagan.

Auch die Zivilbehörden Israels standen hinter alledem, selbst wenn sie angeblich wegschauten. Was die Staatslenker vor allen Dingen wollten, waren Ruhe und Ordnung in den eroberten Gebieten. Dadurch erfreuten sich die israelischen Regierungen sowohl billiger palästinensischer Arbeitskräfte als auch billiger Importe aus den Gebieten. Zudem bot sich ein Markt für Exporte, eine wichtige Angelegenheit für ein Land, das von Feinden umgeben war, mit denen es keinerlei Handelsbeziehungen unterhielt.

Ruhe und Ordnung ermöglichten auch den Bau jüdischer Siedlungen in den besetzten Territorien. Rechtsgerichtete Israelis sind der Überzeugung, dass Israel an den 1967 eroberten Gebieten festhalten müsse, um einen strategischen Vorteil zu behalten. Obendrein glauben viele religiöse Juden, dass die Eroberung des biblischen Judäas und Samariens eine göttliche Fügung war, die dem Volk sein angestammtes Heimatland zurückgegeben und das Kommen des Messias beschleunigt habe. Beide Gruppen hofften, dass der Bau so vieler Siedlungen wie möglich die Errichtung eines Palästinenserstaates in der Zukunft verhindern würde.

Nun, da die Terroranschläge ausblieben, interpretierte die politische Kaste die von Schin Bet und Armee erreichte Ruhe als vollkommenen Sieg und Rechtfertigung, als ob die Geschichte zu einem Stillstand gelangt wäre und keine Notwendigkeit zur Lösung der Palästinenserfrage mehr bestünde.

9 Die PLO erweitert ihre Aktivitäten ins Ausland

Am 23. Juli 1968 um 22.31 Uhr GMT startete der El-Al-Flug 426 vom Flughafen Leonardo da Vinci in Rom-Fiumicino. An Bord der Boeing 707 waren 38 Passagiere, davon zwölf Israelis, und zehn israelische Besatzungsmitglieder. Die Maschine sollte planmäßig um 1.18 Uhr in Tel Aviv landen.

Etwa 20 Minuten nach dem Start drängte sich einer von drei palästinensischen Terroristen unter den Fluggästen ins Cockpit. Zunächst dachten die Piloten, der Mann wäre betrunken, und baten eine Stewardess, ihn hinauszubringen, doch da zog er eine Pistole. Copilot Maos Porat versuchte, dem Mann die Waffe aus der Hand zu schlagen, doch der ließ sie nicht fallen. Der Terrorist schlug Porat mit der Waffe auf den Kopf und verletzte ihn, dann gab er einen Schuss auf ihn ab, verfehlte jedoch sein Ziel. Er zog eine Handgranate hervor, doch der Flugkapitän reagierte schnell und sagte, sie würden landen, wo immer er es wünsche. Um 23.07 Uhr erhielt der Kontrollturm in Rom die Nachricht, dass das in einer Höhe von derzeit 10000 Meter reisende Flugzeug seinen Kurs ändern und nach Algiers fliegen werde, wo es 35 Minuten nach Mitternacht mit Genehmigung der algerischen Behörden landete. Unterwegs sendeten die Entführer an alle, die gerade zuhörten, dass sie das Rufzeichen des Flugzeugs in »Befreiung Palästinas 707« geändert hätten.[1]

Bei der Ankunft wurden alle Nichtisraelis, ebenso wie alle Frauen und Kinder, freigelassen. Die verbleibenden sieben Besatzungsmitglieder und fünf Passagiere wurden als Geiseln in einer Einrichtung der algerischen Sicherheitspolizei in der Nähe des Flughafens festgehalten, wo sie drei Wochen zubringen mussten, bis man sie im Austausch gegen 24 in israelischen Gefängnissen inhaftierte Kameraden der Terroristen freiließ.

Die Entführung von Flug 426 war ein verblüffend dreister Anschlag einer neuen Fraktion, der Volksfront zur Befreiung Palästinas (Popular

Front for the Liberation of Palestine, kurz: PFLP). Die PFLP war im Dezember zuvor in Damaskus von zwei Flüchtlingen gegründet worden, George Habasch aus Lydda und Wadi Haddad aus Safed. Beide waren Kinderärzte, Marxisten und orthodoxe Christen. In einem Handstreich hatte die PFLP einen kurzzeitigen taktischen und strategischen Sieg errungen: Sie hatte demonstriert, dass sie auf entsetzliche Weise in der Lage war, ein ziviles Flugzeug zu entführen, und die Palästinenserfrage damit in der ganzen Welt publik gemacht. Außerdem war Jerusalem gezwungen, mit einer Organisation zu verhandeln, die sich weigerte, Israel anzuerkennen – ein demütigendes Zugeständnis. Schlimmer noch: Am Ende musste Israel einem Gefangenenaustausch zustimmen. Zu einer solchen Erniedrigung werde es niemals kommen, hatte man bislang verkündet.[2]

Flug 426 war jedoch lediglich ein Vorspiel. Obwohl unablässige Bemühungen der Verteidigungsstreitkräfte und des Schin Bet Anschläge innerhalb Israels und entlang seiner Grenzen zunehmend schwieriger machten, erkannten Arafat und seine Anhänger – eine unüberschaubare Ansammlung von Splittergruppen und Unterfraktionen, die er nach Bedarf anerkennen oder verleugnen konnte –, dass die Welt eine weitaus größere Bühne bot als der Gazastreifen oder das Westjordanland.[3]

Überall konnte der Terror ausbrechen, und Westeuropa war in keiner Weise vorbereitet, ihm Einhalt zu gebieten: Die Grenzen waren durchlässig, Zugangshindernisse an Flug- und Seehäfen leicht zu umgehen, Polizeikräfte lasch und unfähig. Linke Studentenbewegungen sympathisierten mit tendenziell marxistischen Palästinensern, und die europäischen Radikalen – etwa die Baader-Meinhof-Gruppe in Deutschland oder die Roten Brigaden in Italien – boten sowohl logistische als auch operative Zusammenarbeit an.

All das stellte für die israelischen Geheimdienste eine enorme Herausforderung dar. Solange sich das Palästinenserproblem auf die von Israel nach dem Sechstagekrieg besetzten Gebiete beschränkt hatte, war alles relativ einfach gewesen. Nun aber war die ganze weite Welt zur Front geworden, an der Juden – und insbesondere Israelis – die Ziele waren.

Kaum mehr als ein Jahr nach dem Debakel mit Flug 426 hob der TWA-Flug 840 in Los Angeles mit 120 Passagieren – darunter nur sechs Israelis – und sieben Besatzungsmitgliedern nach Tel Aviv ab.[4] Die Maschine machte eine Zwischenlandung in New York, dann noch eine in Rom, um aufzutanken. Eine halbe Stunde nach dem Start zum letzten Zwischenstopp in Athen wurden vier Palästinenser aktiv, die in Rom an Bord gekommen waren. Einer zwang mit vorgehaltener Waffe eine Stewardess, die Tür zum Cockpit zu öffnen. Der Copilot Harry Oakley staunte, als er hinter dem Mann eine Frau mit einer Handgranate in der Hand erblickte.

»Sie war sehr schick gekleidet, ganz in Weiß«, erinnerte sich die Flugbegleiterin Margareta Johnson. »Sie trug einen weißen Schlapphut, eine weiße Tunika und weiße Hosen.« Die »nicht unattraktive Dame«, wie ein männlicher Flugbegleiter sie beschrieb, befahl dem Kapitän, das Flugzeug umzuleiten und über Haifa zu fliegen. Dies, so sagte sie, sei ihre Geburtsstadt, in die die Zionisten sie nicht zurückkehren lassen wollten.[5]

Leila Chaled kam 1944 tatsächlich in Haifa zur Welt. Nach dem jüdischen Sieg in der erbitterten Schlacht um die Hafenstadt floh ihre Familie in den Libanon. Wenn sich nach dem Krieg alles wieder beruhigt hätte, wollte man zurückkehren. Doch der neu gegründete Staat Israel untersagte die Rückkehr von Flüchtlingen, sodass Chaled in einem überfüllten Flüchtlingslager in Tyros im Südlibanon aufwuchs. Schon früh entwickelte sie ein lebhaftes politisches Interesse. Mit 15 war sie bereits Mitglied des jordanischen Zweiges einer panarabischen säkularsozialistischen Bewegung, an deren Spitze der spätere PFLP-Mitbegründer George Habasch stand.

TWA 840 war nicht Chaleds erster Anschlag auf die zivile Luftfahrt. Am 18. Februar 1969 war sie an der Planung eines Angriffs auf eine El-Al-Boeing-707 beteiligt gewesen. Als diese vom Flughafen Zürich abheben wollte, griffen vier Mitglieder der Volksfront von der Rollbahn aus die Maschine an. Sie warfen Handgranaten und schossen mit AK-47-Gewehren, setzten das Cockpit unter einen Kugelhagel und verletzten den Copiloten tödlich.[6] Auch in mehrere andere Anschläge war Chaled direkt oder indirekt verwickelt, doch die Entführung von TWA 840 machte sie berühmt.

Nach dem demonstrativen Flug über Israel, eskortiert von Kampfjets der israelischen Luftwaffe, die mit Rücksicht auf die Passagiere nichts unternehmen konnten, landete die Maschine sicher in Damaskus, wo

Passagiere und Besatzung freigelassen wurden – mit Ausnahme von zwei Israelis, die drei Monate in Geiselhaft verbrachten, bis sie im Austausch gegen syrische Soldaten freigelassen wurden. Die Entführer sprengten den Bug des leeren Flugzeugs in die Luft und wurden vom syrischen Geheimdienst still und leise in Sicherheit gebracht.

Chaled wurde derweil zu einer Symbolfigur ihrer Ära, zur bekanntesten Terroristin der Welt. Sie wurde in Hunderten von Artikeln analysiert und in Lobliedern über Freiheitskämpfer gepriesen. Ihr Bild erschien auf Postern. Am bekanntesten ist ein Plakat, auf dem sie ihre AK-47 umklammert hält. Ihre schwarze Mähne wallt unter ihrer Kufiya hervor, und am Finger trägt sie einen auffälligen Ring. »Ich machte ihn aus einer Kugel und dem Splint einer Handgranate«, sagte sie.[7]

Am 6. September 1970 versuchten Chaled und ihre Mitstreiter, einen El-Al-Flug aus Europa zu kapern, scheiterten jedoch. Der Kapitän Uri Bar Lev, ein ehemaliger Pilot der israelischen Luftwaffe, ließ die Maschine abrupt in den Sinkflug gehen, wodurch ein negativer Andruck entstand, der die Entführer zu Boden schleuderte. Ein zivil gekleideter Agent des Schin Bet kam aus dem hinteren Teil der Maschine, erschoss Chaleds Partner, und sie wurde von der Kabinenmannschaft überwältigt. In London, wo das Flugzeug landete, übergab man sie der Polizei.[8]

Vier andere Gruppen der Volksfront waren jedoch erfolgreicher und entführten Maschinen der Pan Am, Swissair und TWA (und drei Tage später auch der BOAC), die sie in Jordanien landen ließen, wonach sie die Freilassung von Chaled und vieler ihrer Kameraden forderten.[9]

Die Passagiere wurden freigelassen, außer den 55 Juden und einem männlichen Besatzungsmitglied, die in ein palästinensisches Viertel in Amman gebracht wurden. Vor laufenden Kameras und damit den Augen der Weltöffentlichkeit sprengten die Entführer die Maschinen. Die Medien sprachen vom »schwärzesten Tag in der Geschichte der Luftfahrt«.

Auch für den jordanischen König Hussein war es ein schwarzer Tag, da ihn die internationale Presse als unfähigen Monarchen darstellte, der die Kontrolle über sein Königreich verloren hatte. Die Palästinenser stellten innerhalb der jordanischen Bevölkerung die Mehrheit, und Hussein fürchtete zu Recht, der Appetit von Arafat und seinen Handlangern, die sich benahmen, als gehörte das Land ihnen, könnte derart wachsen, dass sie ihm nach der Krone trachteten. Nach der weltweiten Bloßstellung durch die Flugzeugentführungen und einem Anschlag auf des Königs Leben durch eine palästinensische Zelle war seine Vergeltung daher schnell und heftig. Mitte September befahl er der jordanischen Armee, der Polizei und den Geheimdiensten, brutal gegen Arafats Leute durchzugreifen, woraufhin sie wahllos abgeschlachtet wurden. In einer Reihe von Operationen während eines Monats, den die Palästinenser als »Schwarzen September« bezeichneten, wurden Tausende von Palästinensern getötet, und die PLO wurde gezwungen, sich in den Libanon zurückzuziehen, wo die Überreste ihrer dezimierten Führungsriege mit dem Wiederaufbau begannen.[10]

Die Fatah und ihre Fraktionen formierten sich alsbald neu und entfesselten eine brutale Welle internationalen Terrors. Es sei darum gegangen, erklärte Bassam Abu Scharif von der PFLP, »zu zeigen, dass uns die Vertreibung aus Jordanien keinesfalls geschwächt hatte«.

Am 28. November 1971, etwas über ein Jahr, nachdem der jordanische Ministerpräsident Wasfi at-Tall den Angriff auf die Palästinenser befohlen hatte, wurde er in Kairo erschossen. Zwei Wochen später versuchte eine Gruppe Bewaffneter, den jordanischen Botschafter in Großbritannien zu ermorden, Zaid ar-Rifai. Weitere zwei Monate später exekutierten Palästinenser fünf jordanische Bürger in Deutschland, angeblich wegen Kollaboration mit Israel. Dann legten sie Bomben in den Büros eines holländischen Gasunternehmens und einer deutschen Elektronikfirma, denen sie Handel mit Israel vorwarfen.

All diese Anschläge wurden von einer bis dahin unbekannten Organisation verübt – der *Ailul al-Aswad*, Arabisch für »Schwarzer September«, in Erinnerung an das Massaker in Jordanien. Der Name mochte neu sein, die Organisation selbst hingegen nicht. Rasch stellte der Mossad fest, dass Schwarzer September nur eine weitere Untergruppe der Fatah war, an deren Spitze Salah Khalaf (Kampfname: Abu Ijad) stand, der ehemalige Kommandeur des Rassad, des Geheimdienstes der PLO, der angesichts interner Machtkämpfe versuchte, Ansehen und Einfluss zu wahren.[11] Um die Bandbreite gegnerischer Ziele zu vergrößern, definierte Khalaf die Feinde des palästinensischen Volkes neu, beginnend mit dem »US-Imperialismus, der sich durch die abhängigen arabischen Regime fortsetzt und bis nach Israel reicht«.[12]

Am 8. Mai 1972 entführten vier Terroristen – drei vom Schwarzen September und einer von der PFLP – ein Sabena-Linienflugzeug mit 94 Passagieren und sieben Besatzungsmitgliedern von Brüssel nach Tel Aviv. Mehr als die Hälfte aller Passagiere waren Israelis oder Juden. Als das Flugzeug am Flughafen Lod landete (heute Ben Gurion), verlangten die Entführer, dass 315 ihrer in Israel inhaftierten Kameraden freigelassen würden.

Verteidigungsminister Mosche Dajan wurden zwei unterschiedliche Pläne für eine Reaktion vorgelegt. Meir Dagan und Mitglieder der Einheit Sikit schlugen vor, sich die Köpfe zu rasieren und als arabische Gefangene aufzutreten, sich unter die anderen frisch befreiten Häftlinge zu mischen und mit ihnen an Bord der Maschine zu gehen. Sobald die Geiseln in Sicherheit wären, wollten sie ihre versteckten Waffen ziehen und die Terroristen eliminieren – »und, falls nötig, auch die befreiten Häftlinge«, wie sich Dagan gegenüber dem Oberkommando äußerte.[13]

Dajan gab jedoch einem Plan von Ehud Barak den Vorzug, des Kommandeurs der Spezialeinheit Sajeret Matkal. Barak und sein Team näherten sich als Bodenpersonal verkleidet der gekaperten Maschine. Unter ihren weißen Overalls trugen sie 0.22er-Beretta-Pistolen. Dann stürmten sie das Flugzeug und töteten oder verwundeten sämtliche Terroristen. Eine Passagierin kam bei der Schießerei ums Leben, zwei weitere Personen wurden verletzt. Ein junger Soldat namens Benjamin Netanjahu wurde durch die Kugel eines Angreifers ebenfalls leicht verletzt.

Die Operation »Sabena« nahm in Israel bald mythische Dimensionen an. Doch trotz dieses Erfolgs wurde auch das strategische Hauptziel der Palästinenser erreicht. »Einen vollen Tag lang hielten Revolutionäre auf der ganzen Welt den Atem an, gespannt, was an dem Flughafen im besetzten Palästina passieren würde«, sagte ein Kommandeur des Schwarzen September. »Die ganze Welt sah zu.«[14]

Viele dieser Revolutionäre sahen sich bald berufen, die palästinensische Sache zu unterstützen. Die neue Welle terroristischer Aktivitäten zog eine wahre Flut von Bewerbern nach sich, die sich den Untergrundorganisationen anschließen wollten. Einem Mitglied des Schwarzen September zufolge enthielten sämtliche Bewerbungen eine Variante des Satzes

»Endlich habt ihr eine Möglichkeit gefunden, euch in der Welt Gehör zu verschaffen«.[15]

Diese neuen Rekruten wurden mit verheerender Wirkung eingesetzt. Am 30. Mai 1972 befanden sich drei Mitglieder der japanischen Roten Armee, linke Untergrundaktivisten, die von der PFLP in Nordkorea und im Libanon ausgebildet worden waren, an Bord eines Air-France-Fluges von Rom zum Flughafen Lod. Innerhalb der Volksfront gab es Zweifel daran, ob ihre maoistische Ideologie mit dem Marxismus der Front vereinbar war, doch war man von der Bereitschaft – oder besser: dem brennenden Wunsch – der Japaner, für die Sache zu sterben, beeindruckt.[16]

Am Flughafen erregten sie keinerlei Aufsehen. Die Späher, die der Schin Bet um die Schalter der El Al postiert hatte, hielten Ausschau nach nervösen Menschen aus dem Nahen Osten, nicht nach asiatischen Touristen.

Die drei Japaner holten ihre AK-47 und Handgranaten aus dem Gepäck und begannen, wahllos in dem bevölkerten Terminal herumzuschießen. »In der Nähe von Förderband Nummer drei sah ich 25 Menschen auf einem Haufen in einer Blutlache liegen«, erinnerte sich ein Zeuge. »Ein Mann mit Maschinenpistole stand neben dem Band und feuerte quer durch den Raum. Ein anderer warf Handgranaten, wann immer er größere Personengruppen sah.«[17]

Stundenlang heulten in den Straßen Tel Avivs die Sirenen der Krankenwagen. 26 Personen verloren ihr Leben, darunter 17 christliche puertoricanische Pilger auf dem Weg ins Heilige Land; 78 wurden verletzt.[18]

In einer Pressekonferenz in Beirut verteidigte Bassam Zayed, der Sprecher der PFLP (und Ehemann von Leila Chaled), das Massaker an den Pilgern: Er erklärte, es sei Auffassung der Volksfront, dass es keine Unschuldigen gebe – dass alle schuldig seien, und sei es auch nur, weil sie keinen »Finger für die Palästinenser gerührt« hätten.[19] Angesichts ihres eigenen Versagens, das Blutbad nicht verhindert zu haben, herrschte innerhalb der militärischen Führungsriege Israels ein bitteres Gefühl der Reue.

Während dieser neuen Terrorwelle hatte Israel Mühe, eine geeignete Antwort darauf zu finden. Ohne definitive nachrichtendienstliche Aufklärung ordnete Ministerpräsident Levi Eschkol anfangs eine Strafaktion gegen ein relativ einfaches Ziel an – die arabische zivile Luftfahrt. Dabei stützte er sich auf das Argument, dass die arabischen Regime, die die Luftfahrtgesellschaften unterhielten, Verantwortung für die Geschehnisse trügen und die PLO unterstützten.

Im Dezember 1968 überfiel eine Sondereinheit den internationalen Flughafen in Beirut und sprengte insgesamt 14 Flugzeuge der Middle East Airlines, der Lebanese International Airways und der Trans Mediterranean Airways in die Luft.[20] Die Operation gelang insofern, als die Maschinen ohne Verluste auf israelischer Seite zerstört wurden. Was künftige Terrorangriffe auf die israelische Zivilluftfahrt betraf, blieb sie jedoch praktisch wirkungslos. Zudem fiel die internationale Reaktion auf diesen Überfall äußerst heftig aus. Der UN-Sicherheitsrat verurteilte die Strafaktion, und Frankreichs Präsident de Gaulle verschärfte das Waffenembargo seines Landes gegen Israel: Ein geplanter Verkauf von 50 Kampfjets wurde gestrichen.[21]

Weitere Fehlschläge folgten. Von Tsomet gelieferte Informationen wiesen ein bestimmtes Büro in Beirut als PLO-Hauptquartier in der Stadt aus. Am 2. Februar 1970 feuerten Agenten der Caesarea vier zeitgeschaltete Panzerfaust-Raketen in die Fenster der Büroräume. Es stellte sich jedoch heraus, dass in den Räumlichkeiten hauptsächlich administrative Funktionen untergebracht waren. »Ein paar Sekretärinnen wurden verletzt, und ein paar Unterlagen verbrannten«, sagte ein Agent der Caesarea, aber das war es eben auch schon.[22] Es war eine der ersten Gegenterror-Aktionen, die die neue israelische Ministerpräsidentin genehmigt hatte – die gefürchtete, militaristische Golda Meir, die das Amt nach Levi Eschkols Tod im Februar 1969 übernommen hatte.

Versuche, die Gründer der PFLP zu töten, blieben ebenso erfolglos. Zwei Caesarea-Agenten gelang es, die Adresse der Wohnung in der Muhi-al-Din Nr. 8 in Beirut zu bekommen, die Wadi Haddad gleichermaßen als Büro und Unterkunft genutzt hatte. »Haddad benahm sich in Beirut wie ein Gutsherr«, sagte Zvi Acharoni, der Leiter der Caesarea. »Ihn zu finden war ein Kinderspiel – er hatte keine Angst und traf keinerlei Vorsichtsmaßnahmen.« Am 10. Juli gingen israelische Marinesoldaten der Einheit 707 von Bord eines Raketenschnellboots, paddelten mit einem Schlauchboot in der Nähe des Beirut Casino zum Strand und brachten den Caesarea-Attentätern, die ein Apartment gegenüber dem von Haddad gemietet hatten, zwei Granatwerfer. Um 9 Uhr richtete einer von ihnen die Raketen auf ein Zimmerfenster, hinter dem er Haddad hatte sitzen sehen, drückte den Knopf, der auf 30 Sekunden eingestellt war, und eilte hastig davon.[23]

»Aber was soll man machen«, sagte Mike Harari. »Genau in dem Moment ging Haddad hinüber ins andere Zimmer, wo seine Frau und seine Kinder saßen, und überlebte. Golda hatte befohlen, dass keinem Unschuldigen auch nur ein Haar gekrümmt werden dürfe, ansonsten hätten wir das gesamte Stockwerk ›rasiert‹.«[24]

Derweil machte ein israelischer Agent im Libanon George Habaschs Villa in Basaba ausfindig, einer bergigen Gegend südöstlich von Beirut. Er fotografierte Habasch sogar dabei, wie er mit einigen seiner Männer auf der Veranda saß. Am 15. Juli wurden Maschinen der israelischen Luftwaffe entsandt, die das Haus bombardieren sollten, doch sie trafen und zerstörten stattdessen ein Nachbargebäude. Habasch entkam unverletzt.[25]

Kurz darauf trat Acharoni als Leiter der Caesarea zurück – teils wegen der Kritik an ihm, dass er die Terroristenführer nicht eliminiert hatte. Sein Nachfolger wurde Mike Harari.

Harari nahm unverzüglich die Top-Zielperson ins Visier – Jassir Arafat. Die Operation »Weiße Wüste« war Hararis Plan, den PLO-Führer am 1. September 1970 bei einer Feierlichkeit für Oberst Gaddafi in Libyen zu ermorden. An der Mauer der Altstadt von Tripolis, der libyschen Hauptstadt, wurde eine VIP-Tribüne errichtet. Innerhalb der Caesarea spielte man verschiedene Ideen durch: Man könnte einen zeitgeschalteten Mörser auf der anderen Seite der Mauer platzieren und dann die Tribüne beschießen, wo Arafat und andere Führungspersönlichkeiten Platz nähmen, oder unter der Tribüne Sprengstoff anbringen und diesen zünden, sobald Arafats Anwesenheit bestätigt wäre. »Am Ende gelangten wir zu dem Schluss, dass dies eine problematische Operation sei, weil außer Arafat noch 120 weitere Seelen gen Himmel geschickt würden. Also beschlossen wir, einen Scharfschützen zu postieren.« Harari und seine Mannschaft reisten mehrere Male nach Libyen, um die örtlichen Gegebenheiten auszukundschaften, konspirative Wohnungen anzumieten und Fluchtpläne auszuarbeiten.[26]

Alles war bereit, als der Mossad-Direktor Zvi Zamir Ministerpräsidentin Golda Meir den Plan zur endgültigen Genehmigung vorlegte. Sie befürchtete jedoch, dass die Operation sofort Israel zugeschrieben und zu scharfer internationaler Kritik führen würde sowie zu Versuchen, israelische Führungspersönlichkeiten zu ermorden. Der Plan wurde verworfen.[27]

Enttäuscht schickte Harari zwei Agenten mit dem Befehl nach Europa, die Briefbomben-Taktik zu reaktivieren. Diese Bomben »besaßen zwei klare Vorteile«, sagte Moti Kfir. »Sie waren leicht in die Ziel-Länder zu befördern, weil sie harmlos wirkten, und sie boten genügend Zeit zur Flucht – im Gegensatz zu einem Schuss, der sofort Aufmerksamkeit erregt.«[28] Es gelang den Israelis zwar, einige Kämpfer mit diesen Bomben zu verstümmeln, doch es dauerte nicht lange, bis sich die PLO-Leute einen vorsichtigeren Umgang mit ihrer Post angewöhnten.[29]

Die Fatah und ihre Ableger zeigten sich unbeeindruckt. Und die Primärziele des Mossad – Arafat, Abu Dschihad, Habasch, Haddad – blieben am Leben, als stete Bedrohung für Israel.

In geschlossenen Sitzungen der israelischen Führung wurden die Nachrichtendienste dafür verantwortlich gemacht, dass es ihnen nicht gelungen sei, Terroranschläge einzudämmen oder künftige Angriffe zu verhindern. »Wenn in Jerusalem ein Bus in die Luft flog, sahen sie mich an«, sagte Harari. »Warum jage ich nicht vier Busse in Beirut oder Kairo in die Luft? Schließlich hätte man ihnen ihre Taten hier in Israel in Kairo, Damaskus, Amman oder an einem beliebigen anderen Ort vergelten können. Ich hätte es gleichzeitig machen können. Aber ich war zu dieser Art Operation nicht bereit, wollte nicht auf ihre Stufe sinken. So verzweifelt waren wir noch nicht. Wir wollten selektive Aktionen, die die Terroristen als israelische zuordnen könnten, doch ohne dass wir Spuren hinterließen.«[30]

Um das zu bewerkstelligen, musste Harari zwei signifikante Hindernisse überwinden. Erstens befanden sich sämtliche Hauptquartiere der Terrororganisationen in den Hauptstädten arabischer Staaten, die ihnen Asyl gewährten, und wo es für die Caesarea schwierig war zu operieren. Zweitens waren die Mitglieder der Caesarea zum damaligen Zeitpunkt schlichtweg ungeeignet für diese Aufgabe. In James-Bond-Filmen und dergleichen werden Spione gern als homogener Haufen dargestellt – ein und dieselbe Person kann Maulwurf, Attentäter, Einbruchskünstler und Überwachungsexperte sein und dabei Informationen sowohl gewinnen als diese auch für die Entscheidungsträger analysieren. Die Wirklichkeit, insbesondere beim Mossad, sah indes ganz anders aus. Die Agenten der Caesarea waren für langfristige Aufträge mit perfekter Tarnung ausgebildet. Sie sollten so wenig Aufmerksamkeit wie möglich erregen, lokalen Akteuren möglichst nicht ins Gehege kommen und dabei so viele Informationen gewinnen, wie sie konnten, damit Israel über jeden bevorstehenden Krieg bereits im Vorfeld Bescheid wüsste. »Meine Leute waren keine Kommandotruppe«, sagte Harari. »Ich suchte eher jemanden, der als Archäologe getarnt längere Zeit in Kairo leben und Nasser zu einer Ausgrabung einladen könnte, oder eine Frau, die in einem Militärkrankenhaus in Damaskus als Krankenschwester arbeiten könnte. Solche Leute waren nicht dazu ausgebildet, einen Wachposten zu überwältigen, eine Pistole zu ziehen oder ein Messer zu werfen. Um gegen den Terror zu kämpfen, brauchte ich andere Leute und andere Arten von Bewaffnung.«[31]

Der Übergang der PLO zu globaler Aktivität stellte für die Israelis auch eine politische Herausforderung dar. Europäische Länder betrieben damals selbst keine Terrorbekämpfung und gestatteten es den Israelis auch nicht, dies innerhalb ihrer Grenzen zu tun. Europa betrachtete den Nahostkonflikt als weit entferntes Problem ohne Auswirkungen auf die eigene Bevölkerung und sah daher keinen Anlass zum Handeln. Der Mossad bekam Hunderte von Hinweisen auf geplante Terroroperationen gegen israelische und jüdische Ziele in Europa, doch um dagegen vorzugehen, brauchte er die Hilfe freundlich gesinnter europäischer Geheimdienste. »Wir informieren sie ein-, zwei-, dreimal davon«, erklärte Golda Meir bei einer geheimen Sitzung des Außenpolitik- und Sicherheitskomitees der Knesset. »Doch nichts passiert.«[32]

Innerhalb des Mossad wuchs die Frustration. »Ich verstehe nicht, warum wir hier still sitzen, wenn die Terroristen jeden Tag planen, wie sie Juden umbringen können«, beklagte sich Avraham »Romi« Porat, der Geheimdienstoffizier der Caesarea, bei einer Sitzung im Mossad-Hauptquartier. »Wir wissen, wo sie sind. Ihre Büros in Deutschland, Frankreich, Italien und auf Zypern sind allgemein bekannt. Sie versuchen nicht einmal, sich zu verstecken. Sprengen wir für jede Flugzeugentführung eines ihrer Büros in die Luft, dann hat ›das Land 40 Jahre lang Ruhe‹«, sagte er mit Bezug auf eine Bibelstelle im Buch der Richter.[33]

Hararis Lösungsvorschlag war der Aufbau eines Spezialteams innerhalb der Caesarea, dessen Aufgabe nicht darin bestehen sollte, vor Ausbruch von Feindseligkeiten nachrichtendienstliche Informationen zu gewinnen, sondern in erster Linie »verdeckt zu operieren und Identifikationen, Überwachungen und Exekutionen menschlicher Ziele sowie Sabotageaktionen durchzuführen«. Die Einheit sollte den Codenamen »Kidon« (Bajonett) erhalten und vornehmlich in Westeuropa und demokratischen Ländern in anderen Teilen der Welt agieren.

Der Kern der Einsatzgruppe Kidon nahm Mitte 1969 unter dem Kommando eines Agenten namens »Danny« Gestalt an, doch viele Jahre lang konnte Harari das Team nicht im Feld einsetzen und musste seine Aktivitäten auf Ausbildung und Erarbeitung einer Kampfdoktrin beschränken.[34] Golda Meir war westlichen Ländern gegenüber zwar misstrauisch, respektierte aber nichtsdestoweniger deren Souveränität. Sie erkannte, dass freundlich gesinnte Staaten niemals mit Israel kooperieren würden, wenn es auf ihrem Hoheitsgebiet ohne Erlaubnis gezielte Tötungsaktionen durchführte. Nach ihren Worten konnten die europäischen Geheimdienste »entscheiden, was auf ihrem Hoheitsgebiet zulässig und was verboten ist. ... Es gibt freundlich gesinnte Staaten, die sagen, ›das macht ihr hier nicht, hier sind wir die Herren‹. Das alles ist nicht einfach. Es ist nicht unser Land.«[35]

Harari, der überzeugt war, dass Meir ihre Meinung irgendwann ändern würde, befahl der Einsatzgruppe Kidon still und leise, mit der Ausbildung fortzufahren. »Am Ende werden wir keine Alternative haben, als sie in Europa zu töten«, sagte Harari zu Zamir. Dieser stimmte zu, dass die Ausbildung fortgesetzt werden solle. »Wir respektierten die Politik der Ministerpräsidentin und unternahmen deshalb lediglich Anstrengungen zur Informationsgewinnung. Derweil bereiteten wir das Personal und die Bewaffnung vor, die in der Zukunft erforderlich wären.«[36]

Dieser Ablauf aus Ausbildung und Vorbereitung war äußerst mühsam. Die Rekruten mussten sich rasch bewegen können, Autos und Motorräder fahren, stets bereit, Verfolgungen aufzunehmen und Verfolger abzuschütteln, in Gebäude eindringen können und fit im Nahkampf sein. Außerdem mussten sie in der Lage sein, unter verschiedenen Kampfbedingungen Ruhe zu bewahren. Sie wurden an der Pistole ausgebildet, mit Schwerpunkt auf einer als »Instinktschießen« bezeichneten Methode. Diese zum Teil von Dave Beckerman – einem Veteranen der US-Armee, der bei der Befreiung Dachaus dabei gewesen war – entwickelte Technik basiert auf einem raschen Wechsel aus der Ruhe- in die Schussposition oder der Erreichung maximaler Zielgenauigkeit beim Feuern in Bewegung.[37]

Darüber hinaus benötigten die Rekruten Unterricht in einer weiteren Kunst: der dekorativen Kosmetik. Da die meisten Kidon-Missionen kurzfristiger Natur wären, könnten verschiedene Verkleidungen verwendet werden, um die Identität zu wechseln. Jarin Schachaf zufolge, der heute die Agenten des Mossad in der Kunst des Make-ups unterweist, ist dies eine komplizierte Aufgabe: »Man muss darauf achten, dass der Schnurrbart selbst bei einem Kampf nicht abfällt, dass die Perücke sitzt und nicht einmal bei einer Verfolgungsjagd über Hausdächer davonfliegt. Der Kämpfer muss wissen, wie er [die Tarnung] richtig anlegt, damit sie glaubhaft wirkt, aber auch, wie er sich rasch wieder reinigt, wenn er fliehen muss.«[38]

Schließlich musste sich der Rekrut einem letzten Test unterziehen. Die Agentur schickte ihn, verkleidet und mit Decknamen, nach Hause in sein eigenes Viertel und soziales Umfeld. Wenn er sich unter denjenigen, die ihn am besten kannten, unerkannt bewegen konnte, erachtete man ihn für fähig, in einem feindlichen Land voller Fremden zu operieren.

Anfang Juli 1972 trafen acht Mitglieder des Schwarzen September in einem Trainingscamp in der libyschen Wüste ein, das unter Kommando von Muhammad Jussuf al-Nadschar stand, Chef des Sicherheits- und Nachrichtenapparats der Fatah.[39] Die acht waren allesamt Fatah-Aktivisten und aus verschiedenen Gründen ausgewählt worden. Manche hatten umfassende Kampferfahrung, andere waren mit Europa im Allgemeinen und Deutschland im Besonderen vertraut. Unter diesen Männern war der 1945 geborene Mohammed Massalha, Sohn des Ratsvorsitzenden des galiläischen Dorfes Daburija. Er sprach fließend Deutsch und Englisch, war älter als die anderen Soldaten und kein Kämpfer, sondern fungierte vielmehr als Ideologe und Sprecher der Gruppe. Stimme und Gestalt von Massalha, der den Codenamen »Issa« erhielt, sollten bald in der ganzen Welt berühmt sein.[40]

In dem libyschen Camp wurden die acht Männer von Salah Khalaf empfangen (Abu Ijad), dem Gründer des Schwarzen September, und Mohammed Udeh (Abu Daud), einem altgedienten Fatah-Agenten und fähigen Vertrauten von Abu Ijad. Letzterer teilte ihnen mit, dass sie an einer höchst wichtigen Operation teilnehmen sollten, ohne präzise zu enthüllen, was dies für eine Operation sei. In den nächsten Wochen wurde die Gruppe im Umgang mit Feuerwaffen unterwiesen – darunter Pistolen, Maschinenpistolen und Granaten –, übte den Nahkampf und trieb Sport.

Besonderes Augenmerk lag auf der Tarnung. Sie bekamen Decknamen und gefälschte libysche Pässe und wurden angewiesen, ihre Gesichter während der gesamten Operation bedeckt zu halten und ihre Kleidung regelmäßig zu wechseln, um Beobachtern den Eindruck zu vermitteln, dass die Gruppe aus wesentlich mehr Mitgliedern bestünde.

Den israelischen Nachrichtendiensten entgingen diese Vorbereitungen in Libyen vollständig. Am 7. Juli warnte ein palästinensischer Agent mit dem Decknamen »Luzifer« den Mossad, dass der »Schwarze September einen Anschlag in Europa plant«, und am 5. August berichtete er, der »Schwarze September bereitet eine Operation auf internationaler Ebene vor«. Er hatte jedoch keine Einzelheiten dazu. Und so überfluteten derart viele Warnungen und Hinweise die Forschungsabteilung des Mossad, dass unweigerlich mehr als nur ein paar davon übersehen wurden. Luzifers Mitteilungen waren unter jenen, die durch das Raster fielen.[41]

Am 3. und 4. September nahmen die acht Mitglieder des Schwarzen September separate Flüge nach Westdeutschland. Sie trafen sich in München, wo die Olympischen Spiele 1972 im Gange waren, die Hunderte Millionen von Fernsehzuschauern weltweit mitverfolgten. Die PLO hatte sich im Namen der staatenlosen Palästinenser beworben, war jedoch vom Internationalen Olympischen Komitee abgewiesen worden. »Aus Sicht dieses angesehenen Gremiums, das sich unpolitisch gibt, existierten wir offensichtlich nicht«, sagte Khalaf später. »Die Führung des Schwarzen September beschloss, die Dinge selbst in die Hand zu nehmen.«

Am Vorabend der Operation legte ihnen Udeh in einem Münchner

Restaurant in Bahnhofsnähe endlich seinen Plan dar. Die acht Männer setzten einen gemeinsamen letzten Willen auf und gingen dann zusammen mit Udeh zum Bahnhof, um aus Spanien und Schweden eingeschmuggelte Waffen und Sprengstoff abzuholen, die dort in einem Schließfach lagerten. Udeh nahm ihre Pässe an sich und schickte sie zu Tor A25 des Olympischen Dorfes. Problemlos überwanden sie den Zaun und gingen zur Connollystraße Nr. 31, wo die israelische Delegation während der Spiele untergebracht war. Zu diesem Zeitpunkt befanden sich 32 Polizeibeamte im Dorf – zwei waren mit Handfeuerwaffen ausgestattet, der Rest war jedoch unbewaffnet, da die deutschen Gastgeber eine möglichst friedliche und pazifistische Atmosphäre schaffen wollten. Keiner von ihnen nahm Notiz davon, was geschah.

Am 5. September um etwa 4 Uhr morgens stürmte der Schwarze September das Quartier der israelischen Mannschaft. Einem der Sportler gelang es zu fliehen. Der Ringkampftrainer Mosche Weinberg und der Gewichtheber Josef Romano versuchten, die Terroristen aufzuhalten, und wurden erschossen. Gut sichtbar für die anderen neun Mitglieder der Mannschaft, ließ man ihre Leichen die nächsten neun Stunden auf dem Fußboden liegen. An Romanos Leiche wurden später die Spuren schwerer Verstümmelungen gefunden.

Massalha (Issa) leitete die Verhandlungen mit Vertretern der bayrischen Landespolizei und Regierung, die weltweit von Hunderten Millionen Fernsehzuschauern gebannt verfolgt wurden. An jenem Morgen in Jerusalem informierte Golda Meir mit düsterer Miene die Knesset, dass »die Mörder im Austausch für das Leben der Geiseln die Freilassung von 200 Terroristen aus israelischen Gefängnissen fordern«.

Wie sie es während ihrer Zeit als Ministerpräsidentin stets getan hatte, verließ sich Golda Meir auf das Urteil der Verteidigungs- und Geheimdienstkreise. Dabei gab es eine grundlegende Übereinkunft: Verhandlungen mit Terroristen kamen nicht in Frage, und zwar unter keinen Umständen.[42]

Die Deutschen weigerten sich entschieden, die Spiele zu unterbrechen, weil es im deutschen Fernsehen angeblich kein Alternativprogramm gab. »Unglaublich, aber sie machen weiter«, schrieb Jim Murray von der *Los Angeles Times*. »Es ist fast wie eine Tanzveranstaltung in Dachau.«

Sofort begann sich ein Team der Sajeret Matkal auf eine Befreiungsoperation vorzubereiten. Zu Israels Erstaunen jedoch verweigerten die – in derlei Angelegenheiten weitaus unerfahreneren – Deutschen den Israelis die Einreise. Lediglich zwei hohen Amtsträgern, Mossad-Chef Zvi Zamir und dem Leiter der Verhörabteilung des Schin Bet, Victor Cohen, wurde gestattet, die Geschehnisse aus einiger Entfernung zu beobachten.

Der in Syrien geborene Cohen, der fließend Arabisch sprach und große Erfahrung im Verhören von Terroristen besaß, hatte bereits mit den Flugzeugentführern des Sabena-Jets verhandelt, die ebenfalls dem Schwarzen September angehört hatten. »In der Sabena-Sache ließen sie mich ordentlich arbeiten«, erinnerte er sich. »Aus den Gesprächen mit den Terroristen erfuhr ich eine Menge: durch ihre Dialekte, woher sie stammten; durch ihre Wortwahl, in welcher Stimmung sie gerade waren; durch die Energie, die ich spürte, wie wachsam sie waren. Als ich merkte, dass sie ermüdeten, sagte ich der Sajeret Matkal, dass es Zeit für den Zugriff sei.«[43]

In München hingegen wurden Cohens und Zamirs Angebote, die Deutschen im Umgang mit den Terroristen zu beraten, wiederholt abgelehnt. Stattdessen sahen sie zu, wie die überlebenden Mannschaftsmitglieder aus dem Unterkunftsgebäude mit vorgehaltener Waffe zu zwei Bell-UH-1-Militärhubschraubern geführt wurden, die in der Nähe abgestellt waren. Das gesamte Ereignis hinterließ bei Zamir tiefe Spuren: »Bis ich sterbe, werde ich diesen Anblick nicht vergessen, wie die Sportler zu den Hubschraubern geführt wurden. Zu beiden Seiten des Weges, wo so eine Art Rasenfläche war, standen Zehntausende Menschen aus unzähligen Ländern. Totenstille. Ich stand neben [dem deutschen Innenminister] Hans-Dietrich Genscher und [Franz Josef] Strauß, neben mir Victor, und wir sahen zu, wie die israelischen Sportler, mit Handfesseln und flankiert von den Terroristen, im Gleichschritt auf die Helikopter zugingen. Es war ein entsetzlicher Anblick, insbesondere für einen Juden auf deutschem Boden, in München.«[44]

Die Helikopter brachten die Geiseln zu einem nahe gelegenen Militärflughafen, wo sie mit einem Flugzeug aus Deutschland ausgeflogen werden sollten, sobald der Handel über die Freilassung der palästinensischen Häftlinge geschlossen worden wäre. Den Terroristen und Geiseln folgten weitere Helikopter mit Zamir, Cohen und den deutschen Regierungsvertretern an Bord.

Deutschland plante eine Rettungsaktion auf dem Militärflughafen, doch die Einsatzkräfte waren nicht entsprechend ausgebildet, unorganisiert und verfügten weder über die erforderlichen Geheimdienstinformationen zu den Terroristen noch über die notwendige Scharfschützen-Ausrüstung oder die Unterstützung für eine derartige Aktion. Sie eröffneten unkoordiniert das Feuer und trafen oder töteten nicht genügend Terroristen, um die Gruppe zu neutralisieren.

»Die Terroristen feuerten auf das Gebäude, in dem wir uns befanden«, sagte Zamir. »Victor und ich rannten die Treppe hinab, tasteten uns im Dunkeln voran und suchten die Befehlshaber der Operation. Die Schießerei ging dabei die ganze Zeit weiter. Wir sahen, dass die Terroristen die Hubschrauberpiloten erschossen hatten, die vornüber zu Boden fielen. Als wir die [deutschen] Kommandeure [der Operation] ausfindig gemacht hatten, verlangte ich, aufs Dach gehen zu dürfen, um mit den Terroristen zu sprechen und sie zu warnen, dass sie nicht lebend davonkämen, wenn sie nicht das Feuer einstellten. Die Polizeibeamten verweigerten dies, doch wir blieben hartnäckig, bis sie unter der Bedingung einwilligten, dass wir Arabisch sprächen und nicht Deutsch.«

Cohen nahm das Megafon und versuchte, die Terroristen zum Aufgeben zu überreden. »Es war aber zu wenig und zu spät, und alles, was ich als Antwort bekam, war ein Feuerstoß, der uns beide fast getötet hätte.«[45]

Zamir fragte die Deutschen, warum die Terroristen nicht von einer Einheit gestürmt würden. Man sagte ihm, die Polizei warte auf gepanzerte Fahrzeuge, die jedoch auf dem Weg zum Flughafen in einem Verkehrsstau festsäßen, den die vielen Schaulustigen verursacht hätten.

Zamir sah zu, wie die Terroristen Handgranaten in die Helikopter warfen, in denen die Israelis festgehalten wurden; er sah, wie die Granaten explodierten und die Hubschrauber in Flammen aufgingen. Als er zu den qualmenden Maschinen rannte, fand er dort die verkohlten und teilweise noch brennenden Leichen von neun Israelis, die mit Handschellen aneinandergekettet waren.

Für Zamir war das Verhalten der Deutschen bei der Geiselnahme vielsagend: »Sie unternahmen nicht einmal die geringste Anstrengung, um

Leben zu retten, gingen nicht das geringste Risiko ein, um Menschen zu retten. Weder unsere Leute noch ihre eigenen.« Er sagte, er habe gesehen, wie einer der deutschen Piloten um Hilfe gerufen habe. »Ich sagte [zu den deutschen Polizisten]: ›Um Gottes willen, da bluten Menschen in dem Hubschrauber. Ein verletztes Besatzungsmitglied ist 200 Meter weit gekrochen. Holt ihn da raus!‹ Er kroch auf allen vieren, war verletzt, doch niemand machte Anstalten, ihn zu retten.«[46]

Nach Cohens Schilderung »erfuhren wir später, dass einige der Polizisten, die an der Rettungsaktion hätten teilnehmen sollen, schon vor deren Beginn beschlossen hatten, dass sie nicht bereit waren, ihr Leben für die Israelis aufs Spiel zu setzen«.

Kurz nach 3 Uhr in der Frühe, also kaum 23 Stunden nach dem ursprünglichen Terrorakt, telefonierte Zamir mit Meir, die ihm zu seinem Erfolg gratulierte. Sie hatte aus einer deutschen Quelle die Fehlinformation erhalten, dass sämtliche Israelis in Sicherheit wären. »Tut mir leid, Ihnen das mitteilen zu müssen, Golda«, sagte er zu ihr, »aber die Sportler wurden nicht gerettet. Ich habe sie alle gesehen. Keiner von ihnen hat überlebt.«

Fast sofort zog man historische Parallelen: Erneut wurden auf deutschem Boden Juden ermordet, während der Rest der Welt wieder zur Tagesordnung überging, als wäre nichts geschehen. Schlimmer noch: Der Staat Israel wurde von den deutschen Behörden handlungsunfähig gemacht und war gezwungen, passiv zuzusehen, wie seine Bürger von Terroristen ermordet wurden. In Israel kam das öffentliche Leben mehrere Tage lang praktisch zum Stillstand. Feierlichkeiten zum jüdischen Neujahrstag Rosch Haschana wurden landesweit abgesagt, und in der Bevölkerung machte sich eine gedrückte Stimmung breit.

Die Palästinenser betrachteten die Operation als Erfolg, da ihre Sache vor den Augen der Weltöffentlichkeit die ganz große Bühne betreten hatte. Ein PLO-Organ schrieb: »Eine Bombe im Weißen Haus, eine Landmine im Vatikan, der Tod von Mao Zedong oder ein Erdbeben in Paris hätten die Menschen dieser Welt nicht mehr aufrütteln können als die Operation des Schwarzen September in München. ... Es war, als hätte man das Wort ›Palästina‹ auf einen Berggipfel geschrieben, der in allen Winkeln der Erde sichtbar ist.«[47]

Im unmittelbaren Nachgang der Ereignisse konnte Meirs Regierung nur äußerst wenig tun. Sie gab pro forma eine Erklärung ab, dass »die Regierung Israels in Zorn und Abscheu die Ermordung von elf Israelis durch arabische Terroristen beklagt«. Daneben befahl Meir ein Dutzend Luftschläge auf »Stützpunkte, Lager und Hauptquartiere der Terroristen in Syrien und im Libanon. Die Intention ist, Terroristen zu treffen und nicht Zivilisten.«[48]

Doch das war nur der Anfang.

Am Abend des 6. September kehrte Zamir aus München zurück. In zwei Besprechungen, die dramatische Auswirkungen auf die künftige israelische Terrorismus-Politik haben sollten, schilderte er emotionsgeladen den Anschlag und die Reaktion der Deutschen: die Weigerung Deutschlands, Hilfe und Rat anzunehmen, und das Chaos, die mangelnde Professionalität und die Apathie, die die deutschen Einsatzkräfte an den Tag gelegt hatten.

»Die deutsche Schande ist unermesslich«, sagte er. Den Deutschen sei es vorrangig darum gegangen, die Angelegenheit vom Tisch zu haben, um mit den Spielen fortfahren zu können, berichtete er einem schockierten Kabinett.[49]

Als Zamirs Bericht die Runde machte, wuchs der Zorn auf die Terrororganisationen, die jüdisches Blut vergossen – aber auch auf die deutschen Behörden, die so elend versagt hatten und sich nun weigerten, die Verantwortung dafür zu übernehmen. Bei einer geheimen Sitzung der Knesset schäumte ein Teilnehmer: »Wir müssen uns nicht nur selbst verteidigen, sondern auch zur Offensive übergehen. Wir müssen die Terroristen ausfindig machen und töten. Wir müssen sie von Jägern zu Gejagten machen.« Menachem Begin schlug vor, Libyen zu bombardieren.[50]

Meir, die nun im Fokus der Kritik stand, weil es den ihr unterstehenden Geheimdienstorganisationen nicht gelungen war, das Münchner Massaker vorherzusehen und zu verhindern, fürchtete um ihre Wiederwahl und wagte die Flucht nach vorn.[51] Wenn die Europäer nicht einmal auf ihrem eigenen Boden versuchten, den Terroristen Einhalt zu gebieten, so beschlossen Meir und ihr Kabinett, dann sollte der Mossad grünes Licht dafür bekommen. Am 11. September ermächtigte das Kabinett die Ministerpräsidentin, auch in befreundeten Ländern Ziele zu genehmigen, ohne die dortigen Behörden davon in Kenntnis zu setzen. »Vergeltung oder keine Vergeltung«, sprach Meir am 12. September zur Knesset, »an jedem Ort, wo ein Plot geschmiedet wird, wo sie sich darauf vorbereiten, irgendwo [auf der Welt] Juden und Israelis zu ermorden, ist es unsere Pflicht, einen Schlag gegen sie zu führen.«

Harari hatte recht behalten: Meir änderte ihre Meinung. Die Einheit Kidon wurde umgehend in Dienst gestellt.

10 »Niemand, den ich getötet habe, ist ein Problem für mich«

»Die schöne Sarah hat das Gebäude verlassen und ist jetzt auf dem Weg nach Hause.«

Dies war die Nachricht, die in Rom an einem Oktoberabend im Jahr 1972 über das Funknetz der Einsatzgruppe Kidon gesendet wurde. Von seinem Kommandoposten aus antwortete Mike Harari: »O.k., bewegt euch. Bereit machen zum Angriff!«

»Die schöne Sarah« war keine Frau, sondern der Codename für einen großen, dünnen, bebrillten Mann mit schwarz glänzendem Haarschopf und ausdrucksvollem Gesicht.[1] Sein richtiger Name war Wael Zwaiter, er war Palästinenser und arbeitete in Teilzeit als Übersetzer für die libysche Botschaft in Rom. Seine Übertragung von *Tausendundeine Nacht* aus dem Arabischen ins Italienische war fast fertig, und er hatte den Abend bei seiner Freundin, der australischen Künstlerin Janet Venn-Brown, verbracht. Zusammen hatten sie einige Feinheiten seiner Übersetzung durchgesprochen, die die farbenfrohen Beschreibungen in dem Klassiker betrafen. An der Tür überreichte ihm seine Gastgeberin noch ein Brot, das sie für ihn gebacken hatte. Er steckte es in den Umschlag mit seinem Manuskript.[2]

Dann machte sich Zwaiter auf den Weg zu seiner Wohnung in der Piazza Annibaliano Nr. 4. Er fuhr mit zwei Bussen und machte, nachdem er den zweiten Bus verlassen hatte, einen Zwischenstopp in einem Café – alles, ohne den weißen Umschlag mit den letzten Kapiteln seiner Übersetzung aus der Hand zu legen.

Ein Überwachungsteam der Einsatzgruppe Kidon beobachtete ihn die ganze Zeit. Der Mossad glaubte, dass Zwaiter nicht nur Übersetzer war – das diente aus seiner Sicht nur zur Tarnung –, sondern vor allem die Aktionen des Schwarzen September in Rom koordinierte. In Sachen

Terrorismusbekämpfung gehörte Italien damals zu den besonders weichen Ländern: Rom war zum europäischen Zentrum des palästinensischen Terrorismus geworden. Zwaiter, so dachte der Mossad, war für das Einschmuggeln von Kämpfern und Waffen und für die Auswahl von Angriffszielen zuständig.

Außerdem verdächtigte der Mossad Zwaiter, der Drahtzieher eines Anschlags zu sein, bei dem versucht worden war, eine Bombe an Bord eines El-Al-Flugzeuges aus Rom zu schmuggeln.[3] Auch von den italienischen Behörden wurde er verdächtigt: Im August war Zwaiter kurzzeitig festgenommen worden, weil man ihm Verbindungen zu den Anschlägen nachsagte, die der Schwarze September auf mit Israel handelnde Ölfirmen unternommen hatte.

Zwaiter verließ das Café und machte sich auf den Weg zu seiner Wohnung. Per Funkspruch bestätigte das Überwachungsteam den zwei Kollegen, dass die Zielperson im Anmarsch war. Zwaiter betrat den schummrigen Eingangsflur des Mehrfamilienhauses und drückte den Fahrstuhlknopf. Als er die zwei Attentäter sah, die sich im Dunkeln unter der Treppe versteckt hatten, war es zu spät. Sie zogen ihre schallgedämpften Beretta-Pistolen und schossen elfmal auf Zwaiter. Von der Wucht der Kugeln wurde er in eine Reihe von Topfpflanzen geschleudert. Noch während er fiel, hielt er sein *Tausendundeine-Nacht*-Manuskript fest umklammert. Er starb an Ort und Stelle.

Innerhalb von Stunden hatten alle 17 Kidon-Agenten Italien verlassen und waren auf dem Weg zurück nach Israel. Keiner war gefasst worden. Die Operation war genau so verlaufen, wie man sie geplant hatte.

Auf der langen Liste von militanten Kämpfern und PLO-Angehörigen, die sterben mussten, war Zwaiter nur der Erste.[4]

Golda Meirs Einstellung zu den befreundeten europäischen Ländern hatte sich sofort grundsätzlich geändert. Sie war in Kiew geboren worden und in Milwaukee aufgewachsen, und ihr Weltbild wurde von einfachen und manchmal starren Begrifflichkeiten bestimmt: Für sie waren die Dinge schwarz oder weiß, gut oder böse. Zwischen den Aktionen der palästinensischen Terroristen und den Gräueltaten während des Zweiten Weltkriegs sah sie einen direkten Zusammenhang: »Erst werden die

Juden angegriffen, später andere Menschen. So hat Hitler es gemacht, und genauso machen es die arabischen Terroristen«, sagte sie zu dem Herausgeber der *New York Times*, Arthur Sulzberger senior.[5]

Golda Meir hatte oft ungeniert verkündet, dass sie von militärischen und geheimdienstlichen Dingen wenig verstand, und sich stets auf Verteidigungsminister Mosche Dajan, Kabinettsmitglied Jisrael Galili und Mossad-Chef Zvi Zamir verließ. Seit dem Massaker von München jedoch hatte sie sehr genau verstanden, dass Israel sich zum Schutz seiner Bürger nicht auf andere Länder verlassen konnte. Statt zugunsten der Souveränität eines Landes abzuwarten, würde Israel von nun an Menschen töten, wann und wo immer es notwendig erschien.

Dieser Richtungswechsel hatte erhebliche Auswirkungen auf die Einsätze der Caesarea. Vor München hatte Meir die Tötungen auf »Ziel-Länder« reduziert, also auf diejenigen Nationen, die Israel offiziell feindlich gesinnt waren, wie Syrien oder der Libanon. Wegen der gefährlichen Umgebung waren gezielte Tötungen für die Caesarea-Agenten in diesen Ländern jedoch extrem schwierig. Der Einsatz einer Pistole oder eines Scharfschützengewehrs – Methoden, die nahen Kontakt zur Zielperson erforderten – zog unweigerlich die sofortige Aufmerksamkeit der lokalen Behörden auf sich. Und selbst wenn die Mörder es schaffen sollten, unentdeckt vom Tatort zu verschwinden, wären die nach einem prominenten Mord eingeleiteten strengen Grenzkontrollen längst in Kraft, bevor sie das Land verlassen konnten. Ein israelischer Attentäter, der in einem Ziel-Land gefasst wurde, musste höchstwahrscheinlich sterben – doch erst, nachdem man ihn brutal gefoltert hatte. Tötungen aus der Entfernung mochten sicherer sein, aber sie waren auch weniger effektiv und hatten oft fatale Nebenwirkungen. Die Wahrscheinlichkeit, dass Unschuldige getötet oder verstümmelt würden, war nur allzu groß.[6]

In sogenannten Basisländern zu operieren, die (wie ganz Westeuropa) in freundschaftlichen Beziehungen zu Israel standen, war sehr viel komfortabler. Einen Attentäter, der gefasst wurde, erwartete im Höchstfall eine Gefängnisstrafe. Obendrein hatte die Mossad-Abteilung Tewel (»Universum«), die für die Beziehungen zu ausländischen Geheimdiensten verantwortlich war, ein Netzwerk von engen Verbindungen zu zahlreichen europäischen Nachrichtendiensten geknüpft. Sie wurden im

Mossad-Jargon »Weiche Hand« genannt, weil sie in verwickelten Fällen mithilfe der Kontakte vor Ort und manchmal auch als Gegenleistung für einen Gefallen dafür sorgten, dass alles glattlief. Unterm Strich heißt das, dass es in Europa sehr viel einfacher war, einen Menschen zu töten und damit ungestraft davonzukommen.[7]

Und es sollten eine Menge getötet werden. Die erste Attentatsliste enthielt elf Namen von Terroristen, die in das Massaker von München verwickelt gewesen waren. Schnell wurde klar, dass sie sich alle in der arabischen Welt oder in Osteuropa versteckt hielten. Es würde schwer werden, an sie heranzukommen. In der Zwischenzeit hatten sich jedoch massenhaft Informationen über andere Zielpersonen angesammelt. Diese waren zwar weniger wichtig, aber dafür hielten sie sich in Europa auf. Nach dem Olympia-Attentat wurde jeder, den der Mossad verdächtigte, mit dem Schwarzen September zu tun zu haben, zum legitimen Anschlagsziel, im Grunde sogar jeder, der im Verdacht stand, ganz allgemein zu PLO zu gehören. Auf diese Weise kam eine ziemlich lange Liste zustande.[8]

»Wir wollten Lärm machen«, so ein Caesarea-Agent. »Ein echter Mordanschlag, aus nächster Nähe, das würde Angst und Zittern auslösen. Selbst wenn Israel abstreiten würde, etwas damit zu tun zu haben, wäre klar, dass ein israelischer Finger den Abzug gedrückt hat.«[9]

Und dieser Finger gehörte der Einheit Kidon. Mitte September 1972 tauchte Zvi Zamir im Ausbildungszentrum der Einsatzgruppe auf, um zu den Männern zu sprechen: »Israel wird nicht untätig herumstehen. Wir werden die Leute kriegen, die das getan haben. Und ihr werdet der lange Arm des ›Instituts‹ [Jargon für Mossad] sein.«

»Diese Worte machten uns sehr stolz«, so ein Caesarea-Agent mit dem Tarnnamen »Kurtz«.[10] Nur ein Jahr nach München waren 14 militante Palästinenser tot.

Der Chef der Attentatsgruppen und der Kommandant mehrerer ihrer Operationen hieß Nechemia Meiri. Er war ein Holocaust-Überlebender, geboren in einer traditionellen jüdischen Familie aus der Ortschaft Demblin im südlichen Polen.[11] Als die Gestapo die Juden seines Dorfes zusammentrieb und sie in den nahe gelegenen Wald abführte, war er zwölf

Jahre alt. Den Juden wurde befohlen, eine Grube zu graben und sich an ihrem Rand aufzustellen. Dann wurden sie mit Maschinenpistolen erschossen. Nechemia, der bereits ein starker und einfallsreicher Junge war, ließ sich eine winzige Sekunde, bevor der Schießbefehl erteilt wurde, in die Grube fallen. Die Deutschen bemerkten nichts, und er blieb still zwischen den Leichen seiner Familienangehörigen und Nachbarn liegen, bis das Massaker vorüber war. Als die Deutschen verschwanden, kletterte er in blutgetränkten Kleidern aus dem Massengrab.

Später im Krieg, als man Meiri gefasst hatte und er schwere Zwangsarbeit auf einem Feldflugplatz verrichten musste, rettete er einem hochrangigen Luftwaffenoffizier, der mit seiner Messerschmitt auf der Startbahn abgestürzt war, das Leben. Meiri kletterte in das brennende Flugzeug und barg den bewusstlosen Piloten, der ihn dafür jahrelang unter seinen Schutz stellte. Nach dem Krieg immigrierte er auf dem berühmten illegalen Flüchtlingsschiff *Exodus* nach Palästina. Er kämpfte im Unabhängigkeitskrieg von 1948 und geriet in Gefangenschaft. Als ein jordanischer Soldat anfing, die Kriegsgefangenen zu erschießen, überlebte er auf wundersame Weise ein zweites Mal.

Danach ging er zum Schin Bet und diente in Ben Gurions Leibwächtertruppe. Seinen Kollegen und Vorgesetzten fiel auf, wie abgeklärt er war und dass er nicht die geringsten moralischen Skrupel hatte, jemanden umzubringen, der Juden angegriffen hatte.[12]

»Nechemia wachte morgens mit einem Messer zwischen den Zähnen auf«, erinnerte sich einer seiner Team-Kollegen.[13]

Meiri war Mitglied der Tsiporim, der gemeinsamen Einsatztruppe von Mossad und Schin Bet. Er hatte bei der Entführung Alexander Jisraelis geholfen, des Hochstaplers, der versucht hatte, Israels Geheimnisse zu verkaufen. Und er war Teil der Kampagne zur Ermordung und Einschüchterung der Nazis, die für Nasser Raketen bauten. Später wurde er zur Caesarea versetzt und dem Team zugeordnet, aus dem sich die Einsatzgruppe Kidon zusammensetzte. Eitan Haber, einer der bekanntesten Journalisten Israels, der auch Jitzchak Rabins Büroleiter war, hat nach eigenem Bekunden Zamir dafür kritisiert, dass er Meiri in die Einsatzgruppe Kidon geholt hat: »Es war unmoralisch. Da wurden die Schrecken des Holocausts ausgenutzt, um eine Tötungsmaschine heranzuziehen.«[14]

Meiri selbst hatte kein Problem damit, in der Einheit Kidon zu dienen, und seine Taten während seiner Zeit in der Einsatzgruppe verursachten ihm keinerlei Schuldgefühle. Über die Jahre wurde er gelegentlich von Eingeweihten gefragt, ob er vom Anblick der Menschen, die er getötet hatte, verfolgt werde oder ob er manchmal Albträume habe. »Ich träume nachts von meiner Familie«, sagte Meiri dann. »Ich träume vom Tal des Massakers bei Demblin in Polen und von den Muselmännern [den abgemagerten, todkranken Insassen] in den Todeslagern. Das sind die Dinge, die mich quälen. Niemand, den ich getötet habe, ist ein Problem für mich. Jeder Einzelne von ihnen hat es verdient: eine Kugel in die Brust und zwei in den Kopf.«[15]

Meiri war einer der Männer, die Zwaiter in Rom erschossen haben.[16] Zwei Wochen später wurde das zweite Zielobjekt bestimmt: Mahmoud Hamshari, angeblich die Nummer zwei der Terrorgruppe Schwarzer September.

Der Mossad gab ihm die Schuld an einer Verschwörung, die mithilfe der internationalen Luftpost barometrisch gezündete Bomben in Flugzeugen von Europa nach Israel verstecken wollte. Eine dieser Bomben explodierte im Februar 1970 kurz nach dem Abflug in einer Maschine von Frankfurt nach Wien, aber dem Piloten gelang eine Notlandung. Ein Swissair-Pilot des Fluges 330 von Zürich nach Hongkong mit Zwischenhalt in Tel Aviv versuchte vergeblich eine Notlandung, als eine Bombe in seinem Frachtraum explodierte. Die Maschine stürzte über einem Waldgebiet ab, und alle 47 Passagiere und Besatzungsmitglieder wurden getötet. Der Mossad glaubte außerdem, dass Hamshari mit einem gescheiterten Anschlag auf Ben Gurions Leben während seines Besuchs in Dänemark im Mai 1969 in Verbindung stand und dass seine Wohnung in Paris als Waffenlager für den Schwarzen September diente.[17]

Die Kidon-Agenten, die Hamshari in Paris observierten, stellten fest, dass er den Großteil seiner Zeit mit seiner Frau und seiner neugeborenen Tochter zu Hause verbrachte. Ansonsten traf er sich mit verschiedenen Leuten, meist an belebten öffentlichen Orten.

Dass er von so vielen Unschuldigen umgeben war, stellte ein Problem dar, auf das Golda Meir äußerst sensibel reagierte. Sie lud Harari zu sich nach Hause ein und kochte ihm einen Tee. »Mike«, sagte sie, »sorge dafür, dass keinem französischen Staatsbürger ein Haar gekrümmt wird, nicht ein einziges Haar, ist das klar?«[18]

Trotz ihres kürzlich gefassten Entschlusses, Leute auch in Europa töten zu lassen, war Meir der Ansicht, dass es bestimmte Regeln gab, die eingehalten werden mussten. Auch fühlte sie sich weiterhin sehr unwohl damit, die alleinige Verantwortung für Todesurteile zu übernehmen. Immer wenn Zamir sie bat, ein »Rotes Blatt« zu unterschreiben, einen der Tötungsbefehle, die wegen der Farbe ihres Papiers so hießen, rief sie eine ausgewählte Gruppe ihrer Minister zusammen, um sich mit ihnen zu beraten. Auch ihr Minister für religiöse Angelegenheiten, Serach Wahrhaftig, war dann anwesend, und er versah jeden Einsatz mit dem Siegel religiöser Zustimmung.[19]

Die Tötung Hamsharis musste also durchgeführt werden, wenn er in seiner Wohnung allein war. Meiri und Romi entwarfen den Einsatzplan, der die Beteiligung einer weiteren Einheit erforderlich machte – ein Abrücken vom Prozedere der Caesarea, die normalerweise innerhalb des Mossad als unabhängige Einheit arbeitete.

Am 3. Dezember drang ein Team der Einheit Keschet (»Regenbogen«, der neue Name für die Einheit Colossus, die für geheime Einbrüche zuständig war) in Hamsharis Wohnung ein und machte Dutzende von Fotos, besonders in seinem Arbeitsbereich.[20] Diese Fotos wurden nach Israel geflogen und von Jaakow Rehawi in der technischen Abteilung des Mossad ausgewertet. Er bemerkte, dass das Telefon auf einer Marmorplatte stand, und baute zusammen mit seinem Team eine identische Platte, die mit Sprengstoff gefüllt wurde.

Am 7. Dezember bekam Hamshari einen Anruf von einem Mann, der sich als italienischer Journalist mit dem Namen »Carl« ausgab, aber in Wirklichkeit Nechemia Meiri war. Sie verabredeten für den nächsten Tag ein Interview in einem Café in der Nähe seiner Wohnung. Während des Interviews ging das Keschet-Team noch einmal in seine Wohnung und tauschte die Platte aus, auf der das Telefon stand. Kurz nachdem Hamshari wieder zu Hause war, klingelte sein Telefon. »Spricht da Monsieur Dr. Hamshari?«, fragte eine Stimme. Als die Bestätigung kam, wurde der Knopf des Fernzünders gedrückt, und die Marmorplatte explodierte. Hamshari wurde nach Auskunft von Kurtz, der an der Operation teilnahm, von den Marmorstücken »beinahe in der Mitte durchgeteilt«. Er starb einige Wochen danach in einem Pariser Krankenhaus.[21]

Die Verantwortlichen des Mossad und des AMAN widmeten einen beträchtlichen Teil ihrer Zeit und ihrer Überlegungen der Frage, ob die gezielten Tötungen moralisch gerechtfertigt waren. Dass solche Aktionen zumindest von den Attentätern selbst als ethisch einwandfrei betrachtet wurden, war wichtig. Noch 40 Jahre später gaben Harari und seine Mitarbeiter zu erkennen, wie tief sie sowohl von dem Zweck als auch von den Mitteln überzeugt waren. »In der Caesarea gab es keine geborenen Killer. Das waren normale Leute, wie du und ich«, sagte Harari zu mir. »Es ist nicht so, dass sie als Auftragskiller im Gangstermilieu gearbeitet hätten, wenn sie nicht zur Caesarea gekommen wären. Meine Kämpfer waren im Auftrag des Staates unterwegs. Sie wussten von jemandem, dass er sterben musste, weil er Juden umgebracht hatte und weitere Juden umbringen würde, wenn man ihn leben ließ. Also taten sie es aus Überzeugung. Keiner von ihnen zweifelte daran, dass es getan werden musste, es gab nie das leiseste Zögern.«[22]

Mossad-Chef Zamir wusste außerdem, wie wichtig für seine Kämpfer die Unterstützung von Golda Meir war. Und weil er auch wusste, wie die Ministerpräsidentin tickte, brachte er zu jedem Treffen mit ihr ein oder zwei Kidon-Agenten mit. Einer von ihnen gab ihr zu verstehen, wie sehr er es schätzte, dass ihr Kommandant, also Meir, »ein Mensch mit einem ganzen Kosmos moralischer Werte und gesundem Menschenverstand« war. Aus diesem Grund fühlten sich die Attentäter »mit allem, was sie getan haben, sehr viel wohler, selbst wenn es manchmal, oder auch nur ein einziges Mal, Fragezeichen gegeben hat«.[23]

Meir strahlte vor Glück. »Ich sitze da und betrachte diese Leute«, sagte sie nach einem solchen Treffen mit Caesarea-Kämpfern, »voller Bewunderung für ihren Mut, ihre Gelassenheit, ihre Kompetenz, ihr Wissen. Sie sitzen direkt in der Höhle des Löwen. ... Ich kann kaum glauben, dass wir mit solchen Menschen gesegnet sind.«[24]

Die gegenseitige Bewunderung und der gemeinsame Glaube an die moralische Rechtmäßigkeit der Aktionen konnten jedoch nicht darüber hinwegtäuschen, dass es bei einigen der gezielten Tötungen, die auf München folgten, sehr wohl Zweifel gab – sowohl, was die Motive, als auch, was die Auswahl der Zielpersonen anging.

»Bei einigen Arabern, die wir in dieser Phase getötet haben, kannten wir die Gründe für die Tötung nicht, und auch sie wissen wohl bis heute nicht, warum sie getötet wurden«, so ein Caesarea-Offizier. »Zwaiter jedenfalls hatte nichts mit der Ermordung der Athleten zu tun, außer vielleicht, dass ihr Flugzeug auf dem Weg nach München über Rom geflogen war.«[25]

Ein führender Mossad-Funktionär, der viele Jahre zu spät die Zwaiter-Akte geprüft hat, bezeichnete die Tötung als »einen furchtbaren Einschätzungsfehler«.[26] Tatsächlich betonen Palästinenser bis heute, dass Zwaiter ein friedlicher Intellektueller gewesen sei, der Gewalt verabscheute. (Wobei man zugeben muss, dass dies auch von jeder anderen Zielperson der Einsatzgruppe Kidon aus dieser Zeit behauptet wird.)[27]

Doch für einige spielte das keine Rolle. »Nehmen wir an, er war wirklich nur der PLO-Vertreter in Rom – und dass er es war, ist unbestritten«, so ein AMAN-Offizier, der mit der Auswahl von Anschlagszielen für den Mossad befasst war. »Wir betrachteten diese Organisation als eine Einheit und haben die Unterscheidung zwischen Politikern und Terroristen nie akzeptiert. Die Fatah war eine Terrororganisation, die Juden umbrachte. Jedes Mitglied einer solchen Organisation musste sich darüber im Klaren sein, dass sie oder er ein legitimes Anschlagsziel war.«[28]

Tatsächlich ist im Nachhinein schwer zu entscheiden, ob der Mord an Zwaiter auf einem Irrtum beruhte oder vielmehr einem Ansatz geschuldet war, der in Israels Nachrichtendiensten bis heute viele Befürworter hat: Selbst wenn die Person nicht direkt mit terroristischen Akten zu tun hat, sind doch alle Mitglieder einer terroristischen Vereinigung legitime Ziele.

Dieser Ansatz enthielt ein immanentes Problem: Er gestattete dem Mossad, diejenigen Leute zu töten, die er töten *konnte*, und nicht unbedingt die, von denen er glaubte, dass sie getötet werden *sollten*.[29] Obwohl der Mossad die Kampagne zu den gezielten Tötungen als Erfolg betrachtete, wurde Anfang des Jahres 1973 deutlich, dass man den höheren Rängen der PLO nicht hatte schaden können. Diese Zielpersonen waren in

Beirut untergeschlüpft. Dort musste Israel zuschlagen. Und dieser Einsatz würde sehr viel schwieriger werden.[30]

Am 9. Oktober 1972 erreichte den Stützpunkt des AMAN, der für die Kommunikation mit Israels Agenten im Nahen Osten zuständig war, eine verschlüsselte Nachricht. Der Stützpunkt, auf einem Gebirgskamm über dem Meer gelegen und von Dünen umgeben, befindet sich in einer der schönsten Landschaften Israels. Hunderte von Soldaten waren dort beschäftigt, um streng geheimes Material zu empfangen, zu entschlüsseln, zu verschlüsseln und weiterzuleiten.

Die Nachricht in jener Nacht lautete: »Model bittet dringend um Treffen.«

»Model« war der Tarnname für Clovis Francis. Er war einer der wichtigsten Agenten, die der AMAN und der Mossad jemals im Libanon hatten. Als gepflegter Libanese aus reicher, gut vernetzter christlicher Familie leistete er Israel jahrzehntelang treue Dienste. Seit den 1940er-Jahren hatte er verschlüsselte Nachrichten geschickt – damals noch mit Brieftauben. Mittels einer Kamera, die er in seine Autotür eingebaut hatte, versorgte er den israelischen Geheimdienst über die Jahre mit mehr als 100 000 Fotos: Jede Ecke des Landes wurde von ihm festgehalten. Er fuhr regelmäßig nach Israel, entweder per U-Boot oder per Marineschiff, um die Chefs der Geheimdienste auf den neuesten Stand zu bringen. Nie verlangte er Geld. Er spionierte, sagte er, weil er an ein Bündnis zwischen dem Libanon und Israel glaube und weil er später die Aktivitäten der Palästinenser im Libanon als große Gefahr für sein Land betrachtet habe.

Drei Tage, nachdem Model um das Treffen gebeten hatte, landete mitten in der Nacht ein Schlauchboot an einem Strand in der Nähe von Tyros im südlichen Libanon. Model kletterte hinein und wurde zu einem Raketenschnellboot gerudert, das nach Haifa fuhr. Dort warteten die führenden Offiziere der Einheit 504 auf ihn, um zu hören, was er ihnen zu sagen hatte. Model enttäuschte sie nicht. Er brachte ihnen die Beiruter Adressen von vier führenden PLO-Funktionären: Muhammad Jussuf al-Nadschar, der Kopf des Nachrichtendienstes der PLO, der am Planungs- und Genehmigungsprozess der Münchner Operation beteiligt gewesen war; Kamal Adwan, verantwortlich für die Geheimoperationen der Fatah in Israel, dem Westjordanland und dem Gazastreifen; Kamal Nasser, Sprecher der PLO; und Abu Dschihad, Arafats Stellvertreter. Die drei Ersten lebten dicht beieinander in zwei Hochhäusern an der Verdun Street.[31]

Die Informationen wurden an Romi, Geheimdienstoffizier der Caesarea, weitergegeben, der daraufhin eine Reihe von Treffen im Hauptquartier der Caesarea in der Kaplan Street 2 einberief. Zusätzlich zu den Informationen über die Aufenthaltsorte der PLO-Männer waren große Mengen von hochwertigem Geheimdienstmaterial über weitere zur PLO gehörige Anschlagsziele gesammelt worden. Waffenwerkstätten, Kommandoposten, Büros. Harari sagte, er könne sich hier »eine [gezielte Tötungs-]Aktion« vorstellen, für die nächsten Schritte gebe es jedoch noch zu viele Informationslücken. »Ich hatte eine Regel«, sagte Harari. »Keine Operation ohne Information. Punkt.«

Um die Informationslücken zu schließen, schickte die Caesarea eine Agentin nach Beirut.

Yael (nur ihr Vorname kann öffentlich gemacht werden) wurde im Jahr 1936 in Kanada geboren und wuchs in einer jüdischen Familie in New Jersey auf, die keinerlei Verbindung zu Israel hatte. Später entwickelte sie eine emotionale Bindung zu dem jungen Land und kam zu der Ansicht, dass »wahrer Zionismus verlangte, dass man *Aliyah* machte (also nach Israel einwanderte) und die Bequemlichkeiten des amerikanischen Lebens hinter sich ließ«. In dieser Zeit (vor dem Sechstagekrieg) »weckte Israel in mir die gleiche Sympathie, die ich für alle Benachteiligten empfand. Seit meiner Kindheit fühlte ich mich zu Leuten hingezogen, die verletzlich waren und diskriminiert wurden.« Nach ihrer Immigration und nachdem sie zunächst eine Anstellung als Programmiererin gefunden hatte, wurde sie irgendwann von der Personalabteilung des Mossad rekrutiert und absolvierte den langen und anspruchsvollen Lehrgang der Caesarea. Im Laufe der Zeit wurde sie als außergewöhnlich talentierte und besonnene Agentin bekannt, die ihre ruhige Ausstrahlung und ihre Attraktivität als machtvolle Waffe einsetzte. Bevor Harari Yael nach Beirut schickte, sagte er zu ihr: »Wer würde Sie verdächtigen, mit Ihrer Weiblichkeit, Zartheit und Schönheit?«

Der Tarngeschichte zufolge, die Yael – ihr Tarnname im Mossad war »Nielsen« – und ihre Führungsoffiziere sich ausdachten, war sie in den

Libanon gekommen, um eine Fernsehserie über das Leben von Lady Hester Stanhope zu schreiben, eine britische Adlige, die sich über die konservativen Haltungen des 19. Jahrhunderts hinweggesetzt hatte und zu einer wegweisenden sozialen und politischen Aktivistin geworden war. Stanhope war ausgiebig gereist und hatte ihre letzten Jahre im Libanon und in Syrien verbracht.[32]

Am 14. Januar 1973 kam Yael im Libanon an. Sie stieg im Hotel Le Bristol ab und mietete einige Tage später eine Wohnung in einem luxuriösen Apartmenthaus, das genau gegenüber den beiden Gebäuden lag, in denen die drei Zielpersonen lebten. Sie fand schnell Kontakt zu Einheimischen und in Beirut lebenden Ausländern, die ihr gern bei ihren Recherchen für die Fernsehserie über Lady Stanhope helfen wollten. Ihre Covergeschichte ermöglichte es ihr, sich frei zu bewegen, und war ein überzeugender Vorwand, unter dem sie im ganzen Land umherreisen konnte.

Mit einer Handtasche, in der sich eine Kamera befand, die sie von außen durch Knopfdruck betätigen konnte, lief sie potenzielle Landepunkte sowie die Umgebung der Zielgebäude ab.[33] »Jede Einzelheit war wichtig«, gab Yael später zu Protokoll. »Die Abläufe in den drei Wohnungen bei Tag und Nacht, wann die Lichter an- und ausgingen, wen man um welche Uhrzeit hinter den Fenstern sehen konnte, Kleinigkeiten über ihre Autos, von wem sie Besuch bekamen, ob das Gelände bewacht wurde.«[34]

Durch Yaels umfangreiche Aufklärungsarbeit wusste der Mossad nun, wen man wo angreifen konnte, doch es blieben noch gewaltige Hindernisse. Die Wohnungen der PLO-Männer befanden sich in Beirut in dicht besiedelten Straßenzügen, weshalb kein Sprengstoff benutzt werden konnte: Die Wahrscheinlichkeit, dass unschuldige Zivilisten getötet werden würden, war inakzeptabel hoch. Die Attentate würden also aus nächster Nähe stattfinden müssen. Doch auch dies stellte ein Problem dar, denn der Libanon war ein Israel gegenüber feindliches Ziel-Land, in dem ein gefasster Attentäter mit Sicherheit gefoltert und hingerichtet werden würde. Dies war auch der Grund dafür, dass die Caesarea-Kämpfer, die sich schon in Beirut im Einsatz befanden, nicht für Anschläge ausgebildet waren, sondern vielmehr für langfristige, hochgradig konspirative Überwachungsaktionen. Umgekehrt hatten aber die Kidon-Kämpfer, die in der Lage gewesen wären, eine saubere Tötungsaktion durchzuführen, keine überzeugenden Tarngeschichten, mit denen sie hätten ins Ziel-Land einreisen und dort lange genug bleiben können, um den Auftrag auszuführen. Und selbst wenn sie solche Tarngeschichten gehabt hätten: Das Land nach einem Attentat auf nicht weniger als sieben PLO-Ziele – drei Männer und vier Einrichtungen – schnell genug zu verlassen war nahezu unmöglich.

Romi und Harari kamen zu einem naheliegenden Schluss: Die Caesarea würde eine solche Mission nicht allein durchführen können – die für ein erfolgreiches Überfallkommando notwendigen Truppen und Kapazitäten konnten nur die Israelischen Verteidigungsstreitkräfte zur Verfügung stellen. Das war neu: Bei Anschlagsoperationen am Boden hatten der Mossad und sie bisher nicht zusammengearbeitet. Darin lag auch ein bestimmtes Risiko, denn normalerweise bestritt Israel jegliche Verantwortung für die Anschläge des Mossad. Wenn aber nun die Morde von einem großen Militärverband durchgeführt wurden, war es vollkommen unmöglich, eine Beteiligung abzustreiten, und zwar selbst dann, wenn die Soldaten in Zivil agierten.[35]

Der ursprüngliche Plan der Verteidigungsstreitkräfte war umständlich und zeitaufwendig. Um die beiden Hochhäuser zu stürmen und die Bewohner auf die Straße zu treiben, brauchte man ein Kontingent von hundert Männern. In einer Art polizeilichen Gegenüberstellung wollte man dann die Zielpersonen herausfiltern und töten.

Generalleutnant David Elazar, Stabschef der Israelischen Verteidigungsstreitkräfte, bezweifelte, dass der Plan durchführbar war. Er bat Ehud Barak, Kommandant der Sajeret Matkal, der Aufklärungseinheit des Generalstabs der Israelischen Streitkräfte, ein paar neue Vorschläge beizusteuern.

Die Sajeret Matkal war in den späten 1950er-Jahren mit dem Ziel gegründet worden, eine Eliteeinheit zu schaffen, die in der Lage war, heimlich auf feindliches Territorium vorzudringen. Wie es im Gründungsbefehl heißt, sollte diese Einheit »in Gefechtsoperationen und Sabotage sowie in der Sammlung von [Geheimdienst-]Material ausgebildet werden«.[36] Bis in die 1970er-Jahre hinein war die Einheit vor allem darauf spezialisiert, sich hinter den feindlichen Linien einzunisten und dort hoch entwickelte Abhör- und Beobachtungstechnik zu installieren.[37] Bis heute wird sie als die beste Einheit der gesamten Streitkräfte betrachtet. Zu ihr kommen stets die fähigsten neuen Rekruten, und sie durchlaufen dann einen 20-monatigen Lehrgang, der der härteste der Welt sein soll.

Ehud Barak, der erste Offizier, der in der Sajeret groß geworden ist, wurde im Jahr 1971 ihr Kommandant. Geboren im Kibbuz, klein von Gestalt, aber athletisch und willensstark, verkörperte er alle Eigenschaften, die in der Einheit gebraucht wurden. Er war außerdem ein fähiger Politiker, der mit seinen Vorgesetzten umzugehen wusste; dazu grenzenlos ehrgeizig, ohne je die Ruhe zu verlieren. Als er das Kommando übernahm, drängte er sofort darauf, dass die Sajeret Matkal einen größeren Anteil an den Operationen der Israelischen Verteidigungsstreitkräfte bekommen sollte – einen Anteil, der weit über das Sammeln von geheimdienstlichen Informationen hinter feindlichen Linien hinausging.[38]

Als Elazar ihn bat, bei der Planung der Anschläge in Beirut zu helfen, ging nach Auskunft eines seiner Offiziere »ein Ausdruck von Zufriedenheit über Baraks Gesicht – er sah aus wie ein Koch, der im Begriff ist, eine außergewöhnliche Mahlzeit zuzubereiten«.[39] Barak studierte das noch unbearbeitete Geheimdienstmaterial, suchte die entscheidenden Orte in einem Stadtplan von Beirut heraus und analysierte den ursprünglichen 100-Mann-Plan. »Das ist keine gute Idee, Chef«, sagte Barak zu Elazar. »Wenn eine Einheit von dieser Stärke nach Beirut eindringt und dort zumindest so lange bleiben muss, bis die ›polizeiliche Gegenüberstellung‹ abgeschlossen ist, wird sie in Feuergefechte verwickelt werden. Es könnte viele Tote geben, auf unserer Seite wie auf ihrer, Zivilisten eingeschlossen.«

Elazar fragte ihn: »Wie würden Sie es machen?«

Barak antwortete: »Sobald wir sicher wissen, dass alle drei Zielpersonen zu Hause sind, dringen wir mit einer kleinen Truppe in die Stadt ein – 15 Mann, nicht mehr –, fahren zu den Wohnungen, gehen rein, erschießen sie und machen uns davon. Das alles in wenigen Minuten. Mit vernünftiger Planung, entsprechenden Mitteln und passendem Training können wir reingehen und wieder weg sein, bevor sie Verstärkung holen. Wenn sie begreifen, was los ist, sind wir längst über alle Berge. Am allerwichtigsten ist der Überraschungseffekt.«

Elazar lächelte und gab Barak grünes Licht, mit den Planungen zu beginnen.[40]

Der Plan für den Beiruter Überraschungsangriff – genannt »Frühling der Jugend« – wurde ein paar Tage später entworfen. Ein Elitekommando der Marine mit Namen Flottille 13 sollte das Überfallkommando an einem Strand absetzen, wo schon die Caesarea-Agenten mit gemieteten Fahrzeugen warten würden.

Das Mossad-Team sollte die Attentäter dann in die Verdun Street fahren, wo sie die Anführer der Fatah in ihren Wohnungen überraschen und töten würden, bevor sie zum Strand verschwinden und nach Israel zurückkehren sollten. Zur gleichen Zeit würden andere Eliteeinheiten vier verschiedene Zielobjekte im Libanon angreifen.

Es lag auf der Hand, dass es nach dieser Operation auf absehbare Zeit sehr schwierig werden würde, etwas Ähnliches durchzuführen, deshalb wollten die Israelis möglichst viele Ziele auf einmal treffen. Baraks Einschätzung zufolge war sich Elazar nicht sicher, dass es der Sajeret gelingen würde, wirklich alle drei Spitzenkräfte der PLO zu liquidieren: Er wollte »das Risiko [des Scheiterns] verteilen, indem er zusätzliche Zielobjekte auswählte«.[41]

Die ganze Aktion war ausgesprochen komplex: Verschiedene Einheiten mussten koordiniert oder zusammengeführt werden, weshalb Elazar einige Trainingseinheiten selbst leitete. Er gab zu bedenken, wie verdächtig es wirken könnte, wenn sich eine ganze Gruppe von Männern mitten in der Nacht durch die Innenstadt von Beirut bewegte, und schlug vor, dass einige der Männer Frauenkleider tragen sollten. »Auf diese Weise könnt ihr auch mehr Waffen verstecken«, grinste er.[42]

Einige Mitglieder der Sajeret waren gar nicht erfreut, dass ihr Kommandant die Einheit in eine Operation verwickelte, die weit über das Sammeln von Geheimdienstinformationen hinausging. Noch vor dem Angriff brach ein interner Streit aus. Zwei von Baraks Offizieren, Amitai Nachmani und Amit Ben Horin, beide aus einem Kibbuz der linken Haschomer-Hazair-Bewegung, argumentierten, dass die Einheit nicht als Todesschwadron gegründet worden sei, und stellten klar, dass sie nicht vorhätten, zu Mördern zu werden. Barak versuchte, sie zu überzeugen, aber sie baten darum, einen höheren Vorgesetzten sprechen zu dürfen.

Barak organisierte ein Treffen mit Stabschef Elazar, der ihnen einen Vortrag über die Wichtigkeit des Krieges gegen den Terror hielt und sie daran erinnerte, dass von der Fatah jüdisches Blut vergossen worden war, in Israel und im Ausland. Er sagte ihnen, es sei ihre Pflicht, »mit Kraft und Anmut« darauf zu reagieren. Die beiden nahmen die Erklärung an und wurden in die Führungstruppe berufen.

Der Streit war nach Ansicht Baraks »ein Beweis für die Stärke der Einheit«. Sie bestehe nicht nur »aus außergewöhnlich professionellen Soldaten, sondern auch aus Männern mit eigener Meinung, Männern, die Fragen stellen, die sich nicht mit Befehlen zufriedengeben, sondern die Sache als Ganzes verstehen möchten«.

Während die Sajeret und die Elitekommandos der Flottille 13 die Landung übten, setzten Yael und Model ihre Informationssuche fort. Yael wählte eine geeignete Stelle für die Landung aus – den Privatstrand des Sands-Hotels, der den Vorteil hatte, dass er nur von Hotelgästen genutzt werden durfte und in der Nähe des Hotelparkplatzes lag. Dann durchstreifte sie die Straßen der Umgebung – eine zarte Frau mit langem Rock, Sonnenbrille und Handtasche. Yael fotografierte die gesamte Strecke, die das Kommando zurücklegen musste – den Strand, die Straßen, auf denen sie fahren würden, den Telefonverteiler, den sie wahrscheinlich in die Luft sprengen mussten, damit keine Verstärkung gerufen werden konnte, die Gebäude an der Verdun Street, den Pförtner am Eingang.

Yael sammelte außerdem Einzelheiten über die nahe gelegene Polizeistation, die nur etwa 200 Meter von den Wohnblocks entfernt war: wann die Polizisten auf Streife gingen und wie lange sie zum Ort des Geschehens brauchen würden, wenn sie gerufen wurden.[43]

Bevor er dem Stabschef meldete, dass die Truppe fertig zum Aufbruch war, verlangte Brigadegeneral Emmanuel Schaked, leitender Offizier der Infanterie und der Fallschirmjäger und Kommandant der Gesamtoperation, ein Treffen mit den Caesarea-Leuten, die seine Männer vom Strand zu den Gebäuden und wieder zurück fahren sollten. Zamir, Harari und Romi begleiteten das Caesarea-Team zu dem Treffen mit Elazar, Schaked und Barak in einem Ausbildungsgebäude der Sajeret.

Schaked zufolge war das Treffen »eine totale Katastrophe«. Er bat die Caesarea-Leute, sich kurz vorzustellen und ihre bisherigen Gefechtserfahrungen zu schildern. »Wann hatten Sie das letzte Mal eine Pistole in der Hand und haben damit geschossen?«, wollte er wissen. Zu seinem Schrecken hatten die meisten von ihnen noch nie eine Waffe geführt, und die wenigsten hatten in den Israelischen Verteidigungsstreitkräften gedient. Diejenigen, die überhaupt eine militärische Ausbildung vorweisen konnten, hatten nur das absolute Minimum absolviert und ließen jegliche Kampferfahrung vermissen.

Schaked ging an die Decke: »Schaffen Sie Ihre Schäfchen hier raus!«, knurrte er in Zamirs Richtung. Und zu Harari: »Mit diesen Leuten werde ich die Operation nicht durchführen, das sind keine Kampftruppen.«

»Wenn es Kampftruppen wären, würden wir die Streitkräfte nicht brauchen«, erwiderte Harari wütend. Elazar mischte sich ein und ließ sich von Zamir versichern, seine Männer seien »auf ihrem ureigenen Aufgabengebiet, nämlich den Soldaten der Streitkräfte den Rücken freizuhalten, hochkompetente Kämpfer«.[44]

Am 6. April flogen sechs Caesarea-Agenten mit gefälschten deutschen, belgischen und britischen Ausweisen von verschiedenen europäischen Flughäfen aus nach Beirut. Sie checkten getrennt im Sands ein, mieteten große amerikanische Autos und parkten sie auf dem Hotelparkplatz.

Am Nachmittag des 9. April wurden die Männer der Israelischen Verteidigungsstreitkräfte mit dem Bus zum Marinestützpunkt in Haifa gefahren. Bei der letzten Einsatzbesprechung sagte Schaked: »Ich will nicht, dass ihr den Rückzug antretet, sobald ihr geschossen habt. Ihr verlasst die Wohnungen erst, wenn ihr sicher seid, dass euer Mann nicht mehr aufsteht.«[45]

Um 16 Uhr stachen acht israelische Raketenschnellboote auf einem ruhigen Mittelmeer Richtung Norden in See. 20 Kilometer vor Beirut machten sie die Motoren aus und warfen Anker. Um 17 Uhr traf einer der Caesarea-Agenten sich im Phoenicia Hotel mit Yael, die bestätigte, dass alle drei Zielpersonen zu Hause waren. Sie trennten sich wieder, und der Agent setzte einen Funkspruch an die wartende Truppe ab: »Die Vögel sind in ihren Nestern.«

Von den Seitendecks wurden 19 Schlauchboote herabgelassen, jedes von ihnen voll mit Soldaten: 21 von der Sajeret Matkal, 34 Elitekämpfer der Marine, 20 Männer einer Aufklärungseinheit der Fallschirmjäger. Diese Eliteeinheiten wurden von 3000 zusätzlichen Mitarbeitern unterstützt. Es war eine der größten gezielten Tötungsoperationen des 20. Jahrhunderts, wenn nicht die größte. Harari, Zamir, Romi, Elazar und Verteidigungsminister Dajan hielten sich in einem Bunker unter Kirja-Sarona auf, dem alten Templerviertel von Tel Aviv, in dem das Kommando der Israelischen Verteidigungsstreitkräfte untergebracht war. Von dort aus überwachten sie die Operation. Ebenfalls im Bor – hebräisch für Grube, der inoffizielle Name des Bunkers – war der Chef des AMAN, Eli Zeira. Ihm war bewusst, dass »Frühling der Jugend« trotz der beinahe vollständigen Mobilisierung der israelischen Marine »eine Operation war, bei der es keine Rettungsoption gab«.[46]

Die Schlauchboote glitten auf die Lichter von Beirut zu. Als sie den Strand erreichten, trugen die Männer von Flottille 13 die Mitglieder des Überfallkommandos an Land, damit ihre Verkleidung nicht nass wurde. Besonders behutsam waren sie mit den stark geschminkten Frauendarstellern im Team. Die Mossad-Leute warteten mit den drei Autos auf dem Hotelparkplatz.

Barak, der einer von denjenigen war, die sich als Frauen verkleidet hatten, setzte sich in einem Auto auf den Beifahrersitz. »Fahren Sie los«, befahl er, aber nichts geschah. Der Fahrer vom Mossad schwitzte stark, und er zitterte am ganzen Körper. Barak dachte, dass er krank oder verletzt war. Aber er hatte bloß Angst. »Ich bin noch nie in der Nähe einer Schießerei gewesen«, gab er zu. »Gerade eben bin ich noch einmal über das Gelände gegangen. Da sind zwei Gendarmen mit Maschinenpistolen, sie patrouillieren die Straße bei den Häusern.« Barak und Muki Betser, ein altgedienter Sajeret-Kämpfer, beruhigten den Fahrer, indem sie behaupteten, dass es keine Schießerei geben würde.

»Fahren Sie los!«, wiederholte Barak. Weil er befürchtete, dass die Operation abgebrochen werden könnte, hatte er sich entschieden, die Sache mit den Gendarmen nicht an Schaked auf dem Kommandoboot weiterzugeben.[47]

In dem vornehmen Beiruter Viertel el-Baida, zwei Straßen von ihrem Ziel entfernt, stiegen die Mitglieder des Teams aus den Autos. In Paaren – immer ein Mann und ein als Frau verkleideter Mann – gingen sie zu Fuß weiter. Es war spät, ungefähr 23 Uhr, aber es waren noch immer ein paar

Menschen auf der Straße. Zwei bewaffnete Polizisten standen gelangweilt da und rauchten. Sie ignorierten die Pärchen, die an ihnen vorbeiliefen.

Muki Betser hatte seinen Arm um Barak gelegt – sie waren einfach nur eines von vielen Pärchen, die einen romantischen Spaziergang machten. »Ich fühle mich an Rom erinnert«, flüsterte Betser Barak ins Ohr.[48]

In einem der Gebäude schlief al-Nadschar. Adwan und Nasser schliefen in zwei verschiedenen Wohnungen in dem anderen Gebäude. An den Eingängen trennten sich die Paare, und die gesamte Einheit teilte sich auf. Zu jeder der drei Zielpersonen gingen drei Leute, eine weitere Gruppe, in der sich auch ein Arzt befand, sicherte unter Baraks Kommando die Straße.

Die Wachen der PLO, die die Soldaten in den Eingangshallen der Hochhäuser erwartet hatten, waren in ihren Autos eingeschlafen, und die Männer stiegen ungehindert die Treppen hinauf. Leise zählten sie dabei die Stufen, damit sie nicht in die falschen Wohnungen einbrachen. Als die Einsatzkommandos ihre Ziele erreicht hatten, nahmen die Männer ihre Positionen ein und brachten kleine Sprengladungen an den Türen an. Jeder Kommandant tippte dreimal auf das Mikrofon seines Funkgerätes. Als Barak die drei Klicks von jedem der drei Einsatzkommandos empfangen hatte, antwortete er mit fünf Klicks. Das bedeutete: »Zugriff!« Gleichzeitig meldete er per Funk an Schaked, dass die Angriffe in den anderen Teilen des Libanon beginnen konnten. Damit der Überraschungseffekt erhalten blieb, mussten die Wohnungen gestürmt worden sein, bevor diese Aktionen starteten.

Die kleinen Ladungen sprengten die Türen auf. Eine Nachbarin, die vom Gepolter der Füße auf der Treppe geweckt worden war, blickte in diesem Moment durch das Guckloch. Sie starb, als auch ihre Tür von der Explosion aufgesprengt wurde. Al-Nadschar kam aus seinem Schlafzimmer, begriff, was los war, und versuchte, sich in einem anderen Raum einzuschließen. Betser durchsiebte die Tür mit seiner Maschinenpistole und tötete ihn und seine Frau. Die zweite Zielperson, Kamal Nasser, versteckte sich unter ihrem Bett, gab mehrere Pistolenschüsse ab und traf einen Israeli am Bein. Die Angreifer kippten das Bett um und töteten Nasser mit zwei langen Feuerstößen.

In der dritten Wohnung trat Kamal Adwan mit einer geladenen AK-47 aus der Tür. Offensichtlich verwirrte es ihn, einen Mann und eine Frau vor sich zu haben, und er zögerte eine Sekunde. Diese Sekunde kostete ihn das Leben. Die Israelis eröffneten mit den Uzi-Maschinenpistolen, die sie unter ihrer Kleidung versteckt hatten, das Feuer.

Zur selben Zeit erwachte einer der PLO-Posten, der, statt die Zielpersonen zu beschützen, in seinem Renault Dauphine eingeschlafen war. Er stieg mit gezogener Pistole aus dem Auto. Barak und Amiram Lewin, einer seiner hochrangigen Offiziere, erschossen ihn mit ihren schallgedämpften Handfeuerwaffen. Eine Kugel traf das Auto und setzte die Hupe in Gang. Davon wurden die Nachbarn wach, die die Polizei riefen.[49] »Da sieht man mal wieder, Überraschungen gibt es immer«, so Betser. »Unverhofft kommt oft.«[50]

Noch während die Israelis die Wohnungen nach Dokumenten durchwühlten, rasten Polizisten aus der nahe gelegenen Polizeistation Richtung Verdun Street. Die Männer der Kommandos hasteten die Treppen hinunter und hätten beinahe jemanden zurückgelassen, nämlich Jonathan Netanjahu, den Bruder von Benjamin. Jetzt mussten sie den Kampf mit der Beiruter Polizei aufnehmen. Lewin stand mitten auf der Straße, noch immer mit der blonden Perücke auf dem Kopf, schwang seine Uzi von rechts nach links und gab Feuerstöße ab. Barak feuerte von der Straße aus auf Polizisten. Betser schoss auf einen Landrover der Polizei und gab Lewin Deckung. Dann raste mit quietschenden Bremsen ein Jeep ins Kreuzfeuer, in dem vier libanesische Soldaten saßen. Die Israelis nahmen den Jeep unter Beschuss, und Betser warf eine Handgranate, die drei der Soldaten tötete. Der Fahrer wurde nur leicht verletzt. Yael sah von ihrem Fenster aus, wie er stundenlang schluchzend auf dem Gehweg hockte, bevor er ins Krankenhaus gebracht wurde.

Die Attentäter wehrten die Polizei ab, und die Soldaten quetschten sich in ihre gemieteten Autos und rasten zurück zum Strand. Hinter sich verstreuten sie winzige scharfe Stahldreibeine, die die Reifen der hinterherjagenden Polizeiautos durchlöcherten. Barak funkte die Marineeinheiten an, dass sie abgeholt werden wollten. Er blieb trotz der chaotischen Zustände gelassen und schaffte es, sich für ein paar Minuten aus der Situation zu lösen. »Ich war noch nie durch so prachtvolle Straßen gefahren, ich hatte niemals so schöne Apartmenthäuser gesehen. Das war ein Niveau von Architektur, das wir in Israel nicht kannten.« Unter der Perücke war ihm heiß geworden, und er öffnete das Fenster und fühlte eine kühle Brise auf seinem Gesicht. Er entspannte sich. Ein Mann kam zum Bordstein gerannt und rief dem Auto zu, es solle langsam fahren. »Erschieß ihn, Muki«, sagte Barak zu Betser.

»Das ist ein Tankwart, kein Bulle«, antwortete Betser und schoss nicht.[51]

Das zweite Kommando, eine Aufklärungstruppe der Fallschirmjäger, das einen Anschlag auf ein Gebäude in einem anderen Viertel von Beirut verüben sollte, hatte weniger Glück. Im Eingangsbereich des PFLP-Gebäudes, auf das sie es abgesehen hatten, töteten sie die Wachen, ohne zu wissen, dass es einen zweiten Wachposten gab. Ein Palästinenser eröffnete das Feuer und verletzte drei israelische Soldaten schwer. Zwei von ihnen wurden zu einem wartenden Auto gebracht. Den dritten, Jigal Pressler, trafen 14 Geschosse. Ein Mitglied des Marinekommandos hob ihn auf und rannte mit ihm zum Auto, aber ein PFLP-Mann, der offenbar dachte, dass Pressler ein Palästinenser sei, griff dem Soldaten in die Arme, um ihn zu retten. Die drei fielen in einem Knäuel zu Boden. Einer von Presslers Armen war gelähmt, aber er schaffte es, den Abzug seiner Pistole mit den Zähnen zu spannen. Der Palästinenser lief weg, der Soldat verfolgte ihn, und Pressler dachte, dass man ihn zurückgelassen hätte. Er wollte sich schon mit einer Handgranate selbst in die Luft sprengen, als der Soldat zurückkam und ihn erneut aufhob. Die Luft war erfüllt von Pistolenschüssen, von Explosionsdonner und Geschrei. In den Nachbargebäuden gingen die Lichter an.[52]

Statt den sofortigen Rückzug anzuordnen, befahl Amnon Lipkin-Schachak, der Kommandant der Truppe, vor Ort zu bleiben und die Mission zu Ende zu bringen. Seine Männer sollten wie geplant den Sprengstoff an dem Gebäude anbringen. Diese große Beherrschung brachte ihm eine ehrenvolle Erwähnung durch den Stabschef ein.

»Meinen schlimmsten Moment hatte ich nicht während des eigentlichen Gefechts«, so Lipkin-Schachak, »sondern als wir zurück zu den Fahrzeugen kamen. Überrascht stellte ich fest, dass das Auto mit den verwundeten Männern weg war.« Er und seine Leute, einschließlich dem schwer verletzten Pressler, steckten mit nur zwei Autos im Herzen von Beirut fest. Das dritte Auto, mit dem Caesarea-Fahrer und zwei schwer verletzten Männern, war verschwunden. Die Funkgeräte funktionierten nicht. Hektische Suchen blieben vergeblich.

»Es war äußerst beunruhigend«, sagte Lipkin-Schachak. Er wollte sich nicht zurückziehen, ohne zu wissen, wo seine verwundeten Männer geblieben waren, aber er sah keine andere Möglichkeit und befahl, sich in die zwei Autos zu quetschen und zum Strand zu fahren. Kurz nachdem sie losgefahren waren, hörten sie eine gewaltige Explosion und sahen, wie ihr Zielgebäude in sich zusammenstürzte. Später hörten sie, dass ungefähr 35 PFLP-Aktivisten unter den Trümmern begraben wurden.[53]

Als sie den Strand erreichten, fanden sie den Caesarea-Mann in seinem Auto, ihre beiden Kameraden lagen auf dem Rücksitz, einer war wegen des Blutverlusts schon gestorben. Schweißgebadet und mit zitternden Händen rauchte der Fahrer eine Zigarette. »Ich fragte ihn, was passiert war«, so Lipkin-Schachak, »warum er nicht auf uns gewartet hatte, warum er nicht auf unseren Arzt gewartet hatte, damit er die Verletzten behandeln konnte. Er war ein bisschen verwirrt, aber wenn ich ihn richtig verstanden habe, hörte er die Schüsse am Anfang des Überfalls und dachte, dass wir dort nicht lebend herauskommen würden, und da beschloss er, sich davonzumachen und zum Strand zu fahren.«[54]

Lipkin-Schachaks Männer waren aufgebracht. »Es war ein Fehler, Leute ohne Gefechtserfahrung mitzunehmen«, sagte einer von ihnen. »Dieser Kerl von der Caesarea sah, dass wir in Schwierigkeiten waren, und kriegte den Granatenschock. Er rannte einfach weg.«

Das gesamte Team stieg in die Schlauchboote und fuhr zurück zum Raketenschnellboot. Ein weiterer Verwundeter starb während der Operation an Bord. Zwei der Fallschirmjäger konnten nicht an sich halten und brüllten den Caesarea-Agenten an, er sei schuld am Tod ihrer beiden Kameraden. Er brüllte zurück, einer der Soldaten schlug ihm ins Gesicht, er antwortete mit einem Faustschlag, und sie prügelten sich, bis die anderen sie trennten.[55]

Doch bei Tagesanbruch waren alle am Überfall Beteiligten zurück in Israel. Als Barak nach Hause kam, schlief seine Frau noch. Er stellte sein Bündel ab und legte sich, ohne die Stiefel auszuziehen, erschöpft neben sie. Als sie aufwachte, war sie sehr erstaunt, ihren Mann an ihrer Seite zu finden. Er war fest eingeschlafen, hatte Schminke im Gesicht und Spuren von knallrotem Lippenstift auf dem Mund.[56]

Am nächsten Morgen in Beirut, zwischen den Trümmern, die die letzte Nacht hinterlassen hatte, beachtete niemand die zarte Frau, die aus dem Postamt in der Madame Curie Street kam. Yael hatte an ihren Führungsoffizier einen Brief geschrieben, in dem sie ihre Erschütterung darüber zum Ausdruck brachte, was sie von ihrem Wohnungsfenster aus beobachtet hatte.

> »Lieber Emile,
> ich zittere noch immer wegen der Ereignisse der letzten Nacht. Plötzlich, mitten in der Nacht, wurde ich von dem Geräusch zahlreicher lauter Explosionen geweckt. Ich geriet in Panik – ein Angriff der Israelis! ... Es war schrecklich. ... Heute Morgen kam mir das alles vor wie ein böser Traum. Aber das stimmt nicht. ... Diese furchtbaren Israelis waren tatsächlich hier. ... Zum ersten Mal verstehe ich, warum dieses Land und die Juden so sehr gehasst werden. ... Wirklich, die Wohngegend hier ist so nett und friedlich, mit vornehmen, sehr freundlichen Menschen.«

Yael ließ »Emile« wissen, dass sie ihm zur Beruhigung einen kleinen Besuch abstatten wollte und dass »ich dich vermisse (mehr als ich erwartet hatte)«. In unsichtbarer Tinte fügte sie hinzu: »Tolles Spektakel gestern Nacht. Hut ab!«[57]

Um keinen Verdacht zu erregen, blieb Yael noch eine Woche in Beirut – trotz der wachsenden Befürchtung, dass man ihr im Zuge der verschärften Sicherheitsmaßnahmen nach dem Überfall auf die Schliche kommen würde. »Als das Flugzeug abhob und die Räder sich vom Boden lösten, merkte ich, wie ich mich in meinem Sitz entspannte und wie der Stress, meine Tarngeschichte aufrechtzuerhalten, nach und nach von mir abfiel. Er hatte sich in jedes Organ meines Körpers eingenistet und langsam meine Seele aufgeweicht. Als ich in Heathrow landete, hingen meine Arme schlaff herunter, und ich hatte Schwierigkeiten, aus dem Sitz hochzukommen. Ich brauchte ein paar Sekunden länger, bevor ich das Flugzeug verlassen konnte.«[58]

In Israel wurde die Operation »Frühling der Jugend« als überwältigender Erfolg bewertet. Drei führende PLO-Kader waren getötet worden, zusammen mit 50 weiteren Menschen, die meisten von ihnen PLO-Mitglieder. Salah Khalaf (Abu Ijad), der oberste Kommandant des Schwarzen September, war durch einen Zufall verschont worden, weil er kurz vor dem Überfall eine der angegriffenen Wohnungen, in der er sich oft aufhielt, verlassen hatte.[59] Vier Gebäude und Waffenwerkstätten waren zerstört worden. Die Beschlagnahmung einer großen Anzahl von Dokumenten aus Adwans Wohnung war für die Palästinenser eine Katastrophe. Diese Dokumente versorgten den Schin Bet mit Einzelheiten über PLO-Zellen in den besetzten Gebieten und führten zu einer Reihe von Festnahmen. Das dortige Fatah-Netzwerk wurde weitgehend zerstört.[60]

Wegen des Erfolgs schenkte man in Israel dem unprofessionellen Verhalten der zwei Mossad-Fahrer kaum Aufmerksamkeit. Beide waren Mitglieder von Hararis Eliteeinheit Caesarea. Auch dass sie verhindert hatten, dass zwei Männer ärztlich versorgt wurden, die dann an ihren Verletzungen starben, und dass sie noch viel größere Katastrophen hätten verursachen können, war in Israel kein Thema.[61]

Die Operation löste im Libanon einen Schock aus. Die libanesische Regierung trat wegen ihrer Machtlosigkeit im Angesicht der »israelischen Aggression« zurück. Die arabische Welt war in Aufruhr, und die führende ägyptische Tageszeitung *Al-Ahram* schrieb, Ziel der Operation sei es gewesen, »den Arabern das Gefühl ins Herz zu hämmern, dass Israel die gesamte Region kontrollierte«.[62] Die Operation »Frühling der Jugend« war der Grund für den sich in der arabischen Welt ausbreitenden Mythos, dass der Mossad überall und zu jeder Zeit zuschlagen konnte.

11 »Die falsche Identifizierung einer Zielperson ist kein Versagen, sondern ein Fehler«

Der dröhnende Erfolg der Operation »Frühling der Jugend« war nicht das Ende der Serie gezielter Tötungen des Mossad in Europa.

In den letzten Tagen der Vorbereitung auf das Beiruter Kommandounternehmen waren Meiri und ein weiterer Agent in Paris; sie warteten darauf, dass Basil al-Kubaisi, ein Juraprofessor der Universität Beirut und Aktivist der PFLP auf unterer Ebene, mit einer Prostituierten fertig war, bevor sie ihn erschossen. (»Ich entschied, dass dieser Typ verdiene, vor seinem Tod Sex zu haben – so wie man einem zum Tode Verurteilten eine letzte Bitte erfüllt«, erzählte Meiri.)[1]

Dann, nur Stunden nachdem die Helden des »Frühlings der Jugend« nach Israel zurückgekehrt waren, reisten Harari, Meiri und fünf weitere Agenten nach Athen, wo sie Zaid Muchassi mit einer Bombe töteten, die sie in die Matratze seines Hotelbetts geschoben hatten. Muchassi war gerade zum Repräsentanten der Fatah auf Zypern ernannt worden, wo er Hussein Al Bashir ersetzte, den der Mossad am 24. Januar in Nikosia getötet hatte – ebenfalls mit einer Bombe in der Matratze eines Hotelbetts.[2]

Am 10. Juni kam die Information, Wadi Haddad habe zwei seiner Leute nach Rom geschickt mit dem Auftrag, dort einen Anschlag auf das Büro von El Al zu verüben. Die Information kam von einem Tsomet-Agenten, der im Herzen von Haddads Organisation saß. Dieser neue und vielversprechende Rekrut, der im Jahresbericht des AMAN als »herausragende Quelle mit exzellentem und exklusivem Zugang zu Haddads Organisation« beschrieben werden sollte und der bereit war, für Geld zu spionieren, erhielt den hebräischen Decknamen »Itzavon« (»Schwermut«).[3] Ein von »Carlos«, einem Agenten der Einsatzgruppe Kidon, befehligtes Team heftete sich an die Fersen der beiden Männer, die in einem Mercedes mit deutschem Kennzeichen in Rom herumkutschierten.

In der Nacht vom 16. zum 17. Juni platzierte das Kidon-Team eine Bombe unter dem Wagen. Als sich am Morgen einer der Palästinenser in den Mercedes setzte und mit ihm davonfuhr, folgte ihm ein Wagen des Mossad mit Harari am Steuer und Carlos auf dem Beifahrersitz. Carlos hatte eine Fernbedienung von der Größe eines Schuhkartons in der Hand. Um die Bombe zur Explosion zu bringen, mussten die Mossad-Leute einen Mindestabstand zwischen den beiden Wagen einhalten. Nach einigen Minuten hielt der Palästinenser, um seinen Partner mitzunehmen, der sich anderswo einquartiert hatte, und fuhr wieder los. Als der Wagen die Piazza Barberini mit dem Tritonbrunnen, einem bedeutenden Werk des berühmten Bildhauers Giovanni Lorenzo Bernini, erreichte, war Carlos drauf und dran, auf den Knopf zu drücken.

Harari kannte Rom gut aus den Tagen nach dem Zweiten Weltkrieg, als er Flüchtlingen bei der Emigration nach Israel geholfen hatte, und er schätzte bildende Kunst. »Nein! Stop! Die Statue ... Das ist Bernini! Nicht zünden!«, schrie er den verwirrten Carlos an, um ihm dann die Bedeutung des Kunstwerks klarzumachen.

Ein paar Sekunden später, als sich der Wagen mit den beiden Palästinensern von dem Brunnen entfernt hatte, durfte Carlos auf den Knopf drücken. Der Motorraum des Wagens explodierte, und die beiden Männer erlitten schwere Verletzungen. Einer starb später im Krankenhaus. Die Polizei fand Waffen in dem Wagen und interpretierte die Explosion als »Arbeitsunfall« – sie nahm an, die beiden seien Terroristen, hätten eine Bombe im Wagen gehabt und hätten diese nicht richtig behandelt.[4]

Schwermut berichtete auch von den Aktivitäten von Mohammed Boudia, dem Leiter der Operationen der PFLP in Europa. Boudia war eine bunte Mischung aus algerischem Revolutionär, bisexuellem Bohemien und Playboy, Abenteurer und Erzterrorist, der sowohl für Haddad als auch für den Schwarzen September arbeitete. Das von ihm geleitete kleine Théâtre de l'Ouest in Paris war Tarnung für seine Israelis und Juden geltenden Anschlagspläne.

Dank der Berichte von Schwermut gelang es dem Schin Bet, einige dieser Pläne zu vereiteln, darunter einen, der für den Sederabend des Passahfests von 1971 gleichzeitige Explosionen von TNT-Bomben mit großer Sprengkraft in den sieben größten Hotels von Tel Aviv vorsah.[5]

Im Juni 1973 berichtete Schwermut, Boudia hecke einen weiteren großen Anschlag aus. Daraufhin folgte ein Team von 30 Agenten der Einsatzgruppen Kidon und Keschet Boudia durch ganz Paris, bis sich eine Gelegenheit ergab und der Algerier seinen Wagen in der Rue des Fossés Saint-Bernard im Quartier Latin parkte. Als er zurückkam, einstieg und den Motor anließ, explodierte eine druckempfindliche Bombe unter seinem Sitz und tötete ihn.[6]

Kidons Serie triumphaler Erfolge löste in der gesamten Organisation Euphorie aus.[7] »Es schien, als ob es nichts gebe, wozu der Mossad nicht in der Lage sei«, so ein Veteran der Caesarea, »und niemanden, den wir nicht erwischen könnten.«[8]

Die Rechnung mit dem Schwarzen September indes war weiter offen. Neun Monate nach dem furchtbaren Gemetzel in München – dem Anschlag, der zur Zunahme gezielter Tötungen geführt hatte – waren führende Mitglieder des Schwarzen September immer noch auf freiem Fuß. Der Mossad hatte eine Menge Leute getötet, nicht aber die elf Meistgesuchten. Zu diesen gehörten die drei überlebenden Tatbeteiligten, die inhaftiert gewesen waren, die der Schwarze September aber durch Entführung einer Lufthansa-Maschine freigepresst hatte. Die anderen acht Zielpersonen hatten nach Einschätzung des Mossad mittelbar mit der Konzipierung, der Leitung oder der Ausführung des Anschlags zu tun gehabt.

Ganz oben auf der Liste stand Ali Hassan Salameh, der Einsatzoffizier des Schwarzen September.

Ali Salamehs Vater Hassan Salameh war 1947, als nach der Entscheidung der Vereinten Nationen über die Errichtung des Staates Israel der Krieg ausbrach, einer der beiden Kommandeure der palästinensischen Armee gewesen. Die Haganah hatte mehrfach vergeblich versucht, ihn zu ermorden, bis er schließlich im Kampf getötet wurde.

Sein Sohn trug eine schwere Last. »Ich wollte ich selbst sein, [aber] … mir war immer bewusst, dass ich der Sohn von Hassan Salameh war und mich dessen würdig erweisen musste – ohne dass man mir gesagt hatte, wie der Sohn von Hassan Salameh leben sollte«, sagte Ali Salameh in einem der beiden Interviews, die er gegeben hat. »Meine Erziehung war politisiert. Ich lebte die palästinensische Sache zu einer Zeit, als diese Sache zu einem Teufelskreis wurde. Die Palästinenser waren ein Volk ohne Führung. Sie waren über mehrere Länder verstreut, und ich war ein Teil davon. Meine Mutter wollte, dass ich ein zweiter Hassan würde.«

Mitte der 1960er-Jahre wurde der Druck sowohl von Seiten der Familie Alis als auch von Seiten Jassir Arafats zu groß. Ali gab nach und erschien im Rekrutierungsbüro der Fatah. »Ich fühlte mich der Fatah bald sehr verbunden«, erinnerte er sich. »Ich hatte gefunden, was ich gesucht hatte.«[9]

»Er wurde schnell zu Arafats Liebling«, sagte Harari.

1968 wurde er von Arafat nach Ägypten geschickt, wo er in geheimdienstlicher Tätigkeit und im Umgang mit Sprengstoffen geschult werden sollte. Er wurde Assistent von Abu Ijad, der ihm die Aufsicht über die Identifizierung und Liquidierung von Arabern übertrug, die mit Israelis zusammenarbeiteten.

Salameh war jung, charismatisch, reich und attraktiv und genoss das Luxusleben, das mit der Mitgliedschaft im Rasd, dem Geheimdienst der Fatah, verbunden war. Er wusste seine Liebe zu Frauen und zu Partys mit seinen terroristischen Aktivitäten in einer Weise zu vereinbaren, die »in der Fatah für Stirnrunzeln sorgte«, wie es in einem Bericht des israelischen Militärgeheimdienstes über ihn heißt.[10]

Der Mossad glaubte, Salameh sei in eine lange Liste von Terroranschlägen gegen Jordanien und Israel involviert gewesen, darunter in die Entführung der Sabena-Maschine. Dokumente, die in al-Nadschars Wohnung in Beirut gefunden worden waren, deuteten darauf hin, dass Salameh auch mit europäischen Terrororganisationen angebandelt und Andreas Baader, den Mitbegründer der Baader-Meinhof-Gruppe, in ein Trainingscamp der Palästinenser im Libanon eingeladen hatte. »Wir zeigten die Dokumente den Deutschen«, sagte Shimshon Issaki, der damalige Leiter der Antiterroreinheit des Mossad, »um ihnen klarzumachen, dass die Gefahr des palästinensischen Terrors auch sie betraf.«[11]

An der Berechtigung der genannten Anschuldigungen gibt es keinen Zweifel. Der Mossad war aber außerdem überzeugt, dass Salameh in die Planung und Durchführung des Münchner Massakers verwickelt, ja nie weit entfernt gewesen sei, als das Terrorkommando zur Connollystraße Nr. 31

im Olympischen Dorf beordert wurde. Mohammed Udeh (Abu Daud) indes hat behauptet, Salameh habe überhaupt nichts mit dieser Operation zu tun gehabt, die vielmehr er, Udeh, geplant und befehligt habe. Auch zwei Bücher zu dem Thema, Kai Birds *The Good Spy* und Aaron Kleins *Die Rächer*, haben Zweifel an Salamehs Beteiligung angemeldet.[12]

Doch Issaki ist bis auf den heutigen Tag von seiner Sicht der Dinge überzeugt: »Dass Abu Daud Jahre nach dem Ereignis, als Salameh nicht mehr am Leben war, den ganzen Ruhm für sich beansprucht hat, ändert nichts an den Tatsachen. Ali Salameh war zwar nicht an Ort und Stelle, als der Anschlag in München verübt wurde, er war aber in der maßgeblichsten Weise in die Planung der furchtbaren Morde, in die Rekrutierung der Täter und auch in die Durchführung dieses schockierenden Mordes involviert.«[13]

Jedenfalls stand Salameh auf der Abschussliste. »Ali Hassan Salameh war das Ziel Nummer eins«, so Harari. »Wir haben ihn lange gejagt.« Der Mossad hatte allerdings nur *ein* aktuelles Foto von ihm, und mit dem versuchte man ihn vergeblich aufzuspüren. Informationen über seinen Aufenthaltsort führten dazu, dass Kidon-Agenten sich nach Hamburg, Berlin, Rom, Paris, Stockholm und in andere europäische Städte begaben. Aber jedes Mal schien er ihnen um Haaresbreite entkommen zu sein.[14]

Der Durchbruch gelang Mitte Juli 1973, nachdem ein Algerier namens Kemal Benamene, der für die Fatah arbeitete und Verbindungen zum Schwarzen September hatte, seine Genfer Wohnung verließ, um nach Kopenhagen zu fliegen und dort auf Salameh zu warten. Der Mossad hatte Grund zu der Annahme, dass Benamene gemeinsam mit Salameh einen Anschlag plante, und ließ ihn verfolgen. Wenn sie ihn nicht aus den Augen ließen, dachten die Israelis, dann würden sie Salameh erwischen und töten können.

Die Männer der Caesarea, die Benamene folgten, sahen, dass er den Kopenhagener Flughafen nicht verließ, sondern sich direkt in die Transitzone begab, wo er eine Maschine nach Oslo bestieg. Von dort fuhr er mit dem Zug nach Lillehammer. Die Mossad-Agenten waren ihm die ganze Zeit auf den Fersen, und Harari und Romi kamen zu dem Schluss, dass Benamene sich mit ihrer Zielperson in der verschlafenen norwegischen Stadt treffen würde.[15]

Unverzüglich bildete Harari eine Taskforce, indem er Leute von zwei Kidon-Teams, die anderswo in Europa an Missionen beteiligt waren, herbeibeorderte. Das aus zwölf Männern und Frauen zusammengesetzte Team wurde von Nechemia Meiri geführt und bestand aus geschulten Attentätern und anderen Agenten sowie Caesarea-Leuten, die Norwegisch konnten und für den Job verfügbar waren.[16] Ein Mitglied des Teams war Sylvia Rafael, die Agentin, die die arabische Welt als vermeintlich gegen Israel eingestellte kanadische Fotojournalistin namens Patricia Roxburgh bereiste und viele wertvolle Informationen über die Armeen der Region sammelte.

Andere Mitglieder des Kommandos waren Abraham Gehmer, der Rafaels Schulungsoffizier gewesen war, Dan Arbel, ein dänisch-israelischer Geschäftsmann, der sich gelegentlich an Mossad-Operationen in arabischen Ländern beteiligte, indem er bei der Logistik half und Autos und Wohnungen mietete, und Marianne Gladnikoff, eine Immigrantin aus Schweden und ehemalige Schin-Bet-Angestellte, die sich dem Mossad gerade erst angeschlossen hatte, aber die skandinavischen Sprachen fließend sprach.

Was als Nächstes geschah, ist umstritten. Einer Version – der wahrscheinlich genauesten – zufolge verlor das mit Benamenes Observation beauftragte Caesarea-Team seine Spur in Lillehammer. Daraufhin bedienten sich die Agenten der Methode des »Auskämmens«, einer Technik, an deren Entwicklung Meiri in den 1950er-Jahren beteiligt gewesen war, als er nach KGB-Agenten in Israel suchte, und mit deren Hilfe das Suchteam den Aufenthaltsort der Zielperson selbst in großen städtischen Räumen rasch ermitteln konnte. Nachdem sie einen Tag lang gesucht hatten, fokussierten sie sich auf einen Mann, der mit einer Gruppe von Arabern in einem Café im Zentrum der Stadt saß. Sie meinten, er sehe genau aus wie der Mann auf dem Foto von Salameh, das sie bei sich trugen; »er glich ihm wie ein Bruder dem anderen«, sagte General Aharon Jariv, ehemals Chef des AMAN und später Berater von Ministerpräsidentin Meir in Sachen Terrorabwehr, in einem Interview.[17]

Einer anderen Version zufolge saß der angeblich als Salameh identifizierte Mann nicht mit unbekannten Arabern im Café, sondern er wurde bei einem Treffen mit bekannten Fatah-Aktivisten gesichtet. Nach dieser Version sahen die Israelis also, dass der Verdächtige mit anderen bekannten Terroristen verkehrte, und hatten damit neben dem Foto ein weiteres Indiz, dass er höchstwahrscheinlich der Mann war, den sie suchten.

Wie auch immer, dem Mossad-Hauptquartier in der Shaul Hamelech Street in Tel Aviv wurde gemeldet, dass Salameh positiv identifiziert worden sei. Als Harari mit Zvi Zamir, dem Direktor, telefonieren wollte, wurde ihm gesagt, dass das nicht möglich sei, weil Zamir nach Lillehammer abgereist sei, um an Ort und Stelle zu sein, wenn der Schlag ausgeführt würde. Harari wies sein Team an, mit der Observation fortzufahren.

Doch rasch wurde klar, dass der Mann, den sie für Salameh hielten, ein beschauliches Leben führte. Er hatte eine hochschwangere blonde norwegische Freundin. Er ging ins Kino und in ein Hallenbad in der Stadt. Er bewegte sich weder mit der Sprunghaftigkeit noch mit der Vorsicht eines Mannes, der befürchten musste, dass der Mossad hinter ihm her war. Marianne Gladnikoff kaufte sich einen Badeanzug und ging in das Bad, um die Zielperson zu beobachten. Was sie sah, ließ sie daran zweifeln, dass dieser Mann wirklich der meistgesuchte palästinensische Terrorist war.

Damit war sie nicht allein. Doch als sie und andere ihre Zweifel Harari gegenüber zum Ausdruck brachten, der sie mit dem schon in Oslo, auf dem Weg nach Lillehammer, befindlichen Zamir erörterte, erhielten sie eine Abfuhr. »Wir sagten ihnen, dass wir glaubten, dass das nicht unser Mann sei«, berichtete ein Agent mit dem Spitznamen »Schaul«. »Doch Mike und Zvika [Zamir] sagten, das sei egal. ›Wenn es nicht Salameh ist, dann ist es ein anderer Araber, der eindeutig Verbindungen zu Terroristen hat. Wenn wir also nicht Salameh töten, dann töten wir schlimmstenfalls einen weniger wichtigen Terroristen, der aber eben auch ein Terrorist ist.‹«[18]

Harari hatte seine eigene Meinung: »Sieben Agenten haben den Mann, den wir auf der Straße gesehen haben, positiv als den Mann auf dem Foto identifiziert, und nur eine Minderheit glaubt, dass er es nicht war. Man muss sich entscheiden, und man schließt sich der Mehrheit an. Es ist leicht zu sagen: ›Nicht abdrücken!‹, aber das würde bedeuten, nichts zu tun.«[19]

Die Zielperson wurde weiter observiert. Am Samstag, dem 21. Juli, befahl Zamir, der den Zug nach Lillehammer verpasst hatte, Harari telefonisch, zur Tat zu schreiten. Am Abend dieses Tages verließen der Mann und seine Freundin ihre Wohnung und fuhren mit dem Bus zu einem Kino. Das Kidon-Team, teils motorisiert, teils zu Fuß, ließ sie nicht aus den Augen. Gegen 22.30 Uhr verließ das Paar das Kino und fuhr mit dem Bus nach Hause. Als die beiden den Bus verlassen hatten, stoppte ein grauer Volvo in der Nähe, und Schaul und J., ein anderer Agent, stiegen aus. Sie zogen Berettas mit Schalldämpfern und schossen achtmal auf den Mann, bevor sie zu ihrem Wagen zurückliefen und davonfuhren. Die Frau, die nicht getroffen worden war, blieb zurück; sie kniete bei dem Opfer, hielt seinen blutigen Kopf in den Händen und schrie.

Die Killer fuhren zu einem verabredeten Treffpunkt, wo einige der anderen Mitglieder des Teams und Mike Harari warteten. Schaul berichtete, der Job sei ein Erfolg gewesen, fügte aber hinzu, sie hätten eine Frau, die den Mord mitangesehen habe, das Kennzeichen des Volvo aufschreiben sehen, als sie davonfuhren.

Harari befahl Arbel, dem für die Logistik zuständigen Mann, den Wagen in einer Seitenstraße zu parken und die Schlüssel in einen Gully zu werfen. Danach sollten Arbel und Gladnikoff mit dem Zug nach Oslo fahren, um von dort aus nach London und anschließend nach Israel zu fliegen. Die anderen Agenten sollten einige Stunden in ihren angemieteten Wohnungen warten und dann ebenfalls außer Landes fliegen. Derweil würden Harari und die beiden Attentäter nach Oslo fahren und dort eine Fähre nach Kopenhagen besteigen.[20]

Schaul und J. verließen Dänemark in verschiedenen Maschinen. Harari, selbstbewusst und erfolgstrunken, bestieg ein Flugzeug nach Amsterdam. Mit Salamehs Beseitigung, dachte er, hatte er die letzte Sprosse auf der Leiter seines Aufstiegs zum Direktorposten des Mossad erreicht und brauchte nur darauf zu warten, dass Zamirs Amtszeit zu Ende ging. Erst als er in Amsterdam im Fernsehen die Nachrichten sah, begriff er, dass es zu einer Katastrophe gekommen war.[21]

Der Mann, den die Israelis in Lillehammer getötet hatten, war nicht Ali Hassan Salameh, sondern Ahmed Bouchiki gewesen, ein Marokkaner, der als Kellner und als Reinigungskraft in dem Hallenbad arbeitete. Er war mit einer Frau namens Torill verheiratet, die im siebten Monat schwanger war.[22] Sie hat geschildert, was sich ereignet hatte:

> Plötzlich stürzte mein Mann zu Boden. Ich begriff nicht gleich, was geschehen war, aber dann sah ich diese beiden Männer. Sie standen drei, vier Meter von uns entfernt. Einer der beiden war der Fahrer des Wagens, der andere sein Beifahrer. Sie standen neben dem Wagen, jeder auf einer Seite, und schossen mit Pistolen. Ich ließ mich flach auf den Boden fallen, sicher, sie würden auch mich töten wollen und ich würde im nächsten Augenblick sterben. Aber dann hörte ich die Wagentüren schlagen, und der Wagen fuhr davon. Mein Mann schrie nicht. ... Ich sprang auf, rannte, so schnell ich konnte, zum nächsten Haus und bat die Bewohner, die Polizei und einen Krankenwagen zu rufen. Als ich wieder bei meinem Mann war, standen schon Leute um ihn herum und versuchten, ihm zu helfen. Ein Krankenwagen kam, und ich fuhr mit meinem Mann ins Krankenhaus, wo man mir sagte, dass er tot sei.[23]

Zamir versuchte, das Desaster herunterzuspielen: »Niemand von uns hat es in der Hand, nur richtige Entscheidungen zu treffen. Eine falsche Identifizierung ist kein Versagen, sondern ein Fehler.« Und er machte das Verhalten des Opfers mitverantwortlich: »Er verhielt sich in einer Weise, die unseren Leuten, die ihm folgten, verdächtig vorkam. Er war viel unterwegs; warum auch immer. Vielleicht hat er mit Drogen gehandelt.«[24]

Meiri war bei dem Mord nicht dabei gewesen, weil er sich am Vortag einen Bänderriss zugezogen hatte und von Harari nach Israel zurückgeschickt worden war. Nach seiner Version der Ereignisse war Bouchiki bei einem Treffen mit dem bekannten Fatah-Agenten Kemal Benamene gesehen worden. Er bestand darauf, dass die Operation aus diesem Grund trotz allem ein Erfolg gewesen sei. »Es macht mich wütend, dass man sie für einen Fehlschlag hält«, sagte er. »Ist es nicht egal, ob ich den Erzmörder töte oder seinen Stellvertreter?«

Es gibt aber keinen substanziellen Beweis dafür, dass Bouchiki irgendjemandes Stellvertreter war. In Wahrheit hatte er mit Terrorismus überhaupt nichts zu tun, und die Lillehammer-Affäre war nichts anderes als der kaltblütige Mord an einem unschuldigen Bademeister.

Schaul zufolge war das aber erst der Anfang der Probleme, die die Einsatzgruppe Kidon bekam. Dan Arbel hatte nämlich, während er darauf wartete, dass es zur Sache ging, für ein Haus, das er in Israel baute, einen Wasserhahn und einige andere Dinge gekauft. Er hatte sie in den Kofferraum des grauen Volvo gelegt, den er später auf Hararis Anordnung hin in einer Seitenstraße zurücklassen sollte, weil eine Augenzeugin sich das Kennzeichen notiert hatte. Aber Arbel wollte seine Einkäufe wegen ihres großen Gewichts nicht tragen und fuhr den Volvo daher zusammen mit Gladnikoff zum Osloer Flughafen.[25]

Bei der Leihwagenrückgabe am Flughafen wartete die Polizei. Während des Verhörs brach Arbel, der unter Klaustrophobie litt, ziemlich schnell zusammen.[26] »Wir haben erst nach der Operation in Arbels Akte [von] seiner Angst vor geschlossenen Räumen erfahren und davor, gefangen und verhört zu werden«, sagte Schaul. »Da hat sich die Caesarea sehr unprofessionell verhalten. Ein Mann schreibt ehrlich über sich selbst, und niemand liest es. Hätten sie es gelesen, wäre Arbel sofort aus dem operativen Dienst entlassen worden.«[27]

Arbel sagte der Polizei, wo Abraham Gehmer und Sylvia Rafael zu finden waren, und die Suche nach deren Unterschlupf führte zur Gefangennahme zweier weiterer Agenten. Den Norwegern war längst klar, dass sie es mit einer gezielten Tötung zu tun hatten und dass der Mossad dahintersteckte. Dokumente, die bei den Inhaftierten gefunden wurden (und die diese nach dem Lesen hätten vernichten sollen), führten in ganz Europa zur Entdeckung von geheimen Unterschlupfen, Kollaborateuren, Kommunikationskanälen und operativen Methoden. Die Informationen halfen auch den italienischen und französischen Sicherheitsbehörden bei ihren Ermittlungen zu gezielten Tötungen, die in ihren Ländern verübt worden waren.[28]

Den sechs Inhaftierten wurde der Prozess gemacht, was auf der ganzen Welt für Schlagzeilen und in Israel für größtes Unbehagen sorgte. Besonders peinlich war, dass Arbel *alles* verraten hatte, sogar die Telefonnummer des Mossad-Hauptquartiers in Tel Aviv. Israel hat nie zugegeben, für die Tötung Bouchikis verantwortlich zu sein, der Staat hat den Gefangenen aber Verteidiger besorgt und sie auf andere Weise unterstützt.[29] Das Gericht kam zu dem Ergebnis, dass der Mossad hinter dem Mord stand. Fünf der sechs Angeklagten wurden für schuldig befunden und zu Haftstrafen von einem bis zu fünfeinhalb Jahren verurteilt, aber aufgrund einer geheimen Vereinbarung zwischen den Regierungen Israels und Norwegens nach kurzer Zeit entlassen. In Israel wurden sie bei ihrer Heimkehr als Helden gefeiert.[30]

Harari und Zamir behielten ihre Jobs, doch dürfte Harari die verpatzte Operation die Erfüllung seines Traumes gekostet haben, Chef des Mossad zu werden. »Lillehammer war ein Fehlschlag auf der ganzen Linie, angefangen von denen, die die Zielperson beschatteten, bis zu den Schützen, vom Mossad bis zum Staat Israel«, so der Caesarea-Veteran Moti Kfir. »Es war ein Wunder, dass gerade die, die wirklich für das Geschehene verantwortlich waren, ohne Konsequenzen davonkamen.«[31]

Dieses Wunder war Golda Meir, der größte Fan des Mossad. Harari hat behauptet, er und Zamir hätten sich zu ihrer Verantwortung für das Debakel bekannt: »Wir haben Golda unseren sofortigen Rücktritt angeboten. Sie aber wollte davon nichts hören. Sie sagte, es gebe wichtige Dinge zu tun, wir würden gebraucht und müssten bleiben.« In den Wochen danach wurde Harari, während er versuchte, seine Leute aus dem Gefängnis zu bekommen, von der Ministerpräsidentin in ihre bescheidene Wohnung im Norden Tel Avivs eingeladen: »Sie kochte mir Tee in ihrer Küche und gab sich große Mühe, mich aufzumuntern.«[32]

Der Fehlschlag von Lillehammer führte bei der Caesarea jedoch zu einer viel vorsichtigeren Strategie. Am 4. September war Harari mit einer weitreichenden Operation von Caesarea und Keschet in Rom betraut, bei der es um das Aufspüren eines Kommandos des Schwarzen September ging, das von Amin al-Hindi geleitet wurde, einer anderen Figur auf der Liste jener elf Personen, die Israel aufgrund ihrer Beteiligung an dem Münchner Massaker töten wollte. Dieses Kommando agierte im Auftrag des libyschen Herrschers Muammar al-Gaddafi, der es mit sechs von der Schulter abzufeuernden Flugabwehrraketen vom Typ SA-7 Strela ausgerüstet hatte, mit denen es eine El-Al-Maschine direkt nach dem

Start vom Flughafen Fiumicino abschießen wollte.[33] Harari und sein Team folgten den Terroristen, als sie die Raketen zu einer Wohnung in Ostia, einem, so Harari, »nur einen Steinwurf von der Startbahn entfernten« Vorort von Rom, brachten, um sie dort vom Dach des Hauses abzufeuern.[34]

Später saßen Harari und Zamir auf einem Spielplatz in der Nähe, mitten unter spielenden Kindern und ihren Müttern, auf dem Rasen und debattierten mit Meiri, der sie anflehte: »Lasst mich reingehen. Ich mache sie alle in einer Minute fertig und stelle die Raketen sicher.«

Aber nach dem Lillehammer-Fiasko war Zamir vorsichtig. Meiris lautstarke Einwände wies er zurück: »Diesmal nicht, Nechemia. Wir informieren den italienischen Geheimdienst. Soll der sich um die Sache kümmern.«

»Und was haben wir davon?«, fragte Meiri. »Die Araber werden eine italienische Maschine entführen oder das Land auf andere Weise bedrohen, sodass die Burschen freikommen.«

»Wenn eine El-Al-Maschine in unmittelbarer Gefahr wäre, würden wir nicht nur die Wohnung, sondern das ganze Haus in die Luft jagen, aber es sind noch viele Stunden bis zu dem Zeitpunkt, an dem sie die Raketen abfeuern wollen«, antwortete Harari. »Im Übrigen, als wir Hamshari getötet haben, da wussten wir, dass die Bombe nur die Lampe, den Schreibtisch und seinen Kopf treffen würde. Aber hier? Wie kann ich dir grünes Licht für ein Feuergefecht in einem sechsstöckigen Gebäude geben, wenn ich nicht weiß, wer die Nachbarn sind und wer wahrscheinlich in Mitleidenschaft gezogen würde? Vielleicht wohnt der italienische Premierminister gegenüber! Oder seine Großmutter!«

Meiri war nicht überzeugt. Und sein Zorn wurde noch größer, als Zamir ihm, der hervorragend Italienisch sprach, befahl, als Vertreter des Mossad der italienischen Polizei die Wohnung zu zeigen. »Wenn sie mich sehen, bin ich verbrannt und kann nie wieder an einer Operation teilnehmen«, beklagte sich Meiri.

»Keine Sorge, Nechemia«, versuchte Harari ihn zu besänftigen. »Es gibt hervorragende Schönheitschirurgen in Israel. Wir verschaffen dir ein neues Gesicht, eines, das noch schöner ist als dein jetziges. Geh und zeig ihnen, wo die Wohnung ist.«[35]

Die Italiener inhaftierten alle Mitglieder von al-Hindis Kommando, ließen sie aber, genau wie Meiri vorhergesagt hatte, nach drei Monaten wieder frei: Gaddafi hatte Druck gemacht.[36]

Die Einsatzgruppe Kidon wurde aufgrund des Lillehammer-Desasters schließlich aufgelöst. Der gefälschte italienische Pass, den Meiri für die Operation benutzt hatte, flog bei den Ermittlungen der norwegischen Polizei auf, und Meiris Auslandsreisen wurden stark eingeschränkt. Kurz darauf verließ er den Mossad.

12 Hybris

Trotz des Lillehammer-Debakels blieb die allgemeine Stimmung im Verteidigungsapparat euphorisch; nach der Operation »Frühling der Jugend« hatte sich nicht nur im Mossad, sondern in der gesamten israelischen Führung ein lange nicht da gewesenes Selbstvertrauen breitgemacht.[1]

Zwei Tage nach der Operation bestieg Verteidigungsminister Mosche Dajan den Gipfel der Bergfestung Masada. Hier hatten jüdische Fanatiker, die gegen das Römische Reich rebellierten, der Nation ihren größten Heldenmythos beschert, indem sie sich und ihre Familien lieber töteten, als in Gefangenschaft zu geraten. Dajan erklärte: »Wir werden ein neues Israel errichten, mit Grenzen, die mehr Land einschließen als die von 1948. ... Diese Tage sind mit Bedingungen gesegnet, wie unsere Nation sie in der Vergangenheit vielleicht nie erlebt hat.«[2] Und David Elazar, der Generalstabschef der Armee, prahlte in einem Brief an Zamir, »das Prestige der Israelischen Verteidigungsstreitkräfte« habe nach »Frühling der Jugend« »neue Höhen erklommen, und ihr Ruhm [sei] gewachsen«. Golda Meir schließlich schrieb am 15. April 1973: »Vielleicht kommt der Tag, an dem in Israel die Geschichten vom Heldentum und von der Findigkeit, vom Opfer und von der Hingabe dieser Krieger erzählt werden, und vielleicht werden Generationen sie denen, die nach ihnen kommen, voller Bewunderung und Stolz als weiteres Kapitel im heroischen Vermächtnis unserer Nation erzählen.«[3]

Selbstvertrauen kann jedoch leicht in Selbstherrlichkeit ausarten – eine Falle, für die in der Geschichte Israels nicht nur die Namen Caesarea und Lillehammer stehen. 40 Jahre nach dem Beiruter Kommandounternehmen behauptete Ehud Barak, der damalige Anführer des Kommandos und spätere Generalstabschef, Ministerpräsident und Verteidigungsminister, diese Hybris habe katastrophale Folgen für die ganze Nation gehabt:

»Im Rückblick scheint mir, dass die Führer des Landes nach unserer Rückkehr aus Beirut die falschen Schlüsse aus dem Erfolg der Operation gezogen haben. Das Gelingen erfüllte sie mit einem Selbstvertrauen, das kein Fundament hatte. Man kann nicht von einem mit chirurgischer Präzision durchgeführten Kommandounternehmen auf die Fähigkeiten der ganzen Armee schließen, so als wäre nichts unmöglich für sie, als wären wir allmächtig.

Sie – die Ministerpräsidentin, der Verteidigungsminister und alle anderen – hatten gesehen, dass wir, die Sajeret und der Mossad, den Befehl erhielten und ihn innerhalb weniger Wochen ausführten, und zwar gut. Das gab ihnen das Gefühl, dass das ganze Militär so fähig sei. Aber unsere Erfolge, sowohl im Sechstagekrieg als auch in den Operationen danach, beruhten auf präziser Planung und optimalem Gebrauch des Überraschungseffekts: Wir haben die Initiative ergriffen; wir haben die Zeitpläne erstellt und bestimmt, was am Ende stehen sollte.

Aber mit unserem neuen Gefühl von Sicherheit schlich sich Selbstgefälligkeit ein. Wir glaubten nicht, dass sie uns ebenfalls überraschen und uns genauso schwer treffen könnten.«[4]

Unerschütterliches Vertrauen in die Streitkräfte und die Überzeugung, die drei Zweige des Verteidigungsapparats – die Armee, der Schin Bet und der Mossad – könnten Israel vor jeglicher Bedrohung schützen, ließen in der Führung des Landes zudem das Gefühl entstehen, dass es keine dringende Notwendigkeit gebe, einen diplomatischen Kompromiss mit den Arabern zu erreichen. Außerhalb Israels war man anderer Meinung.

1972 startete der Nationale Sicherheitsberater der Vereinigten Staaten Henry Kissinger eine geheime diplomatische Initiative, die ein Friedensabkommen oder zumindest ein Gewaltverzichtsabkommen zwischen Israel und Ägypten zum Ziel hatte. Kissinger hatte erkannt, dass Ägypten, solange Israel an den 1967 eroberten ägyptischen Gebieten festhielt, alles in seiner Macht Stehende tun würde, um sie zurückzuerobern, und dass der nächste Flächenbrand im Nahen Osten nur eine Frage der Zeit war.

Höhepunkt der Initiative war ein dramatisches Treffen zwischen Kissinger und einem ägyptischen Emissär, das am 25. und 26. Februar 1973 in einer konspirativen Wohnung der CIA in Armonk, New York, stattfand. Der Emissär erklärte, dass Ägypten bereit sei, einen Friedensvertrag mit

Israel zu unterzeichnen, dessen Bestimmungen – Anerkennung von Ägyptens Anspruch auf die Sinai-Halbinsel durch Israel, aber Verbleib der Israelischen Streitkräfte dort bis zu deren späterem vollständigen Rückzug im Austausch gegen die Aufnahme diplomatischer Beziehungen zwischen den beiden Ländern – für Israel beispiellos vorteilhaft waren. Ägyptens Präsident Anwar as-Sadat warnte aber auch, er würde Krieg führen, wenn Israel sein Angebot nicht bis September angenommen habe.[5]

Meir lehnte ab. »Wir verzichten«, sagte sie Kissinger.

Dajan war derselben Meinung: »Ich ziehe Scharm el-Scheich ohne Frieden einem Frieden ohne Scharm el-Scheich vor.«[6]

Zu diesem Zeitpunkt waren Ägypten und Syrien schon fieberhaft dabei, ihre Streitkräfte für den Krieg vorzubereiten: massive Truppenbewegungen an die Frontlinien und wieder zurück, Übungen der Luftwaffen in Verbindung mit den modernen Boden-Luft-Raketensystemen, die die Sowjets ihnen geliefert hatten, Schulung von Kommandotruppen im Abfeuern von Sagger-Panzerabwehrraketen und große Manöver zur Vorbereitung der Überquerung des Suezkanals in großer Truppenstärke. All das waren offenkundige Kriegsvorbereitungen, aber da keine Geheimdiensterkenntnisse das Faktum ausdrücklich bestätigten, tat der israelische Verteidigungsapparat sie als bloße Kriegsspiele ab.

Elazar war überzeugt, dass der Mossad und der AMAN Israel mindestens 48 Stunden vor Ausbruch eines Krieges warnen würden – genug Zeit, um die Reservisten zu mobilisieren. Jedenfalls waren er und seine Gefolgsleute nicht sehr beunruhigt, weil sie darauf vertrauten, dass die Araber Israel fürchteten und nicht wagen würden, einen Krieg zu beginnen. Falls doch, waren die Israelis sicher, dass sie ihnen in kurzer Zeit »die Knochen brechen« würden.[7]

Sie täuschten sich.

Am 6. Oktober um 14 Uhr starteten die ägyptische und die syrische Armee massive konzertierte Überraschungsangriffe auf Israel. Der 6. Oktober war Jom Kippur, der jüdische Tag der Sühne, an dem die Israelis, selbst die nichtreligiösen, fasten und in die Synagoge gehen oder zu Hause bleiben, sodass die Frontlinien nur spärlich mit Soldaten besetzt waren. Die Ägypter warfen 2200 Panzer, 2900 gepanzerte Truppentransporter, 2400 Geschütze, große Mengen an Flug- und Panzerabwehrwaffen sowie Hunderttausende Infanteristen und Angehörige von Kommandotrupps vor allem über den Suezkanal in die Schlacht. Auf den Golanhöhen drangen die Syrer mit 60000 Soldaten, 1400 Panzern und 800 Kanonen auf israelisches Gebiet vor. Beide Länder mobilisierten auch den größten Teil ihrer Luft- und Seestreitkräfte. Die israelischen Einheiten, die sich den Angreifern gegenübersahen, bestanden aus ein paar Hundert Mann, zumeist Reservisten, die an den Grenzen belassen worden waren, damit die regulären Streitkräfte den Feiertag zu Hause verbringen konnten.[8]

In den ersten Tagen errangen die arabischen Armeen bemerkenswerte Siege über die Israelis, die nicht nur überrascht worden waren, sondern auch die Taktiken der Angreifer falsch interpretierten. Die Ägypter errichteten einen beachtlichen Brückenkopf auf der Sinai-Seite des Kanals, während die Syrer weit auf die Golanhöhen vordrangen und ins Jordantal und nach Galiläa hinunterzurauschen drohten.

Doch unter großen Anstrengungen und schweren Opfern gelang es den Israelis, die Invasionen zu stoppen, und nach 19-tägigen Gegenangriffen wendete sich das Blatt. Die Ägypter verloren fast ihren gesamten Brückenkopf, worauf israelische Einheiten den Kanal überquerten, die feindlichen Truppen westlich der Wasserstraße einkesselten und Richtung Kairo vorrückten, bis zu einem nur 100 Kilometer von der ägyptischen Hauptstadt entfernten Punkt. Die Syrer wurden vom Golan vertrieben; die israelischen Truppen stoppten ihren Vormarsch erst in Artilleriereichweite von Damaskus.

Der Sieg forderte aber einen hohen Preis. Mehr als 2300 israelische Soldaten starben im Jom-Kippur-Krieg, einem Krieg, den man durch Verhandlungen hätte vermeiden oder auf den man dank adäquater geheimdienstlicher Früherkennung hätte vorbereitet sein können.

Durch die israelische Gesellschaft schwappte eine Welle des Protests, die zur Einrichtung einer Untersuchungskommission und zu den erzwungenen Rücktritten von Generalstabschef Elazar, AMAN-Chef Zeira und anderen hohen Offizieren führte. Der Krieg vernichtete – zumindest vorübergehend – das Gefühl von militärischer und geheimdienstlicher Überlegenheit, das die Israelis gehabt hatten, und damit auch ihr Gefühl von Sicherheit. Obwohl die Kommission weder Meir noch Dajan für die Versäumnisse explizit verantwortlich machte, bot die Ministerpräsidentin aufgrund des starken öffentlichen Drucks am 11. April ihren Rücktritt an.

Einen Monat später, am Morgen des 13. Mai 1974, schlichen sich drei Mitglieder der Demokratischen Front zur Befreiung Palästinas (DFLP), einer (mit der Volksfront zur Befreiung Palästinas PFLP nicht identischen) Splittergruppe der PLO, gegen 4.30 Uhr über die libanesische Grenze auf israelisches Staatsgebiet und versteckten sich bis zum Anbruch der folgenden Nacht in einer Höhle.[9] Eine Patrouille der israelischen Grenzpolizei entdeckte ihre Fußabdrücke, konnte sie aber nicht weiterverfolgen. Am späten Abend machten sich die drei im Schutz der Dunkelheit auf den Weg nach Maalot, eine etwa zehn Kilometer von der Grenze entfernte, zum größten Teil von neuen Einwanderern bewohnte Stadt. Unterwegs griffen sie aus dem Hinterhalt einen Wagen an, in dem Frauen von der Arbeit nach Hause fuhren; sie töteten eine und verwundeten eine andere. Soldaten der israelischen Armee, die zum Tatort gerufen worden waren, konnten die Terroristen nicht fassen.

Um 3.30 Uhr kamen die drei zu einem Haus am Stadtrand. Zwei von ihnen, die aus Haifa stammten und Hebräisch sprachen, sagten den Bewohnern, sie seien Polizisten auf der Suche nach Terroristen. Als sich die Tür öffnete, drangen sie ins Haus ein und ermordeten Josef und Fortuna Cohen sowie ihren vier Jahre alten Sohn Mosche und verwundeten ihre Tochter Bibi. Den 16 Monate alten taubstummen Jitzchak, der keinen Mucks von sich gab, bemerkten sie nicht. Als sie das Haus verließen, stießen sie auf Jakow Kadosch, einen Angestellten der Kommunalverwaltung, und baten ihn, ihnen den Weg zur Schule zu beschreiben. Das tat er, worauf sie ihn ebenfalls töteten.

An der Netiw-Meir-Schule angekommen, wollten die drei sich eigentlich bis zum Eintreffen der Kinder hinlegen, mussten aber zu ihrer Überraschung feststellen, dass 85 Jugendliche im Alter von 15 bis 17 Jahren und zehn Erwachsene in der Schule schliefen (die Jugendlichen besuchten eine religiöse Schule in Safed und befanden sich auf einem zweitägigen Ausflug in die Region um Maalot). Die Terroristen nahmen sie als Geiseln und riefen, als Sicherheitskräfte den Schauplatz erreichten, sie würden alle töten, wenn die Israelis bis 6 Uhr nicht 20 ihrer Genossen aus dem Gefängnis entlassen hätten.

Die normalerweise aggressive Golda Meir, die noch keinen Nachfolger im Amt des Ministerpräsidenten hatte, war bereit, die Forderungen der Terroristen zu erfüllen. Nach dem Schock des Jom-Kippur-Krieges, den Ermittlungen der Untersuchungskommission und den wütenden Protestdemonstrationen gegen sie wollte Meir nicht mit ihrer letzten Handlung als Ministerpräsidentin das Leben von Jugendlichen gefährden. Die Mehrheit des Kabinetts billigte ihre Empfehlung. Nur Verteidigungsminister Dajan, der ebenfalls auf Abruf stand, war anderer Meinung. Die negativen Folgen des Jom-Kippur-Krieges hatten bei ihm den gegenteiligen Effekt gehabt: Nachdem Tausende Demonstranten in Tel Aviv seinen Rücktritt gefordert hatten, sah Dajan seine politische Karriere kurz vor einem demütigenden Ende und wollte Entschlossenheit und Autorität ausstrahlen. »Mit Terroristen kann man nur so fertigwerden, dass man ihnen nicht gibt, was sie wollen, und sie nicht lebend davonkommen lässt. Wir müssen sie töten«, drängte er die Ministerpräsidentin. Schließlich erklärte Meir sich einverstanden. Um 5.15 Uhr erhielt die Sajeret Matkal den Befehl, die Schule zu stürmen.[10]

Doch diesmal erwies sie sich als ihrer Aufgabe nicht gewachsen. Der Scharfschütze, der den ersten Schuss abgab, verwundete sein Ziel nur leicht, und ein von Amiram Lewin befehligtes Kommando drang auf dem falschen Flur in den falschen Raum ein. Die Terroristen reagierten auf den Angriff, indem sie in den Klassenraum, wo sie die Geiseln festhielten, feuerten und Granaten warfen. Da die Geiseln streng religiös waren, saßen die Geschlechter getrennt – die Jungen an den Wänden, die Mädchen in der Mitte –, und die Mädchen bekamen das meiste ab. In den 30 Sekunden, die die Sajeret brauchte, um an die Terroristen heranzukommen und sie zu töten, wurden 22 Jugendliche – davon 18 Mädchen –, vier erwachsene Geiseln und ein Soldat getötet. 68 Personen, darunter alle überlebenden Geiseln, wurden verwundet.[11]

Es war ein trostloses Ende der politischen Karriere von Golda Meir. Am 3. Juni 1974 wurde sie durch Jitzchak Rabin ersetzt, den Generalstabschef im Sechstagekrieg und ehemaligen Botschafter in den Vereinigten Staaten. Rabin war 52 und damit der bis dahin Jüngste im Amt des Ministerpräsidenten, außerdem der erste in Israel geborene Sabra in dieser Position. Er und Meir unterschieden sich auch insofern vollkommen, als sie den Empfehlungen ihrer militärischen und geheimdienstlichen Berater fast immer uneingeschränkt gefolgt war, während er sich in die kleinsten Details der militärischen und Antiterroroperationen einschaltete.

Und es sollten viele solcher Operationen kommen.

Der Anschlag von Maalot war der Beginn einer neuen Runde des Terrors, ein weiterer Widerhall der Operation »Frühling der Jugend«.

Die PLO hatte nach dem Tod ihrer drei Führer in Beirut eine Reihe von organisatorischen und strukturellen Veränderungen vorgenommen, und der Mossad hatte geglaubt, die Operation habe abschreckend gewirkt. »Sie hat ihnen große Angst eingeflößt«, sagte Shimshon Issaki.[12]

»Sie mussten sich verstecken und Reißaus nehmen«, fügte Harari hinzu. »Wir haben es geschafft, sie aufzuscheuchen. Arafat hat nicht von ungefähr keine zwei Nächte hintereinander im selben Bett geschlafen.«[13]

Andererseits hatte »Frühling der Jugend« auch Abu Dschihad gestärkt, denn Israel hatte die meisten seiner internen Rivalen aus dem Weg geräumt. Nach »Frühling der Jugend« beschlossen Arafat und Abu Dschihad, die Aktivitäten des Schwarzen September und die Anschläge auf Ziele außerhalb Israels und der besetzten Gebiete zu beenden. Nach Ansicht einiger Journalisten und Historiker, darunter prominente Palästinenser, handelten die beiden so, weil sie erkannten, dass Terrorakte gegen Israelis oder Juden in westlichen Ländern der palästinensischen Sache mehr schadeten als nutzten. Was sie zweifellos erkannten, war, dass sie mit Terrorakten in Europa Israels gezielte Tötungen ihrer (der Palästinenser) eigenen Leute auf diesem Kontinent legitimierten – ein sehr hoher Preis für jeden terroristischen Anschlag.[14]

Andere weisen darauf hin, dass die PLO 1974 zu internationalem Ansehen kam, als Arafat eingeladen wurde, vor der UNO-Vollversammlung zu sprechen. Die Wahrheit liegt wahrscheinlich irgendwo dazwischen.

Wie auch immer, als Vorsitzender des Obersten Militärrates der PLO ordnete Abu Dschihad an, dass sich alle Terroranschläge gegen Ziele innerhalb des »besetzten Vaterlands« richten sollten. In der Folge drangen die Kämpfer über europäische Häfen und Flughäfen in das Land ein, sie kamen über die jordanische Grenze, oder sie starteten Kommandounternehmen vom Libanon aus, wie die drei Terroristen, die den Anschlag in Maalot verübten.

Der von der Demokratischen Front zur Befreiung Palästinas orchestrierte Anschlag in Maalot entsprach der Strategie Abu Dschihads. Kein Anschlag der Palästinenser nach München und keiner, der die Grenze zu israelischem Territorium überschritt, hatte so viele Todesopfer gefordert. Aber er war nicht der letzte, sondern nur ein Hinweis darauf, was noch kommen sollte.

Am 5. März 1975 drangen gegen 23 Uhr acht Männer Abu Dschihads auf einem Schiff, das als ägyptisches Handelsschiff getarnt war, in israelische Gewässer ein. Im Dunkel einer Neumondnacht kletterten die Terroristen in ein Schlauchboot und fuhren damit an einen Strand von Tel Aviv. Dort gelandet, gingen sie durch den Sand zur Herbert Samuel Esplanade und belegten die Straße mit Dauerfeuer.

Ihr Schiff sollte ägyptisch aussehen, weil die Terroristen einen bevorstehenden Besuch von Außenminister Henry Kissinger in der Region sabotieren wollten, der seine Versuche, Frieden zwischen Israel und Ägypten zu stiften, nicht aufgegeben hatte.

Die Terroristen besetzten das Savoy Hotel, eine billige Absteige, die einen Straßenblock vom Strand entfernt lag. Die Männer stürmten in die Lobby, töteten den Mann an der Rezeption und trieben die elf Gäste, die sie fanden, in einen einzigen Raum.

Es war »das erste Mal, dass es Terroristen gelungen war, ein Kommando ins Landesinnere einzuschleusen«, hieß es in einem geheimen Militärbericht, der kurz nach dem Ende des Geschehens geschrieben wurde.[15] Die Terroristen waren dem Kirja-Gelände, dem ehemaligen Templerviertel, wo Israels Militär- und Geheimdiensttruppen ihre Hauptquartiere hatten, so nahe, dass eine verirrte Kugel aus einer AK-47 durch ein Fenster flog und in einem Besprechungsraum landete, in dem die Oberbefehlshaber der israelischen Armee versammelt waren.[16]

Im Savoy platzierten die acht mit AK-47-Sturmgewehren und Granatwerfern bewaffneten Terroristen mehrere Sprengkörper in dem Raum, in dem sie die elf Geiseln gefangen hielten. (Acht weitere Zivilisten hatten sich in anderen Räumen des Hotels versteckt.) Sie drohten, sie alle zu töten, sofern nicht innerhalb von vier Stunden 20 palästinensische Häftlinge freigelassen würden.

Außerdem erklärten die Palästinenser ihren Überfall zur Vergeltung für die Operation »Frühling der Jugend« – obwohl diese schon fast zwei Jahre zurücklag.

Die Verhandlungen zogen sich durch die ganze Nacht. Im Hotel wurden sie von einer der Geiseln geführt, einer listigen, Arabisch sprechenden jungen Frau namens Kochava Levy, die den Israelis viele wertvolle Informationen über das Geschehen im Hotel gab. Sie konnte die Terroristen auch überreden, ihr zu erlauben, einen schwer verwundeten deutschen Touristen, der bei dem Feuergefecht ein Bein verloren hatte und in der Hotellobby lag, aus dem Gebäude zu begleiten; obwohl sie hätte draußen bleiben können, ging sie heldenhaft wieder zurück, um bei den Verhandlungen zu helfen.

Israel hatte aber nie die Absicht, die palästinensischen Häftlinge freizulassen. Während der israelische Unterhändler Zeit zu gewinnen versuchte, heckte stattdessen ein Sajeret-Matkal-Kommando eine Rettungsaktion aus. Um 5.16 Uhr stürmten 44 Soldaten das Hotel. Sie töteten sieben Terroristen und nahmen einen gefangen. Aber nur elf Geiseln konnten gerettet werden. Acht Zivilisten wurden getötet, als die Terroristen erkannten, dass man sie angriff, und die Sprengkörper zündeten. Auch drei Soldaten wurden getötet, darunter ein Stabsoffizier, ein ehemaliger Kommandeur der Einheit, der dem Rollkommando in das Hotel gefolgt war.

Die Aktion wurde als weiterer schwerer Fehlschlag in einer scheinbar endlosen Reihe von Misserfolgen betrachtet. »Es war eine furchtbare Zeit«, so Omer Bar-Lev, ein Soldat der Sajeret Matkal, der an dem Kommandounternehmen teilgenommen hatte und später zum Kommandeur der Einheit aufstieg. »Alle paar Wochen hatten wir mitten in der Nacht Alarm und wurden in einen Hubschrauber gesetzt, um zum Ort eines weiteren Terroranschlags geflogen zu werden. Man wusste, dass man das Problem in den wenigen Stunden lösen musste, die man vor Sonnenaufgang hatte. Obwohl alles in Israel geschah, waren die Operationen anders als das, was die Einheit gewohnt war – für die Initiative, für den

Überraschungseffekt, für die ganze Planung war immer die andere Seite zuständig. Das war furchtbar beängstigend.«[17]

Da die Anschläge unvermindert weitergingen, war klar, dass Israel seine Anstrengungen, die Führung der PLO zu beseitigen, verdoppeln musste. Aber selbst als Kidon noch schlagkräftig war, hatte der Mossad es als schwer empfunden, in Ländern wie dem Libanon zu operieren, wo die Führer der palästinensischen Terrororganisation lebten. Darüber hinaus waren die Sicherheitsvorkehrungen nach der Operation »Frühling der Jugend« beträchtlich verschärft worden. Mossad-Agenten zur Beseitigung der PLO-Führung zu verwenden wurde jetzt für untauglich oder gar unmöglich gehalten.

Stattdessen bediente sich Israel seiner Luftwaffe. Mitte August 1975 berichtete ein Mossad-Maulwurf im Innern der Fatah, dass die PLO für den 1. Oktober eine Massenkundgebung in einem Stadion, Al-Madina al-Rijadija in Süd-Beirut, plane und dass sich eine Stunde vor dieser Kundgebung die gesamte Führung der Fatah in einem nahe gelegenen Büro treffen würde. Das erschien als ideale Gelegenheit, Jassir Arafat, Chalil al-Wasir (Abu Dschihad), Faruk Kaddumi, Hani al-Hassan, Wadi Haddad und viele andere führende Funktionäre auf einen Streich loszuwerden. Ministerpräsident Jitzchak Rabin befahl, sofort einen Plan auszuarbeiten.[18]

Während der Generalstabschef und die Luftwaffe für einen Angriff waren, sprach sich der Chef des AMAN, General Schlomo Gasit, entschieden dagegen aus: »Ich sagte Verteidigungsminister Schimon Peres, dass wir keine derart offenen Aktionen durchführen sollten. Ich war bereit, den Terrorismus mit aller Kraft zu bekämpfen, aber nur durch heimliche Operationen, die keine Visitenkarte hinterließen. Es gab Israelis, die sich der gezielten Tötungen nicht schämten. Für mich galt das Gegenteil: Ich schämte mich ihrer. Ich nahm sie hin, aber brüstete mich nicht mit ihnen.«[19]

Seine Einwände wurden verworfen, und die Planung begann. Mit der Koordinierung der Operation wurde Major Aviem Sella, damals ein aufgehender Stern in der Luftwaffe, betraut. Der Angriff sollte mit acht Kampfjets vom Typ A-4 Skyhawk und einer Phantom F-4 ausgeführt werden. Für den Fall, dass ein Pilot abgeschossen würde oder abstürzte und gerettet werden musste, wurden Hubschrauber und ihre Besatzungen in Bereitschaft versetzt. Alles lief nach Plan.

Dann, am Morgen der geplanten Operation, kam der Wetterbericht. Er sagte schwere Wolken über Beirut vorher. Da die Bomben der Israelis damals keine präzisen Allwetterlenkmechanismen hatten, gab es keine Garantie, dass sie ihr Ziel treffen würden. »Es war aber eine so verführerische, einmalige Gelegenheit«, sagte Major Sella. »Und die ganzen umfassenden Vorbereitungen – ein großer Teil der Luftwaffe war mobilgemacht. Wir beschlossen, es zu wagen. Ich sagte zu Benny [Peled, Kommandeur der Luftwaffe]: ›Los, versuchen wir unser Glück. Lass die Flugzeuge aufsteigen, vielleicht geschieht ein Wunder.‹«

Die Piloten hoben ab und hofften, dass die Wolkendecke aufreißen würde. Doch sie tat ihnen den Gefallen nicht. Als sie Beirut erreichten, war der Himmel immer noch bedeckt.

Aber Sella »hatte die Motivation der Piloten nicht in Rechnung gestellt«, wie er später zugab. Die Piloten hatten den Befehl erhalten, ihre Bomben nicht abzuwerfen, wenn sie das Ziel nicht sehen könnten, was ihnen aber immer noch einen großen Ermessensspielraum gab. Sie wussten, was es mit dem Ziel auf sich hatte, und begriffen, wie wichtig es für Israel war, dass die Führer der PLO beseitigt wurden.

So tauchten die Piloten unter die Wolkendecke auf eine geringere Flughöhe, als ihre Befehle erlaubten. Als sie sahen, dass sie sich über dem Ziel befanden, klinkten sie ihre Bomben aus, die mit einer Scharfschaltungsvorrichtung versehen waren. Diese wäre durch ein mit dem Flugzeug verbundenes Kabel zu bedienen gewesen. Aber da die Flugzeuge tiefer flogen, als sie sollten, konnten die Zünder nicht scharfgemacht werden, und die Bomben fielen auf die Erde und auf Hausdächer, ohne zu explodieren: »wie ein Haufen weggeworfene Eier«, um Sella zu zitieren.

Nur Abu Dschihads Fahrer wurde getötet – erschlagen von einer der nicht explodierten Bomben. Am nächsten Tag brachte eine Beiruter Zeitung eine Karikatur, auf der ein palästinensischer Junge auf eine israelische Bombe pinkelte. Abu Dschihad ordnete eine Untersuchung an, die herausfinden sollte, wer die geheime Information über das Treffen verraten hatte. Drei Monate später wurde ein weiterer Mossad-Agent enttarnt und hingerichtet.[20]

Während die Fatah ihre Terroraktivitäten jetzt auf Israel konzentrierte, hielt die Volksfront zur Befreiung Palästinas (PFLP) an ihren mörderischen Anschlägen auf jüdische und israelische Ziele im Ausland, insbesondere in Europa, fest. Sie bombardierte Synagogen, israelische Gesandtschaften und El-Al-Büros. Ihre Kämpfer entführten Flugzeuge, die auf dem Weg nach Israel waren – eine Methode, die sie mittlerweile glänzend beherrschten.[21]

Geführt wurde die PFLP immer noch von George Habasch, aber der brillanteste operative Kopf der Organisation war Habaschs Stellvertreter, Wadi Haddad.

»Er war ein Virtuose, wenn es darum ging, heimlich Sprengstoffe zum Ort eines geplanten Anschlags zu transportieren und dort zu verstecken«, so Ilan Misrachi, der die Agenten in Haddads Organisation führte.[22] »Er bevorzugte Operationen von hoher Qualität, die manchmal weit vom Nahen Osten entfernt durchgeführt wurden, aber sorgfältig geplant waren«, sagte Shimshon Issaki, der Antiterrorchef des Mossad. »Das Training, dem er seine Männer auf einem Stützpunkt im Südjemen unterzog, gehörte einer anderen Liga an als das, was wir gewohnt waren.«[23]

Auch andere bewunderten Haddads Professionalität. Der KGB, der ihm den Decknamen »Nationalist« gab, gewährte ihm großzügige Unterstützung, um »durch die Aktivitäten der PFLP bei Wahrung der notwendigen Verschwiegenheit einige unserer eigenen Ziele zu erreichen«, wie Juri Andropow, der Chef des KGB, 1969 an den sowjetischen Staats- und Parteichef Leonid Breschnew schrieb. Haddad beseitigte sowjetische Überläufer und verübte Anschläge auf Ziele, die mit der CIA in Verbindung standen. Dafür erhielt er als Gegenleistung finanzielle Unterstützung, Training, moderne Waffen sowie Geheimdienstinformationen vom KGB und von der Stasi.[24]

Haddad war unabhängig und willensstark. Als Habasch intern bekannt machte, dass er erwog, sich Arafats Forderung nach vorläufigem Verzicht auf Terrorakte außerhalb des Nahen Ostens zu fügen, sei es auch »nur vorübergehend«, erklärte Haddad, Habasch könne tun, was er wolle, er selbst jedoch und seine Männer würden weitermachen wie bisher.[25]

Jahrelang plante Haddad einen großen Anschlag, der die Welt schockieren sollte. Er investierte viel Zeit in die Planung und in die Sammlung von Geheimdienstinformationen, schob die Sache aber aufgrund diverser operativer Schwierigkeiten immer wieder auf. Eine der größten Herausforderungen war, für den geplanten Anschlag Agenten zu finden, die europäisch aussahen. Mitte 1975 war die Lösung plötzlich da.

Die PLO hatte exzellente Verbindungen zu einer Reihe militanter linksextremer Organisationen in Europa. Sie hatte für sie sogar Trainingscamps im Libanon und im Südjemen eingerichtet, zwei Ländern, die eng mit der Sowjetunion verbandelt waren und eine extrem antiisraelische Linie vertraten.[26]

Einen besonders guten Draht hatte Haddad zur Roten Armee Fraktion (RAF) beziehungsweise zur Baader-Meinhof-Gruppe, deren Mitglieder eine anarchistisch-marxistische Ideologie verfochten und eine Stadtguerillataktik gegen Exekutivorgane und Großunternehmen der Bundesrepublik praktizierten.[27] Israel mit seiner Unterdrückung der Palästinenser betrachteten sie als eine weitere Front im Krieg gegen den Imperialismus.

Zwei junge Deutsche, Thomas Reuter und Brigitte Schulz, Mitglieder einer Gruppe, die der RAF nahestand, verließen die Bundesrepublik und tauchten in einem Trainingscamp der PFLP nahe Aden auf, wo sich schon andere Baader-Meinhof-Leute aufhielten. Das waren die Westler, die Haddad benötigte.

Drei Männer der PFLP erhielten den Befehl, außerhalb des Flughafens von Nairobi, Kenia, auf eine im Anflug befindliche El-Al-Maschine zu warten, während die beiden Deutschen den Schalter der Fluggesellschaft im Terminal beobachteten, um die definitive Ankunftszeit der Maschine zu erfahren und dem draußen wartenden Kommando mitzuteilen.

Unmittelbar nachdem das Flugzeug über sie hinweggeflogen war, sollten die Männer der PFLP es mit auf der Schulter zu tragenden Strela-SAM-7-Raketen abschießen.[28]

In den beiden Monaten vor der Operation hatten die Männer den Abschuss von Strelas geübt und Skizzen von dem Flughafen studiert, die PFLP-Agenten nach einer vorbereitenden Ausspähung gezeichnet hatten. Gemeinsam legte man sich auf ein Gebiet westlich des Flughafens, zwischen der Mombasa Road und dem Zaun des Nairobi-Nationalparks, fest, das mit Kakteen und Gruppen von hohen Bäumen bestanden war.

Von hier aus hatten die Schützen klare Sichtverbindung zur Start- und Landebahn des Flughafens.[29]

Eine Woche vor der Operation wurden zwei Strelas, die der KGB Haddad geliefert hatte, nach Kenia geschmuggelt. Die acht Mitglieder des Kommandos waren neun Tage vorher einzeln mit gefälschten Pässen eingereist und in einem Hotel im Zentrum abgestiegen.

Alles war bereit für den Anschlag, aber der Mossad hatte durch den Tsomet-Agenten Schwermut Wind von dem Komplott bekommen.

Im Mossad brach daraufhin ein Streit aus, weil Schmuel Goren, der Chef von Tsomet, der vor allem seinen Agenten schützen wollte, fürchtete, Haddads Gruppe würde erkennen, dass der Mossad einen Mann mit Zugang zu ihren Geheimnissen hatte, wenn man Kenias Behörden in die Details des geplanten Anschlags einweihen und ihnen helfen würde, den Anschlag zu vereiteln. Das hätte Schwermuts Ende bedeuten können. Goren schlug daher vor, das Komplott durch »hebräische Arbeit« – gezielte Tötungen der Täter durch die Einsatzgruppe Kidon – zu durchkreuzen, »ohne die Einheimischen zu informieren«.

Ihm widersprach Nachum Admoni, der Direktor der Abteilung für Auslandsbeziehungen des Mossad, der lange die Operationen des Dienstes in Afrika geleitet hatte und Präsident Jomo Kenyatta und seine Geheimdienstchefs gut kannte. Er wandte sich entschieden gegen eine solche Aktion unter den Augen »der Einheimischen«.[30]

Es gab auch operative Bedenken: Die Neuordnung von Kidon nach dem Lillehammer-Fiasko hatte gerade erst begonnen, und »wir hatten das Gefühl, dass das gleichzeitige Fertigwerden mit mehreren Leuten, die Raketen in den Händen hielten, zu kompliziert sein könnte«, so der ehemalige Mossad-Funktionär Eliezer Tsafrir.[31]

Jitzchak Chofi, ein Exgeneral, der 1974 Zamir als Mossad-Direktor abgelöst hatte, war auf Besuch bei seinen CIA-Kollegen in Langley und wurde dort über die Entwicklung auf dem Laufenden gehalten. Er schickte Rabin eine verschlüsselte Botschaft mit seiner Empfehlung: zusammenarbeiten mit den kenianischen Behörden und auf Kidon verzichten.

»Das Prinzip hatte sich nicht geändert: Wenn jemand einen Juden tötet, soll sein Blut an seinem eigenen Kopf kleben«, sagte Issaki. »Es ist aber unmöglich, jeden Tag Leute umzulegen. Gezielte Tötungen bergen ein großes Risiko für die eigenen Leute und die Gefahr, die Beziehungen zu dem Land, in dem man sie vornimmt – in diesem Fall Kenia –, zu verderben. Für Operationen gilt die Regel, nichts Unnötiges zu tun. Wenn du ein Ziel hast, dann führe eine saubere Operation durch, um es zu beseitigen. Vergiss alles andere. Wir wollten vor allem sicherstellen, dass der El-Al-Maschine nichts geschehen würde, und gleichzeitig so gut wie möglich für die Sicherheit unserer Quelle sorgen.«[32]

So nahmen die Israelis die Hilfe der kenianischen Sicherheitskräfte in Anspruch, statt den Versuch zu machen, das Terrorkommando zu töten.[33] Am Freitag, dem 23. Januar 1976, flog ein aus 17 Israelis bestehendes Team spätabends von der Luftwaffenbasis 27 in Israel Richtung Nairobi ab.[34] Die Operation hatte den Decknamen »Sodbrennen«. »Wir hatten große Angst«, erinnerte sich Tsafrir, der zu dem Team im Flugzeug gehörte, »denn viele Leben hingen von uns und dem Erfolg der Operation ab.«[35]

Gleich nach der Landung des israelischen Teams traf sich Admoni mit Offizieren des kenianischen Geheimdienstes, um sie über den bevorstehenden Anschlag zu informieren. Die Kenianer waren schockiert – Präsident Kenyatta besonders darüber, dass Somalia involviert war – und gern bereit, mit den Israelis zusammenzuarbeiten. Sie waren erfreut, dass der Mossad nicht vorhatte, unter ihren Augen auf eigene Faust zu handeln, wollten aber unbedingt die Identität der Quellen des Mossad erfahren, um sicher zu sein, dass sie auf der Basis verlässlicher Informationen handeln würden. Admoni verweigerte ihnen höflich diese Auskunft.

Ein gemischtes Team aus Mossad-Leuten und Kenianern machte rasch die Deutschen und die Palästinenser ausfindig und ließ sie genau observieren. Auch der weiße Minibus mit dem Kennzeichen KPR338, in dem die Raketen lagen, wurde lokalisiert. Später folgte ein Teil des Teams den drei Palästinensern, als sie losfuhren, um die Abschussbasis zu erkunden.[36]

Am 25. Januar 1976 startete El-Al-Flug LY 512 in Johannesburg Richtung Tel Aviv.[37] Das Flugzeug, eine Boeing 707 mit etwa 150 Personen an Bord, sollte um 17 Uhr in Nairobi zwischenlanden. Kurz vor 17 Uhr fuhren die drei Palästinenser und die beiden Deutschen in ihrem weißen Minibus und einem anderen Leihwagen los. Als Erstes wurden die Deutschen am Terminal abgesetzt. Dann verließen die Palästinenser den Flughafen und fuhren auf die Hauptstraße, um schließlich auf den Feldweg abzubiegen, der zur vorgesehenen Abschussbasis führte. Doch bevor sie dort ankamen, nahmen Agenten des kenianischen Geheimdienstes die Gruppe fest. Unmittelbar danach wurden nahe dem El-Al-Schalter im Terminal auch die beiden Deutschen gefasst. Alle fünf ergaben sich kampflos.

Bis hierhin hatten die Kenianer mit den Israelis vorbehaltlos zusammengearbeitet. Sie wollten aber nicht, dass davon etwas publik würde, weil sie den starken arabischen Druck fürchteten, dem sie in Foren der Dritten Welt und Afrikas ausgesetzt wären, käme die Sache ans Licht. Sie schlugen zwei Lösungen vor: »Entweder wir bringen sie in die Wüste und verfüttern sie als Mittagsmahl an die Hyänen«, oder die Israelis könnten sie haben, unter der Bedingung, dass sie niemals verraten würden, dass die Gefangenen in ihrer Hand seien.[38]

Die Israelis hofften, aus den Gefangenen mehr Informationen über Haddad und seine Aktivitäten herausholen zu können, und entschieden sich daher für die zweite Option, das heißt dafür, die Terroristen »verschwinden« zu lassen: sie nach Israel zu bringen, um sie dort unter extremen Bedingungen zu isolieren und dann einem Geheimprozess zu unterwerfen. Vielleicht war das der erste Fall, in dem der Westen an einer Aktion beteiligt war, die die CIA nach dem 11. September als »rendition« bezeichnen sollte: die heimliche, undokumentierte, außergerichtliche Überstellung von Tatverdächtigen von einem Land in ein anderes.

Vernehmer der AMAN-Einheit 504 und deren Sanitätsoffizier flogen nach Nairobi. Vor dem sechsstündigen Rückflug nach Israel wurden die fünf Gefangenen auf Tragen festgebunden und ruhiggestellt.

Derweil dachten in Tel Aviv einige noch einmal darüber nach, ob es klug sei, die Gefangenen nach Israel zu bringen. General Rechavam Seevi, der Berater des Ministerpräsidenten in Sachen Terrorabwehr und Geheimdienstwesen, schlug Jitzchak Rabin eine Alternative vor: »Entledigen wir uns des Problems, indem wir die fünf rechtschaffenen Seelen ins Rote Meer fallen lassen«, sagte er. »Die Kenianer haben nichts verlauten lassen über die ganze Geschichte. Niemand weiß, dass die fünf gefangen genommen wurden. Wir haben Informationen, wonach Wadi Haddad ihnen versprochen hat, ein Flugzeug zu entführen, um sie freizubekommen, wenn sie in Gefangenschaft geraten. Wenn wir sie nach Israel bringen und es herauskommt, ist das nur der Beginn einer neuen Terrorwelle gegen uns. Beenden wir die Sache jetzt.«[39]

Rabin sah Seevi an und sagte lange kein Wort. Dann trug er einem Referenten auf, eine dringende Besprechung des Kabinettsforums zu gezielten Tötungen einzuberufen.

»Was meint ihr?«, fragte Rabin die versammelten Minister, nachdem sie sich Seevis Vorschlag angehört hatten. Auch sie waren der Meinung, dass es israelische Reisende überall auf der Welt gefährden würde, wenn man die fünf Gefangenen nach Israel brächte. Haddad sei ein routinierter Flugzeugentführer, der alles in seiner Macht Stehende tun würde, um seine Leute freizubekommen. Rabin stimmte dieser Einschätzung zu, weigerte sich aber, die Tötung der ruhiggestellten Gefangenen abzusegnen, »wenn der Generalstaatsanwalt nicht ebenfalls zustimmt«, wie er sagte. »Ruft Aharon herein.«

Aharon Barak, der später zum höchsten Richter an Israels Oberstem Gericht und zum angesehensten Juristen des Landes werden sollte, hörte sich schweigend eine Schilderung der Geheimoperation sowie den Vorschlag an, die Täter im Meer verschwinden zu lassen. »Sind Sie fertig?«, fragte er Seevi, als dieser seinen Vortrag beendet hatte. Seevi bejahte. »Das ist gut«, sagte Barak wütend. »Ich glaube, Sie müssen verrückt sein. Sie wollen zwei deutsche Staatsbürger töten, während sie in einer israelischen Militärmaschine festgebunden und ruhiggestellt sind. Ich kann das in keiner Weise billigen.«[40]

Die drei Palästinenser und die beiden Deutschen landeten sicher in Israel und wurden in die geheime Verhöreinrichtung von Einheit 504 gebracht, die in einem Standort südöstlich von Tel Aviv mit Decknamen »Stiel« lag. Sie wurden in dunkle Zellen mit nackten Wänden gesperrt und erhielten Beruhigungsmittel verabreicht. Als sie langsam aufwachten, »beschlossen wir, mit ihnen Geisterspiele zu spielen«, sagt Arieh Hadar, der Chef der Verhörabteilung des Schin Bet. »Wir setzten Masken auf und gaben Klagelaute von uns, als sie zu sich kamen, so als wären sie gestorben und befänden sich im Jenseits.«[41]

Die Israelis waren begierig, so viel sie konnten über die Struktur und die Methoden der PFLP zu erfahren und möglichst auch darüber, wo Wadi Haddad zu finden war.

Für die drei Palästinenser war J., der Chefvernehmer von Einheit 504, zuständig, ein Beamter im Rang eines Oberstleutnants, der die Kippa eines orthodoxen Juden trug und als politisch rechtsstehend bekannt war. J. war auch der Mann, der die Kriegsgefangenendrills für die Spezialeinheiten der israelischen Armee mit ihrer Simulation von harten Haftbedingungen und Folter leitete. Kurz vor der Ankunft der fünf Gefangenen aus Nairobi hatte er einem Mann der Sajeret Matkal durch einen Schlag mit dem Gummiknüppel eine bleibende Wirbelsäulenverletzung zugefügt. Einige Monate später brach ein Palästinenser, der von J. verhört worden war, zusammen. Er musste ins Krankenhaus gebracht werden, wo er starb.[42]

»J. hat ihn nicht getötet. Er hat ihn nicht getötet. Er ist gestorben«, sagte Jigal Simon, der damalige Kommandeur von Einheit 504. »Es war ein langes Verhör. Ein sehr langes. Er wurde geschlagen, aber man hat festgestellt, dass sein Tod damit nicht in Zusammenhang stand. Die Autopsie hat es erwiesen.«[43]

Die drei aus Kenia nach Israel gebrachten arabischen Agenten wurden einem Schin-Bet-Agenten zufolge von J. »sehr hart bearbeitet«. Einer von ihnen wurde dabei schwer verletzt und musste ebenfalls im Krankenhaus behandelt werden, erholte sich aber wieder.

Die deutschen Gefangenen kamen in den Genuss einer ganz anderen Behandlung: Sie wurden höflich von Schin-Bet-Personal befragt. AMAN-Chef General Schlomo Gasit beschrieb die beiden nach einem Besuch der Verhöreinrichtung so: »Die Dame [Schulz] machte einen bemerkenswerten Eindruck. Eine sehr starke Frau, die sich und ihre Umgebung mit eiserner Faust beherrschte. Der Typ dagegen war ein Waschlappen.«[44] Am Ende gewann Hadar, der das Verhör in seiner ruhigen, listigen Weise führte, Schulz mit seiner leisen Stimme und seiner harmlosen Erscheinung.

Die beiden Deutschen bekannten sich schuldig und lieferten Informationen über Haddad. »Sie haben uns eine Menge verraten, darunter Pläne für weitere Terroranschläge«, so Hadar. »Aber die ganze Zeit sitzt die Frau vom Mossad [die Dolmetscherin] da und sagt zu mir auf Hebräisch: ›Ich könnte sie niedermachen.‹«

»Bevor wir uns trennten, nahm ich Schulz' Hand und fragte: ›Brigitte, was würden Sie tun, wenn Sie eines Tages nach Deutschland zurückkehren sollten und Freunde würden Ihnen sagen, dass Sie Harry töten müssen?‹ – ›Harry‹ ist der Name, unter dem sie mich kannte. Sie antwortete, ohne mit der Wimper zu zucken: ›Ich könnte Sie nicht töten, Harry, nach all dem, was Sie für mich getan haben.‹«

»Ich war erfreut. Ich dachte, dass sich in ihr vielleicht etwas zum Besseren verändert habe. Aber dann fügte sie hinzu: ›Ich würde jemand anderen bitten, Sie zu erschießen.‹«[45]

Am 27. Juni 1976, sechs Monate nach der Vereitelung des Anschlags in Kenia, trafen sich Rabin und sein Kabinett zu einer Besprechung im Büro des Ministerpräsidenten im Kirja-Sarona-Viertel von Tel Aviv.

Die Minister diskutierten über einen Vorschlag von Verteidigungsminister Schimon Peres, den Sold der Soldaten der israelischen Armee zu erhöhen, als um 13.45 Uhr Peres' Sekretär den Raum betrat und Rabin eine Notiz übergab. Rabins Gesicht wurde ernst. Er räusperte sich, um die Aufmerksamkeit der ganzen Runde zu erhalten, und sagte dann: »Bevor wir fortfahren, muss ich eine Mitteilung machen. Eine Maschine der Air France, die um 9.50 Uhr in Lod abgeflogen ist, hat den Kontakt verloren. Sie ist anscheinend entführt worden und fliegt in die umgekehrte Richtung. In der Maschine befinden sich ungefähr 83 Israelis.«[46]

Der Referent, Efraim Poran, sagte Rabin, die Geheimdienste wüssten noch nicht, wer die Entführer seien, er würde ihn aber auf den neuesten Stand bringen, sobald es neue Informationen gebe.

Einem Mitarbeiter vertraute Rabin später an, er habe einen Moment lang bedauert, dem Plan, die fünf aus Nairobi ins Meer zu werfen, nicht sein Okay gegeben zu haben.

»Schon gut«, sagte Rabin zu Poran. »Ich weiß, wer dahintersteckt: Wadi Haddad.«

Es waren vier Entführer, zwei von der PFLP und zwei deutsche Linksextremisten; sie hatten die Maschine mit Flugziel Paris während einer Zwischenlandung in Athen bestiegen. Nach dem Start standen sie auf, zogen Pistolen und stürmten ins Cockpit. Dort befahlen sie dem Piloten, zuerst zum Auftanken nach Benghasi zu fliegen, wo drei weitere Terroristen zusteigen sollten, und dann nach Entebbe, Uganda.[47]

Wadi Haddad hatte einmal mehr bewiesen, dass er der beste Stratege in der Welt der Terroristen war. Er hatte aus eigenen und fremden Fehlern gelernt und eine groß angelegte Operation gestartet, die auf genauen Geheimdienstinformationen, akribischen Vorbereitungen und der Abstimmung mit mindestens zwei Despoten basierte: Libyens Muammar al-Gaddafi und Ugandas Idi Amin, die den Entführern weit außerhalb von Israels Reichweite sowohl logistische Unterstützung als auch Asyl gewährten.

Amin, ein ehemaliger Boxer und Feldwebel der britischen Armee, hatte die Macht in Uganda mithilfe des Mossad und des israelischen Verteidigungsministeriums ergriffen, die geheime Verbindungen zu dem Land unterhielten. Als Gegengabe für Bestechungsgelder, die Amin in Koffern mit doppelten Böden erhielt, schloss er mit Israel lukrative Verträge über militärische und zivile Güter ab und gab dem Mossad freie Hand in Uganda.[48]

Aber so blutrünstig und grausam Amin war, so geldgierig war er auch, und als Gaddafi 1972 anfing, ihm höhere Bestechungsgelder anzubieten, als Israel sich leisten konnte, vertrieb er dessen Repräsentanten und wurde zu seinem geschworenen Feind. Er erklärte sich einverstanden, die Entführer und ihre Geiseln in Entebbe, 3800 Kilometer von Israel entfernt, aufzunehmen.

Haddad glaubte, Israel habe keine Alternative, als mit ihm zu verhandeln. Seine Agenten ließen in Entebbe die 209 nichtisraelischen und nichtjüdischen Passagiere frei; die 12 Mitglieder der Air-France-Crew, die die Maschine ebenfalls hätten verlassen können, bestanden in einem mutigen Akt der Solidarität darauf, bei den 83 israelischen und 8 nichtisraelischen jüdischen Passagieren zu bleiben.[49] Dann forderten die Entführer die Freilassung von 53 »Freiheitskämpfern« im Austausch gegen die israelischen und jüdischen Geiseln. Übermittelt wurde die Forderung von Idi Amin persönlich, der in Israel anrief. Auf der Liste der »Freiheitskämpfer« standen Erzbischof Hilarion Capucci, ein Geistlicher, der seinen Diplomatenstatus dazu genutzt hatte, in seiner Mercedes-Limousine eine umfangreiche Waffenlieferung zu Fatah-Zellen in Jerusalem zu schmuggeln, Kozo Okamoto, einer der Täter des Massakers von 1972 am Flughafen Lod, und die fünf Terroristen der Mission von Nairobi, die nach Haddads fester Überzeugung in kenianischen oder israelischen Händen waren.[50]

Der Mossad war in Aufruhr. Viele bedauerten nun, dass man die fünf von Nairobi nicht ins Meer hatte fallen lassen. In einer Führungsbesprechung sagte Tsafrir: »Sie wollen die fünf? Sie können sie haben. Fliegen wir sie nach Uganda und lassen wir sie aus dem Flugzeug auf das Dach des Terminals fallen. Dann wird Haddad begreifen, dass das alles ist, was er von uns bekommen kann.«[51]

Derweil plante die israelische Armee eine Rettungsaktion mit vielen Soldaten, die im Gebiet um den Victoriasee landen und den ganzen Flughafen sowie einen breiten Streifen Land rundherum sichern sollten, um anschließend das alte Terminal anzugreifen, in dem Haddads Leute und Amins Soldaten die Geiseln bewachten. Rabin hörte sich den Plan an und wurde von Minute zu Minute wütender.

»In der Zeit, die notwendig ist, das ganze Gebiet zu sichern, werden die Entführer alle Geiseln töten, und Idi Amin wird Zeit haben, Verstärkung herbeizubeordern«, schäumte er.

»Rabin sagte der Armeeführung, er wolle einen Plan sehen, nach dem nicht mehr als drei Minuten vergehen würden zwischen dem Moment, in dem die Soldaten landen, und dem Beginn der Rettungsaktion«, so der Büroleiter des Ministerpräsidenten, Amos Eiran. Aber bei der großen Entfernung schien diese Forderung unerfüllbar, zumal man nicht auf Geheimdienstinformationen zurückgreifen konnte.[52]

Da Rabin keine gangbaren Alternativen hatte, war er geneigt, die Forderungen der Entführer zu erfüllen. Sosehr ihm diese Vorstellung zuwider war, er sah keine andere Möglichkeit, das Leben von mehr als 100 unschuldigen Menschen zu retten. Die Aktion würde aber einen Bruch mit einem von Golda Meir formulierten und seither akzeptierten Grundsatz israelischer Politik bedeuten: keine Verhandlungen mit Terroristen. Für den Fall, dass es wirklich keinen anderen Weg gab, verlangte Schin-Bet-Direktor Abraham Achituv, dass wenigstens keine Gefangenen ausgetauscht würden, die »Blut an den Händen« hätten – eine Formel, die seither in ähnlichen Situationen immer wieder zitiert worden ist. Mit anderen Worten, nur nachrangige PLO-Funktionäre, die nicht direkt am Vergießen israelischen Blutes beteiligt gewesen waren, konnten zur Freilassung in Betracht gezogen werden. »Wer einen Juden getötet hat«, so Achituv, »muss entweder beseitigt werden oder, zu lebenslänglich verurteilt, in einem israelischen Gefängnis sterben.«[53]

Vier Tage lang ging die Diskussion weiter. Vor den Toren des Kirja, in Hörweite von Rabins Büro, wüteten Demonstrationen von Verwandten der Geiseln. Eine von diesen war die Tochter des Direktors von Israels größtem Atomreaktor. Ihr Vater hatte Zugang zu Rabin und übte starken Druck auf ihn aus, einen Kompromiss mit den Terroristen zu erreichen.

Als wäre all das noch nicht genug, erhielt Rabin einen geheimen Bericht vom Büro für Militärzensur, dass es die Veröffentlichung eines Artikels in einer israelischen Tageszeitung untersagt habe, in dem alle Details der Operation »Sodbrennen« genannt waren. Achituv informierte Rabin darüber, dass er angeordnet habe, die Telefonleitung des Reporters anzuzapfen, dass er die undichte Stelle aber noch nicht habe ermitteln können. Rabin war wütend: »Ich bin wirklich schockiert, ... [dass] es unmöglich ist in diesem Land, einen Militärberichterstatter festzunehmen, einzulochen und durch die Mangel zu drehen, bis er sagt, woher er seine Informationen hat! Dieses [Durchsickern der Informationen] wird sich als Katastrophe für uns erweisen.«[54]

Rabin wusste, dass ein Bruch des Kenyatta gegebenen Versprechens strengster Geheimhaltung der Sache mit den fünf Gefangenen von Nairobi zu einer Krise in Israels Beziehungen zu Kenia führen würde. Wichtiger war, dass Israel, das jetzt um die Unterstützung der Welt gegen die Entführer bat, nach dem Bekanntwerden der Geschichte als Piratenstaat dastehen konnte, der sich ähnlicher Methoden bediente wie die Terroristen. Andererseits, wie konnte man mit den Terroristen verhandeln, wenn sowohl Israel als auch Kenia bestritten, irgendetwas über den Verbleib der fünf zu wissen?

Schließlich schlug die Caesarea eine Lösung vor, die ohne Austausch von Gefangenen gegen die Geiseln auskam. Fünf Jahre zuvor hatte Harari sich auf den Wunsch nach einem Agenten versteift, der auch ein Flugzeug fliegen könnte. Warum? »Weil wir eines Tages vielleicht so einen brauchen«, war seine übliche Antwort auf Fragen nach Vorbereitungen, die er ohne aktuellen Anlass treffen wollte. Er überredete Zamir, die Investition zu tätigen, worauf ein Agent mit Decknamen »David« die langwierige Ausbildung in Israel und Europa absolvierte.

Jetzt zahlte die Investition sich aus, und zwar voll.

David mietete eine kleine Maschine in Kenia, umkreiste die Terminals und die Rollbahn des Flughafens von Entebbe und schoss dabei Fotos aus der Luft. Nachdem er gelandet war, spielte er einen reichen, verwöhnten englischen Jäger, der in einem zentralafrikanischen Land lebte und in einigen Dingen die Hilfe des Kontrollturms benötigte. Die ugandischen Fluglotsen kooperierten bereitwillig, tranken sogar einen mit ihm und schilderten ihm ihre Eindrücke von dem – so ihre Bezeichnung für die Geiselnahme im nahe gelegenen Terminal – »großen Mist der letzten Tage«.[55]

Als Harari Rabin zwölf Stunden später Davids detaillierten Bericht und die Hunderte von Fotos brachte, die der Agent gemacht hatte, hellte sich das Gesicht des Ministerpräsidenten auf. »Genau das habe ich gebraucht«, sagte er. »Das sind die Informationen für eine Operation.« Besonders wichtig waren Rabin die Fotos von ugandischen Soldaten um das Terminal herum, die ihm bewiesen, dass Wadi Haddads Männer das Gebäude nicht mit Sprengfallen versehen hatten. »Sonst hätte Idi Amin nicht erlaubt, dass seine Männer da stehen«, sagte er. Aus den Fotos ging auch klar hervor, dass die ugandische Truppe, die das Terminal bewachte, sehr klein war.

Die Sajeret Matkal ließ sich einen originellen und tollkühnen Plan einfallen: Ein kleines Sajeret-Kontingent würde in einer ungekennzeichneten C-130 Hercules landen – im Schutz der Dunkelheit, aber mithilfe des Pistenfeuers, das die Rollbahn für eine vorher landende zivile Frachtmaschine beleuchten würde. Nach dem Verlassen des Militärtransporters würde der Trupp, um die ugandischen Wachen zu verwirren, hinter einem schwarzen Mercedes, wie Idi Amin ihn benutzte, in mehreren Fahrzeugen zum Terminal fahren. Kurz vor ihrem Ziel würden die Soldaten herausspringen und das Gebäude von mehreren Eingängen aus stürmen; dabei würden sie den Vorteil des Überraschungseffekts und der Konfusion nutzen, um die Terroristen zu eliminieren. All das sollte nach weniger als zwei Minuten geschafft sein. Sofort danach würden weitere israelische Soldaten landen und den Kontrollturm, die ugandischen

Soldaten und die ugandische Luftwaffe außer Gefecht setzen, sodass die israelischen Maschinen nicht verfolgt werden konnten, wenn sie mit den Geiseln und den Truppen an Bord abflogen. Kenyatta war bereit, die israelische Flotte in Nairobi zum Auftanken für den Rückweg landen zu lassen.

Verteidigungsminister Schimon Peres glaubte, der Plan könne aufgehen, und drängte Rabin. Am 3. Juli gab der Ministerpräsident grünes Licht.

Die Kommandeure der Operation fragten Rabin, was sie tun sollten, wenn sie auf Amin persönlich stießen. »Wenn er sich einschaltet, ist er zu töten«, antwortete Rabin. »Auch wenn er sich nicht einschaltet«, fügte Jigal Allon, der Außenminister, hinzu.[56]

Die israelische Taskforce nahm die Mission mit vier Flugzeugen auf. Für den Fall, dass die Soldaten ihr Ziel nicht erreichten und auf eigene Faust entkommen mussten, hatte jeder eine Karte von Uganda und einen größeren Betrag in amerikanischen Dollar erhalten. »Uns war aber klar, dass es in Wirklichkeit eine Operation ohne Fluchtplan war. Sollte etwas schiefgehen, säßen wir in der Tinte und müssten um unser Leben kämpfen«, sagte Jiftach Reicher, der Vertreter von Jonathan Netanjahu, dem Bruder von Benjamin und damaligen Kommandeur der Sajeret Matkal.

Die erste Hercules landete wie geplant. Reicher, der anschließend in einem der Landrover saß, die dem schwarzen Mercedes folgten, hat die Szene so in Erinnerung: »Das riesige verlassene Flugfeld war vollkommen still und vollkommen dunkel, schwärzer als schwarz. Breite Rollfelder, auf denen niemand unterwegs war. Ich dachte nur: ›Mami, das ist wirklich zum Fürchten.‹«[57]

Der Überraschungseffekt war beinah dahin, als das Kommando zwei ugandischen Wachen begegnete. Netanjahu glaubte, sie stellten eine Gefahr dar, und eröffnete mit einer Pistole mit Schalldämpfer das Feuer. Da die Soldaten nicht tot waren und der Mann, der hinter Netanjahu saß, sie immer noch für gefährlich hielt, erschoss er sie mit seinem nicht schallgedämpften Gewehr.[58]

Als sie die Schüsse hörten, eilten weitere ugandische Soldaten herbei, und es kam zu einem Feuergefecht. Nachdem die Fahrzeuge der Israelis das Terminal erreicht hatten, begann der Angriff. Netanjahu wurde getroffen und erlag später seinen Verwundungen. Die Terroristen aber waren überrumpelt, als das von Muki Betser angeführte Rollkommando in das Terminal stürmte, und wurden getötet, bevor sie sich auf den Angriff einstellen konnten. Reichers Trupp stürmte ein angrenzendes Gebäude, in dem sich ugandische Soldaten aufhielten, und tötete diese ebenfalls. Ein drittes Kommando eroberte den Kontrollturm, ein viertes zerstörte acht MiG-Jäger der ugandischen Luftwaffe, die auf der Rollbahn standen.[59]

Alle acht Entführer waren getötet worden. Drei Geiseln, die ins Kreuzfeuer geraten waren, waren ebenfalls umgekommen. Eine weitere Geisel, eine ältere Israeli, die am Abend zuvor ins Krankenhaus eingeliefert worden war, wurde auf Amins Befehl zur Vergeltung für den Angriff ermordet.

Aber 100 Geiseln waren gerettet worden, und Israel hatte keine Zugeständnisse gemacht. Die Operation wurde zum Vorbild für den Umgang mit Geiselnahmen: keine Verhandlungen und keine Kompromisse mit Terroristen, sondern unnachgiebige Bereitschaft, alles Erdenkliche zu tun, selbst Leben zu riskieren, um die Geiseln zu befreien.

Doch so bedeutsam der taktische Erfolg des Kommandounternehmens von Entebbe war – der Mann, der die Entführung befohlen hatte, derselbe Mann, den zu töten Golda Meir mehr als sechs Jahre zuvor schriftlich angeordnet hatte, der Terrorist, der bei einem Beschuss mit mehreren Panzerfäusten durch das Fenster seines Beiruter Büros nur leicht verwundet worden war, der Fanatiker, der 1974 den Abwurf einer Bombe auf ein Beiruter Stadion überlebt hatte, der auf Israels Abschussliste ganz oben stand und das Ziel einer ganzen Reihe von Attentatsplänen war, die noch auf den Reißbrettern standen, dieser Mann war noch immer am Leben und noch immer auf freiem Fuß.

Rabin befahl dem Mossad, keine Kosten zu scheuen. Wadi Haddad musste sterben.[60]

13 Der Tod in der Zahnpasta

Im Mai 1977 verlor Israels Arbeiterpartei, die das Land seit seiner Gründung im Jahr 1948 regiert hatte, erstmals eine nationale Wahl. Sie wurde vom Likud besiegt, einer nationalistischen, rechtsgerichteten Partei mit Menachem Begin an der Spitze, dem ehemaligen Kommandeur der Untergrundorganisation Irgun, die die Briten bekämpft hatte. Mehrere Faktoren – die Diskriminierung und Erniedrigung jüdischer Einwanderer aus arabischen Ländern, Enthüllungen über Korruption in der Arbeiterpartei, die Schwächen, die Israel im Jom-Kippur-Krieg gezeigt hatte, und die Fähigkeit des charismatischen Begin, sich diese Faktoren zunutze zu machen und auf einer Welle des Populismus zu reiten – führten zu einem Überraschungserfolg, der sowohl Israelis als auch ausländische Beobachter schockierte.

Begin galt vielen Spitzenpolitikern im In- und Ausland als Extremist und Kriegstreiber. Einige hohe Offiziere des israelischen Militärs und seiner Geheimdienste waren überzeugt, dass sie bald von Parteigängern der neuen Regierung ersetzt würden.

Begins erste Schritte als Ministerpräsident überraschten aber jedermann, in Israel wie außerhalb. Bei einem spektakulären Gipfeltreffen mit den Präsidenten Jimmy Carter und Anwar as-Sadat in Camp David stimmte er 1978 einem bahnbrechenden Friedensvertrag mit Ägypten zu, der Israels vollständigen Rückzug von der 1967 eroberten Sinai-Halbinsel vorsah. Der Rückzug der Armee, der Abbruch der Siedlungen und die Aufgabe der Ölfelder und Tourismuseinrichtungen wurden von der Rechten Israels erbittert bekämpft. Begin aber war bereit, sein politisches Ansehen aufs Spiel zu setzen, und zwang seine Partei, sich zu fügen. Er festigte auch beträchtlich die Sicherheitsallianz mit den Vereinigten Staaten und stärkte die allumfassende Autorität des Obersten Gerichts Israels.

Innenpolitisch gab es keine Säuberung. Begin bat sogar zwei Männer mit starken Bindungen an die Arbeiterpartei – Schin-Bet-Chef Abraham Achituv und Mossad-Direktor Jitzchak Chofi –, ihre Jobs weiter zu versehen. »Für uns war das sehr befremdlich«, sagte Chofi. Die Arbeiterpartei war abgebrüht und pragmatisch, wenn es um das Militär und die Geheimdienste ging. »Für Begin jedoch«, so Chofi, »war die Armee etwas Heiliges.«[1]

In der Praxis bedeutete das, dass Begin dem Militär und den Geheimdiensten Blankovollmachten gab. Man hatte ihm als Oppositionsführer im Parlament nur sehr begrenzt Zugang zu den Geheimdienstkreisen gewährt, und so musste man ihm jetzt eine Menge beibringen. Doch auch nachdem er in die Grundlagen eingeführt worden war, beaufsichtigte er die Dienste bestenfalls oberflächlich. »Es war, als schwebte er 25000 Meter über uns«, sagte Nachum Admoni, der stellvertretende Chef des Mossad.[2]

Ohne Fragen zu stellen, unterzeichnete Begin alle Befehle zur gezielten Tötung (»Rote Blätter«), die der Mossad ihm vorlegte. Der Ministerpräsident bestand nicht einmal auf dem Standardverfahren, Besprechungen mit dem Mossad-Chef, in denen Sabotageaktionen und gezielte Tötungen gebilligt worden waren, von einem Referenten transkribieren zu lassen. Chofi fand das erstaunlich. »Rabin sprach die Aktion, die gebilligt werden sollte, vor einer Art innerem Kabinett an.« Dagegen genehmigte Begin Operationen »von Angesicht zu Angesicht, ohne dass ein Stenograf und ohne dass sein Armeereferent dabei gewesen wären. Ich sagte ihm, dass es wichtig sei, Dinge schriftlich festzuhalten.«

Die einzige Meinungsverschiedenheit zwischen Begin und seinen Geheimdienstchefs betraf die Prioritäten. Bei seiner ersten Besprechung mit Chofi äußerte er den Wunsch, dass der Mossad eine groß angelegte Kampagne gezielter Tötungen von auf freiem Fuß befindlichen Nazi-Kriegsverbrechern starte. »Ich sagte zu ihm«, so Chofi, »›Herr Ministerpräsident, der Mossad hat heute andere Missionen: solche, die die Sicherheit Israels jetzt und in der Zukunft betreffen, und für mich haben das Heute und das Morgen Priorität vor dem Gestern.‹ Er verstand das, aber es gefiel ihm nicht. Schließlich beschlossen wir, uns auf eine Zielperson – [Josef] Mengele – zu konzentrieren, aber Begin, ein sehr emotionaler Mensch, war enttäuscht.«[3]

Gleichzeitig verstand Begin jedoch Chofis Argument. »Im Unterschied zu anderen Israelis, die den Holocaust für eine einmalige, nie wiederkehrende historische Katastrophe hielten«, so Schlomo Nakdimon, ein prominenter israelischer Journalist, der Begin nahestand und ihm in seiner Zeit als Ministerpräsident als Medienberater diente, »war Begin zutiefst der Überzeugung, die Lehre des Holocausts laute, dass das jüdische Volk sich in seinem eigenen Land schützen müsse, um eine neuerliche Bedrohung seiner Existenz zu verhindern.«[4]

Begin stellte Jassir Arafat auf eine Stufe mit Adolf Hitler und hielt die Palästinensische Nationalcharta, die die Zerstörung des jüdischen Staates forderte, für *Mein Kampf II*. »Wir Juden und wir Zionisten werden aufgrund unserer Erfahrungen nicht den Weg einschlagen, den Staatsmänner in Europa und auf der ganzen Welt in den Dreißigern gegangen sind«, wetterte Begin am 9. Juli 1979 in einer Rede in der Knesset, in der er die deutschen und österreichischen Kanzler Willy Brandt und Bruno Kreisky angriff, weil sie Beziehungen zu Jassir Arafat unterhielten. »Wir nehmen *Mein Kampf II* ernst und werden alles in unserer Macht Stehende tun – und mit Gottes Hilfe wird es uns auch gelingen –, das Wahrwerden des Schreckens zu verhindern, den dieser Satanssohn [Arafat] angekündigt hat ... der Anführer einer abscheulichen Organisation von Mördern, wie es sie seit den Nazis nicht mehr gegeben hat.«

Seit 1974, als sich die Zahl der Terroranschläge in Europa verringerte, hatte Arafat besonderen Wert auf politische Anstrengungen auf der internationalen Bühne gelegt, diplomatische Anerkennung für die PLO zu erhalten und sich selbst als jemanden darzustellen, der bereit sei, mit Israel zu verhandeln. Mit Erfolg. Überall auf der Welt, auch in Europa, wurden gegen lautstarke Proteste seitens Israels offizielle und ostentative diplomatische Vertretungen der PLO eröffnet.[5] Auf dem Höhepunkt dieser Kampagne, im November 1974, trat Arafat vor der Generalversammlung der Vereinten Nationen auf und hielt eine Rede, die allgemein als relativ moderat aufgenommen wurde.[6]

Mehr noch, Arafats Bemühungen, als Befürworter einer politischen Lösung für den israelisch-palästinensischen Konflikt zu erscheinen, waren der Beginn eines Tauwetters in den Beziehungen zwischen der

PLO und den Vereinigten Staaten. Die israelischen Geheimdienste waren tief besorgt, es könnte zu einer Annäherung zwischen dem wichtigsten Verbündeten des Landes und seinem ärgsten Feind kommen. Ein vom AMAN im Dezember 1974 für den damaligen Ministerpräsidenten Rabin verfasstes Memorandum warnte, die Vereinigten Staaten hätten »ein Interesse daran, so viel Einfluss innerhalb der PLO zu gewinnen wie möglich, damit diese kein ausschließlich sowjetisches Bollwerk bleib[e]«. Über Außenminister Henry Kissinger, der als proisraelisch galt, hieß es in dem Memorandum: »Wir finden in seinen Worten keine absolute Verneinung der PLO, was die Zukunft betrifft.«[7]

Dass die Diplomatie der PLO ehrliche Absichten verfolge, davon waren Israels Geheimdienstgemeinde nicht überzeugt. Für den AMAN war sie nichts weiter als »ein Strategieentwurf für die Liquidierung Israels«. Während Arafat amerikanische Diplomaten umwarb und sogar erfahren durfte, dass man bei den Vereinten Nationen auf sein Wohl trank, verübten seine Leute weiter Anschläge auf israelische Bürger. »Arafat war das genaue Gegenteil seiner skurrilen Erscheinung. Er war eine Art Genie«, so Generalmajor Amos Gilad, lange Zeit eine prominente Figur im Militärgeheimdienst. »Er hatte zwei für Terroroperationen zuständige Stellvertreter, Abu Dschihad und Abu Ijad, aber außer bei einem einzigen Anschlag werden Sie keine direkte Verbindung zu Arafat finden. Es ist, wie wenn ein Zoowärter einen hungrigen Löwen freilässt und der Löwe jemanden frisst: Wer ist dafür dann verantwortlich? Der Löwe? Natürlich der Zoowärter. Abu Dschihad bekam prinzipielle Anweisungen und erledigte den Rest auf eigene Faust. Arafat wollte keine Berichte, nahm nicht an Planungsbesprechungen teil und genehmigte keine Operationen.«[8]

Arafats gewachsene Prominenz auf der Weltbühne führte zu einer scharfen Auseinandersetzung zwischen dem Mossad und dem AMAN über die Frage, ob er weiterhin ein sinnvolles Ziel von Attentaten sei. Brigadegeneral Jigal Pressler, damals Chef jener Abteilung des AMAN, die es mit den Zielen von Attentaten zu tun hatte, kämpfte leidenschaftlich dafür, Arafat oben auf der Liste stehen zu lassen: »Er ist ein Terrorist. An seinen Händen klebt jüdisches Blut. Er befiehlt seinen Leuten, weiter Terroranschläge zu verüben. Es muss alles getan werden, um ihn zu beseitigen.«[9]

Der Chef der Terrorabwehr beim Mossad, Shimshon Issaki, widersprach: »Arafat ist nach seiner Rede vor den Vereinten Nationen zu einer politischen Figur geworden. Er ist der Kopf der Schlange, aber die Welt hat ihm Legitimität verliehen, und wenn wir ihn töten, wird das zu unnötigen politischen Verwicklungen für Israel führen.«[10]

Die letztere Meinung behielt die Oberhand. Arafats Name wurde von der Todesliste gestrichen, und Wadi Haddads Name rückte an Nummer eins.

Nach dem Kommandounternehmen von Entebbe lebte Wadi Haddad 18 Monate lang sicher und sehr komfortabel in Bagdad und Beirut.[11]

Der Mossad hatte jedoch Bedenken, in arabischen Hauptstädten wie Bagdad, Damaskus und Beirut von Feuerwaffen Gebrauch zu machen, da das Risiko, gefasst zu werden, zu groß war. Daher wurde nach leiseren Methoden gesucht, das Attentat zu verüben, nach Methoden, die eine weniger sichtbare Signatur hinterlassen würden, damit der Tod auf eine natürliche Ursache, etwa eine Krankheit, oder auf einen Unfall, etwa einen Verkehrsunfall, zurückgeführt werden konnte. Sollte dann doch der Verdacht von Fremdeinwirkung entstehen und etwas unternommen werden, wären die Killer längst über alle Berge. Dagegen wäre bei einem Mord mit Feuerwaffen sofort klar gewesen, dass die Killer noch in der Nähe waren.

Der Mossad beschloss, sich seine tief reichende geheimdienstliche Infiltration von Haddads Organisation zunutze zu machen und Tsomet mit dem Job zu betrauen, Haddad zu beseitigen. Verüben sollte das Attentat Agent Schwermut, und zwar mit Gift. Schwermut hatte Zugang sowohl zu Haddads Wohnung als auch zu seinem Büro.

Am 10. Januar 1978 vertauschte er Haddads Zahnpastatube mit einer identisch aussehenden, die ein tödliches Gift enthielt. Entwickelt worden war dieses Gift nach eingehenden Forschungen im Israel Institute for Biological Research in Ness Ziona, südöstlich von Tel Aviv, einem der am strengsten bewachten Orte in Israel. Das 1952 gegründete Institut dient noch heute als Einrichtung, in der Israel seine streng geheimen defensiven und offensiven biologischen Kampfstoffe entwickelt. Jedes Mal, wenn Haddad sich die Zähne putzte, gelangte eine winzige Menge des tödlichen Gifts durch seine Mundschleimhäute in die Blutbahn. Sobald die allmählich größer werdende Menge in seinem Körper ein kritisches Maß erreicht hätte, würde sie tödlich werden.[12]

Haddad fühlte sich bald krank und wurde in ein irakisches Regierungshospital eingeliefert. Den Ärzten sagte er, dass er seit Mitte Januar nach Mahlzeiten unter schweren Bauchkrämpfen leide. Er habe keinen Appetit mehr und habe mehr als elf Kilogramm Gewicht verloren.[13]

Diagnostiziert wurde zunächst Hepatitis, später eine schwere Erkältung. Die Ärzte behandelten Haddad mit aggressiven Antibiotika, aber sein Zustand besserte sich nicht. Die Haare fielen ihm aus, und sein Fieber schoss in die Höhe. Die Ärzte in Bagdad waren ratlos.[14] Sie vermuteten, Haddad sei vergiftet worden. Arafat wies einen Referenten an, die Stasi anzusprechen, um sie um Hilfe zu bitten. Die Stasi hatte palästinensischen Terrororganisationen in den 1970er-Jahren schon Pässe, Geheimdienstinformationen, Unterschlupf und Waffen zur Verfügung gestellt. Erich Honecker und andere führende Politiker der DDR hielten Arafat für einen wahren Revolutionär, wie Fidel Castro, und waren bereit, ihm zu helfen.[15]

Am 19. März 1978 wurde Haddad nach Ost-Berlin geflogen und ins dortige Regierungskrankenhaus gebracht, ein renommiertes Hospital, das den Mitgliedern der Geheim- und Sicherheitsdienste vorbehalten war. Haddads Helfer hatten für ihn einen Kulturbeutel gepackt, in dem auch die Tube mit der tödlichen Zahnpasta enthalten war.

Geheimdienstmaterial, das den Mossad erreichte, nachdem Haddad das Flugzeug von Bagdad nach Berlin bestiegen hatte, bot Grund zur Zufriedenheit. »Haddad war absolut am Ende, als er in Deutschland ankam«, hieß es im Bericht von einer Führungsbesprechung bei Tsomet. »Fachleute vom Biologischen Institut sagen, er sei ein lebender Toter.«

Ins Krankenhaus aufgenommen hatte man ihn unter dem Pseudonym Ahmed Doukli, 41 Jahre alt, 1,68 Meter groß. Er war in der Tat in schlechter Verfassung: Blutungen an vielen Stellen, auch unter der Haut, darüber hinaus am Herzbeutel, an der Zungenwurzel, an den Mandeln, an den Pleurablättern und im Schädelinneren, außerdem große Mengen Blut im Urin. Die Knochenmarksfunktion war unterdrückt, was zu einer Verringerung der Zahl der roten Blutkörperchen in seinem Blut geführt hatte. Obwohl Haddad als privilegierter Patient behandelt wurde, verschlechterte sein Zustand sich weiter. Die Militärärzte, die besten Mediziner der DDR, machten jeden erdenklichen Test mit ihm: Blut, Urin, Knochenmark, Röntgen. Sie glaubten, er sei vergiftet worden, entweder mit Rattengift oder mit einem Schwermetall, vielleicht Thallium, konnten aber keinen physischen Beweis finden. Den Informationen zufolge, die Israel von einem Agenten in der DDR erreichten, hallten Haddads Schmerzensschreie durch das ganze Krankenhaus, sodass die Ärzte ihm immer größere Dosen von Beruhigungsmitteln und Sedativa verabreichten.

Wadi Haddad starb unter großen Qualen am 29. März 1978, zehn Tage nach seiner Ankunft in dem Ost-Berliner Krankenhaus. Wenig später erhielt Stasi-Chef Erich Mielke einen umfassenden Bericht, der auch die Ergebnisse einer von Prof. Otto Prokop von der Ost-Berliner Humboldt-Universität, einer der weltweit führenden Autoritäten auf dem Gebiet der forensischen Medizin, durchgeführten Autopsie enthielt. Prokop schrieb, die unmittelbaren Todesursachen seien »Hirnblutungen und Pneumonie infolge von Panmyelopathie« gewesen, wobei die Symptome und die Person, um die es sich handle, Raum für den Verdacht ließen, dass er einem Attentat zum Opfer gefallen sei. Was Haddad umgebracht haben könnte, wisse er aber nicht, gab Prokop in verklausuliertem forensischen Medizinerjargon zu.[16]

Zur Zeit seines Todes war Haddad Kommandeur einer Organisation, die sich von der, die George Habasch führte, vollkommen abgespalten hatte. Dennoch trauerte Habasch um das Ableben seines Gefährten, und er hatte keinen Zweifel, dass Israel dahintersteckte.

Nicht so der Mossad und die führenden Köpfe des israelischen Verteidigungsapparats. Sie waren außer sich vor Freude über den Erfolg der Operation. Einer der fähigsten und effektivsten Feinde war neutralisiert worden. Nicht weniger wichtig war, dass der Mossad fünf Jahre nach dem Lillehammer-Fiasko zu gezielten Tötungen zurückgekehrt war, und zwar mit einer überaus raffinierten Methode. Denkbar, dass der Ausdruck »Attentat mit schwacher Signatur« für einen Mord, der die Annahme einer natürlichen Todesursache oder eines Unfalls erlaubt, hier Eingang ins Vokabular des Mossad fand.

»Ich war sehr glücklich, als ich hörte, dass Haddad tot sei«, sagte Shimshon Issaki. Da Israel nie zugab, Haddad getötet zu haben, legte er Wert darauf, dass man seine Worte nicht als Bestätigung dafür nehme, »dass wir in den Fall verwickelt waren«, erklärte aber: »Jeder, an dessen Händen jüdisches Blut klebt, ist todgeweiht. Übrigens konnte Haddads Organisation ohne ihn nicht bestehen. Nachdem sie sich bereits von George Habaschs Organisation getrennt hatte, spaltete sie sich zwischen Haddads Stellvertretern und spaltete sich immer weiter, bis sie dahingeschmolzen war.«[17]

Nachdem Haddad beseitigt war, wandte sich der Mossad seiner nächsten Zielperson zu: Ali Hassan Salameh.

Warum Salameh sterben musste, ist umstritten. Die israelischen Geheimdienste glaubten, *er* habe das Massaker am israelischen Olympiateam in München geplant und durchgeführt, während Leute, die mit Salameh zusammengearbeitet haben, die Berechtigung dieses Vorwurfs energisch bestreiten. Wie auch immer, der Wunsch, ihn zu beseitigen, wurde wahrscheinlich noch gestärkt durch die Tatsache, dass der Versuch, ihn in Lillehammer zu ermorden, zum Fiasko geworden war – peinlich und rufschädigend wie kein zweites in der Geschichte des Mossad. Salameh selbst hatte durch Hohn auf den Dienst, der die norwegische Operation vermasselt hatte, Öl ins Feuer gegossen. »Als sie Bouchiki töteten, war ich in Europa«, hatte Salameh in einem Interview mit der libanesischen Zeitschrift *Al-Sajjad* gesagt. »Bouchiki war Angestellter in einem Schwimmbad. Sein Gesicht und sein Körperbau entsprachen nicht der Beschreibung meiner Person.« Gerettet hätten ihn, Salameh, »weniger [s]eine Fähigkeiten als vielmehr die Unfähigkeit des israelischen Geheimdienstes«.[18]

Dieses Interview wurde von der mit Geheimdienstinformationen aus offenen Quellen befassten Abteilung des AMAN an die Chefs der Geheimdienste verteilt – Harari hatte die Einheit gebeten, alles zu sammeln, was sie über Salameh finden konnte. »Keine Angst«, sagte er zu seinen Leuten, nachdem das Interview bei einer Caesarea-Besprechung vorgelesen worden war. »Sein Tag wird kommen.«[19]

Salameh stand zweifellos mit einer Reihe von Terrorakten sowohl gegen israelische als auch gegen arabische Ziele in Verbindung. Er selbst gab in seinen beiden Interviews zu, in Operationen des Schwarzen September involviert gewesen zu sein. Aber 1978 existierte der Schwarze September nicht mehr, und Salameh hatte eine Reihe von internen Funktionen in der Fatah übernommen und die Terroraktivitäten anderen überlassen. War Rache für das, was er in der Vergangenheit getan hatte, ein zureichender Grund dafür, ihn aus dem Spiel zu nehmen?

»Salameh zu töten diente zuallererst dazu, das Kapitel München abzuschließen«, sagte Jair Ravid, der damalige Kommandeur des für den nördlichen Bereich zuständigen Teils von Einheit 504, einer der Topexperten auf dem Gebiet von Anschlägen der PLO, die vom Libanon ausgegangen waren. »Unserer Meinung nach war er [in den späten 1970er-Jahren] kein Initiator von Terroranschlägen.«[20] Doch andere Caesarea-Agenten von damals hielten daran fest, dass Salameh als Kommandeur von Force 17 (Truppe 17) der PLO, Arafats Bodyguard-Einheit, weiterhin eine Bedrohung darstellte. »Wir dürfen nicht vergessen«, so ein Caesarea-Veteran, »dass Force 17 nicht nur Arafat schützte, sondern auch diverse terroristische Operationen durchführte.«[21]

Es gab aber noch ein tiefer liegendes Motiv.

Am 10. Juli 1978 berichtete Caesarea-Chef Mike Harari während einer hochrangig besetzten Besprechung beim Mossad, dass man »bedeutende Fortschritte« gemacht habe auf dem Weg zu dem Ziel, Salameh zu beseitigen. Daraufhin sagte David Kimche, der Chef von »Universum« (Tevel), jenem Mossad-Zweig, der für die Beziehungen zu den Geheimdiensten anderer Länder zuständig war, seine CIA-Kollegen hätten angedeutet, dass Salameh einer ihrer Agenten sei. »Sie haben nicht ausdrücklich gesagt, dass sie ihn schützen wollen, aber diese Frage muss auf den Tisch, und wir müssen überlegen, ob unsere Beziehungen zu ›Helga‹« – so der Spitzname des Mossad für die CIA – »unsere Einstellung zu Salameh ändern sollten.«[22]

Shimshon Issaki antwortete scharf: »Na und? Angenommen, er steht in Verbindung mit den Amerikanern. Diesem Mann klebt jüdisches Blut an den Händen. Er war in München involviert. Er arbeitet noch immer gegen uns. Es ist mir völlig egal, ob er amerikanischer Agent ist.«[23]

Tatsächlich war Salameh nicht nur irgendeine Quelle für die CIA: MJTRUST/2, wie er von seinen Führungsoffizieren in Langley bezeichnet wurde, war einer der wichtigsten Kontakte, die die CIA im Nahen Osten hatte. Außerdem agierte er mit Wissen und vollständiger Billigung von Jassir Arafat und diente als Kanal für den Informationsaustausch zwischen den Amerikanern und der PLO.

»Dominick«, ein hoher Mossad-Funktionär, der an der Jagd auf Salameh beteiligt war, sagt, der Mossad habe in den 1970er-Jahren immer wieder von der Tiefe der Verbindungen zwischen der CIA und Salameh erfahren. Der Mossad und die Ministerpräsidenten Rabin und Begin hätten in diesen Verbindungen »niederträchtigen Verrat von Seiten eines Bundesgenossen, einen Dolchstoß in den Rücken« gesehen.

Kai Birds Buch *The Good Spy* zufolge, einer autoritativen Biografie von Robert C. Ames, einem der cleversten Agenten der CIA im operativen Dienst im Nahen Osten, trafen sich Salameh und Ames zum ersten Mal 1969 im Café Strand in Beirut; später sollen sie sich dort in konspirativen Wohnungen der CIA getroffen haben. Ames habe der CIA berichtet, dass Arafat viel von Salameh halte.

Obwohl die PLO von den Vereinigten Staaten offiziell als Terrororganisation eingeschätzt wurde, wollte die CIA zu ihr einen geheimen Kanal aufrechterhalten. 1973 wurde dieser Kanal mit Kissingers Billigung zu einer zwar weiterhin geheimen, nun aber formellen Verbindung zwischen den Vereinigten Staaten und Arafat, die im Laufe der Jahre viele Begegnungen in Europa und in Beirut nach sich zog.[24] Die Verbindung blieb sogar bestehen, nachdem Salameh eine führende Rolle beim Schwarzen September übernommen hatte. Die Amerikaner hielten an ihr nicht deshalb fest, weil sie die Einschätzung des Mossad bezüglich Salamehs Rolle bei terroristischen Aktivitäten und seiner Verantwortung für diese nicht geteilt hätten, sondern sie hielten an ihr fest, *obwohl* sie sie teilten.

Salameh gab Ames gegenüber sogar zu, Mohammed Boudia, den Pariser Theaterbesitzer, der Agenten geschickt hatte, um ein Hotel in Israel in die Luft zu sprengen, für den Schwarzen September angeworben zu haben. Ames hielt das für eine »interessante Information« und brachte sogar Sympathie für die palästinensische Sache zum Ausdruck: »Ich bin mir der Aktivitäten unseres Freundes vollkommen bewusst«, schrieb er in einem Brief an den Mittelsmann, der die Botschaften zwischen ihm und Salameh überbrachte, »und obwohl ich nicht mit allem einverstanden bin, kann ich für die Überzeugung seiner Organisation, sie durchführen zu müssen, Sympathie empfinden.«

Ames tat alles, um Salameh davon zu überzeugen, dass die CIA »nicht darauf aus [sei], seine Organisation ›zur Strecke zu bringen‹: Entgegen seiner Überzeugung sind wir keine Kampfgemeinschaft, wie seine Gruppe es ist.« Ames versicherte ihn dessen immer wieder, auch um die Verbindung zu ihm am Leben zu erhalten: »Unser Freund sollte wissen, dass er noch immer Freunde in hohen Positionen hat und dass das auch für seine Sache gilt.«[25]

Der einzige Punkt, bei dem Ames es für angebracht hielt, Salameh zu ermahnen, war die Möglichkeit, dass der Schwarze September in den Vereinigten Staaten agieren könnte: »Seine Aktivitäten in Europa, die erschöpfend dokumentiert sind, und seine Pläne für Aktionen auf unserem Territorium, die wir sehr genau kennen, gnadenlos durchkreuzen und zur Beschämung seiner Organisation publik machen werden, sind die einzigen Punkte, in denen wir verschiedener Meinung sind.«[26]

Mit anderen Worten, solange Salameh so vorsichtig war, keinem Amerikaner etwas zuleide zu tun oder auf amerikanischem Boden zu agieren, konnte er weiter Anschläge auf andere Ziele verüben, ohne Vergeltungsmaßnahmen von Seiten der Vereinigten Staaten befürchten zu müssen. Ames ging sogar so weit, ihm folgendes Angebot zu machen: »Ich könnte ihm eine sichere Reise nach ... [einem] Ort in Europa arrangieren, wenn er es wünscht.«

Über den Mittelsmann von Ames und Salameh wurde auch ein Treffen zwischen dem stellvertretenden CIA-Direktor Vernon Walters und hohen Fatah-Funktionären am 3. November 1973 in Rabat, Marokko, arrangiert. Die Vereinbarung, die zwischen Ames und Salameh bestand, wurde auf diesem Treffen zur offiziellen Position: Die Fatah würde keinem Amerikaner etwas zuleide tun, und der geheime Kommunikationskanal würde offen bleiben.[27]

Ames war nicht in New York, als Salameh 1974 mit Arafat die UNO-Vollversammlung besuchte, aber er hatte den Aufenthalt organisiert und Begegnungen im Waldorf Astoria arrangiert. »Wir beobachteten, wie er [Salameh] Arafat in New York begleitete«, sagte Dominick. Es war eine Beleidigung, eine Wunde, »als hätten sie uns einen Finger ins Auge gebohrt«.[28]

Als Arafats Emissär versuchte Salameh zu erreichen, dass die PLO von den Amerikanern offiziell als einzige Repräsentantin der Palästinenser anerkannt wurde. Das gelang ihm zwar nicht, aber schon die Existenz des Kommunikationskanals war aus Arafats Sicht eine bedeutende Errungenschaft. Als Gegengabe lieferte Salameh Ames Informationen aller Art über Entwicklungen im Libanon und in der PLO und über Versuche der Rivalen der PLO, den Vereinigten Staaten zu schaden.

Zwischen Ames und Salameh war eine enge Freundschaft entstanden, die aufgrund von Ames' wachsendem Ansehen in der CIA allmählich auch Auswirkungen auf die Einstellung der amerikanischen Regierung zur PLO hatte. Nach dem Ausbruch des libanesischen Bürgerkriegs 1975, der Beirut zu einem Kriegsgebiet machte, ließ Salameh seine Männer die amerikanische Botschaft bewachen.[29] Die Israelis sahen zu und knirschten mit den Zähnen.[30]

Die Verbindung zu Salameh entsprang nicht Ames' Privatinitiative, obwohl der Amerikaner Israel gegenüber sehr kritisch eingestellt war, sondern sie war autorisiert: Sie war ein Projekt der gesamten CIA mit hoher Priorität. Ende 1976 ließ der Direktor der »Firma«, George H. W. Bush, Salameh via Ames eine offizielle Einladung nach Langley zukommen. Salamehs Besuch im Januar 1977 verband dann das Nützliche mit dem Angenehmen. Salameh sagte Ames, dass er »urlaubsreif« sei. Er hatte gerade eine ehemalige Miss Universum geheiratet, die libanesische Schönheitskönigin Georgina Rizk, und wollte ihr ihren Traum von einer Hochzeitsreise nach Hawaii und Disneyland erfüllen. Ames versprach, sich der Sache anzunehmen.

Die CIA organisierte die Reise, und ein hoher Beamter begleitete das Paar überallhin, auch in die Fahrgeschäfte des kalifornischen Freizeitparks. Rizk hatte jede Menge Spaß. Salameh hasste Disneyland, freute sich aber über das Geschenk, das er vom Einsatzoffizier der CIA, Alan Wolfe, erhalten hatte: ein prächtiges ledernes Schulterhalfter für seine Handfeuerwaffe.

Der von der CIA gestellte Begleiter des Paares, Charles Waverly, hat sich an den Besuch wie folgt erinnert: »Er [Salameh] wollte nur eines:

Austern essen, weil er sie für ein Aphrodisiakum hielt. Ich hatte das Zimmer neben den beiden im Hotel und bekam so am Abend immer den Erfolg mit.«[31]

Aufgrund der engen Beziehung, die zwischen den Geheimdienstkreisen Israels und Amerikas bestand, und aufgrund der allumfassenden Abhängigkeit Israels von den Vereinigten Staaten sah der Mossad davon ab, auf amerikanischem Boden zu operieren. Salameh wusste, dass er dort nicht bedroht war. Das bedeutete, dass das Paar richtig Urlaub machen konnte, ohne störende Leibwächter.

Doch normalerweise verließ Salameh Beirut kaum, und wenn er in der Stadt oder sonst irgendwo im Libanon unterwegs war, traf er sehr strenge Sicherheitsvorkehrungen: Er pflegte in einem Konvoi von mehreren Fahrzeugen zu fahren, in denen bewaffnete Leibwächter saßen; das Schlusslicht bildete ein Toyota-Pick-up, auf dem ein schweres Duschka-Maschinengewehr mit einem Kaliber von 22 mm montiert war.

Ames und seine CIA-Kollegen beeindruckte das nicht. Bird erwähnt in seinem Buch, dass Sam Wyman, einer der für Salameh in Beirut zuständigen Verbindungsoffiziere, diesen einmal gefragt habe: »Wie soll diese verdammte Kanone Sie schützen? Sie verrät doch jedem, wo Sie sind!« Salameh habe nur gelacht und gesagt: »Oh, sie ist gut.«[32]

Bird erwähnt auch, dass Salameh von der CIA Dutzende Warnungen erhalten habe, davon einige in sehr ernstem Ton, dass der Mossad hinter ihm her sei.

»Ich habe ihn gewarnt«, erinnerte sich Wyman. »Ich habe ihm gesagt: ›Sie Idiot, sie werden Sie kriegen, so, wie Sie in Beirut herumkutschieren. Es ist nur eine Frage der Zeit. ... Sie verletzen alle Grundsätze guter Geheimdienstpraxis. Die Israelis wissen, wer Sie sind, und sie wissen, was Sie getan haben. Sie sollten vorsichtig sein.‹«

Die CIA stellte Salameh sogar Geräte zur verschlüsselten Kommunikation zur Verfügung, um seine Sicherheit zu erhöhen, und erwog, ihm darüber hinaus einen gepanzerten Wagen zu schicken, um ihn vor den Israelis zu schützen.[33]

Dominick zufolge kann diese Beziehung nur so interpretiert werden: »Stellen Sie sich vor, wir, der Mossad, hätten eine geheime Beziehung zu Osama bin Laden aufgebaut: keine rein geschäftliche Beziehung, in der er als Spion für Geld arbeiten soll, sondern eine freundschaftliche Beziehung, fast wie zwischen Bundesgenossen, die Infos austauschen und sich gegenseitig Gefälligkeiten erweisen. Stellen Sie sich vor, wir hätten ihn eingeladen, unser Hauptquartier in Tel Aviv zu besuchen, hätten Kotaus vor ihm gemacht, Verständnis und Sympathie für den Anschlag auf die Twin Towers zum Ausdruck gebracht, hätten ihm gesagt, dass es okay sei, wenn er weiterhin amerikanische Botschaften in die Luft sprenge, solange er unsere verschone, hätten ihm und seiner Frau fürstliche Gastfreundschaft erwiesen und alles getan, um ihn vor den Navy SEALs zu schützen, die ihn töten wollen. Wie würde Amerika das wohl finden?«[34]

Schließlich kam der Mossad zu dem Ergebnis, dass es wichtig sei, »diesen Kanal dichtzumachen, um zu zeigen, dass niemand immun war – und um den Amerikanern einen Wink zu geben, dass man sich Freunden gegenüber so nicht verhielt«. Obwohl Ministerpräsident Begin von Mossad-Direktor Chofi über die Beziehung zwischen dem Libanesen und den Amerikanern informiert wurde, stimmte er der Empfehlung des Mossad zu, auf Salameh ein Attentat zu verüben.[35]

Im Juni 1978, drei Monate nach dem Tod Wadi Haddads, kam die Operation Maveer, »Flamme«, die Jagd auf Salameh, auf Touren. Zum ersten Mal seit der Operation »Frühling der Jugend« wollte die Caesarea jemanden in einem Ziel-Land töten, und zwar ganz »in Blau und Weiß«, das heißt durch eigene Leute, Israelis, »um sicherzustellen, dass der Job erledigt wird«, wie Harari sagt.[36] Ein für die Einheit 504 des AMAN arbeitender Agent mit Decknamen »Rummenigge« wurde beauftragt, Informationen über die Gewohnheiten des Opfers zu beschaffen.

Rummenigge war Amin al-Hadsch, Mitglied einer prominenten schiitischen Familie des Libanon und Kaufmann mit guten Verbindungen. Seine Anwerbung wurde erleichtert durch seinen Hass auf die Palästinenser und durch seinen Wunsch, seine Waren (darunter jede Menge illegale Drogen, wie manche behaupten) frei durch den Nahen Osten bewegen zu dürfen, auch durch Israel, ohne daran von der israelischen Marine gehindert zu werden. Rummenigge und sein Führungsoffizier trafen sich zumeist auf einem israelischen Raketenschnellboot vor der Küste des Libanon.

Al-Hadsch erfuhr von seinen diversen Quellen eine Unzahl von Einzelheiten über Salamehs Tagesablauf, etwa, dass er viel Zeit im Fitnessstudio und im Wellnesscenter des Continental Hotel in Beirut verbrachte und dass er mit Rizk eine gemeinsame Wohnung im vornehmen Snoubra-Viertel der Stadt hatte.[37]

Harari war erfreut. »Salameh war der geborene Playboy, eine prominente Figur in Beiruts glamouröser Oberschicht«, sagte er. »In solchen Kreisen ist es leicht, jemandes Bekanntschaft zu machen. Ich schickte meine Kämpfer los mit dem Auftrag, mit ihm in Kontakt zu treten.«[38]

Ein Caesarea-Agent reiste nach Beirut, mietete unter falscher europäischer Identität ein Zimmer im Continental und meldete sich im Fitnessstudio an. Das besuchte er täglich, und ab und zu begegnete er dort Salameh. Weil er wusste, dass Salameh ein lebhaftes Interesse an Luxusuhren und modischen Klamotten hatte, erschien er selbst in einem solchen Aufzug im Umkleideraum und rückte dem Palästinenser möglichst dicht auf die Pelle.

Eines Tages gratulierten einige andere Besucher des Fitnessstudios Salameh zu einem Preis, den Rizk am Vorabend auf einem Ball gewonnen hatte. Der Caesarea-Agent schloss sich an und begann ein Gespräch mit Salameh. »Es entstand eine Art Männerfreundschaft«, sagte Harari.

Die beiden freundeten sich also an und plauderten ab und zu miteinander. »Bei Begegnungen dieser Art geht es darum, die Zielperson den Kontakt herstellen zu lassen«, sagte eine Quelle, die in die Operation involviert war. »Sonst würde es verdächtig erscheinen, vor allem für eine Person, die, wie Salameh, gejagt wird.«[39]

Als der Caesarea-Agent nach Israel zurückgekehrt war, wurde ein Attentat auf Salameh »mit schwacher Signatur« erwogen, das etwa darin bestanden hätte, »seiner Zahnpasta oder seiner Seife oder seinem Rasierwasser etwas ›Medizin‹ zuzusetzen«, so Harari. Doch schien die Gefahr für den Agenten, sollte er entdeckt werden, zu groß.

Eine andere Möglichkeit, nämlich einen Sprengsatz in Salamehs Spind zu deponieren, wurde verworfen, weil durch die Explosion auch ein unbeteiligter ausländischer Bürger oder gar einer der zahlreichen Diplomaten, die Mitglied des Fitnessstudios waren, zu Schaden kommen könnte. Schließlich entschied sich Harari, die Idee, Salameh im Fitnessstudio oder in seinem Büro oder seiner Wohnung auszuschalten, aufgrund der strengen Sicherheitsvorkehrungen an diesen Orten ganz fallenzulassen.[40]

Stattdessen wählte er eine Lösung, die für den Mossad neu war: eine Bombe auf einer öffentlichen Straße, die ein bewegliches Ziel treffen würde. Salameh würde erledigt werden, während er durch Beirut fuhr, eskortiert von dem Toyota-Truck mit dem schweren Maschinengewehr und einem dritten Fahrzeug, einem Landrover, in dem die Leibwächter saßen. Irgendwo auf ihrem Weg würde ein großer Sprengsatz detonieren, wenn die drei Wagen vorbeifuhren, ausgelöst von einem unauffällig in sicherer Entfernung postierten Mossad-Agenten.

Jaakow Rehawi, ein ehemaliger NASA-Wissenschaftler, der vom Mossad als Leiter der Technologieabteilung angeworben worden war, konstruierte dafür eine Apparatur, mit der die Agenten die Durchführung der Operation üben konnten. Und zwar musste genau in dem Moment, in dem ein Wagenchassis auf Metallrädern, abgeschleppt mit hoher Geschwindigkeit von einem anderen Fahrzeug, einen bestimmten Punkt passierte, auf einen Knopf gedrückt werden. Es gab keine Explosion, sondern nur ein elektronisches Signal, das anzeigte, ob der Knopfdruck mit dem Vorbeifahren des Wagens genau synchronisiert worden war.

Agenten, die an diesem Training teilnahmen, erinnerten sich, dass Rehawi und zwei weitere Kollegen das richtige Timing nicht hinbekommen hätten. »Vielleicht lassen Sie es mich versuchen«, habe daraufhin eine anwesende Spezialistin für Analyse und Datenverarbeitung gesagt. Rehawi habe gönnerhaft gelächelt und ihr die Fernbedienung in die Hand gedrückt. Man ahnt, was kommt: Ihr Timing war perfekt, sogar mehrmals hintereinander. Am Ende hätten sie es mit Sprengsätzen und Schaufensterpuppen in dem Wagen versucht, und wieder sei das Timing dieser Frau perfekt gewesen.

»Solange Männer auf den Knopf drückten, lag Verzweiflung in der Luft«, so Harari, »aber nachdem die Spezialistin unter verschiedenen Lichtverhältnissen wieder und wieder erfolgreich gewesen war, erkannte ich, dass Frauen das anscheinend besser können, und traf eine entsprechende Entscheidung.« Eine Agentin mit Decknamen »Rinah« würde in Beirut auf den Knopf drücken. »Das war keine leichte Entscheidung«, so Harari. »Wir mussten alle Legenden ändern und etwas konstruieren, das zu einer Frau passen würde, die vielleicht stundenlang an einer Stelle mit Blick auf die Straße verharren müsste. Es genügte nicht, dass sie wusste, wie sie auf den Knopf drücken musste, denn Salameh ging nicht jeden Tag zur selben Zeit aus dem Haus. Manchmal war es notwendig, für nicht weniger als 18 Stunden wachsam zu sein, manchmal musste sie die Augen schließen oder pinkeln gehen. Es war nicht einfach.«

Rinahs bürgerlicher Name war Erika Chambers. Sie war 1948 in England geboren, als Tochter von Marcus Chambers, einem Ingenieur, der Rennwagen konstruierte und den größten Teil seines Lebens an Rennstrecken verbrachte, und seiner Frau Lona, einer Sängerin und Schauspielerin aus einer reichen tschechoslowakischen jüdischen Familie, die die meisten Mitglieder im Holocaust verloren hatte. Erika studierte in den 1960er-Jahren an der Universität Southampton, wo man sich besonders lebhaft an ihren wilden Fahrstil erinnerte. Sie reiste dann nach Australien und anschließend nach Israel, wo sie sich an der Hebräischen Universität für einen Master-Studiengang in Gewässerkunde einschrieb. Anfang 1973 wurde sie von einem Anwerber des Mossad kontaktiert. Die Idee, das Abenteuer mit dem zu verbinden, was sie als »wichtigen Beitrag zur Sicherheit des Staates« bezeichnete, gefiel ihr. Sie absolvierte alle Eignungstests, kam zur Caesarea und unterzog sich dann dem mörderischen Trainingsprogramm. Mitte 1975 verließ sie Israel, nahm eine falsche britische Identität an und fing an, Missionen im Ausland durchzuführen.[41]

Rinah wurde gemeinsam mit zwei Männern für das Attentat auf Salameh ausgewählt.[42]

Der komplexe Plan erforderte einmal mehr enge Zusammenarbeit mit den Spezialeinheiten der israelischen Armee, die jene Teile der Operation ausführen sollten, die der Mossad nicht ausführen konnte.

Rinah kam im Oktober 1978 in Beirut an und gab sich als Mitarbeiterin einer Nichtregierungsorganisation aus, die palästinensischen Waisen in einem Hort im Flüchtlingslager Tel al-Saatar helfen wolle. Sie lebte ungefähr zwei Monate in der Stadt, in denen sie gemeinsam mit einem anderen Agenten heimlich Informationen über Salamehs Wege sammelte. Anfang 1979 mietete sie eine Wohnung im siebten Stock eines Hochhauses in der Beka Street, von der aus sie Salamehs Wohnung sehen konnte. Am 16. Januar trafen unabhängig voneinander die beiden anderen Agenten in Beirut ein, der eine mit einem britischen, der andere mit einem kanadischen Pass.

Am 18. Januar überschritt ein Team der Sajeret Matkal im Araba-Tal südlich des Toten Meeres mit 100 Kilogramm Plastiksprengstoff und einem Zünder die Grenze zu Jordanien.[43] Auf der anderen Seite der Grenze wartete ein Agent der Einheit 504. Er verstaute Sprengstoff und Zünder in seinem Wagen und fuhr nach Beirut. Am 19. Januar traf er sich dort in einer Tiefgarage mit den beiden männlichen Agenten. Er sprach die Losung – zwei Worte auf Englisch –, worauf sie die verabredete, ebenfalls aus zwei Worten bestehende Antwort gaben. Dann übergab der Agent Sprengstoff und Zünder, verabschiedete sich und fuhr davon. Sein Part war erledigt.

Die beiden Zurückgebliebenen legten die Bombe in den Kofferraum eines VW, den sie zwei Tage zuvor gemietet hatten, schlossen den Zünder an und parkten den Wagen am Ende der Straße, in der Salameh wohnte.

Harari reiste selbst nach Beirut, um das letzte Stadium von Operation »Flamme« zu überwachen, denn einen weiteren Fehlschlag wie Lillehammer konnte er sich nicht erlauben. Den VW mit der Bombe möglicherweise für längere Zeit an einer vielbefahrenen Straße stehen zu lassen war problematisch, weil es den Verdacht eines Parkwächters erregen konnte. Die Lösung: »Wagen austauschen, wenn wir sicher waren, dass Salameh nicht vorbeifahren würde. Aber sicherzustellen, dass wir immer den richtigen Parkplatz behielten, war eine Operation für sich.«[44] Am 21. Januar 1979 verabschiedete sich Harari von Rinah und den beiden Männern und verließ das Land, damit so wenige Agenten wie möglich vor Ort waren.

Am nächsten Tag beendete Salameh kurz nach 15 Uhr das Mittagessen mit seiner Frau, gab ihr einen Abschiedskuss und verließ die Wohnung. Er stieg in seinen Chevrolet und machte sich um 15.23 Uhr auf den Weg zu den Büros von Force 17. Vor ihm, in dem Landrover, fuhren seine Leibwächter, hinter ihm fuhr der Toyota. Er war nur ungefähr 20 Meter gefahren, als sein Chevy auf gleicher Höhe mit dem VW war. Rinah drückte auf den Knopf. Eine gewaltige Explosion erschütterte Beirut, und der Chevrolet wurde zum Feuerball. Einer der beiden männlichen

Agenten, die das Geschehen aus der Entfernung beobachteten, berichtete seinen Freunden später, Salameh habe es noch geschafft, den Wagen in brennender Kleidung zu verlassen, sei aber dann zu Boden gestürzt. Er selbst habe mit zusammengebissenen Zähnen gemurmelt: »Stirb, Hurensohn! Stirb!«[45]

Abu Daud (Mohammed Udeh), der Kommandeur der Münchner Operation des Schwarzen September, der zufällig vorbeikam, lief zum Tatort und versuchte zu helfen. Er sah, dass ein großes Stück Metall in Salamehs Schädel steckte. Salameh wurde so schnell wie möglich ins Krankenhaus der Amerikanischen Universität gebracht, wo er auf dem Operationstisch verstarb.

Acht weitere Personen wurden bei der Explosion getötet: Salamehs Fahrer und zwei Leibwächter, drei unbeteiligte Libanesen sowie ein Deutscher und ein Brite.[46] Harari gab zu, dass eine Operation wie diese, die die Explosion eines großen Sprengsatzes in einem von Passanten wimmelnden Gebiet vorsah, in einem nichtarabischen Land nie genehmigt worden wäre.

Rinah und die beiden anderen Agenten warteten an einem Strand nahe Jounieh, nördlich von Beirut, auf ein mit Männern von Flottille 13 besetztes Schlauchboot, das sie gegen Mitternacht aufnehmen sollte. Sie selbst wurde von einem jungen Angehörigen des Marinekommandos ins Boot gehoben, der später Chef von Caesarea werden sollte: von »Holiday«, der sich auf einer seiner ersten Missionen befand. Das Schlauchboot fuhr zu einem Raketenschnellboot der israelischen Marine, das auf See wartete, und Stunden später war das Mordkommando in Haifa.[47]

Für die PLO war die Tötung Salamehs ein furchtbarer Schlag. »Ich habe sie gewarnt!«, rief Arafat wenig später mit großem Pathos in einem Fernsehinterview. »Ich habe meine Brüder gewarnt: Seid vorsichtig! Der Mossad wird uns jagen, einen nach dem anderen, Kommandeur nach Kommandeur.« Bei Salamehs Beerdigung durfte Hassan, sein Sohn, der den Namen seines Großvaters, des Kommandeurs der Palästinenser im Krieg von 1948, trug, mit einer AK-47 in den Händen auf Arafats Knien sitzen – genauso, wie es 25 Jahre zuvor sein Vater, bei der Trauerfeier für dessen Vater, gedurft hatte.

Frank Anderson, Chef der CIA-Residentur in Beirut, schrieb Hassan einen emotionalen Kondolenzbrief: »In Deinem Alter habe ich meinen Vater verloren. Heute habe ich einen Freund verloren, den ich mehr geachtet habe als viele andere Männer. Ich verspreche Dir, dass ich die Erinnerung an Deinen Vater in Ehren halten werde – und dass ich bereit sein werde, Dein Freund zu sein.«[48]

Der Mossad hatte das Kapitel Ali Salameh abgeschlossen, es war ihm aber nicht gelungen, die Verbindungen zwischen den Vereinigten Staaten und der PLO zu kappen. Robert Ames war sehr traurig über den Tod seines Freundes und gab sich große Mühe, eine Beziehung zu Hani al-Hassan aufzubauen, dem Mann, den die PLO als Salamehs Nachfolger bestimmt hatte. Ames vertrat nach dem Mord Positionen, die als propalästinensisch galten, und wurde zu einer Schlüsselfigur bei der Formulierung des Reagan-Plans, der die erste offizielle amerikanische Anerkennung des Rechts der Palästinenser auf einen eigenen Staat enthielt.

14 Eine Meute wilder Hunde

Etwa eine Woche bevor Wadi Haddad, durch das Gift des Mossad vor Schmerzen gekrümmt, in ein ostdeutsches Krankenhaus eingeliefert wurde, erfuhr der Schin Bet von einer seiner Quellen mit dem Decknamen »Hausmädchen«, dass sich ein PLO-Team auf einen Übergriff auf israelisches Gebiet vorbereitete. Amos Gilad von der AMAN-Einheit, die für palästinensischen Terrorismus zuständig war, traf sich in einer konspirativen Wohnung in Jerusalem mit Hausmädchen und verließ dieses Treffen äußerst besorgt: »Ich wusste, dass sie etwas Schreckliches vorhatten und dabei so viele Menschen wie möglich töten wollten.«[1]

Die Information, die durch Anzapfen der Telefone in den PLO-Büros auf Zypern bestätigt wurde, war sehr genau. Der Schin Bet kannte die Namen der Terroristen und die exakte Stelle am Strand von Damur im Libanon, wo sich ihr Stützpunkt befand. Man wusste, dass die Terroristen einen Angriff vom Meer aus planten und mit diesem Anschlag das Ziel verfolgten, die von Begin eingeleiteten Friedensgespräche mit Ägypten zu stören. Arafat und Abu Dschihad hatten die Aktion angeordnet, weil sie zu Recht fürchteten, dass ein Waffenstillstand zwischen Israel und Ägypten die Palästinenser im Regen stehen ließe, war doch Ägypten bislang ihr wichtigster Fürsprecher gewesen. Der Überfall war der PLO so wichtig, dass Abu Dschihad die Guerillakämpfer gemeinsam mit seinem Befehlshaber im Libanon, Asmi Zrair, persönlich unterwies.

Gilad entschied sich dafür, zuerst zuzuschlagen, um durch einen präventiven Angriff auf den Terroristenstützpunkt die Bedrohung von vornherein auszuschalten. Am 5. März 1978 führte das Marinekommando Flottille 13 die Operation »Glücklicher Mann« (Bar-Mazal) durch. Ziel war es, sämtliche Terroristen am Stützpunkt Damur zu eliminieren. Tatsächlich aber töteten sie nur diejenigen, die sich im Haus befanden, während jene, die sich in einem Gebäude in der Nähe aufhielten und nicht herauskamen oder das Feuer eröffneten, unversehrt blieben. Hausmädchen konnte auch darüber berichten.

Gilad verlangte, dass die Kommandos noch einmal zuschlagen und ihren Einsatz zu Ende bringen sollten, doch Verteidigungsminister Eser Weizmann sagte: »Vergessen Sie diese ganzen Angriffskommandos. Ich gehe morgen nach Washington, und so etwas würde meinen Besuch nur verderben.«[2]

Gilad widersprach vehement: »Abu Dschihad weiß inzwischen, dass wir wissen, dass er etwas vorbereitet. Das wird ihn anspornen, so bald wie möglich in die Gänge zu kommen. Es wird einen mörderischen Anschlag geben.«

Weizmann mochte recht damit haben, dass Schlagzeilen über eine israelische Militäraktion auf dem Hoheitsgebiet eines anderen Staates seinen ersten Besuch im Pentagon als Verteidigungsminister überschatten könnten, doch hatte seine Entscheidung einen hohen Preis.

Am 11. März 1978 um 14.30 Uhr landeten elf Fatah-Kämpfer am Strand südlich von Haifa in der Nähe des Kibbuz Maagan Michael, in einem Naturschutzgebiet umgeben von Fischzucht-Teichen, an denen Zugvogelschwärme auf ihrer Reise nach und von Afrika eine Rast einlegten. Die amerikanische Naturfotografin Gail Rubin machte gerade Bilder von den Vögeln, als das Überfallkommando auf sie stieß. Nach drei aufzehrenden und gefährlichen Tagen auf stürmischer See, während deren zwei Mitglieder ihrer Truppe ertrunken waren, befanden sich die Palästinenser am Rande der Verzweiflung. Sie waren weit hinausgetrieben worden, hatten die Orientierung verloren und dachten, sie wären auf Zypern gelandet. Als Rubin ihnen sagte, sie befänden sich in Israel, auf halbem Wege zwischen Haifa und Tel Aviv, waren sie erleichtert. Sie dankten ihr und erschossen sie.

Dann brachen die Angreifer in Richtung der Küstenstraße zwischen Haifa und Tel Aviv auf. Mit vorgehaltener Waffe kaperten sie ein Taxi, dann einen Bus und nahmen Fahrer und Passagiere als Geiseln. Sie befahlen dem Busfahrer, nach Süden in Richtung Tel Aviv zu fahren. Abu Dschihads Auftrag hatte gelautet, ein Hotel einzunehmen, doch mit Dutzenden von Geiseln in ihren Händen waren die Kämpfer in derartiger Hochstimmung, dass sie beschlossen, den Charakter der Operation zu ändern. Im Geheimbericht der Israelischen Verteidigungsstreitkräfte über die nachfolgenden Ereignisse heißt es: »Die Improvisation der Terroristen führte zu einer neuen Anschlagsmethode – ein beweglicher Angriff (über eine Strecke von über 50 Kilometern), der völlig überraschend kam und auf den die Sicherheitskräfte in keiner Weise eingerichtet waren.«

Die Terroristen schossen aus den Busfenstern auf Fahrzeuge auf der Straße und hielten einen anderen Bus an, dessen Insassen sie ebenfalls als Geiseln nahmen. Durch die neuartige Angriffsmethode »war es für die Sicherheitskräfte schwierig, die Situation zu deuten, sie jeweils aktuell einzuschätzen und die Initiative zu ergreifen, was sich auf Verlauf und Ergebnis des Zwischenfalls auswirkte«.

Der Polizei gelang es zwar, den Bus am nördlichen Stadtrand von Tel Aviv zu stoppen, doch führte die Situation zu einem unbeschreiblichen Chaos: »Der vorherrschende Faktor war, dass es an zentraler Kontrolle mangelte, sowohl bei den Terroristen, die sich durch Schüsse in alle möglichen Richtungen zu verteidigen suchten, als auch auf Seiten der Sicherheitskräfte.«[3]

Einer der Terroristen legte die Hand, in der er seine Pistole hielt, auf den Kopf der Tochter einer Geisel, Avraham Schamir. Schamir sah, dass der Mann verwundet war, und griff ihn an. Er schnappte seine Waffe und erschoss einen Terroristen, der vorn im Bus stand. Dann feuerte er drei weitere Schüsse auf einen anderen Terroristen ab. »Hinter Ihnen!«, warnte ihn eine weibliche Geisel. Schamir drehte sich um und sah, wie einer der Araber mit seiner Waffe auf ihn zielte. Beide feuerten gleichzeitig und verwundeten einander. Der mutige Schamir, der noch handlungsfähig war, sah, dass der Mann, dessen Waffe er ergriffen hatte, murmelnd und mit blutüberströmtem Gesicht auf dem Fußboden lag. In seiner Hand hielt er eine Granate mit gezogenem Splint. Schamir versuchte zu verhindern, dass er diese fallen ließ, was ihm jedoch nicht gelang, und die Handgranate rollte über den Boden. Er wollte die Explosion mit dem Körper des Terroristen dämpfen, was ebenfalls nicht viel brachte. Die Granate detonierte, und Schamir erlitt schwere Verletzungen an den Augen. Der Terrorist und fünf Geiseln wurden getötet. Durch die Explosion oder eine abgefeuerte Kugel geriet der Bus in Brand. Ein paar Terroristen und

Geiseln konnten entkommen, doch die meisten verbrannten bei lebendigem Leib.[4]

35 Israelis, 13 davon Kinder, kamen ums Leben, 71 wurden verletzt. Neun Terroristen starben. Einer wurde an Ort und Stelle festgenommen, einen anderen entdeckte man in einem Krankenhaus, wohin man die Opfer gebracht hatte. »Ich sehe ihn da liegen«, sagte Arieh Hadar, der Topvernehmer des Schin Bet, »leicht verwundet, mit einer Magensonde und einer intravenösen Infusion, wie er sich vor unseren Augen über uns lustig macht. Der Arzt begriff, was los war, kehrte uns den Rücken zu und sagte, ›Sie machen Ihre Arbeit und ich die meine‹. Wir zogen die Schläuche heraus. Er schrie ein bisschen vor Schmerz und begann sofort zu reden. ›Abu Dschihad schickte uns‹, sagte er.«

»Das Küstenstraßenmassaker«, wie es in Israel bald genannt wurde, gehört zu einer Handvoll terroristischer Anschläge aus den vielen Tausenden, die Israel in seiner Geschichte erlitten hat, die sich ins kollektive Gedächtnis eingebrannt haben. Verteidigungsminister Weizmann, voller Reue darüber, dass er einen Präventivangriff untersagt hatte, eilte nach Hause und befahl den Streitkräften eine groß angelegte Invasion des südlichen Libanon, die Operation »Litani«. Drei Tage nach dem Massaker überquerten israelische Panzer- und Fallschirmjägereinheiten die Grenze zum Libanon mit dem Ziel, so viele PLO-Kämpfer wie möglich zu töten, ihre Stützpunkte im Südlibanon zu zerstören und sie auf die Nordseite des Flusses Litani zu drängen, etwa 24 Kilometer nördlich der Grenze.

Mit dem Vorstoß wurden nur wenige dieser gesteckten Ziele erreicht. Etwa 300 PLO-Aktivisten wurden getötet, ihre Stützpunkte verwüstet und ihre Waffen beschlagnahmt. Daneben wurde die Interimstruppe der Vereinten Nationen im Libanon (UNIFIL) eingerichtet und im Gebiet stationiert sowie eine proisraelische, vorwiegend christliche Miliz gegründet, die Freie Libanon-Armee. Langfristig jedoch konnten all diese neuen Streitkräfte nicht verhindern, dass weiterhin Katjuscha-Raketen auf Israel abgefeuert wurden und PLO-Einheiten die Grenze übertraten.

Im Zuge der durch das Gemetzel an Zivilisten entfachten Rage töteten israelische Soldaten während der einwöchigen Operation »Litani« auch einige Gefangene und begingen Plünderungen. Erneut wurde Israel international scharf verurteilt.[5]

Weizmann begriff, dass groß angelegte Operationen im Libanon nicht mehr in Frage kamen. Operationen des Mossad wiederum erforderten monatelange Vorbereitungen: die Planung, wie man unter einer Tarnidentität in ein Ziel-Land gelangte, eine Tötung ausführte und ohne entdeckt zu werden wieder herauskam. Weizmann entschied sich daher für Präzisionsangriffe und gezielte Tötungen durch Spezialeinheiten – diese waren weniger kompliziert, schneller und erforderten keinerlei Tarnung, da sie von Kommandos in voller Kampfausrüstung durchgeführt wurden. Die Division, die für die meisten dieser Missionen ausgewählt wurde, war das Marinekommando Flottille 13.

Der Mann, den Weizmann mit den Operationen im Libanon betraute, war General Rafael »Raful« Eitan, der im April 1978 zum Stabschef ernannt wurde. Eitan, ein Bauer und Tischler, war ein harter Fallschirmjäger, der im Kampf keine Furcht kannte, und ein politischer Falke, der an die Strategie glaubte, »den Krieg gegen die PLO auf Seiten des Feindes zu führen, sie an ihren Hauptstützpunkten zu treffen«.[6]

Eitan sah sich nie an die Regeln politischer Korrektheit gebunden. Als Palästinenser im Westjordanland Steine warfen, schlug er der Knesset vor, dass dort neue jüdische Siedlungen errichtet werden sollten, bis die Araber nur noch »wie betäubte Käfer in einer Flasche herumrennen« könnten. Eine seiner ersten Amtshandlungen als Stabschef war es, zwei verurteilte Straftäter aus dem Militär zu begnadigen. Einer der beiden war »J.«, der Kriegsgefangenen-Vernehmer, durch dessen Verhörmethoden ein palästinensischer Terrorverdächtiger gestorben war und ein zweiter, der in den Nairobi-Plot verwickelt war, ins Krankenhaus eingeliefert werden musste. Der andere war Leutnant Daniel Pinto, der im Rahmen der Operation »Litani« zwei Gefangene gefoltert, ermordet und ihre Leichen in einen Brunnen geworfen hatte.[7]

Eitan, ein Bär von einem Mann, der nicht viele Worte machte, wandte sich kurz nach seiner Einsetzung zum Stabschef an die Marinesoldaten an ihrem Stützpunkt in Atlit. »Ihr, die Flottille 13, seid wie die Eier eines Priesters«, sagte er. »Sie werden nicht benutzt, aber es ist nett, dass sie da sind.« Er hielt einen Augenblick inne und blickte sich um, um sicherzugehen, dass auch jeder über seinen derben Scherz grinste. Dann wurde er ernst, räusperte sich und rückte mit der eigentlichen Botschaft heraus: »All das wird sich ändern.«[8]

Die Flottille 13 wurde Ende 1949 als geheime Kommandoeinheit gegründet. Ihre Aufgabe bestand darin, von See aus heimlich in Feindesland einzudringen und dort Sabotageakte oder gezielte Tötungen auszuführen. Das von den Gründern gewählte Motto spiegelte diesen Gedanken wider: »Wie eine Fledermaus aus der Dunkelheit, wie eine lautlos schneidende Klinge, wie eine Granate, die mit Tosen zerbirst.« Das Abzeichen der Einheit besteht aus Fledermausflügeln mit dem Emblem der israelischen Marine in der Mitte. Ihr 18-monatiges Ausbildungsprogramm ist so hart wie das der Sajeret Matkal, wenn nicht härter. Gegen Ende durchlaufen die Teilnehmer eine höllische Kriegsgefangenen-Simulation.

Zwischen 1978 und 1980 führte die Flottille 13 auf libanesischem Gebiet oder auf See insgesamt 23 Angriffe gegen die PLO durch. Bei diesen Operationen wurden etwa 130 Feinde getötet, Hunderte wurden verwundet sowie Waffen- und Munitionslager vernichtet. Manche Angriffe zielten darauf, ganze Terroreinheiten auszulöschen, die einen Anschlag in Israel planten. Andere richteten sich gegen Einzelpersonen, insbesondere gegen Abu Dschihads Männer.[9]

Unter Eitans Führung wurden alte Verhaltensregeln Schritt für Schritt unterwandert. Bei den Vorbereitungen für die gezielte Tötung von Abu Dschihads ranghohem Kommandeur Asmi Zrair, auf dessen Konto viele Anschläge gegen Israelis gingen, darunter jene im Hotel Savoy und auf der Küstenstraße, entdeckten Rummenigge und sein Informanten-Netzwerk, dass er von einem Flüchtlingslager in der Hafenstadt Tyros aus operierte und sich dort regelmäßig mit einem Assistenten in einem Strandcafé traf.

Am 5. August 1980 sollte ein Kommando mit Gummibooten zu einem einen Kilometer vom Strand entfernten Punkt fahren und dann unter Wasser zur Ufermauer vorstoßen, um dort Zrair und seinen Gehilfen mit Präzisionsgewehren zu eliminieren. Bei der letzten Besprechung befahl Eitan seinen Männern, an der Ufermauer einen Stolperdraht und einen Sprengsatz anzubringen, damit jeder Versuch, den Schützen nachzusetzen und das Feuer auf sie zu eröffnen, sofort unterbunden würde.

Ami Ajalon, Kommandeur der Flottille 13, widersprach. »Ich sagte zu ihm, ›Chef, wir werden keine Sprengfallen hinterlassen‹«, erinnerte sich

Ajalon. »›Kinder könnten vorbeikommen, vielleicht auch ein verliebtes Paar.‹ Doch Raful bestand darauf. Er versuchte nicht einmal, seinen Befehl zu rechtfertigen.«

Eitan ging sogar noch weiter. »Wenn ihr Zrair getötet habt, legt mit euren Maschinenpistolen eine Salve über den gesamten Pier, damit niemand das Feuer erwidern kann«, befahl er.

»Ich sagte zu ihm, ›Hör mal, wozu soll denn das gut sein?‹«, fuhr Ajalon fort. »Wen sollen wir beschießen? Sämtliche Zivilisten dort? Warum schickt man uns dann überhaupt, um einen Einzelnen auszuschalten? Schickt doch die Luftwaffe. Die werfen eine Ein-Tonnen-Bombe auf den Pier, und alles ist vorbei.«[10]

Eitans Befehle kamen jedoch nicht zum Tragen: Am Tag des Anschlags erwiderten an der Grenze stationierte Verteidigungsstreitkräfte einen Raketenbeschuss aus dem Libanon, indem sie das Flüchtlingslager in Tyros unter Beschuss nahmen. Aufgrund der Panik, die dort entstand, ging niemand auf einen Kaffee zum Hafen.[11]

Der Streit zwischen Ajalon und Eitan war jedoch Ausdruck einer neuen und problematischen Realität, die aus den israelischen Aktivitäten im Libanon heraus entstanden war. Wenn der Mossad PLO-Mitglieder in Europa ins Visier nahm, befolgte er eine strikte Politik zum Schutz unschuldiger Zivilisten. Mehr als ein Projekt wurde verworfen, weil dabei möglicherweise Zivilisten gefährdet worden wären. Befanden sich die Ziele jedoch in feindlichen Ländern und waren die unschuldigen Zivilisten Araber, saß der Finger am Abzug schon etwas lockerer. Obendrein mussten Mossad-Einsätze vom Ministerpräsidenten genehmigt werden, einem der Politik gegenüber verantwortlichen Zivilisten, der für gewöhnlich in gewissem Ausmaß an der Planung beteiligt war. Operationen des Militärs hingegen erforderten nur zum Teil eine Zustimmung auf politischer Ebene und auch erst dann, wenn sie innerhalb der Armee bereits ausgearbeitet waren. Selbst dann war die zustimmende Autorität in der Regel der Verteidigungsminister, nicht der Ministerpräsident. Übergriffe auf libanesisches Territorium wurden als Kriegshandlungen betrachtet – und im Krieg ist viel mehr erlaubt, insbesondere auf arabischem Boden. Die Frage kollateraler Opfer verlor so an Bedeutung.

Die Verhaltensstandards, die in dem korrupten und vom Bürgerkrieg gebeutelten Libanon herrschten, begannen auf die Israelis abzufärben, die zum Töten dorthin gingen, um ihre eigenen Bürger zu schützen. Eitan stand an der Spitze dieser Entwicklung, die er sogar noch förderte. »Rafuls Haltung war, dass es keine Rolle spielte, welche Palästinenser wir im Libanon töteten – ob sie nun Terroristen waren, Terroristen würden oder Terroristen zur Welt brachten«, sagte David Schiek, damals stellvertretender Kommandeur der Flottille 13.[12] »Einmal begleitete uns Raful auf dem Weg zu einem Einsatz in einem Raketenschnellboot, und ein Offizier fragte ihn, wie wir die Terroristen denn identifizieren sollten. Raful antwortete: ›Wenn sie keine Luftballons in der Hand haben, sind es Terroristen.‹« Ein anderer ehemaliger Marinekommandeur erinnerte sich an eine Operation, nach der der Armeesprecher berichtete, es seien »30 Terroristen getötet worden«. Tatsächlich aber hätten die Angreifer versehentlich einen Lastwagen unter Beschuss genommen; viele der Passagiere seien Frauen und Kinder gewesen.[13]

Es blieb nicht bei den zunehmend blutigeren Kommandoeinsätzen. Weizmann befugte Eitan, auch die Aktivitäten der im Libanon tätigen Geheimdiensteinheiten signifikant zu verstärken, insbesondere der AMAN-Einheit 504. In dem Chaos, das Ende der 1970er-Jahre im Libanon herrschte, war offenbar alles erlaubt. In mehreren Fällen gestattete die Einheit 504 ihren Agenten, Menschen ohne Genehmigung und sogar ohne Wissen der vorgesetzten Stellen zu töten. Im Dezember 1978 etwa verdächtigte ein Agent namens Muhammad Abdallah einen bestimmten Mann, dass dieser ihn beim Funken nach Israel gesehen hätte. »Noch in derselben Nacht starb dieser Mann eines natürlichen Todes, weil er ein Kissen verschluckt hatte«, sagte Jair Ravid, der den nördlichen Sektor der Einheit befehligte. In einem anderen Fall vom Juli 1979 drohte ein syrischer Spion namens Qasim Harasch, die israelischen Agenten auffliegen zu lassen. »Wir beriefen eine Sitzung des Sondergerichtshofs ein«, prahlte Ravid. »Ich war Richter, Staatsanwalt und Verteidiger, und wir verurteilten ihn einstimmig zum Tode, ohne das Recht auf Berufung.« Ein 504-Agent mit dem Decknamen »Der Brasilianer« erschoss Harasch. Daraufhin brachten 504-Agenten die Leiche nach Israel und begruben sie auf dem Friedhof für Feinde – mit dem Gesicht nach unten, als letzten Akt der Erniedrigung.[14]

Die israelischen Geheimdienste richteten eine dauerhafte Präsenz im Libanon ein, sowohl um Informationen über Arafat zu gewinnen als auch um die PLO zu destabilisieren. Mit energischer Unterstützung Begins schmiedeten sie eine geheime Allianz mit der Phalange, der Miliz der Maroniten im Libanon, der ärgsten Feinde der Palästinenser. Diese Christen verfügten über eigene Quellen und teilten ihre so gewonnenen Informationen mit Israel. Unter dem Schutz der Phalange gelang es dem Mossad, in der Nähe von Beirut einen eigenen Stützpunkt zu errichten. Militäroffiziere waren somit in der Lage, in den gesamten Libanon Kundschafter zu entsenden, die wichtige Informationen über die PLO und die syrischen Streitkräfte sammelten.[15]

Diese Partnerschaft hatte jedoch einen moralischen Preis. Die Phalangisten waren außerordentlich brutal, »eine durch und durch korrupte Mörderbande, die mich an ein Rudel wilder Hunde erinnerte«, sagte Usi Dajan, der Neffe von Mosche Dajan und damaliger Kommandeur der Sajeret Matkal.[16] Sie verzierten ihre Gürtel mit grausamen Kriegstrophäen – den abgeschnittenen Ohren ihrer getöteten Gegner. Sie brüsteten sich mit dem Massaker, das sie im August 1976 im palästinensichen Flüchtlingslager Tel al-Saatar – dem »Hügel des Thymians« – angerichtet hatten. »Tausend Palästinenser im Meer sind Umweltverschmutzung«, sagten die Phalangisten, beinahe als Kriegsmotto. »Aber fünf Millionen Palästinenser im Meer sind die Lösung.«

Die Phalangisten beschränkten ihre Brutalität nicht auf die Palästinenser. Ihr Hauptscharfrichter, ein von den Israelis ausgebildeter militanter Maronit namens Robert Hatem, sagte, er habe rund 3000 Menschen persönlich getötet oder deren Tötung überwacht. Die Phalangisten hatten ein altes Rinderschlachthaus im Beiruter Viertel Karantina in Beschlag genommen, wohin Gefangene gebracht wurden. »Von denen, die zum Verhör dorthin gebracht wurden, kam fast niemand mit dem Leben davon«, sagte Hatem. »Meistens schossen wir sie in den Kopf und warfen die Leichen in Kalkgruben – Syrer und Schiiten und Palästinenser und diese Hurensöhne, die Offiziere der libanesischen Armee. Alle, die uns töten wollten, töteten wir zuerst.«[17]

Hatem sagte, Offiziere des Mossad hätten lediglich der Tötung weniger Gefangener zugestimmt, darunter vier iranische Diplomaten, die man erst folterte, dann erschoss und in die Gruben warf. Doch auch die sonstigen Massaker der Phalangisten fanden eindeutig mit starker Rückendeckung der Israelis statt.

»Am Anfang unserer Beziehung zu ihnen nahm ich eine Tablette gegen Übelkeit und machte weiter«, sagte Reuwen Merhav, der die mit der Phalange in Verbindung stehende Mossad-Einheit leitete. »Weil der Feind meines Feindes mein Freund ist und sie uns wirklich gegen die PLO zur Seite standen. Doch je mehr Zeit verstrich, desto mehr gelangte ich zu dem Schluss, dass eine Zusammenarbeit mit solchen Leuten nur zur Katastrophe führen könnte.« Aus Protest gegen die fortgesetzte Kooperation mit der Phalange verließ Merhav den Mossad, doch die strategische Allianz des Geheimdienstes mit den Maroniten festigte sich weiter.[18]

Die Führer der Phalange schätzten Begins sentimentales Wesen genau ein und erkannten, wie sie sich seine Unterstützung sichern konnten. »Begin sah sich selbst als Retter der Unterdrückten, als Helfer von Menschen in Not«, sagte Mordechai Zippori, der unter Begin in der Irgun gedient hatte und seit jenen Zeiten eng mit ihm befreundet war. In Begins Regierung wurde er vom hohen Offizier der Streitkräfte schließlich zum stellvertretenden Verteidigungsminister. »Er war in der Geschichte des Nahen Ostens und der Handhabung bestimmter Dinge nicht besonders versiert und überzeugt, dass die Phalangisten eine westlich-christliche Minderheit wären und die PLO sie auslöschen wollte. Genauso, wie er uns sah, die Juden in Israel.«[19]

Zippori war der einzige Politiker in der Regierung, der dem Mossad und den Streitkräften widersprach und versuchte, sie und Begin davon zu überzeugen, dass »wir die Phalangisten nicht unterstützen und so in ihre Konflikte hineingezogen werden dürfen«. Doch es war vergebens. »Die Freuden der üppigen Bankette in Jounieh [dem Sitz des Phalange-Hauptquartiers] lullten die hohen Tiere in ihrem Urteilsvermögen völlig ein.«[20]

Trotz der vielen Leichen, die in Hatems Kalkgruben vor sich hin rotteten, gelang es den zahlreichen Milizen der PLO doch, ihre Positionen im Südlibanon zu festigen. Entlang der Grenze feuerten sie Granaten und Raketen auf Israel, und die Verteidigungsstreitkräfte reagierten mit

Artillerie- und Luftangriffen auf Palästinenserhochburgen. Im Laufe des Jahres 1979 waren beide Seiten in ein routinemäßiges und scheinbar endloses Muster verfallen, jeden Schlag mit einem Gegenschlag zu vergelten.

Kurz vor Mitternacht am 22. April 1979 landete ein Terrorgeschwader der von Abu Abbas angeführten PLO-nahen Gruppe in einem Schlauchboot am Strand von Naharija, einer zwölf Kilometer von der libanesischen Grenze entfernt gelegenen israelischen Stadt. Einer der vier Terroristen war Samir Kuntar, der damals 16½ Jahre alt war. Nachdem sie versucht hatten, in ein Haus einzubrechen, jedoch von Schüssen in die Flucht geschlagen worden waren, und nachdem sie einen Polizisten getötet hatten, der sie verhaften wollte, brachen die vier in das Haus der Familie Haran ein und nahmen den Vater, Dani, und dessen vierjährige Tochter Einat als Geiseln. Sie zerrten sie zum Strand, wo bereits ein Aufgebot von Soldaten und Polizisten auf sie wartete. Es kam zu einer Schießerei. Kuntar erschoss Dani, dann packte er Einat bei den Haaren und schmetterte ihren Kopf mit aller Kraft so lange gegen einen Felsen, bis sie tot war.

Danis Frau Smadar versteckte sich mit ihrer zweijährigen Tochter Jael in einem Kriechzwischenraum in ihrer Wohnung. Sie hielt dem Kleinkind den Mund zu, um zu verhindern, dass die Angreifer durch ihr Schreien auf sie aufmerksam würden. »Ich wusste, dass die Terroristen eine Granate in den Kriechzwischenraum werfen und uns töten würden, wenn Jael schrie«, schrieb sie in einem Artikel in der *Washington Post*, der die Welt auf die Gräueltaten des Terrorismus aufmerksam machen sollte. »Also hielt ich ihr den Mund zu und hoffte, dass sie genügend Luft bekäme. Als ich dort lag, erinnerte ich mich daran, dass mir meine Mutter erzählt hatte, wie sie sich während des Holocausts vor den Nazis versteckt hatte. ›Das ist genau dasselbe, was meiner Mutter geschehen ist‹, dachte ich.«[21]

In ihrer Panik drückte Smadar zu fest zu. Sie erstickte ihr kleines Mädchen.

Der Befehlshaber des Nordkommandos der Streitkräfte, Generalmajor Avigdor »Janosch« Ben Gal, traf kurz nach dem Ereignis am Tatort ein. Er sah Einats zerschmetterten Kopf, Jaels leblosen Körper und die vor Verzweiflung schreiende Smadar, die gerade begriffen hatte, dass sie alles, was ihr auf Erden lieb gewesen war, verloren hatte. »Man kann sich das Ausmaß dieses Grauens nicht vorstellen«, sagte Ben Gal. Bei der Beerdigung von Dani und seinen beiden Kindern zitierte Ministerpräsident Begin eine Zeile des israelischen Nationaldichters Chaim Nachman Bialik: »Satan hat für das Blut eines kleinen Kindes noch keine Rache ersonnen.«

Die grausamen Morde in Naharija wurden zu einem weiteren Meilenstein in der Eskalation des Konflikts zwischen Israel und der PLO hin zur totalen Kriegführung. Stabschef Eitan gab Ben Gal einen einfachen Befehl: »Tötet sie alle«, womit er sämtliche Mitglieder der PLO und alle mit der Organisation in Verbindung stehenden Personen im Libanon meinte.[22]

Eine solche Politik war von der israelischen Regierung nie genehmigt worden. Es bleibt strittig, in welchem Ausmaß Verteidigungsminister Weizmann, einst ein Kriegstreiber, inzwischen jedoch weitaus moderater, davon Kenntnis hatte. »Wir waren über viele laufende Angelegenheiten uneins«, beschrieb Eitan ihre Beziehung. »Ich war dafür, Vergeltungsmaßnahmen gegen die Terroristen im Libanon durchzuführen. [Weizmann] wechselte häufig seine Position ..., um die öffentliche Meinung abzubilden und innerhalb der Bevölkerung Zustimmung zu erhalten. Eser verstand die Araber einfach nicht. ... Sie begriffen Zugeständnisse als Zeichen von Schwäche und Kampfmüdigkeit. ... Eser akzeptierte meine Meinung nicht und ich nicht die seine.«[23]

Mit Eitans Segen ernannte Ben Gal jenen Mann, den er als »Topspezialist der Streitkräfte für Spezialeinsätze« bezeichnete, jenen Mann, der schon vor zehn Jahren den Terrorismus im Gazastreifen unterdrückt hatte, Meir Dagan, zum Befehlshaber einer neuen Einheit, die unter dem Namen Region Südlibanon (RSL) bekannt wurde. Dagan wurde zum Oberst befördert, und Ben Gal begab sich mit ihm auf eine der Anhöhen, die den Südlibanon überblicken. »Von jetzt an sind Sie hier der Herrscher«, sagte er zu ihm. »Tun Sie, was immer Sie wollen.«[24]

Ben Gal und Eitan definierten nur ein einziges Ziel für Dagan: einzuschüchtern, abzuschrecken und unmissverständlich klarzumachen, dass Israel nun offensiv vorging und nicht nur reagierte oder sich verteidigte.

Auf der ersten Stufe verdeckter Aktivitäten bedeutete dies, PLO-Stützpunkte im gesamten Südlibanon sowie die Häuser von Einwohnern anzugreifen, die den Terroristen halfen und ihnen Unterschlupf boten, bevor sie zu ihren Operationen gegen Israel aufbrachen.

Auf der Grundlage dieser Anweisung handelte Dagan, wie es ihm gefiel. Im RSL-Hauptquartier in Mardsch Uyun errichtete er mithilfe einiger Geheimdienst- und operativer Mitarbeiter eine Geheimorganisation, die ihm direkt unterstand. »Ich ließ ihm bei seinen geheimen Operationen vollkommen freie Hand«, sagte Ben Gal. »Meir liebte die geheime Kriegführung in kleinem Maßstab, im Schatten und an finsteren Orten, Spionageaktivitäten und Verschwörungen, klein oder groß. Das ist seine Stärke. Er ist ein sehr tapferer, sehr kreativer, sehr eigensinniger Kerl, der bereit ist, gewaltige Risiken in Kauf zu nehmen. Ich wusste, was er tat, aber ich ignorierte es. Manchmal muss man eben wegsehen.«[25]

David Agmon war Stabschef des Nordkommandos und einer der wenigen, die über Dagans Geheimoperationen Bescheid wussten. »Ziel war es, unter den Palästinensern und den Syrern im Libanon Chaos zu verursachen, ohne den israelischen Fingerabdruck zu hinterlassen, ihnen den Eindruck zu vermitteln, dass sie dauerhaft angegriffen wurden, und sie dadurch zu verunsichern«, sagte er.[26] Um keine israelischen Fingerabdrücke zu hinterlassen, warben Dagan und sein Team libanesische Einwohner, Christen und schiitische Muslime an, denen Arafat verhasst war und die darüber erzürnt waren, wie die Palästinenser mit dem Libanon und dessen Bevölkerung umgingen, als gehörte das Land ihnen. Mit diesen »Einsatzkommandos«, wie sie genannt wurden, begann Dagans RSL eine Reihe gezielter Tötungen und Sabotageaktionen im Südlibanon.

»Raful und ich genehmigten Missionen immer mit einem Augenzwinkern«, sagte Ben Gal. »Ich sagte dann: ›Raful, wir haben einen Job zu erledigen.‹ Darauf sagte er: ›Okay, aber nichts Schriftliches. Es ist nur zwischen dir und mir, persönlich. ... ich will nicht, dass es bekannt wird.‹ Wir handelten nicht durch die militärische Bürokratie, denn wir beide führten diese Aktionen aus und auch wieder nicht. Wir verwendeten sie [die Ortsansässigen] als Handlanger, als Erfüllungsgehilfen. Wir gaben ihnen die notwendige Motivation, den Christen und Schiiten und Sunniten, und spielten sie gegeneinander aus.«[27]

Die bei diesen Angriffen vorherrschende Methode bestand darin, Sprengstoff in Öl- oder Konservendosen zu verstecken. Da die Aktivität ohne offizielle Genehmigung der Streitkräfte erfolgte und vor dem Rest der Armee verborgen werden musste, bat Ben Gal das Sekretariat des Kibbuz Machanajim (wo er damals lebte) um Genehmigung, das dortige Metallwerk Dijuk zu nutzen. (»Selbstverständlich gaben wir ihm die Schlüssel und unsere volle Unterstützung«, hieß es aus dem Sekretariat. »Schließlich war er der Oberbefehlshaber. Er war für uns wie ein König.«)

Den Sprengstoff lieferte die Bomben-Entsorgungseinheit des Militärs, deren Kommandeur von Eitan angewiesen war, ohne Wissen um den Zweck zu kooperieren. Die Einheit war auf die Neutralisierung alten, nicht explodierten Materials spezialisiert – Raketen, Minen und Granaten, darunter auch Beutegut der Armee. Wenn man dieses verwendete, ließ sich die Wahrscheinlichkeit minimieren, dass eine Verbindung zu Israel offenkundig würde, sollten die Sprengkörper in Feindeshand fallen.[28]

»Wir gingen immer nachts dorthin«, sagte Ben Gal. »Meir und ich und die anderen Männer, mit dem Chefingenieur des Nordkommandos, der den Sprengstoff brachte, dann füllten wir diese kleinen Zylinder und verbanden die Zünder.« Die kleinen Zylinder wurden darauf in großen Rucksäcken verpackt, an Kuriere übergeben oder, wenn sie zu groß waren, auf Motorrädern, Fahrrädern oder Eseln transportiert. Bald explodierten die ersten Bomben in den Häusern von PLO-Kollaborateuren im Südlibanon und töteten sämtliche dort Anwesende. Auch PLO-Zweigstellen und Büros waren betroffen, meist in Tyros, Sidon und den umliegenden palästinensischen Flüchtlingslagern. Die Aktion verursachte gewaltige Sachschäden und kostete zahlreiche Menschenleben.[29]

Für Ben Gal und Dagan waren diese heimlichen Maßnahmen – die nächtliche Herstellung von Bomben in einem Kibbuz und die Anwerbung libanesischer Irregulärer – notwendig, um ihre Operationen nicht nur vor der PLO geheim zu halten, sondern auch vor ihrer eigenen Regierung und sogar vor ihren Kollegen in den Streitkräften. Sie hatten einen verdeckten und nicht genehmigten Feldzug auf fremdem Gebiet begonnen. Das Nordkommando erstattete dem AMAN Bericht, der für derartige Angelegenheiten eigentlich zuständig war, sowie der Einsatzabteilung des Generalstabs, der sie eigentlich genehmigen musste. »Wir hielten sie aber vollständig aus der Sache raus«, sagte Ben Gal. Dagan zufolge »mischte sich [der AMAN] die ganze Zeit ein. Sie begriffen nicht, was ein verdeckter Einsatz war und wie wichtig diese Aktivität war.«

Genauer gesagt, war der militärische Geheimdienst hinsichtlich der Bedeutung dieser nicht genehmigten Tötungen anderer Meinung. Der damalige Chef des AMAN, Generalmajor Jehoschua Saguj war ein vorsichtiger Mann, der die Wirksamkeit von Operationen, wie sie Dagan durchführte, bezweifelte. Er sah die Situation nicht in Schwarz und Weiß wie Eitan und warnte wiederholt davor, dass sich Israel in etwas verstricken könne, das allzu leicht außer Kontrolle gerate. »Ben Gal versuchte sogar, mich daran zu hindern, das Hauptquartier des Nordkommandos oder die Region zu besuchen«, erinnerte sich Saguj.[30]

»Es herrschte andauernd Streit mit dem Nordkommando«, sagte Amos Gilboa vom AMAN. »Sie übergingen uns, arbeiteten hinter unserem Rücken, und Janosch [Ben Gal] belog uns die ganze Zeit. Wir glaubten keinem dieser Berichte. Was das Ganze noch viel schlimmer machte, war, dass es mit Zustimmung des Stabschefs geschah, der die Aktivität vor dem Generalstab geheim hielt. Es war eine der hässlichsten Phasen in der Geschichte unseres Landes.«[31]

Ben Gal zufolge »erkannte [Saguj], dass etwas Unregelmäßiges vor sich ging«, und er versuchte, an Fakten zu gelangen. Saguj befahl seiner Feldsicherheitseinheit (»Geier«) – normalerweise dafür zuständig, dass Soldaten über unsichere Kanäle keine militärischen Geheimnisse preisgaben –, die Telefone des Nordkommandos anzuzapfen. »Mein Fernmeldeoffizier erwischte sie jedoch dabei, wie sie sich in meine Schaltzentrale einklinkten, und ich warf sie in den Bau«, sagte Ben Gal voller Stolz darüber, dass er die »Verschwörung« des AMAN aufgedeckt hatte.[32]

Ben Gal ließ zwischen seinem Büro in Nazareth und Dagans Kommandoposten an der nördlichen Grenze und im Libanon eine verschlüsselte Verbindung einrichten. »Das war das Erste, was er mir zeigte«, erinnerte sich Ephraim Sneh, damals ein höherer Offizier beim Nordkommando, als er schilderte, wie ihm Ben Gal erstmals von den geheimen Aktivitäten erzählt hatte. »Er zeigte auf diesen Apparat und sagte: ›Der funktioniert so, dass Jehoschua [Saguj] nicht mithören und mir der AMAN gestohlen bleiben kann.‹« Sneh sagte, dass Ben Gal und Eitan »mit ihrer Einstellung gegenüber Saguj recht hatten, der ein Spitzel war und jede echte Initiative im Keim zu ersticken versuchte«.[33]

Kurze Zeit später beschwerte sich Saguj bei Ministerpräsident Begin, Ben Gal habe Dagan angewiesen, die Leichen im Kampf getöteter Terroristen mit Sprengsätzen zu versehen, um auch deren Kameraden zu beseitigen, wenn diese die Leichen bergen wollten. Daraus schloss Ben Gal, dass es dem AMAN offenbar gelungen war, sein verschlüsseltes Telefon anzuzapfen.

»Damals blieb uns nichts anderes übrig«, sagte er. »Um unsere Geheimnisse zu bewahren, mussten wir sämtliche Diskussionen persönlich führen.« Von Zeit zu Zeit, in der Regel einmal wöchentlich, fuhr Eitan also von Tel Adaschim, einem ländlichen Dorf, wo er lebte, in das nahe gelegene Hauptquartier des Nordkommandos in Nazareth, um sich mit Ben Gal zu treffen und die nächsten Schritte in ihrem Schattenkrieg zu planen.[34]

Trotzdem ließ sich nicht alles geheim halten. Anfang 1980 informierten mehrere Elemente innerhalb der Streitkräfte – allen voran Saguj – den stellvertretenden Verteidigungsminister Zippori darüber, dass Ben Gal verbrecherische Operationen im Libanon durchführte. Sie wandten sich an ihn, weil sie wussten, dass er der einzige Politiker war, der öffentlich auszusprechen wagte, was im Libanon vor sich ging. »Sie berichteten von den Explosionen im Libanon und sogar davon, dass Janosch von unseren Truppen eingenommene Straßen vermint, um es so aussehen zu lassen, als steckte die PLO dahinter.«[35]

Im Juni erfuhr Zippori, dass bei einer Operation zwei Monate zuvor Frauen und Kinder ums Leben gekommen waren. Auf einer Hauptstraße im westlichen Sektor des Südlibanon hatte man eine Autobombe gezündet, um PLO-Mitglieder zu eliminieren. »Raful hatte an höherer Stelle keine Genehmigung angefordert, weil wir fürchteten, dass so etwas keine Zustimmung fände«, sagte Ben Gal. Sowohl in den internen Armeeberichten als auch öffentlich behauptete das Nordkommando, die Operation gehe auf das Konto einer lokalen südlibanesischen Miliz, was zwar vorstellbar, tatsächlich aber vollkommen unwahr war.

»Einem Fahrzeug gelang die Flucht«, sagte Ben Gal. »Zwei Fahrzeuge fingen Feuer und explodierten. Kann ich Ihnen berichten, dass irgendwelche hohen Tiere dabei waren? Nein, leider nicht. Aber wir knipsten ein paar Kämpfer aus.«[36]

»Ich fand das eine schreckliche Sache«, sagte Zippori. Er verlangte von Begin, der seit Weizmanns Rücktritt im Mai den Posten des Verteidigungsministers innehatte, Ben Gal und Dagan aus der Armee zu werfen. »Menachem, wir sind ein souveräner Staat. Alles, was die Armee tut, kann sie nur mit Bewilligung durch das Kabinett tun. Und wenn im Kabinett eine solche Sache diskutiert würde, würde ich meine Meinung zum Ausdruck bringen. Sie ist aber nicht diskutiert worden, und niemand hat sie genehmigt.«

Ben Gal wurde nach Tel Aviv in das Büro des Verteidigungsministers bestellt, wo ihn Begin, Zippori, Eitan und Saguj erwarteten. »Sie führen nichtautorisierte Aktionen im Libanon durch, bei denen Frauen und Kinder getötet worden sind«, beschuldigte ihn Zippori.

»Nicht korrekt«, erwiderte Ben Gal. »Vier oder fünf Terroristen wurden getötet. Wer fährt morgens um zwei in einem Mercedes im Libanon herum? Nur Terroristen.«

Zippori hielt sofort dagegen. »Der Chef des Nordkommandos muss abgesetzt werden, wenn er ohne Genehmigung des Generalstabs agiert«, sagte er. »Ich bin stellvertretender Verteidigungsminister und wusste von nichts. Sie, Herr Begin, sind Ministerpräsident und Verteidigungsminister und wussten von nichts. Der Stabschef wusste von nichts.«

Ben Gal machte kleine Bewegungen mit seiner Hand, mit denen er Eitan bedeutete, er solle sich nun erheben und sagen, dass alles mit seiner Zustimmung geschehen sei. Eitan aber, der begriff, dass er sich nicht selbst bezichtigen konnte, ignorierte ihn und spielte mit seiner Armbanduhr, die er abgenommen hatte und immer wieder hin und her wendete.

Schließlich sprach Begin. »General Ben Gal«, sagte er. »Ich möchte Sie als Offizier und auf Ihr Ehrenwort fragen: Haben Sie für diese Operation die Zustimmung eines Vorgesetzten erhalten?«

»Ja, Herr Ministerpräsident. Ich habe eine Genehmigung erhalten.«

»Ich glaube dem Chef des Nordkommandos«, sagte Begin. »Ein General der Armee würde nicht lügen. Die Angelegenheit ist abgeschlossen. Hiermit beende ich diese Sitzung.«[37]

War sich Begin bewusst, was um ihn herum vorging?

Zippori, der Begin immer noch als verehrenswürdigen Kommandeur und hochgeachteten Führer betrachtete, glaubte, dass die Militärleute den Ministerpräsidenten immer wieder hinters Licht geführt und seine romantische Haltung der Generalität gegenüber missbraucht hätten. Andere glaubten, dass der erfahrene Politiker Begin die Situation in vollem Umfang erfasst, es aber vorgezogen hätte, eine plausible Bestreitbarkeit der ungeheuerlichen Vorgänge aufrechtzuerhalten. Auf jeden Fall erkannten die Lamettaträger, dass es keinen Sinn hatte, den Ministerpräsidenten darum zu bitten, die Situation zu korrigieren.

Obwohl die internen Kämpfe zwischen dem AMAN und dem Nordkommando weitergingen und der AMAN von seinen Informanten im Libanon später von den Auto- und Esel-Bomben des Nordkommandos erfuhr, beschlossen sie schließlich, die Sache fallenzulassen. »Viele Operation wurden als geringfügig, sozusagen als taktisch betrachtet, also beschlossen wir, uns nicht mehr darum zu kümmern«, sagte Gilboa. »Wir sagten, vielleicht ist es besser, wenn wir nichts wissen, solange kein politischer Schaden entsteht. So in der Art wie: ›Lass die jungen Männer sich aufmachen zum Kampfspiel vor uns‹.«[38]

Das Zitat Gilboas stammt aus der Bibel (2. Samuel 2,14) und bedeutet etwa so viel wie »Lasst die Kinder ihren Spaß haben«. Ben Gals Zielpersonen waren PLO-Kämpfer auf niederer Ebene und seine Missionen wenig mehr als taktische Scharmützel. Niemand aus der PLO-Führungsriege war von seinem geheimen Krieg betroffen. Die Operationen, so sagte Ben Gal, seien für Dagan eine Art Spiel: »So wie er die Malerei als Hobby betreibt – und er malt recht gut –, so war es auch mit diesen Operationen. Sie waren Meirs Hobby.«

»Es war angenehm für mich, dass die Aktivitäten in einer Grauzone stattfanden«, fuhr Ben Gal fort. »Manchmal muss man nicht alles wissen. Es gibt Themen, bei denen man nicht so penibel zu sein braucht wie Zippori und die Wahrheit nicht bis zum letzten Schluss ergründen sollte. Wir ließen den Dingen ihren Lauf und wussten, wie wir Dagan Rückendeckung geben konnten, falls etwas schiefging. Ja, Dagan war ein wilder Kerl, aber ein wildes junges Pferd, das über die Zäune springt und sich bisweilen ein Bein bricht, ist besser als irgendein Maultier, dem man die Peitsche geben muss, bevor es zwei Schritte vorwärts macht.«[39]

Am 5. August 1981 ernannte Ministerpräsident Menachem Begin Ariel »Arik« Scharon zum Verteidigungsminister Israels. Begin empfand für den ehemaligen General große Bewunderung (er nannte ihn einen »ruhmreichen Armee-Kommandeur«, einen »internationalen Strategen«), wenngleich er hinsichtlich Scharons Aggressivität und seiner fehlenden Bereitschaft, die Autorität seiner Vorgesetzten anzuerkennen, ein wenig besorgt war. »Scharon ist es zuzutrauen, dass er die Knesset mit Panzern angreift«, hatte Begin zweieinhalb Jahre zuvor halb im Scherz gesagt.

Dennoch war Begin überzeugt, dass er der richtige Mann sei, um im Gefolge des Friedensvertrages mit Ägypten den Rückzug aus dem Sinai zu leiten, eine Aufgabe, die Scharon trotz einiger gewalttätiger Demonstrationen von Siedlern und der extremen Rechten ohne Blutvergießen bewältigte.

Gleichzeitig jedoch nutzte Scharon seine Machtstellung, um den Bau jüdischer Siedlungen im Westjordanland und im Gazastreifen voranzutreiben, die als besetzte Gebiete unter die Jurisdiktion des Verteidigungsministeriums fielen. Daneben entfachte er in der gesamten Verteidigungs-Führungsriege eine kämpferische, unternehmungslustige Stimmung. Scharon und Eitan, der in den 1950er-Jahren als Offizier in der ersten Fallschirmjägerbrigade der Streitkräfte unter Scharons Kommando gedient hatte, maßen dem Kampf gegen die PLO und den Angriffen auf ihre Stützpunkte im Libanon beide oberste Priorität bei. Daher befahlen sie dem Militär, mit der Planung einer großen Offensive zu beginnen.

»Scharons Pläne wurden uns nur nach und nach offenbart«, sagte Ephraim Sneh. »Zunächst befahl er uns, einen begrenzten militärischen Vorstoß [in den Libanon] vorzubereiten, und erst etwas später, Karten für eine groß angelegte Invasion zu zeichnen, die bis zur Straße Beirut–Damaskus reichen sollte.«

David Agmon, Stabschef des Nordkommandos, sagte, Scharon habe ihn später damit beauftragt, die Besatzung des gesamten Libanon und sogar von Teilen Syriens zu planen. »Es war uns klar, dass wir gar nichts wussten und die Regierung sogar noch weniger wusste als wir«, sagte Sneh.

Doch selbst Scharon erkannte, dass Israel nicht einfach im Libanon einmarschieren und Teile davon besetzen konnte. Im Juli 1981 vermittelte Präsident Reagans Sondergesandter für den Nahen Osten, Philip Habib, bei einem Waffenstillstandsabkommen zwischen Israel und der PLO auf libanesischem Gebiet. Scharon und Eitan sprachen sich nachdrücklich gegen das Abkommen aus, das der PLO nicht untersagte, *andernorts* Israelis anzugreifen, etwa in den besetzten Gebieten oder in Europa. Für Scharon stellte etwa eine Granate, die auf eine Synagoge in Paris geworfen wurde, einen Bruch des Waffenstillstands dar. Darüber hinaus betrachteten Begin und Scharon Arafat als verantwortlich für jeden Akt eines jeden Palästinensers überall auf der Welt, selbst wenn er zu einer nicht mit der PLO in Verbindung stehenden Organisation gehörte. Der Rest der Welt sah das Ganze jedoch anders, und Habib machte den Israelis unmissverständlich klar, dass die Vereinigten Staaten eine Invasion des Libanon nur als Reaktion auf eine massive Provokation durch die PLO unterstützen würden.

Zu Recht glaubte Scharon, dass an jedem Tag, der friedlich verging, Arafat und seine Leute Zeit gewännen, ihre Position im Libanon zu festigen und ihre militärische Bereitschaft dort zu verbessern.[40] Er beschloss, das Ganze etwas zu beschleunigen, um seinen Plan ausführen zu können und Dagans Geheimapparat im Nordkommando zu aktivieren. »Ziel der zweiten Phase dieser Aktivitäten war es, in den Palästinensergebieten Tyros, Sidon und Beirut derartiges Chaos anzurichten, dass ein hieb- und stichfester Vorwand für eine israelische Invasion entstand«, erklärte Sneh.[41]

Außerdem stellte Scharon Rafi Eitan als persönlichen Gesandten ab, der ein Auge auf die heimlichen Aktivitäten im Norden haben sollte. Eitan – der Templer-Mörder von Tel Aviv, der Eichmann gefasst und Operationen gegen die deutschen Wissenschaftler in Ägypten befehligt hatte – hatte die Organisation beleidigt verlassen, als er bei der Neubesetzung des Chefpostens übergangen wurde. Im Jahre 1981 diente er als Anti-Terror-Berater des Ministerpräsidenten und Kopf des Lakam, eines Spionagedienstes des Verteidigungsministeriums, der vorwiegend mit Militärtechnologie befasst war.

Mitte September 1981 explodierten in den palästinensischen Vierteln Beiruts und anderer libanesischer Städte regelmäßig Autobomben. Eine detonierte am 1. Oktober im Viertel Fakhani in Beirut. Insgesamt kamen 83 Menschen ums Leben, 300 wurden verletzt, darunter viele Frauen, die von einem Feuer in einer PLO-eigenen Textilfabrik eingeschlossen wurden. Ein anderer Sprengsatz explodierte in der Nähe des PLO-Hauptquartiers in Sidon, wobei 23 Menschen getötet wurden. Allein im Dezember 1981 kam es in der Nähe von PLO-Büros oder in Gebieten mit dichter palästinensischer Bevölkerung zu 18 Bombenattentaten, bei denen die Sprengsätze in Autos, auf Motorrädern, Fahrrädern oder Eseln detonierten und zahlreiche Menschen das Leben kosteten.[42]

Eine neue und bis dato unbekannte Organisation, die sich »Front zur Befreiung des Libanon von Ausländern« nannte, übernahm für all diese Zwischenfälle die Verantwortung. Inzwischen wurde der Sprengstoff in Waschpulverbeutel verpackt, damit bei einer Straßenkontrolle alles harmlos wirkte. In manchen Fällen setzten die Israelis auch Frauen ans Steuer, um die Wahrscheinlichkeit, dass die Fahrzeuge auf dem Weg ins Zielgebiet gestoppt wurden, weiter zu minimieren.

Die Autobomben wurden von der Sondereinsatztruppe der Streitkräfte, Maarach Ha-Mivtsaim Ha-Mejuchadim, entwickelt. Dabei kam auch eine der ersten Generationen von Drohnen zum Einsatz. Diese Drohnen übertrugen ein Signal, das den Detonationsmechanismus der jeweiligen Vorrichtung auslöste. Einer von Dagans Agenten vor Ort fuhr den Wagen unter Luft- oder Landüberwachung zum Zielort, stellte ihn dort ab und ging. Wenn die Beobachter den Augenblick abgepasst hatten, auf den sie gewartet hatten, drückten sie einen Knopf, und das Auto explodierte.

Scharon hoffte, dass diese Operationen Arafat zu einem Angriff auf Israel provozieren würden, auf den er dann mit einer Invasion des Libanon reagieren könnte, oder wenigstens zu einem Vergeltungsschlag der PLO gegen die Phalange, woraufhin Israel den Christen mit geballter Kraft zu Hilfe eilen könnte.

Die »Front zur Befreiung des Libanon von Ausländern« begann auch syrische Einrichtungen im Libanon anzugreifen und bekannte sich sogar zu Operationen gegen Einheiten des israelischen Militärs. »Mit Aktivitäten gegen unsere eigenen Streitkräfte hatten wir nie etwas zu tun«, sagte Dagan, »aber die Front übernahm die Verantwortung, um Glaubwürdigkeit zu schaffen, als würde sie gegen sämtliche ausländischen Kräfte im Libanon vorgehen.«

Jassir Arafat ließ sich von solchen Tricks jedoch nicht täuschen. Er bezichtigte den Mossad, hinter den Anschlägen und hinter der Front zu stehen. Das war allerdings auch nicht ganz zutreffend. Der Mossad war vielmehr vehement gegen das, was Ben Gal und Dagan taten.

»Mit Scharons Rückendeckung geschahen schreckliche Dinge«, sagte ein damaliger Mossad-Offizier. »Ich bin kein Vegetarier, und ich befürwortete und beteiligte mich sogar an einigen der von Israel durchgeführten Anschläge. Aber hier sprechen wir von Massenmorden um des Tötens willen, um auch innerhalb der Zivilbevölkerung Chaos und Panik zu stiften. Seit wann schicken wir denn mit Bomben bepackte Esel auf Marktplätze?«[43]

Ein anderer Mossad-Mitarbeiter, der damals im Libanon war, sagte: »Ich sah aus einiger Entfernung, wie eines der Autos hochging und eine ganze Straße verwüstete. Wir zeigten den Libanesen, wie wirkungsvoll eine Autobombe sein konnte. Alles, was wir später bei der Hisbollah sahen, rührte daher, was sie bei diesen Operationen beobachtet hatten.«[44]

Dagan und Ben Gal wehrten sich strikt dagegen, dass die »Front« jemals beabsichtigt habe, Zivilisten zu schädigen. »Die Ziele waren durchweg militärische Ziele«, so Ben Gal.[45] Dragan sagte, es habe keine Alternative zum Einsatz von Handlangern gegeben. »Ich bin bereit, zahllose Tränen am Grabe eines Libanesen zu vergießen, der auf einer Mission für uns getötet wurde, solange keines Juden Leben gefährdet wird.« Er fügte hinzu, dass der Einsatz von Söldnern jedoch auch seine Nachteile gehabt habe. »Man kann ihm Sprengstoff geben und sagen, dass er damit irgendwo ein PLO-Hauptquartier in die Luft jagen soll, aber er hat selbst auch ein paar offene Rechnungen und jetzt außerdem eine Bombe, um diese zu begleichen. Manchmal passierte es also, dass die Dinger woanders hochgingen.«[46]

Arafat erkannte, dass Scharon die Palästinenser dazu verleiten wollte, den Waffenstillstand zu brechen, damit er seine Invasion starten könnte. Der PLO-Chef bemühte sich daher nach Kräften, dieses Spiel nicht mitzuspielen, und es gelang ihm teilweise sogar, die Gewalt in den besetzten Gebieten zu beenden. Angesichts dieser palästinensischen Zurückhaltung beschlossen die Führer der »Front«, eine Stufe höher zu gehen.

Scharon hatte Arafat wieder auf die Gesuchtenliste gesetzt, von der er 1974 gestrichen worden war, als der Mossad zu dem Schluss gelangt war, er sei eine politische Figur und deshalb für Israel unantastbar. Ende 1981 begannen Ben Gal und Dagan zudem mit der Planung einer Operation, von der sie sich erhofften, sie würde den Lauf der Geschichte des Nahen Ostens verändern. Operation »Olympia«, benannt nach einem beliebten Restaurant in Tel Aviv, war der Plan, mit rund zwei Tonnen Sprengstoff beladene Lastwagen um ein Theater im Osten Beiruts herum abzustellen, wo die PLO im Dezember ein Festmahl abhalten wollte. Mit einer einzigen gewaltigen Explosion könnte man die gesamte PLO-Führung eliminieren. Die Idee wurde jedoch verworfen und »Olympia 1« zugunsten von »Olympia 2« ad acta gelegt. Diese drehte sich um ein VIP-Podium, das gerade in einem Beiruter Stadium gebaut wurde, wo die PLO am 1. Januar 1982 den Jahrestag ihres Bestehens feiern wollte. Darunter sollten israelische Agenten eine starke Sprengladung anbringen. Mit einem einzigen Knopfdruck ließe sich eine Massentötung ausführen.

Als mit der Umsetzung dieses Plans begonnen wurde, war Ben Gal bereits nicht mehr Chef des Nordkommandos. Scharon hatte kaum noch Verwendung für ihn. Der General, der Dutzende Palästinenser in die Luft jagen wollte und einen Geheimkrieg im Libanon geführt hatte, war in seinen Augen weichherzig und ließ es an Entschlossenheit vermissen. Im Dezember 1981 entließ er Ben Gal aus dem Nordkommando und ernannte jemanden, der mehr nach seinem Geschmack war – ein Schritt, der Scharons Pläne für den Libanon erahnen ließ.[47]

Zu jener Zeit lief die Operation »Olympia 2« an. Am 20. Dezember 1981 gelang es drei von Dagan angeworbenen Agenten, unter der Stelle auf dem VIP-Podium, wo die PLO-Führung sitzen würde, eine große Menge Sprengstoff anzubringen, versehen mit einer Fernzündvorrichtung. Zusätzlich hatte man an einem etwa fünf Kilometer von der Grenze entfernten Stützpunkt der Einheit drei Fahrzeuge vorbereitet – einen Laster mit anderthalb Tonnen Sprengstoff und zwei Mercedes-Karossen mit jeweils mehr als 250 Kilogramm. Diese Fahrzeuge sollten von drei schiitischen Mitgliedern der »Front zur Befreiung des Libanon von

Ausländern« nach Beirut gefahren und direkt hinter dem VIP-Podest an der Außenmauer des Stadions abgestellt werden. Die Sprengsätze sollten etwa eine Minute nach den Bomben unter dem VIP-Podest ferngezündet werden, wenn die Panik auf dem Höhepunkt war und die Überlebenden zu fliehen versuchten. Man rechnete mit Tod und Zerstörung »in bislang ungekanntem Ausmaß, selbst nach Maßstäben des Libanon«, wie es ein ranghoher Offizier des Nordkommandos ausdrückte.[48]

In einer Notiz, die Rafi Eitan bei einer Besprechung zu der geplanten Operation Ephraim Sneh zusteckte, stand: »Wenn das klappt, wird man uns [Israel] sofort als Schuldigen ausmachen.« Das war nicht in Angst geschrieben, sondern vielmehr voller Hoffnung, wie Sneh später sagte, denn: »Die PLO-Führer, die bei der Explosion im Stadion nicht ums Leben kämen, wüssten sofort, was sie zu tun hätten – nämlich, Israel anzugreifen und den Waffenstillstand zu brechen. Damit würden sie Scharon, der unbedingt in den Libanon einmarschieren wollte, endlich den Vorwand dafür liefern.«[49]

Alles lief nach Plan, doch dann bekam Saguj Wind davon, der seinerseits den stellvertretenden Verteidigungsminister Zippori darüber informierte, was im Gange war. »Wahrscheinlich werden sich ausländische Diplomaten mit Arafat auf dem Podest befinden, insbesondere Alexander Soldatow, der sowjetische Botschafter im Libanon«, teilte Saguj Zippori mit.[50]

Zippori war Scharon verhasst. Da er seinen Absichten stets misstraute, setzte er sich mit seinem alten Kommandeur aus der vorstaatlichen Untergrundorganisation Irgun in Verbindung – Begin. »Die Sache mit dem Botschafter an sich war schon schlimm genug«, sagte Zippori. »Schlimmer, viel schlimmer jedoch war, dass sie erneut solche Aktionen durchführten, ohne die Zustimmung des Kabinetts einzuholen.«

Früh am Morgen des 31. Dezember, einen Tag vor der geplanten Operation »Olympia 2«, erhielt Dagan einen Anruf von Stabschef Eitan. »Plötzlich höre ich, dass Scharon uns befiehlt, zum Ministerpräsidenten zu gehen, ihm unseren Plan vorzulegen und seine Einwilligung dafür einzuholen«, erinnerte sich Dagan. »Es war ein völlig verregneter Tag. Raful teilte uns mit, dass er aus Gründen der Geheimhaltung selbst ins Hauptquartier des Nordkommandos kommen werde, um mich dort abzuholen und gemeinsam mit mir zu Begin zu fliegen.«[51]

In Begins Büro starrte sie der Ministerpräsident durchdringend an. »Es heißt, es sei möglich, dass der sowjetische Botschafter mit auf der Tribüne ist«, sagte Begin.

»Das ist schlicht falsch«, sagte Dagan. »Es ist äußerst unwahrscheinlich, dass er oder andere ausländische Diplomaten anwesend sein werden.«

Begin fragte Saguj, was er denke. Saguj sagte, es sei wahrscheinlich, dass ein sowjetischer Diplomat der Veranstaltung beiwohne. »Wenn ihm etwas zustößt, geraten wir womöglich in eine sehr ernste Krise mit der UdSSR«, fügte er hinzu.

Jahre später ergänzte Saguj: »Als Chef des AMAN war es meine Pflicht, mich nicht nur um die operativ-militärischen Aspekte zu kümmern, sondern auch um den diplomatischen Aspekt. Ich sagte zu Begin, dass es unmöglich sei, einfach so ein ganzes Stadion [voller Menschen] zu töten. Und was würde am Tag nach einem solchen Massaker passieren? Die ganze Welt wäre gegen uns. Auch wenn wir nie die Verantwortung dafür übernähmen, würde das keinen Unterschied mehr machen. Alle wüssten, wer dahintersteckt.«[52]

Dagan, Eitan und Scharon versuchten Begin zu überreden, indem sie sagten, eine solche Gelegenheit werde sich nicht noch einmal bieten. Doch der Ministerpräsident nahm die Gefahr einer russischen Bedrohung ernst und befahl, die Operation abzubrechen.

»Am Ende zeigte sich freilich, dass ich recht hatte und kein sowjetischer oder sonst irgendein ausländischer Diplomat dort war«, sagte Dagan. »Aber was sollten wir machen? Der MP sagte abbrechen, also brachen wir ab. Es war ganz schön kompliziert, den Sprengstoff danach wieder herauszubekommen.«[53]

Rasch gab Begin grünes Licht für eine andere Operation, die nur ein geringes Risiko barg, Diplomaten oder Zivilisten zu treffen. Die Überwachung der höchsten PLO-Führer hatte ergeben, dass sie einmal im Monat an einem Freitag in einer Kolonne von sieben oder acht luxuriösen Mercedes-Karossen Beirut verließen und mit hoher Geschwindigkeit Richtung Syrien fuhren. Von dort ging es weiter nach Jordanien, wo sie ihre Führungstreffen abhielten. Das Ganze war Arbeit und Vergnügen zugleich, und Arafat schloss sich häufig der Delegation an.

Eines Abends Anfang Februar 1982 begab sich eine Gruppe Caesarea-Kämpfer zu einer der wichtigsten Kreuzungen, die die Kolonne allmonatlich passierte. Sie demontierten den Kasten einer Ampel und ersetzten ihn durch einen aus der technischen Abteilung des Mossad. Er enthielt eine Kamera, die Bilder an das Mossad-Hauptquartier schickte. Am Freitag, den 5. März, um 3 Uhr, wenige Stunden bevor die PLO-Kolonne normalerweise vorbeifuhr, traf an der Kreuzung eine andere, größere Caesarea-Gruppe mit einer großen Menge Sprengsätze ein, die sie in Gräben neben der Straße platzierte und mit einem Zündkabel zusammenschloss, das drahtlos mit dem Hauptquartier verbunden war. Plangemäß sollten die Mossad-Leute, wenn die Bomben installiert wären, den Ort verlassen und nach Israel zurückkehren. Die Kolonne würde von lokalen Agenten überwacht, sobald sie Beirut verlassen hätte. Wenn sie einen bestimmten Punkt passierte, der an einem Baum gekennzeichnet und in den gesendeten Bildern klar erkennbar wäre, würden die Bomben gezündet und die PLO-Führung liquidiert werden.

Alles ging gut bis zur Dämmerung. Dann sah ein örtlicher Polizeibeamter die beiden Autos, mit denen das israelische Team gekommen war, und die Männer, die neben den Fahrzeugen knieten. »Was machen Sie hier?«, fragte der Polizist auf Arabisch. »Wir haben bei einer Hochzeit schlechtes Essen bekommen«, erwiderte einer der Mossad-Agenten. »Jetzt ist uns allen schlecht. Wir haben gehalten, um unsere Mägen zu entleeren.« Zwei in der Gruppe hatten heimlich bereits ihre Pistolen gezogen und in Anschlag gebracht. Doch der Polizist beschloss weiterzufahren.

Die Männer fragten sich, ob er ihnen wohl geglaubt hatte oder ob er Verstärkung holen gegangen war. Das Hauptquartier beschloss, keinerlei Risiko einzugehen. Der Ministerpräsident und der Verteidigungsminister kamen überein, dass die Mission abgebrochen werden und das Team nach Israel zurückkehren solle. Erneut wurde strikt das eherne Gesetz befolgt, eine Operation eher abzubrechen, als die Gefangennahme von Geheimdienstmitarbeitern in Kauf zu nehmen.[54]

Was wäre wohl geschehen, wenn Begin Dagan gestattet hätte, mit Olympia fortzufahren, oder wenn der arabische Polizist nicht weitergefahren wäre? Die Geschichte hätte einen vollkommen anderen Lauf genommen, meinte Dagan. »Hätten sie uns gestattet, zu handeln, wäre die PLO-Führung matt gesetzt gewesen«, sagte er. »Wir alle hätten uns den Libanon-Krieg sechs Monate später und jede Menge anderer Schereien erspart.«

Mit Sicherheit lässt sich nichts sagen. Andere glauben, dass Scharon und Eitan selbst dann nicht zufrieden gewesen wären und dass sie eine groß angelegte Strategie zur Schaffung einer neuen Ordnung gehabt hätten, und zwar nicht nur im Libanon, sondern im gesamten Nahen Osten.

Einstweilen aber verhielten sie sich ruhig und warteten auf den unausweichlichen Vorwand für den Krieg.

15 »Abu Nidal, Abu Shmidal«

Jedes Jahr im Frühling lädt das britische Unternehmen De La Rue, Hersteller von Banknoten und Sicherheitsdokumenten, Diplomaten und Führungskräfte aus der Wirtschaft zu einem vornehmen Dinner in der Londoner City ein. 1982 fand dieses Dinner am 3. Juni im noblen Dorchester Hotel statt. 84 Botschafter und Firmenchefs aus der ganzen Welt schlemmten, knüpften Kontakte und tauschten den neuesten Klatsch aus.

Als die Veranstaltung kurz nach 22 Uhr zu Ende war und die Gäste aufzubrechen begannen, machte Schlomo Argow, Israels Botschafter im Vereinigten Königreich, in der Hotellobby halt, um mit einem anderen Diplomaten zu plaudern. Die beiden sprachen über die Geschenke ihrer Länder für das erste Kind von Prinz Charles und Prinzessin Diana, das in zwei Wochen geboren werden würde. Danach schüttelte Argow direkt am Ausgang dem Pressemogul Robert Maxwell die Hand und dankte ihm für die freundliche Einstellung seiner Blätter zu Israel.[1]

Da die mit dem Schutz von Prominenten betraute Einheit des Schin Bet in Großbritannien nicht operieren durfte, wurde Argow von einem britischen Leibwächter, Detective Colin Simpson, geschützt. Die beiden Männer verließen das Hotel und gingen schnell zu dem zehn Meter entfernt parkenden Diplomatenwagen, einem gepanzerten Volvo Sedan. Simpson öffnete Argow die Fondtür.

Den Attentäter auf dem Bürgersteig sahen die beiden erst, als es zu spät war.

Hussein Ghassan Said war Mitglied einer geheimen Zelle der Abu-Nidal-Organisation. Er und zwei Kumpane hatten anderthalb Stunden vor dem Dorchester gewartet und die Eingangstür nicht aus den Augen gelassen. »Am Tag vor der Operation«, so Said, »kam Russan, unser Kommandeur, zu mir und sagte mir, für die palästinensische Nation stehe ein großer Tag bevor, weil wir einen einflussreichen Zionisten töten würden.«[2]

Bewaffnet mit einer polnischen Maschinenpistole vom Typ WZ-63, näherte Said sich Argow von hinten. »Als er kurz davor war, in den Wagen einzusteigen, nahm ich meine Waffe aus der Tasche. Ich nahm sie in beide Hände, wie ich es gelernt hatte. Der andere Mann öffnete die Tür für ihn. Ich ging näher heran, bis ich nur noch wenige Meter von ihm entfernt war, und feuerte dann auf ihn, einen Schuss, in den Kopf.«

Simpson stieß Argow in den Wagen und befahl dem Chauffeur, den schwer verletzten Botschafter ins Krankenhaus zu fahren. Dann jagte er Said hinterher, der auf der Park Lane zu dem Wagen flüchtete, in dem zwei Freunde auf ihn warteten. Der Beamte sagte später aus, Said habe sich an der Ecke South Street, einige Häuserblocks vom Dorchester entfernt, umgedreht und auf ihn geschossen. (Er verfehlte ihn jedoch; die Kugel traf den Wagen eines Mitglieds der Königlichen Familie, das unverletzt blieb; nur seine Kleidung war von Glassplittern übersät.) Fast im selben Moment schoss Simpson mit seiner 38er Smith and Wesson auf Said und traf ihn am Hals, direkt unterhalb des rechten Ohres, sodass er zu Fall kam. »Ich begann zum Wagen zu laufen«, sagte Said. »Meine Waffe klemmte. Plötzlich spürte ich einen furchtbaren Schlag am Hals und stürzte zu Boden.«[3]

Saids Kumpane wurden 40 Minuten nach der Tat gefasst. Der britische Geheimdienst hatte einen Doppelagenten in der Abu-Nidal-Zelle, hatte dessen Warnung vor dem geplanten Attentat aber übersehen und zu spät begriffen, was geschehen würde.[4]

Kurz nach dem Attentat – Argow überlebte, war aber fortan gelähmt und litt an schweren Krankheiten, denen er 2003 erlag – erfuhr der israelische Geheimdienst, dass Abu Nidal, Arafats geschworener Feind, dessen bürgerlicher Name Sabri Chalil al-Banna war, »den Anschlag im Auftrag von Barsan al-Tikriti, dem Chef der irakischen Geheimdienste, befohlen hatte«, sagte Jigal Simon, ehemaliger Kommandeur von Einheit 504, der damals in der Londoner Residentur des Mossad diente.[5]

Barsans Halbbruder und Boss, der irakische Diktator Saddam Hussein, hoffte, das Attentat würde zu einem größeren militärischen Zusammenstoß zwischen Syrien, der PLO und Israel, seinen drei erbitterten Rivalen im Nahen Osten, führen, in den sich vielleicht sogar sein größter Rivale verstricken würde: der Iran.[6]

Es ergab sich, dass Saddam und Scharons Falken ähnliche Interessen hatten. Am Morgen des 4. Juni 1982 erklärte Ministerpräsident Begin in der Sitzung des israelischen Kabinetts: »Ein Anschlag auf einen Botschafter ist gleichbedeutend mit einem Anschlag auf den Staat Israel, und wir werden antworten.« Er hörte nicht auf seine Geheimdienstleute, die ihn davon zu überzeugen versuchten, dass die PLO sich seit einem Jahr, seit der von den Amerikanern im vorigen Sommer initiierten Waffenruhe, gut benommen hätte und dass ein Mitglied einer dissidenten palästinensischen Randgruppe, die Arafat selbst beseitigen wolle, auf Argow geschossen habe. »Sie sind alle PLO«, erklärte Begin. Generalstabschef Eitan äußerte sich weniger gewählt: »Abu Nidal, Abu *Shmidal*. Wir müssen die PLO verprügeln.«[7]

Das Kabinett billigte ein massives Luftbombardement von Beirut und PLO-Basen, was Arafat natürlich nicht unbeantwortet lassen konnte. Bald schon kamen 29 Gemeinden im Norden Israels unter schweren Artilleriebeschuss seitens der PLO.[8]

In London wurde Said zu 30 Jahren Gefängnis verurteilt. In Telefoninterviews und Briefen sagte er, er glaube nicht, dass sein Schuss den Krieg Israels im Libanon ausgelöst habe. »Dazu wäre es ohnehin gekommen. Mein Schuss hat vielleicht Einfluss auf den Beginn der Invasion gehabt, aber Raful und Scharon wollten den Libanon auf jeden Fall erobern. Sie haben meine Tat als Vorwand benutzt.«[9]

Wahrscheinlich hatte er recht. Wie auch immer, der Krieg im Libanon hatte begonnen.

Am 5. Juni legte Ariel Scharon dem israelischen Kabinett einen Plan vor, den Schuss auf Argow zu rächen und die Waffen der PLO zum Schweigen zu bringen. Er bezeichnete ihn als Operation »Frieden für Galiläa« – ein Name, der den Eindruck erwecken sollte, dass dies eine Mission purer Selbstverteidigung sei, zu der man sich nur gezwungenermaßen entschließe. Man würde sich auf ein begrenztes Eindringen beschränken, sagte Scharon dem Kabinett, mit dem alleinigen Ziel, die Bedrohung zu beseitigen, die die Artillerie der PLO für die israelischen Gemeinden darstelle. Die Armee würde nicht mehr als 40 Kilometer in den Libanon vorrücken, was der Reichweite der größten damaligen Kanonen der PLO entsprach.[10]

Der einzige Minister, der sich gegen den Plan aussprach, war der jetzt für Kommunikation zuständige Mordechai Zippori. Zippori hatte den Verdacht, dass Scharon weit größere Ziele im Auge habe. Als ehemaliger Berufssoldat erkannte er auch, dass ein Vorstoß von dieser Tiefe, an der Flanke der syrischen Streitkräfte im Libanon entlang, unvermeidlich auch zu einem Zusammenstoß zwischen der israelischen und der syrischen Armee führen würde. Aber Begin wies Zipporis Einwände zurück und erklärte: »Ich habe gesagt, dass wir die Syrer nicht angreifen werden.«[11]

Zipporis Verdacht war jedoch einmal mehr vollkommen berechtigt. Was Scharon vorgestellt hatte, war nur der Beginn seines eigentlichen Plans. Gemeinsam mit seinem Generalstabschef Eitan verfolgte er eine geheime, weit »großartigere« Agenda: Er beabsichtigte, dem ganzen Nahen Osten mithilfe der israelischen Panzer ein neues Gesicht zu geben. Nach seiner Vision würden die Verteidigungsstreitkräfte und ihre Verbündeten von der Phalange den Libanon von der Grenze bis Beirut erobern, alle Truppen der PLO vernichten und den dort stationierten syrischen Einheiten schwere Verluste zufügen. Wenn die Hauptstadt gesichert wäre, würden die Israelis den Führer der Phalange, Bachir Gemayel, als Präsidenten installieren und den Libanon so zu einem verlässlichen Alliierten machen. Anschließend würde Gemayel die Palästinenser nach Jordanien vertreiben, wo sie die Mehrheit bilden würden und anstelle des haschemitischen Königreichs einen palästinensischen Staat errichten könnten. Das, so spekulierte Scharon, würde die Forderung der Palästinenser nach einem Staat in Judäa und Samaria – im Westjordanland – aus der Welt schaffen, sodass dieses Gebiet Teil Israels werden würde.[12]

Es gab aber noch ein weiteres entscheidendes Element in diesem fantastischen Plan: die Tötung Jassir Arafats. Scharon hielt Embleme und Symbole in einem Krieg gegen eine Terrororganisation für genauso wichtig wie Opferzahlen. Um ein Signal zu senden, um den Kampfgeist der Palästinenser zu brechen, waren er und Eitan entschlossen, in Beirut einzurücken, Arafats Versteck ausfindig zu machen und ihn zu töten.

Dafür wurde eine Taskforce mit Decknamen »Salzfisch« aufgestellt, zu deren Leitern Scharon seine beiden Experten für besondere Operationen, Meir Dagan und Rafi Eitan, bestimmte. »Ich dachte, ihn zu töten würde alles verändern«, sagte Dagan. »Arafat war nicht nur ein palästinensischer Führer, sondern er war eine Art Gründungsvater der palästinensischen Nation. Sein Tod würde einen großen Teil der internen Konflikte in der PLO offen zum Ausbruch kommen lassen und deren Fähigkeit, strategische Entscheidungen zu treffen, fortan erheblich beeinträchtigen.«

AMAN-Chef Generalmajor Jehoschua Saguj und Mossad-Direktor Jitzchak Chofi, ein ehemaliger General der israelischen Armee, wandten sich entschieden gegen eine Invasion in den Libanon, weil sie wussten, dass sich hinter Scharons und Eitans Versprechen, »nicht mehr als 40 Kilometer tief einzudringen«, ein anderer Plan verbarg, der Israel in eine bedrohliche Lage bringen würde. »Ich kannte sie beide«, so Chofi, »und ich wusste, dass sie ihren Ehrgeiz nicht aufgegeben hatten, sondern irgendwie versuchen würden zu erreichen, was sie immer schon wollten« – nämlich bis Beirut vordringen und Arafat töten. Chofi warnte Begin, eine Invasion in den Libanon würde »zum Jom-Kippur-Krieg des Likud«, Begins Partei, werden, zum Desaster für den Staat und für seine eigene Karriere – genauso, wie der Konflikt von 1973 die Vorherrschaft der Arbeiterpartei beendet hatte.[13]

Aber Begin wies die Einwände der Geheimdienstorganisationen zurück, und am 6. Juni 1982 stürmte die israelische Armee in den Libanon.

76 000 Soldaten, 800 Panzer und 1500 gepanzerte Truppentransporter rückten auf drei Achsen nach Norden vor, ein vierter Verband landete an der Küste. Aus Scharons Sicht war der Anfang vielversprechend. Die Verteidigungsstreitkräfte erreichten die meisten ihrer Ziele – dank ihrer weit überlegenen Feuerkraft, aber auch dank der erstklassigen Informationen, die der AMAN und der Mossad – beide waren tief in die hochkorrupte Organisation der PLO eingedrungen – ihnen zur Verfügung gestellt hatten.[14] Die Milizen kämpften sogar noch schlechter, als der AMAN vorhergesagt hatte. Die meisten Kommandeure flohen und überließen ihre Männer dem Untergang.[15]

Wie Zippori vorausgesehen hatte, antworteten die Syrer auf die krasse israelische Provokation. Eitan, dessen Streitkräfte von den Syrern auf den

Golanhöhen 1973 fast überlaufen worden wären, nutzte die Gelegenheit, die alte Rechnung zu begleichen, und befahl einen massiven Gegenangriff. Auch die Syrer gingen unter dem Feuer der Israelis ein.[16]

Aber im Zuge der militärischen Siege wurde den Ministern des israelischen Kabinetts schnell klar, dass aus dem gegen die PLO gerichteten 40 Kilometer tiefen Eindringen, das ihnen versprochen worden war, etwas ganz anderes wurde. Scharon befahl der Armee, weiter vorzurücken, wobei er behauptete, dass das aus operativen Gründen notwendig sei. Angesichts seiner charismatischen und erdrückenden Persönlichkeit erhoben die Minister kaum Einwände.

»Ich sah sehr schnell, dass der 40-Kilometer-Plan dahinschmolz und dass die Armee tiefer in den Libanon eindrang«, sagte Begins Militärreferent, Brigadegeneral Asriel Newo. »Scharon log und führte Begin und das Kabinett in die Irre. Scharons ›Größe‹ bestand darin, dass er in der lebhaftesten Weise darzustellen wusste, warum es notwendig sei, weitere Kilometer vorzurücken, weil die syrische Armee sonst morgen auf irgendeinem Hügel sitzen und unsere Soldaten in Gefahr bringen würde. So erlangte er die Autorisierung des Kabinetts für die vorwärtskriechende Invasion.«[17]

Am 25. Juni hatte die israelische Armee Beirut vollständig eingekreist, weit über den Operationsradius hinaus, auf den man sich geeinigt hatte, und begann mit einer grauenhaften Belagerung und Bombardierung der Viertel im Westen der Stadt.

Scharon hatte gehofft, dass die maronitischen Christen der Phalange beim Kampf gegen die PLO helfen würden, indem sie als Israels Kanonenfutter dienten, vor allem in den dicht besiedelten Gebieten. Die Phalange hatte ähnliche Vorstellungen, aber andersherum: dass die Israelis kämpfen würden, um ihre Vorherrschaft (die der Phalange) im Libanon zu etablieren. »Der Mossad, der die Verbindung zur Phalange unterhielt, war mit seiner Interpretation der Lage im Libanon und seiner Einschätzung der Fähigkeiten und der Absichten der Christen absolut auf dem Holzweg. Sie [die Christen] haben uns geleimt«, sagte Newo.[18]

Die Führer der Phalange drängten die Israelis, immer mehr Territorium zu erobern, indem sie militärische Unterstützung versprachen. Die aber blieb aus. Bei einem Treffen mit Generalstabschef Eitan am 16. Juni bat der Führer der Phalange Bachir Gemayel die israelische Armee, Beirut zu erobern. »Ihre Erklärungen, nicht in Beirut einrücken zu wollen«, sagte Gemayel, »sind nicht hilfreich, weil sie den Kampfgeist der Palästinenser und der Muslime stärken und den politischen Prozess hemmen.« Außerdem gab Gemayel Ratschläge, wie seine Heimatstadt zu behandeln sei: »Sie müssen mit dem Luftbombardement fortfahren; Artilleriebeschuss ist wirkungslos, weil sie daran gewöhnt sind.«[19]

Scharon, Eitan und die Phalange planten heimlich, Beirut in einer gemeinsamen Operation mit Decknamen »Der Funke« einzunehmen.[20] Bei einem Treffen in Scharons Haus am 1. August, an dem auch die Spitzen der israelischen Armee und des Mossad teilnahmen, stellte Scharon Gemayel eine Frage, die seinen Wunsch widerspiegelte, so viel Druck wie möglich auszuüben, um die PLO und die Syrer zum Abzug zu bewegen: »Können Sie noch einmal die Wasserversorgung unterbrechen?«

Gemayels Antwort: »Ja, unter Ihrem Schutz.«

»Okay«, sagte Scharon. »Aber am Montag, wenn [der amerikanische Außenminister George] Shultz mit [Außenminister Jitzchak] Schamir zusammenkommt, muss Wasser laufen.«[21]

Die Minister des israelischen Kabinetts erfuhren erst im Nachhinein von Scharons in der Geschichte Israels beispiellosen Befehlen, die Hauptstadt eines anderen souveränen Staates zu erobern. Während des gesamten Krieges wurde Scharon nicht müde, dem Kabinett, der Knesset und der Nation zu versichern: »Es besteht nicht die Absicht, in Beirut einzurücken.«[22] Doch die Order, die Scharon der Armee am 11. Juli bei einer Besprechung in seinem Büro gegeben hatte, war unmissverständlich: »Wir müssen mit dem Süden [Beiruts] aufräumen«, also mit dem Teil der Stadt, in dem die Flüchtlingslager und die PLO-Basen lagen. »Wir müssen zerstören, was zerstört werden kann ... wir müssen ihn dem Erdboden gleichmachen.«[23]

Die Großinvasion in den Libanon samt der Belagerung Beiruts sollte zu einer Zwickmühle für Israel werden, zu einer Okkupation, die (zumindest im Süden) 18 Jahre lang bestehen bleiben sollte.

Die ganze Welt, selbst Ronald Reagan, der ein gutes Verhältnis zu Begin hatte, wandte sich gegen Israel. »Sie richten in Beirut einen Holocaust an«, sagte Reagan zu Begin in einem wütenden Telefongespräch. »Bitte, Herr

Präsident«, antwortete Begin nicht weniger wütend, »belehren Sie mich nicht über Holocauste. Ich und mein Volk wissen sehr gut, was ›Holocaust‹ bedeutet.«[24]

Der Mossad versuchte, das Bild zu Israels Gunsten geradezurücken, und spielte dem Londoner *Observer* Dokumente zu, die angeblich belegten, dass die PLO Waffenbestände für 100000 Mann habe (in Wirklichkeit handelte es sich um die Reserven, die die Sowjetunion im Nahen Osten hatte). Die Dokumente behaupteten auch, dass die Sowjetunion beabsichtige, kubanische Soldaten an der Seite der Palästinenser kämpfen zu lassen, um Galiläa zu erobern, die jüdischen Siedlungen zu zerstören und an ihrer Stelle einen unabhängigen Staat zu errichten.[25] Es ist zweifelhaft, ob diese Geschichten auch nur ein Körnchen Wahrheit enthielten; unzweifelhaft ist, dass sie nicht für einen Umschwung der Weltmeinung zu Israels Gunsten sorgten. Der Konflikt im Nahen Osten wurde einmal mehr als Geschichte zwischen David und Goliath wahrgenommen – aber mit Israel als mächtigem und brutalem Riesen und den Palästinensern als bedauernswertem Underdog.

Das volle Ausmaß der Täuschung, die Scharon gegen die Regierung und die Öffentlichkeit Israels verübte, kam erst allmählich ans Tageslicht. Aber die stetig steigende Zahl israelischer Opfer, die unklaren und wechselnden Ziele sowie die Erzählungen von Zerstörung und Leiden im Libanon, die die Soldaten nach Hause brachten, führten schließlich zu Protest und Widerstand.

Scharons Generalstabschef Eitan erkannte, dass die israelische Armee die meisten Aktionen im Libanon ohne Billigung des Kabinetts durchführte, und blieb daher dessen Sitzungen mit der Begründung fern, er halte sich bei der kämpfenden Truppe auf. Abschottung und Verschleierung überließ er Scharon, der die Opposition gegen sein Tun einfach ignorierte und vorwärtsdrängte. (»He Doesn't Stop on Red« – »Er hält nicht bei Rot« – war der Titel eines Songs, den Israels bekanntester Rockmusiker, Schalom Hanoch, über ihn schrieb.)[26]

Wie viel Begin über Scharons komplizierten Plan wusste, ist unklar. Scharon verklagte frühzeitig einen Journalisten, der geschrieben hatte, er habe Begin belogen und ihm Informationen vorenthalten. Scharon verlor den Prozess.[27]

Was den Plan betrifft, Jassir Arafat zu beseitigen, gibt es keine vollständigen Transkripte von Kabinettssitzungen oder von Scharons Besprechungen mit Begin, die zu sagen erlaubten, was genau Begin und seine anderen Minister über die Operation »Salzfisch« wussten – wenn sie überhaupt etwas darüber wussten.[28]

Doch was immer Begin über die Einzelheiten gewusst haben mag, er machte kein Geheimnis aus seiner Meinung, dass es prinzipiell notwendig sei, Arafat loszuwerden. In einem Brief an Reagan vom 2. August schrieb Begin, er fühle sich, als habe er »eine Armee nach Berlin geschickt, um Hitler im Bunker auszulöschen«.[29] Und in einer Rede, die er in derselben Woche in der Knesset hielt, bezeichnete er Arafat einmal mehr als »jenen verächtlichen Mann mit den Haaren im Gesicht, den Mörder unserer Kinder«.[30]

Die von Meir Dagan und Rafi Eitan aufgestellte »Salzfisch«-Taskforce, die zum größten Teil aus Soldaten der Sajeret Matkal bestand und von Oberstleutnant Usi Dajan, dem aus dem Amt scheidenden Chef dieser Einheit, geführt wurde, operierte weiter außerhalb des allgemeinen militärischen Oberbefehls. Ihre Mission wurde jedoch von den Realitäten des Häuserkampfes erschwert. Das Team konnte nicht einfach einen Zug Soldaten durch Beirut stürmen lassen, um einen einzigen Mann zu töten – eine Taktik, die unvorstellbares Chaos angerichtet hätte. »Daher bestand die Hauptaufgabe darin, den Aufenthaltsort des Salzfischs herauszufinden und ihn in die Bombenvisiere der Luftwaffe zu bringen«, so Dajan. »Aber ohne zu viel Kollateralschaden zu verursachen.«[31]

Im Juni wurde Oberst Jossi Langotsky, einer der Gründungsväter der technologischen Einheit des AMAN, nach Beirut beordert mit dem Auftrag, alle Kommunikationssysteme der PLO anzuzapfen.[32] Dank der abgehörten Telefonate, die mit von Sajeret-Soldaten durchgeführten verdeckten Observationen und mit Informationen von Mossad-Agenten abgeglichen wurden, hatte das »Salzfisch«-Team Informationen über die von Arafat genutzten Verstecke im Überfluss.[33]

Dennoch »war es eine sehr komplizierte Mission«, sagte Dajan. »Wir mussten die Informationen aus den verschiedenen Quellen zusammenführen, das Haus oder die Höhle identifizieren, das Ziel auf der Karte lokalisieren, es auf zehnstellige Koordinaten eingrenzen, mussten diese der Luftwaffe übermitteln und ihr genug Zeit geben, um ein Flugzeug aufsteigen und das Ziel bombardieren zu lassen.«

Die langen Tage und Nächte am »Salzfisch«-Befehlsstand waren meist frustrierend, da Arafat immer wieder entkam. Langotsky und Dajan hörten, wie die Leibwächter Arafats Ankunft an einem bestimmten Ort zu einer bestimmten Zeit arrangierten, und gaben der Luftwaffe schnell die Koordinaten durch. Einmal hörten sie sogar Arafat selbst am Telefon und schickten zwei Kampfbomber los, die das Gebäude dem Erdboden gleichmachten, aber Arafat, so Dajan, hatte es »ganze 30 Sekunden zuvor verlassen«.[34]

Der Palästinenserführer begriff, dass es kein Zufall war, dass wiederholt Bomben an Orten niedergingen, die er gerade betreten oder verlassen hatte. Er sagte zu seinen Leuten, Scharon agiere in Beirut wie ein »verwundeter Wolf« und wolle ihn als Rache dafür töten, dass der Krieg sich in die Länge zog. Er fing an, schärfere Vorsichtsmaßnahmen zu ergreifen, indem er mehrere Treffen zur selben Zeit an verschiedenen Orten arrangierte. Er streute falsche Informationen unter seinen Helfern, weil er den Verdacht hatte, einer von ihnen könne ein Mossad-Agent sein. Und er wechselte andauernd seinen Aufenthaltsort.[35]

»Arafat änderte ständig seinen Tagesablauf«, sagte Mosche Jaalon, ein »Salzfisch«-Offizier. »Es gab kein Muster in seinem Verhalten, nichts, was die Vorbereitung eines Kommandounternehmens zu Lande gegen einen Bunker oder ein Haus erlaubt hätte.«[36]

Das Team wurde immer verzweifelter und kam mit zahllosen Ideen an. Am 3. Juli überschritt Uri Avnery, Herausgeber einer linken israelischen Zeitschrift, gemeinsam mit der Reporterin Sarit Yishai und der Fotografin Anat Saragusti die Frontlinie in Beirut, um Arafat im Stadtzentrum zu interviewen. Die Begegnung wurde in Israel überaus kontrovers beurteilt. Arafat galt als schlimmster Feind des Landes und traf jetzt zum ersten Mal einen Israeli. »Ich wollte die Denkweise der Israelis ändern und dadurch mithelfen, einen Weg zum Frieden zwischen Israelis und Palästinensern zu bahnen«, sagte Avnery.[37] Das »Salzfisch«-Team war nicht gerade voller Bewunderung für diese Initiative (»Ich fange lieber gar nicht erst an zu sagen, was ich von Avnery und seiner abscheulichen Aktion halte«, so Jaalon), sondern beschloss, die Gelegenheit zu nutzen, den drei Israelis zu folgen, um sie eine Gruppe von Attentätern direkt zu Arafat führen zu lassen.[38]

Unter den Mitgliedern des »Salzfisch«-Teams kam es zu einer Diskussion über die Frage, ob sie ihre Mission auch auf die Gefahr hin erledigen dürften, dabei das Leben der Israelis aufs Spiel zu setzen oder sie vielleicht sogar zu töten. Avner Azoulai, der Mossad-Vertreter im »Salzfisch«-Forum, fasste das Ergebnis dieser Debatte so zusammen: »Wenn die Umstände aus operativer Sicht danach gewesen wären, kann man davon ausgehen, dass weder Arafat noch diese drei lieben Juden den Tag überlebt hätten.«[39]

Doch der stets vorsichtige Arafat argwöhnte, dass der Mossad Avnery und die beiden ihn begleitenden Journalistinnen überwachen könnte. Arafats Sicherheitsleute ergriffen Maßnahmen, um seine Jäger irrezuführen, und das »Salzfisch«-Team verlor die Spur der israelischen Journalisten und ihrer Gastgeber von der PLO in den Alleen von Süd-Beirut.

Als weitere Tage vergingen und die Realität eines chaotischen, geschürten Bürgerkriegs sich nach wie vor weigerte, Scharons und Eitans völlig überambitioniertem Plan zur Restrukturierung einer ganzen Region des Planeten zu entsprechen, setzten die beiden Falken die Luftwaffe und das »Salzfisch«-Team mehr und mehr unter Druck, Arafat zu erwischen. »Die Tötung Arafats hatte vom Beginn der Belagerung Beiruts an große Bedeutung. Man hatte das Gefühl, dass es für Scharon eine persönliche Angelegenheit war«, so der damalige Luftwaffenkommandeur Generalmajor David Iwri. »Ab und zu erschienen Leute vom Mossad oder vom AMAN im ›Canary‹« – dem in einem unterirdischen Bunker tief unter Tel Aviv eingerichteten Luftwaffenbefehlsstand – »und sagten uns, dass Arafat da oder dort sei. Sogleich befahl uns Scharon oder Raful, die betreffende Örtlichkeit zu bombardieren.«

»Ich hielt das aber aufgrund der Gefahr, dass Zivilisten zu Schaden kommen könnten, für heikel«, so Iwri weiter. »Ich war nicht bereit, eine solche Bombardierung ohne schriftlichen Befehl von der für Operationen zuständigen Abteilung des Generalstabs zu genehmigen. Ich hoffte, dass es zu besseren Lagebeurteilungen führen würde, wenn die Sache in einem geordneten Rahmen von Informationsaustausch und Entscheidungsfindung behandelt wurde. Tatsächlich kamen viele Befehle nie schriftlich. Sie verschwanden einfach irgendwo unterwegs.«[40]

Usi Dajan hatte dieselben Bedenken. »Arafat wurde durch zweierlei gerettet«, sagte er. »Durch sein grenzenloses Glück und durch mich. Ich hielt Arafat zwar für ein legitimes Ziel, aber ich war nicht der Meinung, dass der Versuch, dieses Ziel zu treffen, jedes Mittel rechtfertige. Wenn ich sah, dass er auch in großem Umfang zur Tötung von Zivilisten führen würde, verweigerte ich meine Zustimmung zur Bombardierung einer Örtlichkeit, selbst wenn wir wussten, dass sich Arafat dort aufhielt.«

»Raful lief dann immer zornrot an«, so Dajan weiter. »Er rief mich an und sagte: ›Ich habe gehört, dass Sie Informationen über diesen oder jenen Ort haben. Warum sind die Flugzeuge nicht in der Luft?‹ Ich antwortete, es sei unmöglich, weil sich da eine Menge Leute befänden. Darauf Raful: ›Das ist egal. Ich übernehme die Verantwortung.‹ Aber ich war nicht bereit, die Aktion freizugeben. Ich ließ mich von Raful nicht über die Ethik des Krieges belehren.«

Rafael Eitan erinnerte Dajan mehrfach daran, dass er nicht autorisiert sei, über eine Bombardierung zu entscheiden. Dazu Dajan: »Ich musste nur berichten, wenn die Zielperson aus Geheimdienstsicht ›reif‹ war. Also berichteten wir, wenn wir wussten, dass eine Bombardierung zu zahlreichen zivilen Opfern führen würde, immer, dass die Zielperson aus geheimdienstlichem Blickwinkel nicht reif sei.«[41]

Am Abend des 11. August bat Eitan den Chef der für Operationen zuständigen Abteilung der Luftwaffe, Aviem Sella, zu sich. Eitan hatte eine Schwäche für Sella, einen überaus vielversprechenden Offizier, der als potenzieller zukünftiger Kommandeur der Luftwaffe galt.

Eitan begrüßte Sella und sagte ihm, dass er, Sella, am nächsten Tag nicht, wie üblich, im »Canary« arbeiten, sondern mit ihm »eine Reise machen« werde.

»So eine wie unsere letzte gemeinsame?«, fragte Sella, auf einen Beirut-Besuch im Mai anspielend, der der Vorbereitung der Invasion und der Operation zur Tötung Arafats gegolten hatte.

»Ungefähr so«, antwortete Eitan. »Aber auf dem Luftweg. Wir treffen uns morgen früh in Hatzor [einer Luftwaffenbasis im Süden]. Sie werden die Maschine fliegen, ich werde navigieren und die Kampfsysteme bedienen. Wir werden Beirut bombardieren.« Das Ziel war ein Gebäude, in dem laut Informationen der Operation »Salzfisch« für den nächsten Morgen Arafat erwartet wurde.

Sella wusste, dass Eitan einen Pilotenschein für Leichtflugzeuge hatte, glaubte aber dennoch, nicht richtig zu hören. »Es war völlig verrückt. Ich war schockiert. Hätte mir jemand gesagt, der Generalstabschef, der kein wirklicher Pilot ist, würde sich im laufenden Krieg für eine Auszeit den Chef der für Operationen zuständigen Abteilung der Luftwaffe krallen, um mit ihm zum Spaß Beirut zu bombardieren, ich hätte es nicht geglaubt.«

Aber Eitan war besessen von dem Wunsch, Arafat zu töten. Am nächsten Tag trafen er und Sella sich in Hatzor. Sie gehörten zu einem Quartett von Phantom-Bombern, die auf eine Expedition gehen würden, um das Al-Sanai-Bürohaus in West-Beirut zu bombardieren, in dem Arafat an einer Besprechung teilnehmen sollte. »Raful machte seinen Part so lala; ich glaube, er war ein bisschen krank. Jedenfalls navigierte ich selbst. Er bediente die Munitionssysteme, die nach heutigen Maßstäben ziemlich primitiv waren. Wir flogen zweimal zum Bombardieren über das Ziel hinweg und ein drittes Mal, um zu sehen, ob wir es getroffen hatten. Raful war glücklich, und wir flogen zurück nach Israel.«[42]

Doch Arafat war einmal mehr wie durch ein Wunder entkommen: Er war erst eingetroffen, nachdem die Bomben einen Teil des Gebäudes zerstört hatten. Sella kehrte von Hatzor nach Tel Aviv zurück, um wieder die Operationen der Luftwaffe zu leiten, Eitan flog mit einem Hubschrauber nach Beirut. »Am Abend sah ich ihn im Fernsehen«, erinnert sich Sella, »wie er in einem Außenbezirk von Beirut interviewt wurde. Er erklärte, dass Israel keine Ziele in zivilen Umgebungen bombardiere – also genau das ablehne, was er selbst an diesem Morgen getan hatte.«[43]

Das Problem bei Operation »Salzfisch«, für Scharon und für Israel, war, dass die ganze Welt zusah. Mit jedem gescheiterten Attentatsversuch erschien Israel mehr als Militärmacht, die ein souveränes Land in dem monomanischen Bestreben überfiel, einen einzigen Mann zu töten. Arafat erschien jetzt nicht mehr als blutdürstiger Terrorist, sondern als gejagter Führer einer Nation von Flüchtlingen, auf der die israelische Kriegsmaschine herumtrampelte. Scharon hatte genau das Gegenteil dessen erreicht, was er erreichen wollte.

Während ihr Hauptziel die Sympathie der Weltgemeinschaft genoss, versank die Invasion immer tiefer in einem Sumpf militärischen Scheiterns. Schließlich musste das Patt gebrochen, ein Quasi-Sieg gerettet werden. Am 1. August begann die israelische Armee, mit einem ununterbrochenen 72-stündigen Artilleriebombardement starken Druck auf die PLO-Truppen in Beirut auszuüben (Operation »Hong Kong«), um Arafat davon zu überzeugen, dass es besser sei, sich aus dem Libanon zurückzuziehen. In diesen drei Tagen flog die israelische Luftwaffe innerhalb von zehn Stunden mehr als hundert Angriffe. Danach ging das Trommelfeuer aus der Luft, vom Boden und von der See aus weiter. Einen Höhepunkt erreichte es am 12. August, der aufgrund der angerichteten Verwüstungen als Schwarzer Donnerstag in die Geschichte einging.[44]

Der Druck zeigte Wirkung. Am 13. August erklärte sich Arafat nach Vermittlung der Amerikaner bereit, Beirut mit seinen Truppen zu verlassen. Auch Usi Dajan verließ die Stadt. Das »Salzfisch«-Team ließ er mit gemischten Gefühlen unter Jaalons Kommando zurück. »Ich habe nicht den Rest meines Lebens getrauert, aber ich habe damals gedacht und glaube noch heute, dass es schade war, dass die Mission nicht erfolgreich abgeschlossen wurde«, sagte er. »Andererseits war der Krieg aus humanitärer Sicht erschütternd. Wir sahen die libanesische Bevölkerung um uns herum, die Armut, die von den Kämpfen herrührende Zerstörung. Unter uns, unter den kämpfenden Truppen, wurde heftig gestritten. Ich hatte Freunde, Soldaten wie ich, die meinten, jemand müsse den Mut haben, Scharon zu töten, und die wirklich mit dem Gedanken spielten, auf ihn ein Attentat zu verüben, um den Staat Israel zu retten. Ich war von Anfang an für den Krieg gewesen, aber mir war auch klar, dass er in einer Sackgasse steckte und zu nichts führte. Alle wurden von Scharon und Raful hinters Licht geführt. Ich war sehr erleichtert, als ich Beirut den Rücken kehrte.«[45]

Am 21. August traten die PLO-Truppen ihren zwölf Tage dauernden Rückzug aus Beirut auf dem Seeweg an. Israels Beziehung zu den Vereinigten Staaten war aufgrund der Invasion in den Libanon und der Belagerung Beiruts sehr angespannt. Ministerpräsident Begin war bemüht, die Lage zu beruhigen. Als die Vereinbarung über den Abzug der PLO unterzeichnet wurde, versprach er Philip Habib, dem amerikanischen

Vermittler, dass Arafat und seinen Leuten kein Haar gekrümmt würde. Dieses Versprechen zu halten war wichtig für Begin, und er gebot Scharon mit Nachdruck, etwaige Pläne, den Rückzug der PLO als Möglichkeit zur Begleichung der Rechnung mit Arafat zu nutzen, fallenzulassen.

Das »Salzfisch«-Team blieb in Beirut und bezog am 30. August gemeinsam mit Offizieren des Schin Bet und des Mossad Position auf den benachbarten Dächern der am Hafen gelegenen Verwaltungsgebäude zweier nationaler libanesischer Unternehmen: der Erdölgesellschaft und des Elektrizitätsversorgers. »Wir sahen aus der Distanz einen langen Konvoi von Fahrzeugen«, erinnert sich einer der Schin-Bet-Agenten. »Und plötzlich kam die berühmte Kufiya auf dem berühmten Kopf des meistgesuchten Mannes aus einem der Wagen. Er stand dann inmitten einer Menschenmenge, als wäre er von einem Bienenschwarm umgeben.«[46]

Es wäre so leicht gewesen, ihn zu töten. »Wir waren 180 Meter entfernt«, so Jaalon. »Auf diese Distanz, mit dem Scharfschützengewehr, das unser Team in Händen hielt, war er schwer zu verfehlen.« Andere, die dabei waren, erinnern sich, dass Arafat gleichzeitig im Visier von mindestens fünf Scharfschützen war.[47]

Einer der Kommandeure stand in Funkkontakt mit Generalstabschef Eitan im Befehlsbunker in Tel Aviv, um ihm mitzuteilen, wenn Arafat in Schussweite sein würde. »Wir können es tun. Wir haben ihn im Visier. Haben wir Autorisierung?« Eitan zögerte, und der Offizier fuhr fort: »Er ist kurz davor, hineinzugehen, in zehn, neun Sekunden, bitte geben Sie uns Autorisierung, acht, sieben ...«

Schließlich antwortete Eitan mit seiner nasal klingenden Stimme, hörbar enttäuscht: »Negativ«, sagte er. »Ich wiederhole: negativ. Es gibt keine Autorisierung.«[48]

24 Stunden später übergab Begin Habib ein Foto von Arafat im Fadenkreuz eines Scharfschützengewehrs, um zu beweisen, dass Israel die Gelegenheit nicht genutzt, sondern zu seinem Wort gestanden hatte. Zu diesem Zeitpunkt war Arafat schon in Athen, auf dem Weg nach Tunis, dem nächsten Aufenthaltsort der PLO.[49] Statt »Hitler in seinem Bunker auszulöschen«, musste Begin mitansehen, wie Hitler aus Berlin ausgeflogen wurde.

16 Schwarze Flagge

Scharon hatte zwar versprochen, die Israelischen Verteidigungsstreitkräfte aus dem Libanon abzuziehen, sobald die PLO diesen verlassen habe, blieb stattdessen aber auf seinen großen Plan fixiert, den Nahen Osten neu zu ordnen. Angesichts der starken Präsenz des israelischen Militärs und des enormen Drucks von Seiten des Mossad wählte das libanesische Parlament am 23. August 1982 den Phalange-Führer Bachir Gemayel zum Präsidenten.[1] In Scharons Vorstellung würde Gemayel die Palästinenser aus dem Libanon ausweisen. Zuvor aber wollte Scharon etwas vernichten, das er »den Terrorkern [PLO-Milizen] und die linken Kräfte [Kommunisten und andere linksgerichtete Gruppierungen, die mit der PLO in Verbindung standen]« nannte, »die schwer bewaffnet in West-Beirut verbleiben«.

Scharon wusste, dass die Vereinten Nationen bald eine multinationale Friedenstruppe (MNF) nach Beirut entsenden würden und er dann nicht länger in der Lage wäre, sein Vorhaben umzusetzen. Bei einem Treffen mit den Führern von Mossad und Schin Bet fragte er sich laut: »Wie sollen wir uns um die Terroristen kümmern, wenn die MNF aktiv ist? Das wären vollkommen andere Methoden. ... Wir müssen sicher sein, dass das Problem gelöst ist. Jeder Schritt, den wir heute tun, macht die Sache später einfacher.«[2]

Scharon wollte nicht mit regulären Truppen in die Herzen der palästinensischen Flüchtlingslager eindringen, also schlug er vor, die Phalangisten sollten nach West-Beirut gehen und »dafür sorgen, dass alle [von der PLO], die dort sind, getötet oder festgenommen werden«.[3] Begin gefiel dieser Gedanke, und er stimmte zu, den Phalangisten diesen Job zu überlassen, weil dann »unsere Jungs kein Blut in dieser Angelegenheit vergießen werden«.[4]

Der Mossad schmückte den Vorschlag noch weiter aus. »Wir hatten eine lange Liste mit Namen europäischer Linksaktivisten, die bei den Palästinensern waren«, sagte Avner Azoulai, der Verbindungsmann zwischen Mossad und der maronitischen Miliz. »Der Gedanke war, es den Phalangisten zu überlassen, damit diese sie fänden und töteten. Danach wäre der Mossad in der Lage gewesen, den europäischen Ländern, aus denen diese Banditen stammten, etwa Deutschland, Frankreich und Italien, davon zu berichten, dass ihr Problem gelöst wäre, und auf diese Weise hätten sie uns einen Gefallen geschuldet.«[5]

Stattdessen aber wurde Gemayel drei Wochen später zusammen mit einer großen Zahl Verbündeter durch eine Bombe ermordet, die ein syrischer Agent gelegt hatte. Dabei wurde das Hauptquartier der Phalange in Beirut verwüstet. Als Reaktion darauf baten die libanesischen christlichen Milizen Israel um Erlaubnis, in den palästinensischen Flüchtlingslagern Sabra und Schatila nach PLO-Kämpfern zu suchen.[6]

Am Morgen des 16. September war Jair Ravid, der Kopf des Tsomet-Teams in Beirut, im Phalange-Hauptquartier, wo der Mossad seine Beiruter Niederlassung eingerichtet hatte. »Plötzlich sah ich, wie die Jungs von Elie [Hobeika, dem Militärführer der Phalange] ihre Messer wetzten«, sagte Ravid. »Sie sagten zu mir: ›Heute ist der Tag der *silah al abyad*‹, der weißen Waffen, wie die Libanesen das Töten mit dem Messer nennen. Sie sagten nicht, wer genau gemeint war, aber es war klar, dass sie jemandem an die Kehle gehen wollten. Ich fragte nicht nach. Ich war schließlich nur ihr Gast.« Ravid berichtete seinen Vorgesetzten nicht, was er gesehen hatte.[7]

Robert Hatem, Hobeikas Scharfrichter, erinnerte sich, dass, als die 350 Phalangisten zu ihrer Mission aufbrachen, Hobeika sie angewiesen habe: »›Macht alle dort platt. Radiert das Lager aus.‹ Wir nahmen sogar einen D-9 [Bulldozer] mit, um alles zu demolieren.«

Das Lager, so Hatem, »bestand aus Hütten, Blechbaracken. Als wir feuerten, stürzte alles in sich zusammen. Wir schossen in alle Richtungen. Wir sahen nicht nach, wer sich hinter diesen Wänden befand.«

Den Hauptteil des Zerstörungswerks verrichtete eine von Marom Maschalani geführte Gruppe. »Deren Mitglieder, auch der Kommandeur, nahmen eine Menge Drogen, so viele wie nur möglich«, sagte Hatem. »Sie unterschieden nicht zwischen Kämpfern und Nichtkämpfern oder zwischen Männern und Frauen. Sie erschossen alle.«[8]

Das Ergebnis war ein grausiges Massaker. Die Zahl der Toten ist umstritten: Die Israelis sagen 700, die Palästinenser sagen 2750.[9] Scharon behauptete später, die »libanesischen Kräfte [also in diesem Falle die Phalangisten] hätten sich an die Kriegskonventionen gehalten, solange die Israelischen Verteidigungsstreitkräfte sie kontrollierten und ihre Handlungen überwachten. ... Der schreckliche Ausgang wurde durch eine unerwartete und unerklärliche Störung verursacht.«[10] Mit anderen Worten: Scharon behauptete, er habe die Geschehnisse nicht vorhersehen können.

Geheime Unterlagen des Mossad und der Streitkräfte beweisen hingegen, dass die barbarischen Verhaltensmuster der Phalange der israelischen Militärführung seit Langem wohlbekannt waren. Die vorherrschende Annahme lautete, dass unmittelbar nach dem Abzug der PLO aus Beirut »die Phalange eine Möglichkeit finden würde, in die Stadt zu gelangen, um alte Rechnungen zu begleichen, [und] dass es vom ersten Tag an in Beirut zu Morden kommen würde«.[11]

Scharon selbst hatte sich über eine mögliche militärische Beteiligung der Phalange verächtlich geäußert und versichert: »Vergesst sie. Sie werden keinen Strich tun. Später vielleicht, wenn ... es möglich sein wird, zu plündern, zu töten, zu vergewaltigen. Ja, dann werden sie vergewaltigen und plündern und töten.«[12]

Die Israelischen Verteidigungsstreitkräfte und der Mossad waren nicht direkt an dem Massaker beteiligt, doch die Unterstützung, die sie den christlichen Streitkräften angedeihen ließen, und ihr Versäumnis, die besetzten Palästinenser zu schützen, besudelten den Namen Israels. Als die Israelis erkannten, was die Phalangisten getan hatten, geboten sie ihnen Einhalt und brachten ihre Entrüstung zum Ausdruck.[13] Gleichzeitig aber begannen sie, die maronitische Miliz dahingehend zu beraten, was sie den Legionen von Journalisten zu sagen hätten, die nun über die Gräueltaten berichteten.

In der Folge wurden die Geschehnisse national und international scharf verurteilt. Die Oppositionsführer, Jitzchak Rabin und Schimon Peres, zogen ihre Unterstützung des Krieges zurück, als sie die Größenordnung des Massakers erkannten.

Scharons Reaktion war typisch. In einer Aussage vor einem Geheimdienst-Aufsichtsgremium der Knesset las er 1982 hinter verschlossenen Türen laut aus einer Mappe geheimer Dokumente über das Massaker, das die Maroniten 1976 im Flüchtlingslager Tel al-Zaatar an den Palästinensern begangen hatten – damals, als Rabin und Peres das Land regierten. Ausführlich schilderte Scharon das grausige Gemetzel an den Kindern; die Klingen, mit denen man schwangeren Frauen den Bauch aufgeschlitzt hatte.

»Wer wusste davon?«, antwortete Peres zornig.

Scharon entgegnete: »Das Rote Kreuz berichtete, dass während der Tage jenes Massakers Schiffe mit medizinischen Hilfsgütern von unseren Schiffen zurückgehalten wurden. ... Sie begründeten die Verbindung [zu den Maroniten], und wir setzten sie fort. ... Außerdem halfen Sie ihnen nach dem Massaker. Wir beschwerten uns damals nicht bei Ihnen. Und ich hätte die Angelegenheit nicht auf den Tisch gebracht, hätten Sie sich nicht so verhalten, wie Sie sich verhalten haben. ... Nach Tel al-Zaatar haben Sie, Herr Peres, jedenfalls kein Monopol auf die Moral.«[14]

Scharons drohender Ton war klar. Einer seiner Mitarbeiter deutete den Führern der Arbeiterpartei gegenüber an, dass, sollten sie weiterhin eine öffentliche Untersuchung der Massaker in Sabra und Schatila fordern, diese geheimen Dokumente über ihr Vorgehen während des Tel-al-Zaatar-Massakers ebenfalls der internationalen Presse zugespielt würden. Die Kritik von Seiten der Arbeiterpartei verebbte daraufhin rasch.

Als die offiziellen Zahlen der im Libanon getöteten israelischen Soldaten Tag für Tag stiegen, kam es jedoch zu öffentlichen Protesten. Vor dem Sitz des Ministerpräsidenten wurden Demonstrationen abgehalten, deren Teilnehmer Slogans riefen und Spruchbänder trugen, auf denen Begin und Scharon verurteilt wurden. Täglich aktualisierten die Demonstranten ein riesiges Schild gegenüber Begins Amtssitz, auf dem die Zahl der Soldaten vermerkt war, die in Scharons scheußlichem Krieg gefallen waren.

Scharon schien den Protesten gegenüber indifferent zu sein, doch Begin litt darunter. Er versank immer tiefer in eine seelische Düsternis, aus der schließlich eine klinische Depression wurde. Nach und nach verlor er die Fähigkeit und das Bedürfnis, mit den Menschen zu kommunizieren, die ihn umgaben, und klinkte sich fast vollständig aus dem politischen Machtapparat aus.

»Ich sah zu, wie Begin verkümmerte, wie er in sich zusammensank«, sagte Newo. »Er erkannte, dass Scharon ihn getäuscht hatte, dass er in einen Sumpf geraten war, in den er nicht hatte geraten wollen. Die Opfer und die Proteste brachten ihn um. Der Mann war ein sehr sensibler Mensch, vielleicht zu sensibel.«[15]

Sein Zustand verschlechterte sich so sehr, dass seine Mitarbeiter dazu übergingen, ihm schlechte Nachrichten zu verschweigen, aus Angst, er könnte vollends den Verstand verlieren.[16]

»Auch ich sah ihn während dieser Phase des Verfalls«, sagte Nachum Admoni, der im September 1982 Chef des Mossad wurde. »Ich fange mit einer Besprechung an, und nach wenigen Minuten sehe ich, dass seine Augen geschlossen sind, und ich weiß nicht, ob er mir noch zuhört, ob er wach ist oder schläft. Eine ziemlich peinliche Situation, ziemlich peinlich. Ich frage Asriel [Newo], den militärischen Assistenten: ›Meinen Sie, ich soll weiterreden oder aufhören?‹ ... Wir sprachen mit niemandem über das Problem, aber alle wussten Bescheid. Alle wussten, wie die Dinge standen.«[17]

Und doch – obwohl fast alle um Begin herum wussten, dass dieser psychisch angeschlagen und kaum in der Lage war, ein Land im Kriegszustand zu regieren, beschlossen sie, ihn nicht zu ersetzen, sondern für ihn einzuspringen. Seine Assistenten bemühten sich, seinen wahren Zustand vor der israelischen Öffentlichkeit zu verbergen.[18] Die Sekretärinnen in seinem Büro tippten weiterhin jeden Tag den Terminplan des Ministerpräsidenten ab, doch er blieb leer. »Um alles zu vertuschen, wies ich sie an, den Terminplan als ›streng geheim‹ einzustufen, sodass ihn niemand sehen könnte«, sagte Newo und fuhr fort, er finde, dass er und der Rest der Bürobelegschaft »Kriminelle waren, die ein schweres Verbrechen begingen. Man kann nicht die Tatsache verbergen, dass der Ministerpräsident handlungsunfähig ist, und so tun, als wäre er es nicht. Das ruft einem dunkle Regime ins Gedächtnis.«[19]

Da Begin so gut wie abwesend war, konnte Scharon nun mit dem Militär nach Belieben verfahren. Während jener gesamten Phase war praktisch er es, der das Land regierte, uneingeschränkt und ohne Legitimation durch die Verfassung. Er übernahm sogar die Kontrolle über den Mossad, obgleich dieser formal unter die Jurisdiktion des Ministerpräsidenten fiel. »Er war praktisch Oberbefehlshaber der Streitkräfte und gab Befehle über Stabschef Eitans Kopf hinweg«, erinnerte sich Aviem Sella, Leiter der Luftwaffenoperationen. »Niemand konnte ihm Einhalt gebieten.«[20]

»Scharon beherrschte die Sitzungen [des Kabinetts]«, sagte Admoni. »Niemals lieferte er ein genaues oder vollständiges Bild, weder im Kabinettsplenum noch bei den Sitzungen des inneren Kabinetts [wo über Verteidigungsangelegenheiten entschieden werden sollte]. Manchmal brachte Scharon auch ein Thema auf die Tagesordnung, das Kabinett diskutierte darüber, traf einen Beschluss, und Scharon rief uns nach der Sitzung zusammen, den Stabschef [Eitan], mich und die anderen Offiziere, und sagte: ›Sie [die Kabinettsmitglieder] haben beschlossen, was sie beschlossen haben. Jetzt beauftrage ich euch, dieses und jenes zu tun‹ – was nicht exakt dem entsprach, was sie beschlossen hatten.«[21]

Aufgrund seines wohlverdienten, aber auch sorgsam kultivierten Images als Kriegsheld im Stile George Pattons sowie fehlender Zweifel oder Bedenken, auf persönlicher oder nationaler Ebene zu bekommen, was er wollte, war Scharon in Israel als »der Bulldozer« bekannt. Zynisch und rücksichtslos, manchmal bedrohlich, doch öfter charmant und sympathisch, hatte er keinerlei Probleme damit, die Wahrheit zu verdrehen, wenn er dies für notwendig befand. »Arik, König von Israel«, sangen seine Anhänger von ihm, und während dieser Zeit erlangte er tatsächlich eine fast monarchische Herrschaft.

Bei all seiner neu angehäuften Macht war Scharon jedoch auch Realist und begriff daher rasch, dass nach dem Tode Bachir Gemayels aus seinen Plänen für den Libanon nichts würde.

Amin Gemayel, der anstelle seines Bruders Bachir zum Präsidenten gewählt wurde, fühlte sich Israel weitaus weniger verbunden und verpflichtet und annullierte schon nach kurzer Zeit das Friedensabkommen, das ihm Israel aufgezwungen hatte. Er war keine besonders starke Führungspersönlichkeit: Es gebrach ihm an Charisma und der Aggressivität seines Bruders ebenso wie an der Fähigkeit oder dem Wunsch, alle Palästinenser aus dem Libanon zu vertreiben.

Scharons Pläne, Jassir Arafat zu töten, wurden jedoch nicht eine Sekunde lang in Zweifel gezogen. Als die Kämpfe in Beirut vorüber und die PLO-Führer und -Streitkräfte aus der Stadt evakuiert waren, »brannten, ja, brannten Arik und Raful [Stabschef Eitan] förmlich darauf, ihn zu töten«, sagte der damalige Brigadegeneral Amos Gilboa, Leiter der Forschungsabteilung des AMAN.

Scharon erkannte, dass Arafat inzwischen so populär war, dass ein offenes Attentat ihn nur zum Märtyrer für seine Sache machen würde. Also instruierte er die Geheimdienstorganisationen, ihre Überwachung Arafats zu intensivieren und zu sehen, ob man sich seiner nicht auf unauffälligere Weise entledigen könnte.

Aus der Operation »Salzfisch« wurde die Operation »Goldfisch«, doch die Mission blieb dieselbe. Scharon befahl, ihr oberste Priorität einzuräumen. Jeden Tag, manchmal zweimal täglich, kam das »Goldfisch«-Team in Eitans Büro zusammen. »Es gab tausend Sachen, die hundert Mal wichtiger waren«, sagte Gilboa. Doch Scharon ließ nicht locker.[22]

Damals waren geheime Informationen über die Bewegungen der PLO-Führung bestenfalls Stückwerk. Kriegszeiten bieten keine idealen Voraussetzungen für die Informationsgewinnung, und da die PLO noch keinen dauerhaften Stützpunkt gefunden hatte, um den in Beirut zu ersetzen, waren ihre Offiziere und Milizionäre ständig unterwegs, lebten im gesamten Nahen Osten und in Europa aus dem Koffer. Arafat reiste mit Begeisterung, traf sich mit Führern, mobilisierte Unterstützung, gab Interviews und verlagerte Geldmittel. »Wenn jemand so lebt und obendrein schwer bewacht ist, fällt es uns schwer, ein Attentat auf ihn zu planen«, sagte einer der Caesarea-Geheimdienstoffiziere vor dem »Goldfisch«-Forum.[23]

Der Mossad teilte Scharon mit, dass es unter diesen Umständen unmöglich sei, an Arafat heranzukommen. Bestenfalls könnten sie über ihn berichten, welches Land er an einem gegebenen Tag besuche oder welchen Flug er als Nächstes gebucht habe. Der AMAN berichtete dem Verteidigungsminister, Arafat benutze häufig einen von Saudi-Arabien zur

Verfügung gestellten Privatjet, dessen beide Piloten amerikanische Pässe besäßen. Es kam also nicht in Frage, die Maschine abzuschießen. »Niemand tastet Amerikaner an«, sagte Amos Gilad vom AMAN.[24] Unterm Strich sah der AMAN damals also keinerlei Möglichkeit, ein Attentat auf Arafat zu verüben. »Wir müssen warten, bis er sich an einem ständigen Aufenthaltsort niederlässt«, sagte ein Vertreter des AMAN im »Goldfisch«-Forum, »und dann mit der Planung einer Operation an diesem Ort beginnen«.[25]

Aber Scharon hatte es eilig. Manchmal benutzte Arafat auch andere, ebenfalls private Jets. Gelegentlich nahm er sogar einen Linienflug. In Scharons Gedankenwelt war der Abschuss eines Flugzeugs am Himmel, insbesondere über tiefem Wasser, wo die Wrackteile schwer zu finden wären, eine vollkommen akzeptable Weise, um endlich mit der Sache fertig zu werden.

Das nächste Problem war, wie man sicherstellen könnte, dass sich Arafat an Bord eines bestimmten Fluges befand. Amos Gilboa verlangte, dass gewisse operative Schritte unternommen werden müssten, um zu gewährleisten, dass dies der Fall sei: »Aus meiner Sicht kommt nur eine positive Identifikation in Frage, wenn wir alles vorbereitet haben, vor seinem Eintreffen am Flughafen; dann müsste jemand dort an der Tür des Flugzeugs stehen und uns sagen: ›Das ist er, ich habe ihn mit meinen eigenen Augen gesehen.‹ Dann könnte ich sagen: ›Die Glocken läuten‹ [Geheimdienstjargon; etwa: fast absolute Sicherheit].«[26]

Als die Grundlagen des Plans einmal feststanden, drängte Scharon, die Mission ins Rollen zu bringen. Er wies den Luftwaffenkommandeur General Iwri an, er solle Kampfjets in Bereitschaft halten, um Arafats Maschine abzufangen. Iwri begriff, welch katastrophale Folgen eine solche Operation haben könnte, und teilte Stabschef Eitan einmal mehr mit, er sei nicht bereit, Befehle direkt von Scharon entgegenzunehmen. Zudem erforderten es die Regularien der Streitkräfte, dass sämtliche Befehle über die Operationsabteilung des Generalstabs liefen. Das stellte für Scharon kein großes Hindernis dar. Die Befehle, die bald über die vorgesehenen Kanäle kamen, waren großteils dieselben, wenngleich auf Worte wie »niederschießen«, »vernichten« und »eliminieren« verzichtet worden war.

Schließlich fand sich in Griechenland eine Möglichkeit. Mit Duldung der örtlichen Behörden flog Arafat gelegentlich über Athen. »Die Griechen ergriffen keine rigorosen Maßnahmen gegen den Terrorismus«, sagte Admoni, »und die PLO tat dort mehr oder weniger, was ihr beliebte.«[27]

Am 22. Oktober 1982 meldeten zwei Tsomet-Agenten, dass Arafat am Tag darauf mit einem Privatflugzeug von Athen nach Kairo fliegen werde. Sofort entsandte der Mossad zwei Caesarea-Agenten, um weitere Einzelheiten in Erfahrung zu bringen. Die beiden Agenten machten sich die laxen Sicherheitsvorkehrungen am Flughafen Athen zunutze und gelangten auf das Gelände, wo die Privatflugzeuge abgestellt waren. Dort suchten sie nach Arafat.

In Tel Aviv übte Scharon derweil steten Druck aus, um die Mission voranzutreiben. Die Luftstreitkräfte versetzten zwei F-15-Fighter in Bereitschaft für einen sofortigen Start vom Stützpunkt Tel Nof, südöstlich von Tel Aviv. Der stets vorsichtige Iwri indes unterwies die Piloten selbst. Er wusste, was auf dem Spiel stand. Er begriff, wie katastrophal es wäre, wenn Israel das falsche Flugzeug abschösse. »Sie feuern nicht ohne mein Okay«, mahnte er die Besatzungen. »Klar? Selbst wenn es ein Kommunikationsproblem gibt, wenn Sie meine Befehle nicht hören – diesen Teil betonte er: *meine Befehle nicht hören* –, eröffnen Sie das Feuer nicht.«[28]

Um 14 Uhr rief einer der Caesarea-Agenten in Athen das Mossad-Hauptquartier an und sagte: »Er ist hier. Positive Identifikation.« Er war hörbar erregt und berichtete, er habe den PLO-Chef und fünf seiner Leute beobachtet, wie sie letzte Vorbereitungen getroffen hätten, an Bord einer DHC-5 Buffalo zu gehen (ein in Kanada gebautes zweimotoriges Frachtflugzeug). Die Maschine habe ein blau gestrichenes Heck mit braunen Zeichen und die Registriernummer 1169.[29]

Für Iwri stimmte irgendetwas an der Sache nicht. »Ich verstand diese ganze Geschichte nicht«, sagt er. »Mir war nicht klar, warum Arafat nach Kairo fliegen sollte. Geheimdienstinformationen zufolge hatte er dort damals nichts zu suchen. Und wenn er dorthin flog, warum dann in solch einer Transportmaschine? Eines Mannes seines Standes war dies nicht gerade würdig. Ich bat den Mossad, zu verifizieren, dass er der Mann war.«

Die beiden Agenten beharrten jedoch darauf, sie seien sicher. »Das Objekt hat sich einen längeren Bart wachsen lassen, um uns in die Irre zu führen«, berichteten sie. Doch sie bestätigten ihre positive Identifikation.

Um 16.30 Uhr meldeten sie, das Flugzeug sei nun gestartet. Iwri wurde informiert, Eitan ebenfalls. Er befahl den Abschuss. Iwri befahl seinen Piloten zu starten. Die Buffalo ist eine sehr langsame Maschine, insbesondere im Vergleich zu den F-15, doch die Flugroute lag in einiger Entfernung über dem Mittelmeer, außerhalb der Reichweite der israelischen Radarüberwachung. Die Jets hoben ab in Richtung des vorgesehenen Abfangpunktes, aber ab einer bestimmten Entfernung von der israelischen Küste mussten sie sich auf ihr Bordradar verlassen, dessen Reichweite begrenzt war.

Iwri hatte immer noch schwere Zweifel. Er bat seinen Assistenten, den Mossad zu verständigen und zu verlangen, dass dieser weitere Maßnahmen treffe, um ganz sicherzugehen, dass Arafat an Bord des Flugzeuges sei. Wie bei ihm üblich, zeigte er keinerlei Emotion. »Wir konnten jedoch sehen, dass er sehr besorgt war«, sagte einer seiner Untergebenen, der damals vor Ort war.

Iwri musste Zeit gewinnen. Er wusste, wie übereifrig Piloten sein konnten, dass sie manchmal nach einem Grund suchten, ein Ziel unter Beschuss zu nehmen, und etwa ein Rauschen im Funkgerät als Freigabe zum Feuern interpretierten. Er musste die nervösen Finger am Abzug beruhigen. »Nicht gleich feuern«, erinnerte er seine Piloten über Funk. »Wenn es keinen Funkkontakt gibt, eröffnen Sie das Feuer nicht.«

Scharon und Eitan waren nicht im Bunker, doch Eitan rief wieder und wieder bei Iwri an, weil er wissen wollte, was sich ereignete, und um zu sehen, ob der Befehl zum Abschuss der Maschine erteilt worden war. Iwri gab jedes Mal dieselbe Antwort: »Raful, wir haben noch keine positive Bestätigung, dass er es tatsächlich ist« – trotz der Tatsache, dass der Mossad eine positive Identifikation längst bestätigt und dann erneut bestätigt hatte.

Unabhängig voneinander teilte Iwri dem AMAN und dem Mossad mit, die visuelle Identifikation sei unzureichend, und er fordere daher eine weitere gesicherte Bestätigung, dass sich Arafat an Bord befinde.

600 Kilometer tief im mediterranen Luftraum erfassten die Radare der

F-15 das Signal der Buffalo. Die Piloten der Kampfjets holten rasch auf und zogen enge Kreise um das langsame Ziel. Sie lasen die Hecknummer, sahen die blauen und braunen Zeichen. Sie waren sicher, das richtige Flugzeug gefunden zu haben.

Der leitende Pilot schaltete sich per Funk zu: »Haben wir die Genehmigung zum Einsatz?«

Im »Canary«-Bunker wusste Iwri, dass die Antwort allen Berichten nach »ja« lauten müsste. Seine Kampfjets hatten eine positive visuelle Identifikation und freie Schusslinie am offenen Himmel über einem leeren Ozean. Ihre Aufgabe – *seine* Aufgabe – war es, Ziele zu eliminieren, nicht, sie auszuwählen.

Doch Iwris Zweifel waren zu stark. »Negativ«, antwortete er dem Kampfjet-Piloten über Funk. »Ich wiederhole, Feuer eröffnen negativ.«

Er spielte auf Zeit, wusste aber freilich, dass das nicht lange gutgehen würde. Seine Rechtfertigung für die Verzögerung des Angriffs – dass er auf weitere Informationen von Mossad und AMAN warte – war kaum ausreichend angesichts der Tatsache, dass ihn ein Stabschef am Telefon direkt aufforderte, den Angriffsbefehl zu erteilen. Iwri begriff, dass er, wenn er dies nicht bald täte, Eitan und vor allem Scharon erklären müsste, warum nicht.[30]

Im Kommandobunker wuchs die Spannung. Die Minuten schleppten sich dahin.

Dann, um fünf Minuten vor fünf, nur 25 Minuten nachdem die Kampfjets abgehoben hatten, klingelte im Bunker ein Telefon. Es war die verschlüsselte Verbindung direkt mit dem Mossad. »Es sind Zweifel aufgekommen«, sagte die Stimme am anderen Ende der Leitung beschämt. Es war derselbe Geheimdienstoffizier, der zuvor gemeldet hatte, Arafat sei beim Besteigen der Maschine eindeutig identifiziert worden.

Der Mossad hatte andere Quellen, die darauf beharrten, Arafat halte sich nicht einmal in der Nähe von Griechenland auf und dass der Mann im Flugzeug daher wohl ein anderer sein müsse.[31]

In Ermangelung eines anderslautenden Befehls umkreisten die beiden F-15 weiterhin die Buffalo. Iwri nahm den Apparat wieder in die Hand und wiederholte seine Befehle. »Wir warten auf weitere Informationen. Behalten Sie das Ziel im Auge und warten Sie.«

Um 17.23 Uhr ging eine weitere Meldung im »Canary« ein. Informanten von Mossad und AMAN sagten, bei dem Mann in der Buffalo handle es sich um Fathi Arafat, Jassir Arafats jüngeren Bruder. Er sei Arzt und Gründer des palästinensischen Roten Halbmondes. Mit ihm an Bord befänden sich 30 verwundete palästinensische Kinder, darunter auch Opfer der Massaker von Sabra und Schatila. Fathi Arafat begleitete sie auf dem Weg nach Kairo, wo sie medizinisch behandelt werden sollten.

Iwri stieß einen Seufzer der Erleichterung aus. Er drückte den Knopf des Funkgeräts. »Abdrehen«, befahl er. »Sie fliegen zurück.«[32]

Nicht einmal diese Beinahe-Katastrophe – einen einzigen nervösen Fingerdruck davon entfernt, einen Arzt und 30 verletzte Kinder umzubringen – konnte Scharons hartes Vorgehen mildern oder ihn von dem Gedanken abbringen, Arafat in der Luft abzuschießen. Tatsächlich wurde er sogar noch rücksichtsloser. Als der Mossad berichtete, Arafat nehme immer häufiger einen Linienflug, auf dem die PLO für ihn und seine Mitarbeiter die gesamte erste Klasse oder Businessclass buche, beschloss Scharon, dass eine dieser Maschinen ein legitimes Ziel abgeben würde.

Er befahl Eitan, den Luftstreitkräften und der Abteilung für militärische Operationen, einen Plan für den Abschuss eines zivilen Linienjets zu entwerfen.

Scharon skizzierte die groben Parameter: Der Flug müsse über offener See abgefangen werden, weit von der Küste entfernt, damit es lange dauern werde, bis das Wrack gefunden und geklärt werde, ob die Maschine von einer Rakete getroffen oder aufgrund eines Maschinenschadens abgestürzt wäre. Tiefes Wasser sei daher vorzuziehen, um eine Bergung möglichst zu erschweren.

Aviem Sella wollte seinen Ohren nicht trauen: »Es war ein direkter und klarer Befehl von ihm: Schießt die Maschine ab«, sagte er. »Ich hatte kein Problem damit, Arafat zu töten, der den Tod meiner Meinung nach verdient hatte. Das Problem war, ein ziviles Linienflugzeug mit unschuldigen Passagieren an Bord abzuschießen. Das ist ein Kriegsverbrechen.«[33]

Im Gegensatz zu seinem brutalen Image sei Eitan ein politisch sehr vorsichtiger Mann gewesen, sagte Sella. Es sei offensichtlich gewesen, dass er sich an einem solchen Abenteuer nicht beteiligen wollte. »Doch

Scharon war so beherrschend, dass sich niemand gegen ihn durchsetzen konnte.«

Die Luftstreitkräfte entwarfen einen detaillierten Plan zum Abschuss einer Linienmaschine. Ihre Vertreter im »Goldfisch«-Forum erklärten, sie hätten einen exakten Punkt auf der kommerziellen Flugroute übers Mittelmeer gewählt, wo keine kontinuierliche Radarüberwachung eines Landes bestehe und wo das Meer schauerliche fünf Kilometer tief sei. Eine Bergungsaktion wäre dort extrem schwierig, angesichts des damaligen Stands der Technik vielleicht sogar unmöglich. Dieser komplexe Plan bot genaue Parameter dafür, wo das israelische Flugzeug Arafats Maschine unbemerkt abschießen könnte, was bedeutete, dass es für eine Gelegenheit zur Ausführung dieses Angriffs nur ein ziemlich schmales Fenster gab.

Da die Operation fernab vom israelischen Luftraum stattfinden sollte, jenseits israelischer Radar- und Funkreichweiten, mussten die Luftstreitkräfte einen fliegenden Kommandoposten in Form einer mit Radar- und Kommunikationstechnologie ausgestatteten Boeing 707 einrichten. Von diesem Flugzeug aus sollte Aviem Sella die Operation leiten.

Unter Scharons direktem Befehl wurde Arafat rund um die Uhr überwacht. Vier F-16- und F-15-Kampfjets am Stützpunkt Ramat David wurden in ständige Flugbereitschaft versetzt. Im Verlauf von neun Wochen von November 1982 bis Anfang Januar 1983 stiegen diese Flugzeuge mindestens fünfmal auf, um Linienmaschinen, in denen man Arafat vermutete, abzufangen und zu zerstören, nur um kurz nach dem Abheben wieder zurückbeordert zu werden.

Immer wieder sprach sich General Gilboa nachdrücklich gegen diese Operationen aus. »Es war mir klar, dass die Luftwaffe sie bestmöglich ausführen und das Flugzeug für immer verschwinden würde. Sie tun, wie ihnen geheißen wird, und wenn man ihnen den Befehl erteilt, eine Pipeline zu bauen, um Blut von Haifa in die Wüste Negev zu pumpen, dann werden sie das hervorragend machen und nicht einmal fragen, wessen Blut das ist, ich jedoch hatte eine höhere Verantwortung.«[34]

Als Leiter der AMAN-Forschungsabteilung war es Gilboas Aufgabe, die politischen Auswirkungen jeder Operation zu evaluieren. »Ich sagte zu Stabschef Eitan, dass es den Staat international ruinieren könne, wenn herauskäme, dass wir eine zivile Linienmaschine versenkt haben.«

Einmal war ein kommerzielles Flugzeug von Amman nach Tunesien unterwegs; Arafat wurde an Bord vermutet. Als über dem Mittelmeer die israelischen Jets anflogen, fragte Eitan Gilboa, ob er glaube, dass sich die Zielperson tatsächlich in der Maschine befinde. Die beiden standen im Mittelbereich des Kommandobunkers.

»Stabschef, wollen Sie wirklich hören, was ich denke?«, fragte Gilboa. Eitan nickte.

Gilboa spürte das Herz in seiner Brust klopfen. Er hielt Eitan hin und elaborierte ausführlich über die vielen Gründe, die dafür sprächen, dass Arafat an Bord der Maschine sei, dann zählte er die vielen Gründe auf, die daran zweifeln ließen.

Eitan wurde ungeduldig. »Gilboa«, bellte er. »Ja oder nein?«

»Mein Bauchgefühl sagt mir, dass er nicht an Bord ist«, sagte Gilboa.

Eitan wandte sich um und ging zu dem roten, verschlüsselten Telefon an der Seitenwand des Raumes. »Arik«, sagte er zu dem Verteidigungsminister, der ungeduldig in seinem Büro wartete, »die Antwort ist negativ. Wir müssen noch einen Tag warten.«[35]

Die Ausbildung der Israelischen Verteidigungsstreitkräfte beinhaltet eine wichtige Lektion – sie ist so wichtig, dass ihre Grundlagen für jeden Rekruten verbindlich sind und die Details einen entscheidenden Teil der Offizierslehrgänge bilden. Die Lektion stammt vom 29. Oktober 1956, als eine Einheit der israelischen Grenzpolizei, die vorgeblich für die Einhaltung der Sperrstunde in dem Dorf Kafr Qasim sorgte, eine große Gruppe Einwohner zusammentrieb, die gerade von der Arbeit zurückkehrten. Dann erschossen sie die Menschen. Sie töteten 43 Personen, darunter neun Frauen und 17 Kinder. Die Polizisten beriefen sich darauf, lediglich einen Befehl befolgt zu haben, doch der Richter Benjamin Halevi urteilte, dass Soldaten einen eindeutig illegalen Befehl nicht ausführen dürften. Es war eine der wichtigsten Gerichtsentscheidungen Israels. »Das Kennzeichen eines offenkundig illegalen Befehls ist, dass über einem solchen Befehl wie eine schwarze Flagge eine Warnung flattern sollte, die besagt: ›Verboten!‹«, schrieb Halevi. »Nicht bloß formaljuristisch illegal, nicht gedeckt oder teilweise gedeckt ... sondern eine Illegalität, die ins Auge sticht und das Herz erzürnt, wenn das Auge nicht blind und das Herz nicht stumpf oder korrupt ist.«[36]

Diese Lektion, die jedem Soldaten eingefleischt wurde, war zweifellos der einzige Grund dafür, dass ein Kriegsverbrechen verhindert wurde, trotz der Tatsache, dass bei fünf verschiedenen Gelegenheiten F-16- und F-15-Kampfjets gerufen wurden, um kommerzielle Linienflugzeuge mit Arafat an Bord abzufangen und zu zerstören. Tatsächlich blockierte das Luftwaffenkommando diese Operationen, indem es sich weigerte, Befehlen zu gehorchen, die es für offenkundig illegal hielt. »Als wir den Befehl erhielten, ging ich mit Iwri zu Eitan«, sagte Sella. »Ich sagte zu ihm: ›Stabschef, wir haben nicht die Absicht, das auszuführen. Es wird einfach nicht geschehen. Mir ist bewusst, dass der Verteidigungsminister hier das Sagen hat. Niemand wagt es, sich ihm zu widersetzen, und deshalb werden wir es technisch unmöglich machen.‹ Raful blickte mich an und sagte kein Wort. Ich betrachtete sein Schweigen als Zustimmung.«[37]

Bei jedem der fünf Flüge, auf denen israelische Jets ihr Ziel über dem Meer ausgemacht hätten, sei die Mission sabotiert worden, sagte Sella. Einmal wurde die Funkverbindung mit dem fliegenden Kommandoposten in der Boeing 707 unterbrochen. Man hatte die falschen Frequenzen eingestellt, was die Kommunikation so lange unterband, dass die gesamte Operation unmöglich wurde.[38] Ein anderes Mal befand Gilboa in letzter Minute, dass nicht ausreichend Beweise dafür vorlägen, dass sich Arafat tatsächlich an Bord der Zielmaschine befinde. Ein drittes Mal sagte Sella wahrheitswidrig zu Eitan, das Zielflugzeug sei zu spät identifiziert worden und man laufe deshalb Gefahr, dass ein nahe gelegener Küstenstaat die Operation bemerke. Bei anderen Gelegenheiten »ließen wir uns einfach so lange Zeit, bis das Flugzeug die Zone verlassen hatte, in der es möglich gewesen wäre, es unbemerkt abzuschießen«.[39]

Am Ende jedoch wurden Scharons Pläne für ein vorsätzliches Kriegsverbrechen durch seine eigene, in der Vergangenheit gezeigte Skrupellosigkeit zu Fall gebracht. Unter massivem Druck der israelischen Öffentlichkeit und nach heftiger internationaler Kritik sah sich Begin gezwungen, eine gerichtliche Untersuchung des Massakers in den Beiruter Flüchtlingslagern zu veranlassen. Diese wurde geleitet vom Präsidenten des Obersten Gerichts, Richter Jitzchak Kahan, doch die eigentliche Kraft dahinter war Aharon Barak, der eigensinnige und von seinem

Gewissen geleitete Generalstaatsanwalt, der die Tötung der Terroristen in Nairobi verhindert hatte und danach zum Richter des Obersten Gerichts ernannt worden war. Drei Monate lang nahm das Gremium Beweise von allen beteiligten Israelis auf und studierte Tausende Dokumente.[40]

Diese Untersuchung und ihre Anhörungen bildeten die ersten Risse in Scharons monolithischer Macht. Als sie Baraks eindringlichen Fragen zuhörten, brauchten die Chefs von Militär und Geheimdienst nicht lange, um zu begreifen, dass auch ihre Karrieren auf dem Spiel standen. Rasch beauftragten sie Rechtsanwälte, die ihren Mandanten rieten, anderen die Schuld zuzuschieben. Die Kommission wurde rasch zu einem Schauspiel gegenseitiger Schuldzuweisung.[41]

Am 7. Februar 1983 veröffentlichte die Kahan-Kommission ihre Ergebnisse und Empfehlungen. Die Phalange wurde als direkt für das Massaker verantwortlich befunden, doch urteilte die Kommission, dass auch manche Israelis zur Rechenschaft gezogen werden müssten: »Es ist unsere Meinung, dass die Furcht vor einem Massaker in den Lagern, falls die bewaffneten Kräfte der Phalange dort eingebracht würden, ... bei jedem hätte aufkommen sollen, der irgendetwas damit zu tun hatte, was in Beirut geschah.« Die Kommission befand, Ministerpräsident Begin sei »zu einem gewissen Grad verantwortlich«, wies den Hauptteil der Schuld aber Verteidigungsminister Scharon, Stabschef Eitan und AMAN-Chef Saguj zu, ebenso wie Mossad-Direktor Admoni und einigen anderen ranghohen Offizieren. Die Kommission empfahl, Scharon unverzüglich abzusetzen.[42]

Scharon weigerte sich, zurückzutreten, also warfen ihn Begin und seine Minister hinaus.

Dann, am 15. September 1983, trat der von Kummer und Sorge geplagte Begin selbst vom Amt des Ministerpräsidenten zurück und wurde durch Jitzchak Schamir ersetzt.

Die Jagd auf Arafat wurde einstweilen abgeblasen. Der Fallout seiner unablässigen Verfolgung durch Scharon und der dadurch entstandene enorme Kollateralschaden hatten ihn zu einer noch bedeutenderen Figur gemacht. Arafat war nun ein international prominenter und angesehener Mann. Große Teile der Welt betrachteten ihn mittlerweile nicht mehr als einfachen Terroristen, sondern als Staatsmann.

»Nach und nach entstand das Bewusstsein, dass Arafat eine politische Angelegenheit war und man ihn nicht als Ziel eines Attentats sehen durfte«, sagte Gilboa.

»Freilich waren alle, die innerhalb seiner Organisation unter ihm standen, etwas völlig anderes.«

17 Ein Putschversuch des Schin Bet

Am frühen Abend des 12. April 1984 war auf Route 4, einer zweispurigen, 50 Kilometer langen Fernstraße, ein Bus von Tel Aviv nach Aschkelon unterwegs, Richtung Süden also, wo die grüne mediterrane Landschaft, je mehr man sich der Negev-Wüste nähert, allmählich kargerer Vegetation weicht. Route 4 verläuft parallel zur Mittelmeerküste, vorbei an der Ausgrabungsstätte der antiken, von den Philistern gegründeten Stadt Aschdod, wo die Israelis eine neue Hafenstadt angelegt haben. Ein Großteil der einst nur aus Sanddünen bestehenden Landschaft ist jetzt bis hinunter zum Gazastreifen erschlossen.

Der Bus der Linie 300 hatte um 18.20 Uhr den Zentralbahnhof von Tel Aviv verlassen. Er hatte 24 Fahrgäste an Bord, darunter vier Palästinenser, die getrennt voneinander saßen, so taten, als kennten sie einander nicht, und ihre Nervosität verbargen, als sie sich bereit machten, den Bus nach Gaza in ihre Gewalt zu bringen und die Fahrgäste als Geiseln zu nehmen.

Es waren schwierige Tage für Israel. Das Land leckte noch immer seine Wunden, die es im Krieg im Libanon davongetragen hatte, hielt aber weiterhin einen Teil seines Nachbarlandes besetzt. Immer mehr Soldaten, Opfer der häufigen Zusammenstöße mit Guerillakämpfern, kamen in Leichensäcken heim. Auch in Israel herrschte die Gewalt. Am 2. April hatten drei Terroristen, Mitglieder der Demokratischen Front zur Befreiung Palästinas, die als Touristen in Israel eingereist waren, auf einer belebten Straße im Zentrum Jerusalems mit Maschinenpistolen um sich geschossen und Handgranaten geworfen. Nur durch das Eingreifen bewaffneter Zivilisten waren sie gestoppt worden. Dennoch waren 48 Personen verwundet worden, von denen eine später starb. Es gab aber auch Terrorakte von Juden gegen Araber. Rechtsextremisten hatten palästinensische Bürgermeister angegriffen, Häuser niedergebrannt und geplant, fünf voll besetzte Busse in die Luft zu sprengen. Der Schin Bet hatte sie gefasst, kurz bevor sie diesen Anschlag ausführen konnten.[1]

Die vier jungen arabischen Terroristen im Bus waren gefangen in diesem Strudel der Gewalt. Sie stammten aus dem Gebiet um Chan Junis im Gazastreifen. Ihr Anführer, der 20 Jahre alte Dschamal Mahmud Qabalan, war der älteste Sohn einer 16-köpfigen Familie. Er hatte als Tellerwäscher in verschiedenen Tel Aviver Restaurants die Last getragen, für den Lebensunterhalt seiner Mutter und seiner Geschwister zu sorgen, seit der Vater gestorben war. Wegen kleinerer terroristischer Akte hatte er auch ein Jahr in einem israelischen Gefängnis gesessen. Seine drei Begleiter waren Muhammad Baraka, 19, und die beiden Cousins Majdi und Subhi Abu Jumaa, die die höhere Schule besuchten und noch nicht volljährig waren. Qabalan hatte sie überredet, bei der Entführung des Busses mitzumachen, von der er sich internationale Aufmerksamkeit erhoffte. Ihr nationalistischer Eifer war jedoch fast alles, was sie zu bieten hatten. Sie hatten weder Verbindungen zu einer Organisation noch Schusswaffen, wenn man von einer einsamen Handgranate absah. Statt Schusswaffen hatten sie Messer bei sich, eine Flasche mit einer gelblichen Flüssigkeit, die so aussah, als könne es sich um eine Säure oder eine entflammbare Substanz handeln, und eine Aktentasche, aus der einige Drähte hervorragten, von denen sie ihren Geiseln später weismachten, sie gehörten zu einer aus zwei Panzerfäusten gebastelten Bombe.

40 Minuten nachdem der Bus Tel Aviv verlassen hatte und er Aschdod erreichte, erblickte ein Fahrgast das Messer, das einer der Araber bei sich trug. Mit der Begründung, ihm sei schlecht und er wolle sich übergeben, bat er den Fahrer anzuhalten. An der Wagentür rief er »Terroristen!« und sprang hinaus. Die vier Araber begriffen, dass sie erkannt worden waren. Qabalan rannte zum Fahrer, hielt ihm das Messer an die Kehle und befahl ihm auf Hebräisch: »Fahr zu! Los, Vollgas!«

Der Fahrgast, der entkommen war, rief die Polizei, die Straßensperren entlang der Route des Busses errichtete. Aber der Bus durchbrach sie alle. Als er einen etwa in der Mitte des Gazastreifens, nahe Dair al-Balah gelegenen Ort erreichte, gelang es Sicherheitskräften, die Reifen zu zerschießen und den Bus an einer Steinmauer zum Halten zu bringen. Einige Fahrgäste wurden durch das Gewehrfeuer verwundet. Ihre Schreie vermischten sich mit denen der übrigen Geiseln und der Entführer. Der Fahrer sprang hinaus und rief den Fahrgästen zu, sie sollten dasselbe tun. Einige schafften das auch, aber dann schloss Qabalan die Türen, und die meisten saßen in der Falle.

Rasch war der Bus von Soldaten und Sondereinsatzkräften umringt; auch hochrangige Armeeoffiziere und Topleute des Schin Bet hatten sich eingestellt. Zahlreiche Vertreter der Medien waren am Schauplatz erschienen, ebenso eine Menge von neugierigen Schaulustigen. Qabalan rief, er werde die Geiseln nur freigeben, wenn 500 palästinensische Häftlinge aus israelischen Gefängnissen entlassen würden.

Auf israelischer Seite führte Nachman Tal, der Experte schlechthin des Schin Bet für arabische Angelegenheiten, die Verhandlungen. Er erkannte schnell, mit wem er es zu tun hatte, und erklärte in einer späteren Aussage: »Mir war gleich klar, dass diese Leute nicht ernst zu nehmen waren und keine Gefahr darstellten.«[2] Ähnlich Ehud Barak, damals Chef des Militärgeheimdienstes. Er gewann den Eindruck, »dass die Entführer einverstanden sein würden, die Geiseln im Austausch gegen ein paar Sandwiches laufen zu lassen«, wenn es dem Schin Bet gelänge, die Verhandlungen ein paar Stunden in die Länge zu ziehen.[3]

Die Israelis meinten jedoch noch immer, wenn es möglich sei, alle Geiseln sofort mit Gewalt zu befreien, dann sollte nicht verhandelt werden. Um 4.43 Uhr des Folgetages befahl der Generalstabschef, Generalleutnant Mosche Levy, der sich am Schauplatz befand, der Sajeret Matkal, den Bus zu stürmen. Als Erstes setzte ein Scharfschütze Qabalan, der ganz vorn im Bus stand, außer Gefecht, sodass der Araber tot aufs Lenkrad fiel und den Hupton auslöste. Dann erschossen die Soldaten Baraka und, versehentlich, einen jungen weiblichen Fahrgast. Die Abu-Jumaa-Cousins hatten sich unter den Fahrgästen versteckt. Nachdem sie entdeckt worden waren, befahl Shai Avital, der Kommandeur der Sajeret, zunächst, sie zu töten, widerrief den Befehl aber sofort, als er erkannte, dass sie nicht gefährlich waren. »Scheiße! Ich wusste, dass sie von dem Augenblick an, da der Kampf beendet war, Kriegsgefangene waren und nicht getötet werden durften.«[4]

Brigadegeneral Jitzchak Mordechai, der höchste Offizier der Fallschirmjäger und der Infanterie, ließ die beiden aus dem Bus holen und verhörte sie kurz, um sicherzustellen, dass sich in dem Bus keine Sprengkörper oder weitere Terroristen befanden. Anschließend übergab er sie dem Schin Bet, dessen Leute sich auf einem Weizenfeld in der Nähe versammelt hatten.

Micha Kubi, einer der hochrangigen Ermittler des Schin Bet, befragte die beiden, allerdings unter Bedingungen, die alles andere als ideal waren. »Ich versuchte, es in Ruhe zu machen«, sagt Kubi, »aber alle waren erregt.«[5]

Und dann erschien Avraham (Avrum) Schalom.

Schalom war seit knapp vier Jahren Direktor des Schin Bet. Der Sohn österreichischer Juden, die vor den Nazis geflohen waren, hatte sich, als er 18 war, der Palmach-Untergrundmiliz angeschlossen. Nach der Errichtung des Staates war er zur für Operationen zuständigen Einheit des Schin Bet gegangen. In den frühen 1960er-Jahren hatte er mit Jitzchak Schamir, dem damaligen Chef der Mossad-Einheit für gezielte Tötungen, bei Israels Bemühungen zusammengearbeitet, die deutschen Wissenschaftler zu stoppen, die an Ägyptens Raketenprogramm mitwirkten. Die beiden waren schnell Freunde geworden. Als Menachem Begin 1983 zurücktrat und Schamir Ministerpräsident wurde, »wurde Schalom zu seinem wichtigsten Mann in Sicherheitsfragen«, so Karmi Gilon, der den Schin Bet in den 1990er-Jahren leitete. »Und ich glaube, dass Avrum damals das Gefühl hatte, tun und lassen zu können, was er wollte.«[6]

Schalom leitete die Organisation, ohne Beschränkungen zu unterliegen, und viele seiner Untergebenen hielten ihn für einen manipulativen und rücksichtslosen Diktator. »Vor Avrum hatte man keine Ehrfurcht«, sagte Juval Diskin, unter Schalom Agent und 20 Jahre später Direktor des Schin Bet. »Vor Avrum hatte man Furcht. Wir fürchteten ihn. Er war stark, brutal, clever, sehr dickköpfig, kompromisslos und ein Mann, der die Leute in den Hintern trat.«[7]

Gleich nachdem der Bus gestürmt worden war, hatte Schalom sich mit Generalstabschef Levy beraten, um dann zu seinen Männern in dem Weizenfeld zu stoßen.

»Avrum [Schalom] hielt eine Pistole in der Hand«, so Kubi. »Und deren Griff schlug er mit aller Kraft einem der Terroristen auf den Kopf. Ich sah, wie der Griff in den Schädel eindrang.«[8]

»Er raste«, sagte ein anderer Schin-Bet-Mann.

Kubi erklärte, dass er nicht bereit sei, in dem Tumult, der am Schauplatz herrschte, weiterzumachen, und verlangte, die Gefangenen in die für Verhöre vorgesehene Einrichtung des Schin Bet in Gaza zu bringen. Mitglieder der für Operationen zuständigen Einheit des Dienstes, der Tsiporim, die die beiden Gefangenen bewachten, führten sie aus dem Weizenfeld. Schalom gab Ehud Jatom, dem Kommandeur der Einheit, ein Zeichen, mit ihm beiseitezutreten, und sagte leise zu ihm: »Mach Schluss mit ihnen.«[9]

Schalom wollte nicht, dass die Terroristen vor Gericht gestellt wurden. Männern, die einen Bus entführt hatten, einen rechtsstaatlichen Prozess zuzugestehen würde nur zu noch mehr Terrorismus ermutigen, glaubte er.

Doch zwei Kriminelle konnten nicht ohne viel Federlesens auf einer öffentlichen Fernstraße, vor den Augen von Soldaten, Reportern und Zivilisten, exekutiert werden. Also fuhren Jatom und sein Team mit den beiden zu einem ein paar Kilometer entfernten unbebauten, abgelegenen Feld. Subhi und Majdi, übel zugerichtet und benommen von den Ereignissen der Nacht, wurden aus dem Wagen geholt und aufgefordert, sich flach auf den Boden zu legen. Dann erklärte Jatom drei anderen, was zu tun sei, nahm einen großen Stein und schlug ihn Majdi mit aller Kraft auf den Kopf. Die anderen taten es ihm nach.

Sie schlugen die beiden mit Steinen und Eisenstangen zu Tode – eine brutale Methode, die den Anschein erwecken sollte, die Opfer seien unmittelbar nach der Stürmung des Busses von aufgebrachten, über die Stränge schlagenden (und nicht identifizierbaren) Soldaten und Zivilisten ermordet worden.

Kubi wartete in der Verhöreinrichtung in Gaza, als er darüber informiert wurde, dass die Terroristen unterwegs den Schlägen erlegen seien, die sie angeblich von Zivilisten und Soldaten erhalten hatten. »Ich wusste genau, was passiert war«, so Kubi. »Avrums Grundsatz war, dass Terroristen, die einen Anschlag verübt hatten, nicht mit dem Leben davonkommen sollten. Ich war nicht überrascht, als man mir sagte, die beiden würden nicht zum Verhör erscheinen. Ich fuhr nach Hause und ging zu Bett. Ich dachte, die Sache sei aus und vorbei.«[10]

Normalerweise waren derlei Vorfälle in der Tat erledigt, sobald die Leichen erkaltet waren. Als die Zahl der Anschläge sich im Laufe der Jahre vervielfacht hatte, war der öffentliche Druck auf die Regierung und die Streitkräfte gewachsen, harschere Terrorbekämpfungsmaßnahmen zu ergreifen. Doch je heftiger Israels Reaktionen wurden, umso schwächer wurden allmählich die Kontrollen. Gezieltes Töten, einst nur sehr sparsam, fern der Landesgrenzen und nach Autorisierung auf hoher Ebene praktiziert, wurde nun viel häufiger, viel näher und viel weniger überwacht angewandt. So waren die vereinzelten, von einigen wenigen skrupellosen Einheiten während des Sechstagekriegs und danach begangenen »Unregelmäßigkeiten« bis Mitte der 1970er-Jahre zur akzeptierten Praxis geworden, wenn auch zu einer Praxis von zweifelhafter Rechtmäßigkeit.

Der Schin Bet, der für das Vereiteln von Anschlägen der PLO in den besetzten Gebieten zuständig war, hatte sich seit den 1960er-Jahren illegaler Taktiken bedient, da die Vernehmer des Dienstes nicht ohne Grund fürchteten, es würden mehr Israelis getötet werden, wenn sie aus ihren Gefangenen nicht Informationen herauspressen würden. Was als Einschüchterung und Erniedrigung bei den Verhören begonnen hatte, wurde zu offener physischer und psychischer Folter: zu vorgetäuschten Hinrichtungen, zu Schlafentzug und zu der Pein, schmerzhafte Körperhaltungen sowie extreme Hitze und Kälte ertragen zu müssen. Manchmal wurden den Gefangenen angebliche »Wahrheitsseren« gespritzt, die – so sagte man ihnen – zu Impotenz führten.

Die Beschaffenheit der dunklen und schmutzigen Kellerräume, in denen der Schin Bet seine Verhöre durchführte, wurde so bedrohlich, dass selbst »ein normaler Mensch, der diese Schwelle überschritten hätte, zu dem Geständnis bereit gewesen wäre, Jesus getötet zu haben«, sagte Gilon.

Selbst Avraham Schalom war schockiert von dem, was er als Chef der Tsiporim bei einem Besuch der Haftanstalt in Hebron sah. Er wurde Zeuge, wie ein Araber »gegrillt« wurde. »Er war damals 55, der Araber, sah aber viel älter aus. Und unser Mann, der Arabisch konnte, schrie ihn an: ›Warum lügst du?‹ Der Araber war heruntergekommen, alt und elend, und ich fing an, Mitleid mit ihm zu haben. Ich fragte: ›Warum schreit er ihn an?‹ Schließlich griff sich der Vernehmer einen Stuhl, zerbrach ihn auf dem Fußboden, nahm eines der Beine und zerschlug dem Araber damit die Hand. Dann sagte er: ›Leg deine Hand auf den Tisch‹ und zerschmetterte ihm alle Finger.« Ein andermal, so Schalom, »sah ich, wie ein Vernehmer einen Araber tötete. Nicht mit Schlägen. Sondern indem er ihn von einer Wand an die gegenüberliegende schleuderte, immer von Wand zu Wand, von Wand zu Wand ... dann nahm er den Kopf des Arabers und zerschlug mit ihm fast die Wand. Eine Woche später starb der Araber an einer Hirnblutung. Sein Gehirn war über und über mit Blut verschmiert.«

Einige Gefangene starben, während sie gefoltert wurden, andere wurden in den Selbstmord getrieben. Es gab auch Fälle, in denen PLO-Aktivisten, die gefangen genommen worden waren und verhört werden sollten, tot aufgefunden wurden, ohne in einer Haftanstalt angekommen zu sein.

Ab und zu verschwanden PLO-Aktivisten zudem einfach. Ihre Familien vermuteten sie in israelischer Untersuchungshaft und baten die Polizei um Hilfe. Die Polizei veröffentlichte dann ein Foto der vermissten Person in einer Zeitung – das übliche Verfahren in solchen Fällen – und fragte den Schin Bet, ob er Informationen habe. »Wir hatten damals hierfür eine Standardformulierung«, so Jossi Ginossar, ein hochrangiger Schin-Bet-Funktionär. »Sie lautete: ›Der Sicherheitsapparat hat keine Informationen über den Verbleib dieser Person.‹ Das war der Bescheid, den wir der Polizei immer gaben, wenn wir gefragt wurden, obwohl wir ganz genau wussten, in welchem Loch die Person verscharrt war.«[11]

Einige dieser Verschwundenen waren im Rahmen eines geheimen Programms mit dem Namen »Gewichte« getötet worden. Abu Dschihad ließ seine Männer große Mengen Waffen in die besetzten Gebiete schmuggeln, Waffen, die in geheimen Lagern untergebracht wurden, bis andere palästinensische Agenten sie Kommandos für Anschläge übergeben konnten. Wenn der Schin Bet ein solches Lager entdeckte, überwachte er es, wartete auf das Team, das die Waffen abholen wollte, und nahm es gefangen. Mehrmals aber versah der Schin Bet solche Lager mit brisanten Sprengstoffen, um diese per Fernbedienung zur Explosion zu bringen, wenn die Abholtrupps auftauchten.

»Der Grundgedanke des Programms«, so eine Schin-Bet-Quelle, »war das Prinzip, das aus dem [Krieg der Israelis im] Libanon importiert worden war und besagte, dass es Zeiten gebe, in denen es sich nicht lohne, Gefangene zu machen, weil das ein Mehr an Gefahr für unsere Truppen bedeuten und darüber hinaus die andere Seite ermuntern würde, Geiseln zu nehmen, um sie gegen eigene Leute auszutauschen. Und sie verdienten ja auch zu sterben. Wir sahen es damals so: Wenn Leute zu einem Waffenlager kamen, um die Waffen zu holen und damit Juden zu töten, dann war es besser, wenn sie einen Arbeitsunfall hatten.«[12]

Die im Rahmen des »Gewichte«-Programms durchgeführten Operationen – summarische Exekutionen Verdächtiger, die keine unmittelbare Gefahr darstellten, eine Verletzung der Gesetze Israels und des Kriegsrechts – waren keine eigenmächtigen Akte fehlgeleiteter Agenten, sondern offiziell gebilligte außergerichtliche Tötungen, die dem Direktor des Schin Bet von seinen hochrangigen Kommandeuren vorgeschlagen und nicht nur von ihm, sondern auch vom Ministerpräsidenten – erst Rabin, später Begin und Schamir – genehmigt worden waren.[13]

Einige Explosionen der Operationen des »Gewichte«-Programms wurden aus der Ferne durch einen Lichtstrahl mit dem Decknamen »Teller« herbeigeführt, der damals als auf dem neuesten Stand der Technik befindliche Innovation galt.[14] »In der Theorie war das alles wunderbar«, so ein hochrangiger Schin-Bet-Agent, der an diesen Operationen teilnahm, »aber diese Lager waren mitunter nur notdürftig versteckt, unter einem Haufen Bauschutt oder einem großen Stein. Manchmal kam ein PLO-Mann, um das Zeug einzusammeln, aber manchmal hob ein Schäfer den Stein oder ein Paar, das einen Spaziergang machte und neugierig geworden war. Es waren nicht nur einige wenige Unschuldige, die bei derartigen Zwischenfällen ums Leben kamen.«[15] Die Militärgeistlichen der israelischen Armee holten dann die Leichen bei Nacht, um sie auf dem Friedhof für gefallene Feinde begraben zu lassen.

Der Schin Bet verfolgte den strikten Grundsatz, innerhalb der Organisation die Wahrheit zu sagen, die Außenwelt aber zu belügen. Reklamierten Gefangene vor Gericht, ihr Geständnis sei durch Folter erzwungen worden, so half ihnen das nichts.[16] Wenn die Vernehmer aufgerufen waren, auszusagen, praktizierten sie das, was innerhalb des Schin Bet als »Lassen Sie ihn mir in die Augen schauen«-Übung bezeichnet wurde. Wenn sie gefragt wurden, ob sie den Gefangenen geschlagen oder auf irgendeine Weise gefoltert hatten, sahen sie zuerst den Richter an, dann den Gefangenen und dann wieder den Richter und sagten: »Ich habe ihn nicht angefasst. Lassen Sie ihn mir hier in die Augen schauen und behaupten, wir hätten ihm etwas getan.«

»Wir leugneten alles«, sagte Arieh Hadar, der damalige Chef der Verhörabteilung. »Die Richter glaubten natürlich uns. Weil einige Araber dazu neigten, in ihren Schilderungen dessen, was wir getan hatten, zu übertreiben, war es überhaupt kein Problem, alles zu entkräften.«

Hadar und alle anderen Angehörigen des Schin Bet, die für dieses Buch interviewt wurden, insistierten darauf, dass das durch die Verhöre gewonnene Material das Leben vieler Israelis gerettet habe, weil Terroranschläge vereitelt werden konnten. Sie behaupteten auch wiederholt, nur Schuldige seien misshandelt worden. »Wir haben niemals Beweise gefälscht«, so Hadar. »Wir haben niemals Fakten erfunden, die wir nicht für wahr hielten. Wir sind niemals vor Gericht gegangen, wenn wir nicht tausendprozentig von der Schuld der betreffenden Person überzeugt waren.«[17]

Das »Gewichte«-Programm wurde am 8. April 1979 beendet, nachdem eine defekte Bombe einen Schin-Bet-Agenten getötet hatte.[18] Doch nachdem Avraham Schalom 1980 zum Direktor des Schin Bet ernannt worden war, startete er die Kampagne gleich neu, und zwar mit erhöhter Frequenz.

Obwohl Schaloms Schin Bet eine aggressive Strategie gegen die Palästinenser in den besetzten Gebieten und im Libanon verfolgte, wusste der neue Direktor genau, dass die Besatzung letztlich ein Problem war, das nicht mit Gewalt gelöst werden konnte. »Wir konnten nicht mehr tun, als den Krieg unter Kontrolle zu halten«, sagte er. »Wir konnten die Flamme auf einem gewissen Niveau halten, sodass der Staat tun konnte, was er wollte, und das war wichtig. Aber es löste das Problem der Besatzung nicht.«[19]

Er stand nicht allein da mit dieser Meinung. Fast alle Chefs der Geheimdienste hatten linksliberale Ansichten über das palästinensische Problem und befürworteten eine politische Lösung mit einem Kompromiss, der zu einem unabhängigen palästinensischen Staat führen würde.[20] Aber geäußert haben sie sich dazu, wenn überhaupt, nur sehr leise. Schalom hatte zwar eine persönliche Meinung über die Besatzung, trat aber gegenüber seinen Vorgesetzten nicht für sie ein, sondern folgte, sehr effizient, weiter der politischen Linie der Verhinderung von Terrorismus.

Für den Schin Bet war es zu dieser Zeit schwierig, mit einer starken Zunahme von Terrorakten gegen Soldaten der israelischen Armee im Libanon fertigzuwerden, einem Land, in dem der Dienst keinen Gesetzen unterworfen war und demzufolge besonders brutale Methoden anwandte. »Die Libanonisierung hat dem Schin Bet geschadet«, so Schimon Romah, der die Operationen des Dienstes im Libanon leitete. »Da dort keine Zivilisten oder Journalisten herumliefen, war das Gefühl, bei unserer Arbeit freie Bahn zu haben, ohne dass alles in die Medien gelangte, großartig, und das wirkte sich aus.«

Auch auf Avraham Schalom. »Der Krieg im Libanon hatte einen Prozess der Korrumpierung auf allen Ebenen zur Folge«, sagte Jossi Ginossar. »So konnte es kommen, dass Avrum, der in die Vorgänge im Libanon massiv involviert war, Anweisungen gab, mit denen er im Libanon davonkam, die aber in der Wirklichkeit Israels nicht funktionierten.«[21]

Zur Zeit des Anschlags von Aschkelon hatte Schalom schon vier Jahre lang Operationen des Schin Bet überwacht, ohne disziplinarisch oder juristisch belangt zu werden. Es gab keinen Grund zu der Annahme, dass ein paar tote Palästinenser mehr zu einem Problem werden würden.

Aber eine der Personen, die zu dem Bus geeilt waren, als die Rettungsaktion begann, war ein israelischer Pressefotograf namens Alex Levac.

In dem Tumult nach dem Ende der Aktion hatte Levac alle fotografiert, die um ihn herum waren. Und er hatte zwei vierschrötige Männer gesehen, die einen kleineren, schwarzhaarigen jungen Mann wegführten. Dass er Handschellen trug, hatte er zuerst übersehen. »Als ich dieses Foto schoss, wusste ich nicht, wer er war. Ich hielt ihn zuerst für einen der geretteten Fahrgäste«, sagte Levac vor einem Untersuchungsausschuss. »Doch als einer der Männer aus dem Geleitschutz wütend auf mich zustürmte, dachte ich, er habe etwas dagegen, dass die drei fotografiert werden, weil der Mann ein Geheimagent sei.« In Wirklichkeit handelte es sich um Majdi Abu Jumaa und zwei Tsiporim-Agenten.

»Wir zogen ihn weg«, sagte einer der beiden aus. »Nach einigen Metern sahen wir einen Blitz. Einer der Männer aus dem Geleitschutz rief: ›Holt euch den Film!‹«[22]

Levac hatte noch nicht begriffen, was geschah, erkannte aber, dass auf seinem letzten Foto etwas Wichtiges sein musste. Daher vertauschte er, bevor der Tsiporim-Agent ihn erreichte und den Film verlangte, schnell die Filmrollen in seiner Kamera und schob die belichtete in eine seiner Socken.[23]

Die israelische Armee verkündete: »Die Terroristen kamen ums Leben, als Soldaten den Bus heute bei Sonnenaufgang angriffen, zehn Stunden nachdem er an der Küstenfernstraße entführt worden war.«[24] Bei *Hadaschot*, der Zeitung, für die Levac arbeitete, erkannte man, dass man einen Knüller hatte, und wollte das Foto drucken, doch der Militärzensor schritt dagegen ein. Irgendjemand spielte das Foto dann der ausländischen Presse zu, darunter dem *Stern*, der es abdruckte. Danach bot *Hadaschot* dem Zensor die Stirn und brachte die Geschichte trotzdem, indem man die *New York Times* zitierte und auch das Foto abdruckte.

Majdi Abu Jumaa wurde von Verwandten und Nachbarn im Gazastreifen als der Mann identifiziert, der auf dem Foto zu sehen war. Keine Wunden waren erkennbar, er hatte die Augen offen, er trug Handschellen, und die Agenten schienen ihn nicht zu stützen, was darauf hindeutete, dass er aus eigener Kraft stehen konnte.[25]

Die Veröffentlichung des Fotos nach der offiziellen Erklärung, alle Terroristen seien bei der Stürmung des Busses getötet worden, hatte einen Aufruhr zur Folge, der nach dem desaströsen Krieg im Libanon vom Mangel an Vertrauen in die staatlichen Organe genährt wurde, und führte zu einem Generalangriff mehrerer liberaler Presseorgane auf die Regierung.

Die Ministerpräsidenten Schamir und Schalom sprachen sich gegen eine Untersuchung des Geschehenen aus, doch ihre Appelle stießen auf taube Ohren. Verteidigungsminister Mosche Arens ordnete die Einrichtung eines Untersuchungsausschusses an, ein weiterer wurde später vom Justizministerium eingesetzt.[26]

Am 28. April, zwei Tage nach der Ankündigung der ersten Untersuchung, ließ Avraham Schalom zehn seiner Mitarbeiter – die Tsiporim-Agenten, die sich an den Tötungen beteiligt hatten, die Justiziare des Schin Bet und andere hohe Beamte, darunter Jossi Ginossar – in einem Orangenhain nahe Netanya, nördlich von Tel Aviv, zusammenkommen. Er hatte einen abgelegenen Ort gewählt, wo niemand sie sehen würde, weit entfernt von den Einrichtungen des Dienstes, die mit Abhöranlagen versehen waren. Normalerweise dienten diese den Zwecken der Organisation. Jetzt aber, so fürchtete Schalom, könnten sie seine Pläne durchkreuzen.

In dieser Nacht schworen Schalom und seine Männer unter den Sternen einen Eid, nie die Wahrheit zu offenbaren, sondern alles zu tun, was notwendig sein würde, um sie zu vertuschen, weil sonst, wie Schalom ihnen sagte, »schwerer Schaden für die Sicherheit des Staates entstünde und die Geheimnisse des Schin Bet enthüllt würden«.[27]

Sie wussten, dass sie wegen Folter, ja wegen Mordes vor Gericht gestellt werden könnten, wenn sie die Wahrheit sagten oder wenn diese durch die Untersuchungen ans Licht käme. »Sie schworen einander, nicht zuzulassen, dass die Wahrheit herauskommt«, so Reuven Hazak, Schaloms Stellvertreter. »Weder die Wahrheit über den Krenk [jiddisch für ›Krankheit‹, der Codename für die Tötung] noch die über die Vertuschung.«[28]

Sie legten sich in dem Orangenhain und bei nachfolgenden Treffen in ihren Häusern und Wohnungen einen Plan zurecht, den Hazak, der an einigen dieser Treffen teilnahm, im Rückblick als »geplanten Feldzug gegen die Institutionen von Recht und Regierung des Staates« bezeichnete.[29]

Der Plan bestand aus zwei ineinandergreifenden Teilen. Erstens würde Schalom Arens und Schamir vorschlagen, einen Vertreter des Schin Bet in das Untersuchungskomitee zu berufen, damit in diesem »die Position des Dienstes repräsentiert sei und um sicherzustellen, dass die Geheimnisse der Organisation gewahrt blieben«. Dieser scheinbar arglose Vorschlag wurde akzeptiert, und Jossi Ginossar wurde zum Mitglied des vom Verteidigungsministerium eingesetzten Untersuchungsausschusses ernannt.

Ginossar diente als Schaloms Trojanisches Pferd.[30] Er gehörte zu den Männern, die im Orangenhain den geheimen Eid geschworen hatten, und empfand schon die Existenz der Ausschüsse als persönliche Beleidigung. »Was war geschehen? Zwei Terroristen, die einen Bus entführt und die Fahrgäste getötet hatten, waren gestorben«, hat er später beteuert. »Dafür setzt ihr Himmel und Hölle in Bewegung? Heuchelei! Seit Jahren säuberten wir Israels Kanalisation, und mehr oder weniger wusste jeder, wie das geschah.«

Ginossar sagte, er habe »mit dem Erschlagen der Terroristen kein moralisches Problem gehabt« und er habe es auch heute nicht. Sein Problem war »die Situation vor Ort: dass so viele Akteure da waren, die nicht zum Schin Bet gehörten«.[31] Seine Lösung: »Oberste Regel nach einer gescheiterten Operation ist: die Fingerabdrücke des Staates Israel verwischen. Nicht die Wahrheit zu sagen ist integraler Bestandteil der Beseitigung des Problems.«[32]

Tagsüber saß der Ausschuss in einem Sitzungsraum des Verteidigungsministeriums und befragte Zeugen: Soldaten, Schin-Bet-Agenten, Zivilisten, Geiseln und den Fotografen Alex Levac. Abends schlich sich Ginossar davon, um im Haus des Justiziars mit Schalom und seinem engsten Kreis zusammenzukommen, die Mitverschwörer über die Einzelheiten der Sitzung des Tages zu unterrichten und anschließend mitzuhelfen, die Zeugen für den nächsten Tag zu präparieren.[33]

Das führte zum zweiten Teil von Schaloms Plan: zur Verleumdung unschuldiger israelischer Soldaten wegen der beiden Morde, die *er* befohlen hatte. Gemeinsam mit Ginossar, den Justiziaren des Schin Bet und Mitgliedern des Tsiporim-Elitekommandos heckte Schalom einen ausgefeilten Plan aus, die Mordanklagen von den Verschwörern auf die Männer zu verschieben, die zuerst Hand an die Palästinenser angelegt hatten: Soldaten der israelischen Armee unter dem Kommando von Brigadegeneral Jitzchak Mordechai.

Die Heimtücke dieses Plans war atemberaubend. Notwendig waren dazu Meineid, Verschwörung und ein tiefer, schwindelerregender Verrat an einem ehrbaren Mann und Freund. Ginossar und Mordechai waren sich nahe gewesen, seit sie 1982 während der Invasion in den Libanon zusammengearbeitet hatten. Ginossar hatte Mordechai sogar am 27. Juni 1982 mit einer besonderen Auszeichnung des Schin Bet geehrt, zum Zeichen der Anerkennung für die Hilfe bei der Tötung Asmi Zrairs, des für Operationen zuständigen Offiziers der Fatah im Südlibanon, durch den Schin Bet.[34]

Ginossar spann ein verwickeltes Netz von Lügen. Er wusste genau, was der Ausschuss benötigte. »Leute, täuscht euch nicht«, sagte er bei einem der heimlichen Treffen. »Es muss ein Schuldiger gefunden werden, sonst hat diese Kommission ihre Arbeit nicht getan. ... Die einzige

Person, die als schuldig gebrandmarkt werden kann, ist Herr Jitzchak Mordechai.«

Die entscheidende Zeugenaussage war die von Tsiporim-Kommandeur Ehud Jatom. Schalom, Ginossar und die anderen hatten sie mit Jatom am Vorabend wieder und wieder geprobt. Er sagte dem Ausschuss: »Ich und der Direktor des Schin Bet kamen zum Schauplatz. Ich sah zwei Gruppen von je 20 bis 30 Personen, die etwa 10 Meter voneinander entfernt waren. ... Als ich mir meinen Weg bahnte, sah ich eine Gruppe von Menschen, die mich heute an Beschreibungen der syrischen Fellachen erinnern, die unsere Piloten [die über Syrien abgeschossen worden waren] angriffen. Sie taten ihren Händen und Füßen keinen Zwang an. Als ich den Terroristen sah, gab auch ich ihm eine Ohrfeige, weil mich die Atmosphäre der Wut des Mobs erfasste.« Er sagte, er habe keine Schin-Bet-Männer in dem Mob gesehen, wohl aber General Mordechai, der einen der Terroristen mit seiner Pistole schlug.

Jatom sagte dem Ausschuss, dass die Terroristen, als sie ihm übergeben wurden, in sehr schlechter Verfassung gewesen seien und dass er sie ins Krankenhaus habe bringen lassen, wo man sie für tot erklärt habe. Der Vorsitzende des Ausschusses, der Generalmajor a. D. Meir Zorea, war von Jatoms Ehrlichkeit tief beeindruckt. Jatom war der einzige Zeuge, der gestand und sogar Bedauern darüber zum Ausdruck brachte, einen Terroristen geohrfeigt zu haben. Dieses »Geständnis« hatte natürlich den Zweck, eine viel schwerere Straftat zu kaschieren.

»Wen haben Sie schlagen sehen?«, wurde ein anderer Schin-Bet-Offizieller bei seiner Aussage gefragt, nachdem er die Szene, die er mit angesehen hatte, als Lynchjustiz beschrieben hatte. »Es fällt mir schwer, mir das genau in Erinnerung zu rufen«, antwortete er. »Die einzige Person, die ich herausgreifen kann, ist Jitzchak Mordechai. Seine Schläge waren himmelschreiend brutal.« Ein weiterer Schin-Bet-Zeuge sagte: »Ich sah, dass Jitzchak sie heftig auf den Kopf schlug«, konnte aber sonst niemanden identifizieren. Ein Defilee von Zeugen, die alle dem Schin Bet angehörten, äußerte sich im selben Sinne.[35]

Die Verschwörer versuchten, auch Kubi zu gewinnen, einen Meineid zu schwören. Ginossar »kam zu mir, um sicherzustellen, dass ich aussagte, gesehen zu haben, wie Mordechai sie zu Tode geprügelt habe«, sagt Kubi.

»Ich sagte ihm, dass ich das nicht gesehen hätte. Er redete weiter auf mich ein und fragte, ob ich bestätigen könne, dass Avrum nicht anwesend gewesen sei, als die Terroristen geschlagen wurden. Ich sagte, doch, er sei da gewesen; er habe sie sogar als Erster geschlagen. ›Wenn das so ist‹, sagte er, ›sind Sie meiner Meinung nach gar nicht da gewesen.‹ Anschließend schickten sie mich als Ständigen Vertreter nach Italien. Mir war klar, dass sie mich weghaben wollten, so weit wie möglich von den Untersuchungsausschüssen entfernt.«

Doch der Ausschuss des Justizministeriums bestand darauf, Kubi zu befragen. Nachdem Kubi heimlich nach Israel geflogen worden war, sagte er in einer erbitterten Begegnung mit Avraham Schalom seinem Boss, dass er dessen Version des Geschehenen nicht bestätigen werde. Woraufhin Schalom schrie: »Das ist Verrat!«

Kubi, der in seinen 30 Jahren beim Schin Bet oft großer Gefahr ausgesetzt war, sagte, er habe niemals *mehr* Angst um sein Leben gehabt als in diesem Augenblick. »Ich hatte Angst, da nicht lebend herauszukommen.« Diese Befürchtung bewahrheitete sich nicht, aber Kubis Gefühle waren bezeichnend dafür, wie tief der Schin Bet gesunken war.

Am Ende wurde ein Kompromiss zwischen Kubi auf der einen Seite und Schalom, Ginossar und dem Justiziar auf der anderen erzielt. Kubi sagte – wahrheitswidrig – aus, mit dem Verhör beschäftigt gewesen zu sein und nicht gesehen zu haben, wer die Terroristen schlug.

Die Aussagen der anderen Zeugen – zusammengesponnen von Meistern in Sachen Ausflucht und Verschleierung und viele Stunden lang geübt – bestätigten sich gegenseitig. Der kumulative Effekt von 13 identischen Erzählungen dem Anschein nach ehrbarer Männer machte auf die Ausschüsse starken Eindruck.

Am 28. Mai gab der Untersuchungsausschuss des Verteidigungsministeriums sein Ergebnis bekannt: »Aus dem ermittelten Material geht klar hervor, dass weder den Soldaten der israelischen Armee noch dem Personal des Schin Bet ein Befehl erteilt wurde, aus dem in verantwortlicher Weise abgeleitet werden konnte, dass die beiden überlebenden Terroristen getötet oder misshandelt werden sollten.«

Der Ausschuss schenkte uneingeschränkt der Aussage Avraham Schaloms Glauben und merkte an, dass Mordechais Aussage und Behauptung, nicht er habe die Terroristen getötet, »mit einer Reihe von Aussagen, die wir gehört haben, teilweise nicht übereinstimmt, in bestimmten Einzelheiten aber von anderen Aussagen bestätigt wird«.

Die Kommission traf keine Feststellung, wer die Gefangenen getötet habe, sprach aber die Empfehlung aus, die Militärpolizei solle gegen Mordechai ermitteln. Dies führte zu seiner Anklage wegen Totschlags. Die Untersuchung des Justizministeriums kam im Juli 1985 zu ähnlichen Ergebnissen.[36]

Schaloms Plan hatte funktioniert. Für *seine* Verbrechen wurde ein Unschuldiger vor Gericht gestellt.

Mordechai trat den Anschuldigungen gegen seine Person mit Entschiedenheit entgegen, aber kaum jemand glaubte ihm. »Jeder andere hätte sich an Mordechais Stelle umgebracht«, sagte Ehud Barak.[37]

»Zwei Jahre lang gingen ich und meine Familie durch die Hölle«, so Mordechai selbst.[38]

Doch zu seinem Glück war der Vertreter des Militärs im Untersuchungsausschuss des Justizministeriums ein junger, dynamischer Militärrechtsanwalt namens Menachem Finkelstein, der später auch in das Beurteilungsverfahren, ob Mordechai angeklagt werden sollte, eingebunden war.

Finkelstein, ein orthodoxer Jude mit einer Neigung zu Skeptizismus und talmudischen Haarspaltereien, der später ein prominenter Richter an einem Amtsgericht werden sollte, nahm das Beweismaterial unter die Lupe und gewann den Eindruck, dass etwas nicht stimme. »Einerseits waren die Aussagen des Schin-Bet-Personals eindeutig«, sagte er. »Es war unvorstellbar, dass irgendjemand von diesen Leuten gelogen hatte. Aber dieser Versuch, Mordechai die Schuld zuzuschieben, erschien mir merkwürdig.«[39]

Mordechai hatte zugegeben, die beiden Terroristen, nachdem sie aus dem Bus geführt worden waren, je einmal geschlagen zu haben, während er sie befragte, aber eine sorgfältige Durchsicht des gesamten Beweismaterials deutete klar darauf hin, dass die Abu-Jumaa-Cousins dem Schin Bet in weit besserer Verfassung übergeben worden waren, als dessen Agenten behauptet hatten. Finkelstein kämpfte gegen den Schin Bet und das Justizministerium, die beide darauf drängten, Mordechai wegen Mordes vor Gericht stellen zu lassen, und erwirkte ein forensisches Affidavit, das festhielt, dass Mordechais Schläge die beiden Terroristen, die auf Levacs Fotos in gutem Zustand zu sein schienen, unmöglich getötet haben konnten.[40]

Finkelsteins Bemühungen konnten nicht verhindern, dass Mordechai wegen Totschlags in zwei Fällen angeklagt wurde, und Mordechai musste sich vor einem Kriegsgericht verantworten. In dem Verfahren selbst aber war Finkelsteins sorgfältige juristische Arbeit entscheidend,[41] und nach einem einzigen Termin und einer kurzen Anhörung zum Beweismaterial sprach das Gericht Mordechai frei.[42]

Das schien das Ende der Aschkelon-Affäre zu sein. Ein anständiger Mensch war in den Schmutz gezogen, sein Ruf beschädigt worden, auch wenn er schließlich rehabilitiert worden war. Kein Geheimnis des Schin Bet war enthüllt und niemand für seine Verbrechen zur Rechenschaft gezogen worden.

Die ganze Angelegenheit wäre in Vergessenheit geraten, hätten nicht drei hochrangige Schin-Bet-Offizielle Gewissensbisse bekommen. Einer von ihnen war Reuven Hazak, der stellvertretende Direktor, der als baldiger Nachfolger Schaloms vorgesehen war. Zuerst warnten die drei Schalom, weiter zu lügen. Peleg Raday sagte zu ihm: »Nixon ist nicht wegen des dämlichen Einbruchs gestürzt, sondern weil er die Sache vertuschen wollte.«[43] Keine Antwort. Hazak war zwar involviert gewesen, als die Verschwörung zur eidlichen Falschaussage begann, er war aber später zu der Überzeugung gekommen, dass das Geheimnis nur gewahrt werden konnte, wenn alle Verschwörer, auch er selbst, zurücktraten. Schalom aber weigerte sich; Punkt, aus, Ende.

Am 29. Oktober 1985 gelang es Hazak, einen Termin bei Ministerpräsident Schimon Peres zu erhalten, der Schamir im September 1984 aufgrund einer Rotationsvereinbarung abgelöst hatte – der Likud und die Arbeiterpartei hatten in den Wahlen zur Knesset gleich viele Mandate erhalten. Peres hörte Hazak aufmerksam zu, der ein Blatt mit Notizen mitgebracht hatte, die in der Beschreibung der Morde und des Vertuschungsversuchs kein Detail aussparten. »Die moralische Grundlage, auf die der Schin Bet sich bei der Erledigung seiner Pflichten stützte, ist zusammengebrochen«, sagte Hazak Peres.

Peres antwortete: »Ich denke stets nach, bevor ich eine Entscheidung treffe.«[44]

Hazak war erleichtert, als er ging. Er hatte das Gefühl, dass seine Anschuldigungen ernst genommen worden waren und eine angemessene Reaktion nicht ausbleiben würde. Aber er irrte sich. Schalom war als Taktiker viel gewitzter. Er war schon vorher mit Peres zusammengekommen und hatte dem Ministerpräsidenten ein ganz anderes Szenario aufgetischt: Es gebe einen Putschversuch dreier Gesetzesbrecher mit dem Ziel, ihn auszubooten und den Schin Bet zu übernehmen.

Schalom durfte die drei Whistleblower entlassen; Peres war einverstanden. Sie schieden mit Schimpf und Schande aus dem Dienst, für den sie gelebt hatten, all jenen Kollegen entfremdet, denen man eingeredet hatte, sie seien Verräter.[45]

Doch die Whistleblower schlugen zurück. Am späten Abend des 9. März 1986 erschienen die drei im fast verwaisten Hauptsitz des Justizministeriums in Ost-Jerusalem und betraten das Büro von Generalstaatsanwalt Jitzchak Zamir.

Die Besprechung dauerte dreieinhalb Stunden, in denen die Whistleblower die ganze Geschichte offenbarten – nicht nur die Tötung der beiden Palästinenser und den Versuch, die Taten Mordechai anzuhängen, sondern auch die Rechtsbrüche, die der Schin Bet jahrzehntelang begangen hatte: die außergerichtlichen Exekutionen, die Folterpraxis und die Meineide.

Die stellvertretende Staatsanwältin, Dorit Beinisch, konnte kaum glauben, dass Peres sich die Geschichte angehört, aber nichts unternommen hatte: »Haben Sie bei Ihrem Termin beim Ministerpräsidenten über die Vertuschung gesprochen?«

»Alles ist zur Sprache gekommen«, antwortete Hazak.

»Mir war, als wäre der Himmel auf die Erde gestürzt«, sagte Jehudit Karp, die stellvertretende Generalstaatsanwältin für besondere Aufgaben. »Man kann das, was da geschehen war, gar nicht überzeichnen. Es war ein Fall von krasser Untergrabung der Rechtsstaatlichkeit und von Korrumpierung aller Systeme. Ich kann mich an kein ähnlich schwerwiegendes Ereignis in der Geschichte des Staates Israel erinnern.«

Zwei neue Untersuchungen wurden gestartet: eine polizeiliche der

Aschkelon-Affäre und, von einer Kommission unter Karps Vorsitz, eine umfassendere der Praktiken des Schin Bet.

Für Schalom war das eine Katastrophe. Er hatte zwei Untersuchungen durch Meineid und pures Lügen überlebt und hatte erreicht, dass er die drei Whistleblower entlassen durfte. Die beiden toten palästinensischen Entführer aber suchten ihn immer wieder heim, und jetzt, da die ganze Verschwörung aufgeflogen war, würde es für ihn viel schwerer sein, die Ermittler mit einem weiteren erfundenen Szenario zu überzeugen.

Dennoch traten Schalom und seine Verbündeten nicht zurück. Sie starteten vielmehr »eine breit angelegte Kampagne aus Lügen, Gerede und Verunglimpfung der drei Whistleblower und des Justizministeriums«, so Karp. Beamte des Ministeriums wurden überwacht und ihre Telefone angezapft, um Informationen für Erpressungen zu erhalten und um zu versuchen, die Gegenspieler auszumanövrieren. Im Dunkel der Nacht wurden die Beamten des Ministeriums anonym bedroht, sodass Zamir Personenschutz rund um die Uhr erhielt. Eines Abends wurde ein Krankenwagen zu seinem Haus beordert, obwohl er vollkommen gesund war, ein andermal wurde ein Trauerkranz dorthin geschickt. Presseleuten wurde von Schin-Bet-Quellen gesagt, dass einer der Whistleblower eine Affäre mit der stellvertretenden Staatsanwältin Beinisch habe.[46]

»Das Erstaunlichste, was damals offenbar wurde, war die uneingeschränkte Macht des Schin Bet«, hat Beinisch gesagt. »Erst als wir uns damit befassten, wurde uns klar, dass diese Macht sich gegen alles und jeden richten konnte, sogar gegen die Rechtsordnung und, wenn notwendig, auch gegen die Spitzenpolitiker. Wir wurden besudelt, bloßgestellt, bedroht.«[47]

Aber Beinisch, Karp und die Ermittler der Polizei gaben nicht nach. Die Untersuchungen liefen trotz der Verleumdungen und der Einschüchterungsversuche bis April und Mai 1986.

Schließlich verlegte sich Schalom darauf, unter Eid einfach zu lügen. Von der Polizei befragt, behauptete er zunächst, Verteidigungsminister Mosche Arens habe ihm befohlen, die Entführer von Aschkelon zu töten. Als Arens mit ihm am 16. April 1986 zusammenkam und dieser Behauptung energisch entgegentrat, entschuldigte sich Schalom und sagte: »Ich hatte den Eindruck, dass Sie diesen Befehl gegeben hatten, aber wenn ich jetzt mit Ihnen spreche, wird mir klar, dass ich mich geirrt habe und dass es nicht so war.«[48]

Danach beschuldigte er Schamir, der zur Zeit der Entführung Ministerpräsident gewesen war. Schalom behauptete, Schamir habe den Befehl gegeben, die Palästinenser zu Tode zu prügeln, und anschließend auch, die Sache zu vertuschen; zumindest habe er Letzteres gebilligt. Auch Schamir stritt dergleichen rundweg ab. Erneut in der Falle, log Schalom weiter. Schamir, so behauptete er, habe ihm bei einer Besprechung im November 1983 gesagt, dass gefangen genommene Terroristen zu töten seien. Schamir bestritt auch das. Am Ende konnte Schalom nur noch darauf bestehen, dass er Blankovollmacht erhalten habe, zu entscheiden, was mit Terroristen geschehen sollte – sogar *vor* einem Anschlag –, wenn er den Ministerpräsidenten nicht erreichen konnte.

Im Mai 1986 entschied Generalstaatsanwalt Jitzchak Zamir, all jene, die in die Affäre verwickelt waren, wegen Mordes, Behinderung der Justiz, Meineids und jeder Menge anderer Anklagepunkte strafrechtlich verfolgen zu lassen.[49]

Schalom saß in der Klemme. Er konnte nur noch eine letzte Karte ausspielen.

Schalom hatte sich Ende Mai mit Jossi Ginossar und den Anwälten der beiden in Ginossars Zimmer im Grand Beach Hotel in Tel Aviv getroffen. Gemeinsam hatten sie begonnen, gestützt auf ihre Akten und ihr Gedächtnis, eine Liste der Toten aufzustellen. Sie schrieben die Namen der Personen auf, die vom Mossad, vom AMAN und vom Schin Bet in den Jahren vor der Aschkelon-Entführung getötet worden waren, und zwar jeweils mit Ort und Zeitpunkt der Tötung.[50]

»Wir saßen lange zusammen. Alles ging mit Avrums Billigung in das Dokument ein«, so Ginossar.

Auf der Liste standen die vier iranischen Diplomaten, die mit Erlaubnis des Mossad von dem falangistischen Schlächter Robert »die Kobra« Hatem in Beirut gefoltert und hingerichtet worden waren. Aufgelistet waren die Zielpersonen der Einheit 504 des AMAN, die »eines natürlichen Todes, nämlich durch Herunterschlucken eines Kissens«, gestorben und mit dem Gesicht nach unten beerdigt worden waren. Aufgelistet war die

Operation, die der Schin Bet im Juni 1984 in dem Dorf Bidya durchgeführt hatte und bei der 15 Agenten in drei Mercedes-Limousinen vor der Garage des örtlichen Kommandeurs der Schiiten, Murshid Nahas, vorgefahren waren, Nahas in einen der Wagen gezerrt und ihm, so ein Augenzeuge, gesagt hatten: »Du kannst dir aussuchen, wie du sterben willst.« Nahas' von Kugeln durchlöcherte Leiche war später am Dorfrand gefunden worden.[51] Aufgeführt waren die Namen von Leuten, die in den besetzten Gebieten einfach verschwunden waren, ebenso die Namen aller Männer, die im Rahmen des »Gewichte«-Programms getötet worden waren. Die Liste war keineswegs vollständig – sie war nur drei Seiten und 67 Namen lang – und enthielt nur Tötungen im Libanon, im Westjordanland und im Gazastreifen. Aber die Kompilation war erschütternd.

Ginossar nannte sie »Das Schädel-Dossier«. Vordergründig war sie ein legales Dokument, das zeigen sollte, dass Schaloms Befehl, die beiden Entführer von Aschkelon zu töten, sowohl Routine als auch zulässig war, Teil eines genehmigten Programms außergerichtlicher Tötungen. In Wirklichkeit war sie reine Erpressung, eine unausgesprochene Drohung, dass Schalom und seine Verbündeten, sollten sie angeklagt werden, andere mit hineinziehen würden, darunter auch Ministerpräsidenten.

»Wir erkannten die Bedeutung des Schädel-Dossiers, das sie auf den Tisch legten, sehr genau«, so ein ehemaliger Minister. »Uns war klar, dass wir die allgemeine Hysterie stoppen und sicherstellen mussten, dass die involvierten Mitglieder des Schin Bet sich nicht vor Gericht verantworten mussten.«[52]

Das Manöver war schockierend, zeigte aber Wirkung. »Ich bot Schamir [dem Außenminister und Teil des Führungstrios] meinen Rücktritt an«, erzählte Schalom. »Er antwortete: ›Unterstehen Sie sich!‹ Er befürchtete, wenn ich zurückträte, würde er es auch tun müssen. Also kam er [Schamir] mit Schimon Peres [dem Ministerpräsidenten] und Rabin, dem Verteidigungsminister, zusammen und sagte: ›Auch Sie haben solche Aktionen gebilligt.‹ Wenn Sie uns, den Likud, im Stich lassen, ziehen wir Sie mit hinein.«[53]

Schließlich wurde eine dubiose Vereinbarung getroffen, die ein sehr einflussreicher Anwalt vorgeschlagen hatte, der sowohl den Ministerpräsidenten als auch den Schin Bet beriet. Staatspräsident Chaim Herzog sollte umfassende Straferlasse für die betroffenen Mitglieder des Schin Bet in Bezug auf alle gegen sie laufenden Verfahren unterzeichnen. Auf diese Weise wurden elf Männer entlastet, bevor sie überhaupt angeklagt worden waren. Niemand würde für die Tötungen von Aschkelon oder für eine der übrigen zur Rechenschaft gezogen werden. Die einzige Bedingung dafür war, dass Schalom den Schin Bet verließ.

Doch obwohl er ungeschoren davongekommen war, hielt Schalom an seinen Erfindungen fest. Er schrieb, er habe »mit Erlaubnis und mit Vollmacht« gehandelt, blieb also bei seiner Behauptung, Schamir habe den Befehl gegeben, die palästinensischen Entführer zu töten. Im Gefolge der Affäre wurde beschlossen, dass bei allen Besprechungen zwischen den Direktoren der Geheimdienste und dem Ministerpräsidenten sein Militärstaatssekretär und, als Protokollführer, ein Stenograf anwesend sein sollten.[54]

Am Tag nach Herzogs Unterzeichnung der Straferlasse brachte die Tageszeitung *Hadaschot* eine Darstellung dessen, was geschehen war: »Diese Leute haben sich also hingesetzt und in einem Akt, der der Zusammenkunft einer Junta in einem entfernten lateinamerikanischen Staat glich, die Schlinge um ihren Hals entfernt.«[55] Präsident Herzog, ein ehemaliger Direktor des AMAN, verteidigte die Aktion in einer für die Medien bestimmten Verlautbarung, aber nur wenige begriffen, worauf er anspielte: »Die Untersuchung der Affäre hätte die Aufdeckung des Modus operandi notwendig gemacht, der sich beim Schin Bet im Laufe der Jahre herausgebildet hatte. Dabei wären vielleicht 60 bis 80 Affären aus der Vergangenheit ans Licht gekommen. Wäre das gut gewesen für das Land?«[56]

18 Dann gab es einen Funken

In einem Camp nicht weit vom PLO-Hauptquartier in Schatt el-Hammam, einem tunesischen Ferienort, trainierten 28 der besten Guerillakämpfer von Abu Dschihad ein Jahr lang für einen spektakulären Anschlag. Nach dem Plan wollte die Gruppe auf einem Mutterschiff von Algier aus in die Gewässer vor Tel Aviv fahren und dann mit Schlauchbooten bei Bat Jam, einem Vorort südlich von Tel Aviv, auf dem Strand landen. Bei Morgengrauen wollten sie an Land gehen, einen oder zwei Busse entführen und die Fahrer zwingen, sie zum Hauptquartier des Generalstabs der Israelischen Verteidigungsstreitkräfte im Regierungsviertel Kirja von Tel Aviv zu bringen. Am Tor würden sie die Wache niederschießen, das Gelände stürmen, in die Räume des Generalstabschefs und Verteidigungsministers eindringen und unterwegs so viele Menschen wie möglich umbringen. Anschließend würden sie ein Gebäude besetzen oder die Zu- und Ausfahrt zu den Straßen des Geländes blockieren und so viele Geiseln wie möglich nehmen, mit der Drohung, die Geiseln zu töten, sofern die Forderungen der Gruppe – die Freilassung von Terroristen der PLO aus israelischen Gefängnissen – nicht erfüllt würden.

Der Anschlag war für den 20. April 1985 geplant, zwei Tage nach dem Holocaust-Gedenktag und vier Tage vor dem Gedenktag für die gefallenen Soldaten und Terroropfer, einem der bedeutendsten Tage im israelischen Kalender, an dem alle Staatsbürger Israels zwei Minuten lang stillstehen, während eine Sirene im ganzen Land zu Ehren der Opfer ertönt. Abu Dschihad hatte vor, den Israelis einen neuen Anlass zur Trauer zu geben: »Wir wollen das helle Tageslicht zu finsterer Nacht in Tel Aviv machen«, sagte Abu Dschihad seinen Kämpfern bei einer letzten Instruktion, bevor sie aufbrachen.

»Mit Allahs Hilfe wird dieser Sabbat zu einem schwarzen Tag in der Geschichte Tel Avivs werden, und der Sonntag ebenfalls. An diesem Tag wird ganz Tel Aviv geschlossen sein und Ströme von Blut, Verderben und Zerstörung erleben.«

Abu Dschihad breitete eine Karte der israelischen Küste südlich von Tel Aviv aus. Drei Pfeile markierten darauf die Landungsorte der drei Schlauchboote: »Wir werden ihre Hauptquartiere angreifen, mit Allahs Hilfe, und dann werden wir ihre Straßen sperren. In einer Straße werden wir, sagen wir, 500 Menschen in unsere Gewalt bringen, 500 Menschen auf einmal, und dann sind wir imstande, sie als Verhandlungsmasse einzusetzen.«

Der höchste militärische Befehlshaber der Palästinenser gab seinen Kämpfern ein klares Ziel vor: »Mit Allahs Hilfe wird er auch Scharon dorthin schicken. Wir wissen, wie er aussieht.«

Ein Kämpfer gluckste: »Er hat eine Wampe.«

»Er hat eine Wampe«, bestätigte Abu Dschihad. »Wer gut zielt, wird ihn auch treffen. Möge ihm, mit Allahs Hilfe, eine Bombe auf den Kopf fallen. Er [Allah] vermag es, Jungs. Es gibt nichts, was Allah nicht kann.«[1]

Abu Dschihad hat mit Sicherheit gewusst, dass dies ein vergeblicher Wunsch war. Scharon war vor zwei Jahren als Verteidigungsminister abgesetzt worden, und die Chancen, dass er sich zufällig an diesem Tag in dem Ministerium aufhielt, aus dem man ihn schändlich vertrieben hatte, waren minimal. Aber Scharon war in den Augen der Palästinenser die Inkarnation des Bösen, und Abu Dschihad ging wohl davon aus, dass er seine Männer auf diese Weise am besten anspornen konnte.

Seit dem ersten Tötungsbefehl des Mossad gegen Abu Dschihad waren über 20 Jahre vergangen. Er hatte sich nach der Evakuierung der PLO aus Beirut im Sommer 1982 in Tunis, der Hauptstadt von Tunesien, niedergelassen und lebte in einer gemieteten Villa nicht weit vom Strand, rund 40 Kilometer von den Ruinen des alten Karthago entfernt. Die israelischen Geheimdienste behielten ihn im Auge, während er nach Syrien und Jordanien und in andere Länder im Nahen Osten reiste, Befehle erteilte, etwas organisierte, seinen Truppen Mut machte und Operationen gegen Israel plante.

Als militärischer Befehlshaber der PLO, in der Rangfolge unmittelbar nach Jassir Arafat, trug Abu Dschihad für unzählige Terroranschläge gegen Israelis die Verantwortung, mit großem Abstand mehr als jeder andere palästinensische Akteur. Er blieb von dem nationalistischen, revolutionären Eifer durchdrungen, der nunmehr von dem Wunsch gestärkt wurde, Israel zu beweisen, dass die PLO zwar am Boden, aber nicht am Ende war und dass sie immer noch imstande war, zurückzuschlagen und großen Schaden anzurichten. Deshalb entschloss er sich dazu, wiederum Anschläge in den Ländern des Westens zu planen, insbesondere in Europa, wo er und Arafat seit der ersten Hälfte der 1970er-Jahre keine Operation mehr durchgeführt hatten. Dabei bevorzugte er seegestützte Operationen, also Einsätze auf Schiffen, mithilfe von Schiffen oder in der Nähe von Hafenstädten.

Zu diesem Zweck setzte er Force 17 ein, die gut ausgebildete Spezialeinheit der Leibwächter Arafats, sowie sein eigenes Einsatzkommando »Westsektor« und die Marinedivision der Fatah.

Ein israelischer Plan, Abu Dschihad in Amman zu töten, wurde im Jahr 1983 ausgearbeitet, aber er wurde mehrmals abgesagt, meist aus operativen Gründen. Der Mossad plante jedoch Operationen gegen Abu Dschihads Untergebene. Nachdem die Fatah ihre operative Tätigkeit in Europa wieder aufgenommen hatte, startete auch der Mossad erneut aggressive Einsätze gegen die PLO auf dem Subkontinent.

Seit dem Debakel von Lillehammer hatte die Caesarea eifrig an der Neuformierung von Kidon, der Einheit für gezielte Tötungen, gearbeitet. »Ich sprach gerne vom ›Schärfen des Schwerts‹«, sagte Mike Harari, der in der Einheit eine Reihe von Veränderungen vornahm, ehe er 1980 in den Ruhestand ging.[2] In der neuen Einheit Kidon spielten die alten Holocaust-Überlebenden und die ehemaligen Kämpfer aus dem antibritischen Untergrund keine führende Rolle mehr. Die obersten Köpfe waren nunmehr Absolventen der Kampfeinheiten der Streitkräfte mit einer reichen Gefechtserfahrung, die bereits großen Mut und große Bereitschaft, wenn nicht Eifer, bewiesen hatten, den Abzug zu drücken.

An der Spitze der neuen Einheit Kidon stand »Berry«, ein Agent der Caesarea, der über den Kampfeinsatz in Ariel Scharons Fallschirmspringerbrigade zum Mossad gekommen war. Nach der Aussage seiner

Kollegen führte Berry Tötungen kaltblütig und methodisch durch, er zeigte dabei nicht die geringste Regung.[3]

Im August 1983 schickte Abu Dschihad den Vizekommandeur seiner Marineeinheit Mamun Meraisch nach Griechenland, um ein Schiff und Waffen für einen Terroranschlag gegen Haifa zu beschaffen. Auf dem Weg zu der Übergabe in Athen hielt an einer Ampel ein Motorrad mit zwei Männern neben Meraischs Auto. Berry, der Mann, der hinten saß, zog eine Pistole mit Schalldämpfer und pumpte Meraisch mit Blei voll, bis er sicher war, dass der PLO-Kämpfer tot war. Das Ganze geschah direkt vor den Augen seiner drei Kinder im Alter von vier, neun und dreizehn Jahren, die vor Entsetzen zu schreien anfingen.[4]

Am 16. August 1984 traf Zaki Hillo, ein Mitglied von George Habaschs Volksfront zur Befreiung Palästinas, mit einem Flug von Beirut in Madrid ein. Der Mossad glaubte, dass auch er mit einem Auftrag für Abu Dschihad unterwegs sei, der ihn für einen der geplanten Anschläge in Europa rekrutiert habe. Einen Tag danach fuhr an Hillo, während er im Stadtzentrum von Madrid spazieren ging, ein Motorrad vorbei, und der Mann, der hinten saß, schoss mehrmals auf ihn. Hillo überlebte den Anschlag, konnte aber seine Beine nicht mehr gebrauchen.[5]

Munzer Abu Ghazala, der Befehlshaber der Marineabteilung der Fatah, war schon vor dem 21. Oktober 1986 das Objekt einer Reihe gezielter Tötungsversuche durch Kidon gewesen. An diesem Tag parkte er jedoch sein Auto in einer Vorstadt Athens und gab so »Eli« genügend Zeit, seinen Auftrag zu erledigen. Eli, ein Killer mit einer Vorliebe für Sprengstoffe, schob seinen kräftigen Körper unter das Auto und brachte eines seiner »Eli-Ohren« an, eine tödliche, von ihm selbst gebastelte Bombe. Abu Ghazala stieg in den Wagen, und Eli drückte, inzwischen in sicherer Entfernung, den Knopf, mit dem er das Auto samt Fahrer in die Luft sprengte.[6]

Im Zuge dieser Anschläge sowie anderer PLO-Operationen in Europa, die vereitelt wurden, nachdem der Mossad der Polizei vor Ort einen Tipp gegeben hatte,[7] kam Abu Dschihad zu dem Schluss, dass die Israelis sein Netzwerk in Europa infiltriert hatten. Also entschloss er sich zu einer Marineoperation, die ausschließlich von dem inneren Kreis seines Hauptquartiers in Tunis und einem Trainingslager in Algerien unter strenger Geheimhaltung durchgeführt wurde. Daraus entstand der Plan, das Gebäude des Generalstabs zu besetzen und so viele Geiseln wie möglich in ihre Gewalt zu bringen.

Im Frühjahr 1985 gingen Abu Dschihads Leute an Bord eines gemieteten 498-Tonnen-Frachtschiffs unter panamaischer Flagge mit Dieselantrieb namens *Attaviros*. Abu Dschihad hatte sich für die Kommandotrupps eine langwierige Reise ausgedacht: vom Hafen Oran in Algerien aus nach Westen in den Atlantik, um das Kap der Guten Hoffnung, an der afrikanischen Ostküste entlang, durch die Meerenge Bab al-Mandab und das Rote Meer. Von dort aus hofften sie, sich unbemerkt in einem Konvoi aus Handelsschiffen durch den Suezkanal schleichen zu können, bis sie israelische Gewässer erreichten.

Ohne Wissen Abu Dschihads hatte die AMAN-Einheit 504 jedoch innerhalb des Apparats des Westsektors, Abu Dschihads militärischem Flügel, ein Netzwerk von Agenten. Seit fast einem Jahr wusste Israel, dass um den Gedenktag ein Anschlag geplant war.[8] Am 24. April fuhr ein Verband aus vier Schnellbooten und Kommandos der Flottille 13 gut 2900 Kilometer und sprengte ein zweites für die Operation gemietetes Schiff, die *Moonlight*, in die Luft, während es noch leer war und in Algerien vor Anker lag.[9] Als die *Attaviros* am 20. April in das Mittelmeer einfuhr, fingen zwei israelische Raketenkreuzer und Marineeinheiten der Flottille 13 sie 50 Kilometer vor Port Said ab.

Die PLO-Kämpfer auf dem Schiff wiesen den Aufruf der Israelis, sich zu ergeben, zurück und eröffneten das Feuer auf ein israelisches Schiff.[10] Als Reaktion versenkten die israelischen Kräfte das Frachtschiff und töteten 20 Menschen an Bord.

Acht weitere wurden gefangen genommen und zu der unterirdischen Vernehmungseinrichtung der Einheit 504 gebracht, in die sogenannte Anlage 1391 nördlich von Tel Aviv. Der Ort ist auf Karten nicht verzeichnet, und nach israelischem Recht ist die Veröffentlichung der genauen Lage verboten.

Die Gefangenen wurden nackt ausgezogen und bekamen eine Kapuze über den Kopf, dann wurden sie an die Wand gefesselt. Laute Musik gellte in ihren Zellen, sodass sie nicht schlafen konnten, und sie wurden mehrmals geschlagen.[11]

Nach vier Tagen Folter gestanden die Gefangenen die Details von Abu Dschihads Plan. Sie beschrieben, wie sie vorhatten, das Generalstabsgebäude zu besetzen und den Verteidigungsminister und Stabschef in ihre Gewalt zu bringen. Ohne die präzisen Informationen des AMAN wäre die Aktion »eine Katastrophe von bislang ungeahntem Ausmaß« geworden, sagte Oded Ras, ein hoher AMAN-Offizier.[12]

Es kam nicht länger in Frage, sich lediglich zur Verhinderung von Anschlägen, die bereits begonnen hatten, auf geheimdienstliche Informationen zu verlassen.

Unmittelbar nach den von den Vernehmungsbeamten der Einheit 504 gewonnenen Geständnissen befahl Verteidigungsminister Jitzchak Rabin den Streitkräften, zwei Operationen gegen Abu Dschihads Basis in Tunis zu planen. Rabin, der eines der wichtigsten Angriffsziele des gescheiterten Anschlags von Abu Dschihad war, wollte zwei Optionen haben, zwischen denen er wählen konnte – beide sollten groß und aufsehenerregend werden: Eine Variante sah einen groß angelegten Vorstoß auf dem Landweg vor, an dem Einheiten aus Flottille 13, Sajeret Matkal und Schaldag (»Eisvogel«, die Eliteeinheit der Luftwaffe) beteiligt waren. Insgesamt sollten 100 Soldaten dem Befehl von Brigadegeneral Jitzchak Mordechai unterstellt sein, jenem Mann, dessen Leben durch den Versuch des Schin Bet, ihn hereinzulegen, um ein Haar ruiniert worden wäre. Die Männer sollten alle in Schlauchbooten, die von Kriegsschiffen aus zu Wasser gelassen wurden, an der tunesischen Küste an Land gehen, das Gelände der PLO überfallen und Abu Dschihad und seine Männer töten.[13]

Die zweite Option war ein Bombenangriff durch israelische Flugzeuge. Sowohl Mordechai als auch die Luftwaffe begannen bereits mit der Ausbildung, ehe das Kabinett seine Zustimmung gab.

Beide Varianten bargen ebenso taktische wie strategische Probleme. Tunesien ist von Israel weit entfernt – über 2000 Kilometer –, weiter als fast alle bisherigen Operationen der Israelischen Verteidigungsstreitkräfte. Für einen komplexen, gemeinsamen Landüberfall weit entfernt von Israel hieß das, die Möglichkeiten, die Truppen wieder abzuziehen, falls etwas schiefgehen sollte, wären sehr begrenzt. Sich durch eine große

Stadt vorzukämpfen hieße außerdem, dass das Risiko von Verlusten unter den israelischen Kämpfern gefährlich hoch wäre.

Andererseits war es auch riskant, Kampfbomber zu entsenden. Israel hatte eine Informationslücke, was die Flugabwehr sowohl in Tunesien als auch im benachbarten Libyen betraf.

Seit die PLO vor zwei Jahren ihr Hauptquartier nach Nordafrika verlegt hatte, bat Israel die Vereinigten Staaten um die nötigen Informationen über die Radaranlagen und die Armee- und Marinekapazitäten der beiden Länder, wurde jedoch abgewiesen. Die Amerikaner machten sich zu Recht wegen der Nachwirkungen eines israelischen Anschlags außerhalb der unmittelbaren Nachbarschaft Sorgen.[14]

Da Israel auf legalem Weg nicht die erforderlichen Informationen beschaffen konnte, stahl das Land sie einfach. Jonathan Pollard, ein amerikanischer Jude mit dem Wunschtraum, Spion zu werden und den Gang der Geschichte zu beeinflussen, hatte versucht, sich bei der CIA zu bewerben, wurde jedoch wegen »signifikanter emotionaler Instabilität« abgelehnt.[15] Die CIA teilte ihre Einschätzung jedoch nicht den anderen Zweigen der amerikanischen Aufklärung mit, und Pollard wurde von der Navy rekrutiert, wo er als brillanter Analyst und hervorragender Mitarbeiter galt.

Pollard behauptete später, dass er »unter seinen Kollegen Israel-feindliche Haltungen« und »eine unzureichende amerikanische geheimdienstliche Unterstützung für Israel« beobachtet habe.[16] Also versuchte er, sowohl das American Israel Public Affairs Committee als auch den Mossad dazu zu bewegen, ihn als Spion zu rekrutieren. Beide Organisationen lehnten ihn kategorisch ab, doch es gelang ihm, Lakam, den Spionagezweig des Verteidigungsministeriums, von seinen Qualitäten zu überzeugen. Abgeleitet von dem hebräischen Kürzel für »Büro für wissenschaftliche Beziehungen« war diese geheime Behörde nur einer sehr kleinen Gruppe von Menschen bekannt. Sie wurde von Rafi Eitan geleitet, der immer noch verbittert darüber war, dass man ihn nicht zum Chef des Mossad gemacht hatte. »Die Informationen, die Pollard uns gab, waren so gut, dass ich der Versuchung nicht widerstehen konnte«, sagte Eitan.[17] Seine Vorgesetzten, die Ministerpräsidenten und Verteidigungsminister, so Eitan, kannten den Sachverhalt, drückten jedoch angesichts der Flut an Informationen, die Pollard ihnen verschaffte, ein Auge zu.[18]

Von dem Augenblick an, in dem er angeworben wurde, ließ Pollard heimlich große Mengen an Dokumenten von seinem Arbeitsplatz mitgehen, brachte sie zum Kopieren zu einem sicheren Haus in Washington und legte sie wieder an ihren Platz zurück. Diese Dokumente mit dem Decknamen »Grünes Material« wurden dann nach Israel geschickt und in großen Safes in der Forschungsabteilung des AMAN und der Aufklärung der Luftwaffe aufbewahrt.[19]

Im Juni 1985 bat Jossi Jagur, Pollards Führungsoffizier bei Lakam, seinen Spion um sämtliche verfügbaren Informationen über die PLO-Hauptquartiere außerhalb von Tunis und über die libysche und tunesische Flugabwehr. Pollard ging zu den Archiven der Marineaufklärung und besorgte sich alle erforderlichen Informationen, die binnen weniger Tage nach Israel gelangten. Jagur leitete den Dank »von den höchsten Ebenen der israelischen Regierung« für seine herausragende nachrichtendienstliche Unterstützung bei dem bevorstehenden Überfall an Pollard weiter.[20]

Obwohl nunmehr alle notwendigen Informationen vorlagen, zögerten Schimon Peres und Jitzchak Schamir, die sich als Regierungschef abwechselten, genau wie Verteidigungsminister Rabin immer noch, der Operation grünes Licht zu geben. Mordechai versuchte, Rabin zur Unterstützung des Vorschlags einer See-Land-Operation zu überreden, weil »es einen Unterschied zwischen einem Luftschlag und der Wirkung gibt, die man erzielt, wenn man einem mit einer Waffe auf den Kopf zielt«. Rabin hatte jedoch Angst, dass etwas Unerwartetes schiefging, »und ich konnte ihm nicht versprechen, dass so etwas nicht passieren würde«, sagte Mordechai.[21]

Hingegen würde eine Bombardierung aus der Luft zwar die Piloten einer relativ geringen Gefahr aussetzen, vor allem mit den hochwertigen Informationen, die Pollard geliefert hatte, aber Israel teilte die strategischen Bedenken der Amerikaner. Tunesien hatte weder eine Landgrenze zu Israel, noch schwelten derzeit Konflikte. Das Eindringen in ein vorgeblich neutrales Land, sei es über die Luft oder zu Land, zog unter Umständen ernste internationale Konsequenzen nach sich.

Es gab auch noch einen externen Faktor für die Verzögerung. Gezielte Tötungen, insbesondere wenn es um hochrangige Ziele wie Abu Dschihad geht, sind keine rein militärischen oder geheimdienstlichen Operationen. Sie sind auch politische Instrumente und werden insofern häufig von politischen Bedenken geleitet – eine nützliche Methode, um die öffentliche Meinung entweder zu besänftigen oder aufzuputschen. Im Jahr 1981 etwa sagten Umfragen bei einer bevorstehenden Wahl eine stattliche Mehrheit für die linke Arbeiterpartei voraus, bis Ministerpräsident Begin vom rechten Likud die Bombardierung des Atomreaktors in der Nähe von Bagdad befahl, wo Saddam Hussein versuchte, Atomwaffen zu entwickeln. Das genügte, um die Stimmung zugunsten des Likud zu kippen.[22]

Momentan war die Innenpolitik jedoch stabil. Es gab keinen Wahlkampf, der ein Aufhetzen der öffentlichen Meinung mit großspurigem Militarismus nötig gemacht hätte, und es gab seitens der Öffentlichkeit auch keinen Wunsch nach sofortiger Rache. Eine Verschiebung auf unbestimmte Zeit schien somit die naheliegende Entscheidung, weil die mit der Operation verbundenen taktischen und diplomatischen Risiken zu hoch und die Erfolgschancen zu unsicher waren.

All das änderte sich schon wenige Monate später.

Während des ganzen Zeitraums waren sowohl die PLO als auch Israel auf Zypern und in den Gewässern zwischen der Insel und dem Libanon besonders aktiv. Abu Dschihad benutzte Zypern als Hauptroute für die Rückverlegung seiner Kämpfer in den Libanon und als logistische Basis für den gesamten Mittelmeerraum. Die kleine Insel entwickelte sich zu einem Hort terroristischer Aktivität, des Schmuggels, der Spionage und nicht zuletzt gezielter Tötungen.

Der Mossad machte sich die Meuterei zunutze, die einige Gruppierungen der Fatah ausgerufen hatten und die von Syrien bei ihrem Kampf gegen Arafat und seine Führung unterstützt wurden. Der Geheimdienst lancierte eine raffinierte verdeckte Operation, bei der sich ein Agent als Palästinenser ausgab, der an Jassir Arafat Rache nehmen wollte und deshalb dem syrischen Geheimdienst seine Dienste anbot. Der Mossad-Agent verriet der Station des syrischen Geheimdienstes in Larnaka auf Zypern Informationen über palästinensische Kämpfer, die in den Libanon zurückkehrten. »Die Syrer, die damals die Häfen und Flugplätze des Landes kontrollierten, warteten die Ankunft der Palästinenser ab, schnappten sie sich, und dann verschwanden sie auf Nimmerwiedersehen«, sagte Joni Koren, ein damaliger AMAN-Offizier. »Es war eine bemerkenswert erfolgreiche Operation. Die Syrer waren so zufrieden, dass sie anfingen, uns zu bezahlen, pro Kopf. Es gelang uns, auf diese Weise rund 150 PLO-Leute loszuwerden.«[23]

Einige Schiffe, die von Zypern in den Libanon fuhren, wurden von den Israelis selbst gestoppt. Am 9. September 1985 traf die Information ein, dass eine Gruppe hochrangiger Palästinenser am nächsten Tag auf einem Schiff namens *Opportunity* von Limassol in den Libanon fahren würde.[24] An Bord des Schiffes befand sich ein Mann, den Israel schon seit Langem eliminieren wollte: der Vizechef von Force 17 Feisal Abu Scharach. Er war an einer Reihe von Anschlägen beteiligt gewesen, von denen der schwerste, wenn er verwirklicht worden wäre, im November 1979 stattgefunden hätte. Damals wollte Force 17 einen Schiffscontainer, der aus dem Hafen von Piräus nach Haifa befördert wurde und mehrere Tonnen Sultaninen geladen hatte, für den Transport einer riesigen Menge Sprengstoff nutzen. Der Container sollte detonieren, wenn er ausgeladen wurde. Abu Scharach schickte einen seiner höchsten Mitarbeiter, Samir al-Asmar, um die Operation zu leiten. Doch die Mossad-Abteilung Tsomet bekam Wind von der Sache und spürte den Container und den palästinensischen Kommandotrupp auf.[25] Eine Kidon-Einheit begab sich nach Piräus und tötete al-Asmar. Einen Monat später, am 15. Dezember, beseitigte Kidon ein weiteres Mitglied des Trupps namens Ibrahim Abdul Asis nach seiner Ankunft auf Zypern sowie ein Mitglied der diplomatischen Mission der PLO vor Ort, das ihn bei sich aufnahm: Samir Tukan. Abu Scharach sollte eigentlich bei ihnen sein, aber sein Leben wurde damals dank einer Verschiebung seines Terminplans für den Tag gerettet. Er setzte seine Tätigkeit weitere fünf Jahre fort, bis die Israelis ihn auf der *Opportunity* aufspürten.

Kommandos von Flottille 13 gingen vor der libanesischen Küste an Bord des Schiffes und nahmen Abu Scharach und drei weitere wichtige Männer der Force 17 gefangen. Dann brachten sie die Gefangenen in die Anlage 1391 der Einheit 504. »Sie befahlen mir, mich mit den Händen auf dem Kopf hinzustellen, zogen mich an den Haaren, schlugen meinen

Kopf gegen eine Wand«, sagte Abu Scharach später. »Sie befahlen mir, fast nackt über den Boden zu kriechen und den Fußboden abzulecken. Ich blieb nackt, und sie schütteten kaltes Wasser über mich, schlugen mich auf die Hoden und peitschten sie mit Gummibändern.« Laut den bei Gericht vorgelegten medizinischen Unterlagen waren die Schläge und Tritte, die er erlitt, so schwer, dass der Hodensack platzte.[26]

Arafat wollte die Ergreifung Abu Scharachs und seiner Männer rächen und antwortete dementsprechend. Zwei Wochen danach, am 25. September 1985, überfiel ein Kommando der Force 17 eine israelische Jacht, die in der Marina bei Larnaka am Kai lag, brachte drei Zivilisten in seine Gewalt und forderte die Freilassung seiner palästinensischen Kameraden. Doch dann brachten sie, statt abzuwarten, ob ihre Forderungen erfüllt würden, aus keinem ersichtlichen Grund die drei Geiseln um und ergaben sich den zypriotischen Behörden.[27]

»Die Bastarde brachten kaltblütig drei Israelis um, schossen sie von hinten in den Hals«, sagte ein ehemaliger Kabinettsminister. »Die öffentliche Meinung in Israel hätte es natürlich nicht geduldet, wenn wir uns mit verschränkten Armen zurückgelehnt hätten.«

Eine Dringlichkeitssitzung des israelischen Kabinetts wurde einberufen. Auf Drängen von Verteidigungsminister Rabin wurde die Operation »Holzbein« genehmigt: die Ermordung Abu Dschihads und des Befehlshabers von Force 17 Abu Tajeb sowie die Bombardierung der Gebäude des Westsektors und der Force 17 in Tunis.

Man wollte, wie Rabin es formulierte, deutlich machen, dass »es für keinen PLO-Angehörigen irgendwo auf der Welt eine Immunität gibt. Der lange Arm der Israelischen Verteidigungsstreitkräfte wird imstande sein, sie aufzuspüren und zu bestrafen. Israel wird die Art des Kampfes und den Ort des Anschlags allein im Einklang mit seinen eigenen Überlegungen bestimmen.«

Lediglich Eser Weizmann, damals ein Minister ohne eigenes Ressort im Kabinett und ehemaliger Befehlshaber der israelischen Luftwaffe, der spätere Staatspräsident, war dagegen. Zu dieser Zeit führte er geheime, nicht autorisierte Gespräche mit der PLO. »König Hussein [von Jordanien] und [Ägyptens] Präsident Hosni Mubarak befinden sich derzeit in den Vereinigten Staaten«, sagte er auf der Kabinettssitzung. »Es läuft gerade ein Versuch, den Friedensprozess voranzubringen. Der Zeitpunkt ist falsch.«

Peres antwortete voller Sarkasmus: »Und in einer oder zwei Wochen wird der Zeitpunkt richtig sein?«

Die Vorbereitungen auf den Anschlag begannen unverzüglich, und am 1. Oktober flogen zehn F-15-Kampfflugzeuge nach Tunis, bewaffnet mit Lenkbomben vom Typ GBU-15. Außerdem befanden sich zwei Boeing-707-Tankflugzeuge in der Luft, wo die Kampfflugzeuge zweimal nachtankten. Eine weitere Boeing diente als luftgestützte Kommando-, Kontroll- und Kommunikationszentrale. Zwei Aufklärungsflugzeuge vom Typ Hawkeye sollten Radaranlagen in Tunesien, Libyen und Algerien stören.[28]

Die F-15 warfen ihre Bomben ab und flogen wieder zurück nach Israel. Alle Ziele wurden getroffen, auch die Hauptziele: die Diensträume des Westsektors und der Force 17. Über 60 PLO-Leute und einheimische tunesische Arbeiter wurden getötet und 70 weitere verwundet.[29]

»Als wir wendeten, um zurückzufliegen, empfanden wir eine enorme Erleichterung«, sagte ein Pilot. »Ich ließ in der Kabine einen lauten Schrei los, um meine Anspannung zu lösen. Der Heimflug war viel bedeutsamer als sonst. Ich sah die israelische Küste mit anderen Augen. Ich war von einem Hochgefühl erfüllt, das ich noch nie empfunden hatte.«[30]

Ministerpräsident Peres erklärte, als er an einer weiterführenden Schule im Süden Israels sprach, nachdem die ersten Meldungen von dem Angriff gesendet worden waren: »Terroristische Hauptquartiere sind nicht immun. Wir haben das Recht, sie anzugreifen. Es darf kaltblütigen Mördern nicht gestattet werden, ungestraft davonzukommen. Jede Aktion von ihrer Seite hat eine Hand, die alles gelenkt und organisiert hat.«

Jassir Arafat, der am selben Nachmittag einen Rundgang durch die zerstörten Gebäude machte, nutzte die Gelegenheit, um die Legende in die Welt zu setzen, dass sein Leben stets auf wundersame Weise gerettet würde. »Ich bin durch ein Wunder vor dem sicheren Tod gerettet worden«, erklärte er in seiner theatralischen Art. »Ich war gerade auf dem Weg zu meinem Büro im Hauptquartier in Schatt el-Hammam, eine Fahrt von einer Viertelstunde. Ich wies den Fahrer an, von der Straße abzubiegen und zu einem anderen Hauptquartier zu fahren, und dort erfuhr ich dann von dem Luftangriff. Ich nahm das Telefon und rief Kairo und Amman an. Ich sagte, ich sei nicht getroffen worden und würde weiterhin den Kampf leiten.«[31]

In Wirklichkeit hatten Informationen, über die Israel bereits verfügt hatte, gezeigt, dass er zur Zeit des Anschlags nicht an dem Ort sein würde. »Wir wussten, wo Arafats Wohnsitz lag, aber wir beschlossen, dass er kein Angriffsziel war, und schlugen dies der Regierung auch nicht vor«, sagte Joni Koren von AMAN.[32]

Doch die allgemeine Hochstimmung in Israel wurde von einer gewissen bitteren Enttäuschung getrübt. Kein einziger Befehlshaber der PLO hatte sich in seinem Büro aufgehalten, als die Raketen einschlugen. Abu Ijad, der Kommandeur des Schwarzen September und Initiator des Anschlags in München gegen die israelische Olympiamannschaft, dessen Name ganz oben auf Israels Schwarzer Liste stand, begleitete Arafat sogar bei der Inspizierung des Geländes, als wolle er die Israelis noch mehr reizen.

Nur ein hoher Vertreter, Nur Ali, wurde getötet, und er galt zudem als sehr gemäßigt. Tatsächlich hatte er im Rahmen geheimer Gespräche über einen Gefangenenaustausch sogar mit israelischen Vertretern in Verbindung gestanden und war einer der PLO-Vertreter, die heimlich Kontakt zum damaligen Verteidigungsminister Weizmann gehalten hatten. Was Abu Dschihad anging, so war er bei einem Treffen in seinem eigenen Haus gewesen, nicht weit von dem Zielort entfernt, und hatte die Detonation der Bomben gehört.[33]

Das Versäumnis, noch mehr Mitglieder der PLO-Führung auszuschalten, veranlasste den Mossad, eine eigene präzise Operation einzuleiten. Es fing mit der Planung einer »negativen Behandlung« an – ein damals beim Mossad gängiger Euphemismus für gezielte Tötungen –, die sich in Tunis gegen Abu Dschihad richten sollte. Mehr als eineinhalb Jahre lang erkundete die Caesarea verschiedene Pläne und Ideen, etwa einen Angriff auf sein Haus mit ferngelenkten Raketen, den Verkauf einer mit einer Sprengfalle präparierten Limousine an ihn über einen Doppelagenten und die Platzierung eines Heckenschützen im Zentrum von Tunis, um ihn auf dem Weg zur Arbeit zu erschießen.[34]

Alle diese Ideen wurden verworfen, entweder wegen des hohen Risikos, dass bei dem Anschlag unschuldige Zivilisten getötet wurden, oder wegen der Gefahr für die Agenten selbst. Tunesien galt als ein Ziel-Land, das strengste Sicherheitsvorkehrungen erforderte, während Mitarbeiter der Caesarea dort operierten. Das hieß zugleich, dass eine Evakuierung der beteiligten Agenten nach den gezielten Tötungen nicht einfach wäre.

Das Kommando der Caesarea kam zu der Schlussfolgerung, dass es die Feuerkraft und die Transportkapazitäten der Streitkräfte brauchte. Der Mossad forderte von der Sajeret Matkal und den Kommandos der Marine Unterstützung an, wie schon 1973 bei der Operation »Frühling der Jugend« in Beirut. Der Geheimdienst wandte sich deshalb an den Leiter des AMAN, Generalmajor Amnon Lipkin-Schachak, der für die Sajeret zuständig war. Er hatte persönlich eine Einheit der an »Frühling der Jugend« beteiligten Kräfte geleitet und wurde danach ein hoher Offizier, der für seine Zurückhaltung und Vorsicht bekannt war. Lipkin-Schachak war entschieden gegen eine Beteiligung der Sajeret an der Mission. Er war überzeugt, dass der Mossad die Mission selbst durchführen konnte und müsste und dass »keine Notwendigkeit bestand, so viele Soldaten in Gefahr zu bringen«. In einem Interview wenige Monate vor seinem Tod im Jahr 2013 sagte Lipkin-Schachak: »Für mich war klar, dass wir das machen könnten, aber ich dachte, eine kleine Mossad-Truppe würde keinen so großen Fußabdruck wie ein Überfall mit einem Kommando hinterlassen, wonach klar wäre, dass Israel dahintersteckte.«[35]

Die Pläne für die Ermordung von Abu Dschihad und die noch offene Frage, ob die Armee sich daran beteiligen würde, lösten eine beträchtliche Spannung zwischen den Streitkräften und dem Mossad aus. Die letzte Entscheidung konnten lediglich die Politiker treffen, aber vorerst schreckten Ministerpräsident Schamir und Verteidigungsminister Rabin vor einer Intervention zurück.

Doch dann veränderte sich die Lage völlig.

Ungefähr 2,5 Millionen Palästinenser (in diesem Zeitraum wurde keine Volkszählung durchgeführt) lebten im Westjordanland und im Gazastreifen, die seit 1967 unter israelischer Besatzung standen. Ihre

Enttäuschung und Verbitterung waren Jahr für Jahr stetig gewachsen. Israel hatte für palästinensische Arbeiter die Tore geöffnet, und rund 40 Prozent der Beschäftigten überschritten täglich die Grenze, um in Israel zu arbeiten, allerdings waren lediglich niedrige Jobs zu bekommen, zu ausbeuterischen Löhnen und unter schwierigen Bedingungen. Palästinensische Bauarbeiter und Tellerwäscher sahen voller Hass zu, wie israelische Bürger aufblühten und ein fast westeuropäisches Niveau des Wohlstands erreichten.

In den besetzten Gebieten selbst stieg die Arbeitslosigkeit an, und es gab kaum Arbeitsplätze für Menschen mit einem höheren Bildungsabschluss. Die Städte waren unerträglich überfüllt, und die israelischen Behörden unternahmen nichts, um die kommunalen Dienstleistungen zu verbessern, geschweige denn stellten sie Land für Baugrund und Landwirtschaft zur Verfügung, um die Bedürfnisse einer wachsenden palästinensischen Bevölkerung zu decken.

Vielmehr beschlagnahmte Israel palästinensisches Land und siedelte dort immer mehr eigene Staatsbürger an – ein eklatanter Verstoß gegen internationales Recht. Viele Siedler waren ideologisch motiviert und glaubten daran, dass »Großisrael« den Juden gehöre. Andere trachteten einfach nach einem höheren Lebensstandard und wollten den massiv subventionierten Wohnungsbau nutzen.

Nach der jahrelangen Erduldung dieser Verschlechterungen, der untragbaren Zustände und offensichtlichen Ungerechtigkeiten standen das Westjordanland und der Gazastreifen kurz vor der Explosion. Doch das konnte der israelische Geheimdienst entweder nicht erkennen, oder er wollte es nicht sehen. Bei dem Fokus auf einem gezielten Feldzug gegen die PLO und ihre Führer war der anschwellende Zorn des palästinensischen Volkes den israelischen Geheimdiensten und ihren Politikern verborgen geblieben. Die taktischen Errungenschaften und die Fähigkeit, PLO-Führer fast auf der ganzen Welt aufzuspüren und auszuschalten, hatten in Israel den Eindruck entstehen lassen, dass es den Millionen Palästinensern in den besetzten Gebieten für immer seine Herrschaft aufzwingen könne, ohne irgendwelche Folgen befürchten zu müssen.

Die israelischen Geheimdienste hatten eine weitere dramatische Entwicklung übersehen: Im »besetzten Palästina« hatte sich eine junge, dynamische und charismatische Führungsschicht entwickelt und funktionierte unabhängig und separat von Arafat, Abu Dschihad und der PLO-Führung. Eine große Mehrheit im Westjordanland und in Gaza unterstützte die spektakulären Terroranschläge der PLO, aber viele hielten diese theatralischen Gewaltdemonstrationen für immer unbedeutender, wenn es um ihre alltäglichen Probleme ging. Arafat wurde immer noch als Vater der Nation betrachtet, aber es schien unwahrscheinlich, dass seine Aktionen, insbesondere jene, die von dem fernen Tunis aus durchgeführt wurden, die Unabhängigkeit bringen würden, die er ihnen schon bald versprochen hatte.[36]

Dann gab es einen Funken.

Am 4. Oktober 1987 brachen fünf gefährliche Terroristen, die dem Palästinensischen Islamischen Dschihad (PIJ) angehörten, aus dem Militärgefängnis in Gaza aus. Zwei Tage danach spürte der Schin Bet mithilfe von Spitzeln, die er in Gaza unterhielt, die Terroristen in einem Versteck in dem Viertel Sedschajech auf. Ein Team aus der Tsiporim-Einheit der Behörde observierte, als Araber getarnt, die Wohnung. In der Nähe bereiteten Spezialtruppen der JAMAM, der Terrorabwehreinheit der Polizei, unter dem Befehl von David Tzur einen Einsatz vor. »Die Leute von Schin Bet beobachteten sie, wie sie schwer bewaffnet in zwei Peugeot 404 stiegen, ein weißer, der andere hellblau, und wegfuhren. Wir verfolgten sie, und in dem Moment, in dem sie uns erblickten, eröffneten sie das Feuer. Neben dem Fußballfeld holten wir sie ein.« Vier Terroristen wurden von der ersten Salve getötet, die die Männer der JAMAM abgaben. Ein fünfter, der aus den Fahrzeugen entkam, wurde später erschossen. Bei dem Schusswechsel kam auch ein Agent der Tsiporim, Victor Arsuan, ums Leben.

Die Begräbnisse der fünf toten Palästinenser entwickelten sich zu einem aufrührerischen Protest. Auf der Straße skandierten die Demonstranten, dass die fünf ermordet worden seien. Die Krawalle waren gewalttätiger als alles, was die Israelischen Verteidigungsstreitkräfte bislang in den besetzten Gebieten erlebt hatten.

»Aus operativer Sicht«, sagte Tzur, der später Vizekommissar in der israelischen Polizei und Chef der Region Tel Aviv werden sollte, waren das Aufspüren und die Liquidierung der fünf Terroristen »ein eindeutiger

Erfolg für die JAMAM«. Aber Tzur räumte auch ein, dass seine taktischen Erfolge und andere vergleichbare im Lauf der Jahre den israelischen Geheimdienst daran gehindert hatten, das große Bild wahrzunehmen. Das ließ sie »die dramatische Entwicklung übersehen, die in Kürze stattfinden sollte«. Selbst die Gewalttätigkeiten bei den Begräbnissen wurden lediglich als lokale Ausbrüche der Wut wahrgenommen, nicht mehr.[37]

Dann verlor am 8. Dezember der Fahrer eines Tanklasters der Streitkräfte die Kontrolle über den Wagen und krachte in eine Reihe von Autos mit Palästinensern auf ihrem Rückweg zum Gazastreifen von der Arbeit in Israel. Vier Menschen kamen ums Leben, sieben wurden verwundet. Rasch verbreitete sich das falsche Gerücht, der Unfall sei ein absichtlicher israelischer Racheakt für den tödlichen Messerangriff auf einen Israeli zwei Tage vorher gewesen. Die Begräbnisse der toten Arbeiter arteten wiederum zu Massenprotesten aus.

Eine Welle von Protestmärschen rollte im Dezember 1987 durch das Westjordanland und Gaza und markierte den Beginn des palästinensischen Aufstands gegen die israelische Herrschaft: die Intifada. Der Schin Bet, die Armee und die Regierung waren völlig überrumpelt und »erkannten wochenlang nicht die Bedeutung der Proteste. Das ging so weit, dass es Verteidigungsminister Rabin beim Ausbruch nicht einmal in den Sinn kam, eine Auslandsreise abzukürzen und nach Israel zurückzukehren«, sagt der Militärberater des Ministerpräsidenten, General Newo.[38]

Die israelische Armee hatte jahrelang geglaubt, dass sie die Palästinenser mit minimalen Kräften in Schach halten könne. Als der randalierende Mob jedoch Steine auf kleine Einheiten von Soldaten warf, die keinerlei Ausrüstung zur Zerstreuung von Menschenmengen, geschweige denn Schutzkleidung hatten, antworteten die Soldaten mit Schüssen. Über 1000 Palästinenser wurden getötet, viele weitere verwundet, und der internationale Ruf Israels sank auf einen Tiefpunkt.[39] Abend für Abend sah die ganze Welt im Fernsehen, wie israelische Truppen aggressiv Massen von Palästinensern unterdrückten, die politische Unabhängigkeit und ein Ende der Besatzung forderten. Die Gleichung mit dem Unterlegenen hatte sich komplett umgekehrt: Jetzt war Israel der Goliath, und die palästinensischen Araber waren in den Augen der Weltöffentlichkeit David mit seiner Schleuder und Steinen.[40] »Die Intifada«, so der damalige Mossad-Direktor Nachum Admoni, »richtete einen weit größeren politischen Schaden an, beschmutzte unser Image mehr als alles, was die PLO während ihrer ganzen Existenz bewerkstelligt hatte.«[41]

Da Israel keine adäquate Antwort auf den Aufstand hatte und die eigentlichen Ursachen nicht kannte, griff die Regierung einmal mehr zu der Waffe, die ihr so vertraut war und von der viele glaubten, sie könne den Lauf der Geschichte verändern: gezielte Tötungen. Abu Dschihad, der schon mehrere israelische Mordanschläge überlebt hatte, war wiederum die Hauptzielperson. Das lag nicht zuletzt an seiner eigenen Prahlerei. In einem Interview für Radio Monte Carlo im Januar 1988 behauptete er, er habe den Befehl gegeben, die Intifada zu starten. Die PLO wiederholte dies in einigen eigenen Publikationen. Die arabische Welt klatschte Beifall. Israels politische Führung nahm seine Erklärungen für bare Münze. Die Chefs der Geheimdienstkreise erkannten ihre Authentizität an oder widersprachen zumindest nicht direkt.

Abu Dschihad hatte jedoch gelogen. Weder er noch Arafat hatten jemals einen Befehl erteilt, die Intifada zu starten. Sie waren von ihr überrascht worden, genau wie die israelischen Nachrichtendienste. In Wirklichkeit handelte es sich um einen Volksaufstand, und junge Männer um die 20 entfachten, völlig unabhängig von den Führern in Tunis, das Feuer. Doch die Fakten interessierten weder die Köpfe der PLO noch die arabischen Medien oder den israelischen Geheimdienst.

Vielmehr hatte diese allzu eifrig akzeptierte »Wahrheit« für die Israelis durchaus ihren Reiz. Wenn der Aufstand von der Unzufriedenheit ausgelöst worden wäre, die sich unter der palästinensischen Bevölkerung in den besetzten Gebieten über jahrelange militärische Willkür und israelische Übergriffe auf ihr Land angestaut hatte, dann hätte man sich mit den Ursachen auseinandersetzen müssen. Wenn das Ganze eine PLO-Verschwörung war, konnte man es jedoch einfach dadurch beenden, dass man den Mann, der dahintersteckte, tötete.[42]

Nach Ausbruch der Intifada befahl Verteidigungsminister Rabin den Streitkräften, dem Mossad die gesamte Unterstützung zu gewähren, die er brauchte, um Abu Dschihads Tötung zu planen. Der Chef des AMAN Lipkin-Schachak war »immer noch nicht überzeugt, dass eine so große und komplexe Operation notwendig« sei, aber er erkannte, dass sich die politischen Rahmenbedingungen geändert hatten, und zog seine Einwände zurück, zumindest in der Planungs- und Ausbildungsphase.[43]

Unterdessen gaben sich Abu Dschihad und Arafat alle Mühe, auf der Woge der internationalen Sympathie zu reiten, die der Aufstand hervorgerufen hatte. Während heimlich die Vorbereitungen für den Überfall auf Abu Dschihads Haus in Tunis liefen, leiteten er und Arafat ihre eigene verdeckte Operation in die Wege, eine raffinierte PR-Aktion. Sie nannten die Operation »El Auda«, die Rückkehr, bekannt als »Ship of Return«. Nach der Idee sollte ein Schiff mit 135 palästinensischen Vertriebenen aus Gebieten unter Israels Herrschaft an Bord nach Haifa fahren, dazu alle Journalisten und Kamerateams, die die Einladung, über die Fahrt und ihr dramatisches Ende zu berichten, annehmen würden. Die PLO-Führer wollten, dass die Fahrt der »El Auda« genauso aussah wie die der *Exodus*, des berühmten Dampfers, der im Jahr 1947 illegal jüdische Einwanderer nach Palästina unter dem britischen Mandat gebracht hatte. Die Fatah versuchte, die Pläne bis zur letzten Minute geheim zu halten, scheiterte damit jedoch, und der Mossad erhielt rechtzeitig eine Benachrichtigung. Die Palästinenser hatten in Piräus ein Schiff gechartert, doch die Eigentümer sagten ab, nachdem Israel sie gewarnt hatte, dass ihre Schiffe, wenn sie das Projekt weiterlaufen ließen, nie wieder israelische Häfen anlaufen dürften. Stattdessen kaufte die PLO für 600 000 Dollar ein in Japan gebautes Frachtschiff namens *Sol Phryne* auf Zypern.

Eine Dringlichkeitssitzung des israelischen Kabinetts wurde einberufen, um das Thema zu diskutieren, und es billigte eine gemeinsame verdeckte Operation von Armee und Mossad, um die *Sol Phryne* zu blockieren, »noch ehe sie aus dem Hafen Limassol auslaufen konnte«. Man hegte die Hoffnung, dass ein Vereiteln des Plans und das Töten der Teilnehmer »in der palästinensischen Führung ein Gefühl der Verzweiflung hervorrufen würden, sowie einen Rückgang in der Berichterstattung der Medien in den besetzten Gebieten, und der Motivation für eine Fortsetzung der Intifada einen Schlag versetzen werden«, sagte ein Minister, der an der Sitzung teilnahm.[44]

Am Morgen des 15. Februar 1988 stiegen drei PLO-Aktivisten, die Abu Dschihad nach Zypern geschickt hatte, um die Fahrt der »El Auda« zu organisieren, nicht weit von dem Hotel, in dem sie sich einquartiert hatten, in ihr Auto. »Rover«, der Chef von Kidon, und Eli saßen in einem anderen Auto und beobachteten sie, nach unzähligen angespannten Stunden der Observierung, in denen die lokale Polizei um ein Haar die Israelis erwischt hätte. Als die drei Palästinenser in ihr Fahrzeug stiegen und den Motor anließen, drückte Eli einen Knopf und zündete eine seiner Bomben. Die drei Palästinenser kamen ums Leben.[45]

18 Stunden danach tauchten Kommandos der Marine unter die *Sol Phryne* und befestigten eine kleine Haftmine am Rumpf. Sie sprengte ein Loch in die Seite des Schiffes, das sofort sank. Die Fahrt der »El Auda«, der palästinensischen *Exodus*, war vorüber, ehe sie begann. »Hör mal, die Geschichte spielt schon seltsame Spielchen«, sagte Joaw Galant, der Kommandeur des Kommandos, als er um 3 Uhr morgens triefend aus dem dunklen Meer auf das israelische Schnellboot kletterte, das auf ihn wartete. Er spielte damit auf die Fahrt seiner eigenen Mutter Fruma vor unzähligen Jahren auf der ursprünglichen *Exodus* an.[46]

Am 14. März traf sich das israelische Sicherheitskabinett unter Ministerpräsident Schamir erneut, um über die Tötung von Abu Dschihad zu sprechen.[47] Die vorherige Billigung seiner Eliminierung durch mehrere Ministerpräsidenten im Laufe der Jahre, darunter Levi Eschkol, Golda Meir und Jitzchak Rabin, galt unter einem neuen Regierungschef nicht mehr. Und selbst wenn noch dieselbe Person die Regierung leitete, müssten die Sicherheitskräfte doch eine neuerliche Genehmigung beantragen, wenn viel Zeit vergangen war, weil die politischen Rahmenbedingungen sich verändert haben könnten oder der Regierungschef womöglich seine Meinung geändert hatte. Eine Genehmigung musste unmittelbar vor der Durchführung einer gezielten Tötung erteilt werden, in dem Moment, in dem die Soldaten bereit zum Einsatz waren, auch wenn man vor einiger Zeit bereits grünes Licht bekommen hatte.

Oberflächlich betrachtet »hätte sich Schamir mit seinem eigenen Befehl, Abu Dschihad zu beseitigen, zufriedengeben können«, sagt Newo.[48] Schamir war sich jedoch bewusst, dass Abu Dschihad keine gewöhnliche Zielperson war, und die Reaktionen auf einen Anschlag auf ihn konnten außergewöhnlich heftig ausfallen. Er beschloss, nicht allein die Verantwortung zu übernehmen, sondern die Angelegenheit dem Sicherheitskabinett zur Genehmigung vorzulegen. Der Likud und die Arbeiterpartei hatten je fünf Minister in dem Gremium. Schimon Peres, der Vorsitzende der Arbeiterpartei und damalige Außenminister, erklärte, er sei absolut gegen den Mordanschlag. »Nach meinen Informationen war Abu Dschihad gemäßigt«, sagte er. »Ich hielt es für unklug, ihn zu töten.«[49] Die vier anderen Mitglieder aus der Arbeiterpartei, darunter Rabin, der früher die Tötung Abu Dschihads bereits gebilligt hatte, äußerten ihre Besorgnis wegen der internationalen Verurteilung, die sich gegen Israel richten würde, sowie wegen der Gefahr für israelische Soldaten und Mossad-Leute. Sie schlossen sich Peres an und lehnten die Operation ab. Schamir und die vier Likud-Vertreter stimmten dafür. Ein Patt hieße, dass die Operation nicht stattfände.

Finanzminister Mosche Nissim vom Likud beschloss, seine Überredungskünste zu testen. Er bat Rabin, mit ihm den Konferenzsaal zu verlassen. »Schauen Sie, was die Intifada uns antut«, sagte er. »Die allgemeine Stimmung ist sehr gedrückt. Die Streitkräfte haben in der Vergangenheit mit großer Findigkeit und Kreativität Aktionen ausgeführt, aber das ist schon lange nicht mehr passiert. Wir müssen in der Welt, in der internationalen Gemeinschaft, aber vor allem unter den Bürgern Israels wieder das Gefühl erneuern, dass die israelische Armee noch die gleiche Armee ist, die im Laufe der Jahre Wunderdinge vollbracht hat. Wir müssen diese Mission durchführen, im Namen der Moral der Nation.« Die Politik, der Rückgang der nationalen Moral erforderten ein blutiges Opfer. Die Tötung Abu Dschihads war, zumindest in Mosche Nissims Augen, eher ein symbolischer als ein praktischer Akt.[50]

Rabin war überredet. Er kehrte mit Nissim in den Saal zurück und kündigte an, dass er seine Entscheidung ändere. Mit einem Ergebnis von sechs zu vier Stimmen bekam die Operation »Einführungslektion« grünes Licht.

Nissim, der Sohn eines Oberrabbiners von Israel, bereute es nie, Rabin damals überredet zu haben: »Auf der ganzen Welt«, sagte er später, »gibt es keine andere Armee, die so peinlich genau wie die israelische Armee auf Werte und Verhaltensnormen achtet und dafür sorgt, dass keine unschuldigen Menschen verletzt werden. Aber es gibt im Talmud einen

Grundsatz: ›Wenn ein Mann kommt, um dich zu töten, dann stehe früh auf und töte ihn zuerst.‹«[51]

Das Haus von Abu Dschihad in Tunesien war, nach Ansicht der israelischen Geheimdienstagenten, der ideale Ort für einen Anschlag. Es befand sich an einer der schönsten Ecken einer gut gepflegten und exklusiven Gegend aus Privathäusern und breiten, sauberen Straßen, nur wenige Kilometer vom Strand entfernt, was einem Mordkommando einen relativ leichten Zugang verschaffte. Tunesische Polizeistreifen würde man meiden oder ablenken müssen, aber sonst wurde Abu Dschihad nur von zwei Männern beschützt. »Es war ein relativ isolierter, nur schwach bewachter Ort«, sagte Nachum Lew, der Vizebefehlshaber der Sajeret Matkal. »Außerdem kehrte Abu Dschihad, wenn er im Land war, jede Nacht dorthin zurück. Es war der ideale Ort für einen Hinterhalt. Abu Dschihad glaubte einfach nicht, dass ihn dort irgendjemand erreichen konnte. Der Mossad hatte in Beirut oder Syrien oder Europa operiert, aber nie in Tunesien. Also fühlte sich Abu Dschihad relativ sicher.«[52]

Darüber hinaus wäre die Tötung Abu Dschihads in seinem eigenen Haus, glaubten die israelischen Geheimdienste, eine geeignete Drohung. Sie würde den Palästinensern zu verstehen geben, dass keiner irgendwo in Sicherheit ist, nicht einmal in seinem eigenen Schlafzimmer.

Der Plan für den Anschlag in Tunesien war im vorigen Jahr von der Caesarea ausgearbeitet worden. Drei als arabische Geschäftsleute getarnte Agenten hatten die Wege vom Strand ausgekundschaftet und eine detaillierte Karte von der Umgebung angefertigt. Der Mossad und die AMAN-Einheiten 504 und 8200 verfolgten Abu Dschihads Bewegungsabläufe, erfassten seine Reisen, notierten sich die Gewohnheit, Tickets für mehrere Flüge zu kaufen, um zu verschleiern, wann und wohin er reisen wollte. Sein Haus und die Telefonleitungen zum Büro wurden überwacht. Oded Ras, damals ein Offizier in der Forschungsabteilung des AMAN, die sich mit Terror befasste, sagte: »Bei der Observierung Abu Dschihads lernte ich den Mann, gegen den wir vorgingen, kennen und achten. Gewiss, er war ein Terrorist, aber auch ein vorbildlicher Familienmensch und authentischer Führer, dem das Wohl seiner Nation am Herzen lag.«[53]

Dennoch wollte die politische und geheimdienstliche Führung Israels seinen Tod. Das Wohl der palästinensischen Nation war, in ihren Augen, eine direkte Gefahr für das Wohl ihres eigenen Landes. Nach ihrer Sichtweise war Abu Dschihad – und darüber gab es nichts zu diskutieren – der Mann hinter dem Tod von Hunderten von Juden.

Verteidigungsminister Rabin, der pedantische Militär, machte sich wegen unzähliger Details der Fluchtroute und der Sicherheit der Männer Sorgen. Darüber hinaus wollte er, ebenso wichtig, wissen, was passierte, falls, »wenn wir mit dieser ganzen Armada nach Tunis kommen und in das Haus einbrechen, unser ›Patient‹ gar nicht da ist?«. Die Leute vom Mossad erklärten ihren Plan, wie sie sicherstellen wollten, dass Abu Dschihad zu Hause war, ehe das Signal für den Überfall gegeben wurde. Rabin war zufrieden, und da in den besetzten Gebieten chaotische Zustände herrschten und Abu Dschihad, ob zu Recht oder Unrecht, für sich das Verdienst beanspruchte, wurde die Operation »Einführungslektion« schließlich genehmigt.[54]

Vizestabschef Ehud Barak hatte das Gesamtkommando über die Operation und leitete, unmittelbar vor dem planmäßigen Beginn, eine Planungssitzung im Hauptquartier des Generalstabs in Tel Aviv. AMAN-Offiziere zeigten ihm ihr maßstabgetreues Modell von Abu Dschihads Wohngegend. Barak deutete unvermittelt auf das Haus gegenüber von Abu Dschihads.

»Wer wohnt dort?«, fragte Barak.

»Abu al-Haul«, antwortete ein AMAN-Offizier. »Der innere Sicherheitschef der PLO.«

»Und wer wohnt hier?«, fragte Barak, während er auf ein Haus in der Nähe zeigte, allerdings nicht auf das Nachbarhaus von Abu Dschihad.

»Mahmud Abbas – Abu Mazen«, antwortete ein Mossad-Agent, indem er den echten und den Kampfnamen eines weiteren hohen PLO-Vertreters nannte.

»Das ist ziemlich nahe«, sinnierte Barak. »Warum statten wir ihm nicht auch einen Besuch ab? Wenn wir schon mit dieser ganzen, riesigen Armada nach Tunesien fahren, das sind zwei Fliegen mit einer Klappe.«

»Ehud«, warf ein hoher Mossad-Vertreter ein, »vergessen Sie es. Das würde nur eine Operation komplizierter machen, die ohnehin schon wirklich kompliziert ist.« Es folgte eine kurze Diskussion – ein regelrechter Streit. Barak bestand darauf, die Gelegenheit zu nutzen, zwei Zielpersonen anzugreifen. So ein Schlag, insistierte er, würde die Moral der PLO sinken lassen und könnte den gewünschten Effekt auf die Welle von Unruhen in den Gebieten haben. Die Vertreter von Mossad und AMAN waren kategorisch dagegen. »Wir können nicht garantieren, dass beide Zielpersonen gleichzeitig zu Hause sein werden«, argumentierten sie. »Sie haben das Kommando, aber wir raten, uns auf Abu Dschihad allein zu beschränken. Es reicht völlig aus, wenn wir ihm geben, was er verdient hat.«

Am Ende gab Barak nach. So wurde das Leben von Mahmud Abbas, dem Mann, der Arafat als Chef der palästinensischen Autonomiebehörde nachfolgen sollte, verschont – ebenjener Abbas, den Barak, neben anderen, zu gegebener Zeit als einen mutigen Partner bei den Friedensanstrengungen betrachten sollte.

»Es ist schwierig, solche Angelegenheiten im Rückblick zu verurteilen«, sagte Barak. »In der realen Zeit war es, aus operativer Sicht, sehr verlockend. Andererseits lag es auf der Hand, dass ein Schlag auf dieser Ebene gegen ihre Führer genau genommen Anschläge von ihnen auf unsere Führer legitimiert hätte.«

Sechs Caesarea-Agenten trafen am 14. April mit vier verschiedenen Flügen aus Europa in Tunis ein. Drei von ihnen, zwei Männer und eine Frau, die mit falschen libanesischen Pässen reisten und perfekt Französisch sprachen, zahlten in bar und mieteten zwei VW-Transporter und eine Peugeot-305-Limousine, alle weiß und alle von einem anderen Vermieter. Die Fahrzeuge sollten die Männer der Sajeret Matkal vom Strand zu Abu Dschihads Haus und wieder zurück bringen. Die anderen drei Agenten waren Schatten: Sie fanden einen Hain von Bäumen, von wo aus sie das Haus überwachen und prüfen konnten, ob Abu Dschihad zu Hause war. Die Fahrer würden mit dem Tötungskommando auf dem Seeweg abziehen, während die Schatten Tunis in Passagierflugzeugen verlassen würden, sobald die Operation vorbei war.

In der Zwischenzeit fuhren fünf israelische Schnellboote nach Tunesien, mit dem Überfallkommando an Bord, dazu ein mobiles Hospital und eine leistungsstarke Kommunikationsausrüstung. Ein größeres Schiff, das zu einem Hubschrauberträger ausgebaut, aber als gewöhnliches Frachtschiff getarnt war, hielt eine Reserveeinheit der Sajeret bereit. Im Notfall sollte sie eingeflogen werden.

Der Konvoi stoppte am 15. April 40 Kilometer vor der tunesischen Küste, weit vor den Hoheitsgewässern des Landes. Unter Wasser diente das israelische U-Boot *Gal* als heimliche, unsichtbare Eskorte. Hoch in der Luft fungierte eine Boeing 707 der Luftwaffe als Kommunikationsschaltzentrale und überwachte zugleich tunesische Frequenzen auf irgendwelche Schwierigkeiten. Das Flugzeug war imstande, wenn nötig den tunesischen Radar und die Luftüberwachung zu stören. Israelische F-15-Kampfflugzeuge patrouillierten außerdem vor der Küste, bereit zum Eingreifen.

Die Sonne versank im Westen im Meer, als Schlauchboote über die Seitenwände der Schnellboote zu Wasser gelassen wurden. Jedes enthielt zwei Kommandotrupps der Marine und sechs Soldaten der Sajeret Matkal. Sie fuhren leise in Richtung Küste, während die Dämmerung in die Finsternis einer mondlosen Nacht überging. 500 Meter vom Strand entfernt tauchten sieben Kommandos der Flottille 13 von den Schlauchbooten und schwammen unter Wasser an den Strand. Als Erster setzte der Befehlshaber des Überfallkommandos der Flottille 13 Joaw Galant seinen Fuß auf tunesischen Boden. Der Strand war verlassen. Die Elitesoldaten legten eine breite halbkreisförmige Umfassung an, um die Stelle zu sichern, während sie Funkkontakt zu den Booten und zu den Mossad-Agenten herstellten, die in den Autos warteten. Die Kommandos wiesen die Agenten an, sich der Küste zu nähern, und teilten dann den 26 Männern in den Schlauchbooten mit, dass sie gefahrlos an Land gehen konnten. Die Sajeret-Männer huschten zu den wartenden Fahrzeugen und zogen trockene Kleider an, die sie in wasserdichten Seesäcken mitgebracht hatten. Sie wollten als Zivilisten – teils männliche, teils weibliche – verkleidet in Abu Dschihads Wohngegend schleichen, dann in sein Haus eindringen und ihn töten. Immerhin hatten sie – wie in den Israelischen Streikräften üblich – alle Kriegsgefangenenausweise bei sich, um zu beweisen, dass sie Soldaten waren, falls man sie fasste.[55]

Die Kommandos schwärmten aus, um den Strand zu sichern, bis die Sajeret-Einheit zurückkehrte. Die drei Agenten, die das Haus observiert hatten, beobachteten durch starke Ferngläser, wie Abu Dschihads Auto kurz nach Mitternacht vorfuhr. Zwei Leibwächter, von denen einer zugleich der Fahrer war, gingen mit ihm ins Haus. Der Fahrer blieb nur kurz, kehrte dann zum Auto zurück und machte ein Nickerchen. Der Zweite saß eine Zeit lang im Wohnzimmer, ging dann in den Keller und legte sich hin. In einem anderen Zimmer schlief Abu Dschihads kleiner Sohn Nidal in seinem Kinderbett. Seine Frau Intisar und die 16-jährige Tochter Hanan warteten im Schlafzimmer auf ihn. Intisar erinnert sich noch gut an ihr Gespräch:

> Ich war sehr müde. Ich fragte ihn, ob er müde sei, und er sagte Nein. Ich bat ihn, ins Bett zu kommen, und er sagte, dass er noch viel zu tun habe. Er setzte sich an den Tisch in unserem Schlafzimmer und schrieb einen Brief an die Intifada-Führung. Hanan war bei uns im Zimmer. Er fragte sie, was sie am Tag gemacht habe. Sie sagte, dass sie geritten sei. Dann fiel ihr ein, dass sie ihm von einem Traum erzählen wollte, den sie letzte Nacht gehabt hatte. Sie träumte, dass sie mit ein paar Freunden in Jerusalem sei. Sie beteten in einer Moschee, und israelische Soldaten vertrieben sie plötzlich und jagten ihnen nach. Sie rannten und rannten, bis sie außerhalb der Stadtmauern waren, und dann sah sie ihren Vater. Sie fragte ihn, wohin er gehe, und Abu Dschihad sagte, er gehe nach Jerusalem. Sie fragte ihn, wie er denn nach Jerusalem hineinkommen wolle, weil es voller israelischer Soldaten sei. Er sagte, er werde auf einem weißen Pferd reiten.
>
> Nachdem sie den Traum zu Ende erzählt hatte, nahm Abu Dschihad die Brille ab und sagte: »Oh, Hanan, ja, ja, ich bin auf dem Weg nach Jerusalem.«

Das Telefon in der Villa klingelte. Abu Dschihad nahm ab. Israelische Agenten, die die Leitung angezapft hatten, hörten mit, wie der Mitarbeiter, der seine Reisen organisierte, ihm mitteilte, dass er einen Platz in einem Flug nach Bagdad habe, der kurz nach 3 Uhr morgens von Tunis startete. Das war für die Israelis ein Problem. Sie hatten vorgehabt, gegen 1.30 Uhr in Abu Dschihads Haus einzudringen, um möglichst sicher zu sein, dass alle schliefen. Aber wenn sie bis zu dem Zeitpunkt warteten, war ihre Zielperson höchstwahrscheinlich bereits auf dem Weg zum Flughafen.

So lange konnten sie nicht warten. Die Operation musste sofort beginnen. Jiftach Reicher, der Chef für Spezialeinsätze, zugleich der seegestützten Befehlszentrale, rief den Sajeret-Kommandanten Mosche Jaalon über Funk an. Sie unterhielten sich in Codes und auf Englisch, für den Fall, dass das Gespräch belauscht wurde.

Reicher: »Bogart, hier spricht Richard, du kannst die Station verlassen. Du kannst die Station verlassen. Beeil dich, ich wiederhole, beeil dich.«

Dann wurde Reicher klar, dass Abu Dschihad und seine Leute, weil er sich auf einen Flug vorbereitete, vermutlich wach wären. »Bogart«, sagte er, »hier spricht Richard, weil der Boss abreist, möchte ich dir mitteilen, dass im Büro noch Leute sind, die nicht schlafen.«

Jaalon: »Okay, Richard, ich habe verstanden.«

Reicher fragte einen Caesarea-Agenten, der das Haus von den Bäumen aus beobachtete: »Willy, gibt es etwas Neues in der Nähe des Büros, einschließlich des roten Autos?«

Willy: »Negativ.«

Reicher: »Bogart ist unterwegs. Vor Betreten des Büros wird er dich anrufen. Falls sich an der Lage irgendetwas ändert, teile ihm das mit, weil er grünes Licht braucht. Dein grünes Licht.«[56]

Die zwei Transporter brachten 26 Männer der Sajeret Matkal, bewaffnet mit Micro-Uzi und Ruger-Pistolen Kaliber .22, mit Schalldämpfern und Laserpointern ausgerüstet, in die Gegend. Zwei Caesarea-Agenten, ein Mann und eine Frau, fuhren mit dem Peugeot 400 Meter voraus, um die Straße auszukundschaften und dafür zu sorgen, dass die Haupttruppe keine unerwarteten Begegnungen hatte.

Alle drei Fahrzeuge hielten etwa einen halben Kilometer vom Haus entfernt an. Die Kommandos schlichen weiter. Doch die letzte, positive Identifikation stand immer noch aus. Späher hatten Abu Dschihads Auto ankommen sehen und beobachtet, wie er und seine Leibwächter das Haus betraten. Aber laut dem von Rabin unterschriebenen Protokoll reichte das nicht aus. Drei fließend Arabisch sprechende Mitarbeiter der Einheit 8200, die für diese Mission dem Mossad zur Verfügung gestellt wurden,

THE PALESTINE POLICCE FORCE

REWARD

A REWARD OF L.P. 2000 WILL BE PAID BY THE PPALESTINE GOVERNMENT TO ANY PERSON GIVING INFORMATION WHICH LEADS DIRRECTLY TO THE APPREHENSION OF THE PERSON WHOSE NAME AND PHOTOGRAPHH APPEAR HEREUNDER.

قوة بوليس فلسطين

مكافأة

تعطي حكومة فلسطين مكافأة قدرها ٢٠٠٠ جنيه فلسطيني لاي شخص يعطي اخبارية تؤدي مباشرة لالقاء القبض على الشخص المبين اسمه وصورته ادناه :—

משטרת פלשתינה (א״י).

גמול

פרס בסך 2000 לא״י ישולם ע״י הממשלה הא״י לכל אדם שימסור ידיעה שתוביל באופן ישר לידי מאסרו של האדם ששמו ותמונתו נקובים להלן.

MENACHEM BEIGIN

Age: 36 years
Height: 175 cms.
Build: thin
Nose: long, hooked
Teeth: bad
Speaks: Polish, English, Hebrew.
Peculiarities: Appears to be badly shaved. Walks with a peculiar flat-footed stride.

מנחם ביגין

הגיל: 36 שנים.
גובה: 175 ס״מ.
מבנת הגוף: צנום
אף: גדול וכפוף.
שנים: במצב רע.
מדבר: פולנית, אנגלית ועברית.
תכונותיו: נראה בלתי מגולח טוב. הליכתו אוסיינית ומוסע בנסות ברגל שטוחה.

مناحم بيجن

عمره : ٣٦ سنة
طوله : ١٧٥ سنتمترا
البنية : ضعيف
أنفه : طويل معقوف
أسنانه : رديئة
يتكلم : البولونية الانكليزية واليهودية
الخصائص المميزة : يظهر ان ذقنه ليست محلوقة جيدا ويمشي مشية غريبة بارجل منبطحة

INFORMATION MAY BE GIVEN AT ANY TIME TO ANY POLICE OFFICICER OR TO ANY POLICE STATION

Jerusalem,
July, 1945

J. M. RYMER JONES
Inspector-General.

يمكن اعطاء الاخبارية في اي وقت لاي ضابط بوليس او اي مركز بوليس

ج. م. رايمر جونز
مفتش البوليس العام.

القدس.
تموز سنة ١٩٤٥

את הידיעה אפשר למסור בכל זמן לכל שוטר או לכל תחנת משטרה.

ג׳. מ. רימר־ג׳ונס
המפקח הכללי

ירושלים,
יולי 1945.

GPP. 23285—200—22.8.45

Ein Fahndungsplakat des CID, der Kriminalpolizei im britischen Mandatsgebiet, für Menachem Begin, dem Kommandeur der Irgun.

Ariel Scharon (Mitte) als Kommandeur seiner Fallschirmspringerbrigade, August 1955.

Alexander Jisraeli, der bei seiner Entführung durch den Mossad starb.

Der Entführer und der Sohn des Opfers: Mosche Tsipper (rechts), der Sohn Alexander Jisraelis, erfährt von Rafi Medan (links), was wirklich mit seinem Vater geschehen ist.
[Ronen Bergman]

Das Mossad-Team: Rafi Eitan (Zweiter von rechts) und Zwi Aharoni (Zweiter von links) in Sao Paulo, kurz bevor sie Joseph Mengele, den »Todesengel von Auschwitz« sahen.
[Aus der Sammlung von Zwi Aharoni]

Der ägyptische Präsident Gamal Abdel Nasser (rechts) während eines Raketentests mit deutschen und ägyptischen Wissenschaftlern.

Ein Überwachungsfoto des Mossad von Hans Krug. Kurz nach dieser Aufnahme verschwand Krug spurlos. Bis zur Publikation dieses Buches wusste niemand, was mit ihm geschehen war.

Der Mossad-Agent Oded, der den deutschen Wissenschaftler Hans Krug entführte und zur Befragung nach Israel brachte.

Präsident Nasser und König Hussein von Jordanien 1965 während des Gipfeltreffens in Casablanca, wo der Mossad ihre Gespräche abhörte.

Ministerpräsident Levi Eschkol (Vierter von rechts, mit Krawatte und schwarzem Hut), Mossad-Chef Meir Amit, Generalstabschef Jitzchak Rabin (in Uniform) und Isser Harel (Dritter von rechts), 1965. [Mosche Milner, Staatliches Presseamt]

Eli Cohen, der in Damaskus gehängt wurde. Auf dem weißem Tuch steht der Text seines Todesurteils.

Meir Dagans »Chamäleon«-Truppe auf dem Weg zu einem Einsatz in Gaza, getarnt als Guerillakämpfer, die mit einem Boot aus dem Libanon zurückkehren. Von links nach rechts: Dagan (der Leiter des Einsatzes), Meir Botnick und Avigdor Eldan, ein beduinischer Offizier der Verteidigungsstreitkräfte. Die anderen Männer sind palästinensische Agenten.

David Ben Gurion (sitzend, mit Brille und Karte) mit Jitzchak Pundak, dem Militärgouverneur des Gazastreifens (links) und Rechavam Seevi, General der Israelischen Verteidigungsstreitkräfte (stehend mit Sonnenbrille).

Leila Chaled, die palästinensische Terroristin und Flugzeugentführerin, die als Legende verehrt wird, auf einem Wandbild an der Mauer, die das Palästinensergebiet von Israel trennt.

Michael »Mike« Harari, der Mann, der 15 Jahre die Caesarea leitete und den größten Einfluss auf die gezielten Tötungen und Sabotageaktionen des Mossad hatte, während der Vorbereitungen für die Operation »Frühling der Jugend«.

Mike Harari während der Leitung einer geheimen Mossad-Aktion, 1977 in Italien.

Nechemia Meiri, der Kommandeur der Einheit Kidon, als Bettler verkleidet.

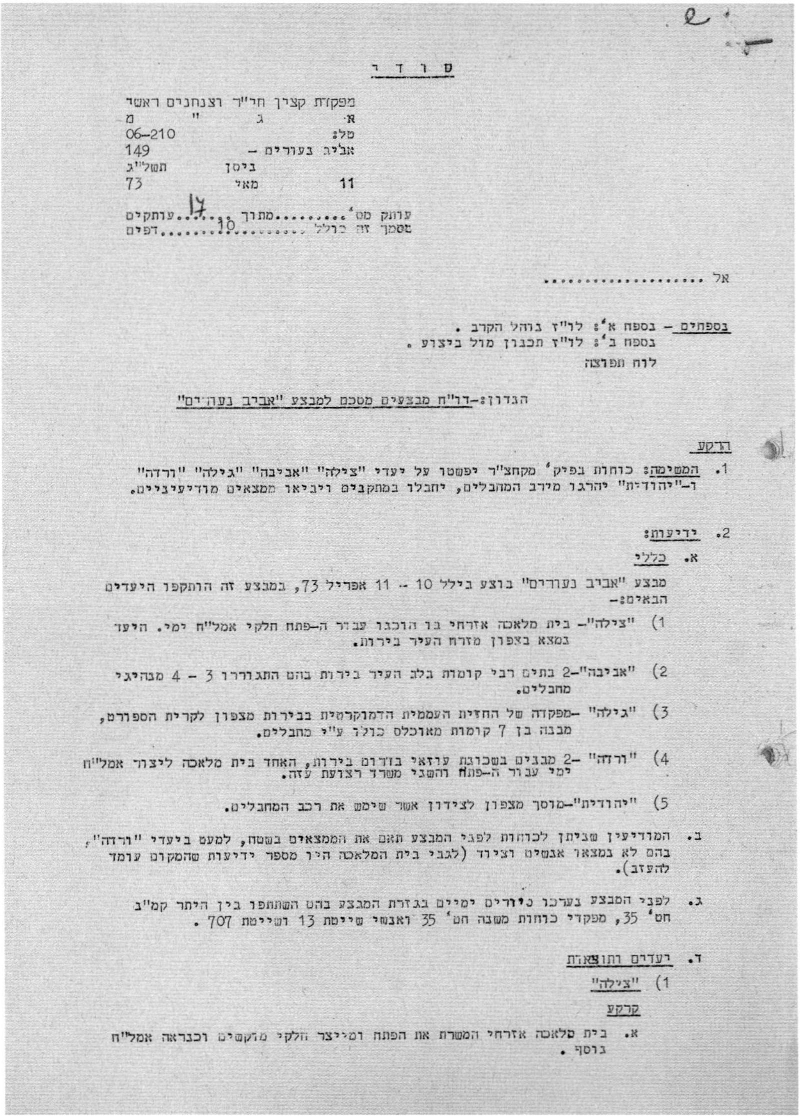

ס ו ד י

מפקדת קצין חי"ר וצנחנים ראשי
א ג " מ
טל: 06-210
אביב נעורים – 149
ניסן תשל"ג
11 מאי 73

עותק מס' .... מתוך ...17... עותקים
מסמך זה כולל ....10........ דפים

אל ....

נספחים – נספח א': לו"ז נוהל הקרב.
נספח ב': לו"ז תכנון מול ביצוע.
לוח תפוצה

הנדון: – דו"ח מבצעים מסכם למבצע "אביב נעורים"

רקע

1. המשימה: כוחות בפיק' מקחצ"ר יפשטו על יעדי "צילה" "אביבה" "גילה" "ורדה" ו–"יהודית" יהרגו מירב המחבלים, יחבלו במתקנים ויביאו ממצאים מודיעיניים.

2. ידיעות:

א. כללי

מבצע "אביב נעורים" בוצע בליל 10 - 11 אפריל 73, במבצע זה הותקפו היעדים הבאים:–

1) "צילה"– בית מלאכה אזרחי בו הוכנו עבור ה–פתח חלקי אמל"ח ימי. היעד נמצא בצפון מזרח העיר בירות.

2) "אביבה"–2 בתים רבי קומות בלב העיר בירות בהם התגוררו 3 – 4 מנהיגי מחבלים.

3) "גילה" –מפקדה של החזית העממית הדמוקרטית בבירות מצפון לקרית הספורט, מבנה בן 7 קומות מאוכלס כולו ע"י מחבלים.

4) "ורדה" –2 מבנים בשכונת עוזאי בדרום בירות, האחד בית מלאכה לייצור אמל"ח ימי עבור ה–פתח והשני משרד רצועת עזה.

5) "יהודית"–מוסך מצפון לצידון אשר שימש את רכב המחבלים.

ב. המודיעין שניתן לכוחות לפני המבצע תאם את הממצאים בשטח, למעט ביעדי "ורדה", בהם לא נמצאו אנשים וציוד (לגבי בית המלאכה היו מספר ידיעות שהמקום עומד להעזב).

ג. לפני המבצע נערכו כיורים ימיים בגזרת המבצע בהם השתתפו בין היתר קמ"ב חט' 35, מפקדי כוחות משנה חט' 35 ואנשי שייטת 13 ושייטת 707.

ד. יעדים ותוצאות

1) "צילה"

קרקע

א. בית מלאכה אזרחי המשרת את הפתח ומייצר חלקי מוקשים וכנראה אמל"ח נוסף.

Der Einsatzbefehl für die Operation »Frühling der Jugend«, 1973.

Überwachungsfotos des Wohnhauses, in dem Kamal Adwan, einer der Anführer der PLO, lebte, aufgenommen von der Mossad-Agentin Yael.

Fotos des Leichnams und der Wohnung von Kamal Adwan nach der gezielten Tötung.

Der Trauerzug für Kamal Adwan.

Foto der Luftüberwachung über dem Flughafen Entebbe, aufgenommen vom Mossad-Agenten David.

Ali Hassan Salameh, von dem der Mossad überzeugt war, dass er hinter dem Olympia-Attentat von München steckte.

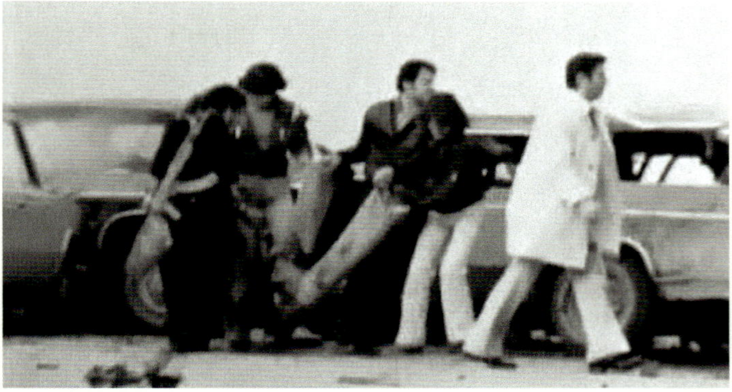

Der schwerverletzte Ali Salameh wird Sekunden nach der Explosion aus dem Auto gezogen. Er stirbt wenig später im Krankenhaus.

Robert Hatem, Hauptscharfrichter der Phalangisten, gibt 2005 in einem Interview mit dem Autor zu, Hunderte Menschen getötet zu haben.

Brigadegeneral Asriel Newo (links), Verteidigungsminister Ariel Scharon (Zweiter von links) und Ministerpräsident Menachem Begin (Dritter von links) inspizieren einen PLO-Posten im Südlibanon, nachdem er von Israel eingenommen wurde.
[Archiv des Verteidigungsministerums]

hatten Hunderte von Stunden Abu Dschihads Stimme und Sprechgewohnheiten studiert. Mit Kopfhörern saßen sie im Befehlsbunker in Tel Aviv, während Techniker über eine Vermittlung in Italien einen Telefonanruf zu dem Wohnsitz von al-Wasir herstellten – seine übliche Verbindung in die besetzten Gebiete.

Die Techniker spielten im Hintergrund die Geräusche einer aufgeregten Menschenmenge ein. »*Ya*, Abu Dschihad«, rief ein Stimmexperte in den Empfänger. »Sie haben Abu Rahma verhaftet![57] Und jetzt wollen diese Hurensöhne die ganze Familie ins Gefängnis stecken!« Er schob einen arabischen Fluch hinterher: »*Inschallah yischrbu waridat al-nisa*« (Mögen sie das Menstrualblut trinken)! Abu Dschihad versuchte, den Sprecher zu beruhigen, um mehr Details zu erfahren. In der Zwischenzeit führten die Techniker in Tel Aviv das Gespräch so lange fort, bis alle drei Experten die Hand hoben zum Zeichen, dass sie die Stimme eindeutig identifiziert hatten.

»Einführungslektion, ihr habt grünes Licht«, funkte der Bunker in Tel Aviv an die Befehlsstelle auf See. Diese Botschaft wurde unverzüglich an die Truppe vor Ort weitergeleitet. Nachum Lew und ein anderer als Frau verkleideter Soldat machten den Anfang. Lew hielt eine große Schachtel, scheinbar mit Süßigkeiten gefüllt, aber darin befand sich eine Pistole mit Schalldämpfer. Er ging zu dem Wächter, der in einem Auto vor dem Haus saß, zeigte ihm eine Hotelbroschüre und fragte ihn nach dem Weg dorthin. Der Leibwächter musterte die Broschüre. Lew zog den Auslöser und schoss dem Mann in den Kopf.

Dann gab er dem Rest der Truppe ein Signal. Eine kleine Gruppe ging mit einem hydraulischen Wagenheber vor, um die Tür aufzubrechen. In den Übungsstunden war die Tür immer geräuschlos aufgegangen. Jetzt quietschte sie jedoch. Die Kämpfer fuhren zusammen. Aber aus dem schlafenden Haus kam keine Reaktion. Einer aus dem Team signalisierte den Männern in den anderen Autos, dass die Luft rein war. Die übrigen Soldaten gingen rings um das Haus in Stellung. Eine Gruppe schlich sich in den Garten auf die Rückseite.

Die Männer der Sajeret Matkal stürmten durch die Tür und die Eingangshalle. Ein paar Soldaten rannten ins Untergeschoss, wo der zweite Leibwächter gerade aufgewacht war. Sie erschossen ihn, bevor er Zeit hatte, seine Waffe zu entsichern. Dann sahen sie einen weiteren schlafenden Mann: den tunesischen Gärtner der Familie, der beschlossen hatte, über Nacht im Haus zu bleiben. Auch ihn erschossen sie.[58] »Er hatte eigentlich gar nichts getan«, sagte Lew. »Aber bei solchen Missionen hat man keine andere Wahl. Man muss sicherstellen, dass jeder potenzielle Widerstand neutralisiert wird.«[59]

Oben wachte Abu Dschihads Frau Intisar wegen der Stimmen unten auf. Abu Dschihad saß am Schreibtisch. Er schob den Stuhl zurück, stand rasch auf und holte seine Pistole aus dem Schrank.

»Was ist passiert?«, fragte ihn Intisar. »Was ist passiert?«

Ein schwarz gekleideter Mann der Sajeret Matkal mit maskiertem Gesicht sprang auf die oberste Stufe. Lew, der Kommandeur, folgte dicht hinter ihm. Abu Dschihad schob seine Frau tiefer in das Schlafzimmer.

Der erste Israeli schoss auf ihn. Abu Dschihad stürzte. Dann gab Lew eine lange Salve ab. Abu Dschihad war tot.[60]

Intisar kroch zu ihrem Mann, schlang die Arme um ihn. Ein Elitesoldat setzte ihr eine Pistole in den Rücken und schob sie grob an die Wand. Sie war sicher, dass man sie erschießen würde. Stattdessen wurde sie aus dem Weg gebracht, damit sie nicht getroffen wurde.

Ein dritter Soldat kam herein und schoss auch auf Abu Dschihad. Der Mann trat zur Seite, und ein vierter Israeli schoss noch einmal auf ihn.

Das Baby Nidal wachte auf und schrie. Intisar war sicher, dass man auch ihn treffen würde. Unten rief eine Stimme: *»Aleh! Aleh!«* – Schneller, schneller!

Schließlich stellte sich Oberstleutnant Jaalon über den Leichnam und schoss, inzwischen der Fünfte.

»Bas!«, schrie Intisar. Genug!

Man hatte 52 Mal auf Abu Dschihad geschossen. 23 Jahre nachdem Golda Meir den ersten Tötungsauftrag für ihn unterschrieben hatte, war er tot.

Als Jaalon sich viele Jahre später, 2013, inzwischen als Verteidigungsminister, den Anschlag in Erinnerung rief, sagte er: »Hören Sie, das war ganz bestimmt keine schöne Szene. Die Frau stand da und wollte sich nach vorn stürzen, und nur weil einer der Männer eine Pistole auf sie richtete, bewegte sie sich nicht, und wir schießen unterdessen auf ihren

Mann, immer wieder. Ich kann nicht sagen, dass mir das nichts ausmachte oder kein großes Unbehagen in mir auslöste. Andererseits war mir klar, dass es getan werden musste, auch wenn es vor den Augen der Frau und der Tochter geschah.«

Jaalon empfand jedoch keine Reue. Er nannte die Operation »den perfekten Anschlag« und fügte mit charakteristischem Zynismus hinzu: »Ich verstehe nicht, warum es heißt, wir, Israel, würden den Krieg um die Köpfe verlieren. Wenn ich Abu Dschihad eine Kugel zwischen die Augen jage, mitten in seinen Kopf, heißt das dann nicht, dass ich gewonnen habe?«[61]

Alle Israelis entkamen unbeschadet aus Tunesien. Die örtliche Polizei war vollauf damit beschäftigt, auf die unzähligen Falschmeldungen der Caesarea-Agenten von einer Autokolonne zu reagieren, die angeblich aus Abu Dschihads Viertel in die Innenstadt von Tunis gerast war – die entgegengesetzte Richtung, die die Attentäter genommen hatten. Die Polizei errichtete Straßensperren und durchsuchte Dutzende von Autos. Drei Stunden später fanden sie die gemieteten Volkswagen und den Peugeot verlassen am Strand.[62]

Am nächsten Nachmittag wurde Schamir von einem Reporter nach der Rolle Israels bei der gezielten Tötung gefragt. »Ich habe im Radio davon gehört«, erwiderte er regungslos.[63]

Wenige Tage später wurde Abu Dschihad mit militärischen Ehren begraben. Er war zum Märtyrer geworden. Jassir Arafat lief mit der Witwe Intisar und ihrem ältesten Sohn Dschihad hinter dem Sarg.

Damals betrachteten die Israelis die Tötung von Abu Dschihad als einen enormen Erfolg. »Rabin dankte mir später dafür, dass ich ihn überredet hatte«, sagte Mosche Nissim. »›Sie ahnen gar nicht, wie recht Sie hatten‹, sagte er zu mir. ›Die Leute jubeln mir zu, schütteln mir die Hand, zeigen mit dem Daumen nach oben. Was für eine Freude hat das dem ganzen Land gebracht! Welch ein Gefühl der Moral, wie richtig war es für unsere Abschreckungswirkung.‹«[64]

Abu Dschihads Tod war in der Tat ein schwerer Schlag für die PLO. Er war ein erfahrener und gewiefter Befehlshaber, und ohne ihn konnte die Fatah viel weniger erfolgreiche Anschläge gegen Israel starten.

Doch der unmittelbar angegebene Grund für seine Tötung war die Eindämmung der Intifada – und gemessen daran, erreichte der Anschlag sein Ziel keineswegs. In Wirklichkeit hatte die gezielte Tötung genau den gegenteiligen Effekt: Die Beseitigung Abu Dschihads schwächte die PLO-Führung enorm und stärkte die Volkskomitees in den besetzten Gebieten, die die wahren Führer des Aufstands waren. Und Israel hatte immer noch keine Antwort auf die Wellen von Demonstranten, geschweige denn auf die wachsende internationale Verurteilung.

Im Nachhinein bedauern viele Israelis, die an der Operation teilnahmen, dies heute. Einige glauben, dass Abu Dschihads starke Präsenz auf Arafat eine zurückhaltende und ernüchternde Wirkung hatte und dass seine Stimme nach der Gründung der palästinensischen Autonomiebehörde im Jahr 1994 außerordentlich hilfreich gewesen wäre. Wenn der verehrte und charismatische Abu Dschihad noch am Leben gewesen wäre, wäre es der Hamas womöglich nicht gelungen, ihre Position zu festigen und große Teile der palästinensischen Meinung zu dominieren.

Amnon Lipkin-Schachak, der Direktor des AMAN zur Zeit des Anschlags (und spätere Generalstabschef), sagte, dass sie in einer idealen Welt, »wenn wir gewusst hätten, dass die PLO nicht lange nach Abu Dschihads Beseitigung den diplomatischen Weg einschlagen würde, dann möglicherweise sein Haus überfallen und zuerst mit ihm über seine Haltung bezüglich eines Kompromisses mit Israel geredet hätten, und erst dann hätten wir entschieden, ob wir ihn töten oder nicht. Im Rückblick ist sein Fehlen in der Tat bis zu einem gewissen Grad nicht zu übersehen. Er hätte einen wichtigen Beitrag zum Friedensprozess leisten können.«[65]

19 Intifada

Am 24. Juni 1988 kam ein Team des amerikanischen Fernsehsenders ABC News in das palästinensische Dorf Salfit an den Hängen der Hügel von Samaria im Westjordanland.

Zu diesem Zeitpunkt war in den besetzten Gebieten die Intifada noch im vollen Gang. Tagtäglich waren gewaltsame Proteste, Terroranschläge, Steine und Molotowcocktails zu beobachten. Auf beiden Seiten gab es viele Tote.

Die internationalen Medien wurden auf das Geschehen aufmerksam.

In dem kleinen Dorf Salfit lebte die Familie Dakduk. Einer ihrer Söhne, Nisar, stand ganz oben auf der Fahndungsliste des Schin Bet, obwohl er erst 18 war. Laut geheimdienstlichen Informationen war er der Anführer einer Teenager-Bande, die Benzinbomben auf israelische Busse warf. Im Rahmen einer damals durchaus üblichen Kollektivstrafe als Antwort auf die Provokation hatten die Streitkräfte am 16. Juni das Haus der Familie Dakduk zerstört. Am nächsten Tag sendete das israelische Fernsehen ein Interview mit Nisar und seiner Mutter, während sie neben den Ruinen ihres Hauses standen. Mit einem Lächeln stritt Nisar alle Vorwürfe gegen ihn ab, protestierte jedoch nicht übermäßig, als der Moderator andeutete, dass er hier als Held angesehen werde. Es war offensichtlich, dass er nichts gegen die Medienaufmerksamkeit hatte.

Als eine Woche später ein eigenes Team von ABC News kam und die Familie fragte, ob sie Nisar interviewen dürfen, war er in wenigen Minuten zur Stelle. Der Reporter erklärte, dass ihn das israelische Fernsehinterview mit ihm beeindruckt habe und er eine große Story über ihn produzieren wolle. Das Team schlug vor, das Interview mit Nisar auf einen Hügel mit Blick auf das Dorf zu verlegen. Nisar war einverstanden, bat sie jedoch, ein paar Minuten zu warten, damit er ein frisches Hemd anziehen könne.

»Nicht nötig«, sagte der Interviewer, so freundlich wie möglich. »Ich habe einen ganzen Stapel Hemden im Wagen. Welche Größe hast du?«

Erfreut wie jeder junge Mann über die Aufmerksamkeit sprang Nisar in einen der beiden Vans, die beide groß mit »Presse« und dem Logo von ABC gekennzeichnet waren. Die Gruppe fuhr zum Interview den Hügel hoch.

Als Nisar einige Stunden später noch nicht zurückgekehrt war, machte sich die Familie allmählich Sorgen. Am nächsten Morgen riefen sie das Büro von ABC in Tel Aviv an. Die Leute bei dem Nachrichtensender waren überrascht, als sie hörten, dass Nisar verschwunden war. Genau genommen verblüffte es sie noch mehr zu hören, dass jemand von dem Sender in Salfit gewesen war. Eine kurze Nachforschung ergab, dass in Wirklichkeit niemand von ABC Nisar mitgenommen hatte. ABC hatte den israelischen Geheimdienst im Verdacht.

Roone Arledge, der Präsident der Nachrichtenabteilung von ABC, setzte sich mit Ministerpräsident Jitzchak Schamir in Verbindung. Die Freundschaft zwischen den beiden verschaffte ihm Zugang zum Regierungschef, aber Arledge war wütend. Die Aktion des Schin Bet, sagte er, »stellt eine ernste Gefahr für die Sicherheit legitimierter Journalisten dar«. Er verlangte, dass »unverzüglich eine Ermittlung durchgeführt werde, um herauszufinden, wer eine solche Aktion genehmigte«, und »um zu bestätigen, dass es nicht die Taktik der israelischen Regierung ist, sich aus welchen Gründen auch immer als Journalisten auszugeben«.

Schamir war über den Vorfall in Salfit nicht informiert, erkannte aber, dass es sich um eine Angelegenheit handelte, die sich rasch zu einem größeren Skandal auswachsen konnte. Er berief noch am selben Abend ein Treffen mit den Leitern des Militärs und der Geheimdienste ein.[1]

Zwei Formen palästinensischer Aktivität gegen die israelische Besatzung waren charakteristisch für die Intifada: große Massenproteste und Terrorakte gegen israelische Soldaten und Siedler.

Um die Terroristen im Westjordanland zu bekämpfen, gründete Generalmajor Ehud Barak, der Chef des zentralen Kommandos der Streitkräfte, bereits 1986 zusammen mit dem Leiter der operativen Abteilung des Generalstabs Generalmajor Meir Dagan eine streng geheime Einheit namens Duvdevan (hebräisch für »Kirsche«).[2] Diese Einheit wurde nun aktiviert.

Ihre Kämpfer waren Mistaravim; sie sollten verdeckt operieren, indem sie sich in der Regel mitten im palästinensischen Territorium als Araber ausgaben und die Personen auf der Fahndungsliste angriffen. Der Kern von Duvdevan bestand aus Absolventen der militärischen Eliteeinheiten, insbesondere Kommandos der Marine.[3]

Die Soldaten von Duvdevan zeigten, dank der langen und brutalen Ausbildung, die sie durchlaufen hatten, außergewöhnliche operative Fähigkeiten. Dazu zählte ausdrücklich die Anweisung, sich mit den arabischen Territorien, der Kleidung und den Tarnmethoden vertraut zu machen. Sie verfügten über eine einzigartige Fähigkeit, sich unter die Leute zu mischen, wenn sie sich in dicht besiedelten und feindlichen palästinensischen Umgebungen aufhielten, sogar in kleinen Dörfern, wo Fremde sofort die Aufmerksamkeit erregten.

Duvdevan hatte sich als ABC-Team ausgegeben und Nisar Dakduk in Salfit entführt.

Vor der Operation hatten die für die Mission ausgewählten Männer – einer in Kanada geboren und aufgewachsen, ein anderer aus den Vereinigten Staaten – einen mehrtägigen Intensivkurs in den staatlich geleiteten Fernsehstudios in Jerusalem mitgemacht. Sie lernten, wie ein Fernsehteam arbeitet, wie man ein Interview führt, wie die Kamera eingesetzt wird und wie der Tontechniker das Galgenmikrofon hält. Die israelischen Fernsehstudios stellten ihnen sogar die Ausrüstung zur Verfügung. Der Schin Bet war für die Fälschung der ABC-Aufschrift und Logos und der Presseausweise zuständig.

Nachdem das falsche Fernsehteam Dakduk abgeholt und Salfit verlassen hatte, vorgeblich in Richtung der Stelle auf dem Hügel, wurde ihr Van von einer Straßensperre angehalten, die wie ein routinemäßiger Checkpoint des Militärs aussah, in Wirklichkeit aber eine zweite Duvdevan-Einheit war. Die Männer legten dem gesuchten Jugendlichen Handschellen an, verbanden ihm die Augen und übergaben ihn dem Schin Bet zum Verhör.

Schamir war wütend, dass man ihn nicht um die Genehmigung der Operation in Salfit gebeten hatte, und untersagte ab sofort den Einsatz einer falschen Medienberichterstattung und erst recht amerikanischer Medien. Major Uri Bar Lev, der zuständige Offizier, der 1986 Duvdevan gegründet hatte, versuchte, Schamir zu beruhigen und zu erklären, warum der Einsatz der ABC-List so wichtig gewesen sei.

»Herr Ministerpräsident«, sagte Bar Lev, »wir merkten, dass er nur auf eine Gelegenheit zu reden wartete. Wir wussten, dass dies die einfachste Methode war, ihn ohne große Aufregung aus dem Dorf zu locken.«

Laut Bar Lev holte er das von dem »Team« aufgenommene Video, um zu beweisen, wie effizient der Job erledigt worden war. »Und schrittweise konnte man beobachten, wie Schamirs zerknittertes Gesicht weicher wurde, ja sogar, dass ihm die Sache allmählich gefiel.«

Schamir lächelte. »Im Untergrund mussten wir auch manchmal Verkleidungen verwenden.« Aber schon bald kehrte er aus der wehmütigen Erinnerung zurück und wiederholte seinen Befehl: »Was geschehen ist, ist geschehen. Aber von jetzt an kein weiterer Einsatz der Medientarnung.«

»Herr Ministerpräsident, wir befinden uns mitten in einer weiteren Operation mit der gleichen Tarnung«, sagte Bar Lev. »Ich bitte Sie, den Einsatz dieser Methode nicht kategorisch zu verbieten.«

Nach kurzem Nachdenken sagte Schamir: »Also gut, aber ich untersage die Tarnung als amerikanische Journalisten.«[4]

Dakduk wurde verhört und zu einer langen Haftstrafe verurteilt, aber am Ende kam er lebend wieder auf freien Fuß. In vielen anderen Fällen (das israelische Militär weigert sich bis heute, mehr als 30 Jahre danach, genaue Zahlen zu nennen) endeten Operationen von Duvdevan für die Zielpersonen mit dem Tod. »Das Wesen von Duvdevan war es, unauffällige Tötungen von Terroraktivisten durchzuführen«, sagte Joni Koren, ein Offizier im AMAN und enger Berater Baraks.[5]

»Die Einsatzbefehle waren sehr klar«, stellte Bar Lev fest. »Wenn die gesuchte Person mit einer Waffe in der Hand entdeckt wird, also eine Gefahr für unsere Leute darstellt, ist sie auf der Stelle zu erschießen.«

Gespräche mit ehemaligen Mitgliedern der Einheit ergaben, dass bei einer großen Zahl der Operationen von vornherein klar war, dass der Verdächtige bewaffnet sein würde und dass es sich deshalb de facto um gezielte Tötungsmissionen handelte. Häufig war es sogar Vorschrift, den »Todestest« durchzuführen: noch mehr Kugeln in den Mann zu pumpen, nachdem er bereits am Boden lag. Und das Ganze, ohne ihm die Chance zu lassen, sich zu ergeben.[6]

Die Israelischen Verteidigungsstreitkräfte bestritten, dass Duvdevan das Verfahren des »Todestests« durchführte, aber der Beweis wurde erbracht, nachdem ein Soldat der Einheit, Sergeant Elijachu Asischa, von freundlichem Feuer getötet wurde, als er irrtümlich für einen gesuchten Palästinenser gehalten wurde. Eine Untersuchung der Armee enthüllte, dass man mehrmals auf ihn geschossen hatte, um sicherzugehen, dass er tot war.[7]

Duvdevan und andere vergleichbare Einheiten führten während der Intifada Hunderte von Aufträgen aus. Hausierer, Schafhirten, Taxifahrer, Passantinnen auf der Straße – so gut wie jede Person, der man in einer arabischen Stadt oder einem Dorf begegnen mochte, hätte sich damals als Duvdevan-Soldat entpuppen und plötzlich eine verborgene Waffe ziehen können.[8] »Ein Terrorist, der um sein Überleben kämpft, führt keine Anschläge durch. Unsere Tätigkeit versetzte die Mitglieder der Terrorzellen in eine absolute Unsicherheit«, sagte Bar Lev. »Sie wussten nicht, woher es kam, wussten nicht, wem sie trauen durften oder wo sie sich sicher fühlen konnten.«[9]

Manchmal gaben sich Duvdevan-Soldaten sogar als israelische Juden aus. Im Februar 1990 erfuhr der Schin Bet, dass ein bewaffneter Trupp mit Verbindungen zur Fatah einen Anschlag auf israelische Reservisten auf dem Manara Square plante, im Zentrum der Stadt Ramallah im Westjordanland. Männer von Duvdevan zogen sich wie Reservisten an: schlabbrige Uniformen, der Bierbauch lugte unter den Hemden hervor, die Gewehre außer Reichweite. So saßen sie in einem Restaurant an dem Platz und aßen Hummus. Nach einer Wartezeit von zwei Wochen fand der erwartete Anschlag statt. Die »Reservisten« traten blitzartig in Aktion. Sie rissen sich die Bäuche aus Latex ab und zogen die darin versteckten Mini-Maschinenpistolen hervor. Dann eröffneten sie das Feuer und töteten einige Attentäter. In der Nähe postierte Heckenschützen kümmerten sich um den Rest.

Duvdevan und ähnliche von der Polizei und dem Schin Bet gegründete Einheiten erreichten ihr Ziel: schwere Schäden, häufig tödliche, für palästinensische Terrorgruppen, sodass ihre Aktivität deutlich verringert wurde.

Aber dieser Erfolg, so wichtig er gewesen sein mochte, warf lediglich ein Schlaglicht auf die größeren, strategischen Versäumnisse im Krieg gegen den Volksaufstand. Auf die Massenproteste hatte Israel mit der ganzen Grazie eines plumpen Riesen reagiert, der versuchte, eine Horde flinker Zwerge abzuwehren. Soldaten trieben Tausende von Demonstranten zusammen und schickten sie in besondere Internierungslager, die im Süden des Landes eingerichtet wurden. Gegen große Teile der Bevölkerung in den palästinensischen Gebieten verhängte man eine Ausgangssperre, und die Häuser von Aktivisten zerstörte oder verriegelte man, sie selbst wurden deportiert. Viele Schulen blieben während des größten Teils des Jahres geschlossen.

Fernsehberichte über die Gewalt führten zu einem drastischen Absinken des internationalen Ansehens von Israel und zu einem Anstieg des Drucks, inzwischen auch von Präsident George H. W. Bush und Außenminister James Baker, mit den Palästinensern zu verhandeln.

Aber trotz der wachsenden internationalen Kritik, der Unzufriedenheit im Land und der Notwendigkeit, immer mehr Truppen zu schicken, um die Proteste zu unterdrücken, weigerten sich Ministerpräsident Jitzchak Schamir und seine vom Likud angeführte Regierung, mit der PLO über die besetzten Gebiete zu sprechen. Schamir und seine rechten Minister betrachteten die Organisation immer noch als die Kraft, die hinter der Intifada steckte, und glaubten, die Intifada lasse sich eindämmen, indem man gezielt gegen die Anführer des Mobs in den besetzten Gebieten und gegen Arafats Männer in Tunis vorging. Die Tatsache, dass die Tötung Abu Dschihads nicht dazu beigetragen hatte, den Aufstand zu beruhigen, brachte sie von dieser Ansicht nicht ab.

Der Ministerpräsident wies den Mossad an, sich weiterhin auf die Beschaffung von Informationen über die PLO zu konzentrieren sowie auf die Suche nach Möglichkeiten, ihre Akteure auszuschalten. Der Mossad-Direktor Schabtai Schavit, dessen Politik große Ähnlichkeit mit der Schamirs hatte, willigte sofort ein. Genau genommen wollte er noch weiter gehen: Während die Intifada noch in Gang war, bat Schavit um die Erlaubnis, alte Rechnungen zu begleichen und ehemalige Mitglieder des Schwarzen September zu liquidieren.[10]

Die PLO hatte jedoch ihre inneren Sicherheitsvorkehrungen drastisch verschärft. Der Angriff der israelischen Luftwaffe auf Tunis im Jahr 1985 und der anschließende Überfall auf Abu Dschihad führten zur Gründung einer Reihe von Untersuchungsausschüssen in der Fatah, um die undichte Stelle zu finden, über die die Israelis an Informationen gelangt waren. Diese Ermittlungen brachten nichts ein, aber dennoch wurden an PLO-Einrichtungen strenge Vorsichtsmaßnahmen getroffen – wie Überprüfung des Hintergrunds von Kandidaten, die in die Organisation eintreten wollten, strenge Abgrenzung, Tests mit Lügendetektoren, die der tunesische Geheimdienst zur Verfügung stellte –, die es dem Mossad sehr schwer machten, sie auszuspionieren.

Der Mossad hatte keine Möglichkeit, in Tunis Agenten zu rekrutieren. Die Behörden des Landes waren über die israelischen Aktionen auf ihrem Staatsgebiet empört: Sie unterstützten die PLO ganz offen und halfen ihr, die eigenen Sicherheitsmaßnahmen zu verbessern.

Also hielt der Mossad, wie schon bei unzähligen Rekrutierungsoperationen, unter den Palästinensern, die in sogenannte Stützpunkt-Länder reisten, Ausschau nach potenziellen Agenten. Stützpunkt-Länder sind Staaten, in denen Agenten und Führungsoffiziere relativ frei arbeiten konnten und in denen Israel eine diplomatische Vertretung hatte.

Das geeignetste Land für diese Aktivität war Frankreich, durch das die meisten PLO-Vertreter nach der Abreise aus Tunis kamen. Viele quartierten sich im Le Méridien Montparnasse in Paris ein, einem etablierten, angesehenen Hotel, das unter Geschäftsleuten aus dem Nahen Osten beliebt war. Überrascht stellten die Mossad-Leute, sobald sie Erkundigungen über das Hotel einholten, fest, dass die israelische Fluglinie El Al im selben Hotel einen Unternehmensrabatt bekam und dass Piloten und Begleitpersonal ihre Aufenthalte hier verbrachten. Jeden Morgen sahen Observierungsteams des Mossad zu, wie hohe PLO-Mitglieder im selben Frühstückszimmer wie El-Al-Piloten, von denen viele der Reserve der israelischen Luftwaffe angehörten, ihr Croissant aßen und an ihrem Café au lait nippten – alles reiner Zufall.

Unter den PLO-Leuten, die das Hotel aufsuchten, war Adnan Jassin, ein Aktivist der mittleren Ebene, der für die Logistik und Sicherheit im Hauptquartier in Tunis zuständig war. Jassin unterstützte seine Vorgesetzten auch bei persönlichen Belangen, koordinierte ihre Ferien, kümmerte sich um die medizinische Versorgung und beschaffte Luxuswaren: Sportwagen, die in Containern von Marseille aus geliefert wurden, kostspielige Parfüms, kubanische Zigarren und Spirituosen. Das Leben im Exil, fern von dem Elend ihres Volkes in den besetzten Gebieten, hatte einige Vertreter der PLO außerordentlich korrupt werden lassen.

Jassin achtete auch auf seine eigenen Bedürfnisse. In den späten Achtzigern bedienten sich viele hohe Funktionäre in der Organisation großzügig an der Kasse und genossen das schöne Leben auf Kosten der palästinensischen Revolution. Im Mossad wurden diese Männer spöttisch als *midawar* bezeichnet, arabisch für Faulenzer, oder als »Champs-Élysées-Revolutionäre«.

Abgesehen von seinen Pflichten als PLO-Chef reiste Jassin auch häufig nach Paris, weil seine schwer krebskranke Frau dort eine Chemotherapie machte. Das Paar übernachtete immer im Le Méridien Montparnasse. Jassin hatte eine zuverlässige Adresse, eine Basisroutine und besaß eine Fülle von Informationen über die PLO. Ende 1989 erteilte Avi Dagan, der Chef der Tsomet-Abteilung des Mossad, der Operation »Goldenes Vlies« grünes Licht: Adnan Jassin rekrutieren.

Im März 1990 setzte sich Adnan Jassin eines Morgens mit einigen PLO-Kollegen im Hotel zum Frühstück hin. An einem Nachbartisch las ein gut gekleideter Mann von nahöstlichem Äußeren eine auf hellgrünen Seiten gedruckte Zeitung, der Zimmerschlüssel lag auf dem Tisch. Diese Details – der Schlüssel, die Zeitung – waren kein Zufall. Vielmehr handelte es sich um die Requisiten eines Anwerbers, der versuchte, mit einem potenziellen Agenten ersten Kontakt aufzunehmen. Das ist eine kritische Phase, die Disziplin und Geduld erfordert. »Das Wichtigste ist in diesem Moment«, erklärte ein Führungsoffizier von Tsomet, der an der Operation »Goldenes Vlies« beteiligt war, »die andere Seite möglichst dazu zu bringen, den ersten Schritt zu machen und den Kontakt anzuregen. Oder zumindest nicht den Eindruck zu erwecken, als würde man allzu großen Wert darauf legen. Auf keinen Fall durfte man mit einer Misstrauen erregenden Aggressivität vorgehen. Zum Beispiel könnte jemand durchaus misstrauisch gegenüber einer Person sein, die nach einem an die Bushaltestelle kommt, aber viel weniger gegenüber jemandem, der bereits da ist, wenn man ankommt. Wenn ich einen Lift betrete und jemand rennt mir nach und steigt dann auf derselben Etage wie ich aus – dann erweckt das Misstrauen. Wenn die Person schon dort war, längst nicht so sehr. Wir reden über unzählige, feine Nuancen, deren Ziel es ist, einen möglichst natürlichen Verlauf einer Situation zu gewährleisten. In den seltensten Fällen werden Sie einem so korrupten Menschen begegnen, dass die Sache gegessen ist, indem Sie ihm einen Koffer voll Geld übergeben. Bei allen anderen braucht man wirkliches Geschick, große Geduld.«[11]

Der Zimmerschlüssel lag auf dem Tisch, um ein Gefühl der Vertrautheit zu vermitteln, um zu signalisieren, dass der Mann ebenfalls ein Hotelgast war. Die Zeitung mit den grünen Seiten war jedem arabischen Leser, der ins Ausland reiste, wohl bekannt: *Ascharq al-Ausat*, die von einem Mitglied der saudischen Königsfamilie in London herausgegeben wurde und als relativ gemäßigt galt.

Der Mossad hatte an jenem Morgen in Paris Glück. Einer aus der PLO-Gruppe, allerdings nicht Jassin selbst, fragte den Mossad-Mann nach etwas in der Zeitung. Der Anwerber reichte schlau dem Mann einfach die Zeitung. Daraus entwickelte sich ein Gespräch zwischen den Palästinensern und dem Mossad-Mann, der sich große Mühe gab, Jassin keine allzu große Aufmerksamkeit zu schenken. Ein Mitglied der Gruppe lud ihn ein, sich zu ihnen zu setzen, aber er lehnte höflich ab und verließ den Saal, um keinen Verdacht zu erregen, indem er übereifrig wirkte.

Am nächsten Morgen begegneten die Palästinenser wiederum dem Mossad-Agenten, der sich als ägyptischer Geschäftsmann namens Hilmi vorstellte. Sie gerieten in ein angeregtes Gespräch. Zwei Tage später kam Jassin allein in den Speisesaal und sah sich nach Gesellschaft um. Er sprach nur Arabisch und war erfreut, Hilmi wiederum mit seiner grünen Zeitung zu sehen. Er fragte ihn, ob er sich zum ihm setzen dürfe. Hilmi bejahte hocherfreut.

Das war die perfekte Methode für die Kontaktaufnahme. Jassin war überzeugt, dass er die Beziehung in die Wege geleitet hatte, und deshalb bestand für ihn kein Grund, misstrauisch zu sein. Hilmi sagte, er sei im Import-Export-Geschäft zwischen Frankreich und der arabischen Welt tätig, und ließ durchblicken, dass er damit ganz ordentlich verdiene. Der habgierige Jassin fragte, ob sie sich später in einem Restaurant in der Nähe zum Mittagessen treffen könnten, und Hilmi war einverstanden. Später trafen sie sich noch zwei Mal.

Aus Hilmis Gesprächen und den bereits vorliegenden Informationen entwickelte Tsomet ein Profil von Jassins Charakter. Es war nicht gerade schmeichelhaft. In der Akte wird Jassin als vulgärer, ungebildeter, aggressiver und grobschlächtiger Mann beschrieben, dessen Hauptsorge seinem Status und dem Füllen der eigenen Taschen galt. Hilmi berichtete, dass Jassin versuchte, ihn zu kleinen, illegalen Währungsgeschäften und zur Mitnahme von Schmuggelware nach Tunis zu überreden. Später beobachtete der Mossad sein herabsetzendes Verhalten gegenüber seiner Frau, sogar eine Gelegenheit, bei der er sie in der Öffentlichkeit schlug.

Kurzum, er war ein idealer Kandidat für den Mossad.

Die Freundschaft zwischen den beiden machte Fortschritte. Schließlich erzählte Hilmi Jassin von einem Freund, einem Geschäftsmann mit Verbindungen zur iranischen Botschaft in Paris. Hilmi habe, sagte er, durch diese Freundschaft viel Geld verdient. Er bot jedoch nie an, Jassin ihm vorzustellen. Er ließ diese Bekanntschaft lediglich wie einen Köder baumeln und wartete geduldig, bis Jassin anbiss. Als Jassin schließlich fragte, ob er Hilmi bei der nächsten Begegnung mit seinem Kontaktmann begleiten dürfe, da zögerte Hilmi, wie ein Angler, der eine Leine auslegt, aber noch keinen Haken anbringen möchte. Jassin bedrängte ihn, und Hilmi lehnte ab. Nach einem Monat wiederholter Anfragen willigte Hilmi schließlich ein, Jassin seinem iranischen Kontaktmann vorzustellen.

Der Geschäftsmann mit den Verbindungen in den Iran war natürlich nur ein weiterer Tsomet-Agent. Perfekt nach dem Drehbuch beschrieb er Jassin eine Reihe künftiger Geschäftsinitiativen, die er geplant habe, und sagte ihm, dass er sich an einigen beteiligen könne. Beiläufig teilte er ihm mit, dass sich die Islamische Republik Iran große Sorgen um die Not der Palästinenser mache. Es sei wichtig für die Iraner zu wissen, dass die PLO ordentlich funktioniere und »das Richtige tue«. Damit meinte er, die Terroranschläge gegen Israel außerhalb seiner Grenzen fortzusetzen und die Intifada im Westjordanland und im Gazastreifen zu forcieren. »Die Islamische Republik«, sagte er, »wird alles in ihrer Macht Stehende tun, um das zionistische Staatswesen zu zerschlagen und den Palästinensern zurückzugeben, was ihnen gehört.«

Sämtliche Informationen, die Jassin aus dem PLO-Hauptquartier beschaffen könne, seien willkommen und würden ordentlich belohnt.

Tsomet setzte darauf, dass es Jassin leichter falle, die PLO zu verraten, wenn er glaubte, dass er ihre Geheimnisse an den Iran verkaufte statt an den Feind.

Die Rechnung ging auf. Jassin entpuppte sich als eine außergewöhnlich ertragreiche Investition für den Mossad. Gegen Zehntausende von Dollars beschaffte er eine gewaltige Menge hochwertiger Informationen während regelmäßiger Besprechungen in Paris. Vor allem lieferte er Informationen über Schatt el-Hammam, das PLO-Hauptquartier in Tunis, und nannte auch Details über die täglichen Aktivitäten dort und über die Pläne, die man ausheckte. Jassin beschrieb in groben Zügen alles, auch die wechselnden organisatorischen Strukturen, wer in welchem Büro saß, wer sich mit wem traf, wie Abu Dschihads Befugnisse aufgeteilt und neu delegiert worden waren, die Transfers von Waffen, wie die Intifada geschürt wurde, Vorbereitungen auf Terroranschläge und die Rekrutierung von Mitarbeitern. In seine detaillierten operativen Berichte streute er auch nützlichen Klatsch ein. Er erzählte als Erster von der engen Beziehung, die sich zwischen Suha, der Tochter der palästinensischen Journalistin Raymonda at-Tawil, und dem Vorsitzenden Arafat entwickelte, der Suha zu einer Beraterin in seinem Büro ernannt hatte. Wenig später waren die beiden miteinander verheiratet.

Adnan Jassin informierte den israelischen Geheimdienst auch über einen Plan Arafats und Dschibril ar-Radschubs, eines Mitarbeiters von ihm. Demnach sollten Jitzchak Schamir und Ariel Scharon als Rache für den Mord an Abu Dschihad getötet werden. Der designierte Attentäter, ein frustrierter und hoch verschuldeter israelischer Jude namens Rafael Ben-Avraham, landete im Oktober 1992 in Israel und hatte eine große Summe Bargeld und den Plan für das Attentat bei sich. Adnan Jassin wusste von dem Plan, weil er für Ben-Avraham die Reise gebucht hatte.[12]

Agenten der Einheit Tsiporim erwarteten Ben-Avraham, als er das Flugzeug verließ. Radschub war verblüfft: »Ich begriff wirklich nicht, wie der Schin Bet ihm so schnell auf die Spur kam. Er konnte nicht das

Geringste erreichen. Stieg nur aus dem Flugzeug, und hopp! War er festgenommen.«[13]

Jassin war eine unerschöpfliche Informationsquelle, ein Aktivposten von schier unschätzbarem Wert. Durch ihn war der Mossad imstande, sofort viele der obersten Zielpersonen zu verfolgen, in erster Linie weil Jassin wiederum derjenige war, der sämtliche Flüge und Hotels buchte. Ein Vorfall ereignete sich Ende Januar 1992, als die französischen Behörden, über das Rote Kreuz in Frankreich, George Habasch, dem Chef der Volksfront zur Befreiung Palästinas, die Einreise für eine medizinische Behandlung erlaubten – und das, obwohl der Mann auf der Liste der meistgesuchten Personen des Landes und vieler anderer Länder stand. Anhand von Jassins Informationen prüften die Israelis die Möglichkeit, ihn auszuschalten, doch die Franzosen trafen Vorkehrungen zu seinem Schutz. Statt eines Anschlags ließ der Mossad also die skandalöse Nachricht von seinem Besuch an die Medien durchsickern und brachte die Regierung François Mitterrands damit ordentlich in die Bredouille.[14]

Jassin behielt außerdem Männer im Auge, von denen der Mossad glaubte, sie seien an dem Massaker 1972 in München beteiligt gewesen. Trotz der Tatsache, dass Golda Meir die Tötungsbefehle für diese Männer vor fast 20 Jahren unterschrieben hatte, waren einige von ihnen noch auf freiem Fuß. »Aus unserer Sicht galten die Roten Blätter unbegrenzt«, sagte ein Mitarbeiter von Mossad-Direktor Schavit.[15]

Ganz oben auf der Liste stand etwa der Name von Atef Bseiso, der zur Zeit des Anschlags dem Schwarzen September angehört hatte und im Jahr 1992 ein hoher PLO-Funktionär geworden war. Es wurde nie genau geklärt, welche Rolle er bei dem Anschlag in München spielte. Die PLO behauptete, er sei überhaupt nicht daran beteiligt gewesen. Doch der Mossad blieb dabei, dass er mitgemacht hatte, und letztlich machte das keinen Unterschied: Schavit war entschlossen, München zu rächen, und jeder, der mit dem Schwarzen September in Verbindung gestanden hatte, war in seinen Augen ein legitimes Angriffsziel. Dennoch war es eine merkwürdige Ablenkung. Zu diesem Zeitpunkt war der gesamte Nahe Osten von der Intifada dominiert. In den besetzten Gebieten tobten heftige Unruhen. Israel hatte weit dringendere Aufgaben für die Geheimdienste als das Töten von Menschen für Gräueltaten, an denen sie vor gut 20 Jahren beteiligt gewesen waren oder auch nicht. Nichtsdestotrotz bestätigte Schamir erneut den Tötungsauftrag für Bseiso. Der Grund dafür war, so ein Caesarea-Agent, »schlicht und einfach, dass wir Zugang zu ihm hatten«. Dieser »Zugang« war Jassin.[16]

Anfang Juni 1992 verließ Bseiso Tunis zu einer Reihe von Treffen mit deutschen und französischen Geheimdiensten sowie mit Robert Baer von der CIA. »Im Jahr 1979 ermordete der Mossad Ali Hassan Salameh, den Verbindungsmann zur CIA«, sagte Baer. »Wir waren sicher, dass sie das machten, um die Verbindung zu uns zu kappen. Hani al-Hassan und Atef Bseiso ersetzten ihn. Ich kam an dem Tag in Paris an, zu dem regelmäßigen Treffen mit ihm.«[17]

Laut einer Reihe von Informanten waren diese Treffen ein weiterer Hauptgrund dafür, dass der Mossad Bseiso töten wollte. Der Mossad erkannte, dass er eins der wichtigsten Bindeglieder zwischen der PLO und Geheimdiensten im Westen war, darunter die Behörden in Deutschland, Frankreich und den USA, und hohe israelische Geheimdienstvertreter glaubten, diese Verbindungen seien ein weiterer Schritt in Richtung voller internationaler, diplomatischer Legitimierung für Arafat und die PLO und der Isolierung Israels. Die Tatsache, dass die palästinensischen Verbindungsleute ehemalige Mitglieder des Schwarzen September waren, goss lediglich Öl ins Feuer. Die Proteste der Israelis bei westlichen Staaten stießen auf taube Ohren, also beschloss die Regierung, ihr Missfallen auf eine direktere Art auszudrücken.[18]

Jassin wusste, weil er wiederum die Reisevorkehrungen getroffen hatte, dass Bseiso in letzter Minute beschlossen hatte, von Bonn aus nach Paris zu fahren, statt zu fliegen, und dass er seine Hotelreservierung geändert hatte: vom Le Méridien Étoile zum Le Méridien Montparnasse. Ironischerweise nahm Bseiso diese Änderungen vor, weil er Angst um seine Sicherheit hatte.

Ein Kidon-Team wartete in der Eingangshalle des Hotels auf Bseiso. Sie folgten ihm zu seinem Zimmer und warteten, während er auspackte, duschte und sich für den Abend anzog. Sie blieben ihm dicht auf den Fersen, als er zum Essen mit Freunden im benachbarten Restaurant Hippopotamus ausging und dann ins Hotel zurückkehrte. Als er am Eingang aus dem Auto ausstieg und in Richtung Lobby ging, schossen zwei

Kidon-Leute fünfmal auf ihn. Ihre Pistolen waren mit Schalldämpfern ausgerüstet, und unmittelbar nach dem Mord sammelten sie die leeren Hülsen ein, um den Ermittlern die Arbeit zu erschweren.

Ein Mann, der sich als Sprecher der Abu-Nidal-Organisation ausgab, übernahm die Verantwortung für den Mord, aber diese Behauptung wurde sofort von einem echten Sprecher der Organisation dementiert. Arafat gab rasch Israel die Schuld. Der damalige Chef von AMAN, Generalmajor Uri Sagie, erklärte wenig später, dass ihm nicht bekannt sei, wer die Tötung ausgeführt habe – er fügte aber hinzu, dass Bseiso an dem Massaker in München, an dem gescheiterten Anschlag auf ein El-Al-Flugzeug in Rom 1978 und an dem Mordversuch an dem jordanischen Botschafter in London beteiligt gewesen sei.

Die Reaktion auf die gezielte Tötung Bseisos kam prompt. Die CIA war empört, dass der Mossad wiederum ihre Verbindungen zur PLO torpediert hatte. Die Franzosen waren noch wütender. Für sie war der Anschlag – direkt vor einem Pariser Nobelhotel – eine schwere Verletzung der nationalen Souveränität. Französische Agenten fingen an, Agenten des Mossad in Paris in Schach zu halten, stellten sie unter Beobachtung, störten ihre Treffen, identifizierten und verbrannten ihre Informanten. Eine juristische Ermittlung zu dem Mord läuft in Frankreich immer noch.[19]

Der Mord an Bseiso bewirkte eigentlich kaum mehr als eine Ablenkung zu einem kritischen Zeitpunkt. Das international ohnehin bereits an den Pranger gestellte Israel brauchte alle Verbündeten, die es bekommen konnte.

Andererseits besteht kein Zweifel daran, dass die Ausschaltung einer hohen Person in der PLO, die für Arafats Kontakte zu westlichen Geheimdiensten zuständig war, definitiv eine Wirkung erzielte. Die gezielte Tötung, im Verein mit anderen Operationen aufgrund der von Jassin gelieferten Informationen, schwächte die PLO in dieser Phase enorm. Mitte der 1990er-Jahre hackten der Mossad und AMANs Sondereinsatzkommando das Computernetzwerk von Al Sammed al-Iktisadi, dem Finanzzweig der Fatah, und überwiesen Geld von einem Konto auf ein anderes, sodass Mitglieder glaubten, ihre Kollegen würden die Gelder der

Organisation stehlen. Damit säte der Mossad Misstrauen und Verwirrung. Im Hauptquartier herrschte das reinste Chaos; sie hatten mit der Suche nach Verrätern und Maulwürfen alle Hände voll zu tun. Das Ergebnis war eine deutliche Verringerung der Anschläge der PLO auf Israel.[20]

Der schwerste Schlag für die Organisation war jedoch ein strategischer Patzer, den Arafat selbst beging, ohne Zutun des Mossad. Im August 1990 schickte Saddam Hussein 90 000 irakische Soldaten und 700 Panzer über die Grenze in das winzige, an Erdöl reiche Kuwait. Die Invasion wurde fast unisono verurteilt, vom Westen ebenso wie vom größten Teil des Nahen Ostens, und die Iraker wurden am Ende von einer massiven, multinationalen Streitmacht unter amerikanischer Führung zurückgetrieben. Arafat und Libyens Staatschef Muammar al-Gaddafi waren jedoch die einzigen arabischen Führungspersonen, die Saddam unterstützten und es ablehnten, sich einer Resolution der Arabischen Liga anzuschließen, die ihn dazu aufrief, seine Truppen wieder aus Kuwait abzuziehen.[21] Arafat verglich die von Amerika angeführte Koalition, der auch viele arabische Staaten angehörten, mit »einem neuen Kreuzzug« und erklärte, dass Saddam »der Verteidiger der arabischen Nation, der Muslime und der freien Männer auf der ganzen Welt« sei.

Das erzürnte die Golfstaaten, auf deren Geld die PLO mit ihrer mittlerweile unersättlichen Grube der Korruption angewiesen war. Mitte 1992 war die Organisation pleite. Die PLO, die jahrelang Israels Nemesis gewesen war, stand schließlich mit dem Rücken zur Wand.

Gleichzeitig war die Intifada immer noch in vollem Gang – ein Kampf, der die israelische Öffentlichkeit zusehends ermüdete. Die Armee setzte Zehntausende von Soldaten in den besetzten Gebieten ein; insgesamt hatten, während des ganzen Aufstands, Hunderttausende von Soldaten, meist Wehrpflichtige im Alter von 18 bis 22 Jahren, die Aufgabe, die palästinensische Bevölkerung im Zaum zu halten. Statt für die Verteidigung der Landesgrenzen zu kämpfen, dem angeblichen zentralen Auftrag der israelischen Armee, wurden ihnen Aufgaben zugeteilt wie das Unterdrücken von Demonstrationen, die Durchsuchung von Männern und Frauen an Straßensperren und das Jagen von Kindern, die Steine auf sie geworfen hatten. Das alles war Teil der Sisyphus-Aufgabe, den palästinensischen Aufstand gegen die Besatzung zu unterdrücken.

Wenn diese jungen Soldaten zu kurzen Heimaturlauben nach Hause kamen, brachten sie das Gefühl mit, ihre Aufgabe sei hoffnungslos, und die politische Diskussion in den Wohnzimmern und an den Arbeitsplätzen zwischen besorgten Eltern und Geschwistern drehte sich um die Frage: »Warum sind wir überhaupt dort?«

Im Laufe von vier Jahren wandelte sich die Intifada von einem isolierten Störenfried in den Abendnachrichten zu einer scheinbar endlosen Krise, die Hunderttausende israelischer Familien betraf. Zu dem wachsenden Unbehagen über die Lage in den besetzten Gebieten kamen noch die Angst und Wut hinzu, die eine Reihe von Messerattacken durch Palästinenser innerhalb der »Grünen Grenze« des eigentlichen Staates Israel auslöste. Der wichtigste Anschlag davon war der Mord an einem kleinen Mädchen namens Helena Rapp in dem Vorort Bat Jam von Tel Aviv im Mai 1992. Er hatte stürmische Proteste gegen die Regierung zur Folge und ließ das Gefühl aufkommen, dass Schamir außerstande war, die Sicherheit der Bürger zu garantieren. Um die gleiche Zeit wurde Schamir in eine heftige Auseinandersetzung mit der amerikanischen Regierung wegen der anhaltenden Bautätigkeit in den besetzten Gebieten verwickelt. Präsident George H. W. Bush weigerte sich, Finanzhilfen zu genehmigen, die Israel dringend für die Integration von einer Million jüdischer Einwanderer brauchte, die aus der ehemaligen Sowjetunion in das Land strömten.

Die Intifada und die schwere Finanzkrise stürzten am Ende die Regierung Schamir. Am 23. Juni 1992 wurde Jitzchak Rabin, der von der Wählerschaft als Stütze der Sicherheit wahrgenommen wurde, aber auch ein Mann war, der echte Anstrengungen unternahm, mit den Palästinensern Frieden zu schließen, mit einer großen Mehrheit zum Ministerpräsidenten gewählt – der größte Sieg der linken Mitte in Israel bis heute.

Rabin, der während der Intifada als Verteidigungsminister gedient hatte, war persönlich von dem Konflikt mit den Palästinensern tief betroffen. Er war zu der Schlussfolgerung gekommen, dass man zu einem Kompromiss gelangen musste.[22]

Von den Operationen des israelischen Geheimdienstes behindert, hatte Jassir Arafat zudem immer noch mit seinem Irak-Debakel zu kämpfen. Einmal mehr griff er zu seiner mehrfach bewährten Überlebenstechnik.

Der palästinensische Historiker Yezid Sayigh nannte die Methode »*hurub ila al-amam*« – etwa: Flucht nach vorn.[23]

Die Unterstützung einer illegalen Invasion hatte ihn selbst unter seinen reichen arabischen Geldgebern zum Paria gemacht. Andererseits wurde er, auch wenn er die Intifada nicht angestoßen hatte und nicht kontrollieren konnte, immer noch als der Palästinenserführer *wahrgenommen*, als der Mann, der möglicherweise imstande war, einen Frieden auszuhandeln. Es sprach für Arafats Geschick, dass er die jüngste Krise dafür nutzte, um die vorherige Krise zu überspielen – beziehungsweise vor ihr davonzulaufen.

Er erlaubte es seinen Leuten, einen geheimen, inoffiziellen Kanal mit einer Gruppe israelischer Akademiker zu eröffnen, zuerst in London, dann in Oslo. Anfangs handelten die israelischen Professoren auf eigene Faust, aber später holten sie den Vize-Außenminister Jossi Beilin dazu, der direkt Außenminister Schimon Peres Bericht erstattete.[24]

Als Peres Rabin über den Kontakt zu den Palästinensern informierte, wies der Regierungschef den Minister an, ihn sofort abzubrechen, änderte kurz danach jedoch seine Meinung. Rabin beschloss, der Initiative zumindest eine Chance zu geben.[25]

Die Verhandlungen wurden jedoch selbst vor den Chefs der israelischen Militär- und Geheimdienstorganisationen geheim gehalten. Rabin befahl der Einheit 8200, die die palästinensische Kommunikation aushorchte, ausdrücklich, alles, was sie über die Diskussion hörte, direkt und ausschließlich ihm zu melden. Offiziell geschah dies aus Gründen der operativen Sicherheit – jede Information, die an die unzähligen palästinensischen Splittergruppen durchsickerte, hätte die Gespräche gefährden können. Inoffiziell war sich Rabin keineswegs sicher, dass jene Männer, die gewaltige Anstrengungen in den Krieg gegen den Terror der Palästinenser investiert hatten, zu der mentalen Neuausrichtung fähig waren, die notwendig war, um einen ehemaligen Feind als Partner im Friedensprozess zu sehen.

Rabin wusste genau, dass jeder diplomatische Prozess mit der PLO nur dann mit einer Einigung enden konnte, wenn er auch territoriale Zugeständnisse enthielt. Ein großer Teil der israelischen Bevölkerung war jedoch vehement gegen einen derartigen Kompromiss, aus ideologischen und religiösen Gründen. Jede undichte Stelle, die aufdeckte, dass Geheimgespräche im Gange waren – die etwa von einem Informanten in Verteidigungs- oder Geheimdienstkreisen ausging, der dies für einen strategischen Fehler hielt –, hätte enthüllt, dass territoriale Zugeständnisse keineswegs ausgeschlossen wären, und damit die Verhandlungen sofort beendet.[26]

Dieser Ausschluss des Militärs und der Geheimdienste aus den Verhandlungen schuf jedoch eine merkwürdige Situation. Während die höchsten Ebenen der israelischen Regierung versuchten, einen Frieden auszuhandeln, setzten die Geheimdienste des Landes einen Krieg im Verborgenen fort, ohne zu wissen, dass sich alles verändert hatte.[27]

Der Mossad hatte massiv in Adnan Jassin und die Operation »Goldenes Vlies« investiert, und sie zahlte sich immer noch aus. Im Frühjahr 1993, mehr als vier Jahre nach der Auswahl Jassins zur Zielperson, erzählte er seinem Führungsoffizier von einer Unterhaltung, die er mit Amina geführt hatte, der Frau von Mahmud Abbas (Abu Mazen), der Nummer zwei in der Befehlskette der PLO, der für die diplomatischen Aktivitäten der Organisation zuständig war. Ihr Mann leide an großem Übergewicht, sagte sie zu Jassin, und habe schwere Rückenschmerzen. Sie wusste, dass Jassin so gut wie alles beschaffen konnte, und sie dachte, ein orthopädischer Stuhl aus Europa könnte Abbas eventuell helfen.

»Selbstverständlich«, antwortete Jassin ihr und fragte, ob sie sonst noch etwas für das Büro benötige. Sie bat um eine besonders helle Lampe, weil Abu Mazens Augenlicht schwächer wurde. Jassin versprach, alles in seinen Kräften Stehende zu tun.

Der Mossad nutzte die Gelegenheit und lieferte Jassin einen luxuriösen Bürostuhl aus Leder und eine dekorative Tischlampe, beide mit Mikrofon und Sender ausgestattet.

Jassin brachte persönlich die neuen Einrichtungsgegenstände in Abbas' Büro und machte sich sogar die Mühe, den alten Stuhl selbst wegzubringen. Dabei verfluchte er denjenigen, der »so schlechte Möbel so bedeutenden Personen« gegeben hatte. Er stellte den neuen Stuhl an seinen Platz und dann die Lampe auf den Schreibtisch, steckte sie ein und schaltete sie an.

Die Lampe war das wichtigere Möbelstück, weil die Wanzen im Stuhl mit Batterien betrieben wurden, die irgendwann erneuert werden mussten. Die Lampe hingegen konnte über eine ununterbrochene Stromversorgung direkt aus der Steckdose jahrelang als Sender dienen. Der Stuhl enthielt zwei separate Vorrichtungen zum Energiesparen: Schalterfedern, die das Mikrofon nur einschalteten, wenn ein Gewicht auf den Stuhl drückte, und eine Stimmaktivierung, sodass keine Batterien verbraucht wurden, wenn zwar jemand auf dem Stuhl saß, aber nicht mit jemandem sprach.

Übertragungen aus dem Stuhl wurden vom ersten Tag an, an dem er in Abbas' Büro aufgestellt worden war, aufgezeichnet und nach Tel Aviv weitergeleitet. Mossad-Direktor Schavit erkannte, was für ein großer Erfolg das war: Abu Mazen befand sich im Zentrum der PLO-Aktivitäten, und unzählige Menschen gingen durch sein Büro und teilten ihm die wichtigsten Geheimnisse der Organisation mit.[28]

Doch sehr bald tauchte eine ganz andere Angelegenheit auf, eine viel überraschendere. Der Direktor des Mossad erfuhr über den »singenden Stuhl«, wie er genannt wurde, dass die israelische Regierung hinter seinem Rücken fortgeschrittene Gespräche mit der PLO führte.[29]

Rabin hatte zwar die Einheit 8200 des AMAN angewiesen, alles, was sie über die Gespräche erfuhren, direkt ihm zu übergeben, aber er hatte das beim Mossad versäumt.

Schavit stellte Rabin wütend zur Rede und beschwerte sich, dass man den Mossad nicht eingebunden hatte. Rabin besänftigte Schavit mit den Worten, dass es sich um »eine marginale Initiative« von Peres handle, der er selbst, Rabin, keine größere Bedeutung beimesse.

Dann hörten die Übertragungen auf – ebenso abrupt, wie sie begonnen hatten. Dreieinhalb Wochen nach der Platzierung der versteckten Mikrofone empfingen die riesigen Antennen im Mossad-Hauptquartier keine Signale mehr. Anfangs glaubten die Israelis, dass ein technisches Problem aufgetreten sein könnte, aber eine Inspektion ergab, dass sämtliche Leitungen zwischen dem Mossad und Abbas' Büro ordnungsgemäß funktionierten. Außerdem war es höchst unwahrscheinlich, dass beide Wanzen genau zum gleichen Zeitpunkt ausfielen. Das hieß so gut wie sicher, dass man die Mikrofone entdeckt hatte, dass die Operation »Goldenes Vlies« aufgeflogen war und dass ihr hochgeschätzter Aktivposten Adnan Jassin in Lebensgefahr schwebte. »Wir konnten nicht begreifen«, sagte ein Informant in der Terrorabwehr des Mossad, »wie es möglich war, wie es sein *konnte*, dass die Ausrüstung so kurz nachdem es uns gelungen war, sie zu platzieren, entdeckt wurde, samt dem Agenten, der das getan hatte.«[30]

Dschibril ar-Radschub entdeckte die Anwesenheit der Ausrüstung, mit der Unterstützung des lokalen Geheimdienstes. Radschub sagte: »Unsere Leute in Oslo hatten das Gefühl, dass die Israelis sie durchschauten, dass sie genau wussten, was sie als Nächstes sagen würden und welche Positionen sie beziehen mussten. Das erregte den Verdacht eines Lauschangriffs, und aus diesem Grund gingen wir in Abu Mazens Büro und durchsuchten es.«[31]

Die meisten Mossad-Mitarbeiter, die an der Operation »Goldenes Vlies« beteiligt waren, hatten jedoch eine ganz andere Erklärung dafür: Ihre eigenen Leute hatten sie hintergangen. Laut dieser Theorie, die sich nicht beweisen lässt, aber von ernst zu nehmenden Hinweisen gestützt wird, bekam ein israelischer Unterhändler in Oslo die Berichte über während der Operation beschaffte Informationen zu Gesicht, die an den Ministerpräsidenten und die Geheimdienstchefs weitergeleitet worden waren. Er erkannte, dass die Quelle der Informationen eine Abhöreinrichtung in Abu Mazens Büro oder eine Wanze an seinen Kommunikationseinrichtungen sein musste. Dann gab der Unterhändler den Palästinensern einen Tipp und wusste genau, dass sie die Geräte sofort aufspüren und ausschalten würden. Danach hätte der israelische Geheimdienst keine Möglichkeit mehr zu erfahren, was bei den Gesprächen geschah. Und das hieß, dass kein Hardliner die Details an die Medien durchsickern lassen und die Verhandlungen torpedieren konnte. Mit anderen Worten, ein israelischer Diplomat hinterging den israelischen Geheimdienst, um den israelischen Geheimdienst daran zu hindern, die israelische Diplomatie zu sabotieren. Der Umstand, dass eine wertvolle Quelle dabei vermutlich das Leben verlor, war Nebensache.

Jassin wurde verhaftet und gefoltert, bis er alles gestand: wie er rekrutiert worden war, welche Informationen er geliefert hatte, wie seine Gier ihn dazu getrieben hatte, sich gegen sein eigenes Volk zu wenden. Verblüfft darüber, dass ein so vertrauter Mitarbeiter verhaftet worden war, ging Arafat zu Jassin in seine Zelle in der Verhöreinrichtung der Fatah, um die Geschichte selbst zu hören. Es war beschlossene Sache, dass Jassin hingerichtet würde. Er war unbestreitbar ein Verräter, und er hatte großen Anteil an dem Mord an Bseiso.[32]

Wenig später in Oslo schäumte ein palästinensischer Delegierter vor Wut über die Verhaftung Jassins und den Mord an Bseiso. Er fragte einen der Israelis, was er darüber wisse. »Ich weiß nichts über diese Geschichte«, sagte der Israeli, der in der Tat keinen Zugang zu nachrichtendienstlichen Geheimnissen hatte, aber aus dem wenigen, das er von Peres und Beilin gehört hatte, begriff, was passiert war. »Aber lasst uns darauf trinken, dass dies das letzte Attentat war.« Er fügte ein letztes arabisches Wort hinzu: *Inschallah*, so Gott will.

Die Delegierten um den Tisch – vier Palästinenser, drei israelische Juden und zwei Norweger – hoben alle ihr Glas. Die Stimmung war optimistisch. Die Verhandlungen hatten inzwischen sechs Monate gedauert und historische Briefe der gegenseitigen Anerkennung der beiden Nationen hervorgebracht: von Rabin an Arafat und von Arafat an Rabin. Aus diesen Briefen sollte sich eine Reihe von Vereinbarungen ergeben, die als Oslo-Abkommen in die Geschichte eingingen. In der ersten Phase ging aus den Vereinbarungen die Palästinensische Autonomiebehörde (PA) hervor, die über den größten Teil des von Palästinensern bewohnten Gebiets regieren sollte. Die Palästinenser verpflichteten sich, die Intifada zu stoppen und dem Terror abzuschwören.[33]

Es sah ganz so aus, als könnte der blutige Konflikt im Nahen Osten endlich ein friedliches Ende nehmen. Jassir Arafat und der größte Teil der PLO- und Fatah-Führer verließen Tunis und ließen sich in den autonomen besetzten Gebieten der PA nieder.

Sogar Adnan Jassin schien von der neu entdeckten Kooperation zu profitieren. Aus den Oslo-Abkommen gingen Koordinationsausschüsse für die Sicherheit mit Delegierten aus dem Militär- und Geheimdienstapparat beider Seiten hervor. Zum ersten Mal begegneten hohe Mossad- und Schin-Bet-Vertreter den Männern, die vor ein paar Monaten noch ihre Zielpersonen gewesen waren, sei es für Spionagezwecke oder Tötungen. Die Treffen fanden in den Palästinensergebieten oder in Hotels in Tel Aviv oder Jerusalem statt. Beide Seiten überwanden mit unbeschwerten gegenseitigen Scherzen über die Vergangenheit ihr anfängliches Misstrauen: wem es gelungen war, wen auszutricksen, ob die Palästinenser Operationen durchgeführt hatten, von denen die Israelis gar nichts wussten, wo und wann die Israelis palästinensische Pläne durchkreuzt hatten.[34]

Die Israelis machten sich die angenehme Stimmung zunutze und baten um Gnade für Jassin. »Wir brachten es als eine Bitte um eine Geste des guten Willens zur Sprache im Gegenzug für die Tausende palästinensischen Gefangenen, zu deren Freilassung sich Israel als Teil des Abkommens verpflichtet hatte«, sagte ein Teilnehmer des Mossad an den Sitzungen des Komitees.

Der Druck und die Stimmung zeigten Wirkung.

Am Ende wurde Jassin nicht hingerichtet, sondern zu lediglich 15 Jahren Gefängnis verurteilt.[35] Das war eine milde Strafe, wenn man alle Umstände berücksichtigt. Im Sommer 1993 sah es so aus, als würde Jassin noch einen dauerhaften Frieden im Nahen Osten erleben. *Inschallah.*

20 Nebukadnezar

Vor einer Lagerhalle am Hafen leuchteten am Abend des 6. April 1979 ein Paar Scheinwerfer in die Dunkelheit, warfen zwei Kegel weißgelben Lichts auf den Bürgersteig, die sich vergrößerten, als der Wagen näher kam. Es war ein Fiat 127, ein Kleinwagen, dessen Motor stotterte und schepperte, bis das Auto 200 Meter vor dem Eingangstor zum Halten kam.

Die beiden französischen Wachmänner vor der Lagerhalle in La Seyne-sur-Mer, ein wenig westlich von Toulon an der französischen Mittelmeerküste gelegen, beäugten den Wagen misstrauisch. Die Halle gehörte der CNIM-Gruppe, die auf die Herstellung großer, komplexer Bauteile für Schiffe und Atomreaktoren spezialisiert war.[1] Es waren stets zwei Wachleute im Dienst, in drei Schichten pro Tag, jede davon acht Stunden lang, allesamt langweilig.

Die Wachmänner gingen ein paar Schritte auf den Zaun zu, als die Wagentüren geöffnet wurden. Zwei Frauen stiegen aus. Hübsche Mädchen, dachten die Wachleute. Doch die Frauen wirkten verwirrt, beinahe zornig, als sie auf das Tor zustöckelten.

»Pouvez-vous nous aider?«, fragte eine von ihnen durch den Zaun hindurch. *Können Sie uns helfen?* Sie seien britische Touristen, sagte sie, die sich einen schönen Abend an der Riviera machen wollten, doch das lausige Auto habe eine Panne nach der anderen. Sie lächelte. Ein Flirt. Später vielleicht könnten sich die Wachleute in einer der Kneipen mit ihnen treffen.

Die Wachmänner holten ein paar Werkzeuge, öffneten das Tor, gingen auf das Fahrzeug zu. Sie lächelten.

Hinter ihrem Rücken überwanden fünf Agenten der Einsatzgruppe Kidon rasch und lautlos den Zaun, ein Manöver, das sie an einem

Militärstützpunkt an der Südküste Israels endlos geübt hatten. Ebenso leise drangen sie in die Lagerhalle ein. Drinnen brachten sie an zwei riesigen Zylindern fünf starke Sprengladungen an. Sie stellten die Zeitzünder ein, dann schlichen sie wieder nach draußen, zurück über den Zaun, und verschwanden in der Nacht.

Sie benötigten weniger als fünf Minuten, um hinein- und wieder herauszukommen.[2]

Auf der Straße vor der Halle gelang es den Wachleuten, das Auto wieder in Gang zu bringen. Es war überraschend einfach. Die beiden Frauen – israelische Agentinnen – versprachen ihnen daraufhin, sich später mit ihnen zu treffen, und fuhren davon.

Gleichzeitig gingen in einiger Entfernung ein Mann und eine Frau händchenhaltend vorüber. Sie schienen in ihre Romanze versunken. Mit seinem zurückgekämmten Haar erinnerte der Mann ein wenig an Humphrey Bogart. Er blickte über die Schulter der Frau und sah, wie der Wagen startete und davonfuhr. Das Paar machte kehrt, stieg ein paar Straßen weiter in ein Auto und fuhr ebenfalls davon. Es waren Mike Harari, Chef der Caesarea, und Tamara, eine Agentin des Mossad.

30 Minuten später ging die Lagerhalle in die Luft. Grelle Flammen schossen in den Nachthimmel empor und tauchten die Hafengegend in orangefarbenes und rotes Licht. Bevor das Gebäude vollkommen zerstört wurde, löschte die Feuerwehr den Brand, doch alles, was sich in der Halle befand, war schwer beschädigt, darunter auch einige besonders hochwertige Präzisionsmaschinen, deren Herstellung mehr als zwei Jahre in Anspruch genommen hatte. Zusammengesetzt mit den restlichen Komponenten hätten sie einen 70-Megawatt-Atomreaktor ergeben, groß genug, um in die sogenannte Osiris-Klasse zu fallen.

Osiris war im alten Ägypten die Göttin des Jenseits, der Unterwelt und der Toten. Die Franzosen wollten den Reaktor an Saddam Hussein verkaufen, den irakischen Diktator, der sich selbst als moderne Reinkarnation Nebukadnezars sah, jenes babylonischen Königs, der das Königreich Israel zerstört hatte.

Einige Stunden nach der Bombenexplosion rief ein Sprecher der *Groupe des Ecologistes Français* bei einer Zeitung an und übernahm die Verantwortung dafür. Doch niemand glaubte ihm, schon gar nicht der französische Geheimdienst. Alle nahmen an, es seien die Israelis gewesen, weil sie das stärkste Motiv für die Tat hatten.

Da ein Großteil des israelischen Militär- und Nachrichtendienstpersonals im Chaos des Libanon feststeckte, kümmerte sich der Mossad weiterhin um existenzielle Bedrohungen der kleinen Nation. Eine der größten stellte der Irak dar, ein Land, in dem ein perverser Schlächter mit dem langjährigen Ehrgeiz regierte, als nächster Saladin in die Geschichte einzugehen. Ein Albtraumszenario des israelischen Militärs war das einer gewaltigen irakischen Armee, die sich mit den Jordaniern zu einer bedrohlichen Ostfront zusammenschloss.

Seit den 1960er-Jahren, als die unterdrückte kurdische Minderheit gegen das Regime in Bagdad rebellierte, waren israelische Kräfte heimlich im Irak involviert. Das Land versorgte die Kurden mit Waffen. Israelische Militärs und Angehörige des Mossad bildeten Kämpfer in der Kommandokriegführung aus. Dem damaligen Mossad-Leiter Meir Amit zufolge dachte man daran, »einen Nahen Osten zu schaffen, in dem wir an mehreren Fronten gleichzeitig gegen unsere Feinde vorgehen könnten«. Vereinfacht gesagt: Der Irak war ein erklärter Feind Israels, und die Kurden waren Feinde Bagdads – der Feind meines Feindes ist mein Freund.[3] Gleichzeitig gestatteten es solche Allianzen – etwa mit dem Schah von Persien oder dem äthiopischen Kaiser Haile Selassie, den Führern zweier Staaten, die an Israel feindlich gesinnte arabische Staaten angrenzten – dem Mossad, in ansonsten nicht freundlich gesinnten Ländern Abhörposten und andere nachrichtendienstliche Einrichtungen zu betreiben.

Im Jahre 1969 hörten israelische Berater, darunter auch der Sprengstoffexperte Natan Rotberg, erstmals von einem Mann, den die Kurden »den Schlächter von Bagdad« nannten. Saddam Hussein al-Tikriti hatte im Vorjahr an dem baathistischen Staatsstreich und der Machtübernahme teilgenommen und war zum stellvertretenden Vorsitzenden des irakischen Revolutionsrats ernannt worden. Damit war er der zweitmächtigste Mann des neuen Regimes sowie oberster Befehlshaber der Streitkräfte und Geheimdienste. Er befahl, Bomben auf Zivilisten zu werfen, unterbrach die Nahrungsmittelversorgung, um aufwieglerische Bevölkerungsteile auszuhungern, und errichtete ein Netzwerk von Folterkammern, in denen er das grausige Handwerk nicht selten selbst verrichtete.[4]

Die Kurden baten die Israelis, ihnen dabei zu helfen, Hussein zu töten – Rotberg bereitete dazu sogar einen präparierten Koran vor, dieselbe Taktik, die er schon 1956 beim Attentat auf den Chef des ägyptischen Geheimdienstes angewandt hatte. Ministerpräsidentin Golda Meir weigerte sich jedoch, diesen Einsatz zu genehmigen. Sie fürchtete, die Kurden würden Israels Beteiligung nicht geheim halten und dass sie und ihre Regierung in einen internationalen Skandal mit den Russen und den Amerikanern verwickelt würden, die Hussein damals beide hofierten. Zuvor hatte sich Meir auch gegen ein Attentat auf den ägyptischen Staatspräsidenten Nasser ausgesprochen, weil sie befürchtet hatte, dass seine Tötung auch Angriffe auf ihres und die Leben ihrer Minister legitimieren würde.[5]

Ebenso rücksichtslos wie ehrgeizig, übernahm der am Leben gelassene Hussein die Führung der Baath-Partei und damit des Irak. Im Jahre 1971, im Alter von 34 Jahren, hatte er sämtliche ernst zu nehmenden Widersacher innerhalb des Regimes beseitigt und de facto die Macht übernommen. Der Präsident Ahmed Hasan al-Bakr war inzwischen kaum mehr als ein Strohmann (und wurde 1979 vollends aus dem Amt gedrängt). Hussein sah sich selbst als historische Figur, als panarabischen Führer, der den Irak zu einer Regionalmacht machen würde, zur führenden Kraft in der arabischen Welt, gleichwertig mit dem Iran.

Für Hussein waren Juden »eine Mischung aus Müll und Abfällen vieler Nationen«.[6] Er wollte die Landkarte des gesamten Nahen Ostens neu zeichnen und Israel dabei vollständig auslöschen. Die Iraker machten daraus keinen Hehl. »Die Existenz eines künstlichen zionistischen Gebildes steht für die Negierung des historischen Existenzrechts der Araber und ist eine Herabschätzung ihrer Ehre«, schrieb die Zeitung der Baath-Partei, *El Jumhurija*, im März 1974. »Dieses streitsüchtige Gebilde ist nichts als ein schreckliches Krebsgeschwür, das sich gefährlich über seine Grenzen hinaus ausbreitet. Wir müssen den Zionismus bekämpfen ... auf jede erdenkliche Art und Weise. Das arabische Jerusalem erwartet den arabischen Saladin, der es von dem Schmutz befreit, mit dem der Zionismus unsere heiligen Stätten besudelt hat.«

Die eindeutige Schlussfolgerung daraus war, dass Saddam Hussein die moderne Version von Saladin war und die Ungläubigen aus Palästina vertreiben würde.

Hussein erkannte jedoch, dass der Irak ohne entsprechendes Waffenarsenal nie eine ernst zu nehmende Macht würde. Der einzige Weg, den Nahen Osten zu erobern, war es, über die Fähigkeit zu seiner Zerstörung zu verfügen. Hussein wollte Atomwaffen.

Im Jahre 1973 brachte der Diktator das irakische Atomprogramm – angeblich ein friedliches, ziviles Unterfangen – unter seine direkte Kontrolle und begann, so der bekannte Hussein-Biograf Amatzia Baram, »praktisch unbegrenzte Milliardenbudgets« in die Entwicklung von Reaktoren zu investieren, die irgendwann ein nukleares Arsenal hervorbringen sollten.[7] Idealerweise würde ein Diktator, der bereits dafür bekannt ist, sein eigenes Volk zu bombardieren, und darauf versessen ist, eine atomare Bedrohung zu werden, von zivilisierten Nationen gemieden. Die Geopolitik ist jedoch ein kompliziertes Geschäft: Mehrere westliche Mächte, darunter die Vereinigten Staaten, aber allen voran Frankreich, wollten selbst Einfluss im Nahen Osten ausüben. Weit weniger kompliziert war ein anderer Aspekt: Hussein warf mit Geld nur so um sich.

Frankreich und Israel hatten eine lange und komplizierte gemeinsame Geschichte, die in den 1970er-Jahren ihren Tiefpunkt erreichte. Seit sich de Gaulle in den Sechzigern von der jüdischen Nation abgewandt hatte, waren die Beziehungen geprägt von Feindseligkeit und Misstrauen. Für die Franzosen war die Möglichkeit, dass der Irak eine tödliche Bedrohung für die israelische Nation darstellte, bestenfalls eine Sorge, mit der man umgehen konnte.

Präsident Valéry Giscard d'Estaing und sein Ministerpräsident Jacques Chirac machten in der ersten Hälfte der Siebziger eine Reihe von Geschäften mit dem Irak. Das bedeutendste war der Verkauf von zwei Atomreaktoren: eines sehr kleinen, 100 Kilowatt starken Reaktors der Isis-Klasse und eines größeren, 40 Megawatt starken Osiris-Reaktors, der sich auf 70 Megawatt erweitern ließ. Die Iraker kombinierten den Namen des Reaktors mit dem Namen ihres Landes und nannten ihn Osirak.

Obgleich der Irak erklärte, den Reaktor ausschließlich für Forschungszwecke verwenden zu wollen, wussten die Franzosen, dass ein Reaktor dieser Größe mit an Sicherheit grenzender Wahrscheinlichkeit zur Herstellung von Atomwaffen verwendet würde. Der Reaktorkern fasste zwölf Kilogramm angereichertes Uran – genug, um eine Atombombe herzustellen. Wenn die Franzosen also ihr Versprechen hielten, verbrauchte Brennstäbe auszutauschen, könnten die Iraker ein paar davon einfach in waffenfähiges Material umwandeln.

Die Iraker gaben immerhin so viel zu: »Die Forschung nach einer Technologie mit militärischem Potenzial ist eine Reaktion auf Israels nukleare Bewaffnung«, erklärte Hussein am 8. September 1975 in einem Interview, bevor er nach Paris abreiste, um weitere Verträge zu unterzeichnen. »Das franko-irakische Abkommen ist der erste arabische Schritt in Richtung eigener Atomwaffen, wenngleich unser erklärtes Ziel beim Bau des Reaktors nicht die Herstellung von Atombomben ist.«[8] Es sind jedoch Jahre und ein sehr spezifisches Expertenwissen vonnöten, um Atombomben zu bauen. Um eine tatsächliche Bedrohung, so schienen die Franzosen zu glauben, könnte man sich also noch kümmern, wenn und falls sie aufträte.

Die Iraker zahlten sehr gut: Rund sieben Milliarden Francs (damals etwa vier Milliarden D-Mark) wurden direkt nach Frankreich transferiert. Daneben erhielten die Franzosen beim Import irakischen Öls bessere Konditionen und eine Preisreduktion.[9]

Mehrere französische Unternehmen waren an dem riesigen Projekt beteiligt. Ein gemeinsames Management wurde geschaffen, um das Ganze in Paris und Bagdad zu koordinieren. Nicht weit von der Baustelle wurden für 2000 französische Ingenieure und Techniker luxuriöse Unterkünfte errichtet.

Israel konnte nicht tatenlos zusehen. Aus Mitgliedern des Mossad, des AMAN und des Außenministeriums wurde ein Team mit dem Namen »Neue Zeit« gebildet, »um gezielt und konzentriert gegen die irakischen Bestrebungen hinsichtlich eigener Atomwaffen vorzugehen«, so der damalige stellvertretende Direktor des Mossad, Nachum Admoni, der das Team leitete.[10]

In der Tarnung europäischer Geschäftsleute oder europäischer NATO-Offiziere sprachen Agenten der Tsomet in Frankreich arbeitende Iraker an, von denen sie glaubten, dass sie möglicherweise zu Informanten werden könnten. Ein Wissenschaftler, dessen Sohn Krebs hatte und im Irak medizinisch nur schlecht behandelt wurde, gab im Gegenzug für eine bessere Versorgung Geheimnisse preis. Er hielt den israelischen Topanwerber Jehuda Gil für den stellvertretenden Geschäftsführer einer europäischen Firma, die sich mit nuklearer Sicherheit befasste.[11]

Dies blieb jedoch ein einmaliger Erfolg. Saddam Hussein hatte alle am Projekt Beteiligten mit einem Video zum Schweigen gebracht, in dem irakische Kabinettsminister andere Staatsvertreter hinrichteten. »Es war ein erschreckendes Video«, sagte Khidir Hamsa, einer der Leiter des irakischen Atomprogramms. »Er sandte die Botschaft aus, dass man tot war, wenn er in irgendeiner Weise nicht zufrieden mit einem war.«[12]

Die Israelis hatten aber noch andere Quellen: französische Wissenschaftler, Techniker, Sekretärinnen und Manager auf mittlerer Ebene. Manche wurden großzügig entlohnt. Andere, Juden, handelten aus ideologischen Motiven. Von einer dieser Quellen erhielt der Mossad das »Projektbuch«, ein Dokument, in dem sämtliche mit dem Irak abgeschlossenen Geschäfte detailliert aufgeführt waren. Es war mehrere Hundert Seiten lang und von den französischen Wissenschaftlern in englischer Sprache verfasst.[13] »Aus diesem Buch erfuhren wir eine Menge«, sagt Oberstleutnant Dr. Raphael Ofek, ein vom AMAN rekrutierter Nuklearphysiker der Ben-Gurion-Universität, »darunter die Pläne des Projektstandorts, wo der Reaktor und die angeschlossenen Labore im ›Atomforschungszentrum Tuwaitha‹ lagen.«[14]

Einheit 8200, die Funkaufklärung des AMAN, stellte eine streng geheime Einsatztruppe mit dem Spitznamen »Apokalypse« zusammen, die Telefon- und Fax-Verbindungen anzapfte. Agenten der Einheit Keschet verwanzten die Pariser Büros der Iraker.

Mit vernichtendem Beweismaterial in Händen forderte Israel die internationale Gemeinschaft auf, dem Programm Einhalt zu gebieten. Doch entnervte ausländische Staatslenker, Kritiker Israels und selbst manche Gegner Begins im eigenen Lande warfen Israel Panikmache vor. Sie beharrten darauf, der Irak könne Israel nichts anhaben. Die Franzosen betonten weiterhin, das Projekt sei ein vollkommen legitimes Forschungsprogramm;

zudem sorgten ausreichend Sicherheitsmechanismen dafür, dass der Irak keine Atomwaffen entwickle.

Der israelische Außenminister Mosche Dajan, der angewidert von der französischen Indifferenz gegenüber seinen Forderungen aus Paris zurückkehrte, versuchte es anschließend bei den Amerikanern und bat Washington, die Franzosen unter Druck zu setzen, doch ebenfalls ohne Erfolg.

Israel beschloss, dass der diplomatische Weg nun gescheitert sei. Im November 1978 autorisierte das Sicherheitskabinett den Ministerpräsidenten, »notwendige Schritte« einzuleiten, um das irakische Atomprojekt zu stoppen.[15] Der Mossad erhielt grünes Licht zum Handeln. »Osiris«, so schloss das Kabinett, »muss getötet werden.«

Nicht lange danach ereignete sich die Explosion in der Lagerhalle an der französischen Riviera. Die von den Agenten an jenem Abend gesprengten Bauteile wurden schwer beschädigt, sodass Israel annahm, Saddam Husseins nukleare Ambitionen um mindestens zwei Jahre zurückgeworfen zu haben. So lange bräuchten die Franzosen, um neue Komponenten zu bauen.[16]

Doch der irakische Diktator wollte eine solche Verzögerung nicht dulden. Er befahl, das Projekt planmäßig weiterzuführen. Der irakische Verteidigungsminister verlangte von den Franzosen, die Teile zu reparieren und pünktlich zu liefern. Die Franzosen erwiderten, dass ein repariertes Gehäuse nicht so stabil sei. Sein Einsatz wäre riskant, und in nur wenigen Jahren müsste es höchstwahrscheinlich ausgetauscht werden. Niemand wagte jedoch, Saddam Hussein zu verärgern.

Der Irak konnte noch immer innerhalb weniger Jahre Atomwaffen entwickeln. Die frustrierte Mossad-Führung beschloss, dass sie künftig eine aggressivere Strategie anwenden müsse.

Sie würden beginnen, Wissenschaftler zu töten.

Die nächstliegenden Zielpersonen waren die Köpfe des irakischen Atomprogramms, Khidir Hamsa und Jafar Dhia Jafar. Letzterer war laut Dr. Ofek »das Gehirn des Projekts, der wichtigste Wissenschaftler«.[17] Er war Absolvent der Universität Birmingham, hatte an der Universität von Manchester in Physik promoviert und als Forscher am Institut für Nuklearphysik des Imperial College in London gearbeitet.[18]

Beide Männer verließen nur selten den Irak, wo eine Tötung der beiden extrem schwierig, wenn nicht gänzlich unmöglich war. Doch wie Nasser einst Deutsche für seinen Raketenbau angeworben hatte, arbeiteten im Irak nun Ägypter an der Entwicklung des Atomprogramms. Der wichtigste unter ihnen war Jehia al-Maschad, ein Ausnahmetalent von der Universität Alexandria, der im irakischen Nuklearforschungszentrum in al-Tuwaitha als Wissenschaftler Karriere gemacht hatte. Maschad reiste regelmäßig zwischen Ägypten, dem Irak und Frankreich hin und her. Im Februar 1980 heftete sich der Mossad an seine Fersen und beschattete ihn regelmäßig, wenn er in Paris war oder das nahe der Hauptstadt gelegene Institut für Strahlenschutz und nukleare Sicherheit in Fontenay-aux-Roses besuchte.[19]

Anfang Juni bereiteten die Franzosen eine Lieferung Uran für die Iraker vor, die diese in ihrem kleinen Isis-Reaktor verwenden wollten. Maschad kam nach Frankreich, um die Qualität zu prüfen. Mit ihm reisten zwei Assistenten, die ihm nicht von der Seite wichen, sodass er schwer zu erreichen war. Der Plan des Mossad war daher, Maschad über irgendeinen gebräuchlichen, unauffälligen Gegenstand zu vergiften, wie schon Wadi Haddad 1978 mittels vergifteter Zahnpasta getötet worden war.

Doch in letzter Minute beschloss Maschad, seinen Aufenthalt in Frankreich zu verkürzen. Er wollte seine Familie in Ägypten besuchen. Das bedeutete, dass den Mossad-Agenten nicht genügend Zeit blieb, ihren ursprünglichen Plan auszuführen. Maschad beschloss aber auch, seinen letzten Abend in Paris allein zu verbringen. »Er ließ seine zwei irakischen Assistenten gehen, weil das Hotel, in dem er wohnte, sehr teuer war«, sagte Hamsa. »Er war ein freundlicher Mensch. Er sagte zu ihnen: ›Okay, vielleicht wollt ihr in einem zentraleren Einkaufsviertel und einem billigeren Hotel wohnen, das erschwinglicher für euch ist. Das könnt ihr gern machen.‹«

Ohne Assistenten zu seinem Schutz wurde Maschad auf einmal ein wesentlich anfälligeres Ziel.

Um etwa 18 Uhr am Abend des 13. Juni kehrte er in sein Hotel zurück. Er duschte und zog sich um, nahm in der Lobby einen Drink und aß ein Sandwich, dann ging er auf sein Zimmer im achten Stock. Carlos, der Kommandeur der Einsatzgruppe Kidon, und ein anderer Agent versteckten sich in einer Nische des Gangs und behielten die Tür im

Auge. Der Plan hatte sich derart rasch verändert, dass sie nicht ganz genau wussten, was sie tun sollten. Carlos hatte eine Pistole, doch die Dienstanweisung untersagte den Schusswaffengebrauch in Hotels unter allen Umständen, da Kugeln Wände durchschlagen und Unschuldige treffen könnten. Carlos musste sich also spontan den Gegebenheiten anpassen.

Um etwa 21.30 Uhr öffnete sich die Tür des Fahrstuhls. Eine junge Frau trat heraus, eine Prostituierte. Sie ging an den beiden Kidon-Männern vorüber, ignorierte sie jedoch. Sie klopfte an die Tür von Zimmer 9041. Maschad ließ sie herein.

Carlos und sein Partner warteten vier Stunden, bis die Prostituierte um 1.30 Uhr endlich ging. Carlos hatte inzwischen neben dem Fahrstuhl einen Standaschenbecher gefunden, etwa einen Meter hoch mit schwerem Sockel, schmalem Bein und einem Drehmechanismus, durch den sich angesammelte Zigarettenstummel in einer verdeckten Schale versenken ließen. Er untersuchte ihn sorgfältig, wog ihn in der Hand, prüfte sein Gewicht. Er befand, dass er massiv genug sei.

»Nimm deine Klinge heraus«, sagte er zu seinem Begleiter, der mit einem großen Leatherman-Taschenmesser bewaffnet war. Die beiden Männer näherten sich Maschads Tür, und der Begleiter klopfte.

»*Qui est là?*«, fragte Maschad. »Wer ist da?« Er klang schläfrig und entspannt.

»Hotel-Sicherheit«, antwortete Carlos. »Es geht um Ihren letzten Gast.«

Maschad schlurfte durch sein Zimmer und öffnete die Tür. Mit voller Wucht ließ Carlos den Aschenbecher auf seinen Kopf niedersausen. Maschad taumelte zurück und schlug zu Boden. Carlos sprang ihm nach, versetzte ihm einen zweiten Hieb, dann noch einen. Auf dem Teppich bildete sich ein Blutfleck, der rasch größer wurde. Das Messer war gar nicht mehr notwendig.

Die beiden Agenten wuschen sich das Blut von den Armen und spülten den Aschenbecher ab. Carlos zog sein blutverspritztes Hemd aus, knüllte es zusammen und stopfte es in seine Tasche. Als sie gingen, achteten sie darauf, dass das Schild mit der Aufschrift »Bitte nicht stören« am Türknauf baumelte. Sie stellten den Aschenbecher zurück an seinen Platz, nahmen den Fahrstuhl nach unten in die Empfangshalle und verließen eilig das Hotel.

15 Stunden später fand das Sicherheitspersonal des Hotels Maschads starre Leiche. Anfangs dachte die Polizei, er wäre in einem aus dem Ruder gelaufenen Sexspiel niedergeschlagen worden, doch sie fanden die Prostituierte und konnten dies rasch ausschließen. Maschad war nicht ausgeraubt worden, und er hatte keine anderen Besucher gehabt. Die Prostituierte erinnerte sich jedoch daran, auf dem Flur zwei Männer gesehen zu haben.[20]

Die Franzosen konnten sich recht schnell zusammenreimen, dass der Mossad den Wissenschaftler getötet hatte. Dasselbe galt für die Iraker. »Ich glaubte, dass man uns alle im Visier hätte«, sagte Hamsa. »Nach dieser Sache reiste ich nur noch in Begleitung eines irakischen Geheimdienstoffiziers.«[21]

Saddam Hussein begriff, dass sich solche gezielten Tötungen verheerend auf die Moral der an seinem Nuklearprojekt beteiligten Wissenschaftler auswirken könnten. Er verteilte an alle leitenden Wissenschaftler Luxuslimousinen und Bargeld-Boni. Maschads Witwe fand er mit 300 000 Dollar ab, einer damals in Ägypten enormen Summe, und sicherte ihr und Maschads Kindern auf Lebenszeit eine monatliche Rente zu.

All das konnte die Tötungen freilich nicht stoppen. Drei Wochen nach dem Mord an Maschad wurde der irakische Ingenieur Salman Raschid, der in Großbritannien studiert hatte, nach Genf geschickt. Dort sollte er eine zweimonatige Fortbildung über die Uran-Anreicherung mittels elektromagnetischer Isotopentrennung genießen.

Er hatte einen Bodyguard, der ihm nicht von der Seite wich. Eine Woche vor seiner geplanten Rückkehr in den Irak erkrankte Raschid plötzlich schwer. Die Ärzte in Genf vermuteten eine Virusinfektion. Sechs Tage später, am 14. September, starb Raschid unter großen Qualen. Eine Autopsie ergab, dass es kein Virus gewesen war: Der Mossad hatte ihn vergiftet, wenngleich niemand mit Sicherheit zu sagen vermochte, wie und mit welchem Toxin.[22]

Zwei Wochen darauf nahm ein anderer hochrangiger irakischer Ingenieur, Abd al-Rahman Rasoul, ein Hochbautechniker, der die Erstellung der zahlreichen Gebäude des Nuklearprojekts leitete, an einer von der französischen Atomenergiekommission gesponserten Konferenz teil.

Sofort nach der Cocktailparty und dem offiziellen Empfang, mit denen die Konferenz eröffnet wurde, erkrankte er offenbar an einer Lebensmittelvergiftung. Fünf Tage später starb er in einem Pariser Krankenhaus.[23]

Anfang August erhielten viele der französischen Teilnehmer des irakischen Atomprojekts einen Brief mit der unmissverständlichen Warnung, dass sie in Gefahr seien, wenn sie nicht augenblicklich abreisten. Saddam Hussein war außer sich. Einige Tage später hielt er eine besonders zornige Rede gegen Israel, in der er zwar die Angriffe auf die Wissenschaftler unerwähnt ließ, jedoch drohte, »Tel Aviv mit Bomben in Schutt und Asche zu legen«.[24]

Husseins Wissenschaftler gerieten in Panik. »Niemand wollte mehr reisen«, sagte Hamsa. »Also bekamen wir Boni, wenn wir reisten.« Daneben wurden sie in persönlicher Sicherheit und Selbstverteidigung ausgebildet.[25] »Ein Mann vom *Mukhabarat* [Geheimdienst] sagte uns, wie wir essen sollten, dass wir nach Einbruch der Dunkelheit keine Einladung mehr annehmen und uns stets in Begleitung bewegen sollten. Man schärfte uns ein, unsere Zahnpasta, unsere Zahnbürste und unser Rasierzeug immer bei uns zu tragen, entweder in einem kleinen Beutel oder in der Tasche.«

Einige französische Vertragsfirmen traten aus Angst von ihren geschäftlichen Verpflichtungen zurück, und das irakische Nuklearprojekt geriet ein wenig ins Stocken. Doch Hussein hatte die Ressourcen eines autokratischen Regimes in den Bau einer Bombe gesteckt und konnte bei diesem Prozess daher auf zwei oder drei Techniker verzichten. Sämtliche Wissenschaftler, die verängstigten und die toten, wurden rasch ersetzt. Frankreich lieferte zwölf Kilogramm angereichertes Uran und erfüllte wenig später eine zweite Bestellung.

Bestenfalls hatte Israel etwas Zeit gewonnen, bevor Hussein den Bau der Reaktoren fertigstellen und sie in Betrieb nehmen konnte: vielleicht 18 Monate, vielleicht zwei Jahre. Der Irak indes ging immer noch davon aus (was Israel befürchtete), dass Hussein bis zum Ende des Jahrzehnts über voll einsatzbereite Atomwaffen und die notwendigen Trägersysteme verfügen würde.

Mossad-Direktor Jitzchak Chofi wusste, dass Geheimdiensttätigkeit, gezielte Tötungen und Sabotageakte nur begrenzt wirksam waren. »Ich gebe auf«, sagte er im Oktober 1980 zu Begin. »Es wird uns nicht gelingen, [Hussein] aufzuhalten. Der einzige noch verbleibende Weg ist ein Bombardement aus der Luft.«[26]

Der einzige noch verbleibende Weg war also, mit anderen Worten, eine offene Kriegshandlung.

Innerhalb der israelischen Führung war man sich uneins. Einige der führenden Geheimdienstler des Landes warnten, dass eine Bombardierung des irakischen Kernreaktors schwere internationale Konsequenzen haben könne, dass es noch Jahre dauern werde, bis der Reaktor genug Material für den Bau einer Bombe produzieren könne, und dass seine Zerstörung Hussein nur zwinge, einen anderen, geheimeren Weg zu beschreiten, über den sich weitaus schwieriger Informationen gewinnen ließen. Die Spannungen waren so hoch, dass Begin irgendwann den Leiter seiner eigenen Atomenergiekommission, Uzi Eilam, nicht mehr einlud, weil dieser gegen einen Angriff war.[27] Einer von Eilams Mitarbeitern, Prof. Uzi Even, der fürchtete, dass eine Zerstörung des Reaktors nur bewirkte, dass das irakische Atomprojekt an einen geheimen Ort verlegt und so der israelischen Überwachung entzogen würde, setzte Oppositionschef Schimon Peres heimlich über die Angriffspläne in Kenntnis.[28] Dieser verfasste ein handschriftliches Memo an Begin, in dem er warnte, dass Israel international isoliert wäre, sollte es tatsächlich zu einem Angriff kommen – isoliert »wie ein Dornbusch in der Wüste«, womit er die Metapher des Propheten Jeremia dafür verwendete, wie alleine Israel wäre, wenn Gott es verließe.[29]

Doch Ministerpräsident Begin, Ariel Scharon, der unlängst zum Verteidigungsminister befördert worden war, und Stabschef Rafael Eitan wiesen jedes Argument gegen die Mission zurück. Sie schlossen sich der Meinung Admonis und anderer führender Geheimdienstvertreter an, dass der Reaktor so bald als möglich angegriffen werden solle, bevor er »heiß« werde, um die entsetzliche humanitäre Katastrophe abzuwenden, die im Falle eines Strahlungsaustritts eintreten würde. Im Forum Neue Zeit betonte der Physiker und Offizier Dr. Ofek wiederholt, dass zur vollkommenen Zerstörung des Reaktors eine Zielvorgabe erreicht werden müsse: »Genügend Sprengstoff, um das Becken im Innern zu vernichten, in das die Brennstäbe getaucht werden sollten.«

Am 7. Juni um 16 Uhr hoben acht F-16-Flugzeuge vom Stützpunkt Etzion auf der von Israel besetzten Sinai-Halbinsel ab, um den Osirak-Reaktor anzugreifen. Zu ihrem Schutz wurden sie von sechs F-15 begleitet, und weitere 60 Maschinen wurden zur Unterstützung der Operation bereitgestellt – manche zogen Kreise in der Luft, andere blieben am Boden in Bereitschaft. Darunter waren zur Luftbetankung und Luftkommandoführung umgerüstete Boeings, Hawkeye-Flugzeuge als Aufklärer und Helikopter für den Fall, dass ein Flugzeug abstürzte und eine Rettungsaktion notwendig würde. Die F-15 sollten sich um die irakischen MiGs kümmern, falls diese die israelischen Maschinen angriffen. Außerdem hatten sie hoch entwickelte Systeme zur elektronischen Kriegführung an Bord, um das Radar der Flugabwehr-Raketenbasen am Boden zu stören.

Die Flugroute war 1100 Kilometer lang und verlief über den Norden Saudi-Arabiens und den Süden von Jordanien. Die Piloten flogen sehr tief, weniger als 100 Meter über dem Boden, um unterhalb der jordanischen, saudischen und irakischen Radarhöhe zu bleiben.[30]

Gegen Sonnenuntergang, um etwa 17.30 Uhr, erreichten die Flugzeuge ihr Ziel. Die acht F-16 stiegen in eine Höhe von etwa 300 Metern auf, vollführten eine Rolle und warfen in einem Winkel von 35 Grad ihre Bomben ab. Ein Flugzeug nach dem anderen warf jeweils zwei Ein-Tonnen-Bomben auf die Betonkuppel des Reaktors. Die Hälfte der Bomben war auf Kontaktzündung eingestellt, die andere sollte erst detonieren, wenn sie sich tief in das Mauerwerk eingegraben hätten. Sieben der acht Piloten trafen das Ziel, und zwölf der 16 Bomben durchdrangen die Kuppel. Zehn irakische Soldaten und ein französischer Techniker kamen ums Leben.[31]

Die Iraker wurden vollkommen überrascht. Nicht eine einzige Rakete wurde auf die angreifenden Flugzeuge abgeschossen, und auf dem Rückweg erwartete sie nur sporadisches, harmloses Flugabwehrfeuer. Alle Maschinen erreichten wieder sicher ihren Stützpunkt. Bis zum heutigen Tage prangt auf ihrer Schnauze, neben den Kreisen für die im Kampf abgeschossenen Flugzeuge, ein Bild des Reaktors.

Bis Mitternacht hatte man das Videomaterial der Luftkameras analysiert, das einen gewaltigen Schaden an der Reaktorkuppel zeigte. Um 3 Uhr fing das Apokalypse-Team der Einheit 8200 das Telefonat eines der

Ingenieure ab, der eine Inspektion der ausgebombten Baustelle in der Dunkelheit schilderte. Der Ingenieur hatte nach dem Becken gesucht, dem entscheidenden Teil des Bauwerks, doch im Licht seiner Taschenlampe fand er nur »von Wasser bedeckte Brocken zerborstenen Betons« – die Teile der Kuppel, die ins Innere zusammengestürzt waren. In der »unmittelbaren geheimdienstlichen Studie«, die den obersten Regierungsvertretern und den führenden Geheimdienstleuten zugestellt wurde, bestätigte der AMAN, dass das Reaktorbecken irreparabel beschädigt und »der Reaktor vollkommen zerstört« worden sei.[32]

Vor dem Angriff hatten die israelischen Geheimdienste der Staatsführung geraten, keine Verantwortung zu übernehmen. Sie glaubten, dass sich Saddam Hussein ohne eine peinliche öffentliche Demütigung nicht unter Druck gesetzt fühlen würde, einen Gegenangriff auf Israel zu inszenieren. Er hätte Raum, um zu manövrieren.

Am Ende jedoch entschied sich Begin anders. Der Bombenangriff war perfekt ausgeführt, der irakische Reaktor in eine schwelende Ruine verwandelt und Husseins nukleare Ambitionen vielleicht dauerhaft zum Stillstand gebracht worden. Begin wollte diesen Tatsachen Rechnung tragen, vielleicht sogar mit ihnen prahlen. Er hatte ein feines Gespür für die Stimmung in der israelischen Öffentlichkeit.[33] In einer Rede vor der Knesset setzte er Hussein mit Hitler gleich und die Bedrohung durch einen atomar aufgerüsteten Irak mit der »Endlösung« der Nazis. »Was hätten wir gegen eine solch schreckliche Gefahr unternehmen sollen?«, fragte er. »Dieses Land und sein Volk wären ausgelöscht worden. In der Geschichte des jüdischen Volkes hätte ein neuer Holocaust stattgefunden.«

Hussein seinerseits hielt, im engen Kreis der Baath-Parteispitze, ebenfalls eine Rede. »Es ist schmerzlich«, räumte er mit einem Seufzen ein, als er auf das Bombardement zu sprechen kam, »da dies eine kostbare Frucht ist, für deren Ernte wir sehr hart gearbeitet haben, eine der Früchte der Revolution und eine, für die wir über einen langen Zeitraum gewaltige politische, wissenschaftliche und wirtschaftliche Anstrengungen unternommen haben.«

Rasch fiel er jedoch in seinen vertrauten bedrohlichen Ton zurück, verfluchte das »zionistische Gebilde« und Menachem Begin.

Hussein fuhr fort: »Begin und andere müssen begreifen, dass ihre sogenannten Präventivschläge, die Fortschritt und Aufstieg des arabischen Volkes verhindern und es von den Segnungen von Wissenschaft und Technologie fernhalten sollen, das arabische Volk nicht davon abhalten werden, seinen Zielen näher zu kommen, und dass diese Strategie der Präventivschläge den Juden nicht die Sicherheit bieten wird, von der er spricht.«[34]

Drei Wochen später hatte Begin wieder etwas zu feiern – diesmal einen Sieg bei den Parlamentswahlen.

Der Mossad und die Streitkräfte wiederum triumphierten angesichts des Erfolges der Operation, die sie als Ende des irakischen Atomprogramms betrachteten. Sie setzten den Irak ganz unten auf die Liste geheimdienstlicher Prioritäten.[35]

Huseins Reaktion auf das Bombardement des Reaktors war jedoch exakt das Gegenteil davon, was die israelischen Nachrichtendienste erwarteten.

»Saddam unter Druck ... wird aggressiver und entschlossener«, sagte Dr. Hamsa. »So wurden aus dem 400-Millionen-Dollar-Projekt ein Zehn-Milliarden-Projekt und aus den 400 Wissenschaftlern 7000.«

Hussein gab den Befehl heraus, größtmögliche finanzielle Anstrengungen in allen wissenschaftlichen Bereichen zu unternehmen, die in kürzestmöglicher Zeit zur Erlangung der Atombombe und der für ihren Einsatz notwendigen Trägersysteme führen könnten. Bald schon stellte er fest, dass westliche Unternehmen bereit waren, ihn – gegen riesige Geldsummen – mit Geräten und Rohmaterialien zu beliefern, die zwar angeblich zivilen Zwecken dienten, tatsächlich aber auch militärisch für die Entwicklung nuklearer, biologischer oder chemischer Massenvernichtungswaffen eingesetzt werden konnten.

Die Israelis bekamen von diesen Anstrengungen kaum etwas mit. Ein Plan, von dem sie dennoch Kenntnis erlangten, war das Projekt Kondor, ein irakisch-ägyptisch-argentinisches Gemeinschaftsprojekt zur Entwicklung verschiedener Raketentypen. Ein Großteil der Informationen über das Projekt stammte von Mossad-Agenten in argentinischen Wissenschaftskreisen und in den beteiligten deutschen Unternehmen. Darunter war auch Jonathan Pollard, der im Dienste Israels als Spion bei einer amerikanischen Nachrichtenagentur arbeitete.[36] Der Mossad begann, die Büros der beteiligten europäischen Unternehmen in Brand zu stecken und systematisch die Wissenschaftler zu terrorisieren, ganz ähnlich, wie man in den 1960er-Jahren die deutschen Raketenwissenschaftler in Ägypten eingeschüchtert hatte. Sie erhielten anonyme Anrufe, in denen man ihnen sagte: »Wenn Sie nicht sofort aufhören, werden wir Sie und Ihre Familie töten.«[37]

Der Mossad machte zudem Pläne, einige der Wissenschaftler zu eliminieren, doch es zeigte sich, dass der Druck, die Brandstiftungen und Einbrüche, aber auch der Ruf des Mossad als Tötungsmaschine gezielte Attentate überflüssig machten. Die Wissenschaftler gingen, und Argentinien und Ägypten dünnten ihre finanzielle Beteiligung aus.

In seiner Not wandte sich Hussein an einen kanadischen Raketenwissenschaftler namens Gerald Bull, der bereits für die NASA, das Militär der Vereinigten Staaten und Israel gearbeitet hatte, und bat ihn, Raketen und eine von Jules Vernes Roman *Von der Erde zum Mond* inspirierte Superkanone zu konstruieren, mit der man gewaltige Sprengladungen über enorme Distanzen schießen könnte – etwa nach Teheran (690 Kilometer von Bagdad) oder Tel Aviv (über 900 Kilometer von Bagdad). Bull versicherte seinen Kunden, dass seine Superkanone nicht nur über eine immense Reichweite verfüge, sondern beim Einsatz biologischer und chemischer Kampfmittel zudem genauer und effizienter sei, da sich die Sprengköpfe weniger stark erhitzten als die Scud-Raketen, über die der Irak verfüge.[38]

Im Jahre 1989 errichteten Bull und die Iraker die Kanone in Dschabal Hamraijn, etwa 200 Kilometer nördlich von Bagdad. Drei Testschüsse wurden durchgeführt.[39]

Zu seinem großen Pech hatte Bull die anonymen Drohanrufe und -briefe nie ernst genommen, in denen man ihn warnte, man werde »energisch gegen Sie, Ihre Unternehmen und gegen die Menschen, mit denen Sie zusammenarbeiten, vorgehen«, wenn er seine Verbindung zu Saddam Hussein nicht augenblicklich beende.[40]

Am 22. März 1990 lag eine Gruppe der Einheit Kidon bei ihm zu Hause auf der Lauer, nur eine kurze Fahrt von seinem Brüsseler Büro entfernt. Zwei Männer versteckten sich direkt hinter der Tür zum Treppenhaus.

Von ihrem Beobachtungsposten aus konnten sie sehen, wie Bull auf seine Wohnung zukam und in seinen Taschen nach dem Schlüssel suchte. Als er vorbeigegangen war und ihnen den Rücken zukehrte, sprangen sie mit ihren schallgedämpften Makarow-Pistolen hinter der Tür hervor. Einer feuerte Bull zwei Kugeln in den Kopf, während der andere hinter ihm blieb und den Tatort sicherte. Bull war tot, bevor er auf dem Fußboden aufschlug. Der Attentäter zog eine Kamera hervor und machte ein paar Bilder von dem geborstenen Kopf des Wissenschaftlers. Eines war eine Nahaufnahme, ein anderes zeigte Bull auf dem Bauch liegend in einer riesigen Blutlache.[41]

Noch am selben Tag wurden die Bilder an die Belegschaft der Space Research Corporation geschickt, Bulls Unternehmen. »Wenn Sie morgen zur Arbeit gehen, enden Sie genauso«, hieß es in einer Begleitnotiz.[42] Niemand erschien am nächsten Tag im Büro, und das Unternehmen wurde bald darauf geschlossen. Der Mossad sorgte dafür, dass auch Bulls andere Strohfirmen die Botschaft erhielten.[43]

Das Projekt hatte keine Chance. Am 2. April, nachdem Hussein von seinen Nachrichtendiensten erfahren hatte, dass Gerald Bull getötet worden war, wandte er sich an sein Volk und schwor, »halb Israel zu einem Opfer der Flammen zu machen«.[44]

Bulls Tod bedeutete freilich nur eine Verzögerung auf dem Weg zu Husseins Ziel, Langstrecken-Trägersysteme zu erlangen, und behinderte sein Nuklearprojekt in keiner Weise. Es stellte sich heraus, dass die Nachrichtendienste Israels und anderer westlicher Nationen über einen Großteil der militärischen Forschungstätigkeit Husseins kaum Bescheid wussten.

»Dieses riesige und sehr komplexe Netzwerk operierte direkt vor unserer Nase«, sagte Brigadegeneral Schimon Schapira von der Forschungsabteilung des AMAN. »Das war zweifellos eines der größten Versäumnisse in der Geschichte der israelischen Geheimdienste.«[45]

Israel, so Schapira, »hatte mehr Glück als Verstand«. Saddam Hussein beging mit der Invasion Kuwaits im August 1990 einen Fehler, weil er annahm, dass die Vereinigten Staaten und der Rest der Welt angesichts seiner Aggression mit verschränkten Armen zusehen würden. Doch da täuschte er sich. Er sah sich einer breit aufgestellten internationalen Koalition gegenüber – darunter auch einige arabische Staaten –, die ihn aus Kuwait herauswarf und zwang, in eine gründliche internationale Inspektion einzuwilligen.[46]

Die UN-Inspektoren fanden daraufhin, was dem Mossad vollständig entgangen war: Als im Januar 1991 die Operation »Wüstensturm« zur Befreiung Kuwaits startete, war Hussein nur wenige Jahre von einem vollen nuklearen, chemischen und biologischen Waffenpotenzial entfernt. Gleiches galt für die Herstellung von Raketen und Sprengköpfen, um diese Waffen nach Israel zu befördern.[47]

Selbst nach dem Ende des Krieges und der Entscheidung Präsident Bushs, nicht in den Irak einzumarschieren und Hussein an der Macht zu belassen, glaubte Stabschef Barak immer noch, dass Hussein eine eindeutige und unmittelbare Gefahr für Israel darstelle. Ganz bestimmt würde er erneut versuchen, Massenvernichtungswaffen zu entwickeln, und es bestand keinerlei Aussicht auf Verhandlungen mit ihm.[48]

Am 20. Januar 1992 ordnete Barak »die Bildung eines Teams zur Untersuchung der Möglichkeit eines Schlages gegen das Ziel [Hussein]« an.[49] Zwei Monate später, am 12. März, berichtete das von Amiram Lewin geleitete Team dem Stabschef über die Fortschritte des Plans. Barak erklärte gegenüber dem Team, das Ziel gehöre »zu den wichtigsten, mit denen wir es jemals bei einer gezielten Aktion zu tun hatten«, und befahl, Vorbereitungen für die Ausführung des Planes im Juli des Jahres zu treffen.[50]

Barak sprach sowohl mit Ministerpräsident Schamir als auch mit Rabin, der 1992 an dessen Stelle trat, und versuchte, sie davon zu überzeugen, dass das Mittel einer gezielten Tötung zum ersten Mal gegen den Führer eines souveränen Staates eingesetzt werden solle.

»Rückblickend muss man sich einfach nur vorstellen, wie wir der Welt ein ganzes Jahrzehnt mit diesem grässlichen Mann hätten ersparen können«, sagte Barak Jahre später. »Die Geschichte wäre anders verlaufen.«[51]

Die beiden Ministerpräsidenten gaben grünes Licht für die Planung des Attentats. Während der Planungsphase wurden viele Ideen eingebracht: ein israelisches Flugzeug oder sogar einen Satelliten irgendwo im Irak, vorzugsweise über Bagdad, abstürzen zu lassen; eine Tarnfirma in Europa zu gründen, die Saddam Hussein ein neues und modernes Fernsehstudio verkaufen sollte, von dem aus er seine Reden an die Nation senden könnte, es mit Geräten auszustatten, die nach Israel sendeten, und es dann mit seinem Gesicht auf dem Bildschirm in die Luft zu jagen; ein Denkmal eines seiner Revolutionskameraden gegen eine mit Sprengstoff gefüllte Attrappe auszutauschen und diese zu zünden, wenn Hussein bei einer Gedenkfeier mit gesenktem Kopf davorstand – es gab noch viele weitere Vorschläge, wie man den irakischen Diktator loswerden könnte.[52]

Am Ende beschloss man, den Anschlag auf Hussein an dem einzigen Ort außerhalb des streng bewachten Bagdad durchzuführen, an dem man ganz sicher sein konnte, dass er selbst und nicht einer seiner Doppelgänger anwesend war: an seinem Familiengrab auf dem Friedhof von Tikrit, und zwar bei der Beerdigung eines nahen Verwandten. Dieser Verwandte sollte sein Onkel Khairallah Tulfah sein, der Mann, der ihn großgezogen hatte und der sehr krank war.

Mit Argusaugen verfolgten die Israelis die medizinische Behandlung Tulfahs in Jordanien und warteten auf die Nachricht von seinem Tod. Doch er wollte einfach nicht sterben, sodass man sich auf einen alternativen Plan verlegte. Statt Tulfah würde der Mossad Barsan al-Tikriti töten, den irakischen Botschafter bei den Vereinten Nationen.[53]

Kommandos der Sajeret Matkal sollten per Helikopter nach Tikrit geflogen und dort in einiger Entfernung abgesetzt werden. Dann würden sie in Jeeps zum Friedhof fahren, die genauso aussahen wie die der irakischen Armee, tatsächlich aber mit einem Spezialsystem ausgestattet waren, mit dem das Wagendach umgekehrt und Lenkraketen ausgefahren werden konnten. Wenn Hussein zu dem Begräbnis erschien, würden sie die Raketen abfeuern und ihn töten.[54]

Wenn dieser Plan Erfolg hätte, so glaubten viele Beteiligte, würde Stabschef Barak in die Politik gehen und wäre ein Kandidat mit guten Chancen auf das Amt des Ministerpräsidenten. Für einen Mann, der seit seiner Zeit als junger Leutnant zu Höherem bestimmt war, erschien dies nur folgerichtig.

In dem riesigen Ausbildungscamp in Tseelim in der israelischen Wüste Negev baute die Sajeret Matkal ein Modell des Friedhofs der Familie Hussein und übte den Einsatz. Als die Truppe am 5. November 1992 bereit war, kamen die führenden Köpfe des Militärs, um einer Kostümprobe beizuwohnen. Das Einsatzteam mit den Raketen bezog Stellung. Nachrichtendienstler und Verwaltungspersonal der Einheit spielten Saddam Hussein und sein Gefolge.

Aufgrund schwerer Planungsfehler und aus Erschöpfung durch die lange Übungsphase verwechselten die Männer mit den Raketen diesen Probelauf, bei dem der als Hussein auftretende Soldat den unsichtbaren Menschenmassen zuwinkte, mit der Generalprobe, bei der dieser Soldat durch eine Puppe ersetzt werden sollte. Alles war derart durcheinandergeraten, dass sowohl für den Probelauf als auch für die Generalprobe dieselben Code-Worte, »Schickt ein Taxi«, verwendet wurden.

Im Glauben, dass es sich um den Probelauf handelte, gab der Kommandeur der Einheit den Befehl »Schickt ein Taxi«. Der Kommandeur der Jeeps indes dachte, die Generalprobe hätte begonnen. »Abschuss Rakete eins«, befahl er. Einer seiner Männer drückte den Knopf und begann, die Rakete in Richtung Ziel zu lenken. Als sie sich diesem näherte, bemerkte er, dass etwas nicht stimmte. Einem Zeugen zufolge schrie er: »Was ist denn das? Ich verstehe nicht, warum die Puppen sich bewegen.«

Doch es war zu spät. Die Rakete landete mitten in dem Gefolge. Sekunden später schlug einige Meter entfernt die zweite Rakete ein, doch richtete sie kaum Schaden an, weil sämtliche Männer im Zielgebiet bereits tot oder verwundet auf dem Boden lagen. In diesem Augenblick wurde dem Kommandeur klar, dass irgendetwas entsetzlich schiefgegangen war. »Feuer einstellen«, brüllte er. »Feuer einstellen, ich wiederhole: Feuer einstellen!«

Fünf Soldaten starben, alle anderen im Zielgebiet wurden verletzt. Und auch der Diktatoren-Darsteller wurde peinlicherweise nur verwundet.[55]

Der Zwischenfall wurde zum Anlass eines schweren politischen Sturms und eines unschönen Streits zwischen Barak und einigen anderen Generälen über die Frage, wer verantwortlich war.[56]

Der Zwischenfall in Tseelim setzte dem Plan eines Attentats auf Saddam Hussein ein Ende. Später stellte sich heraus, dass, entgegen Baraks Erwartungen, Hussein nach der Operation »Wüstensturm« nicht weiter versucht hatte, eigene Nuklearwaffen zu entwickeln.

In jedem Fall sah sich Israel inzwischen neuen Feinden gegenüber, und zwar noch weitaus gefährlicheren.

21 Ein »grüner Sturm« zieht auf

Am 13. März 1978 hob in Teheran ein Luxusjet zu einem geheimen Flug ab, mit zwei besorgten Passagieren an Bord: Uri Lubrani, der israelische Botschafter im Iran, und Reuwen Merhav, der Stationschef des Mossad im Iran. Sie waren unterwegs zu einem Treffen mit Seiner Königlichen Hoheit Mohammad Reza Schah Pahlavi, der sich in seiner Urlaubsresidenz auf der Insel Kisch im Persischen Golf aufhielt, knapp 20 Kilometer vor der iranischen Küste.[1]

Der Schah war der allmächtige Herrscher des Iran, ein skrupelloser, größenwahnsinniger Despot, der aus seiner Heimat rasch ein »weiter als Frankreich entwickeltes« Land machen wollte. Die enormen Öleinnahmen investierte er in die Gründung einer starken Armee, den Aufbau einer modernen Infrastruktur und eine moderne Wirtschaft. Er zwang seinen Untertanen einen beschleunigten Prozess der Verwestlichung auf, ein Unterfangen, das viele Iraner, von den Kaufleuten im Großen Basar Teherans bis hin zu muslimischen Geistlichen, für anstößig und schädlich hielten. Doch ihre Einwände ließen den Schah kalt, und er befahl der Armee und seiner brutalen Geheimpolizei SAVAK, jeden Widerstand mit eiserner Hand zu unterdrücken.

Die Außenpolitik des Schahs basierte auf engen politischen, militärischen und zivilen Beziehungen zu den Vereinigten Staaten. Außerdem ging er eine nachrichtendienstliche Allianz mit Israel ein. Das hatte zur Folge, dass der Iran im Austausch gegen Bargeld und Erdöl große Mengen an Waffen und militärischer Ausrüstung von dem jüdischen Staat erhielt. Der Schah erlaubte den Israelis auch, eine Reihe wichtiger Operationen gegen arabische Staaten von iranischem Boden aus zu starten.[2]

Aber Lubrani und Merhav hatten allen Grund zur Beunruhigung. Die Beziehungen des Iran zu den Vereinigten Staaten und Israel waren zwar so stark wie eh und je, doch die Herrschaft des Schahs über sein Land bekam allmählich Risse. Die Demonstrationen gegen ihn wurden jeden Tag heftiger, und Protestbewegungen von allen Seiten – Geschäftsleuten, Kommunisten, Rechten, Islamisten – bekamen immer mehr Zulauf. Das Weiße Haus, das bislang geflissentlich über die Menschenrechtsverstöße des Regimes hinweggesehen hatte, wurde inzwischen von dem liberalen Präsidenten Jimmy Carter geleitet und fing an, ein wachsendes Unbehagen über den Einsatz von Gewalt gegen Demonstranten zu bekunden. Das führte dazu, dass der Schah zögerte, seine Armee gegen die Proteste einzusetzen.

Die Königsfamilie und die Führung des Iran kannten bei ihrer ausschweifenden Lebensweise keine Grenzen. Schon kurz nach der Landung auf Kisch konnten Lubrani und Merhav das mit eigenen Augen sehen. Die Insel war der Lieblingsort des Schahs, zeitweise auch der Sitz seines Hauptquartiers. »Es war eine Spielwiese für alle großen Tiere«, sagt Merhav. »Hinweise auf die verblüffende Korruption fanden sich überall. Wir waren von der hedonistischen Stimmung, der Verschwendung schockiert.«

Die beiden Israeli waren nach Kisch gekommen und wollten sich mit dem Schah und seinen engen Beratern treffen, um die Stärke des Regimes angesichts des wachsenden Widerstands einzuschätzen. Ihre Besorgnis wurde von dem Umstand noch geschürt, dass sich extremistische Gruppierungen der Schiiten, der wichtigste Bestandteil der Opposition, mit ihren Brüdern im Libanon verbündet und die Ausbildung in Camps begonnen hatten, die Jassir Arafat für sie gebaut hatte. »Diese Verbindung«, so Merhav, »zwischen der Organisation, die damals als die Hauptterrorgruppe, die gegen uns operierte, wahrgenommen wurde – Arafats PLO im Libanon –, und den extremistischen Schiiten barg in unseren Augen große potenzielle Risiken.«[3]

Der prominenteste Führer der religiösen Opposition war Ruhollah Khomeini, der den erblichen Titel *seyyed* trug, was so viel wie »Herr« hieß und nur von Nachkommen des Propheten Mohammed geführt wurde. Mittlerweile hatte er den höchsten geistlichen Rang der Schiiten inne: Großajatollah. Als junger Mann war der künftige Revolutionär in der Heimatstadt seiner Familie Khomein ein bekannter Prediger, ein scharfsinniger Experte für die Feinheiten des Glaubens gewesen, doch es fehlte ihm an Charisma. Im Jahr 1962, im Alter von 60 Jahren, machte Khomeini jedoch eine dramatische Veränderung durch: Nach einer Zeit der Abschottung von anderen Menschen verließ er in der Überzeugung seine Kammer, dass der Erzengel Gabriel, Gottes Bote, ihn aufgesucht und ihm mitgeteilt habe, dass Allah ihn für besondere Aufgaben auserwählt habe.[4]

Um seine Mission zu erfüllen, veränderte sich Khomeini. Er gab seinen bislang komplexen Redenstil auf und fing an, einfach zu reden. Künftig verwendete er nie mehr als 2000 Wörter und wiederholte bestimmte Wendungen immer wieder, bis sie den Klang einer magischen Beschwörung annahmen. »Der Islam ist die Lösung«, lautete einer seiner Lieblingssätze. Er fing an, die Welt als eine Auseinandersetzung zwischen Gut und Böse darzustellen. Das Böse musste ausgemerzt und vernichtet werden, eine Pflicht, die von den Guten ausgeführt werden musste, die Richter und Vollstrecker zugleich waren. Seine Anhänger unter den Armen hielten das für überzeugend.

Später reformierte Khomeini den schiitischen Islam, sodass er mit der Führungsrolle, die er sich selbst zugedacht hatte, im Einklang stand. Er schaffte die elementare Trennung der zivilen und religiösen Autorität ab, die in muslimischen Reichen immer geherrscht hatte, und erklärte, dass man künftig keinen König mehr brauche, der von geistlichen Weisen beraten werde. Die Regierung sollte vielmehr in den Händen der Weisen selbst ruhen. Sämtliche Monarchien und anderen Regimes in der muslimischen Welt, die nicht offenkundig religiös waren – die Präsidenten Ägyptens und Syriens, der König von Saudi-Arabien und der Schah des Iran –, waren illegitim und mussten abgesetzt werden. »Der Islam ist die einzige Lösung«, verkündete er.[5]

Khomeinis Haltung zur Frage des Märtyrertums diente ebenfalls dazu, den Boden für seine Machtübernahme zu bereiten. Er erklärte seinen Anhängern, die höchste Strafe in den Händen des Staates sei die Macht, seine Bürger hinzurichten. Nähme man ihm diese Strafe, indem man aus dem Tod eine ersehnte Belohnung machte, so wäre der Staat machtlos. »Bitte, tötet uns«, verkündete Khomeini mündlich und schriftlich. »Denn auch wir werden euch töten!« Später wies er die leidtragenden Familien der Märtyrer und ihrer Nachbarn an, anlässlich des Todes ihrer Söhne im heiligen Krieg des Iran ein Freudenfest zu feiern.[6]

Als Nächstes brach Khomeini mit der wichtigsten Tradition der schiitischen Glaubenslehre. Er erlaubte es den Gläubigen, ermunterte sie sogar, ihn »Imam« zu nennen, ein Begriff, der in der schiitischen Tradition eine durchaus vergleichbare Bedeutung wie das jüdisch-christliche Konzept des Messias hatte, dessen Ankunft das Jüngste Gericht ankündigte.

Im Jahr 1963, kurz nach Formulierung seiner neuen Lehre, startete Khomeini von Ghom aus, der heiligsten Stadt des Iran, eine offene Kampagne gegen den Schah. Der Schah konnte es nicht riskieren, den Ajatollah umzubringen, also wurde er des Landes verwiesen. Khomeini fand in der Türkei, im Irak und schließlich in Frankreich Zuflucht.

Die Lehren, die er dort verbreitete, lockten immer mehr Schüler an. In den 1970er-Jahren wurde er aus der Ferne der mächtigste Widersacher des Schahs. Zu der Zeit, als Lubrani und Merhav nach Kisch fuhren, hatte Khomeini den Iran bereits mit schätzungsweise 600 000 Kassetten seiner Predigten überschwemmt. In den Moscheen und auf den Märkten, in dörflichen Regionen und auf den Bergen rings um Teheran, in den Basaren und sogar, klammheimlich, in Regierungsbehörden hörten sich Millionen die aufrührerischen Reden des fanatischen Geistlichen mit dem strengen Gesichtsausdruck an.[7]

Sie hörten ihn Sätze sagen wie: »Der verachtete Schah, der jüdische Spion, die amerikanische Schlange, deren Kopf mit einem Stein zerschmettert werden muss«, oder: »Der Schah sagt, er schenke den Menschen Freiheit. Hör auf mich, du aufgeblasene Kröte! Wer bist du, dass du Freiheit schenkst? Allein Allah schenkt Freiheit. Das Gesetz schenkt Freiheit, der Islam schenkt Freiheit. Was meinst du, wenn du sagst, du hättest uns Freiheit geschenkt? Was verleiht dir eigentlich die Befugnis, überhaupt etwas zu gewähren? Für wen hältst du dich denn?«[8]

Die Weitergabe der Kassetten Khomeinis wurde, versteht sich, von den wachsamen Augen der SAVAK, der Geheimpolizei des Schahs, beobachtet. Die Führer der Polizei baten den Schah um die Erlaubnis, eine Razzia in den Verteilerzentren des Ajatollah durchzuführen. Aber das Gesuch wurde abgelehnt, weil Präsident Carter darauf drängte, keine Verstöße gegen die Menschenrechte zu begehen, und nicht zuletzt wegen der Schwäche und Verwirrung, unter denen der Schah wegen der

Krebstherapie, die er durchmachte, litt. Lubrani und Merhav wussten nichts von der Krankheit des Schahs, die streng geheim gehalten wurde.[9]

Lediglich Lubrani wurde eine Audienz gewährt. Der Schah begrüßte ihn herzlich, aber der Botschafter merkte schon bald, dass das Gespräch zu nichts führen würde. Lubrani verließ die prächtige, mit Gold verzierte Kammer in einer düsteren Stimmung. »Der Schah hat den Kontakt zur Realität verloren, er lebt in einer eigenen Welt, fast schon in Wahnvorstellungen«, sagte er zu Merhav. »Er ist umgeben von Speichelleckern, die ihm nicht die Wahrheit über die Lage im Land sagen.« Merhav gelangte bei seinen Begegnungen mit Leitern des iranischen Nachrichtendienstes zu den gleichen Schlussfolgerungen.[10]

Kurz nach dem Besuch schickten die beiden eine Warnung an die israelischen Sicherheitseinrichtungen: Die Herrschaft des Schahs löst sich derzeit auf. Die seltene Koalition, die zwischen säkularen und religiösen Gegnern des Regimes entstanden ist, sowie die eklatante Korruption und die Selbstvergessenheit des Monarchen gegenüber der Außenwelt werden zum unmittelbar bevorstehenden Sturz der Pahlavi-Dynastie führen.

Die Warnungen stießen jedoch auf taube Ohren. Im Außenministerium und im Mossad – wie auch in der CIA – waren Beamte überzeugt, dass sich Merhav und Lubrani irrten, dass die Herrschaft des Schahs robust sei und dass der Iran für alle Zeiten ein Verbündeter Israels und der Vereinigten Staaten bleibe.[11]

Das war ein schwerer Fehler. Von seinem Hauptquartier in Paris aus lenkte Khomeini die Massenproteste der Tausenden von Menschen, aus denen rasch Zehntausende und dann Hunderttausende in den Städten im ganzen Land wurden.

Am 16. Januar 1979 beschloss der kranke und geschwächte Schah, dass er ohne die Unterstützung Amerikas am besten seine Sachen packte und das Land verließ. Er nahm eine Kiste mit ein paar Brocken iranischer Erde mit und flüchtete zusammen mit seiner Frau und einer Handvoll Mitarbeiter nach Ägypten.

Am nächsten Tag wandte sich der säkulare Regierungschef Schapur Bachtiar, den der Schah zum Regenten des Landes ernannt hatte, mit einer ganz klaren Bitte an den neuen Mossad-Stationschef in Teheran Eliezer Tsafrir: Wäre der Mossad so freundlich, Khomeini in dem Pariser Vorort, wo er lebte, umzubringen? Der Leiter der Behörde Jitzchak Chofi berief eine Dringlichkeitssitzung seines Leitungsstabs im Hauptquartier am King-Saul-Boulevard in Tel Aviv ein.[12]

Die Vorteile für Israel lagen auf der Hand: Die SAVAK stände tief in der Schuld der Israelis. Außerdem konnte ein Anschlag unter Umständen den Lauf der Geschichte beeinflussen und verhindern, dass Khomeini, der seine Ansichten zu Israel und den Juden unmissverständlich geäußert hatte, im Iran die Macht übernahm. Die Teilnehmer erörterten mehrere Punkte: War der Plan aus operativer Sicht überhaupt durchführbar? Stellte der Ajatollah in der Tat eine so große Gefahr dar? Wenn ja, wäre Israel bereit, die Risiken der Beseitigung eines führenden Geistlichen auf sich zu nehmen, noch dazu auf französischem Boden?

Ein Vertreter des Caesarea-Chefs Mike Harari sagte, dass die Sache aus operativer Sicht nicht sonderlich kompliziert sei, dass aber, wie bei allen derartigen Operationen, insbesondere bei solchen, die mit einer so begrenzten Vorlaufzeit durchgeführt werden mussten, offensichtlich etwas schiefgehen könne.

Ein Abteilungsleiter, der im Iran gedient hatte, sagte: »Lasst Khomeini doch in den Iran zurückkehren. Er wird sich nicht halten. Das Militär und die SAVAK werden mit ihm und seinen Leuten, die auf den Straßen der Städte protestieren, schon fertigwerden. Er repräsentiert die Vergangenheit des Iran, nicht dessen Zukunft.«

Direktor Chofi machte deutlich, dass er geneigt sei, »die Bitte aus grundsätzlichen Überlegungen heraus abzulehnen«, weil er »gegen den Einsatz von Gewalt gegen politische Führer« sei.

Jossi Alpher, der Chefanalytiker, der sich mit dem Iran befasste, sagte den Teilnehmern: »Wir verfügen nicht über ausreichende Informationen über die Positionen Khomeinis oder über seine Aussichten, diese zu verwirklichen, und ich kann deshalb nicht exakt einschätzen, ob das Risiko gerechtfertigt ist.« Chofi akzeptierte Alphers Meinung und entschied, dass Tsafrir Bachtiars Gesuch ablehnen solle.[13]

Die Episode war ein weiteres Beispiel dafür, dass der Staat Israel – auch wenn er häufig bereit war, gezielte Tötungen als Instrument einzusetzen –

sehr zurückhaltend bleibt, wenn es um den Mord an politischen Führern geht, selbst wenn sie offiziell nicht als solche bezeichnet wurden.

Im Rückblick sagt Alpher dazu: »Schon wenige Monate nach der Sitzung erkannte ich, worauf er [Khomeini] es abgesehen hatte«, und die Entscheidung habe ihm »sehr leid« getan. Wenn der Mossad tatsächlich Khomeini getötet hätte, dann wäre die Geschichte, laut Alpher, möglicherweise besser verlaufen.[14]

Am 1. Februar landete Khomeini auf Teherans internationalem Flughafen Mehrabad und wurde von einem Freudentaumel begrüßt, wie der Iran ihn nie zuvor erlebt hatte. Allein mit der Kraft seiner aufgezeichneten Stimme hatte Khomeini die Monarchie des Schahs gestürzt. Der Traum einer islamischen Republik wurde Wirklichkeit. Fast ohne Gewaltanwendung übernahmen Khomeini und seine Anhänger die Kontrolle über den Iran, ein riesiges Land, reich an Bodenschätzen, mit der sechstgrößten Streitkraft der Welt und dem größten Waffenarsenal in ganz Asien.

»Der Islam liegt seit 1400 Jahren im Sterben oder ist tot«, sagte Khomeini in seiner ersten Rede als höchster Führer. »Wir haben ihn mit dem Blut unserer Jugend wiederauferweckt, ... schon bald werden wir Jerusalem befreien und dort beten.« Was die Regierung Schapur Bachtiars anging, den der Schah vor seiner Flucht zum Regierungschef ernannt hatte, so setzte Khomeini ihn mit einer knappen, scharfen Äußerung ab: »Ich werde ihnen die Zähne ziehen.«[15]

Die Vereinigten Staaten – der »Große Satan«, wie Khomeini donnerte – und Israel – der »Kleine Satan« – hielten den Aufstieg des Ajatollah für eine vorübergehende Episode. Immerhin hatten amerikanische und britische Geheimdienste den Schah schon einmal wieder an die Macht gebracht, nachdem ihn linke Rebellen 1953 abgesetzt hatten. Doch Khomeinis Aufstieg war die Eruption eines jahrelangen Gärungsprozesses, getragen von einer gewaltigen Unterstützung in der Bevölkerung und verteidigt von erfahrenen, raffinierten Stellvertretern, die sämtliche Versuche, eine Konterrevolution anzuzetteln, erkannten und zerschlugen.[16]

Im November drang ein Mob wütender studentischer Anhänger Khomeinis in die amerikanische Botschaft in Teheran ein, besetzte sie und nahm die Diplomaten und anderen Beschäftigten in dem Gebäude als Geiseln. Sie beschlagnahmten auch einen großen Bestand an amerikanischem Geheimdienstmaterial. Die darauffolgende Krise und das klägliche Scheitern eines Rettungsversuchs (Operation »Adlerklaue«) demütigten die Vereinigten Staaten und trugen erheblich zu Carters Niederlage bei der Präsidentschaftswahl bei. »Wir fühlten uns hilflos angesichts dieser neuen Bedrohung«, sagte Robert Gates, damals ein hoher Beamter im Office of Strategic Research der CIA (und später CIA-Chef und Verteidigungsminister).[17]

Sowohl Washington als auch Jerusalem war inzwischen klar, dass ihr ehemals engster Verbündeter im Nahen und Mittleren Osten nunmehr ihr erbittertster Feind war.[18]

Es zeigte sich auch schon bald, dass Khomeinis Vision keineswegs auf die Islamische Republik, die er im Iran ausrief, beschränkt war. Statt sich zögerlich an die Macht zu klammern, war der Ajatollah entschlossen, seine islamische Revolution über die ganze Region zu verbreiten.

Mit dem Libanon wollte er anfangen.

Einer der engsten Verbündeten Khomeinis in den Jahren im Exil, ein schiitischer Geistlicher namens Ali Akbar Mohtaschami, erhielt den Auftrag, die Revolution zu verbreiten. Er begegnete Khomeini zum ersten Mal während seines Studiums in Nadschaf, einer heiligen Stadt für die Schiiten im Irak, wo der Ajatollah nach der Verbannung Zuflucht gefunden hatte. Mohtaschami begleitete ihn während der ganzen Jahre im Exil, im Irak ebenso wie in Frankreich. Im Jahr 1973 hatte Khomeini ihn zusammen mit anderen loyalen Mitarbeitern in den Nahen Osten geschickt, um Kontakte zu den muslimischen Befreiungsbewegungen in der Region zu knüpfen. Mohtaschami war auch derjenige, der das Bündnis mit der PLO bewerkstelligte, das zur Aufnahme von Khomeinis Männern in Trainingslager von Force 17 führte.[19]

In den Lagern brachten PLO-Fachleute jungen Männern die Kunst der Sabotage, geheimdienstlicher Operationen und Terroranschläge bei. Für Arafat war die Anwesenheit von Khomeinis Männern auf seinen Stützpunkten eine Möglichkeit, Unterstützung für die Sache der Palästinenser zu gewinnen und sich selbst als international agierende Persönlichkeit zu präsentieren. Aber für Khomeini und Mohtaschami war es Teil einer langfristigen, zielgerichteten Strategie: um früher oder später die islamische Revolution, die sie im Iran schürten, auf den Libanon auszudehnen, ein kleines Land im Herzen des Nahen Ostens mit einer großen Bevölkerung verarmter Schiiten, die für hetzerische Reden anfällig waren. Khomeini wollte »einen strategischen Vorposten [abstecken], der uns nahe an Jerusalem heranbrachte«: die Grenze des Libanon zu Israel. Im Jahr 1979 wurden bereits Hunderte von Schiiten zu einer Guerillaarmee ausgebildet.[20]

Als Khomeini in den Iran zurückkehrte und die Macht übernahm, bekam Mohtaschami eine zentrale Rolle beim Aufbau des Korps der Islamischen Revolutionsgarden, der Einheit, die Khomeinis Herrschaft im Land absicherte.

Vor der iranischen Revolution war das Ideal eines islamischen Staates ein abstrakter Wunschtraum gewesen, abgehoben von der Realität. Aber jetzt waren Männer, die einst ihr Leben in den extremistischen, muslimischen Bildungseinrichtungen des Iran und in Ausbildungslagern im Libanon verbracht hatten, die Herren des Landes.

Fast drei Jahre nach dem Sturz des Schahs, als die Revolution in Teheran fest etabliert war, ernannte Khomeini Mohtaschami zum iranischen Botschafter in Syrien. Der Posten brachte zwei Funktionen mit sich: Nach außen hin war er Gesandter des Außenministeriums seines Landes, genau wie alle anderen Botschafter. Heimlich war er auch ein hohes Mitglied der Revolutionsgarden, erhielt direkte Befehle von Khomeini und hatte einen großen Stab und ein Budget von monatlich mehreren Millionen Dollar zur Verfügung. Die zweite, geheime Rolle war die weitaus wichtigere.[21]

Damals wurde jedoch ein großer Teil des Libanon vom syrischen Militär kontrolliert. Damit seine revolutionären Truppen effektiv arbeiten konnten, musste Khomeini also einen Deal mit dem syrischen Präsidenten Hafis al-Assad aushandeln. Das war Mohtaschamis Aufgabe: eine Diplomatie ausklügeln, die eine militärische Allianz gestattete.

Trotz ihres gemeinsamen Feindes Israel war Assad anfangs bei Mohtaschamis Vorstößen auf der Hut. Der iranische Botschafter war von einem ungezügelten revolutionären Eifer durchdrungen. Assad, ein säkularer Araber, fürchtete, dass sich der islamistische Eifer, den Mohtaschami schürte, am Ende als unkontrollierbar erweisen und sich gegen sein eigenes Regime wenden könnte. Die potenziellen Nachwirkungen schienen jeden unmittelbaren Nutzen zu überwiegen.

Nachdem Israel im Juni 1982 in den Libanon einmarschiert war, wog Assad seine Optionen jedoch von Neuem ab.

Der Krieg war nicht nur für Israel eine Katastrophe, sondern auch für Assad. In der Auseinandersetzung mit Israel wurde syrischen Streitkräften der K.o.-Schlag versetzt. Den verheerendsten Schaden musste die syrische Luftwaffe hinnehmen, der ganze Stolz Assads, der sie in der Vergangenheit befehligt hatte und seither hegte und pflegte. Binnen 46 Stunden wurden insgesamt 82 syrische Kampfflugzeuge zerstört, während Israel nur eine einzige Maschine verlor.

Assad schloss aus der israelischen Invasion, dass Syrien auf dem traditionellen Schlachtfeld keine Chance gegen Israel hätte und dass er vielmehr versuchen musste, dem Gegner indirekt Schaden zuzufügen. Israel spielte ihm in die Hände, indem es Streitkräfte im Libanon ließ. Dahinter verbarg sich die Absicht, den Kommunen im Norden Israels Ruhe zu garantieren, doch die Regierung schuf damit lediglich eine weitere eigene Front, die exponiert und für Guerillaanschläge anfällig war.[22]

»Assad Senior« – also Hafis, der Vater von Baschar, der ihm nachfolgte – »war zu meinem großen Bedauern ein schlauer Kopf«, sagt Meir Dagan, der damals die israelischen Streitkräfte im Libanon befehligte. »Er baute einen Apparat auf, um Israel das Blut auszusaugen, ohne selbst einen Cent zu bezahlen.«[23]

Dieser Apparat war die vom Iran unterstützte schiitische Miliz, die Mohtaschami unbedingt gründen wollte. Im Juli 1982 unterzeichneten der Iran und Syrien ein Militärbündnis, das es den Revolutionsgarden unter Mohtaschamis Kommando gestattete, im Libanon zu operieren. Nach außen hin ließen sie der schiitischen Bevölkerung zivile Unterstützung zukommen, indem sie soziale und religiöse Einrichtungen wie Schulen und Moscheen bauten. Den Armen und anderen Bedürftigen wie Drogen- und Alkoholsüchtigen boten sie Sozialhilfe an sowie ein relativ gut ausgebautes Gesundheitssystem. Der Iran versorgte die libanesische Schiitengemeinde mit allem, was die libanesische Regierung, die von einer vereinten sunnitisch-christlichen Mehrheit dominiert wurde, niemals gewährt hatte.[24]

Insgeheim wurde mit der Ausbildung und Bewaffnung einer Guerillatruppe begonnen, die das von der PLO hinterlassene Vakuum füllte und innerhalb von zwei Jahrzehnten zu einer wichtigen politischen und militärischen Kraft im Nahen Osten werden sollte. Mit einem Gespür für die historische Bedeutung der aufkeimenden Bewegung gab Mohtaschami ihr einen großartig klingenden Namen.

Er nannte sie Hisbollah: die Partei Gottes.

Ahmed Dschafar Qassir war ein 16-jähriger Junge, der in eine arme schiitische Familie in dem winzigen libanesischen Dorf Deir Qanun al-Nahr geboren wurde. Seine Eltern sagten, dass er als Kind »wachsam und aufnahmefähig« gewesen sei, »Eigenschaften, die ihn dazu brachten, sich zu einem selbstständigen und unabhängigen Jugendlichen zu entwickeln«. Schon mit vier Jahren überholte er immer seinen Vater auf dem Weg zu einem Stück Ackerland, erntete etwas Gemüse und kehrte nach Hause zurück, kaum dass sein Vater sich an die Arbeit gemacht hatte. Die lokale Moschee wurde schon bald seine Heimat fern von zu Hause, weil Ahmed häufig zum Lesen im Koran und Beten dorthin ging.

Er zählte zu den Schiiten, die von dem Eifer der Hisbollah erfasst wurden, und wurde im Herbst 1982 in eine geheime militärische Einheit namens Islamischer Dschihad aufgenommen. Ahmed führte heimlich mehrere militärische Operationen gegen den israelischen Feind aus. Mithilfe seiner Findigkeit verlegte er auch Waffen aus Beirut dorthin, »wo sie gebraucht wurden, um den feindlichen [israelischen] Truppen entgegenzutreten«.[25]

Am Morgen des 11. November 1982, kurz vor sieben Uhr, fuhr er einen weißen, mit Sprengstoff gefüllten Peugeot auf ein siebenstöckiges Gebäude zu, das die Israelischen Streitkräfte als regionales militärisches und ziviles Hauptquartier im Süden der Stadt Tyros nutzten. Als Qassir näher kam, drückte er das Gaspedal durch und zielte auf die Basis des Gebäudes.

Dann sprengte er sich in die Luft.

Die Detonation zerstörte das Gebäude und tötete 76 israelische Soldaten, Grenzwächter und Schin-Bet-Mitarbeiter sowie 27 Libanesen: Arbeiter, Zivilisten, die verschiedene Genehmigungen von der Armee brauchten, und Häftlinge. Es war der erste islamistische Selbstmordanschlag außerhalb des Iran, und dabei kamen mehr Israelis als bei einem vergleichbaren Anschlag seither ums Leben.

Jahrelang hielt die Hisbollah ihre Beteiligung und die Identitäten der Beteiligten geheim. Erst später errichtete die Miliz ein Denkmal zu Ehren Qassirs in seinem Dorf, veröffentlichte einen Dankesbrief, den der Höchste Führer Khomeini selbst der Familie geschrieben hatte, und erklärte den Tag seines Todes zum jährlichen Märtyrertag.

Diese Verschwiegenheit kam dem israelischen Establishment entgegen. Man versuchte nämlich schleunigst, die eigene Nachlässigkeit zu vertuschen, die einen solchen Selbstmordanschlag möglich gemacht hatte. Der Chef von Schin Bet im Norden war damals Jossi Ginossar, dessen Einheit zuständig war für die Beschaffung von Informationen und die Verhinderung von Anschlägen wie Qassirs Selbstmordanschlag. Ginossar führte, zusammen mit einigen Untergebenen und hohen Offizieren der Armee, die Untersuchung zu der Katastrophe in die Irre und lenkte sie von der Wahrheit ab, bis die Ermittler zu der Schlussfolgerung gelangten, dass die Detonation von »einem technischen Defekt an den Gaskanistern in der Küche« ausgelöst worden sei, nicht von einer tollkühnen Operation der neuen militanten Organisation der Schiiten.[26]

Während Ginossar jedoch in diesem Fall extrem eigennützig gehandelt haben mochte, hatte auf einer höheren Ebene die israelische Aufklärung in der Tat keine Ahnung von der neuen militanten Kraft, die sich aus den rauchenden Trümmern des Libanon erhoben hatte. Die ersten von der Hisbollah durchgeführten Terroranschläge – Überfälle mit Gewehren und Straßenbomben, die sich gegen Militärfahrzeuge richteten – wurden von AMAN und Schin Bet verächtlich abgetan als »nicht mehr als eine taktische Belästigung für die Streitkräfte«.[27]

»Wir fingen erst nach einiger Zeit an, alles zu erkennen«, sagte Jekutiel (Kuti) Mor, ein hoher AMAN-Offizier und späterer Militärberater von Verteidigungsminister Rabin. »Wir verpassten die Entwicklung. Statt uns mit den Schiiten zu verbünden, hielten wir den Kontakt zu den Christen aufrecht, und wir machten die Mehrheit der Libanesen zu unseren Feinden.«[28] Schlimmer noch, damals erkannte niemand die

Verbindung zwischen den iranischen und libanesischen Schiiten – dass das Kräftegleichgewicht von Khomeinis Revolutionären im Verein mit Assad gestört worden war. »Lange Zeit«, so David Barkai von Einheit 504, »erkannten wir gar nicht, dass die wesentliche Aktivität von dem Büro Mohtaschamis in Damaskus ausging.«[29]

Ebenso hatte Israels beeindruckender Geheimdienstapparat keine Ahnung von der Schattenarmee, die sich im Umfeld dieses Büros formierte und sich sowohl aus neuen Rekruten als auch aus erfahrenen Guerillakämpfern wie Imad Mughniyya zusammensetzte. Der 1962 als Kind frommer Schiiten geborene Mughniyya wuchs in den armen und überfüllten Vierteln im Süden Beiruts auf. »Sein Vater war Arbeiter in einer Süßwarenfabrik in Beirut«, erzählte Israels Spion Amin al-Hadsch (Rummenigge), der selbst Schiit war. »Wir standen in Kontakt, als wir noch klein waren. Er war sehr ungezogen. Später hörte ich, er sei von der Schule geflogen und sei in ein Ausbildungslager der Force 17 eingetreten, und die Verbindung zwischen uns brach ab.«[30]

Mitte 1978 wurde Mughniyya Mitglied von Force 17, der Wache Jassir Arafats und der Elitetruppe der Fatah. Ali Salameh nahm ihn unter seine Fittiche, bis er 1979 vom Mossad ermordet wurde. Mughniyya wollte einer größeren Organisation als einer Bande im Süden Beiruts angehören, und er wünschte sich Taten. Salameh und seine Nachfolger sahen in ihm einen tüchtigen und intelligenten Menschen, charismatisch und ohne Hemmungen. Obwohl sie palästinensische Sunniten waren und Mughniyya ein libanesischer Schiit, deckten sich die Interessen beider Seiten. Damals waren die Anhänger Khomeinis – arme Iraner im Exil und ihre libanesischen Verbündeten – der PLO für ihre Gastfreundschaft und Unterstützung dankbar.[31]

Mughniyya operierte unter der Aufsicht von Force 17, erwarb sich aber einen Ruf als Boss einer Bande von Schlägern, die islamische Gesetze und bescheidenes Benehmen auf den Straßen Beiruts durchsetzten. Die Stadt wurde damals als eine Bastion der freizügigen europäischen Sitten im Herzen des Nahen Ostens angesehen. Um die gleiche Zeit gingen bei der israelischen Aufklärung Meldungen von »einem extremistischen, skrupellosen Psychopathen« ein, der Huren und Drogendealern in Beirut in die Kniescheibe schoss.[32]

Drei Jahre später, als die PLO aus Beirut abzog, beschlossen Mughniyya und seine Brüder Fuad und Dschihad, im Libanon zu bleiben und sich der Gruppe anzuschließen, die sie ganz richtig für die nächste aufstrebende Kraft hielten: der Hisbollah. Imad Mughniyya stieg sofort zu einem der wichtigsten Akteure der Organisation auf. Ein halbes Jahr lang leitete er die Einheit, die Scheich Muhammad Hussein Fadlallah bewachte, den höchsten schiitischen Würdenträger im Libanon und den »spirituellen Kompass der Hisbollah«.[33] Er vertrat den Scheich auch bei Sitzungen in Mohtaschamis Büro in Damaskus, wo hohe iranische Vertreter und syrische Geheimdienstmitarbeiter eine Strategie für den Libanon ausheckten. Der Süden war von Israel besetzt und ein Teil des übrigen Landes von der multinationalen Truppe aus amerikanischen, französischen und italienischen Soldaten, die man hier stationiert hatte, um den brutalen Bürgerkrieg zu beenden, der in dem Land gewütet hatte.

Sowohl die Syrer als auch die Iraner wollten die Besatzer aus dem Land vertreiben, aber keiner von ihnen konnte sich eine direkte militärische Konfrontation leisten – geschweige denn gewinnen. Bei diesen Sitzungen einigten sie sich auf eine verdeckte Kampagne aus Sabotage und Terror.[34]

Mughniyya wurde damit beauftragt, sie zu organisieren. Er rief zusammen mit Mohtaschami den Islamischen Dschihad ins Leben, der Qassir rekrutierte, den Jungen, der das Hauptquartier der Israelischen Streitkräfte in Tyros in die Luft sprengte. Es war ein verheerender erster Schlag, und das war erst der Anfang. Scheich Fadlallah deutete in einem im Februar 1983 in einer Sammlung religiöser Essays erschienenen Artikel an, was bevorstand. »Wir sind überzeugt, dass die Zukunft Überraschungen parat hält«, schrieb er. »Der Dschihad ist bitter und streng; er wird von innen aufwallen, dank der Anstrengung, Geduld und des Opfers und dank des Geistes der Bereitschaft, sich selbst zu opfern.«[35]

Mit »sich selbst opfern« bezog sich Fadlallah auf den religiösen Segen, den Khomeini seinen jungen Soldaten erteilt hatte, von denen manche kaum mehr als Kinder waren. Mittels einer Gehirnwäsche hatte man sie dazu gebracht, durch die von einmarschierenden Irakern gelegten Minenfelder in den sicheren Tod zu gehen. Fadlallah ging sogar noch weiter, indem er seinen Segen für einen absichtlichen Selbstmord im

Dienste des Dschihad gewährte. Die Hisbollah fing an, Selbstmordanschläge im Libanon auszuführen, und schon bald hatten Mughniyya und die Hisbollah die Methode perfektioniert und daraus fast schon eine Kunst gemacht.[36]

Am 18. April 1983 fuhren Mughniyyas Männer einen Transporter durch die Eingangstür der amerikanischen Botschaft in Beirut und zündeten die Tonne Sprengstoff, die darin verborgen war. Die gesamte Front des Gebäudes wurde zerstört, 63 Menschen kamen ums Leben, darunter fast alle Mitglieder der CIA-Station im Libanon sowie der führende Experte für den Nahen Osten der Behörde Robert Ames.[37]

Am 23. Oktober lenkten dann Selbstmordattentäter mit riesigen Sprengstoffmengen beladene Lastwagen in zwei Einrichtungen der multinationalen Truppe in Beirut und sprengten sie.[38] In der Kaserne der US Marines wurden 241 Blauhelme getötet, und auf dem Stützpunkt der französischen Fallschirmspringer gab es 58 Opfer.[39] Mughniyya saß auf dem Dach eines Hochhauses in der Nähe und beobachtete das Geschehen durch ein Fernglas. Betontrümmer und Körperteile fielen auf das Hauptquartier des Schin Bet in Beirut, das rund anderthalb Kilometer von der brennenden Einrichtung der Marines entfernt war.[40]

Am 4. November 1983 sah Nakad Sarbuch, ein israelischer Grenzpolizist, der einen Armeestützpunkt in Tyros bewachte, einen verdächtigen Pick-up-Laster auf den Stützpunkt zurasen. Er eröffnete das Feuer auf das Fahrzeug, durchlöcherte es mit 130 Kugeln, konnte es aber nicht stoppen. Der Selbstmordfahrer brach in den Stützpunkt ein und zündete die 500-Kilogramm-Bombe, die er mit sich führte. Das Gebäude, in dem der Schin Bet untergebracht war, stürzte ein, und die umliegenden Gebäude und Zelte wurden ebenfalls getroffen. 60 Menschen wurden getötet, weitere 29 verwundet.

Wenn es Israel gelungen war, den ersten Anschlag in Tyros, vor fast genau einem Jahr, als technischen Defekt auszugeben, so war dies zum Zeitpunkt des zweiten Anschlags in Tyros nicht mehr möglich. Dank dieser Selbstmordanschläge, die von Mughniyya geplant und geleitet wurden, erreichte Mohtaschami mehr oder weniger das, was er gewollt hatte: Die multinationale Streitkraft wurde aufgelöst, und Israel zog sich etappenweise aus dem größten Teil des libanesischen Territoriums zurück, bis seine Kräfte in einer schmalen »Sicherheitszone« im Süden des Landes konzentriert waren.

Nach dem zweiten Anschlag in Tyros erkannte die israelische Geheimdienstgemeinde allmählich, dass sie es mit einem neuartigen Gegner zu tun hatte, einem Gegner, der eine ernst zu nehmende Gefahr darstellte. Führende Köpfe des Mossad, Schin Bet und verschiedener Zweige der Streitkräfte fingen an, einmal mehr über den Einsatz gezielter Tötungen nachzudenken, diesmal gegen einen neuen Feind.[41]

Für den Mossad lag auf der Hand, dass Imad Mughniyya ganz oben auf der Liste stand. Aber sie hatten kaum Informationen – lediglich ein verblasstes Foto – und keine Idee, wo er sich aufhielt. Immerhin erkannte der Mossad, dass sich die Koordination zwischen dem Iran und der Hisbollah in der iranischen Botschaft Mohtaschamis in Damaskus abspielte, nicht in Beirut.

Ende 1983 legte Mossad-Direktor Nachum Admoni Ministerpräsident Jitzchak Schamir einen Tötungsbefehl zur Unterschrift vor. Das beigefügte Dossier umfasste eine Liste von Selbstmordbombenattentaten und anderen Terroranschlägen, auch die Anschläge auf die amerikanische Botschaft und die Kaserne der US Marines in Beirut.

Der Name auf dem roten Blatt lautete Ali Akbar Mohtaschami, der iranische Gesandte in Syrien – offiziell also ein Diplomat. Diese Empfehlung wurde nicht versehentlich ausgesprochen, und Schamir unterzeichnete sie erst nach langem Zögern und intensiver Diskussion. In der Regel verzichtete Israel darauf, Vertreter souveräner Staaten zu Zielpersonen zu erklären, wie feindlich die Staaten gegenüber der jüdischen Nation auch sein mochten. Aber es musste etwas unternommen werden, um die Hisbollah zu stoppen. Ein Mensch – ein wichtiger – musste sterben.

Schamir unterschrieb das rote Blatt.

Die erste Schwierigkeit bestand darin, überhaupt zu Mohtaschami zu gelangen. Er hielt sich entweder in Teheran oder Damaskus auf, beides Hauptstädte von Ziel-Ländern, in denen Kidon nicht operierte und wo Caesarea eigentlich keine gezielten Tötungen durchführen sollte, abgesehen von außergewöhnlichen Fällen. Beide Hauptstädte galten als besonders schwieriges Terrain, in dem es von misstrauischen Polizisten und

Angehörigen der einheimischen Geheimdienste nur so wimmelte. Außerdem wurde der Botschafter stets von einem bewaffneten Leibwächter und einem Fahrer begleitet. Jeder Vorschlag, der eine Annäherung an Mohtaschami oder in die Gebiete, die er aufsuchte, implizierte – also erschießen, Bombe legen, vergiften –, wurde ausgeschlossen, aus Angst, dass die Mitarbeiter gefasst wurden.

Eine Option blieb allerdings: eine Sprengfalle in einem Paket, das per Post zugestellt wurde. Als dieser Plan vorgeschlagen wurde, kamen jedoch sofort Einwände. Der israelische Geheimdienst hatte bereits ausgiebige Erfahrung mit solchen Paketen. Zweimal hatte die Methode funktioniert: bei der Liquidierung des Chefs der ägyptischen militärischen Aufklärung in Gaza und bei der seines Kollegen, des ägyptischen Militärattachés in Amman, Jordanien, im Jahr 1956. Aber in allen anderen Fällen – deutsche Wissenschaftler in Ägypten, ein NS-Kriegsverbrecher in Damaskus und PLO-Funktionäre auf der ganzen Welt – wurden die Pakete entweder rechtzeitig entdeckt, detonierten in den Händen der falschen Person oder verursachten lediglich Verwundungen, nicht den Tod.

»Ich sagte ihnen, das sei dumm, sogar ein bisschen kindisch«, sagte ein alter Kämpfer der Caesarea, »dass sie damit eine Vorgehensweise wählten, die nicht die völlige Ausschaltung der Zielperson garantierte.« Doch der Widerstand wurde überstimmt. Eine Paketbombe war die einzige Option, die keinen Agenten in unnötige Gefahr brachte.[42]

Am 14. Februar 1984 kam ein großes Paket bei der iranischen Botschaft in Damaskus an, das angeblich von einem bekannten Londoner Verlag abgeschickt worden war, der Iranern gehörte. Der Empfangschef der Botschaft sah, dass das Paket eindeutig »FÜR SEINE EXZELLENZ DEN BOTSCHAFTER PERSÖNLICH« gekennzeichnet war, und leitete es weiter zu Mohtaschamis Büro im ersten Stock. Die Sekretärin des Gesandten packte es aus und entdeckte einen Karton, der einen prächtigen Band in englischer Sprache über heilige Stätten der Schiiten in Iran und Irak enthielt. Sie begnügte sich mit einem Blick auf den Einband und brachte das Buch in das Zimmer des Botschafters.

Mohtaschami schlug den Band auf, und dann gab es eine Explosion. Die Druckwelle riss ihm ein Ohr, eine Hand und die meisten Finger der anderen Hand ab. Splitter zerstörten ein Auge. »Wenn ich das Buch so aufgeschlagen hätte«, sagte er später einem iranischen Fernsehjournalisten, indem er seine Arme nahe bei seinem Gesicht und Hals hielt, »dann hätte es mir den Kopf abgerissen. Aber ich legte das Buch auf einen Tisch und öffnete es so« – er hielt Gesicht und Körper fern von dem imaginären Buch –, »und die Detonation riss ein Loch in die Wand, und meine Hand war dort, in der Wand. Die Narben an meinem übrigen Körper stammen von den Splittern der Explosion.«[43]

Eine weitere Briefbombe hatte versagt. »Das Ziel einer negativen Behandlung ist die Tötung der Zielperson«, sagt der Veteran der Caesarea, der gegen den Plan protestiert hatte. »Einen Halbtoten gibt es nicht. Wenn er am Leben bleibt, heißt das, wir sind gescheitert.« Israel bekannte sich nie zu dem Anschlag, aber die Iraner hatten keinen Zweifel daran, dass der Mossad dahintersteckte.

Noch schlimmer, Mohtaschami war nunmehr eine Symbolfigur für die revolutionäre Sache, ein verstümmelter Überlebender des Heiligen Krieges Khomeinis. »Der bedauerliche Vorfall, den der Weltimperialismus Ihnen zugefügt hat, tat mir sehr leid«, schrieb ihm sein Freund, der Ajatollah. »Ich hoffe, dass Sie bald wieder gesund werden und dass Sie Ihren hartnäckigen Kampf an der Front des Islam und der Revolution gegen das Böse auf der Welt fortsetzen werden.«[44]

Außerdem hatte die Verstümmelung des Botschafters nicht die geringste Auswirkung auf die Operationen der Hisbollah, und seine Tötung hätte vermutlich auch nicht mehr bewirkt. Der Mordanschlag war zu spät gekommen. Der zusammengewürfelte Haufen verarmter Schiiten, dessen Ausbildung Mohtaschami vor einem Jahrzehnt begonnen hatte, war mittlerweile eine gewaltige Organisation. Die Hisbollah war keine Ein-Mann-Guerillatruppe – sie war eine Bewegung. Das enorme Projekt, das Mohtaschami im Libanon angestoßen hatte, war bereits im Rollen und funktionierte, nachdem die Organisation Tausende junger Schiiten sowie den größten Teil der schiitischen Geistlichen im Land rekrutiert hatte.[45]

Israel hatte es nunmehr mit einem starken Gegner zu tun, der sowohl ein Stellvertreter des Iran als auch eine legitime soziale Bewegung von unten war.

Die Geistlichen der Hisbollah, die größtenteils in den schiitischen Dörfern im Südlibanon wohnten und tätig waren, verstanden es, den fanatischen, messianischen religiösen Eifer mit einem neuartigen libanesischen Patriotismus zu kombinieren, der sich in erster Linie auf die Stärkung der Schiiten und den Hass gegen die zionistischen Besatzer stützte.

Der prominenteste religiöse Führer vor Ort war in der Gründungsphase der Bewegung Scheich Raghib Harb, der Imam von Jibshit, einer Stadt im Süden des Landes. Der brillante Geistliche mit einem stechenden Blick hatte seine Ausbildung in der heiligen Stadt Nadschaf absolviert, wo Khomeini einen großen Teil seines Exils verbrachte. Bei seiner Rückkehr übernahm Harb die Propaganda der Hisbollah und predigte im Süden.

Harb war ein Geistlicher, kein Kämpfer, aber Geschichten über ihn gelangten bis zu Meir Dagan, der argumentierte, dass Harb »eine wichtige religiöse Autorität im Süden« werde »und unablässig für Anschläge gegen Israel und Israelis plädiere«.

Dagan bat um die Genehmigung, Harb zu beseitigen. Der Scheich nahm zwar nie selbst an Terrorakten gegen Israel teil, aber er schürte sie fortwährend an; und damals hieß die israelische Regierung, die in dem Sumpf der Auseinandersetzung mit der Hisbollah steckte und sich machtlos fühlte, jede Idee für eine Aktion gut. Dagan schickte zwei libanesische Agenten aus, die er bei früheren Operationen der »Front zur Befreiung des Libanon von Ausländern« eingesetzt hatte, jener Stellvertreter-Guerillabewegung, die Dagan selbst geschaffen hatte. Am Freitagabend, dem 16. Februar, zwei Tage nach der Detonation in der iranischen Botschaft, die Mohtaschami töten sollte, befand sich Harb auf dem Weg zu seinem Haus in Jibshit. Die beiden libanesischen Agenten warteten an einer Straßenbiegung, und als Harb wegen der Kurve abbremste, durchlöcherten sie den Wagen mit Kugeln, um sicherzugehen, dass der junge Führer tot war.[46]

Harb wurde sofort zum Märtyrer erklärt. In den religiösen Schulen in Ghom wurde für sein Seelenheil gebetet, und der Großajatollah Hossein Ali Montaseri, einer der höchsten iranischen Geistlichen, schickte seinen schiitischen Kollegen im Libanon ein Beileidstelegramm, in dem er Harbs große Taten rühmte.[47] Zur Feier des 100. Tags nach seinem Tod wurde zu seinem Andenken eine Briefmarke herausgegeben. Sein Porträt erschien über den Bildern aller Märtyrer, deren Zahl im Laufe der Jahre allmählich anstieg. Seine Aussage, die für eine strikte Ablehnung jeden Kontakts in irgendeiner Form mit den Israelis plädierte, ist seither zum obersten Wahlspruch der Hisbollah geworden: »Eine Haltung ist eine Waffe, und ein Handschlag eine Anerkennung.«

Unterdessen nahm Dagan auch Mohammed Saad aufs Korn, einen engen Mitarbeiter Harbs und eine weitere prominente Figur der Schiiten im Süden. Saad nahm häufig an Guerillaaktionen gegen Israel teil und hatte eine riesige Menge an Waffen und Sprengstoffen in der *hussainia* zusammengetragen, einem von der Moschee abgetrennten Versammlungsort, den er in dem Dorf Marakah leitete. Am 4. März 1985 sprengten Dagans Agenten Saads Waffendepot in die Luft. Er selbst und einer seiner Männer kamen neben 13 weiteren Personen bei der Detonation ums Leben.

Der Mordanschlag auf Mohtaschami und die Ausschaltung von Harb und Saad sagen vieles aus über die operativen Schwierigkeiten, mit denen Israel bei der Auseinandersetzung mit der Hisbollah zu kämpfen hatte. Im Allgemeinen achtete der Mossad darauf, dass die gezielten Tötungen »blau und weiß« (die Farben der israelischen Flagge) waren oder von israelischen Mitarbeitern ausgeführt wurden; bei den Morden an Harb und Saad wurden jedoch einheimische Agenten eingesetzt, und der Mossad musste bei dem Versuch, Mohtaschami loszuwerden, auf die Methode der Paketbombe zurückgreifen, die längst als ineffizient und dafür anfällig galt, unschuldigen Passanten zu schaden. Außerdem waren die drei Opfer keine hohen Befehlshaber der Hisbollah. Es lagen so gut wie keine Informationen über die oberste Zielperson Imad Mughniyya vor.

Drei Tage später hatte ein Versuch, den »geistlichen Kompass« der Organisation aus dem Weg zu räumen, nicht mehr Erfolg. Am 8. März 1985 explodierte in der Nähe des Hauses von Scheich Fadlallah in Beirut eine Autobombe. Fadlallah blieb unverletzt, aber 80 Menschen wurden getötet und 200 verwundet, überwiegend Gläubige in der Moschee, wo Fadlallah predigte. Einige Leibwächter des Scheichs kamen ebenfalls ums Leben, darunter Imad Mughniyyas Bruder Dschihad.[48]

Israel versuchte jedoch weiterhin, das Libanon-Problem mit gezielten Tötungen zu lösen. Im Jahr 1986 entdeckte die israelische Aufklärung, dass Ahmad Dschibril, der Kommandeur der Terrororganisation Volksfront zur Befreiung Palästinas – Generalkommando, mit der Hisbollah zusammenarbeitete und sie unterstützte. Auf die Bedeutung dieser Information hin, gepaart mit dem langen Wunsch Israels, Dschibril auszuschalten, unterschrieb Schamir einen Tötungsbefehl für ihn. Die Beschaffung der nötigen Informationen erforderte einige Zeit.[49] Am Ende fand man heraus, dass Dschibril häufig das Hauptquartier seiner Organisation aufsuchte, in einem Labyrinth aus Höhlen bei Naameh, an der Mittelmeerküste nördlich der libanesischen Grenze zu Israel. Am Abend des 8. Dezember 1988 starteten die Israelischen Streitkräfte eine umfassende Bodenoperation mit dem Ziel, Dschibril zu töten und das Netz aus Höhlen zu zerstören.

Die Operation »Blau und Braun« (Kachol Vehum) war ein peinliches Desaster. Die Informationen über das Zielgebiet waren gefährlich unvollständig. Die Soldaten stießen auf unerwartete natürliche Hindernisse, und ein Ausguck, von dem sie nichts wussten, erspähte sie, sodass das Überraschungsmoment verloren war.

Ein Kommandeur des Mordkommandos, ein Oberstleutnant, wurde getötet. Vier Soldaten wurden vermisst und mussten später in einer verzwickten Operation der Luftwaffe aus dem Land geholt werden. Außerdem geriet ein trainierter Hund bei dem Schusswechsel in Panik und lief weg. Er war mit Sprengstoff bepackt und hätte eigentlich in eine der Höhlen rennen sollen, wo der Sprengkörper auf seinem Rücken per Fernsteuerung gezündet werden sollte. Die Hisbollah fand später das Tier, das die geheime Hundeeinheit »Stachel« (Oketz) der Israelischen Streitkräfte entlarvte. Am allerpeinlichsten war jedoch: Ahmad Dschibril war an jenem Abend überhaupt nicht dort.[50]

Ende der 1980er-Jahre verfügte die Hisbollah somit über viel bessere Informationen, die für das Führen eines Guerillakrieges entscheidend waren. Die israelische Seite hatte nicht zuletzt deshalb keine ausreichenden Informationen, weil die Hisbollah den unterdrückten und verarmten Schiiten des Libanon eine Gemeinschaft und ein Anliegen bot. Jeder Anschlag gegen sie band die Anhänger enger an die Organisation und stärkte die Unterscheidung zwischen den Guten und den Schlechten in ihren Augen. Das machte es jedoch für Israel wiederum besonders schwer, Agenten zu rekrutieren. Schiiten, die bereit waren, sich für Geld zu verkaufen, wurden immer seltener. Niemand wollte die Hisbollah verraten.[51]

Imad Mughniyya nutzte seine besseren Informationen mit verheerender Wirkung. Unterstützt von den Revolutionsgarden und dem Nachrichtenministerium des Iran feilte Mughniyya die Kampftaktiken der Hisbollah aus und perfektionierte sie. Selbstmordbombenanschläge und Sprengfallen an der Straße sowie sorgfältig vorbereitete Hinterhalte richteten schwere Schäden bei den großen und plumpen Einheiten der israelischen Armee an. Der Umstand, dass so gut wie keine Informationen über die schiitische Miliz vorlagen, kostete das Blut der israelischen Soldaten. Von 1984 bis 1991 wurden 3425 Operationen gegen die Israelischen Verteidigungsstreitkräfte und die Südlibanesische Armee ausgeführt, die proisraelische Miliz, die von den Israelis gegründet worden war. Bei Weitem die meisten Anschläge gingen auf das Konto der schiitischen Organisation. Dabei kamen 98 israelische Soldaten und 134 libanesische Verbündete ums Leben, und 447 Israelis und 341 Libanesen wurden verwundet. Im Falle zweier vermisster Israelis wurde später entdeckt, dass sie ebenfalls getötet worden waren.[52]

Frustriert über die eigene schwache Position fingen führende Geheimdienstakteure Israels 1991 an, nach einem »Tiebreaker« zu suchen, wie sie es nannten, nach einem symbolträchtigen Anschlag, der die Hisbollah bis in ihre Grundfesten erschütterte und mit dem Israel wieder die Oberhand gewänne.

22 Das Zeitalter der Drohne

Die Imame in dem Dorf Jibshit begannen um zehn Uhr vormittags, die Gläubigen in die *hussainia* zu rufen. Die *hussainia* ist ein schiitischer Versammlungsort, benannt nach dem Imam Hussein, dem Sohn Alis und Cousin des Propheten Mohammed, zugleich Begründer der Schia Islam. Schiiten glauben, dass Ali der wahre Nachfolger Mohammeds war und dass sein Erbe von den Sunniten brutal usurpiert worden sei. Die Schia wurde zu einer Sekte, die unterdrückt und diskriminiert wurde. In der *hussainia* feierten sie früher, aus Angst vor den Sunniten, heimlich ihre religiösen Riten.

Aber an jenem Tag in Jibshit brauchten sie sich nicht länger zu verstecken. Der Iran war das erste Land der Welt geworden, das von einem schiitischen Klerus regiert wurde. Im Libanon war die radikalislamische Hisbollah, die vom Iran gegründet worden war, die dominierende politische und militärische Kraft. Die Versammlungshalle in Jibshit, die an die eindrucksvolle Dorfmoschee an der Hauptstraße angrenzte, war renoviert und erweitert worden; die Wände waren mit glänzendem weißem Marmor verkleidet.

Sieben Jahre lang war aus den Lautsprechern auf dem Minarett an jedem 16. Februar, dem Jahrestag des Todes von Scheich Raghib Harb, dem geistlichen Führer der Hisbollah im Südlibanon, der Ruf ertönt. Mit seiner Ermordung im Jahr 1984 hatte Israel unwillentlich einen Märtyrer geschaffen, und die Führer und Befehlshaber der Hisbollah machten alljährlich Pilgerfahrten zu seinem Gedenken, ehe sie an einer politischen Kundgebung teilnahmen.

Um 10.30 Uhr war die Dorfstraße von Männern und Frauen gefüllt. Sie alle hatten unterbrochen, was immer sie gerade getan hatten, das Haus, den Laden oder das Büro abgeschlossen und sich zur *hussainia* aufgemacht.

Sie gingen langsam und folgten zwei Geländewagen, einem grauen und einem schwarzen, offenbar eine Sicherheitseskorte der Hisbollah.

In einer Höhe von knapp 3000 Metern über den Straßen von Jibshit verfolgte eine Kamera in der Spitze eines kleinen, geräuschlosen Fluggefährts die Länge des Zuges. Es gab keinen Piloten, sondern einen Bediener, der das Gefährt von einem Anhänger an der israelischen Nordgrenze aus steuerte. Die Bilder der Kamera wurden, in hoher Auflösung und in Echtzeit, an einen Bildschirm in der kleinen Kommandozentrale des AMAN mit Blick auf einen Rosengarten außerhalb des Verteidigungsministeriums in Tel Aviv übertragen. Im Jahr 1992 war das ein Wunder der Nachrichtentechnik: eine Drohne, die israelische Augen auf ein Überwachungsobjekt richtete, ohne israelische Bürger in Gefahr zu bringen.

Die Kamera der Drohne filmte die Prozession in ihrer ganzen Länge. Am Ende waren vier Fahrzeuge deutlich zu sehen: zwei Range Rover und zwei Mercedes-Limousinen. In Tel Aviv beobachteten Geheimdienstmitarbeiter, wie sich diese vier von der Menge verabschiedeten, an der Versammlungshalle vorbeifuhren und auf einem Parkplatz hinter dem Gebäude anhielten.

»Wir haben ihn«, sagte ein Analyst, der das Video verfolgte. In über 300 Kilometer Entfernung hatten Geheimdienstmitarbeiter eine Zielperson klar im Blick. »Schlagartig«, hieß es in einem internen Rückblick vom selben Morgen, »hing ein Hauch von Jagdfieber in der Luft.«[1]

Seit Beginn der Offensive im Jom-Kippur-Krieg, die die Israelis völlig überrumpelt hatte, hatte Generalmajor Benjamin »Benny« Peled, der Befehlshaber der israelischen Luftwaffe, einen Fehlschlag nach dem anderen erlebt. Zu Beginn des Krieges, im Jahr 1973, hatte die Luftwaffe mehr als die Hälfte des Verteidigungshaushalts bekommen, dennoch war sie während des ersten ägyptischen und syrischen Schlags völlig zusammengebrochen. Nach Peleds Überzeugung war ein Hauptgrund für das Scheitern der Umstand, dass er wichtige Informationen zu spät erhalten hatte. Wenn er gewusst hätte, dass ägyptische Kräfte gestartet waren – wenn er, in Echtzeit, die Vorbereitungen hätte sehen können –, wären seine eigenen Kräfte besser für eine geeignete Antwort gerüstet gewesen.

Nach dem Angriff beschloss Peled, ein Netz geheimer Kommunikationsmöglichkeiten und Beschaffungssysteme für Nachrichten in Echtzeit aufzubauen. Es sollte der Luftwaffe unabhängig von den »Grünen« (wie die »Blauen« der israelischen Luftwaffe die Bodentruppen wegen ihrer olivfarbenen Uniformen etwas herablassend nannten) zur Verfügung stehen. Der Einsatz von Flugzeugen zu diesem Zweck wäre naheliegend gewesen, doch das wurde durch ein weiteres Trauma des Jom-Kippur-Krieges erschwert: Die israelische Luftwaffe hatte über ein Viertel ihrer Kampfflugzeuge verloren, und ein großer Teil der übrigen war beschädigt und nicht einsatzfähig. Darüber hinaus waren viele Piloten, die bislang ein Nimbus der Unbesiegbarkeit umgeben hatte, abgeschossen, gefangen genommen oder getötet worden.[2]

Aber was war, wenn Flugzeuge gar keine Piloten benötigten? Geschweige denn Millionen Dollar teure Waffensysteme? Was wäre, fragte sich Peled, wenn die israelische Luftwaffe kleine, billige Fluggefährte fernsteuern könnte, die nur mit Kameras und Kommunikationsapparaten ausgerüstet waren?

Schon vor einem Jahrzehnt, als Peled die Waffenabteilung leitete, war er der Erste gewesen, der Drohnen in die Luftwaffe einführte, obwohl das damals als eine fantastische Vorstellung erschien. Er war wegen der Anschaffung sowjetischer Boden-Luft-Flugabwehrraketen durch arabische Streitkräfte beunruhigt und wollte, als Folge, »die Luft mit Lockvögeln füllen, die sehr billig waren und auf den Radarschirmen ähnliche Profile wie Kampfflugzeuge hatten«. Diese unbemannten Luftfahrzeuge (*unmanned aerial vehicle*, kurz: UAV), eine israelische Verbesserung einer amerikanischen Erfindung, wurden mit Raketen gestartet und mussten für die Rückkehr zum Boden einen Fallschirm auswerfen, den ein Hubschrauber mit langen Stäben am Rumpf anschließend einsammeln sollte. Später wurden die Drohnen auch mit Kameras ausgerüstet.[3]

Nach dem Krieg von 1973 gelangte Peled jedoch zu der Schlussfolgerung, dass dies nicht ausreichte. Der Start und die Bergung der Gefährte waren kostspielig, umständlich und äußerst gefährlich. Die Verarbeitung des fotografischen Materials dauerte ebenfalls sehr lange. Es vergingen Stunden zwischen der Aufnahme der Bilder, der Entwicklung des Films und schließlich der Prüfung der Bilder durch den Analysten.[4]

Folglich wurde im Zuge der Niederlage von 1973 ein neuer Typ Drohne entwickelt. Diese Drohne konnte unabhängig starten und landen, sie wurde von einem Steuerungszentrum in einem Wohnwagen aus gesteuert und verfügte über Kameras, die Videobilder in Echtzeit sendeten.[5] Im Jahr 1982 waren Drohnen bereits ein zentraler Bestandteil bei der Beschaffung von Informationen für die Köpfe der Luftwaffe, die im »Canary« saßen, der Befehlszentrale tief unter dem Stadtzentrum von Tel Aviv. Sie waren auch maßgeblich an der Ausschaltung der syrischen Raketenbatterien im Libanon beteiligt.

Die Drohne, die syrische Verteidigungsanlagen ausspähte, war das erste Modell von Scout (in Israel unter dem Namen Zahavan bekannt), hergestellt von Israel Aerospace Industries. Die israelische Luftwaffe wollte den Amerikanern demonstrieren, wie wirkungsvoll ihre unbemannten Mini-Luftfahrzeuge sein konnten, weil sie hoffte, die Vereinigten Staaten für eine Kooperation bei der Entwicklung von Drohnen zu gewinnen. Als US-Verteidigungsminister Caspar Weinberger in den Nahen Osten kam – zunächst nach Beirut, dann nach Tel Aviv –, traf er sich mit führenden Vertretern der Israelischen Streitkräfte und des Verteidigungsministeriums. Danach wurde ihm ein Video gezeigt, das eine israelische Drohne von seiner Ankunft in Beirut und den Bewegungen seiner Wagenkolonne in der libanesischen Hauptstadt aufgenommen hatte. Weinberger schätzte die Überwachung nicht sonderlich, aber die Mitglieder seines Gefolges waren von der Technologie beeindruckt.[6]

Weinbergers Besuch in Israel machte den Weg frei für einen riesigen Auftrag zwischen der Israel Aerospace Industries und dem Pentagon über den Verkauf von 175 verbesserten UAVs vom Typ Scout, die in den Vereinigten Staaten die Bezeichnung »Pioneer« bekamen. Sie wurden bis zum Jahr 2007 von der amerikanischen Marine, der Marineinfanterie und dem Heer eingesetzt.

Im Laufe der Jahre wurden die Drohnen weiter verbessert. Sie konnten künftig mehr Treibstoff aufnehmen und bekamen modernere Kameras. Im Jahr 1990 rüstete Israel die Drohnenflotte mit Lasern aus, sodass sie einen Strahl aussenden und ein strategisches Ziel für Kampfflugzeuge markieren konnten.

Die Verbesserungen der Drohnen waren Teil eines großen technologischen Schubs bei den Israelischen Verteidigungsstreitkräften, die Ende der 1980er-Jahre beträchtliche Ressourcen investierten, um Präzisionswaffen, sogenannte »smarte Bomben«, zu entwickeln oder zu beschaffen, die ihre Ziele genauer trafen, sodass sie wirkungsvoller wurden und die Wahrscheinlichkeit von Kollateralschäden reduziert wurde. Dieser Prozess wurde forciert, als der Technologiefreak Ehud Barak, der »eine kleine, smarte Armee« aufbauen wollte, 1991 Stabschef wurde und im Grunde den israelischen Kriegsapparat für die kommenden Jahrzehnte prägte. Unter seiner Leitung wurden die Kampfhubschrauber vom Typ »Apache« mit lasergelenkten Hellfire-Raketen ausgerüstet.

Um die gleiche Zeit endete ein Treffen zwischen den Chefs der Einsatzabteilung der israelischen Luftwaffe und Arieh Weisbrot, dem Kommandeur der ersten Drohneneinheit »Geschwader 200«, mit der revolutionären Idee, sämtliche technischen Fortschritte in einem einzigen Verfahren mit fünf Schritten zu vereinen, um eine neuartige und besonders wirkungsvolle Methode der gezielten Tötung zu entwickeln:

Zuerst spürt eine Drohne ein bewegliches Ziel, entweder eine Person oder ein Fahrzeug, auf. Als zweiter Schritt schickt die Drohne ein Bild des Zielobjekts direkt an die Einsatzzentrale, sodass eine Echtzeitverbindung mit den Entscheidungsträgern hergestellt wird, bis zum Schießbefehl. Drittens markiert die Drohne das Ziel mit einem Laserstrahl, den der Laser-Detektor eines Kampfhubschraubers aufnehmen kann – eine Phase, die man als »Stabübergabe« von der Nachrichtenbeschaffung zum operativen Zyklus bezeichnet. Viertens markiert der Laserstrahl des Apache-Hubschraubers, dem eine Hellfire-Rakete dann folgen kann, das Ziel. Fünftens feuert der Hubschrauberpilot die Rakete ab und zerstört das Ziel.

Die Kombinierung und Synchronisierung beider Systeme – Nachrichtenbeschaffung und Einsatz – waren ein großer Durchbruch. Drohnen hatten sich bereits als unschätzbar wertvoll für die Aufklärung erwiesen. Aber nunmehr hatten sie sich von einer Helferrolle zu einem direkten Kampfinstrument weiterentwickelt.[7]

Das Geschwader 200 begann Ende 1991 mit der Ausbildung von Apache-Piloten aus Geschwader 113, dem sogenannten »Wespen«-Geschwader. Es gab etliche Skeptiker bei der Luftwaffe, insbesondere unter den Piloten, die lange in bestimmten Kampftaktiken ausgebildet worden waren und selbst praktiziert hatten. Der Gedanke, dass fliegende Roboter im Krieg wirkungsvoller sein könnten, schien manchen lächerlich.

Aber im Dezember 1991 führten sie eine Reihe von Testläufen mit Fahrzeugen auf israelischen Straßen als Zielobjekt durch. Drei oder vier Drohnen wurden gestartet, und willkürlich wurde ein Fahrzeug ausgewählt, das sie mit ihren Kameras verfolgen sollten, während sie gleichzeitig alle Daten an den Steuerungswagen sendeten. Dann wurde das Fahrzeug mit einem Laserstrahl »ausgeleuchtet«, und nach ein paar Kilometern schlossen sich zwei Apache-Hubschrauber der Jagd an. Das ganze Team führte nunmehr die »Stabübergabe« durch, sobald die Sensoren des Hubschraubers den Laserstrahl der Drohne erkannten. In dem Moment, wo der Hubschrauber anzeigte, dass das Ziel erfasst war, endete die Übung.[8]

Aber die Simulation eines Raketenabschusses von Autos auf einer friedlichen Straße war das eine. Die Tötung eines lebenden Zieles in feindlichem Gebiet war etwas ganz anderes.

Bei einem routinemäßigen Bombenangriff im Südlibanon im Oktober 1986 detonierte eine Bombe, die ein Kampfflugzeug vom Typ F-4 Phantom abgeworfen hatte, zu früh und riss eine Tragfläche des Flugzeugs ab. Die beiden Passagiere lösten den Schleudersitz aus und landeten in feindlichem Gebiet. Der Pilot wurde von einem Hubschrauber vom Typ Cobra gerettet, geriet aber unter Feuer von Hisbollah-Milizen, als er am Fahrgestell hing. Von dem Navigator Ron Arad hingegen fehlte jede Spur.[9]

Die Israelis legen großen Wert auf die religiöse Verpflichtung der Juden, Gefangene zu retten, und es ist ein Axiom der Israelis, alles Menschenmögliche und noch mehr zu tun, um Vermisste und Kriegsgefangene zurückzuholen. Der Verlust eines Fliegers in feindlichem Gebiet an die Hisbollah war ein schwerer Schlag.[10]

Somit ist es kein Wunder, dass wegen Arad eine groß angelegte Suchaktion eingeleitet wurde, die größte Rettungsoperation in der israelischen Geschichte. Ein Mossad-Vertreter, der an der Operation »Körperwärme« (Hom Haguf), der Deckname für die Suchaktion, beteiligt war, sagt, es sei »die größte Suchaktion gewesen, die in der modernen Geschichte jemals für eine einzige Person durchgeführt wurde. Kein Stein blieb auf dem anderen, es gab keinen Informanten, den wir nicht rekrutierten, kein Schmiergeld, das wir nicht zahlten, und keine noch so unbedeutende Information, die wir nicht prüften.«[11]

Doch alle Anstrengungen waren vergebens. Arad wurde jedes Jahr von einer Miliz an die nächste weitergegeben. Im Jahr 1989, drei Jahre nach dem Verschwinden Arads, entführte Israel zwei relativ unbedeutende Hisbollah-Vertreter, um den Navigator aufzuspüren. Einer von ihnen, Abdel Karim Obeid, war der Mann, der nach dem Mord an Scheich Raghib Harb zum geistlichen Führer der Hisbollah ernannt worden war. Ihre Vernehmung ergab nichts Neues, und die Hisbollah antwortete gleichgültig auf ein Angebot, Verhandlungen wegen eines Austauschs aufzunehmen.[12]

Die Suche nach Arad wurde durch Irrtümer und Versehen behindert, aber auch schlicht durch Pech. Vor allem entlarvte jedoch die langwierige Suche die Unfähigkeit Israels, die Hisbollah oder die iranischen Geheimdienste zu unterwandern, die die Organisation unterstützten.

Allgemeiner betrachtet, führte die Miliz mittlerweile immer raffiniertere Guerillaaktionen durch, die ihr Militärchef Imad Mughniyya inszeniert hatte, den Streitkräften schwere Verluste beibrachten und massiv an der Moral der Truppe kratzten. Im Sommer 1991 arbeiteten führende Köpfe des AMAN einen Plan aus, wie sie die Lage zugunsten von Israel verändern konnten: Israel wollte den Generalsekretär der Hisbollah Hussein Abbas al-Mussawi oder einen seiner Stellvertreter entführen und so lange als Geisel festhalten, bis Ron Arad zurückkehrte. Ein Nebenziel war es, »eine emblematische Operation« durchzuführen, »die Wellen schlagen und klarstellen würde, wer wirklich Herr der Lage war«, wie ein beteiligter israelischer Offizier sagte.[13]

Mussawi war einer der armen Schiiten, die die Iraner seit den 1970er-Jahren geschult hatten. Er absolvierte außerdem eine Guerillaausbildung in einem PLO-Lager der Force 17, ehe er frommer wurde und sich jahrelang dem Studium der schiitischen Theologie widmete, zuerst im Libanon, dann in muslimischen Hochschulen im irakischen Nadschaf, die von Schülern Khomeinis im Einklang mit dessen religiösen Vorstellungen geleitet wurden. Sein scharfer Verstand, das ausgezeichnete Gedächtnis und die Loyalität zu Khomeini, die seinem Fanatismus in nichts nachstand, ließen ihn rasch zu einer bekannten religiösen Autorität im Irak und Libanon aufsteigen und zu einem der Gründerväter der Hisbollah werden. Mussawi war, laut von den Israelis zusammengetragenen Informationen, an den Entscheidungen beteiligt, die es Imad Mughniyya gestatteten, seinen Feldzug aus Selbstmordattentaten gegen die Vereinigten Staaten und Israel zu beginnen. Er war überzeugt, dass eins der Hauptziele der Hisbollah, wenn auch nicht das höchste, die Vertreibung der Israelischen Streitkräfte mithilfe von Guerillataktiken sein müsse. »Die Zukunft wird dem Widerstand [gegen die israelische Besatzung] gehören«, erklärte er wiederholt in seinen Reden, »während die Arroganz [der Israelis] besiegt werden wird. Es ist nur eine Frage der Zeit.« Im Mai 1991 wurde er Generalsekretär der Hisbollah, mittlerweile der mächtigste politische und militärische Posten im Libanon.[14]

Von Anfang an war klar, dass jede Entführungsoperation in Beirut außerordentlich schwierig, wenn nicht unmöglich wäre. Also konzentrierten sich die Anstrengungen darauf, Informationen über einen bevorstehenden Besuch Mussawis im Südlibanon zu beschaffen, näher an der israelischen Grenze, wo man ihn leichter zu fassen bekam.

Der Einsatzleiter der Forschungsabteilung in der AMAN-Terrorabwehr Mosche Sarka hatte die Idee, sich auf das Dorf Jibshit zu konzentrieren, wo sieben Jahre zuvor, am 16. Februar 1984, israelische Agenten Raghib Harb liquidiert hatten. Das Dorf liegt im Südlibanon, sodass ein Einsatz dort viel einfacher als in Beirut wäre, wo das Hauptquartier der Terrormiliz lag.

Am 12. Februar 1991 erhielt der AMAN die Information, auf die der Geheimdienst gewartet hatte: Wie es inzwischen Tradition geworden war, würde die Hisbollah zum Jahrestag von Scheich Harbs Tod eine politische Kundgebung veranstalten. An der Kundgebung nahmen hohe Hisbollah-Vertreter teil, darunter der Generalsekretär Mussawi und der Kommandeur der Iranischen Revolutionsgarden im Libanon.[15]

Ursprünglich war geplant gewesen, lediglich Informationen zu sammeln, den Verlauf der Kundgebung zu studieren und für das kommende Jahr eine Entführung zu planen. Das lag in erster Linie an dem jämmerlichen Zustand der Informationen Israels über die Hisbollah zum damaligen Zeitpunkt. Tatsächlich stellte sich bei einer Planungssitzung heraus, dass kein einziger Teilnehmer auch nur die wesentlichsten Elemente der schiitischen Gedenkriten kannte – etwa wann die Witwe besucht wird oder wann sich die Männer in der *hussainia* versammeln. (Ein Oberstleutnant, der seine Dissertation über die Hisbollah geschrieben hatte, wurde zur Instruktion eingeladen.)[16] Brigadegeneral Dani Arditi, der Leiter des Sondereinsatzkommandos, beharrte darauf: Mit so dürftigen Informationen könne er auf keinen Fall zu einer sofortigen Entführungsmission raten. Immerhin unterstützte er voll und ganz die Vorbereitung für die Kundgebung im kommenden Jahr.[17]

Generalmajor Uri Sagie, der Direktor des AMAN, hingegen hatte größere Ziele. »Das Sondereinsatzkommando will es nicht übernehmen«, sagte er auf einem Treffen des AMAN-Kommandos am 13. Februar. »Ich akzeptiere den Vorschlag für den Aufbau eines Aufklärungsmodells, aber wir sollten vor einer operativen Denkweise nicht zurückschrecken. Wir werden ein Aufklärungsmodell durchführen, mit einem ›operativen Anhang‹. Macht ein paar Hubschrauber für einen Einsatzalarm fertig.«[18]

An diesem Punkt schlich sich ein wichtiges Missverständnis ein. Der Chefnachrichtenoffizier Brigadegeneral Doron Tamir, Nummer zwei nach Sagie in der Hierarchie, sagte, er halte den Verweis auf einen »operativen Anhang« lediglich für Teil eines reinen Aufklärungsmodells. »Hubschrauber würden abheben und die Ergreifung der Zielperson üben, aber auf keinen Fall würden sie das Feuer eröffnen«, sagte er. »Nur ein trockener Testlauf.« Die Leute, die die Risiken und Nachwirkungen einer Operation beurteilen sollten, gingen ebenfalls davon aus – und deshalb bereiteten sie auch keine entsprechenden Beurteilungen vor.[19]

Aber Sagie und seine unmittelbaren Mitarbeiter sowie Stabschef Barak dachten an etwas völlig anderes. Für sie ließ der »operative Anhang« – mit lasergelenkten Hellfire-Raketen bestückte Hubschrauber – die Option, Mussawi zu töten, offen.

Das war zwar nicht Teil des ursprünglichen Plans, aber jetzt, wo sich die Gelegenheit ergeben hatte, war die Versuchung schlicht zu groß: einen hartnäckigen Gegner auszuschalten und zugleich eine nagelneue

Vorgehensweise bei gezielten Tötungen mithilfe von Drohnen und Hellfire-Raketen anzuwenden. Genau das schwebte Barak vor, den die Medien erst vor Kurzem zu seinem 50. Geburtstag über den grünen Klee gelobt hatten: eine kleine, intelligente und tödliche Armee in Aktion.

Unbeabsichtigt waren so jedoch zwei parallele Pläne entstanden, ohne dass dies jemand bemerkte.[20]

Am Freitag, dem 14. Februar, verfasste die Terrorabwehr des AMAN ihre Zusammenfassung, die klarstellte, dass Operation »Nachtzeit« lediglich dafür gedacht war, Informationen für eine spätere Entführung zu beschaffen. Die Zusammenfassung enthielt folgende Details: »Mussawis Wagenkolonne umfasst in der Regel drei bis vier Fahrzeuge. Davon sind zwei oder drei Begleitfahrzeuge an der Spitze und am Ende der Kolonne. Das Fahrzeug, in dem Mussawi fährt, ist ein Mercedes 280 oder 500. Sein Platz in der Kolonne ist nicht festgelegt. Manchmal sitzt er im ersten Wagen hinter dem führenden Begleitfahrzeug, manchmal im zweiten oder dritten. Die anderen Fahrzeuge sind Range Rover.«[21]

Am selben Tag gab die Aufklärungsabteilung der Luftwaffe die eigenen Befehle aus, die auf einen völlig anderen Plan schließen ließen. »Einheiten der Nachrichtenabteilung und des AMAN werden im Zielgebiet ein Aufklärungsmodell durchführen. Später wird die Operation, gemäß den beschafften Informationen, in die Angriffsphase übergehen.«

Das war ein gefährlicher Widerspruch, da eine Einheit anfing, sich auf einen Angriff vorzubereiten, den die andere nicht einmal ordentlich geplant hatte. Aber weil die Operation offiziell immer noch ein trockener Testlauf war, wurde sie nicht auf die Tagesordnung der wöchentlichen Besprechungen »Operationen und Rückzüge« gesetzt, an denen der Verteidigungsminister und der Stabschef teilnahmen. Verteidigungsminister Mosche Arens hatte keine Ahnung von der Existenz einer Operation »Nachtzeit«.[22]

Am selben Abend, einem Freitag, nur wenige Stunden nach der Ausgabe widersprüchlicher Befehle durch israelische Regierungsvertreter, schlich sich ein Guerillakommando des Islamischen Dschihad in ein Feldlager der Israelischen Verteidigungsstreitkräfte. Frische Wehrpflichtige auf einer Übung schliefen in ihren Zelten. Die Dschihadisten töteten drei von ihnen mit Messern, Äxten und Mistgabeln. Bei der Meldung des Anschlags am Ende des Sabbath sprach Chaim Javin, der prominenteste Nachrichtensprecher auf Israels einzigem Fernsehsender, von der »Nacht der Mistgabeln«.

Die Stimmung im Land sank auf einen neuen Tiefpunkt.

Am Sonntag, dem Tag der Operation, öffnete die kleine Kommandozentrale des AMAN um 7 Uhr morgens. Der Raum war bis zum letzten Platz gefüllt: Sondereinsatzchef Arditi sowie Vertreter der Aufklärungsabteilung, Einheit 8200, der Terrorabwehr des AMAN, der Drohneneinheit und der Aufklärung der Luftwaffe. Die Drohnenführer selbst befanden sich in einem Anhänger in der Nähe der libanesischen Grenze.[23]

Einheit 504, die den Tipp gegeben hatte, dass Mussawi zu der Kundgebung gehen würde, meldete, die Zielperson habe Beirut verlassen. Andere eingehende Informationen deuteten an, dass »ein Konvoi aus Aktivisten am selben Morgen Beirut verlassen habe und dass eine ›VIP‹ im Süden eingetroffen sei«. Das war noch keine Bestätigung, dass Mussawi wirklich in Jibshit war, aber die Wahrscheinlichkeit war hoch.

Gegen 10 Uhr morgens fingen die Lautsprecher in Jibshit an, die Einwohner für die Gedenkveranstaltung zum Treffpunkt zu rufen, in die *hussainia* des Dorfes. Um 10.30 Uhr zeigte der Bildschirm in der Kommandozentrale von der Drohne übertragene Bilder einer langen Prozession, die sich auf den Ort zubewegte. Unmittelbar neben der *hussainia* befand sich eine Moschee, und ihr hohes Minarett war auf dem Bildschirm deutlich zu sehen. Der Zug kam langsam voran, hinter einer Reihe von Fahrzeugen, offenbar die Sicherheitseskorte der Hisbollah. Die Drohne schwenkte über den ganzen Zug. Am Ende waren zwei Range Rover und zwei Mercedes-Limousinen zu sehen. »Wir haben ihn!«, schrie Sarka.[24]

Gegen Mittag kehrte Stabschef Barak in sein Büro zurück, schlecht gelaunt und wütend. Er war am selben Morgen nach Jerusalem bestellt worden, um vor dem Sicherheitskabinett zur »Nacht der Mistgabeln« auszusagen.

»Drei Terroristen haben uns blamiert«, platzte er zornig los. Barak wurde kurz auf den aktuellen Stand der Operation »Nachtzeit« gebracht und ging dann in die Kommandozentrale des AMAN. Er verfolgte aufmerksam die Bilder der Dohne.

Es war ein besonderes Ereignis. Zum ersten Mal konnte ein Befehlshaber im Hauptquartier mit eigenen Augen den Anführer einer feindlichen Terrororganisation in Echtzeit sehen, samt der Option, Aktionen gegen dieses Bild zu befehlen.

Sagie stand neben Barak, beide mit finsterem Blick, angespannt. An ihrer Haltung war abzulesen, dass das ursprüngliche Ziel der Operation »Nachtzeit« – die reine Nachrichtenbeschaffung – ad acta gelegt worden war. Andere im Raum bekamen den Eindruck, dass die beiden Befehlshaber unbedingt den Anschlag ausführen wollten. Sie warteten nur auf die Bestätigung, dass Mussawi wirklich in Jibshit war, eine Information, die sie dem Verteidigungsminister vorlegen konnten, um seine Bestätigung zu erhalten.

Barak wies einen Assistenten an, den Militärsekretär des Verteidigungsministers über die Lage zu informieren. »Bereiten Sie Mosche Arens«, sagte er, »auf die Möglichkeit vor, dass man ihn um grünes Licht für eine Operation bitten könnte.« Das war das erste Mal, dass sich jemand die Mühe machte, den Minister über Operation »Nachtzeit« zu informieren.[25]

Sagie nahm Sarka beiseite. »Was meinen Sie? Sollen wir angreifen?«, fragte er. »Wir haben eine ideale Gelegenheit, ihn dort rauszuholen.«

»Ja«, antwortete Sarka. »Aber seien Sie sich darüber im Klaren, dass wir damit den Kampf gegen die Hisbollah eine Stufe verschärfen.«[26]

Die Zeremonie in der Versammlungshalle endete kurz nach ein Uhr. Eine riesige Menge strömte aus dem Gebäude und machte sich auf den Weg zum nahe gelegenen Friedhof, wo Scheich Harb begraben war. Um 13.10 Uhr berief der Chef der Forschungsabteilung Mor eine Dringlichkeitssitzung seiner höchsten Mitarbeiter ein, um ihre Haltung zu formulieren.

Sie waren sich in ihrer Ablehnung einer Tötung Mussawis einig. Zumindest sollte ihrer Meinung nach eine ausgiebige Diskussion des Themas geführt werden, bevor man handelte. Mussawi sei eine religiöse Persönlichkeit, der Chef einer politischen Organisation, die eben zufällig einen militärischen Zweig habe, argumentierte ein Oberstleutnant. Israel hatte in der Vergangenheit von Angriffen auf solche Personen abgesehen.

Außerdem sei die Hisbollah keine Ein-Mann-Show, und Mussawi sei keineswegs der radikalste in der Führung. Er würde eben ersetzt werden, möglicherweise durch einen radikaleren Nachfolger.[27]

Während der Sitzung wurde Mor eine Notiz überreicht. Er las den Zettel und sagte dann zu den Anwesenden: »Das ist eine Meldung des Radio Libanon, in der es heißt, dass Abbas Mussawi heute in Jibshit vor der Kundgebung gesprochen hat.« Ein Murmeln ging durch den Raum. Nunmehr war sicher, dass Mussawi in Jibshit war, und die Wahrscheinlichkeit war hoch, dass er sich in der Kolonne befand. Aber es gab immer noch Zweifel, und Mor hob dies hervor. Die Fragen lauteten nunmehr: In welchem Auto fuhr Mussawi? Und saß ein hoher libanesischer oder iranischer Regierungsvertreter bei ihm im Auto?

Niemand fragte, ob Frau und Kind bei ihm waren.

Ein Offizier Mors rief den Personenschutz des Schin Bet an. »Nehmen wir einmal an, Sie müssten den Ministerpräsidenten bewachen«, fragte er, »und in der Kolonne sind vier Autos. In welches würden Sie ihn setzen?« Es folgte eine kurze Diskussion beim Schin Bet, und dann antworteten sie: Höchstwahrscheinlich würde er im dritten Wagen sitzen.[28]

Aber das war nur eine Vermutung, und selbst wenn Mussawi im dritten Wagen saß, war immer noch unklar, wer möglicherweise bei ihm war. Mor konnte nicht dazu raten, Raketen auf ein Ziel mit so vielen Fragezeichen zu schicken. »Es ist unmöglich anzugreifen«, sagte er und beendete damit die Sitzung.

Sagie betrat unmittelbar danach den Raum. Die Beziehung zwischen den beiden Männern war wegen anderen Dingen bereits gespannt, und Mor nahm kein Blatt vor den Mund. »Die Informationen sind nicht vollständig«, sagte er zu Sagie. »Es gibt zu viele Unbekannten. Die mehrheitliche Meinung hier ist, dass wir keinen Raum für eine Intervention haben. Ich kann nicht zu einem Angriff raten.«

Sagie stand auf, lächelte und sagte: »Wir werden sehen.« Er ging plötzlich weg und marschierte, zusammen mit Stabschef Barak, schnurstracks ins Verteidigungsministerium, um Arens zu informieren.

Dem Minister sagte Sagie, dass er nicht den geringsten Zweifel habe, dass Mussawi in der Kolonne sei. Es sei möglich, dass sich noch eine andere Person bei ihm aufhalte, eventuell ein libanesischer Minister.

Falls Israel tatsächlich einen libanesischen Minister tötete, wäre dies ein sehr großer Schaden, »aber sowohl nach Analyse der Umstände als auch nach meiner Intuition ist dies nicht die wahrscheinlichste Schlussfolgerung«. Die Tötung Mussawis, sagte er, sei mit einem geringen Risiko verbunden.

Arens war diesbezüglich gespalten. Einerseits wurde ihm eine Gelegenheit präsentiert, einen feindlichen Führer auszulöschen, der in seinen Augen ein bekannter Terrorist war. Andererseits wurde er gebeten, sich sofort zu entscheiden – Mussawi konnte jede Minute das Dorf verlassen, und es blieb nur noch wenige Stunden hell –, ohne dass er Zeit hatte, die Sache gründlich zu durchdenken. Es könnte verheerende Folgen haben, wenn irgendwo ein Fehler steckte, wenn die Informationen nicht robust waren oder wenn ein unerhebliches Detail oder unwahrscheinliches Szenario übersehen worden war. Er sah Barak an.

»Wir sprechen von dem Führer einer Terrororganisation und einer Symbolfigur des Feindes. Es könnte viel Zeit verstreichen, bis sich wieder so eine Gelegenheit bietet«, sagte Barak. »Und selbst wenn, dann könnten so viele Umstände eintreffen, die uns aus politischen Gründen von der Vollstreckung abhalten würden. Was wir hier haben, ist eine einmalige Gelegenheit, jetzt oder nie.«

Arens schwieg einen Moment lang. »Eine Person zu töten, die man nicht töten muss«, sagte er, »ist eine Katastrophe.«

»Minister«, sagte Sagie, »mir sagt meine Intuition als Befehlshaber, dass wir handeln müssen.«

Barak, der immer schon ein gutes Gespür dafür hatte, wie die Menschen tickten, beschloss, den gelernten Luftfahrtingenieur Arens einzuladen, mit ihnen in die Kommandozentrale zu kommen und sich selbst die Bilder der Drohne anzusehen. Der Minister nahm die Einladung an und sagte, er werde in Kürze zu ihnen kommen. In der Zwischenzeit bat er seinen Militärsekretär Brigadegeneral Jeremi Olmert, Ministerpräsident Jitzchak Schamir anzurufen. Es war 14.35 Uhr, und Arens wurde mitgeteilt, dass Schamir wie jeden Tag zu Hause nach dem Mittagessen ein Nickerchen mache.

Ohne die Genehmigung des Ministerpräsidenten konnte er keine Entscheidung treffen. Aber die Zeit lief ihnen davon.

Es vergingen 45 Minuten. Um 15.20 Uhr verließ eine Gruppe von Personen, deren Gesichter nicht identifiziert werden konnten, das Haus der Witwe von Scheich Harb und stieg in eine Kolonne aus vier Fahrzeugen. Die Autos fuhren eine kurze Strecke und stoppten dann am Haus eines Hisbollah-Aktivisten in Jibshit. Das deckte sich mit einer anderen Information, dass nämlich an diesem Sonntag ein Treffen hoher Vertreter der schiitischen Organisation in diesem Haus stattfinden sollte. Und das hieß wiederum, dass keine libanesischen Minister anwesend waren, weil sie an so einer Sitzung nicht teilnehmen konnten und weil sie gewiss nicht im Auto warten würden, bis sie vorüber war. Die Wahrscheinlichkeit, dass eine hohe Persönlichkeit außerhalb der Hisbollah in der Kolonne mitfuhr und getroffen werden könnte, hatte sich somit erheblich verringert, und die Wahrscheinlichkeit, dass Mussawi anwesend war, noch stärker erhöht.

Sagie sagte zu Barak, dass er, auch wenn man sich nie absolut sicher sein könne, zum Angriff rate. Mor äußerte sich nicht ganz so eindeutig: »Die Informationen sind nicht vollständig, auch wenn die Umstände darauf hindeuten, dass es sich um Mussawi handelt. Deshalb liegt es nun am Befehlshaber zu entscheiden, ob wir angreifen oder nicht.«

Barak entschied sich dafür. Er befahl der Luftwaffe, die Hubschrauber auszuschicken, und überzeugte auf der anderen Leitung Arens, dass die Lage sich geändert habe. Arens gab seine Zustimmung.

Als Nächstes, kurz nach 15.30 Uhr, rief Barak das Büro des Ministerpräsidenten an. Mit Schamir hatte immer noch niemand gesprochen. Er schlief, und sämtliche Versuche, ihn zu erreichen, waren gescheitert. Seine Frau machte ebenfalls ein Nickerchen, und niemand ging ans Telefon.

Alle erwarteten ihn, wie jeden Tag, gegen 16 Uhr wieder im Büro. Das Problem war, dass mit jeder Minute, die verstrich, die Operation wegen des Einbruchs der Dunkelheit undurchführbar werden könnte. Um 15.50 Uhr schickte sich die Kolonne an, das Dorf zu verlassen. Die Stimme des Drohnenführers ertönte über den Lautsprecher: »Beginn einer Bewegung.«

Die Spannung in der Kommandozentrale stieg. Barak hielt das sich abspielende Szenario für eine einmalige Chance. Er verscheuchte einen von der Crew und setzte sich auf dessen Stuhl. Über Funk setzte er sich mit dem Drohnenkommando und dem Steuerungswohnwagen in Verbindung und wies sie an, wie sie die Kameras aus der Luft ausrichten sollten, während er gleichzeitig die möglichen Routen studierte, die der Konvoi von Jibshit nach Beirut nehmen könnte. Barak hielt eine Leitung zum Befehlshaber der Luftwaffe offen, der im Bunker »Canary« saß, einige Meter unter der Zentrale. »Starten, alle starten«, lautete der Befehl aus dem Bunker an die Apache-Hubschrauber.

Gegen 15.55 Uhr kam Schamir ins Büro. Er erfuhr von einem Countdown von weniger als einer Minute für eine gezielte Tötung, von der er bislang keine Ahnung gehabt hatte. Dennoch gab er ohne Zögern seine Zustimmung. »Sollen sie ihn töten«, sagte er. Der Militärsekretär von Arens informierte Barak, der dem Befehlshaber der Luftwaffe Bescheid gab. »Sie gehören alle euch.«[29]

Die Kolonne setzte sich um 15.57 Uhr in Bewegung. Die Drohne verfolgte, wie sie langsam nach Norden durch Jibshit und über die Brücke über den Fluss Zahrani fuhr. Dann beschleunigten die Fahrzeuge, ein Range Rover an der Spitze, die beiden Mercedes danach, mit einem Abstand von etwa 100 Metern, wobei der zweite Range Rover die Nachhut bildete.

Um 16.05 Uhr meldete der Drohnenführer: »Noch 20 Sekunden, und Straße wendet nach Westen«, um den Hubschrauberpiloten die exakte Position anzugeben.

»Anflugzone; [Laser-]Marker aktivieren«, sagte der Pilot im führenden Kampfhubschrauber.

»Marker aktiviert«, sagte ein Drohnenführer in dem Steuerzentrum.

»Ich kann es nicht sehen«, funkte ein Pilot, aber wenige Sekunden später meldete er: »Markierung erfasst«, was hieß, dass er jetzt den Laserpunkt der Drohne auf dem Ziel sah.

»Positive Identifikation des Ziels«, ging die Bestätigung des befehlshabenden Offiziers im Bunker ein. Um 16.09 Uhr teilte er dem Hubschrauberpiloten mit: *»Raschai, raschai.* Ich wiederhole: *Raschai* [hebräisch für: »Sie haben Erlaubnis«, vergleichbar mit »Feuer frei« im deutschen Militärjargon].«[30]

Der Apache-Pilot schoss eine einzige Hellfire-Rakete ab.

Sie traf das dritte Fahrzeug in der Kolonne. Der Mercedes ging in einem Feuerball auf. Niemand hatte die davorliegende Straße überwacht, um zu überprüfen, ob zivile Fahrzeuge aus der Gegenrichtung womöglich auf das Ziel zufuhren. Tatsächlich gab es eines, und es war sehr nahe bei dem Mercedes, als er von der Rakete getroffen wurde. Das Fahrzeug wurde ebenfalls von den Flammen erfasst.

Eine zweite Rakete wurde auf den zweiten Mercedes in der Kolonne abgefeuert: ein weiterer direkter Treffer.

Die Türen in einem Range Rover, der am Straßenrand angehalten hatte, gingen auf, die Leute stiegen aus und rannten weg. »Wir waren dort, verfolgten jede Bewegung genau und leiteten sie an die Einsatzzentrale der Luftwaffe weiter«, erinnert sich ein Drohnenführer.

Der zweite Range Rover lud die Opfer aus den beiden Mercedes-Limousinen ein und jagte in Richtung Nabatäa davon. »Anvisieren«, befahl der Bunker den Drohnenführern im Steuerungswagen. Um 16.32 Uhr markierten sie das Auto mit ihrem Laser, als Ziel für das zweite Paar Hubschrauber, die den Wagen zerstörten. Rauch stieg von dem Fahrzeug auf. Anschließend überzogen die Hubschrauber das Gebiet mit Maschinengewehrfeuer.

In der Kommandozentrale herrschte absolute Stille. Barak ging Richtung Ausgang, klopfte seinen Kollegen auf die Schulter und gratulierte ihnen mit den englischen Worten: »*Well done* (Gut gemacht).«

Aber war Mussawi wirklich tot? Die AMAN-Mitarbeiter warteten in ihren jeweiligen Büros auf die endgültige Bestätigung der Tötung. Gegen 18 Uhr traf sie ein. Mussawi hatte tatsächlich im dritten Wagen gesessen, ebenso wie seine Frau und sein Sohn.

Der Agent aus Einheit 504, der zu Beginn der Operation dem AMAN den Tipp gegeben hatte, behauptete später, er habe erwähnt, dass Mussawis Frau Siham und sein sechs Jahre alter Sohn Hussein bei ihm im Wagen säßen. Andere an der Operation Beteiligte bestritten dies, aber Meir Dagan glaubte dem Agenten. »Die Behauptung, dass der AMAN nicht einmal wusste, dass zumindest Mussawis Frau in dem Wagen saß, wurde nach der Tat ausgedacht. Sie müssen es gewusst haben, andernfalls sind sie ein Haufen Dummköpfe. Mussawis Frau hatte nahe Verwandte in Jibshit, und um nichts auf der Welt hätte sie die Gelegenheit versäumt, hinzufahren und sie zu besuchen.«[31]

Zwei Stunden nach dem Anschlag berief Barak in seinem Büro eine Sitzung ein, um die möglichen Reaktionen und Vergeltungsschläge der

Hisbollah im Vorfeld zu prüfen. Sicherheitswarnungen und PR-Maßnahmen wurden diskutiert. Nicht lange danach begann das israelische Fernsehen die Nachrichtensendung mit einem Beitrag über den Anschlag, den es »eine tollkühne Operation« nannte. Verteidigungsminister Arens nahm es auf sich, ins Studio zu gehen und in den Nachrichten aufzutreten. »Das ist eine Botschaft an alle Terrororganisationen«, sagte er, »dass bei jedem, der bei uns ein Konto eröffnet, dieses Konto von uns geschlossen wird.«[32]

Das heißt: bis ein anderes Konto eröffnet wird und auch dieses geschlossen werden muss.

23 Mughniyyas Rache

Abbas al-Mussawis verkohlter Leichnam wurde aus dem ausgebrannten Mercedes gezogen. Wegen seines schlechten Zustands war es unmöglich, die in der Hisbollah üblichen Rituale zu befolgen und ihn in einem offenen Sarg aufzubahren. Stattdessen wurden seine sterblichen Überreste gereinigt, in ein Leichentuch gehüllt und in einen prachtvollen, eigens angefertigten Sarg aus handgeschnitztem Holz gelegt, der blau-grau angestrichen und mit versilberten Metallbeschlägen versehen worden war.

Die Oberhäupter der Hisbollah hatten keine Eile, das Begräbnis wie üblich innerhalb der nächsten 24 Stunden stattfinden zu lassen. Zum einen gab es Sicherheitsprobleme. Die Empörung über die Luftangriffe auf die Fahrzeugkolonne des Generalsekretärs war so groß, dass Imad Mughniyya befürchtete, es könne auch auf der Beerdigung zu einem Blutbad kommen. Außerdem musste das Begräbnis hinausgezögert werden, damit hochranginge Iraner teilnehmen konnten. Die Hisbollah war vom Iran gegründet worden, und ihre Anführer standen in ihrem täglichen Handeln unter dem Einfluss der Iranischen Revolutionsgarden und folgten der religiösen Autorität des Ajatollah-Regimes in Teheran. Der Iran betrachtete seinerseits die Hisbollah als ihren wichtigsten Verbündeten im Nahen Osten.[1]

Der Führer der Islamischen Revolution, Großajatollah Seyyed Ali Khamenei, der nach Khomeinis Tod im Juni 1989 an dessen Stelle getreten war, erklärte: »Der Märtyrertod von Sayyid Abbas ist ein Wendepunkt in der Geschichte des Widerstands.« Als öffentliches Zeichen der Unterstützung in einem Augenblick, in dem die Hisbollah so hart getroffen worden war, entsandte er eine Delegation, die helfen sollte, die Organisation zu beruhigen und zu stabilisieren und umgehend einen neuen Generalsekretär zu bestimmen.

In Israel hatte man vor dem Anschlag nicht ernsthaft darüber diskutiert, was nach Mussawis Tod geschehen würde. Aus Sicht der Israelis gab es zwischen den Mitgliedern der Hisbollah keine wesentlichen Unterschiede, und niemand hatte es für nötig gehalten zu fragen, wer wohl an Mussawis Stelle treten würde und ob der Nachfolger für Israel eine Verbesserung oder eine Verschlechterung darstellen würde. Ein Offizier, der zu dieser Zeit im AMAN diente, sagte: »Aus unserer Perspektive waren sie alle schwarze Schafe.« Im AMAN rechnete man nach Mussawis Ermordung damit, dass die Iraner wahrscheinlich dessen bekannten und beliebten Stellvertreter, Subhi al-Tufaili, ernennen würden.[2]

Das war ein Irrtum.

Direkt nachdem Mussawi beerdigt war, nahm die iranische Delegation an einer Sitzung der Schura teil, des Ratgebergremiums der Hisbollah, in dem die zwölf wichtigsten religiösen Führer saßen. Dort überbrachten sie eine Nachricht des iranischen Präsidenten Haschemi Rafsandschani, in der er einen Nachfolger empfahl. Kurz danach gab das Gremium die Ernennung eines frommen 32-jährigen Geistlichen bekannt. Sein Name war Sayyid Hassan Nasrallah.[3]

Falls die Israelis die Illusion gehabt hatten, dass die Hisbollah nach der Tötung Mussawis einen gemäßigteren Kurs einschlagen würde, wurden sie durch die Ernennung Nasrallahs umgehend eines Besseren belehrt. Verglichen mit Mussawi war Nasrallah ein glühender Fanatiker. Wie sich nun herausstellte, gab es Abstufungen im Schwarz der Schafe. Nasrallah jedenfalls war pechschwarz.

Geboren wurde er im Jahr 1960 als Ältester von neun Geschwistern in der schiitischen Gemeinde Bourj Hammoud, nordöstlich von Beirut. Obwohl seine Familie nicht besonders gläubig war, zeigte Hassan Nasrallah schon als Kind eine starke Neigung zum Religiösen, und während sich die Jungen aus der Nachbarschaft auf der Straße oder am Strand zum Spielen trafen, verbrachte er den Großteil seiner Zeit in der Moschee und lernte.

Beim Ausbruch des Bürgerkriegs im Jahr 1975 zog seine Familie in den südlichen Libanon, wo Nasrallah in einer Moschee in der Nähe von Tyros einigen strengen und anspruchsvollen schiitischen Geistlichen auffiel, die Verbindungen zu Khomeini pflegten. Sie schickten Nasrallah für weiterführende religiöse Studien in den Irak, nach Nadschaf, wo er Abbas al-Mussawi kennenlernte und sein Meisterschüler wurde. Nachdem Saddam Hussein im Jahr 1978 die schiitischen libanesischen Studenten des Landes verwiesen hatte, kehrten die beiden in den Libanon zurück, wo Mussawi ein Studienzentrum eröffnete. Nasrallah wurde dort einer der wichtigsten Lehrer und zog zahlreiche Bewunderer an. Als 1982 die Hisbollah gegründet wurde, traten ihr Nasrallah und seine Schüler geschlossen bei und übernahmen eine aktive Rolle im Guerillakrieg. In den darauffolgenden Jahren wechselte Nasrallah zwischen der Tätigkeit als Kommandant einer Hisbollah-Einheit und dem höheren Religionsstudium im Iran.

Israel sei ein »krebsartiges Geschwür, ein infektiöser Keim«, sagte er in einem Fernsehinterview, »ein imperialistischer Außenposten im Herzen der arabischen und islamischen Welt. Das ist eine Gesellschaft des Krieges, eine kriegerische Gesellschaft von Kriegern, egal, ob Männer oder Frauen. Eine zivile Gesellschaft gibt es in diesem Gebilde nicht.«[4] Was das heißen sollte, war eindeutig: Alle Israelis, unabhängig von Alter oder Geschlecht, waren legitime Angriffsziele im Dschihad.

Zwischen Nasrallah und seinem ehemaligen Lehrer wuchs nach und nach ein tiefer ideologischer Graben. Mussawi sprach sich dafür aus, die Zusammenarbeit mit den Syrern fortzusetzen. Schließlich waren sie die wichtigste politische und militärische Kraft im Libanon, sie begrüßten das Vorgehen der Hisbollah gegen Israel und erlaubten es dem Iran sogar, große Waffenlieferungen für die Miliz der Organisation über Syrien zu transportieren. Nasrallah wiederum war strikt gegen jede Art der Zusammenarbeit mit dem Regime der Assad-Familie, die zu den Alawiten gehörte, einer islamischen Glaubensgemeinschaft, die Nasrallah als gottlos und ketzerisch betrachtete.

Auch in ihrer Haltung gegenüber Israel unterschieden sich die beiden Männer. Für Mussawi war Israel ein zweitrangiges Thema, und er war der Ansicht, dass man den Großteil der Kräfte darauf konzentrieren sollte, die Kontrolle über den libanesischen Regierungsapparat zu gewinnen. Nasrallah hingegen machte sich dafür stark, dem Guerillakrieg gegen Israel oberste Priorität einzuräumen.

Nasrallah verlor den Streit – Mussawi wurde zum Generalsekretär ernannt, und Nasrallah schickte man als Gesandten der Hisbollah ins iranische Exil. Erst nachdem er erklärt hatte, dass er seine Opposition gegen die Verbindung mit Syrien aufgeben und Mussawis Autorität in den Fragen des Kampfes gegen Israel anerkennen wolle, durfte er in den Libanon zurückkehren.

Das alles änderte sich im Februar 1992.

Ironischerweise waren die Hisbollah und ihre iranischen Geldgeber, bevor Mussawi getötet wurde, mehr damit beschäftigt, ihre Position als soziale und politische Kraft im Libanon zu festigen, als damit, Israel anzugreifen. Zwar gab es in den 1980er-Jahren Guerillaattacken gegen Israelis – die meisten davon auf Drängen der extremistischen Hisbollah-Fraktion, die von Nasrallah angeführt wurde –, aber sie hatten keine hohe Priorität und deuteten in keiner Weise darauf hin, welchen Schaden die Organisation hätte anrichten können.

Nach der gezielten Tötung Mussawis änderten sich die Prioritäten sofort. Die Iranischen Revolutionsgarden gaben nun Nasrallahs Ansatz den Vorzug, und sie waren zunehmend davon überzeugt, dass der Umgang mit dem Feind im Süden oberste Priorität habe. Bevor man die israelische Besatzung nicht losgeworden sei, werde es der Hisbollah nicht gelingen, Khomeinis Revolution in den Libanon zu tragen.

Der Mann, der von Nasrallah beauftragt wurde, diesen neuen Kurs in die Tat umzusetzen, war der Militärchef der Hisbollah, Imad Mughniyya. Er war jener »extremistische, skrupellose Psychopath«, der 13 Jahre zuvor in Beirut den Huren und Drogendealern die Kniescheiben zerschossen hatte, der Guerillaideologe, der den Islamischen Dschihad ins Leben gerufen und Selbstmordattentäter ausgeschickt hatte, damit sie die Kasernen und Wohnhäuser zerstörten, in denen amerikanische, französische und israelische Soldaten und Diplomaten lebten. Er war das Gespenst auf dem unscharfen Foto, an dessen Tötung oder auch nur Auffindung die Israelis in den frühen 1980er-Jahren gescheitert waren. »Für den Aufbau der militärischen Stärke der Hisbollah war *er* verantwortlich, nicht Nasrallah – bei allem gebotenen Respekt für Nasrallahs vortreffliche Fernsehauftritte«, so Meir Dagan. »Seinetwegen und wegen der Gruppe von Funktionären, die ihm nahestand, ist die Organisation für den Staat Israel zu einer strategischen Bedrohung geworden.«[5]

Ein taktisches Ärgernis war Mughniyya schon viele Jahre lang gewesen. Um seine nördliche Grenze zu schützen, hatte Israel im Jahr 1985 eine Sicherheitszone errichtet, einen Streifen Landes im südlichen Libanon, der von den Israelischen Verteidigungsstreitkräften kontrolliert wurde. Das Ziel war es, feindliche Kräfte so weit wie möglich von israelischen zivilen Siedlungen fernzuhalten und die Auseinandersetzung mit ihnen konsequent auf libanesisches Gebiet zu beschränken. Um das Leben der eigenen Soldaten zu schützen, schuf Israel zusätzlich eine Stellvertreter-Miliz, die Südlibanesische Armee (SLA), die sich hauptsächlich aus Christen und Schiiten aus den umliegenden Dörfern zusammensetzte, eingeschworenen Feinden der Palästinenser im Libanon sowie der Hisbollah. Der Einsatz der SLA ermöglichte es den Israelis, in der Hisbollah nur eine singuläre und zufällige Bedrohung zu sehen statt eine Guerillaarmee, die sich in einen ungleichen Krieg gestürzt hatte. Ab und an wurden ein paar Soldaten getötet, meist SLA-Männer, aber aus Sicht der israelischen Armee war dieser Status quo einer Konfrontation im großen Stil mit den Hisbollah-Truppen eindeutig vorzuziehen.[6]

Nun aber ließ Nasrallah Mughniyya von der Leine, und die Vergeltung für Mussawis Ermordung kam schnell. Sobald die Beerdigung für den getöteten Anführer vorüber war, schossen die Hisbollah-Kämpfer eine große Anzahl von Raketen auf das westliche Galiläa ab. Fünf Tage lang bombardierten sie die nordisraelischen Gemeinden, in denen das öffentliche Leben zum Stillstand kam, weil ein Großteil der Einwohner die Luftschutzbunker nicht verlassen konnte. Mehr Feuerkraft hatte die Hisbollah bis dahin in ihrer gesamten Geschichte nicht gegen zivile israelische Gemeinden eingesetzt.

Ein einziger Mensch wurde getötet – das sechsjährige Mädchen Avia Alizada aus der landwirtschaftlich geprägten Siedlung Gornot HaGalil –, aber die Botschaft, die Nasrallah und Mughniyya an Israel geschickt hatten, war klar: Von nun an würde jegliches Vorgehen gegen die Hisbollah einen direkten Angriff nach sich ziehen, nicht nur auf die Israelischen Verteidigungsstreitkräfte, sondern auch gegen Zivilisten im nördlichen Israel.

Israel antwortete, indem es schiitische Dörfer bombardierte und seine Truppen im südlichen Libanon verstärkte. Die Israelis hofften, dass dies das Ende dieser Kampfrunde bedeuten würde und dass sich die Hisbollah mit ihrer Demonstration der Stärke als Antwort auf die Ermordung Mussawis zumindest zeitweilig zufriedengeben würde.

Mughniyya jedoch plante etwas Aufsehenerregenderes als ein paar Tage Raketenfeuer: Er wollte die Tausende Israelis ins Visier nehmen, die im Ausland als Diplomaten oder in anderen staatlichen Einrichtungen dienten, genauso wie die jüdischen Gemeinden auf der ganzen Welt, für deren Sicherheit sich der jüdische Staat verantwortlich fühlte. Für Mughniyya war das Schlachtfeld global, und er hatte vor, die Spielregeln umzuschreiben: Jeder Angriff auf ein wichtiges Hisbollah-Mitglied würde nicht nur »in der Region«, wie er und Nasrallah Israel und den Libanon nannten, eine Antwort provozieren, sondern auch außerhalb dieser Region: in israelischen und jüdischen Einrichtungen auf dem gesamten Globus.

Als Erstes schlug er in der Türkei zu. Am 3. März 1992 explodierte eine Sprengvorrichtung in der Nähe einer Synagoge in Istanbul. Wie durch ein Wunder wurde niemand getötet. Vier Tage später starb Ehud Sadan, der Sicherheitschef der israelischen Botschaft, als eine große Bombe in die Luft ging, die eine Gruppe, die sich selbst »Hisbollah Türkei« nannte, unter seinem Auto angebracht hatte.[7] Danach an nahm Mughniyya Argentinien ins Visier. Am 17. März zündete ein Terrorist vor der israelischen Botschaft in Buenos Aires eine Autobombe. 29 Menschen wurden getötet, vier Israelis, fünf argentinische Juden und 20 Kinder in einer nahe gelegenen Schule. 242 Menschen wurden verletzt.[8] In seinem Bekennerschreiben, das an westliche Nachrichtenagenturen in Beirut geschickt wurde, erklärte der Islamische Dschihad, dass der Anschlag dem Gedenken von Hussein gewidmet sei, Mussawis Sohn, der mit ihm zusammen in dem Fahrzeug verbrannt war. Diese Attacke sei »einer unserer fortdauernden Schläge gegen den verbrecherischen israelischen Feind in einem unbefristeten Krieg, der erst beendet wird, wenn Israel ausgelöscht ist«.

Es hatte die Israelis verwundert, wie rasch Mughniyya in der Lage gewesen war, die Anschläge in der Türkei und in Argentinien durchzuführen. Erst später wurde ihnen klar, dass er diese und wohl zahlreiche andere Operationen über Jahre hinaus im Voraus geplant hatte, um sie dann in die Tat umzusetzen, wenn sich die Gelegenheit ergab. Eine ausführliche Untersuchung des Mossad und der Antiterrorzentrale der CIA enthüllte, dass die Gruppe, die den Anschlag in Buenos Aires begangen hatte, eine der 45 Schläferzellen darstellte, die überall auf der Welt, sogar in Europa und den Vereinigten Staaten, vom »Sonderforschungsapparat – Einheit 910« stationiert worden waren. Dies war der Deckname für eine geheime Eliteeinheit der Hisbollah-Miliz, die aus 200 bis 400 ihrer besten und zähesten Kämpfer bestand, von denen die meisten von den Al-Quds-Brigaden der Revolutionsgarden im Iran ausgebildet worden waren.

»Das Ziel der Zellen ist es, auf jeden israelischen Versuch, im Libanon einen Schlag gegen die Hisbollah zu unternehmen, mit einer Antwort außerhalb des Nahen Ostens zu reagieren«, sagte Stanley Bedlington von der Antiterrorzentrale der CIA. So stammten die Attentäter von Buenos Aires aus einer Zelle, die in Ciudad del Este ausgebildet worden war, einer Stadt in Paraguay an der Grenze zu Brasilien und Argentinien nahe der großartigen Iguazú-Wasserfälle, wo sich viele schiitische Emigranten aus dem Libanon angesiedelt hatten. Lange vor dem Schlag gegen Mussawi hatte die Zelle umfangreiche Informationen über mögliche israelische Anschlagsziele gesammelt, die bei Gelegenheit genutzt werden konnten. Nach der Ermordung Mussawis schickte Mughniyya ein Team aus dem Libanon nach Ciudad del Este, wo die Ortsansässigen es mit Informationen, Fahrzeugen, Sprengstoff und einem Selbstmordattentäter versorgten.[9]

Die Israelis beschlossen, direkt nach dem Anschlag keine Vergeltung zu üben, doch plädierten einige Mossad-Leute für eine scharfe Antwort in Südamerika. Ein Mossad-Team fuhr nach Ciudad del Este. »Eine teuflische Stadt«, hieß es in ihrem Bericht. »Wir haben es hier zweifellos mit einer sehr realen Gefahr zu tun. Der nächste Anschlag ist in Vorbereitung.«[10]

Doch ihre Vorgesetzten reagierten gleichgültig, vor allem deshalb, weil jede andere Reaktion signifikante organisatorische Veränderungen im Mossad nach sich gezogen hätte. Wenn Israel anfangen würde, die Hisbollah als eine globale Bedrohung zu betrachten, würde die Organisation in den Verantwortungsbereich des Mossad fallen und eine sehr weitgehende institutionelle Neuausrichtung notwendig machen, unter anderem umfangreiche Stationierungen in Südamerika, wo die Präsenz des Mossad bislang extrem dünn war. Also zog es der oberste Führungsstab des Mossad vor, den Anschlag von Buenos Aires als isoliertes und singuläres Ereignis zu betrachten, als Zufallstreffer der Hisbollah. Die schiitische Organisation war in den Augen der Mossad-Chefs weiterhin lediglich ein lokales Phänomen des südlichen Libanon, mit dem die israelische Armee und der Schin Bet umzugehen hatten. Unabhängig davon aber war Mughniyyas Botschaft durchaus verstanden worden, und Israel verzichtete viele Jahre lang auf jegliche Anschlagsversuche gegen Hisbollah-Führer.

Mughniyya hatte das Gefühl, dass er in Buenos Aires seine Ziele erreicht hatte, und einstweilen stoppte er die Pläne für weitere Attentate außerhalb der nahöstlichen Kampfarena. Doch während er auf die Aktivierung weiterer Schläferzellen verzichtete, gingen seine Provokationen in der Sicherheitszone unvermindert weiter. Monat für Monat, Jahr um Jahr vergrößerten sich die Fähigkeiten der Hisbollah, und sie wurde immer waghalsiger. Mit großzügiger Hilfe des Iran setzte sie immer ausgefeiltere elektronische Technik ein, hörte die Funkverbindungen der Israelischen Verteidigungsstreitkräfte ab, verbesserte ihre Sprengsätze an den Straßenrändern, sodass sie nicht auf die ferngesteuerten Zündvorrichtungen der Israelis reagierten, infiltrierte die Südlibanesische Armee mit Spionen, setzte gegen die israelischen Truppen Selbstmordattentäter ein und führte Überraschungsangriffe, um israelische Befestigungsanlagen im südlichen Libanon zu erobern.[11]

Nasrallah hatte ein feines Gespür für die Stimmung in der israelischen Öffentlichkeit und ihre Empfindlichkeit gegenüber Verlusten. Seine Miliz machte von ihren Operationen Videoaufnahmen und sendete sie bei Al-Manar, einem Fernsehsender der Hisbollah. Diese kurzen Filme wurden in Israel aufgegriffen und häufig auf israelischen Kanälen gesendet. Sie hatten den gewünschten Effekt, der eher ein strategischer als ein taktischer war: Auf lange Sicht rüttelten die zahlreichen Videos über die Erfolge der Hisbollah an dem nationalen Konsens, man müsse die Präsenz der israelischen Armee im Libanon aufrechterhalten. Israel reagierte mit wiederholten Bombardierungen von Hisbollah-Stellungen und von Siedlungen, in denen die Hisbollah aktiv war. Dabei wurden sowohl Soldaten als auch Zivilisten getötet.

Irgendwann war Mughniyya offenbar der Ansicht, dass Israel eine rote

Linie überschritten habe. In Israel selbst konnte niemand genau sagen, welche spezifische Aktion der Auslöser war, aber zwei Jahre nach dem Sprengstoffattentat von Buenos Aires inszenierte Mughniyya einen weiteren Angriff außerhalb des Nahen Ostens. Am 11. März 1994 fuhr ein Selbstmordattentäter einen bis oben hin mit Sprengstoff beladenen Lastwagen vom Stadtrand Bangkoks bis zur israelischen Botschaft. Wäre das Attentat erfolgreich gewesen, hätte es Hunderte von Verlusten gegeben. Glücklicherweise kamen dem Mann plötzlich Zweifel, ob er wirklich ein *shahid*, ein Märtyrer, werden wollte: Er hielt kurz vor der Botschaft mitten auf der Straße an und machte sich davon.[12]

Diesmal, so beschlossen die Israelis, war eine Antwort notwendig. Die Frage war nur, in welcher Form die Vergeltung stattfinden sollte. Bei Beratungen im Büro des Ministerpräsidenten äußerten Offiziere des AMAN, es reiche nicht aus, die Hisbollah zu treffen; vielmehr solle man ihre Geldgeber, die Iraner, ins Visier nehmen. General Ali Reza Asgari, Kommandant der Al-Quds-Brigaden der Revolutionsgarden, war der passende Kandidat für eine Ermordung, argumentierten sie. Zudem hätte ein solches Vorhaben die Verantwortung für die Operation auf den Mossad übertragen.[13]

Ministerpräsident Rabin war jedoch nicht darauf aus, die Iraner in die Sache hineinzuziehen, und im israelischen Geheimdienst wusste ohnehin niemand, wo sich Asgari aufhielt und wie man nah genug an ihn herankommen könnte, um ihn zu töten.[14]

Ein anderes Ziel konnte Rabin jedoch befürworten. Zwei Agenten der Einheit 504 hatten in diesem Frühjahr herausgefunden, dass sich in der Nähe von Ein Dardara, an der libanesisch-syrischen Grenze, ein Hisbollah-Camp befand, in dem gerade ein Offizierstraining abgehalten wurde. Luftaufnahmen einer Scout-Drohne und eine Funküberwachung durch die Einheit 8200 bestätigten die Information. Am 2. Juni 1994, nach wochenlanger penibler Planung, griffen die Defender-Helikopter der israelischen Luftwaffe an. Die Offiziersschüler stoben in alle Richtungen auseinander, verzweifelt auf der Suche nach Deckung vor dem Maschinengewehrfeuer aus den Hubschraubern. Von ihnen wurden 50 getötet und weitere 50 verletzt.[15] Unter den Schülern waren die Söhne einiger hochrangiger Hisbollah-Funktionäre, zwei weitere Opfer aus den

Jassir Arafat und der Journalist Uri Avnery in einem Interview während der Belagerung von Beirut. [Anat Saragusti]

Jassir Arafat verlässt Beirut. Dieses Foto wurde von einem Scharfschützen der Elitetruppe Sajeret Matkal aufgenommen und von Menachem Begin an den amerikanischen Unterhändler Philip Habib weitergegeben, um zu beweisen, dass Israel in der Lage gewesen wäre, Arafat zu töten. [Aus Schiff and Yaari, *Israel's Lebanon War*]

Einer der Entführer des Busses der Linie 300 wird abgeführt. Dieses Bild des noch lebenden Mannes enthüllte die illegalen Tötungen des Schin Bet. [Alex Levac]

Amin al-Hadsch, alias »Rummenigge«, Mitglied einer angesehenen schiitischen Familie und Geschäftsmann mit Kontakten in den ganzen Mittleren Osten, wurde einer der wichtigsten Mossad-Agenten im Libanon. [Elad Gershgorn]

Die Ausbildung der Flotille 13, einer geheimen Kommandoeinheit der Marine, gilt als die schwerste innerhalb der Israelischen Verteidigungsstreitkräfte. Seit den 1970er-Jahren war die Einheit an zahlreichen gezielten Tötungen beteiligt. [Ziv Koren]

Im Kommandozentrum für die gezielte Tötung von Abu Dschihad: Ehud Barak (sitzend, links) und Yiftach Reicher (sitzend, mit dem Telefon in der Hand).

Der kanadische Raketenwissenschaftler Gerald Bull (links) und der frühere Premierminister Quebecs Jean Lesage inspizieren eine der riesigen Kanonen, die Bull entwickelt hat.

Projektleiter Amiram Levin (links) und Schai Avital, Kommandeur der Elitetruppe Sajeret Matkal, bei einem Testlauf für den Anschlag auf Saddam Hussein.

Ali Akbar Mohtaschami, der Gründer der Hisbollah, deutet mit einer Hand, an der sich nur noch zwei Finger befinden – die Folge eines Attentatsversuchs durch den Mossad.

AMAN-Chef Uri Sagie (links) und Ministerpräsident Jitzchak Schamir.
[Nati Herniki, Staatliches Presseamt]

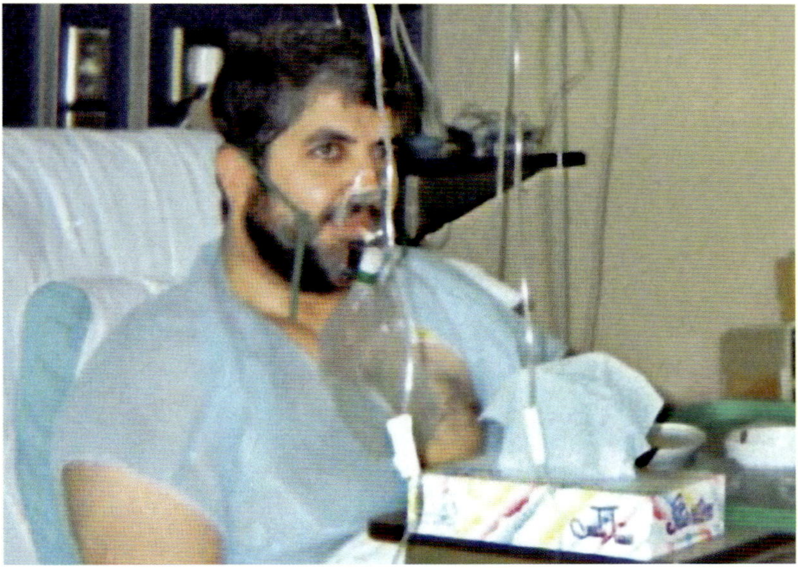

Chalid Maschal erholt sich im Royal Hospital in Amman von einem Giftanschlag.

Angehörige der streng geheimen Mistavarim-Einheit Duvdevan trainieren die Festnahme und die Tötung von Zielpersonen. [Mit freundlicher Genehmigung von Uri Bar-Lev]

Nachdem sich ein Selbstmordattentäter in einem Tel Aviver Restaurant in die Luft gesprengt hat, wird eine verletzte Frau zu einem Krankenwagen getragen. Dies ist eines der Fotos, die Ariel Scharon ausländische Diplomaten anzusehen zwang, wenn er den Einsatz gezielter Tötungen verteidigte. [Ziv Koren]

Die israelische Drone Heron TP kann bis zu 36 Stunden lang in der Luft bleiben, bis zu 370 Kilometer in der Stunde fliegen und mehr als eine Tonne Gewicht (Kameras oder Bomben) tragen. [IAI]

Mit der »Strohwitwen-Technik« versuchten israelische Einheiten, bewaffnete Palästinenser in offenes Gelände zu locken, wo sie dann von versteckten Scharfschützen erschossen wurden. [Ronen Bergman]

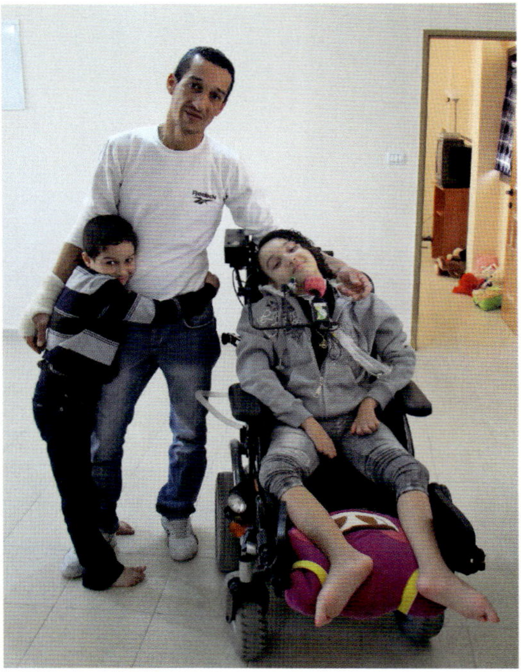

Maria Aman und ihre Familie fuhren im Mai 2006 mit ihrem Auto durch Gaza, als auch sie von einer Rakete getroffen wurden, die eigentlich Mitgliedern des Islamischen Dschihad in einem Fahrzeug in der Nähe galt. Marias sechs Jahre alter Bruder, ihre Mutter und ihre Großmutter wurden getötet. Sie selbst wurde lebensgefährlich verletzt und ist bis heute vom Hals ab gelähmt. Ihr Vater Hamid kümmert sich aufopferungsvoll um sie. [Ronen Bergman]

Der Hamas-Führer Scheich Ahmed Jassin auf einer Pressekonferenz, auf der er verkündet, Rihm Saleh Rijaschi als Selbstmordattentäterin entsandt zu haben. Nach dieser Pressekonferenz entschloss man sich, ihn zu töten, um weitere Selbstmordattentäterinnen zu verhindern.

Ministerpräsident Ariel Scharon (rechts) ernennt Meir Dagan zum Chef des Mossad.
[Saar Yaakov, Staatliches Presseamt]

Eines der Fotos von Imad Mughniyya, dem Stabschef der Hisbollah, die der Mossad nutzte, um ihn 2008 aufzuspüren und zu töten.

Überwachungsfotos von Mughniyyas Stellvertreter und Schwager Mustafa Badreddine, den Mughniyya während seiner Abwesenheit aus Beirut mit der Fortführung der Geschäfte betraut hatte.

Der Generalsekretär der Hisbollah Hassan Nasrallah auf dem Begräbnis Imad Mughniyyas. [Ulrike Putz]

Mahmud al-Mabhuh verlässt den Aufzug im Hotel al-Bustan Rotana, ihm folgen zwei »Tennisspieler«.

Ein Plakat im Flüchtlingslager Dschabalija zum Gedenken an Mahmud al-Mabhuh, daneben eine seiner Schwestern.

Mostafa Ahmadi Roshan, ein Chemieingenieur der Urananreicherungsanlage in Natanz.

Am 12. Januar 2012 wurde Mostafa Ahmadi Roshan in seinem Auto vom Mossad getötet.

»Israel muss von der Landkarte verschwinden«: Ein Propagandaschriftzug in einer Straße in Teheran mit Zielscheiben auf den Köpfen des Mossad-Direktors Meir Dagan, des AMAN-Chefs Amos Jadlin und des Verteidigungsministers Ehud Barak.

Die beiden Mossad-Chefs Jossi Cohen (links, 2016 bis heute) und Tamir Pardo (rechts, 2011 bis 2016) setzten in ihren Amtszeiten gezielte Tötungen weiter als Mittel zur Verteidigung der nationalen Sicherheit ein. [Staatliches Presseamt]

Iranischen Revolutionsgarden waren Verwandte von Regierungsbeamten aus Teheran. »Es war in etwa so, als würde jemand das Eton College in England bombardieren«, sagte ein israelischer Regierungsmitarbeiter.[16]

Radiosender der Hisbollah nannten den Angriff »barbarisch« und versprachen »eine umfassende Reaktion auf allen Ebenen«. 46 Tage später schlug Mughniyya ein weiteres Mal in Buenos Aires zu. Am 18. Juli 1994 ließ ein Selbstmordattentäter einen mit Sprengstoff beladenen Lieferwagen vor dem Haus der Vereinigung der jüdisch-argentinischen Gemeinde (AMIA) in die Luft gehen. Das siebenstöckige Gebäude stürzte ein, 85 Menschen wurden getötet und Hunderte verletzt. Man brauchte Wochen, um alle Leichen aus den Trümmern zu bergen.[17]

Dieser zweite Sprengstoffanschlag ließ die israelischen Geheimdienste endlich in der Realität erwachen, und sie erkannten nun die internationale Bedrohung, die von der Hisbollah ausging. Was zwei Jahre zuvor noch wie ein lokal begrenzter Vorfall gewirkt hatte, entpuppte sich jetzt als die Arbeit eines weltweiten Netzwerks, das von schiitischen Gemeinden unterstützt wurde und unter dem Schutz von iranischen Botschaften stand.[18]

Die Israelis begriffen, dass die außergewöhnlichen Fähigkeiten – »besser als das meiste, das wir jemals von irgendeiner palästinensischen Organisation gesehen haben«, so ein AMAN-Mitarbeiter – zuallererst die von Imad Mughniyya waren. Die Vergeltung sollte in zwei Phasen erfolgen. Zuerst wollte der Mossad Mughniyyas anderen Bruder, Fuad, umbringen. Auf dessen Beerdigung würden die Agenten Mughniyya auflauern und ihn entweder vor Ort töten oder zumindest mit seiner Beschattung beginnen, die dann letztendlich zu seiner Ermordung führen würde. Fuad musste sterben, weil die Israelis nicht die geringste Idee hatten, wo sie Mughniyya finden konnten – er war nach wie vor nichts als ein verschwommenes Foto in ihren Akten.

Doch die Caesarea konnte den Job in Beirut nicht allein bewältigen. Man musste örtliche Agenten einbeziehen und einigte sich schließlich auf Ahmad al-Halak, der 1982 im Libanonkrieg von Israel gefangen genommen und von der Abteilung Tsomet des Mossad rekrutiert worden war. Halak war eher ein Schlägertyp, seine einzig erkennbare Überzeugung war Geld. Er lebte von Schmuggel und Schutzgelderpressungen, was ihm Zugang zu jenen zwielichtigen Gegenden Beiruts gab, für die sich der Mossad interessierte. Bis zum Jahr 1994 war er für die Abteilung Tsomet zum Schlüsselagenten der Stadt geworden. Auf Anweisung seines Verbindungsoffiziers, mit dem er sich ab und an in Zypern traf, fand er einen Vorwand für einen betont zufälligen Besuch in Fuad Mughniyyas Eisenwarenhandlung im schiitischen Stadtteil al-Safir und freundete sich im Laufe der folgenden Monate mit ihm an.

Am Nachmittag des 21. Dezember 1994 um kurz vor fünf parkten Halak und seine Frau Hanan ihr Auto vor Fuads Laden. Halak ging hinein, um sicherzugehen, dass Fuad da war, plauderte kurz mit ihm über die Schulden, die er gerade für den Ladenbesitzer eintrieb, und verließ den Laden wieder. Seine Frau kam schnell aus dem Auto, und die beiden entfernten sich zu Fuß. Nach etwa 90 Metern drehte Halak sich um, blickte zu dem Laden und dem davor geparkten Auto und steckte die Hand in seine Tasche. Die 50 Kilogramm hochexplosiven Sprengstoffs, die im Kofferraum des Autos verstaut waren, detonierten und zerstörten Fuads Laden. Er selbst und drei Passanten starben, 15 weitere Menschen wurden schwer verletzt.[19]

In einem Statement, das die Hisbollah nach dem Sprengstoffanschlag veröffentlichte, hieß es: »Es gibt keinen Zweifel über die Identität der kriminellen Bande, die dieses Verbrechen gegen Zivilisten in einer Einkaufsstraße im Beiruter Stadtteil al-Safir begangen hat. Nach wiederholten Drohungen haben heute der zionistische Feind und seine destruktiven Geheimdienste ein abscheuliches Verbrechen gegen etliche Menschen verübt, die gerade dabei waren, ihre Einkäufe zu erledigen.«

Die Beerdigung fand am nächsten Tag statt. Der Mossad hatte vier Beobachtungsposten an verschiedenen Stellen des Weges und beim Friedhof aufgestellt. Aber Mughniyya durchschaute das Spiel. Aus Angst, der Mossad könnte ihm auflauern, blieb er der Beerdigung seines Bruders fern.

Inzwischen hatte sich die Hisbollah umgehend an Halaks Fersen geheftet. Er entkam mit knapper Not, indem er den Strand erreichte, wo ihn ein U-Boot aufnahm und nach Israel brachte. (Seine Frau Hanan, die das Land per Flugzeug verlassen wollte, wurde auf dem Weg zum Flughafen gefasst, gefoltert und zu 15 Jahren Zwangsarbeit verurteilt.) Der Mossad schickte Halak mit einer neuen Identität in ein südostasiatisches Land, aber er konnte sich dort nicht einfügen. »Ich verstehe nicht, wie diese Leute ticken. Sie sind klein und sonderbar«, beschwerte er sich bei einem Treffen mit einem Agenten der Abteilung Tsomet, der mit ihm den Kontakt hielt. Nach einem halben Jahr bot der Mossad an, ihn in eine arabische Stadt in Galiläa zu versetzen, aber Halak bestand darauf, in den Libanon zurückzukehren. Im März 1996 brachte ihn ein israelischer Doppelagent, der für die Hisbollah arbeitete, dazu, die Einladung zu einem Mittagessen anzunehmen.[20] Halak wurde betäubt und in einem Lastwagen nach Beirut gebracht, wo Mughniyya und seine Helfer ihn folterten. Danach wurde er den libanesischen Behörden übergeben, angeklagt, zum Tode verurteilt und von einem Erschießungskommando exekutiert.

Mehr als drei Jahre waren seit dem überstürzten Mordanschlag auf Abbas al-Mussawi vergangen. Mehrere Dutzend Menschen waren in einem blutigen Teufelskreis der Rache ums Leben gekommen. Doch die Hisbollah hatte mit ihrem neuen Anführer nur an Stärke gewonnen: Nasrallah erwies sich als sehr viel mächtiger und effektiver, als Mussawi es jemals gewesen war.

»Ich habe die Reaktion der Hisbollah nicht genau genug vorhergesehen«, so Generalmajor Uri Sagie. »Ich habe Imad Mughniyya nicht richtig eingeschätzt.« Auch Verteidigungsminister Arens gab zu, dass »die Entscheidung zu überstürzt gefallen ist«.[21]

Was den damaligen Stabschef Ehud Barak angeht: Er bestätigte die Fakten, gab aber den Fehler nicht zu. »Die Frage ist doch«, sagte er, »wie stellten sich die Dinge zum Zeitpunkt der Tat dar? Wir hatten Mussawi als Bedrohung identifiziert, und wir dachten, es sei richtig, ihn anzugreifen. In dieser Situation war das ein vernünftiger Gedanke. Damals war es sehr schwer vorauszusehen, dass er von Nasrallah ersetzt werden würde, der zu dieser Zeit sehr viel weniger wichtig erschien und viel weniger Einfluss hatte. Man konnte nicht wissen, dass er ein Anführer mit einer solchen Machtfülle werden würde. Auch dass Mughniyya, von dem sich herausstellte, dass er ein ungeheures Talent für Einsätze hatte, sein zweiter Mann werden würde, konnte man nicht ahnen.«[22]

Im Jahr 1995 jedenfalls blieb er am Leben. Und jetzt war er nur noch *einer* von Israels Gegenspielern.

24 Nur ein Schalter: an und aus

Auf dem Parkplatz eines Kiosks am Straßenrand in der Nähe von Mechola, einer Siedlung im Jordantal, standen am 16. April 1993 zwei Busse, von denen einer mit israelischen Soldaten voll besetzt war. Nach einiger Zeit fuhr ein Auto von der Straße ab und rollte nah an die beiden Busse heran.

Dann explodierte es.

Im Vergleich zum Schaden, den der Terrorist hatte anrichten wollen, war die Zahl der Opfer gering. Ein Palästinenser aus dem nahe gelegenen Dorf, der in einem Schnellimbiss arbeitete, wurde getötet. Acht Menschen wurden leicht verletzt. Jedoch fanden die Ermittler des Schin Bet im Innern des Autos die verkohlten Überreste des Fahrers, zusammen mit Kochgasflaschen, die als Sprengstoff benutzt worden waren. Ein Selbstmordattentäter.

Inzwischen waren Selbstmordattentate ziemlich verbreitet, aber bisher hatten sie an anderen Orten stattgefunden, nicht in Israel. Das Attentat von Mechola war der Anfang einer Welle solcher Bombenanschläge innerhalb Israels. Im Laufe von elf Monaten wurden dadurch mehr als 100 Israelis getötet und über 1000 verletzt.

Die obersten Führungskräfte des Schin Bet versuchten zu begreifen, an welcher Stelle sie sich verrechnet hatten und wie es zu dieser entsetzlichen Situation hatte kommen können. Die meisten Anschläge konnten auf nur drei Männer zurückgeführt werden. Zwei von ihnen, Ahmed Jassin und Salah Shehade, saßen jedoch in israelischen Gefängnissen. Und der dritte, Jahja Ajasch, hielt sich in Polen auf, zumindest glaubten die Israelis das.[1] Sie hatten keine Ahnung, wie die drei es schafften, miteinander zu kommunizieren, geschweige denn, wie sie die Sprengsätze bauen ließen und wie es ihnen gelang, dermaßen viele Selbstmordattentäter anzuwerben und auszusenden.

Jassin wurde in dem palästinensischen Dorf al-Jura geboren und musste während des Krieges von 1948 seine Heimat verlassen. Zusammen mit seiner Familie landete er schließlich im von Ägypten verwalteten Gazastreifen. Wie viele junge Palästinenser wurde er Mitglied der Muslimbrüder, bei denen er einen zwei Jahre älteren Flüchtling namens Chalil al-Wasir kennenlernte, jenen charismatischen Führer, der später unter dem Namen Abu Dschihad bekannt wurde. Al-Wasir befürchtete, dass es seiner Karriere schaden könnte, mit den Muslimbrüdern identifiziert zu werden, die damals im Konflikt mit der ägyptischen Regierung standen. Er verließ sie also, um seinen eigenen Weg zu gehen. Jassin hingegen, ruhig und introvertiert wie er war, hatte das Gefühl, seine Berufung gefunden zu haben. Auf dem Gebiet der Islamwissenschaft wurde er ein Wunder an Gelehrsamkeit.

Nach der Niederlage der Araber im Sechstagekrieg von 1967 setzte al-Wasir in dem festen Glauben, dass Israel am Ende nur durch Gewalt vernichtet werden könne, eine gigantische Guerillakriegskampagne in Gang. Jassin dagegen kam zu einem anderen Schluss. Er glaubte, dass die Niederlage der Araber eine Folge ihrer eigenen moralischen Schwäche war und dass säkulare und dekadente Regierungen sich zu weit von Allah entfernt hatten. Entsprechend konnte Erlösung nur in der Hingabe an den Islam gefunden werden. »*Al-Islam hua al-Khal*«, sagte er oft: »Der Islam ist die Lösung«, und er wiederholte damit auf Arabisch jenen Slogan, mit dem Ruhollah Khomeini auf Farsi seine Anhänger wachgerufen hatte.

In dem Bestreben, eine Bewegung ins Leben zu rufen, die auf islamischen Werten beruhte und die er selbst anführen konnte, errichtete Jassin in den späten 1960er- und frühen 1970er-Jahren Moscheen und Islamschulen und baute ein Wohlfahrts- und Sozialhilfenetzwerk auf. Als schlanker, zerbrechlicher Mann, der mit hoher Stimme sprach und in der Folge eines Kindheitsunfalls im Rollstuhl saß, erweckte Jassin den Anschein eines empfindsamen Sozialreformers, der gute Taten in Gaza verrichtete. Der Schin Bet ging davon aus, dass er definitiv keine Bedrohung für Israel darstellte.[2]

Viele Schin-Bet-Mitarbeiter mochten Jassin sogar. Anders als die PLO versuchte er nicht, ihnen seine Aktivitäten zu verheimlichen, und wann immer er darum gebeten wurde, traf er sich zu langen Unterredungen mit israelischen Regierungsbeamten. »Er war ein großartiger Gesprächspartner, bestens informiert über die Geschichte des Zionismus und die israelische Politik, scharfsinnig und sehr sympathisch«, erinnert sich ein leitender Schin-Bet-Offizier mit dem Decknamen »Aristo«, der zu dieser Zeit im Gazastreifen stationiert war. »Er war ganz anders als die PLO-Terroristen, die wir normalerweise befragten.«[3]

Angesichts der Tatsache, dass Arafat in den besetzten Gebieten seine Unterstützer um sich sammelte und auf der ganzen Welt Anerkennung erfuhr, schien es das Beste zu sein, Jassin in Ruhe zu lassen. »In gewisser Weise hat der Schin Bet einen Dschihadisten aufgebaut«, sagte Amnon Lipkin-Schachak, Chef des AMAN in den späten 1980er-Jahren.[4]

»Unsere Behörde gehörte zu den Faktoren, durch die die islamistischen Elemente gefördert wurden«, sagte Ami Ajalon, Chef des Schin Bet in den 1990er-Jahren. »Um ein Gegengewicht zur palästinensischen Nationalbewegung der PLO zu schaffen, so war unser Gedanke, würden wir den Islam unterstützen, denn in ihm gab es keine nationalistischen Elemente, jedenfalls glaubten wir das zu dieser Zeit.« Die Hoffnung war, dass die muslimischen Geistlichen, die dank ihres sozialen Engagements in Vorschulen, Krankenhäusern, Jugendzentren und Moscheen an Popularität gewannen, die Unterstützung für die Fatah vermindern und Arafat schwächen würden.[5]

Zu dieser Zeit wurden die Muslimbrüder in Gaza hauptsächlich als soziale Bewegung betrachtet, die keine politischen Ambitionen hatte. Für die 1960er- und 1970er-Jahre war dies weitgehend richtig. Doch dann stürzte Ajatollah Khomeini den Schah im Iran. Ein Religionsgelehrter, fromm und heilig, hatte eine Revolution angeführt, eine Armee aufgestellt und eine funktionsfähige Regierung errichtet. Er zeigte allen Muslimen – nicht nur denen, die wie er selbst Schiiten waren –, dass der Islam nicht nur eine Religion war, beschränkt auf das Predigen in den Moscheen und das Almosengeben in den Straßen, sondern gleichzeitig ein Mittel der politischen und militärischen Machtausübung darstellte – dass also der Islam Staatsdoktrin sein konnte: die Lösung für alles.

In den palästinensischen Territorien veränderte sich der Ton der Prediger. »Die Apologetik, die den Islam bis dahin geprägt hatte, begann zu verschwinden«, so Juval Diskin, der im Jahr 2005 Chef des Schin Bet wurde und einen Großteil seiner Karriere als Geheimdienstagent inmitten der palästinensischen Bevölkerung verbracht hatte. »Die Passivität und das Abwarten des langen Prozesses, in dem die Herzen der Menschen auf die ›Erlösung‹ vorbereitet wurden, machten Platz für den Aktivismus und die Predigten zugunsten des Kampfes, des Dschihad. Die demütigen Prügelknaben verwandelten sich in äußerst tatkräftige Aktivisten. Das passierte hier in Gaza, genau wie überall sonst im Nahen Osten und in Afrika. Sie waren reifere Persönlichkeiten und ideologisch viel gefestigter als die Leute von der PLO, und die Art und Weise, wie sie geheime Informationen nach einem ausgefuchsten Untergliederungssystem weitergaben, war tausend Mal besser als alles, was wir bisher gesehen hatten. Weder wir noch der Rest der westlichen Welt nahm diesen Prozess wahr, während er passierte.«[6]

Wie der Schin Bet eher durch Zufall im April 1984 erfuhr, gehörte Jassin zu den frühen Adepten. Eines Tages wurde im Gazastreifen ein junger palästinensischer Aktivist verhaftet, weil man ihn verdächtigte, in Terrorakte verwickelt zu sein, die von der Fatah finanziert wurden. Er wurde in einen freien Vernehmungsraum gebracht und von Micha Kubi, einem Vernehmungsbeamten des Schin Bet, verhört. (Er war der Mann, der die beiden Terroristen, die den Bus in Aschkelon entführt hatten, befragte, kurz bevor sie vom Schin Bet ermordet wurden, und der sich später weigerte, die Unwahrheit über den Vorfall zu sagen.)

Der Verdächtige redete, gab häppchenweise Informationen preis, aber Kubi spürte, dass er irgendetwas verschwieg, ein Geheimnis, das zu wichtig war, um es zu erzählen. Kubi beugte sich vor, als wollte er dem Palästinenser etwas ins Ohr flüstern. Dann drehte er seinen kräftigen Arm, während die Hand aus der Hüfte nach oben schnellte, und gab dem Mann eine Ohrfeige, die ihn vom Stuhl riss und gegen die Wand schmetterte. »Ich habe keine Lust auf den Quatsch, den du mir erzählst«, brüllte Kubi auf Arabisch. »Wenn du hier heute lebend rauskommen willst, solltest du langsam mit den ernst zu nehmenden Sachen anfangen.«[7]

Mehr Nachhilfe brauchte der Mann nicht. Das Verhör brachte schnell zutage, dass Scheich Jassin unter dem Kommando des extremen Flügels der Muslimbrüder in Jordanien arbeitete, deren Anführer der Palästinenser Abdallah Azam war. Zu dieser Zeit war Azam auch in Peschawar aktiv, einer großen Stadt im nordwestlichen Pakistan, wo er den Spross einer reichen Bauunternehmer-Familie aus Saudi-Arabien kennengelernt und ihn von seiner militanten dschihadistischen Ideologie überzeugt hatte. Der reiche Saudi finanzierte mit dem Geld seiner Familie die Organisation und unterstützte die Netzwerke fanatischer Islamisten, von denen manche Absolventen jener Trainingslager waren, die die CIA in Afghanistan zum Aufbau einer Stellvertreter-Armee gegen die sowjetischen Besatzer betrieb. Der Mann hieß Osama bin Laden.[8]

Azams Männer in Jordanien hatten Jassin Geld geschickt, das sie von reichen Einzelpersonen in Jordanien und Saudi-Arabien erhalten hatten, und er benutzte das Geld, um in Vorbereitung eines Dschihad gegen Israel bewaffnete Gruppen zusammenzustellen. Aufgrund der Informationen, die der Palästinenser preisgegeben hatte, verhafteten die israelischen Behörden Jassin und seine engsten Mitarbeiter. Der wichtigste dieser Männer war der gebildete und scharfsinnige Salah Shehade, der von Beruf Sozialarbeiter war. Unter Jassins Einfluss war er zum gläubigen Muslim und nach und nach zur rechten Hand seines Mentors geworden. Für die geheimen Aktivitäten der Organisation war er zuständig.

In ihrem Ärger, von dem Scheich und seinen Männern getäuscht worden zu sein, behandelten die Schin-Bet-Mitarbeiter ihre Gefangenen mit äußerster Strenge. Der Erste, dessen Willen sie brechen konnten, war Shehade, der geschlagen worden war und dem man Schlaf und Nahrung entzogen hatte. Shehade litt unter Klaustrophobie, und die Schin-Bet-Leute nutzten das aus, indem sie ihn mit verbundenen Augen und gefesselt an Händen und Füßen in einen Keller einsperrten und ihm Tonbänder mit den Geräuschen von Ratten und Kakerlaken vorspielten. Er flehte sie an, ihn herauszulassen, und als man ihm schließlich seine Bitte erfüllte, wartete Kubi auf ihn.

Kubi teilte Shehade mit, dass man ihm im Austausch für Informationen Essen geben würde. Shehade, erschöpft und hungrig, wie er war, willigte unter der Bedingung ein, dass Kubi nicht preisgab, dass er der Erste war, der geredet hatte.

Der Nächste, der brach, war Jassin selbst, obwohl auf ihn kein körperlicher Druck ausgeübt wurde. Der Vernehmungsbeamte des Schin Bet, Aristo, übernahm das Verhör. Aristo erzählte:

> Aus der wochenlangen Observierung seines Wohnhauses wussten wir, dass eine Bewunderin von Scheich Jassin, eine ehrbare und verheiratete Frau, ihn gelegentlich besuchte und aus dem Wunsch heraus, sein schwieriges Leben schöner zu machen, mit ihm ins Bett ging. Während eines Verhörs beugte ich mich über ihn und flüsterte ihm ins Ohr: »Ich weiß alles über dich. Ich weiß, worüber du mit den Menschen sprichst, denen du am nächsten stehst. Ich weiß, wer dich besucht und wann. Ich weiß, wann du einen Ständer hast und wann nicht.« Ich erwähnte die Frau nicht, aber er wusste sehr genau, worauf ich anspielte, und auf der Stelle überdachte er seine Lage. Er begriff, dass er keine Wahl hatte, dass wir, wenn er nicht redete und uns die korrekten Einzelheiten nannte, die Geschichte mit der Frau herumerzählen und ihn in eine äußerst peinliche Situation bringen würden.[9]

Die Angst vor öffentlicher Demütigung erwies sich als verlässliche Taktik. Ein anderer höhergestellter Gefangener musste sich ausziehen und stundenlang nackt vor den Vernehmungsbeamten stehen. Sie sahen, dass er einen unnormal kleinen Penis hatte, und aus Angst, dass sie es weitererzählen würden, fing er ebenfalls an zu reden.

Aus den Verhören wurde deutlich, dass Jassin den gewaltsamen Dschihad schon lange vorbereitet hatte. Seit 1981 hatte er seinen Leuten befohlen, in die Stützpunkte der Israelischen Verteidigungsstreitkräfte einzubrechen und Waffen und Munition zu stehlen, und sie hatten große Mengen angesammelt. Insgesamt wurden 44 Schusswaffen gefunden, das erste Waffenlager der Organisation.

Das Verhör enthüllte, dass Jassin heimlich eine kleine militärische Einheit unter dem Kommando von Salah Shehade gegründet hatte. Diese Einheit bestand aus zwei getrennten Teilen: Eine sollte gegen abtrünnige Palästinenser vorgehen, die andere in den Dschihad gegen Israel ziehen. Jassin und seine Männer wählten die Leute für beide Einheiten aus, indem sie ein Trainingsprogramm besuchten, das von den Sport- und Kulturausschüssen von Jassins Wohlfahrtsorganisation durchgeführt wurde. Dort konnten sie beobachten, wer körperlich fit war und wer organisatorische Fähigkeiten besaß und sich der Bewegung ideologisch verpflichtet fühlte.[10]

In einem Resümee, das Kubi schrieb, nachdem er alle Häftlinge verhört hatte, hieß es, Shehades Männer seien »sehr schlau, etwas gebildeter als der Durchschnitt und von fanatischer Religiosität. Sie bewegen sich in einem eigenen Universum, das zu betreten [für den Geheimdienst] nahezu unmöglich ist.«[11] Sein Bericht gelangte in die obersten Führungsetagen des Schin Bet und wurde dort diskutiert. »Aber«, so Aristo, »Avrum [Avraham Schalom, Direktor der Behörde] sagte, es gebe nicht den geringsten Grund, sich mit der Sache zu beschäftigen, und es würde keinerlei Schaden daraus erwachsen. Er nannte Jassin und seine Bande *Tzileigerim* [ein jiddischer Slang-Ausdruck für ›Verlierer‹ oder ›Krüppel‹]. Ich bekam den Eindruck, dass es sehr wichtig für Avrum war, den Politikern, die über ihm standen, zu gefallen – genauer gesagt der Likud-Regierung und Schamir, der die PLO hasste – und ihnen mit diesem speziellen Lächeln zu erzählen, dass er heimlich an einer raffinierten Verschwörung arbeitete, die Arafat erheblich schaden würde. Rückblickend betrachtet hatte er durchaus recht: Es war tatsächlich eine raffinierte Verschwörung im Gange – so raffiniert, dass sie ihm selbst und dem gesamten Schin Bet komplett entging.«[12]

Jassin wurde für seine Verwicklung in eine Serie von Waffendiebstählen zu 13 Jahren verurteilt, aber man entließ ihn ein Jahr später im Rahmen eines Gefangenenaustauschs mit Ahmad Dschibrils Volksfront zur Befreiung Palästinas (PFLP). Er machte genau da weiter, wo er aufgehört hatte – am Aufbau einer Infrastruktur für die Organisation. Jassin hatte ein exzellentes Gedächtnis, und er wusste alle 1500 Decknamen aus dem Kopf, die er sich für die zahlreichen Spione, Operationen und Briefkästen hatte einfallen lassen. Er konnte den Lebenslauf jedes einzelnen Mitglieds aufsagen und hatte ein erstaunliches Gespür für technologische Neuerungen und das Zeitgeschehen im Nahen Osten.[13]

Außerdem entwickelte und verbreitete Jassin in den folgenden Jahren seine Lehre zur Verteidigung von Selbstmordattentaten. Zum Wohl seiner Schüler betonte er den Unterschied zwischen dem strengstens verbotenen Selbstmord und dem Selbstopfer auf dem Schlachtfeld, das ein religiöses Gebot sei und dem Märtyrer und sogar seiner Familie einen Platz im Paradies sichere. Immer dann, wenn der Suizid den Segen eines ausgewiesenen islamischen Scheichs erhalten habe, so lehrte Jassin, dann handele der Sterbende nicht aus persönlichen Motiven, sondern müsse als *shahid*, als Märtyrer, betrachtet werden, der im Dschihad für Allah gefallen sei.[14]

Währenddessen befand sich der Schin Bet in einer schwierigen Übergangsphase. Die Behörde versuchte mit einer ganzen Serie von Erschütterungen fertigzuwerden, die von der Bus-Affäre in Aschkelon und ihren Nachwirkungen verursacht worden waren. Innerhalb kürzester Zeit war ein Großteil des Führungspersonals des Schin Bet von jüngeren Männern ersetzt worden, die nun Zeit brauchten, zu professioneller Reife zu finden. Mehrere Führungsoffiziere und Ermittler haben berichtet, dass sie während dieser Zeit ihre Vorgesetzten vor den Gefahren des islamischen Extremismus gewarnt hätten, dass aber die Behörde zu machtlos gewesen sei, um das Problem anzupacken. Als Ende 1987 die erste Intifada losbrach, war Jassin längst die wichtigste politisch-religiöse Figur im Gazastreifen und im Westjordanland. Er stand an der Spitze einer Bewegung mit Hunderten von Mitgliedern und Zehntausenden von Unterstützern. In jenem Dezember erklärte Jassin, der Dschihad habe begonnen. Er nannte seine Organisation »Die Islamische Widerstandsbewegung«. Ihr arabisches Akronym lautet »Hamas«, was zugleich »Eifer« bedeutet.[15]

Während der darauffolgenden Monate liefen unzusammenhängende Berichte über die Bewegung beim Schin Bet ein, und im August 1988 plante man einen groß anlegten Einsatz gegen sie. In einer Razzia nahm der Schin Bet 180 Leute fest und unterzog sie intensiven Verhören. Doch sie alle waren bestens vorbereitet und behielten die wichtigste Information für sich: dass Salah Shehade, das ranghöchste Mitglied, das während der Razzia inhaftiert worden war, einen geheimen militärischen Flügel gegründet hatte und ihn jetzt auch befehligte.[16] Zuerst hatten er und Jassin, schlau und ironisch, wie sie waren, diesen Flügel »Einheit 101« genannt, nach Ariel Scharons legendärer Kommandoeinheit. Danach wurde der Name geändert in »die Spezialeinheit, Issedin-al-Kassam-Brigaden«, nach einem palästinensischen Anführer, der in den 1930er-Jahren Angriffe auf britische und jüdische Ziele verübt hatte.[17]

Shehade befehligte den militärischen Flügel aus dem Gefängnis heraus weiter, indem er verschlüsselte Nachrichten hinausschmuggelte. Im Jahr

1989 entsendeten er und Jassin zwei Mitglieder der Einheit, Mahmud al-Mabhuh und Muhammad Nasr, damit sie zwei israelische Soldaten verschleppten und ermordeten. In einem Auto mit israelischen Nummernschildern legten sich die beiden an einer Straßenkreuzung auf die Lauer, von der sie wussten, dass viele Soldaten von hier aus per Anhalter fuhren. In Israel ist dies eine verbreitete Praxis, und viele Fahrer sind nur zu froh, Soldaten, die Kurzurlaub haben, dabei behilflich zu sein, nach Hause oder zurück zu ihren Stützpunkten zu kommen.[18]

Zwei Jahrzehnte später erzählte al-Mabhuh dem Fernsehsender al-Dschasira, wie sie Ilan Saadon, einen der beiden Soldaten, gefangen nahmen:

> Wir verkleideten uns als religiöse Juden, mit Kippa auf dem Kopf, wie Rabbis. Ein anderes Auto hielt an der Kreuzung, um Mitfahrer abzusetzen. Wir hatten Kisten im Auto [damit es so eng war, dass nur ein Anhalter hineinpasste]. Ich war der Fahrer. Die Kisten lagen hinter mir, und die Tür hinter mir funktionierte nicht. Ich sagte ihm [Saadon], dass er um das Auto herum auf die andere Seite gehen sollte. Das tat er und setzte sich auf den Rücksitz. Ich und Abu Sahib [sein Kompagnon Nasr] hatten ein verabredetes Zeichen: Ich sollte im passenden Moment eine Handbewegung machen, weil ich hinten und vorne die Straße im Blick hatte. Und ungefähr drei Kilometer nach der Kreuzung gab ich Abu Sahib das Zeichen, und er nahm seine Beretta-Pistole und schoss. Ich hörte ihn [Saadon] schwer atmen. ... Er kriegte zwei Kugeln ins Gesicht und eine in die Brust, keuchte noch einmal, und das war's – erledigt. Wir legten ihn dann auf den Sitz und fuhren zum vereinbarten Ort.

Mabhuh fügte hinzu, dass er Saadon gern selbst erschossen hätte, dass aber zu seinem großen Bedauern dieses Vorrecht sein Komplize hatte. Bei beiden Entführungen fotografierten al-Mabhuh und Nasr sich selbst dabei, wie sie die Leichen der Soldaten mit Füßen traten, um ihren Sieg zu feiern.[19]

Al-Mabhuh und Nasr flohen nach Ägypten, bevor der Schin Bet sie festnehmen konnte. Al-Mabhuh wurde eine operative Schlüsselfigur der Hamas im Ausland. Die anderen Mitglieder der Issedin-al-Kassam-Brigaden, die die zwei Mörder logistisch unterstützt hatten, wurden festgenommen und gefoltert, unter anderem mit Scheinexekutionen und durch Injektionen von Natriumpentothal. Sie gestanden alle, und einer von ihnen wurde in eine Uniform der Israelischen Verteidigungsstreitkräfte gesteckt, im Gazastreifen herumgefahren und dazu gebracht, die Stelle zu zeigen, wo Saadons Gewehr und seine Erkennungsmarken versteckt lagen, zusammen mit den Mordwaffen.[20]

Jassin erhielt für seine Beteiligung an den Bluttaten eine lebenslange Gefängnisstrafe.

Am Morgen des 13. Dezember 1992 drangen zwei maskierte Männer in das Büro des Roten Kreuzes in Al-Bireh ein, einer Stadt im Westjordanland, und überreichten der Frau am Empfang einen Brief. Sie schärften ihr ein, ihn erst eine halbe Stunde, nachdem sie verschwunden waren, zu öffnen, und rannten fort.

Er lautete: »Heute, am 13.12.1992, dem fünften Jahrestag der Gründung der Hamas, wurde ein Offizier der Besatzungsarmee entführt. Er wird an einem sicheren Ort festgehalten. ... Hiermit unterrichten wir die Behörden der Besatzungsmacht darüber, dass wir verlangen, dass sie und die israelische Führung im Austausch für die Freilassung dieses Offiziers Scheich Ahmed Jassin freilassen.«

Der Brief enthielt die Unterschrift »Die Spezialeinheit, Issedin-al-Kassam-Brigaden, Militärischer Arm, Hamas«. Dem Brief beigefügt war ein Foto des Dienstausweises eines First Senior Sergeant der Grenzpolizei. Sein Name war Nissim Toledano.[21]

Ministerpräsident und Verteidigungsminister Jitzchak Rabin beschloss, nicht auf die Forderung der Entführer einzugehen, und startete stattdessen einen großen Feldzug mit Razzien und Verhaftungen. Währenddessen versuchte der Schin Bet, etwas Zeit zu gewinnen. Ein hoher Amtsträger, Barak Ben Zur, wurde zu Jassin ins Gefängnis geschickt, um ihn zu bitten, einem Medieninterview zuzustimmen und seine Anhänger anzuweisen, dem entführten Polizeibeamten nichts zuleide zu tun.

Der Scheich saß in seinem Rollstuhl, eingewickelt in eine Decke, als er Ben Zur empfing, »mit einem Lächeln, das beinahe herzlich war«. Er gab eine Reihe von Interviews und wiederholte jedes Mal die Erklärung, um die man ihn gebeten hatte.

Erst danach wurde dem Schin Bet klar, warum Jassin so entgegenkommend gewesen war. Er hatte die Situation vorausgesehen und seine Männer im Voraus angewiesen, alles zu ignorieren, was sie ihn in welchem Interview auch immer würden sagen hören. Weil man ihm seine Botschaft höchstwahrscheinlich gegen seinen Willen abgerungen haben würde, sollten sie unter keinen Umständen auf ihn hören.

Das Gefängnis hatte weder Jassins Einfluss vermindert noch seinen Willen gebrochen. »Es wird keinen Frieden geben«, sagte er zu Ben Zur, nachdem die Interviews erledigt und die Kameras ausgeschaltet waren. »Was ihr uns gebt, nehmen wir, aber wir werden niemals unseren bewaffneten Kampf aufgeben. Solange ich, Scheich Jassin, am Leben bin, werde ich sicherstellen, dass es keine Friedensgespräche mit Israel geben wird. Die Zeit ist für mich kein Problem: Zehn Jahre, hundert Jahre – am Ende wird man euch vom Antlitz dieser Erde gefegt haben.«[22]

Jassins öffentliche Anweisung, Toledano nichts zu tun, ignorierten die Hamas-Männer – wie man es ihnen im Voraus befohlen hatte. In dieser Nacht kamen die vier Entführer in Ninja-Kostümen und mit Messern bewaffnet zu der Höhle, in der Toledano gefangen gehalten wurde. »Wir haben Israel gebeten, Scheich Ahmed Jassin für dich freizulassen«, erklärten sie ihm. »Aber deine Regierung sträubt sich, und das ist der Beweis, dass für sie das Leben ihrer Soldaten nichts zählt. Es tut uns leid, dass wir dich töten müssen.«

Todedano fing an zu weinen. Er flehte sie an, ihn freizulassen.

»Was ist dein letzter Wunsch?«, fragte ihn einer der Hamas-Männer.

»Wenn ihr mich wirklich töten wollt, tötet mich in meiner Uniform.«

Die Hamas-Männer strangulierten ihn, und als sie merkten, dass er noch am Leben war, stachen sie ihn tot.[23]

Für Rabin brachte der Mord an Toledano das Fass zum Überlaufen. In der vorhergehenden Woche waren fünf weitere Israelis bei Terrorangriffen ums Leben gekommen, die meisten davon hatte die Hamas organisiert. Die Rabin-Regierung, die nun die Gefahr erfasste, die von der Hamas ausging, beschloss, dass es an der Zeit war, einen entscheidenden Schlag gegen die Bewegung zu führen. Einige Schin-Bet-Leute schlugen vor, Jassin im Gefängnis zu vergiften, was relativ einfach gewesen wäre. Rabin wies die Idee entschieden zurück, denn er fürchtete die Ausschreitungen, die unweigerlich folgen würden, wenn bekannt würde, dass Jassin in israelischer Haft gestorben war.

Der Stabschef der Israelischen Verteidigungsstreitkräfte, Ehud Barak, schlug eine andere Variante vor: die Massenausweisung von Hamas-Aktivisten in den Libanon. »Wir hatten eine Menge Methoden gegen die Hamas ausprobiert«, sagte Generalmajor Danny Jatom, Chef des Zentralkommandos der Israelischen Verteidigungsstreitkräfte. »Und aus irgendeinem Grund hatten wir das Gefühl, dass eine solche Ausweisung in den Libanon die Motivation der Terroristen, die wir hinauswarfen, extrem beschädigen würde – und auch derjenigen, die künftig darüber nachdenken würden.«[24]

Es war eine problematische Entscheidung, in ethischer, rechtlicher und pragmatischer Hinsicht. Die israelische Armee und der Schin Bet hofften, die Ausweisung heimlich durchführen zu können, bevor die Weltöffentlichkeit Wind davon bekam. Dadurch entstand ein gewaltiger Zeitdruck. Am 16. Dezember 1992 ging es los: 400 Personen, die verdächtigt wurden, Verbindungen zur Hamas zu haben, wurden festgenommen – von ihnen war keine einzige direkt in die vorangegangenen Terrorakte verwickelt gewesen. Man verband ihnen die Augen und legte ihnen Handschellen an, dann wurden sie in Busse gesetzt und zur libanesischen Grenze gefahren.

Doch die Nachricht von dem Einsatz war trotzdem durchgesickert, und mehrere israelische Nichtregierungsorganisationen sowie die Familien einiger Deportierter reichten Petitionen beim Obersten Gerichtshof ein, die darauf abzielten, die Deportation zu stoppen, wodurch der Buskonvoi viele Stunden lang aufgehalten wurde. Das Büro des Generalstaatsanwalts weigerte sich, die Regierung zu vertreten, denn man war dort der Ansicht, dass die Deportation genau genommen ein Kriegsverbrechen darstellte. Stabschef Barak musste persönlich zum Gericht gehen, um zu versuchen, die Richter zu überzeugen.[25]

Er hatte Erfolg, doch inzwischen war ein internationaler Skandal losgebrochen. Es hatte sich herausgestellt, dass etwa ein Viertel der Deportierten fälschlicherweise in die Busse gesetzt worden waren: Sie waren nicht diejenigen, die der Schin Bet hatte ausweisen wollen. Unterdessen hatte der Libanon seine Grenzen blockiert, und die Busse steckten im Niemandsland zwischen der israelisch kontrollierten Sicherheitszone im Süden und dem Territorium im Norden fest, das von den libanesischen Streitkräften und der Hisbollah kontrolliert wurde.

Die Militärpolizisten der Israelischen Verteidigungsstreitkräfte, die den Konvoi begleiteten, gaben jedem der Deportierten 50 Dollar in bar, eine Jacke und zwei Decken, zwangen die Leute dann aus den Bussen und entfernten ihnen die Augenbinden und Plastik-Handschellen. Dann wendeten sie die Busse und fuhren zurück nach Israel. Schließlich schlugen die Deportierten in der Nähe der Drusenstadt Hasbaya in Marj al-Zuhour ein Zeltlager auf. Am Anfang blockierte die libanesische Regierung die Versuche des Roten Kreuzes, die Hilfsleistungen auszudehnen. Man wollte, dass das Elend der Deportierten sich verschlimmerte, um die israelische Regierung umso mehr zu blamieren.

Die Massenausweisung war zunächst tatsächlich ein harter Schlag für die Hamas. Zu diesem Zeitpunkt saßen die beiden wichtigsten Anführer, Jassin und Shehade, in israelischen Gefängnissen, und der Rest der Führungsmannschaft befand sich in einem abgelegenen Zeltlager an einem eiskalten, windigen Berghang im Libanon – ohne Elektrizität, ohne Kommunikationsmittel, nass und elend.[26]

Doch eine Woche nach der Ausweisung änderte sich die Situation dramatisch, als eine Gruppe Libanesen zu Besuch kam. Ihr Anführer stellte sich als Wafik Safa von der Hisbollah vor, er begrüßte die Deportierten im Namen von Generalsekretär Hassan Nasrallah und fragte, ob sie irgendwelche Hilfe benötigten.

Der Besuch war die Folge einer Reihe von Treffen zwischen Nasrallah, den Iranischen Revolutionsgarden, Mughniyya und Safa, der zu einer Art Außenminister der Organisation geworden war. Für Mughniyya waren die Ausweisungen und das Leid der Hamas-Mitglieder ein Geschenk des Himmels. Seiner Ansicht nach konnte und sollte die Hisbollah die Gelegenheit nutzen, ihren Einfluss über die Grenzen des Libanon hinaus auszudehnen, zusammen mit Verbündeten, die nicht unbedingt Iraner oder Schiiten sein mussten. Letztendlich gelang es Mughniyya, die anderen zu überzeugen.[27]

Grundsätzlich galt, dass militante Schiiten keine Bündnisse mit den Muslimen der sunnitischen Palästinenser schlossen. Dies war also eine überraschende Geste in Richtung der sunnitischen Hamas, weshalb auch die Hamas anfangs zögerte. Ihnen erschien die Verbindung ebenfalls alles andere als natürlich, aber ihre Zwangslage war eindeutig, und der Hass auf den gemeinsamen Feind verband sie. Sie antworteten positiv, und bald darauf trudelten per Esel- und Maultiertransport weitere wasserfeste Zelte, warme Kleidung, Heizöfen und Brennmaterial ein sowie große Mengen an Nahrung und Putz- und Waschmitteln, damit sie den harten Winter überstanden.[28]

Als Nächstes kamen die libanesischen Medien – einige unter der Kontrolle oder dem Einfluss der Hisbollah, andere lediglich auf der Suche nach einer guten Story –, um der Weltöffentlichkeit von dem Elend der Deportierten zu berichten. Es folgten die Militär- und Terrorausbilder. Bis zu diesem Zeitpunkt hatte die Hamas wenig Übung in Kampfeinsätzen und Geheimdienstarbeit. Auch für sie erwies sich in dieser Hinsicht die Ausweisung als Geschenk des Himmels.

Mughniyyas Männer, die von seinem Schwager Mustafa Badreddine befehligt wurden, errichteten zusammen mit den Ausbildern der Al-Quds-Brigaden der Iranischen Revolutionsgarden ein bewachtes Areal in der Nähe des Zeltlagers, das gleichzeitig weit genug entfernt war, um den gierigen Augen der Medien zu entgehen, die nun ununterbrochen über das Lager berichteten. Auf diesem Areal wurden Kurse zu verschiedenen Themen gegeben: Kommunikationstechnik, Verschlüsselung, Einsatzsicherheit, leichte Waffen, Raketenwerfer, Spionage und Spionageabwehr, Häuserkampf, Nahkampf und vieles mehr.

Mughniyyas Ausbilder waren besonders beeindruckt von einem 28-jährigen Elektrotechniker aus dem nördlichen Westjordanland, der an der Bir-Zait-Universität seinen Abschluss gemacht hatte. Er hieß Jahja Ajasch und wurde unter dem passenden Namen »der Ingenieur« bekannt. Die Experten des Iran und der Hisbollah brachten ihm bei, wie man heimlich Sprengstoff aus leicht zu besorgenden Haushaltsmitteln herstellte, wie man kleine, aber tödliche Sprengsätze baute, indem man Nägel und Schrauben als Granatsplitter einsetzte, und wie man Autobomben anfertigte. Mughniyya kam persönlich ins Lager, um mit Ajasch und einigen seiner Kameraden darüber zu sprechen, wie potenzielle Kandidaten für Selbstmordattentate ausfindig gemacht und angeworben werden konnten – wie man auf sie zuging und wie man sie in einem heiklen und schwierigen Prozess dazu brachte, die Tat zu begehen.

Während auf einem verlassenen Berg seine Männer geschult wurden, begann im Westjordanland und im Gazastreifen der Wiederaufbau von Jassins Organisation. Im Laufe der Jahre hatte die Hamas ein großes Netzwerk von Aktivisten und Spendensammlern am Persischen Golf, in Jordanien und in den Vereinigten Staaten geschaffen, das von dem US-Bürger Musa Abu Marsuk koordiniert wurde. Wohlhabende Scheichs aus Saudi-Arabien und aus den Golfstaaten sowie reiche Muslime aus dem Westen hatten der Organisation viel Geld gespendet. Nach der Massenausweisung schickte Marsuk einen seiner Berater mit Hunderttausenden Dollar in bar aus den USA in die besetzten Gebiete.[29]

Der internationale Druck auf Israel stieg von Tag zu Tag. Über das Lager wurde ununterbrochen in den Medien berichtet, der UN-Sicherheitsrat verurteilte die Deportationen scharf und drohte mit Sanktionen, die Auseinandersetzung mit der Administration des frisch vereidigten Präsidenten Bill Clinton und seinem Außenminister Warren Christopher wurde schärfer. Im Februar 1992 erkannte Rabin, dass die ganze Aktion ein riesiger Fehler gewesen war, und im Austausch mit einem Veto der USA im Sicherheitsrat zugunsten Israels ging er auf Christophers Vorschlag ein, einigen der Deportierten die Rückkehr umgehend zu ermöglichen, den restlichen von ihnen bis zum Ende des Jahres.

Die Deportierten kehrten als Sieger in den Gazastreifen und das Westjordanland zurück. Ajasch wurde Kommandant der Issedin-al-Kassam-Brigaden im Westjordanland und organisierte kurze Zeit später das Selbstmordattentat von Mechola im April 1993, bei dem der Terrorist und ein Zivilist getötet wurden. Für den nächsten Angriff aber wartete Ajasch auf einen entscheidenden Moment, etwas, das in den Augen der Palästinenser Selbstmordattentate für alle Ewigkeit rechtfertigen würde.

Dieser Moment kam am 25. Februar 1994. Dr. Baruch Goldstein, ein in Brooklyn geborener Anhänger von Rabbi Meir Kahane und seiner Jüdischen Verteidigungsliga, der nach Kirjat Arba, einer Siedlung in der Nähe von Hebron, immigriert war, eröffnete an diesem Tag in der Abrahamsmoschee beim Grab der Patriarchen, das von beiden Religionen als Ruhestätte Abrahams verehrt wird, das Feuer auf betende Muslime. In der Uniform der Israelischen Verteidigungsstreitkräfte schoss er mit seinem Galil-Sturmgewehr aus Armeebeständen eineinhalb Minuten lang um sich und schaffte es dabei, vier Magazine zu wechseln. Schließlich warf einer der Muslime einen Feuerlöscher nach ihm, und er ging zu Boden. Die Besucher der Moschee stürzten sich auf ihn und erschlugen ihn. Es war ihm gelungen, 29 Betende zu töten und über 100 zu verletzen, bevor er außer Gefecht gesetzt wurde.

In der muslimischen Welt gab es viele, die in diesem Akt nicht nur ein abscheuliches Verbrechen gegen unschuldige Menschen sahen, sondern auch eine Kriegserklärung der Juden gegen den Islam selbst.

Dies war der Moment, auf den Jahja Ajasch gewartet hatte. Bevor er zuschlug, ließ er die traditionellen 40 Trauertage verstreichen. Am 6. April sprengte sich dann in der israelischen Stadt Afula, direkt nördlich des Westjordanlands, ein von Ajasch angeworbener Selbstmordattentäter neben zwei Bussen in die Luft und nahm acht Zivilisten mit in den Tod. Eine Woche später tötete ein anderer Selbstmordattentäter fünf Israelis im Busbahnhof von Chadera. Am 19. Oktober schlug Ajasch im Herzen von Tel Aviv zu, wo ein Palästinenser seinen Sprengstoffgürtel im Bus Nummer 5 in der Dizengoff Street zündete. Er tötete 22 Menschen. Die Anschläge gingen weiter und weiter.

»Bis dahin hatten die uns bekannten palästinensischen Terroristen Freude am Leben gehabt«, sagte Avi Dichter vom Schin Bet. »Selbst Leila Chaled, bewaffnet mit zwei Handgranaten, hatte bei ihrer letzten Flugzeugentführung nicht den Mumm, sich in die Luft zu sprengen, als plötzlich ein Wachmann mit Pistole vor ihr stand. Die Veränderung im Jahr 1993 war dramatisch, und sie überraschte uns. Die Macht der Terroristen war exponentiell angewachsen. Ein Selbstmordattentäter brauchte keine operativen Fähigkeiten; es ist nur ein Schalter, an und aus. Wenn auf der Warteliste für Selbstmordattentäter 400 Leute stehen, ist das Problem offensichtlich.«[30]

Die Konkurrenten der Hamas bemerkten Ajaschs Erfolg und die Unterstützung, die seine Aktionen in den palästinensischen Straßen erfuhr. Am 11. November 1994 sprengte sich ein Mitglied des Islamischen

Dschihad in Palästina (PIJ) bei einem Posten der israelischen Armee an der Straßenkreuzung bei Netzarim im Gazastreifen in die Luft und tötete drei Reserveoffiziere. Am 22. Januar 1995 drängte sich ein Terrorist des Islamischen Dschihad (IJO) in die Mitte einer Ansammlung von Soldaten, die an einer Haltestelle in Beit Lid, 40 Kilometer nordöstlich von Tel Aviv, auf einen Bus warteten. Er betätigte einen Schalter, der die zehn Kilogramm Sprengstoff an seinem Körper zur Explosion brachte. Dutzende von Soldaten wurden von der Explosion zu Boden gerissen. Als andere zu den um Hilfe schreienden Verletzten eilten, sprengte sich in ihrer Mitte ein weiterer Selbstmordattentäter in die Luft. Ein dritter Terrorist sollte dies ein paar Minuten später wiederholen, aber er bekam kalte Füße und rannte davon.

21 Soldaten und ein Zivilist wurden bei dem Anschlag getötet, 66 wurden verwundet, einige von ihnen sehr schwer. Ministerpräsident und Verteidigungsminister Rabin kam kurz nach den Explosionen zum Anschlagsort, als die mit Blut getränkte Kreuzung noch von abgerissenen Gliedmaßen übersät war. Während seiner Anwesenheit kam es zu einer spontanen Demonstration von wütenden Einwohnern. Doch die Demonstranten skandierten keine Slogans gegen den Terror, sondern gegen Rabin. »Fahr nach Gaza!«, schrien sie, ein Fluch, der auf Hebräisch so ähnlich klingt wie »Fahr zur Hölle«.

Als Rabin, »vor Wut kochend«, wie sein Büroleiter Eitan Haber berichtete, nach Tel Aviv zurückgekehrt war, berief er ein Treffen aller Chefs des Verteidigungsapparats ein. »Dieser Wahnsinn muss aufhören«, sagte er. »Bringt mir Rote Blätter zum Unterschreiben.«[31]

25 »Bringt uns den Kopf von Ajasch«

So hatte sich Jitzchak Rabin seine zweite Amtszeit als israelischer Ministerpräsident nicht vorgestellt.

Er war in erster Linie für zwei Versprechen gewählt worden: Zum einen wollte er für Sicherheit sorgen – er wurde als harter militärischer Führer angesehen, im Krieg gegen den Terror kompromisslos –, zum anderen eine diplomatische Initiative starten, die Israel aus der Isolation herausführen, auf die Weise wirtschaftlichen Wohlstand schaffen und die Intifada beenden würde.

Rabin war in der Tat zu der Schlussfolgerung gelangt, dass die Besatzung der palästinensischen Gebiete aufhören musste. Er stimmte dem Oslo-Prozess zu, den Schimon Peres und seine Mitarbeiter angeregt hatten, wenn auch mürrisch, mit großen Zweifeln und Skepsis bezüglich der Intentionen der Palästinenser. All dies war deutlich an seiner Miene und Körpersprache abzulesen, als Präsident Clinton ihn bei der feierlichen Unterzeichnung auf dem Rasen des Weißen Hauses am 13. September 1993 zu einem Handschlag mit Jassir Arafat drängte.

Nach Rabins Überzeugung sollte der Prozess schrittweise durchgeführt werden, wobei sich Israel zunächst nur aus Gaza und Jericho zurückzog, statt sofort ein umfassendes Abkommen zu unterzeichnen. Das würde es Israel gestatten, Teile der besetzten Gebiete an die Palästinensische Autonomiebehörde zu übergeben, während es unablässig überprüfen konnte, ob Arafat seine Seite des Abkommens tatsächlich einhielt. Das hieße außerdem, dass die Hauptpunkte, die immer noch umstritten waren – das Rückkehrrecht für palästinensische Flüchtlinge, der Status von Jerusalem, die Zukunft der Siedlungen im Westjordanland und in Gaza und die Frage, ob die Autonomiebehörde ein souveräner Staat würde –, auf einen späteren Zeitpunkt verschoben würden. Rabin hoffte, auf diese Weise würde es ihm gelingen, eine polarisierende Kontroverse zu vermeiden, die so gut wie sicher in Israel aufkam, sobald diese Fragen auf der Tagesordnung standen.

Eine Kontroverse blieb Rabin jedoch ohnehin nicht erspart. Ein großer Teil der israelischen Öffentlichkeit glaubte, die Oslo-Abkommen hätten die Wahrscheinlichkeit von Terroranschlägen erhöht und gerade wegen des Friedensprozesses und des Transfers von Gebieten unter Arafats Kontrolle befinde sich der Terrorismus im Aufwind. Die Rechte in Israel brauchte nichts anderes zu tun, als Wort für Wort das zu zitieren, was Scheich Jassin sagte: dass es niemals einen Kompromiss geben werde, dass er niemals die Existenz eines jüdischen Staates akzeptieren werde. Was als unbedeutende Demonstrationen kleiner Gruppen extremistischer Siedler begann, wuchs sich zu einer Protestkampagne in ganz Israel aus, gewann nach jedem Terroranschlag an Einfluss und konzentrierte sich immer stärker auf gehässige Hetze gegen Rabin selbst. Diese Proteste wurden von den Führern des Likud Ariel Scharon und Benjamin Netanjahu geschürt.[1]

Unterdessen erlebten die Palästinenser mit wachsender Frustration, wie ihnen ihr eigenes Land genommen wurde – Rabin schränkte zwar den Bau neuer Siedlungen ein, aber er stoppte ihn nicht ganz. Außerdem evakuierte er keine einzige bestehende Siedlung in den besetzten Gebieten. Für die Palästinenser sah es ganz und gar nicht danach aus, dass der Friedensprozess zur Gründung ihres eigenen Staates führen würde. Gleichzeitig scheute sich Arafat, etwas gegen die Guerillaaktionen und Selbstmordterroranschläge der Hamas und des Islamischen Dschihad zu unternehmen, weil er eine Auseinandersetzung mit der islamistischen Opposition vermeiden wollte.

»Weder die eine noch die andere Seite erkannte die Bedeutung der Forderungen der anderen Seite«, sagt Ami Ajalon, der Chef des Schin Bet in der zweiten Hälfte der 1990er-Jahre, »sodass es letztlich dazu kam, dass sich beide Seiten betrogen fühlten, und zwar mit einiger Berechtigung. Wir bekamen nicht die Sicherheit, und sie bekamen keinen Staat.«[2]

Anstrengungen, die Konflikte an der Nordgrenze Israels zu lösen, hatten nicht mehr Erfolg. US-Außenminister Warren Christopher vermittelte zwischen Israel und Syrien, mit dem Ziel, ein Friedensabkommen zu erreichen, nach dem sich Israel aus den Golanhöhen und womöglich auch aus dem Libanon zurückziehen würde. Syrien sollte seinerseits darauf hinwirken, die Aktionen der Hisbollah gegen Israel zu stoppen. Ein nennenswerter Durchbruch blieb jedoch aus.[3] Die von den Syrern, die auf Israel Druck ausüben wollten, angestachelte Hisbollah brachte den Israelischen Verteidigungsstreitkräften im Libanon weiterhin schwere Verluste bei.

Die Lage in der libanesischen Sicherheitszone wurde für die Israelis allmählich unerträglich. Die befehlshabenden Offiziere vor Ort waren wütend und verlangten, dass man ihnen freie Hand für Operationen lasse. Der prominenteste von ihnen war Brigadegeneral Erez Gerstein, ein stämmiger Mann mit so viel Charisma und Selbstvertrauen, dass viele in ihm den künftigen Stabschef sahen. Gerstein sah Parallelen zwischen dem Südlibanon und Vietnam, vor allem was die Lehren betraf, die man aus den Fehlern der Amerikaner ziehen musste. »Wir sitzen in den Festungen und kratzen uns am Sack, statt hinauszugehen, wie sie [die Hisbollah] zu denken, sie zu treffen, wo sie es nicht erwarten, und ihre Kommandeure zu töten«, sagte er.[4]

Gerstein hatte den Ruf, seine Meinung direkt, unverblümt und politisch absolut unkorrekt zu äußern. Die Männer der südlibanesischen Armee waren ebenfalls unzufrieden, kamen sich wie Kanonenfutter vor und wurden zudem davon abgehalten zurückzuschlagen. Akel al-Haschem, der stellvertretende Kommandeur der Miliz, hatte schon vor Jahren Israel darum gebeten, zumindest Offiziere der Hisbollah zu Angriffszielen zu machen.[5]

Diese Rufe blieben nicht ungehört. Am 1. Januar 1995 folgte Amnon Lipkin-Schachak Ehud Barak auf den Posten des Stabschefs nach. Bestrebt, dem Schatten seines Vorgängers zu entrinnen, beschloss er, die Linie im Libanon zu ändern. Von jetzt an war das ein Krieg, und die Hisbollah würde als ausgewachsener Gegner behandelt. Er brauchte Ressourcen: Leute, die Informationen sammelten, und Sondereinsatzkommandos, die in Sabotage- und Tötungsaktionen geschult waren.

Lipkin-Schachak und der Chef des Nordkommandos Generalmajor Amiram Lewin, ein führender Experte der Israelischen Streitkräfte für die Kriegführung mit Kommandotrupps, organisierten rasch eine neue

Eliteeinheit namens Egoz (hebräisch für »Nuss«), die gegen die Hisbollah einen Guerillaabwehrkrieg führen sollte.[6] Einer der ersten Kommandeure, Mosche Tamir, erklärte, dass »ein großer Teil der Taktiken, die ich in der Einheit Egoz entwickelte, ... aus den Büchern stammte, die die britische Armee einst über Kämpfe im Himalaja, in Indochina zusammengestellt hatte. Auch die Erfahrung der Amerikaner in Vietnam, insbesondere auf unteren Ebenen, war aufschlussreich.«[7] Genau wie die Offiziere der britischen und amerikanischen Truppen und die Franzosen in Algerien glaubten Tamir, Gerstein und ihre Kollegen, dass es möglich wäre, die Hisbollah zu besiegen, sofern man ihnen die geeigneten Ressourcen, genügend Zeit und die Unterstützung aus dem Hinterland gewährte.

Die Einheit Egoz begann mit Hinterhalten und Überfällen im Innern des Libanon, in Gegenden, wo sich die Hisbollah sicher fühlte. Dabei überrumpelten sie die Mitglieder der Terrormiliz und töteten viele von ihnen. Unter den Toten war auch Hadi Nasrallah, der Sohn des Führers der Bewegung.

Lewin hatte an der Operation »Frühling der Jugend« teilgenommen und erkannte, wie wichtig gezielte Schläge gegen Führungspersonen der Hisbollah waren.[8] Ronen Cohen, der unlängst zum Chef des Libanon-Büros in der Aufklärungsabteilung des Nordkommandos ernannt worden war, musste die neue Linie umsetzen. Die beiden beschlossen, sich auf die Tötung mittlerer Offiziere der Miliz, regionaler Kommandeure im Südlibanon, zu konzentrieren, nicht auf die höchsten Vertreter. Nach Lewins Überzeugung unterschied die Hisbollah zwischen Operationen gegen eine ihrer Führungskräfte oder gegen das Zentrum ihrer Tätigkeit in Beirut und der taktischen Kriegführung, wie sie im Südlibanon praktiziert wurde. Ersteres würde eine extreme Reaktion, möglicherweise sogar außerhalb des Nahen Ostens, provozieren, während die Reaktion auf Letzteres ein begrenztes Ausmaß hätte und sich auf den Libanon und Nordisrael beschränkte.

Bislang hatte der Mossad sämtliche gezielten Tötungen außerhalb Israels ausgeführt, während die Streitkräfte die Operation allenfalls unterstützten. Doch der Mossad betrachtete die Hisbollah lediglich als ein Grenzproblem, mit dem die Streitkräfte fertigwerden mussten. Selbst wenn er seine Prioritätenliste geändert hätte, wäre der Auslandsgeheimdienst so gut wie außerstande gewesen, im Libanon offensiv tätig zu werden. »Kurzum«, so Cohen, »für mich war klar, dass wir, die Streitkräfte, wenn wir wichtige Ziele der Hisbollah treffen wollten, das selbst machen mussten.«[9]

Der Überfall auf Mussawi, so falsch er aus strategischer Sicht auch gewesen war, erschien Cohen als ein geeignetes taktisches Modell: ein Ziel mit einer Drohne identifizieren, mit einem Laser markieren, dann eine Rakete abfeuern. Das war eine kostengünstige, effiziente Methode.

Die Aufklärung des Nordkommandos erfasste eine Zielperson: einen Mann namens Rida Jassin, besser bekannt als Abu-Ali Rida, den Hisbollah-Führer in der Region Nabatäa, der im Dorf Zawtar al-Charkiyeh lebte. Als mittlerer Befehlshaber im Südlibanon passte Rida ideal in das Profil, und auf ihn hatte man einfacheren Zugriff als auf andere Befehlshaber seines Rangs.

Nach zwei Wochen Observierung gelang es Cohen, genügend Informationen über Rida zu beschaffen, der den Decknamen »Goldener Bienenkorb« bekam, um eine Operation zu planen. Einmal in der Woche fuhr Rida zu einem Treffen mit der Hisbollah-Führung in Beirut und kehrte spätabends zurück. Am nächsten Morgen fuhr er anschließend gegen 8.30 Uhr in sein Büro. Der ursprüngliche Plan sah einen Agenten als Späher vor, der um diese Zeit kontrollierte, ob Rida in sein Auto stieg und ob er allein war. Sobald dies bestätigt war, sollte eine Drohne ihn verfolgen, bis er das Dorf verließ, dann das Auto mit seinem Laser für einen Apache-Hubschrauber markieren, der wiederum seine Rakete abfeuerte.

Die Operation »Goldener Bienenkorb«, die von der Zentrale des Nordkommandos aus geleitet wurde, wäre um ein Haar abgesagt worden. Am 30. März 1995 stellte der Agent, der in der Nähe von Ridas Haus postiert war, überrascht fest, dass Ridas Parkplatz leer war. Er konnte nicht lange dort bleiben, ohne Verdacht zu erregen, und musste wieder abziehen. Doch die Drohne blieb hoch oben am Himmel und schickte aus der Ferne Bilder, bis auf den Monitoren Ridas Auto bei der Rückkehr zu sehen war. Jemand stieg aus und ging ins Haus, aber Lewin, Cohen und ihre Untergebenen im Kommandobunker konnten nicht das Gesicht sehen. Sie konnten auch nicht die Person identifizieren, die eine Stunde später das Haus verließ, den Wagen startete und aus dem Dorf fuhr. Sie überquerte den Fluss Litani in südlicher Richtung nach Nabatäa. Das Dilemma lag auf der Hand: Wer fuhr in diesem Moment den Wagen? War es Rida oder eines seiner Kinder? Sollte der Feuerbefehl gegeben werden?

Lewin pokerte. Er befahl dem Apache-Piloten, die Rakete abzuschießen.

Etwa drei Stunden später überschlugen sich die Rundfunksender der Hisbollah mit Beiträgen über die Tötung. Rida, und nur Rida, hatte in dem Wagen gesessen. Aus den Äußerungen im Radio konnten israelische Abhörbeamte ablesen, dass Mughniyyas Männer schwer getroffen waren und ihr Selbstvertrauen erschüttert war. Einer der ihren war aus der Ferne ermordet worden, identifiziert von einem stummen und unsichtbaren fliegenden Roboter. Erst zum zweiten Mal war eine Drohne für die Tötung eines Menschen eingesetzt worden.[10]

Nasrallah schwor Rache, und die Hisbollah antwortete wieder einmal mit einem Raketenhagel auf den Norden Israels. Ein 17-Jähriger, der am Strand lief, hörte den Alarm nicht und wurde von einem direkten Treffer getötet. Nichtsdestotrotz betrachtete die Hisbollah, wie Lewin und Cohen vorhergesagt hatten, den Vorfall als lokale Angelegenheit und versuchte nicht, den Mord an Rida jenseits des Nahen Ostens zu rächen.

Die Operation »Goldener Bienenkorb« war das Muster für weitere Angriffe gegen mittlere Führungspersonen. Aber es wurde nicht nur dieses Modell eingesetzt. In anderen Fällen drang Egoz oder eine andere Einheit nachts in das Land ein und legte eine Bombe am Auto der Zielperson oder an der erwarteten Route. Die Bombe wurde dann entweder von einem Flugzeug aus oder von einem Kundschafter vor Ort gezündet.[11]

Unterdessen strukturierten Lewin und Cohen die Kommando- und Befehlsstruktur der gezielten Tötungsoperationen um: wer die Zielperson auswählte und wer den endgültigen Feuerbefehl *Rashai* gab. Das war eine wichtige Angelegenheit. Bislang mussten sämtliche Roten Blätter für »negative Behandlungen« VARASH gemeldet werden, dem Komitee der Geheimdienstchefs, das der Mossad-Direktor leitete. Dann mussten sie auf der höchsten zivilen Entscheidungsebene gebilligt werden, unterschrieben vom Ministerpräsidenten persönlich, der häufig auch andere Minister zurate zog, ehe er eine Entscheidung traf.

Wegen des hohen Risikos diplomatischer Schwierigkeiten im Falle eines Irrtums musste jeder Tötungsbefehl sorgfältig bedacht werden, und häufig endete das Verfahren mit einer Ablehnung.

Lewin und Cohen hingegen umgingen durch eine raffinierte semantische Wendung diese Prozedur. Im Libanon war eine gezielte Tötung künftig kein Mordanschlag mehr, sondern ein »Abfangen«. Hier war, offensichtlich, keine so große Vorsicht geboten, obwohl natürlich immer noch die Genehmigung durch den Stabschef erforderlich war.

Damals wurde diese Überarbeitung des Verfahrens nicht als problematisch angesehen. Rabin, der in Personalunion als Ministerpräsident und Verteidigungsminister diente, hatte Vertrauen zu Stabschef Lipkin-Schachak und gab sich damit zufrieden, dass man ihn in der wöchentlichen Operationssitzung im Büro des Verteidigungsministers informierte.[12]

Dennoch wurde »ein Präzedenzfall geschaffen«, sagt ein ehemaliger Offizier des Nordkommandos, »durch den eine Tötungsoperation als etwas anderes bezeichnet wurde, sodass sie in ein anderes Protokoll der Entscheidungsfindung fiel, damit sie von einer unteren Ebene genehmigt werden konnte«. Anders ausgedrückt, für das Töten eines Menschen war die Billigung des Ministerpräsidenten nicht länger erforderlich.[13]

Es bestand jedoch nicht der geringste Zweifel daran, dass die neuen Verfahren effektiv waren. Nach Jahren der Enttäuschung in der Sicherheitszone hatten die Verteidigungsstreitkräfte ein vollständiges Verfahren für gezielte Tötungen samt Nachrichtenbeschaffung und Umsetzung in Operationen aufgebaut. In zweieinhalb Jahren führten israelische Trupps 27 gezielte Tötungsaktionen durch, in erster Linie gegen Hisbollah-Leute, von denen 21 erfolgreich waren.

Während Lewin und Cohen die Protokolle in der Sicherheitszone umschrieben, überlegten israelische Geheimdienstbehörden immer noch, wie die beiden Tötungsbefehle ausgeführt werden sollten, die Rabin Anfang 1995 unterschrieben hatte.

Bereits am Abend nach dem Terroranschlag in Beit Lid, als zwei Selbstmordbomber 21 Soldaten und eine Zivilperson an einer Bushaltestelle töteten, wussten israelische Geheimdienste, wer dafür verantwortlich war und wer deshalb getötet werden sollte: Fathi Schakaki, der Führer des Palästinensischen Islamischen Dschihad, kurz PIJ. Seine Organisation war aus einem kleinen Kern palästinensischer Studenten entstanden, die in den 1970er-Jahren in Ägypten an der Sagasig-Universität, einer Brutstätte des islamistischen Fanatismus, Medizin studiert und sich politisch betätigt hatten. Nach einer kurzen Karriere als Kinderarzt im Gazastreifen gründete Schakaki eine kleine und verschworene Organisation, in gewisser Weise ein Rivale von Scheich Jassins Hamas. Schakaki war im Gegensatz zur Hamas überzeugt, dass der Dschihad eindeutig Vorrang vor sozialen Maßnahmen haben musste, während sich die Hamas für beides gleich stark einsetzte. Die Gruppe, die sich um Schakaki zusammenschloss, hatte nur eine Funktion: antiisraelischen Terror.

Drei Jahre lang saß Schakaki immer wieder für kurze Zeit in israelischen Gefängnissen ein, bis er 1988 endlich ganz aus Gaza in den Libanon vertrieben wurde. Die Iranischen Revolutionsgarden nahmen ihn unter ihre Fittiche und erwirkten für ihn die Genehmigung, Damaskus zu seiner Basis zu machen. Außerdem verschafften sie ihm Gelder und Waffen. Bereits nach kurzer Zeit operierte seine Organisation unter der Schirmherrschaft der Iraner, und der Palästinensische Islamische Dschihad inszenierte eine Reihe von Terroranschlägen. Der schlimmste war ein gut organisierter Überfall mit Gewehren auf einen Bus mit israelischen Touristen in Ägypten im Februar 1990, rund 50 Kilometer östlich von Kairo. Neun israelische Fahrgäste und zwei Ägypter wurden getötet, 19 weitere verwundet. Nach dem Erfolg der Hamas mit Selbstmordanschlägen gaben die Iraner Schakaki grünes Licht, ebenfalls solche Anschläge zu organisieren. Die PIJ-Bombenattentate von Beit Lid waren der Höhepunkt dieses Feldzuges.[14]

Vier Tage nach den Anschlägen gab Schakaki Lara Marlowe, der Korrespondentin der Zeitschrift *Time*, in seinem Büro in Damaskus ein Interview. Er gab nicht zu, dass er unmittelbar an dem Anschlag beteiligt gewesen war, aber er nannte Details, wie er geplant worden war, und grinste und gluckste während des ganzen Interviews vor sich hin. Ganz offenbar war er zufrieden, dass 22 Israelis umgekommen waren.[15]

Mittlerweile war Rabins Unterschrift auf Schakakis Todesurteil bereits drei Tage alt. Aber dieser Befehl war etwas ganz Besonderes. Tatsächlich war es das erste rote Blatt gegen Terroristen, das Rabin seit dem Amtsantritt als Ministerpräsident unterschrieben hatte. Damals hatte der Pakt mit der PLO und der Führung der Palästinensischen Autonomiebehörde unter Arafat viele Israelis zu der Schlussfolgerung verleitet, der Krieg gegen die Palästinenser – die Bombenanschläge, Terrorakte, die Ermordungen und Entführungen auf der ganzen Welt – sei vorbei. Der Mossad betrachtete die Selbstmordattentäter als ein inneres Problem, das in die Zuständigkeit des Schin Bet fiel. Manche schlugen sogar bereits vor, die Terrorabwehr des Mossad um die Hälfte zu kürzen.[16]

Außerdem war Fathi Schakaki ein Palästinenserführer mit unzähligen Bewunderern in den besetzten Gebieten. Die Entscheidung, ihn zu beseitigen, trotz des damit verbundenen Risikos von Aufständen seitens der Palästinenser, war ein Indiz für Rabins schmerzliche Erkenntnis, dass der Krieg gegen die Palästinenser noch längst nicht vorbei war.

Tatsächlich hatte der Terroranschlag von Beit Lid zur Folge, dass Ministerpräsident Rabin seine Anschauungen zur Sicherheit Israels änderte. Im Anschluss daran fing Rabin an, Terror neu zu definieren: keine »Wespenstiche« mehr, sondern eine »strategische Bedrohung«. Bislang war die Wendung »strategische Bedrohung« massiven militärischen Maßnahmen vorbehalten gewesen, die große Teile der israelischen Bevölkerung und des Territoriums gefährdeten oder zur Vernichtung des Staates führen konnten, etwa der Überraschungsangriff arabischer Armeen im Oktober 1973 oder die Möglichkeit, dass Saddam Hussein Atomwaffen in seine Hand bekam. »Der Grund für Rabin, die Definition zu ändern – der ich absolut zustimmte«, sagte Karmi Gilon, der damalige Vizedirektor des Schin Bet, »ging auf die Tatsache zurück, dass es dem Terror gelungen war, eine souveräne Regierung dazu zu bewegen, ihre Entscheidungen wegen der Wirkung der Terroranschläge auf israelischen Straßen zu ändern oder deren Umsetzung aufzuschieben.«[17]

Ungeachtet dieser Veränderung in der Vorgehensweise und in der wahrgenommenen Bedrohung blieb die Vollstreckung des Todesurteils gegen Schakaki dennoch eine riskante Operation, die eine monatelange Observierung erforderte. Mossad-Leuten gelang es, die Telefone in Schakakis Haus und Büro anzuzapfen, aber es war nicht ideal, ihn in Damaskus zu töten. Es war tückisch, in Syrien zu operieren, und es war auch aus politischer Sicht riskant: Uri Sagie, der damalige AMAN-Chef, sagte Rabin, eine derartige Operation werde die laufenden Friedensverhandlungen zwischen Israel und Syrien unter amerikanischer Schirmherrschaft torpedieren.[18]

Aber es war auch nicht einfach, Schakaki außerhalb Syriens zu töten. Schakaki wusste, dass er in Gefahr war, und wenn er reiste, dann nur in andere arabische Staaten oder in den Iran, gleichermaßen schwierige Orte für israelische Attentäter. Fast sechs Monate lang versuchte die Caesarea, einen Zeitpunkt und Ort zu bestimmen, an dem es möglich war, einen Anschlag zu organisieren. Am 9. April erhöhte sich dann noch der Druck auf den Mossad: Eine von einem Selbstmordattentäter des Palästinensischen Islamischen Dschihad gefahrene Autobombe explodierte neben einem israelischen Bus im Gazastreifen. Sieben Soldaten und Alisa Michelle Flatow, eine 20-jährige Studentin aus West Orange in New Jersey, kamen dabei um. Mehr als 30 Menschen wurden verwundet. Kurz danach verletzte eine weitere Autobombe zwölf Menschen.[19] »Findet eine Lösung«, sagte Rabin zu Direktor Schabtai Schavit. »Wir müssen diesen Mann kriegen.«

Einen Monat danach präsentierte der Mossad einen Vorschlag, der allerdings ebenfalls sofort Einspruch auslöste. Wie bei der Operation »Frühling der Jugend« im Jahr 1973 und dem Anschlag auf Abu Dschihad in Tunesien 1988 forderte er die Israelischen Verteidigungsstreitkräfte auf, ihre Unterstützung für den Mossad auszuweiten, der die Aktion nicht allein durchführen konnte.

Stabschef Lipkin-Schachak, dessen Verhältnis zu Schavit ohnehin heikel war, hatte im Prinzip nichts dagegen, Schakaki zu töten, war aber der Meinung, dass der Mossad das eigentlich aus eigener Kraft schaffen müsste. Für ihn bestand nicht die Notwendigkeit, Soldaten an einer Operation weit jenseits der israelischen Grenze zu beteiligen. Es kam in Rabins Gegenwart zu einem lauten Streit zwischen den beiden Männern, bis er sie zum Schweigen brachte und sich zugunsten von Schavit entschied.[20]

Die Observierung hatte ergeben, dass Schakaki regelmäßig mit Muammar al-Gaddafi in Kontakt stand – der dem Dschihadisten einen libyschen Pass auf den Namen Ibrahim Schawisch ausgestellt hatte. Schakaki besuchte den libyschen Diktator häufig, entweder allein oder mit anderen führenden Terroristen. Damals waren gegen Libyen wegen dessen Verwicklung in den Terrorismus strenge Sanktionen verhängt worden, und die wenigsten Fluglinien reisten das Land an. Also flog Schakaki von Beirut oder Damaskus aus nach Malta und dann nach Tunis, wo er eine Luxuslimousine, gewöhnlich einen BMW oder Jaguar, mietete und die knapp 800 Kilometer nach Tripolis selbst fuhr.[21]

Eine Bombe an dem verlassenen Highway schien ideal, und im Juni landete ein Trupp Marinekommandos aus Flottille 13 an einem tunesischen Strand und marschierte zu der Straße. Unter dem Gewicht von vier Kisten, die jeweils mit 200 Kilogramm Sprengstoff gefüllt waren, sanken sie in dem weichen Sand ein. Die Kisten wurden auf spezielle Paletten aus Hartmetall gelegt, die stabil, aber doch flexibel waren und von vier stämmigen Soldaten quer durch die Dünen bis zur Straße von Tunis nach Tripolis getragen werden konnten. Laut Plan sollten die Kommandos neben der Straße, auf der kaum Verkehr herrschte, ein Loch ausheben und den riesigen Sprengsatz darin verbergen. Unterdessen sollten Caesarea-Leute Schakaki beobachten, während er in Tunis ein Auto mietete, und daran einen Transponder oder »Pinger« im Fachjargon befestigen, der ein besonders starkes Signal aussendete. Dieses Gerät würde den Zündmechanismus der Bombe auslösen, sobald das Auto vorüberfuhr, sodass es samt Fahrer in Stücke gerissen wurde.

»So gut wie niemand benutzt diese Straße«, sagte ein Planer der Caesarea beim letzten Briefing, »somit besteht eine sehr, sehr hohe Wahrscheinlichkeit, dass die Zielperson ins Jenseits befördert wird, wenn sie allein ist, und es wird sehr lange dauern, bis irgendjemand bemerkt, was passiert ist, und noch viel länger, bis ein Suchtrupp oder ein Team der Spurensicherung an den Schauplatz gelangt.«[22]

Am 4. Juni 1995 ging die Meldung ein: Schakaki hatte für eine Woche später einen Flug nach Malta gebucht. Die Tötungsoperation begann. Zwei israelische Schnellboote legten von Haifa ab, beladen mit der Ausrüstung und den Marinekommandos unter Joaw Galant, dem Kommandeur der Flottille 13. Die Fahrt dauerte zweieinhalb Tage, bis sie in sicherer Entfernung von der Küste an dem Punkt vor Anker gingen, wo die Grenze zwischen Tunesien und Libyen die Mittelmeerküste berührt. Ami Ajalon, inzwischen Kommandeur der Marine, lenkte die Operation aus der Ferne.[23]

Vor nunmehr sieben Jahren hatte Galant das Marinekommando geleitet, das eine Einheit der Sajeret Matkal an den tunesischen Strand setzte, um Abu Dschihad zu liquidieren. Inzwischen waren die Israelischen Streitkräfte mit einer viel fortschrittlicheren Technik ausgerüstet. Auf einem riesigen Bildschirm in der »Grube« sah Ajalon genaue Anzeigen der Orte sämtlicher beteiligter Kräfte in Echtzeit.

Mit extrastarken Gummibooten landeten die Kommandos etwa zehn Kilometer westlich der libyschen Stadt Sabrata.

»Es war sehr anstrengend, sich durch die Dünen zu bewegen«, sagte ein Elitesoldat. »Jeder Einzelne umklammerte das Ende eines Stabes und bemühte sich, nicht in den Sand einzusinken, und dabei schwitzten wir uns zu Tode. Ich erinnere mich noch gut an diesen gelben, absolut sauberen Sand. Ich dachte, in einer anderen Situation würde ich mich glücklich nicht weit vom Meer darauf ausstrecken und mich bräunen. Aber nicht heute. Es wurde schon langsam hell, und wir mussten noch schnell das Zeug vergraben. Wir kämpften uns weiter vorwärts, bis wir plötzlich über unsere Headsets hörten: ›Vormarsch stoppen!‹, von der Vorhut des Trupps. Schon bald erkannten wir, warum.«[24]

Es stellte sich heraus, dass die israelischen Informationen über Schakakis Reisen zwar korrekt waren, doch die Geheimdienste hatten nicht geahnt, dass ausgerechnet zu der Zeit eine Rallye von Marokko nach Ägypten stattfinden würde. Einige Fahrer erreichten um die gleiche Zeit wie die Kommandotrupps die Straße und beschlossen, hier eine Pause zu machen. Sie kramten ein paar Getränke heraus und plauderten laut auf Englisch, Deutsch und Französisch miteinander. Alle lachten und schimpften darüber, dass der Sand in die Fahrzeuge eindringe. Galant beriet sich mit Ajalon. Die Gefahr, von den Rallyeteilnehmern entdeckt zu werden, stieg von Minute zu Minute. (»Einer könnte mal einen Schritt zur Seite machen, um zu pissen oder schlimmer, und zwar uns direkt auf den Kopf«, funkte Galant.) Außerdem war nicht klar, wie lange sie noch an der Stelle blieben oder ob womöglich noch mehr Autos kommen würden. Das hieß, selbst wenn die Bombe gelegt und von Schakakis Auto am selben Abend gezündet worden wäre, könnten »unschuldige, nichtarabische Menschen« verletzt werden. Ajalon befahl den Kommandos abzuziehen. Das Risiko, einen oder gar viele Zivilisten zu töten, war zu hoch, und die Operation wurde abgebrochen.[25]

Vier weitere, frustrierende Monate vergingen. Mitte Oktober erreichte der Mossad endlich einen Durchbruch, der es ihm ermöglichte, den Anschlag selbst auszuführen, ohne jegliche heikle kombinierte Operation mit den Streitkräften.

Das Telefon, das immer noch angezapft war, klingelte in Schakakis Büro in Damaskus. Am Apparat war ein Mitarbeiter Gaddafis, der ihn zu einer Konferenz mehrerer Anführer arabischer Guerillaorganisationen in Libyen einlud. Schakaki sagte, er werde nicht daran teilnehmen. Aber dann erfuhr der Mossad, dass Said Mussa al-Muragha – Abu Mussa –, der Kommandeur einer extremistischen palästinensischen Splittergruppe, die gegen Arafat gemeutert hatte und aus der PLO ausgetreten war, daran teilnehmen würde. Mittlerweile hatte die Gruppe ihren Sitz in Damaskus und operierte unter syrischem Schutz. Abu Mussa war zudem ein Rivale Schakakis.

»Wenn Abu Mussa hinfährt, wird sich unser Kandidat kaum drücken können«, sagte Mischka Ben-David, ein Nachrichtenoffizier der Caesarea, vor einer Versammlung, die im Hauptquartier des Mossad einberufen wurde, um über das Thema zu sprechen. »Befehlt den Männern, sich bereitzuhalten.«[26]

Es war nicht klar, wie sich Schakaki am Ende entscheiden würde. Doch der Mossad argumentierte, dass er, wenn er fuhr, während seines Zwischenhalts in Malta angreifbar sein könnte, oder später dann auf seinem Landweg nach Libyen.

Einige Monate zuvor war »Jerry« zum Befehlshaber der Einheit für gezielte Tötungen ernannt worden. Der von seinen Kollegen beim Mossad nicht sonderlich geschätzte Jerry war kein Mann vieler Worte und hatte seinen Wehrdienst in einer Tauchereinheit der Marine geleistet. Er hatte bereits den Teams angehört, die Gerald Bull und Atef Bseiso ausschalteten, und war überzeugt, dass diese neue Position ihn auf den Rang im Mossad katapultieren würde, nach dem er sich wirklich sehnte: dem des Chefs von Caesarea. »Ich möchte auf Mike Hararis Stuhl sitzen«, sagte er einmal einem Freund. Die Tötung Schakakis war somit sowohl eine Angelegenheit des nationalen Interesses als auch des persönlichen Ehrgeizes.

Am 22. Oktober reisten Jerry und seine Leute nach Malta, stellten sich im Flughafen auf und prüften die ankommenden Passagiere. Nach der Landung einiger Flüge funkte Jerry seinen Partnern und dem Mossad in Tel Aviv. »Da sitzt jemand am Rand«, sagte er. »Ich werde ihn mal überprüfen.« Die Spannung stieg. Eine Minute später meldete er sich wieder über Funk: »Ich denke, wir haben eine Identifizierung. Er hat eine Perücke auf, aber mit großer Wahrscheinlichkeit ist er unser Mann.«

Schakaki verließ niemals den Flughafen, sondern stieg in den nächsten Flug nach Tunis um. Der Mossad wusste allerdings, dass er für gewöhnlich ein oder zwei Tage im Hotel Diplomat in dem Ferienort Sliema auf Malta verbrachte, entweder auf der Reise nach Libyen oder auf dem Rückweg. Die Aussicht war also gut, dass Schakaki, wenn sie noch ein paar Tage warteten, angreifbar wäre.

Am Morgen des 26. Oktober landete Schakaki nach der Teilnahme an der Konferenz wieder auf Malta. Er wurde von einem Kidon-Kundschafter am Flughafen erkannt, und bis 10 Uhr bezogen zwei Agenten in der Eingangshalle des Hotels Diplomat ihre Posten. Schakaki kam mit dem Taxi und checkte für eine Nacht ein. Er brachte sein Gepäck selbst auf das Zimmer und ließ nicht zu, dass ein Hotelpage das für ihn tat. Ein Israeli folgte ihm und beobachtete, wie er Zimmer 616 betrat.[27]

Das ruhige und von Touristen wimmelnde Malta galt als »Basis-Land«, in dem es nicht sonderlich riskant war, eine Operation durchzuführen. Deshalb wurde Jerry die Entscheidung überlassen, auf welche Weise er den Auftrag erledigen wollte. Jerry rief sein Team an die Straßenecke vor dem Hotel und instruierte es.

Um 11.30 Uhr verließ Schakaki das Hotel, wandte sich nach links und schlenderte die Straße entlang. Er genoss sichtlich das schöne Wetter. Dann ging er in einen Marks-&-Spencer-Laden, und ein Agent folgte ihm, beobachtete, wie er dort ein Hemd kaufte und in einem anderen Laden noch drei. Jerry stand auf der anderen Straßenseite. Als er Schakaki herauskommen sah, flüsterte er ein Wort in das Mikrofon des Funkgeräts in seinem Ärmel: »Liebling.« Der Code für die Aktion.

Schakaki hatte nichts Ungewöhnliches bemerkt und setzte seinen Bummel fort. Er achtete nicht auf das Yamaha-Motorrad, das sich ihm um 13.15 Uhr näherte, bis es ganz langsam zu ihm aufschloss. Als Schakaki dann allein auf dem Bürgersteig war, zog der Beifahrer auf dem Motorrad eine Pistole mit Schalldämpfer. Er schoss Schakaki zweimal seitlich in den Kopf und, nachdem er hingefallen war, noch einmal hinten in den Hals. Die Waffe war mit einer kleinen Tasche ausgestattet, die die Patronenhülsen auffing, sodass die Ermittler der Polizei auf Malta kaum Spuren fanden, mit denen sie etwas anfangen konnten.

Das Motorrad jagte davon, und der Rest des Teams stieg in zwei Mietwagen. Sie trafen sich an einem Strand in der Nähe, wo ein Schnellboot mit drei Elitesoldaten in Zivil, sodass sie wie normale Touristen aussahen, sie aufnahm und schnell zu einem Flugkörperschnellboot der israelischen Marine brachte, das vor der Küste wartete. Am nächsten Tag fand die Polizei das Motorrad am Strand.[28]

Im Zuge der Veränderungen bei der Terrorabwehr nach dem Anschlag von Beit Lid ordnete Rabin auch die Beschaffung von Informationen über führende Personen der Hamas an, wobei sie sich vor allem auf Jahja Ajasch konzentrierten, auf den »Ingenieur«, der im Exil ausgebildet worden war und im Frühjahr 1993 die Praxis der Selbstmordbombenanschläge nach Israel importiert hatte. In den Jahren 1994 und 1995 war Ajasch für neun Selbstmordanschläge verantwortlich, bei denen 56 Menschen ums Leben kamen und 387 verwundet wurden. Die israelische Presse sprudelte geradezu über vom Anblick vergossenen Blutes und verstümmelter Körper in Bussen. Rabin wusste, dass er etwas unternehmen musste, und unterschrieb deshalb den Tötungsauftrag für Ajasch.

Auch das war sehr ungewöhnlich. Ajasch leitete Selbstmordanschläge vom Westjordanland und dem Gazastreifen aus, Gebieten unter der Kontrolle der Palästinensischen Autonomiebehörde. Das war deren Zuständigkeitsbereich, und von ihr wurde erwartet, dass sie ihn und seine Leute verhaftete. Israel und die Autonomiebehörde führten damals Verhandlungen über die nächsten Stufen der Oslo-Abkommen, und eine Operation auf palästinensischem Territorium würde als Bruch des Friedensabkommens gewertet werden und könnte zu einer politischen Krise eskalieren.

Rabin hatte wiederholt den PLO-Vorsitzenden aufgefordert, energisch und zielstrebig durchzugreifen, um die Selbstmordanschläge zu beenden. Ein Geheimdienstvertreter, der während eines Telefongesprächs mit Arafat anwesend war, erinnerte sich, dass Rabin den Palästinenserführer scharf tadelte. Als Rabin den Hörer auflegte, war er »rot im Gesicht« und beklagte sich, dass Arafat und seine Leute nichts täten, um die Hamas und den PIJ in die Schranken zu weisen.[29]

Arafat leugnete seinerseits, dass Palästinenser überhaupt hinter den Anschlägen steckten. Der notorische Verschwörungstheoretiker Arafat hatte seine eigene, völlig an den Haaren herbeigezogene Erklärung: »Eine geheime israelische Organisation namens OAS«, sagte er, »die innerhalb des Schin Bet und in Zusammenarbeit mit der Hamas und dem Islamischen Dschihad funktioniert und deren Ziel es ist, den Friedensprozess zu stören, steckt hinter diesen Anschlägen und vielen anderen.«[30]

Anfang 1995 erkannten die Israelis, dass sämtliche von ihnen gehegte Hoffnungen, die Palästinensische Autonomiebehörde werde selbst die Terroranschläge stoppen, bestenfalls höchst unwahrscheinlich waren. »Neben all den Kontakten, Gesprächen, Gesuchen und Forderungen, die wir bei den Palästinensern stellten, kamen wir am Ende zu dem Schluss, dass wir uns allein auf uns selbst verlassen und alle Anstrengungen unternehmen würden, den Terror zu bekämpfen«, sagte Gilon.

Zufällig rief zur selben Zeit, als die beiden Selbstmordattentäter Beit Lid am 22. Januar angriffen, der Schin-Bet-Direktor, Jaakow Peri, Jisrael Hasson zu sich und bat ihn, die Leitung des zentralen Kommandos der Behörde zu übernehmen, das für das gesamte Westjordanland zuständig war.

Doch Hasson, einer der erfahrensten Mitarbeiter des Schin Bet, sagte, er werde den Posten nur annehmen, wenn die Behörde ihren Umgang mit Jahja Ajasch von Grund auf ändere.

»Wenn Sie glauben«, sagte Hasson zu Peri, »das sei ein lokales Problem für den Einsatzoffizier, der für Rafat [das Dorf, in dem Ajasch geboren wurde] zuständig ist, so machen Sie einen großen Fehler. Dieser Mann lässt den ganzen politischen Prozess scheitern. Um an ihn heranzukommen, haben wir nur eine einzige Chance: Die ganze Behörde und jedes einzelne Mitglied muss sich jeden Morgen nach dem Aufstehen fragen: ›Was kann ich heute tun, um Jahja Ajasch zu fangen?‹«

Peri fragte ihn, was er denn wollte.

»Ich möchte die oberste Zuständigkeit über alle anderen Faktoren in der Behörde für das Vorgehen gegen ihn«, sagte Hasson.

Da Peri selbst ein tüchtiger Führungsoffizier war, wusste er, wie man Mitarbeitern ein gutes Gefühl vermittelte, und antwortete mit einem Grinsen: »Ich ernenne Sie hiermit zum Chef der Behörde für die Angelegenheiten zu Jahja Ajasch.«

»Dann möchte ich eine Zusage, dass Sie mich nicht außer Kraft setzen können und dass jede Entscheidung von mir zu diesem Thema endgültig ist«, sagte Hasson.

Peri war zuversichtlich, dass es ihm gelingen würde, Rabin zur Unterschrift unter einen Tötungsbefehl gegen Ajasch zu überreden, aber er war auch klug genug, sämtliche organisatorischen Minen zu meiden, und erwiderte lediglich: »Jisrael, die ganze Behörde steht hinter Ihnen. Macht Euch an die Arbeit und bringt uns den Kopf von Ajasch.«[31]

Hasson trat seinen neuen Posten an und prüfte sämtliche Informationen, die sie über Ajasch hatten. Das war sehr wenig. Es stellte sich heraus, dass seit über einem Jahr keine einzige zuverlässige Quelle des Schin Bet Kontakt zu Ajasch oder zu einem seiner engsten Mitarbeiter gehabt hatte. Es gab keinen klaren Hinweis über seinen Aufenthaltsort, abgesehen von einem Bericht, in dem es hieß, der Hamas sei es gelungen, seine Flucht nach Polen zu organisieren, aus Angst, der Schin Bet werde ihn sonst in seine Gewalt bringen.

Hasson bezweifelte die Korrektheit dieses Berichtes. »Wie kann er in Polen sein, wenn wir seine Fingerabdrücke bei all den Selbstmordanschlägen hier finden?«, fragte er auf einem Treffen Anfang Februar. Damals kündigte er an, dass er die gesamte Herangehensweise an die Zielperson ändern werde.

Bis zu diesem Punkt waren die verschiedenen Mitgliedsorganisationen der PLO die Hauptgegner des Schin Bet gewesen. Im Allgemeinen operierten sie in kleinen Zellen, von bestimmten Räumlichkeiten aus, in der Regel dort, wo sie wohnten. Folglich waren die Operationen des Schin Bet über geografische Gebiete – Dörfer, Städte, Bezirke, Regionen – organisiert worden, in denen Informanten und Führungsoffiziere Material über alles sammelten, was sich dort ereignete. Jede Einheit handelte fast völlig autonom, und die Koordination untereinander war begrenzt und erfolgte lediglich auf der Kommandoebene. Mitarbeiter, die sich mit derselben Zielperson befassten, trafen sich nie in einer organisierten Form, um Informationen auszutauschen und verschiedene Handlungsoptionen zu diskutieren.

Doch die Hamas funktionierte nach einer völlig anderen Struktur. Die Aktivisten führten nicht die Aufgaben aus, die die Hamas ihnen an ihrem eigenen Wohnsitz erteilte, sondern woanders. Bei jeder Mission hielten sie sich an einem anderen Ort auf, während sie weiterhin einem landesweiten Kommando unterstanden. Folglich brachte die spezialisierte Kenntnis eines Schin-Bet-Mitarbeiters über das, was in seinem geografischen Gebiet vorging, keine nennenswerten Ergebnisse ein.

Hasson wählte eine neue Vorgehensweise bezüglich Ajasch, der den Decknamen »Kristall« bekam. Sämtliche Informationen über Kristall, kündigte er an, sollten in seinem Büro, unter seinem Kommando zusammengeführt werden. Aus einer bislang lokal gesteuerten Angelegenheit, die separat von einer Reihe von Mitarbeitern im Schin Bet geleitet wurde – jeder wiederum unter einem anderen Vorgesetzten mit seinen eigenen Prioritäten –, wurde die Operation »Kristall« nunmehr zu einem landesweiten Projekt, wobei Hasson alle Entscheidungen traf. Das kam einer organisatorischen Revolution im Kleinformat gleich: Hasson konnte jetzt über die Köpfe der lokalen Kommandeure hinweg Befehle erteilen, und das sorgte für einigen Ärger.[32]

Hasson wies mehrere Schin-Bet-Einheiten an, eine Reihe von Palästinensern zu rekrutieren, die eventuell helfen könnten. Ferner befahl er Mitarbeitern, Dutzende von Hamas-Aktivisten in israelischen Gefängnissen noch einmal zu verhören. Nach diesen Operationen wurden weitere 35 Hamas-Aktivisten verhaftet und befragt. Über Nacht wurden sie in Zellen gesteckt, in verschiedenen Zusammensetzungen, und ihre Unterhaltungen wurden aufgezeichnet. Außerdem wurden palästinensische Häftlinge, die man als Schin-Bet-Agenten angeworben hatte – sogenannte Muppets –, in die Zellen eingeschleust, um sie zum Reden zu bringen.

Es stellte sich rasch heraus, dass Ajasch außerordentlich raffiniert war. Lange bevor allgemein bekannt war, dass die Polizeibehörden und Geheimdienste heimlich über private Telefone eine große Menge an Informationen beschaffen können, gab sich Ajasch große Mühe, nicht regelmäßig dasselbe Mobiltelefon oder die Festnetzleitung zu benutzen und ständig seinen Schlafplatz zu wechseln. Vor allem schien er keinem Menschen zu trauen.[33]

Am Ende hatten jedoch die Bemühungen, Kristall aufzufinden, Erfolg. Es stellte sich heraus, dass er keineswegs in Polen war und nie dorthin gereist war. Er hielt sich im Westjordanland auf und war in der Nähe von Kalkilia tätig, einem Gebiet, das teilweise Israel und teilweise der Autonomiebehörde unterstand – direkt vor der Nase des Schin Bet. »Man kann unmöglich allein der Autonomiebehörde die Schuld daran geben, dass er noch nicht gefasst wurde«, sagte Karmi Gilon, der Peri als Direktor des Schin Bet abgelöst hatte. »Es war unser Fehler, und das mussten wir zugeben.«[34]

Im April, vier Monate nach der Unterschrift unter den Tötungsbefehl, bekam der Schin Bet einen Tipp, dass Ajasch an einem Treffen der Hamas in Hebron teilnehmen würde. Hasson war der Meinung, dass eine Aktion zu dem Zeitpunkt zu riskant sei und dass die Unterwanderung der Hamas noch verbessert werden müsse, aber der Druck, den Ministerpräsident Rabin ausübte, Ajasch endlich zu schnappen, war zu stark. Als Araber verkleidet legte sich ein Tsiporim-Team in der Nähe des Treffpunkts auf die Lauer, mitten in einem sehr feindlichen und dicht bevölkerten Ort. »Zu seinem und zu unserem Glück tauchte er [Ajasch] nie dort auf«, sagte Hasson. »Ich bezweifle, dass es uns gelungen wäre, alle unsere Leute lebend dort wieder herauszuholen. Es war eine irrsinnig gefährliche Mission, aber wegen der Gefahr, die von diesem schrecklichen Individuum ausging, hatten wir beschlossen, sie trotzdem durchzuführen.«[35]

Ajasch ließ sich auch an keinem anderen Ort blicken, der strategisch günstig lag. Im Mai stellte sich heraus, dass es ihm gelungen war, nach Gaza zu entkommen, indem er Schlupflöcher im israelischen Sicherheitssystem rings um den Gazastreifen erkannte und ausnutzte.[36] »Auch das war unser Fehler«, so Gilon.[37]

Monatelang versuchten Schin-Bet-Männer, ihn in Gaza aufzuspüren. Sie wussten zwar, dass er dort operierte, aber israelische Behörden waren nicht befugt, dort jemanden zu verhaften. Sie suchten nach Mustern in seinem Verhalten, Routinen, Mängeln in den Sicherheitsvorkehrungen vor Ort – nach irgendeiner Schwachstelle, die man nutzen konnte.

Ende August erfuhr der Schin Bet dann endlich, dass Ajasch in seltenen Fällen von dem Haus eines Anhängers und Kindheitsfreunds von ihm, Osama Hamad, aus telefonierte. Hamad lebte in der Stadt Beit Lahia, im Norden des Gazastreifens. Über diesen Apparat sprach er dann mit Leuten im Iran und im Libanon und mit etlichen Untergebenen von ihm in der Hamas. Außerdem führte er jedes Mal, wenn er Hamad besuchte, ein langes Telefongespräch mit seinem Vater im Westjordanland.

Der Wert dieser Information war nicht zu unterschätzen.

Hasson war jedoch der Meinung, dass ein Anschlag auf Ajasch Teil einer größeren, umfassenden Operation sein sollte, in deren Verlauf der Schin Bet eine viel tiefere Unterwanderung der Hamas erreichte und die Schmuggelpfade nach und aus dem Gazastreifen unter seine Kontrolle brächte. »Doch den Jungs brannte es unter den Sohlen«, sagte Hasson und kritisierte damit implizit Avi Dichter, den Chef der südlichen Region (und den Mann, der fünf Jahre später über ihn triumphieren sollte, als die beiden für den Posten des Direktors kandidierten). »Sie wollten vor allem diesen Erfolg auf ihrem Konto verbuchen. Sie sagten: ›Zuallererst schalten wir ihn aus, und dann schauen wir, was passiert.‹ Schade.«[38]

Dichter wurde ein Plan für die Tötung Ajaschs vorgelegt: Die Zielperson telefonierte immer von einem Zimmer neben dem Wohnzimmer der Familie Hamad aus. Wenn das Haus einmal verlassen war, wollten Tsiporim-Mitglieder in das Haus eindringen und einen Sprengkörper verstecken, zusammen mit einer Kamera, die Bilder übertrug. Sobald sich Ajasch dort setzte und seine Stimme in den angezapften Telefonen gehört wurde, sollte der Sprengsatz gezündet werden.

»Aber hier zeigt sich das Dilemma, das sich einem Land stellt, das den Terror durch chirurgische Eingriffe bekämpfen und doch moralischen Grundsätzen treu bleiben möchte«, sagte Dichter. »Es war sehr einfach, dafür zu sorgen, dass Ajasch in die Luft gesprengt wurde. Aber wir wussten, dass er sich in einem Haus mit Kindern darin aufhielt, und wir hatten keine Möglichkeit zu garantieren, dass sie durch die Explosion keinen Schaden nahmen. Die ganze Operation musste deswegen geändert werden.«[39]

Der Schin Bet brauchte eine kleinere Bombe, mit einer in Gramm gemessenen Sprengkraft, die gerade tödlich genug war, um Ajasch zu töten, aber nicht so stark, dass andere in Gefahr gebracht wurden. Vielleicht eine Bombe, die sich Ajasch an den Kopf hielt.

Die Lösung fand sich, als es dem Schin Bet gelang, eine Verbindung zwischen Hamad und einem Kollaborateur der Israelis zu finden. Sein Onkel war ein reicher Bauunternehmer namens Kamal Hamad, der den Israelis in der Vergangenheit bereits Informationen zugespielt hatte. Kamals Führungsoffiziere wiesen ihn an, sich einen überzeugenden Vorwand auszudenken, um seinem Neffen ein neues Mobiltelefon zu schenken, ein Motorola Alpha mit einem Mikrofon zum Ausklappen.

Man ging davon aus, dass früher oder später Ajasch das Gerät benutzen würde.

»Wir haben einen kleinen Sender in dem Telefon versteckt, damit wir die Anrufe belauschen können«, sagten sie zu Kamal, der nach der Operation eine stattliche Summe und eine neue Wohnung in Israel bekam.

Die Führungsoffiziere logen jedoch. Statt eines Senders enthielt das Gerät eine 50-Gramm-Sprengladung mit einem Fernzünder. Am 28. Oktober, zwei Tage nach der Tötung Schakakis, kam Ajasch zu Hamad zu Besuch, der ihm das neue Mobiltelefon gab und das Zimmer verließ, damit der Kommandeur ungestört telefonieren konnte. Die technologischen Kapazitäten des Schin Bet waren damals noch recht dürftig, ein spezielles Flugzeug der Luftwaffe war erforderlich, um die Übertragungen des Telefons aufzufangen. Das Flugzeug leitete die Anrufe an das Südliche Kommando des Schin Bet weiter, wo ein erfahrener Beobachter, der Ajaschs Stimme genau kannte, mithörte. Als er »den Ingenieur« erkannte, gab er das Signal zur Zündung.

Der Beobachter schickte sich an, die Kopfhörer abzunehmen, um den ohrenbetäubenden Knall zu vermeiden, der in Kürze bevorstand, doch das Gespräch ging weiter, als sei nichts geschehen. Das Signal wurde ein zweites Mal gegeben, aber Ajasch redete immer noch. »Man drückt einmal, man drückt zweimal«, sagt Dichter, »aber der Automat spuckt keinen Kaffee aus.«[40]

Die Mini-Bombe hatte versagt, aber immerhin war sie nicht entdeckt worden. Kamal sagte später seinem Neffen, es gebe ein Problem mit der Abrechnung, und er müsse das Telefon ein paar Tage lang mitnehmen.

Das Labor des Schin Bet behob das Problem, das Telefon wurde Hamad zurückgegeben, und alle warteten auf die Rückkehr von Ajasch.

Am Montag, dem 2. November 1995, führte ein hohes Mitglied des Personenschutzes im Schin Bet, der für die Sicherheit des Ministerpräsidenten zuständig war, ein verschlüsseltes Telefongespräch mit seinem Kollegen Jitzchak Ilan, dem die Nachrichtenbeschaffung für das Südliche Kommando der Behörde unterstand. »Übermorgen wird am Abend«, teilte der Anrufer Ilan mit, »eine große Kundgebung auf dem Kings of Israel Square in Tel Aviv stattfinden, zur Unterstützung der Regierung und des Friedensprozesses. Rabin wird dort sprechen. Haben Sie, wegen des Anschlags auf Fathi Schakaki, irgendwelche Informationen darüber, ob der Islamische Dschihad die Absicht hat, seinen Führer zu rächen, indem er versucht, den Ministerpräsidenten zu töten?«

Ilan erwiderte, dass keine konkreten Informationen vorlägen, dass in der Region aber im Zuge des Anschlags auf Schakaki eine große Unruhe herrsche, und auch wenn Israel nicht die Verantwortung dafür übernommen habe, zweifle der PIJ nicht daran, wer dahintersteckte. Ilan befürchtete vor allem, dass bei der Kundgebung eine Autobombe zum Einsatz kommen könnte; er riet deshalb, das gesamte Gebiet um den Platz von Fahrzeugen zu räumen. Nach dem Gespräch beschloss der Personenschutz, zusätzliche Vorkehrungen zu treffen.[41]

Die Friedensdemonstration wurde von linken Gruppen als Antwort auf die wütenden Proteste organisiert, die die Rechte veranstaltet hatte. Diese waren zu einer gehässigen Hetze gegen Rabin ausgeartet. Bilder von ihm wurden in Brand gesteckt, er wurde in der SS-Uniform der Nazis dargestellt, und Särge wurden getragen, auf denen sein Name stand. Bei einer Protestkundgebung hatten Demonstranten versucht, den Sicherheitskordon zu durchbrechen und ihn anzugreifen. Um ein Haar hätten sie es auch geschafft. Der Schin-Bet-Chef Gilon warnte, jüdische Terroristen könnten versuchen, dem Regierungschef etwas anzutun; er bat Rabin sogar, in einem gepanzerten Wagen zu reisen und eine Schutzweste zu tragen. Rabin, der Gilons Warnungen nicht ernst nahm, schreckte vor dieser Vorstellung zurück und willigte nur in seltenen Fällen ein.[42]

Die Kundgebung war ein großer Erfolg. Auch wenn Rabin gezweifelt hatte, dass die Anhänger der Linken auf die Straße gehen und demonstrieren würden, versammelten sich mindestens hunderttausend auf dem Platz und jubelten ihm zu. Sie sahen Rabin, einen in der Regel sehr introvertierten Menschen, seltene Gefühle zeigen.

»Ich möchte gern jedem Einzelnen von euch danken, der heute hierhergekommen ist, um für Frieden zu demonstrieren und gegen Gewalt«, begann er seine Rede. »Diese Regierung ... hat sich entschieden, dem Frieden eine Chance zu geben. Ich war 27 Jahre lang ein Mann des Militärs; ich habe Kriege geführt, solange es keine Chance auf den Frieden gab. Ich glaube jetzt fest daran, dass es diese Chance für den Frieden gibt, eine große Chance, und wir müssen sie nutzen. ... Es gibt Feinde des Friedens, die versuchen, uns zu verletzen, um den Friedensprozess zu torpedieren. Ich möchte es offen sagen, dass wir auch unter den Palästinensern einen Partner für den Frieden gefunden haben: die PLO, die ein Feind war und den Terror aufgegeben hat. Ohne Partner für den Frieden kann es keinen Frieden geben.«

Danach gab Rabin den Leuten auf der Bühne die Hand und ging in Richtung des gepanzerten Wagens, der in der Nähe wartete, begleitet von seinen Leibwächtern. Sicherheitsleute des Schin Bet sahen einen jungen, dunkelhäutigen Mann, der dem Ministerpräsidenten im Weg stand. Aber wegen des jüdischen Äußeren versuchten sie nicht, ihn wegzudrängen. Der junge Mann, Jigal Amir, ein Jurastudent mit engen Verbindungen zu extremistischen Siedlern in Hebron, schlüpfte verblüffend problemlos an den Leibwächtern vorbei und gab drei Schüsse auf den Ministerpräsidenten ab, die ihn töteten.

Lior Akerman von der Ermittlungsabteilung des Schin Bet empfing als Erster Jigal Amir in der Vernehmungseinrichtung: »Er kam mit einem Grinsen, das sich stundenlang in seinem Gesicht hielt. Er erklärte mir, dass Rabin die Heimat verraten habe und dass jemand ihn stoppen musste. ›Sie werden sehen‹, sagte er zu mir, ›meine Schüsse werden den Friedensprozess und die Übergabe von Territorium an die Palästinenser beenden.‹«[43]

Das Attentat traf Israel wie ein Donnerschlag. Wie in Amerika nach dem Mord an John F. Kennedy sollte jeder Einzelne sich genau an seinen Aufenthaltsort erinnern, als die Nachricht im Fernsehen mitgeteilt wurde.

Hunderttausende Israelis gingen auf die Straße, zündeten Kerzen an und weinten. Der Schock war besonders groß, weil so gut wie niemand – nicht einmal die Leute, die für die Bewachung des Ministerpräsidenten die Verantwortung trugen – damit gerechnet hätte, dass ein Jude den Führer der jüdischen Nation töten könnte. Der Schin Bet hatte kläglich versagt, in zwei Punkten: zuerst indem er nichts über die von Amir geleitete Terrorzelle wusste, und dann indem er zuließ, dass der Attentäter mit einer Waffe in der Hand in die Nähe von Rabin gelangte. Eine Niedergeschlagenheit erfasste die ganze Organisation.

Aber Ajasch war noch am Leben, und Schimon Peres, der Rabin als Ministerpräsident und Verteidigungsminister ablöste, unterschrieb den Tötungsbefehl gegen den »Ingenieur«. Der Chef des Schin Bet Karmi Gilon beschloss, nicht sofort nach dem Attentat auf Rabin zurückzutreten, sondern weiterzumachen, bis Ajasch ausgeschaltet war, damit seine Amtszeit nicht als ein absolut peinliches Versagen gewertet würde.

Außerdem befand sich immer noch eine Bombe in einem Mobiltelefon. Am Morgen des 5. Januar 1996, einem Freitag, kam Ajasch wieder von dem Ort, wo er sich in der Nacht zuvor versteckt hatte – ein Keller im Flüchtlingslager Dschabalija –, in das Haus von Osama Hamad. Um 9 Uhr rief sein Vater Abd al-Latif Ajasch Hamads Mobiltelefon an, das dieser von seinem Onkel Kamal bekommen hatte. »Ich gab Ajasch das Telefon und hörten ihn fragen, wie es seinem Vater ging«, sagte Hamad. »Ich verließ das Zimmer, damit er ungestört war.«

Ajasch sagte seinem Vater, wie sehr er ihn liebe und wie er ihn vermisse. Das genügte dem Stimmerkennungsexperten, um das Zeichen zu geben. Dieses Mal kam das Signal über das Flugzeug in dem Apparat an und zündete die Sprengladung.

»Plötzlich war die Leitung tot«, sagte Abd al-Latif Ajasch. »Ich dachte, es gebe keinen Empfang, und versuchte, noch einmal zu wählen, aber sie war tot. Am selben Nachmittag wurde mir mitgeteilt, dass man ihn ermordet hatte.«[44]

Ajasch wurde am nächsten Tag in Gaza bestattet, bei einem Begräbnis, an dem Tausende teilnahmen. Noch am selben Abend fingen Hamas-Mitarbeiter an, Selbstmordbomber im Westjordanland zu rekrutieren. Ein Hamas-Sprecher erklärte: »Die Tore der Hölle sind geöffnet worden.«

26 »Schlau wie eine Schlange, naiv wie ein kleines Kind«

Zu der Zeit, als der Schin Bet ihn endlich zu fassen bekam, hatte Jahja Ajasch den Tod und die Verstümmelung von Hunderten von Menschen auf dem Gewissen und hatte dem Staat Israel und dem Friedensprozess erheblich geschadet.

Damals standen mehrere hohe Kommandeure an der Spitze der Hamas, die zuständig für die regionalen Kräfte im Westjordanland und im Gazastreifen waren, und auch sie trugen die Verantwortung für blutige Anschläge gegen Israelis. Aber es gab einen wesentlichen Unterschied zwischen Ajasch und dem Rest. Die meisten operierten im Innern der besetzten Gebiete, vorwiegend in Form von Hinterhalten mit Feuerwaffen gegen Soldaten auf der Straße. Ajasch war in erster Linie für die Selbstmordanschläge verantwortlich, die in Israel selbst stattfanden und sich gegen Zivilisten richteten.

Ajaschs revolutionäre Tätigkeit überlebte sogar seinen vorzeitigen Tod. In den letzten Monaten seines Lebens bildete er eine Gruppe Hamas-Aktivisten in der Kunst des Baus kleiner, tödlicher Sprengsätze für Selbstmordbombenattentäter aus sowie in den Methoden, diese zu rekrutieren und vorzubereiten. Darunter war Mohammed Diab al-Masri. Nachdem er auf die Fahndungsliste des Schin Bet gelangt war, wurde er in der Hamas als Mohammed Deif bekannt, was auf Arabisch »Mohammed der Gast« heißt, weil er jede Nacht an einem anderen Ort schlief. Er wurde 1965 in dem Flüchtlingslager Chan Junis im Gazastreifen geboren, als Kind einer Familie, die in dem Krieg von 1948 aus einem Dorf bei Aschkelon geflohen war. Deif trat schon bald nach ihrer Gründung 1987 in die Hamas ein. Im Mai 1989 wurde er zum ersten Mal verhaftet und zu 16 Monaten Haft verurteilt, weil er dem bewaffneten Arm der Hamas angehörte, doch er setzte unmittelbar nach der Entlassung seine Tätigkeit fort und nahm an den Workshops teil, die Ajasch heimlich auf den Sanddünen außerhalb von Gaza veranstaltete. Im November 1993 wurde Deif die Verantwortung für Terroroperationen der Hamas im Gazastreifen übertragen.

An dem Tag, als man Ajasch bestattete, wurde Deif Chef der Issedin-al-Kassam-Brigaden, des militärischen Arms der Hamas. Noch am selben Abend fing er an, Selbstmordattentäter zu rekrutieren. Einen Monat später begannen die Racheakte.

Deif und seine Leute führten vier Terroranschläge durch. Am 25. Februar 1996 sprengte sich ein Selbstmordattentäter in einem Bus in Jerusalem in die Luft und tötete dabei 26 Menschen. Am selben Tag tötete ein weiterer Selbstmordterrorist an einer Tramperstelle für Soldaten außerhalb von Aschkelon einen Soldaten und verwundete 36 weitere. Eine Woche danach, am Morgen des 3. März, folgte ein weiterer Selbstmordanschlag auf einen Bus in Jerusalem, bei dem 19 Menschen starben und acht verwundet wurden. Am nächsten Tag, dem 4. März, zündete ein Bombenattentäter den Sprengsatz nicht weit von der Schlange vor einem Geldautomaten am Dizengoff Center, einer geschäftigen Einkaufsmeile im Herzen Tel Avivs. 13 Menschen kamen ums Leben, über 100 wurden verwundet.

Schimon Peres, der Rabin als Ministerpräsident nachgefolgt war, erkannte, welche Wirkung diese Terroranschläge auf die öffentliche Meinung in Israel, auf den Rückhalt für den Friedensprozess und auf seine eigenen Aussichten bei den kommenden Wahlen, die im Mai anstanden, hatten. Er unterschrieb einen Tötungsbefehl gegen Mohammed Deif und befahl dem Schin Bet, alles zu tun, um ihn loszuwerden, doch Deif gelang es, am Leben zu bleiben. Die Palästinensische Autonomiebehörde, die den Schin Bet als Teil des Friedensprozesses eigentlich in der Terrorbekämpfung unterstützen sollte, unternahm nichts. Dschibril ar-Radschub, ein führender Vertreter des palästinensischen Sicherheitsapparats, der Arafat nahestand, behauptete: »Ich hatte keine Macht. Ich wollte [den Terror der Hamas] bekämpfen, aber ich hatte weder Männer noch Werkzeuge oder Vollmacht.«[1] Juval Diskin, der Verbindungsmann zum Schin Bet bei den Palästinensern, widersprach. »Dschibril ist ein

Lügner«, sagte er. »Er hatte enorme Befugnisse, aber er bekam von Arafat die Anweisung, sich keine allzu große Mühe zu geben.«[2]

Vor den Anschlägen hatte Peres versucht, Arafat dazu zu bringen, Deif und 34 weitere Terrorverdächtige zu verhaften. Er fuhr am 24. Januar zu einem dringenden Treffen mit Arafat nach Gaza. Der AMAN-Chef Jaalon begleitete ihn. Er sagte zu Arafat: »Sie müssen diese Leute sofort verhaften, sonst wird alles im Chaos versinken.«

»Verhaften Sie sofort Mohammed Deif!«, forderte Peres.

Arafat blickte sie verblüfft mit weit aufgerissenen Augen an. »Mohammed *schu?*«, fragte er auf Arabisch. Mohammed wer?[3]

Schließlich erkannte Arafat jedoch, dass die Selbstmordbomber ihn in den Augen seines eigenen Volkes so aussehen ließen, als habe er die Palästinensische Autonomiebehörde nicht unter Kontrolle, und in den Augen der internationalen Gemeinschaft wie jemand aussehen ließen, der den mörderischen Terror unterstützte, und sei es nur durch Tatenlosigkeit. Ihm wurde klar, dass der Friedensprozess am Ende wäre, falls weiterhin Israelis in Bussen und Einkaufszentren in die Luft gesprengt würden. Nach dem vierten Anschlag starteten seine Sicherheitsleute eine energische Kampagne gegen die Hamas, trieben 120 führende Mitglieder zusammen und verhörten sie unter schärfsten Foltermethoden. Doch inzwischen war es zu spät.

»Arafat war eine sehr komplizierte Persönlichkeit«, sagte Peres, »mit einer Psychologie, die uns fremd war. Einerseits war er schlau wie eine Schlange, andererseits aber so naiv wie ein kleines Kind. Er wollte alles auf einmal sein, sowohl ein Mann des Friedens als auch ein Mann des Krieges. Einerseits hatte er ein phänomenales Gedächtnis – er kannte alle Namen, alle Geburtstage, alle historischen Ereignisse. Andererseits interessierte er sich nicht immer für Fakten und für die Wahrheit. Wir saßen an einem Tisch, und ich habe aus seiner Hand gegessen – aus der mit dem Ekzem, und das erfordert Mut. Ich lieferte ihm Informationen über die obersten Hamas-Terroristen in seinem Gebiet. Er wusste ganz genau, dass sie zutrafen, aber er log mir ohne Schwierigkeiten ins Gesicht. Als er sich überzeugen ließ, war es bereits zu spät. Der Terror hat mich ruiniert, mich erledigt, die Macht gekostet.«[4]

Die Terrorwelle im Februar und März 1996 war ein Musterbeispiel dafür, wie Selbstmordanschläge den Gang der Geschichte beeinflussen konnten. Anfang Februar lag Peres in Umfragen bis zu 20 Prozentpunkte vor seinem Widersacher, dem konservativen Falken Benjamin »Bibi« Netanjahu. Mitte März hatte Netanjahu den Abstand bereits deutlich verkleinert, und Peres führte nur noch mit fünf Prozentpunkten. Am 29. Mai gewann Netanjahu die Wahl mit einem Vorsprung von einem Prozentpunkt. Das lag nur an den Terroranschlägen, die Peres einfach nicht stoppen konnte. Jahja Ajaschs Schüler hatten den Sieg der Rechten garantiert und »den Friedensprozess aus der Bahn geworfen«, mit den Worten des stellvertretenden Schin-Bet-Chefs Jisrael Hasson.[5]

Seltsamerweise hörten nach der Wahl die Anschläge fast ein Jahr lang auf. Manche sagen, das habe an Arafats Kampagne gegen die Hamas und an der Verhaftung vieler Mitglieder des bewaffneten Arms gelegen. Andere waren überzeugt, dass die Hamas keinen Grund mehr hatte, Selbstmordanschläge durchzuführen, weil Netanjahu ohnehin den Friedensprozess praktisch völlig gestoppt hatte. Und das war ja auch das kurzfristige Ziel der Anschläge.

Netanjahu setzte die Oslo-Abkommen nicht außer Kraft, aber seine Regierung warf dem Prozess unzählige Steine in den Weg, und während seiner ganzen ersten Amtszeit wurde der Friedensprozess fast völlig auf Eis gelegt. Andererseits setzte Netanjahu auch nie übereilt Gewalt ein oder befahl aggressive Aktionen. Seine Vorgehensweise bestand darin, nichts zu tun: Er ergriff nie die Initiative, weder für den Krieg noch für den Frieden.

Arafat schäumte seinerseits vor Wut über die fortwährenden Verzögerungen beim Abzug Israels aus palästinensischen Gebieten. Aus Rache setzte er einige Hamas-Aktivisten, die er verhaftet hatte, wieder auf freien Fuß. Am 21. März 1997 schlug die Organisation erneut im Herzen von Tel Aviv zu, als sich ein Selbstmordbomber in einem Café auf dem Bürgersteig nicht weit vom ehemaligen Haus David Ben Gurions in die Luft sprengte. Drei Frauen wurden getötet und 48 Menschen verwundet, einige schwer. Im Zuge des Anschlags hielt sich Netanjahu erneut zurück. Trotz der Empfehlungen seiner Berater, militärisch in den Palästinensergebieten vorzugehen, verzichtete er darauf, den Einsatz von Gewalt anzuordnen.

Der Bombenanschlag in Tel Aviv veranschaulichte, wie unterschiedlich die beiden wichtigsten geheimdienstlichen Terrorabwehrbehörden Israels Arafat einschätzten. Der Schin Bet unter Ajalon meinte, der Palästinenserführer sei passiv und schwach, lasse die Anschläge weitergehen und unternehme keinerlei Anstrengung, die Hamas in die Schranken zu weisen, weil er eine Konfrontation mit der fundamentalistischen Bewegung scheute.

Der AMAN hingegen, unter dem charismatischen und eigensinnigen Generalmajor Mosche Jaalon, glaubte, Arafat sei der Schlüssel zum Problem. Obwohl der Schin Bet und der AMAN die gleichen Transkripte der Geheimgespräche zwischen Arafat und Hamas-Führern zu Gesicht bekamen, glaubte nur Jaalon, das Geheimdienstmaterial lege die Schlussfolgerung nahe, Arafat habe den Terroranschlägen grünes Licht erteilt, um aus der Sackgasse bei den Verhandlungen auszubrechen. Jaalon sagte den drei Ministerpräsidenten, unter denen er als Chef des Militärgeheimdienstes gedient hatte (Rabin, Peres und Netanjahu), dass Arafat nach seiner Einschätzung »sein Volk nicht auf einen Frieden mit uns vorbereite, sondern auf einen Krieg«. Laut Jaalon war im Rückblick Rabins Aussage, dass Israel »den Frieden anstreben solle, als gebe es keinen Terror, und den Terror bekämpfen müsse, als gebe es keinen Frieden«, eine »dumme Erklärung«, weil der Mann, mit dem sie Frieden schließen wollten, dieselbe Person war, die den Terror schuf.

Jaalon war Mitglied eines Kibbuz in der Wüste Araba und ein prominenter Sprössling der linken Arbeiterbewegung Israels. Doch was er als Chef des AMAN und später als Generalstabschef in dem Geheimdienstmaterial zu sehen bekommen habe, sagte er, habe seine Meinung geändert und ihn nach rechts schwenken lassen. Der kometenhafte Aufstieg im Militär und in der Politik verstärkte noch seine unerbittlichen Anschauungen, und am Ende sollten sie sich dramatisch auf die israelische Politik in den kommenden Jahrzehnten auswirken. Die Rechte empfing ihn mit offenen Armen, da er eines der wenigen Mitglieder der Geheimdienstgemeinde war, die solche Meinungen vertraten. Er wurde zu einem der engsten Berater Netanjahus, der ihn als Minister für strategische Angelegenheiten und danach als Verteidigungsminister in sein Kabinett berief. Allerdings drängte Netanjahu ihn 2016 zum Rücktritt, nachdem Jaalon, ein pedantischer Verfechter von Recht und Disziplin, darauf bestanden hatte, strafrechtlich gegen einen Soldaten vorzugehen, der einen wehrlosen verwundeten Terroristen erschossen hatte.[6]

Jaalon gilt außerdem als einer der anständigsten Politiker Israels, und es besteht kein Zweifel daran, dass sein Abscheu gegen Arafat völlig authentisch war. Er hielt standhaft an der Überzeugung fest, dass Arafat weiterhin aktiv den Terror unterstütze. »Der Schin Bet wird dafür eingesetzt, Beweise zu sammeln, die vor Gericht Bestand haben und zu einer Verurteilung führen werden«, sagte er. »Aber Arafat ist eindeutig viel raffinierter. Er sagte nicht den Köpfen der Hamas: ›Auf, führt Anschläge aus‹, sondern spricht zu ihnen vom heiligen Krieg und lässt alle hohen Tiere frei, die er verhaftet hat. Was brauchen wir denn mehr. Bis heute ist kein von Hitler unterzeichneter Befehl gefunden worden, in dem er die Vernichtung der Juden anordnete. Heißt das etwa, dass er nicht den Befehl dazu gab?«[7]

Brigadegeneral Jossi Kuperwasser, ein führender Analyst des AMAN, unterstützte die Worte seines Chefs: »Als es ihm passte, schloss Arafat 19 Hamas-Einrichtungen und verhaftete einige Aktivisten. Dann fing er an, sie wieder freizulassen, nachdem er beschlossen hatte, dass es an der Zeit war, die Terroranschläge wieder aufzunehmen. Hamas forderte einen Beweis dafür, dass er es ernst meinte. ›Lass Ibrahim al-Makadmeh frei‹, sagten sie zu ihm. ›Nur auf diese Weise werden wir mit Sicherheit wissen, dass du uns freie Hand lässt.‹ Warum Makadmeh? Weil er einen Trupp anführte, der später Arafat selbst ermorden sollte. Arafat willigte ein, und kurz danach führten sie den Anschlag in der Nähe des ehemaligen Hauses von Ben Gurion aus.« Laut Kuperwasser war Arafat klug genug, Hamas-Häftlinge freizulassen, die in Gebieten unter israelischer Kontrolle lebten, damit die Israelis nur sich selbst die Schuld geben konnten. Und auf jeden Fall entließ er nur Männer, die keine Verbindung zur Fatah hatten, um einen möglichst großen Abstand zwischen sich und den Terroranschlägen zu wahren.[8]

Der Mahane-Jehuda-Markt von Jerusalem wimmelt immer von Menschen, die nach billigen Waren und Kleidung Ausschau halten. Zwischen den Hauptverkehrsadern der Stadt, Jaffa Road und Agrippas Street, gelegen, steht er der Bevölkerung seit dem Ende des 19. Jahrhunderts offen. Mit den Verkäufern, die lauthals Fleisch, Fisch, Blumen und Falafel anpreisen, und mit der Farbenpracht, den Gerüchen und dem Anblick eines echten, geschäftigen Markts ist er zugleich eine beliebte Touristenattraktion.

Um die Mittagszeit am Mittwoch, dem 30. Juli 1997, achtete niemand darauf, als zwei Männer in schwarzen Anzügen, weißem Hemd und Krawatte durch die pulsierende Menge gingen. Die Männer trugen schwere Aktentaschen, und sie schritten zielstrebig ins Zentrum des Marktes. In einem Abstand von gut 40 Metern voneinander blieben sie stehen – genau wie Mohammed Deif ihnen befohlen hatte. Sie pressten ihre Taschen eng an ihren Körper, als wollten sie sie umarmen.

Die Taschen waren jeweils mit 35 Pfund Sprengstoff, Nägeln und Schrauben gefüllt.

Die Männer zündeten die Ladung, und die enorme Druckwelle und umherschwirrenden Splitter töteten 16 Menschen und verwundeten 178 weitere.

Die Hamas übernahm in einer Erklärung, die sie an das Rote Kreuz schickte, die Verantwortung für den Anschlag. Deif hatte allerdings auch erkannt, dass der Schin Bet nach früheren Bombenanschlägen die Überreste der Täter identifiziert hatte. Mithilfe dieser Information hatte der Schin Bet dann diejenigen herausgepickt, die vor dem Anschlag mit ihnen in Kontakt gewesen waren. Deshalb gaben sich die Selbstmordbomber diesmal alle Mühe, ihre Identität zu verschleiern. Sie schnitten beispielsweise die Etiketten ihrer Kleidung ab, damit die Ermittler des Schin Bet sie nicht zu einem bestimmten Geschäft verfolgen konnten, dessen Besitzer sie womöglich erkannte. Sie pressten die Sprengsätze eng an sich, damit ihre eigenen Körper und Gesichter so weit wie möglich zerstört wurden. Die Hamas-Kämpfer hatten ihre Familien angewiesen, keine Zelte für Beileidsbekundungen aufzustellen, wie es unter den Palästinensern Brauch war, damit der Schin Bet sie nicht identifizieren und ein Muster ihrer Kontakte erstellen konnte.[9]

Dennoch gelang es der Behörde nach beträchtlicher Ermittlungsarbeit, dem Ministerpräsidenten zu melden, dass sie die toten Terroristen identifiziert hätte und dass Mohammed Deif hinter der Planung des Anschlags steckte und die Selbstmordattentäter rekrutiert hatte.

Zehn Tage nach dem Anschlag berief Ministerpräsident Netanjahu eine Sitzung des Sicherheitskabinetts ein. Gleich zu Beginn der Sitzung stellte er klar, dass er allmählich die Geduld verliere. Nachdem Vertreter von Mossad und Schin Bet den Ministern ausgeführt hatten, dass viele Anführer der Hamas in Jordanien, Syrien, den Golfstaaten, den Vereinigten Staaten und Europa Zuflucht gefunden hätten, erklärte Netanjahu, er sei dafür, Schritte gegen sie zu unternehmen. Das Kabinett erteilte dem Ministerpräsidenten die Vollmacht, die konkreten Zielpersonen zu nennen.

Am nächsten Tag rief Netanjahu den Mossad-Direktor General Danny Jatom zu sich und verlangte eine Todesliste. Jatom wurde vom Caesarea-Chef »HH« und vom Nachrichtenoffizier Caesareas Mosche (Mischka) Ben-David begleitet.[10]

Ben-David war eine merkwürdige Figur im Mossad. Der kleine und stämmige Mann trug einen unkonventionell langen Bart und war im Jahr 1987 im vergleichsweise fortgeschrittenen Alter von 35 Jahren in den Mossad eingetreten. Seine Mutter, eine Übersetzerin und Lektorin, hatte nur Russisch mit ihm gesprochen, deshalb beherrschte er diese Sprache, bevor er Hebräisch lernte. Als er 18 wurde, war er aufgrund seiner Russischkenntnisse der ideale Kandidat für Einheit 8200, wo er die russischen Berater belauschte, die damals der ägyptischen und syrischen Armee zur Seite standen. Nach seinem Abschied aus den Israelischen Verteidigungsstreitkräften repräsentierte er eine Zeit lang eine israelische Jugendbewegung in den Vereinigten Staaten, kehrte dann nach Israel zurück und leitete ein Jugendzentrum. Er züchtete in den Hügeln um Jerusalem Pferde, schrieb Bücher und erwarb einen Doktortitel in Literaturwissenschaft und den schwarzen Gürtel in Karate. Außerdem heiratete er und zog drei Kinder auf.

Erst nach all diesen Stationen beschloss Ben-David, sich beim Mossad zu bewerben. »Das interessierte mich wirklich«, erklärte er, »und ich erkannte die zionistische und nationale Bedeutung, einen Beitrag zur Sicherheit des Landes zu leisten, nachdem ich jahrelang etwas für mich getan hatte. Ich sah, dass im Libanon ein Krieg tobte und dass der Frieden noch in weiter Ferne lag und dass dies von Jerusalem bis Tel Aviv keinem wirklich wichtig war.«

Man könne genau genommen nicht sagen, dass es niemandem etwas ausgemacht hätte, so Ben-David. Es war nur einfacher, so zu tun, als sei die Welt kein gar so gefährlicher Ort. »Die Café-Besucher in Tel Aviv werden gereizt, wenn sie einem klaren Blick auf eine Welt begegnen, in der dem Staat Israel immer noch eine existenzielle Gefahr droht, und der Tatsache, dass es nicht wenige Menschen und Institutionen gibt, die wirklich jede Anstrengung unternehmen und keine Kosten scheuen, um Pläne auszuhecken, wie sie uns schaden und vernichten können«, sagte Ben-David. »Es ist viel angenehmer, nicht an die bösen Menschen zu denken und sich einfach zurückzulehnen. ... Ich denke, die große Mehrzahl der Leute im Mossad sind wie ich. Die Liebe zum Abenteuer, zu Intrigen und der Wunsch nach Karriere sind nur bis zum letzten Aufruf für den Flug 337 nach Teheran gut. An diesem Punkt endet alles. Ohne die Überzeugung, dass die eigene Sache gerecht ist, und ohne starke patriotische Motivation kann man die zweite Operation nicht überleben.«[11]

Jatom und seine Berater kamen mit Dossiers zu potenziellen Hamas-Zielpersonen in Europa und im Nahen Osten, die für die Beschaffung von Waffen oder Spenden zuständig waren, in Netanjahus Büro. Unter ihnen war Mahmud al-Mabhuh, der 1988 zwei israelische Soldaten entführt und getötet hatte und später nach Ägypten geflohen war. Netanjahu wies die Liste zurück. »Bringt mir ein paar große Fische, nicht diese kleinen Fische«, sagte er. »Ich will Führer, keine Kaufleute.«[12]

Netanjahus Befehl stellte Ben-David und seine Kollegen vor ein großes Problem. Die oberste Führung der Hamas hielt sich in Jordanien auf, einem Land, mit dem Israel vor drei Jahren einen Friedensvertrag unterzeichnet hatte; israelische Geheimdienste durften, auf Anweisung Rabins und aus einem Gebot der diplomatischen Höflichkeit, ohne jordanische Erlaubnis nicht in dem Land tätig werden. Und es lag auf der Hand, dass König Hussein – dessen Untertanen größtenteils Palästinenser waren – diese Erlaubnis nicht gewähren würde.

Ob der Mossad diese logistischen Schwierigkeiten Netanjahu vor Augen führte, ist umstritten. »Netanjahu sagte uns, er wünsche eine Vollstreckung ohne Spuren«, so Ben-David. »Der Caesarea-Chef [HH] sagte zu ihm: ›Ich weiß, wie man so eine Operation mit Gewehren, Pistolen oder Bomben ausführt. Ich habe keine Erfahrung mit der Leitung einer stillen Operation. Wenn man in Aktion treten muss, um ein Ziel zu treffen, dann muss man tatsächlich mit der Zielperson in Kontakt treten, und alle Welt sieht zu – das ist nicht heimlich, und wenn etwas schiefgeht, kann man nicht einfach die Pistole fallen lassen und weglaufen.‹ Netanjahu sagte: ›Die Sache ist so wichtig für euch, dass ihr eine stille Mission ausführt, ... weil ich die Beziehungen zu Jordanien nicht aufs Spiel setzen möchte.‹ Er sagte auch: ›Ich brauche den Erfolg, dass Führer der Hamas ausgelöscht werden. Ich kann nicht zulassen, dass weitere Selbstmordbombenanschläge wie diese passieren.‹«[13]

Brigadegeneral Schimon Schapira, der Militärberater des Ministerpräsidenten, der bei allen Treffen anwesend war, behauptete andererseits, die Caesarea-Vertreter hätten nie angedeutet, dass die Ausführung einer Mission in Jordanien ein Problem sei. »Sie vermittelten uns den Eindruck, als handle es sich um einen Spaziergang im Park, vergleichbar damit, es mitten im Zentrum von Tel Aviv zu erledigen«, sagte Schapira. »Alles war ganz einfach. Kein Risiko, nichts, was schiefgehen könnte.«[14]

Der Mossad kam mit einer Liste potenzieller Zielpersonen zurück: vier Hamas-Führer, die in Jordanien lebten. Netanjahus Augen strahlten. Er kannte einen der Namen: Musa Abu Marsuk, den Chef des politischen Büros der Hamas. Marsuk war ungehindert in den Vereinigten Staaten tätig gewesen, bis Israel um seine Auslieferung bat.[15] Das Gesuch wurde bewilligt, aber Ministerpräsident Rabin beschloss, die Sache fallen zu lassen, weil der Schin Bet ihn warnte, dass ein Prozess vermutlich dessen Informanten enttarnen würde. Stattdessen deportierten die Amerikaner Marsuk nach Jordanien.

Marsuk war außerdem amerikanischer Staatsbürger, was Netanjahu nicht scherte – er hatte keine Probleme damit, ihn zu töten –, den Mossad jedoch auf der Hut sein ließ. Um eine mögliche Belastung der Beziehungen zu den Vereinigten Staaten zu vermeiden, setzte der Mossad Marsuk ganz unten auf die Liste der Zielpersonen. Das hieß, dass sein Name noch hinter dem von Chalid Maschal kam, dem Stellvertreter Marsuks, und nach Ibrahim Ghoscheh, einem hohen Mitglied des politischen Büros.[16]

Der Mossad hatte kaum Informationen über alle drei und verfügte weder über genügend Ressourcen noch Zeit, um die Lücken zu füllen. Eine gezielte Tötung konnte nur ausgeführt werden, wenn genügend Informationen über das Ziel vorlagen, folglich war es vernünftig, die Person an der Spitze der Prioritätenliste auszuwählen. Demnach musste das Leben der letzten Person auf der Liste relativ sicher sein.

Acht Tage später fuhren sechs Kidon-Mitglieder zum Kundschaften nach Jordanien, unter dem Kommando des Chefs der Einheit Jerry. Sie fingen an, Material über Maschal, 41 Jahre, zu sammeln, der das politische Büro der Hamas von dem »Palestinian Aid Center« in einer glamourösen Einkaufsmall im Zentrum von Amman aus leitete. Binnen weniger Tage wussten die Israelis, wo er lebte, wie er reiste, und kannten die wesentlichen Schritte seiner täglichen Routine. Der Verfolgung Ghoschehs oder des vierten Mannes auf der Liste, Nasal, widmeten sie weniger Zeit, und an Marsuk kamen sie überhaupt nicht heran. Als das Aufklärungsteam aus Jordanien zurückkehrte, berichtete der Mossad Netanjahu, dass sie über genügend Informationen über Maschal verfügten, um einen Plan für seine Ausschaltung weiterzuverfolgen, dass sie aber längst nicht genügend Informationen hätten, um gegen die anderen drei vorzugehen.[17]

Während Kidon noch in Jordanien Informationen sammelte, überlegten sich Mitarbeiter im Mossad-Hauptquartier, wie sie die »stille Operation« durchziehen konnten, die Netanjahu gefordert hatte. Die Tötung durfte kein Aufsehen erregen, durfte nicht die Aufmerksamkeit auf die Attentäter lenken und sollte, im Idealfall, so aussehen, als wäre Maschal eines natürlichen Todes gestorben. Verschiedene Optionen wie ein Autounfall wurden erwogen und verworfen, sodass am Ende nur noch eine blieb: Gift. Die Beratungen, welchen Giftstoff sie einsetzen wollten, fanden in der technischen Einheit des Mossad statt, in Kooperation mit dem Israel Institut for Biological Research, einer streng geheimen Regierungseinrichtung mit Sitz in Ness Ziona, südlich von Tel Aviv. Sie einigten sich am Ende auf Levofentanyl, ein mit dem starken Opioid Fentanyl verwandtes Produkt, das hundertmal stärker als Morphium ist. (Pharmazieunternehmen, die versuchten, Levofentanyl für die Verwendung als Betäubungsmittel zu entwickeln, fanden heraus, dass sich die Dosierung nicht genau genug kontrollieren ließ, um den Tod des Patienten auszuschließen.)

Nach dem Plan sollte Maschal heimlich eine tödliche Dosis verabreicht werden. Levofentanyl ist ein relativ langsam wirkendes Gift: Über einen Zeitraum von mehreren Stunden würde sich Maschal immer schläfriger fühlen, bis er schließlich einschlief. Danach verlangsamte die Droge seine Atmung und stoppte sie am Ende. Sein Tod würde als ein Schlaganfall oder ein Herzinfarkt erscheinen, und Levofentanyl hinterlässt so gut wie keine Spuren. Sofern man keine gezielten Tests zu dem Wirkstoff durchführte, würde eine Autopsie nichts ergeben. »Der Trank der Götter«, nannten manche in der Caesarea das Gift.[18]

Das nächste Problem war die Frage, wie man die Substanz in seinen Körper schleuste, ohne entdeckt zu werden. Das Biologische Institut schlug die Verwendung von Ultraschallgeräten vor, ähnlich den Apparaten, mit denen Kinder geimpft werden. Mit ihnen konnte man Substanzen injizieren, ohne eine Nadel zu verwenden. Bei diesem Gerät wäre es dennoch nötig, in die Nähe von Maschal zu gelangen, der höchstwahrscheinlich einen leichten Hauch feuchter Luft spüren würde. Caesarea beschloss, der geeignetste Ort für die Ausführung sei im Freien, etwa auf einer dicht bevölkerten Straße, wo Fußgänger einander gelegentlich anrempeln. Zwei Mitarbeiter würden sich ihm von hinten nähern, der eine sollte eine ordentlich geschüttelte Dose Limonade öffnen, und im gleichen Moment würde der andere über die Ultraschalldüse, die in der Handfläche befestigt war (man stelle sich Spiderman vor, wie er seine Spinnenfäden verschießt), das Gift versprühen. Wenn Maschal sich umdrehte, um nachzusehen, was ihn nass gemacht hatte, würden einfach zwei Touristen mit einer Dose sprudelnder Limo dastehen. Weil die Substanz so extrem gefährlich war, sollte ein Mossad-Arzt mit dem Gegengift in Amman bereitstehen, für den Fall, dass ein Tropfen versehentlich einen der Mitarbeiter berührte.

Die Attentäter übten Anfang September immer noch ihre Technik – etliche Fußgänger wurden damals auf der Ibn Gabirol Street mit Coca-Cola bespritzt –, als sich drei Selbstmordbomber in Jerusalems Fußgängerzone Ben Yehuda in die Luft sprengten.[19] Einer war als Transvestit gekleidet, um eine Inspektion zu vermeiden. Sie töteten fünf Passanten, darunter ein 14-jähriges Kind aus Los Angeles, das seine Familie besuchte, und verwundeten 181. Netanjahu sagte, als er dem Shaare Zedek Medical

Center einen Besuch abstattete, er habe jetzt die Nase voll. »Ich möchte das ganz klarstellen«, sagte er. »Von jetzt an werden wir einen anderen Kurs fahren.«

Der erste Schritt dieses neuen Kurses war die Tötung eines Hamas-Führers. Der Ministerpräsident wies den Mossad-Direktor Jatom an, sofort mit der Operation »Kyros«, dem Anschlag auf Maschal, fortzufahren. Jatom versuchte noch einmal, Netanjahu zu überreden, stattdessen zuerst gegen Hamas-Vertreter in Europa vorzugehen, allerdings ohne Erfolg.[20]

Sämtliche beträchtlichen Probleme, die anschließend eintraten, waren jedoch weniger die Folge des Befehls von Netanjahu als vielmehr der Einwilligung des Mossad, ihn auszuführen. Mitarbeiter haben das Recht – von dem sie in der Vergangenheit mehrfach Gebrauch gemacht hatten –, ihren Vorgesetzten oder sogar dem Ministerpräsidenten selbst zu sagen, dass eine Mission ihrer Meinung nach »noch nicht reif« oder dass das Risiko unverhältnismäßig sei. Natürlich ist es nicht einfach oder angenehm, das einem Ministerpräsidenten ins Gesicht zu sagen, der massiv Druck ausübt.

Doch in dem Moment, als der Mossad zustimmte, den Anschlag auf Maschal sofort auszuführen, waren die Mitarbeiter verpflichtet, eine Reihe routinemäßiger Schritte zur Vorbereitung durchzuführen. Zum Beispiel hatten sie sich bei der Aufklärungsmission als europäische Touristen ausgegeben, also Identitäten, die sie früher bei anderen Operationen bereits benutzt hatten, die sich bewährt hatten und einer sorgfältigen Prüfung standhielten. Weil sie aber so rasch nach Jordanien zurückkehrten, erhielten die Mitarbeiter jetzt kanadische Papiere, Identitäten, die sie längst nicht so gut kannten.[21] Darüber hinaus absolvierten die Mitarbeiter nie eine sorgfältige Probe des Anschlags in einer nachgestellten Operationszone. Ein Mitglied der internen Mossad-Untersuchungskommission zu dem Vorfall sagte: »Es ist nicht so, dass die Art und Weise, wie das Ganze geplant wurde, nicht mit einem berauschenden Erfolg hätte enden können. Das wäre sicherlich möglich gewesen. Aber so eine Operation muss mit einem Erfolg enden oder darf zumindest nicht scheitern. Hinter den unzähligen Vorkehrungsmaßnahmen verbirgt sich der Grundgedanke, auf keinen Fall zuzulassen, dass einem unerwartete Ereignisse oder Pech einen Strich durch die Rechnung machen.«[22]

Darüber hinaus wusste Verteidigungsminister Jitzchak Mordechai, den man eigentlich hätte darum bitten müssen, die Operation zu prüfen und zu genehmigen – der Ministerpräsident hat zwar formal die Befugnis, seinerseits dem Mossad Operationen zu befehlen, aber für gewöhnlich trifft er die endgültige Entscheidung mit einem weiteren Minister oder zwei –, überhaupt nichts davon, dass sie bereits lief. Zuvor hatte er die Nachrichtenbeschaffung genehmigt, aber er wurde weder über das endgültige Vorgehen noch über den Ort der Operation informiert. Mordechai war ein ehemaliger Kampfgeneral und ein Pedant, und es ist durchaus möglich, dass er die Vorbereitungen der Caesarea wie in anderen Fällen verbessert hätte. Aber er wusste schlicht nichts davon.[23]

Mossad-Direktor Danny Jatom gibt an, er sei überzeugt gewesen, dass es möglich sei, die Mission »problemlos und in aller Stille« durchzuziehen. »Sonst hätte ich Netanjahu anderweitig informiert. Im Rückblick ist es möglich, dass die Mitarbeiter der operativen Abteilung mir keine korrekten Einschätzungen der Risiken gaben.«[24]

Netanjahu hatte nicht das Gefühl, dass es an seiner Einschätzung oder Agenda lag. »Was ist die Pflicht des Ministerpräsidenten? Die Politik vorzugeben. Der Mossad hat Aufklärungseinheiten und eine operative Einheit, die, nach meiner Meinung, seit der Tötung von Schakaki ziemlich geschlafen hatte. Ich habe sagt: ›Nennt mir Ziele.‹ Sie nannten mir unter anderen Chalid Maschal, der in meinen Augen eine geeignete Zielperson war. Es ist nicht meine Aufgabe, als interner Ermittler des Mossad aufzutreten. Mein Job war es zu fragen: ›Könnt ihr den Auftrag ausführen? Seid ihr bereit?‹ Und von dem Moment an, wo sie Ja sagen, muss ich mich auf sie verlassen.«[25]

Die ersten zwei Mitglieder des Kidon-Teams reisten am 19. September nach Jordanien. Einen Tag später checkten Jerry und fünf weitere Mitarbeiter, darunter eine Frau, beim Hotel InterContinental in Amman ein. Unabhängig davon checkten auch Caesareas Nachrichtenoffizier Ben-David und eine Anästhesistin, »Dr. Platinum«, ein. Der Mossad setzte Platinum gelegentlich bei Spezialaufträgen ein. Zum Beispiel hatte sie den Kerntechniker und Informanten Mordechai Vanunu 1986 in Rom betäubt, damit er für seinen Prozess nach Israel zurückgebracht werden konnte. Diesmal hatte Platinum das Gegengift zu Levofentanyl bei sich.[26]

Das Mossad-Team beschloss, Maschal am Eingang des Büros der Hamas aufzulauern, das sich im zweiten Stock des Einkaufszentrums Schamija befand. Um zum Büro zu gelangen, musste Maschal von seinem Auto am Bürgersteig zu Fuß gehen, durch eine offene Arkade, einen etwa 30 Meter langen Gang. Jerry wies die beiden Attentäter an, hinter einem der Bögen zu warten und in Richtung Eingang zu gehen, sobald Maschal aus seinem Auto stieg. Sie wollten sich ihm von hinten nähern und ihn gleichzeitig mit dem Gift und mit Cola bespritzen.

An fünf Vormittagen waren die Bedingungen ungünstig. Einmal kam Maschal gar nicht. Ein andermal waren zu viele Leute in der geplanten Angriffszone.

Jeden Morgen warteten Ben-David und Platinum im Hotel, bis man ihnen mitteilte, dass der Anschlag für diesen Tag abgesagt wurde. »Dann machten wir, was Touristen eben tun: einen Stadtbummel«, sagte Ben-David. »Amman ist eine sehr interessante Stadt.«[27]

Am 24. September erregten die beiden Kidon-Leute, die die Gegend überwachten, den Verdacht eines Arbeiters im Einkaufszentrum. Jerry erkannte, dass es zu riskant war, noch länger in der Gegend herumzulungern. Das Team würde am nächsten Tag Jordanien verlassen müssen, ob die Mission nun ausgeführt war oder nicht. Sie mussten sich beeilen.

Doch das Team hatte nicht genügend Informationen über Maschals Wege gesammelt, und sie wussten zum Beispiel nicht, dass er manchmal seine Kinder begleitete, wenn sein Fahrer sie am Vormittag in die Schule brachte. Genau das tat er am 25. September, dem letzten Tag für die Ausführung der Operation. Hinzu kam, die kleinen Kinder saßen tief auf der Rückbank, und das Observierungsteam sah sie gar nicht.

Um 10.35 Uhr kam der Wagen am Einkaufszentrum an. Jerry setzte sich mit dem Observierungsfahrzeug in Verbindung und signalisierte den beiden Männern, die mit der Limonade und dem Gift warteten, die Operation zu starten. Keiner von ihnen trug eine Kommunikationsausrüstung, eine Vorsichtsmaßnahme, damit die Agenten, falls etwas schiefging, keine belastenden Geräte bei sich hatten. Das hieß jedoch, dass es auch keine Möglichkeit gab, ihnen den Abbruch zu befehlen. Sobald die Operation gestartet war, gab es keine Möglichkeit, sie zu stoppen.

Maschal stieg aus dem Auto und setzte sich in Richtung seines Büros in Bewegung, die beiden Kidon-Männer folgten ihm. Der Fahrer sollte weiterfahren und Maschals Kinder in die Schule bringen, aber seine kleine Tochter wollte ihren Vater nicht allein lassen. Sie sprang aus dem Auto und lief ihm nach. *»Ya baba, ya baba«*, rief sie, arabisch für: »He Papa, he Papa!« Der Fahrer lief ihr nach. Jerry sah, was passierte, die Killer aber nicht. Er versuchte, ihnen zu signalisieren, dass sie zurückbleiben sollten, aber genau in diesem Moment standen sie hinter einem Bogen der Arkaden und sahen ihn nicht. Sie näherten sich Maschal, und der eine hob den Behälter mit dem Gift an, der in seiner Hand versteckt war, und wollte Maschal ins Genick sprühen. Der andere schickte sich an, die Cola-Dose zu öffnen. Genau in diesem Augenblick sah der Fahrer, der dem kleinen Mädchen nachlief, Maschal und meinte, der Mann, der hinter ihm einen Arm hob, wolle ihn mit einem Messer erstechen. Er rief laut: »Chalid, Chalid!« Maschal hörte ihn und seine Tochter rufen und drehte sich um. Der Giftstrahl traf ihn am Ohr, statt im Nacken.

Das Gift war dennoch genauso wirksam, aber ihre Tarnung war aufgeflogen. Da er sich einem Mann gegenübersah, der ihn mit einer Substanz aus einem merkwürdigen Behälter bespritzt hatte, begriff Maschal sofort, dass sein Leben in Gefahr war. Er lief von den beiden Kidon-Männern weg. Der Fahrer packte das kleine Mädchen und lief zum Auto zurück. Die Killer liefen ebenfalls und warfen auf dem Weg zu einem Fluchtauto den Giftbehälter und die Cola-Dose in einen Mülleimer.

Laut Danny Jatom hatten die Agenten nicht korrekt gehandelt. »Die Grundvoraussetzung der Operation war, dass sie in aller Stille erfolgte, dass die Zielperson überhaupt nicht wusste, dass man sie angegriffen hatte. Die Agenten missachteten eklatant meine Befehle. Ich hatte in den beiden Fällen, als ich ihre Probeläufe beobachtete, eindeutig klargestellt, sowohl schriftlich als auch mündlich, dass sie auf keinen Fall weitermachen durften, wenn jemand in der Nähe von Maschal war. Aber sie machten trotzdem weiter. Das war der Grund für das Scheitern: Ausführung aus Übermotivation, unter Bedingungen, die eindeutig anzeigten, dass die Operation nicht ausgeführt werden durfte.«[28]

Im Idealfall wäre ein zweites Caesarea-Team in der Nähe positioniert gewesen, das bei Bedarf für eine Ablenkung gesorgt hätte. Aber es gab keines. Schlimmer noch: Ein Mann namens Muhammad Abu Seif, ein ausgebildeter Guerillakämpfer und Waffen- und Geldkurier der Hamas, kam zufällig vorbei, als der Anschlag stattfand.[29] Abu Seif begriff nicht sofort, was sich da abspielte, aber als er seinen Vorgesetzten in eine Richtung und zwei Fremde in die andere laufen sah, lag die Schlussfolgerung nahe. Er rannte den beiden Israelis hinterher, bis sie in ihr Auto stiegen, und notierte sich ihr Kennzeichen, als sie wegfuhren.

Der israelische Fahrer sah, dass Abu Seif die Nummer aufschrieb, und sagte das den Agenten. Das Auto geriet in dichten Verkehr und bog nach rechts in eine Nebenstraße ab, danach noch zweimal rechts. Als sie meinten, sie seien weit genug vom Schauplatz entfernt, baten die Attentäter den Fahrer anzuhalten. Da man das Auto gesehen hatte, hielten sie es für das Beste, es loszuwerden, obwohl im Nachhinein auf der Hand liegt, dass die jordanische Polizei Stunden gebraucht hätte, um eine Fahndung zu organisieren. Aber die Israelis wussten nicht, dass der hartnäckige Abu Seif kurzerhand einen Wagen beschlagnahmt hatte und ihnen immer noch folgte. Er kam an, als die beiden Israelis anfingen, in verschiedenen Richtungen wegzugehen; der eine hatte bereits die Straße überquert.

Abu Seif war ein Experte im Zweikampf, ausgebildet in den Lagern der Mudschaheddin in Afghanistan. Er griff den Israeli, der ihm am nächsten stand, an und schrie, der Mann sei vom israelischen Geheimdienst und habe versucht, den Führer der Hamas zu ermorden. Der zweite Attentäter rannte zurück und schlug Abu Seif gegen den Kopf. Abu Seif war benommen und blutete, aber statt einfach wegzulaufen, blieben die Israelis und versuchten, ihn zu würgen, bis er bewusstlos war.

Doch das Glück war an jenem Tag auf der Seite der Hamas. Wie der Zufall es wollte, saß ein ehemaliger Guerillakämpfer der Palästinensischen Befreiungsarmee und derzeitiger jordanischer Sicherheitsbeamter namens Saad al-Chatib in einem vorüberfahrenden Taxi. Er erblickte die Menge, die zwei Ausländern zusah, wie sie einen Einheimischen würgten. Da befahl er dem Fahrer, anzuhalten und zu warten, während er ging, um sie zu trennen. »Einer hatte einen großen Stein gepackt und war im Begriff, ihn auf Abu Seifs Kopf zu schmettern«, sagte al-Chatib.

»Ich sprang ihn an, brachte ihn zu Fall und setzte mich auf seine Brust und versuchte, ihn festzuhalten.«[30] Dann sagte er den beiden Israelis, er werde sie zur Polizeiwache bringen. Weil sie fürchteten, die Menge, die sie angelockt hatten, könne sie lynchen, willigten die Attentäter ein mitzukommen. Unterdessen halfen Passanten Abu Seif in das Taxi – al-Chatib sagte ihm, er solle vorn sitzen –, und jemand lieh ihm ein Mobiltelefon, damit er Maschal anrufen konnte.[31]

Die Mossad-Leute waren zuversichtlich, dass ihre Tarnidentitäten einem Verhör standhalten würden. Auf der Polizeiwache legten sie ihre kanadischen Pässe vor und sagten den Beamten, sie seien Touristen, die gekommen wären, um Jordaniens Sehenswürdigkeiten zu besichtigen, als plötzlich »dieser Spinner« – sie zeigten auf Abu Seif – über sie hergefallen sei und angefangen habe, auf sie einzuprügeln.

Aber dann wurden sie durchsucht, und die Behörden fanden an dem Arm eines Agenten Bandagen, die keine Wunden bedeckten – die Klebestreifen, die das Ultraschallgerät gehalten hatten. Sie wurden verhaftet. Mit ihren Telefonanrufen vom Gefängnis aus setzten sie sich mit »Verwandten im Ausland« in Verbindung.

Zwei Stunden nach ihrer Verhaftung kam der kanadische Konsul in Amman auf die Wache. Er betrat ihre Zelle, fragte sie, wo sie aufgewachsen seien, und stellte weitere Fragen zu Kanada. Nach zehn Minuten kam er heraus und sagte den Jordaniern: »Ich weiß nicht, wer diese Leute sind. Kanadier sind sie nicht.«

Unterdessen rief Maschal, der sich immer noch in seinem Büro befand, zwei Kollegen in der Hamas an: Musa Abu Marsuk und Muhammad Nasal. Sie beschlossen, eine Erklärung zu veröffentlichen, dass der Mossad versucht habe, Maschal zu ermorden, und dass der jordanische Königshof an der Verschwörung beteiligt gewesen sei. Während sie miteinander sprachen, fühlte sich Maschal sehr schwach und schläfrig. Das Gift war in seinen Blutkreislauf eingedrungen. Seine Kollegen und einige Leibwächter brachten ihn eilig in ein Krankenhaus.

Nach wenigen Stunden wäre er tot.

Die Anrufe der verhafteten Kidon-Leute gingen natürlich an ihre Mossad-Teamkollegen. Eine Agentin begab sich sofort zum Hotel InterContinental, um Ben-David zu berichten, der gerade in der Badehose neben einem herrlichen Pool im großen Hof des Hotels saß und Salingers *Fänger im Roggen* las. »An ihrem Gesicht merkte ich, dass etwas absolut schiefgegangen war«, sagte er. »Wir wechselten ein paar Worte, und mir war klar, dass ein ernster Vorfall eingetreten war.« Laut dem ursprünglichen Plan sollte das Team aus Amman zu verschiedenen Orten fliegen, aber nach den Ereignissen war sicher, dass die Jordanier den Flughafen genau überwachen würden.

Ben-David rief im Mossad-Hauptquartier in Tel Aviv an und wurde angewiesen, alle Mitglieder des Teams aus ihren Verstecken zu holen und in die israelische Botschaft zu bringen.[32]

Durch Zufall erreichte die Meldung von der Verhaftung der Agenten das Mossad-Hauptquartier, als sich der Ministerpräsident gerade dort aufhielt und dem ganzen Personal ein frohes Rosch Haschanah, das jüdische Neujahrsfest, wünschte. Netanjahu sollte eine Rede halten, und viele Hundert Mitarbeiter waren versammelt und warteten auf den Beginn der Zeremonie. Unterdessen überbrachte Jatom dem Regierungschef die schlechte Neuigkeit.

Die beiden Männer beschlossen, mit der Feier fortzufahren, als sei nichts passiert. So gut wie niemand in der Mossad-Belegschaft wusste von der Krise, und Netanjahu wollte wie üblich eine geschäftsmäßige Botschaft vermitteln. Er sprach kurz, dankte den Mitarbeitern herzlich für ihren Beitrag zur Sicherheit des Landes und begab sich dann eilig mit Jatom in das Büro des Direktors.

Netanjahu befahl Jatom, sofort nach Amman zu fliegen und König Hussein über die Geschehnisse zu informieren. Er sollte »alles Nötige« veranlassen, um die Freilassung der beiden Agenten zu erreichen. »Und wenn es nötig ist, Maschals Leben zu retten«, sagte Netanjahu zu Jatom, »dann soll es eben sein.«

Jatom wurde vom König empfangen. Hussein war empört und lief vor Wut im Saal auf und ab. Jatom erinnert sich, dass der jordanische Geheimdienstchef General Samih Batihi »den König wütend machte, weil er von mir persönlich beleidigt wurde. Ohne ihn wären wir imstande gewesen, die Angelegenheit viel stiller mit dem König zu regeln, und zu einem viel niedrigeren Preis. Während der Gespräche fing Batihi an, sich bei mir zu beschweren, dass ich ihm nicht Bescheid gesagt hätte, meinte gar, wir hätten die Operation gemeinsam planen können, und dergleichen mehr. Das ist purer Unfug. Wir forderten die Jordanier mehrmals auf, die Hamas in die Schranken zu weisen, und sie unternahmen nicht das Geringste. Rabin hatte sie mehrmals scharf kritisiert, aber es half nichts. Deshalb liegt es auf der Hand, warum wir unsere Pläne bezüglich Maschal ihnen nicht mitteilten.«[33]

Mittlerweile verschlechterte sich der Zustand von Maschal rapide, und die Ärzte im Islamischen Krankenhaus standen vor einem Rätsel. König Husseins Direktor des Privatbüros Ali Schukri kam, um sich nach seinem Zustand zu erkundigen. Da fielen Maschals Kollegen über ihn her und warfen ihm vor, an der Mordverschwörung beteiligt gewesen zu sein. Da der König ihm befohlen hatte, alles zu unternehmen, um Maschals Leben zu retten, ließ er ihn in den königlichen Flügel im Queen Alia Military Hospital überführen. Maschals Kollegen weigerten sich zunächst, weil sie fürchteten, Hussein habe den Mord an Maschal geplant, willigten aber schließlich ein, solange sie bei ihm am Bett bleiben durften, umgeben von Sicherheitsleuten der Hamas. Außerdem wollten sie jedes Detail der Behandlung erklärt bekommen.

Doktor Sami Rababa wurde gerufen, der Leibarzt beim Königshof, ein Oberst im medizinischen Korps der jordanischen Armee und der wohl prominenteste Arzt im ganzen Land. Er hatte nur eine vage Vorstellung davon, wer Maschal war, und wusste kaum etwas über die Hamas. »Aber an dem Wirbel rings um das Krankenhaus«, sagt er, »und an der Tatsache, dass Ali Schukri anwesend war, merkte ich, dass das ein sehr wichtiger Gast war und dass dem König sehr viel daran lag, dass er geheilt wurde.«

Maschal, der inzwischen arg benommen war, erzählte Rababa, was vor seinem Büro passiert war. Während er sprach, döste er mehrmals weg, und die Pfleger mussten ihn wach halten. Dann merkte Rababa, dass Maschal aufhörte zu atmen, sobald er einschlief. »Es lag für mich auf der Hand, dass wir ihn wach halten mussten, sonst würde er einschlafen und ersticken«, sagte er.

Die Ärzte stellten Maschal auf die Füße und ließen ihn herumlaufen, doch das half nur kurz. Sie verabreichten ihm Naloxon, das als Gegenmittel gegen einige Opioide verwendet wird, doch die Wirkung verpuffte rasch und wurde mit jeder neuen Dosis schwächer. Rababa schloss Maschal an einen Beatmungsapparat an – wenn sie ihn schon nicht wach halten konnten, so konnte zumindest eine Maschine für ihn atmen.[34]

Niemand wollte Maschals Tod. König Hussein fürchtete, verständlicherweise, dass der Tod eines Hamas-Führers Unruhen in seinem Königreich, wenn nicht gar einen Bürgerkrieg auslösen würde. Netanjahu und Jatom wussten, dass Hussein in diesem Fall gezwungen wäre, die beiden Gefangenen vor Gericht zu stellen und hinzurichten. Außerdem wussten sie, dass der jordanische Geheimdienst, zutreffend, mutmaßte, dass die übrigen Mitglieder des Kidon-Teams immer noch in der israelischen Botschaft Zuflucht suchten. Ein jordanisches Bataillon war aufmarschiert, bereit zum Angriff, mit Husseins Sohn Prinz Abdullah, dem künftigen König, an der Spitze. König Hussein wollte deutlich machen, dass er den Vorfall sehr ernst nahm.[35]

Alle wussten, dass eine so unschöne Abfolge von Ereignissen zweifellos sämtliche Beziehungen zwischen Jordanien und Israel kappen würde.

»Die ganze Zeit über«, sagt Ben-David, »lief ich mit dem Gegengift herum, das nicht gebraucht wurde, weil von unseren Leuten keiner infiziert wurde. ... Dann erhielt ich einen Anruf von dem Befehlshaber der Caesarea. Zuerst dachte ich, weil das, was er sagte, so irrsinnig war, dass ich mich verhört hätte. Ich bat ihn, das zu wiederholen.«

HH befahl Ben-David, sich in die Lobby des Hotels zu begeben, wo er einen Offizier des jordanischen Geheimdienstes treffen sollte, und mit diesem ins Krankenhaus zu fahren. Ben-David begriff, dass man eilends einen Deal arrangiert hatte: Maschals Leben im Austausch gegen die Leben der beiden Mossad-Agenten. Mit anderen Worten, Ben-David ging hinunter in die Lobby, um das Leben des Mannes zu retten, den er und sein Team wenige Stunden zuvor noch hatten ermorden wollen.

»Wir waren in einer schwierigen Lage«, sagte Ben-David. »Aber in solchen Situationen darf man den eigenen Gefühlen nicht allzu viel Raum lassen. Man kann nicht sagen: ›Oh, wir haben es verpfuscht und lassen sie zur Hölle fahren.‹ Nein. Man tut das, was man tun muss – man handelt, so gut man kann, und das ist alles. In solchen Situationen ist kein Raum für Gefühle.«

Ben-David ging in die Eingangshalle, wo ein Offizier auf ihn wartete. »Ich erinnere mich noch an seinen feindseligen Ausdruck. Aber auch er hatte seine Befehle, und er führte sie aus.« Jatom hatte Dr. Platinum und Ben-David angewiesen, den Offizier ins Krankenhaus zu begleiten und Maschal die Injektion zu geben, die sein Leben retten würde. Doch die Jordanier lehnten ab.[36]

Platinum wurde in Rababas Büro gebracht. »Sie sagte, sie sei Teil der Operation gewesen, aber nur für den Fall, dass die Agenten mit dem Gift in Berührung kämen«, erinnerte sich Rababa, »und dass sie überhaupt keine Ahnung habe, welches Ziel die Mission verfolgt habe. Sie legte zwei Ampullen auf meinen Schreibtisch. Ich ordnete an, sie im Labor zu prüfen. Wir konnten uns nicht auf das verlassen, was die uns sagten. Womöglich wollten sie einfach den Job zu Ende bringen.«[37]

Rababa wahrte gegenüber Platinum die berufliche Etikette, wie es sich für seinen medizinischen und militärischen Rang geziemte. Aber innerlich schäumte er vor Wut. »Nach meiner Auffassung sollte Medizin nicht dafür verwendet werden, Menschen zu töten«, sagt er. »Doch die Israelis tun es immer wieder.«

Danach erholte sich Maschal rasch wieder.[38] Jatom kehrte mit den zwei Möchtegern-Killern und Ben-David nach Israel zurück. Die beiden berichteten, dass sie schwer geschlagen worden seien, aber keine Informationen preisgegeben hätten.

Aber Hussein wollte es nicht dabei belassen. Er sagte den Israelis, dass der Deal, den sie geschlossen hatten, lediglich die beiden Gefangenen umfasste und dass die Israelis einen höheren Preis zahlen müssten, um den Rest des Teams freizubekommen: die sechs Kidon-Mitglieder, die in der Botschaft festsaßen. In der Zwischenzeit setzte er alle Beziehungen zu Israel aus.

Netanjahu beriet sich mit Efraim Halevy, einem Mossad-Veteranen, der als stellvertretender Direktor der Behörde gedient hatte und damals Israels Botschafter bei der Europäischen Union war. Der in London geborene Halevy, der den größten Teil seiner Zeit beim Mossad im Kosmos der auswärtigen Beziehungen verbracht hatte, war eine umstrittene Person, aber mit Sicherheit ein erfahrener und scharfsinniger Diplomat, der wusste, wie man sich gegenüber Herrschern und Königen verhielt. Er hatte eine Schlüsselrolle bei der Ausarbeitung des israelisch-jordanischen Friedensvertrags von 1994 gespielt und kannte Hussein gut. Der König achtete ihn ebenfalls.

Nach dem Treffen mit Hussein sagte Halevy zu Netanjahu und Jatom, dass sie, um die sechs Agenten freizubekommen, den Jordaniern ein stattliches Lösegeld zahlen müssten, »genug, damit der König imstande war, öffentlich die Freilassung des Mordkommandos zu rechtfertigen«. Er schlug vor, den Hamas-Gründer Scheich Ahmed Jassin aus dem Gefängnis zu entlassen, wo er wegen seiner Rolle bei Terroranschlägen gegen Israel eine lebenslange Haftstrafe verbüßte.

Der Vorschlag stieß auf »heftigsten Widerstand seitens Netanjahus bis hin zum letzten Mitarbeiter der Organisation«, so Halevy. Die Israelis hätten Entführungen, Mord- und Terroranschläge erduldet, allesamt mit dem Ziel ausgeführt, sie so zu ängstigen, dass sie Jassin befreiten, wurde argumentiert. Und jetzt sollten sie auf König Husseins Bitte hin einfach nachgeben?[39]

Netanjahu beriet sich mit Schin-Bet-Direktor Ami Ajalon, der seinen führenden Experten zur Hamas Micha Kubi hinzurief und um seine Meinung bat. Kubi antwortete wütend: »Scheren Sie sich nicht um Husseins Drohungen. Am Ende wird ihm nichts anderes übrig bleiben, als die Agenten ziehen zu lassen, auf die eine oder andere Weise. Wenn ihr Jassin, der bis ans Ende seiner Tage im Gefängnis verrotten sollte, auf freien Fuß setzt, dann kehrt er nach Gaza zurück und baut eine Hamas auf, die noch schrecklicher sein wird als alles, was wir bisher erlebt haben.«[40]

Ajalon teilte diese Botschaft Netanjahu mit. Aber Halevy hatte gute Argumente und überzeugte, während er mit dem Hubschrauber zwischen Jerusalem, Tel Aviv und Amman pendelte, schrittweise den Ministerpräsidenten, dass es keine andere Option gab. Netanjahu begriff, dass er in einer schweren Krise steckte und dass er zuallererst seine Prioritäten festlegen musste. Er wollte die Caesarea-Männer ins Land zurückholen.[41]

Die ruhige und besonnene Art, wie Netanjahu die Maschal-Krise leitete, von dem Moment an, als er von der Gefangennahme der Agenten erfahren hatte, zählt zu seinen besten Momenten als Führer des Staates Israel.

Am Ende wurde ein Abkommen unterzeichnet: Jassin und eine große Zahl anderer palästinensischer Häftlinge, darunter einige, die an Morden israelischer Bürger beteiligt waren, wurden freigelassen, im Gegenzug wurde den sechs Mossad-Agenten die Rückkehr nach Israel erlaubt.

Der Deal demonstrierte einmal mehr das gewaltige Engagement und die Opfer, die Israel in Kauf nahm, um seine Leute aus Gebieten hinter den feindlichen Linien heimzuholen.

Der Preis war hoch. Die verpfuschte Operation in Jordanien entlarvte eine Reihe von operativen Methoden des Mossad und ließ das ganze Kidon-Kommando auffliegen, das jetzt neu aufgebaut werden musste. Es dauerte Jahre, bis Israel den Schaden wieder behob, den die heikle und wichtige Beziehung zum haschemitischen Königreich genommen hatte. Eine offizielle Versöhnung zwischen Hussein und Netanjahu fand erst Ende 1998 statt, auf einem beiderseitigen Besuch in den Vereinigten Staaten.[42] Die Maschal-Affäre brachte Israel auch in schwierige Situationen mit Kanada und anderen Ländern, deren Reisepässe von dem Mordkommando missbraucht worden waren. Wieder einmal musste Israel sich entschuldigen und, wie ein zurechtgewiesenes Kind, versprechen, den Fehler nicht noch einmal zu machen.

Die internen und externen Untersuchungsausschüsse, die im Zuge der Affäre gegründet wurden, förderten unzählige widersprüchliche Schilderungen zutage, wer von der Operation überhaupt gewusst und wer sie genehmigt hatte.[43] Netanjahu und der Mossad betonten nachdrücklich, dass sie alle betroffenen Personen informiert hätten, aber Verteidigungsminister Jitzchak Mordechai, AMAN-Chef Mosche Jaalon und Schin-Bet-Direktor Ajalon behaupteten allesamt, sie hätten im Vorfeld nichts über die Operation gewusst, abgesehen von einer allgemeinen Erwähnung der Idee, Maschal zu töten, einige Monate zuvor bei einer Sitzung der Geheimdienstchefs, wo dies als eine von vielen Möglichkeiten bezeichnet wurde.[44]

Ajalon übte scharfe Kritik an der ganzen Operation, sogar an ihrem Motiv: »Chalid Maschal gehörte keinem operativen terroristischen Zirkel an. Deshalb war er von Anfang an keine legitime Zielperson. Maschal war an der militärischen Tätigkeit der Hamas weniger stark beteiligt als ein Verteidigungsminister in einem demokratischen Staat.«[45]

Eine interne Mossad-Untersuchung, die von Tamir Pardo, dem späteren Mossad-Direktor, ausgearbeitet wurde, endete mit einem der schärfsten Berichte in der Geschichte der Organisation. Mit harten Worten gaben die Verfasser allen, die an der Planung und Ausführung der Operation beteiligt waren, die Schuld. Die Kommandeure von Caesarea und Kidon, Ben-David, die Agenten und etliche andere bekamen alle ihr Fett weg. Es gab kein einziges Feld, das von dem Ausschuss als fehlerlos beurteilt wurde. Auf Jatoms Rolle bei diesen Fehlern verwies das Gremium jedoch nur implizit.[46]

Der Chef der Caesarea HH trat zurück. Jerry, dessen Ehrgeiz ihm einst so gute Dienste geleistet hatte, wurde als Chef von Kidon abgesetzt. In Ungnade gefallen und verbittert verließ er die Organisation. Als Krönung des Ganzen war Jassin jetzt ein freier Mann. Der ganze Zweck der Tötung Maschals war es gewesen, die Hamas zu schwächen, aber stattdessen war jetzt ihr Gründer und geistlicher Führer wieder auf freiem Fuß. Er verließ Israel und reiste, angeblich für eine medizinische Behandlung, in die Golfstaaten. In Wirklichkeit nutzte er seine Reisen, um Spenden zu sammeln. »Eine große Auseinandersetzung« mit Israel stehe bevor, prahlte er.

Es gab keinen Grund, ihm nicht zu glauben.

27 Auf dem Tiefpunkt

Ein Verband der Marinekommandos von Flottille 13 landete unbemerkt am Strand in der Nähe der libanesischen Küstenstadt Ansarijeh. Unter dem Schutz einer mondlosen Nacht kletterten die 16 Männer aus ihren kleinen, leistungsstarken Kommandobooten der Klasse Zaharon und begannen einen langen Marsch ins Landesinnere. In dieser Nacht des 4. September 1997 sollten die Kommandos einen Mann töten.

Es war die 27. Mission, seit Lewin und Cohen die Tötungsprotokolle der Streitkräfte für mittlere Hisbollah-Führer im Libanon verfasst hatten. 20 hatten Erfolg gehabt. Diesmal hielten die beiden Offiziere den Auftrag jedoch für unnötig. Ihrer Meinung nach war die Zielperson Haldun Haidar klein und unbedeutend, und man würde keinen nennenswerten strategischen Gewinn aus seinem Tod ziehen. Aber die Israelis hatten genügend verwertbare Informationen über ihn gesammelt, und das System hatte sich bislang schon so viele Male bewährt, dass es in den Augen mancher auch keinen Grund gab, ihn *nicht* zu töten. Dennoch protestierten immerhin so viele Offiziere des Nordkommandos, dass die Verantwortung für die Mission dem Generalstab übertragen wurde. Kritiker wurden aus der Schleife der Entscheidungsfindung ausgeklammert.[1]

Laut Plan sollten die Elitetruppen gut vier Kilometer landeinwärts marschieren und eine Reihe von Straßenbomben an der Route legen, die Haidar jeden Morgen nahm. Dann sollten sie sich zu den Booten zurückziehen und nach Israel zurückkehren. Sobald die Führer der Drohnen, die über der Stelle kreisten, Haidar vorbeifahren sahen, würde ein über die Drohnen ausgesandtes Funksignal die Explosion auslösen. Es wurden Metallsplitter, wie sie in Sprengsätzen verwendet wurden, die libanesische Terroristen konstruierten, in die Bombe gepackt, damit der Anschlag wie eine interne libanesische Angelegenheit aussah.

Zunächst lief alles nach Plan. Bei günstigem Wetter landeten die Männer, überquerten rasch die libanesische Küstenstraße und erreichten eine Mauer an der Ostseite, die ein großes Gebiet aus Hainen und Obstgärten umschloss. Zwei Männer sprangen drüber, knackten die Scharniere des Tors und öffneten es für die anderen. Der größte Teil des Weges ging bergauf, in einem Terrain, in dem es wegen der Bewässerungsgräben und dichten Vegetation schwierig war, sich zu orientieren.

Als die Truppe den Punkt erreichte, der auf ihrer codierten Karte als G7 markiert war, stießen sie auf ein weiteres Tor, mit einer Straße auf der anderen Seite. Sie sollten diese Straße überqueren und ein paar Hundert Meter weiter vorrücken, bis sie die Straße erreichten, die Haidar benutzte. Die Soldaten kletterten über das Tor, und die Vorhut überquerte die Straße und tastete sich langsam vor, indem sie das Gebiet nach feindlichen Elementen durchkämmte. Nach dem Signal, dass die Gegend sicher sei, schickte sich der erste Mann der zweiten Gruppe an, über die Straße zu gehen.[2]

Kaum hatte er sie halb überquert, ertönte ein lauter Knall, und danach ein zweiter.

Bei diesen Detonationen und dem darauffolgenden Feuergefecht, während der Bergungsoperationen, wurden zwölf Soldaten getötet.

Eine Untersuchung der Streitkräfte zu dem Vorfall kam zu dem Schluss, dass es sich um einen zufälligen Hinterhalt der Hisbollah gehandelt hatte, den man unmöglich hatte vorhersehen oder verhindern können. Die Gewehrsalven der Guerillas hatten offenbar die Sprengsätze gezündet, die die Israelis für den Anschlag auf Haidar mitgebracht hatten.

Das mochte die bequemste Erklärung für alle Betroffenen sein, aber sie erwies sich als falsch. In Wirklichkeit war die Hisbollah erst deshalb imstande gewesen, den Hinterhalt zu planen und zu koordinieren, weil die israelische Aufklärung in den Wochen und sogar Stunden vor Aufbruch der Kommandos völlig zusammengebrochen war. Die Videoübertragungen der Drohnen, die Aufklärungsmissionen über dem Gebiet flogen, waren nicht verschlüsselt, und die Hisbollah war imstande, sie abzufangen. Darüber hinaus waren mutmaßliche israelische Informanten in der Südlibanesischen Armee in Wirklichkeit Doppelagenten, die der

Hisbollah berichtet hatten, an wem und woran ihre israelischen Führungsoffiziere interessiert waren.[3]

Mit einem Video des Gebietes, das die Israelischen Streitkräfte auskundschafteten, und den Informationen der Führungsoffiziere, dass sie nach Haidar Ausschau hielten, fiel es der Hisbollah nicht schwer, sich auszumalen, wo der Hinterhalt gelegt werden sollte. Tatsächlich zeigte, laut Informanten, die damals in Flottille 13 dienten, ein Video eines Drohnenfluges wenige Stunden vor der Operation drei Figuren, die sich am Punkt G7 verdächtig verhielten. Wenn man dieses Video, das nie freigegeben wurde, in Echtzeit analysiert hätte, dann wäre die Mission vermutlich verschoben oder abgesagt worden.[4]

Das Flotten-Fiasko von Schajetet, wie es in Israel genannt wurde, hatte tiefen Einfluss auf die Öffentlichkeit in Israel, in erster Linie, weil die Männer, die getötet wurden, einer der besten Einheiten der Streitkräfte angehörten. Nasrallah verstärkte diese Wirkung noch, indem grauenvolle Bilder von Körperteilen, die man am Schauplatz eingesammelt hatte, darunter der Kopf eines Soldaten, auf die Website der Hisbollah hochgeladen wurden.

Das Debakel bei Ansarijeh ereignete sich nur einen Tag nach einem dreifachen Selbstmordanschlag in der Fußgängerzone in Jerusalem, einem Anschlag, von dem die israelischen Geheimdienste im Voraus keine Kenntnis hatten, und nur wenige Wochen vor dem katastrophalen Mordanschlag auf Chalid Maschal in Jordanien.

In vieler Hinsicht markierte der September 1997 somit einen der Tiefpunkte der Geschichte der israelischen Geheimdienste. Alle drei Geheimdienstbehörden hatten eine Reihe von Fehlschlägen hinnehmen müssen. Der Schin Bet hatte es versäumt, den Ministerpräsidenten zu beschützen oder eine Welle von Selbstmordanschlägen zu stoppen. Der Mossad hatte es nicht geschafft, die Kommandozentren der dschihadistischen Terrororganisationen im Ausland zu attackieren. Die Bemühungen des AMAN, die Hisbollah zu unterwandern und ihre Tätigkeit zu stören, waren alles andere als effektiv gewesen. Und die beiden Letzteren hatten, wie sich später herausstellen sollte, die Projekte für den Bau von Massenvernichtungswaffen im Iran, in Syrien und Libyen völlig außer Acht gelassen.

Das Debakel von Ansarijeh heizte unterdessen die öffentliche Kontroverse um die israelische Militärpräsenz im Libanon an, die manche für durchaus vergleichbar mit dem amerikanischen Engagement in Vietnam hielten. Die Proteste, die den Abzug forderten, wurden von den *Vier Müttern* angeführt, einer nach den vier Stammmüttern der Bibel benannten Bewegung, ins Leben gerufen von vier Frauen, deren Söhne bei den Israelischen Verteidigungsstreitkräften im Libanon dienten. Die Armee und die politische Führung behandelten sie mit Geringschätzung – ein hoher Offizier nannte sie die »vier Schlampen« –, aber ihre Proteste fanden Anklang.[5]

Wegen dieses Fiaskos hörten die gezielten Tötungen im Libanon ganz auf. Die Armee machte mehrmals Vorschläge, Führungskräfte der Hisbollah zu töten, aber diese wurden entweder vom Stabschef oder im wöchentlichen Forum über Operationen und Einsätze beim Verteidigungsminister verworfen. Die von der Hisbollah ausgehende Gefahr hatte keineswegs nachgelassen, aber Angriffe auf ihre Offiziere waren eher zu einer potenziellen politischen Belastung geworden.

Kaum fünf Monate später, nachdem die diplomatischen Beziehungen zu Jordanien um ein Haar abgebrochen worden wären, verpfuschte der Mossad eine weitere Operation, dieses Mal in der Schweiz. Die Zielperson war Abdullah Sein, eine hohe Figur im logistischen und finanziellen Netzwerk der Hisbollah. Der Geheimdienst hatte die Absicht, sein Telefon anzuzapfen, ihn zu beobachten und später auszuschalten. Aber die Agenten machten bei dem Versuch, eine Wanze in Seins Wohnung zu installieren, so großen Lärm, dass sie eine alte Frau weckten, die prompt die Polizei rief. Ein Mann wurde verhaftet. Mossad-Chef Danny Jatom trat zurück, nachdem zu viele Pläne gescheitert waren.[6]

Jatom wurde von Efraim Halevy abgelöst, der mit seinem Vorgehen in der Affäre Maschal bei Netanjahu gepunktet hatte.

Aus Angst vor weiteren Fiaskos schloss Halevy de facto die Abteilung Caesarea, weigerte sich fast jedes Mal, riskante Operationen zu genehmigen, und ließ es zu, dass die Einheit verfiel.

»Man kann aufrichtig erklären«, so Avi Dichter, der damalige Vizedirektor des Schin Bet, der 2000 Geheimdienstchef werden sollte, »dass das Verteidigungsestablishment der Bevölkerung Israels nicht den Schutzschild gewährte, den sie verdiente.«[7]

Das wäre unter allen Rahmenbedingungen besorgniserregend gewesen. Aber für die späten 1990er-Jahre galt dies besonders, weil Israels Gegner immer bedrohlicher wurden. Vom Iran bis nach Libyen, von der Hisbollah im Libanon bis zur Hamas in Gaza und Amman war eine Front von Gegnern entstanden, die weit innovativer und entschlossener waren als alles, womit der Mossad, AMAN oder Schin Bet es bislang zu tun gehabt hatten.

Der Schin Bet bekam als erste Geheimdienstbehörde wieder festen Boden unter den Füßen. Sein Chef Ami Ajalon und die Untersuchungsausschüsse, die er ins Leben gerufen hatte, um herauszufinden, was schiefgegangen war, gelangten zu der Schlussfolgerung, dass der Schin Bet auf zwei Hauptfeldern seiner Tätigkeit schwach und ineffektiv geworden war.

Das erste war die Beschaffung von Informationen. Jahrzehntelang hatte sich der Schin Bet auf Informationen verlassen, die er von menschlichen Quellen erhalten hatte, doch dieses Reservoir war so gut wie ausgetrocknet. Bislang war noch kein Ersatz für die Hunderte palästinensischer Informanten gefunden worden, die der Geheimdienst verloren hatte, als Israel gemäß dem Oslo-Abkommen aus dem palästinensischen Gebiet abzog. Der Schin Bet versäumte es, alternative Methoden zu entwickeln, und war außerstande, in der Hamas Informanten zu rekrutieren – einer ideologisch-religiösen Bewegung, deren Mitglieder weniger anfällig für den Reiz des Geldes waren. Ein Untersuchungsausschuss formulierte es prägnant – und vernichtend: »Die Organisation ist nicht an das Umfeld angepasst, in dem sie tätig ist.«[8]

Die zweite Unzulänglichkeit betraf den Umgang mit Informationen, sobald sie einmal beschafft waren. Ajalon stattete den Archiven der Organisation einen Besuch ab und starrte ungläubig die gewaltigen Container, vollgestopft mit Hunderttausenden von Aktenmappen, an. »Wir verhalten uns wie eine mittelalterliche Organisation«, sagte er vor dem obersten Befehlsforum des Schin Bet. »Ein Archiv wie dieses macht es nicht möglich, ein nachrichtendienstliches Bild in Echtzeit zu konstruieren. Selbst wenn man alle Informationen in den Akten finden sollte, so würde uns das überhaupt nicht helfen.«

Ajalon erklärte, der Schin Bet sei »kein Geheimdienstorgan, sondern eher ein Präventivorgan«. Mit anderen Worten, der Zweck der Behörde war es nicht, Informationen um des Sammelns willen zu beschaffen, sondern um die Absichten der Gegner in Echtzeit zu durchkreuzen. Und dazu musste der Schin Bet in der kürzestmöglichen Zeitspanne Informationen sammeln und analysieren.[9]

Laut Ajalon musste man in den modernen Technologien nach der Lösung suchen. Technologische Quellen, die ein mehrdimensionales geheimdienstliches Bild in Echtzeit erzeugten, sollten an die Stelle von Informanten treten. Im Jahr 1996 waren dies revolutionäre Gedanken, die im Schin Bet eine Vertrauenskrise auslösten, Ajalon heftiger Kritik aussetzten und sogar manche dazu bewegten, die Behörde zu verlassen. Aber Ajalon blieb bei seinem Kurs. Er schuf eine Reihe neuer Teams und Abteilungen, die hochmoderne Techniken für die Beschaffung von Informationen entwickelten: das Eindringen in verschiedene Datensysteme und das Abfangen von E-Mails, Telefonanrufen und, später, Kommunikation in sozialen Medien. Sie entwickelten sogar neue Methoden, die Informationen zu nutzen: modernste Techniken für die Analyse gewaltiger Datenmengen und für das Herausfiltern der wichtigsten Informationshäppchen.

Ajalon und seine Hightech-Teams verlagerten den Fokus des Schin Bet, sodass auf die Verbindungen zwischen den Menschen größerer Wert gelegt wurde – mehr Nachdruck auf das Netzwerk als auf jede Einzelperson.[10] Der Schin Bet erkannte als erste Behörde das enorme Potenzial der Verfolgung der Mobiltelefone, zunächst über die Telefonanrufe selbst und später über Ortung, Textnachrichten, Videoübertragungen und das Surfen im Netz.

Unter Ajalon veränderte sich die gesamte operative Struktur der Behörde. Sie stützte sich nicht mehr auf regionale, geografisch eingeteilte Einsatzoffiziere, die Informanten leiteten und mehr oder weniger unabhängig agierten, sondern auf konzentrierte Tätigkeiten rings um einen »Schreibtisch«, dessen Mitarbeiter an Bildschirmen saßen, Informationen sammelten, zusammenfügten und andere Mitarbeiter anwiesen, die fehlenden Teile des Puzzles zu beschaffen.

Auch die Zusammensetzung der Belegschaft des Schin Bet veränderte sich rasant. Viele alte Einsatzoffiziere schieden aus, während rasch junge

Männer und Frauen aus den technologischen Einheiten der Armee rekrutiert wurden. Schon bald waren 23 Prozent des Personals Mitarbeiter, die intensiv in der Entwicklung innovativer Techniken geschult waren. »Wir gründeten eine ganze Abteilung von Mister Qs«, sagte Diskin, in Anspielung auf den Hightech-Freak der James-Bond-Filme. »In ihr liefen gleichzeitig Dutzende erstaunlicher Start-up-Unternehmen.«[11]

Das erste Problem, mit dem sich der runderneuerte Schin Bet auseinandersetzen musste, war Mohijedin Scharif, ein Schüler von Jahja Ajasch, der nach Ajaschs Tötung zum Sprengstoffexperten der Hamas aufstieg. Er war auch als »Ingenieur Nr. 2« bekannt. Ajasch und sein damaliger Vize Hassan Salameh brachten Scharif bei, wie man aus einem hochexplosiven Material, Triacetontriperoxid, Bomben bastelte, wie sie selbst es von den islamischen Revolutionsgarden gelernt hatten. Scharif hatte die Bomben gebaut, die bei den vier Selbstmordanschlägen zur Rache für Ajaschs Tod verwendet wurden.

Wie vor ihm Ajasch bildete auch Scharif andere in dieser Kunst aus und brachte einer Reihe von Männern in Jerusalem bei, wie man ferngezündete Bomben konfiguriert, wie man Zeitzünder baut und wie man aus dem vorhandenen Material Sprengsätze improvisiert. Er lehrte sie auch, wie man Bomben in Videokassetten versteckt. Elf solche Kassetten wurden für eine Verschwörung angefertigt, um sie an Bushaltestellen, Lotterieständen und Telefonzellen zu zünden. Eine ging am 11. Februar 1998 in Netanja in die Luft und verwundete zehn Zivilisten. Der Schin Bet identifizierte die Bombenleger, bevor sie die anderen platzieren konnten, und verhaftete sie. Eine große Katastrophe wurde dadurch verhindert.

Der Schin Bet legte eine dicke Akte über Scharif an, überwachte seine Bewegungen und Gewohnheiten, indem er die Anrufe und Orte der Mobiltelefone verfolgte, die er und seine Leute verwendeten. Ganz wichtig: Die Behörde deckte eine Verschwörung auf, bei der ein mit einer riesigen Bombe ausgestatteter Fiat Uno am Vorabend des Passahfestes gesprengt werden sollte, wenn es auf den Bürgersteigen Jerusalems vor Last-Minute-Einkäufern nur so wimmelte. Der operativen Abteilung des Schin Bet, den Tsiporim, gelang es, an dem Fiat einen Zünder anzubringen, bevor Scharif ihn dem Selbstmordbomber übergab. Am 29. März

1998 detonierte der Sprengsatz, als Scharif das Auto in eine Garage in Ramallah fuhr, fern von unschuldigen Zivilisten.[12]

Selbst nach dem Abtritt Scharifs und der Verhaftung vieler Partner spürte der Schin Bet, dass ein Teil in dem Puzzle fehlte. Die Behörde kam zu dem Schluss, dass ein »Krake mit vielen Tentakeln« am Werk sei, mit »einer Person, die alle Tentakeln bediente, jeden einzeln, unabhängig von den anderen«.

Das neue Datenbeschaffungssystem des Schin Bet, das Tausende von Palästinensern überwachte, die man als Zielpersonen ausgewählt hatte, konzentrierte sich nach und nach auf einen Mann. Die Israelis pickten Adel Awadallah heraus, der die Führung des bewaffneten Arms der Hamas im Westjordanland übernommen hatte, das Gegenstück zu Mohammed Deif im Gazastreifen.

Awadallah hatte eine Zeit lang auf der Fahndungsliste gestanden, aber dank eines Unterstützernetzes mit dem Namen »der Beistands- und Dienstapparat«, das als Puffer zwischen ihm und den von ihm geführten Zellen diente, wurde er nicht gefasst, obwohl Untergebene geschnappt wurden und beim Verhör Informationen preisgaben.

Das Helfernetz, das es Awadallah ermöglichte, der Festnahme durch den Schin Bet zu entkommen und gleichzeitig viele Terroranschläge zu inszenieren, wurde von Adels jüngerem Bruder Imad geleitet, der aus einem Gefängnis der Palästinensischen Autonomiebehörde geflohen war.[13] Die beiden begannen mit der Planung der nächsten Welle von Terroranschlägen, von denen der ambitionierteste fünf Autobomben im Zentrum der fünf größten Städte Israels vorsah. Nach diesem Plan würde die erste Bombe in Tel Aviv detonieren und vermutlich schwere Opfer fordern. Dann wollte man der israelischen Regierung ein Ultimatum vorlegen: Lasst alle palästinensischen Häftlinge frei, sonst wird eine weitere Autobombe explodieren, dann die nächste und so weiter. Gleichzeitig arbeiteten sie Pläne für die Entführung von Soldaten und prominenten israelischen Persönlichkeiten aus – große Mengen betäubender Drogen wurden zu diesem Zweck auf dem Schwarzmarkt angeschafft –, die als Verhandlungsmasse dienen sollten. Unter den Männern, die sie entführen oder ermorden wollten, waren Ehud Olmert, der Bürgermeister von Jerusalem, Rafael Eitan, der ehemalige Chef der Streitkräfte, der Knesset-

Mitglied und Minister geworden war, und die beiden ehemaligen Direktoren des Schin Bet Jaakow Peri und Karmi Gilon.

Awadallah war ein hervorragender Einsatzleiter, aber er wusste nichts über die Veränderungen im Schin Bet, darunter die konsequente Überwachung von Telefonanrufen – wer rief wen an, wann und wo befanden sich beide Seiten zu dem Zeitpunkt. Auch wenn er fast nie selbst das Telefon benutzte, kam es deshalb dazu, dass einige Mitglieder seines Netzwerks dies taten und auf diese Weise dem Geheimdienst ermöglichten, seine Bewegungen zu verfolgen und ihn im Auge zu behalten.

Außerdem begriff Awadallah nie, dass sein Hauptgegner der, mit Ami Ajalons Worten, »beste Einsatzchef war, den die Behörde jemals hatte«. Dieser Mann war Juval Diskin, den Ajalon zum Kommandeur der Region Jerusalem und Westjordanland machte, jener Gegend, in der die Brüder lebten und in erster Linie tätig waren.[14]

Der 1956 geborene Diskin hatte seinen Wehrdienst in der Aufklärungsabteilung Schaked geleistet und war bis zum Rang eines Kompanieführers aufgestiegen. Im Jahr 1978 trat er in den Schin Bet ein und diente als Einsatzoffizier in den Palästinensergebieten und im Libanon. Seine Arabisch-Kenntnisse waren verblüffend, und er zeichnete sich bei der Tätigkeit aus und machte rasch Karriere. Diskin war extrem hart und sehr kritisch sowohl gegenüber Untergebenen als auch gegenüber Vorgesetzten. Es lag auf der Hand, dass er, falls es ihm gelingen sollte, das Terrornetzwerk der Hamas im Westjordanland zu zerschlagen, ein aussichtsreicher Kandidat für den Direktorenposten des Schin Bet war.[15]

»Adel war sehr misstrauisch«, sagte Diskin. »Er verließ sich nur auf sein menschliches Kommunikationsnetz, in dem er die Loyalität jedes einzelnen Mitglieds persönlich getestet hatte. Dank ihrer Unterstützung überlebte er einige Jahre. Bis zum letzten Moment fiel es uns sehr schwer, an ihn heranzukommen.«[16]

Adels und Imads Vorsicht war darauf zurückzuführen, dass sie das Schicksal Mohijedin Scharifs und die Verhaftung vieler Kameraden gesehen hatten. Sie hatten den Verdacht, dass ein Hamas-Aktivist, womöglich sogar ein hoher, mit Israel oder mit der Palästinensischen Autonomiebehörde kollaboriert, Geheimnisse preisgegeben und am Ende Scharif ans Messer geliefert habe.[17]

Da kein Kollaborateur ans Licht gekommen war, gingen die Brüder davon aus, dass er womöglich immer noch unter ihnen tätig war. Wegen dieses Verdachts beschlossen die beiden, sich an Leute außerhalb der Hamas zu wenden, wenn sie einen Platz zum Schlafen und Essen brauchten – an Leute, die aber bekanntlich der nationalen Sache der Palästinenser loyal waren.

Sie stützten sich auf eine Gruppe Aktivisten aus der Volksfront zur Befreiung Palästinas, die in der Vergangenheit wegen der Mitgliedschaft in einer Terrororganisation und illegalen Waffenbesitzes einige Jahre in einem israelischen Gefängnis gesessen hatten. Diese Aktivisten ließen die Brüder in einem zweistöckigen Bauernhaus übernachten, das einem Mitglied einer ihrer Familien gehörte. Es hatte einen großen Hof, umgeben von einer Mauer, und lag in dem Dorf Khirbet a-Taiybeh, westlich von Hebron. Dieses Haus entwickelte sich rasch zu einer Fundgrube an geheimdienstlichen Informationen, zu denen auch das Archiv des bewaffneten Arms der Hamas zählte. Adel schleppte es aus Angst, es könnte dem Schin Bet in die Hände fallen, immer von Unterschlupf zu Unterschlupf mit. Außerdem brachten die Brüder die Pläne für ihren nächsten großen Anschlag mit, der unter anderem die Vergiftung der Wasserversorgung von Tel Aviv vorsah.

Dem Schin Bet gelang es, eine Kontaktperson der Brüder in dieser Gruppe zu identifizieren. Man setzte den Mann massiv unter Druck, für den Geheimdienst als Spitzel zu arbeiten. Die Agenten drohten ihm, falls er sich weigere, dass er wegen Kollaboration mit der Hamas angeklagt und viele Jahre ins Gefängnis wandern werde. Zur Peitsche wurde ein angemessenes Zuckerbrot angeboten: eine hohe Belohnung und ein neues und unbeschwertes Leben im Ausland für ihn und seine Familie, falls er kooperierte. Der Mann willigte ein.

Die erste Aufgabe lautete, das Haus für eine Video- und Audioüberwachung zu verkabeln. Die Ergreifung der Awadallahs konnte warten. Wichtiger war es, so glaubte Diskin, genau in Erfahrung zu bringen, was die Brüder eigentlich vorhatten. Der Schin Bet wartete auf einen Tipp seines Informanten, dass die Brüder das Haus verlassen würden.

Als ein Freund der Volksfront den Brüdern das nächste Mal Vorräte brachte, sagten sie zu ihm, sie müssten eilig irgendwohin fahren. Sie verließen zusammen das Haus, die Brüder in einem Auto, der Helfer in einem anderen. Mitarbeiter der Einheit Tsiporim warteten draußen bereits und verfolgten das Geschehen. Kaum waren die Autos außer Sicht, traten sie in Aktion. Mit einer Kopie des Schlüssels verschafften sie sich Zugang ins Haus und installierten in jedem Zimmer Kameras und Mikrofone.

Am selben Abend kehrten die Brüder zurück. Vier volle Tage lang wurde danach jedes Wort des Anführers des bewaffneten Arms der Hamas aufgezeichnet. Adel und Imad sprachen über verschiedene taktische Verbesserungen, die sie an ihrem Plan vornehmen wollten, und über die Möglichkeit, dass die Hamas anfangen würde, ähnliche Raketen herzustellen, wie die Hisbollah sie einsetzte.

Die daraus hervorgehende Dokumentation lieferte den Israelis nicht nur Details über konkrete Pläne, sondern auch eine Vorstellung von der allgemeineren Weltanschauung der Brüder. In einem Gespräch etwa sprach Imad, der von den Gefängniswärtern der Palästinensischen Autonomiebehörde heftig gefoltert worden war, mit bitterem Hass über die Männer Jassir Arafats. »Wenn sie das nächste Mal mich holen kommen«, sagte er, »dann werde ich sofort schießen.«

Sein Bruder, der sich auf ein Sofa gefläzt hatte, sprang auf. »Niemals!«, brüllte er. »Wir schießen nicht auf Muslime. Hörst du mich? Auch wenn sie dir die schlimmsten Dinge antun, bringst du auf keinen Fall einen Muslim um.«

Der Schin Bet informierte die Streitkräfte über diesen beeindruckenden Coup der Aufklärung. Da man sich darüber im Klaren war, dass die Brüder zu einem unvorhersagbaren Zeitpunkt, als routinemäßige Sicherheitsvorkehrung, in einen anderen Unterschlupf umziehen würden, bat der Geheimdienst ferner um die Verlegung von Truppen, um sie zu töten. Das Militär war jedoch nicht sonderlich erpicht darauf, einen weiteren Hamas-Funktionär zu ermorden – die aggressive Reaktion auf Ajaschs Tod hatte die Verantwortlichen vorsichtig werden lassen. Also wandten sich Ajalon und der Schin Bet an die Terrorabwehreinheit der Polizei, die JAMAM. Es bestand eine langjährige Rivalität zwischen der JAMAM und den Spezialeinheiten der Streitkräfte, und die Armee interpretierte Ajalons Entscheidung, die Hilfe der Polizei in Anspruch zu nehmen, zu Recht als bewusste Herabsetzung.[18]

Später kam es zu einer Meinungsverschiedenheit zwischen Diskin und Ajalon. Nach Diskins Auffassung sollte das JAMAM-Kommando in das Haus eindringen und die beiden Brüder an Ort und Stelle erschießen. Ajalon hatte im Prinzip nichts dagegen, sie zu töten, glaubte aber, man solle den Versuch unternehmen, sie lebend zu ergreifen, damit man sie verhören konnte. Er war sicher, dass sie auf diese Weise an wertvolle Informationen gelangen würden. Letztlich einigten sich die beiden auf einen Kompromiss. Falls man eine Möglichkeit fand zu gewährleisten, dass die Brüder lebend gefasst wurden, ohne dass die JAMAM-Männer in Gefahr gerieten, dann sollte man das auch tun. Wenn nicht, wurden die beiden getötet.

Ajalon legte den Plan Ministerpräsident Netanjahu vor, der längst nicht so entscheidungsfreudig wie früher war, als der Mossad ihm den Plan für den Anschlag auf Chalid Maschal präsentiert hatte. Inzwischen hatte er gelernt, dass jede Operation, auch eine, die leicht und gefahrlos scheint, bei der Ausführung aus dem Ruder laufen kann, mit verheerenden Folgen für die betroffenen Mitarbeiter und die ganze Nation. Der Anschlag auf Mohijedin Scharif hatte keine israelischen Spuren hinterlassen, aber dieses Mal war es durchaus möglich, dass die beiden Brüder bei dem Überfall ums Leben kämen und Israel die Verantwortung nicht abstreiten könnte. Die Hamas würde massive Vergeltungsschläge starten.

Schimon Peres hatte wegen der Terrorwelle der Hamas im Zuge des Mordes an Ajasch die Macht verloren. Netanjahu wollte auf keinen Fall sein Amt aufs Spiel setzen. Er weigerte sich, den Tötungsbefehl zu unterschreiben.

»Wenn wir nicht bereit sind, uns des Anführers des bewaffneten Arms anzunehmen, der gegen uns operiert«, argumentierte Ajalon gegenüber Netanjahu, »was sind wir dann wert? Wenn Sie die Erlaubnis nicht unterzeichnen, trete ich als Chef des Schin Bet zurück.«[19]

Das war eine starke Drohung, mit Nachwirkungen, die über den Posten selbst hinausgingen. Der Ministerpräsident wurde bereits als schwach angesehen, weil er Scheich Jassin freigelassen hatte. Die Öffentlichkeit glaubte allgemein, dass er beim Kampf gegen den Terror keine gute Figur mache. Falls Ajalon zurücktrat, war Netanjahu sich sicher, dass jemand auch den Grund durchsickern lassen würde. Man würde es so darstellen, dass der Ministerpräsident sich geweigert habe, eine massive Gefahr für den Staat Israel und die Juden in aller Welt auszuschalten. Danach würde man ihn für noch schwächer halten.

Einige Stunden später genehmigte er die Operation.

Nach dem Plan sollten die Awadallah-Brüder vor dem Überfall außer Gefecht gesetzt werden. In einem vom Schin Bet belauschten Gespräch hatte Imad Awadallah seine Vorliebe für Baklava erwähnt. Also präparierten Spezialisten des Schin Bet in der Nacht des 11. September 1998 eine Baklava mit einem Betäubungsmittel und ließen das Gebäck in das Haus in Khirbet a-Taiybeh liefern. Die Kommandos wollten abwarten, bis die Brüder eingeschlafen waren, dann in das Haus eindringen, sie in ein Fahrzeug stecken und zu einem Vernehmungsgefängnis bringen.

Das funktionierte nicht ganz. Imad freute sich über die Baklava und verschlang sie in seinem Eifer ganz allein. Schon bald überwältigte der Schlaf ihn, und er fing an zu schnarchen. Doch der Schin Bet wusste nicht, dass Adel Baklava hasste und nicht anrühren würde. Als aufgrund der Videoüberwachung klar war, dass Adel nicht unter dem Einfluss der Droge stand und nicht die Absicht hatte, demnächst ins Bett zu gehen, erhielt die JAMAM-Einheit den Befehl, das Haus zu stürmen. Die Spezialtruppen, die das Gebäude umstellt hatten, rückten mit einem Kampfhund und aus mehreren Richtungen vor, kletterten über die Mauer und drangen ein.

Adel griff nach seinem Gewehr, schoss und traf den Hund, wurde dann aber sofort niedergemäht. Imad wachte von den Schüssen auf, versuchte, seine Waffe zu erreichen, und wurde von einer langen Salve aus dem Schnellschussgewehr getötet. Nachdem die JAMAM-Männer Entwarnung gemeldet hatten, betrat ein Tsiporim-Team das Haus und entdeckte wenig später das Archiv, das in einem Zimmer versteckt war.[20]

Ajalon rief Netanjahu an und teilte ihm mit, dass die Operation erfolgreich gewesen sei und die Awadallahs tot seien. Um eine gewaltsamen Reaktion der Palästinenser zu verhindern, wies Netanjahu Ajalon an, in die Mukata, den Regierungssitz der Palästinensischen Autonomiebehörde in Ramallah, zu fahren. Bei seiner Ankunft war Arafat bereits wach und erwartete ihn. Ajalon teilte Arafat mit, dass Israel die Brüder getötet habe. »Noch ehe er bestreiten konnte, sie zu kennen, sagte ich: ›Bitte, fragen

Sie mich nicht Awadallah *schu?* Wir wissen, dass Sie wissen, wer sie sind und was sie getan haben‹«, sagte Ajalon. »›Im Namen des Staates Israel fordere ich, dass Sie alles tun, um dafür zu sorgen, dass die Hamas nicht anfängt, Amok zu laufen.‹«

Arafat bat, die Meldung von den Tötungen vier Tage lang zurückzuhalten, damit er das organisieren könne. Ajalon erwiderte, dass es unmöglich sei, die Meldungen zu verzögern, und dass den Palästinensern seiner Meinung nach allenfalls vier Stunden blieben, ehe die Medien Wind davon bekämen.

»Geben Sie bitte Dschibril [Radschub] und [Muhammad] Dahlan« – den beiden Köpfen des palästinensischen Sicherheitsapparats, die neben Arafat saßen – »den Befehl, sofort zu handeln«, sagte Ajalon. »Sie wissen, was getan werden muss. Wenn das nicht geschieht und es zu einem Terroranschlag kommt, wird Israel so hart wie möglich reagieren, einschließlich eines absoluten Abbruchs des Friedensprozesses.«[21]

Arafat wies seine beiden Stellvertreter an, energische Maßnahmen zu treffen. Am selben Abend wurden führende Aktivisten der Hamas zusammengetrieben und in Gewahrsam genommen, und der Organisation wurde mitgeteilt, dass jede gegen Israel gerichtete Tätigkeit eine massive Reaktion seitens der Autonomiebehörde nach sich ziehen würde. Radschub und Dahlan taten alles in ihrer Macht Stehende, um den Israelis zu versichern, dass Arafat es diesmal mit seinen Drohungen ernst meine.

Unterdessen fingen Schin-Bet-Mitarbeiter und Analysten an, das Militärarchiv der Hamas durchzugehen, Namen und Daten in ihre Computer einzugeben – alles Teil »einer intensiven Bemühung mit dem Ziel, rasch die Archivunterlagen zu prüfen, um in Aktion zu treten, bevor sich Mitglieder des bewaffneten Arms neu formieren und untertauchen konnten«. Einheiten der Israelischen Streitkräfte, der JAMAM und des Schin Bet fingen an, Dutzende Verdächtiger zu verhaften: »hohe Kommandeure, Sprengstoffexperten, Beschaffer von Waffen und Materialien für den Bau von Bomben, Schulungs- und Hilfspersonal, darunter auch Personal und Mitglieder der Dawa«, des sozial-zivilen Arms der Hamas.[22]

Das Archiv, das die Awadallah-Brüder so streng bewacht hatten, wurde jetzt dazu verwendet, die militärische Infrastruktur der Hamas an den Rand des Zusammenbruchs zu bringen.

Ein Name, der aus dem Archiv auftauchte, war Ijad Batat, ein hoher Militär, der sich auf Anschläge im Westjordanland konzentrierte. Aus den Unterlagen ging hervor, dass er mehrfach an Hinterhalten auf israelische Soldaten beteiligt gewesen war.

Nach mehreren Monaten spürten die Israelis ihn dann in einem sicheren Haus in dem Dorf Beit Awwa auf. Eine Operation – mit dem Decknamen »Dungeons and Dragons« (»Kerker und Drachen«) – zu seiner Tötung wurde entworfen.

Mosche Jaalon, der seine Amtszeit als Chef des AMAN beendet hatte und nunmehr als Chef des Zentralen Kommandos der Streitkräfte diente, kam am 19. Oktober 1999 in den vorgeschobenen Kommandoposten der Operation, ein großes und muffiges Zelt in der Nähe des Dorfs Beit Dschubrin, nicht weit von Beit Awwa. Obwohl seine Mitarbeiter bereits seit drei Tagen an dem Plan arbeiteten, erkannte er sofort, dass sie nur über einen Bruchteil der Informationen verfügten, die sie brauchten. Kein Einziger aus Einheit 8200 (der Funkaufklärung von AMAN) war vor Ort, geschweige denn ein Vertreter von Einheit 9900, um die Drohnen zu bedienen. Selbst wenn sie anwesend gewesen wären, gab es keine Monitore, auf denen die Informationen präsentiert werden konnten. Der zuständige Nachrichtenoffizier des Schin Bet befand sich in einem anderen Gebiet, und der Zugang zu ihm hing von der schwankenden Qualität des Empfangs seines Mobiltelefons ab.

»Ich komme aus einer anderen Welt, einer anderen Kultur«, sagte Jaalon und spielte damit auf die Sajeret Matkal an, die er befehligt hatte, »und dort werden Dinge anders ausgeführt. Es war unvorstellbar, dass jemand anders wichtige Informationen zu einer Operation hatte und dass sie dem Kommandeur der Einheit, die in Kürze in Aktion trat, nicht zur Verfügung standen.«[23]

Jaalon und Diskin entschieden, dass eine Fortsetzung unvertretbar riskant sei. Sie sagten die Operation ab und setzten vorübergehend sämtliche Anstrengungen, Batat zu töten, aus. »In Beit Awwa begriffen wir, dass wir absolut dumm gewesen waren«, so Diskin. »Wir fragten uns, was getan werden musste, um zu gewährleisten, dass es uns das nächste Mal nicht genauso erging.«

In der Theorie war die Lösung einfach: Man setze alle benötigten Leute in den Kommandoposten, damit sie miteinander reden und die Monitore verfolgen können, die eine Zusammenfassung der Daten zeigen. Der Schin Bet, die JAMAM, die Kommandoeinheiten der Streitkräfte (Matkal, Flottille 13, Duvdevan), die Einheiten 8200, 504 und 9900 des AMAN und möglicherweise die Luftwaffe sollten alle in einem Raum versammelt werden – »bei hellem Licht, nicht in einem jämmerlichen Zelt«, sagte Diskin –, in den sämtliche verfügbaren und erforderlichen Informationen einflossen.[24]

Die praktische Umsetzung dieser Lösung war jedoch schwierig, wegen einer ganzen Reihe von Fragen der Zuständigkeit, des Kommandos und der Kontrolle. Die verschiedenen Zweige des Militärs und der Geheimdienste hatten sich im Laufe der Jahre daran gewöhnt, parallel zu funktionieren, und weil die Mitarbeiter aus verschiedenen Einheiten kamen, sprachen sie alle eine andere Sprache. Bisweilen machten sich manche auch mehr Sorgen um ihr Revier als um die nationale Sicherheit.

Diskin im Schin Bet und Jaalon im Militär mussten eine ganze Reihe eingefahrener bürokratischer Verfahren durchbrechen und mehrere zwischenmenschliche Probleme umschiffen, bis sie alle in dem Raum im ersten Stock des Jerusalemer Schin-Bet-Hauptquartiers versammelt hatten, der künftig, treffenderweise, Vereinigte Kommandozentrale (englisch abgekürzt: JWR) genannt wurde. Besonders hartnäckig war der Widerstand der Einheit 8200, der ruhmreichen Funkaufklärung des AMAN, die darauf bestehen wollte, dass der Schin Bet stattdessen zu ihr kommen solle.

Am 11. Dezember 1999 war alles bereit. Die beim Schin Bet eingehenden Informationen ließen darauf schließen, dass Batat sich in den kommenden Tagen in sein sicheres Haus in Beit Awwa begeben würde. Das Haus und die Umgebung wurden streng überwacht. Als Sicherheitsmaßnahme hatte Batat kein Telefon bei sich, aber sein Fahrer, und der Schin Bet verfolgte es. Sie sahen das Auto am 13. Dezember bei dem Haus ankommen, eine Zeit lang dort stehen und dann weiterfahren, nachdem man offenbar jemanden abgesetzt hatte. Eine Kamera in einer Drohne am Himmel sah den Wagen ebenfalls anhalten, jemanden aussteigen und das Haus betreten. Eine von einem Spitzel stammende Information deutete an, dass Batat auf dem Dach des Hauses einen getarnten Ausguck postiert hatte, um ihn vor drohender Gefahr zu warnen. Diese Informationen wurden in die Rechner im Kommandozentrum eingegeben, dann wurden Wärmesensoren in den Drohnen aktiviert, die zeigten, dass auf dem Dach tatsächlich ein Mann unter einer Tarnung saß.

Unter Berücksichtigung all dieser Informationen stellten sich Soldaten der Einheit Duvdevan als Araber verkleidet an mehreren Punkten um das Haus auf. Vier von ihnen suchten unter einer kleinen Treppe entlang einer Außenmauer Deckung, nahe genug beim Eingang, aber außer Sicht des Ausgucks auf dem Dach.

»Elf Uhr nachts. Das ganze Dorf schläft. Am Anfang kommt das Adrenalin und man hat keine Angst, und später, wenn man in Position ist, setzt die Angst ein«, erinnert sich Alon Kastiel, einer aus dem Überfallkommando. »Wir erhielten vom Kommandeur der Einheit die Erlaubnis, das Feuer zu eröffnen. ... Wir töteten Batats Mann auf dem Dach des Hauses. Es gab einige Schusswechsel. ... Nach den Schüssen führten wir ›Keine Bewegung‹ [Waffenruhe] aus, um Informationen zu bekommen. Dann hören wir weitere Geräusche aus dem Haus, und Ijad Batat kommt mit einer Handfeuerwaffe heraus. Die ganze Truppe erkannte ihn und eröffnete das Feuer.«[25]

Anschließend gaben die Streitkräfte eine kurze Stellungnahme ab, dass eine ihrer Einheiten auf Batat und einen anderen gesuchten Hamas-Vertreter »gestoßen« sei und die beiden getötet habe. Der Zweck der Stellungnahme war die Vertuschung der gewaltigen geheimdienstlichen Tätigkeit, die hinter den Kulissen stattgefunden hatte.

Aber den Israelis selbst war klar, dass die Reformen des Schin Bet und das Vereinigte Kommando ihre Effizienz bewiesen hatten. In den folgenden neun Monaten kam das Modell des gemeinsamen Kommandos bei 15 verschiedenen Verhaftungen und gezielten Tötungen zum Einsatz. Es basierte auf einer völligen Transparenz zwischen den Behörden und einem System des »Stabwechsels« von einer Behörde zur nächsten im Laufe der Operation.

Der erste Grundsatz dieses Modells erfordert die Anwesenheit sämtlicher »Sensoren« – die Nachrichtenbehörden, die mit der Operation zu tun hatten – in der Gestalt von echten Repräsentanten und den Informationsflüssen in Echtzeit, die sie erzeugen. Der Schin Bet betrieb einen großen Aufwand, um sämtliche relevanten Rechnersysteme zu integrieren – die unzähligen Hardware- und Softwarebestandteile, die von vielen verschiedenen Aufklärungs- und Einsatzeinheiten genutzt werden –, sodass alle miteinander verbunden waren und mit der IT-Ausrüstung im Kommandozentrum kommunizierten. Sämtliche Daten sollten so angezeigt werden, dass sich ein einziges, leicht zu verarbeitendes Bild der Lage ergab. »Diese Nachrichtenhoheit, die Konzentration aller verfügbaren Quellen, legt die Basis für unsere Fähigkeit, unsere Zielpersonen zu treffen«, sagte Jaalon.[26]

Für die Umsetzung des zweiten Grundsatzes, die Weitergabe des Stabes, war das Kommandozentrum de facto zweigeteilt. Der eine Teil, unter Aufsicht des Schin Bet, wurde das Aufklärungszentrum genannt. Hier wurde die Zielperson der Operation identifiziert. Mit anderen Worten, es war die Aufgabe des Aufklärungszentrums, den spezifischen Aufenthaltsort der Zielperson zu nennen und zu gewährleisten, dass es sich wirklich um die richtige Person handelt. Dieser Teil wurde »Framing« genannt.[27]

Sobald eine positive Identifikation vorlag, wurde der Stab an den zweiten Teil weitergegeben: die operative Abteilung. In den meisten Fällen fiel dies in die Zuständigkeit der Israelischen Streitkräfte, die die Durchführung des Anschlags überwachten. (Anfangs wurden die meisten gezielten Tötungen von Bodentruppen ausgeführt. Später ging die Hinrichtung an die Luftwaffe über, doch das allgemeine Prinzip blieb gleich.) Falls der Stab bereits an die operative Seite weitergegeben war, aber vor Ort etwas passierte, das die Fähigkeit, die Zielperson zu treffen, beeinträchtigte, etwa ein vorübergehender Ausfall der Überwachungskameras, übernahm die Aufklärungsseite wieder die Zuständigkeit, und das Framing-Verfahren begann von Neuem. Und so weiter, bis zur Vollstreckung.

Im September 2000, zwei Monate nach Diskins Ernennung zum Vizedirektor des Schin Bet und Jaalons Ernennung zum Vizegeneralstabschef der Streitkräfte, gaben die beiden die Empfehlung ab, das Modell, das sie für die Region des Zentralen Kommandos entwickelt hatten, für das ganze Land zu kopieren – ein ständiges Kommandozentrum für die Durchführung größerer Operationen und gezielter Tötungen einzurichten. Der Vorschlag wurde angenommen, und in einem im Bau befindlichen Gebäude beim Hauptquartier des Schin Bet, im Norden von Tel Aviv, wurde dafür ein Raum vorgesehen.

Der Zeitpunkt war Zufall. »Wenn wir nicht die technologische Revolution vollzogen und das spezielle Kommandozentrum eingerichtet hätten«, so Diskin, »ist es fraglich, ob und wie wir mit der enormen Herausforderung fertiggeworden wären, vor die uns die zweite Intifada stellte.«[28]

28 Totaler Krieg

Benjamin Netanjahu wartete das amtliche Endergebnis der Wahlen nicht ab. Am 17. Mai 1999, kurz nachdem die Nachwahlbefragungen des Fernsehens auf einen klaren Sieg der Arbeitspartei und ihres Vorsitzenden Ehud Barak hingedeutet hatten, verkündete Netanjahu seinen Rückzug aus dem politischen Leben.

Netanjahu war infolge der Selbstmordattentate der Hamas gewählt worden, doch seine Jahre als Ministerpräsident waren geprägt von einer Serie von politischen Skandalen, Koalitionskrisen, Sicherheitsdebakeln wie der Maschal-Affäre und einer diplomatischen Sackgasse mit den Palästinensern. Barak wurde von der Wählerschaft als das genaue Gegenteil von Netanjahu wahrgenommen – als der am höchsten dekorierte Soldat der Israelischen Verteidigungsstreitkräfte, als Schüler und Nachfolger von Jitzchak Rabin, der versprochen hatte, die Armee aus dem Libanon zurückzuholen und Frieden zu schaffen. Seine Siegesrede hielt er auf dem zentralen Platz von Tel Aviv, der nun Rabin-Platz hieß, nach dem Ministerpräsidenten, der dort vier Jahre zuvor ermordet worden war. Vor Hunderttausenden Anhängern beschwor Barak den »Anbruch eines neuen Tages«. »Der Frieden ist in unserem gemeinsamen Interesse, und beide Völker werden davon enorm profitieren«, sagte er ein paar Monate später vor der Knesset und erklärte: »Wahrer Frieden mit Syrien und den Palästinensern ist die Vollendung des zionistischen Traums.«[1]

Mit seiner ungeheuren Energie, Entschlusskraft und Zielstrebigkeit machte sich Barak daran, seine Grundsätze in die Tat umzusetzen. Als ehemaliger Herr der Spezialeinheiten war er voller Selbstvertrauen und zuversichtlich, dass er diplomatische Manöver auf die gleiche Weise planen konnte wie gezielte Tötungsaktionen hinter feindlichen Linien – mit rigoroser Aufmerksamkeit für Details, genauester Planung zur Abschätzung sämtlicher Eventualitäten und, wenn nötig, offensivem Handeln. Doch es stellte sich heraus, dass diese Methoden, so gut sie in kleinem Maßstab funktionierten, in komplexen internationalen Prozessen nicht immer zum Erfolg führten. Und auf seine Berater hörte Barak nur selten.

Unter amerikanischer Schirmherrschaft trat Israel in Verhandlungen mit Syrien ein, und Präsident Clinton traf sich als Abgesandter von Barak am 26. März 2000 mit Präsident Hafis al-Assad. Clinton sagte Assad, dass Barak bereit sei, sich im Tausch gegen Frieden vollständig von den Golanhöhen zurückzuziehen – wenn man von einigen geringfügigen Grenzkorrekturen absah. Clintons Wortwahl war dabei etwas weniger begeistert und überzeugend, als man hätte erwarten können. Assad, der bei seiner Anreise unter mehreren Krankheiten litt – darunter auch Erschöpfung und beginnende Demenz –, war bezüglich des Grundsatzes, jeden Quadratzentimeter zurückzubekommen, starrsinniger als je zuvor. Die Begegnung platzte schon wenige Minuten, nachdem die Präsidenten die Begrüßungsformalitäten hinter sich gebracht und angefangen hatten, über den Kern des Konflikts zu diskutieren.

Barak musste sein Versprechen halten und die Truppen aus dem Libanon abziehen, dies jedoch ohne jegliches Abkommen mit Syrien oder dem Libanon. Um aber zu verhindern, dass die Hisbollah den Rückzug nutzte, um zahlreiche israelische Soldaten zu töten, musste der Truppenabzug vollkommen überraschend in einer Nacht-und-Nebel-Aktion durchgeführt werden.[2]

Kurz vor dem Abzug gelang es dem AMAN, Imad Mughniyya ausfindig zu machen, den Militärchef der Hisbollah und die Nummer eins auf Israels Fahndungsliste. Er befand sich gerade auf einer Inspektionsreise entlang der Konfliktgrenzen im südlichen Libanon, um zu überprüfen, ob Barak vorhatte, sein Abzugsversprechen zu halten, und um seine Miliz auf den Tag danach vorzubereiten.

Sie entwarfen einen Plan für seine Ermordung. Doch Barak, der an die nördliche Grenze gekommen war, um sich dort am 22. Mai mit hohen Militärs zu einer dringenden Beratung zu treffen, befahl ihnen lediglich, »die geheimdienstliche Überwachung des Objektes M. fortzusetzen« und also nicht zuzuschlagen. Dies bedeutete für das gesamte Projekt letztendlich das Aus. Für Barak war es am wichtigsten sicherzustellen, dass der Rückzug ohne Verluste durchgeführt werden konnte. Er befürchtete, dass die Ermordung Mughniyyas die Hisbollah dazu provozieren würde, israelische Siedlungen zu bombardieren oder schwere Anschläge gegen israelische Ziele im Ausland zu verüben, was wiederum eine israelische Reaktion erfordern und einen leisen, überraschenden Abzug undenkbar machen würde.[3]

Barak hatte recht, zumindest auf kurze Sicht. Am Tag nach dem Treffen an der nördlichen Grenze ordnete er den sofortigen Rückzug der Israelischen Verteidigungsstreitkräfte aus dem Libanon an. Der gesamte Truppenabzug konnte ohne Verluste durchgeführt werden.

Doch Nasrallah feierte den Rückzug als vollständigen Sieg seiner eigenen Seite und stellte die Israelis als ängstliche Feiglinge dar, die vor Mughniyyas Armee weggelaufen waren. »Israel ist schwächer als ein Spinnennetz«, trumpfte er auf. »In der israelischen Gesellschaft herrscht der Geist des Defätismus ... Die Juden sind ein Haufen Finanzleute und kein Volk, das zu Opfern fähig wäre.«[4]

Im Rückblick betrachtet kam das Ende der israelischen Besatzung des Libanon für Barak zum denkbar ungünstigsten Zeitpunkt. Er sah ein, dass es mit den Syrern zu keinem Abkommen kommen würde, und beschloss deshalb, die Lösung des Palästinenserkonflikts zu beschleunigen. Doch viele Palästinenser betrachteten den Rückzug aus dem Libanon als Beweis dafür, dass mithilfe von Guerillataktik und Terrorismus die stärksten Militär- und Geheimdienstkräfte des Nahen Ostens besiegt werden konnten, und sie begannen darüber nachzudenken, solche Methoden auch auf ihrem eigenen Kampfgebiet anzuwenden.

Im Juli 2000 lud Clinton in der Hoffnung auf ein Friedensabkommen Barak und Arafat zu Marathon-Verhandlungen nach Camp David ein. »Ich wusste, dass solch ein Abkommen einen palästinensischen Staat und einen Kompromiss in der Jerusalem-Frage einschließen würde«, sagte Barak, »und ich war bereit dazu. Ich war mir sicher, dass es mir gelingen würde, die israelische Öffentlichkeit davon zu überzeugen, dass es zu unserem Vorteil sein würde und dass es keine andere Möglichkeit gebe.«[5]

Arafat für seinen Teil wollte nicht kommen und lenkte erst ein, als Clinton ihm versprach, dass man ihm nicht die Schuld geben würde, wenn die Gespräche scheiterten.

Während dieser Zeit deuteten israelische Geheimdienstinformationen darauf hin, dass die Unruhe unter den Palästinensern einen neuen Höhepunkt erreicht hatte. Die Palästinenserbehörde traf den Berichten zufolge Vorbereitungen für eine bewaffnete Konfrontation mit Israel, um es dadurch zu weitreichenden Zugeständnissen zu bewegen.[6]

»Wir haben keine Konfrontation mit Israel vorbereitet und wollten eine solche auch nicht auslösen, aber ›Hoffnung ist von Haus aus trügerisch‹«, sagte Dschibril ar-Radschub, indem er Thukydides zitierte.[7] Barak sagte zu seinen Mitarbeitern: »Wir stehen auf einem riesigen Schiff, das kurz davor ist, mit einem Eisberg zusammenzustoßen. Dem können wir nur ausweichen, wenn wir in Camp David Erfolg haben.«[8]

Auf den Treffen herrschte Feststimmung. Barak war zu Zugeständnissen bereit, die die amerikanischen Teilnehmer »verblüfften und überglücklich machten«. Dazu gehörte ein bahnbrechender Kompromiss, der den Palästinensern Teile von Ostjerusalem überlassen hätte und den Tempelberg, auf dem die al-Aqsa-Moschee stand, unter internationales Mandat gestellt hätte. Niemals zuvor war ein israelischer Staatsführer zu so weitgehenden Zugeständnissen bereit gewesen, geschweige denn zu Kompromissen bei Themen, die bis dahin absolut tabu gewesen waren.[9]

Doch Barak hatte im Voraus nicht genug getan, um den Boden für die Treffen zu bereiten. Er hatte nicht versucht, die liberaleren Teile der arabischen Welt dazu zu bringen, Arafat in Bezug auf palästinensische Grundsätze wie das Rückkehrrecht der Flüchtlinge zu Kompromissen zu drängen. Außerdem benahm er sich in einer Weise, die als herrisch empfunden wurde, und führte die Verhandlungen mit Arafat über Abgesandte, obwohl ihre Hütten nur wenige Hundert Meter voneinander entfernt lagen.[10]

Arafat weigerte sich zu unterschreiben, vielleicht weil er glaubte, er würde bessere Bedingungen von Israel erhalten, wenn er stur blieb, vielleicht auch, weil er einfach nicht einsah, wie ein arabischer Anführer jemals einem Kompromiss mit dem Erzfeind zustimmen konnte. Clinton ging vor Ärger an die Decke. Er beendete den Gipfel und brach sein Versprechen gegenüber Arafat, dass er ihm nicht die Schuld an einem Scheitern geben würde. »Hätte Clinton die Strategie von Carter benutzt und ihre Köpfe so lange zusammengeschlagen, bis sie einem

Kompromiss zustimmten, wäre die Geschichte anders verlaufen«, sagte Itamar Rabinovich, einer von Israels führenden Diplomaten und Nahostexperten.[11]

In den folgenden beiden Monaten wurden Versuche unternommen, die Gräben zu überbrücken.[12] Doch die Spannungen und das Misstrauen zwischen den beiden Seiten hatten schon einen Punkt erreicht, von dem es kein Zurück mehr gab. »Wir lebten in dem Gefühl, auf einem Pulverfass zu sitzen«, sagte einer von Baraks engen Mitarbeitern.[13]

Und wo ein Pulverfass steht, gibt es immer einen Pyromanen, der ein Streichholz daranhält. Diesmal war der Pyromane Ariel Scharon.

Was die Juden Tempelberg nennen und die Muslime »die ferne Kultstätte«, ist vermutlich heute der sensibelste Ort auf der ganzen Welt. Er befindet sich in der Altstadt von Jerusalem und wird als der Berg verehrt, von dem aus Gott die Welt erschaffen hat und wo er Abraham dazu aufforderte, seinen Sohn Isaak zu opfern. Hier war es auch, wo der erste und zweite Jerusalemer Tempel standen, wo Jesus ging und predigte und wo nach dem Glauben der Muslime der Prophet Mohammed mit dem Engel Gabriel zum Himmel fuhr. Heute stehen dort der Felsendom und die al-Aqsa-Moschee.

Im Laufe der Jahre ist es an diesem Ort immer wieder zu Auseinandersetzungen gekommen. Im Jahr 1982 zettelte eine Gruppe von jüdischen Terroristen eine Verschwörung an, die darauf abzielte, den Felsendom in die Luft zu sprengen, um »die Schande zu beseitigen«, wie sie es ausdrückten. Sie hofften, dass ihre Tat zu einem Weltkrieg führen und dadurch die Ankunft des Messias beschleunigen würde.[14] Obwohl sie mit ihrer Mission scheiterten, lagen sie mit ihrer Strategie nicht vollkommen falsch: Jeder Vorfall auf dem Tempelberg war wie ein Schneeball, der in kürzester Zeit eine Lawine auslösen konnte.

Ariel Scharon war dies alles bewusst. Als Oppositionsführer gegen Baraks Regierung hatte er beschlossen, sich der Bereitschaft Baraks, die israelische Hoheit über den Tempelberg abzutreten, auf möglichst krasse Weise zu widersetzen. Am 28. September 2000 führte er, umringt von Hunderten Polizisten, eine Gruppe von Likud-Politikern an, um an der heiligen Stätte eine Demonstration abzuhalten. Dort erklärte er: »Jeder

Jude in Israel hat das Recht, zum Tempelberg zu kommen und hier zu beten. Der Tempelberg gehört uns.«

Die Palästinenser, die zu dieser Zeit dort waren, riefen in Scharons Richtung: »Schlächter von Beirut ... Mörder von Frauen und Kindern«, und stießen nach kürzester Zeit mit den Polizisten zusammen, die Scharon zu seinem Schutz mitgebracht hatte.[15]

Schon zur Zeit der Morgengebete am nächsten Tag verurteilten die Sendungen auf Radio Palestine und die Predigten in den Moscheen den Vorfall scharf: Er sei ein israelischer Versuch, die heiligen Stätten des Islam zu verletzen. 20000 meist junge Männer erwarteten zornig den Beginn der Gebete in der al-Aqsa-Moschee. Viele von ihnen waren mit Steinen und anderen Dingen bewaffnet, und sie fingen an, die Polizisten damit zu bewerfen, und auch nach unten, auf die Juden, die an der Klagemauer beteten, schleuderten sie Steine. Bei diesen Krawallen wurden sieben Palästinenser getötet und mehr als 100 verletzt. Am nächsten Tag hatte sich die Gewalt über die besetzten palästinensischen Gebiete und die von Arabern bewohnten Gegenden Israels ausgebreitet. Zwölf arabische Israelis, Jungen und Männer, wurden getötet, außerdem ein Palästinenser und ein israelischer Jude. Innerhalb kürzester Zeit hatten sich die örtlich begrenzten Zusammenstöße zu einem Krieg entwickelt.[16]

Wieder einmal flammte innerhalb der israelischen Geheimdienste ein Streit darüber auf, was in Jassir Arafats Kopf vorging.[17] Die Chefs des AMAN und der Israelischen Verteidigungsstreitkräfte und vor allem Mosche Jaalon glaubten, die Intifada sei Teil einer ausgeklügelten und lange im Voraus geplanten Strategie Arafats: Er steuere von seinem Büro aus »die Höhe der Flammen« – zuerst mit »spontanen« Demonstrationen, die von seinen Leuten organisiert waren, dann mit Schüssen aus der Menge auf israelische Truppen, dann mit geplanten Schusswaffenangriffen auf Soldaten und Siedler und schließlich mit Selbstmordattentaten innerhalb Israels. Der damalige Stabschef, Generalleutnant Schaul Mofas, sagte: Arafat »versucht diplomatische Fortschritte zu erzielen, indem er israelisches Blut vergießt«.[18]

Der Schin Bet auf der anderen Seite glaubte nicht, dass Arafat jemals eine solche Strategie gehabt habe, sondern dass der Krieg als spontaner

Wutausbruch von Schülern und Studenten angefangen hatte, die über eine Reihe von Themen – einige von ihnen innerpalästinensisch – frustriert waren und dann von örtlichen Anführern weiter angestachelt wurden. Die Demonstrationen führten zu einer scharfen Antwort der Israelischen Verteidigungsstreitkräfte, die für den Fall eines Gewaltausbruchs »übervorbereitet« waren. Eine große Anzahl Palästinenser wurde dadurch getötet und verletzt, und die Reaktion der Armee führte zu einer weiteren Verschlechterung der Lage. Arafat wurde, so die Meinung des Schin Bet, von der Welle der Ereignisse mitgerissen.[19]

Jossi Avrahami war ein selbstständiger Geschäftsmann aus Petach Tikwa. Er war 38 Jahre alt, verheiratet und hatte drei Kinder. In seiner freien Zeit arbeitete er als ehrenamtlicher Hilfspolizist für die Verkehrspolizei. Vadim Nurzhiz war drei Jahre jünger. Er wurde in der russischen Stadt Irkutsk geboren und war von Beruf Lastwagenfahrer. Keiner von beiden war Berufssoldat, aber beide dienten wie viele jüdische Israelis als Reservisten und waren jederzeit einsatzbereit, um die Israelischen Verteidigungsstreitkräfte zu verstärken.

Die zweite Intifada, wie der jüngste Krieg zwischen Israel und den Palästinensern genannt wurde, machte eine solche Verstärkung notwendig. Avrahami und Nurzhiz wurden am 1. Oktober 2000 einberufen. Sie sollten die Schulbusse von Siedlern vor palästinensischen Angriffen schützen. Am 11. Oktober erhielten sie einen Tag Heimaturlaub. Als sie am nächsten Tag in Nurzhiz' Auto auf dem Rückweg zu ihrem Stützpunkt waren, bogen sie falsch ab und landeten in der Stadt Ramallah im Westjordanland. In den vorangegangenen Wochen hatte es dort zahlreiche Unruhen gegeben, und etliche Palästinenser waren im Gewehrfeuer der israelischen Armee umgekommen. Die Anspannung war groß. Als das Auto in die Stadt einfuhr, sahen Passanten die gelben israelischen Nummernschilder und begannen, Steine auf das Auto zu werfen. Die beiden versuchten zu fliehen, blieben aber im Verkehr stecken.

Palästinensische Polizisten zerrten sie mit vorgehaltener Waffe aus ihrem Auto, beschlagnahmten ihre Waffen und brachten sie zum Verhör auf eine Polizeistation. Danach überließen sie die beiden Männer der Gewalt des rasenden Lynchmobs, der sich versammelt hatte.

Die Menge prügelte auf die zwei Reservisten ein, stach ihnen die Augen aus und ging mit unzähligen Messerstichen auf sie los. Nurzhiz' Schädel wurde eingeschlagen, dann riss man ihm mit einem Stock, den man in seinen Rachen geschoben hatte, die Eingeweide heraus. Schließlich wurde sein Leichnam in Brand gesteckt. Als Avrahamis Frau ihren Mann, ohne zu wissen, was passiert war, auf seinem Handy anrief, sagte einer der Mörder zu ihr: »Vor ein paar Minuten habe ich deinen Mann umgebracht.« Es gibt ein Foto, wie einer der Palästinenser am Fenster des Obergeschosses der Polizeistation steht und der jubelnden Menge wie in Ekstase seine blutigen Hände präsentiert. Der Mob warf die Leichname aus dem Fenster auf die Straße und schleifte sie durch die Stadt.[20]

Das Ereignis hinterließ tiefe Spuren in der israelischen Öffentlichkeit, die völlig zu Recht der Palästinenserbehörde die Schuld an den Lynchmorden gab: Schließlich hatten ihre Mitarbeiter, anstatt die beiden Israelis auf ihrem Territorium zu schützen, ohne Grund ihre Verhaftung betrieben und zugelassen, dass sie in der Polizeistation von einem Mob ermordet wurden.

Der Schin Bet bezeichnete den Lynchmord als »symbolträchtigen Angriff«, dessen Verursacher bis in alle Ewigkeit gejagt werden müssten, »genau wie die Verantwortlichen für das Massaker an Israelis bei den Olympischen Spielen in München«. Die Jagd dauerte nach dem Ereignis monate- und jahrelang an.[21]

Noch bedeutsamer war jedoch, dass in israelischen Führungskreisen der Angriff als fundamentaler Verrat betrachtet wurde, als Beweis, dass das Ziel der Palästinenserbehörde – und im weiteren Sinne auch Arafats – in Wirklichkeit nicht Frieden, sondern Kampf war. Von da an wurden die Palästinensische Autonomiebehörde und Arafat selbst als Teile des Problems behandelt.

Infolge der Lynchmorde von Ramallah verstärkte sich der Gewalteinsatz der israelischen Armee. Gegen aufständische Demonstranten wurden häufiger Schusswaffen eingesetzt. Nun schlugen die Israelischen Verteidigungsstreitkräfte auch gegenüber der palästinensischen Polizei zurück, indem sie nachts leere Polizeistationen in die Luft sprengten. Am Ende des Jahres 2000 waren 276 Palästinenser getötet worden.[22]

Für Ehud Barak war das Blutvergießen ein politisches Desaster. Angeschlagen, wie er durch das Scheitern von Camp David schon war, wurde er durch den Aufstand haltlos und ineffektiv. Wiederholt gab er offen Arafat die Schuld für die Ereignisse, was aber aus Sicht der israelischen Öffentlichkeit sein Scheitern umso mehr hervorhob, denn er war es ja gewesen, der dem palästinensischen Anführer überhaupt erst vertraut hatte. Sein gleichzeitiges Beharren auf der Fortsetzung des Friedensprozesses mit Arafat brachte seine Beliebtheitswerte auf einen beispiellosen Tiefpunkt. Enge Mitarbeiter beschrieben ihn in den letzten Monaten seiner Amtszeit als manisch und unkonzentriert – ihm fehlte ein klares Gespür für die richtige Richtung. Seine Regierungskoalition geriet aus den Fugen, und im Dezember war er gezwungen, für den Februar des Jahres 2001 Neuwahlen auszurufen.

Barak wurde von ebenjenem Mann besiegt, der mit seiner Provokation am Tempelberg die Intifada ausgelöst hatte: Ariel Scharon war seit fast zwei Jahrzehnten, seit er die verheerende Invasion des Libanon eingefädelt hatte, ein politischer Außenseiter. 1983 war er gezwungen worden, vom Posten des Verteidigungsministers zurückzutreten, aber sein misslungenes militärisches Abenteuer – der törichte Plan, den gesamten Nahen Osten neu zu ordnen – schleppte sich noch 18 Jahre lang fort, kostete 1216 Israelis das Leben und verwundete mehr als 5000. Auch auf der libanesischen Seite gab es viele Tausend Opfer.[23]

Die Israelis hatten ihn auf großen Demonstrationen einen Mörder und Kriegsverbrecher genannt, und von den USA war er unter inoffiziellen Boykott gestellt worden: Wenn er in Amerika war, durften sich nur untergeordnete Beamte der US-Regierung mit ihm treffen – und das ausschließlich in seinem Hotel und außerhalb der offiziellen Arbeitszeiten. Der Mann, der nie bei Rot hielt, wie es in dem Lied heißt, wurde öffentlich geschmäht und war in weiten Kreisen jahrelang verhasst, obwohl er in der Knesset saß und als Kabinettsminister diente.[24]

Aber für Scharon war die Politik wie ein Riesenrad. »Manchmal ist man oben, manchmal unten«, pflegte er zu sagen. »Man muss einfach nur sitzen bleiben.« Anfang des Jahres 2001, als die Israelis dringend einen starken Anführer brauchten, der die Gewalt beenden konnte, schlug er Barak um 25 Prozentpunkte.

Der Kontrast war unübersehbar. Mitarbeiter, die nach Baraks Abschied im Büro des Ministerpräsidenten geblieben waren, erzählten, dass die Stimmung sich beruhigte und stabilisierte. Scharon war das genaue Gegenteil von Barak: herzlich, aufmerksam für Stimmungen und persönliche Eigenarten, bemüht, jedem mit Respekt zu begegnen. Er war zwar von Natur aus misstrauisch, doch sobald er das Gefühl hatte, jemandem vertrauen zu können, ließ er ihm viel Freiheit.[25]

Wann immer Israelis oder Juden irgendwo auf der Welt bei einem Terroranschlag getötet wurden, war er tief getroffen. »Wenn ich mit der Nachricht über einen Terroranschlag zu ihm kam«, sagte Militärsekretär Joaw Galant, »konnte ich jedes Mal zusehen, wie ihm das Herz brach. Es ging ihm auf die allerpersönlichste Weise nahe. Bei jedem Kind, jeder Frau oder jedem Mann in Israel, die in einem Bus oder in einem Einkaufszentrum ermordet wurden, nahm er die Nachricht auf, als wären diese Menschen seine Verwandten, seine Familie.«[26]

Scharon schien einen eindeutigen Weg zu kennen, auf dem die Gewalt beendet werden konnte. »Er strahlte gegenüber uns allen eine tiefe Zuversicht aus, dass wir im Begriff waren, diesen Krieg, den Krieg gegen den Terror, zu gewinnen«, berichtete Galant. »Wie Napoleon gesagt hat: Nicht die römischen Truppen überschritten den Rubikon; Julius Cäsar überschritt den Rubikon. Scharon war ein Anführer, und er führte den Krieg gegen den Terror an.«

Sofort nachdem er das Amt des Ministerpräsidenten angenommen hatte, erklärte Scharon, dass die politischen Verhandlungen ausgesetzt würden, solange die Terroranschläge andauerten. Nur wenn Ruhe einkehre, sagte er, werde Israel an den Verhandlungstisch zurückkommen. Gleichzeitig drängte er die Israelischen Verteidigungsstreitkräfte und den Schin Bet, ihre Einsätze zu intensivieren. »Schauen Sie über den Tellerrand«, sagte er zu den Kommandanten. »Kommen Sie mit kreativen Einfällen zu mir.« Immer wieder erinnerte er sie an seine eigenen turbulenten Zeiten in der Einheit 101 während der 1950er-Jahre. Und daran, wie Meir Dagan unter seiner Führung in den 1970er-Jahren erfolgreich Terroristen gejagt hatte.

Seit er in den frühen 1980er-Jahren das Amt des Verteidigungsministers innegehabt hatte, zweifelte Scharon an den Fähigkeiten der Israelischen

Verteidigungsstreitkräfte, und er hegte den Verdacht, dass die Armee »über die Jahre ihre Stärke verloren« habe. Den Offizieren der Streitkräfte misstraute er ebenfalls, vielleicht weil er sich daran erinnerte, wie er selbst die Politiker belogen hatte, als er noch eine Uniform trug, und wie er seine Vorgesetzten hereingelegt hatte, damit sie ihm grünes Licht für Einsätze gaben. Nun, als Ministerpräsident, hatte er das Gefühl, die Armeeoffiziere hätten vor allem Angst davor, Fehler zu machen, und er war deshalb »überzeugt, dass die führenden Kommandanten ihn anlogen, damit sie keine Verantwortung zu übernehmen brauchten«, so Galant.[27]

Mit dem Schin Bet fühlte sich Scharon sehr viel wohler, und er hatte großes Vertrauen in Avi Dichter, seinen Direktor. In dem ersten und wichtigsten Punkt seines Programms, dem Krieg gegen den Terror, verließ sich Scharon zunehmend auf die Geheimdienstbehörde, und sie erhielt dafür von ihm weitere Aufgaben und eine größere Machtbefugnis.

Zu Beginn der zweiten Intifada saß eine nicht geringe Anzahl von Leuten, die während des vergangenen Jahrzehnts in Terroranschläge verwickelt gewesen waren, in den Gefängnissen der Palästinenserbehörde. Nachdem die Selbstmordanschläge von 1996 die Regierung von Schimon Peres zu Fall gebracht und den Friedensprozess unterbrochen hatten, war Arafat klar geworden, dass er die Anführer der Hamas und des Islamischen Dschihad zumindest so lange hinter Gitter halten musste, wie er mit den Israelis verhandelte. Doch nun, angefangen im Oktober 2001 und über einen Zeitraum von sechs Monaten hinweg, ordnete Arafat ihre Freilassung an.

Wieder war man in den Israelischen Verteidigungsstreitkräften davon überzeugt, dass Arafat versuchen wollte, weitere Anschläge gegen Israel anzuzetteln, während der Schin Bet glaubte, Arafat wolle nur verzweifelt verhindern, dass er seinen Rückhalt in der palästinensischen Bevölkerung an die Hamas verlor. Bis dahin waren Hunderte Palästinenser in der Intifada getötet worden, während nur eine Handvoll Soldaten und Siedler ums Leben gekommen war. Doch nun begannen die Selbstmordanschläge der Hamas für Ausgleich zu sorgen. »Die Unterstützung für die Hamas wuchs in direktem Verhältnis zur Menge und zum Erfolg der Selbstmordanschläge«, sagte Juval Diskin, der stellvertretende Leiter des Schin Bet.[28]

Der Verlust der Awadallah-Brüder und des Archivs war für die Hamas ein heftiger Schlag gewesen, doch nun fand unter der Leitung von Scheich Jassin der Wiederaufbau statt. Und mitten in diesem Erneuerungsprozess setzte die Hamas zunehmend Selbstmordanschläge gegen israelische Zivilisten ein.

Am 18. Mai 2001 kam ein Hamas-Mann mit langem dunkelblauem Mantel zu einer Sicherheitsschranke vor dem HaSharon-Einkaufszentrum in der Nähe von Netanja. Er weckte das Misstrauen der Wachen, die ihn am Eintreten hinderten, sprengte sich in die Luft und tötete dabei fünf Umstehende. Am 1. Juni tötete ein weiterer Selbstmordattentäter 21 junge Menschen in einer Warteschlange vor einer Disko am Strand von Tel Aviv. Die meisten von ihnen waren neue jüdische Einwanderer aus Russland. Der Besitzer der Diskothek, Schlomo Cohen, hatte bei den Kommandotruppen der Marine gedient, »aber«, sagte er mit Verzweiflung im Blick, »das war das Schlimmste, was ich je in meinem Leben gesehen habe«.[29]

Bis Anfang November schlugen Selbstmordattentäter fast jede Woche in den Straßen Israels zu, manchmal sogar alle paar Tage. Am 1. Dezember töteten drei Attentäter in Folge elf Menschen in der Jerusalemer Ben-Yehuda-Fußgängerzone, also an dem Ort, an dem ein Selbstmordattentat im Jahr 1997 zum Tötungsversuch an Chalid Maschal geführt hatte. Am nächsten Tag sprengte sich in einem Bus in Haifa ein Mann aus Nablus in die Luft, wobei 15 Menschen getötet und 40 verletzt wurden. »Wir haben es mit einer totalen Offensive zu tun«, sagte der Polizeichef des nördlichen Distrikts, nachdem er am Tatort angekommen war.[30]

Und die Offensive hörte nicht auf. Allein im März 2002 kamen 138 Männer, Frauen und Kinder bei Selbstmordattentaten ums Leben, 683 wurden verletzt. Der grauenvollste Angriff ereignete sich am Passahfest im Erdgeschoss des Park Hotels in Netanja, wo für 250 benachteiligte Menschen der Stadt ein Sederabend veranstaltet wurde. Ein Selbstmordattentäter, der sich als religiöse jüdische Frau verkleidet hatte, betrat den Saal und sprengte sich in die Luft, wobei er 30 Menschen tötete – das jüngste Opfer war 20 Jahre alt, das älteste 90 – und 143 weitere verletzte. Auch George Jacobovitz war dort, ein in Ungarn geborener Überlebender der Nazi-Todeslager, zusammen mit seiner Frau Anna, die ebenfalls eine Holocaust-Überlebende aus Ungarn war. Sie feierten den Sederabend zusammen mit Andrei Fried, Annas Sohn aus einer vorherigen Ehe, und seiner Frau Edit. Alle vier kamen ums Leben.[31]

Das Jahr 2002 war dem Schin-Bet-Direktor Dichter zufolge »bezüglich der gegen uns gerichteten Terrorattacken das schlimmste Jahr seit der Staatsgründung«.[32]

Stabschef Mofas sagte: »Es war ein nationales Trauma. Wir waren mit dem Verlust von Menschenleben konfrontiert, der Beschädigung unserer nationalen Sicherheit und unserer Wirtschaft. Der Tourismus war zum Erliegen gekommen, die Menschen fürchteten sich davor, in die Einkaufszentren zu gehen, sie hatten Angst, in Restaurants zu sitzen, und niemand fuhr mehr Bus.«[33]

In israelischen Geheimdienstkreisen hatte man schon vorher mit Selbstmordattentätern zu tun gehabt, »aber uns war nicht klar gewesen, dass diese Anschläge in derart großer Zahl durchgeführt werden konnten«, sagte Generalmajor Jitzchak Ben-Jisrael, Direktor der Forschungs- und Entwicklungsabteilung für Rüstungsfragen (auf Hebräisch Maf'at) im israelischen Verteidigungsministerium. »Und auch als wir begriffen hatten, dass dies die zentrale Bedrohung war, hatten wir keine Lösung – weder einen Schlachtplan noch die richtigen Waffen. Was kann man gegen einen Selbstmordattentäter tun, der bereits durch unsere Straßen läuft und nur noch nach einem Ort Ausschau hält, an dem er sich in die Luft sprengen kann?«[34]

Der Terrorismus im Allgemeinen und die Selbstmordanschläge im Besonderen verursachten eine ungewöhnliche, entmutigende Situation innerhalb des Schin Bet und des israelischen Militärs. »Ohne Zweifel war da ein Gefühl von Ohnmacht«, sagte der damalige Leiter der Planungsabteilung der Israelischen Verteidigungsstreitkräfte, Generalmajor Giora Eiland. »Die Frustration war riesig. Wir standen unter immensem Handlungsdruck, sowohl von oben [von der Spitze der Streitkräfte und aus der politischen Führungsriege] als auch von unten [von Beamten und Soldaten im Einsatzgebiet]. Alle sprachen dich an, deine Nachbarn und Verwandten, die Menschen auf der Straße, und fragten: ›Wo steckt ihr denn, ihr Anführer vom Militär? Ein Budget von 50 Milliarden Schekel – und was tut ihr mit dem Geld? Was macht ihr den ganzen Tag?‹«[35]

Angesichts des Fehlens einer umfassenden Strategie gegen die Terroroffensive der Selbstmordattentate machte der Schin Bet einfach mit dem weiter, was er schon immer getan hatte: Mordanschläge auf die Auftraggeber und Organisatoren des Terrors zu verüben.

Im ersten Jahr der Intifada wurden die Schläge eher diffus ausgeführt, ohne erkennbare Richtung. Der erste fand kurz nach dem Beginn der Intifada statt. Der Schin Bet hatte entdeckt, dass hinter vielen Schusswaffenangriffen in den Straßen des Westjordanlands und im Jerusalemer Stadtteil Gilo der Fatah-Funktionär Hussein Abayat steckte.[36]

Seit den Lynchmorden von Ramallah waren sämtliche Gegenden, die unter der Kontrolle der Palästinenserbehörde standen, zu feindlichem Gebiet erklärt worden, in dem man nur mit extremer Vorsicht und mit Unterstützung großer Armeeeinheiten operieren konnte. Doch wenn man mit einer großen Truppe einmarschierte, um Abayat zu verhaften oder zu töten, würde ihm dies genug Zeit geben, in einen Unterschlupf zu fliehen. Die einzige Möglichkeit, an ihn heranzukommen, so folgerten die Israelis, war eine kombinierte Operation mit einer verdeckt vorgehenden Kommandoeinheit und einem Luftangriff.

Der Einsatz wurde der Luftwaffeneinheit »Eisvogel« (auf Hebräisch Schaldag) übertragen, die weit hinter den feindlichen Linien per Laser Ziele markieren konnte. Sie wurde ausgewählt, weil sie zu dieser Zeit die einzige verfügbare Einheit war, die eine enge Zusammenarbeit mit der Luftwaffe ausführlich trainiert hatte.

Am 9. November 2000 wurde Abayat von einem palästinensischen Schin-Bet-Informanten dabei beobachtet, wie er in einen schwarzen Mercedes stieg und das Dorf Beit Sahour in der Nähe von Bethlehem zusammen mit einigen seiner Männer verließ. Ein Schin-Bet-Agent, der den Informanten begleitete, war in Kontakt mit dem Vereinigten Kommandozentrum, das seinerseits mit der Luftwaffe und den Landstreitkräften in Verbindung stand. Erkundungsflieger der Einheit Schaldag markierten für zwei Formationen von je zwei Apache-Kampfhubschraubern, die in einiger Entfernung folgten, das Fahrzeug mit Laserstrahlen. Das Auto hielt bei einem Haus und wurde von einer Menschenmenge umringt. »Wir warteten ein paar Minuten ab, bis sich das Auto wieder in Bewegung gesetzt hatte, weg von den Leuten«, sagte der Vizekommandant der

Hubschrauberschwadron. »Dann feuerten wir zwei Raketen. Ich selbst feuerte eine, die zweite wurde von unserem Kommandanten gezündet, der die andere Formation anführte. Bis dahin hatten wir solche Operationen nur im Libanon durchgeführt. Es fühlte sich seltsam an [so etwas auf israelisch kontrolliertem Gebiet zu tun].«[37]

Die Ermordung von Abayat war der erste tödliche Luftschlag in den besetzten Gebieten. Er war auch deshalb ungewöhnlich, weil der Schin Bet normalerweise Tötungsaktionen mit schwacher Signatur bevorzugte, ohne offene Beteiligung israelischer Kräfte, denn diese war im Friedensabkommen von 1994 verboten worden. Nun jedoch kamen Befehle, bestimmte Ziele innerhalb der besetzten Gebiete anzugreifen, mit oder ohne die Beteiligung der israelischen Armee.

Eines dieser Ziele war Ijad Haradan, ein Kommandant des Islamischen Dschihad im Bezirk Dschenin. Am 5. April 2001 klingelte in der Innenstadt von Dschenin das Münztelefon, das Haradan meistens benutzte (viele Terroristen hatten herausgefunden, dass ihre Handygespräche von den Israelis abgehört wurden, und waren auf öffentliche Münztelefone umgestiegen). Haradan nahm den Hörer ab. Statt des Anrufs, den er erwartet hatte, hörte er eine laute Explosion. Er war auf der Stelle tot. In der vorhergehenden Nacht war die Vorrichtung von einer Einheit der Tsiporim installiert worden. Zwei Drohnen hatten die Gegend seitdem überwacht, und als Haradans Stimme am Telefon identifiziert worden war, wurde aus dem Vereinigten Kommandozentrum das Signal geschickt, das die Bombe aktivierte. Bei einem ähnlichen Einsatz am 27. Juni wurde Osama al-Jawabra getötet, ein Mitglied der al-Aqsa-Märtyrerbrigaden der Fatah in Nablus.[38]

Der Schin Bet versuchte auch, Abu Ali Mustafa auszuschalten, den Generalsekretär der Volksfront zur Befreiung Palästinas (PFLP), wofür verschiedene Methoden mit schwacher Signatur ausprobiert wurden: Gift, eine versteckte Sprengladung in seinem Mobiltelefon, die Sprengung seines Autos, sodass es so aussah, als wäre der von Mustafa selbst transportierte Sprengstoff versehentlich in die Luft gegangen. Als jedoch all diese Pläne fehlschlugen, gab der Schin Bet die Geheimniskrämerei auf. Am 27. August feuerte ein Apache-Kampfhubschrauber Raketen durch das Fenster von Mustafas Büro in Ramallah. Israel erklärte, dass die Entscheidung, Mustafa anzugreifen, »nicht getroffen wurde, weil, sondern obwohl er ein politischer Führer war« – Israel zufolge hatte er sich direkt am Terror beteiligt.[39]

Dass Israel Mustafa ermordete, dämmte die Selbstmordanschläge nicht im Geringsten ein. Zudem war für die Palästinenser eine rote Linie überschritten worden. »Ich möchte Israel an die Zeit der frühen 1970er-Jahre erinnern«, sagte ein Anführer der PFLP. »Wir müssen auf eine Weise antworten, die die Israelis von weiteren Angriffen auf palästinensische Anführer abhält.« In einem Racheakt ermordeten Mitglieder der PFLP zwei Monate später, am 17. Oktober, im Jerusalemer Hyatt Hotel einen Minister aus Scharons Kabinett. Rechavam Seevi war ein ehemaliger General der Israelischen Verteidigungsstreitkräfte und Vertreter extrem nationalistischer Ansichten. Seit ihren gemeinsamen Tagen in der Armee war der in Israel berühmte und bewunderte Seevi ein guter Freund Scharons gewesen.

Auch keine der anderen von Israel durchgeführten gezielten Tötungen und aggressiven Militäroperationen hatte in Wahrheit zu irgendetwas geführt, außer zum Tod von 454 Palästinensern, zur Verwundung Tausender anderer und zur Verlängerung eines blutigen und asymmetrischen Konflikts, der zu weiteren Toten auf israelischer Seite führte.

Scharons Frustration über die Ohnmacht der Verteidigungsorgane wuchs. Eines Morgens bat Scharons Bürochef und rechte Hand Dov Weissglass den Kopf der Nachrichtenabteilung des Schin Bet, Barak Ben Zur, um ein Treffen an einem ungewöhnlichen Schauplatz: dem Eingang zum internationalen Handelszentrum einer Bank in Tel Aviv.[40]

Weissglass hatte dafür gesorgt, dass sie Zugang zur Operationszentrale bekamen.

Er ging mit Ben Zur in die Mitte des großen Saals, der von flackernden Bildschirmen gesäumt war, die aufzeichneten, wie das Geld in Israel hinein- und aus Israel herausfloss – als der Sauerstoff der nationalen Wirtschaft.

»Was hören Sie, Ben Zur?«, fragte Weissglass nach einem langen Augenblick der Stille.

Ben Zur war verdutzt. »Nichts«, sagte er. »Ich höre gar nichts.«

»Das ist es ja gerade. Es ist nichts zu hören, keine Aktivität. Ausländische Investoren werden nicht hierherkommen, weil sie Angst haben, dass ihnen etwas zustößt, und sie bringen auch kein Geld mit, weil sie nicht wissen, was morgen passiert. Wenn Sie alle – der Schin Bet, die Israelischen Verteidigungsstreitkräfte, die Luftwaffe – nicht irgendetwas unternehmen, dann wird dieses Land – zusätzlich zu all dem Blut, dem Leiden, den Bestattungen und der furchtbaren Traurigkeit – mit einem wirtschaftlichen Zusammenbruch konfrontiert sein.«[41]

Der Schin Bet verstand die Botschaft. Wenn isolierte Tötungen nicht halfen – und sie halfen nicht –, dann brauchte die Behörde eine weitergehende Strategie, um die Schlagkraft der Hamas und der anderen Terrororganisationen, die Selbstmordattentäter einsetzten, einzudämmen. Geheimdienstoffiziere ziehen es normalerweise vor, ihre Gegner zu verhaften, doch nun erklärte einer von ihnen dem Sicherheitskabinett, dass dies immer dann keine Option sei, wenn man das jeweilige Gebiet nicht unter Kontrolle habe. Entsprechend »bleibt uns keine Wahl – wir sind sowohl Staatsanwalt als auch Verteidiger, wir sind Richter und Henker zugleich«.[42] Niemand träume von einem totalen Sieg oder sei sich auch nur sicher, wie so etwas aussehen würde – man wünsche sich lediglich eine akzeptable Sicherheitslage, die den Bürgern Israels ein halbwegs friedliches Leben ermöglichen könne.

In einer Reihe von Sitzungen am Ende des Jahres 2001 präsentierte der Direktor der Behörde, Avi Dichter, Scharon und der Regierung die neue Strategie.[43] Am Anfang zögerten die Minister. Aber bei einem Treffen nach dem Terroranschlag auf einen Bus in Haifa, bei dem 15 Fahrgäste getötet wurden, flüsterte Scharon in Dichters Richtung: »Legen Sie los. Töten Sie sie alle.«[44]

29 »Mehr Selbstmordbomber als Sprengstoffwesten«

Bis Ende 2001 beschränkte sich der Schin Bet darauf, sogenannte tickende Zeitbomben zu überwachen, also Menschen, die entweder einen Anschlag planten oder im Begriff waren, einen Anschlag auszuführen, oder die unmittelbar an einem entsprechenden Verhalten beteiligt waren, etwa die Kommandeure und Werber von Selbstmordbombern oder der Bombenbauer.

Diese Methode brachte etliche Probleme mit sich. Das erste war die Erkennung von Zielpersonen aus dem scheinbar endlosen Nachschub an Freiwilligen. Es gebe »mehr Selbstmordbomber als Sprengstoffwesten«, prahlte ein Hamas-Sprecher. Diese Palästinenser passten in kein Profil: Es gab junge und ältere, gebildete und ungebildete, Menschen, die nichts zu verlieren hatten, und andere mit großen Familien. Zunächst bestand der Kreis ausschließlich aus erwachsenen Männern, aber später ermunterte die Hamas-Führung auch Frauen und Kinder, sich zu opfern.

Die erfolgreiche Identifizierung eines Attentäters bedeutete darüber hinaus nicht unbedingt, dass der Anschlag gestoppt wurde. Es war durchaus denkbar, dass die Beobachter, die Sachbearbeiter, die Dolmetscher, die Analysten und die Techniker allesamt einen Anschlag verfolgten, während er »ins Rollen kam« – nach dem Fachjargon der Behörde –, »fast bis zum Knall«. Aber sie konnten ihn nicht stoppen, weil Israel nicht offen im feindseligen, von Palästinensern kontrollierten Gebiet operieren durfte. Und in dem Moment, wo die Bomber Israel erreichten, war es in der Regel zu spät.[1]

Unter den Sachbearbeitern und Beobachtern kam es in dieser Phase mehrmals zu Nervenzusammenbrüchen. Ein Beamter entdeckte einen Anschlag auf die Einkaufsmeile in Netanja im Mai 2001 und setzte den gesamten Apparat in Gang, um ihn zu verhindern. Doch der Bomber gelangte auf israelisches Gebiet und konnte erst geortet werden, als er bereits sich selbst und fünf Zivilisten umgebracht hatte. »Die Sachbearbeiterin sitzt einfach da, mit den Fernsehapparaten um sie herum, auf denen gezeigt wird, wie die Leichen geborgen werden«, sagte Schin-Bet-Direktor Dichter, »aber da geht schon der nächste Alarm ein, und sie muss sich die Tränen abwischen und weiter ihre Arbeit machen.«

Da das Erkennen einzelner Bombenattentäter ineffektiv war, beschloss Dichter, den Fokus zu ändern. Ab Ende 2001 nahm sich Israel die »tickende Infrastruktur« vor, die sich hinter den Anschlägen verbarg. Immerhin war die Person, die sich in die Luft sprengte oder die Bombe legte oder den Zünder betätigte, in der Regel nur die letzte in einer langen Kette. Es gab Werber, Kuriere und Waffenbeschaffer sowie Leute, die sichere Häuser unterhielten und Geld schmuggelten – eine ganze Organisation, die von den Befehlshabern regionaler Zellen beaufsichtigt wurden, über denen die militärischen Oberbefehlshaber saßen, die wiederum ihrerseits den politischen Führern der Organisationen unterstanden.[2]

Sie alle waren künftig Zielpersonen. Eine potenzielle Todesstrafe schwebte über den Köpfen aller aktiven Mitglieder des bewaffneten Arms der Hamas, der sogenannten Issedin-al-Kassam-Brigaden, und des Palästinensischen Islamischen Dschihad. »Sie sollten schon bald merken, dass kein Einziger von ihnen – vom regionalen Einsatzleiter bis hin zum Taxifahrer und Fotografen, der ein Abschiedsvideo des Selbstmordbombers drehte – immun gegen einen Anschlag war«, sagte Jitzchak Ilan, damals ein hoher Schin-Bet-Mitarbeiter und später Chef der Behörde.[3]

Die Ausrichtung auf Selbstmordattentäter war sinnlos, weil diese, per definitionem, verzichtbar waren und problemlos ersetzt werden konnten. Die Menschen, die sie betreuten, organisierten und entsandten, waren jedoch nicht verzichtbar. In der Regel waren sie auch längst nicht so erpicht auf einen Märtyrertod wie die von ihnen rekrutierten Leute. Der israelische Geheimdienst ging davon aus, dass weniger als 300 Personen aktiv an der Organisation der Selbstmordanschläge beteiligt waren und nicht mehr als 500 aktive Mitglieder aller Terrorgruppen zusammengenommen.

Man brauchte sie nicht alle umzubringen. »Terror ist ein Fass mit Boden«, erklärte Dichter dem Außen- und Sicherheitsausschuss der

Knesset. »Man muss nicht auch den letzten Terroristen zu fassen bekommen, um ihn zu neutralisieren. Es genügt, eine kritische Masse zu fassen, und man wird ihn [den Terror] de facto zum Stillstand bringen.«[4]

Die Forschungs- und Entwicklungsabteilung für Rüstungsfragen (DWTI) entwickelte ein mathematisches Modell, um das Ausmaß der »Redundanz« oder der Reserven in der Hamas zu bestimmen. Das Resultat ergab, dass die Ausschaltung von 20 bis 25 Prozent der Organisation zu ihrem Zusammenbruch führen würde. »Das Automobil ist ein einfaches Beispiel«, erklärte der DWTI-Chef Ben-Jisrael:

> Es gibt wesentliche Bausteine, und man baut es von Anfang an mit einem gewissen Maß an Redundanz. Man hat einen Ersatzreifen, keine 100 Reifen. Man fährt, *Peng!* – eine Panne – man wechselt den Reifen. Dann fährt man weiter, und *Peng!* – noch eine Panne. Sind Sie imstande, weiterzufahren? Wohl kaum. Warum baut man nicht mehr Reifen ein? Weil sie Platz wegnehmen und zusätzliches Gewicht haben. Es gibt auch ein optimales Maß an Redundanz.
>
> Einmal angenommen, wir wollen ein Auto stoppen und stehen direkt vor ihm und fangen an zu schießen. Sie geben einen Schuss ab, ganz egal wohin. Wird das Auto fahren oder nicht? Das hängt davon ab, wo die Kugel trifft. Sie könnte einen Kotflügel treffen, sie könnte das Radio treffen. Das Auto würde nicht anhalten. Schießen Sie wieder und dann noch einmal. Wird das Auto fahren oder nicht? Es liegt auf der Hand, dass das Auto an einem bestimmten Punkt stehen bleiben wird, obwohl der größte Teil davon nicht getroffen wurde. Warum? Weil man eines der wichtigen Teile getroffen hat. Und genauso funktioniert unser Modell.[5]

Selbstverständlich würden die Ermordeten rasch durch die nächsten auf der Liste ersetzt werden, aber im Laufe der Zeit würde das Durchschnittsalter zurückgehen, wie auch das Ausmaß an Erfahrung, weil immer jüngere Leute die Reihen auffüllten. Wie Jitzchak Ilan meinte: »Einmal, als der Kommandeur des Islamischen Dschihad in Dschenin in den Verhörraum gebracht wurde, ein Mann, den wir zufällig gefangen genommen und nicht getötet hatten, registrierte ich zufrieden, dass er 19 war. Mir wurde klar, dass wir auf der Siegerstraße waren, dass wir die gesamte Kette gekappt hatten, die ihm vorausgegangen war.«[6]

Da man nunmehr eine kohärente Strategie entwickelt hatte, musste man überlegen, wie man diese Zielpersonen fand und tötete. Der Schin Bet teilte Ministerpräsident Scharon mit, dass bei der gewaltigen Anzahl von Mordanschlägen, die in Betracht kamen, sämtliche relevanten Ressourcen des Staates Israel gebraucht würden.

Die Palästinenser in den besetzten Gebieten hatten sich längst daran gewöhnt, brummende Drohnen am Himmel zu erblicken. »Sie flogen die ganze Zeit herum«, sagte Mosche Jaalon, der damalige Vizestabschef. Die unbemannten Luftfahrzeuge sammelten über ihre hochauflösenden Kameras Informationen. »Genau wie die Sonne und der Mond am Himmel stehen«, so Jaalon, »so gab es den Lärm und Anblick der UAVs.«[7]

Doch die meisten Zivilisten, Araber ebenso wie Israelis, hatten keine Ahnung, wie weit sich die Technologie in den Jahrzehnten seit dem ersten Einsatz von Drohnen durch Israel weiterentwickelt hatte. Sie waren inzwischen größer, konnten länger in der Luft bleiben (bis zu 48 Stunden), und sie verfügten über eine fortschrittlichere Optik und größere Zuladung – präzisionsgelenkte Raketen mit einem Gewicht von bis zu einer Tonne.[8]

Bei einer Simulation eines Krieges mit Syrien im August 2001 erkannten die Israelischen Verteidigungsstreitkräfte, dass sie allein durch den Einsatz von Drohnen wirksam das bekämpfen konnten, was als die größte militärische Gefahr angesehen wurde: das Arsenal an Panzern der syrischen Armee, das mehrere Tausend zählte. »Wir verfügten über mehr Bomben, als es im Nahen Osten Angriffsziele gab«, so Jaalon.[9]

Genau wie die Vereinigten Staaten in der Operation »Wüstensturm« und auf dem Balkan konnte auch Israel aus der Ferne Krieg führen.[10] Doch Israels Kapazitäten waren sogar noch weiter entwickelt als die der Vereinigten Staaten. Sie verfügten nicht nur über Präzisionswaffen, wie gelenkte Raketen und Marschflugkörper, sondern hatten auch Fluggefährte, die sie sehr nahe an ihre Ziele heranbringen konnten und die mit einer außerordentlich hohen Wahrscheinlichkeit trafen, weil die Drohnen sich mitten im Flug an die beweglichen Ziele anpassen konnten.

Armee und Luftwaffe zogen es vor, die eigenen Kapazitäten geheim zu halten, bis es zu einem richtigen Krieg kam. Als das Militär gegen Scharons Forderung, Drohnen gegen menschliche Ziele einzusetzen und sie damit den Palästinensern zu präsentieren, protestierte, schlug der Ministerpräsident jedoch mit der Faust auf den Tisch. »Er beschloss, dass dieses Waffensystem gegen den aktuellen Feind eingesetzt werden sollte, statt im Regal zu schlummern und auf den Krieg zu warten, für den es angefertigt wurde und der nicht kam«, sagte General Joaw Galant.[11]

Die Luftwaffe bildete eine Sondereinheit, um die Drohnen zu erneuern, sowohl was die Bewaffnung als auch was die Zieltechnik anging. Einen syrischen Panzer auf dem Schlachtfeld zu identifizieren ist etwas anderes als einen Mann auf einem Esel zu verfolgen, der versucht, israelischen Killern zu entkommen, und für das Zerstören eines gepanzerten Fahrzeugs ist eine andere Rakete erforderlich als für das Töten von ein oder zwei Menschen, ohne einen ganzen Wohnblock in Schutt und Asche zu legen. Die Luftwaffe einigte sich auf einen Gefechtskopf, der Hunderte drei Millimeter großer Körner aus Wolfram enthielt, die dünnes Metall und Betonblöcke durchschlugen, wegen ihrer Dichte aber nur eine Reichweite von knapp 20 Metern hatten.[12]

Nachdem das Militär dem Schin Bet die geeigneten Waffen verschafft hatte, brauchte der Geheimdienst noch die nötigen Informationen. Auf Scharons Anweisung hin mussten der AMAN, der um ein Vielfaches größer als der Schin Bet war, und der Mossad, dessen Beziehung zum Schin Bet allenfalls lückenhaft war, dem Inlandsgeheimdienst zuarbeiten, solange dieser sie brauchte.[13]

Die Einheit 8200, die Funkaufklärung des AMAN, machte den größten Wandel durch. Bislang hatte sie sich in erster Linie mit den äußeren Feinden Israels befasst, vor allem mit Syrien. Jetzt wurden viele leistungsfähige Antennen, Observierungskapazitäten und Entschlüsselungs- und IT-Abteilungen auf die Bekämpfung der Selbstmordattentate ausgerichtet. Turban, eine Basis für Lauschangriffe, die zu Beginn des Friedensprozesses um ein Haar geschlossen worden wäre, wurde nunmehr umgewandelt und ganz dem Schin Bet zur Verfügung gestellt. Sie entwickelte sich zur größten Basis der Einheit 8200 und de facto zu einem Fließband für gezielte Tötungsaufträge.[14]

Der AMAN und die Luftwaffe stellten ihre Flotte an Aufklärungsflugzeugen – und schließlich auch die Spionagesatelliten, die Israel in die Umlaufbahn schickte – in den Dienst des Schin Bet. Die Flotte, die ursprünglich gebildet worden war, um Echtzeitinformationen von Schlachtfeldern an kämpfende Einheiten zu schicken, war nunmehr für die Observierung der Zielpersonen während einer Operation zuständig. »Sehr viele israelische Bürger verdanken den über VISINT [visuelle Aufklärung] beschafften Informationen ihr Leben, und umgekehrt verdanken sehr viele Terroristen den gleichen Informationen ihren Tod«, sagte Jitzchak Ilan.[15]

Das Endergebnis all dieser Maßnahmen war »eine Aufklärungsfusion«, so Mosche Jaalon, die »weit mehr als die reine Integration des Materials« war.[16] Das Zusammenführen aller Betroffenen aus allen Behörden um den Tisch in der Vereinigten Kommandozentrale war ein Katalysator für die Schaffung von mehr Aufklärung. »Auf einmal«, so Dichter, »hört der Vertreter von 8200, ein Mann, der nicht in der jiddischen Sprache tätig war« – mit anderen Worten, dessen Job als Mithörer feindlicher Telefonate Arabisch-Kenntnisse erforderte –, »einen Schin-Bet-Offizier auf Arabisch mit einem palästinensischen Informanten reden und schaltet sich mit einer eigenen Frage ein. Und dann berichtet der Späher vor Ort, dass der böse Mann soeben Abu Hassans Lebensmittelladen betreten hat, und die Frage stellt sich, wer dieser Abu Hassan ist und ob er am Rechner womöglich auch mit der Farbe der Bösen markiert werden sollte, und so weiter. Und auf diese Weise entwickelte sich das Vereinigte Kommandozentrum von selbst, im Laufe der Operationen, zu einer Quelle, in der eine Unmenge an Informationen gewonnen wurde.«[17]

Echtzeitinformationen waren besonders wichtig geworden, weil die Zielpersonen ihrerseits gelernt hatten und Vorkehrungen trafen, um den Killern zu entkommen. Sie zogen rasch von einem Ort zum nächsten, wechselten das Fahrzeug und manchmal auch die Verkleidung. »Haltbarkeit der Zielperson« lautete der Fachbegriff für die Zeitspanne, in der es möglich war, ein bestimmtes Ziel zu identifizieren und es einzukreisen. Sie wurde nach und nach sehr kurz – nie länger als mehrere Stunden und häufig nur wenige Minuten. Lediglich eine sehr schnelle Übertragung der Daten konnte erfolgreiche Anschläge auf so rasch sich verändernde Ziele ermöglichen.

Über das Vereinigte Kommandozentrum hinaus umfasste das System der gezielten Tötungen zur Terrorabwehr Tausende von Beteiligten: Einsatzoffiziere, Analysten, getarnte Infanteristen, die vor Ort kundschafteten, Drohnenführer, sowohl für Aufklärungs- als auch für Killerdrohnen, Dolmetscher, Sprengstoffexperten und Scharfschützen.

Dieses sehr große und komplexe System hatte dennoch eine klare und strenge Hierarchie, mit dem Schin Bet an der Spitze, der Regie führte. Ein internes Schin-Bet-Papier vermerkte dazu: »Der Allgemeine Sicherheitsdienst [die offizielle Bezeichnung des Schin Bet] ist unter anderem zuständig, nach den Bestimmungen des ASD, für die Bewahrung der Sicherheit des Staates. ... [E]ine Möglichkeit, dieses Ziel zu erreichen, ist die Untersagung und Verhinderung von Terroranschlägen mithilfe präventiver Schläge gegen das Ziel.«[18]

Im Allgemeinen begann eine gezielte Tötung damit, dass Leute vor Ort Informationen beschafften und eine Zielperson erfassten. Typischerweise war das Ziel eine prominente Person in einer Terrororganisation – »jemand, der seine Fahrkarte im Zug zur Auslöschung verdient hat«, wie Dichter sich ausdrückte – oder eine andere Person, die es wert war, die für ihre Tötung erforderlichen Ressourcen zu investieren. Ein Geheimdienstdossier über die Zielperson wurde zusammengestellt, und dieses Dossier wurde dem Vizedirektor ausgehändigt, der danach entschied, ob die Person tatsächlich ein geeigneter Kandidat für eine Ausschaltung war. Falls der Vizedirektor und anschließend der Direktor beide die Tötung befürworteten, wurde dem Ministerpräsidenten ein roter Tötungsbefehl vorgelegt.

Sobald der Regierungschef unterschrieben hatte, wurden die Geheimdienstzweige, die sich mit der geografischen Region und der fraglichen Terrororganisation befassten, angewiesen, besonderes Augenmerk auf Informationen zu legen, die den Anschlag erleichterten. Diese Informationen unterschieden sich beispielsweise von den Angaben, was die Zielperson genau vorhatte oder wer die Komplizen waren. Hier ging es ausschließlich um Informationen, die die Entscheidung, ob »die operative Durchführbarkeit« des Anschlags gegeben war, erleichtern konnten, und sie mussten rund um die Uhr beschafft werden.

In dem Moment, wo sich eine Möglichkeit, sie auszuführen, bot, wurde der Ministerpräsident erneut kontaktiert, um die Tötung zu einem bestimmten Zeitpunkt zu genehmigen. Sobald zum zweiten Mal grünes Licht erteilt war, wählte die Operationsabteilung des Generalstabs der Streitkräfte das »ausführende Organ und die Hinrichtungsmethode und den ausgewählten Munitionstyp«. Nach der Billigung des Plans durch den Stabschef brauchte das Vereinigte Kommandozentrum eine positive Identifikation der Zielperson durch mindestens zwei unabhängige Quellen – die Bestätigungsphase.[19]

Der Stab wurde anschließend an das ausführende Organ weitergegeben, in der Regel die Luftwaffe.

Vom Schema her war ein großer Teil des neuen Verfahrens für die gezielten Tötungen keineswegs grundlegend neu: Die Geheimdienstabteilung beschaffte Informationen, der Ministerpräsident genehmigte, und die Kräfte vor Ort führten den Anschlag aus, genau wie in den 1970er- und 1980er-Jahren in Europa und im Libanon. Aber es gab wesentliche Unterschiede. Wie ein erfahrener Nachrichtenoffizier, in einer Abwandlung der Worte Marshall McLuhans, sagte: »Die Steigerungsfähigkeit ist die Botschaft«, was so viel hieß wie: Der Einsatz der fortschrittlichen Technologie an sich schuf eine völlig neue Realität.[20] Die Hinzuziehung der gesamten Geheimdienstgemeinde, unterstützt von den besten Kommunikations- und IT-Systemen auf der ganzen Welt sowie den fortschrittlichsten Entwicklungen der Militärtechnologie, erhöhte drastisch die Zahl der Tötungen, die das System gleichzeitig ausführen konnte. Bislang »dauerte es Monate, wenn nicht Jahre, bis der Mossad einen Anschlag geplant und durchgeführt hatte«, sagte ein Schin-Bet-Offizier. Aber jetzt »konnten wir von dem Vereinigten Kommandozentrum aus vier oder fünf am Tag vollstrecken«.[21]

Operationen, die vom Vereinigten Kommandozentrum aus geleitet wurden, kosteten im Jahr 2000 24 Menschen das Leben, 84 im Jahr 2001, 101 im Jahr 2002 und 135 Menschen im Jahr 2003.[22] Im Gegensatz zu den sporadischen Tötungen des Mossad im Ausland konnte die israelische Regierung nicht – oder zumindest nicht glaubwürdig – bestreiten, dass sie hinter den Tötungen steckte.

»Wir konnten nicht behaupten, diese Operationen seien von der finnischen Regierung ausgeführt worden«, sagte Brigadegeneral Jossi

Kuperwasser, der Chef der AMAN-Forschungsabteilung.[23] Außerdem gab es konkrete Beweise: Palästinenser hatten eine Reihe von Raketen, die wegen technischer Defekte nicht detoniert waren, geborgen. Auf sie war das hebräische Wort *Mikholit* (»kleine Bürste«) gestempelt, eine kleinere Version der Panzerabwehrrakete Mikhol (»Bürste«) für den Einsatz gegen Personen.

Wegen der Kritik an den gezielten Tötungen innerhalb und außerhalb Israels war es darüber hinaus notwendig, jede einzelne zu rechtfertigen, indem Details der Verbrechen des Opfers enthüllt wurden, um zu beweisen, dass Israel hinreichende Gründe für den Gegenschlag hatte. Nach und nach war das, was man einst als äußerst schädlich eingestuft hatte – nämlich die Übernahme der Verantwortung für eine Tötung –, schließlich zur offiziellen Politik geworden.

»Es wäre geradezu lächerlich gewesen, weiterhin zu versuchen, die Verantwortung von uns zu weisen«, erklärte Dov Weissglass. »Schon wenige Minuten nach einem Anschlag würden Palästinenser Fragmente einer Rakete mit dem Namen eines israelischen Unternehmens aus dem Wagen bergen. Hinzu kam, wir wollten ja einen Abschreckungseffekt. Bei jedem Summen am Himmel über Gaza sah man Tausende in alle Richtungen flüchten. Sie [die Leute] hatten keine Minute ihre Ruhe. Die Bevölkerung von Gaza erreichte einen Zustand, wo ihnen alles, was elektronische Strahlen aussandte, vom Mobiltelefon bis hin zum Toaster, wie etwas vorkam, das israelische Raketen anlocken konnte. Absolute Panik.«[24]

Die Israelischen Verteidigungsstreitkräfte gingen dazu über, nach jedem Anschlag eine Stellungnahme abzugeben. Gleichzeitig verteilte der Schin Bet, der sich bis zum Beginn der Intifada beim Kontakt zu den Medien überaus zurückgehalten hatte, Auszüge aus den entsprechenden Roten Blättern – Zusammenfassungen des Materials über die Taten des Toten – an verschiedene Nachrichtenagenturen. Israel richtete seine Kommunikationspolitik völlig neu aus und begann, de facto einen Propagandakrieg zu führen.[25]

Dinge zu erklären oder gar hervorzuheben, die lange Zeit Staatsgeheimnisse gewesen waren, erforderte eine neue Sprache und neue Euphemismen. Der Begriff »Intifada« mit dem Beiklang eines Volksaufstands wurde etwa durch »Krieg der Selbstmordbomber« ersetzt. Die Todesfälle unschuldiger Zivilisten während einer Tötungsoperation wurden unter der Bezeichnung *nezek agavi* – in etwa »Kollateralschaden« – bekannt, aus dem im Lauf der Zeit das Kürzel NAZA wurde.

»›Attentat‹ oder ›Beseitigung‹ oder ›Tötung‹ oder gar – Gott behüte – ›Mord‹ klangen allesamt sehr schrill, kamen für uns nicht infrage«, so ein hoher Beamter im Büro des Ministerpräsidenten. »Also hielten wir Ausschau nach Begriffen, die eine Stufe losgelöster, frei von Emotionen, steriler waren, die das Böse ausdrückten, das wir durch das, was wir taten, verhindern wollten.« Zunächst verwendete man »PAAMON«, was »Glocke« heißt, aber auch eine Abkürzung für »Präventivaktion« ist. Das war jedoch nicht einprägsam genug. Danach wurden mehrere Vorschläge verworfen, darunter auch Bezeichnungen wie »negative Behandlung«, die von der Geheimdienstgemeinde seit Langem verwendet wurden. Schließlich entschied man sich für die Wendung *sikul memukad*, hebräisch für »gezielte Prävention«. Diese Bezeichnung, die auf Hebräisch einen hightechmäßigen, sauberen Beiklang hat, kommunizierte alles, was der israelische Verteidigungsapparat der Außenwelt signalisieren wollte.[26]

Diese Euphemismen mögen zwar für die Öffentlichkeitsarbeit hilfreich gewesen sein, aber es war dennoch nicht klar, ob Israels neue, offene Kampagne außergerichtlicher Tötungen – seien es »Attentate« oder »gezielte Präventionen« – auch legal war.

Wie zu erwarten, waren einige Familien der getöteten Palästinenser und Opfer des »Kollateralschadens« anderer Ansicht. Sie gewannen die Unterstützung von Menschenrechtsorganisationen und liberalen, linken israelischen Anwälten und reichten beim Obersten Gerichtshof einen Antrag ein, die Ermittlungen gegen die Verantwortlichen und ihre strafrechtliche Verfolgung anzuordnen oder zumindest die Tötungen zu untersagen und zu verfügen, dass im israelisch-palästinensischen Konflikt lediglich die reguläre Strafgesetzgebung angewandt werden dürfe.

Allerdings beschränkte sich der Widerstand gegen Israels Linie keineswegs auf die Zielpersonen. Generalmajor Aharon Seevi-Farkasch, der AMAN-Chef etwa, war nicht prinzipiell gegen Mordanschläge, doch er hielt das Vorgehen für gefährlich kurzsichtig. »Jede Entscheidung, jede Überlegung, jeder Verweis auf eine Zielperson wurde vom Kabinett nur durch die Linse der Tötungspolitik betrachtet«, sagte er. »Auf einmal wurde der Schin Bet, der eine enorme Macht erhalten hatte, zu allem als Erster konsultiert. Ich hielt das für eine problematische Situation.«[27] Überraschenderweise pflichtete ihm der ehemalige Schin-Bet-Chef Ami Ajalon bei, dessen Reform der Aufklärung und operativen Abläufe das neue Tötungsprogramm überhaupt erst ermöglicht hatte. Er argumentierte, der Schin Bet töte Leute, ohne zunächst die relevanten politischen und internationalen Ereignisse abzuwägen, und sie hätten nicht begriffen, wann eine Tötung die Flammen des Konflikts erstickte und wann sie diese noch schürte.

Am 31. Juli 2001 feuerten beispielsweise Drohnen des israelischen Militärs mehrere Raketen in das Büro von Dschamal Mansur, einem Mitglied des politischen Arms der Hamas, und zugleich Studentenführer an der al-Nadschah-Universität in Nablus und Leiter eines palästinensischen Forschungsinstituts.

Er wurde getötet, zusammen mit einem Helfer und sechs anderen palästinensischen Zivilisten, darunter zwei Kinder. Laut der Stellungnahme des Armeesprechers sei Mansur, obwohl er ein Politiker und eine Medienfigur war, an Terrorakten beteiligt gewesen und habe Selbstmordanschläge organisiert. Ami Ajalon rief das Schin-Bet-Kommando an und fragte einen hohen Vertreter dort, ob sie denn wahnsinnig geworden seien. »Warum? Dieser Mann meldete sich vor knapp zwei Wochen mit einer Stellungnahme zu Wort, die besagte, dass er eine Einstellung der Terroranschläge befürworte und dass man dem Friedensprozess eine Chance geben müsse!«

Der Beamte erwiderte, er wisse nichts von so einer Stellungnahme. »Was soll das heißen, Sie ›wissen nichts davon‹?«, schäumte Ajalon vor Wut. »Alle palästinensischen Zeitungen haben darüber berichtet! Die ganze Welt weiß es!«[28]

Eine weitere Tötung, mit der Ajalon nicht einverstanden war, war die Raed Karmis, eines Führers der Tanzim, der bewaffneten Miliz der Fatah. Die Gruppe Tanzim hatte angefangen, Terroranschläge zu verüben, und Karmis Rotes Blatt wurde wegen der Morde an israelischen Händlern, Siedlern und Soldaten in den besetzten Gebieten immer länger. Eine Reihe von Anschlagsversuchen hatte Karmi bereits überlebt, und er traf außergewöhnlich hohe Vorsichtsmaßnahmen, wenn er seiner Tätigkeit nachging.

Schließlich entdeckte der Schin Bet einen Schwachpunkt. Karmi pflegte regelmäßig am Nachmittag eine Geliebte aufzusuchen, die Frau eines Untergebenen von ihm. Dabei nahm er immer den gleichen Fußweg um den Friedhof von Nablus, hielt sich eng an der Mauer, aus Angst, eine israelische Drohne könnte am Himmel schwirren. An einem Abend tauschten Mitarbeiter der Tsiporim einen Stein der Mauer durch eine mit einem starken Sprengstoff gefüllte Attrappe aus. Als Karmi am nächsten Tag zu seinem Stelldichein ging, wurde die Bombe per Fernsteuerung gezündet, und er war sofort tot.[29]

Ajalon zweifelte nicht daran, dass Karmi an Terrorakten beteiligt gewesen war, aber er sagte, der Zeitpunkt – mitten in einer intensiven US-Initiative für einen Waffenstillstand, den Arafat ausdrücklich unterstützte – sei ein Fehler gewesen und habe die Aktion, genau genommen, gesetzwidrig gemacht. »Die Spielregeln des Krieges gibt es zu dem Zweck, das Ende der Kriege überhaupt zu ermöglichen, zu gewährleisten, dass sie nicht immer weiter eskalieren. Es ist verboten, kriegsähnliche Akte auszuführen, wenn auf der Hand liegt, dass sie das Ende des Konflikts nur in noch weitere Ferne rücken werden.« Ajalon behauptete, dass im Zuge der Tötung Karmis die Fatah noch tiefer in den Terror hineingezogen worden sei und dass sie sogar angefangen habe, Selbstmordanschläge auszuführen.

Schin-Bet-Chef Dichter sagte zu Ajalon, dass er, Ajalon, nicht die Informationen kenne, dass Karmi an der Planung von Anschlägen beteiligt gewesen sei und dass weder er noch Arafat wirklich die Absicht gehabt hätten, den Terror zu beenden. Da Ajalon beim Schin Bet kein Gehör fand, rief er den Verteidigungsminister in der Regierung Scharon Benjamin »Fuad« Ben-Eliezer an und las ihm ordentlich die Leviten: »[US-Außenminister Colin] Powell kommt in Kürze zu Besuch, und Arafat sucht nach einer Gelegenheit, den Friedensprozess fortzusetzen. Er hat seinen Truppen eine Anweisung erteilt, die Terroranschläge ausdrücklich untersagt.« Ajalon zitierte aktuelle Informationen, dass Arafats Befehl in der Tat auf die interne Debatte in der Fatah Einfluss gehabt habe, an der auch Karmi beteiligt gewesen war. »Und wenn der Schin Bet ihn töten wollte, na wenn schon? Warum war es nötig, ausgerechnet zu diesem

Zeitpunkt einen von Arafats Männern zu töten? Einfach nur weil die operative Gelegenheit günstig war?«

Ben-Eliezer sagte, nach Ajalons Schilderung, zu ihm: »Was wollen Sie von mir? Das ist dieser verrückte Dichter.« Ajalon erwiderte: »Sie sind der Verteidigungsminister, nicht Dichter. Es ist Ihre Entscheidung, nicht seine.«[30]

»Ich nenne es die Banalität des Bösen«, sagte Ajalon später und übernahm Hannah Arendts Beobachtung, was passiert, wenn gewöhnliche Menschen in verwerfliche Situationen geraten, die deren Konformität erfordern. »Man gewöhnt sich an das Töten. Ein Menschenleben wird zu etwas Belanglosem, dessen man sich ohne Weiteres entledigt. Man widmet eine Viertelstunde, 20 Minuten der Frage, wen man töten soll. Dem Wie zwei, drei Tage. Man befasst sich lediglich mit der Taktik, nicht mit den Implikationen.«[31]

Es mag zwar sein, dass die Israelis die moralischen Implikationen des neuen Programms nicht in vollem Ausmaß berücksichtigten, aber sie waren sich darüber im Klaren, dass sie für Offiziere und Untergebene, denen später eine strafrechtliche Verfolgung drohte – sei es in Israel oder im Ausland –, eine rechtliche Absicherung brauchten. Anfang Dezember 2000 rief der Stabschef der Israelischen Verteidigungsstreitkräfte Schaul Mofas den Chef des juristischen Beraterkorps Generalmajor Menachem Finkelstein in sein Büro.

»Ich nehme an, Ihnen ist bekannt, dass Israel gelegentlich eine Politik der ›negativen Behandlung‹ verfolgt«, sagte Mofas zu Finkelstein. »Ist es, bei der derzeitigen rechtlichen Lage, Israel erlaubt, offen Einzelpersonen zu töten, die an Terrorakten beteiligt sind? Ist das legal oder illegal?«

Finkelstein war geschockt. »Ist Ihnen klar, was Sie mich da fragen, Stabschef?«, erwiderte er. »Dass der Militärstaatsanwalt Ihnen sagen soll, wann Sie Menschen ohne einen Prozess töten dürfen?«

Darüber war sich Mofas voll im Klaren. Er fragte noch mal: Ist es legal, verdächtige palästinensische Terroristen zu töten?

Finkelstein erwiderte, das sei eine heikle und komplexe Angelegenheit, eine Sache, die eine komparative Studie der Statuten auf der ganzen Welt erforderte, vermutlich sogar die Erfindung einer ganz neuen Rechtsauffassung. *»Inter arma enim silent leges«*, zitierte er schließlich einen Spruch von Cicero. In Zeiten des Krieges schweigen die Gesetze.

Dennoch rief er ein Team aus klugen jungen Anwälten unter den Truppen zu sich, um eine Lösung zu finden.[32] Am 18. Januar 2001 wurde ein von Finkelstein unterzeichnetes, streng geheimes Rechtsgutachten dem Ministerpräsidenten, dem Generalstaatsanwalt, dem Stabschef und seinem Stellvertreter sowie dem Direktor des Schin Bet vorgelegt. Unter der Überschrift »Vorgehen gegen Personen, die direkt an Anschlägen gegen Israelis beteiligt sind« begann das Dokument mit folgender Aussage: »Im Rahmen dieses Gutachtens haben wir uns zum ersten Mal darangemacht, die Frage der Rechtmäßigkeit der angezeigten Verhinderungsaktionen« – ein weiterer Euphemismus –, »die die Israelischen Streitkräfte getroffen haben, zu prüfen. ... Uns wurde von den Streitkräften und dem Schin Bet mitgeteilt, dass solche Aktionen durchgeführt werden, um das Leben israelischer Zivilisten und Mitglieder der Sicherheitskräfte zu schützen. Deshalb handelt es sich im Prinzip um eine Aktivität, die sich auf die moralische Basis der Bestimmung bezüglich der Selbstverteidigung stützt, ein Beispiel für: ›Wenn dich jemand töten will, so komme ihm zuvor und töte ihn.‹«[33]

Zum ersten Mal hatte jemand ein gesetzliches Instrument für die Billigung außergerichtlicher Hinrichtungen durch die Sicherheitskräfte vorgeschlagen. Das Gutachten wies darauf hin, dass die Autoren ihr Bestes getan hätten, um »die Balance zwischen dem Recht eines Menschen auf Leben und der Pflicht der Sicherheitsbehörden, die Bürger des Staates zu schützen«, zu finden.[34]

Für Finkelstein war es ein heikler Augenblick. Als religiöser und bibelkundiger Mann war er sich schmerzlich bewusst, dass Gott einst König David daran gehindert hatte, einen Tempel zu bauen, weil er so viele Feinde im Namen des Volkes von Israel getötet hatte. Finkelstein fragte sich, ob er eines Tages wohl bestraft würde. »Ich übergab das Gutachten mit zitternden Händen«, sagte er. »Es war offensichtlich, dass dies keine rein theoretische Angelegenheit war und dass sie davon Gebrauch machen würden.«[35]

Das Gutachten richtete die gesetzliche Beziehung zwischen Israel und den Palästinensern von Grund auf neu aus. Es handelte sich nicht länger um eine Angelegenheit der Strafverfolgung, der Polizei, die Verdächtige verhaftet, damit sie vor Gericht kommen. Vielmehr war die Intifada fortan »ein bewaffneter Konflikt, der noch kein Krieg war«, aber für den die Gesetze der Kriegführung galten. Diese Gesetze gestatten es, den Gegner anzugreifen, wo immer er sich aufhalten mag, solange eine Trennlinie zwischen Kombattanten und Zivilisten gezogen wird.

In klassischen Kriegen ist diese Unterscheidung relativ einfach: Die Mitglieder der Streitkräfte des Gegners sind, solange sie sich im Dienst befinden, legitime Angriffsziele. Bei der Auseinandersetzung zwischen Israel und Palästinensern fällt die Unterscheidung jedoch viel schwerer. Wer ist der Feind? Wie kann er erkannt werden? Wann hört er, wenn überhaupt, auf, ein Feind zu sein?

Das Gutachten postulierte einen neuen Teilnehmer an einem bewaffneten Konflikt: den »illegalen Kombattanten«, der an bewaffneten Operationen teilnimmt, aber kein Soldat im eigentlichen Sinn des Wortes ist. Der Begriff galt für jeden, der aktiv in einer Terrororganisation tätig war, auch wenn seine Aktivität nur marginal war. Solange er aktives Mitglied der Organisation war, konnte er als Kombattant angesehen werden – selbst wenn er friedlich in seinem Bett schlief –, im Gegensatz zu einem Soldaten auf Urlaub, der seine Uniform abgelegt hat.

Diese weit gefasste Interpretation des Begriffs »Kombattant« führte während Marathonsitzungen in der Abteilung für internationales Recht des Korps der Rechtsberater zu einem Thema, das man die »Frage des syrischen Kochs« nannte: Wenn sich Israel in einem normalen Kriegszustand mit Syrien befand, durfte jeder syrische Kombattant rechtmäßig getötet werden, selbst ein Militärkoch in der Nachhut. Demnach konnte man also, in Anbetracht der breiten Definition eines »illegalen Kombattanten«, im israelisch-palästinensischen Konflikt davon ausgehen, dass jede Person, die die Hamas unterstützt, auch als Angriffsziel in Frage kam. Das schloss potenziell eine Frau ein, die dem Selbstmordbomber die Kleider wäscht, bevor er sich auf den Weg zu seiner Mission begibt, oder einen Taxifahrer, der wissentlich Aktivisten von einem Ort zum anderen bringt.

Diese Interpretation ging jedoch, nach dem Gutachten, zu weit. Das Gutachten verlangte, dass nur jene, über die »akkurate und zuverlässige

Informationen« vorliegen, »dass die betreffende Person Anschläge ausführte oder Angreifer aussandte«, angegriffen werden durften. Darüber hinaus durfte eine Tötung nicht als Strafe für vergangene Handlungen, geschweige denn als Abschreckung für andere Kombattanten dienen. Sie durfte nur eingesetzt werden, wenn »so gut wie sicher war, dass die Zielperson in der Zukunft weiterhin solche Aktionen durchführen wird«.

Das Gutachten hob außerdem hervor, dass es, wann immer möglich, vorzuziehen sei, jemanden zu verhaften, statt ihn zu töten, insbesondere in von den Streitkräften kontrollierten Gebieten. Im Gegensatz zu Kriegsgefangenen in einem regulären Krieg genossen illegale Kombattanten weder strafrechtliche Immunität noch den Status eines Kriegsgefangenen, sodass sie doch verhaftet und in einem regulären Strafverfahren vor Gericht gestellt werden konnten.

Sollte die Tötung notwendig sein, so musste immer noch das Prinzip der »Verhältnismäßigkeit« gewahrt bleiben. Nach dem Gutachten sollte jede Tötung so begrenzt wie möglich erfolgen, sodass »der Verlust an Menschenleben und der Schaden an Besitz, der kollateral zum Einsatz eintrifft«, auf keinen Fall »übermäßig den militärischen Nutzen überstiegen, der von der Aktion erwartet wurde«.[36]

Schließlich durften nur der Ministerpräsident oder der Verteidigungsminister einen Tötungsbefehl unterschreiben.

Das Dokument wurde von israelischen Offizieren mit einem Seufzer der Erleichterung begrüßt. »Das war eine Bestätigung, dass wir uns im Einklang mit den Kriterien des internationalen Rechts bewegten«, sagte der Vizedirektor des Schin Bet Diskin. Im Jahr 2003 legte der Staat eine nicht klassifizierte Fassung des Gutachtens dem Obersten Gerichtshof vor, der es 2006 bestätigte.[37]

Während Finkelstein argumentieren mochte, Israel handle im Einklang mit dem internationalen Recht, sah die Meinung der internationalen Gemeinschaft jedoch ganz anders aus.

In seinem Schreibtisch bewahrte Ministerpräsident Scharon ein kleines Büchlein auf, das er gelegentlich hervorholte, um es Diplomaten bei ihrem Besuch zu zeigen. Er hatte es von der israelischen Polizei bekommen, und es zeigte Farbaufnahmen von einem Bus, wenige Minuten nachdem sich ein Selbstmordattentäter im Innern in die Luft gesprengt hatte. Leichen ohne Kopf und menschliche Gliedmaßen lagen überall verstreut. Das Feuer hatte die Kleidung der Opfer verbrannt und ihre Haut mit grünen und blauen Flecken übersät. »Wenn einer von diesen nervtötenden Diplomaten daherkam, um einmal mehr mit uns über die Ausschaltung von diesem oder jenem Terroristen zu reden«, sagte Dov Weissglass, der Stabschef und Vertraute Scharons, »zwang Arik die Person, sich das anzusehen. Er blätterte es durch, Bild für Bild, und sah zu, wie sich ihre Augen weiteten, während sie die Grässlichkeit der Bilder aufnahmen. Er ließ keinen einzigen verstümmelten Körper oder kopflosen Hals aus. Wenn er durch war, fragte er ganz ruhig: ›Sagen Sie mir jetzt: Würden Sie zulassen, dass so etwas in Ihrem Land passiert?‹«

Um Scharon mehr Material für die Diplomaten zu beschaffen, kauften Mitarbeiter von Weissglass Fotos von einer palästinensischen Presseagentur, die Araber nach der Hinrichtung zeigten, weil sie der Kollaboration mit Israel verdächtigt wurden. Einige waren tatsächlich Schin-Bet-Informanten, und einige waren einfach die Opfer einer boshaften Begleichung alter Rechnungen. Ein paar dieser Hinrichtungen hatte Muhammad Tabuah ausgeführt, ein lokaler Bandenführer, der wegen seiner Grausamkeit den Spitznamen Hitler hatte. »Er knallte sie in der Regel wie Hunde ab, mit einem tobenden Mob um ihn«, sagte Weissglass. »Die Palästinenser sahen wie ein chaotischer manischer Mob aus.«[38]

Scharon teilte natürlich keine Informationen über das Nachspiel der israelischen Anschläge mit. Und in jedem Fall halfen seine visuellen Hilfsmittel letztlich wenig: Der Rest der Welt kritisierte weiterhin das Programm gezielter Tötungen, wie auch Scharons aggressive Expansion jüdischer Siedlungen in den besetzten Gebieten. Diplomaten aus unzähligen Ländern argumentierten, es bestehe eine Verbindung zwischen diesen beiden Linien und dem Blutvergießen auf israelischen Straßen. Sogar die Vereinigten Staaten hielten die Politik der gezielten Tötungen für gesetzwidrig, wenn nicht gar für ein Kriegsverbrechen, und die Siedlungen für eine unnötige Provokation.

Scharon wies derartige Behauptungen prompt zurück. »Mein Problem ist«, verkündete er, »dass ich vor langer Zeit geboren wurde, lange vor

Ihnen allen, nicht wahr? Und ich erinnere mich noch an Tausende von Juden, die vor der Besetzung von Arabern ermordet wurden. Es besteht kein Zusammenhang zwischen den beiden Dingen.«

Dennoch erkannte er, dass man sich mit den Vereinigten Staaten einigen musste, wenn überhaupt noch Hoffnung bestehen sollte, den Rest der Welt zu beruhigen. »Wenn ich aus dieser Zeit eines gelernt habe«, sagte Scharon und meinte damit seine Amtszeit als Verteidigungsminister in den 1980er-Jahren, »so war es, sich niemals auf eine Auseinandersetzung mit den Amerikanern einzulassen.«[39]

Zum Glück hatte Scharon bereits ein gutes Verhältnis zu Präsident George W. Bush, der zur gleichen Zeit wie er sein Amt übernommen hatte. Bush war im November 1998 nach Israel gekommen, kurz nach seiner Wiederwahl zum Gouverneur von Texas. Jüdische republikanische Unternehmer aus Texas hatten den Besuch als Sprungbrett ins Weiße Haus organisiert. Damals war Scharon noch ein politischer Außenseiter, aber er und Gouverneur Bush reisten in einem Hubschrauber durch das Land. Scharon hielt dem Gouverneur einen Vortrag über die Sicherheitsgefahren, die Israel drohten, und amüsierte ihn mit Geschichten von seinen eigenen Heldentaten beim Militär. Am Ende war Bush überzeugt, dass »Scharon ein Mann war, dem man vertrauen konnte«, sagte Fred Zeidman, einer der Organisatoren der Reise. Der Gouverneur war von der Reise tief bewegt und betonte mehrmals: »Für einen Texaner ist es kaum zu glauben, wie klein Israel ist … wie klein die Bevölkerung zwischen den, im Laufe der Geschichte, feindlichen Linien und Bevölkerungszentren war.«[40]

Zweieinhalb Jahre danach, kurz nach seinem großen Wahlsieg, reiste Scharon nach Washington. Die Mitarbeiter, die den Besuch organisiert hatten, sagten ihren amerikanischen Partnern, wie misstrauisch Scharon gegenüber den Vereinigten Staaten sei und wie sehr ihn die Haltung ihm gegenüber in den vergangenen zwei Jahrzehnten verletzt habe. Präsident Bush hörte die Berichte und gab Anweisungen, dass alles getan werden solle, damit Scharon sich wohlfühlte: Begegnungen mit allen hohen Regierungsvertretern, die Gastfreundschaft des Präsidenten im Blair House, eine Ehrengarde und ein Salut mit 21 Gewehren. »Scharon schwebte im siebten Himmel«, erinnerte sich sein außenpolitischer

Berater Schalom Turgeman. »Selbst er, so skeptisch und zynisch er auch war, kam nicht umhin, von dieser Behandlung gerührt zu sein, und er erkannte, dass sie wirklich mit ihm zusammenarbeiten wollten.«[41]

Irgendwann machte Weissglass Scharon einen Vorschlag. »Arik«, sagte er, »jede Herzlichkeit, Unterstützung und Freundschaft, die Sie von der amerikanischen Regierung in Ihrer Rolle als Antiterrorkrieger erhalten mögen, verblasst, sobald Sie Ihre Mega-Siedlermütze aufsetzen. Je mehr Sie den amerikanischen Forderungen, das Ansiedlungsprojekt zu stoppen, entgegenkommen, desto nachsichtiger werden die Amerikaner Sie beurteilen, wenn es um die Ausschaltung der bösen Jungs geht.«

Mit Scharons Billigung handelte Weissglass ein geheimes Abkommen mit der nationalen Sicherheitsberaterin Condoleezza Rice und ihrem Stellvertreter Stephen Hadley aus: Israel würde den Bau neuer Siedlungen deutlich reduzieren, im Austausch für die amerikanische Unterstützung des Krieges gegen die Palästinenser und der Politik der gezielten Tötungen.

»Von da an bestand ein perfektes Missverhältnis«, so Weissglass. »Einerseits wurden unsere schärfsten Maßnahmen gegen die Palästinenser niemals gerügt – Schweigen oder manchmal ein obligatorischer Ausdruck des Bedauerns, wenn unschuldige Menschen getroffen wurden. Andererseits bekam ich bei jeder Publikation, und sei es in irgendeinem unbedeutenden rechten Blog über eine geplante Siedlung, um 3 Uhr morgens einen Anruf von Condi [Rice], die mir den Kopf wusch.«[42]

In dem Moment, als Präsident Bush von seinen Repräsentanten in Israel und den besetzten Gebieten die Bestätigung bekam, dass Scharon sich an sein Wort halte, vertiefte sich die operative und geheimdienstliche Kooperation zwischen den beiden Ländern beträchtlich. Auch wenn von den Ländern in Europa immer noch heftige Kritik geäußert wurde, nutzten die Vereinigten Staaten unablässig ihr Vetorecht im Sicherheitsrat, um Versuche zu blockieren, Israel wegen der Tötungen zu verurteilen.[43] Am Ende gaben die arabischen Staaten es einfach auf und brachten keine Petitionen mehr zu diesem Thema ein.

Am 11. September 2001 flogen Entführer zwei Passagierflugzeuge in das World Trade Center und ein drittes in das Pentagon. Eine vierte Maschine stürzte in Pennsylvania auf einem Acker ab, nachdem die Passagiere die Entführer überwältigt hatten.

»Auf einen Schlag hörten die Beschwerden gegen uns auf«, sagte Generalmajor Giora Eiland, der Chef des Nationalen Sicherheitsrats von Israel. »Sie wurden ganz einfach von der [internationalen] Agenda gestrichen.«[44]

Jahrzehnte, in denen Israel versucht hatte, dem Rest der Welt drastische Maßnahmen zu erklären, waren auf einmal überflüssig. Alle schienen zu verstehen, eine Zeit lang. Scharon wies sofort die Geheimdienste an, den Amerikanern sämtliche Akten zum »Blauen Troll«, dem Decknamen für die Entwicklung al-Qaidas im Sudan, und andere relevante Informationen auszuhändigen.[45] Später befahl der Ministerpräsident dem Schin Bet und den Israelischen Streitkräften, ihre Erfahrung den Gästen mitzuteilen, die aus dem Ausland kamen, um von dem Land mit dem besten Terrorabwehrprogramm der Welt zu lernen.

»Ein ganzer Strom von Menschen kam hierher«, sagte Diskin, der die hohen Gäste betreute. Scharon gab Anweisungen, als Teil seiner guten Beziehung zu Bush, den Amerikanern »alles zu zeigen, ihnen alles zu geben, ihnen überall Zugang zu gewähren, auch in das Vereinigte Kommandozentrum, selbst während Untersagungsoperationen«. Vor allem interessierten sich die Amerikaner dafür, wie das integrierte Tötungssystem aller Geheimdienstbehörden funktionierte und wie Israel die Fähigkeit entwickelt hatte, eine Reihe von Operationen gleichzeitig auszuführen. Das gleiche System, das vor wenigen Wochen noch international verdammt wurde, war nunmehr ein Modell, das kopiert wurde.

»Die Anschläge vom 11. September verliehen unserem eigenen Krieg absolute internationale Legitimierung«, so Diskin. »Wir waren imstande, alle Stricke abzulegen, die uns gefesselt hatten.«[46]

30 »Zielperson ausgeschaltet, Operation gescheitert«

In seiner Zeit als junger Offizier im Schin Bet verhörte Avi Dichter einmal einen Mann namens Salah Schehade, einen Sozialarbeiter aus dem Gazastreifen. Schehade war 24 Jahre alt und kam aus dem Ort Beit Hanun im Norden von Gaza. Er war ein hervorragender Schüler gewesen, und Hochschulen in der Türkei und in der Sowjetunion hätten ihn für Ingenieurwissenschaften oder ein Medizinstudium genommen. Aber Schehades Familie war arm, und er musste sich mit einem Studium der Sozialpädagogik im ägyptischen Alexandria begnügen. Nach dem Examen fand er Arbeit in al-Arisch auf der Sinai-Halbinsel, unweit der Grenze zum Gazastreifen.

Dort fiel er Dichter zum ersten Mal ins Auge, und zwar im Jahr 1977. »Er war anders«, so Dichter. »Sehr gepflegt, mit einer ähnlichen Aktentasche wie James Bond. Alles in allem machte er einen guten Eindruck.« Dichter meinte, es könne ihm gelingen, Schehade als Informant oder Kollaborateur zu rekrutieren.[1]

Doch Dichters Treffen mit Schehade blieb ohne Erfolg.

Nach fünf Jahren in der Sozialarbeit schrieb Schehade sich an der Fakultät der Islamischen Universität Gaza ein, wurde später Studiendekan und diente gleichzeitig als Prediger in einer Moschee der Stadt. Im Laufe seiner Tätigkeit lernte er Scheich Jassin kennen, den Gründer der Hamas. Die beiden kamen sich sehr nahe. Schehade war von Jassins Charisma, seinem Wissen und der Vision, in ganz Palästina eine muslimische Theokratie zu errichten, hingerissen. In Schehade fand Jassin einen Mann mit bemerkenswerten Führungs- und Organisationsqualitäten.

Jassin enthüllte Schehade das große Geheimnis: dass er unter dem Deckmantel der Sozialarbeit und der religiösen Tätigkeit die Absicht habe, einen militärisch-terroristischen Apparat zu gründen, um gegen Israel in Aktion zu treten. Schehade wurde zum Chef dieses Projekts ernannt. Er wurde bei der ersten Kampagne des Schin Bet gegen die Hamas (die zu der Zeit unter einem anderen Namen agierte) im Jahr 1984 verhaftet, verurteilt und zwei Jahre später wieder entlassen. Im Jahr 1988 verhaftete man ihn erneut, sprach ihn einer Reihe von Vergehen im Zusammenhang mit Terrororganisationen schuldig und verurteilte ihn zu zehn Jahren Haft. Aber selbst vom Gefängnis aus befehligte er den bewaffneten Arm der Hamas.[2]

Im September 1998 lief seine Haftstrafe ab, doch er wurde anschließend in Gewahrsam gehalten – eine umstrittene Maßnahme, vergleichbar mit der Inhaftierung von Häftlingen ohne Prozess in Guantánamo durch die Vereinigten Staaten; seine Freilassung wäre, laut Schin Bet, »eine sofortige und eindeutige Gefahr für die Sicherheit der Region«. Die langen Jahre in israelischen Gefängnissen machten ihn in Gaza zu einem Helden.[3]

Im Jahr 2000 wandte sich die Palästinensische Autonomiebehörde mit der Bitte an Israel, Schehade und einige seiner Kameraden freizulassen – man wollte in den Augen der Palästinenser den Eindruck erwecken, die Behörde kümmere sich um alle Staatsbürger, auch um Mitglieder der Hamas, die damals eine hohe Popularität genossen. Salah Schehade sei, sagte die Palästinensische Autonomiebehörde den Israelis, ein pragmatischer Mann, ein Administrator mit einem humanitären Hintergrund, im Gegensatz zu dem radikaleren Scheich Jassin.

Es war eine Zeit großer Hoffnungen, unmittelbar vor dem Gipfel in Camp David. Ehud Barak und Jassir Arafat standen miteinander in engem Kontakt und versuchten, den Friedensprozess zu beschleunigen. Israel wollte eine Geste des Vertrauens machen, damit die Autonomiebehörde auch die Skeptiker auf ihrer Seite überzeugen konnte. Die Tätigkeit der Hamas hatte ebenfalls, dank der Erfolge des Schin Bet, einen beispiellosen Tiefstand erreicht.

Israel bewilligte das Gesuch. Schehade unterschrieb eine bei Häftlingen, die Israel entließ, übliche Zusage, dass er seine terroristische Tätigkeit nicht wieder aufnehmen werde, und die Palästinensische Autonomiebehörde bürgte für ihn.

Im Rückblick mögen die Israelis, die der Entlassung zustimmten, naiv erscheinen, »aber wir hatten damals das Gefühl, dass echte Hoffnung bestand«, sagte ein ehemaliger Schin-Bet-Mitarbeiter.[4]

Vier Monate lang mied Schehade nach seiner Entlassung illegale Tätigkeiten, aber dann brach die Intifada aus, und er kehrte auf das Schlachtfeld zurück. »Seither sind«, laut seiner Akte beim Schin Bet, »die Positionen Schehades immer radikaler geworden, und er hat sich Tätigkeiten der Hetze und Kursbestimmung zugewandt und beteiligte sich an der Planung und Ausführung mörderischer Terroroperationen und in der militanten Führung der Hamas-Organisation.«[5]

Fast 30 Jahre nachdem Avi Dichter versucht hatte, Schehade zu rekrutieren, legte der Schin Bet eine dicke Akte über den Mann an, dem sie den Decknamen »Fahnenträger« gaben. Die beiden hatten sich in Schehades Gefängnisjahren mehrmals getroffen (in denen er, unter verschiedenen Formen des Zwangs, auch über Mithäftlinge aussagte). Schehade war »die Person, von der für uns die Hauptgefahr ausging, mehr als von Jassin«, sagte Dichter. »Im Gegensatz zu Jassin war er gebildet und hatte Erfahrung im Management, ein Umstand, der ihm außerordentliche operative Kompetenz verlieh.«

Schehade regte die Entwicklung neuer Kampftechniken an und überwachte sie, etwa das Feuern von Mörsergranaten auf gepanzerte Fahrzeuge mit einer flachen Flugbahn und den Einsatz von Sprengsätzen gegen Panzer. Er ließ sich neuartige Methoden für Selbstmordbomber einfallen, indem Schiffsbomben und Tanklasterbomben verwendet wurden. Er war auch für die Einführung der Kassam-Raketen mit hoher Flugbahn verantwortlich, die den Kampf der Hamas gegen Israel veränderte. Der Chef des Schin Bet in der südlichen Region erkannte seine Bedeutung: »Er persönlich gibt mit eigenem Mund konkrete Befehle für die Durchführung von Anschlägen aus, formuliert die Terrorpolitik und erteilt Anweisungen, wann die Anschläge stattfinden sollten. Er ist die treibende Kraft; er *ist* die Anschläge.«

Laut der Akte des Schin Bet war Schehade unmittelbar an Anschlägen beteiligt, die zwischen Juli 2001 und Juli 2002 474 Menschen das Leben kosteten und 2649 verwundeten. Er wurde unter strenge Beobachtung gestellt, aber weil Schehade außerhalb von Gaza tätig war, konnte Israel ihn nicht verhaften. Und die Palästinensische Autonomiebehörde schien auch nicht bereit, ihre Garantie, dass Schehade keine Israelis angreifen werde, durchzusetzen.[6]

Also wurde Schehades Name auf ein Rotes Blatt gesetzt, und die Operation »Fahnenträger« begann.

Bei jeder gezielten Tötung musste, ehe der Abzug betätigt wurde, die Identität der Person, die in Kürze getötet wurde, von zwei unabhängigen Quellen in Echtzeit bestätigt werden. Das Verfahren der »Bestätigung« sollte gewährleisten, dass auch die richtige Person starb, »nicht sein Freund, Bruder, Doppelgänger oder irgendein Passant«, sagte Avi Dichter. Der Schin Bet, der AMAN und die Luftwaffe trieben einen hohen Aufwand, um sicherzugehen, dass es nie zu einem Irrtum kam. »Wir dürfen nicht zulassen, dass es zu einem zweiten Lillehammer kommt«, wiederholte Dichter immer wieder. In vielen Fällen brachen die Kommandeure im Vereinigten Kommandozentrum die Mission lieber ab, als zu riskieren, dass sie den Falschen trafen.

In der Praxis war das »Bestätigen« einer Zielperson viel schwieriger, als es klingen mag. Häufig war eine der beiden benötigten Quellen ein palästinensischer Informant, der die Zielperson kannte und ihn in der Endphase der Operation von einem Versteck aus identifizieren musste. Der Schin Bet und die Einheit 504 des AMAN hatten viele Informanten, aber »diese Jungs waren nicht gerade unsere Oberrabbiner«, sagte Dichter und deutete damit an, dass ihre moralischen Standards als Verräter des eigenen Volkes und der eigenen Freunde zu wünschen übrig ließen. »Wir mussten sie mit einer gehörigen Portion Skepsis behandeln.«[7]

Im Kommandozentrum galt außerdem die Regel, dass die Eingrenzung, sobald der visuelle Kontakt zu einem bestätigten Ziel verloren ging, abgebrochen wurde und von Neuem beginnen musste. Wenn eine Zielperson beispielsweise in ein Auto stieg, nachdem man sie positiv identifiziert hatte, sich aber dann unter das Dach einer Tankstelle duckte, wo der Sichtkontakt nicht mehr gegeben war, musste der Vorgang neu gestartet werden. Das kam häufig vor, oft bei bewölktem Himmel, und hieß unter Umständen, dass der Anschlag ganz abgesagt werden musste.

Wegen dieses strengen Identifizierungsverfahrens hatte der Schin Bet eine blütenreine Weste. »100 Prozent zutreffende Bestätigungen«, so Dichter. »Bedauerlicherweise wurde nicht in allen Fällen das Ziel vernichtet, aber überall, wo wir zuschlugen, handelte es sich um die Zielperson, die wir angreifen wollten.« Hinzu kam, die gezielten Tötungen hatten auch den beabsichtigten Effekt. Bereits Mitte 2002 zeigte Israels Kampf gegen den Selbstmordterror allmählich Wirkung: Die Zahl der von Selbstmordbombern getöteten Israelis ging zurück. Nach 85 toten Israelis im März waren es nur sieben Todesopfer im Juli, sieben im August und sechs im September.

Allerdings wurden zwar gewaltige Anstrengungen unternommen, um eine korrekte Identifizierung der Zielperson zu garantieren, aber weit weniger Aufwand wurde betrieben, um herauszufinden, ob die Zielperson allein war und dass keine unschuldigen Zivilisten in der Nähe standen. Trotz der Vorschriften, Absicherungen und Redundanz führte Israel mittlerweile in so großem Stil gezielte Tötungen durch, dass sich zwangsläufig Fehler einschlichen. Und auch wenn es relativ selten passierte, so starben doch jedes Mal, wenn es vorkam, unschuldige Menschen.

Manchmal wogen auch die Entscheidungsträger ganz bewusst ab, ob es zulässig war, Menschen im Umfeld der Zielperson zu töten, sofern man nie an sie herankam, wenn sie allein war. Bei derartigen Überlegungen baten die Streitkräfte und der Schin Bet die Abteilung für internationales Recht, Vertreter zu ihnen in das Vereinigte Kommandozentrum zu schicken. »Das bringt uns Leute vom internationalen Recht in eine sehr heikle Situation«, so Daniel Reisner, der Leiter der Abteilung. »Denn es liegt auf der Hand, wenn ein Anwalt anwesend war und nicht ausdrücklich Nein sagte, ist das so, als hätte er Ja gesagt.«[8]

Der oberste Militärstaatsanwalt wurde zu dem Forum des Generalstabs hinzugezogen und zu einem Gesprächspartner bei streng geheimen Sicherheitsberatungen. Der Schin Bet stellte seine Dossiers über die Kandidaten den Anwälten so lange zur Verfügung, wie sie Einsicht nehmen wollten. Reisner und die Rechtsabteilung waren häufig im Kommandozentrum, als der Anschlag ausgeführt wurde. Ihre Anwesenheit war »juristische Deckung«, wie Finkelstein sich ausdrückte, die die Sicherheitsleute für nötig hielten, falls man sie jemals strafrechtlich belangen sollte, sei es in Israel oder im Ausland.

Die Hauptsorge der Juristen galt der praktischen Umsetzung der »Verhältnismäßigkeit«, die in der Theorie verlangte, dass der von Israel angerichtete Schaden nicht den Nutzen übertraf. Wie viele unschuldige Menschenleben darf Israel, wenn überhaupt, in Gefahr bringen, um einen gefährlichen Terroristen zur Strecke zu bringen?

»Die Terroristen nutzten«, sagte Reisner, »unsere Sensibilität bezüglich der Schädigung Unschuldiger voll aus. Sie nahmen gerne Kinder auf den Arm, wenn sie die Straße überquerten, scharten Zivilisten um sich. Einmal war ich im Kommandozentrum anwesend, als eine Rakete auf einen Terroristen abgefeuert wurde, der auf einem Dach stand. Dann sahen wir auf einmal, wie er ein Kind hochhob. Natürlich gab ich sofort den Befehl, die Rakete aufs offene Feld umzuleiten.«

Den Anwälten fiel es schwer, eine einheitliche Regel zur Frage des Kollateralschadens und der Opfer zu formulieren. »Jeden Fall musste man nach seinem eigenen Nutzen beurteilen«, so Reisner. »Allerdings galt eine klare Regel: Wir waren alle Eltern; wir konnten auf keinen Fall die Tötung von Kindern billigen. Wir gaben kein einziges Mal grünes Licht für so eine Tötungsoperation.«[9] Wann immer die Aufklärung im Voraus ergab, dass man »positive Kenntnis über die Anwesenheit von Kindern« in der Angriffszone habe, wurde die Operation nicht genehmigt. Die Anwesenheit von ein paar Erwachsenen, die in der einen oder anderen Weise mit dem Verurteilten in Verbindung standen, stoppte jedoch nicht unbedingt eine Operation, selbst wenn diese Erwachsenen keine Kontakte zu Terrororganisationen hatten. Das Gleiche galt für Frauen, Freunde und alle möglichen Transporteure wie Taxifahrer.[10]

Die Operation »Fahnenträger« war ein besonders heikler Fall. Mindestens zwei Mal wurde, nach den Unterlagen des Schin Bet, die Genehmigung für einen Angriff auf Fahnenträger verweigert, weil man befürchtete, Unschuldige zu treffen. Das erste Mal war am 6. März 2002. Schehade war mit einem hohen Grad an Gewissheit in einer Wohnung im Süden von Gaza lokalisiert worden, aber weil sich im selben Gebäude viele Zivilisten aufhielten, gepaart mit dem Wissen, dass seine Frau Leila und möglicherweise auch seine 15-jährige Tochter Iman bei ihm waren, wurde der Anschlag abgesagt.

Drei Tage danach sprengte sich ein von Schehade ausgesandter Selbstmordbomber im Café Moment in die Luft, nicht weit vom Wohnsitz des Ministerpräsidenten in Jerusalem, und tötete elf Zivilisten.

Am 6. Juni wurde ein weiterer Anschlag auf Schehade aus ähnlichen Gründen abgesagt. Zwölf Tage danach riss ein Selbstmordbomber aus dem bewaffneten Arm der Hamas 19 Passagiere in einem Bus in Jerusalem in den Tod.

Die Frustration im israelischen Sicherheitsestablishment war förmlich mit Händen greifbar. Der Stabschef der Streitkräfte Mosche Jaalon sagte: »Ich habe meinen amerikanischen Kollegen von der Angelegenheit erzählt, und das brachte sie regelrecht auf. Ich sagte ihnen, dass wir uns anfangs zurückhielten, weil seine Frau bei ihm war, dass er sich nie ohne sie bewegte. Aus deren Sicht war das verrückt. ›Wie bitte?‹, fragten sie, ›*wegen seiner Frau* habt ihr nicht angegriffen?‹ Ihre Kriterien bezüglich des Kollateralschadens unterschieden sich erheblich von dem Korsett, mit dem wir uns selbst die Hände gebunden haben.«

Im Juli 2002 genehmigte Verteidigungsminister Benjamin Ben-Eliezer einen weiteren Plan für die Tötung Schehades, dieses Mal durch die Sprengung der Wohnung. In diesem Fall galten jedoch andere Beschränkungen bezüglich der zivilen Opfer.

Wiederum würde, »falls Frauen oder Kinder in der Nähe der besagten Wohnung sind«, schrieb Ben-Eliezer, »die Operation nicht genehmigt«. Schehades Frau war jedoch nunmehr eine Ausnahme. Wenn sie sich zufällig zu diesem Zeitpunkt in der Wohnung aufhalten sollte, durfte die Operation dennoch fortgesetzt werden. Männer, gleich ob Nachbarn oder Passanten, schuldig oder unschuldig, waren ebenfalls eine Ausnahme. Ihr Tod durfte ebenfalls in Kauf genommen werden.[11]

»Letztlich hatten wir keine Wahl«, sagte Jaalon. »Es blieb uns nichts anderes übrig. Man sah im Lauf der Zeit, dass immer mehr jüdisches Blut vergossen wurde, immer wieder. Ich machte mir keine Illusionen, dass [die Hamas] ohne ihn die Terroranschläge stoppen würde, aber seine Fähigkeit, furchtbare Terroranschläge durchzuführen – wegen seiner Erfahrung, wegen seines Wissens, wegen seiner Beziehungen –, war einzigartig.«[12]

Schehade wechselte häufig den Ort, aber er wurde am 19. Juli in einem dreistöckigen Gebäude in dem dicht besiedelten Daradsch-Viertel im

Norden der Altstadt von Gaza-Stadt gesichtet. Hier lebten hauptsächlich Flüchtlinge.

Die von Spitzeln stammenden Informationen ließen darauf schließen, dass das Erdgeschoss aus leeren Lagerräumen bestand. Somit war es das ideale Gebäude für den Abwurf einer Bombe. Es musste nur schnell passieren, ehe Schehade wieder wegging.

Vizedirektor Juval Diskin hatte es jedoch nicht eilig. Er verlangte mehr Informationen von den Geheimdienstoffizieren.[13] Selbst wenn das Zielgebäude leer stand, so war es von schäbigen Elendshütten umgeben, in denen vermutlich Familien hausten. Er wollte die Durchführbarkeit einer Bodenoperation – beispielsweise eines Scharfschützen – prüfen lassen. Die Ergebnisauswertung (die Abteilung der Luftwaffe, die für Prognosen der Wirkung eines Anschlags zuständig war) schätzte, dass die Hütten »schwer beschädigt« würden.

Auch in den Diskussionen innerhalb der Streitkräfte kamen ernste Zweifel auf. Der Chef der Einsatzleitung im Generalstab empfahl, 48 Stunden abzuwarten und »die Blechhütten zu räumen und dafür zu sorgen, dass niemand dort wohnt«. Vizestabschef Gabriel »Gabi« Aschkenasi äußerte ebenfalls Bedenken bezüglich der Durchführung der Operation, bevor weitere Informationen vorlagen.

Doch der Druck, den kaum fassbaren Schehade auszuschalten, war zu groß. Ein Schin-Bet-Kommandeur der südlichen Region wies Diskins Einschätzung zurück, weil seine eigenen Geheimdienstberichte die Vermutung nahelegten, dass die Blechhütten um Schehades Gebäude nachts nicht bewohnt waren. Er wandte sich an Schin-Bet-Chef Dichter, der die sofortige Tötung Schehades durch eine von einem Kampfflugzeug abgeworfene Bombe genehmigte.

AMAN-Chef Aharon Seevi-Farkasch unterstützte diese Entscheidung. »Wenn wir uns Menschen wie Salah Schehade nicht vom Hals schaffen, dann werden immer mehr Israelis verletzt werden«, sagte er später, als er die Entscheidung schilderte. »In solchen Situationen besteht immer die Möglichkeit, dass palästinensische Zivilisten getroffen werden.« Er fügte hinzu: »Wenn man sich zwischen zwei Kindern entscheiden muss, dann ist es mir lieber, wenn das jüdisch-israelische Kind nicht weint.«[14]

Der Pilot stieg in seinen F-16-Bomber, der auf der Rollbahn von Hatzor stand, der Basis der Luftwaffe im südlichen Israel. Sein Flugzeug war mit einer Ein-Tonnen-Bombe bewaffnet. Zwei Bomben mit einer halben Tonne Gewicht hätten den Schaden begrenzt und die Reichweite der Druckwelle verringert, aber es ließ sich unmöglich genau sagen, wo Schehade sich in dem Gebäude aufhielt. Es wäre sinnlos gewesen, nur das erste Geschoss zu zerstören, wenn er in der Nähe der Tür zur Straße schlief. Eine größere Bombe würde seinen Tod garantieren.

Die Operation war bereits dreimal abgesagt worden, zuerst weil der 19. ein Freitag und der muslimische Ruhetag war, an dem die Straßen voller Menschen wären, und wiederum in den folgenden beiden Nächten, weil man annahm, dass Schehades Tochter bei ihm war.

Am 22. Juli war das Team jedoch gespalten. Es waren sich zwar alle einig, dass Schehades Frau in der Wohnung war und dass die Befehle eine Fortsetzung der Operation gestatteten, aber nur einige aus dem Team waren überzeugt, dass die Informationen darauf schließen ließen, dass die Tochter nicht zu Hause war.[15]

Juval Diskin, der direkt für die gezielte Tötung zuständig war, teilte nicht ganz die Einschätzung, dass die Wahrscheinlichkeit für Imans Anwesenheit in der Wohnung gering sei.

Diskin rief Dichter an und schilderte ihm seine Bedenken. Er empfahl die Absage des Anschlags, doch laut einer offiziellen Ermittlung wog »der Direktor des Schin Bet sämtliche Daten und Einschätzungen ab und gelangte zu der Schlussfolgerung, dass sich Iman mit einer sehr hohen Wahrscheinlichkeit nicht in dem Gebäude aufhielt, und dementsprechend befahl er, die Operation durchzuführen«.[16]

Dichter rief seinerseits Scharons Militärsekretär an. Dieser weckte den Ministerpräsidenten, der die »sofortige Ausführung« des Bombenangriffs autorisierte.

Der Pilot schickte sich an, das Verdeck zu schließen. Da kam der Kommandant seines Stützpunkts zum Flugzeug gerannt und stieg die Leiter zum Cockpit hoch. »Wollen Sie wissen, wer es ist?«, fragte er den Piloten und den Navigator. Wen sie töten würden, meinte er.

»Runter von meinem Flugzeug«, sagte der Pilot. »Wir wollen es nicht wissen. Es hat keine Bedeutung.«

In gewisser Weise stimmte das. Die Männer, die tatsächlich die Tötung vollstreckten, die den Einsatz flogen und die Bomben abwarfen, wussten häufig am wenigsten. In Flughöhe sahen sie nichts als kleine Ziele, die von den zwölf Zahlen der Koordinaten bestimmt wurden, und mehr brauchten sie auch nicht zu wissen.

Eine Sirene ertönte, und die F-16 hatte Startfreigabe. Es war 23 Uhr am Abend des 22. Juli. Der Flug von Hatzor nach Gaza dauerte zwei Minuten, aber der Pilot hatte Befehl, nach Westen zu fliegen, über das Meer hinaus weit in die Dunkelheit. »Schehade riecht Flugzeuge, hört Flugzeuge, und er rennt weg«, sagte der Pilot später. »Wir warten 50 Minuten lang über dem Meer. Dann sagt mir mein Fluglotse über Funk: ›Angriff‹.«

Das Flugzeug schwenkte nach Osten, drehte zurück nach Westen und warf die Bombe ab. »Sie haben das bestimmt schon im Film gesehen«, sagte der Pilot. »Genau so sieht es aus. Wir trafen ins Schwarze, und das Haus fiel zusammen, stürzte ein.«[17]

In den Tagen vor dem Start der F-16 hatte die Aufklärung der Luftwaffe eine Reihe von Einsätzen über dem Haus geflogen, wo Schehade sich versteckt hielt. Analysten studierten Luftaufnahmen und sahen Solaranlagen, zum Trocknen aufgehängte Wäsche und an Blechhütten befestigte Satellitenschüsseln. Dort lebten Menschen. Der Sachbearbeiter im Schin Bet war gleicher Meinung. Weil das ganze Gebiet dicht bevölkert sei, bemerkte er, nehme er an, dass auch die Hütten bewohnt seien.

Doch der Schin Bet erhielt von keiner Quelle »positive Informationen«, die mit Sicherheit darauf hinwiesen, dass die Hütten bewohnt waren. Mit anderen Worten, kein Informant meldete sich bei ihnen und sagte ausdrücklich, *in der Hütte dort* wohnt *die Familie Soundso*. Als die Einsatzpläne immer detaillierter ausgearbeitet wurden und der Zeitpunkt näher rückte, wurde der gesunde Menschenverstand ausgeschaltet – aus Begeisterung über die Gelegenheit, den Mann zu eliminieren, der an dem Mord von fast 500 Menschen beteiligt gewesen war, darunter 30, die getötet wurden, nachdem zwei andere Tötungsmissionen abgesagt worden waren. An einem bestimmten Punkt wurde, laut beteiligten Schin-Bet-Leuten, aus »keine positiven Informationen« die Formel »dort leben keine Zivilisten«.

»Der Aufenthaltsort Schehades schuf ein Fenster an Möglichkeiten, das sich aller Wahrscheinlichkeit nach überhaupt nicht oder nicht in naher Zukunft wiederholen würde«, schloss eine Ermittlung später. »Er bildete eine tickende Zeitbombe, die entschärft werden musste.« Das Resultat war verheerend. Schehade wurde sofort getötet, genau wie sein Assistent Zaher Nassar und seine Frau. Aber auch seine Tochter Iman kam um, ebenso wie zehn weitere Zivilisten, darunter sieben Kinder, das jüngste nicht einmal ein Jahr alt. 150 Menschen wurden verwundet.

Der *Haaretz*-Reporter Gideon Levy, dessen Artikel und Kolumnen die Sorgen liberaler Israelis wegen der Not der Palästinenser widerspiegeln, traf wenige Stunden nach der Katastrophe am Schauplatz ein. Er erinnerte sich:

> Es hieß, man habe angenommen, die Hütten dort seien unbewohnt. Das waren zwei- und dreistöckige Gebäude – in ganz Gaza gibt es kein solches Gebäude, das nicht bewohnt ist. Die Leute, die es auf Schehade abgesehen hatten, wussten das.
>
> Ich bin keineswegs naiv oder sentimental. Wenn ich mich darauf verlassen könnte, dass es gewisse Grenzen für die Geheimdienste gibt, dann wäre ich gewiss für die Tötung eines Mannes wie Salah Schehade, sofern er allein ist und es möglich ist zu gewährleisten, dass kein anderer verletzt würde. Aber ich weiß, dass man sich unmöglich darauf verlassen kann, dass sie sich selbst Grenzen auferlegen. Es gibt keine Kontrolle, weder intern noch öffentlich, und am Ende machen sie, was sie wollen. Die Kosten-Nutzen-Rechnung der Tötungen ist furchtbar. Furchtbar. Dieser Fall ist reichlich Beweis dafür. Ganze Familien wurden ausgelöscht. Im Krankenhaus sah ich einen kleinen Jungen, der im Sterben lag, sein ganzer Körper steckte voller Splitter. Furchtbar.[18]

Avi Dichter begriff sofort die Konsequenzen. »Die Zielperson wurde ausgeschaltet«, sagte er, »doch die Operation ist gescheitert.«[19]

Merkwürdigerweise gab es kaum internationale Verurteilungen des Anschlags. Doch in Israel selbst kam es zu einer regelrechten Protestwelle. Die Medien, die in der Regel die von den Sprechern der Streitkräfte und des Schin Bet verlautbarten Stellungnahmen wiederholten, äußerten scharfe Kritik und schmückten anonym durchgesickerte gegenseitige Schuldzuweisungen unter den Beteiligten noch aus. Immer mehr Stimmen meldeten sich in Israel zu Wort, die Zweifel hatten, ob der Einsatz von Tötungen wirklich klug war.

Generalmajor Dan Halutz, der Kommandeur der Luftwaffe, der an der Operation nicht direkt beteiligt gewesen war, weil er sich im Ausland aufhielt, ärgerte sich über die Medien und wollte seinen Untergebenen zur Seite springen. Er gab der Zeitung *Haaretz* ein Interview, in dem er die Kritiker pauschal verurteilte und erklärte, dass einige von ihnen wegen Gefährdung der Staatssicherheit strafrechtlich verfolgt werden müssten. Halutz betonte, dass er seine Piloten voll und ganz unterstütze und die Ausschaltung Schehades absolut billige, auch wenn er »Bedauern über den Verlust von Menschenleben unter unbeteiligten Personen« äußerte.

Er erzählte, dass er kurz nach der Operation die an dem Bombenangriff beteiligten Flieger getroffen habe. »Männer, ihr könnt nachts ruhig schlafen«, sagte er ihnen. »Ihr habt genau das getan, was man euch befohlen hatte. Ihr seid nicht einen Millimeter nach links oder rechts abgewichen. Schickt all jene, die ein Problem damit haben, zu mir.«

Der ehemalige Pilot Halutz fügte hinzu: »Wenn ihr trotzdem wissen wollt, was ich empfinde, wenn ich eine Bombe abwerfe, dann werde ich es euch sagen: Ich spüre ein leises Zittern in der Tragfläche als Folge des Bombenabwurfs, nach einer Sekunde vergeht das, und das war's. Das empfinde ich dabei.«[20]

Das Interview, und insbesondere die Wendung »ein leises Zittern in der Tragfläche«, die in Israel inzwischen zum Synonym für die Gleichgültigkeit gegenüber den Leben Unschuldiger geworden ist, heizte die Gemüter nur noch mehr an. Sogar andere Flieger waren entsetzt. Der Pilot, der die Bombe abgeworfen hatte, scherte sich anfangs nicht darum, *wen* er treffen sollte – »Das ist nett«, sagte er, als sein Kommandeur ihm sagte, es sei Schehade –, sondern nur darum, ob es ein *guter* Treffer war. »Aber ein paar Tage später«, sagte er, »kamen drei Männer zum Geschwader. Drei Reservisten. Sie sagten: ›Was hast du getan? Du bist geflogen, du hast getötet, du hast gemordet.‹«

Ein Aufstand regte sich unter den Reservepiloten, die nach ihrer Entlassung in Friedenszeiten jede Woche einen Tag lang Dienst taten, im Krieg jedoch Vollzeit. Für gewöhnlich waren sie älter, hatten ein Leben als Zivilist geführt und sahen die Welt eher aus der Perspektive der demokratischen Regierung als der militärischen Oberhoheit. Einige Gruppen – Flieger und Reservisten der Sajeret Matkal – kündigten (unabhängig voneinander) in offenen Briefen an die Medien an, dass sie sich künftig weigern würden, an aggressiven Aktionen gegen Palästinenser, insbesondere an gezielten Tötungen, teilzunehmen. Die protestierenden Flieger und Soldaten wussten, dass sie für die Unterschrift unter die Briefe einen hohen Preis zahlen würden. In einer angespannten öffentlichen Atmosphäre, die durch das Blutvergießen der Selbstmordbomber entstanden war, wurden diese Erklärungen von vielen Israelis als nichts Geringeres als Verrat wahrgenommen und von einigen führenden Vertretern des Militärs als Befehlsverweigerung in Kriegszeiten.

Vor allem erstaunte die Unterschrift des ehemaligen Brigadegenerals Iftach Spector, eines Piloten, der den Rekord von zwölf abgeschossenen feindlichen Düsenjägern innehatte und den viele für den besten Kampfpiloten in der Geschichte der israelischen Luftwaffe hielten.[21] Ein weiterer Unterzeichner war Oberstleutnant Joel Peterberg, ein bekannter Hubschrauberpilot, den man für besondere Tapferkeit bei der Rettung einer Bodentruppe ausgezeichnet hatte. Der Trupp war im Libanon in einen Hinterhalt geraten.

»Schalom, mein Name ist Joel«, sagte er in einer Rede auf einer Protestkundgebung. »Ich war bei den Israelischen Verteidigungsstreitkräften Pilot der Kobra-, Apache- und Blackhawk-Hubschrauber, und heute weigere ich mich, in den israelischen Besatzungstruppen zu dienen. ... Wir sind Soldaten des Friedens. Wir werden den Krieg, den Tod und das Leid stoppen. Ihr seid Führer des Staates, Führer der Armee, und ihr werdet die Konsequenzen tragen müssen. Wenn nicht vor israelischen Gerichten, dann vor dem Gerichtshof in Den Haag, und wenn nicht in Den Haag, dann vor eurem Schöpfer.«[22]

Vor der Intifada waren gezielte Tötungen in erster Linie die geheime Sache kleiner, abgeschotteter Teams gewesen, die für den Mossad arbeiteten, jenseits der Grenzen des Landes. Sie wurden wohl im nationalen

Interesse durchgeführt, aber jede moralische Rechtfertigung beschränkte sich auf eine Handvoll Mitarbeiter und Minister. Sobald sich diese überschaubaren Operationen zu einem groß angelegten Tötungsapparat ausweiteten, wurden jedoch Tausende von Menschen zu Komplizen. Soldaten und Flieger, Schin-Bet-Leute, die Sachbearbeiter, die Informationen sammelten, filterten, analysierten und weitergaben – sie alle waren direkt daran beteiligt, häufig in wichtigeren Funktionen als jene, die tatsächlich die Tötung vollstreckten. Und im Sommer 2002 konnte kein Israeli behaupten, er habe nichts von dem gewusst, was in seinem Namen geschah.

Die Proteste stießen überwiegend auf wütende Zurückweisungen. Ehud Jatom, der ehemalige Schin-Bet-Mitarbeiter, der die beiden Häftlinge aus dem Bus der Linie 300 getötet hatte, war damals ein Politiker in Benjamin Netanjahus Likud (und sollte 2003 Knesset-Mitglied werden). Diejenigen, die den Dienst verweigerten, seien »Defätisten«, sagte er. »Sie müssen verurteilt, strafrechtlich verfolgt, der Abzeichen ihrer Einheit beraubt und aus dem Land gejagt werden.« Die israelischen Streitkräfte gaben bekannt, dass sie tatsächlich all jene herauswerfen würden, die ihre Unterschrift unter die Protestbriefe nicht zurückzogen.

Drei Tage nach dem Erscheinen der Briefe versammelten sich Ariel Scharons engste Berater auf seiner Farm *Havat Shikmim* im Süden Israels. Einer nannte den Brief »das Jammern von Defätisten«. Scharon erhob die Stimme gegen ihn. »Sie liegen falsch«, gab er zurück. »Das sind keine Beatniks, die sich mit Ohrringen und grünen Zöpfen zur Musterung melden. Es sind Menschen auf dieser Liste, die für Israel Kopf und Kragen riskiert haben.«

Scharon blickte seine Berater an. Er erkannte, wie finster die Lage inzwischen war. »Ein Feuer hat sich unter den Zedern ausgebreitet«, sagte er.[23]

31 Der Aufstand in Einheit 8200

Wenn ein Mensch stirbt, heißt es in einem Witz, so kommt er in den Himmel und tritt vor Gott auf seinem Thron. Der Herr fragt jeden neuen Toten, ob er im Himmel bleiben oder in die Hölle gestürzt werden wolle. Jeder gibt eine Antwort, Gott fällt sein Urteil, und dann tritt der Nächste vor.

Laut dem Witz ist der Letzte in der Schlange stets ein Offizier der Netzwerkaufklärung (»Network Intelligence Officer«, kurz NIO). Innerhalb der großen Militär- und Geheimdienstgemeinde sind die Netzwerker diejenigen, die aus der gigantischen Datenflut, die jeden Tag eingeht, jene Häppchen herauspicken, bei denen es sich lohnt, weiter nachzuforschen. Sie entscheiden, was wichtig ist und was nicht. Sie entscheiden also in gewisser Weise, welche Menschen vor Gottes Thron Schlange stehen werden.

Der Offizier tritt vor. »Und wohin möchtest du?«, fragt Gott.

»Nirgendwohin«, sagt der Netzwerker leicht genervt. »Du sitzt auf meinem Stuhl.«

»Amir« (Name geändert)[1] war ein Netzwerkaufklärer, ein intelligenter junger Mann, den man in die Einheit 8200 geschickt hatte, eine der angesehensten Abteilungen in den Israelischen Verteidigungsstreitkräften. Er arbeitete wie alle Netzwerkaufklärer in einer Basis, die von Stahlbeton geschützt war, und überwachte Informationen. Der größte Teil des eingehenden Materials konnte nicht übersetzt und bearbeitet werden, weil die Menge schlichtweg zu groß und die Zeit zu knapp war. Die Aufgabe des NIO war es also zu entscheiden, welche Kommunikationskanäle mitgehört und welche Sendungen abgefangen werden sollten. Soldaten wie Amir entschieden, welche von seinen Untergebenen ausgesiebten Informationshäppchen übersetzt und weitergeleitet wurden. Er war der Endredakteur des »Artikels«, wie Geheimdienstbotschaften in Einheit 8200 genannt wurden; er schrieb die Überschrift und entschied, wer ihn lesen sollte. Zum Beispiel musste er entscheiden, ob der Sprecher in einem abgefangenen Gespräch ein harmloser Ladenbesitzer war, der eine Ware bestellt, oder ein Dschihadist, der verschlüsselte Anweisungen zum Bau einer Bombe weitergibt. Wenn er einen Fehler machte, starben unter Umständen unschuldige Menschen – auf der einen Seite Israelis, auf der anderen ein unglücklicher Ladenbesitzer. Zudem musste er das alles sehr schnell erledigen.

Offiziell waren Amir und seinen Kollegen in der Basis Turban von Einheit 8200 für das Stoppen der Terroranschläge verantwortlich. Inoffiziell beschlossen sie, wen Israel tötete. Gewiss, der Ministerpräsident war derjenige, der gezielte Tötungen genehmigte, und zwischen ihnen und dessen Büro lag eine lange Befehlskette. Aber die Politiker billigten lediglich die Empfehlungen der Geheimdienste, die letztlich zum großen Teil vom NIO verfasst wurden. »Unser Anteil an der Auswahl der Ziele für Tötungen war enorm«, sagte ein Netzwerkaufklärer. »Ich konnte entscheiden, ob jemand, nach meiner Einschätzung, der Koordinator einer Zelle war, ob wir uns klar ›auf ihn festlegen‹ und genügend Informationen beschaffen, um ihn als Zielperson für die Ausschaltung zu fokussieren. Wenn der Mann wirklich mit Terrorakten zu tun hatte, war das ein Prozess, der ein paar Wochen dauerte, nicht länger.«[2]

Häufig wählte Einheit 8200 auch die Gebäude aus, die bombardiert werden sollten. Scharon machte, genau wie Stabschef Mosche Jaalon, die Palästinensische Autonomiebehörde für jeden Terroranschlag voll verantwortlich, auch wenn die Täter aus Organisationen kamen, die die Autonomiebehörde ablehnten: aus der Hamas und dem Palästinensischen Islamischen Dschihad. Als Folge ergriff Israel nach jedem Anschlag Strafmaßnahmen gegen die Autonomiebehörde und bombardierte deren Einrichtungen. Meist handelte es sich um Büroräume der zivilen Regierung, und die selben Räumlichkeiten wurden oft mehrfach bombardiert, selbst nachdem sie zerstört und verlassen worden waren. Diese Bombardements waren eine Möglichkeit, den Palästinensern eine Botschaft zu vermitteln, aber auch schlicht eine Option für Israels Politiker und Soldaten, ihren Frust und ihre Wut auszudrücken.

»Die Ziele für Strafbombardierungen wurden nicht ausgewählt, um ein konkretes militärisches Ziel zu erreichen«, sagte Amir, »sondern waren eine politische Botschaft, die sich einfach auf die Formel ›Wir zeigen es denen‹ reduzieren lässt.«

Zunächst setzte die israelische Regierung die palästinensische Führung noch davon in Kenntnis, dass die Luftwaffe im Begriff war, ein bestimmtes Gebäude zu zerstören, um den Menschen im Innern Zeit für die Evakuierung zu geben. Doch im Lauf der Zeit ließ das nach, und gegen Ende 2002 bombardierte die Luftwaffe häufig nachts, ohne Vorwarnung, in der Annahme, dass die Gebäude um diese Zeit leer ständen. Es handelte sich, größtenteils, um einen rein symbolischen Feldzug.

Am 5. Januar 2003 gelangten zwei Selbstmordbomber aus den Al-Aqsa-Märtyrerbrigaden der Fatah nach Tel Aviv und machten sich auf den Weg zum alten, zentralen Busbahnhof. Um 18.26 Uhr sprengten sie sich in der Nähe des Zentrums von Tel Aviv in die Luft. Am Ende betrug die Zahl der Todesopfer 23, dazu gab es über 100 Verwundete. Unter ihnen waren viele Babys und Kinder.

Die Autonomiebehörde verurteilte den Anschlag und versprach, alles zu tun, um die Männer, die ihn geplant hatten, zu fassen. Die Israelis hatten jedoch Zweifel an der Aufrichtigkeit dieser Verurteilung. Immerhin kamen die Bomber aus einer Organisation, die der Fatah angehörte, die wiederum unter Arafats Kommando stand. Die meisten Führungskräfte der Autonomiebehörde stammten aus der Fatah.

Ministerpräsident Scharon berief sofort das Verteidigungsestablishment zur Beratung in sein Büro, und sie beschlossen, die Maßnahmen gegen die Palästinensische Autonomiebehörde zu verschärfen.

Nach dieser Sitzung, keine drei Stunden nach dem Terroranschlag, beschloss Stabschef Jaalon, das Objekt Nummer 7068 zu bombardieren – der Deckname für das Büro des Fatah-Ablegers in dem Ort Chan Junis im Gazastreifen. Dieses Mal würde es keine Warnung geben, und der Angriff würde auch nicht nachts erfolgen. Die Israelischen Streitkräfte wollten vielmehr abwarten, ganz bewusst und geduldig, bis sich Leute in dem Gebäude aufhielten.

Um 23.45 Uhr reichte die Zielabteilung (Anaf Matarot) im AMAN-Hauptquartier bei der Basis Turban der Einheit 8200 das Gesuch ein, Informationen über das Fatah-Gebäude in Chan Junis zu beschaffen.

Turban schickte am nächsten Tag um 12.31 Uhr seinen Bericht über das ausgewählte Ziel.

Laut dem Bericht stand Objekt 7068 nicht mit Terrorakten in Verbindung. Der Sachbearbeiter, der die Ermittlung zu dem Ort durchgeführt hatte, schrieb ganz schlicht und unmissverständlich: »Nicht bombardieren – sie haben nichts Böses getan.«

»Das war eine sehr unförmliche Ausdrucksweise«, so Amir, »und natürlich musste ich den Wortlaut in eine geschäftsmäßigere Wendung ändern, ehe ich das Telegramm abschickte. Aber seine Überschrift gab den Inhalt des Berichts sehr gut wieder. Dort fand keine mit dem Terror zusammenhängende Tätigkeit statt, lediglich routinemäßige Büroarbeit bezüglich lokaler politischer Aktivisten oder des Auszahlens von Sozialhilfe und Gehältern. Es handelte sich um die Entsprechung eines Gewerkschaftsbüros im Gazastreifen.«

Früh am nächsten Morgen teilte Amir, der annahm, Objekt 7068 sei lediglich ein weiterer symbolischer Gegenschlag, dem AMAN-Hauptquartier mit, dass sich niemand in dem Gebäude aufhalte und die Operation starten könne.

»Sie liegt auf Eis«, erfuhr er von einem Vertreter in der Zielabteilung des AMAN. »Sie warten ab, bis das Büro öffnet.«

»Wie bitte? Wen erwarten sie denn?«

»Niemanden. Es geht nicht um eine bestimmte Person; einfach irgendjemand. Teilen Sie uns mit, wenn jemand das Gebäude betritt.«

Das schien merkwürdig. Amir glaubte, es müsse sich um ein Missverständnis handeln. Die Anwesenheit von Zivilisten in einem Gebäude war ein Grund, die Operation abzusagen, nicht zuzuschlagen. Das Warten auf Menschen – Bürokraten, Reinigungskräfte, Sekretärinnen – widersprach direkt dem juristischen Gutachten Finkelsteins von 2001. Ein Angriff auf Zivilisten war tatsächlich ein Kriegsverbrechen.

Aber es handelte sich nicht um ein Missverständnis. Die Zielabteilung gab einen schriftlichen Befehl aus, damit alle Beteiligten wussten, dass sie auf »ein Anzeichen« warteten, dass das Gebäude bewohnt war: »Anzeichen = ein Versuch, einen Telefonanruf oder eine Unterhaltung am Telefon zu tätigen. Warten Sie nicht ab, bis der Sprecher sich mit Namen meldet, geschweige denn, bis irgendein Gespräch stattgefunden hat. Jedes

Anzeichen für eine Behausung des Gebäudes ist zu melden, ohne Bezug zu der Identität des Sprechers oder zum Inhalt des Gesprächs.« Mit anderen Worten, die Absicht lautete schlicht, jemanden zu töten – egal wen.[3]

Der Befehl ließ einigen Netzwerkaufklärern keine Ruhe, die jedoch nur in der Kantine wagten, darüber zu reden. »Wir saßen da, drei NIOs beim Abendessen«, erinnert sich Amir. »Und einer sagte, halb im Scherz, aber in Wirklichkeit ernsthaft: ›Sag mal, ist das nicht exakt die Definition eines offensichtlich illegalen Befehls?‹ Er sagte es spontan, nicht sonderlich nachdrücklich, aber es gab uns zu denken. Womöglich überschritten wir hier tatsächlich eine rote Linie? Womöglich war das etwas Anstößiges? Wie konnten wir wissen, wen wir umbrachten? Vielleicht war es ein Kind aus einer Schule in der Nähe, das zum Telefonieren hineinging. Vielleicht war es ein Schalterbeamter, der kam, um UN-Hilfsgelder zu verteilen, oder eine Reinigungskraft, die früh kam, vor den Öffnungszeiten.«[4]

Die Tatsache, dass so ein Gespräch unter Mitgliedern der Einheit 8200 stattfand, war bezeichnend. Immerhin war das die Einheit, die mit allen Mitteln versucht hatte, den AMAN in den Tagen vor dem Überraschungsangriff auf Israel im Oktober 1973 zu warnen. Eindringlich hatte sie damals darauf hingewiesen, Ägypten und Syrien seien im Begriff, in den Krieg zu ziehen.

Im Zuge dieses Versäumnisses wählten »wir bewusst eigensinnige Menschen für den Posten des Netzwerkaufklärungsoffiziers aus, Menschen, die außerhalb von eingefahrenen Mustern denken und keine Angst haben, ihre Meinung zu äußern«, sagte Professor Ejal Zisser, ein prominenter Experte für den Nahen Osten der Universität Tel Aviv, der als Leiter des Auswahlkomitees für Offiziere der Netzwerkaufklärung seinen Reservedienst leistete.[5]

Wegen ihres Zugangs zu hochsensiblem Material in einem sehr jungen Alter bemühte sich die Armee, den Netzwerkern während ihrer langen Ausbildung ein Gespür für ihre moralische und juristische Verantwortung einzuimpfen. Eine Unterrichtseinheit behandelte etwa die Bürgerrechte und Verletzungen dieser Rechte, die gelegentlich als Folge des Anzapfens von Telefonleitungen eintreten. Den Auszubildenden wurde gesagt, dass sie auf keinen Fall die enorme Macht, die ihnen verliehen wird, für einen anderen Zweck nutzen durften als für die Beschaffung von Informationen, die der Sicherheit des Staates dienen. Das Fallbeispiel, das benutzt wurde, bezog sich auf einen Vorfall im Jahr 1995, bei dem einige Leute aus Einheit 8200 versuchten, Anrufe im Zusammenhang mit Osama bin Laden zu lokalisieren. Versehentlich schalteten sie sich in ein Gespräch über Mobiltelefon zwischen Tom Cruise, der zu der Zeit im Nahen Osten arbeitete, und seiner damaligen Frau Nicole Kidman ein und zeichneten es dann absichtlich auf.[6] Anschließend gaben sie die Aufzeichnung an ihre Kumpels weiter und lasen das Transkript laut vor.

»Und wenn *dieses* Belauschen als verbotene und unmoralische Handlung angesehen wurde«, so Amir, »liegt auf der Hand, dass eine Bombardierung des Gebäudes untersagt werden sollte. Je mehr ich darüber nachdachte, desto stärker wurde mir klar, dass es unzulässig war, so einen Befehl auszuführen.«

Amir besprach die Angelegenheit mit einem hohen Offizier der Netzwerkaufklärung und dem Kommando von 8200. Das Kommando sagte, sie würden verstehen, »dass es ein Problem gab« und dass die Operation bis auf Weiteres auf Eis gelegt werde. »Das stellte mich zufrieden, und ich konnte zurück an meinen Posten gehen, den ich gegen zwei Uhr morgens schloss, in der Überzeugung, dass wir die Geschichte hinter uns hätten.«

Doch am nächsten Morgen, als er sich wieder an seinen Arbeitsplatz setzte und anfing, die Leute der Schicht anzuweisen, erhielt er einen Anruf aus der Zielabteilung. Man teilte ihm mit, dass die Bombardierung des Fatah-Ablegers in Chan Junis in Kürze beginnen werde. Amir protestierte, doch der Offizier am anderen Ende der verschlüsselten Leitung wurde wütend.

»Warum erscheint Ihnen das so offensichtlich illegal? Das sind doch alle Araber. Die sind alle Terroristen.«

»In meiner Einheit«, erklärte ihm Amir, »unterscheiden wir ganz klar zwischen Terroristen und solchen, die nicht darin verwickelt sind, wie Menschen, die routinemäßig das Zielgebäude nutzen.«

Aber er konnte keinen überzeugen, und inzwischen hatte die Operation bereits begonnen. Zwei bewaffnete F-16-Kampfflugzeuge kreisten über dem Mittelmeer und warteten auf den Befehl. Eine Drohne fotografierte das Gebäude aus der Ferne. Sobald Amir ihnen sagte, dass sich jemand in dem Haus aufhielt, würden zwei Hellfire-Raketen darauf abgefeuert werden.

Amir beschloss, da nicht mitzuspielen. Das Feuer unter den Zedern weitete sich aus.

Beim Kommando von 8200 gingen erste ungeduldige Anrufe von der Luftwaffe und vom AMAN ein. »Sie sagten: ›Hör mal, eure Einheit weigert sich, uns die und die Information zu geben‹«, erinnert sich Brigadegeneral Jair Cohen, der damalige Kommandeur von Einheit 8200, noch gut. »Ich sagte, sie müssten sich irren, dass es in 8200 so etwas nicht gebe, Informationen nicht zu liefern, dass das noch nie vorgekommen sei und auch nie vorkommen werde.«[7]

Um 10.05 Uhr erhielt Amir einen Anruf von seinem Kommando. »Jair [Cohen] sagt, es ist jetzt nicht die Zeit, Fragen zu stellen«, wurde ihm mitgeteilt, »sondern zu handeln.« Laut Einsatzbefehl musste der Bombenangriff vor 11.30 Uhr abgeschlossen sein, wenn Kinder auf einen Schulhof in der Nachbarschaft strömen würden.

»Das ist ein eindeutig gesetzwidriger Befehl, und ich habe nicht die Absicht, ihn zu befolgen«, sagte Amir. »Die Tatsache, dass der Kommandeur ihn für gesetzlich erklärt hat, macht ihn noch lange nicht gesetzlich.«

Es trat eine Pause ein. »Ich habe die Botschaft vom Kommandeur weitergeleitet, wie sie ausgegeben wurde«, wurde Amir gesagt. »Ich bin froh, dass ich in diesem Moment nicht auf Ihrem Platz sitze.«[8]

Ein paar Minuten später teilte einer der Soldaten Amir mit, dass im Innern des Fatah-Gebäudes Telefonanrufe getätigt würden. Ein Mann befasste sich mit Lohnzahlungen und versuchte, Geld für einige Angestellte zu beschaffen, trotz der harten Zeiten in der Palästinensischen Autonomiebehörde und des anhaltenden Krieges. Eine Sekretärin tratschte über einen lokalen Frauenheld.

Das war die Freigabe. Der F-16 könnte feuern. Israel könnte sie beide töten.

Amir saß in seinem Stuhl als diensthabender Offizier der Netzwerkaufklärung. »Eine gewisse Gelassenheit überkam mich«, sagte er. »Ich hatte das Gefühl, dass es nur eine richtige Handlungsweise gab. Für mich war klar, dass diese Operation nicht fortgesetzt werden durfte, dass sie eine rote Linie überschritt, dass es ein eindeutig gesetzwidriger Befehl war, über dem eine schwarze Fahne wehte, und dass es meine Pflicht als Soldat und als Mensch war, die Ausführung zu verweigern.«

Er befahl, die Information nicht weiterzugeben. Er ordnete an, die gesamte Tätigkeit einzustellen.

Um 10.50 Uhr, nur 40 Minuten vor Schließung des Zeitfensters, traf Amirs direkter Vorgesetzter Y. an dem Stützpunkt ein, enthob Amir seines Postens und übernahm selbst den Platz des Netzwerkoffiziers.[9] Er wies einen Soldaten an zu melden, dass sich in dem Gebäude Personen aufhielten. Das Bombardement konnte vonstattengehen.

Aber es war bereits zu spät: Die Flugzeuge waren zum Stützpunkt, dem Flugplatz Tel Nof, zurückgekehrt. Jetzt wurde die Information an sie weitergeleitet, und sie starteten erneut, aber als sie das Ziel im Visier hatten, zeigte die Uhr bereits 11.25 Uhr an, und die Schulglocke klingelte.

Am selben Abend schickte das Kommando von 8200 dem Chef des AMAN eine dringende Nachricht, in der die ernsten Bedenken bezüglich der Operation geäußert wurden. Sie wurden an den Verteidigungsminister weitergeleitet, der die Absage des Angriffs auf Objekt 7068 anordnete.

Das war eine eindeutige Rechtfertigung von Amirs moralischem Standpunkt, aber es war zu spät, um den Sturm zum Schweigen zu bringen, den die »Meuterei in 8200« beim Militär ausgelöst hatte. Das Kommando der Einheit geriet von allen Seiten des Verteidigungsestablishments unter Beschuss – sogar Ministerpräsident Scharon gab bekannt, dass er das, was durchgesickert war, sehr missbillige. Brigadegeneral Cohen wurde zu einer Sitzung des Generalstabs einberufen, die sich ausschließlich mit Amir befasste. Er müsse vor ein Kriegsgericht gestellt werden, argumentierten die Offiziere, und mindestens sechs Monate ins Gefängnis gesteckt werden. Ein General ging noch weiter: »Dieser Offizier sollte wegen Hochverrats verurteilt und vor ein Erschießungskommando gestellt werden.«

Die Proteste einiger Flieger nach dem Bombenangriff auf Schehade einige Monate zuvor und die Weigerung von Leuten der Sajeret Matkal, an gezielten Tötungen teilzunehmen, waren allen noch gut in Erinnerung. Jemand, möglicherweise aus einer Konkurrenzeinheit von 8200, ließ die Story an die Medien durchsickern. In dem Bericht wurden keine Details genannt, aber in Anbetracht der angespannten Atmosphäre reichte das aus, um Demonstranten der Linken ebenso wie der Rechten auf die Straße zu bringen. Obwohl in wenigen Tagen Knesset-Wahlen anstanden, befassten sich viele Schlagzeilen mit den »Verweigerern«.

Die Militär- und die Geheimdienstführung befürchteten, dass Amir der erste von vielen Soldaten sein könnte, die den Befehl verweigerten. Aus der Sicht der Befehlshabenden ließ die Niederschlagung eines Palästinenseraufstands wenig Spielraum für weiche, liberale Verweigerer.

»Einheit 8200 ist der Inbegriff der Kultur der Verschwiegenheit, stets weit außerhalb des Rampenlichts, immer allein, isoliert vom Rest der Armee, hochqualifiziert und verdeckt«, sagte ein Mann, der damals einen hohen Posten innehatte. »Auf einmal fand sie sich selbst im Scheinwerferlicht innerhalb der Streitkräfte wieder, noch dazu in einem so negativen Kontext wie möglich. Alle sagen ständig, die Soldaten von 8200 seien verhätschelte Kids aus dem besten Viertel von Tel Aviv, die in die Armee gehen und die beste Ausbildung auf der Welt bekommen und dann mit ihren Fähigkeiten in Hightech-Start-up-Unternehmen Kasse machten, und dass sie bestimmt alle Linke und Homos wären. Die Einheit bemüht sich unablässig, gegen dieses Image anzukämpfen, und plötzlich wird ihr das Etikett aufgedrückt, sie stecke voller Anarchisten, die den Befehl verweigern.«[10]

Amirs Argument, dass ein Befehl, der einem Befehl zum Mord an Zivilisten gleichkomme, eindeutig gesetzwidrig sei, wurde vom Militär kurzerhand zurückgewiesen. Nur jemand, der tatsächlich den Abzug betätigt, und kein anderer, der an der Operation beteiligt sei, könne sich aus der Überzeugung weigern, dass so ein Tötungsbefehl illegal sei, erklärte Generalmajor Elasar Stern, der Chef der Personalverwaltung der Streitkräfte.[11] Professor Asa Kascher, ein Philosoph, wurde von dem Kommandeur von Einheit 8200 eingeladen, um über das Thema zu sprechen. Er sei überzeugt, dass Amirs Handlungsweise aus moralischer Sicht falsch gewesen sei. »Ich konnte unter keinen Umständen die Tat des NIO billigen«, sagte er. »In der Situation, die dort bestand, als der Betreffende NIO in einer fernen Basis war, da fehlte ihm die moralische Autorität zu entscheiden, dass der Befehl eindeutig illegal sei. Er kannte nicht die ganze Geschichte. Er sah nicht das ganze Bild, und er wusste nichts über die allgemeine Taktik, für die sich der Stabschef entschieden hatte. ... Ich bin dafür, Fragen zu stellen und Zweifel anzusprechen, aber ein Befehl sollte in solchen Momenten nicht verweigert werden.«[12]

Amir wurde in aller Stille entlassen, ohne dass man Anklage erhob. Den Gerichten wurde so keine Gelegenheit gegeben zu entscheiden, ob der Befehl, die Zivilisten in Objekt 7068 zu töten, legal gewesen war.

Die Operation gegen Objekt 7068 hatte gegen die Richtlinien verstoßen, die der Militärstaatsanwalt aus der Abteilung für Internationales Recht vorgegeben hatte: dass das Ziel einer Ausschaltung eine Person sein muss, die unmittelbar mit dem Terror in Verbindung stand. Doch das war nicht die einzige Richtlinie, die inzwischen allzu häufig missachtet wurde – Teil eines allgemeinen Absinkens in den herrschenden moralischen und juristischen Normen.

Es gab auch eine Richtlinie, die jedes Mal, wenn unschuldige Zivilisten zusammen mit der Zielperson ums Leben kamen, eine Untersuchung verlangte. Genau genommen wurde dieses Protokoll so gut wie nie befolgt. Die Ermittlung zu dem Anschlag auf Schehade, die letztlich zu dem Schluss kam, dass man keinem die Schuld am Tod von zwölf Zivilisten geben könne, war die Ausnahme. Und selbst diese Ermittlung wurde erst nach massivem öffentlichen und internationalen Druck auf die israelische Regierung eingeleitet.

Eine weitere häufig missachtete Richtlinie besagte, dass man nicht zu Tötungen greifen solle, sofern es eine »vernünftige Haftalternative« gebe – wenn der Terrorist also in Gewahrsam genommen werden konnte, ohne das Leben von Soldaten oder Zivilisten zu gefährden. Alon Kastiel, ein Soldat in der Aufklärungsabteilung der Einheit Duvdevan, sagte: »Alles an meinem Wehrdienst änderte sich nach dem Ausbruch der Intifada. Davor gaben wir uns sehr große Mühe, gesuchte Männer lebend zu ergreifen. Nach dem Ausbruch wurde diese Vorgehensweise beendet. Es war offensichtlich, dass wir es darauf anlegten zu töten.«[13]

Die Einsatzbefehle aus jener Phase lassen darauf schließen, dass man davon ausging, dass der Gesuchte in dem Moment, wo er identifiziert wurde, sofort getötet würde. Bei der Operation »Zwei Türme« widerspricht sich beispielsweise der Einsatzbefehl sogar selbst: »1. Das Ziel ist die Verhaftung; 2. Wenn die ›Bestätigung‹ [positive Identifizierung] eines hohen Tiers im PIJ [Palästinensischen Islamischen Dschihad] Walid Obeid, Siad Malaischa, Adham Junis lautet, ist das Kommando autorisiert, ein Abfangen auszuführen.« Die Bezeichnung »Abfangen« ist ein weiterer Euphemismus für »Beseitigung« oder »Töten« und wurde häufig als Möglichkeit, die Richtlinien der Rechtsabteilung zu umgehen, verwendet. Die Operation verlief entsprechend: Malaischa wurde »bestätigt« und »abgefangen«, sprich: erschossen.[14]

Ein weiterer Verstoß gegen das Protokoll der Rechtsabteilung trat regelmäßig als Folge der Bestimmung ein, dass lediglich der Ministerpräsident die Vollmacht besaß, gezielte Tötungsoperationen zu billigen. AMAN-Vertreter ärgerten sich darüber, dass Scharon dem Schin Bet die Gesamtvollmacht für Tötungen erteilt hatte.

Um die Richtlinien zu umgehen, richtete der AMAN einen identischen Parallel-Apparat ein, damit er, ohne Scharons Zustimmung, »Abfangoperationen«, wie er es nannte, gegen jeden durchführen konnte, der mit der Beschaffung, Entwicklung, Lagerung, Beförderung oder dem Einsatz von Waffen im Namen terroristischer Organisationen zu tun hatte. »Die Befehle hinderten mich daran, Tötungen auszuführen, aber kein Mensch verbot uns, auf jeden zu schießen, der Kassam[-Raketen] abschoss oder Sprengstoff transportierte«, sagte ein hoher AMAN-Offizier.[15]

In manchen Fällen wurde eine Lieferung von Waffen oder ein Raketen-Abschuss-Kommando tatsächlich in Echtzeit erkannt, sodass die Tötung in der Tat gerechtfertigt war. Aber häufig war »Abfangen« einfach ein anderes Wort für eine im Voraus geplante Tötung, weil der AMAN den Tod einer bestimmten Person wünschte. »Wir nannten es Abfangen, aber es war natürlich Tötung«, so ein AMAN-Vertreter. »Wir leiteten eine Operation nach der anderen, ohne aufzuhören.« Einige davon waren legitime militärische Aktionen, andere waren Tötungen wichtiger Terroristen, und viele lagen in einer Grauzone zwischen den beiden.[16]

Im Lauf der Zeit ließen sich die Militär- und Geheimdienstkreise immer raffiniertere Methoden einfallen, um die offiziellen Protokolle zu umgehen. Die Israelischen Verteidigungsstreitkräfte hatten die Anweisungen zum Eröffnen des Feuers stark ausgeweitet, dahingehend, dass Soldaten in einem von Terroristen befallenen Gebiet angewiesen wurden, ohne Warnung auf jeden zu schießen, der irgendeine Feuerwaffe, einen Molotow-Cocktail oder einen Sprengsatz in der Hand hält, und anschließend den Tod zu bestätigen. Um Situationen zu schaffen, in denen bewaffnete mutmaßliche Terroristen aus ihren Verstecken hervorkamen und sich auf Straßen und Gassen zeigten, wo sie dem israelischen Feuer ausgesetzt waren, wurde eine Vorgehensweise mit dem Decknamen »Strohwitwe« entwickelt.

Während des Konflikts in den besetzten Gebieten kamen mehrere Varianten der Strohwitwen-Technik zum Einsatz, die Bewaffnete aus ihren Verstecken lockte und dem Feuer eines getarnten Heckenschützen aussetzte. In einer Variante verhaftete eine israelische Truppe einen Kameraden der Terroristen auf offener Straße und lockte so bewaffnete Freunde ins Freie, um die Israelis anzugreifen. In einer anderen fuhr ein Panzerwagen eine Straße auf und ab, mit einem Lautsprecher, der eine Aufzeichnung arabischer Provokationen verkündete wie: »Wo sind denn die großen Helden der Issedin-al-Kassam? Warum zeigt ihr euch nicht und kämpft? Schauen wir mal, ob ihr Männer seid.« Oder noch provokativer: »Der ganze Dschihad besteht aus Schwuchteln«; oder: »Die Hamas sind Hurensöhne. Eure Mütter gehen auf den Strich und lassen jeden ran, der will.« Das sind noch die kultivierteren Äußerungen – andere eignen sich noch weniger für den Druck. Vielleicht ein wenig erstaunlich, doch die Methode hat gut funktioniert. Bewaffnete verließen ihre Deckung, um auf das Fahrzeug zu schießen, und starben, als ein Heckenschütze sie erwischte, der sich in einer benachbarten Wohnung versteckte.[17]

Durch Strohwitwen-Operationen kamen Dutzende bewaffneter Männer aus allen palästinensischen Organisationen ums Leben. Aus Sicht des Militärs funktionierte das System, und die Streitkräfte verschafften sich eine relative Handlungsfreiheit auf den Straßen palästinensischer Städte. Die Gesetzmäßigkeit dieser Operationen ist jedoch bestenfalls fragwürdig.

Im Sommer 2002 gelang es dem Schin Bet und seinen Partnern, über 80 Prozent der Anschläge zu stoppen, bevor sie tödlich endeten. Die gezielten Tötungen retteten eindeutig Menschenleben. Doch in den Statistiken zeigte sich auch eine beunruhigende Tendenz: Die Zahl der *versuchten* Anschläge stieg an. Statt erschöpft aufzugeben, brachten die Palästinenser immer mehr Attentäter hervor.[18] Das hieß, dass sich Israel auf mehr Zielpersonen konzentrieren musste. Aber es nährte auch die Angst, dass die Terrorgruppen mit der Zeit aus jeder einzelnen Niederlage lernten, sich anpassten und klüger und gnadenloser würden, was zu einer potenziell endlosen Eskalation in einem potenziell endlosen Krieg führen würde.

»Wir hatten das Gefühl, dass uns ungefähr noch ein Jahr blieb, vielleicht ein bisschen länger, um ihnen einen so schweren Schlag zu versetzen, dass es die ganze Sache, aus ihrer Sicht, nicht wert war«, sagte ein hoher Schin-Bet-Vertreter aus dieser Zeit.[19]

Diese Befürchtung führte zu einem neuen Plan mit dem Decknamen »Windröschen pflücken«. Obwohl Israel bereits jedem Mitglied jener Organisationen, die Teil der »tickenden Infrastruktur« waren, den Krieg erklärt hatte, hatte es bislang die politischen Führer nie angerührt. Doch die Überlegungen hatten sich weiterentwickelt. »In der Hamas gab es keine Unterscheidung zwischen dem politischen und dem bewaffneten Arm«, so AMAN-Chef Generalmajor Seevi-Farkasch. »Die Führer, die ›politisch‹ genannt werden, sind an allem beteiligt. Sie bestimmen die Linie und geben Befehle, wann Anschläge ausgeführt werden und wann man davon absieht.« Genau genommen sei der einzige Zweck für die Ausrufung eines politischen Arms, so wurde argumentiert, sich einen internationalen Status zu verschaffen und gewissen Führern Immunität vor einer Tötung zu sichern. »Wir mussten eine eindeutige Abschreckung aufbauen«, sagte Seevi-Farkasch. »Einen politischen Arm, dem wir kein Haar krümmen, gibt es schlichtweg nicht.«[20]

Jeder Führer der Hamas und des Palästinensischen Islamischen Dschihad war somit eine Zielperson. Der Plan lautete, sie alle zu töten.

32 Windröschen pflücken

Ibrahim al-Makadmeh wusste, dass ihn die Israelis töten würden. Zumindest hätte er es wissen sollen, hatte ihn doch der Geheimdienst der Palästinenserbehörde entsprechend informiert. Dieser wiederum hatte es von einem Doppelagenten des Schin Bet erfahren, der sagte, die Israelis hätten ihn gebeten, Makadmeh zu beschatten. Warum sollte der Schin Bet über sein Kommen und Gehen Bescheid wissen wollen, wenn nicht, um ihn zu töten?[1]

Vielleicht glaubte er es nicht. Makadmeh hatte einige Bücher und Artikel über Religion, den Dschihad und die jüdische Einwanderung nach Palästina geschrieben, und er war Islamtheoretiker. Als extremistischer Hamas-Stratege befürwortete er einen heiligen Krieg zur Vernichtung des jüdischen Staates und diente als Mittelsmann zwischen dem politischen und dem militärischen Flügel der Organisation. Außerdem war er Zahnarzt und ein beliebter Dozent an der Islamischen Universität von Gaza. Er war ein gelehrter Akademiker, der sich die meiste Zeit intensiv mit Politik befasste, anstatt direkt an Terrorakten beteiligt zu sein.

Die Palästinensische Autonomiebehörde riet ihm, eine Weile unterzutauchen und abzuwarten, bis die Israelis es leid seien, nach ihm zu suchen. Makadmeh ignorierte diese Warnung und hielt weiterhin Vorlesungen an der Universität. Am Morgen des 8. März 2003 um 9.30 Uhr holten ihn sein Assistent und zwei Personenschützer zu Hause im Viertel Sheikh Radwan in Gaza-Stadt ab.

Eine israelische Drohne sah zu.

Der Assistent rief im Büro des Universitätsdekans an, um ihm mitzuteilen, dass Makadmeh bald dort sein werde und davon ausgehe, dass ihn seine Studenten im Vortragssaal erwarteten. »Obwohl er damit sein

Leben aufs Spiel setzt«, fügte der Assistent hinzu – eine dramatische Ausschmückung, an die er vermutlich selbst nicht recht glaubte.

Makadmeh, der Assistent und die Personenschützer gelangten etwa 300 Meter weit auf der Al-Jalaa-Straße, bevor zwei Apache-Helikopter das Feuer eröffneten und ihren Wagen mit vier Hellfire-Raketen zerstörten.

Zusammen mit einem auf der Straße spielenden Kind wurden sie zu den ersten Opfern der Operation »Windröschen pflücken«, die Scharon und sein Sicherheitskabinett Anfang 2003 genehmigt hatten. Dieser lag die Annahme zugrunde, dass die Bestrebungen der dschihadistischen Terrororganisationen, ihre Anhänger zu Selbstmordattentaten zu motivieren, eine andere Dimension annehmen würden, wenn man ein Preisschild daran anbrächte, nämlich ihr eigenes Leben. Oder, wie es Amos Gilad, Leiter des Stabes für politische Sicherheit im Verteidigungsministerium, umschrieb: »Alle wissen, dass die 72 Jungfrauen im Paradies eine Option sind, die sich nicht nachweisen lässt, und sie, die Anführer, sind schlicht nicht bereit, es selbst herauszufinden.«[2]

Die Operation »Windröschen pflücken« war nuancierter als die großflächige Attentatskampagne gegen politische Führer, die AMAN-Chef General Seevi-Farkasch gefordert hatte. Tatsächlich betraf die Operation nicht *alle* Anführer der Hamas und des Palästinensischen Islamischen Dschihad. Scheich Jassin etwa, der Gründer der Hamas, fand sich nicht auf der ursprünglichen Liste von Zielpersonen, aus Angst, dass sich im Falle seiner Tötung noch mehr Palästinenser dem Kampf anschließen würden. Im Grunde aber ging es um dasselbe: Man wollte die Hamas und den PIJ wissen lassen, dass es keinen Schutz mehr bot, wenn man sich selbst als politischer Funktionär bezeichnete.[3]

Die Definition der Parameter war das Ergebnis monatelanger Debatten, ebenso wie die Übereinkunft, dass derlei Tötungen legal, moralisch in Ordnung und vor allem strategisch wichtig seien. »Analogien zwischen dem Terrorismus und einer Schlange zu ziehen, die nicht mehr gefährlich ist, wenn man ihr den Kopf abhackt, ist eine derart starke Vereinfachung, dass es besorgniserregend ist, anzunehmen, dass irgendjemand das glaubt«, argumentierte Ami Ajalon, Avi Dichters Vorgänger als Direktor des Schin Bet. »Eine Terrororganisation ist wie eine Matrix aufgebaut.

Selbst wenn sie einen Kopf besitzt, dann ist es ein ideologischer Kopf, der den operativen Kopf kaum steuert.« Mit anderen Worten: Das Ganze gab in der Praxis nicht viel her. Aber es ließ eine Parallele zu. Wenn die politischen Führer der Hamas legitime Ziele seien, so Ajalon, was wäre dann mit »dem [israelischen] Verteidigungsminister, der in seinem Büro sitzt und Einsätze organisiert? Wird *er* dadurch zu einem legitimen Ziel, das es zu eliminieren gilt?«[4]

Nichtsdestotrotz wurde die Operation »Windröschen pflücken« in die Tat umgesetzt. Drei Monate nach dem Attentat auf Makadmeh feuerte eine Drohne der israelischen Armee auf Abd al-Asis Rantisi, den zweiten Mann der Hamas, der dabei aber nur verwundet wurde.[5] Später, am 12. August, wurden Ismail Abu Schanab, ein Hamas-Gründer und Führer ihres politischen Arms, sowie ein wichtiger Hamas-Sprecher für arabische und ausländische Medien in der Nähe des UN-Gebäudes in Gaza durch fünf von einem Apache abgeschossene Raketen getötet.

Wie hohe Beamte des Außenministeriums vor Umsetzung der Operation »Windröschen pflücken« befürchtet hatten, machte die internationale Gemeinschaft durchaus einen Unterschied zwischen Angriffen auf militärische und auf politische Funktionäre. Der Anschlag auf Abu Schanab verschärfte die internationale Debatte um das israelische Vorgehen, wenngleich der Westen anerkannte, dass das Land damit einen harten Kampf gegen Selbstmordattentäter führte.

Abu Schanab galt innerhalb der Hamas als gemäßigt, als jemand, der in Zukunft Verhandlungen mit Israel hätte führen können.

UN-Generalsekretär Kofi Annan verurteilte das Attentat und erklärte, Israel habe »kein Recht, die ›außergerichtliche‹ Tötung eines ranghohen Hamas-Führers vorzunehmen«. Der Chef des verstorbenen Abu Schanab, Scheich Jassin, fasste seine Intentionen in deutlichere Worte: »Sämtliche roten Linien sind überschritten worden«, sagte er in einem Statement gegenüber den palästinensischen Medien. »Und Israel wird dafür bezahlen.«

Wie genau Israel für seine jüngste Eskalation bezahlen sollte, war unklar, vielleicht sogar für Jassin. Die alten Regeln waren blutig und barbarisch, aber wenigstens markierten sie eine halbwegs erkennbare taktische Grenze. Die Tötung von Abu Schanab – eines Mannes, der zum politischen Flügel der Hamas gehörte und von den Führern der Organisation als unantastbar betrachtet wurde – erschütterte die Hamas zutiefst. Jassin musste sich eine Reaktion überlegen, und zwar schnell.

Kurz nach dem Attentat befahl Jassin der gesamten militärischen und politischen Führung der Hamas, sich am 6. September im Hause von Dr. Marwan Abu Ras einzufinden, einer religiösen Leitfigur in Gaza und Mitglied des Palästinensischen Legislativrats. Dies war außergewöhnlich riskant – sämtliche hohen Persönlichkeiten zur selben Zeit am selben Ort zusammenzurufen machte sie zu einem extrem verlockenden Ziel. Wenn das Geheimnis durchsickerte, bliebe Jassin nur noch die Hoffnung, dass Israel möglicherweise die Tötung aller Anwesenden den politischen Kollateralschaden nicht wert wäre.

Schin-Bet-Direktor Avi Dichter, der sowohl aus technologischen als auch aus menschlichen Quellen von dem Treffen erfahren hatte, sah darin tatsächlich eine gute Gelegenheit. »In meiner gesamten Karriere«, sagte er, »machte niemals ein derart ernst zu nehmender Gegner einen derart grundlegenden strategischen Fehler.«[6]

Das Treffen sollte um 16 Uhr beginnen. Bereits um 15.40 Uhr waren zwei F-16 mit Ein-Tonnen-Bomben in der Luft, die über dem Mittelmeer kreisten, um bei den in dem Hause versammelten Männern keinen Verdacht zu erregen. Die Analyseabteilung der Luftstreitkräfte hatte berechnet, dass eine Bombe dieser Größe notwendig war, um Abu Ras' dreistöckiges Haus zu zerstören.

Um 15.45 Uhr rief Stabschef Jaalon die Operationsanalysten mit Karten und Luftaufnahmen zu sich.

»Wie hoch schätzen Sie die Kollateralschäden ein?«, fragte Jaalon.

Neben Abu Ras' Haus lag ein fünfgeschossiges Wohngebäude, in dem fast 40 Familien lebten. »Die Männer sind um 16 Uhr vermutlich noch nicht von der Arbeit zurück«, sagte AMAN-Chef Seevi-Farkasch. »Aber es ist klar, dass sich dort Dutzende von Frauen und Kindern befinden müssen.«

»Und was passiert, wenn wir die Ein-Tonnen-Bombe einsetzen?«

»Dutzende von Opfern, vermutlich sogar noch weit mehr«, antwortete ein anderer Analyst.

Die Proteste in der Folge des Schehade-Fiaskos waren nicht vergessen. »Unter uns gab es niemanden, der vom Töten besessen war«, sagte Scharons Berater Dov Weissglass. »Im Gegenteil. Der Luftwaffe wurde rasch klar, dass ein durch sieben oder acht zivile Opfer angerichteter Schaden weitaus größer wäre als der durch die Eliminierung eines einzigen Terroristen erzielte Vorteil.« Die Luftstreitkräfte hatten sogar an der Entwicklung von Munition mit kleinerem Explosionsradius gearbeitet, bei der 90 Prozent des Sprengstoffs durch Zement ersetzt wurden. Mit einer Zementbombe ließ sich allerdings kein dreigeschossiges Haus in die Luft jagen.

Jaalon nahm an einer Konferenzschaltung mit Scharon, Dichter und drei weiteren Personen teil. »Herr Ministerpräsident«, sagte er. »Ich empfehle, die Aktion abzublasen. Der Preis dieser Operation wird der Tod Dutzender Zivilisten sein. Wir werden die Schlacht gewinnen, aber sowohl zu Hause als auch auf internationalem Feld den Krieg verlieren. Das israelische Volk wird keine weitere derartige Aktion gegen Frauen und Kinder tolerieren. Wir brauchen eine interne und externe Legitimierung, um unseren Kampf fortzusetzen – und hier könnten wir in beiderlei Hinsicht einen schweren Rückschlag einstecken.«[7]

Dichter wandte ein, Israel würde eine historische Gelegenheit versäumen, seinem ärgsten Feind »möglicherweise irreparablen« Schaden zuzufügen.

Doch Jaloon blieb standhaft. »Wir können das unter keinen Umständen machen«, sagte er. »Wir könnten die Führungsriege der Hamas auslöschen, aber wir riskieren damit auch, dass Tausende auf dem Rabin-Platz demonstrieren und schreien, dass wir eine brutale Armee sind, die Frauen und Kinder abschlachtet. Das gilt es zu vermeiden. Wir kriegen unsere Chance. Ihr Tag wird kommen.«[8]

Scharon sagte die Aktion ab.

Dichter blieb im Vereinigten Kommandozentrum zurück, kochend vor Zorn und frustriert. Ironischerweise war er einer der Ersten gewesen, die erkannt hatten, welch ein Desaster das Schehade-Fiasko gewesen war, die erkannt hatten, dass getötete und verletzte Zivilisten bedeuteten, dass »die Zielperson ausgeschaltet wurde, die Operation aber gescheitert ist«.

Das Hamas-Treffen war jedoch historisch. Er nannte es die »Zusammenkunft des Dream-Teams«. Er ging sämtliche geheimdienstlichen Informationen über die Hamas-Tagung durch und kam nach wenigen Minuten auf eine Lösung. Der *Diwan*, das mit Teppichen ausgelegte Wohnzimmer, in dem Besprechungen abgehalten wurden, befand sich im obersten Stockwerk, wo die Vorhänge zugezogen waren. Man konnte also annehmen, dass das Treffen dort stattfinden würde. Ein Analyst des Kommandozentrums bestätigte ihm das. Dichter telefonierte mit Operationsanalysten und fragte sie, ob es eine Möglichkeit gebe, nur diesen Teil des Hauses zu zerstören, ohne dass angrenzende Gebäude dabei beschädigt würden. Die Antwort war bejahend: Wenn man eine kleine Rakete mit einem Vierteltonnen-Sprengkopf durchs Fenster schösse, würden alle im Raum Anwesenden getötet, außerhalb jedoch geringer oder gar kein Schaden angerichtet.

Dichter holte alle zurück ans Telefon und sagte ihnen, dass das Treffen vermutlich im obersten Stock stattfinden werde. Seevi-Farkasch hatte Zweifel, und auch Jaalon war nicht überzeugt. »Es erschien mir ein wenig seltsam, dass sie Jassin in seinem Rollstuhl nach oben bringen würden«, sagte er. »Doch davon ging der Schin Bet aus. Ein Obergeschoss, das man zerstören konnte, ohne dass es in den umliegenden Gebäuden zu Verlusten kam. Das war durchaus möglich.« Erneut wurde eine abhörsichere Konferenzschaltung mit sämtlichen hohen Funktionären anberaumt. Scharon hörte zu, bis Dichter und Jaalon zu Ende gesprochen hatten, dann stimmte er der Operation zu.

Das Vereinigte Kommandozentrum schickte drei Drohnen in die Luft, um das Haus im Auge zu behalten. Sie sahen zu, wie die Teilnehmer ankamen und eintraten. Die Informationen des Schin Bet erwiesen sich als präzise – die gesamte politische und militärische Führung der Hamas war dort, darunter Jassin in seinem Rollstuhl, Ahmed Dschabari, der als Feldkommandeur an Schehades Stelle getreten war, und Mohammed Deif, Kommandeur der Issedin-al-Kassam-Brigaden. Seit er vor über sieben Jahren, Anfang 1996, Jahja Ajasch nachgefolgt war, hatten die Israelis versucht, Deif zu töten. »Jedes Mal nahmen wir ihm einen Arm oder ein Bein, aber er überlebte alles«, sagte ein hoher Vertreter des Schin Bet, der an jenem Tag im Kommandozentrum anwesend war.

Um 16.35 Uhr feuerte ein F-16-Pilot eine Rakete durch die geschlossenen Vorhänge eines Fensters im obersten Stockwerk. »Alpha«, meldete der Pilot, womit er einen Treffer ins Schwarze anzeigte. Der obere Teil des Gebäudes brach in Flammen aus, und Trümmer, darunter Ziegel und Möbelstücke, flogen in alle Richtungen. Analysten des Kommandozentrums versuchten festzustellen, ob sich in den Trümmern auch Körperteile befanden. Eine gewaltige Explosion erschütterte das ganze Viertel.

Die Konferenz hatte jedoch im Erdgeschoss stattgefunden. »Sie standen einfach auf, klopften sich den Staub ab und rannten vom Haus davon«, sagte Dichter. »Wir sahen zu, wie sie um ihr Leben liefen. Einen Augenblick lang dachte ich sogar, ich sähe Scheich Jassin, wie er in Panik von seinem Rollstuhl aufsteht und zu rennen beginnt.«[9]

Dichter wollte ein Drohnengeschwader entsenden, um sämtliche Autos in die Luft zu jagen, die nun mit quietschenden Reifen vom Parkplatz des Gebäudes losfuhren, wurde jedoch von Verteidigungsminister Mofas zurückgehalten, da »Zivilisten zu Schaden kommen könnten«.[10]

»Ich blickte mich im Kommandozentrum um«, sagte Dichter, »und ich sah, wie sich angesichts dieser verpassten Chance alle die Haare rauften. Dies war ein klassisches Beispiel dafür, welchen Preis man für die Probleme zahlen muss, die eine Geschichte wie der Anschlag auf Schehade nach sich zieht. Ich würde es nicht aufzurechnen wagen, wie viele Israelis getötet und verwundet wurden, weil wir nicht das gesamte Haus bombardieren wollten. Später mussten wir uns um jeden einzeln kümmern. In manchen Fällen hatten wir, mit gewaltigem Aufwand, Erfolg. Andere sind bis zum heutigen Tag am Leben, wie ich leider sagen muss.«[11]

Drei Tage nach dem Anschlag auf Abu Ras' Haus, kurz vor 18 Uhr, gesellte sich ein Mann in Armeeuniform mit einem großen Rucksack zu einer Gruppe israelischer Soldaten, die in der Hitze des Spätnachmittags vor dem Stützpunkt Tsrifin warteten. Die Bushalte- und Autostoppstelle hatte ein hohes Dach, das Schutz vor der sengenden Sonne bot, und die Männer warteten dort auf einen Bus oder eine Mitfahrgelegenheit bei jemandem, der gerne ein paar Soldaten mitnahm, die es eilig hatten, ihren knappen Urlaub anzutreten.

Ein paar Minuten später näherte sich eine Militärpatrouille der Haltestelle. Der Mann, ein Selbstmordattentäter der Hamas, fürchtete offenbar, entdeckt zu werden, und drückte den Knopf.

Neun Soldaten kamen ums Leben, 18 wurden verletzt.

Die Hamas schlug wild um sich, um Israel die Attentate auf Abu Ras' Haus und auf ihre politischen Führer zu vergelten. In diesem Zuge kehrte die Hamas zur selben primitiven, grausigen Taktik zurück, die ursprünglich zur Eskalation auf Seiten Israels geführt hatte: Selbstmordanschläge.

Die Mission war der Hamas-Kommandozentrale in Ramallah übertragen worden, die eine Zelle unterhielt, die bereits in Kontakt mit mehreren potenziellen Selbstmordattentätern aus Beit Liqya stand, einem palästinensischen Dorf nordwestlich von Jerusalem. Einen Tag vor dem Anschlag in Tsrifin wurde ein Selbstmordattentäter in ein Jerusalemer Restaurant geschickt, der es jedoch mit der Angst bekam und sich in letzter Minute zurückzog. Ein anderer für die Mission angeworbener Attentäter, Ihab Abu Salim, war jener junge Mann, der sich am nächsten Tag an der Haltestelle in Tsrifin in die Luft sprengte.

Ministerpräsident Scharon erreichte die Nachricht von dem Attentat während eines Treffens mit seinem indischen Amtskollegen Atal Bihari Vajpayee in Neu-Delhi. In Abwesenheit ermächtigte er Außenminister Silvan Schalom, »die notwendigen Reaktionsmaßnahmen« einzuleiten. Schalom berief eine Dringlichkeitssitzung der Militär- und Geheimdienstführung im Verteidigungsministerium ein.

Um 22 Uhr, vier Stunden nach der Ermordung der Soldaten in Tsrifin, fragte Schalom die anwesenden Vertreter des Schin Bet und des AMAN, welche Hamas-Persönlichkeiten sie sofort töten könnten. Ein Selbstmordanschlag durfte nicht unbeantwortet bleiben. »Wir haben Mahmud al-Zahar ganz gut im Blick«, sagte ein Vertreter des Schin Bet. Al-Zahar war Chirurg, aber auch einer der Gründer der Hamas, der als Anführer der extremen Fraktion innerhalb der Organisation galt.

»Vielleicht könnten wir ihn ausschalten, aber das hätte Konsequenzen, sofern unbeteiligte Personen zu Schaden kämen.«

Eine Stunde verging. Ein Teil der Debatte drehte sich auch um die Frage, was mit Jassir Arafat geschehen solle. Silvan Schalom forderte seit Langem, Arafat solle getötet oder wenigstens vertrieben werden. »Er organisiert den Terror, er steht hinter den Anschlägen, und solange er hier ist, gibt es keine Chance, das Blutbad zu beenden und eine Einigung mit den Palästinensern zu erzielen.« Schalom sagte, ein hoher Vertreter der US-Regierung habe ihn angerufen, nachdem er von dem Anschlag erfahren habe, und gefragt: »Haben Sie die Absicht, den Bastard umzubringen?«[12]

Die Meinungen, wie man mit Arafat verfahren solle, waren geteilt. In jedem Fall war klar, dass es sich dabei um eine wichtige Entscheidung handelte, die nur der Ministerpräsident treffen konnte.

Um 23.20 Uhr betraten Berater den Raum. Ihre Mienen waren ernst. Ein weiteres Attentat hatte sich ereignet, diesmal im Café Hillel in Jerusalems Deutscher Kolonie. Sieben Menschen waren tot, 57 verletzt. Unter den Opfern befanden sich auch Dr. David Appelbaum, der Leiter der Notaufnahme im Shaare Zedek Medical Center, und seine Tochter Nava, die am nächsten Tag heiraten wollte.

Al-Zahar war ein toter Mann.

Via Satellitentelefon setzte sich Schalom mit Joaw Galant in Verbindung, dem ehemaligen Befehlshaber der Flottille 13, der an vielen gezielten Tötungsmissionen teilgenommen hatte und nun als Militärsekretär des Ministerpräsidenten diente. Galant weckte Scharon (Indien ist Israel dreieinhalb Stunden voraus), der einem Raketenschlag auf al-Zahars Haus sofort zustimmte, doch erst nach 8.30 Uhr am nächsten Morgen – wenn die Erwachsenen bei der Arbeit, die Kinder in der Schule und die Straßen still wären.

Und was war mit al-Zahars Familie? In der Atmosphäre nach den beiden grausigen Attentaten, die Israel innerhalb von nur sechs Stunden erschüttert hatten, hatte sich eigentlich niemand mit dieser Frage aufgehalten.

Am Morgen registrierten die Sensoren in der Abhörbasis Turban, dass al-Zahar über die Leitung seines Büros im ersten Stock einen Anruf tätigte.

Das Vereinigte Kommandozentrum informierte Schalom. Sekunden später traf ein weiterer Bericht von Turban ein: Das Telefonat war ein Interview, das al-Zahar dem arabischen Dienst der BBC gab. Schalom sorgte sich, welche Wirkung ein Anschlag während einer Live-Sendung haben könnte (»Man stelle sich nur vor, der Knall wäre zu hören«), und befahl, bis nach dem Interview zu warten. Die Belegschaft des Kommandozentrums lauschte dem Gespräch, bis sie hörte, dass al-Zahar auflegte.

Da es sich um einen Festnetzanschluss mit nur einem Apparat handelte und sowohl die geschulten Mitarbeiter der Abhörstelle Turban als auch der BBC-Journalist al-Zahars Stimme eindeutig identifiziert hatten, wurde dem »Todesurteil« für al-Zahar zugestimmt – obwohl kein Agent des Schin Bet und keine Kamera ihn tatsächlich in seinem Büro gesehen hatte. Zwei Apache-Helikopter schossen insgesamt drei Raketen ab, zerstörten das Haus, töteten al-Zahars 29-jährigen Sohn Chalid sowie einen Personenschützer und verletzten seine Frau schwer. Al-Zahar selbst hingegen erlitt nur einen Kratzer: Er hatte sich mit einer Tasse Kaffee, einer Zigarette und einem schnurlosen Telefon im Garten aufgehalten.

Die Operation »Windröschen pflücken« funktionierte in der Praxis nicht halb so gut wie in der Theorie. Israel hatte mehrere wichtige Ziele verpasst, während die Hamas mit zwei Selbstmordattentaten mit insgesamt 16 Toten und 75 Verletzten reagiert hatte. Und obwohl viele von Israel angewandte Antiterrormaßnahmen, darunter die gezielte Tötung von Hamas-Funktionären, einen gewissen Rückgang bei den Zahlen getöteter und verletzter Israelis bewirkt hatten, hatte die Operation »Windröschen pflücken« nicht den gewünschten Effekt auf die Zahl der Anschlagsversuche. Die politischen Figuren der Hamas mochten aufgescheucht sein, doch der Organisation mangelte es nicht an Leuten, die bereit waren, zum *shahid* zu werden.

Die Debatte innerhalb des Verteidigungsestablishments verschärfte sich – was sollte mit Scheich Jassin geschehen? Ungeachtet der Gedanken Ajalons über Schlangen und abgeschnittene Köpfe schien es zunehmend klar, dass der Hamas-Führer neutralisiert werden müsste.

Der Schin Bet und die Sajeret Matkal arbeiteten gemeinsam einen komplizierten Plan aus, ihn zu entführen und zu inhaftieren. Diese Idee wurde jedoch verworfen, weil eine solche Operation fast zwangsweise ein Feuergefecht erforderte, bei dem Soldaten, unbeteiligte Zivilisten oder der Scheich selbst getroffen werden konnten. Zudem war keineswegs sicher, dass eine erneute Inhaftierung Scheich Jassins die Selbstmordattentate überhaupt stoppen würde. Mitglieder der israelischen Führung erinnerten sich, dass seine lange Haftzeit (die nach dem misslungenen Attentat auf Chalid Maschal mit dem demütigenden Abkommen mit König Hussein endete) von zahlreichen Morden und Entführungen der Hamas begleitet gewesen war, durch die seine Freilassung herbeigeführt werden sollte, und es zu Wellen von Selbstmordanschlägen gekommen war.

Der einzig wirksame Weg, mit Jassin zu verfahren, so argumentierten viele, war es, ihn zu töten.

Die israelischen Entscheidungsträger aber waren weitaus zögerlicher, den Abzug zu betätigen, wenn es um Jassin ging – trotz der Tatsache, dass er aktiv an Planung und Federführung des Hamas-Terrors beteiligt war. Ja, Israel hatte ihn bei der Zusammenkunft des »Dream-Teams« im Jahr zuvor beinahe getötet, doch an jenem Treffen hatten auch viele Militärfunktionäre teilgenommen. Ein Anschlag auf ihn allein war etwas vollkommen anderes. Scheich Jassin war ein Gründer der Hamas-Bewegung, ein politischer Führer von Weltruf und eine im gesamten Nahen Osten anerkannte religiöse Figur.

Bei einer Diskussion im November sagte Avi Dichter: »Ein Anschlag auf diese Einzelperson kann einen Flächenbrand im gesamten Nahen Osten auslösen und Wellen des Terrors von außerhalb unserer Grenzen über uns bringen.« Generalmajor Amos Gilad, Direktor für politische und politisch-militärische Angelegenheiten im Verteidigungsministerium, war zwar für seine militaristischen Ansichten bekannt, doch auch er wandte sich dagegen. »Scheich Jassin ist ein Musterbeispiel des Todesideologen, ein Architekt endlosen Mordens«, sagte er. Er stimmte dennoch jenen zu, die als Reaktion auf die Ermordung eines muslimisch-spirituellen Führers einen Aufruhr in der islamischen Welt befürchteten.[13]

Jaalon entgegnete, dass Jassin nicht als spiritueller Führer gelte und sein Tod außer Wut und Empörung keinerlei Reaktion auslösen würde. »Es ist unvorstellbar, dass wir weiter Kreise um ihn ziehen, dabei alle anderen töten und nur ihn aussparen«, sagte er.[14]

Verteidigungsminister Mofas nahm einen noch härteren Standpunkt ein: »Wir müssen ihn nicht nur töten; ich habe auch kein Problem damit, eine ›klare Handschrift‹ zu hinterlassen« – soll heißen: keinen Zweifel daran zu lassen, dass Israel hinter dem Attentat stand.[15]

Scharon stimmte Jaalon und Mofas zwar prinzipiell zu, doch Dichter war sein oberster Ratgeber in Fragen des Terrorismus und gezielter Tötungen, und selbst der forsche Scharon schien angesichts des Widerstands von Dichter und anderen ein wenig von seiner Zuversicht verloren zu haben.

Generalmajor Giora Eiland sprach noch einen weiteren Grund zur Sorge an: schlechte PR. War es für Israel denn ratsam, »einen älteren, bemitleidenswerten, halbblinden Krüppel im Rollstuhl« zu töten? »Würden wir nicht dastehen wie im Wilden Westen?« Scharon selbst hatte eigentlich keine Bedenken, aber er bat um weitere Meinungen.[16]

Der »Hausphilosoph« der Streitkräfte, Asa Kascher, unterstützte Jaalon: »Die von internationalen Menschenrechtsorganisationen geforderte Unterscheidung zwischen politischen und militärischen Rängen hätte auch Hitler für eine signifikante Zeitdauer immun gegen Angriffe gemacht. Die Unterscheidung zwischen diesen Rängen ist insbesondere bei Terrororganisationen zweifelhaft.«[17] Vom Militärstaatsanwalt brandete Kascher heftiger Widerstand entgegen: Seit Finkelstein und Daniel Reisner drei Jahre zuvor die Regeln für gezielte Tötungen formuliert hatten, hatten Reisner und sein Stab viele der Aktionen begleitet und sich um deren legale Absicherung bemüht. In manchen Fällen ordneten sie die Verschiebung einer Aktion an, wenn zu befürchten stand, dass Unschuldige verletzt wurden. Im Falle von Jassin gründete ihr heftiger Widerstand erstmals auf der Identität der Zielperson. Die wachsende Bedeutung, die man Reisners Meinung beimaß, hing teilweise mit der Errichtung des Internationalen Strafgerichtshofes während jener Zeit zusammen. Hohe Regierungsvertreter in Israel begannen sich darum zu sorgen, dass man sie wegen gezielter Tötungen anklagen würde, und suchten rechtliche Unterstützung.[18]

Nichtsdestotrotz beharrte Jaalon auf seinem Standpunkt. Die Angelegenheit ging vor den Generalstaatsanwalt, die höchste professionelle Rechtsinstanz Israels. Es war das erste Mal, dass die gezielte Tötung einer bestimmten Person in diesem Forum zur Diskussion gestellt wurde.

Vertreter des AMAN und des Schin Bet brachten sämtliche Beweise vor, die man gegen Jassin zusammengetragen hatte: Gründung der Hamas, Hetzreden gegen die Existenz Israels, Errichtung des Terrorapparats, frühere Verurteilungen wegen der Anordnung von Entführungen und Ermordung israelischer Soldaten in den 1980er-Jahren, Waffenbeschaffung, Geldmittelbeschaffung für militärische Aktivitäten, Förderung von Selbstmordterror und mehr.

Finkelstein und Reisner argumentierten, dass, mit allem gebotenen Respekt vor der Beweislast, gezielte Tötungen nicht als Racheakt oder Strafaktion ausgeführt werden sollten, sondern um einen künftigen Angriff zu verhindern.

Das geheimdienstliche Material gab keinen jüngeren Hinweis darauf, dass Jassin direkt in Terrorakte involviert war. »Das ist doch nur, weil er weiß, dass wir ihm dicht auf den Fersen sind«, meinte ein AMAN-Vertreter. »Deshalb achtet er stets darauf, nichts am Telefon oder über andere elektronische Kommunikationsmittel zu sagen.«[19]

Generalstaatsanwalt Eljakim Rubinstein befürwortete die Position des Militärstaatsanwalts und erklärte, er werde dem Anschlag nicht zustimmen, solange nicht zweifelsfrei erwiesen sei, dass Jassin direkt mit dem Terror in Verbindung stehe und dies »auch gerichtsfest« sei.

Kurze Zeit später, am 14. Januar 2004, versuchte eine 21-jährige junge Frau aus dem Gazastreifen, beim Grenzübergang Eres nach Israel zu gelangen. Wie alle Palästinenser musste sie einen Metalldetektor passieren. Dabei erklang ein hoher, stechender Piepton. »Platin, Platin«, sagte sie zu den Grenzwächtern und deutete auf ihr Bein – ein Platinimplantat.

Die Wächter schickten sie erneut durch den Apparat, dann ein drittes Mal. Der Detektor hörte nicht auf zu piepen. Eine Kollegin wurde herbeigerufen, um die Frau körperlich zu filzen. Da zündete sie eine Bombe, die vier Grenzbeamte tötete und weitere zehn Personen verletzte.

Der Name der Frau lautete Rihm Saleh Rijaschi. Sie hatte zwei Kinder, eines drei Jahre alt, das andere nur 18 Monate.

Einen Tag später berief Scheich Jassin eine Pressekonferenz im Haus eines seiner Anhänger ein. Er saß in seinem Rollstuhl, eingehüllt in eine braune Decke mit einem großen, herzförmigen Emblem, das die Aufschrift HAMAS trug. Er lächelte. »Zum ersten Mal haben wir anstatt eines Mannes eine Kämpferin eingesetzt«, sagte er. »Das ist eine neue Entwicklung im Kampf gegen den Feind.« Der Scheich, der in der

Vergangenheit mehrere Fatwas (religiöse Edikte) gegen den Einsatz weiblicher Suizidattentäter ausgegeben hatte, sagte, er habe seine Meinung geändert. »Der heilige Krieg ruft alle Muslime zur Pflicht, Männer wie Frauen. Das beweist, dass sich der Widerstand fortsetzen wird, bis der Feind aus unserem Heimatland vertrieben ist.«[20]

Für Israel war diese taktische Neuerung bedrohlich. »Wir fragten uns: Wie sollen wir damit umgehen, wenn Wellen weiblicher Selbstmordattentäter ins Land strömen?«, sagte Verteidigungsminister Mofas. Selbst in einem schmutzigen Krieg gibt es gewisse Anstandsregeln. »Es ist viel schwieriger, Frauen zu durchsuchen, um zu verhindern, dass Sprengstoff ins Land kommt.«[21]

Neben Jassins Aussage konnte der AMAN Generalstaatsanwalt Rubinstein Transkripte heimlicher Mitschnitte der Abhörbasis Turban vorlegen, in denen Jassin seinem Einsatzstab mitteilte, dass Frauen als Suizidattentäter eingesetzt werden könnten.[22] »Wir hatten eindeutige Beweise für die direkte Verbindung zwischen der politischen Hamas-Führung, allen voran Scheich Jassin, und den Planern und Tätern der Terroranschläge«, sagte Seevi-Farkasch.[23]

Rubinstein war überzeugt: Jassin konnte rechtmäßig getötet werden. Das Sicherheitskabinett kam für eine Entscheidung zusammen. Schimon Peres war immer noch dagegen: »Ich befürchtete, dass sie anfangen würden, israelische Führungspersönlichkeiten umzubringen«, sagte er später. »Ich dachte, dass es gerade mit ihm möglich wäre, ein Friedensabkommen zu erreichen.«[24]

Mit einer Mehrheit von einer Stimme beschlossen die Minister jedoch, dass er ein Terroristenanführer sei. »Die Warnungen, dass wegen dieses Anschlags die Erde beben oder der Himmel herabstürzen würde, beeindruckten mich nicht«, sagte Ehud Olmert, damals Minister für Handel, Industrie und Kommunikation, der der Mehrheit angehörte.[25]

In einer Prozedur, die bereits Routine war, überließ es das Kabinett Scharon und Mofas, den Vorschlägen von Streitkräften und Schin Bet zu folgen, wann und wie das Attentat ausgeführt werden sollte. Scharons Berater teilten der Nationalen Sicherheitsberaterin der USA, Condoleezza Rice, mit, dass Jassin aus israelischer Sicht nun ein legitimes Ziel sei. »Darauf entbrannte ein ziemlich heftiger Streit«, sagte Weissglass. »Sie befürchteten, dass es im gesamten Nahen Osten zu Unruhen kommen könnte.«[26]

Bei öffentlichen Auftritten gab Scharon ebenfalls zu erkennen, dass er Jassin nunmehr als Ziel betrachtete, was freilich nur noch erhöhtere Sicherheitsmaßnahmen rund um den Hamas-Führer zur Folge hatte. Er blieb zu Hause und ging nur aus, um eine Moschee oder das Haus seiner Schwester zu besuchen, beide lagen ganz in der Nähe. Die kurzen Strecken zwischen diesen drei Punkten legte er mit zwei Lieferwagen zurück. Einer war mit einem Lift für Jassins Rollstuhl ausgestattet, im anderen fuhren seine bewaffneten Bodyguards. Sein Leben beschränkte sich auf dieses Dreieck. Er und seine Leute nahmen an, dass Israel es nicht wagen würde, einen der Eckpunkte anzugreifen, an denen sich zahlreiche Frauen und Kinder und, im Falle der Moschee, unschuldige männliche Zivilisten aufhielten.

Doch es gab einen gewissen Spielraum zwischen diesen drei Punkten.[27] Am Abend des 21. März wurde Jassin zum Gebet in die Moschee gefahren, gefolgt von seinen Bodyguards im zweiten Transporter. Mofas hatte angeordnet, beide Fahrzeuge auf dem Rückweg zu zerstören. Helikopter waren in der Luft, und in einiger Höhe summten unbemannte Drohnen. Jassins Sohn Abd al-Hamid war erfahren genug, um die Gefahr zu spüren. Er eilte zur Moschee.

»Vater, bleib hier«, warnte er diesen. »Sie [die Israelis] werden keine Moschee angreifen.«

Der Scheich und seine Bodyguards beschlossen, vorsichtig zu sein und in der Moschee zu bleiben.

Stunden vergingen. Das Vereinigte Kommandozentrum und sämtliche Streitkräfte blieben in Alarmbereitschaft, während die Luftwaffe Drohnen und Kampfhubschrauber schichtweise in der Luft hielt. Wenn ihnen der Treibstoff ausging, wurden sie abgelöst. Der Scheich legte sich auf einer Matratze auf dem Fußboden der Moschee schlafen, erwachte aber früh, weil es unbequem war. Nach dem Gebet in der Morgendämmerung wollte er nach Hause. »Man hörte keine Helikopter mehr am Himmel«, sagte sein Sohn. »Alle waren sich sicher, dass die Gefahr nun vorüber war.«

Freilich bestand ein Restrisiko. Um die Verfolger zu verwirren, beschlossen sie, den Scheich in seinem Rollstuhl festzubinden und dann zu seinem Haus zu rennen. Der Lieferwagen würde nur unnötig Aufmerksamkeit erregen. »Ehrlich gesagt, glaubte ich nicht, dass sie auf den Rollstuhl eines Krüppels schießen würden«, sagte Hamid.[28]

Die Verfolger waren natürlich noch da, und die Drohnen hatten durch Wärmebildkameras alles im Blick. Mehrere Personen traten durch die Vordertür ins Freie und bewegten sich rasch an den vor dem Eingang geparkten Lieferwagen vorbei. Sie schoben einen Rollstuhl.

Luftwaffenkommandeur Halutz konnte das Feuer nicht freigeben, da ihm die Befehle von Verteidigungsminister Mofas lediglich gestatteten, auf die beiden Fahrzeuge zu schießen.

»Herr Minister«, sagte Halutz. »Wir können die Lieferwagen nicht bestätigen, aber wir sehen eine Gruppe rennender Personenschützer, die einen Rollstuhl schieben, in dem jemand mit einer Kufiya sitzt. Haben wir eine Freigabe?«

Mofas bat ihn, mit dem Piloten des Apache zu sprechen und diesen zu fragen, ob er den Rollstuhl deutlich erkennen und sicher treffen könne.

»Ich kann sie sehr deutlich sehen«, sagte der Pilot. »Ich kann sie ausschalten.«

»Freigegeben«, sagte Mofas.

»Raschai«, funkte Halutz an den Piloten.

In der Videoübertragung sah man einen Blitz, dann einen Sekundenbruchteil lang gar nichts. Dann flogen Teile eines Rollstuhls in alle Richtungen. Ein Rad schoss in die Höhe und landete außerhalb des Bildbereichs. Auf dem Boden lagen oder krochen Menschen.[29]

»Erbitte Erlaubnis für ergänzendes Feuer«, sagte der Pilot.

»Erlaubnis erteilt«, antwortete Mofas.

Eine weitere Rakete schlug ein und tötete alle, die noch am Leben waren. Mofas rief Scharon an, der in seinem Zuhause auf der Sycamore Farm angespannt den Ausgang der Operation erwartete. »Wir haben ein Video«, sagte Mofas. »Den Bildern nach zu urteilen, sieht es gut aus. Wir haben einen Volltreffer gelandet, aber warten wir noch die Berichte aus weiteren Quellen ab.«[30]

Wenige Minuten später berichteten die diensthabenden Mitarbeiter der Abhörstelle Turban, dass die Kommunikationskanäle der Hamas heiß liefen. »Scheich Jassin ist, zusammen mit einigen seiner Bodyguards, zum *shahid* geworden«, teilten die Mitglieder der Organisation einander mit. Sein Sohn Abd al-Hamid sei schwer verletzt. Scharon befahl, seinen Stab aufzuwecken, damit sich dieser darauf vorbereiten könne, den diplomatischen Fallout in Grenzen zu halten.[31]

In Washington wurde die Nachricht von dem Anschlag mit tiefer Bestürzung aufgenommen. »Sie sind am Rande der Hysterie«, meldete Weissglass an Scharon. Zu Rice sagte er, sie solle sich keine Sorgen machen, dass Israel von Seiten der arabischen Welt mit einer Verurteilung der Tat rechne und sonst nichts. »Condi«, sagte er mit seiner ruhigen und überzeugenden Stimme, »selbst von den palästinensischen Behörden erwarten wir nichts Außergewöhnliches. Sie haben drei Tage Staatstrauer ausgerufen, doch sämtliche Geschäfte sind geöffnet. Es wird alles in Ordnung gehen.«[32]

Als die Staatstrauer vorbei war, ernannte das oberste Führungsgremium der Hamas, der Schura-Rat, Abd al-Asis Rantisi zum Nachfolger Jassins. Seinen Eid leistete er auf einem Fußballfeld in einem Flüchtlingslager im Gazastreifen. Die gesamte Führungsriege saß vor einer großen Menschenmenge auf einem Podium, sah sich eine Parade uniformierter Milizen an und küsste die Hand des neuen Führers. »Wir werden den Feind überall bekämpfen, wir werden ihn die Bedeutung des Wortes Widerstand lehren«, verkündete Rantisi in seiner Antrittsrede und schwor, den Mord an Jassin zu rächen.

Die Israelis wussten, dass eine Parade und eine Zeremonie geplant waren, doch Scharon befahl dem Schin Bet und den Luftstreitkräften, nicht einzugreifen, weil er befürchtete, dass Zivilisten getroffen werden könnten. Außerdem war zu erwarten, dass ausländische Fernsehteams vor Ort wären und jeden israelischen Angriff live übertragen würden.

Trotzdem hatte Scharon zu diesem Zeitpunkt bereits die Tötung des neuen Führers bewilligt. Diese Entscheidung war wesentlich leichter. Rantisi besaß weder Jassins religiöse Autorität, noch war er eine international anerkannte politische Figur der arabischen Welt. Seine Verstrickung in den Terror war unstrittig, und vor allem gab es inzwischen einen Präzedenzfall – nun konnte jeder Hamas-Führer liquidiert werden.

Rantisi war vorsichtig und versuchte, Israel in die Irre zu führen, indem er von einem Versteck zum anderen wechselte, Perücken trug und auf seinen

Mobiltelefonen verschiedene Decknamen verwendete. Den Turban-Leuten fiel es jedoch nicht schwer, ihm auf den Fersen zu bleiben.[33] Am 17. April, nur wenige Wochen nach seiner Ernennung zum Hamas-Führer, begab er sich nach Hause, um letzte Vorbereitungen für die Hochzeit seines Sohnes Ahmed zu treffen. Es war ein kurzer Besuch: Er gab seiner Frau das Bargeld, das ihr noch für die Feierlichkeiten fehlte, und ging wieder.

Er fuhr gerade auf der Al-Jalaa-Straße, als sein Subaru von einer Rakete getroffen wurde.[34]

Eine mehrere Hundert Menschen große Menge versammelte sich um die verkohlten Überreste des Fahrzeugs. Vergeblich versuchte ein Erste-Hilfe-Team, das Leben von Rantisi und seinen beiden Mitarbeitern zu retten, die ihn begleitet hatten. Ein von der Agentur Reuters verbreitetes Foto zeigte die schreiende und weinende Menge, in der ein Mann seine Hand gen Himmel erhob, besudelt mit dem Blut des toten Führers.

»Er war ein Kinderarzt, der hauptsächlich mit dem Mord an Kindern zu tun hatte«, sagte Mofas gegenüber der Presse. Mitarbeiter von Scharon formulierten die Warnung deutlicher: »Arafat sollte zur Kenntnis nehmen«, sagte einer, »dass jeder, dessen Geschäft der Terror ist, sich Gedanken um sein Schicksal machen sollte.«[35]

Die Tötung Rantisis war die 168. gezielte Tötung seit Beginn der Intifada Ende 2000. Bis zu diesem Zeitpunkt hatte die Operation »Windröschen pflücken« die Hamas erfolgreich in einen Zustand des Schocks und der Verwirrung versetzt. Der Schura-Rat ernannte sofort einen Nachfolger für Rantisi, doch war dieser eine eher unbedeutende Figur, dessen Name geheim gehalten wurde, damit man ihn nicht auch noch tötete. Sämtliche höheren Hamas-Funktionäre ergriffen extreme Maßnahmen, um unter dem Radar Israels zu bleiben, und verbrachten somit den größten Teil ihrer Zeit damit, ihr Leben zu retten.

»Der zionistische Feind hat viele erfolgreiche Anschläge auf die kämpfenden Brüder verübt, und dies zu einer Zeit, in der wir jeden einzelnen wahren Kämpfer dringend brauchen«, hieß es in einer Stellungnahme auf der Hamas-Website. »Es gibt keinerlei Zweifel daran, dass Nachlässigkeit eine der Hauptursachen für den Erfolg des Feindes darstellt, da die elektronischen Spionageflugzeuge niemals den Himmel über Gaza verlassen. Die vielen Augen, die mit dieser Aufgabe betraut sind, kennen keinen

Schlaf, und die Apache-Helikopter sind mit ihren Raketen stets bereit und warten auf eine Gelegenheit. Jeden Tag seid ihr Ziel für Anschläge, sogar jede Stunde des Tages.«

Zwei Wochen nach Rantisis Tod reiste General Omar Suleiman, der ägyptische Geheimdienstminister und nach Präsident Mubarak der mächtigste Mann des Kairoer Regimes, nach Israel zu einer Dringlichkeitssitzung mit Mofas, Jaalon und Dichter. »Ich komme mit einer Botschaft der Versöhnung«, sagte Suleiman. Er präsentierte den Vorschlag der Hamas für eine Waffenruhe, der sich knapp mit den Worten »keine Attentate, keine Terroranschläge« zusammenfassen ließ.

Mofas dankte Suleiman für sein Kommen. Er sagte ihm, dass man die ägyptischen Bemühungen um eine Befriedung der Region, wie immer, sehr schätze. Es gebe jedoch nichts weiter zu besprechen. Israel, sagte er, werde weder die gezielten Tötungen im Allgemeinen noch die Kampagne zur Beseitigung der Hamas-Führung im Besonderen beenden.

Suleiman wurde ärgerlich. »Ich bin eigens von Kairo hierhergekommen und überbringe Ihnen ein Angebot, die Angriffe zu beenden. Das wollten Sie doch. Warum beharren Sie weiter darauf?«

»Die Hamas will einen Waffenstillstand, damit sie stärker werden kann«, sagte Mofas. »Wir müssen sie schlagen, nicht ihnen zu atmen erlauben.«[36]

Suleiman wandte sich an Scharon, der ihn freundlich begrüßte, aber keinen Meter Boden preisgab. »Die Position unserer höchsten Verteidigungsebene ist, dass wir nicht in einen Waffenstillstand einwilligen dürfen«, sagte er. »Ich kann nicht gegen meine eigenen Generäle handeln.« Er bot lediglich an, dass Israel das Verhalten der Hamas genau überwachen werde.[37]

Hamas-Aktivisten versuchten, sich vor israelischen Drohnen und Apache-Hubschraubern zu verstecken. Sie bewegten sich nur, wenn es unbedingt notwendig war, benutzten Motorräder und fuhren möglichst nur auf schmalen Straßen. Es nutzte nichts: Am 30. Mai wurden zwei Personen in Gaza getötet, eine weitere im Flüchtlingslager Balata zwei Wochen später. Am selben Tag suchte Suleiman Scharon erneut persönlich auf. Seit seinem ersten Besuch hatten intensive Telefongespräche stattgefunden. »Herr Ministerpräsident, jetzt wissen Sie, dass sie es mit ihrem Angebot ernst meinen und die Angriffe eingestellt haben.«[38]

Widerwillig sagte Scharon zu, die gezielten Tötungen zu stoppen. Die Hamas befahl eine absolute und sofortige Beendigung der Selbstmordattentate.

Ariel Scharon hatte im Kampf gegen den Terror nun die Oberhand. Während dieser Phase, als sich die Sicherheitslage etwas beruhigte, zog er erstmals sogar eine politische Lösung des historischen Konflikts im Nahen Osten in Betracht. Seine Nähe zu Präsident Bush und die engen Beziehungen, die er zur gesamten amerikanischen Regierung geknüpft hatte – basierend auf dem Kuhhandel, die Besiedlungspolitik im Austausch für einen Blankoscheck bei den gezielten Tötungen einzufrieren –, vermittelten Scharon das Gefühl, dass Amerika dem Staat Israel aufrichtig helfen wollte, und brachten ihn zu einigen neuen Erkenntnissen.

»Scharon gelangte zu dem Schluss, dass es keine Rolle spielt, wer im Weißen Haus sitzt – sie werden die Siedlungen immer als signifikantes Problem betrachten«, sagte Weissglass.

Für Scharon waren die Siedlungen – die er in seinen vorherigen Positionen stets rückhaltlos befürwortet hatte – keine religiöse, ideologische Angelegenheit, sondern vielmehr eine sicherheitspolitische Erwägung. »In dem Augenblick, als er begriff, dass sie eine Last sind und kein Vorteil, hatte er kein Problem damit, sie zu evakuieren und sich um die Siedler nicht weiter zu kümmern.« Scharon, der eingefleischte Militarist, der seine Karriere auf einer aggressiven Politik gegenüber den Arabern im Allgemeinen und den Palästinensern im Besonderen aufgebaut hatte, »machte einen dramatischen Wandel durch«, so Weissglass. »Er wollte die Bühne als kampferprobter General verlassen, der zu einem großen Friedensbringer geworden war.«[39]

Allerdings glaubte Scharon immer noch fest daran, dass es vor Erreichen dieser Vision noch ein Schlüsselhindernis gab: Jassir Arafat. Der Ministerpräsident war inzwischen bereit zu akzeptieren, dass sich die Gründung eines unabhängigen Palästinenserstaates nicht ausschließen ließ, doch änderte dies nichts daran, dass ihm der Palästinenserführer verhasst blieb. Er betrachtete Arafat als jemanden, der »in den von ihm kontrollierten Gebieten ein Regime des Terrors errichtet hatte, gezielt und mit staatlicher Unterstützung Terroristen ausbildete, sie anwarb, finanzierte, ausrüstete, bewaffnete und dann entsandte, um in ganz Israel zu töten«.[40] In einem Telefongespräch mit dem russischen Verteidigungsminister Sergej Iwanow nannte Scharon Arafat einen »pathologischen Lügner, einen Mörder, der die Tötung von Kindern, Frauen und Säuglingen befahl«.[41]

Den israelischen Geheimdiensten fiel ein großer Teil von Jassir Arafats Archiven in die Hände, als Israelische Streitkräfte eines seiner Hauptquartiere in der Nähe von Ramallah einnahmen. Dieses Material lieferte Hunderte von Fußnoten zu Scharons Anschuldigungen. So hatte Arafat handschriftlich den Transfer großer Geldsummen angeordnet, um die Terroraktivitäten der Fatah zu unterstützen. Der palästinensische Präsident und sein engerer Kreis waren zudem in nie gekanntem Ausmaß in Korruption verstrickt. Aus den Dokumenten ging hervor, dass Arafat sein Versprechen gegenüber Israel und der internationalen Gemeinschaft, einen demokratischen Staat mit moderner Wirtschaft und einer einzigen Streitkraft zu schaffen, regelmäßig brach. Persönlich versäumte er es, den Wandel vom Kopf einer Guerillaorganisation zum Führer eines demokratischen Staates zu vollziehen, und leitete die Palästinenserbehörde mit denselben Methoden von Manipulation, Bestechung, Teilen und Herrschen, die er als PLO-Chef angewandt hatte – alles mit dem Ziel, sein Überleben als Palästinenserführer zu sichern.[42]

Um Arafat zu delegitimieren, gewährte Scharon einigen Journalisten (mir selbst und später auch mehreren nichtisraelischen Kollegen) Zugang zu diesen Archiven, damit diese weltweit publik würden. Daneben gab er Anweisung, Geld aus dem Geheimfonds des Mossad-Direktors bereitzustellen, um die Auslandsveröffentlichung eines Buchs über diese Dokumente zu unterstützen.[43]

Scharon zog sogar in Betracht, ein vom rumänischen Geheimdienst Ende der 1970er-Jahre aufgezeichnetes Videoband zu verbreiten. General Ion Mihai Pacepa, der ehemalige Kopf des rumänischen Geheimdienstes Securitate (der über Arafat sagte: »Ich habe in einem einzelnen Mann noch nie so viel Schlauheit, Blut und Abscheulichkeit zusammen gesehen«),[44] erinnerte sich, dass seine Leute in dem offiziellen Gästehaus, wo Arafat nach einem Treffen mit Präsident Nicolae Ceaușescu übernachtete, versteckte Kameras installiert und diese Kameras die homosexuellen

Beziehungen dokumentiert hätten, die Arafat zu seinen Bodyguards unterhalten habe. Scharon sagte seinen Beratern, dass diese Aufzeichnungen in die Hände des israelischen Geheimdienstes gelangt seien und er in Betracht ziehe, sie anonym im Internet zu veröffentlichen.

Scharon verwarf diese geschmacklose Idee jedoch wieder, als Israel sein Ziel mit anderen Mitteln erreichte – indem man die amerikanische Regierung davon überzeugte, dass Arafat unbelehrbar war. Israel konnte zweifelsfrei beweisen, dass Arafat an einem Waffenschmuggel vom Iran zu Terrorgruppen in Palästina auf dem Schiff *Karine A* beteiligt war.[45] Im Rahmen der Operation »Arche Noah« kaperte die Flottille 13 das Schiff auf hoher See. Die Mannschaft wurde verhaftet und verhört, wobei sich ergab, dass ein enger Vertrauter Arafats in die Angelegenheit verwickelt war. Der Präsident der Palästinenserbehörde stritt in einem eigens an Präsident Bush gerichteten Brief jedoch ab, dass er oder einer seiner Mitarbeiter beteiligt seien. Das geheimdienstliche Material – darunter abgehörte Telefonate, Dokumente und Verhörprotokolle –, das ein hoher AMAN-Offizier in einem ans Handgelenk geketteten Aktenkoffer ins Weiße Haus brachte, war jedoch weitaus überzeugender. Als Bush erfuhr, dass ihn Arafat dreist belogen hatte, erklärte er den palästinensischen Präsidenten für bedeutungslos und rief das palästinensische Volk am 24. Juni 2002 dazu auf, einen neuen Führer zu wählen.

In Folge mehrerer grauenvoller Angriffe auf Israelis gab Scharon im November 2002 den Befehl, die Mukata, Arafats Hauptquartier, zu umzingeln und Arafat mit einigen seiner Leute darin zu belagern. Seine Anweisungen lauteten, »dem Hund aus der Mukata«, wie er ihn nannte, das Leben sauer zu machen – manchmal gab es keinen Strom, manchmal kein fließend Wasser. Dann bestellte Scharon einen Trupp gepanzerter D9-Bulldozer, die alle paar Tage eine weitere Wand des Anwesens niederrissen.[46]

Trotzdem herrschte Uneinigkeit darüber, was am Ende mit Arafat geschehen sollte. Manche fanden, er solle zum Ziel einer Liquidation erklärt werden und Israel solle ihn töten. Manche dachten, er solle besser heimlich ausgeschaltet werden, ohne dass eine Verbindung zu Israel offenkundig würde. Manche waren dafür, ihn zu verbannen, während andere sagten, man solle ihn in der Mukata »verrotten« lassen.

Nach einem schweren Angriff im April 2002 wurde ein privates Gespräch von Scharon und Stabschef Mofas mitgehört. Sie saßen bei einer öffentlichen Veranstaltung in der Nähe von Mikrofonen, nicht wissend, dass das Fernsehteam diese bereits angeschlossen hatte und sie aus der Ferne filmte.

Mofas: »Wir müssen ihn loswerden.«
Scharon: »Was?«
Mofas: »Ihn loswerden.«
Scharon: »Ich weiß.«
Mofas: »Wir müssen die Gelegenheit jetzt nutzen. Es wird keine weitere Gelegenheit geben. Ich will jetzt mit Ihnen darüber reden.«
Scharon: »Wenn wir handeln ... ich weiß nicht, welche Methode Sie dafür einsetzen *(kichert)*. Aber Sie versetzen alle in Schlaf ... *(wird ernst)*. Wir müssen vorsichtig sein!«

Es ist unklar, was für ein »Handeln« Scharon hier meinte, doch bereiteten Streitkräfte und Geheimdienste für jede potenzielle Arafat-Strategie Einsatzpläne vor. Der Befehlshaber der Luftstreitkräfte, Dan Halutz, ein enthusiastischer Befürworter einer Exilierung Arafats, suchte zwei kleine Inseln als jeweils mögliche neue Heimat für den Präsidenten aus – eine vor der libanesischen Küste, die andere in der Nähe des Sudan. Seiner Meinung nach sollte man Arafat mit zwei Mitarbeitern, etwas Wasser und ein paar Lebensmitteln für die Reise dorthin bringen, dann würde Israel der Welt seinen Aufenthaltsort verkünden.[47] Es wurde vorgeschlagen, dass Spezialtruppen der Infanterie die Mukata einnehmen und zu Arafats Zimmer vordringen sollten. Israel erwog, vor dem Angriff Schlafgas in den Komplex zu leiten, um Menschenleben zu schonen.

Schließlich wurde die Operation verworfen, weil »wir nicht sicherstellen konnten, dass Arafat das alles überleben würde«, erinnerte sich der Leiter der Trauma-Einheit der Sanitätstruppe, Oberstleutnant Dr. Amir Blumenfeld. »Schließlich ging es um einen alten Mann mit vielen gesundheitlichen Problemen und um die Möglichkeit, dass mit den zu seiner Entführung geschickten Soldaten ein Feuergefecht ausbrach.«[48]

Die Überlegungen hinsichtlich Arafat erreichten schließlich auch Washington. Vertreter der Bush-Administration fürchteten, dass Scharon ein Attentat auf Arafat anordnen würde, ebenso, wie er zuvor die Liquidierung Jassins beschlossen hatte. Bei einem Treffen im Weißen Haus am 14. April 2004 verlangte Bush, Scharon solle versprechen, Arafat nichts zu tun. Einem Sitzungsteilnehmer zufolge sagte Scharon zu dem Präsidenten, er verstehe sein Anliegen (»Ich weiß, worauf Sie hinauswollen«). Bush merkte, dass der Ministerpräsident auswich, und drängte Scharon so lange, bis dieser explizit zusagte, Arafat nicht zu töten.[49]

Schon vor seinem Versprechen war Scharon in Gesprächen mit führenden Militär- und Geheimdienstmitarbeitern zu dem Schluss gelangt, dass Israel in keinerlei Verbindung mit dem Tode Jassir Arafats gebracht werden dürfe. Dies wurde umso wichtiger, nachdem er Präsident Bush sein Versprechen gegeben hatte.

Und dann erlag der Mann, der dem Tod so viele Male entronnen war, plötzlich einer mysteriösen Darmerkrankung und starb. Auf Initiative verschiedener Parteien durchgeführte Labortests kamen zu unterschiedlichen Ergebnissen. Manchen Tests zufolge fanden sich an Arafats Kleidern und sterblichen Überresten Spuren von Polonium, einem bei Attentaten häufig verwendeten radioaktiven Material.[50] Andere Experten befanden, er sei eines natürlichen Todes gestorben. Arafats Krankenakte aus dem französischen Militärkrankenhaus in der Nähe von Paris, wohin er mit Scharons Genehmigung gebracht worden war (um zu vermeiden, dass er in einem von Israel kontrollierten Gebiet starb), wirft mancherlei Fragen auf und schließt auch die Möglichkeit nicht aus, dass er an AIDS starb.[51]

Israelische Sprecher stritten kategorisch ab, dass Israel in irgendeiner Weise mit Arafats Tod in Verbindung stehe. »Wir haben Arafat nicht getötet«, wiederholten ranghohe Persönlichkeiten aus Geheimdienst und Politik immer wieder feierlich.[52]

Andererseits mutet der Zeitpunkt von Arafats Tod, so kurz nach dem Anschlag auf Jassin, zweifellos recht auffällig an. In seinem Buch *Ariel Sharon: An Intimate Portrait* behauptet Uri Dan, ein loyaler Sprecher Scharons, dieser habe bei einem späteren Treffen mit Präsident Bush gesagt, er sehe sich nicht länger an sein früheres Versprechen gebunden, Arafat nicht zu töten, worauf der Präsident nichts erwidert habe. In dieser Zeit beklagte sich Dan bei Scharon und fragte ihn, warum er Arafat nicht verbanne oder vor Gericht stelle: »Genießt Arafat also vollkommene Immunität?«

Scharon entgegnete knapp: »Lassen Sie mich meine Dinge auf meine Art machen.« Dan bemerkte: »Plötzlich beendete er abrupt unser Gespräch, was in unserem Verhältnis zueinander ungewöhnlich war.« Nach dem Treffen mit dem Präsidenten, so Dan weiter, habe sich Arafats Zustand zusehends verschlechtert. Abschließend sagte er: »Ariel Scharon wird in die Geschichtsbücher als der Mann eingehen, der Arafat auslöschte, ohne ihn zu töten.«

Würde ich die Antwort auf die Frage wissen, wie Jassir Arafat zu Tode kam, wäre es mir nicht möglich, sie hier in diesem Buch aufzuschreiben – ich dürfte nicht einmal schreiben, dass ich überhaupt die Antwort wüsste. Die israelische Militärzensur untersagt es mir, dieses Thema zu diskutieren.

Mit Sicherheit lässt sich allerdings sagen, dass Scharon Arafat loswerden wollte, den er als »zweibeiniges Ungeheuer« betrachtete, das er schon 20 Jahre früher hätte töten sollen. Sollte Scharon tatsächlich die Liquidierung Arafats angeordnet haben, geschah dies unter absoluter Geheimhaltung und in viel kleinerem Kreise als bei allen anderen gezielten Tötungen. Ohne es zuzugeben, definierte Scharon selbst das Ziel einer solchen Operation: »Die jüngsten Ereignisse könnten einen historischen Wendepunkt darstellen«, sagte er in einer gesonderten Stellungnahme nach Arafats Tod. »Wenn nach der Arafat-Ära eine andere, ernsthafte, verantwortungsbewusste Führung hervortritt, die ihren Verpflichtungen nachkommt ..., wird dies eine gute Gelegenheit bieten, verschiedene Schritte mit dieser Führung zu koordinieren und sogar die diplomatischen Beziehungen mit ihr wieder aufzunehmen.«[53]

Ohne eine direkte Beteiligung am Tode Arafats zuzugeben, waren sich alle zur damaligen Zeit führenden Köpfe einig, dass sich durch sein Dahinscheiden die Sicherheit Israels verbesserte. Mahmud Abbas (Abu Mazen), der ernannt wurde, Arafat als Präsident zu ersetzen, und der neue palästinensische Ministerpräsident Salam Faijad, der enge Verbindungen zur amerikanischen Regierung pflegte, leiteten eine entschlossene Anti-Terror-Kampagne ein. Selbst die skeptische Leitung des Schin Bet räumt ein, dass es den Palästinensern nach der Amtsübernahme durch Abbas und Faijad ernst damit war, dem Terror Einhalt zu gebieten, und dass die nach Arafats Tod erreichte Ruhe zum großen Teil der engen sicherheitspolitischen Kooperation mit den beiden geschuldet ist.[54]

Der Krieg zwischen Israel und den Palästinensern, der im September 2000 ausgebrochen war – ein Krieg kontinuierlicher Vergeltung von Selbstmordattentaten und gezielten Tötungen –, flaute nach und nach ab, bis er schließlich ganz endete.

Israel ergriff während seines Krieges gegen den Terror in der zweiten Intifada eine ganze Reihe von Maßnahmen, darunter Ausfälle militärischer Bodentruppen, um umfangreiche Festnahmen durchzuführen, und den Bau von Sperranlagen zwischen dem Westjordanland und Israel, die es Selbstmordattentätern erschwerten, nach Israel zu gelangen. Solche Maßnahmen behinderten die Terrororganisationen zwar in gewisser Weise, doch zeigen die Statistiken eindeutig, dass sie ihre mörderischen Anschlagsversuche dennoch fortsetzten und dass die Terrorattentate erst verebbten, nachdem Israel eine große Anzahl Terroristen und – bei der Operation »Windröschen pflücken« – terroristischer Führer gezielt liquidiert hatte.

Dank ihres gestrafften Apparates zur Durchführung dieser Tötungen triumphierten die israelischen Geheimdienste über etwas, das viele Jahre lang als unbesiegbar gegolten hatte: den Selbstmordterror. Unter Einsatz aller Ressourcen des Landes, durch hartnäckige Beharrlichkeit und Kooperation zwischen geheimdienstlichen und operativen Gruppen und nicht zuletzt unter der entschlossenen Führung Ariel Scharons bewies Israel, dass ein mörderisches und scheinbar unangreifbares Terrornetzwerk in die Knie gezwungen werden kann.

Die Anwendung gezielter Tötungen indes hatte hohe Begleitkosten. In erster Linie zahlten unschuldige Palästinenser den Preis, die zu »Kollateralschäden« der Anschläge wurden. Viele unschuldige Menschen kamen ums Leben, und Tausende, darunter viele Kinder, wurden verletzt und trugen für den Rest ihres Lebens eine Behinderung davon. Andere nahmen seelischen Schaden oder wurden obdachlos.

Ein ranghoher Schin-Bet-Offizier sagte: »In der Vergangenheit, als alles noch geheim und von zweifelhafter Legalität war, konnten wir nur sehr wenige Tötungen durchführen. Wie oft kann man so etwas machen, ohne seine Tarnung zu verlieren? In dem Moment, als der Staatsanwalt der Israelischen Streitkräfte diese Aktionen koscher, legal und öffentlich machte, eröffneten wir ein Fließband für Attentate. Unser Gewissen ist heute also reiner, aber viel mehr Menschen ließen ihr Leben.«

Gabriella Blum, ab 2018 Jura-Professorin in Harvard, war Offizierin der Militärstaatsanwaltschaft und Mitautorin des Gutachtens, das die Attentate legalisierte. Im Jahre 2017 brachte sie ihr aufrichtiges Bedauern darüber zum Ausdruck: »Es besorgt mich sehr, dass etwas, das ursprünglich als außergewöhnliche Maßnahme in außergewöhnlichen Fällen gedacht war, zur regulären Praxis wurde.«[55]

Die gezielten Tötungen trugen nicht zuletzt dazu bei, dass Israel in den Augen der Welt weiter marginalisiert und delegitimiert wurde. Wieder einmal benahm sich David wie Goliath.

Stabschef Dan Halutz versuchte zu erklären, warum Israel die gezielten Tötungen zur gängigen Praxis gemacht hatte: »Das ist der grundlegende Verhaltenskodex im Nahen Osten: Sie erkannten, dass wir wahnsinnig waren, dass wir bereit waren, bis zum Äußersten zu gehen, dass wir nicht bereit waren, weiterhin alles zu schlucken.«

Doch obwohl der Tod zweier ranghoher Figuren, Jassin und Arafat, sicherlich drastische Auswirkungen für die Region hatte, behielt Ami Ajalon recht, als er sagte, dass Attentate auf Führungspersonen zwar möglicherweise den Lauf der Geschichte änderten, die neu geschaffene Situation jedoch nicht unbedingt besser als die vorherige sein müsse – und es daher gut sein könne, dass ein Frieden dadurch in weite Ferne rücke.

Wie sich herausstellte, war Arafat der Einzige, dem es gelungen war, das palästinensische Volk unter der Kontrolle der Palästinenserbehörde zu einen. Nach seinem Tod scheiterte Präsident Abbas daran. Die Hamas übernahm den Gazastreifen und errichtete dort eine zweite palästinensische Einheit. Diese Neuordnung stellte für Israel eine ernste Bedrohung dar, eine größere Bedrohung, als Arafat je gewesen war.

Der Hamas gelang die Machtübernahme im Gazastreifen dank der enormen Unterstützung, die sie aus dem Iran erhielt. Paradoxerweise ist es schwer zu glauben, dass die Hamas jemals einen eigenen Staat im Gazastreifen hätte errichten können, wenn Scheich Jassin noch am Leben gewesen wäre. Jassin war strikt gegen jegliche Kooperation oder Beziehung zum Iran und zwang der gesamten Organisation seine Sicht auf.

Zweifellos war die Tötung von Scheich Jassin der schwerste Schlag, den die Hamas in ihrer gesamten Geschichte erlitt, und der stärkste Einzelfaktor in ihrem Bestreben, einen Waffenstillstand mit Israel zu erreichen. Das Attentat führte im Nahen Osten aber auch zu einer unvorhersehbaren historischen Wendung: Da Jassin nunmehr von der Bildfläche verschwunden war, schmiedete der Iran, Israels gefährlichster Feind, das letzte Glied in seinem Plan, zur Regionalmacht aufzusteigen.

33 Die Radikale Front

Baschar al-Assad hatte nicht damit gerechnet, dass er die Führung des Landes übernehmen würde.

Hafis al-Assad, der Syrien im November 1970 unter seine Kontrolle gebracht hatte, hatte seinen ältesten Sohn Basil als seinen Nachfolger ausersehen. Dieser starb jedoch bei einem Autounfall. Assads zweite Wahl war sein jüngster Sohn Mahir, der eine militärische Laufbahn eingeschlagen hatte. Aber dieser erwies sich als zu hitzköpfig und jähzornig und neigte zu Wutanfällen. Ein dritter Sohn, Majed, hatte eine Erbkrankheit, an der er später starb. Übrig blieb Baschar, der, als sein Vater ihn im Jahr 1994 direkt nach Basils tödlichem Unfall zurück nach Damaskus rief, 29 Jahre alt war und sich in London in seiner Ausbildung zum Augenarzt befand.

Baschar war immer als der schwächste der Assad-Söhne betrachtet worden, ein irgendwie abgehobener und verträumter junger Mann, der stets ein bisschen verschüchtert wirkte. Vielleicht war dem Vater seine Schwäche bewusst, doch der Machterhalt für die Familie war seine oberste Priorität. Er schickte Baschar zum Militär, wo er schnell zum Oberst aufstieg. Zur Abrundung seiner Ausbildung wurde er von seinem Vater zum Kommandanten der syrischen Truppen im Libanon ernannt. Am Ende der 1990er-Jahre war Baschar für die Präsidentschaft wohl gerüstet. Hafis al-Assad starb im Juni 2000, und im darauffolgenden Monat wurde Baschar zum Staatspräsidenten gewählt.

Doch in diesem speziellen Moment war das Erbe, das er antrat, ausgesprochen schwierig. Ein Jahrzehnt zuvor hatte sich die Sowjetunion aufgelöst, der Kalte Krieg war vorüber, und Russland hatte zu der Zeit einen Großteil seines Einflusses im Nahen Osten verloren. Die Weltordnung befand sich in einem Prozess des Umbaus, und Baschar al-Assad musste darin für Syrien einen neuen Platz finden.

Gleichzeitig war die syrische Wirtschaft in einem schlechteren Zustand als je zuvor. Die Staatskassen waren leer, und das syrische Militär – obwohl eines der größten in der Region – konnte teilweise kaum noch als zeitgemäß bezeichnet werden und brauchte dringend moderne Waffen. Vor allem aber: Noch immer hielt Israel die Golanhöhen, die es 1967 von Syrien erobert hatte, und der syrische Nationalstolz ließ nicht zu, dass diese tiefe Wunde verheilte.

Mitte des Jahres 2000 musste Assad sich entscheiden: Entweder konnte Syrien ein Bündnis mit den Vereinigten Staaten eingehen, der letzten verbliebenen Supermacht, oder mit dem Iran, der aufstrebenden Regionalmacht. Die Entscheidung fiel nicht schwer. Zehn Jahre vor seinem Tod hatte Präsident Hafis al-Assad die Weltöffentlichkeit in Staunen versetzt, als er der Allianz beitrat, die die USA gegen einen anderen arabischen Staat geschmiedet hatten, um Saddam Hussein aus Kuwait zu vertreiben. Er hatte sich dabei Gegenleistungen erhofft: wirtschaftliche Vorteile, die Streichung Syriens von der Liste der Staaten, die Terrorismus und Drogenhandel unterstützten, sowie Druck auf Israel, sich vollständig von den Golanhöhen zurückzuziehen. Er bekam nichts davon.

Drei Monate vor seinem Tod, auf dem Höhepunkt der amerikanischen diplomatischen Bemühungen um ein Friedensabkommen zwischen Syrien und Israel, traf sich Hafis al-Assad mit Präsident Bill Clinton in Genf. Clinton überbrachte Assad eine Botschaft von Ministerpräsident Ehud Barak, die das beste Angebot enthielt, das Israel jemals gemacht hatte: einen beinahe vollständigen Rückzug von den Golanhöhen. Die einzige Ausnahme war, dass »niemals ein syrischer Soldat seinen Fuß in den See Genezareth tauchen« sollte, was bedeutete, dass es eine dauerhafte syrische Präsenz an dessen Ufern nicht geben würde. Als Assad dies hörte, ließ er das Gipfeltreffen platzen, kurz nachdem es begonnen hatte.

Israel und den Vereinigten Staaten erschien dieses Verhalten als Bestätigung für Hafis al-Assads uneinsichtige Irrationalität, die mit seiner Magenkrankheit und seiner Demenz zusammenhängen mochte. Assad, ein passionierter Anhänger von Verschwörungstheorien, sah seinerseits in dem Gipfel einen weiteren Beweis dafür, dass die USA nur ein Satellitenstaat Israels waren (nicht umgekehrt) und dass eine Verbindung mit den Vereinigten Staaten weder zur vollständigen Rückgewinnung der Golanhöhen führen noch irgendeinen anderen Vorteil haben würde.

Außerdem schien sich Israel in einer Phase der Schwäche zu befinden. Im Mai 2000 ordnete Ehud Barak den bedingungslosen Rückzug aus dem Libanon an, was aus Assads Perspektive einer demütigenden Niederlage gleichkam. Für ihn bewies der Rückzug nur eines: dass der effektive Einsatz von Guerillataktik sogar die mächtigste Militärmacht der Region zur Kapitulation zwingen konnte.

Hafis al-Assad schärfte seinem Sohn Baschar ein, die Golanhöhen zurückzuholen. Doch gab er ihm gleichzeitig den Rat, eine direkte militärische Konfrontation mit Israel zu vermeiden, aus der Syrien sehr wahrscheinlich als Verlierer hervorgehen würde. Der Iran jedoch hatte schon Terrorgruppen aufgestellt, die – wie vor allem die Hisbollah – einen ungleichen Stellvertreterkrieg gegen die Juden führten. Besser, man ließ die Radikalen den schmutzigen Krieg führen, der Israel schließlich Zugeständnisse aufzwingen würde, so Baschar al-Assads Überzeugung. Wozu syrisches Blut vergießen, wenn die Dschihadisten so scharf darauf waren, sich selbst zu opfern?

Entsprechend stellte Assad seine Verbindung zur Hisbollah und ihren Förderern in Teheran ins Zentrum seiner Sicherheitspolitik. Syrien und der Iran unterzeichneten eine Reihe von Abkommen zur gegenseitigen Verteidigung, zu Waffenlieferungen und Waffenentwicklung, und Teheran gab Assad 1,5 Milliarden Dollar für den Umbau seiner Armee.[1]

Assad und seine alawitischen Brüder wurden von vielen iranischen Theokraten als Häretiker betrachtet, als Verräter an der heiligen Tradition, als Ungläubige, die Allah beleidigt hatten. Auf der anderen Seite hatte Syrien eine starke Armee, eine gemeinsame Grenze mit Israel und eine größere internationale Glaubwürdigkeit als Teheran.

Und auch die iranische Regierung hatte Probleme. Der Staat rang mit einer schweren Wirtschaftskrise, es gab tiefe Gräben innerhalb der persischen Gesellschaft, und der Unmut gegenüber den Ajatollahs wuchs. Neben Nordkorea und dem Irak gehörte der Iran zu den am meisten isolierten und geächteten Ländern der Welt. In seiner Rede zur Lage der

Nation hatte Präsident Bush im Januar 2002 diese drei Länder als »Achse des Bösen« bezeichnet, woraufhin die amerikanischen Sanktionen gegen den Iran verschärft wurden.

Bush hatte Syrien nicht in die »Achse des Bösen« eingereiht, weil die Amerikaner noch immer hofften, das Land in Richtung Westen ziehen zu können. Dies lag auch daran, dass Syrien mit vielen westlichen Staaten – vor allem mit Frankreich und Deutschland – freundliche Beziehungen unterhielt. »Wir versuchten, uns mit ihm [Assad] gegen die Terroristen zu verbünden, die uns im Irak bekämpften«, sagte Michael Hayden, der im ersten Jahrzehnt des 21. Jahrhunderts Direktor der NSA und später der CIA wurde. Doch er fügte hinzu, dass sich solche Hoffnungen dann schnell zerschlugen.[2]

Ein Bündnis mit Syrien war durchaus im Interesse des Iran. Teheran hatte das Bargeld, das Damaskus so dringend brauchte, darüber hinaus fortschrittliche Waffentechnologie, zum Beispiel Feststoffraketentriebwerke für Langstreckenraketen.[3] Im Gegenzug konnte Syrien einen direkten Zugang zu Irans wichtigstem Gegner bieten und, was noch wichtiger war, eine Brücke zum Rest der Welt. Iranische Im- und Exporte konnten über syrische See- und Flughäfen geschleust werden, wodurch die internationale Isolierung des Iran abgemildert würde.

Gleichzeitig unterhielt der Iran eine Stellvertretermiliz im Libanon, wo Syrien weiterhin umfangreiche Militär- und Geheimdienstaktionen durchführte. Um die Versorgung und das Funktionieren der Hisbollah sicherzustellen, brauchten die Iraner Bewegungsfreiheit, die die Syrer nicht nur gestatten, sondern sogar ausweiten konnten.

Aber der junge Assad entschied sich nicht bloß für eine Seite.

Jahrzehntelang hatte sein Vater den Iranern erlaubt, per Flugzeug Waffenlieferungen nach Damaskus zu bringen und sie dann auf dem Landweg zur Hisbollah zu fahren. Aber Hafis al-Assads Hilfe für die Iraner hatte lediglich darin bestanden, dass er sie unbehelligt arbeiten ließ – mit den Dschihadisten selbst vermied er sorgfältig jede enge Verbindung. Baschar al-Assad hingegen sah hier neue Möglichkeiten. Der Sieg der Hisbollah über Israel und die Rede ihres Generalsekretärs Hassan Nasrallah, in der er Israel mit einem Spinnennetz verglichen hatte – von Weitem stark, aber aus der Nähe schwach –, hatten Eindruck auf ihn gemacht.

Der junge Assad beschloss, sich aus vollem Herzen auf beide Seiten zu schlagen – der Theokraten und der Dschihadisten – und ihnen sämtliche syrischen Ressourcen zur Verfügung zu stellen. Von Beginn des Jahres 2002 an öffnete Assad die Waffenkammern seiner Armee für die Hisbollah und fing an, die Organisation mit jenen modernen sowjetischen Waffen zu versorgen, die selbst der Iran nicht hatte, außerdem mit Boden-Boden-Raketen großer Reichweite. Darüber hinaus öffnete er die Tore seines Palastes für Nasrallah, der für ihn ein Vorbild geworden war.

Syrien hatte auch ganz praktische Motive, die Hisbollah zu stärken. Der Libanon war Syriens wirtschaftliche Lebensader, und Assads Generäle erhielten aus Geschäften, an denen der Staat beteiligt war, großzügige Kommissionen. Vor Kurzem hatten sich jedoch einige mächtige Libanesen Gehör verschafft und verlangt, dass die Syrer das Land verlassen. Imad Mughniyya, der Stabschef der Hisbollah, reagierte darauf, indem er im Auftrag der Iraner und Syrer genau diese Männer ermordete, einen nach dem anderen. Die Mordkampagne kam auf ihren Höhepunkt, als Mughniyyas Männer Rafik Hariri töteten, den wichtigsten Politiker des Nahen Ostens, der zweimal Ministerpräsident des Libanon gewesen war und versucht hatte, mithilfe der Weltöffentlichkeit die Syrer aus seinem Land zu vertreiben.[4]

Es wurde immer deutlicher, dass es zwischen dem Iran, der Hisbollah und Syrien gemeinsame Interessen gab und dass die drei in einzigartiger Weise geeignet waren, zusammenzuarbeiten und einander in Zeiten der Not beizustehen. So entstand das Bündnis, das in israelischen Geheimdienstkreisen »die Radikale Front« genannt wurde.

Das Bündnis zwischen einer Terrororganisation, einem aus der Weltgemeinschaft weitgehend verstoßenen Gottesstaat und einem modernisierten Nationalstaat ermöglichte es einem weiten Netzwerk von Guerillakämpfern, selbst ernannten Revolutionären und kriminellen Schlägern, durch ungewöhnlich skrupelloses Vorgehen einen hohen militärischen Wirkungsgrad zu entfalten. Die Anführer dieser Staaten und der Organisation entwickelten Strategien und Versorgungswege für eine ansonsten völlig disparate Ansammlung von Kämpfern, die kreuz und quer über den Nahen Osten verteilt waren.

Auf der höchsten operativen Ebene des Netzwerks standen drei Männer: Qassem Suleimani von den Islamischen Revolutionsgarden, Imad Mughniyya von der Hisbollah und General Mohammed Suleiman aus Syrien. Der Anführer des Islamischen Dschihad, Ramadan Shalah, der unter der Schirmherrschaft Syriens und des Iran von Damaskus aus operierte, wurde ebenfalls in das Bündnis eingeschlossen und zu einigen Diskussionen eingeladen.

Unter ihren Stellvertretern waren Hassan al-Lakis, der Chef der Forschungs- und Entwicklungsabteilung der Hisbollah, und Mahmud al-Majzub, Kopf des Palästinensischen Islamischen Dschihad im Libanon. Die Hamas spielte keine offizielle Rolle in der Radikalen Front – Scheich Jassin, ein Sunnit, hasste die schiitischen Iraner –, doch Chalid Maschal, der Anführer der Hamas außerhalb Palästinas, dachte anders darüber und beauftragte einen der Einsatzkommandanten der Organisation, Issedin al-Sheikh Khalil, mit den Mitgliedern der Front in engem Kontakt zu bleiben.[5]

Über ein Netz von Verbindungen und Transportwegen lieferte die Radikale Front immer weitere und tödlichere Hilfe für den Kampf gegen Israel. Die Hisbollah unterstützte und bewaffnete palästinensische Terroristen von Beirut aus und zahlte für jeden in einem Selbstmordattentat getöteten Israeli eine Prämie. In Syrien und im Iran wurden Raketen auseinandergenommen, auf dem Land- oder Seeweg in den Gazastreifen geschmuggelt und dann von palästinensischen Kämpfern des Islamischen Dschihad wieder zusammengebaut. Majzub ließ die Revolutionsgarden auf die gleiche Weise Raketen an die Guerillakämpfer des Palästinensischen Islamischen Dschihad (PIJ) im Libanon liefern. Maschal und Scheich Khalil erhielten substanzielle finanzielle Unterstützung vom Iran (vermutlich ohne dass Jassin davon wusste), außerdem wurde das Know-how nach Gaza geliefert, das für die Produktion von selbst gebauten Raketen notwendig war.

Lakis von der Hisbollah begann inzwischen im südlichen Libanon mit dem Bau einer gigantischen Bunker- und Raketensiloanlage für den Fall einer israelischen Invasion oder für eine Offensive der eigenen Truppen. Die Anlage wurde so professionell getarnt, dass ihr Bau dem israelischen Geheimdienst komplett entging. Auch war Israel nur unvollständig über die massenhaften Vorräte an tödlicher Gerätetechnik informiert. Einer Schätzung zufolge besaß die Hisbollah im Jahr 2003 das größte Waffenarsenal, das eine Guerillatruppe jemals angesammelt hatte.[6]

Selbstverständlich war es für Israel nichts Neues, an seinen Grenzen und in den besetzten Gebieten mit Feinden konfrontiert zu sein. Doch nun war das Land auf einmal umringt von einer einzigen, gut koordinierten Kraft: von der Hisbollah im Libanon, vom PIJ in den besetzten Gebieten und von Syrien im Norden. Sie alle finanzierten sich mit iranischem Geld und waren ausgerüstet mit iranischen Waffen.

Der israelische Geheimdienst, der bei einer solchen externen Gefahr dafür zuständig war, geheime Informationen zu sammeln und der Bedrohung entgegenzutreten, war der Mossad. Doch seine Bemühungen waren keineswegs ausreichend gewesen, was vor allem daran lag, dass er der Zeit hinterherhinkte. Die Unfähigkeit des Mossad, dschihadistische Organisationen zu unterwandern, das Fehlen technologischer Ressourcen in einer Zeit, in der jeder Zugang zu einem Mobiltelefon und zu Verschlüsselungssoftware hatte, sowie eine Reihe von schweren operativen Fehlschlägen, angeführt von der misslungenen Ermordung Maschals: All dies waren Anzeichen für die Fehleranfälligkeit und Schwäche des Mossad. Der Iran war ein sehr viel raffinierterer Gegner als jeder arabische Staat, den der Mossad zu unterwandern versucht hatte, und auch Baschar al-Assad führte für Syrien strenge Sicherheitsvorkehrungen ein.[7]

Hier und da versuchte der Mossad, die bedrohlichen Pläne von Mitgliedern der Radikalen Front zu vereiteln. So kam ihm zu Gehör, dass General Anatoli Kuntsewitsch, ein Veteran der russischen Rüstungsindustrie, den Syrern dabei half, einen tödlichen chemischen Kampfstoff herzustellen, das Nervengas VX. Offizielle Proteste wurden von Moskau ignoriert. So kam es, dass Kuntsewitsch im April 2002 bei einem Flug von Aleppo nach Moskau auf geheimnisvolle Weise tot umfiel.[8]

Dies war jedoch nur ein isolierter Erfolg. Für den Umgang mit der Radikalen Front gab es keine einheitliche und dauerhafte Strategie, und die Israelis wussten gefährlich wenig über die Pläne und Aktionen ihres Gegners. Verglichen mit den Erfolgen des Schin Bet und des AMAN in den besetzten Gebieten erschien der Mossad als das schwächste Glied in der Gemeinschaft der Geheimdienste.

Ministerpräsident Scharon war aufgebracht. Er fand den Mossad schläfrig und verweichlicht und wegen vergangener Einsatzpannen nicht risikofreudig genug. Zudem hatte Mossad-Direktor Efraim Halevy einen völlig anderen Ansatz als Scharon, der stets in die Offensive gehen und angreifen wollte. Wie Dov Weissglass sagte: »In einer Zeit, in der sich Israel in einer der schwierigsten Schlachten seit der Staatsgründung befand, während der zweiten Intifada, war es für uns schwer zu begreifen, warum diese schöne Einrichtung, die man Mossad nennt, einfach nicht vorkam. Unter Halevy wurde die diplomatische Schiene ewig ausgereizt. Die operative Schiene war mehr ein Anhängsel dazu, überflüssiger Ballast, auf den man auch hätte verzichten können.«[9]

Diese Phase traf mit dem Höhepunkt der Intifada zusammen, und ganz oben auf der Tötungsliste standen Leute, die den palästinensischen Terrorismus unterstützten.

Unter iranischer Führung hatte die Hisbollah ihre Einheit 1800 gegründet, um der Terrorgruppe Tanzim (gegründet unter der Schirmherrschaft von Arafats Fatah) für weitere Selbstmordattentate Geld zukommen zu lassen und ihr bei der Ausbildung zu helfen. Auch der Palästinensische Islamische Dschihad schickte aus dem Libanon Geld, Ausbildungshilfe und Handlungsempfehlungen ins Westjordanland und in den Gazastreifen, um Selbstmordattentate ihrer Mitglieder zu unterstützen.[10]

Weil der Mossad keine entschlossenen Antiterrormaßnahmen auf den Weg brachte, versuchte der AMAN einzuspringen. »Wir konnten mit dem Mossad in Einsätzen nicht zusammenarbeiten«, sagte AMAN-Chef Aharon Seevi-Farkasch. »Andererseits wussten wir im AMAN von 50 Palästinensern im Westjordanland, die unermüdlich daran arbeiteten, ein Selbstmordattentat nach dem anderen vorzubereiten, und zwar mit dem Geld und der Hilfe der Hisbollah-Einheit 1800 im Libanon. Die Situation war untragbar geworden.« Also fasste man den Plan, »ein paar Zielpersonen von der Hisbollah zu töten, um ihren Anführern klarzumachen, dass die Attentate einen Preis hatten«.[11]

Oberst Ronen Cohen, der Chef der Terrorabwehr im AMAN, entwarf eine Liste mit Zielpersonen (genannt »die Zwölf Musketiere«), zu denen Funktionäre der Einheit 1800 der Hisbollah genauso gehörten wie Leute vom Islamischen Dschihad und von der Hamas.[12]

Einer der Namen, die auf der Liste standen, war der von Kais Obeid, der einmal ein Schin-Bet-Agent gewesen, aber zur Hisbollah-Einheit 1800 übergelaufen war. Es war ihm gelungen, einen Reserveoffizier der Israelischen Verteidigungsstreitkräfte nach Dubai zu locken. Der Offizier steckte bis zum Hals in Schulden, und Obeid hatte ihm in Aussicht gestellt, bei der Lösung seiner finanziellen Probleme zu helfen. Der Offizier lief in eine Falle, wurde betäubt, in eine Kiste gepackt und mit der diplomatischen Post von der iranischen Botschaft in Dubai nach Beirut verschickt. Während seiner Befragung offenbarte er der Hisbollah und den Syrern wichtige militärische Geheimnisse.[13] Obeid, der viele israelische Araber kannte und fließend Hebräisch sprach, war dann später mit der Anwerbung von Selbstmordattentätern beschäftigt.

Obeid war israelischer Staatsbürger, und es gab im Geheimdienst ein ungeschriebenes Gesetz, das die Tötung von Landsleuten untersagte. Unter der schweren Bedrohung durch Selbstmordattentate wurde das Gesetz jedoch über Bord geworfen. Auf Cohens Liste der »Musketiere« standen trotzdem keine hohen Hisbollah-Funktionäre: weder Mughniyya und seine beiden Stellvertreter noch Generalsekretär Nasrallah. »Wir fürchteten, dass so etwas den totalen Krieg auslösen würde«, sagte einer der am Einsatz beteiligten Männer.[14]

Bei ihrem Treffen mit Scharon, bei dem über den Einsatz gesprochen werden sollte, betonten Seevi-Farkasch und Cohen, dass der Schin Bet zwar sehr erfolgreich hochrangige Terroristen im Westjordanland und in Gaza tötete, dass aber niemand gegen die Köpfe der Organisationen vorging, die von außerhalb Israels für die Unterstützung des Terrors sorgten. Scharon musste nicht lange überredet werden. »Es ist zu schade, dass solche Initiativen nicht von euren Freunden kommen«, sagte er in Anspielung auf den Mossad säuerlich.[15]

Die erste Zielperson war Ramzi Nahara, ein Drogenhändler und israelischer Spion, der die Seiten gewechselt hatte, nachdem sich Israel aus dem Libanon zurückgezogen hatte, und der einer der Männer gewesen war, die Obeid bei der Entführung des israelischen Offiziers geholfen hatten.[16] Am 6. Dezember 2002 fuhren er und sein Neffe Elie Issa in ihr Heimatdorf Ain Ebel im südlichen Libanon. Ein großer, als Felsen getarnter Sprengkörper explodierte in dem Augenblick, als sie am Ortseingang mit dem Auto daran vorbeifuhren. Sie wurden beide getötet.

Als Nächster war Ali Hussein Salah an der Reihe, der im libanesischen Innenministerium als Fahrer für die iranische Botschaft in Beirut registriert war, aber in Wirklichkeit für die Einheit 1800 arbeitete. Am 2. August 2003 war er in seiner schwarzen BMW-Luxuslimousine mit dem diplomatischen Kennzeichen unterwegs zu seiner Arbeitsstätte im Hauptquartier der Einheit 1800 im Beiruter Stadtviertel Dahija. Um 8.32 Uhr explodierte ein großer Sprengkörper, der im Rücksitz des Wagens versteckt worden war. Das Auto wurde in zwei Teile gerissen und 15 Meter von dem riesigen Krater weggeschleudert, der durch die Explosion entstanden war. »Die Explosion riss auch Salahs Körper in zwei Teile, von denen jeder in einer Hälfte des Autos blieb«, heißt es in dem Bericht des AMAN über das Ereignis.[17]

Nach dem Tod von Salah hörte die Hisbollah damit auf, ihre wahre Profession zu verleugnen, und auf Al-Manar, dem Fernsehsender der Bewegung, wurde verlautbart: »Die Hisbollah trauert um einen großen Mudschaheddin [heiligen Krieger].«

Am 12. Juli 2004 verließ Ghaleb Awali, der den Platz des ermordeten Salah in der Einheit 1800 eingenommen hatte, sein Wohnhaus im schiitischen Stadtteil Haret Hreik in Beirut. Er setzte sich in seinen Mercedes und drehte den Zündschlüssel. Das Auto explodierte wenige Sekunden später. Er wurde schwer verletzt und umgehend ins Krankenhaus gebracht, wo jedoch nur noch sein Tod festgestellt werden konnte.

Die Verantwortung für den Mord übernahm eine neue Gruppierung, die im Libanon ihren ersten und letzten Auftritt hatte. Die sunnitische Gruppe mit dem Namen Jund al-Sham (»Soldaten der Levante«) erklärte: »Wir haben ein Symbol des Verrats getötet, den Schiiten Ghaleb Awali.«

Die Hisbollah hatte keinen Zweifel, dass es sich hier um eine israelische Desinformationskampagne handelte und dass Israel hinter der Ermordung stand. In seiner Grabrede auf der prunkvollen Beerdigung, die man für Awali ausrichtete, hob Hassan Nasrallah hervor, dass der Verstorbene zu einer Spezialeinheit gehört hatte, die sich dem palästinensischen

Kampf widmete. »Er ist ein *shahid* auf unserem Weg nach Palästina, ein *shahid* für Jerusalem und die al-Aqsa-Moschee im Kampf mit dem zionistischen Gebilde«, erklärte Nasrallah an Awalis Sarg, der in die gelbe Hisbollah-Fahne gehüllt war. Die Verantwortung für die Ermordung gab er dem AMAN-Kommandanten Seevi-Farkasch.

Scharon schätzte Seevi-Farkaschs Bemühungen sehr, doch er erkannte, dass es mehr brauchte, um der Radikalen Front entgegenzutreten. Innerhalb des Mossad musste ein radikaler Wandel stattfinden.

Scharon wünschte sich, dass Halevy abgelöst wurde, und man schlug ihm mehrere Kandidaten vor, darunter Veteranen des Mossad und Generäle der Israelischen Verteidigungsstreitkräfte. Aber Scharon hatte von vornherein nur einen Menschen im Kopf: Meir Dagan, seinen guten Freund, der unter ihm in der Armee gedient hatte. Dagan war robust und streitbar, genau der Mann, den Scharon brauchte, um die Radikale Front zurückzuschlagen.

Dagan hatte die Israelischen Verteidigungsstreitkräfte im Jahr 1995 verlassen und war später Chef der Antiterrorbehörde des Ministerpräsidenten geworden.[18] In dieser Funktion hatte er eine geheime Abteilung namens »Speer« gegründet, die darauf abzielte, die Geldflüsse des Feindes auszutrocknen. »Ich maß der ökonomischen Kriegführung große Bedeutung bei. Sie musste ein integraler Bestandteil unseres Feldzugs gegen unseren Hauptgegner sein«, sagte Dagan.

Die Untersuchungen der Abteilung Speer führten dazu, dass Israel sämtliche Organisationen ächtete, die für die Hamas Gelder verwalteten. Einige dieser Gelder stammten von reichen Muslimen aus dem Ausland. (Die Speer-Mitarbeiter drängten das FBI und seine europäischen Pendants, das Gleiche auch in ihren eigenen Ländern zu tun, aber die Anschläge vom 11. September 2001 hatten noch nicht stattgefunden, und so stießen ihre Warnungen auf taube Ohren.) In einer Sitzung trat der Gegensatz zwischen dem Mossad Dagan'scher und dem Mossad Halevy'scher Prägung besonders deutlich zutage. Der Mossad hatte Informationen vorgelegt, die darauf hinwiesen, dass ein Teil des Geldes, das der Iran der Hamas zur Verfügung stellte, über eine europäische Bank mit Sitz in Zürich geleitet wurde.

»Kein Problem«, sagte Dagan, »wir stecken sie einfach an.«

»Wen anstecken?«

»Na, die Bank natürlich«, antwortete Dagan. »Die Adresse haben wir doch, oder?«

Die Beteiligten erklärten ihm, dass es hier nicht um Bargeld ging, sondern um elektronische Überweisungen via SWIFT, die von anderswo abgesichert wurden.

»Na und?«, meinte Dagan. »Wir können sie doch trotzdem anstecken. Die Manager der Bank wissen dann, dass es kein legales Geld ist. Das kann doch nicht schaden.«[19]

Letztendlich hörte Dagan auf seine Berater und verzichtete auf den Befehl, die Bank niederzubrennen. Im Großen und Ganzen aber war dies genau der Ansatz, den Scharon sich gewünscht hatte: »einen Mossad-Chef mit einem Dolch zwischen den Zähnen«, wie es der Ministerpräsident gegenüber einigen Mitarbeitern ausdrückte.[20]

Dies bedeutete jedoch nicht, dass Dagan es auf eine groß angelegte Konfrontation mit dem Gegner abgesehen hatte. Im Gegenteil, er setzte sich stets dafür ein, dass Israel alles tat, um eine militärische Konfrontation mit den Staaten der Region zu vermeiden – eine Konfrontation, die niemals vollständig zu gewinnen wäre.

»Die Aufgabe der israelischen Sicherheitskräfte ist es«, so belehrte Dagan seine neuen Untergebenen im Mossad, »alles Denkbare zu tun, um den nächsten Krieg so lange wie möglich hinauszuzögern. Die verdeckten Methoden, die wir einsetzen, sind dazu da, den Feind in möglichst gebündelter Weise zu treffen.«

Dagan übernahm den Mossad im September 2002. Kurz darauf übertrug ihm Scharon die Verantwortung für die verdeckten Bemühungen, dem iranischen Atomprogramm den Wind aus den Segeln zu nehmen. Seit den späten 1990er-Jahren hatte der Iran unter Zuhilfenahme riesiger Ressourcen daran gearbeitet, so bald wie möglich in der Lage zu sein, eine Atombombe zu bauen. Wo immer die Iraner konnten, kauften sie Ausrüstung und Know-how. Sowohl Scharon als auch Dagan sahen in einer iranischen Atommacht eine existenzielle Gefahr für Israel.[21]

Man versprach Dagan, was immer er wollte: Geld, Mitarbeiter, Ressourcen – solange er nur die Ajatollahs daran hindern würde, eine Atombombe zu bauen. Dagan nahm alles und machte sich an die Arbeit.

»Es war richtig von Scharon, ihn zu ernennen«, sagte Weissglass. »Meir kam und vollbrachte Wunder.«

Dagan zog in sein neues Büro im Hauptgebäude des Mossad. Dort hängte er ein Foto auf, das seinen Großvater zeigte, wie er mit einem Ausdruck der Todesangst im Gesicht zwischen deutschen Soldaten kniet. Wenige Minuten später wurde er ermordet. »Seht euch dieses Foto an«, pflegte Dagan den Mossad-Agenten zu sagen, bevor er sie auf Einsätze schickte. »Ich stehe hier – wir, die Männer und Frauen des Mossad, stehen hier, um dafür zu sorgen, dass so etwas nicht noch einmal geschieht.«

Dagan beschloss, den Mossad auseinanderzunehmen und so wieder zusammenzusetzen, wie er es für richtig hielt. Als Erstes nahm er das Ziel der Informationsbeschaffung unter die Lupe. Die Informationen sollten keinesfalls um ihrer selbst willen gesammelt, katalogisiert und in einem nutzlosen Archiv abgeheftet werden. Dagan wollte Informationen, die direkt gegen den Feind eingesetzt werden konnten. Er wollte Informationen, die sehr schnell zu präventiven und vorbeugenden Einsätzen führten, zu Sabotage, Hinterhalten, gezielten Tötungen und Mordanschlägen. Der Mossad würde unter dem neuen Direktor eine Behörde von Kriegern werden.

»Ich sagte Arik [Scharon], dass meiner Meinung nach die Organisation komplett verändert werden müsse«, sagte Dagan. »Ich warnte ihn: ›Aber du musst dich entscheiden. Der Preis wird ziemlich hoch sein. Die Journalisten werden dir und mir und dem gesamten Mossad heftig aufs Dach steigen.[22] Das wird nicht leicht werden. Bist du bereit, diesen Preis zu zahlen?‹ Er stimmte zu. Arik wusste, wie man jemandem den Rücken freihält.«

Dagan traf sich häufig privat mit Scharon, um sich die Genehmigung für verdeckte Operationen zu holen. Ein ehemaliger hochrangiger Mossad-Offizier beschrieb die Stimmung so: »Es war eine hysterische Zeit. Dagan kam sehr früh morgens ins Büro und brüllte dann bis zum Anbruch der Dunkelheit die Leute an: dass sie nicht ordentlich lieferten, dass sie nutzlos seien.«[23]

Aus Dagans Sicht war es besonders wichtig, die Mitarbeiter von Tsomet »auf Vordermann zu bringen«, jener Abteilung also, die für die

Rekrutierung und Führung der Agenten zuständig war. In seinen Augen war sie »der Kern des Mossad«. Er sagte: »Die Grundlage jedes Einsatzes, egal wie er im Detail ausgeführt wird, ist ›Human Intelligence‹«, also die Informationsbeschaffung mittels menschlicher Quellen (HUMINT).

Die wichtigsten Tsomet-Mitarbeiter waren die »Sammlungsoffiziere« (*katsa*), also die Mitarbeiter, die die Agenten rekrutierten und führten. Sie waren ausgebuffte Profis und sehr geschickt im Manipulieren.

Jedoch manipulierten die Sammlungsoffiziere nach Dagans Ansicht auch den Mossad selbst. Dagan beschrieb die Abteilung Tsomet, die er bei seinem Amtsantritt vorfand, als »vollendetes Lügensystem, das sich selbst betrügt und sich von Lügen ernährt« – mit dem Zweck, sich selbst und den gesamten Mossad vom Erfolg der eigenen Arbeit zu überzeugen. »Jahrelang haben sie nur getan, wozu sie Lust hatten. Sie werben einen Typen an, der in irgendeinem Büro in der Nähe einer Atomanlage den Tee serviert, und behaupten, sie hätten jemanden in das iranische Atomprojekt eingeschleust. Man musste sie am Schlafittchen packen und ihnen einen Tritt in den Hintern geben.«

Dagan veränderte die Abläufe in der Abteilung Tsomet und verlangte, dass alle Informanten sich einem Lügendetektortest unterzogen, damit man herausfand, ob sie verlässliche Quellen waren. Die Sammlungsoffiziere von Tsomet protestierten scharf gegen die Überprüfung ihrer Informanten per Lügendetektor. »Sie werden das als Misstrauen empfinden und beleidigt sein und nie wieder für uns arbeiten.«

Der Direktor widersprach solchen Einwänden scharf: »Sind Sie bescheuert?«, fragte er einen der Sammlungsoffiziere. »So ein Mann verrät sein Land und alles, was ihm lieb und teuer ist. Meinen Sie nicht, dass er gewillt ist, sich im Austausch gegen Geld einem Test zu unterziehen?«

Dagan zufolge wollten die Tsomet-Mitarbeiter mit ihrem Widerstand gegen den Lügendetektor letztendlich verhindern, »dass ihre Mogelei aufflog« und herauskam, dass sie Agenten angeworben hatten, die nicht verlässlich waren. Er versuchte, sich regelmäßig mit jedem von den Hunderten Verbindungssoffizieren zu treffen, die auf die ganze Welt verteilt waren. »Der Führungsoffizier, der den Mossad-Direktor noch nie zu Gesicht bekommen hat, sieht ihn plötzlich alle drei Monate, und der Direktor interessiert sich auch noch für ihn, und das nicht nur theoretisch, sondern tatsächlich für seine Einsätze, und er fragt ihn, wo er erfolgreich war und aus welchen Gründen er gescheitert ist. Das erschwerte es den Chefs dieser Männer natürlich erheblich, mich später hinters Licht zu führen.«[24]

Sobald Dagan den Mossad erfolgreich in den Kriegszustand versetzt hatte, grenzte er dessen Auftrag ein. Er erklärte, dass der Mossad nur zwei große Ziele habe.[25] Das eine waren jene Länder, die versuchten, in den Besitz von Atomwaffen zu gelangen, und damit war insbesondere das iranische Atomprogramm gemeint. Die Einfuhr von Ausrüstung und Rohmaterialien würde unterbrochen, verzögert und gestoppt werden, in Einrichtungen, die schon liefen, würde man schwere Sabotageakte begehen, und Atomwissenschaftler würden drangsaliert, zum Überlaufen gezwungen und, wenn nötig, getötet werden.

Das zweite Ziel war die Radikale Front. Es gab keine Pläne für einen handfesten Krieg mit dem Iran oder Syrien, aber der Mossad konnte die Versorgungswege unterbrechen, auf denen die Hisbollah, die Hamas und der PIJ mit Waffen versorgt wurden. Er konnte außerdem einzelne Terroristen jagen, und er konnte ranghohe Figuren der Radikalen Front ausschalten, sogar dann, wenn es sich bei ihnen um syrische Generäle handelte.

Auf eine Anordnung von Scharon hin erklärte sich der Chef des AMAN Seevi-Farkasch damit einverstanden, dass sein Militärgeheimdienst umfassend mit dem Mossad kooperierte, wodurch ein gemeinsamer »Informationspool« entstand, in dem man sämtliche Geheimdienstinformationen miteinander austauschen konnte. Dies bedeutete in der Praxis eine enorme Erweiterung der Ressourcen des Mossad.[26]

Als Koordinator für die Zusammenarbeit der beiden Behörden und als Leiter der zahlreichen Mossad-Einsätze ernannte Dagan den Kommandanten der Einsatzgruppe Keschet im Mossad, Tamir Pardo. Der ehemalige Offizier der Sajeret Matkal hatte neben Jonathan Netanjahu gestanden, als dieser während der Geiselbefreiungsaktion von Entebbe von einer Kugel getroffen wurde. Pardo war ein mutiger Einsatzsoldat mit strategischem Gespür und einer unbändigen Energie. Dagan ernannte ihn zu seinem Stellvertreter.

Im Mai 2003 präsentierte Pardo – als Ergebnis einer intensiven viermonatigen Arbeit – Dagan und der Führungsriege des Mossad einen streng geheimen Plan zur Beendigung des iranischen Atomprogramms. »Unser Ausgangspunkt ist die Annahme, dass ein technologisch fortschrittlicher und ressourcenreicher Staat wie der Iran, der in den Besitz einer Atombombe gelangen will, damit schließlich und endlich Erfolg haben wird«, begann Pardo. »Mit anderen Worten kann ein sofortiger Stopp des Programms nur das Ergebnis eines Sinneswandels oder einer Veränderung in der politischen Führung des Iran sein.«

Im Raum war ein Seufzen und Murmeln zu hören, aber Pardo fuhr fort: »In dieser Situation hat Israel drei Optionen. Nummer eins: die Eroberung des Iran. Nummer zwei: die Durchsetzung eines Regimewechsels im Iran. Nummer drei: Wir können die aktuelle politische Führungsriege im Iran davon überzeugen, dass der Preis für die Weiterführung des Atomprojekts höher ist als das, was sie gewinnen können, wenn sie es stoppen.«

Weil die erste und zweite Option unrealistisch waren, blieb nur die dritte: in offenen und verdeckten Aktionen so viel Druck auf die Ajatollahs auszuüben, dass sie einfach beschließen würden, die Sache aufzugeben. »In der Zwischenzeit, also bis sie zu der Einsicht kommen, dass es sich für sie nicht lohnt«, fasste Dagan zusammen, »müssen wir mit verschiedenen Methoden den Bau der Bombe immer wieder verzögern, sodass sie, wenn sie an ihre Belastungsgrenze kommen, noch nicht im Besitz der Waffe sind.«[27]

Dagans Idee, wie das zu bewerkstelligen sei, war kühn: Er wollte Israels Freunde um Hilfe bitten – sogar die, die scheinbar seine Feinde waren. Er wusste, dass die meisten Länder des Nahen Ostens zwar offiziell antiisraelisch eingestellt waren, im Verborgenen aber einen sehr viel entgegenkommenderen und pragmatischeren Kurs fuhren. »Zwischen uns und zahlreichen arabischen Staaten gibt es eine Schnittmenge von Interessen, und nicht einmal eine kleine«, sagte er. Die Interessen der meisten dieser Staaten – Jordaniens, Ägyptens, Saudi-Arabiens, der Emirate am Persischen Golf, Marokkos und so weiter – stimmten keineswegs mit denen von radikal-schiitischen Revolutionären und ihren Verbündeten in Damaskus überein, und schon gar nicht mit denen ihrer schwer bewaffneten Stellvertretermilizen. Die meisten dieser arabischen Staaten fürchteten die Vorstellung eines nuklear bewaffneten Iran vielleicht sogar mehr als Israel.

Die Geheimdienste dieser Staaten hatten, von einem operativen Standpunkt aus betrachtet, gegenüber dem Mossad eine Reihe von Vorteilen: Ihre Mitarbeiter waren Araber, die die Sprache perfekt beherrschten, sie unterhielten diplomatische Beziehungen zu Ländern, die Israel gegenüber feindlich eingestellt waren (manchmal sogar sehr gute Beziehungen, jedenfalls oberflächlich betrachtet), und sie konnten relativ ungehindert in diese feindlichen Länder reisen. In vielen Fällen hatten sie in Syrien, im Iran und im Libanon aufgrund von innerarabischen Machtkämpfen schon seit vielen Jahren Spione.

Dagan befahl dem Mossad, seine geheimen Verbindungen zu den ausländischen Nachrichtendiensten zu intensivieren. Viele der herausragenden Erfolge der israelischen Geheimdienstarbeit in den darauffolgenden Jahren waren ein Resultat dieser Zusammenarbeit: die Identifizierung, Beschattung und Ausschaltung von Terroristen im Libanon und in Syrien, die Beschaffung von Informationen darüber, welche iranischen Botschaften daran beteiligt waren, Terrorzellen in die ganze Welt zu entsenden, und die Ausspähung des Atomprojekts der Ajatollahs. Während sie Israel vor den Vereinten Nationen verurteilten, arbeiteten diese arabischen Länder also gleichzeitig in geheimer Mission mit dem jüdischen Staat zusammen.[28]

Dagans Reformen führten zu starkem internen Widerstand und später dazu, dass viele hochrangige Mossad-Mitarbeiter ihren Dienst quittierten.[29] Der Mossad ist eine in sich abgeschlossene und verschwiegene Organisation, die fanatisch darauf bedacht ist, die eigenen Geheimnisse zu hüten. Jede Form der Zusammenarbeit, bei der man womöglich ausländischen Diensten (und dann auch noch arabischen) Einblick in die eigenen Methoden und Quellen gewähren musste, galt als Sakrileg. Doch für Dagan war das alles Unfug, nichts als eine Ausrede für den intellektuellen und operativen Niedergang.

»Ich fand, dass sie falsch lagen, dass es idiotisch war, die Zusammenarbeit mit anderen Faktoren [Nachrichtendiensten der Länder des Nahen Ostens] abzulehnen, die doch die Dinge genauso sahen wie wir«, sagt er. »Der Mossad war verpflichtet, alle Kräfte zu mobilisieren, die er hatte – alle Ressourcen, alle Verbündeten –, um seine Ziele zu erreichen. Ich sagte ihnen, sie sollten mit dem Mist aufhören – wir sollten unsere eigenen Agenten, blau und weiß, zusammentrommeln, um mit den anderen Geheimdiensten ins Geschäft zu kommen. Ich legte fest, dass alles, was nicht uns selbst oder unsere Quellen in Gefahr bringen würde, Verhandlungsmasse war. Anderenfalls würde uns niemand ernst nehmen.«

»300 Leute haben gekündigt, als ich zum Mossad kam, das war ein Massenexodus«, sagte er. »Übrigens bin ich bei einigen ganz froh, dass sie gegangen sind.«[30]

Weil zunehmend mehr Einsätze durchgeführt werden mussten, schaffte Dagan auch einige der operativen Sicherheitsbestimmungen ab, die im Mossad seit vielen Jahren, manchmal seit Jahrzehnten, galten. Bevor er das Ruder übernahm, war es üblich, dass eine Operation gestrichen wurde, wenn nicht genügend Reisepässe, Kreditkarten und sichere Kommunikationsmöglichkeiten zur Verfügung standen. Man wollte auf der sicheren Seite sein. Sehr viele Operationen wurden wegen solcher Sicherheitsbestimmungen abgesagt.

Jedoch nicht mit Dagan. »Er bestellte dann denjenigen zu sich, der für die Pässe zuständig war und darauf hingewiesen hatte, dass die Dokumente nicht sicher genug waren und einer genauen Überprüfung nicht standhalten würden«, erzählte einer, der bei vielen Diskussionen im Büro des Mossad-Chefs zugegen war. »Er sagte demjenigen, er solle entweder bis zum nächsten Morgen fünf weitere Reisepässe auf seinen Schreibtisch legen oder seine Kündigung.«[31]

Dagan erkannte die Fakten an, wischte aber sämtliche Bedenken vom Tisch. »Unsinn. Man findet immer irgendwas, wenn man tief genug buddelt. Das sind doch alles *meises* [jiddisch für ›Geschichten‹], bloße Ausreden fürs Nichtstun.«

Dagan glaubte an gezielte Tötungen als starke und notwendige Waffe, die aber konsequent angewendet werden musste und nur eine unter weiteren Maßnahmen sein konnte: nachrichtendienstlichen, diplomatischen und finanziellen. Jede einzelne Tötung konnte sich der Feind als besonderes, einmaliges Unglück zurechtreden, und selbst unregelmäßige Ermordungen konnten noch als Ergebnis der unglücklichen Umstände abgetan werden, als tödliche Quittung für schlampige Sicherheitsmaßnahmen. Wenn dagegen gezielte Tötungen auch in strategischer Hinsicht effektiv sein sollten, mussten sie eine dauerhafte Bedrohung darstellen.

»Sporadische Eliminierungen bringen gar nichts«, sagte Dagan. »Aber Eliminierungen von hochrangigen Einsatzleuten und Anschläge auf die Führungsebene als dauerhafte, kontinuierliche Methode sind eine ausgesprochen gute Sache. Und wenn ich ›Führungsebene‹ sage, meine ich das selbstverständlich in einem sehr weit gefassten Sinne. Würde ich mich immer dafür aussprechen, die Nummer eins zu töten? Nicht unbedingt. Ich interessiere mich für die höhere Einsatzebene, den Mann, der die Sachen tatsächlich am Laufen hält, der in der Praxis den größten Einfluss hat.«[32]

Der AMAN und der Mossad verfassten eine Liste mit Mitgliedern der Radikalen Front, die sie für eine »negative Behandlung« vorschlugen. Das Problem war jedoch, dass all diese Leute sich in sogenannten Ziel-Ländern aufhielten, wo der Mossad solche Aktionen eigentlich nicht durchführte. Doch auch in diesem Fall beschloss Dagan, die Regeln zu ändern.

»Als ich zum Mossad kam, gab es innerhalb der Ziel-Länder kaum Einsatzmöglichkeiten«, sagte Dagan. Um dies zu verändern, ließ er zunächst Beweissysteme konstruieren (Reisepässe, Tarnbiografien etc.), die es den Mossad-Leuten, falls ein Verdacht aufkam, erlauben würden, längere Befragungen durchzustehen.

Darüber hinaus verwarf Dagan das uralte Prinzip, dem zufolge Ermordungen ausschließlich »blau und weiß« sein, also nur durch eigene Leute durchgeführt werden durften. Dagan dagegen nutzte lieber Stellvertreter, eine Vorliebe aus der Erfahrung der zahllosen Liquidationen, in die er selbst während seines Militärdienstes im Gazastreifen und im Libanon verwickelt gewesen war. »Am Grab eines jeden solchen Agenten oder Stellvertreters, der stirbt und in die Ewigkeit eingeht, würde ich weinen. Wirklich, ich würde echte Tränen vergießen. Aber ihr Tod ist mir immer noch lieber als der meiner eigenen [israelischen/jüdischen] Leute.«

Dagan drängte den Mossad außerdem, seine Technik auf den neuesten Stand zu bringen. Er persönlich hatte kein ausgeprägtes Verständnis für diese Dinge, aber ihm war klar, dass sie unverzichtbar geworden waren und dass der Mossad den Geheimdiensten anderer Länder weit hinterherhinkte, ja sogar anderen israelischen Diensten. Zum Kopf der technologischen Abteilung ernannte er »N.«, einen hochrangigen und erfahrenen Offizier, der ein gutes Verständnis dafür mitbrachte, was die Agenten in der Praxis brauchten.

Die Veränderungen, die Dagan eingeführt hatte, zeigten bald Wirkung, und nach Dagans Ansicht konnte man jetzt mit den Einsätzen beginnen. Er verlangte, dass von nun an alle gezielten Tötungen im Ausland unter sein Kommando gestellt und von seinem Stellvertreter Tamir Pardo durchgeführt werden sollten.

Der AMAN war gegen diesen Plan, und zwischen dem Mossad auf der einen Seite und Aharon Seevi-Farkasch und Ronen Cohen vom AMAN auf der anderen Seite brach ein lautstarker Streit aus. Schließlich traf Scharon eine Entscheidung: Syrien kam in Dagans Zuständigkeitsbereich, und die Einsätze im Libanon sollten weiterhin dem AMAN unterstehen.[33]

Parallel zu diesen verborgenen administrativen Prozessen bemerkte Israel eine beunruhigende Veränderung in der administrativen Struktur seines Feindes. Die Ermordung von Scheich Jassin im März 2004 hatte in der Praxis sämtliche Beschränkungen beseitigt, die dieser den Beziehungen zum Iran auferlegt hatte. »In dem Moment, in dem Jassin aus dem Spiel war, verlagerte sich das Gravitationszentrum der Hamas aus den von Israel kontrollierten Gebieten hin zu den Anführern in Syrien und im Libanon, und Chalid Maschal wurde der starke Mann der Organisation«, sagte Jitzchak Ilan vom Schin Bet.[34]

Maschal befahl seinen von Issedin al-Sheikh Khalil angeführten Männern, die Iraner darüber zu informieren, dass die Hamas nun bereit war, sämtliche Hilfen aus ihrer Hand anzunehmen. Die Iraner reagierten erfreut: Wenn die Hamas ein vollwertiges Mitglied wurde, war die »Widerstands«-Front komplett. Unter Khalils Aufsicht fingen die Iraner an, Raketenteile in den Gazastreifen zu liefern, damit die Reichweite und Schlagkraft des Waffenarsenals der Organisation erweitert wurden. Und nun kamen auch die Ausbilder der Revolutionsgarden in den Gazastreifen.

Am 26. September 2004 stieg Khalil neben seinem Wohnhaus im südlichen Damaskus in sein Auto. Als er gerade saß, klingelte sein Handy. *»Ya, Abu Rami, hada Ramzi min Tubas«* (»Abu Rami, hier ist Ramzi aus Tubas« –

ein Dorf im Westjordanland). »Ja«, antwortete Khalil, »was kann ich für Sie tun?« Die Verbindung wurde unterbrochen. Eine Sekunde später ging das Auto in die Luft, und Khalil war tot.[35]

Der Nächste auf der Anschlagsliste war Mahmud al-Majzub, im Libanon der führende Mann des Palästinensischen Islamischen Dschihad. Am 26. Mai 2006 verließ er in Begleitung seines Bruders Nidal, der ihm als Bodyguard diente, um 10.30 Uhr das Büro des PIJ in der Hafenstadt Sidon im südlichen Libanon. Als Nidal die Fahrertür öffnete, zündete ein Beobachtungsposten per Fernbedienung die in der Tür versteckte Bombe. Beide Männer starben.

»Selbstverständlich übernehme ich nicht die Verantwortung für diese Ereignisse«, sagte Dagan zu der Tötungsserie und befolgte damit die offizielle Regelung in Israel, der zufolge man sich zu gezielten Tötungen im Ausland nicht bekannte. »Aber prinzipiell ist es natürlich undenkbar«, fügte er hinzu, »das der Staat Israel mit einer Herausforderung wie der Hamas, dem PIJ und dem Terror von Selbstmordattentätern konfrontiert ist und der Mossad nicht sein Bestes gibt.«[36]

Die Schläge gegen Mitarbeiter der Einheit 1800, des Islamischen Dschihad und der Hamas waren für die jeweiligen Organisationen ein schwerer Verlust, aber das Gesamtbild veränderte sich dadurch nicht. Die Radikale Front stellte weiterhin eine ernste Bedrohung dar und fuhr fort, Aktionen gegen Israel zu planen.

Die israelische Öffentlichkeit reagiert stets besonders empfindlich auf Entführungen von Soldaten der Israelischen Verteidigungsstreitkräfte. Nasrallah hatte ein feines Gespür für diese spezielle Sensibilität und befahl seinen Männern, so viele Entführungen durchzuführen wie möglich. Seinen Partnern an der Front gab er den Rat, das Gleiche zu tun. Einige Versuche schlugen fehl. Die, die gelangen, untergruben die israelische Moral erheblich.

Im Oktober 2000 entführte eine Spezialeinheit der Hisbollah unter Mughniyyas Befehl drei israelische Soldaten, die an der israelisch-libanesischen Grenze patrouillierten. Um die Rückkehr der entführten Soldaten zu gewährleisten, stimmte Israel einem demütigenden Gefangenenaustausch mit der Hisbollah zu.[37]

Die Gefangenen des Islamischen Dschihad, die in dem Handel freigelassen wurden, nahmen ihre terroristischen Aktivitäten in dem Augenblick wieder auf, in dem sie in den Gazastreifen zurückkehrten. Sie setzten einen verheerenden Selbstmordattentäter-Feldzug in Gang. Tatsächlich konnten die befreiten Gefangenen acht Selbstmordattentate organisieren, bei denen 39 Zivilisten getötet wurden. Erst danach gelang es dem Schin Bet, sie zu töten oder erneut zu verhaften.[38]

Am 25. Juni 2006 kletterten sieben Hamas-Kämpfer aus einem Tunnel. Sie hatten viele Monate damit zugebracht, ihn heimlich zu graben. Begonnen hatten sie ein gutes Stück innerhalb des Gazastreifens, von wo aus sie sich dann unter dem Grenzzaun hindurch bis zu einem nahe gelegenen israelischen Dorf vorgebuddelt hatten. In einer waghalsigen Aktion kamen sie hinter einem Lager der israelischen Armee hoch, töteten dort zwei Soldaten und verletzten mehrere andere. Dann zerrten sie den Soldaten Gilad Schalit auf der Straße nach Gaza mit sich. Als Botschaft der Auflehnung hängten sie Schalits kugelsichere Weste an den Zaun zwischen Israel und dem Gazastreifen.[39]

Es gelang dem Schin Bet und den Israelischen Verteidigungsstreitkräften in keiner Weise, den Ort ausfindig zu machen, an dem Schalit gefangen gehalten wurde. Zwar waren der Schin Bet und der AMAN normalerweise unglaublich effektiv darin, im Gazastreifen an Informationen zu gelangen und dort Operationen durchzuführen, aber nun zahlten sich die Unterweisungen aus, die die Hamas vom iranischen Geheimdienst erhalten hatte. Während der gesamten fünf Jahre von Schalits Gefangenschaft hatte Israel keine Ahnung, wo man ihn festhielt.[40]

Als der Überfall stattfand, hatte sich die Hamas bereits zu einer Regierung entwickelt. Sechs Monate zuvor hatte ihr politischer Flügel mit iranischer Unterstützung die Wahlen in den palästinensischen Autonomiegebieten gewonnen. Ismail Haniyya, der gewählte Ministerpräsident, der eine Reihe von israelischen Mordanschlägen überlebt hatte – unter anderem die Bombardierung einer Klausurtagung der Hamas-Führung im Jahr 2003 (das »Dream-Team«) –, reiste umgehend nach Teheran, wo man ihm 250 Millionen Dollar Hilfe zusagte. »Der Iran ist für uns Palästinenser ein strategischer Stützpfeiler«, sagte er während seines Besuchs. »Wir werden das zionistische Regime niemals anerkennen. Wir machen weiter mit dem

Dschihad, bis Jerusalem befreit ist.« Als er in den Gazastreifen zurückkam, hatte er in mehreren großen Koffern 35 Millionen Dollar in bar dabei.

Israel reagierte auf die Tötung der Soldaten und die Entführung von Schalit mit einem schweren Bombardement des Gazastreifens, bei dem mehr als 200 Palästinenser getötet wurden. Außerdem führte man Razzien im Westjordanland durch, bei denen mehrere Minister der Hamas-Regierung entführt wurden. Doch die Organisation zuckte nicht mit einer einzigen Wimper. Sie verlangte, dass Israel im Austausch für einen israelischen Soldaten 1000 palästinensische Gefangene freiließ.[41]

Am 12. Juli, zwei Wochen nach Schalits Gefangennahme, erhöhte die Radikale Front den Druck. Guerillakämpfer der Hisbollah entführten zwei Soldaten, die an Israels nördlicher Grenze patrouillierten. Dies brachte für die Israelis das Fass zum Überlaufen, und der neue Ministerpräsident Ehud Olmert (Nachfolger von Scharon, der einen Schlaganfall erlitten hatte) sagte seinen Vertrauten, dass er die Hisbollah nun ein für alle Mal »fertigmachen« wolle. Arik Scharon war niemals vor der Anwendung von Gewalt zurückgeschreckt, aber was die Fähigkeit der Israelischen Verteidigungsstreitkräfte anging, einen solchen Krieg gegen die Hisbollah-Guerilla zu gewinnen, blieb er skeptisch. Olmert jedoch ließ sich von den Zusicherungen seines Stabschefs Generalleutnant Dan Halutz einlullen. Dieser war überzeugt, dass die Hisbollah – ohne Bodentruppen in Gefahr zu bringen – aus der Luft besiegt werden konnte. »Mit Ausnahme des einen oder anderen Esels, der noch eine Katjuscha auf dem Rücken tragen mag«, könnten die Kampfflieger der Luftwaffe die Fähigkeit der Organisation, Israel anzugreifen, komplett lahmlegen, versicherte er.

Dies war ein fataler Fehler, der Israel teuer zu stehen kam und Halutz' militärische Karriere beendete. Obwohl die Luftschläge gegen die Positionen der Hisbollah erheblichen Schaden anrichteten, hielt die Anlage aus Bunkern, Abschussrampen und verborgenen Kommunikationssystemen den Bombardierungen stand.[42] Israel wusste sehr wenig über diese Anlage, die »die schützende Natur« genannt wird und auf Befehl von Imad Mughniyya unter der Aufsicht von Hassan al-Lakis mithilfe von neuester Ausrüstung aus dem Iran und Syrien errichtet worden war. Hisbollah-Raketen gingen weiter auf Israel nieder. Eines Tages, am 29. Juli

2006, setzten die Israelischen Verteidigungsstreitkräfte dann eine zögerliche und wirkungslose Bodeninvasion in Gang. Dabei wurden einige Hisbollah-Positionen zerstört, doch auch die israelische Armee erlitt schwere Verluste, bevor sie sich zwei Wochen später beschämt zurückziehen musste.[43]

Der gesamte Feldzug (in Israel unter dem Namen »Zweiter Libanonkrieg« bekannt) wurde zu einer demütigenden Niederlage, in der fast keines der ursprünglichen Ziele erreicht worden war. Die mächtigste Militärmacht im Nahen Osten war in sechs Jahren zweimal von derselben Guerillaarmee besiegt worden. »Es war ein bisschen wie mit der nordvietnamesischen Armee nach der Tet-Offensive«, sagte Dagan. »Obwohl die Offensive scheiterte und sie ein paar herbe Schläge wegstecken mussten, gewannen sie den Krieg.«[44]

Als das Waffenstillstandsabkommen unterzeichnet wurde, war Nasrallah der beliebteste Führer in der arabischen Welt: seit vielen Jahren der erste, der Israel in einer militärischen Konfrontation entgegengetreten war und gewonnen hatte.

Israel versuchte, das Scheitern auf dem Schlachtfeld mit Mordanschlägen auf Hisbollah-Führer, allen voran auf Nasrallah, wieder wettzumachen. »Wenn wir es geschafft hätten, Nasrallah umzubringen, hätte das die Situation nachhaltig verändert«, sagte Halutz. »Wir haben es versucht, aber erfolglos.« Insgesamt dreimal gelangte man an geheime Informationen bezüglich Nasrallahs Aufenthaltsort. Einmal wurde ein Gebäude bombardiert, kurz nachdem er es verlassen hatte. Zweimal trafen die Bomben das betreffende Gebäude, schafften es aber nicht, die dicken Schichten von Stahlbeton zu durchdringen, die sich über den unterirdischen Bunkern befanden, in denen er sich versteckte. »Es ist unglaublich, was sie da unten alles gebaut haben«, sagte Halutz. »Du triffst eine bestimmte Stelle, und plötzlich siehst du aus einem Loch am anderen Ende der Straße Rauch aufsteigen, und dann wird dir klar, dass dort unten ein Tunnel ist, von dem du nicht das Geringste geahnt hast.«

Andere Anstrengungen, hochrangige Hisbollah-Führer auszuschalten, endeten auf die gleiche Weise. Am 20. Juli versuchte Israel, Lakis über die Lokalisierung seines Handys ins Visier zu nehmen. Ein F-16-Kampfflugzeug schoss eine Rakete in die Wohnung in Beirut, in der man das

Telefon geortet hatte. Es stellte sich heraus, dass Lakis ausgegangen war und sein Handy in der Wohnung liegen gelassen hatte. Sein Sohn wurde getötet. »Wir haben uns auf die ganze Sache [die Tötungen] nicht so gründlich vorbereitet, wie es nötig gewesen wäre«, räumte Halutz ein.[45]

Im Juni 2007, ein Jahr nachdem sie vier Soldaten der Israelischen Verteidigungsstreitkräfte getötet und einen weiteren Krieg ausgelöst hatten, massakrierten Hamas-Kräfte zahlreiche Fatah-Funktionäre im Gazastreifen und eroberten das Gebiet gewaltsam. Dies geschah aus Wut darüber, dass die Mitglieder von Abu Mazens Fatah trotz des Wahlsiegs der Hamas noch immer die Institutionen der Palästinenserbehörde kontrollierten. Die Eroberung des Gazastreifens kam der Gründung eines unabhängigen Hamas-Staates gleich.

Die Situation konnte für Israel nicht schlimmer sein. Im Norden und Süden war es von durch die Radikale Front kontrollierten Staaten und Organisationen umzingelt, die über große militärische Macht und ein enormes Budget verfügten. Israel selbst dagegen war nach der Entführung seiner Soldaten und der Niederlage im Krieg von 2006 angeschlagen und verzagt.

Einen Monat nach der Übernahme des Gazastreifens trafen sich die höchsten Kommandanten der Radikalen Front zu einem geheimen Gipfel in Damaskus, um über zukünftige gemeinsame Aktionen gegen den Feind zu sprechen. Die Stimmung war ausgelassen. Die Front hatte erfolgreich einen neuen Selbstmordattentäter-Feldzug innerhalb Israels in Gang gesetzt. Ein Aufgebot von Zehntausenden Raketen und Flugkörpern im Libanon und im Gazastreifen deckte das gesamte israelische Territorium ab. Die Hisbollah hatte Israels Versuch, sie zu zerstören, im vergangenen Sommer vereitelt. Die Hamas hatte die Wahlen in den palästinensischen Autonomiegebieten gewonnen und im Gazastreifen einen eigenen Staat aufgebaut. Iran und Syrien machten jeder für sich bedeutende Fortschritte beim Bau einer Atombombe. Die Situation, darin waren sich alle einig, war besser, als die »Widerstandsachse« zu hoffen gewagt hätte.

Israelische Beamte beobachteten die Konferenz aus der Ferne. Und machten Pläne. Dagan wusste, dass dieser Krieg im Schatten geführt werden musste, voller Risiken, aber ohne Einschränkungen.[46]

34 Maurice töten

Ibrahim Othman setzte sich neben eine hübsche, fremde Frau an der Bar eines Wiener Hotels. Er war mittleren Alters, hatte schütteres Haar und einen Schlafzimmerblick, doch die Frau neben ihm schien interessiert, zumindest an einem Gespräch. Sie sprach Französisch – Othman sprach auch Französisch! – und liebte Paris und Hunde. Er bestellte ihr einen Drink und erzählte ihr von den Pudeln, die er zu Hause in Damaskus hatte.

Othman war der Direktor der syrischen Atomenergiekommission. Die Frau war eine Mossad-Agentin. Die Israelis wussten nicht genau, welche Geheimnisse Othman hütete, aber sie wussten, dass er sich im Januar 2007 in Wien aufhalten würde, und es war vergleichsweise leicht, dort eine Operation durchzuführen. Sie maßen der Operation keine sonderlich große Bedeutung bei – sie fand gleichzeitig mit anderen statt, die für wichtiger gehalten wurden.

Dennoch durchsuchte, während die Agentin an der Bar Othmans Pudelgeschichten über sich ergehen ließ, ein Keschet-Team sein Hotelzimmer. Eine oberflächliche Inspizierung förderte nichts Nennenswertes zutage, da versuchten sie, erfolglos, einen schweren, verschlossenen Koffer zu öffnen, den Othman im Zimmer gelassen hatte. Wenn man beim Öffnen keine Spuren hinterlassen wollte, erforderte das einen besonderen Aufwand; und mittlerweile hatte ein Observierungsteam bemerkt, dass Othman Anzeichen von Müdigkeit erkennen ließ und vermutlich bald wieder auf sein Zimmer gehen würde.

»Ich gehe rein. Gebt mir die Zeit durch«, flüsterte der befehlshabende Offizier, als er seinen Wachposten aufgab und das Zimmer betrat, um sich der Sache anzunehmen. Othman unterschrieb die Rechnung. »Ihr habt noch etwa vier Minuten«, funkte ein Posten. Der Syrer dankte seiner neuen Bekannten, und die beiden vereinbarten, am Morgen miteinander zu telefonieren und sich vielleicht zu treffen. Othman ging in Richtung Aufzug. »Zwei Minuten«, funkte der Posten. »Kommt raus!«

Im Zimmer hatte das Keschet-Team soeben den Koffer geöffnet und angefangen, die Bilder darin so schnell wie möglich zu kopieren, ohne darauf zu achten, was sie zeigten. Othman war bereits im Aufzug. »Noch eine Minute bis Kontakt«, meldete die angespannte Stimme. Mittlerweile war alles abgelichtet, und die Tasche wiederum gepackt und verschlossen. »Der Aufzug ist da. Sofort raus aus dem Zimmer!«

Othman befand sich jetzt auf dem Flur, nur 30 Sekunden entfernt, fast in Sichtweite seiner Zimmertür. Ein Mitglied des Teams machte sich schon zu einem Ablenkungsmanöver bereit, indem er einen Betrunkenen spielte und ein Glas Whisky auf seinem Anzug verschüttete. Aber in den restlichen Sekunden verließen die übrigen Mitglieder das Zimmer und entfernten sich rasch in entgegengesetzter Richtung den Flur entlang. »Wir sind raus. Alles in Ordnung. Position verlassen«, kam die ruhige und selbstsichere Stimme des Kommandeurs.[1]

Das Material, das das Mossad-Team an jenem Tag kopiert hatte, wurde nicht sofort ausgewertet. Es dauerte nach dem Einbruch in Othmans Hotelzimmer rund zwei Wochen, bis jemand einen Blick darauf warf.

Da sahen sie zum ersten Mal die Aufnahmen des Reaktors.

Syrien versuchte, eine Atombombe zu bauen. Das Land machte genau genommen dramatische Fortschritte in Richtung des Baus einer Bombe, und dabei war es ihm gelungen, das ganze Projekt vollständig geheim zu halten. Damit war eine Situation erreicht, die sich nicht einfach lösen ließ, indem ein paar Menschen ausradiert wurden. Es waren ganz andere, nicht weniger drastische Maßnahmen gefordert.

Merkwürdigerweise hatte Baschar al-Assad gewaltige Hochachtung vor der israelischen Aufklärung; und ebendeshalb gab er sich so große Mühe, sie zu täuschen. Er war überzeugt, dass jede Botschaft, die in Syrien auf elektromagnetischem Weg übermittelt wurde – also Telefon, Mobiltelefon, Fax, SMS, E-Mail –, von der israelischen Aufklärung abgefangen wurde. »Er glaubte wirklich, dass jedes Mal, wenn Mustafa Mohammed anrief, der Moischele mithörte«, sagte ein Mitarbeiter aus Einheit 8200. »Und das war nicht unbedingt ein großer Fehler.«[2]

Um das Risiko möglichst gering zu halten, wies Assad General Mohammed Suleiman, seinen Verbindungsmann zur Radikalen Front, an, eine Schattenarmee aufzustellen, eine separate Armee unabhängig vom übrigen syrischen Verteidigungsestablishment. Nicht einmal die höchsten Vertreter und Offiziere, der Stabschef und der Verteidigungsminister eingeschlossen, wurden darüber informiert. Auf Suleimans ausdrücklichen Befehl hin erfolgte die gesamte, wichtige Kommunikation nur auf Papier, in mit Wachs versiegelten Umschlägen und über ein Netzwerk aus Motorradkurieren. Dieser Rückzug aus dem elektronischen Zeitalter funktionierte tatsächlich. Suleimans Organisation blieb für die israelische Aufklärung jahrelang absolut unsichtbar.[3]

Suleimans größtes Geheimnis war in der Wüstenregion Deir al-Sor, in einer tiefen Schlucht einige Kilometer vom Ufer des Euphrat im Nordosten Syriens, versteckt. Seit 2001 hatte er die Konstruktion eines Gebäudes für einen Kernreaktor beaufsichtigt, den Syrien mit iranischen Geldern von Nordkorea gekauft hatte.[4] Der Reaktor würde es den Syrern ermöglichen, Plutonium für eine Atombombe zu produzieren, wodurch das Land, nach Assads Überzeugung, aus strategischer Sicht Israel ebenbürtig wäre.

Suleiman hatte keine Mühe gescheut, um den Ort der Baustelle zu verbergen – aber Othman zählte zu den wenigen Menschen, denen Suleiman vertraute. Er wusste von dem Reaktor, und er hatte in seiner Tasche Dateien über ihn gelassen. Und jetzt wussten auch die Israelis Bescheid.

Als der Mossad im Januar 2007 an dieses Material herankam, war sein Direktor Dagan im Begriff, zum obersten Verteidigungs- und Strategieberater von Ehud Olmert aufzusteigen. Als Olmert beschloss, im Juli 2006 gegen die Hisbollah in den Krieg zu ziehen, da protestierte Dagan energisch gegen den Plan von Stabschef Dan Halutz, die schiitische Miliz mithilfe von Luftschlägen zu besiegen, und sagte dem Kabinett: »Ich kenne den Libanon, und ich kenne die Hisbollah, und ohne Stiefel am Boden, und zwar im großen Stil, wird es nicht gehen.« Je mehr Zeit verging und Dagans Bedenken sich bestätigten, desto aufmerksamer hörte Olmert auf seine Meinung.[5]

Dagan war jemand, der anderen in die Seele schauen konnte, außerdem war er auch ein begabter PR-Mensch. Gemeinsam mit Olmert, der von Dagan und seiner Welt der Spionage und Spezialoperationen fasziniert war, führte er wahre Meisterwerke an Missionen durch. Nachdem Olmert das Vertrauen in die Streitkräfte und groß angelegte militärische Feldzüge verloren hatte, verlieh er seinem Spionagechef immer mehr Befugnisse für seinen Krieg im Verborgenen gegen die Radikale Front. »Ich glaubte an Meir«, sagte Olmert. »Er brauchte meine Rückendeckung, um die verrückten Ideen zu billigen, die seine Behörde sich einfallen ließ.«[6]

Die Entdeckung des Reaktors war gewiss eine weitere Feder, mit der sich Dagan schmücken konnte – insbesondere weil kein anderer Geheimdienst, nicht einmal ein amerikanischer, imstande gewesen war, ihn zu entdecken –, doch vor allen Dingen war dies Anlass zu großer Sorge.[7] Die Nachricht, dass sich der Erzfeind des Landes bereits in einem fortgeschrittenen Stadium eines Atomwaffenprogramms befand, über das sie rein gar nichts wussten, verbreitete sich sofort wie ein Lauffeuer durch die ganze Geheimdienstgemeinde Israels. »Meir kam mit seinem Material [den Aufnahmen aus Othmans Zimmer] zu mir«, erinnerte sich Ehud Olmert, »und das kam einem Erdbeben gleich. Ich erkannte, dass von jetzt an alles anders sein würde.«[8]

Kurz danach schickte Olmert Dagan in die USA, um den Nationalen Sicherheitsberater Stephen Hadley und CIA-Direktor Michael Hayden zu informieren. Mittlerweile war er, als er mit dem Aufzug in den sechsten Stock des CIA-Hauptquartiers in Langley fuhr, ein vertrauter und gern gesehener Gast. Dagan kam bekanntlich mit Hayden gut aus: »Er kam stets zur Sache, war mit jeder Faser seines Körpers ein Geheimdienstoffizier, und er hörte sich an, was ich vorschlug.« Umgekehrt glaubte Hayden, Dagan sei »unkompliziert, geradeheraus, offen, ehrlich, bescheiden, aufrichtig und sehr fachkundig«.[9]

Die beiden Männer erreichten das höchste Vertrauen in der Geschichte zwischen den Geheimdienstbehörden der beiden Länder und leiteten eine Ära engster Zusammenarbeit ein. Hayden beschrieb die Beziehung zwischen den Behörden als komplementär. »Wir sind groß, wir sind reich, technisch hoch entwickelt und wir sind global«, die Israelis hingegen sind »klein, zielgerichtet, kulturell und sprachlich clever und relevant für die Ziele«, womit er den dschihadistischen Terrorismus und die Versuche von

Ländern des Nahen und Mittleren Ostens, Massenvernichtungswaffen zu entwickeln, meinte.[10]

Jedes Mal wenn Dagan der CIA einen Besuch abstattete, brachte er sensible Informationen und, zum Teil recht fantasievolle, Vorschläge für gemeinsame Operationen mit. Doch bei jenem Treffen im April ahnte nicht einmal der erfahrene Hayden die Sensation. »Dagan setzte sich, öffnete seine Aktentasche und holte Farbkopien der Bilder von dem Reaktor in Deir al-Sor heraus.«

Dagan ging das Material mit Hayden lange durch und fragte, ob seine Experten mit der Analyse Israels übereinstimmten. Er war sich auch darüber im Klaren, dass seine Behörde, ungeachtet der Kapazitäten des Mossad in Syrien, so gut wie keine Informationen über das hatte, was am anderen Ende des Atomabkommens vorging. Also bat er Hayden, die Informationen, die er mitgebracht hatte, »in das viel größere Wissen der CIA über Nordkorea einzufügen«.[11]

Am nächsten Morgen ging Hayden ins Weiße Haus, um sich mit Präsident George W. Bush zu treffen. Während er und andere Teilnehmer am Tisch saßen und auf das Eintreffen des Präsidenten warteten, lehnte er sich zu Vizepräsident Dick Cheney hinüber, der schon lange die Meinung vertrat, die Syrer würden versuchen, Atomwaffen in die Hände zu bekommen. Hayden flüsterte ihm zu: »Sie hatten recht, Mr. Vizepräsident.«[12]

Bush beendete die Sitzung mit zwei klaren, aber praktisch widersprüchlichen Anweisungen: »Nummer eins: Geht auf Nummer sicher. Nummer zwei: Das darf auf keinen Fall durchsickern.« Hayden fuhr nach Langley zurück und fragte sich, wie man die israelischen Informationen bestätigen sollte, ohne die Nachricht weiterzugeben. »Um sicherzugehen, muss man mehr Leute einbeziehen, aber das erhöht das Risiko, das Geheimnis aufzudecken.«

In dem Bemühen, die richtige Balance zwischen den beiden Anweisungen zu finden, starteten die CIA und andere amerikanische Behörden »einen intensiven, monatelangen Versuch, die uns von Israel gelieferten Informationen über den Reaktor zu bestätigen und zu erhärten und mithilfe unserer eigenen Quellen und Methoden weitere Details zu sammeln«. Die Schlussfolgerungen des gemeinsamen Teams aus Pentagon, CIA und NSA gingen im Juni ein und waren ebenso besorgniserregend wie die Israels. »Unsere Nachrichtenexperten sind überzeugt«, schrieb das Team, »dass es sich bei der Einrichtung tatsächlich um einen Atomreaktor vom gleichen Typ handelt, wie Nordkorea ihn eigenständig auf seiner kerntechnischen Anlage Yongbyon gebaut hat. ... Wir haben allen Grund zu der Annahme, dass dieser Reaktor nicht für friedliche Zwecke gedacht ist.«[13]

Die Vereinigten Staaten hatten sich für Israels Sicherheit verbürgt, und Olmert wollte, dass diese Zusage jetzt eingehalten wurde: Er wünschte, dass US-Streitkräfte den Reaktor zerstörten.[14] Der Zeitpunkt war ebenfalls ein Kriterium. Experten in Israels kerntechnischer Anlage in Dimona sagten, dass die syrische Anlage nach dem, was sie auf den Bildern sahen, bereits kurz vor der Fertigstellung stehe. Sie schätzten, dass der Reaktor schon in einem halben Jahr heiß sei und dass, wenn man so lange mit der Bombardierung warte, radioaktive Strahlung freigesetzt und eine Umweltkatastrophe ausgelöst würde.

Aus operativer Sicht war es ein relativ einfacher Einsatz für die amerikanische Luftwaffe. Ein Geschwader aus B-2-Tarnkappenbombern hätte die Einrichtung ohne größere Probleme zerstören können. Aber die Nahostexperten der CIA gingen davon aus, dass ein amerikanisches Bombardement in der Region etliche Risiken mit sich brachte.

»Meine Analysten sind sehr zurückhaltend«, sagte Hayden zu Dagan in, wie er selbst meinte, »einem der offensten Gespräche, die ich je mit ihm führte«. Die Familie Assad erinnere ihn, so Hayden, an die Familie Corleone in *Der Pate*. Aber als Sonny ausradiert wurde, hatte der Mafiaboss noch den talentierten Michael als Ersatz für ihn. Als Basil Assad bei einem Verkehrsunfall umkam, »musste Hafis sich mit Fredo/Baschar zufriedengeben«, der in der CIA als jemand, der sich serienweise verrechnete, bekannt war.[15]

»Assad konnte sich nach dem Abzug aus dem Libanon [2005] kein weiteres peinliches Fiasko leisten«, sagte Hayden.[16] »Aus Schwäche heraus wäre er gezwungen, Stärke zu demonstrieren, und würde mit Krieg antworten.«

Dagan war genau der entgegengesetzten Meinung. »Sie müssen die Sache aus Assads Sicht betrachten«, sagte er. »Einerseits hatte er stets strategische Ebenbürtigkeit mit Israel erreichen und deshalb Kernwaffen in die Hand bekommen wollen. Andererseits zog Baschar al-Assad es vor, uns nicht direkt entgegenzutreten. Außerdem würde, wenn er nach dem Bombardement einen Krieg beginnen würde, die Existenz der kerntechnischen Einrichtung aufgedeckt werden – die Tatsache, dass er in einem Verstoß gegen seine Unterschrift unter den Atomwaffensperrvertrag eine atomare Anlage gebaut hatte, von der nicht einmal die Russen, seine Verbündeten, etwas gewusst hatten und die mit Sicherheit nicht glücklich wären, wenn sie es erführen. Wenn wir heimlich angriffen und alles absolut unter Verschluss hielten, ohne das publik zu machen und ihn bloßzustellen, würde Assad nichts unternehmen.«[17]

Die endgültige Entscheidung wurde bei einem Treffen mit dem Präsidenten gefällt, das wegen des hohen Grades der Geheimhaltung nicht im Westflügel des Weißen Hauses, sondern im gelben ovalen Zimmer des Präsidentenflügels stattfand, damit die Begegnung nicht einmal im Register der öffentlichen Termine des Präsidenten auftauchte.[18]

Nur Vizepräsident Cheney sprach sich für einen amerikanischen Angriff aus und erklärte, die Vereinigten Staaten sollten dies tun, um nicht nur Syrien und Nordkorea, sondern auch dem Iran eine klare Botschaft zu senden.

Außenministerin Rice räumte ein, dass der Reaktor in Syrien »eine existenzielle Bedrohung« für Israel sei, hielt es aber nicht für nötig, dass sich die Vereinigten Staaten einmischten. Hayden machte deutlich, dass der Reaktor zwar bereits in einer fortgeschrittenen Bauphase sei, Syrien aber noch weit davon entfernt sei, eine Atombombe zu bekommen.[19]

Da Amerika bereits in zwei muslimischen Ländern Krieg führte, schloss Bush: »Was Mike [Hayden] mir eben gesagt hat, stellt keine dringende Gefahr dar, und deshalb werden wir das nicht machen.«[20]

Israel konnte sich nur auf sich selbst verlassen.[21]

Atomwaffen in syrischer Hand wären mit Sicherheit eine existenzielle Bedrohung für Israel. Aber AMAN-Analysten stimmten Hayden zu und warnten Olmert, ein Angriff auf Syrien ohne direkte Provokation könne eine massive militärische Reaktion von Assad zur Folge haben. Dagan plädierte hingegen dafür, die Baustelle sofort zu bombardieren, bevor der Reaktor in Betrieb ging. »Der Staat Israel kann nicht zulassen, dass ein Land, mit dem er sich im Krieg befindet, über Atomwaffen verfügt«, sagte er.

Dagan hatte hoch gepokert. Wenn er sich irrte, dürfte ein offener Krieg mit Syrien vermutlich mit einem israelischen Sieg enden, aber er würde Tausende Menschen das Leben kosten. Doch ungeachtet der gewaltigen Risiken und dank seines Charismas, Selbstvertrauens und vergangener Erfolge setzte er sich mit seiner Meinung durch.

Um 3 Uhr morgens, am Donnerstag, dem 6. September, starteten etliche Kampfflugzeuge von dem Luftwaffenstützpunkt Ramat David im Norden Israels, 24 Kilometer südöstlich von Haifa. Sie schwenkten nach Westen in Richtung Mittelmeer und dann nach Süden. Das war Teil einer routinemäßigen Evakuierungsübung des Stützpunktes, die den arabischen Geheimdiensten, welche die israelische Luftwaffe überwachten, bekannt war. Nichts Besonderes. Doch diesmal hatten die Planer der Übung die Absicht, die Männer zu verwirren, die an ihren Radarschirmen in Damaskus das Geschehen verfolgten.

Über dem Meer löste sich ein Verband aus sieben F-15I-Kampfflugzeugen von den anderen und flog in die entgegengesetzte Richtung: nach Norden. Die Crews kannten den exakten Ort der Ziele, die sie zerstören sollten, und wussten auch über das Wesen dieser Ziele Bescheid. Die Bedeutung ihres Einsatzes war ihnen von ihrem Kommandeur unmittelbar vor dem Start eingeschärft worden. Sie flogen sehr tief entlang der Mittelmeerküste und dann über die Türkei, ehe sie in den syrischen Luftraum eindrangen. In einer Entfernung von knapp 50 Kilometern feuerten sie 22 Raketen auf die drei Baustellen innerhalb des kerntechnischen Komplexes.

Die Syrer wurden völlig überrumpelt. Ihre Luftabwehrsysteme entdeckten nichts, bis zu dem Moment, als die Raketen bereits abgefeuert waren. Somit blieb keine Zeit für die Evakuierung der Baustellen. Ein paar Luftabwehrraketen wurden abgeschossen, aber erst nachdem die Flugzeuge längst weg waren.

Kurz danach dokumentierten amerikanische und israelische Satelliten, die über Syrien kreisten, die völlige Zerstörung des Ortes. Olmert ließ über den türkischen Ministerpräsidenten Recep Tayyip Erdoğan Assad eine geheime Botschaft mit folgendem Inhalt zukommen: Falls Assad mit Zurückhaltung reagiere, werde Israel davon absehen, den Anschlag öffentlich bekannt zu machen. Das würde Syrien die Peinlichkeit ersparen, dass sein eklatanter Verstoß gegen den Atomwaffensperrvertrag publik gemacht würde, den das Land unterzeichnet hatte. Die Welt brauche auch nicht unbedingt zu erfahren, dass die jahrelange kostspielige militärische Forschung und Technologie Syriens von dem jüdischen Staat in die Luft gesprengt worden seien – eine Situation, die so gut wie sicher eine Form der Vergeltung, um das Gesicht zu wahren, erforderlich gemacht hätte. Die ganze Angelegenheit nicht an die große Glocke zu hängen war für alle Beteiligten das Beste.[22]

Der große Gewinner der Operation »Aus der Kiste«, wie der Deckname lautete, war Dagan, dessen Behörde die Informationen beschafft hatte, die das syrische Projekt entlarvt hatten, und der, so CIA-Direktor Hayden, »recht hatte, wie sich zeigte, während meine Analysten sich irrten«.[23]

Nach dem Erfolg der Operation lockerte Olmert die Haushaltsbeschränkungen noch mehr und gewährte dem Mossad die höchsten Zuwendungen, die er jemals bekommen hatte. Ein hoher Mossad-Vertreter sagte: »Es wurde keine einzige Tätigkeit aus finanziellen Gründen aufgeschoben oder abgesagt. Die Organisation wuchs unglaublich. Worum wir auch baten, wir haben es bekommen.«[24]

»Arik [Scharon] und Rabin waren bei der Genehmigung von Einsätzen viel zögerlicher als ich gewesen«, sagte Olmert mit einem zufriedenen Lächeln und fügte hinzu: »Ich gab in meiner Amtszeit als Ministerpräsident 300 [Mossad-]Operationen grünes Licht, und nur eine von ihnen scheiterte, und auch diese hielten wir unter dem Deckel.«[25]

Von dem Moment an, als Dagan die Führung des Mossad übernahm, zählte die Ausschaltung Imad Mughniyyas, des Stabschefs der Hisbollah, zu seinen obersten Prioritäten. Damit war Dagan keineswegs allein: Die israelischen Geheimdienst- und Verteidigungsbehörden versuchten schon seit fast 30 Jahren, Mughniyya zu töten. Der Gegner, der Israel sowohl aus operativer als auch aus politischer Sicht in den vergangenen Jahrzehnten am ärgsten geschadet hatte, war die Hisbollah, und Dagan meinte, dass ein Mann die wichtigste treibende Kraft sei, die für seine Errungenschaften verantwortlich war. »Mughniyya ist«, so Dagan,

»eine Kombination aus Stabschef und Verteidigungsminister. [Generalsekretär] Nasrallah mag der politische Führer sein, aber er ist weder ein militärischer Kommandeur noch der Mann, der alle richtigen Abkommen mit den Syrern und den Iranern regelt. Nasrallah sagt allenfalls Ja dazu.«[26]

Mughniyya wurde tatsächlich international gesucht und stand ganz oben auf der Fahndungsliste von 42 Ländern. Dutzende von Staaten hatten Haftbefehle gegen ihn ausgestellt, und das FBI setzte eine Belohnung in Höhe von 25 Millionen Dollar für Informationen aus, die zu seiner Ergreifung führten. Im Libanon hatte Mughniyya Hunderte Amerikaner in den 1980er-Jahren mit Autobomben umgebracht, und er hatte mehrere hohe amerikanische Regierungsvertreter entführt und zu Tode gefoltert. »Die Amerikaner vergessen nicht«, sagte Dagan. »Sie erwecken den Eindruck, Liberale zu sein« – in Israel versteht man unter »liberal« auch verzeihend und gnädig –, »aber sie sind alles andere als das.«

Das Problem war, kein Mensch konnte ihn finden. Mughniyya war ein Phantom. Er wusste genau, dass westliche Geheimdienstbehörden enorme Ressourcen investierten, um ihn aufzuspüren, also strengte er sich ebenso sehr an, der Ergreifung zu entgehen: Selbst innerhalb des Libanon benutzte er falsche Papiere, begrenzte seine Kontakte auf einen kleinen Kreis aus Familienangehörigen und vertrauenswürdigen Partnern und setzte eine Reihe extremer Maßnahmen ein, um seine Kommunikation abzusichern.

Aber im Juli 2004 drehte die Hisbollah, nachdem Ghaleb Awali, ein hoher Befehlshaber, bei der Detonation seines Mercedes umgekommen war, zum Andenken einen Dokumentarfilm über ihn, der bei internationalen Zusammenkünften gezeigt wurde. Der Mossad bekam eine Kopie in seinen Besitz, und im Dezember wurde der Film einer Gruppe von Experten aus Einheit 8200 und dem Mossad vorgeführt. Während einer nächtlichen Sitzung prüften sie ihn akribisch in der Hoffnung, neue Einzelheiten über die schattenhafte Gruppe zu erfahren.

Spät am Abend, während alle in einem Zimmer im Mossad-Hauptquartier saßen und wie gebannt auf den Bildschirm starrten, rief ein Mitarbeiter aus Einheit 8200 aus: »Das ist er. Das ist Maurice.«[27]

»Maurice« war der Deckname für Mughniyya.

Das Bild zeigte Hisbollahs Hassan Nasrallah in seiner braunen Robe als Geistlicher und mit schwarzem Turban, wie er auf einen riesigen Computermonitor auf dem Tisch schaute, auf dem eine Karte zu sehen war. Ihm gegenüber stand ein Mann, dessen Gesicht die meiste Zeit verdeckt war, aber für Bruchteile einer Sekunde enthüllt wurde, als er sich bewegte: bärtig, mit Brille, in Tarnuniform und mit Mütze, wie er auf der Karte verschiedene Punkte für Nasrallah zeigte. Dieser Mann war Imad Mughniyya.

Endlich hatten sie zumindest so etwas wie eine Spur. In den nächsten Tagen machten verschiedene Ideen die Runde, etwa der Versuch, den Videofilmer aufzuspüren, um ihn als Agenten zu rekrutieren, oder die Gründung einer Strohfirma für die Lieferung von Produkten wie den Rechner, den ihre Zielperson nutzte. Man könnte ihn mit einer Sprengfalle versehen und diese zünden, wenn Mughniyya in der Nähe stand.

Dagan machte allem ein Ende. Der Mossad war noch nicht bereit. »Nur keine Sorge«, sagte er seinen Leuten. »Sein Tag wird kommen.«

Der Durchbruch gelang dank der Hartnäckigkeit und Findigkeit von Aharon Seevi-Farkasch im AMAN. Der ehemalige Leiter von Einheit 8200 hatte die Entwicklung von immer neuen Methoden angespornt, um die Funkaufklärung zu verbessern. Gemeinsam arbeiteten Seevi-Farkaschs AMAN und Dagans Mossad eine neue Vorgehensweise namens HUGINT, eine Kombination aus HUMINT und SIGINT, aus – mit anderen Worten einen Weg, die Informanten des Mossad zu nutzen, um die Effektivität von 8200 beim Abfangen feindlicher Botschaften zu erhöhen, und umgekehrt.

Ein Erfinder der neuen Methode war Jossi Cohen (der derzeitige Mossad-Direktor), der unter seinen Kollegen nur das »Model« genannt wird wegen der großen Sorgfalt, die er seinem Äußeren widmet. Im Jahr 2002 wurde Cohen zum Leiter der Abteilung für Sondereinsätze von Tsomet ernannt, der Mossad-Abteilung für die Rekrutierung von Informanten. Cohen galt als einer der brillantesten Werber in der Geschichte des Geheimdienstes, einer der wenigen, denen es jemals gelang, die Hisbollah und die islamischen Revolutionsgarden zu unterwandern und aus ihren Reihen Mossad-Spitzel zu rekrutieren. Unter der Tarnung verschiedener europäischer Geschäftsleute gelang es ihm, mithilfe seines enormen Allgemeinwissens und der Kenntnisse über die menschliche Natur eine große Zahl an Informanten zu werben. Auf diese Weise perfektionierte er die HUGINT-Methode des Mossad. In Anerkennung seiner Leistungen wurde Cohen der israelische Sicherheitspreis verliehen, die höchste Auszeichnung des Landes für Erfolge im Zusammenhang mit der Verteidigung.

Im Jahr 2004 ernannte Dagan Cohen zum Leiter der iranischen Operationen des Mossad. Dank der Informanten Cohens und HUGINT gelang es Einheit 8200, Teile der Kommunikationssysteme der iranischen Regierung zu hacken. Das ermöglichte es Israel, tiefer in das dichte Kommunikationsnetz unter den Kommandeuren der Radikalen Front einzudringen. So gelangten sie an weitere Informationen über Mughniyya: mehr Hinweise, mehr abgehörte Computerkommunikationen und Anrufe über Mobiltelefon, mehr Informanten, die etwas Wichtiges gehört oder gesehen hatten.[28]

Die führenden Köpfe der Radikalen Front, so erfuhren die Israelis, trafen sich am liebsten in Damaskus, wo sie sich unter dem Schutz der syrischen Geheimdienste sicher fühlten. Nach dem Sieg der Hisbollah im Krieg von 2006 glaubte Mughniyya, Israel werde seine Bemühungen, ihn und Nasrallah zu töten, erheblich intensivieren. Deshalb umgab er den Generalsekretär mit einer Elitetruppe als Leibwächter und überredete ihn, weder in der Öffentlichkeit zu sprechen noch live im Fernsehen aufzutreten. Außerdem sollte er so viel Zeit wie möglich im Kommandobunker der Hisbollah verbringen, unter Beiruts Viertel Dahija.

Er selbst zog aus Beirut weg nach Damaskus – aus Sicherheitsgründen (in einer Stadt unter Kontrolle der syrischen Geheimdienste, die er für hart und professionell hielt, fühlte er sich sicherer) und weil sich ein großer Teil seiner Geschäfte in der syrischen Hauptstadt abspielte.[29]

Der Schutz von Suleimans »Schattenarmee« war zwar sehr stark, doch »Mughniyya wurde in Damaskus keineswegs auf einmal weniger vorsichtig«, sagte Dagan. Er ließ nur einen kleinen Kreis wissen, dass er nach Damaskus umgezogen war, und noch weniger Personen, wo er dort wohnte, wie er sich bewegte und welcher Name in seinem gefälschten Pass stand.

Dennoch gelang es Israel, einen Agenten in diesen engen Kreis um Suleiman einzuschleusen. »Ausgerechnet in Damaskus wussten wir mehr über ihn als zu der Zeit, als er in Beirut lebte«, erinnerte sich Dagan.

Damaskus war jedoch die Hauptstadt eines Ziel-Landes und, neben Teheran, der gefährlichste Ort für Operationen des Mossad. Es lag auf der Hand, dass die unzähligen Ein- und Abreisen der Mossad-Agenten, die unerlässlich waren, um eine Operation zu planen und vorzubereiten, viel zu viel Verdacht erregen würden, gleich unter welcher Tarnung sie reisten. Und wegen des extrem sensiblen Charakters der Information beschloss Dagan, dass er diesmal nicht arabische Informanten einsetzen konnte.[30]

Also entschloss er sich einmal mehr, eine langjährige eiserne Regel des Mossad zu ignorieren: Er bat ein anderes Land darum, ihnen bei der Tötung zu helfen. Dagan lud sich selbst zu einem weiteren Treffen mit Hayden ein.[31]

Der CIA war es jedoch nach Verfügung 12333 des Präsidenten untersagt, Tötungen auszuführen oder zu unterstützen. Beide Länder waren zwar überzeugt, dass es statthaft war, Menschen zu töten, aber sie hatten eine unterschiedliche Rechtsauffassung. Die Vereinigten Staaten beteiligten sich für gewöhnlich nicht an der Hinrichtung einer Person in einem Land, mit dem sich Amerika weder im Krieg noch in einem bewaffneten Konflikt befand.[32]

Schließlich präsentierten die Rechtsberater der CIA eine Lösung, nach der es legal wäre, Mughniyya aufgrund des Prinzips der Selbstverteidigung in Syrien anzugreifen, weil Mughniyya seine Männer aus Syrien in den Irak schickte, um schiitische Milizen zu Terroranschlägen gegen amerikanisches Personal aufzuhetzen.[33]

Präsident Bush kam daraufhin Dagans Ersuchen um Unterstützung entgegen,[34] aber nur unter der Bedingung, dass dies geheim gehalten wurde, dass nur Mughniyya getötet werde und dass die Amerikaner nicht die Einzigen waren, die das Todesurteil vollstreckten. Ministerpräsident Olmert garantierte dies dem Präsidenten höchstpersönlich. (Noch elf Jahre nach dem Ereignis weigerte sich Hayden, über die amerikanische Beteiligung zu sprechen.)[35]

Die Vereinigten Staaten unterhielten damals eine Botschaft in Damaskus, und amerikanische Geschäftsleute konnten relativ ungehindert nach

Syrien ein- und wieder ausreisen. Das ermöglichte es der CIA, mit Unterstützung der NSA, eigene Leute in das Land zu schicken und die lokalen Agenten für die Mission zu nutzen.

Wie ein Befehlshaber der Operation treffend meinte: »Das war eine gigantische Operation mehrerer Kräfte, wobei beide Länder wahnwitzige Ressourcen investierten und sogar, nach meinem Wissen, so viele wie noch nie, um eine einzige Person zu töten.«[36]

Mit Unterstützung der Amerikaner wurde Mughniyya schließlich aufgespürt. Sie entdeckten, dass er sich in verschiedenen Geheimdiensteinrichtungen häufig mit seinen Kameraden von der Radikalen Front traf: in Bürogebäuden, die von syrischen Polizeibeamten und Soldaten schwer bewacht wurden, oder in sicheren Häusern mit verdeckten Wachen in Zivil. Sie fanden außerdem heraus, dass Mughniyya regelmäßig drei gut aussehende Frauen aufsuchte, die Suleiman zu seiner Erholung und Entspannung organisiert hatte.

Zu diesen Frauenbesuchen nahm Mughniyya nie seine Leibwächter mit. Damit wurde er an einem Ort, den er nicht unter Kontrolle hatte, zum Ziel der Observierung und der operativen Aktivität seiner Gegner. Dies war »ein großer Fehler in den Sicherheitsvorkehrungen«, so ein Befehlshaber der Operation. »Am Ende, nach so vielen Jahren, gelangen selbst die vorsichtigsten Männer zu der Überzeugung, dass ihnen nichts passieren kann.«[37]

Eine Operation an einem dieser Orte machte es den Israelis jedoch sehr schwer, ihr Versprechen zu halten, dass außer Mughniyya kein anderer zu Schaden kam, ganz zu schweigen von den enormen Risiken, die die betreffenden Agenten selbst eingingen.

Die Planer des Mossad legten eine Reihe von Vorschlägen vor, aber sie wurden allesamt verworfen. Es gab nur eine reale Chance: Mughniyya auf seinem Weg von einem Ort zum anderen anzugreifen. Das brachte jedoch immer noch etliche Schwierigkeiten mit sich. Es war unklar, wie es ihnen gelingen sollte, ihm zu folgen und ihn auszuschalten, während er fuhr oder ging, weil er fast immer von seinen Leibwächtern begleitet wurde und auf verschiedenen Routen und zu unterschiedlichen Zeiten unterwegs war, die der Mossad unmöglich voraussagen konnte. Es war auch nicht klar, wie es den Agenten gelingen sollte, das

Land zu verlassen, ehe die Flugplätze und Häfen alarmiert und geschlossen wurden.

Die Überlegungen zogen sich über Monate hin, während Dagan einen Plan nach dem anderen verwarf. Im November 2007 kam dann ein Experte aus der technischen Abteilung des Mossad, »Nussknacker«, in Dagans Büro und schlug eine Operation vor, die Mughniyya mithilfe einer ferngezündeten Bombe ausschaltete. Angeblich würde diese Bombe nur Mughniyya töten, ohne Kollateralschäden, und würde den Agenten vor Ort auch genügend Zeit verschaffen, den Schauplatz zu verlassen. Dagan erwiderte, er sei bereit, den Plan weiterzuverfolgen, glaube allerdings, dass die Chancen, ihn erfolgreich durchzuführen, sehr gering seien.[38]

Die Grundannahme von Nussknackers Plan war, dass es unmöglich war, Mughniyya durch ganz Damaskus zu folgen, also mussten sie einen Weg finden, den Sprengsatz in etwas zu platzieren, das sich häufig in unmittelbarer Nähe von ihm befand. Ein Mobiltelefon, wie das Gerät, das Jahja Ajasch, den »Ingenieur«, 1995 tötete, war immer eine Option, doch das wurde ausgeschlossen, weil Mughniyya die Telefone regelmäßig wechselte. Das einzige Objekt, das er konsequent nutzte, war sein Fahrzeug, damals ein luxuriöser silberner SUV, ein Mitsubishi Pajero.

Der Mossad wusste, dass sowohl Mughniyya als auch seine Leibwächter häufig das Innere und die Unterseite des Autos darauf untersuchten, ob sich jemand daran zu schaffen gemacht habe. Aber es gab eine Stelle, die sie nie überprüften: die Abdeckung des Ersatzreifens, der an der Heckklappe befestigt war. Mit amerikanischer Hilfe wurden die Komponenten eines hochentwickelten Sprengstoffs nach Syrien geschmuggelt, sowie eine Radabdeckung, die genauso aussah wie die an Mughniyyas Wagen.

Nach Monaten der Vorbereitung und akribischen Überwachung schafften es Anfang Januar 2008 Mossad-Agenten, in die Nähe des geparkten SUV zu gelangen, während Mughniyya einer seiner Mätressen einen nächtlichen Besuch abstattete. Sie nahmen das Reserverad ab und ersetzten die Abdeckung durch eine neue, samt der Bombe im Innern. Sie installierten außerdem einige Miniaturkameras und einen Sender, sodass Mossad-Agenten in Damaskus verfolgen konnten, was sich um das Auto herum abspielte.

Die Sprengstoffexperten versicherten, dass die Explosion, wenn die Bombe genau in dem Moment gezündet wurde, wo Mughniyya im Begriff war, ins Auto zu steigen, ihn auch töten würde. Aber um ganz sicherzugehen, rieten sie, die Bombe zu zünden, wenn das Auto neben anderen Fahrzeugen geparkt war, sodass die Druckwelle von ihnen abprallen und erheblich größeren Schaden anrichten würde. Doch dies reichte nicht. Gemäß seiner Verpflichtung gegenüber Bush rief Olmert N. herein, der für die technischen Aspekte der Operation verantwortlich war, und I., der den Oberbefehl über die Jagd auf Maurice hatte. Olmert verlangte noch einmal, dass der Mossad ihm versichere, in der Lage zu sein, Mughniyya und wirklich nur Mughniyya selbst töten zu können. In anderen Worten, dass der Mossad sicherstellen könne, dass niemand in der Nähe wäre und die Explosion punktgenau nur ihn treffen würde. Die Amerikaner bestanden darauf, bei Probeläufen des Anschlags anwesend zu sein, um sich davon zu überzeugen, dass der Mossad diese Fähigkeit hatte.

Sechs Wochen lang verfolgte das Mordkommando Mughniyya und erstattete einem speziellen Kommandozentrum Bericht, das vom übrigen Mossad isoliert war. Nur wenige Auserwählte hatten hier Zutritt. Immer wieder – insgesamt 32 Mal – waren die Rahmenbedingungen fast perfekt, aber jedes Mal wurde die Operation in letzter Sekunde abgesagt, entweder weil Mughniyya von jemandem begleitet wurde oder weil andere Menschen in der Nähe standen oder weil er zu schnell in das Auto gestiegen war – die Bombe erzielte nur dann die gewünschte Wirkung, wenn er noch draußen war.[39]

Am Morgen des 12. Februar beobachteten Mossad-Agenten, wie sich Mughniyya mit einem anderen Mann dem Auto näherte. »He, seht her, das ist Suleimani«, rief ein Agent aus. Suleimani, der starke Mann der islamischen Revolutionsgarden, lehnte sich an den Pajero und stand sehr nahe bei Mughniyya. Aus ihrer Haltung und Gestik (es gab keine Stimmübertragung) ging eindeutig hervor, dass die beiden befreundet waren. Eine Begeisterung über die Gelegenheit, gleich beide Männer zu töten, erfasste den ganzen Raum. Aber zuerst mussten sie die Genehmigung einholen. Dagan war zu Hause in Rosch Pina und trauerte um seine Mutter, die zwei Tage vorher gestorben war. Der Mossad-Vertreter I., der die Operation befehligte, rief Dagan trotzdem an, der wiederum Ministerpräsident Olmert kontaktierte. Olmert lehnte eine Fortsetzung der Operation jedoch ab. Das Versprechen, das man den Vereinigten Staaten gegeben hatte, war unmissverständlich gewesen: Mughniyya zu töten und nur Mughniyya.[40]

Am selben Tag, gegen 20.30 Uhr, traf Mughniyya an einem sicheren Haus in dem gehobenen Viertel Kafr Sousa von Damaskus ein, nur ein paar Hundert Meter von einem der wichtigsten Hauptquartiere des syrischen Geheimdienstes entfernt. Er traf sich mit mehreren Mitarbeitern General Suleimans und zwei Hisbollah-Führern und verließ gegen 22.45 Uhr die Sitzung, noch bevor sie zu Ende war. Er trat aus dem Gebäude, diesmal allein, und ging zu seinem Pajero auf dem Parkplatz. Als er sich zwischen seinem Fahrzeug und einem anderen, daneben geparkten Wagen bewegte, kurz bevor er die Tür öffnete, wurde der Befehl erteilt.[41]

Die Bombe explodierte. Imad Mughniyya, der 30 Jahre lang ein Phantom gewesen war, war endlich tot.[42]

Die Syrer waren geschockt. Ein Guerillakämpfer und Meister der Taktik, dem es drei Jahrzehnte lang gelungen war, den Geheimdiensten und Militärs von Israel, den Vereinigten Staaten und 40 weiteren Ländern zu entkommen, war buchstäblich direkt vor der Nase ihres Geheimdiensthauptquartiers ermordet worden – einige Fenster klirrten sogar bei der Explosion.

»Stellen Sie sich einmal vor, was das mit den Syrern anstellt«, sagte Dagan. »Mitten auf dem am besten bewachten Platz in Damaskus. Stellen Sie sich vor, was das aus Assad macht, was es aus der Hisbollah macht, wenn ihnen klar wird, dass sie nicht einmal in Damaskus sicher sind.«

»Man gibt dem Gegner das Gefühl einer totalen geheimdienstlichen Unterwanderung, das Gefühl, dass man alles weiß, über die Organisation ebenso wie über das Gastland«, fügte er hinzu.[43]

Präsident Assad erkannte das Ausmaß der Katastrophe und wollte die ganze Angelegenheit so weit wie möglich von sich wegschieben. Er schickte Nasrallah Beileidsbekundungen, schlug jedoch vor, nicht zu erwähnen, dass der Anschlag in Syrien erfolgt war. Er schlug sogar vor, den beschädigten Pajero mit dem Leichnam darin im Schutz der Nacht nach Beirut zu überführen, damit es so aussah, als wäre Mughniyya dort gestorben.

Nasrallah lehnte ab. Er schäumte vor Wut darüber, dass die Syrer sich nicht um seinen Kameraden gekümmert hatten. Manche Hisbollah-Mitglieder sowie Mughniyyas Frau warfen den Syrern, zu Unrecht, sogar vor, sie seien in den Anschlag verwickelt gewesen. Assad musste notgedrungen dementieren und sich immer wieder entschuldigen. Nasrallah gab Anweisungen, keinen syrischen Vertreter zu der Beisetzung in Beirut einzuladen.[44]

Mughniyyas Begräbnisfeier fand bei strömendem Regen statt. Der Zug schiitischer Trauergäste begegnete Sunniten, die soeben an einer Gedenkfeier für ihren geliebten Anführer Rafik Hariri teilgenommen hatten. Hariri war auf den Tag genau vor drei Jahren auf Mughniyyas Befehl hin umgebracht worden. So ist das Leben im Libanon.

Tausenden gelang es, sich in den riesigen Hangar im Süden Beiruts zu zwängen, wo die Hisbollah gelegentlich große Kundgebungen veranstaltete. Zehntausende blieben draußen. Mughniyyas Sarg wurde zur Bühne getragen, während sich die Trauergäste reckten und versuchten, ihn zu berühren, um den Segen seiner Ehre und Heiligkeit auf seiner letzten Reise zu empfangen. Eine Ehrenwache aus Hisbollah-Kämpfern in Khaki-Uniformen flankierte den Sarg auf der Bühne, zusammen mit den feierlich blickenden Führern der Organisation, die in schwarze Roben gekleidet waren. An den Wänden und in den Händen der Trauergäste waren Tausende Plakate mit der letzten Aufnahme von Mughniyya zu sehen, die erst jetzt, nach seinem Tod, gezeigt werden durfte. Die Überschrift lautete: »Der große Märtyrerheld«. Die Menge schrie auf in ihrer Sehnsucht nach Rache.[45]

Gemäß dem Wunsch seines verstorbenen Kameraden blieb Nasrallah selbst im Bunker und zeigte sich nicht bei dem Begräbnis. Riesige Bildschirme übertrugen seine Lobrede an die Massen im Innern des Hangars und davor. Mit feierlichen Worten rühmte er seinen obersten Kämpfer, »der sein Leben dem Märtyrertum widmete, aber erst viele Jahre später selbst zum Märtyrer wurde«.

Er erwähnte die Ermordung seines Vorgängers als Generalsekretär Abbas al-Mussawi, die lediglich den Widerstand gestärkt und zu immer neuen Demütigungen Israels geführt hatte. »Die Israelis begreifen nicht, was das Blut von Scheich Abbas für die Hisbollah bewirkte, welche emotionale und spirituelle Einigkeit es uns verliehen hat«, sagte er. »Möge die Welt niederschreiben, und auf meine Verantwortung hin, dass wir [da Mughniyya ein *shahid* geworden ist] historisch den Beginn des Falls des Staates Israel einläuten werden.«

Die Menge antwortete: »Wir stehen dir zu Diensten, o Nasrallah.«

Er schloss mit einer Drohung. »Ihr habt die Grenzen überschritten, Zionisten. Wenn ihr einen offenen Krieg wollt« – einen Krieg außerhalb der Grenzen Israels und des Libanon –, »dann möge es ein offener Krieg überall sein.«

Nasrallah und die Iraner übertrugen mindestens vier Personen die Aufgaben Mughniyyas. Doch der offene Krieg kam nie zustande. Die gleiche geheimdienstliche Unterwanderung, die es ermöglicht hatte, in Mughniyyas Pajero eine Bombe anzubringen, gestattete es Israel auch, alle geplanten Angriffe der Hisbollah zu stoppen. Nur einer gelang: Ein Selbstmordbomber sprengte sich in Bulgarien in der Nähe eines Busses voller israelischer Touristen in die Luft, tötete dabei sechs Menschen und verwundete 30.[46]

Mit seinem Tod erwiesen sich die Legenden, die sich um Mughniyya gerankt hatten, als wahr. »Seine operativen Fähigkeiten waren größer als die des ganzen Quartetts, das ihn ablöste, zusammen«, so Dagan. Sein Fehlen wurde besonders augenfällig durch die Unfähigkeit der Organisation, auf seine Tötung zu antworten.[47] »Wenn Mughniyya da gewesen wäre, um seinen eigenen Tod zu rächen«, sagte ein AMAN-Offizier, »dann hätte die Sache vermutlich ganz anders ausgesehen. Zum Glück für uns war er nicht da.«[48]

In nicht einmal sechs Monaten hatte General Suleiman eine kerntechnische Anlage verloren, die er fünf Jahre lang hatte geheim halten können, sowie einen engen Vertrauten und Partner, der jahrzehntelang dem Tod entronnen war. Gedemütigt und wütend befahl er, Scud-Raketen, zum Teil mit chemischen Kampfstoffen bestückt, für einen Angriff auf Israel bereit zu machen. Er verlangte, dass Assad aggressiv zurückschlug.

Assad lehnte ab. Er hatte Verständnis für die Wut des Generals, aber er begriff auch, dass ein offener Angriff auf Israel – von einem chemischen

Angriff ganz zu schweigen – nicht im Interesse Syriens war. Dieses Verhalten »erforderte Disziplin«, stellte Olmert in einem Treffen mit dem Sprecher der Minderheit im Repräsentantenhaus John Boehner fest. »Baschar ist kein Dummkopf.«[49] Olmert sagte seinen engen Beratern, dass ausgerechnet Assad, »der Mann, den wir alle liebend gerne hassen, in seiner Reaktion Mäßigung und Pragmatismus beweist«.

Genau wie Assad sah sich auch Olmert gezwungen, seine Untergebenen zu bremsen. Viele meinten, auch Assad sollte getötet werden. Immerhin hatte er sich doch mit Terroristen und Iranern verbündet. »Die ganzen Geschichten über den fortschrittlichen westlichen Augenarzt hatten sich als Wunschdenken entpuppt«, sagte ein hoher AMAN-Offizier. »Wir haben hier einen Führer von Extremisten vor uns. Und im Gegensatz zu seinem Vater ist er instabil, mit einer Tendenz zu riskanten Abenteuern.«

Aber Olmert wies diesen Gedanken von sich. »Mit ebendiesem Mann kann ein Friedensabkommen erreicht werden.«[50]

Bei Suleiman sah die Sache anders aus. »Suleiman war ein richtiger Mistkerl, mit einem bemerkenswerten Talent für Organisation und taktische Manöver«, sagte Olmert.[51] In vieler Hinsicht war Suleiman der zweitstärkste Mann in Syrien, mit einem Büro im Präsidentenpalast gegenüber dem von Assad. In einem streng geheimen NSA-Memorandum hieß es, er habe »seine Finger in drei Hauptfeldern: innersyrische Fragen im Zusammenhang mit dem Regime und der Partei; sensible militärische Themen; und Themen im Zusammenhang mit dem Libanon, über die er offensichtlich sowohl mit der Hisbollah als auch mit anderen [Akteuren] in der politischen Arena in Verbindung stand«.[52]

Diesmal wussten die Israelis jedoch, dass es keine Chance gab, die Vereinigten Staaten einzubeziehen. Mughniyya, der Hunderte von Amerikanern auf dem Gewissen hatte, war eine Sache. Ein syrischer General, der hohe Vertreter eines souveränen Staates, war etwas ganz anderes. Also fingen die Israelis auf eigene Faust an, einen Weg zur Beseitigung Suleimans zu planen.[53]

Nach der Mughniyya-Operation waren die Sicherheitsvorkehrungen in Damaskus verschärft worden, und schon der Gedanke, die Operation dort durchzuführen, wurde verworfen. Suleiman wurde stark bewacht und ständig von einer Kolonne gepanzerter Fahrzeuge begleitet, sodass die Option eines Sprengsatzes ebenfalls ausgeschlossen wurde. Meir Dagan kam zu der Schlussfolgerung, dass der Mossad Unterstützung brauchte, und wie der Zufall es wollte, waren die Israelischen Verteidigungsstreitkräfte nur zu gern bereit, den Job zu übernehmen. Der Ruhm, den der Mossad nach der Tötung Mughniyyas geerntet hatte, hatte den Wunsch der Militärführer geschürt, selbst die Tötung einer wichtigen Persönlichkeit auszuführen, sodass »der Finger am Abzug einem Soldaten gehörte, nicht einem Mossad-Mann«.[54]

Am Freitag, dem 1. August 2008, gegen 16 Uhr, machte Suleiman früher als üblich im Palast Feierabend und fuhr in einem gesicherten Konvoi nach Norden. Er fuhr zu der Sommerresidenz, die er an der Mittelmeerküste in der Nähe der Hafenstadt Tartus gebaut hatte. Es war eine geräumige Villa, die eine große Terrasse aus polierten Steinen mit Blick auf das Meer hatte. Am selben Abend lud er eine Reihe lokaler Würdenträger zum Essen mit ihm und seiner Frau Rahab und engen Beratern ein. Sie wurden von einem Stab Bediensteter und natürlich Leibwächtern begleitet.

Die Gruppe saß an einem runden Tisch mit einem herrlichen Blick auf die Sonne, wie sie im Meer versank. Suleimans Frau saß zu seiner Linken, sein Bürochef zur Rechten. Die beiden Männer rauchten dicke kubanische Zigarren.

Plötzlich taumelte der General auf seinem Stuhl zurück, kippte nach vorn und fiel dann mit dem Gesicht auf seinen Teller. Der Schädel war durchschlagen, Rahab war über und über von Knochensplittern und Spritzern der Hirnmasse und des Blutes besudelt. Man hatte Suleiman sechs Mal getroffen, zuerst in die Brust, den Hals und mitten in die Stirn, dann drei Mal in den Rücken. Nur der General wurde getroffen. Er war tot, ehe sein Gesicht auf dem Teller aufschlug.

Binnen 30 Sekunden saßen die beiden Scharfschützen aus Flottille 13, die von zwei verschiedenen Punkten am Strand aus die Schüsse abgegeben hatten, bereits in Gummibooten und fuhren in Richtung eines Kriegsschiffes. Am Strand hatten sie ein paar billige syrische Zigaretten zurückgelassen, als Teil einer Desinformationskampagne, damit die Tötung wie eine innersyrische Angelegenheit aussah.[55]

Während in der Villa eine hektische Suche nach den Schützen

eingeleitet wurde, rief der Kommandeur von Suleimans Leibwache den Präsidentenpalast an, um Assad mitzuteilen, dass sein engster Berater getötet worden war. Sechs Kugeln aus zwei Richtungen, und keiner hatte die Killer auch nur gesehen. Assad hörte zu und schwieg eine Minute lang. »Was geschehen ist, ist geschehen«, sagte er ernst. »Das ist ein militärisches Geheimnis der höchsten Stufe. Begrabt ihn jetzt, sofort, ohne jemandem etwas zu sagen. Und damit ist die Sache erledigt.« Die Beisetzung fand am nächsten Tag unter höchster Geheimhaltung statt.

»Das war der erste bekannte Fall, in dem Israel einen legitimen Regierungsvertreter angriff«, schloss die NSA.[56]

Meir Dagan war jetzt Chef eines völlig anderen Mossad, verglichen mit dem, den er sechs Jahre zuvor geerbt hatte. Sein Mossad war nicht länger die schüchterne Einrichtung, die von ihren eigenen gescheiterten und schlampigen Operationen verunsichert war, sondern hatte die Hisbollah und Suleimans Schattenarmee infiltriert, den Transfer von Waffen und fortschrittlicher Technologie unter Mitgliedern der Radikalen Front unterbunden, deren Aktivisten getötet und sogar den lange gesuchten Imad Mughniyya ausgeschaltet.

Dagan hatte auch einen Plan ausgearbeitet, um die nuklearen Ambitionen des Iran zu stoppen, der bislang bemerkenswert erfolgreich gewesen war. Sie gingen auf fünf Feldern vor: massiver internationaler diplomatischer Druck; Wirtschaftssanktionen; Unterstützung für iranische Minderheiten und Oppositionsgruppen, um ihnen beim Sturz des Regimes zu helfen; das Stören der Lieferung von Ausrüstung und Rohstoffen für das Atomprogramm; und schließlich verdeckte Operationen, einschließlich der Sabotage von Einrichtungen und gezielter Tötungen von Schlüsselfiguren in dem Programm.

Hinter diesem integrierten Vorgehen – »einer Reihe von Nadelstichen mit dem Ziel, die Realität zu ändern«, so Dagan – verbarg sich der Gedanke, das Projekt so lange wie möglich zu verzögern, sodass entweder, noch bevor der Iran eine Atombombe bauen konnte, die Sanktionen eine schwere Wirtschaftskrise auslösten, die die Führung zwingen würde, das Projekt fallen zu lassen, oder die Opposition stark genug würde, um die Regierung zu stürzen.

Zur Unterstützung dieser Anstrengungen wurde schließlich die vierseitige Zusammenarbeit zwischen der CIA, der NSA, dem Mossad und dem AMAN durch einen Beistandspakt zwischen Bush und Olmert offiziell festgeschrieben, der auch das Aufdecken der Quellen und Methoden vorsah (»totaler beiderseitiger Striptease«, mit den Worten eines Beraters des Ministerpräsidenten).[57]

Amerikanische Geheimdienste und das Finanzministerium starteten zusammen mit der Einheit Speer des Mossad eine umfassende Kampagne wirtschaftlicher Maßnahmen, um das iranische Atomprojekt zu beeinträchtigen.[58] Die beiden Länder leiteten auch den Versuch ein, iranische Käufe von Ausrüstung für das Projekt aufzuspüren, insbesondere Waren, die der Iran nicht selbst herstellen konnte, und die Ankunft der Lieferungen in ihren Zielhäfen zu verhindern. Das lief einige Jahre lang weiter, während der ganzen Regierung Bush und bis in die Amtszeit Barack Obamas hinein.

Doch die Iraner waren hartnäckig. Im Juni 2009 entdeckte der Mossad, zusammen mit amerikanischen und französischen Geheimdiensten, dass sie eine weitere geheime Urananreicherungsanlage gebaut hatten, diesmal bei Ghom. In der Öffentlichkeit gab Präsident Obama drei Monate später eine dramatische Erklärung und Verurteilung ab, und die Wirtschaftssanktionen wurden noch verschärft. Verdeckt gelang es außerdem mithilfe gemeinsamer Sabotageoperationen, eine Reihe von Ausfällen bei der iranischen Ausrüstung zu bewirken, die für das Atomprojekt geliefert worden war: Rechner stellten den Betrieb ein, Transformatoren brannten durch, Zentrifugen funktionierten einfach nicht richtig. Bei der größten und wichtigsten gemeinsamen Operation der Amerikaner und Israelis gegen den Iran, mit dem Namen »Olympische Spiele«, richteten Computerviren – einer wurde unter dem Namen »Stuxnet« bekannt – schweren Schaden an der Urananreicherungsanlage des Atomprojekts an.[59]

Der letzte Bestandteil von Dagans Plan – die gezielte Tötung von Wissenschaftlern – wurde vom Mossad auf eigene Faust durchgeführt, denn Dagan war sich darüber im Klaren, dass die Vereinigten Staaten nicht bereit waren, sich daran zu beteiligen. Der Mossad stellte eine Liste mit 15 zentralen Forschern, überwiegend Mitglieder der »Waffengruppe«, die für die Entwicklung eines Zündmechanismus für die Waffen zuständig waren, als Zielpersonen für die Ausschaltung zusammen.[60]

Am 14. Januar 2007 starb Dr. Ardeshir Hosseinpour, ein 44-jähriger Kernforscher, der in der Uranfabrik von Isfahan arbeitete, unter mysteriösen Umständen. In der offiziellen Bekanntgabe seines Todes hieß es, er sei »infolge einer undichten Gasleitung« erstickt, aber der iranische Nachrichtendienst war überzeugt, dass er ein Opfer der Israelis war.

Am 12. Januar 2010, um 8.10 Uhr, verließ Massud Alimohammadi sein Haus in einem wohlhabenden Viertel im Norden Teherans und ging zu seinem Auto. Im Jahr 1992 hatte er den Doktortitel auf dem Feld der Elementarteilchenphysik an der Scharif-Universität für Technologie erworben und wurde dort zu einem leitenden Dozenten. Später schloss er sich dem Atomprojekt an, wo er zu den führenden Wissenschaftlern zählte. Als er die Tür seines Autos öffnete, explodierte ein mit einem Sprengsatz ausgestattetes Motorrad, das daneben geparkt war, und tötete ihn.[61]

Die Ermordung von Wissenschaftlern – von Menschen, die auf offiziellen Posten für einen souveränen Staat arbeiteten und die in keiner Weise mit Terrorakten in Verbindung standen – blieb nicht ohne interne Diskussionen im Mossad. Bei einer Sitzung zu Einsätzen in Dagans Büro meldete sich eine Nachrichtenoffizierin, die unter Vizedirektor Tamir Pardo arbeitete, zu Wort und sagte, ihr Vater sei ein hoher Wissenschaftler in Israels Atomprogramm.

»Nach der hier vorherrschenden Denkweise«, erklärte sie, »wäre mein Vater ein legitimes Ziel für die Ausschaltung. Ich halte das weder für moralisch richtig noch für legal.« Aber alle derartigen Einwände wurden abgewiesen.[62]

Die Iraner merkten ihrerseits, dass jemand ihre Wissenschaftler umbrachte, und fingen an, sie eng zu bewachen, vor allem den Leiter der Waffengruppe Mohsen Fakhrizadeh, der als der Kopf hinter dem Projekt galt. Die Iraner postierten ganze Wagenladungen mit Polizisten um ihre Häuser, machten ihnen das Leben zum Albtraum und versetzten sie und ihre Familien in tiefe Angst.[63]

Die Reihe erfolgreicher Operationen hatte noch einen Nebeneffekt, einen, den Israel zwar nicht beabsichtigte, der sich aber am Ende als nützlich erwies: Jedes Mitglied der Radikalen Front hatte inzwischen Angst, dass Israel ihre Reihen unterwandert habe, und gab sich deshalb alle Mühe, die undichten Stellen aufzuspüren und die eigenen Leute gegen den Mossad zu schützen. Die Iraner wurden ebenfalls geradezu paranoid angesichts der Möglichkeit, dass ihre gesamte Ausrüstung und das Material, das sie auf dem Schwarzmarkt – gegen sehr hohe Summen – für ihr Atomprojekt erworben hatten, womöglich infiziert waren. Also untersuchten sie jeden Gegenstand immer wieder. Diese Anstrengungen hemmten spürbar andere Aspekte des Atomprojekts, bewirkten sogar eine Art Stillstand.[64]

Dagans Mossad war jetzt wieder der legendäre Mossad, jene Behörde, die in der Geschichte entweder gefürchtet oder bewundert wurde, aber niemals verächtlich abgelehnt. Die Mitarbeiter waren stolz, hier zu dienen. Dagan hatte eine Kühnheit in den Geheimdienst eingeführt, die Prahlerei gewesen wäre, wenn sie nicht so hundertprozentig und überaus effektiv gewesen wäre.

35 Eindrucksvoller taktischer Erfolg, katastrophaler strategischer Fehlschlag

Kurz vor 20.30 Uhr betrat Mahmud al-Mabhuh die Lobby des al-Bustan Rotana – einer von vielen Gästen des Hotels, die kamen und gingen. Wie sie, so wurde auch er von der Überwachungskamera über dem Eingang gefilmt. Er hatte schwarzes Haar, eine Stirnglatze und einen dicken schwarzen Schnurrbart. Er trug ein schwarzes Hemd und einen Mantel, der ihm etwas zu groß war. Der Abend war relativ kühl für die Verhältnisse von Dubai.

Al-Mabhuh war seit kaum sechs Stunden in der Stadt, hatte sich aber schon mit einem Banker getroffen, der ihm half, diverse internationale Finanztransaktionen zu tätigen, die die Hamas in Gaza für den Kauf spezieller Überwachungsanlagen benötigte. Und er war mit seinem Kontaktmann von den iranischen Revolutionsgarden zusammengekommen, der nach Dubai geflogen war, um zwei umfangreiche Waffenlieferungen für die extremistische islamische Organisation zu koordinieren.

Al-Mabhuh war oft in Dubai. Sein am 19. Januar 2010 begonnener Aufenthalt in dem kleinen Stadtstaat war mindestens sein fünfter in knapp einem Jahr. Eingereist war er mit einem palästinensischen Pass – das Emirat war einer der wenigen Staaten, die Papiere anerkannten, die von der Palästinensischen Autonomiebehörde ausgestellt waren und einen falschen Namen sowie eine falsche Berufsbezeichnung angaben. In Wirklichkeit war al-Mabhuh seit Jahrzehnten Topagent der Hamas: 20 Jahre zuvor hatte er zwei israelische Soldaten gekidnappt und ermordet, und seit einiger Zeit, seit der Mossad in Damaskus seinen Vorgänger Issedin al-Sheikh Khalil beseitigt hatte, war er für die Waffenkammern der Hamas zuständig.

Einen oder zwei Schritte hinter al-Mabhuh folgte ihm ein Mann in den Lift. »Ich komme jetzt«, sprach er in sein Handy. Al-Mabhuh hatte das vielleicht überhört; jedenfalls schien er es nicht weiter zu beachten. Ein Tourist in Dubai, der einem Freund oder einer Freundin mitteilte, dass er auf dem Weg sei, war ja auch nichts Ungewöhnliches.

Al-Mabhuh war von Natur aus äußerst vorsichtig. Er wusste, dass die Israelis ihn töten wollten. »Man muss wachsam sein«, hatte er im Frühjahr 2009 in einem Interview mit al-Dschasira gesagt. »Und ich werde – Allah sei Dank – ›der Fuchs‹ genannt, weil ich spüre, was hinter mir ist. Ich spüre sogar, was hinter der Wand dort ist! Ich habe gottlob einen hoch entwickelten Sinn für Sicherheit. Wir wissen, welchen Preis wir für unser Tun zu zahlen haben, haben damit aber kein Problem. Ich hoffe, ich werde einen Märtyrertod sterben.«

Der Lift hielt auf der zweiten Etage, und al-Mabhuh stieg aus. Der Mann mit dem Handy fuhr weiter. Also definitiv ein Tourist.

Al-Mabhuh wandte sich nach links und ging zu seinem Zimmer, Nummer 230. Der Flur war leer. Gewohnheitsgemäß suchte al-Mabhuh rasch den Türrahmen und den Schließmechanismus nach Kerben und Kratzern ab, nach Indizien dafür, dass sich jemand an der Tür zu schaffen gemacht hatte. Aber da war nichts.

Er betrat das Zimmer und schloss die Tür.

Er hörte ein Geräusch und drehte sich um.

Zu spät.[1]

Der Plan zur Ermordung von Mahmud al-Mabhuh war vier Tage zuvor, am 15. Januar, bei einer eilig einberufenen Besprechung im großen Konferenzraum unweit von Meir Dagans Büro gebilligt worden, nachdem der israelische Militärgeheimdienst al-Mabhuhs E-Mail-Server gehackt und entdeckt hatte, dass der Palästinenser für den 19. Januar einen Flug von Damaskus nach Dubai gebucht hatte.

Bei der Besprechung hatten etwa 15 Personen an einem langen Tisch gesessen, unter ihnen Vertreter der Nachrichtendienst-, der Technologie- und der Logistikabteilung des Mossad. Die nach Dagan wichtigste Person, Caesarea-Chef »Holiday«, hatte es übernommen, die Operation »Plasma-Bildschirm« persönlich zu leiten.

Al-Mabhuh stand seit Langem auf der Todesliste der Israelis. Vor gut einem Jahr hatte sich die Situation im Gazastreifen so sehr verschlechtert, dass Israel am 27. Dezember 2008 die Operation »Gegossenes Blei« gestartet hatte, einen groß angelegten Angriff mit dem Ziel, die Hamas daran zu hindern, weiter Kassam- und Katjuscha-Raketen auf israelische Gemeinden regnen zu lassen. Nur dank al-Mabhuhs Waffenkaufs- und Transportnetzwerk sowie der Unterstützung, die es von den iranischen Revolutionsgarden erhielt, hatte die Hamas so viel Artillerie vom Gazastreifen aus abschießen können.

Israels Geheimdienstwissen über die Hamas war in den letzten Jahren viel umfassender geworden, und so hatte die Operation unter dem Codenamen »Raubvögel« mit der massiven Bombardierung der Luftwaffe auf die Silos begonnen, in denen die Raketen versteckt waren. Der Mossad hatte auch erfahren, dass die Waffen für die Hamas aus dem Iran nach Port Sudan am Roten Meer verschifft und von dort via Ägypten und den Sinai in den Gazastreifen geschmuggelt wurden – durch die zahlreichen Tunnel hindurch, die die Palästinenser gegraben hatten, damit das Kriegsgut nicht den ägyptischen Grenzschützern und -patrouillen in die Hände fiel. Dass der Mossad die Spur der Schiffe und der Port Sudan verlassenden Lastwagen verfolgte, hatte es der Luftwaffe im Januar 2009 ermöglicht, die Konvois samt Begleitung durch vier weiträumige Angriffe zu vernichten.

»Aktionen wie diese haben auf den Schmuggelrouten vom Iran zur Hamas viel Schaden angerichtet«, sagte Dagan. »Sie waren zwar kein voller Erfolg und führten nicht zum Sieg auf der ganzen Linie, aber sie haben die Gefahr beträchtlich verringert.«

Doch aus irgendeinem Grund war al-Mabhuh an jenem Tag nicht in einem der Lastwagen mitgefahren, sondern hatte den Sudan auf anderem Weg unbeschadet verlassen. Um das zu korrigieren, hatte Dagan von Olmert die Erlaubnis zu einer gegen al-Mabhuh gerichteten Operation »negativer Behandlung« erbeten und erhalten. Benjamin Netanjahu, Olmerts Nachfolger, hatte die Erlaubnis im März 2009 erneuert.

Dubai war der Ort, an dem al-Mabhuh am bequemsten getötet werden konnte. Die anderen Städte oder Länder, in denen er sich zeitweilig aufhielt – Teheran, Damaskus, der Sudan und China –, hatten fähige Geheimdienste und hätten ein Killerkommando des Mossad vor weit mehr Probleme gestellt. Im Vergleich dazu besaß Dubai, wie der Mossad glaubte, nicht entfernt so starke Ordnungskräfte und qualifizierte Geheimdienste. Außerdem wimmelte die Stadt von Touristen und ausländischen Geschäftsleuten. Dubai, Israel offiziell feindlich gesinnt, war zwar immer noch ein Ziel-Land, aber der Mossad hatte schon einen Mann in der Innenstadt von Damaskus getötet und einen syrischen General in seiner eigenen Villa: Verglichen damit würde ein Hamas-Agent in Dubai eine relativ leicht zu eliminierende Zielperson sein.

Dennoch konnte die Operation nur von einem großen Team durchgeführt werden, das in kleinere Trupps aufzuteilen war. Die einen würden die Aufgabe haben, die Zielperson zu identifizieren, wenn sie in Dubai ankam, und sie im Auge zu behalten, während die anderen den Anschlag im Hotelzimmer vorbereiten und ausführen würden, wobei sie sicherzustellen hätten, dass es den Anschein hatte, als sei al-Mabhuh eines natürlichen Todes gestorben. Danach sollten sie alle Spuren beseitigen und das Land verlassen: möglichst bevor die Leiche gefunden wurde. Nur für den Fall, dass doch der Verdacht entstehen würde, hier sei nicht alles mit rechten Dingen zugegangen.

Übrigens waren nicht alle der Meinung, dass al-Mabhuh wichtig genug sei, um den Aufwand und das Risiko solch einer Aktion zu rechtfertigen. Einige sagten sogar, al-Mabhuh erfülle nicht einmal die Grundbedingungen für eine »negative Behandlung«. Zwar waren sich beim Mossad alle einig, dass al-Mabhuh den Tod verdiene, aber damit eine Operation in einem Ziel-Land durchgeführt werden konnte, musste er auch eine ernste Gefahr für Israel darstellen und jemand sein, dessen Eliminierung den Feind nachhaltig aus dem Gleichgewicht bringen würde. Al-Mabhuh erfüllte keines dieser beiden Kriterien. Doch nach all ihren vorausgegangenen Erfolgen strotzten Dagan und andere Mossad-Offizielle so sehr vor Selbstvertrauen, dass sie die Sache ungeachtet aller Einwände in Angriff nahmen.

Das hatte damit begonnen, dass sich 2009 ein Team von Caesarea-Agenten in Dubai an al-Mabhuhs Fersen heftete: nicht um ihn zu töten, sondern um festzustellen, was er in dem Stadtstaat trieb, und vor allem um sich zu vergewissern, dass er ihr Mann war. Vier Monate später, im November, flog die Crew der Operation »Plasma-Bildschirm« erneut nach Dubai: diesmal, um al-Mabhuh zu eliminieren. Sie versetzten einen

Drink, den er sich auf sein Hotelzimmer bringen ließ, mit Gift, aber entweder war die Dosis zu schwach oder er trank nicht genug, jedenfalls wurde al-Mabhuh nur ohnmächtig. Nachdem er wieder zu sich gekommen war, sagte er seine weiteren Termine ab und kehrte nach Damaskus zurück, wo ein Arzt seinen Ohnmachtsanfall mit Drüsenfieber erklärte. Al-Mabhuh akzeptierte diese Diagnose und schöpfte keinen Verdacht, dass ein Anschlag auf sein Leben verübt worden sei.

Im Mossad führte dieser Ausgang der Sache zu tiefer Frustration. Man hatte Menschen in Gefahr gebracht und Ressourcen verbraucht, und dennoch war der Job nicht erledigt. Holiday bestand darauf, dass diesmal keine Fehler gemacht würden: Das Tötungskommando würde Dubai nicht eher verlassen, als bis man mit eigenen Augen gesehen hatte, dass al-Mabhuh tot war.

Bei der Besprechung am 15. Januar wurde ein Einwand laut: Die Dokumentenabteilung würde Probleme haben, für das ganze Team glaubwürdige falsche Pässe herzustellen. Schließlich sollten mehr als zwei Dutzend Leute nach Dubai fliegen, und wenn sie keine neuen Pässe bekämen, würden einige von ihnen zum dritten Mal in weniger als sechs Monaten mit denselben Identitäten und Geschichten in dasselbe Land einreisen. In den zaghafteren Zeiten des Mossad unter Halevy wäre die Operation allein schon aus diesem Grund abgeblasen worden. Aber Dagan und Holiday beschlossen, das Risiko einzugehen und das Team mit den existierenden Papieren loszuschicken.

Holiday erwartete ohnehin keine Probleme. Zwar würde die Entdeckung des Leichnams wohl Fragen aufwerfen und eine Untersuchung nach sich ziehen, aber zu diesem Zeitpunkt würde das Team schon längst wieder in Israel sein. Außerdem würde man keine Beweise hinterlassen, mit denen die Polizei arbeiten könnte. Kein Geheimnis des Mossad würde verraten und niemand festgenommen werden. Die ganze Sache würde schnell vergessen sein.

Dagan diktierte seinem ersten Assistenten die endgültige Entscheidung: »›Plasma-Bildschirm‹ zur Durchführung autorisiert.« Als die Teilnehmer loszogen, fügte er mit seiner tiefen Stimme hinzu: »Und viel Glück!«[2]

Die ersten drei Mitglieder des »Plasma-Bildschirm«-Teams landeten am Morgen des 18. Januar um 6.45 Uhr in Dubai. Der Rest des Teams von insgesamt mindestens 27 Personen traf im Laufe der nächsten 19 Stunden aus Zürich, Rom, Paris und Frankfurt ein. Zwölf Agenten hatten britische Pässe, sechs irische, je vier französische und australische, und einer hatte einen deutschen Pass. Alle Pässe waren echt, aber keiner gehörte der Person, die mit ihm einreiste. Einige hatte man von ihren Besitzern geliehen, von Israelis mit doppelter Staatsbürgerschaft, andere hatte man mit falschen Identitäten erlangt, wieder andere waren gestohlen, und der Rest hatte Verstorbenen gehört.[3]

Am 19. Januar landeten um 2.09 Uhr morgens »Gail Folliard« und »Kevin Daveron« in Dubai. Beide sollten Schlüsselfunktionen übernehmen, nämlich die Kontrolle über den Kommandopostenraum, das Kommunikationspersonal, die Wachen und die Beobachtungsposten. Sie nahmen getrennte Zimmer im Jumeirah Hotel und zahlten bar, während viele andere Mitglieder des Teams Debitkarten einer Firma namens Payoneer benutzten, deren Geschäftsführer ein Veteran einer Kommandoeinheit der israelischen Armee war.

Sri Rahayu, die Empfangschefin, nahm das Geld von Folliard und Daveron entgegen und gab ihnen Zimmer 1102 beziehungsweise 3308. Vor dem Schlafengehen bestellte Folliard beim Zimmerservice noch einen Imbiss, während Daveron eine Limonade aus seiner Minibar trank.[4]

»Peter Elvinger«, der Kommandeur der Mission, landete 21 Minuten nach Folliard und Daveron. Nachdem er mit seinem falschen französischen Pass die Kontrolle passiert hatte, traf er eine auf Hebräisch als *maslul* bezeichnete Maßnahme zur Überwachungsabwehr, die darin bestand, dass er das Terminal verließ, drei Minuten wartete, sich umdrehte und wieder hineinging. Anschließend traf er sich, wie vorher verabredet, mit einem anderen Mitglied des Teams, das im Auto zum Flughafen gekommen war. Alle Mitglieder von Tötungskommandos machen standardmäßig von *maslul* Gebrauch: oft, indem sie Kleidung und Tarnung, etwa durch Perücken und falsche Schnurrbärte, ändern. So stellen sie sicher, dass ihnen niemand folgt, und können zwischen verschiedenen Stadien einer Operation die Identität wechseln. Elvinger und sein Kontaktmann sprachen weniger als eine Minute miteinander, dann fuhr der Kommandeur mit einem Taxi zu seinem Hotel.

Am frühen Nachmittag wartete das ganze Team voller Anspannung auf al-Mabhuhs Ankunft. Man wusste, dass seine Maschine um 15 Uhr landen sollte, aber nicht, wo er absteigen, wann und wo er sich mit wem treffen und wie er von einem Ort zum anderen kommen würde. Es war möglich, dass das Team, das nicht in der ganzen Stadt präsent sein konnte, seine Spur verlieren würde; man konnte also nicht im Voraus planen, wie man ihm nah genug kommen konnte, um ihn zu töten. »Es war die Art von Mord«, so ein ehemaliger Agent, »bei der die Zielperson bestimmt, wie und wann sie getötet werden muss.«[5]

Einige Mitglieder des Teams hatten sich auf drei Hotels verteilt, in denen al-Mabhuh bei seinen früheren Aufenthalten abgestiegen war. Ein weiterer Überwachungstrupp war am Flughafen und vertrieb sich die Zeit mit scheinbar müßigem Telefonieren. Die restlichen sieben Personen warteten gemeinsam mit Elvinger in einem weiteren Hotel.

Al-Mabhuh kam um 15.35 Uhr an. Ein Team folgte ihm zum al-Bustan Rotana und schickte den Agenten in den anderen Hotels die Nachricht, dass sie ihre Posten verlassen könnten. Die Mitglieder des Teams machten extensiven Gebrauch von Handys, wählten aber, um direkte Verbindungen zwischen ihren Nummern zu vermeiden, eine Nummer in Österreich, wo eine vorinstallierte einfache Vermittlungsstelle den Anruf weiterleitete, sei es zu einem anderen Handy in Dubai, sei es zum Kommandostand in Israel.

Die Crewmitglieder, die sich schon in der Lobby des al-Bustan Rotana befanden, trugen Tenniskleidung und hatten Schläger in der Hand (auffälligerweise ohne die üblichen Hüllen). Nachdem al-Mabhuh seinen Zimmerschlüssel erhalten und den Lift betreten hatte, gesellten sich zwei Agenten zu ihm. Als er den Lift auf der zweiten Etage verließ, folgten sie ihm in diskretem Abstand und notierten seine Zimmernummer: 230. Einer der Männer gab sie per Handy durch – natürlich auf dem Umweg über Österreich –, dann begaben sich die beiden wieder in die Lobby.

Als Elvinger al-Mabhuhs Zimmernummer erfahren hatte, führte er zwei Telefonate: Erst rief er im al-Bustan Rotana an, um ein Zimmer zu buchen, und zwar bat er um Nummer 237, direkt gegenüber von 230. Dann rief er eine Airline an, um sich für den Abend einen Platz in einer via Katar nach München fliegenden Maschine reservieren zu lassen.

Kurz nach 16 Uhr verließ al-Mabhuh das Hotel. Das Team, das ihm folgte, bemerkte, dass er Vorsichtsmaßnahmen ergriff, also seine eigene Art *maslul* praktizierte. Er tat das aus gutem Grund, waren doch seit den späten 1980er-Jahren fast all seine Kameraden in der Hamas eines unnatürlichen Todes gestorben. Aber seine Manöver waren simpel, nicht sehr einfallsreich, und so konnte das Team ihn ohne Schwierigkeiten im Auge behalten.

In der Lobby des al-Bustan Rotana wartete Kevin Daveron auf Elvinger, der um 16.25 Uhr eintraf, ihm wortlos einen Koffer übergab und anschließend zur Rezeption ging. Dort fing die Überwachungskamera seinen roten EU-Pass ein. Nachdem er eingecheckt hatte, gab er, wiederum wortlos, den Schlüssel für Zimmer 237 Daveron und verließ das Hotel ohne seinen Koffer.

Zwei Stunden später betraten vier Männer das Hotel. Sie hatten Baseballkappen auf dem Kopf, die ihre Gesichter verbargen, und trugen zwei große Taschen. Drei der Männer waren »Henker« der Caesarea, der vierte war Fachmann im Schlösserknacken. Alle vier gingen direkt zu den Liften und, auf der zweiten Etage angekommen, zu Zimmer 237. Eine Stunde danach, um 19.43 Uhr, wurde das Überwachungsteam in der Lobby abgelöst, durch frische Augen ersetzt – vier Stunden nachdem sie gekommen waren, verließen die falschen Tennisspieler endlich die Lobby.

Um 22 Uhr meldete die Crew, die al-Mabhuh folgte, dass er auf dem Weg zurück ins Hotel sei. Daveron und Folliard standen Schmiere im Korridor, als der Schlossknacker begann, die Tür von Zimmer 230 zu bearbeiten. Er programmierte das Schloss so um, dass ein Mossad-Passepartout die Tür öffnen konnte, ohne registriert zu werden und ohne das Funktionieren des eigentlichen Schlüssels zu beeinträchtigen. Als ein Tourist den Lift verließ, verwickelte Daveron ihn, um ihn abzulenken, geistesgegenwärtig in ein harmloses Gespräch. Der Tourist sah nichts, das Schloss wurde geöffnet, das Team betrat das Zimmer und wartete.

Al-Mabhuh versuchte in den Korridor zu entkommen, aber zwei Paar starke Arme ergriffen ihn. Ein dritter Mann hielt ihm mit einer Hand den Mund zu und presste ihm mit der anderen ein Instrument in den Nacken, das mit Ultraschall, ohne die Haut zu durchstoßen, Suxamethoniumchlorid injizierte, ein Betäubungsmittel, das unter dem Namen Lysthenon im Handel ist und in der Chirurgie in Verbindung mit anderen Medikamenten verwendet wird. Suxamethoniumchlorid allein verursacht Lähmungen, auch der Muskeln, die zum Atmen gebraucht werden, und führt damit zum Ersticken.

Die Männer hielten ihren Griff so lange aufrecht, bis al-Mabhuh aufhörte zu kämpfen. Als sich die Lähmung durch seinen Körper ausbreitete, legten sie ihn auf den Boden. Al-Mabhuh war hellwach und klar im Kopf, er sah und hörte alles. Er konnte sich nur nicht bewegen. Aus seinen Mundwinkeln trat Schaum hervor. Er röchelte.

Drei Fremde sahen ihn unbewegt an und hielten ihn – sicher ist sicher – weiter leicht bei den Armen gefasst.

Das war das Letzte, was al-Mabhuh sah.

Um sich zu vergewissern, dass er diesmal wirklich tot war, fühlten die Henker ihm an zwei Stellen den Puls, wie ein Mossad-Arzt es ihnen beigebracht hatte. Dann zogen sie ihm Schuhe, Hemd und Hose aus und legten sie ordentlich in den Schrank. Die Leiche legten sie ins Bett und deckten sie zu.

Die ganze Episode hatte 20 Minuten gedauert. Das Team verließ das Zimmer und machte hinter sich die Tür zu, mit einer vom Mossad für solche Fälle entwickelten Technik, die es so aussehen ließ – der Schlitten der Kette war eingerastet –, als sei die Tür von innen geschlossen worden. Das Team hängte das »Bitte nicht stören«-Schild an die Klinke, klopfte zum Zeichen, dass die Mission erledigt sei, zweimal an die Tür von Zimmer 237 und verschwand in den Liften.

Eine Minute später verließ Folliard das Hotel. Daveron folgte ihr nach vier Minuten. Anschließend brach das Überwachungsteam in der Lobby auf. Nach vier Stunden hatten die meisten Mitglieder des Teams Dubai verlassen, nach 24 Stunden war keiner mehr in der Stadt.

In Tel Aviv herrschte eine Stimmung der Selbstzufriedenheit, eine Atmosphäre, die später als »Euphorie über einen historischen Erfolg«

bezeichnet wurde. Alle Beteiligten – Meir Dagan, Holiday und das Tötungskommando – glaubten, eine weitere Mission professionell erledigt zu haben. Dagan berichtete Netanjahu von dem Mord. »Al-Mabhuh«, sagte er, »wird uns nicht mehr ärgern.«

Der Sicherheitsdienst des Hotels fand die Leiche am Nachmittag des nächsten Tages, nachdem das wiederholte Klopfen des Zimmermädchens unbeantwortet geblieben war. Es schien jedoch keinen Grund zu geben, die Polizei zu alarmieren. Ein Kaufmann mittleren Alters tot im Bett eines verschlossenen Zimmers ohne Hinweise auf einen Kampf oder auf Gewalteinwirkung, das deutete auf einen Herzinfarkt oder einen Schlaganfall hin. Al-Mabhuhs Leichnam wurde ins Leichenschauhaus überführt und sein Tod unter dem falschen Namen in seinem Pass registriert. Der Sache wurde nicht mehr und nicht weniger Aufmerksamkeit geschenkt als dem Tod jedes anderen Ausländers der Mittelschicht in Dubai.

In Damaskus jedoch begannen Hamas-Funktionäre sich zu wundern, dass der Mann, den sie zum Aushandeln mehrerer Waffenkäufe losgeschickt hatten, nicht zum vereinbarten Zeitpunkt berichtet hatte. Schließlich fragte ein Gesandter in Dubai am 21. Januar so lange bei Polizeidienststellen und Leichenschauhäusern herum, bis er al-Mabhuhs Leiche in einem Kühlfach gefunden hatte.

Daraufhin kontaktierte ein Hamas-Offizieller Generalleutnant Dahi Chalfan Tamim, den Polizeichef von Dubai, und sagte ihm, dass der Tote mit dem palästinensischen Pass in Wahrheit ein führendes Mitglied seiner Organisation gewesen sei. Es sei fast sicher, dass er keines natürlichen Todes gestorben sei; vielmehr habe sehr wahrscheinlich der Mossad seine Finger im Spiel gehabt.

Der hochdekorierte Chalfan, der damals 59 Jahre alt war, hatte es zu seiner persönlichen Mission gemacht, sein Land von Kriminellen und von ausländischen Agenten zu befreien, die Dubai als Operationsbasis für illegale Aktivitäten nutzten. »Nehmt eure Bankkonten und Waffen und gefälschten Scheiß-Pässe«, schrie er in den Hörer, »und verschwindet aus meinem Land!«

Er konnte aber auch nicht zulassen, dass der Mossad in seinem Land herumlief und Leute umbrachte. Chalfan ließ den Toten für eine Autopsie aus dem Leichenschauhaus holen. Die Ergebnisse waren nicht eindeutig; es ließ sich nicht mit Sicherheit sagen, ob al-Mabhuh ermordet worden war. Doch im Grunde nahm Chalfan an, dass der Hamas-Offizielle recht gehabt hatte.

Verglichen mit ihren amerikanischen und britischen Kollegen haben israelische Agenten einen Nachteil: Sie müssen mit gefälschten Pässen reisen. Ein CIA-Kommando kann ohne Weiteres mit echten Pässen des amerikanischen Außenministeriums ausgestattet werden, auch wenn sie auf falsche Namen ausgestellt sein müssen. Und von denen haben die Agenten einen unbegrenzten Vorrat: eine Identität unter der anderen, wenn es sein muss. Amerikanische und britische Pässe werden überall auf der Welt akzeptiert und erregen selten Verdacht.

Für israelische Papiere gilt das nicht. In viele asiatische und afrikanische Länder können Mossad-Kommandos mit solchen Pässen *nicht* einreisen. Daher fälscht der Mossad gewöhnlich Pässe anderer, weniger verdächtiger Länder. Nach den Anschlägen des 11. September 2001 ist das jedoch komplizierter geworden.

Schlampig hergestellte Dokumente oder solche, die zu oft benutzt worden sind, können eine Mission und das Leben der Agenten gefährden. Dass Halevy Missionen abblies, wenn zu wenig geeignete Papiere zur Verfügung standen, hatte seinen Grund also nicht nur in Zaghaftigkeit. Und dass Dagan widerstrebende Techniker zwang, eilig Pässe und Identitäten zusammenzuschustern, war nur so lange kühner Führungsstil, bis es einmal furchtbar schiefging.

Dagan hatte erlaubt, dass das »Plasma-Bildschirm«-Team viermal in Dubai von denselben Identitäten Gebrauch machte. Es war nicht schwer für Chalfan, eine Liste aller Personen zu erhalten, die kurz vor al-Mabhuh in die Vereinigten Arabischen Emirate eingereist und gleich nach seinem Tod wieder ausgereist waren. Es war auch nicht schwer, diese Liste durch Vergleich mit den Listen derer zusammenzustreichen, die in engem zeitlichen Zusammenhang mit al-Mabhuhs vorigen drei Aufenthalten gekommen und wieder gegangen waren. Chalfan erhielt dadurch Namen, die mit Hotelanmeldungen abgeglichen werden konnten. Bald schon wusste die Polizei, wann die betreffenden Personen gekommen und wo sie abgestiegen waren, und weil fast alle Hotels über Kameras verfügten, die die Vorgänge an der Rezeption aufzeichnen, wusste sie auch, wie sie ausgesehen hatten.

Attentäter zahlen am liebsten bar, weil es anonym ist, weil die Herkunft des Geldes im Allgemeinen nicht zurückverfolgt werden kann. Bei Zahlungen mit Kreditkarten – oder mit Prepaid-Debitcards der Firma Payoneer – ist das anders. Anrufe bei einer österreichischen Vermittlungsstelle werden registriert und fallen auf, wenn es viele sind und jemand sich die Protokolle ansieht. Dasselbe gilt für die Nummern, die die Vermittlungsstelle wählt. Es war also nicht so furchtbar schwierig, die Wege aller an der Operation »Plasma-Bildschirm« beteiligten Mossad-Agenten wie auch die Verbindungen zwischen ihnen zu rekonstruieren. Man brauchte nur eine Menge Daten zu sieben.

Chalfan stellte aus den Aufzeichnungen mehrerer Überwachungskameras ein Video der gesamten Operation zusammen, das auch Szenen mit tölpelhaftem *maslul* enthielt. So hatte die Kamera über der Tür zu den Toiletten eines der Hotels aufgezeichnet, dass Daveron mit Glatze hineinging und den Raum mit vollem Haupthaar wieder verließ, ohne auch nur zu merken, dass er gefilmt wurde, obwohl die Kamera nicht versteckt war. In Echtzeit hätte dieser schlampige Identitätswechsel das Team nicht verraten, aber dass er aufgezeichnet worden war, machte es den Ermittlern natürlich leichter.

Chalfan hielt eine Pressekonferenz ab und ließ das ganze Video ins Internet stellen, damit die Welt es ansehen konnte. Er rief Dagan dazu auf, »ein Mann zu sein« und sich zu dem Mord zu bekennen. Und er forderte internationale Haftbefehle gegen Netanjahu und Dagan. Dem folgte Interpol nicht, sondern stellte internationale Haftbefehle gegen alle 27 Mitglieder des »Plasma-Bildschirm«-Teams aus, die allerdings auf deren falsche Namen lauteten.

Die Länder, von deren Pässen Israel Gebrauch gemacht hatte, protestierten. Zwar arbeiteten mehrere von ihnen heimlich mit dem Mossad zusammen, aber sie waren nicht bereit zuzulassen, dass ihre – fiktiven oder realen – Bürger in Mordkomplotte hineingezogen wurden. Einige Regierungen forderten die Mossad-Vertreter in ihrem Land auf, dieses sofort zu verlassen, und erlaubten dem Dienst erst Jahre später, die Ausgewiesenen zu ersetzen. Alle reduzierten ihre Zusammenarbeit mit dem israelischen Geheimdienst.

Was hatte zu dem Desaster geführt? Hybris! »Ich liebe Israel und die Israelis«, so einer der ehemaligen Chefs des deutschen Geheimdienstes. »Aber euer Problem war immer, dass ihr alle verachtet: die Araber, die Iraner, die Hamas. Ihr haltet euch immer für die Klügsten und glaubt, ihr könntet alle anderen hereinlegen. Ein bisschen mehr Respekt vor der Gegenseite, auch vor einem vermeintlich dummen Araber oder fantasielosen Deutschen, und ein bisschen mehr Bescheidenheit hätten uns allen dieses peinliche Fiasko erspart.«[6]

Für Israels Öffentlichkeit war nichts von all dem von Bedeutung. Die harschen Verurteilungen, denen das Land auf der internationalen Bühne ausgesetzt war, führten in Verbindung mit der Kritik, die die Nation immer wieder wegen ihrer Behandlung der Palästinenser hinnehmen muss, zu einer Welle des Patriotismus. An Purim, Israels Karnevalsfeiertag, der einige Wochen stattfand, nachdem die Geschichte ans Licht gekommen war, war ein beliebtes Kostüm das eines Tennisspielers mit Pistole in der Hand. Und Hunderte Israelis mit doppelter Staatsbürgerschaft boten dem Mossad ihre Pässe für künftige Operationen an. Die Webseite der Organisation wurde mit Anfragen überschwemmt, wie man sich ihr anschließen könne.

Im Mossad selbst sah die Sache anders aus. Die Bloßstellung und die negative Beachtung, die der Dienst erhielt, waren auf operativer Ebene furchtbar schädlich, obwohl es Chalfan nie gelang, einen der Täter vor Gericht zu bringen. Teile der Operationen des Mossad wurden gestrichen, und zwar sowohl weil die falschen Identitäten vieler Agenten aufgeflogen waren, als auch aufgrund der Notwendigkeit, neue Verfahren und Methoden zu entwickeln, nachdem über die alten in den Medien berichtet worden war.[7]

Anfang Juli 2010 verließ Caesarea-Chef Holiday den Dienst; er hatte erkannt, dass die Dubai-Affäre seine Aussichten, Direktor des Mossad zu werden, auf null hatte sinken lassen.

Dagegen tat Meir Dagan so, als sei nichts geschehen. Er war zwar im Allgemeinen entschieden der Auffassung, dass »der Direktor des Mossad in bestimmten Fällen die Schlüssel übergeben muss: nämlich dann, wenn ihm ein Missgeschick unterlaufen ist, das dem Staat schadet, weil es ihn leichter erpressbar macht«. Aus Dagans Sicht der Dinge aber war wirklich nichts geschehen. Es hatte keine Pannen gegeben, man hatte keine Fehler gemacht. »Wir haben eine wichtige Zielperson getötet, und die ganze Truppe ist heil nach Hause gekommen«, resümierte er nach der Operation.[8]

Erst 2013, in einem Interview für dieses Buch, hat Dagan zugegeben: »Es war ein Fehler, das Team mit diesen Pässen loszuschicken. Es war meine und nur meine Entscheidung. Ich trage die volle Verantwortung für das, was geschehen ist.«[9]

Als das Dubai-Fiasko offenbar wurde, hatte Netanjahu »ein Déjà-vu-Erlebnis«, wie einer seiner engen Mitarbeiter sagt: so als würden sich die Ereignisse von 1997 wiederholen. Damals hatte der Mossad ihm versichert, Jordanien sei ein »*weiches* ›Ziel‹-Land«, in dem man Chalid Maschal sauber eliminieren könne. Geendet hatte das mit einer Blamage und mit Kapitulation. Niemand wusste, wie lange Dubai nachwirken würde. Netanjahu beschloss, den Mossad an die Kandare zu nehmen und nicht mehr so oft grünes Licht für gefährliche Missionen zu geben.[10]

Außerdem musste Dagan im Zaum gehalten werden.

Die beiden Männer waren nie gut miteinander ausgekommen. Aber *alle* Beziehungen, die Netanjahu zu den Chefs der Geheimdienstgemeinde hatte, waren schwierig. »Da Netanjahu niemandem vertraut, hat er heimlich diplomatische Gespräche geführt, ohne die Leiter der Gemeinde zu informieren«, sagte Netanjahus Nationaler Sicherheitsberater Usi Arad. »Ich habe gesehen, wie sich von einem Augenblick zum anderen der Graben des Misstrauens zwischen ihm und ihnen auftat.«[11]

Dagan wiederum meinte, dass der Ministerpräsident zu sehr zaudere, wenn es um die Genehmigung von Operationen gehe, dass er zugleich aber fürchte, als Zauderer zu gelten. Er hielt Netanjahu für ein Neurosenbündel, das nicht fähig sei, die Sicherheit einer Nation zu garantieren.[12]

Dagan blieb aber beim Mossad; schließlich war die Kampagne gegen den Iran – mehrgleisig, vernetzt und kompliziert – noch im Gange. Nach dem erfolgreichen Anschlag auf Massud Alimohammadi im Januar bat Dagan Netanjahu sogar, die Intensivierung der Kampagne und die Tötung der übrigen 13 Wissenschaftler der Waffenabteilung zu genehmigen. Netanjahu aber fürchtete neue Verwicklungen und hatte es nicht eilig. Erst im Oktober gab er grünes Licht für einen weiteren Anschlag. Am 29. November 2010 sprengten zwei Motorradfahrer die Fahrzeuge zweier hochrangiger Figuren des iranischen Atomprojekts mit Haftminen in die Luft. Dr. Madschid Schahriari wurde in seinem Peugeot 206 getötet, während es Fereidun Abbassi Dawani und seiner Frau gelang, ihren Peugeot 206 zu verlassen, bevor er vor der Schahid-Beheschti-Universität explodierte.

Zu diesem Zeitpunkt war jedoch schon klar, dass die gezielten Tötungen, die Wirtschaftssanktionen und die Computersabotage das iranische Atomprogramm nur verlangsamt, aber nicht gestoppt hatten. Das Programm »hatte einen Punkt erreicht, der weit jenseits von dem lag, was ich mir erhofft hatte«, sagte Verteidigungsminister Ehud Barak.[13] Er und Netanjahu kamen zu dem Schluss, dass der Iran sich dem Zeitpunkt nähere, an dem die Anlagen des Projekts nicht mehr zerstört werden könnten, und sie waren sich einig, dass Israel sie zerstören sollte, bevor jener Zeitpunkt erreicht sei. Sie befahlen der Armee und den Geheimdiensten, sich für die Operation »Tiefe Wasser«, einen umfassenden, von Kommandotruppen unterstützten Luftschlag im Herzen des Iran, zu rüsten. Die Vorbereitungen für den Angriff und den zu erwartenden anschließenden Krieg gegen die Radikale Front kosteten um die zwei Milliarden Dollar.

Dagan hielt den Plan für verrückt (und war mit dieser Einschätzung nicht allein). Er sah darin keine vernünftige Entscheidung im nationalen Interesse, sondern einen zynischen Schachzug zweier Politiker, die sich die weitverbreitete Unterstützung, die der Angriff finden würde, für die nächsten Wahlen zunutze machen wollten. »Bibi hatte eine Technik erlernt, deren Wesentliches darin bestand, Botschaften rasch zu übermitteln, und er hatte es darin zu bemerkenswerter Meisterschaft gebracht. Er ist aber auch der schlechteste Manager, den ich kenne. Er hat denselben Charakterzug wie Ehud Barak: Der eine wie der andere hält sich für das größte Genie der Welt. Netanjahu ist aber der einzige Ministerpräsident [in der Geschichte des Landes], der es geschafft hat, dass seine Position vom gesamten Verteidigungsapparat abgelehnt wurde.«

»Ich habe einige Ministerpräsidenten kennengelernt«, sagte Dagan. »Glauben Sie mir, kein einziger war ein Heiliger, aber eines hatten sie alle gemeinsam: Wenn sie zu dem Punkt kamen, an dem das persönliche Interesse gegen das nationale stand, dann hat immer das nationale Interesse gesiegt. Das war überhaupt keine Frage. Nur von diesen beiden – Bibi und Ehud – kann ich das nicht behaupten.«

Im September 2010 erreichte die Feindschaft zwischen Dagan und Netanjahu den Siedepunkt. Dagan behauptet, Netanjahu habe eine Besprechung mit ihm, dem Direktor des Schin Bet und dem Generalstabschef, bei der es angeblich um die Hamas gehen sollte, dazu benutzt, widerrechtlich Vorbereitungen für einen Angriff anzuordnen: »Als wir den Raum verließen, sagte er: ›Einen Moment, Direktor des Mossad und Generalstabschef. Ich habe beschlossen, die Armee und Sie auf O plus 30 zu setzen.«

»O plus 30« war die Kurzformel für »30 Tage bis zu einer Operation«. Netanjahu hatte also einen Großangriff auf den Iran als »Operation« bezeichnet statt, wie angemessener gewesen wäre, als »kriegerischen Akt«. Kriege bedurften der Zustimmung des Kabinetts, während Operationen einfach vom Ministerpräsidenten angeordnet werden konnten.

Dagan war bestürzt über diesen Leichtsinn: »Die Anwendung von [militärischer] Gewalt hätte untragbare Konsequenzen. Die Arbeitshypothese, es sei möglich, das iranische Atomprogramm durch eine militärische Offensive zu stoppen, ist falsch. ... Sollte Israel angreifen, würde [der iranische Oberste Religionsführer] Khamenei Allah danken: Der Angriff würde das iranische Volk hinter dem Projekt vereinen, und Khamenei könnte sagen, dass er eine Atombombe brauche, um den Iran gegen die israelische Aggression zu verteidigen.«[14]

Schon der bloße Akt, die Israelischen Streitkräfte in Angriffsbereitschaft zu versetzen, könnte dazu führen, dass man in einen Krieg schlitterte, behauptete Dagan, weil die Syrer und die Iraner die Mobilisierung bemerken würden und vorbeugende Maßnahmen ergreifen könnten.

Barak hat den Streit anders in Erinnerung: Ihm zufolge dachten er und der Ministerpräsident nur über die Durchführbarkeit eines Angriffs nach.[15] Aber wie auch immer, der Bruch in der Beziehung zwischen Dagan und Netanjahu war irreparabel. Dagan hatte den Mossad acht Jahre lang geleitet, länger als jeder andere mit Ausnahme von Isser Harel. Er hatte ihn nach seinem Bilde wiedererschaffen, einen scheinbar todgeweihten kleinmütigen Dienst wiederbelebt und den Ruhm erneuert, den er jahrzehntelang genossen hatte. Er hatte Israels Feinde tiefer getroffen, als irgendjemand für möglich hielt, hatte Zielpersonen eliminiert, die dem Tod oder der Gefangennahme jahrzehntelang entgangen waren, hatte jahrelang eine existenzielle Bedrohung für den jüdischen Staat abgewendet.

Nichts davon zählte. Dubai war eine Schmach oder vielleicht auch nur ein Vorwand. Im September 2010 teilte Netanjahu Dagan mit, dass seine Ernennung nicht erneuert würde.

Oder trat Dagan zurück? »Ich fand selbst, dass es genug war«, behauptete er. »Ich wollte etwas anderes machen. Und ich hatte genug von ihm, das ist wahr.«[16]

Tamir Pardo, der Dagan als Direktor folgte, musste einen Großteil der Operationsteams und der Verfahren rehabilitieren, die nach dem Anschlag von Dubai Schiffbruch erlitten hatten. Er beauftragte N., einen Mann, der bei der Planung des Anschlags auf Mughniyya behilflich gewesen war, mit einer umfassenden Bewertung des entstandenen Schadens und ernannte ihn später zu seinem Stellvertreter. Die Wiederherstellung der operativen Einheiten unterbrach die Aktivitäten des Dienstes allerdings nicht, vor allem die nicht, die sich gegen das iranische Atomprogramm richteten. Als Pardo einige Monate im Amt war, nahm er die Strategie der gezielten Tötungen wieder auf, die sein Vorgänger ausgesetzt hatte.[17]

Im Juli 2011 folgte ein Motorradfahrer Dariusch Rezaie-Nedschad, einem Doktor der Atomphysik und hochrangigen Forscher in Diensten der Iranischen Atomenergieorganisation, bis dieser sich einem der bestgesicherten Stützpunkte der Revolutionsgarden näherte: dem Imam-Ali-Camp, auf dem sich ein Anlagenkomplex zur experimentellen Urananreicherung befindet. Dann zog der Motorradfahrer eine Pistole und erschoss Rezaie-Nedschad.

Im November 2011 ereignete sich in einem anderen Stützpunkt der Revolutionsgarden, 50 Kilometer westlich von Teheran, eine gewaltige Explosion. Fensterscheiben klirrten in der iranischen Hauptstadt, man konnte die Rauchwolke sehen, und Satellitenfotos zeigten, dass fast die gesamte Basis dem Erdboden gleichgemacht worden war. General Hassan Tehrani Moghaddam, der Leiter der Raketenentwicklungsabteilung der Revolutionsgarden, wurde bei der Detonation ebenso getötet wie 16 seiner Untergebenen.

Auch nach dem Tod al-Mabhuhs gelangten iranische Waffenlieferungen auf dem Weg über den Sudan in den Gazastreifen. Der Mossad versuchte sie weiterhin aufzudecken, und die israelische Luftwaffe flog weiterhin Angriffe auf die Konvois. Den größten Erfolg konnte sie feiern, nachdem der Mossad herausgefunden hatte, dass 300 Tonnen moderner Waffen und Sprengstoffe, die als zivile Güter getarnt waren und auf einem Militärgelände im Süden Khartums lagerten, auf den Transport nach Gaza warteten. Das Kriegsgut umfasste auch Kurz- und Mittelstreckenraketen sowie moderne Flug- und Panzerabwehrraketen und wurde von Israel als potenzielle »Störung des Gleichgewichts« eingeschätzt. Für den Fall, dass es Gaza erreichen sollte, empfahl einer der AMAN-Offiziere, die Ministerpräsident Netanjahu unterrichteten, »die Hamas auch ohne vorhergehende Provokation anzugreifen, um zu verhindern, dass sie die Waffen einsetzen konnte«.[18]

Die Waffen wurden aber nirgendwohin transportiert. Am 24. Oktober 2012 um vier Uhr morgens griffen F-15-Kampfjets der israelischen Luftwaffe das Lager an und vernichteten sowohl die Waffen als auch das anwesende Personal der Hamas und des Korps der Iranischen Revolutionsgarden. Die Explosionen erhellten den Himmel über Khartum. Dächer wurden abgedeckt, und Fensterscheiben barsten. Die Bewohner Khartums mussten leiden, weil die Regierung des Sudan das Land zum Teilstück einer terroristischen Waffenschmugglerpipeline gemacht hatte. Nach diesem Ereignis ließen die sudanesischen Machthaber die Iranischen Revolutionsgarden wissen, dass sie Transporte über ihr Land nicht mehr erlauben würden.[19]

Wie seine Vorgänger so scheute auch Pardo davor zurück, das Leben israelischer Agenten durch Tötungen in Ziel-Ländern aufs Spiel zu setzen, vor allem in Städten, die so gefährlich waren wie Teheran. Alle Anschläge auf iranischem Boden wurden von Mitgliedern der oppositionellen Untergrundbewegungen des Landes beziehungsweise von Angehörigen der (kurdischen, belutschischen und aserbaidschanischen) ethnischen Minderheiten verübt, die dem iranischen Regime feindlich gegenüberstanden.

Die gezielten Tötungen zeigten Wirkung. Informationen, die den Mossad erreichten, deuteten darauf hin, dass die Morde zu »weißer Abtrünnigkeit« führten – das heißt, dass die iranischen Wissenschaftler so sehr Angst um ihr Leben hatten, dass viele von ihnen darum baten, zu zivilen Projekten versetzt zu werden. »Eine Organisation kann einen Wissenschaftler nicht zwingen, an einem Projekt zu arbeiten, wenn er nicht will«, so Dagan.[20]

Um die Ängste der Wissenschaftler noch zu vergrößern, suchte der Mossad nach Zielpersonen im Atomprogramm, die weniger hochrangig waren, deren Eliminierung aber unter möglichst vielen ihrer Kollegen derselben Ebene Furcht auslösen würde.[21] Am 12. Januar 2012 verließ Mostafa Ahmadi Roshan, ein Chemieingenieur der Urananreicherungsanlage in Natanz, sein Haus, um zu einem Labor in der Innenstadt von Teheran zu fahren. Einige Monate zuvor war in Medien auf der ganzen Welt ein Foto von ihm erschienen, das ihn als Begleiter des iranischen Präsidenten Mahmud Ahmadinedschad bei einer Tour durch Nuklearanlagen zeigte. Auch in diesem Fall fuhr ein Motorradfahrer an seinen Wagen heran und hinterließ eine Haftmine, die den Mann augenblicklich tötete.[22] Seine Frau, die neben ihm saß, blieb unverletzt, sah aber alles und erzählte seinen Kollegen entsetzt, was geschehen war.

Wissenschaftler zu ermorden, ganz gleich, woran sie arbeiten, ist nach amerikanischem Recht eine strafbare Handlung. Daher wussten die Vereinigten Staaten im Voraus nie von diesen Aktionen – wollten davon auch nicht wissen. Die Israelis erzählten den Amerikanern nie von ihren Plänen, »nicht einmal mit einem Augenzwinkern und einem Lächeln«, so Michael Hayden von der CIA. Hayden hatte allerdings keinen Zweifel, welche die effektivste Maßnahme war, um das iranische Atomprojekt zu stoppen: »Sie bestand darin, dass jemand die Wissenschaftler tötete.«

Bei der ersten Sitzung des Nationalen Sicherheitsrats der Vereinigten Staaten, an der Barack Obama 2009 als neuer Präsident teilnahm, fragte er den Direktor der CIA, wie viel spaltbares Material der Iran in Natanz gelagert habe.

Hayden antwortete: »Mr. President, ich kenne die Antwort auf diese Frage und werde sie Ihnen in einer Minute geben. Aber darf ich Sie bitten, die Sache aus einer anderen Perspektive zu betrachten? Also, in Natanz befindet sich kein Elektron oder Neutron, das jemals in einer Atombombe auftauchen wird. Was sie in Natanz wirklich herstellen, ist Wissen. Was sie in Natanz aufbauen, ist Selbstvertrauen, und irgendwann nehmen sie dieses Wissen und dieses Selbstvertrauen, gehen woandershin und reichern Uran an. Das Wissen, das sie dafür benötigen, Mr. President, ist in den Gehirnen der Wissenschaftler gespeichert.«

Hayden lässt keinen Zweifel daran, dass »Amerika mit diesem Programm [der gezielten Tötungen] nichts zu tun hat«: »Es ist illegal, und wir [die CIA] hätten so etwas niemals empfohlen oder verteidigt. Aber meine umfassende Beurteilung aus geheimdienstlicher Sicht sagt mir, dass der Tod jener Wissenschaftler erhebliche Auswirkungen auf das Atomprogramm des Landes hatte.«[23]

Das Ajatollah-Regime in Teheran hatte eine Atombombe haben wollen, um den Iran zu einer Regionalmacht zu machen und um das Land weiter in seiner Gewalt zu haben. Doch Aktionen der Israelis und der Amerikaner, vor allem Israels gezielte Tötungen und die Computervirusattacken der von der US-Regierung lancierten Operation »Olympische Spiele«, hatten die Fortschritte des Programms erheblich verlangsamt. Außerdem hatten internationale Sanktionen den Iran in eine schwere Wirtschaftskrise gestürzt, die das ganze Regime bedrohte.

Diese Sanktionen, vor allem die von der Obama-Administration verhängten (die unter anderem den Ausschluss des Iran vom internationalen Geldtransfersystem SWIFT beinhalteten), waren so hart, dass E.L., der Chef der Einheit Speer, im August 2012 glaubte, die iranische Wirtschaft würde Ende des Jahres bankrott sein, wenn er die Vereinigten Staaten überreden könnte, weitere wirtschaftliche Maßnahmen zu ergreifen. »Die Situation würde die Massen wieder auf die Straße treiben und wahrscheinlich das Regime ins Wanken bringen.«[24]

Das hielt Benjamin Netanjahu aber nicht davon ab, weiter Vorbereitungen für einen offenen militärischen Angriff auf den Iran zu treffen. Ob er jemals wirklich vorhatte, zur Tat zu schreiten, ist nicht ganz klar.

Sein Verteidigungsminister Ehud Barak sagte: »Wenn es nach mir gegangen wäre, hätte Israel angegriffen«, doch sind andere der Meinung, Netanjahu, der das letzte Wort hatte, habe nur Obama glauben machen wollen, dass er anzugreifen beabsichtige, um Obama zum Handeln zu zwingen: um ihn zu der Schlussfolgerung zu bringen, die Vereinigten Staaten würden unvermeidlich in den Krieg hineingezogen, sodass es für sie besser wäre, selber anzugreifen, um das Timing in der Hand zu haben.[25]

Die Obama-Administration befürchtete, ein israelischer Angriff würde den Ölpreis in die Höhe treiben und im Nahen Osten Chaos auslösen, was die Chancen des Präsidenten auf Wiederwahl im November 2012 verringern würde.[26] Die Administration glaubte auch, Israel werde wahrscheinlich bald angreifen, und beobachtete mit Sorge jeden Schritt, den das Land tat. Selbst turnusmäßige Manöver von Armee-Brigaden wurden zur Quelle der Befürchtung, dass ein israelischer Angriff auf den Iran bevorstehe. Im Januar traf sich Senatorin Dianne Feinstein mit Mossad-Direktor Pardo in ihrem Senatsbüro und forderte ihn auf, den Grund für Bewegungen von Israels 35. Brigade, die ein amerikanischer Satellit registriert hatte, zu nennen. Pardo wusste nichts von der Routineübung, warnte aber später Netanjahu, weiterer Druck auf die Vereinigten Staaten würde zu einer dramatischen Reaktion führen, und wahrscheinlich nicht zu der, die Netanjahu erhoffte. Pardo selbst glaubte, dass weitere zwei Jahre wirtschaftlichen und politischen Drucks den Iran wahrscheinlich dazu bringen würden, zu günstigen Bedingungen zu kapitulieren und sein Atomprojekt ganz aufzugeben.

Doch Netanjahu weigerte sich, ihn anzuhören. Er befahl ihm, mit den Anschlägen fortzufahren, und der Armee, sich weiter für einen Angriff vorzubereiten.

Im Dezember war der Mossad bereit, einen weiteren Wissenschaftler zu eliminieren, doch dazu kam es nicht, weil Obama, der eine israelische Aktion fürchtete, einen iranischen Vorschlag angenommen hatte, in Maskat, der Hauptstadt von Oman, geheime Verhandlungen zu führen. »Die Amerikaner haben uns von diesen Gesprächen nie erzählt, aber alles getan, um sicherzustellen, dass wir davon erfahren«, so eine Geheimdienstoffizierin des Mossad, die auf die Treffen in Maskat aufmerksam geworden war. Sie empfahl Pardo, den Anschlagsplan sofort fallen zu lassen. »Wir dürfen das nicht tun, wenn ein politischer Prozess im Gange ist«, sagte sie. Pardo stimmte ihr zu und bat Netanjahu um Erlaubnis, die ganze Anschlagskampagne für die Dauer der Gespräche auszusetzen.

Man kann davon ausgehen, dass der Iran an den Gesprächen, hätten sie zwei Jahre später begonnen, als sehr viel schwächerer Staat teilgenommen hätte. Aber auch das Abkommen, das geschlossen wurde, war eine iranische Kapitulation in Bezug auf eine Reihe von Forderungen, die die Ajatollahs jahrelang abgelehnt hatten.[27] Der Iran erklärte sich bereit, das Atomprojekt fast vollständig abzubrechen und sich für viele Jahre strengen Beschränkungen und penibler Überwachung zu unterwerfen.[28]

Für Dagan war das Abkommen ein doppelter Triumph: Seine Fünf-Fronten-Strategie gegen den Iran hatte viele ihrer Ziele erreicht. Außerdem hatte Netanjahu begriffen, dass ein Angriff zur Zeit von Gesprächen mit dem Iran ein nicht hinnehmbarer Schlag ins Gesicht der Amerikaner gewesen wäre. Er hatte den Angriff wieder und wieder hinausgeschoben und ihn, als das Abkommen unterzeichnet war, ganz abgeblasen, zumindest für die nahe Zukunft.

Aber Dagan war nicht zufrieden. Er war verbittert und frustriert über die Art und Weise, wie Netanjahu ihm gezeigt hatte, wo es langgeht, und er hatte nicht vor, das tatenlos hinzunehmen. Im Januar 2011, am letzten Tag seiner Amtszeit, lud er eine Reihe von Journalisten in die Mossad-Hauptquartiere ein und zog – ein beispielloser Schritt – zum Erstaunen der Presseleute zornig gegen den Ministerpräsidenten und den Verteidigungsminister vom Leder. Nach seiner Rede stand die oberste Militärzensorin, eine Brigadegeneralin, auf und erklärte, alles, was Dagan über israelische Pläne, den Iran anzugreifen, gesagt habe, sei streng geheim und dürfe nicht publik gemacht werden.

Als Dagan sah, dass die Militärzensorin die Veröffentlichung seiner Ausführungen untersagt hatte, wiederholte er sie einfach im Juni auf einer Konferenz der Universität von Tel Aviv vor Hunderten von Teilnehmern – er wusste, dass eine Person seines Formats nicht strafrechtlich verfolgt werden würde.[29]

Dagans Kritik an Netanjahu war schneidend und persönlich, sie entsprang aber auch einer tief greifenden Veränderung seiner Einstellung, die sich in seinen späteren Jahren als Direktor des Mossad vollzogen hatte und die sehr viel wichtiger war als sein erbitterter Streit mit dem Ministerpräsidenten über das iranische Atomprogramm.

Dagan hatte ebenso wie Scharon und die meisten ihrer Kollegen im Verteidigungsapparat und in den Geheimdienstkreisen Israels viele Jahre lang geglaubt, mit Gewalt lasse sich alles lösen; der richtige Weg, den israelisch-arabischen Konflikt anzugehen, bestehe darin, »den Araber von seinem Kopf zu trennen«. Aber das war ein Irrtum, und zwar ein gefährlich verbreiteter.

Während ihrer ganzen Geschichte haben der Mossad, der AMAN und der Schin Bet – vermutlich die beste Geheimdienstgemeinde der Welt – Israels Staatsführung früher oder später operative Antworten auf jedes eng umgrenzte Problem geliefert, das sie zu lösen gebeten worden waren. Doch hat der Erfolg der Geheimdienste bei den meisten führenden Politikern der Nation die Illusion genährt, verdeckte Operationen könnten ein strategisches, nicht nur taktisches Instrument sein und an die Stelle von Diplomatie treten, wenn es darum ging, die geografischen, ethnischen, religiösen und nationalen Konflikte zu lösen, in die Israel verstrickt war. Aufgrund der phänomenalen Erfolge der verdeckten Operationen Israels hat die Mehrheit seiner führenden Politiker in diesem Stadium seiner Geschichte die taktische Methode, Terror und existenzielle Bedrohungen zu bekämpfen, überhöht und für unantastbar erklärt auf Kosten von visionärem, staatsmännischem Handeln und dem echten Wunsch, eine politische Lösung zu erzielen, ohne die es keinen Frieden geben kann.

In vielerlei Hinsicht war die Geschichte von Israels Geheimdienstgemeinde, wie sie in diesem Buch erzählt wurde, eine lange Kette beeindruckender taktischer Erfolge, aber auch katastrophaler strategischer Fehlschläge.

Dagan und Scharon haben das gegen Ende ihres Lebens begriffen. Dagan kam zu dem Schluss, dass nur eine politische Lösung im Einvernehmen mit den Palästinensern – die Zwei-Staaten-Lösung – den 150 Jahre alten Konflikt beenden könne, während das Ergebnis von Netanjahus Politik ein binationaler Staat mit gleich vielen Arabern und Juden wäre, der die Gefahr ständiger Unterdrückung und innerer Zerrissenheit in sich trüge und das Ende des zionistischen Traums von einem demokratischen jüdischen Staat mit großer jüdischer Mehrheit bedeutete. Dagan fürchtete, der aufgrund der Besatzung geforderte wirtschaftliche und kulturelle Boykott Israels würde bittere Wirklichkeit werden, »genauso wie der Boykott, der gegen Südafrika verhängt wurde«. Vor allem aber machten ihm die innere Spaltung in Israel und die Bedrohung von Demokratie und Grundrechten Sorgen.

Vor den Wahlen vom März 2015 rief er auf einer Kundgebung im Zentrum von Tel Aviv dazu auf, Netanjahu abzuwählen, und richtete sich an den Ministerpräsidenten persönlich: »Wie können Sie verantwortlich für unser Schicksal sein, wenn Sie so große Angst haben, Verantwortung zu übernehmen?« Und weiter: »Warum möchte ein Mann, dass ihm die politische Führung übertragen wird, wenn er nicht führen will? Wie kam es dazu, dass dieses Land, das um ein Vielfaches stärker ist als alle anderen Länder in der Region, nicht fähig ist, einen strategischen Schachzug zu machen, der unsere Situation verbessern würde? Die Antwort ist einfach: Wir haben einen Staatsführer, der nur einen Kampf bestritten hat – den Kampf um sein politisches Überleben. Um dieses Krieges willen hat er uns dazu verdammt, ein binationaler Staat zu werden. Das ist das Ende des zionistischen Traums.«

Dagan rief seinem Zehntausende zählenden Publikum zu: »Ich will keinen binationalen Staat. Ich will keinen Apartheidstaat. Ich will keine Herrschaft über drei Millionen Araber. Ich will nicht, dass wir Geiseln von Angst, Verzweiflung und Stillstand sind. Ich glaube, dass für uns die Stunde gekommen ist, aufzuwachen, und ich hoffe, dass die israelischen Bürger aufhören werden, Geiseln der Ängste und Sorgen zu sein, die uns morgens und abends quälen.«

Mit Tränen in den Augen und unübersehbaren Symptomen seiner Krebserkrankung beendete er seine Rede und sagte: »Dies ist die größte Führungskrise in der Geschichte des Staates. Wir haben eine Führung verdient, die eine neue Reihenfolge der Prioritäten definieren wird. Eine Führung, die dem Volk dienen wird, statt sich selbst.«

Doch seine Bemühungen waren umsonst. Trotz der Bewunderung, die ihm als letztem israelischen Meisterspion zuteilwurde, stieß Dagans Rede auf taube Ohren – ebenso wie die Vielzahl von Rufen anderer ehemaliger Chefs des Geheimdienst- und des Militärapparats nach einem Kompromiss mit den Palästinensern und nach anderen Korrekturen in Israels Beziehungen zur Außenwelt.

Es gab Zeiten, in denen die Worte der Generäle den meisten Israelis als sakrosankt galten. Die Kampagnen der Militärs gegen Netanjahu haben es jedoch bisher nicht vermocht, ihn zu stürzen, und es gibt Leute, die sagen, sie hätten ihn sogar gestärkt. Israel hat sich in den letzten Jahrzehnten dramatisch verändert: Die alten Eliten, einschließlich der Generalität, haben an Einfluss auf die öffentliche Agenda verloren. Neue Eliten – Juden aus arabischen Ländern, die Orthodoxen, die Rechten – sind im Kommen.[30] »Ich dachte, ich könnte etwas bewirken, könnte überzeugen«, sagte Dagan mir traurig in unserem letzten Telefonat, ein paar Wochen vor seinem Tod Mitte März 2016. »Ich wurde überrascht und enttäuscht.«

Die Kluft zwischen den kampfesmüden Generälen, die einst »ein Messer zwischen den Zähnen« hatten, aber später begriffen, dass Gewalt an Grenzen stößt, und der Mehrheit der Menschen in Israel ist die traurige Wirklichkeit, in der das Leben Meir Dagans zu Ende ging.

Dank

Im Lauf der siebeneinhalb Jahre, in denen ich an dem vorliegenden Buch gearbeitet habe, hatte ich das große Glück und die Ehre, einer Reihe faszinierender, kluger und freundlicher Menschen zu begegnen, die mich auf meinem ganzen Weg unterstützten und mir mit Rat und Tat zur Seite standen.

Zu großem Dank bin ich Joel Lovell und Andy Ward verpflichtet, die mir am 11. März 2010 die E-Mail schickten, mit der alles begann. Sie fragten mich damals, ob ich nicht ein Buch über den Mossad schreiben möchte. Schachar Alterman, ein enger Freund und zugleich Redakteur meiner hebräischen Bücher, schlug daraufhin vor, dass wir uns auf die Geschichte der Mordanschläge und gezielten Tötungen durch Israel beschränken. Joel wurde Chefredakteur beim *New York Times Magazine*, wo ich eng mit ihm zusammengearbeitet habe. Er ist ein Mann, der sich Manuskripte vornimmt und so sauber glättet und spannt wie die Laken eines frisch bezogenen Betts in einem erstklassigen Hotel, um ein Bild zu übernehmen, das einst David Remnick verwendete. Andy Ward hingegen ließ weder mich noch mein im Entstehen befindliches Buch im Stich, selbst als er Cheflektor bei Random House wurde und die ersten Fristen gesetzt wurden – und verstrichen. Auf seine stille, zuversichtliche und entschiedene Art leitete Andy das Projekt bis zum Schluss.

Ferner möchte ich auch den anderen Mitgliedern des Teams von Random House für ihr großes Engagement und ihre Unterstützung danken, vor allem Sean Flynn für die Redaktion des ersten Entwurfs und Samuel Nicholson für seine Arbeit am endgültigen Manuskript. Sie sind beide Paradebeispiele für die seltene Gattung guter Lektoren, die unzählige Male genau das, was ich sagen wollte, in viel besseren Worten als ich formulierten.

Ganz besonders möchte ich meinem Agenten in den Vereinigten Staaten Raphael (»Rafe«) Sagalyn danken, der jede Phase meiner Arbeit aufmerksam und gewissenhaft überwachte, fast wie ein Vater, der sich um ein schwieriges Kind mit ernsten disziplinarischen Problemen kümmert. Wann immer es nötig war, gelang es ihm, mich wieder auf Kurs zu bringen und alle jene zu beruhigen, die ich mit verstrichenen Fristen und endlosen Abweichungen von der ursprünglich vereinbarten Länge verärgerte.

Vier Menschen haben während beträchtlicher Zeiträume, die ich mit dem Buch verbrachte, sehr eng mit mir zusammengearbeitet:

Ronnie Hope war weit mehr als ein tüchtiger Übersetzer aus dem Hebräischen. Er war auch ein Freund und Kollege, dessen Rat zu Aufbau, Form und Inhalt unschätzbar wertvoll war. Er mühte sich mit unermüdlicher Hingabe an den unzähligen Rohfassungen des Buches ab, häufig zu grausamen und ungewöhnlichen Tages- und Nachtzeiten. Ronnie muss ich auch für seine Anregung zum Buchtitel danken.

Der Takt und die Weisheit von Yael Sass, der Projektleiterin des Buches in Israel, waren einzigartig. Die Anmerkungen und die Bibliografie waren eine Plackerei, um die man niemanden beneidet, aber Yael widmete sich der Aufgabe mit Gelassenheit und großem Geschick, und sie sorgte für die ruhige, angenehme und geschäftsmäßige Atmosphäre, die es mir ermöglichte, meine Arbeit zu beenden.

Dr. Nadav Kedem diente als Überprüfer der Fakten und akademischer Berater. In einem Buch, das so voller geheimer Details steckt wie dieses, ist es so gut wie unmöglich, den Zustand der Fehlerlosigkeit zu erreichen, aber die Arbeit, die Nadav und die Random-House-Redakteure Will Palmer und Emily DeHuff leisteten, haben es so frei von Fehlern wie nur irgend möglich gemacht.

Adi Engels außergewöhnlich kluger Verstand, sein großes Wissen, seine originelle Denkweise und Vision waren für den Aufbau des Buches von unschätzbarem Wert. Ich bin überzeugt, dass Adis kompromissloses Engagement für die Menschenrechte die Seiten dieses Buches durchdringt.

Für diese vier Menschen empfinde ich eine tiefe Dankbarkeit – ihr Einfluss auf das Buch kann nicht überbewertet werden.

Kim Cooper und Adam Vital unterstützten mich bei meinen ersten

Bemühungen, in den Vereinigten Staaten zu arbeiten. Dank ihrer hervorragenden Ratschläge und ihres frühen Vertrauens in das Projekt hatten sie großen Anteil am Zustandekommen des Endprodukts. Richard Pelpler hat meine Arbeit an dem Buch unterstützt und mir das so sehr wichtige Wort auf Jiddisch beigebracht, genau zur richtigen Zeit. Herzlichen Dank auch an die außerordentlich fachkundigen und klugen Dan Margalit und Ehud (»Udi«) Eiran dafür, dass sie das Manuskript lasen und mir wertvolle Erkenntnisse mitteilten; an Dr. Chen Kugel für seine Hilfe bei der Entzifferung der Schrift von Professor Otto Prokop (der an Wadi Haddad eine Autopsie durchführte); und an Vanessa Schlesier, die uns beiden bei der Übertragung aus dem Deutschen half und mir auch bei der Rekonstruktion des Anschlags auf Chalid Maschal in Amman zur Seite stand. An dieser Stelle möchte ich auch dem Leibarzt der jordanischen Königsfamilie Dr. Sami Rababa für seine Unterstützung in Jordanien danken.

Eine ganze Reihe von Journalisten, Historikern und Fotografen waren mir gegenüber außerordentlich kollegial und halfen mir mit Ratschlägen und mit Archivmaterial: Ilana Dajan, Itai Vered, Jarin Kimor, Joram Meital, Schlomo Nakdimon, Dov Alfon, Klaus Wiegrefe, Zeev Drori, Motti Golani, Benny Morris, Nir Mann, Schachar Bar-On, Joav Gelber, Ehud Jaari, Ziv Koren, Alex Levac und der verstorbene Aharon Klein. Dank gebührt auch Tal Miller und Lior Jaakovi für ihre Recherchen in der Anfangsphase und Chaim Watzman, Ira Moskowitz und Deborah Cher für Übersetzung und Redaktion in dieser Zeit. An dieser Stelle möchte ich die langjährige Unterstützung durch und Freundschaft mit Eran Zmora, Yoram Roz und Shmuel Rosner erwähnen, den Inhabern und dem Cheflektor des Verlags Kinneret-Zmora-Bittan, bei dem meine Bücher in Israel erscheinen.

Die Anwälte Eitan Maoz, Jack Chen und Dvorah Chen gaben mir gute und wichtige Ratschläge zu verschiedenen juristischen Fragen.

Aufgrund meiner Reisen auf der Suche nach Informationen über geheime israelische Operationen habe ich nunmehr die angenehme Pflicht, unzähligen Menschen auf der ganzen Welt zu danken: Gunther Latsch für seine Durchsicht der Stasi-Akten; Robert Baer und dem verstorbenen Stanley Bedlington dafür, dass sie mir halfen, die Winkelzüge der CIA besser zu verstehen; Crispin Thorold und Marianne El Hajj vom Sondergerichtshof in Den Haag zum Mord an Rafik Hariri für das verblüffende Material über die Todesschwadronen der Hisbollah; dem Fallschirmspringerbataillon 202 der Israelischen Verteidigungsstreitkräfte dafür, dass es uns gegen Versuche der Hamas schützte, das Haus in der Kasba von Nablus zu sprengen, in dem wir uns aufhielten; Aql al-Haschem, der uns aus einem Schusswechsel im Südlibanon rettete (und der sicher war, dass Kugeln ihm nichts anhaben könnten, bis er von einer Sprengfalle der Hisbollah getötet wurde); dem argentinischen Sonderankläger, dem verstorbenen Alberto Nisman, der mir erlaubte, sein Ringen um die Wahrheit über die Sprengung des jüdischen Zentrums in Buenos Aires zu verfolgen, ohne zu wissen, dass er das nächste Opfer des Vorfalls sein würde; »J.«, der mich in die Drei-Fronten-Zone bei Ciudad del Este begleitete und darauf bestand, dass wir sofort die Moschee des Cousins des Hisbollah-Generalsekretärs verlassen; Calder Walton, der mir seine bahnbrechende Forschungsarbeit zur britischen Aufklärung und den jüdischen Milizen im Untergrund unter dem Mandat Palästina zur Verfügung stellte; meinem Mentor an der Universität Cambridge Professor Christopher Andrew für seine Anleitungen zu den KGB-Dokumenten im Mitrochin-Archiv, die er als Erster enthüllt hatte; sowie »Ethan«, »Iftach« und »Advantage«, die mir unzählige Ratschläge und Hinweise gaben und mir halfen, das feine Netz an Kontakten zu knüpfen, das die Basis für einen großen Teil der Informationen war, die in diesem Buch auftauchen.

Ganz besonders herzlich möchte ich meinem Freund und Kollegen Holger Stark danken, für seine Unterstützung gegenüber den deutschen Nachrichtendiensten und dem Verteidigungsestablishment sowie für die Hilfe, gemeinsamen Projekte, für die Freundschaft und unzähligen Geheimnisse, die wir miteinander teilten und keinem anderen anvertrauten. Meine Agentin in Deutschland Hanna Leitgeb und der Journalist Georg Mascolo trugen erheblich zur Veröffentlichung der deutschen Übersetzung des Buches durch die Deutsche Verlags-Anstalt/DER SPIEGEL bei. Herzlichen Dank ihnen beiden sowie allen Mitarbeitern bei der Deutschen Verlags-Anstalt, insbesondere Julia Hoffmann und Karen Guddas.

Der Zen-Gelehrte Professor Jacob Raz, ein wirklich erleuchteter

Mensch, versuchte, mir die Kunst der Kürze beizubringen. Der Umfang des Buches mit nur der Hälfte des ursprünglichen Manuskripts ist der Beweis dafür, dass es ihm zumindest teilweise gelungen ist.

Schließlich danke ich meinen Interviewpartnern und Quellen für die Zeit, die Mühe, die Bereitschaft und – in manchen Fällen – die großen Risiken, die sie auf sich nahmen. Das schließt auch jene ein, die ich scharf kritisiert habe und bei deren Schilderung ihrer Taten mir das Blut in den Adern gerann. Sie alle enthüllten mir ihre Erinnerungen und öffneten mir das Herz, sodass ich das unvermeidliche, gewaltsame und gelegentlich unversöhnliche Aufeinanderprallen zwischen dem Bedürfnis einer Nation, sich zu verteidigen, und den grundlegenden Prinzipien der Demokratie und Moral erkannte und den Lesern schildern konnte.

Die besten Teile des Buches sind all den oben genannten Personen zu verdanken. Die verbliebenen Fehler stammen ausnahmslos von mir und nehme ich auf mich.

Anmerkungen

VORBEMERKUNG ZU DEN QUELLEN

1. Das Archiv der israelischen Armee und des Verteidigungsministeriums (das auch das Archiv des AMAN enthält) gewährte Zugang nur zu einigen wenigen Akten und darin nur zu Materialien, die aus öffentlichen Medien stammten, also nicht zu relevanten Originaldokumenten. Der Schin Bet war nur bereit, eine Reihe von Aufstellungen über Terroranschläge sowie Informationen über einige Terroristen zu schicken; Fakten preiszugeben, die seine eigenen Aktionen betrafen, weigerte er sich. Der Mossad unterhält keinerlei Beziehungen zu den Medien, und Bemühungen um die Kooperation von Caesarea, der Mossad-Abteilung für Sondereinsätze, schlugen fehl. J., der Historiker der Einheit, antwortete mir auf meine Bitte um ein Interview: »Selbst wenn ich die letzte Person des Geheimdienstapparates wäre, die noch nicht zu Ihnen gepilgert ist, würde ich auf keinen Fall mit Ihnen kooperieren. Ich verachte den, der Ihnen meine Telefonnummer gegeben hat, wie ich auch Sie verachte.« (SMS von J. an den Autor vom 15. August 2015).
2. Supreme Court HCOJ [Bagatz] 4801/07, *Dr. Ronen Bergman and Yedioth Aharonoth v. the Prime Minister's Office, the Defense Ministry Director General, the Mossad and Director of the Mossad, the Shin Bet and Director of the Shin Bet, and the Atomic Energy Commission.*
3. Die Recherchen führten zur Aufdeckung von Spionageaktivitäten von Personen, die dem Generalstabschef nahestanden, gegen Verteidigungsminister Ehud Barak. Ich habe diese Aktivitäten später in meinem gemeinsam mit dem Journalisten Dan Margalit verfassten Buch *Die Grube* (hebräisch) beschrieben. Uri Misgav, »Ex-CoS Gaby Ashkenazi Pressed the Shin Bet to Open an Investigation Against a Journalist«, in: *Haaretz*, 29. November 2013; Richard Silverstein, »IDF Chief Threatened Journalist with Espionage for Exposing Rampant Military Corruption«, in: *Tikun Olam*, 20. Dezember 2013, https://www.richardsilverstein.com/2013/12/20/idf-chief-threatened-journalist-with-espionage-for-exposing-rampant-military-corruption/.
4. Die meisten Interviews wurden nach Beginn der Arbeit an dem Buch (2010) geführt, die übrigen als Teil von Recherchen für andere Projekte in den beiden Jahrzehnten davor.

Anmerkungen

Prolog

1. Interview mit Meir Dagan, 29. Mai 2013.
2. Aufgrund meiner veröffentlichten Berichte brachte Dagan Ministerpräsident Ehud Olmert dazu, eine umfassende Überwachung durch den Schin Bet anzuordnen, um die Sicherheitslücke zu finden. Dazu wurden auch die Telefonanschlüsse zahlreicher führender Mossad-Leute abgehört. Im Gefolge dieser Untersuchung feuerte Dagan seinen damaligen Stellvertreter, den er der Informationsweitergabe bezichtigte. Der Beschuldigte stritt dies freilich vehement ab. (Ronen Bergman, »Dismissal at Mossad's High Command«, in: *Yedioth Ahronoth*, 10. Juli 2007.)
3. Interview mit »Eldy« (Juni 2014) und »Nietzsche« (Juli 2007).
4. Diese Zahlen beziehen sich auf sämtliche Attentatsmissionen, über die während der Arbeit an diesem Buch Informationen gesammelt werden konnten. Die meisten davon sind darin aufgeführt. Die exakten Zahlen zu berechnen ist jedoch äußerst schwierig, da die Operationsziele bisweilen gemischter Natur sind – und sowohl feindliche Büros und Gebäude als auch bestimmte Personen umfassen. Die hier genannte Zahl umfasst die Aktionen der »Front zur Befreiung des Libanon von Ausländern«, einer Terrororganisation, die Israel von 1980 bis 1983 im Libanon unterhielt und die auch selbst viele Anschläge auf PLO-Mitglieder und palästinensische Zivilisten verübte, ebenso wie die erfolglosen Versuche der »Operation Salzfisch«, Arafat zu töten, was vielen Zivilisten das Leben kostete. Ein Großteil des Materials lagert unter Verschluss in den Safes der Geheimdienste, sodass die Schätzung hier eher konservativ ausfällt. Die tatsächlichen Zahlen sind vermutlich bedeutend höher.
5. Quellen im Schin Bet sagen, dass zur Zeit der zweiten Intifada auf jede erfolgreiche Attentatsmission fünf Fehlschläge auf dasselbe Ziel kamen. Manche wurden abgebrochen, bevor man das Feuer eröffnete, andere misslangen, weil im Zielgebiet Zivilisten entdeckt wurden, in anderen Fällen verfehlte man schlicht das Ziel. Während der »Operation Raubvögel«, mit der 2008 die Feindseligkeiten zwischen Israel und der Hamas im Gazastreifen begannen, weil man dort die Strategie »shock and awe« anzuwenden versuchte, kam es zu über 1000 Bombenmissionen, von denen einige gegen Personen, andere gegen Gebäude und Lagereinrichtungen gerichtet waren. Interviews mit Ehud Barak, 1. Juli 2013, Joaw Galant, 1. Juni 2011, und »Amazonas«, Juni 2017.
6. Tim Weiner, der Historiker der CIA, behauptete (in einem Interview mit dem Autor am 12. Juni 2016), vor dem 11. September sei kein Attentatsversuch der CIA erfolgreich gewesen (vorwiegend auf Führer wie Fidel Castro in Kuba). Darunter fallen nicht die Attentate und Attentatsversuche, in die die Agentur über Erfüllungsgehilfen verstrickt war und deren Zahl sehr schwer einzuschätzen ist. Im Gefolge der Überprüfung der CIA-Aktivitäten durch verschiedene Untersuchungskommissionen gaben die Präsidenten Ford und Carter eine Reihe von Direktiven aus, die es den Geheimdiensten untersagten, Attentate durchzuführen. Diese Operationen wurden erst nach dem 11. September wieder aufgenom-

men, vorwiegend durch Drohnen in Pakistan, Afghanistan, Somalia und dem Jemen. Obige Zahlen stammen von der in D. C. ansässigen Denkfabrik. New America. https://www.newamerica.org/in-depth/americas-counterterrorism-wars/pakistan/.

1 In Blut und Feuer

1. Interviews mit David Schomron, 26. Mai 2011, und Jitzchak Schamir, Januar 1997.
2. Harouvi, *Palestine Investigated*, S. 230 (hebräisch).
3. Interview mit Jitzchak Schamir, Januar 1997.
4. Harouvi, *Palestine Investigated*, S. 191 (hebräisch); Banai, *Anonyme Soldaten*, S. 243 (hebräisch). Aus Angst vor einem Attentat wurde Morton in der britischen Kolonie Trinidad stationiert, doch die Lechi versuchte auch dort, ihn umzubringen. Yahav, *Sein Blut sei auf seinem Haupt: Morde und Hinrichtungen in der Ära der Jischuw, 1917–1948*, S. 286 (hebräisch).
5. Harouvi, *Palestine Investigated*, S. 235 (hebräisch).
6. Interview mit David Schomron, 26. Mai 2011.
7. Ben-Tor, *Das Lechi-Lexikon*, S. 119 f. (hebräisch).
8. Interview mit David Schomron, 26. Mai 2011.
9. Hinsichtlich des Datums dieser historischen Zusammenkunft herrscht keine endgültige Klarheit. Die meisten hebräischen Quellen geben den 29. September an, wohingegen englische Quellen meist den 28. September nennen. Alle Quellen besagen, es sei am Vorabend des Feiertages Simhat Torah im Jahre 1907 gewesen, doch dieser lag auf dem 30. September.
10. Uneinigkeit besteht auch über die Anzahl der Teilnehmer. Die meisten Quellen sagen acht, manche hingegen zehn. Es mag sein, dass mancher sich nachträglich mit diesem historischen Ereignis in Verbindung bringen wollte.
11. Tsoref (Hg.), *Itzchak Ben-Zvi, der zweite Präsident: Ausgewählte Dokumente (1884–1963)*, S. 15 f. (hebräisch).
12. Mitte der 1870er-Jahre war es keine Seltenheit mehr, dass sich auch Juden revolutionären Bewegungen anschlossen. Vital, *A People Apart: A Political History of the Jews in Europe 1789–1939*, S. 400–415.
13. Besonders eifrig war Manja Schochat, eine Frau, die sich kurze Zeit später der Gruppe anschloss. Sie hatte bereits an einigen Terroraktionen in Russland teilgenommen und zu Hause bei sich in Odessa Waffen versteckt. Als ein Schüler aus Versehen das Depot sah, zögerte Schochat nicht. Sie zog eine Miniaturpistole mit Schalldämpfer und erschoss ihn. Darauf trennte sie gemeinsam mit einem Freund die Beine vom Rumpf, damit dieser in eine Kiste passte, die sie dann an eine erfundene Adresse schickten. Lazar, *Six Singular Individuals*, S. 52 f.
14. Yahav, *Sein Blut sei auf seinem Haupt*, S. 40 (hebräisch).
15. Ebd., S. 33–39.
16. Es stellte sich später heraus, dass Manja Schochat, eine Gründerin der Haschomer, die die Attentäter geschickt hatte, ihre Entscheidung auf Fehlinformationen gegründet hatte. Dalia Karpel, »The Untold Story About

the Wrong Arab, Who Got Assassinated by Mania Shochat«, in: *Haaretz*, 5. Juni 2009; Yahav, *Sein Blut sei auf seinem Haupt*, S. 41 (hebräisch); Lazar, *Six Singular Individuals*, S. 78–93.

17. Nakdimon, *De-Han: The First Political Murder*, S. 171–182; Interview mit Schlomo Nakdimon, 18. Februar 2015; E-Mail von Schlomo Nakdimon, 29. Mai 2017.
18. Jisrael Galili, Zeugenaussage, Yad Tabenkin Archive (YTA), 5/7/1–2–15.
19. Wie jede Widerstandsbewegung waren auch die zionistischen Zellen ständig von Infiltration und Aufdeckung bedroht. Jüdische Informanten, überführt oder auch nur verdächtigt, wurden daher rasch eliminiert – 26 von der Irgun und 29 von der Lechi. Ben Gurion selbst stimmte der Beseitigung zahlreicher jüdischer Informanten durch die Haganah zu und achtete darauf, dass die Tötungen an die breite Öffentlichkeit kamen, um andere von solchem Tun abzuhalten. (Gelber, *Eine aufkeimende Lilie*, S. 553 [hebräisch]. Die Zahlen beruhen auf Nachforschungen des Journalisten Schlomo Nakdimon.)
20. Ronen Bergman, »The Scorpion File«, in: *Yedioth Ahronoth*, 30. März 2007.
21. Interview mit Mordechai Gichon, 7. Mai 2010.
22. Die Berichte der Brigade-Mitglieder (darunter Gichon) an die Haganah und die Jischuw-Führung in Palästina waren die ersten Informationen über das Ausmaß der Vernichtung der Juden Europas, erst aus Italien und Österreich, im Oktober dann auch aus Polen und den Todeslagern selbst. The Jewish Brigade, *Mission to Locate Relatives of Soldiers*, Tagebuch von Pinhas Loebling, Oktober 1956, in der Sammlung des Jewish Legion Museum, Museumseinheit des Verteidigungsministeriums.
23. Interview mit Hanoch Bartow, 6. Juni 2010.
24. Selbst die Führung der extrem linken Bewegung Haschomer Hazair wusste von den Racheaktionen und gab heimlich ihre Zustimmung. Halamish, *Meir Yaari*, S. 283 (hebräisch).
25. Eine andere Rache-Initiative wurde von einer Gruppe Juden gegründet, die als Partisanen gegen die Deutschen gekämpft hatten, unter dem Kommando von Abba Kovner. Sie wollten Wasserspeicher vergiften und so sechs Millionen Deutsche töten. Später änderten sie ihren Plan und versuchten, deutsche Kriegsgefangene zu töten, indem sie deren Brot vergifteten. Wissenschaftler im Jischuw versorgten sie mit Arsen, doch ist bis zum heutigen Tag nicht bekannt, was die Führung in Palästina von diesem Plan wusste. Partisanen behaupten, es sei ihnen gelungen, Hunderte von Deutschen zu töten, das amerikanische Militär hingegen, dem das Lager unterstand, spricht nur von einigen Dutzend Personen mit schweren Magenvergiftungen. Interview mit Dina Porat, Oktober 2014. Porat, *Beyond the Corporeal: The Life and Times of Abba Kovner*, S. 224–248; Bar-Zohar, *The Avengers*, S. 40–47.
26. Zeugenaussage von Kalman Kit, HHA, 48.42.
27. Interview mit Mordechai Gichon, 7. Mai 2010.
28. Aussage von Dov Gur, HHA, 12.36; Gelber, *Jewish Palestinian Volunteering in the British Army*, S. 307 f.
29. Aussagen in der Reihe *The Avengers*, Regie Jarin Kimor, ausgestrahlt in Israel auf Channel 1 TV im Jahre 2015. Transkript der Aussagen im

Archiv des Autors, mit Genehmigung von Jarin Kimor.

30. Aussage von Jisrael Karmi, HHA, 51.4.
31. Interview mit Mordechai Gichon, 7. Mai 2010; Tagebuch des Geheimdienstoffiziers des Ersten Bataillons der Brigade (Archiv des Autors, erhalten von Gichon).
32. Um ihre nächtlichen Aktivitäten zu verbergen, verwendeten die Rächer, die tagsüber als gewöhnliche Soldaten der britischen Armee auftraten, eine imaginäre Einheit, die TTG Company, als Tarnung. Diesen Namen verwendeten sie auf den Papieren, die sie den Wachen an den Straßensperren vorlegten, welche sie auf dem Weg zu ihren Aktionen (sowie beim Waffenschmuggel und Transport von Holocaust-Überlebenden) passierten. Die Buchstaben der Einheit TTG, die die britischen Wachposten für eine streng geheime Einheit hielten, so geheim, dass niemand je von ihr gehört hatte, standen tatsächlich für *tilhas tizi gesheftn*, eine Kombination aus Jiddisch und Arabisch, die »Leck-mich-am-Arsch-Angelegenheit« bedeutet. Eldar, *Soldiers of the Shadows*, S. 12, 17.
33. Aussage von Schalom Giladi, HAA, Nr. 150.004.
34. Bar-Zohar, *Avengers*, S. 37.
35. Interview mit Joav Gelber, 16. Mai 2011; Naor, *Laskov*, S. 141 ff. Veteranen der Gmul räumen nur einen einzigen Fehler ein: Im Juni 1945 waren sie sicher, den SS-Offizier Adolf Eichmann ausfindig gemacht und getötet zu haben, der für die millionenfachen Todestransporte von Juden verantwortlich gewesen war. Erst Jahre später erkannten sie, dass sie einen Fehler begangen hatten, als Israel erfuhr, dass Eichmann am Leben war.
36. Gelber, *Eine Lilie hegen und pflegen*, S. 457 ff. (hebräisch)
37. Mann, *Sarona: Jahre des Kampfes, 1939–1948*, S. 111 ff. (hebräisch).
38. David Giladi, »With the Son of Wagner from Sarona, and with the Guest from the Monastery in Budapest«, in: *Yedioth Ahronoth*, 29. März 1946; »The ›Palestinians‹ Were Supervising the Extermination«, in: *Yedioth Ahronoth*, 31. März 1946.
39. Interview mit Rafi Eitan, 24. Januar 2013.
40. »German Shot Dead«, in: *Palestine Post*, 24. März 1946; Mann, *Sarona*, S. 111 ff. (hebräisch).
41. Yahav, *Sein Blut sei auf seinem Haupt*, S. 96 (hebräisch).
42. Mann, *Sarona*, S. 124 (hebräisch).
43. Sauer, *The Story of the Temple Society*, S. 260; Interview mit Rafi Eitan, 24. Januar 2013.
44. Im Rahmen des Wiedergutmachungsabkommens für den Holocaust und den Zweiten Weltkrieg zwischen Westdeutschland und Israel willigte der Staat Israel später ein, die Templer für ihre in Palästina zurückgelassenen Besitztümer zu entschädigen. Mann, *Die Kirja in Tel Aviv, 1948–1955*, S. 29 f. (hebräisch).
45. Ein Beispiel: Als in einem Café in Tel Aviv am 10. August 1947 vier Juden getötet und sieben verletzt wurden, wurde eine Haganah-Einheit entsandt, um den als Kommandeur der Aktion identifizierten Mann zu töten. Zu Hause trafen sie ihn nicht an, töteten jedoch vier Passanten, die wegzulaufen versuchten. Yahav, *Sein Blut sei auf seinem Haupt*, S. 91 (hebräisch).
46. Ebd., S. 97.
47. Ebd., S. 25; Banai, *Anonymous Soldiers*, S. 243; Frank, *Deed*, S. 20 f. (hebräisch).
48. Ben-Tor, *Das Lechi-Lexikon*, S. 198 ff. (hebräisch); Yalin-Mor, *Lohamey Herut Israel*, S. 210 ff. (hebräisch).

49. Interview mit Jitzchak Schamir, Januar 1997; Michael J. Cohen, »The Moyne Assassination, November 1944: A Political Assessment«, in: *Middle Eastern Studies, Bd.* 15, Nr. 3 (1979), S. 358–373.
50. Porath, *In Search of Arab Unity, 1930–1945*, S. 134–148; Wasserstein, *The Assassination of Lord Moyne*, S. 72–83.
51. Arnaldo Cortesi, »Rome Hunts Clues in Embassy Blast«, in: *New York Times*, 1. November 1946.
52. »Stern-Gruppe«, s.111z: Alex Kellar an Trafford Smith, Kolonialamt (16. August 1946), James Robertson an Leonard Burt, Sondereinheit (26. August 1946), NA KV5/30.
53. »Appreciations of the Security Problems Arising from Jewish Terrorism, Jewish Illegal Immigration, and Arab Activities«, 28. August 1946, UK NA KV3/41; Interview mit Paul Kedar, 15. Juni 2011; »Activities of the Stern Group«, James Robertson an Trafford Smith, Kolonialamt (5. Februar 1946), UK NA FO 371/52584; Walton, *Empire of Secrets*, S. 78 ff.
54. Interview mit David Schomron, 26. Mai 2011.

2 Eine geheime Welt entsteht

1. *Davar*, 1. Dezember 1947; Interview mit Yoav Gelber, 16. Mai 2011.
2. Gelber, *Independence Versus Nakbah*, S. 119.
3. Die Zahl 500 stammt aus: Bird, *The Good Spy*, S. 87.
4. Danin, *Für immer Zionist*, S. 222 ff. (hebräisch).
5. Das Gift, das bei der »Operation Atlas« verwendet werden sollte, war Arsenoxid. Den vom britischen Geheimdienst scharf verhörten Teilnehmern zufolge war das Ziel, den gemeinsamen Feinden von Palästinensern und Nazis – Juden, Briten und Amerikanern – »maximalen Schaden zuzufügen« (UK NA KV2/455).
6. Yahav, *Sein Blut sei auf seinem Haupt*, S. 94 (hebräisch); Gelber, *Eine Lilie hegen und pflehen*, S. 653 (hebräisch).
7. Pedahzur, *The Israeli Secret Services*, S. 18; Harel, *Sicherheit und Demokratie*, S. 94 (hebräisch).
8. Salameh wurde am 31. Mai 1948 durch ein Mörsergeschoss verwundet, in der Schlacht um Rosch haAjin, die Quellen nordöstlich von Tel Aviv, durch die die Stadt mit Trinkwasser versorgt wird. Er starb zwei Tage darauf. Der Mufti Haj Amin al-Husseini überlebte sämtliche Angriffe und starb 1974 in Beirut eines natürlichen Todes (Gelber, *Israeli-Jordanian Dialogue, 1948–1953: Cooperation, Conspiracy, or Collusion?*, S. 119).
9. Interview mit Avraham Dar, 18. April 2012.
10. Dror, *Der »Araber« der Palmach*, S. 56 ff. (hebräisch).
11. HHA, Aussage von Joseph Tabenkin, 199.6.
12. HHA 100.100.61; Eldar, *Flotilla 13: The Story of Israel's Naval Commando*, S. 107 f.; Yahav, *Sein Blut sei auf seinem Haupt*, S. 95 (hebräisch).
13. Nicht alle Aktionen des Arabischen Zuges waren erfolgreich. Manche seiner Mitglieder wurden gefangen und hingerichtet. Ein solcher Fehlschlag war der Versuch, durch Vergiften eines Wasserspeichers in Gaza ein Massaker anzurichten. Dies erfolgte als Reaktion auf die Invasion arabischer Staaten nach der Unabhängigkeitserklärung. Die beiden auf diese Mission entsand-

ten Männer wurden gefasst und getötet. HHA 187.80.
14. Politische Abteilung der Agentur an Saslani, 12. Mai 1948, Central Zionist Archive, S25\9390.
15. Die regulären Armeen sechs arabischer Staaten marschierten in Israel ein: Ägypten, Syrien, Jordanien, Irak, Libanon, Saudi-Arabien; hinzu kam die Palästinensische Befreiungsarmee. Alle agierten zusammen mit internen palästinensischen Einheiten, die vom Landesinneren aus operierten.
16. Spätere Untersuchungen des Unabhängigkeitskrieges, zum Teil verfasst von einer Gruppe sogenannter neu- oder postzionistischer Historiker (aufgrund ihrer innovativen Annäherung an den israelisch-arabischen Konflikt, die viele »alte« Historiker für falsch hielten), gelangten zu dem Schluss, dass zwischen israelischen und arabischen Streitkräften von Anfang an Parität bestand und auf manchen Schlachtfeldern die Juden dank interner Querelen und Planungsfehler auf arabischer Seite sogar im Vorteil waren. Morris, *Righteous Victims*, S. 209 (hebräisch).
17. Das Interview mit Azzam, das im Oktober 1947 in einer ägyptischen Zeitung erstmals veröffentlicht wurde, ist seitdem vielfach zitiert worden und zum Gegenstand eines heftigen Disputs darüber geworden, was er tatsächlich meinte. Morris, *Righteous Victims*, S. 208 (hebräisch); Tom Segev, »The Makings of History: The Blind Misleading the Blind«, in: *Haaretz*, 21. Oktober 2011.
18. Morris, *Israel's Border Wars, 1949–1956*, S. 3 (hebräisch).
19. Golani, *Hetz Shachor*, S. 13 (hebräisch).
20. Ein wichtiger Erfolg der Geheimdienste vor der Staatsgründung war das Ergebnis der gewaltigen nachrichtendienstlichen Anstrengungen, die Ben Gurion angeordnet hatte. Diese sollten die Meinungen der Mitglieder des UN-Sonderkomitees für Palästina (UNSCOP) beeinflussen, das im Mai 1947 eingesetzt wurde, um der Generalversammlung zu empfehlen, was mit Palästina geschehen sollte. Ziel war es, dass dort ein unabhängiger jüdischer Staat befürwortet würde. Bergman, »A State Is Born in Palestine«, in: *New York Times Magazine*, 7. Oktober 2011; Interview mit Elad Ben Dror, 12. November 2003; Elad Ben Dror, »The Success of the Zionist Strategy Vis-à-vis UNSCOP«, Dissertation, Universität Bar Ilan.
21. Das Büro des Verteidigungsministers an die Führungsebene von Geheimdiensten und Verteidigung, *Organization of Intelligence Services*, 15. Februar 1959, Verteidigungsministerium und Archiv der Israelischen Streitkräfte (IDF Archives), 870.22; Ben Gurion, Tagebuch, Bd. B. 494, S. 590; Shiloh, *One Man's Mossad*, S. 120f.
22. Sauer, *The Holy Land Called: The Story of the Temple Society*, S. 208.
23. Interview mit Isser Harel, März 1999; Siman Tov, »The Beginning of the Intelligence Community in Israel«, in: *Iyunim*, Bd. 23.
24. Der Irgun-Anführer Menachem Begin war in seinen Meinungen extrem, handelte jedoch konsequent dahingehend, einen Bürgerkrieg zu verhindern. Trotz seines Zorns über das Versenken der *Altalena* und seiner Differenzen mit Ben Gurion befahl er seinen Leuten, die Autorität des Staates anzuerkennen und sich den Streitkräften anzuschließen.
25. Sheleg, *Wüstenwind: Die Geschichte Jehoschua Cohens*, S. 88–95 (hebräisch).
26. United Nations Department of Public Information, Pressemeldung PAL/298, 18. September 1948, »General Lund-

strom Gives Eyewitness Account of Bernadotte's Death«.

27. Regev, *Prinz von Jerusalem*, S. 13–17 (hebräisch).
28. Ende der 1950er-Jahre zog sich Ben Gurion zurück und zog in den Kibbuz Sdeh Boker im Negev, wodurch er junge Leute zur Ansiedlung in der Wüste ermuntern wollte. Jehoschua Cohen zog mit seiner Familie ebenfalls dorthin, inspiriert vom selben Pioniergeist. Mit der Zeit wurde er ein enger Freund und Wegbegleiter Ben Gurions, dem er als Personenschützer diente. Auf einem ihrer gemeinsamen Spaziergänge gestand Cohen Ben Gurion, dass er es gewesen sei, der die tödlichen Schüsse auf Bernadotte abgegeben habe, und somit derjenige sei, den Ben Gurions Spione erfolglos gesucht hätten. Bar-Zohar, *Ben-Gurion*, S. 316 f.; Regev, *Prince of Jerusalem*, S. 100.
29. »The U. N. Must Act«, in: *New York Times*, 19. September 1948.
30. Bar-Zohar, *Ben-Gurion*, S. 317.
31. Interviews mit Amnon Dror, Januar 1997, und Menachem Navot, 6. April 2017; Navot, *One Man's Mossad*, S. 24 f.
32. Harel betrachtete die sezessionistischen Bewegungen als extrem rechts oder extrem links, und er hasste beides. »Schon als Kind [er war gebürtiger Russe] sah ich Ausbrüche von Gewalt. Willkürliche Brutalität und die grausigen Bilder der bolschewikischen Revolution brannten sich in meinem Geist ein. Diese Bilder erzeugten in mir eine grundlegende und kompromisslose Abneigung.« Harel, *Security and Democracy*, S. 78; Interview mit Isser Harel, 6. April 2001.
33. Harel behauptete später, es habe sich um eine Überwachung von Elementen gehandelt, die er der Gründung eines neuen Untergrunds oder anderer subversiver Akte verdächtigt habe, tatsächlich aber nutzte er den Schin Bet als politische Spionageagentur zugunsten von Ben Gurion. Die Agentur führte Akten über dessen Rivalen und Kritiker, selbst wenn es klar war, dass sie an nichts Illegalem beteiligt waren. Die Agentur gründete sogar eine angeblich kommerzielle Pro-Ben-Gurion-Zeitschrift mit Mitteln des Schin Bet. Unter dem Titel *Rimon* konkurrierte diese mit dem reißerischen Nachrichtenmagazin *Haolam Hazeh*, das Ben Gurion regelmäßig angriff. Interviews mit Isser Harel, 6. April 2001, Uri Avnery, 19. Juli 2013, und Arieh Hadar, 8. Juli 2011; Bergman, »The Shin Bet Secrets«, in: *Yedioth Ahronoth*, 23. März 2007.
34. Israelisches Staatsarchiv 3771/70; Sutton und Shushan, *People of Secret and Hide*, S. 144 ff. (hebräisch); Erlich, *The Lebanon Tangle 1918–1958*, S. 262 ff.; Interviews mit Mosche Sasson, Mai 1996, Reuven Erlich, 9. Dezember 1999, und Rafi Sutton, 9. Mai 2012.
35. Interview mit Arthur Ben Natan, 13. September 2010.
36. Der Streit zwischen den Diensten um Befugnisse, Mittel und Gebiete wurde nie beigelegt. Etwa einmal pro Jahrzehnt setzen die Ministerpräsidenten einen geheimen Ausschuss ein, der die »Magna Carta« der Geheimdienste neu formuliert, in der diese Angelegenheiten geregelt sind. Zu den drei ursprünglichen Diensten kamen später weitere hinzu: das Lakam (Akronym für »Büro für wissenschaftliche Beziehungen«) im Verteidigungsministerium, das mit Technik- und Atomspionage betraut wurde; die Israelische Atomenergiekommission, die das Nuklearprogramm des Landes überwachte; die Wissenschaftliche Administration, die unter anderem das Biologieinsti-

tut in Ness Ziona kontrolliert, wo Biowaffen und ihre Gegenmaßnahmen entwickelt werden; und Nativ, der für geheime Kontakte zu Sowjet-Juden zuständig war.

37. Harel setzte innerhalb des Mossad eine eiserne Disziplin durch, ebenso wie eine strikte Geheimhaltungspflicht. Er befahl allen Mossad-Agenten, sich ein Pseudonym zuzulegen und allen Einheiten, Operationen und Agenten einen Decknamen zu geben. Diese Decknamen und Pseudonyme mussten konstant verwendet werden, selbst bei interner Korrespondenz und in internen Diskussionen. Diese Praxis hat sich bis heute gehalten.

38. Unter dem Titel »Die Regierung« der israelischen Grundgesetze (in Ermangelung einer Verfassung sind die israelischen Grundgesetze die höchste rechtliche Ebene, die sich nur schwer novellieren lässt) heißt es, dass die Regierung »alles, was sie für notwendig erachtet«, tun darf, um ihre Pflichten zu erfüllen. Diese vage Formulierung verlieh den israelischen Ministerpräsidenten die Befugnis, praktisch vorbei an den demokratischen Institutionen des Landes und der Presse geheime Operationen und Attentate anzuordnen. Infolge des Bekanntwerdens einer Reihe illegaler Handlungen von Schin-Bet-Agenten Mitte der Achtziger und der daraus resultierenden Absetzung der Schin-Bet-Führungsriege forderte die neue Führung die Ausarbeitung eines Gesetzes, das genau definierte, was gestattet war und was nicht. Ein solches Gesetz wurde 2002 von der Knesset verabschiedet. Seitdem denkt der Mossad über die Formulierung eines entsprechenden Gesetzes für sich selbst nach, gelangt jedoch immer wieder zu demselben grundlegenden Widerspruch: Im Gegensatz zum Schin Bet stellt praktisch alles, was der Mossad tut, einen (bisweilen schamlosen) Bruch von Gesetzen anderer Länder dar. Diese Art von Aktivität lässt sich innerhalb des gesetzlichen Rahmens nur sehr schwer oder gar nicht umschreiben, ganz davon zu schweigen, dass dies öffentlich wäre und eine schriftliche parlamentarische Bestätigung darstellen würde, dass der Staat Israel tiefgreifende Verletzungen der Souveränität anderer Länder gestattet. Im Mai 2017 beschloss der Mossad-Direktor Jossi Cohen, diesen fortdauernden Überlegungen ein Ende zu setzen, und verfügte, dass ein solches Mossad-Gesetz nicht erlassen werde. Interviews mit Meir Dagan, 26. Mai 2013, »Iftah«, März 2017, »Advantage«, Juli 2017, »Sascha«, Juni 2015, und »Gleichmut«, September 2017.

39. Mit Ausnahme von Nazi-Kriegsverbrechern und deren Helfershelfern (nur einmal angewandt, im Falle von Adolf Eichmann) und der theoretischen Macht von Kriegsgerichten, die diese einige Male gegenüber Terroristen ausgeübt haben, nur um vom Obersten Gerichtshof wieder annulliert zu werden.

40. Interviews mit Juval Cohen-Abarbanel, Juli 1997, und Haim Cohen, Juli 1997; Bergman, »Under the Layers of Paint«, in: *Haaretz*, 29. August 1997.

41. Dies war nicht die einzige Spezialeinheit mit dieser Nummer – die Marinekommandos hießen Schajetet (Flottille) 13. Auch die Luftwaffe wollte ein Tajeset (Geschwader) 13 einrichten, das israelische Truppen zu ihren Einsatzorten bringen sollte. Die Zahl tauchte auch noch anderswo auf – das offizielle Gründungsdatum des Mossad ist der 13. Dezember 1949.

42. Interviews mit Avraham Dar, 5. Januar 2015, und Arie Krischak, 12. März 2007.
43. Einheit 131, Mordechai Ben Tsur an den Leiter des AMAN, »Ereignisse in Ägypten, Juli–September 1954«, 5. Oktober 1954, MODA 4.768.2005.
44. Avraham Dar an den AMAN-Direktor, »Bericht über Unterredung mit Verteidigungsminister 29.12.54«, 10. Januar 1954; sowie in den Folgejahren: Dar an den AMAN-Direktor und Befehlshaber der Einheit 131, »Die Gründe für das Verlassen von Einheit 131«, 30. September 1955; Dar an Mossad-Direktor Meir Amit, 29. August 1967; Dar an Ministerpräsident Eschkol, »Gefangene in Ägypten«, 27. September 1967 (Archiv des Autors, erhalten von Dar).
45. Interview mit Rafi Eitan, 19. September 2011.
46. Interview mit Isser Harel, März 1999.
47. Interviews mit Isser Harel, 6. April 2001, Imanuel Talmor, 1. Mai 2013, und »Victor«, September 2013.
48. Der Sohn, den Jisraelis Frau wenige Monate später zur Welt brachte, wuchs in dem Glauben auf, sein Vater hätte ihn und sein Land im Stich gelassen. Erst 50 Jahre später erfuhr er vom Autor dieses Buchs die Wahrheit. Bei mir zu Hause begegnete der Mann, Mosche Tsipper, einem der Mossad-Leute, die an der Verschleppung beteiligt gewesen waren, Raphi Medan. Tsipper verklagte den Staat, als Kriegswaise anerkannt zu werden – sein Vater war zum damaligen Zeitpunkt im aktiven Dienst gewesen –, sowie auf Einsicht in die relevanten Dokumente. Nach einem jahrelangen Prozess willigte der Mossad ein, ihn finanziell zu entschädigen, jedoch nicht, die Dokumente offenzulegen. Interviews mit Raphi Medan und Mosche Tsipper, 2. Mai 2006, und Rafi Eitan, 19. Februar 2006; Bezirksgericht von Tel Aviv (geschlossene Sitzung), *Tsipper gg. Verteidigungsministerium*, 11. Dezember 2013; Bergman, »Throw Away«, in: *Yedioth Ahronoth*, 26. Mai 2006.
49. Interviews mit »Patriot«, August 2011, Isser Harel, 6. April 2001, David Schomron, 26. Mai 2011, und Jitzchak Schamir, Januar 1997; Schamir, *Fest wie ein Fels*, S. 122 ff. (hebräisch); Schlomo Nakdimon, »Yitzhak Schamir: Top Secret«, in: *Yedioth Ahronoth*, 25. April 2000.

3 Die Agentur, die Treffen mit Gott arrangiert

1. Morris, *Israel's Border Wars, 1949–1956*, S. 3 ff., 28–68 (hebräisch).
2. Argaman, *It Was Top Secret*, S. 18.
3. Gilbert, *The Routledge Atlas of the Arab-Israeli Conflict*, S. 58; Webseite der Jewish Agency for Israel, Fedayeen Raids 1951–56, https://web.archive.org/web/20090623224146/http:/www.jafi.org.il/education/100/maps/fed.html.
4. Interview mit Rehavia Vardi, 19. August 1997.
5. Die genannten Zahlen von Agenten und Tötungen, an denen Einheit 504 in dieser Zeit beteiligt war, beruhen auf Interviews. Einheit 504 hat in den 1980er-Jahren den größten Teil ihrer Akten verbrannt. Interviews mit Rafi Siton, 9. Mai 2012, Jaakov Nimrodi, 14. Dezember 2010, und »Sheldon«, Februar 1999.
6. Interview mit Natan Rotberg, 13. Juli 2015.
7. Interview mit Jigal Simon, 29. Juli 2012.
8. Kabinettssekretariat, Kabinettsbeschluss Nr. 426 vom 11. Juni 1953 (Archiv des Autors, erhalten von Gilad Livneh).

9. Sharon, *Sharon. The Life of a Leader*, S. 82 (hebräisch).
10. Einheit 101 erhielt dieselbe Zahl wie die Spezialtruppe, zu der der berühmte britische Offizier Orde Charles Wingate im Zweiten Weltkrieg in Äthiopien und Eritrea gehört hatte. Vor dem Krieg war Wingate in Palästina stationiert gewesen, wo er die britisch-jüdischen Special Night Squads befehligte. Für viele hohe Angehörige der Israelischen Verteidigungskräfte, die in den Night Squads unter ihm gedient hatten, war er ein Held. Das Gründungsdatum der Einheit 101 stammt aus einem Vortrag, den Ariel Scharon am 20. März 2003 in Sderot hielt.
11. Sharon, *Sharon. The Life of a Leader*, S. 552.
12. Interview mit Uzi Gal, November 2002.
13. Interview mit Uzi Eilam, 2. Dezember 2009.
14. Morris, *Israel's Border Wars, 1949–1956*, S. 274 ff. (hebräisch).
15. Ebd., S. 276.
16. Ilil Baum, »Father's Great Spirit«, in: *Yedioth Jerusalem*, 1. Mai 2009.
17. Merkwürdigerweise trug die Resolution, die Israel für die Aktion verurteilte, die Zahl 101. Resolution 101 des UN-Sicherheitsrats, 24. November 1953 (S/3139/Rev.2).
18. Scharon, Vortrag in Sderot, 20. März 2003.
19. Dayan, *Story of My Life*, S. 113 ff. (hebräisch).
20. Sharett, »Personal Diary«, Bd. C, S. 823 (hebräisch). Mein Dank gilt Mosches Sohn Jaakov Scharet, der mich auf diesen Eintrag aufmerksam machte.
21. Morris, *Israel's Border Wars, 1949–1956*, S. 81, 101, 343 ff. (hebräisch).
22. Interview mit Jaakow Nimrodi, 14. Dezember 2010. Ich danke Ofer Nimrodi und Schimon Schapira, die dieses Interview mit ermöglichten.
23. Aluf Benn, »Militaristic and Post-Zionist«, in: *Haaretz*, 9. Mai 2011.
24. Bar-On, *Moshe Dayan*, S. 128 f.
25. Interview mit Natan Rotberg, 3. August 2015.
26. Ebd.
27. Ägyptischer Militärischer Nachrichtendienst, *Inquiry into the Death of Colonel Hafez, July 16, 1956* (Archiv des Autors, erhalten von Nimrodi).
28. Von seinem Erfolg ermutigt, schlug Dar Dajan vor, einen Schritt weiterzugehen und einen Doppelagenten einzusetzen, um einen syrischen General, den Chef der militärischen Abwehr, zu ermorden. Dajan billigte den detaillierten Operationsbefehl und leitete ihn an Ben Gurion weiter, der jedoch Bedenken hatte. Der israelische Ministerpräsident befürchtete, die wiederholte Ermordung hoher Staatsdiener könnte die Araber veranlassen, an deren Pendants in Israel Vergeltung zu üben, vielleicht sogar an ihm selbst, und lehnte die Operation ab. Interview mit Avraham Dar, 8. Oktober 2015.

4 Die gesamte militärische Führung, mit einem einzigen Schlag

1. Bis 1989 verhinderte die israelische Militärzensur die Veröffentlichung von Einzelheiten über die Operation. Mitschnitt der Äußerungen von Mordechai Bar-On über Dajan in einem Seminar über die »Operation Hahn 56« am 5. März 2015.
2. Interview mit Yoav Gelber, 16. Mai 2011; Uri Dromi, »Urgent Message to

the CoS. The Egyptian Code Has Been Decrypted«, in: *Haaretz*, 29. August 2011.

3. Interview mit Jom-Tov Eini, 19. Januar 1999; Argaman, *It Was Top Secret*, S. 39–60.
4. Tsiddon-Chatto, *Bei Tag und Nacht, durch Dunst und Nebel*, S. 220 f. (hebräisch).
5. Dennoch kann man nur schwer etwas über die unmittelbaren Folgen sagen. In Ägypten ist der Vorfall nie öffentlich besprochen worden, und auch in Israel sind – soweit sich bei den Recherchen für dieses Buch feststellen ließ – weder konkrete Angaben darüber gemacht worden, wer sich an Bord der explodierten Iljuschin befand, noch finden sich Hinweise darauf, dass das ägyptische Oberkommando nach der Abfangaktion irgendwelche Probleme bekommen hätte. Interviews mit David Siman Tov und Schai Herschkowitz, 12. Februar 2017, Joram Meital, 18. Oktober 2013, und Motti Golani, 15. Januar 2013.
6. Am Montag, dem 4. Juni 1956, berichtete die *New York Times*, dass sich der Redetext in amerikanischer Hand befinde, und am folgenden Tag veröffentlichte sie unter einem ganzen Satz von Balkenüberschriften lange Ausschnitte: Chruschtschow enthüllt in Stalin-Rede Grundzüge einer Schreckensherrschaft. Anklagen reichen für Kremlsäuberung. Der tote Diktator wird als wild, halb verrückt und machtgierig gezeichnet. Wie von der CIA beabsichtigt, erregte die Veröffentlichung weltweites Aufsehen.
7. Neben dem Mossad und der CIA haben auch andere israelische und amerikanische Nachrichtendienste sich verlinkt. Besonders wichtig ist die Beziehung zwischen der amerikanischen NSA und ihrem israelischen Gegenstück, der AMAN-Einheit 8200. Unter den von Edward Snowden an die Öffentlichkeit gebrachten Dokumenten waren auch einige historische Darstellungen dieser Beziehung, die bis in die frühen 1960er-Jahre zurückreichen und eine umfangreiche Kooperation bei der Ausspionierung gemeinsamer Feinde im Nahen Osten belegen. Snowden-Dokumente im Besitz von *The Intercept*, New York, Mai 2016, wurden mir von den Mitarbeitern dieser Webseite zugänglich gemacht, wobei ein besonderer Dank Henrik Moltke gilt.
8. Interview mit Isser Harel, 6. April 2001. Die detaillierteste Darstellung des Suez-Feldzugs und der israelischen Gewinne und Verluste findet sich in Golani, *There Will Be War Next Summer*, S. 597–620.
9. David Kimche, ein hoher Mossad-Kommandeur in Afrika, erklärte: »Es kostet uns genauso viel Geld, einen Fachmann für Hühnerställe nach Afrika zu schicken, wie einen Ausbilder für Informationsbeschaffung. Letzterer wird am Ende den Kaiser treffen, Ersterer in einem Hühnerstall enden. Es war klar, wofür wir uns entscheiden würden. Nachrichtendienstverbindungen waren der schnellste Weg zu engen Beziehungen.« Interviews mit David Kimche, 18. August 1998, Isser Harel, 6. April 2001, Reuwen Merhav, 22. April 2014, Asher Ben Natan, 13. September 2010, Tamar Golan, 24. September 2007, Hannan Bar-On, 30. Dezember 1997, Joav Biran, 22. April 1999, Uri Lubrani, 26. Dezember 1997, und Arie Oded, 16. September 1998; Pilpul in Addis Ababa an MFA, Bericht über eine Begegnung mit dem Kaiser von Äthiopien und dessen Stabschef, 25. August 1957, ISA 3740/9; Black und Morris, *Israel's Secret Wars*, S. 186.

10. In einem Brief an Präsident Dwight D. Eisenhower erläuterte Ben Gurion die Art dieser Beziehung: »Mit dem Ziel, einen hohen Damm gegen die nasserisch-sowjetische Flut zu errichten, haben wir begonnen, unsere Verbindungen zu mehreren an den Nahen Osten angrenzenden Staaten zu vertiefen. ... Unser Ziel ist es, eine Gruppe von Ländern – nicht notwendigerweise ein formelles Bündnis – zu bilden, die in der Lage ist, der sowjetischen Expansion durch Stellvertreter wie Nasser zu widerstehen.« Eshed, *One Man's Mossad*, S. 277. Laut C'LIL-Vertrag sollten sich die Nachrichtendienstchefs der drei Staaten regelmäßig treffen, wobei jedes Mal ein anderes Land als Gastgeber auftreten sollte. Außerdem wurde ein komplexer Mechanismus der nachrichtendienstlichen Koordination und des Informationsaustauschs über verschiedenste Themen aufgebaut. Aus israelischer Sicht war C'LIL (hebr. Bezeichnung für die Peripherie-Doktrin/Trident) eine beispiellose strategische Errungenschaft, da Israel sich selbst als Mittelachse eines militärisch-nachrichtendienstlichen Pakts etabliert hatte. In regionalen Streitigkeiten zwischen der Türkei und dem Iran diente C'LIL als gemeinsame Plattform, auf der Israel den Vermittler spielen konnte. »Damals«, erklärte Reuwen Merhav, ein Mossad-Mitarbeiter, der an der Planung der C'LIL-Treffen beteiligt war, »hatten alle Nachrichtendienstchefs der Türkei, des Iran und Äthiopiens eine direkte Verbindung zum Boss, ob es nun der Schah oder Kaiser Haile Selassi war. Durch C'LIL war es möglich, Nachrichten und Ideen direkt an den Herrscher zu leiten. [Das ursprüngliche Dreierbündnis] verschaffte uns einen dreifachen und nach der Einbeziehung Äthiopiens einen vierfachen Orgasmus.« Als Ausdruck ihrer Wertschätzung von Trident finanzierte die CIA den Bau eines zweistöckigen Gebäudes auf einem Hügel außerhalb Tel Avivs, das dem Bündnis als Hauptquartier dienen sollte. Interviews mit Reuwen Merhav, 22. April 2014, Isser Harel, März 1999, und Jossi Alpher, 18. Mai 2015; Bergman, »Israel and Africa. Military and Intelligence Liaisons«, Dissertation, Cambridge University, S. 53–78; Büro des Verteidigungsministers, Bericht über ein Treffen zwischen Oberstleutnant Vardi und dem Kaiser von Äthiopien, 24. Februar 1958, Ministry of Defense and IDF Archives (MODA) 63-10-2013.

11. Interviews mit Zvi Acharoni, Juli 1998, Raphi Medan, 30. Juni 2015, und »Lexikon«, März 2016; Mossad, *Report Regarding Dybbuk*, Zwi Aharoni, 4. März 1960; Mossad, *Operation Eichmann. A Report on Stage A*, Zwi Aharoni, o. D. (beide Berichte im Besitz des Autors, erhalten von »Lexikon«).

12. Interviews mit Zvi Acharoni, Juli 1998, Amram Acharoni, 21. Oktober 2012, und »Ethan«, 19. Mai 2016; Neal Bascomb, *Hunting Eichmann*, S. 208–218 (hebräisch).

13. Harel galt als starker Mann. Ein Ausdruck seiner beispiellosen Macht war die Art, wie er selbst Anfang der 1980er-Jahre gegenüber Mossad-Historikern seine Beziehung zum Ministerpräsidenten beschrieb. Dass er dabei ein ausgesprochen mangelhaftes Demokratieverständnis an den Tag legte, war ihm offenbar nicht bewusst. »Ben Gurion«, erklärte er, »gab uns nie operative Befehle. Er äußerte gewisse Besorgnisse oder Wünsche. Wie seine Ideen in die Tat umgesetzt werden sollten, wusste er nicht, und tatsächlich

musste er es auch nicht wissen. Der Ministerpräsident soll sich mit der Festlegung der Politik beschäftigen und nicht mit den Einzelheiten, natürlich auf der Grundlage bestimmter Prinzipien.« Der Mossad fasste es so zusammen: »Isser [Harel] berichtete dem Ministerpräsidenten im Allgemeinen nicht, was er im Einzelnen tat und wie er vorging.« Mossad, Historische Abteilung, »The German Scientists Affair«, 1982, S. 14 (fortan »Mossad German Scientists Dossier«), Archiv des Autors, erhalten von »Toblerone«.

5 »Als fiele uns der Himmel auf den Kopf«

1. Central Intelligence Agency, Scientific Intelligence Memorandum, »The United Arab Republic Missile Program« 26. Februar 1963, https://www.cia.gov/library/readingroom/docs/DOC_0001173825.pdf.
2. Jay Walz, »Nasser Exhibits Military Might«, in: *New York Times*, 24. Juli 1962.
3. Edwin Eitan, *Canadian Jewish Chronicle*, 10. Mai 1963.
4. Spätere Untersuchungen zeigten, dass Mitarbeiter des Mossad in Europa in den Jahren vor der Parade eigentlich zahlreiche Informationen gesammelt hatten, die darauf hinwiesen, dass Nasser deutsche Wissenschaftler anwarb. Der Mossad versuchte den Militärgeheimdienst und das Verteidigungsministerium für die Fehler verantwortlich zu machen, indem er behauptete, die Informationen seien durchaus übermittelt, aber dann von jenen Stellen verharmlost worden. »Mossad German Scientists Dossier«, S. 8 ff.
5. Die Aufgabe, die Verschwörungen aufzudecken, die seiner Überzeugung nach von Veteranen der Wehrmacht, der Gestapo und der SS angezettelt worden waren, wies Harel einer Gruppe Deutsch sprechender Mossad-Mitarbeiter zu. Diese Einheit mit dem Codenamen Amal entdeckte nichts, denn es gab solche Verschwörungen nicht. Peinlicherweise blieb ausgerechnet der eine Fall unentdeckt, an dem frühere Protagonisten von Hitlers fortgeschrittenem Waffenprogramm tatsächlich beteiligt waren, das ägyptische Raketenprojekt. Mossad, Historische Abteilung, »Staff Organization, Amal-Meser«, Jossi Chen, Mai 2007.
6. Zahlreiche Mitarbeiter des Mossad und des AMAN erinnern sich an ein ähnliches Gefühl der Panik und Angst in dem Moment, als die ersten Einzelheiten über die deutschen Wissenschaftler und ihr Projekt bekannt wurden. Moti Kfir von der AMAN-Einheit 188 sagte: »Ich hatte große Angst, ein echtes Gefühl von existenzieller Bedrohung.« Interviews mit Moti Kfir, 9. Juni 2011, und Asher Ben Natan, 13. September 2010.
7. »Mossad German Scientists Dossier«, S. 2.
8. Ebd., S. 17.
9. Interview mit Rafi Eitan, 1. September 2013.
10. Interview mit Isser Harel, 6. April 2001; »Mossad German Scientists Dossier«, S. 39.
11. Ebd., S. 40 f.
12. Augenzeugen beim Hotel Ambassador, unter anderem die Mitarbeiter an der Rezeption und bei den Büros der Intra, die später von der Polizei befragt wurden, sagten aus, Saleh sei von »levantinischem Aussehen« gewesen. Ein auf der

Rekonstruktion seines Aussehens beruhendes Phantombild wurde groß in der Presse veröffentlicht. »Ehrlich gesagt sah mir das Phantombild verdammt ähnlich«, sagte Oded lächelnd. Das bedeutete, dass er verbrannt war, und man trug ihm auf, zehn Jahre lang nicht nach Deutschland zu fahren. Oded sagte, dass er sich in dem Moment, in dem sich die Tür hinter Krug schloss, »von dem gesamten Einsatz verabschiedet« habe und dass er »keine Ahnung« habe, »was mit dem Deutschen passiert sei«. Interview mit Arie Oded, 3. August 2015.

13. »Mossad German Scientists Dossier«, S. 43 f.
14. Ebd., S. 44 f.; Interview mit »Patriot«, 1. September 2013.
15. »Mossad German Scientists Dossier«, S. 45.
16. Krugs Hinrichtung erzürnte einige der wenigen Mossad-Leute, die davon wussten, erheblich. Zvi Acharoni (der später ein erbitterter Gegner Harels werden sollte) sagte: »Diese Tat war unverzeihlich, ein Schandfleck, der an uns allen haften blieb.« Rafi Eitan bemerkte: »Das war typisch Isser. Ich glaube nicht, dass er sich vorher Ben Gurions Einverständnis geholt hatte.« Interviews mit »Patriot«, August 2011, Zvi Acharoni, Juli 1998, und Amram Acharoni, 3. Mai 2016.
17. Chaim Herzog, Direktor des AMAN, an den Stabschef am 2. Januar 1962; Shaul Avigur, Report of the Committee for Examining the Intelligence Community, 31. Juli 1963, 3, MODA 7-64-2012.
18. »Mossad German Scientists Dossier«, S. 45.
19. Interview mit Natan Rotberg, 3. August 2015.
20. Josef Jariv, Kommandant der Einheit 188, koordinierte diese Aktivitäten in Paris, zusammen mit dem stellvertretenden Direktor des AMAN, Prof. Juval Neeman (einem bekannten Physiker, der zusammen mit anderen das israelische Nuklearprogramm ins Leben gerufen hatte), der sagte: »Wenn ich mitbekam, dass die Franzosen etwas von uns wollten, einen Mord zum Beispiel, was, wenn es später rauskam, wirklich peinlich für Israel sein könnte, beschloss ich, dass ich die Entscheidung auf mich nehmen würde. Und wenn das Ganze dann schiefging, würde ich die volle Verantwortung übernehmen.« Interviews mit Juval Neeman, August 2011, Isser Harel, August 1998 und Meir Amit, 12. Juli 2005; Bar-Zohar, *Phoenix: Shimon Peres – a Political Biography*, S. 344; Harel, *Security and Democracy*, S. 295.
21. Im Juli 1980 verschickte der Mossad eine weitere Briefbombe an Brunner, diesmal mit der begeisterten Zustimmung von Ministerpräsident Begin. Der angebliche Absender war die »Gesellschaft der Freunde der pflanzlichen Medizin«, weil Brunner als ein überzeugter Anhänger dieser medizinischen Richtung bekannt war. Er öffnete den Brief, der daraufhin explodierte, was ihn mehrere Finger kostete. Interviews mit Natan Rotberg, 3. August 2015, und »the Pilot«, März 2015.; Adam Chandler, »Eichmann's Best Man Lived and Died in Syria«, in: *Atlantic*, 1. Dezember 2014.
22. Interview mit Rafi Eitan, 1. Dezember 2012.
23. »Mossad German Scientists Dossier«, S. 52.
24. Interviews mit Isser Harel, August 1998, und Zvi Acharoni, Juli 1998; »Mossad German Scientists Dossier«, S. 74.
25. Interview mit Rafi Eitan, 1. Dezember 2012; »Mossad German Scientists Dossier«, S. 61.

26. Interview mit Zvi Acharoni, Juli 1998.
27. »Mossad German Scientists Dossier«, S. 62 ff.; Interviews mit Nechemia Meiri, 12. Juni 2012, und Isser Harel, 6. April 2001.
28. Bar-Zohar, *Issar Harel and Israel's Security Services*, S. 237 f. (hebräisch).
29. »Mossad German Scientists Dossier«, S. 66.
30. Seine neuen Rekruten waren Schmuel Segev von der Zeitung *Maariw*, Naftali Lavie von *Haaretz* und Jeschajahu Ben Porat von *Yedioth Ahronot*. »Disenchik [Aryeh Disenchik, Chefredakteur von *Maariw*] unterstützte Golda und Isser«, sagte Segev. »Er wollte mein Material benutzen, um Ben Gurion und Peres zu schaden, und hinderte mich dann daran, über das Thema zu sprechen, weil er wusste, dass ich anderer Meinung war.« Interview mit Schmuel Segev, 6. Juni 2010.
31. Bar-Zohar, *Ben-Gurion*, S. 534 f.
32. Meir Amit an Acharon Jariv (handschriftlich), Büro des AMAN-Direktors, 28. März 1964 (Archiv des Autors, erhalten von Amos Gilboa).
33. Bar-Zohar, *Phoenix*, S. 362 (hebräisch).
34. Seine eigene Version der Geschichte erzählte Harel später mehreren Journalisten und Autoren, unter anderem mir, und das schlug sich in ihren Texten nieder, die Harel stark in Schutz nahmen. Zu diesen Schriften gehören Kotler, *Joe Returns to the Limelight*, S. 34–38; Bar-Zohar, *Isser Harel and Israel's Security Services*, S. 239–249, und Caroz (Harels Stellvertreter), *The Man with Two Hats*, S. 160–163.
35. Bar-Zohar, *Ben-Gurion*, S. 537 f.; Bar-Zohar, *Phoenix*, S. 361 (hebräisch).
36. Melman und Raviv, *The Imperfect Spies*, S. 122; Amit, *Head On*, S. 102 f.; Amit an Jariv (handschriftlich), 28. März 1964.
37. Der Konflikt zwischen Ben Gurion und Meir über die deutschen Wissenschaftler war nur eine von vielen scharfen Auseinandersetzungen in der Führungsriege der Arbeiterpartei. Die meisten von ihnen waren Vorboten der stetig abnehmenden Unterstützung für »den alten Mann«, wie Ben Gurion genannt wurde, und des Generationenkonflikts, der auf seine Amtszeit folgte. Meir und ihre Unterstützer in der alten Garde fürchteten, dass Ben Gurion sie übergehen und den Stab direkt an die jüngere Generation weitergeben würde, die von Dajan und Peres angeführt wurde. Bar-Zohar, *Ben-Gurion*, S. 542–547.
38. Interview mit Meir Amit, April 2006; Chef des AMAN und amtierender Mossad-Direktor Amit an den Verteidigungsminister, »Preliminary thoughts on reorganization of the intelligence community«, 20. Mai 1963, MODA 24-64-2012.
39. Israelischer Köln-Einsatz an das Außenministerium, 20. September 1963 (Archiv des Autors, erhalten von »Paul«).
40. Unter den Profiteuren dieses Erlasses war der 53-jährige deutsche Arzt Josef Mengele, der »Todesengel« von Auschwitz. Mitte des Jahres 1963, im Fahrwasser der erfolgreichen Entführung Eichmanns, beauftragte Harel die Operation »Encore« damit, die Informationen auszuwerten, die über »Meltzer« gesammelt worden waren, was der Codename für Mengele war. Am 23. Juli 1962, also etwa zur Zeit der Raketentests in Ägypten, identifizierten Zvi Acharoni und Zvi Malkin auf einer Farm in Brasilien eine Person, die der Beschreibung von Mengele bis ins Detail entsprach, aber Amit ordnete an, dass die Aktivitäten

in Sachen »Nattern« (auf Hebräisch Tzif'onim) – der Codename des Mossad für die Jagd auf Nazis – reduziert werden sollten. Im Oktober 1963 bat er die Abteilung Tsomet, das »Thema nur so weit zu behandeln, als es ihr zusätzlich zu ihrer Hauptmission möglich« sei. Mengele lebte noch ein ganzes Jahrzehnt, bevor er im Jahr 1979 beim Schwimmen an der brasilianischen Küste ertrank. Mossad, Historische Abteilung, *Looking for the Needle in the Haystack: Following the Footsteps of Josef Mengele*, 2007, S. 65–78 (Archiv des Autors, erhalten von »Midburn«); Interviews mit Zvi Acharoni, Juli 1998, Amram Acharoni, 21. Oktober 2011, Rafi Eitan, 1. November 2012, Raphi Medan, 30. Juni 2015, und Meir Amit, Mai 2005; Ronen Bergman, »Why Did Israel Let Mengele Go?«, in: *New York Times*, 6. September 2017.

41. Interviews mit Samir Raafat, September 1995, und Natan Rotberg, 5. März 2012; Samir Raafat, »The Nazi Next Door«, in: *Egyptian Mail*, 28. Januar 1995.
42. »Mossad German Scientists Dossier«, S. 80; Interviews mit Meir Amit, April 2006, und Rafi Eitan, 1. November 2012.
43. UK NA, KV 2\403\86109.
44. »Mossad German Scientists Dossier«, S. 88.
45. Interview mit Raphi Medan, 10. Juli 2007.
46. »Mossad German Scientists Dossier«, S. 136.
47. Achituv an Eitan und an die Mossad-Zentrale, 14. September 1964 (dem Autor gezeigt von »Raphael«).
48. Raphi Medan, unveröffentlichtes Manuskript, S. 113.
49. Er hatte noch eine weitere Bitte: Skorzeny hatte mitbekommen, dass das Oberhaupt der jüdischen Gemeinde in Frankfurt ein deutsches Gericht aufgefordert hatte, die Verbreitung seiner Bücher, die er über seine Kriegserfahrungen und Kommandounternehmen geschrieben hatte, in Deutschland zu untersagen, weil er ein Justizflüchtling sei. Er verlangte vom Mossad, öffentlich zu erklären, dass die Bücher zur Offiziersausbildung in den Israelischen Verteidigungsstreitkräften verwendet wurden, damit er dies als Beweismittel in einem Prozess einbringen konnte. »Mossad German Scientists Dossier«, S. 92.
50. Interviews mit Meir Amit, Mai 2005, Rafi Eitan, 1. November 2012, Raphi Medan, 30. Juni 2015, Avner Barnea (Büroleiter des Schin-Bet-Direktors Achituv, der von seinem Chef viel über Skorzenys Anwerbung erfahren hat), 30. Mai 2011, und »Milen«, August 2015. Ein sehr einseitiger, aber sachlich korrekter Bericht über die Anwerbung von Skorzeny findet sich in dem Buch Argaman, *The Shadow War*, S. 22–38.
51. Interview mit Raphi Medan, 30. Juni 2015.
52. Skorzeny blieb bis zu seinem Tod im Jahr 1975 (an seiner Beerdigung nahmen ehemalige Wehrmachtskameraden teil und zeigten den Hitlergruß) mit dem Mossad in Verbindung und half dem Dienst auch dann noch, als die Affäre um die Wissenschaftler vorbei war. Auch Vallentin diente dem Mossad noch viele Jahre. Im Jahr 1969 bat ihn Harry Barak, seiner »Verlegung« vom MI6 zum Mossad zuzustimmen, obwohl er in Wirklichkeit schon immer vom Mossad gesteuert worden war. Von da an wusste er, dass er als israelischer Agent fungierte. »Mossad German Scientists Dossier«, S. 95 f.; Interviews mit Raphi Medan, 30. Juni 2015,

»Toblerone«, Januar 2014, und »Patriot«, 16. Juli 2015.

53. »Mossad German Scientists Dossier«, S. 100.

54. Kopie der Akte, die Strauß übergeben wurde (Archiv des Autors, dem Autor ausgehändigt von »Paul«); »Mossad German Scientists Dossier«, S. 109.

55. Medan, unveröffentlichtes Manuskript, S. 116; Interviews mit Raphi Medan, 30. Juni 2015, und Schimon Peres, 14. August 2015.

6 Eine Reihe von Katastrophen

1. Interviews mit Jitzchak Schamir, Januar 1997, und Meir Amit, April 2006.
2. Die Akte über die Operation »Diamant« wurde dem Autor von Amit gezeigt, 23. Mai 2005. Black und Morris, *Israel's Secret Wars*, S. 206–210.
3. Büro des Mossad-Direktors, »The Ben Barka Affair«, Memorandum, dem Untersuchungsausschuss zu dem Thema am 21. Februar 1966 vorgelegt (Archiv des Autors, erhalten von »Alen«); Caroz, *Der Mann mit zwei Hüten*, S. 164 f. (hebräisch).
4. Interviews mit Rafi Eitan, 19. September 2011, Schlomo Gasit, 29. November 2016, Meir Amit, April 2006, und Menachem Navot, 6. April 2017; Protokoll des Treffens zwischen Ministerpräsident Levi Eschkol und dem Direktor des Mossad, Meir Amit, April 2006 (Archiv des Autors, erhalten von »Alen«).
5. Büro des Mossad-Direktors, »The Ben Barka Affair«, 21. Februar 1966, S. 4.
6. Segev, *Allein in Damaskus*, S. 16 ff. (hebräisch).
7. Ebd., S. 262; Interview mit Schmuel Segev, 6. Juni 2010.
8. Segev, *Allein in Damaskus*, S. 13–39 (hebräisch).
9. Interview mit Moti Kfir, 9. Juni 2011.
10. Diese Beschreibung lieferte Oberstleutnant Ahmed Suedani, der in Syrien für internationale Sicherheit zuständig war und der in einem Interview mit *Al Usbua al Arabi* als Erster den Verdacht gegen Cohen äußerte, London, 1. März 1965, ins Hebräische übersetzt von der Abteilung 550 des AMAN (MODA, 1093/04/638).
11. Protokoll des Prozesses gegen Eli Cohen, MODA, 1093/04/636.
12. Interview mit Gedaliach Khalaf, 12. Juli 1996.
13. Die Geschichte von Eli Cohen ist in zahlreichen Büchern und Filmen erzählt worden, und in Israel sind viele Straßen und öffentliche Gebäude nach ihm benannt worden. Er wird in der Geschichtsschreibung des Landes als Held und als eines der wichtigsten Vorbilder dargestellt. Die Mossad-Akademie in Glilot, ein Gebäude, das mit CIA-Geldern erbaut wurde, trägt seinen Namen.
14. Ronen Bergman, »Gone in the Smoke«, in: *Yedioth Ahronoth*, 19. September 2003.
15. Interview mit Moti Kfir, 9. Juni 2011.
16. Medan, unveröffentlichtes Manuskript, S. 92. Interviews mit Raphi Medan, 30. Juni 2015, und Amos Gilboa, 18. März 2015.
17. Einige Mossad-Veteranen aus dieser Zeit, unter anderem Mike Harari, behaupten, dass Amit neidisch auf Isser Harels Erfolg bei der Ergreifung Eichmanns war und dass er ebenfalls als jemand, der einen Nazi-Verbrecher eliminiert hatte, in die Geschichte eingehen wollte. Interview mit Mike Harari, 29. März 2014.

18. Sodit, ein führender Irgun-Kämpfer, war berühmt für seinen außergewöhnlichen Mut und seine Aggressivität. Im Jahr 1952 versuchte er, den westdeutschen Bundeskanzler Konrad Adenauer umzubringen, indem er ihm in dem Versuch, das Wiedergutmachungsabkommen mit Israel zu torpedieren, aus Frankreich eine Briefbombe schickte. Ein deutscher Sicherheitsmann wurde getötet, als er versuchte, die Bombe zu entschärfen. Sodit wurde mit Sprengstoff in Frankreich gefasst und zu vier Monaten verurteilt, nach deren Verbüßung er nach Israel abgeschoben wurde. Später erklärte er, dass er den Befehl für den versuchten Anschlag auf Adenauer von Menachem Begin erhalten habe. Als er zurück in Israel war, wurde er am 16. Juni 1960 von Harel für die Mifraz-Geheimoperationen des Mossad angeworben.
19. Interview mit Gad Schimron, 16. August 2015. Eine ausführliche Beschreibung der Operation findet sich in Schimrons Buch *The Execution of the Hangman of Riga*.
20. Interviews mit Raphi Medan, 30. Juni 2015, Mike Harari, 11. April 2014, und Meir Amit, April 2006.
21. Büro des Mossad-Direktors, »Ben Barka Affair«, 21. Februar 1966, S. 3.
22. Protokoll des Treffens zwischen Levi Eschkol und General M. Amit, Dan Hotel, Tel Aviv, 4. Oktober 1965. S. 2 (Archiv des Autors, erhalten von »Alen«).
23. Bergman und Nakdimon, »The Ghosts of Saint-Germain Forest«, in: *Yedioth Ahronoth*, 20. März 2015.
24. Interview mit Meir Amit, Mai 2005.
25. Mossad, Aterna-Akte, Tsomet, Colossus, 325 verschiedene Telegramme und Notizen, September–November 1965 (Archiv des Autors, erhalten von »Alen«).
26. Treffen zwischen Eschkol und Amit, 4. Oktober 1965, S. 2.
27. Isser Harel, Geheimdienstberater von Ministerpräsident Levi Eschkol, »Head of the Mossad and the Adviser« (undatiert, wahrscheinlich später Oktober 1965) sowie eine beiliegende Notiz in Harels Handschrift mit der Überschrift »Notizen zum Bericht selbst« (Archiv des Autors, erhalten von »Alen«).
28. Bergman und Nakdimon, »The Ghosts of Saint-Germain Forest«, in: *Yedioth Ahronoth*, 20. März 2015; Interview mit David Golomb, 13. März 2015.
29. Aus Transkriptionen von Interviews, die der Journalist Schlomo Nakdimon geführt hat (Archiv des Autors, freundlicherweise zur Verfügung gestellt von Nakdimon).
30. Bergman und Nakdimon, »The Ghosts of Saint-Germain Forest«, in: *Yedioth Ahronoth*, 20. März 2015.
31. Interviews mit »Thunder«, Februar 2013, und »Ross«, Januar 2015.
32. Interviews mit Avraham Dar, 28. Januar 2015, Isser Harel, März 1999, Meir Amit, April 2006, David Vital, 22. Dezember 2010, und »Hurkenus«, 12. Juni 2012.
33. Interview mit Meir Amit, April 2006.
34. Bergman, »Harari Code«, in: *Yedioth Ahronoth*, 4. April 2014.
35. Interview mit Mike Harari, 23. März 2014.
36. Interviews mit Mike Harari, 23. März 2014, und Aaron J. Klein, 6. Oktober 2014.
37. Interview mit Mike Harari, 10. März 2014. Bei einem unserer Treffen zeigte Harari mir die Dokumentation über die Gründung der neuen »Caesarea« in der Form, in der sie den Leitern des Mossad präsentiert worden war. Sie war unterschrieben mit dem Codenamen »Shvat« (was der Name eines Monats im Hebräischen Kalender ist).

38. Interview mit »Ethan«, Mai 2015.
39. Interview mit Moti Kfir, 9. Juni 2011.
40. Interview mit Mike Harari, 12. Februar 2014.
41. Interview mit Moti Kfir, 9. Juni 2011.
42. Interviews mit Mike Harari, 11. April 2014, und Aaron J. Klein, 6. Oktober 2014.
43. Vered Ramon Rivlin, »Es gibt nichts, was eine Frau daran hindern könnte, Direktorin des Mossad zu werden.«, *Lady Globes*, 12. September 2012.
44. Die natürliche Vorsicht, die Teil des israelischen Charakters ist, macht das Land zu einem beinahe idealen Übungsfeld, wodurch die Kadetten erst kurz vor dem Ende ihrer Ausbildung ins Ausland geschickt werden müssen. Die langen Jahre des palästinensischen Terrors haben den durchschnittlichen Israeli extrem vorsichtig werden lassen. Diese Übungen werden häufig »gegen« frühere Mossad-Angestellte ausgeführt, die sich als Überwachungsziele oder als Opfer von Wohnungseinbrüchen zur Verfügung stellen beziehungsweise als Leute, zu denen unter falscher Identität Kontakt aufgenommen werden soll.
45. Interview mit »Emerald«, Juni 2015.
46. Interview mit »Kurtz«, Oktober 2005.
47. Interview mit »Ethan«, Mai 2015.
48. Die Einsätze waren Teil der Operationen »Soße« (auf Hebräisch *Rotev*) und »Stachelschwein« (*Dorban*), in denen Israel im großen Stil und in Kooperation mit dem britischen MI6 und dem saudi-arabischen Geheimdienst militärische Hilfe für die Royalisten im Nordjemen zur Verfügung stellte, die gegen die Revolutionäre kämpften, die mit ägyptischer Hilfe die Macht ergriffen hatten. Alpher, *Periphery*, S. 67ff.; Interviews mit Mike Harari, 23. März 2014, Aaron J. Klein, 28. Mai 2014, Jossi Alpher, 18. Mai 2015, und »Schaul«, Juli 2011.
49. Interview mit Mike Harari, 23. März 2014.

7 »Der bewaffnete Kampf ist der einzige Weg zur Befreiung Palästinas«

1. Am Vorabend des Krieges lebten etwas mehr als 70000 Menschen im Gazastreifen. 1967 waren es, laut einer Volkszählung, 350000. Kabha, *The Palestinian People. Seeking Sovereignty and State*, S. 157f.; CIA World FactBook, https://www.cia.gov/library/publications/the-world-factbook/geos/gz.html; United States Census Bureau, International Programs, International Data Base, https://www.census.gov/population/international/data/idb/region.php?N=%20Results%20&T=13&A=separate&RT=0&Y=1967&R=-1&C=GZ.
2. Zelkovitz, *The Fatah. Islam, Nationality, and the Politics of an Armed Struggle*, S. 25f. (hebräisch).
3. Mudschaheddin bedeutet wörtlich »jemand, der sich im Dschihad befindet«. Der Begriff wird für Guerillakämpfer oder im israelischen und westlichen Sprachgebrauch für Terroristen verwendet. Das Zitat von al-Wasir stammt aus Sayigh, *Armed Struggle and the Search for State*, S. 81.
4. Cobban, *The Palestinian Liberation Organization. People, Power and Politics*, S. 6f.; Yaari, *Fatah*, S. 9–17 (hebräisch); Zelkovitz, *The Fatah*, S. 25f. (hebräisch).
5. Sayigh, *Armed Struggle*, S. 84, Anm. 85.
6. Ebd., S. 85.

7. Zu den Gründungsdokumenten der Fatah siehe ebd., S. 89–98.
8. Mossad, Historische Abteilung, *Laddiyyah. The Mistarev and the Warrior*, 1989, S. 42 (Archiv des Autors, erhalten von »Lindt«); Schin Bet, *The Mistaarvim Affair*, o. D. (Archiv des Autors, erhalten von »Zwilling«); Interviews mit Isser Harel, 6. April 2001, Sami Moriah, 12. August 2013, Schai Jisrael, 13. Oktober 2016, und Arieh Hadar, 1. September 2013; Bergman, »Double Identity«, in: *Yedioth Ahronoth*, 30. August 2013.
9. Mossad, Historische Abteilung, *Laddiyyah. The Mistarev and the Warrior*, 1989, S. 54.
10. Yaari, *Fatah*, S. 40 f. (hebräisch).
11. Interview mit Salah Bitar, 11. September 1963, zit. in Segev, *Allein in Damaskus*, S. 223 (hebräisch).
12. Cobban, *Palestinian Liberation Organization*, S. 33.
13. Yaari, *Fatah*, S. 40 f. (hebräisch).
14. Ebd., S. 9; Cobban, *The Palestinian Liberation Organization*, S. 33; Sayigh, *Armed Struggle*, S. 107 f.
15. Mossad, Historische Abteilung, *Uri Yisrael (»Ladiyyah«) — a unique operational figure*, 1995 (Archiv des Autors, erhalten von »Lindth«).
16. Interview mit Rafi Eitan, 24. Januar 2013.
17. Pedahzur, *The Israeli Secret Services and the Struggle Against Terrorism*, S. 30.
18. Interview mit Rafi Eitan, 24. Januar 2013.
19. Cobban, *Palestinian Liberation Organization*, S. 33.
20. »Meeting Between Eshkol and Amit«, 8. Oktober 1965, S. 5.
21. Segev, *Allein in Damaskus*, S. 29 (hebräisch).
22. Interview mit Schlomo Gasit, 12. September 2016.
23. »Operation Tophet«, in: *Maarakhot*, April 1984, S. 18–32; Sayigh, *Armed Struggle*, S. 211 f.
24. Verantwortlich für die Verschlechterung des Verhältnisses zwischen Israel und den arabischen Staaten war zum großen Teil der negative Einfluss des sowjetischen Nachrichtendiensts. Ronen Bergman, »How the KGB Started the War That Changed the Middle East«, in: *The New York Times*, 7. Juni 2017; Interviews mit Schimon Schamir, 6. April 2017, Michael Oren, 6. April 2017, und Ami Gluska, 6. April 2017.
25. Eschkol schreckte davor zurück, ohne Zustimmung Amerikas in den Krieg zu ziehen, und er zögerte umso mehr, nachdem der Chef der CIA-Station in Israel, John Hadden, bei einem Treffen mit Mossad-Chef Amit gedroht hatte: »Wenn ihr angreift, werden die Vereinigten Staaten Truppen zur Verteidigung Ägyptens landen lassen.« Darauf erwiderte Amit: »Ich glaube nicht [dass dies geschehen wird].« Mossad, Bericht über das Treffen mit John Hadden, 25. Mai 1967 (Archiv des Autors, erhalten von Meir Amit); Interviews mit John Hadden, Juni 2006, Menachem Navot, 6. April 2017, und Jeschajahu Gawisch, 6. April 2017.
26. Amit an Eschkol, »Report on U. S. Visit 31.5.–2.6.1967«, 4. Juni 1966 (Archiv des Autors, erhalten von Meir Amit).
27. Interview mit Meir Amit, April 2006; CIA, »Office of the Director, Richard Helms, to the President«, mit der Anlage »Views of General Meir Amit, Head of the Israeli Intelligence Service, on the Crisis in the Middle East«, 2. Juni 1967 (Archiv des Autors, erhalten von Meir Amit).
28. AMAN Research Division, *Israel and the Arabs. A New Situation*, 8. Juni

1967 (Archiv des Autors, erhalten von Gasit); Interview mit Schlomo Gasit, 12. September 2016.

29. Meir Amit, Tagebuch, Juli 1967 (Archiv des Autors, erhalten von Meir Amit).
30. Yaari, *Fatah*, S. 92 ff. (hebräisch).
31. Arbels Tagebuch, zit. in Perry, *Strike First*, S. 42.
32. Schin Bet, Fahndungsplakat für Jassir Arafat, Juni 1967 (Archiv des Autors, dank Schlomo Nakdimon).
33. Interview mit Rafi Sutton, 9. Mai 2012; Bechor, *PLO Lexicon*, S. 266; Rubinstein, *Yassir Arafat. Vom Guerillakämpfer zum Staatsmann*, S. 98 (hebräisch).
34. »Meeting of the IDF General Staff 38-341«, April 1968, S. 17 f. (Archiv des Autors, erhalten von »Sheeran«).
35. Interview mit Zvi Acharoni, Juli 1998.
36. Klein, *The Master of Operation. The Story of Mike Harari*, S. 100 f.; Interviews mit Mike Harari, 29. März 2014, und Aaron J. Klein, 6. Oktober 2014.
37. Sekretariat des Oberkommandos, Büro des Generalstabschefs, Einsatzbesprechungen des Generalstabs über die Operationen Tophet und Assuta, MODA, 236/72; Interviews mit Arieh Hadar, 25. März 2013, Emmanuel Schaked, 14. Mai 2013, und Rafi Sutton, 9. Mai 2012.
38. Maoz, *Defending the Holy Land*, S. 244 ff.
39. Siehe zum Beispiel das Protokoll 341-5 der ersten Generalstabssitzung mit der neuen Ministerpräsidentin Golda Meir im März 1969, in der alle Bedrohungen, denen Israel damals gegenüberstand, besprochen wurden (Archiv des Autors, erhalten von »Sheeran«).
40. Interviews mit Rafi Sutton, 9. Mai 2012, »Steve«, März 2013, und Zvi Acharoni, Juli 1998.
41. Damals experimentierten auch andere Spionageorganisationen, einschließlich der amerikanischen und sowjetischen, mit Hypnose und Drogen, um ebenso gut ausgebildete wie furchtlose Agenten zu erhalten. Eines dieser Vorhaben, bei dem offenbar die Auswirkungen von substanzinduzierten Psychosen untersucht und die Möglichkeiten ausgelotet wurden, sie zur Schaffung des perfekten Soldaten und zur Informationsbeschaffung in Vernehmungen einzusetzen, war ein CIA-Projekt namens MKULTRA. Frank Olson, ein Mitarbeiter des Projekts, beging entweder Selbstmord oder wurde ermordet. Interview mit Eric Olson, September 2000; Bergman, »Vertigo«, in: *Yedioth Ahronoth*, 6. Oktober 2000.
42. Interview mit Acharon Levran, 31. Mai 2011.
43. Interviews mit Rafi Sutton, 9. Mai 2012, und »Steve«, Januar 2013.
44. Als Rafi Sutton 30 Jahre später, in den 1990er-Jahren – nach dem Friedensvertrag mit dem Land – Jordanien besuchte, wurde er von einem Mann angesprochen, der sich als Fathki vorstellte und erklärte: »Ich bin der Fatah-Gefangene, den ein israelischer Offizier zu hypnotisieren und als Attentäter Arafats auszusenden versuchte.« Er dankte Sutton für die gute, respektvolle Behandlung, die er ihm angedeihen ließ, und seinem Fahrer dafür, dass er ihm in dem Fluss das Leben gerettet hatte. Dann fügte er mit einem Lächeln hinzu: »Gott sei Dank ist jetzt Frieden, und man braucht keine Hypnose mehr.« Interviews mit Rafi Sutton, 9. Mai 2012, und Zvi Acharoni, Juli 1998; Sutton, *The Orchid Salesman*, S. 162–165 (hebräisch).

8 Meir Dagan und seine Expertise

1. Melman und Raviv, *Imperfect Spies*, S. 154–158 (hebräisch).
2. Israelische Streitkräfte, Historische Abteilung, *Security, Summer of 1969–1970*, September 1970 (Archiv des Autors, erhalten von »Sheeran«).
3. Interview mit Jaakow Peri, 21. Mai 2011.
4. Interview mit Jitzchak Pundak, 6. Juni 2017; vgl. auch Pundak, *Fünf Einsätze*, S. 322, 354 (hebräisch).
5. Interview mit Ariel Scharon, Mai 2003. Ich habe Dagan in den Jahren 2013 und 2014 mehrmals in seiner Wohnung in einem der neuen Wohntürme in Tel Aviv interviewt. Damals war er bereits als Mossad-Direktor pensioniert, nachdem er diesen Posten neun Jahre innegehabt hatte, und beinah ein medizinisches Wunder. Ein Jahr bevor ich mit ihm sprach, war bei ihm Leberkrebs diagnostiziert worden. Nur eine Transplantation konnte ihn retten, aber mit seinen 67 Jahren kam er nach den israelischen Vorschriften für einen solchen Eingriff nicht mehr infrage. Mit Unterstützung des Mossad eilten ihm Freunde und Kollegen aus aller Welt zu Hilfe. Am Ende wies der weißrussische Herrscher Alexander Lukaschenko seine Ärzte an, eine Leber für ihn zu suchen. »Ich fürchte«, sagte Dagan zu mir, »ich habe alle diejenigen enttäuscht, die auf mein baldiges Ableben hofften.« Aufgrund von Warnungen, jemand – der syrische oder iranische Geheimdienst, die Hamas, die Hisbollah, der Palästinensische Islamische Dschihad und so weiter – könnte sich für die Ermordung seiner Spitzenleute rächen wollen, stand er immer noch unter dem Schutz des Schin Bet. »Da ist nichts zu machen«, meinte er lächelnd. »Das passiert, wenn man sich mit allen anlegt.« Ende 2015 kehrte der Krebs zurück, und im März 2016 erlag Dagan ihm schließlich. Er wurde unter der Anteilnahme Tausender von Menschen mit allen Ehren, die einem nationalen Symbol zukommen, beerdigt.
6. Interview mit Meir Dagan, 26. Mai 2013.
7. Interview mit Meir Dagan, 29. Mai 2013.
8. Anat Talshir und Igal Sarna, »I Love to Put On a Costume and Go Act in Enemy Territory«, in: *Yedioth Ahronoth*, 24. Oktober 1997.
9. Interview mit Meir Dagan, 20. Juli 2013.
10. Jatom, *The Confidant*, S. 83.
11. Interview mit Meir Dagan, 26. Mai 2013.
12. Interview mit »Würfel«, März 2004.
13. Interview mit Meir Dagan, 8. Januar 2011.
14. Interview mit Avigdor (Azulay) Eldan, 20. April 2016.
15. Fahndungsliste des Schin Bet (Archiv des Autors, erhalten von »Jedi«).
16. Mosche Rubin von der Sajeret Matkal wurde hinzugezogen, um die Techniken und Methoden zu lehren, die von dieser Einheit tief in Feindesland verwendet wurden. Neben Schieß- und Orientierungsübungen gehörte auch eine »Tanzen« genannte Technik zur Ausbildung, die dazu diente, die eigene Silhouette beim Eindringen in ein Haus zu minimieren, um die Gefahr, von innen beschossen zu werden, zu verringern. Ferner übten die Lehrgangsteilnehmer operatives Fahren in verschiedenen Fahrzeugen, einschließlich solcher, wie sie die Einwohner des Gazastreifens bevorzugten. Außerdem mussten sie als Araber verkleidet im Gazastreifen herumgehen, »einfach, um unser Selbstvertrauen zu stärken, dass wir nicht entdeckt wurden«, wie Meir Teichner, eines der ersten dieser

»Chamäleons«, erklärte. Interviews mit Avigdor (Azulay) Eldan, Mosche Rubin und Meir Teichner, 20. April 2016.

17. Über die Gründung der Einheit Sikit oder Sajeret Rimon sind verschiedene Geschichten in Umlauf. Sicher ist, dass die Einheit mit Zustimmung Arik Scharons irgendwann unter Dagans Kommando gestellt wurde. Interviews mit Meir Dagan, 29. Mai 2013, sowie Mosche Rubin, Meir Teichner, Avigdor (Azulay) Eldan und Dani Perl, 20. April 2016.
18. Interview mit Meir Dagan, 29. Mai 2013.
19. Interviews mit »Neta«, Juli 2013, und »Würfel«, März 2004.
20. Interviews mit Mosche Rubin, Meir Teichner und Avigdor (Azulay) Eldan, 20. April 2016.
21. Interview mit Meir Dagan, 19. Juni 2013.
22. »Suddenly There Was an Explosion in the Car«, in: *Yedioth Ahronoth*, 3. Januar 1972.
23. Interview mit Meir Dagan, 19. Juni 2013.
24. Interview mit Schlomo Gasit, 12. September 2016.
25. Interview mit Meir Dagan, 19. Juni 2013.
26. Interviews mit Meir Dagan, 19. Juni 2013, und Ariel Scharon, Mai 2003; Urkunde über die Verleihung der Tapferkeitsmedaille an Hauptmann Meir Huberman (Dagans ursprünglicher Nachname) durch Generalstabschef Generalleutnant David Elazar, April 1973.
27. Gazit, *Trapped Fools*, S. 61 ff.; Interviews mit Meir Dagan und Jaakow Peri; Brief von David Ronen an *Haaretz*, Oktober 2002; Archivmaterial über die Operationen der Sajeret Rimon, das dem Autor von »Emilia« gezeigt wurde.
28. Interview with Jitzchak Pundak, 6. Juni 2017. Nach Pundaks Tod im August 2017 und der Veröffentlichung dessen, was er mir über das Dokument erzählt hatte, erhob Scharons Sohn Gilad im Namen der Familie Einspruch: »Dies ist eine Ansammlung von Lügen und Fantasien eines Mannes, dessen größte Leistung das hohe Alter war, das er erreicht hat.« (WhatsApp-Äußerung von Gilad Scharon, 30. August 2017).
29. Am 12. August 1997 nahm Daniel Okev, einer von Dagans Kämpfern, auf einer Fahrt durch die Negev-Wüste zum Spielcasino in Taba, unmittelbar jenseits der ägyptischen Grenze auf der Halbinsel Sinai, zwei junge britische Tramper mit, Jeffery Max Hunter und Charlotte Gibb. Während der Weiterfahrt zog er seine 9-mm-Pistole und erschoss die beiden. Hunter war auf der Stelle tot, während Gibb nur verwundet war und sich tot stellte. Vor Gericht erklärte Okev, er habe es getan, weil er eine »fremde Sprache« gehört und »plötzlich das Gefühl hatte, als Araber verkleidet in Gaza in einem Mercedes [der von der Sajeret Rimon benutzten Automarke] zu sitzen«. Er wurde zu 20 Jahren Gefängnis verurteilt. Den Antrag der Staatsanwaltschaft auf eine lebenslange Haftstrafe lehnte das Gericht ab, weil Okev sich zum Zeitpunkt der Tat »in einem Zustand tiefer geistiger Verwirrung« befunden habe. Er wurde nach 13 Jahren auf Bewährung aus der Haft entlassen. Ein anderer Kämpfer der Sajeret Rimon, Jean Elraz, bestätigte Berichte über von der Einheit begangene Tötungen. »Ich selbst habe über 20 Menschen getötet«, schrieb er aus dem Gefängnis, wo er wegen der Ermordung eines bewaffneten Kibbuz-Wachmanns im März 2001 sowie wegen des Raubs von Waffen und ihres Verkaufs an Terroristen einsaß. Talshir und Sarna, »I Love to Put on a Costume«, in: *Yedioth Ahronoth*, 24. Oktober 1997; Interview mit

Jean-Pierre Elraz, Januar 1993; Gefängnisbriefe von Elraz, August 2002; Bergman u. a., »Killer«, in: *Yedioth Ahronoth*, 6. September 2002.

30. Interview mit Meir Dagan, 19. Juni 2013.
31. Interview mit Schmuel Pas, 31. März 2017.

9 Die PLO erweitert ihre Aktivitäten ins Ausland

1. Bekanntmachung des Verkehrsministers über die Entführung des El-Al-Flugzeugs, Knesset-Sitzung 312, 23. Juli 1968.
2. Interview mit Eitan Haber, 21. Juni 2009; Bergman, *Mit allen erforderlichen Mitteln*, S. 28 f (hebräisch).
3. Yaari, *Strike Terror*, S. 242; Merari und Elad, *The International Dimension of Palestinian Terrorism*, S. 29–41.
4. »No Response from El Al Flights: The Hijack of an Airplane to Algeria«, Webseite der Israelischen Luftwaffe.
5. *Leila Khaled. Hijacker*, ein Dokumentarfilm über Leila Chaled von Lina Makboul aus dem Jahr 2006.
6. Joram Peres, der sich bei El Al in der Pilotenausbildung befand, wurde bei dem Angriff schwer verletzt und starb sechs Wochen später im Krankenhaus. Brief von Peres' Schwester Tami Inbar an den Autor, 5. Dezember 2008.
7. *The Guardian*, 26. Januar 2001; Merari und Elad, *International Dimension of Palestinian Terrorism*, S. 95.
8. Interview mit Uri Bar Lev, 19. Juni 2017.
9. Schon vor der spektakulären Operation gab Habasch offen zu, dass er mit seinen Aktionen die arabischen Staaten in den Konflikt hineinziehen wollte. »Das ist genau das, was wir wollen«, erklärte er. »Durch diese Aktionen sollen die Aussichten für eine friedliche Lösung, die zu akzeptieren wir nicht bereit sind, verringert werden.« *Jerusalem Post*, 10. Juni 1969, zit. in Merari und Elad, *International Dimension of Palestinian Terrorism*, S. 28.
10. Syrien entsandte Truppen, um die Palästinenser zu unterstützen, doch Israel ließ auf Bitten Amerikas Truppen an der Grenze aufmarschieren und erklärte, dass Damaskus mit einem Angriff rechnen müsse, wenn es seine bewaffneten Kolonnen nicht zurückziehe. Syrien lenkte ein, und Hussein erlangte die volle Kontrolle über Jordanien zurück. Eine detaillierte Darstellung der Ereignisse des Schwarzen September findet sich in Sayigh, *Armed Struggle*, S. 261–281; Interview mit Schlomo Gasit, 29. November 2016.
11. »Protocol of a meeting between PM Meir and Mossad Director Zamir«, 5. Januar 1972 (dem Autor von »Paul« vorgelegt). Jahre später gab Abu Ijad in seinen Memoiren zu, dass der Schwarze September tatsächlich Teil der PLO war. Abu Ijad wird zitiert in Merari und Elad, *International Dimension of Palestinian Terrorism*, S. 33.
12. Interview mit Abu Ijad in *Jeune Afrique*, 18. Oktober 1971; Sayigh, *Armed Struggle*, S. 309.
13. Interview mit Meir Dagan, 29. Mai 2013.
14. Sayigh, *Armed Struggle*, S. 308, Anm. 207.
15. Ebd., S. 309, Anm. 210.
16. Die Rote-Armee-Führerin Fusako Shigenobu, die ihren Ehemann auf die Selbstmordmission schickte, erklärte: »Aufgrund meiner organisatorischen Verantwortung und weil ich seine Frau war, war ich die Letzte, die die Kom-

mandos sah, bevor sie in das Flugzeug stiegen, das sie nach Lod brachte.« Farrell, *Blood and Rage*, S. 138.

17. *The New York Times*, 1. Juni 1972; Interview mit Usi Eilam, einem Augenzeugen der Ereignisse auf dem Flughafen, 2. Dezember 2009.
18. Einer der Japaner, Kozo Okamoto, überlebte zu seinem Bedauern. Im Verhör weigerte er sich zu sprechen, und im Unterschied zu arabischen Terrorverdächtigen wurde er nicht gefoltert. Er willigte erst ein, Rede und Antwort zu stehen, als ein israelischer General ihm anbot, ihm eine Pistole mit einer einzigen Patrone zu geben, damit er sich umbringen konnte. Der General, Rechavam Seevi, erfüllte sein Versprechen allerdings nicht. Steinhoff, unveröffentlichtes Manuskript, S. 55, zit. in Farrell, *Blood and Rage*, S. 141.
19. *The New York Times*, 4. Juni 1972.
20. Operation »Tschura« (Geschenk) auf der Webseite der israelischen Luftwaffe: http://iaf.org.il/4694-32941-HE/IAF.aspx.
21. Henry Tanner, »France Pledges to Aid Lebanon If Her Existence Is Threatened«, in: *The New York Times*, 15. Januar 1969.
22. Interviews mit Mike Harari, 23. März 2014, Aaron J. Klein, 28. Mai 2014, und »Schwarz«, November 2015.
23. Interviews mit Zvi Acharoni, Juli 1998, Amram Acharoni, 14. Mai 2016, und »Darren«, September 2014.
24. Interview mit Mike Harari, 10. März 2014.
25. Interview mit Francis Clovis, Februar 2005.
26. Interview mit Mike Harari, 23. März 2014.
27. Harari erhielt Zamirs Genehmigung für eine Übung in Echtzeit während der Feier, um vorzuführen, wie man in die Wohnung gelangen würde, aus der die Schüsse abgegeben werden sollten, die Schießerei zu simulieren und den Rückzug vorzuspielen – alles, um der Ministerpräsidentin zu zeigen, wozu Caesarea fähig war. Alles lief ausgezeichnet, abgesehen davon, dass der Mossad-Agent, der die Aufgabe hatte, Arafat zu »töten«, keine Waffe trug und daher lediglich mit dem Finger auf seinen Kopf zielen konnte.
28. Interview mit Moti Kfir, 9. Juni 2011.
29. PFLP-Sprecher Bassam Abu Scharif zum Beispiel wurde schwer verwundet und verlor mehrere Finger, als er ein Exemplar von Che Guevaras Memoiren aufschlug. Merari und Elad, *International Dimension of Palestinian Terrorism*, S. 119; Bechor, *PLO Lexicon*, S. 25.
30. Bei einer Gelegenheit entschloss sich der Mossad zu einer direkten Aktion in Beirut. Ein anderer PFLP-Sprecher, ein bekannter Schriftsteller namens Ghassan Kanafani, gelangte auf die Anschlagsliste des Mossad, nachdem er auf Fotos identifiziert worden war, auf denen er zusammen mit den japanischen Rote-Armee-Kämpfern kurz vor deren Aufbruch zu sehen war. Am 8. Juli 1972, sechs Wochen nach dem Blutbad in Lod, stiegen Kanafani und seine 17-jährige Nichte Lamees Najim in seinen Austin 1100, der explodierte, als er den Zündschlüssel drehte. Dass der Mossad ein unschuldiges junges Mädchen tötete, dessen einziges Vergehen es war, mit dem falschen Mann in das falsche Auto eingestiegen zu sein, wurde nie zum Gegenstand einer Debatte oder einer Untersuchung. Interviews mit Mike Harari, 23. März 2014, und »Ethan«, Juli 2014.
31. Interviews mit Mike Harari, 23. März 2014, und »Kurtz«, Oktober 2005.
32. Außen- und sicherheitspolitischer

Ausschuss der Knesset, Sitzung vom 9. Oktober 1972 (Archiv des Autors, erhalten von »Paul«).

33. Nach der Erinnerung von »Dunkle Schokolade«, der in den 1970er-Jahren Mitglied der Caesarea war, November 2012.
34. Interview mit »Schaul«, Juni 2017.
35. Außen- und sicherheitspolitischer Ausschuss der Knesset, Protokoll der Sitzung am 9. Oktober 1972, S. 10.
36. Samir, *With Open Eyes*, S. 67.
37. Beckermans Instinktschießen wird auch von Schin-Bet-Agenten angewandt, die undercover in El-Al-Flugzeugen mitfliegen. Beckermans Technik wird heute auf dem geheimen Schin-Bet-Schießplatz östlich von Tel Aviv gelehrt. Der Schießplatz ist wie eine Reihe von Labyrinthen aufgebaut, die aus Räumen und Treppen bestehen, in deren Winkeln Pappfeinde versteckt sind. Das Ganze ist mit einer massiven Glasdecke versehen, durch die die Ausbilder ihre Schüler beobachten können, während sie über Lautsprecher Befehle erteilen. Die Labyrinthe sind so gebaut, dass die Schüler in alle Richtungen echte Munition verschießen können, während Sensoren und Kameras jeden ihrer Schüsse aufnehmen. Der Autor konnte den Schießplatz im Mai 2005 besichtigen.
38. Interview mit Jarin Schachaf, 22. Januar 2013. Während der großen Zeit des Antiterrorkampfs Mitte der 1970er-Jahre änderte Harari den Namen Caesarea in Masada, nach der Bergfestung in der Judäischen Wüste oberhalb des Toten Meers, wo im 1. Jahrhundert unserer Zeitrechnung die letzten jüdischen Rebellen gegen die Römer Zuflucht suchten. Nachdem sie den sie belagernden römischen Legionen lange Zeit standgehalten hatten, entschlossen sie sich, anstatt sich zu ergeben und zu Sklaven zu werden, mitsamt Frauen und Kindern zum Selbstmord. Masada ist ein Symbol des Heldentums, das als Zeichen der Bereitschaft zum Selbstopfer ein wichtiges Element des israelischen Unabhängigkeitsethos bildet, dessen Devise lautet: »Masada darf nicht noch einmal fallen.« In der Folgezeit wurde der Name der Einheit noch mehrmals geändert. Um keine Verwirrung zu stiften, wird sie in diesem Buch jedoch durchweg Caesarea genannt.
39. Sayigh, *Armed Struggle*, S. 309.
40. Die persönlichen Angaben über die Kämpfer des Schwarzen September stammen aus der ausgezeichneten Darstellung des Münchner Anschlags von Schai Fogelman, »Back to the Black September«, in: *Haaretz Weekly Magazine*, 31. August 2012.
41. Interview mit »Ethan«, Juli 2014.
42. Goldstein, *Golda. A Biography*, S. 525.
43. Interview mit Victor Cohen, 27. Mai 2015.
44. Samir, *With Open Eyes*, S. 69.
45. Interview mit Victor Cohen, 27. Mai 2015.
46. Sitzung des Sicherheitskabinetts, 6. September 1972 (Archiv des Autors, erhalten von »Paul«).
47. *Al-Sajjid*, 13. September 1972, zit. in Merari und Elad, *International Dimension of Palestinian Terrorism*, S. 35.
48. Geheimer Anhang des Kabinettsbeschlusses nach dem Münchner Anschlag, Michael Arnon an den Verteidigungsminister, 11. September 1972 (Archiv des Autors, erhalten von »Paul«). Die Palästinenser behaupteten, diesen Angriffen seien 200 Zivilisten zum Opfer gefallen, unter ihnen Frauen und Kinder. Israel wies dies zurück. Fogelman, »Back to the Black

September«, in: *Haaretz Weekly Magazine*, 21. August 2012.

49. Sitzung des Sicherheitskabinetts, 6. September 1972 (Archiv des Autors, erhalten von »Paul«).
50. Außen- und sicherheitspolitischer Ausschuss der Knesset, Sitzung am 3. November 1972, Protokoll Nr. 243 (Archiv des Autors, erhalten von »Paul«).
51. Ebd.

10 »Niemand, den ich getötet habe, ist ein Problem für mich«

1. Interview mit »Schwarz«, November 2015. Eine Darstellung, die dieser in einigen Details ähnelt, findet sich in Klein, *Striking Back*, S. 117 f.
2. Brief an den Autor von Peter Manning, der eine Biografie über Janet Venn-Brown geschrieben hat, 20. Oktober 2015; Interview mit Peter Manning, 24. Dezember 2015.
3. Obwohl der Versuch vereitelt wurde (der mit einer versteckten Sprengladung versehene Plattenspieler, der sich im Flugzeug befand, explodierte während des Fluges, doch dem Piloten gelang es, sicher zu landen) und obwohl die beiden palästinensischen Terroristen, die zwei europäische Urlauber überredet hatten, den Plattenspieler mit an Bord zu nehmen, gefasst und vor Gericht gestellt wurden, war Golda Meir sicher, dass die Italiener dem Druck nachgeben und die beiden freilassen würden. »Die Italiener hocken da und zittern«, sagte sie. Sie sollte recht behalten, denn schon kurze Zeit später ließ die italienische Regierung die beiden unter dem Druck der PLO frei. Protokoll der Kabinettssitzung, 5. November 1972 (Archiv des Autors, erhalten von »Paul«).
4. Schon seit seiner Gründung ist dem Mossad von überall auf der Welt großes Interesse entgegengebracht worden. Ein anscheinend unstillbarer Hunger nach Geschichten über ihn wird in Filmen, Büchern und Fernsehsendungen ausgeschlachtet, die einen vermeintlichen Insiderblick auf die Organisation bieten und regelmäßig die Bestsellerlisten anführen. Vor allem eine Geschichte scheint ihre Faszination niemals zu verlieren, nämlich die, wie Golda Meir den Befehl gibt, palästinensische Terroristen ins Visier zu nehmen und zu ermorden. Die wahrscheinlich bekannteste Darstellung dieser Geschichte ist Steven Spielbergs Spielfilm »München« mit Eric Bana und Daniel Craig, der für fünf Oscars nominiert wurde. Auch hier ist, wie bei den meisten anderen Darstellungen dieser Einsätze (abgesehen von Aaron J. Kleins großartiger Reportage *Striking Back*), der Zusammenhang zwischen Film und Realität ausgesprochen dünn. Der Film beruht auf einem Buch von einem gewissen Juval Aviv, der sich als hochrangiger Mossad-Mitarbeiter ausgab und in Wirklichkeit als Gepäcküberprüfer beim Ben-Gurion-Flughafen arbeitete. Sogar der Codename »Zorn Gottes«, den der Einsatz in verschiedenen Publikationen erhalten hat, ist nach Aussage all derer, die tatsächlich dabei waren und darüber für dieses Buch und das Buch von Klein gesprochen haben, falsch. Interviews mit Juval Aviv, Dezember 1995, 6. November 2005; Brief von Aviv an den Autor,

7. November 2005, über seine Verbindung mit Spielberg und DreamWorks. Teile aus Juval Avivs betrügerischem Material werden in dem Artikel erörtert: Bergman, »Living in a Movie«, in: *Yedioth Ahronoth*, 2. Dezember 2005. Spielberg antwortete darauf, dass der Film auf den besten Informationen basierte, die öffentlich zu bekommen waren. Ofer Shelah, »Save Munich«, in: *Yedioth Ahronoth*, 17. Februar 2006. Weitere Einzelheiten stehen bei Chris Thompson, »Secret Agent Schmuck«, in: *Village Voice*, 16. Oktober 2007.

5. *Yedioth Ahronoth*, 6. März 1973.
6. Interviews mit Mike Harari, 10. März 2014, Aaron J. Klein, 6. Oktober 2014, »Kurtz«, Oktober 2005, und »Schwarz«, November 2015.
7. Interview mit »Salvador«, Mai 2012.
8. Mossad-Chef Zamir sagte später, dass die Ermordungen nicht von Rachegefühlen motiviert waren, sondern weitere Angriffe verhindern sollten. Dies lässt sich jedoch nur schwer mit dem in Übereinstimmung bringen, was Zamirs Untergebene sagen. Die meisten erklärten explizit, dass es ihnen um Rache ging, wenn sie zu einem Tötungseinsatz aufbrachen. Einer von ihnen bemerkte lakonisch: »Wir mussten klarmachen, dass jeder, der Juden tötet, ein legitimes Ziel ist.« Die Nachfolger von Zamir, Nachum Admoni und Meir Dagan, sagten, dass eines der Motive für die Ermordungen in den 1970er-Jahren Rache gewesen sei. Interviews mit »Schwarz«, Juni 2015, Nachum Admoni, 29. Mai 2011, und Meir Dagan, 29. Mai 2013; Interview mit Zvi Zamir in Jossi Melman, »Golda Gave No Order«, in: *Haaretz*, 17. Februar 2006.
9. Interviews mit »Schwarz«, November 2015, und Mike Harari, 11. April 2014.
10. Interview mit »Kurtz«, Oktober 2005.
11. Zu der Frage, ob Meiri jemals offiziell zum Chef der Einsatzgruppe Kidon berufen wurde, gibt es widersprüchliche Angaben. Er selbst und einige Mossad-Quellen beteuern dies. Harari dagegen behauptete, dass er lediglich zum Feldkommandanten von einigen Operationen der Einsatzgruppe ernannt worden war. Zwischen den beiden Männern traten im Laufe der Jahre gewisse Differenzen und Unstimmigkeiten zutage. Interviews mit »Schaul«, Juni 2017, Nechemia Meiri, 12. Juni 2012, und Mike Harari, 10. März 2014.
12. Interviews mit Nechemia Meiri, 12. Juni 2012, und Eitan Haber, 21. Juni 2009; Tonbandaufnahme des Gesprächs zwischen Nechemia Meiri und dem Journalisten Eitan Haber (Archiv des Autors, übermittelt von Mosche Meiri).
13. Interview mit »Schaul«, Juni 2017.
14. Interview mit Eitan Haber, 21. Juni 2009.
15. Interview mit Nechemia Meiri, 12. Juni 2012.
16. Nachdem Hariri im Jahr 1980 den Posten des Caesarea-Chefs niedergelegt hatte, überreichte ihm die Einheit ein spezielles Abschiedsgeschenk – die Beretta-Pistole, mit der Meiri Zwaiter erledigt hatte, ausgestellt auf einer Gedenktafel mit Widmungen seiner Agenten. Harari bewahrte sie in einem gut sichtbaren Regal in seinem Wohnzimmer auf.
17. Klein, *Striking Back*, S. 130 f.
18. Interview mit Mike Harari, 10. März 2014.
19. Das grüne Licht für den Anschlag auf Hamshari wurde dann schließlich sehr schnell gegeben, als der Schwarze September am 29. November ein Lufthansa-Flugzeug von Beirut nach Frankfurt entführte. Die Deutschen

befreiten umgehend die drei noch im Gefängnis sitzenden Olympia-Attentäter, die nach Libyen geflogen und dort fürstlich empfangen wurden. Die Umstände der Entführung erregten den Verdacht, dass sie mit den Deutschen abgesprochen war, um ihnen einen Vorwand zu liefern, unter dem sie die Mörder der Athleten freilassen konnten. Der Zorn in Israel wurde noch größer. Einige Minister waren besonders wütend über die Aussage des deutschen Regierungssprechers: »Deutschland hat den Nahostkonflikt nicht verursacht.« Minister Wahrhaftig stellte dagegen fest: »Die Ermordung von sechs Millionen Juden hatte sehr wohl Auswirkungen auf den Nahostkonflikt.« Nach dieser Kabinettssitzung ging Wahrhaftig auf Meir zu und drängte sie, weiteren Tötungsaktionen zuzustimmen. Interview mit »Toblerone«, Januar 2014; »Böses Blut. Die Geheimkontakte der Bundesregierung mit den Hintermännern des Olympia-Anschlags 1972«, in: *Der Spiegel*, 27. August 2012.

20. In einer Ära, in der es noch keine Kommunikationsgeräte im Taschenformat gab, die von außen vor Gefahren warnen konnten, ohne Lärm zu machen, hatte der Kommandant der Einheit, Zvi Malkin, eine kleine Box erfunden, die man an den Gürtel hängen konnte und die vibrierte, wenn ein Funksignal auf einer bestimmten Wellenlänge gesendet wurde. Dies könnte der erste Pieper gewesen sein.
21. Interview mit »Kurtz«, Oktober 2005. Am Tag nachdem Hamshari getötet worden war, erhielt Ankie Spitzer, die Witwe von André Spitzer, einem Fechttrainer, der unter den Opfern von München gewesen war, einen anonymen Anruf: »Hören Sie um 10 Uhr die Nachrichten«, sagte der Anrufer. »Es ist für André.« Interview mit Ankie Spitzer, 22. Februar 2012; Klein, *Striking Back*, S. 129–133.
22. Interview mit Mike Harari, 10. März 2014.
23. Aus Darstellungen des Direktors Zvi Zamir gegenüber der Historischen Abteilung des Mossad, zitiert in Zamir, *With Open Eyes*, S. 76–80.
24. Knesset, Komitee für Sicherheits- und Außenpolitik, Protokoll der Sitzung vom 3. November 1972 (Archiv des Autors, erhalten von »Paul«).
25. Interview mit »Schwarz«, Juni 2015.
26. Interview mit »Iftach«, 22. Mai 2011.
27. Zusätzliche Bestätigung für die Behauptungen der Palästinenser kam in einem überraschenden Interview, das Aharon Jariv, Meirs Anti-Terror-Berater, im Jahr 1993 der BBC gab. Zum ersten Mal räumte Jariv ein, dass der Mossad hinter den Ermordungen stand, und widersprach den Behauptungen des Mossad über Zwaiter, indem er sagte: »Er hatte eine gewisse Verbindung zum Terrorismus. Nicht auf der ausführenden Seite.« Ähnliche Zweifel erhob Aaron J. Klein in seinem Buch *Striking Back*, S. 119.
28. Interview mit »Select«, April 2011.
29. Es war offensichtlich, dass die Palästinenser in den ersten Monaten von den Mossad-Morden in Europa unbeeindruckt blieben und mit der Ausweitung des Terrors in Europa und anderswo fortfuhren. Sie verübten Anschläge gegen El-Al-Büros, verschickten Paketbomben, überfielen israelische Abgeordnete, und auf der Höhe ihrer Macht griffen sie die israelische Botschaft in Bangkok und deren Mitarbeiter an. Merari und Shlomi, *International Dimension of Palestinian Terrorism*, S. 17 (hebräisch).

30. Auch die Fatah wehrte sich gegen den Mossad. Im Januar 1973 gelang es ihr, zwei palästinensische Agenten der Abteilung Tsomet umzudrehen. Einer von ihnen zog bei einem Treffen mit seinem Steuerungsagenten, Zadok Ofir, eine Pistole, schoss auf Ofir und verletzte ihn. Der andere tötete bei einem Treffen in Madrid seinen Verbindungsoffizier vom Mossad, Baruch Cohen. In Israel betrachtete man diese Vorfälle als Beweis, dass die Tötungskampagne ausgeweitet werden müsse. Interviews mit Gideon Ezra, 4. Februar 1999, Rafi Sutton, 9. Mai 2012, und Jossi Alpher, 18. Mai 2015; Klein, *Striking Back*, S. 142–147.
31. Interview mit Clovis Francis, Februar 2005.
32. Yael erhielt ihre kurze Einweisung in die Lebens- und Arbeitsweise von Schriftstellern von Shabtai Tevet, der ein führender Journalist der Zeitung *Haaretz*, der Biograf Ben Gurions und ein Freund von Harari war.
33. Die Caesarea-Akte mit den Informationen, die im Vorfeld der Operation »Frühling der Jugend« gesammelt worden sind, und einigen Fotos, die Yael in Beirut gemacht hat, befindet sich im Archiv des Autors, übergeben von »Gustav«.
34. Efrat Mass, *Yael, the Mossad Warrior in Beirut*, S. 66 (unzensierter Manuskriptentwurf, Archiv des Autors, erhalten von »Maurice«).
35. Interview mit Mike Harari, 23. März 2014; Klein, *Striking Back*, S. 157–161.
36. Dar sagte zum Stabschef, zum Chef des AMAN und zum Kommandanten der Einheit 131: »Den Grundstein für die Einrichtung einer verdeckt arbeitenden Mistaravim-Einheit legen«, 2. Oktober 1955 (Archiv des Autors, erhalten von Avraham Dar).
37. Bei längeren Zeitspannen wurden die Abhörgeräte mit Atombatterien betrieben, die der jüdisch-amerikanische Wissenschaftler Zalman Shapiro, Besitzer der Firma NUMAC in Pennsylvania, zur Verfügung stellte. Interviews mit Meir Amit, 6. Juni 2005, und Amiram Lewin, 16. Juli 2017; Ronen Bergman, »The Nuclear Batteries and the Secret Listening Devices«, in: *Yedioth Ahronoth*, 6. Juni 2017.
38. Barak lag mit seinem offensiven Vorstoß in Richtung Integration in die Israelischen Verteidigungsstreitkräfte völlig richtig. Im Laufe der Zeit wurde die Sajeret (Matkal) ein Synonym für Leistungsfähigkeit, Entschlossenheit und Einfallsreichtum. Die Veteranen der Einheit übernahmen hohe Positionen im Militär und wurden nach ihrer Abdankung ein Teil der israelischen Elite. Ehud Barak, der später als Generalstabschef diente, ging in die Politik und wurde Verteidigungsminister und Ministerpräsident. Usi Dajan wurde stellvertretender Stabschef und im zivilen Leben dann Chef des Nationalen Sicherheitsrats. Danny Jatom wurde Mossad-Direktor. Schaul Mofas wurde Stabschef und Verteidigungsminister. Mosche Jaalon wurde Stabschef, Verteidigungsminister und Stellvertreter von Ministerpräsident Benjamin Netanjahu, auch dieser ein Veteran der Sajeret. Ein Dossier, das von der Tageszeitung *Yedioth Ahronoth* Ende des Jahres 2012 zusammengestellt wurde, zeigte, dass die Zentren der ökonomischen, sozialen und politischen Macht sowie der Sicherheitsorgane in Israel sich aus früheren Soldaten der Sajeret (Matkal) zusammensetzen, die nicht größer ist als ein einzelnes Bataillon.
39. Betser, *Soldat in geheimem Auftrag*, S. 143 (hebräisch).

40. Interviews mit Amnon Biran, 5. Juni 2011, und Ehud Barak, 24. November 2013.
41. Es war nicht das erste Mal, dass die Israelischen Verteidigungsstreitkräfte im Libanon operierten, aber sie hatten dies noch nie in so großem Umfang getan, der das Zusammenspiel verschiedener Abteilungen, einschließlich des Mossad, notwendig machte. Informationen über frühere Angriffe auf den Libanon (Operations Bardas) finden sich bei Nadel, *Wer wagt, gewinnt*, S. 198–235 (hebräisch). Zur Planung der Operation »Frühling der Jugend« siehe Betser, *Secret Soldier*, S. 109–114; Operations Division, Spring of Youth, 9. April 1973, MODA 580-75-401; Interview mit Ehud Barak, 1. Juli 2013.
42. Die Landung und die Autofahrt zu der Adresse wurden auf einem Strand in der Nähe eines wohlhabenden Stadtteils im nördlichen Tel Aviv, in Ramat Aviv, trainiert, wo die Rohbauten von hohen Apartmenthäusern standen, die den Luxusgebäuden, in denen die Zielpersonen lebten, in gewisser Weise ähnelten. Interviews mit Emmanuel Schaked, 1. Mai 2013, und Ehud Barak, 13. Januar 2012.
43. Harari hatte sich entschlossen, Yael die Details und den Zeitplan der Operation nicht zu offenbaren. »Die winzige Möglichkeit, dass sie ohne unser Wissen enttarnt und gezwungen werden würde, zu erzählen, was sie wusste, hätte unsere Truppen in Gefahr gebracht«, sagte er mir. Mossad, Geheimdienstliche Zusammenfassung der Operation »Frühling der Jugend«, 6. April 1973 (Archiv des Autors, erhalten von »Gustav«); Interview mit Amnon Biran, 5. Juni 2011.
44. Rekonstruktion des Treffens aus Interviews mit Emmanuel Schaked, 14. Mai 2013, Mike Harari, 29. März 2014, und Amnon Biran, 5. Juni 2011.
45. Diverse handschriftliche Notizen des Kommandanten der Operation, niedergeschrieben kurz vor dem Auszug der Truppen, sowie Notizen für das letzte Briefing durch Brigadegeneral Emmanuel Schaked am 4. April 1973 (Archiv des Autors, erhalten von »Stark«).
46. Interview mit Eli Zeira, 29. Juni 2010.
47. Interview mit Ehud Barak, 24. November 2013.
48. Interview mit Muki Betser, 10. Juni 2016.
49. Betser, *Secret Soldier*, S. 163.
50. Interview mit Muki Betser, 10. Juni 2016.
51. Chief Infantry and Paratroops Officer headquarters, operations report for Operation Spring of Youth, 11. Mai 1973 (Archiv des Autors, erhalten von »Stark«); Amnon Biran, »Spring of the Elite Forces«, in: *Mabat Malam*, April 2011 (hebräisch); Interviews mit Ehud Barak, 24. November 2013, »Dunkle Schokolade«, November 2012, »Schwarz«, Januar 2013, und Aviram Halevi, 12. Oktober 2010; Betser, *Secret Soldier*, S. 164 ff.
52. Interview mit Jigal Pressler, 6. Juli 2017.
53. Interview mit Amnon Lipkin-Schachak, 26. Mai 2011; Klein, *Striking Back*, S. 168 f.
54. Interview mit Amnon Lipkin-Schachak, 3. April 2012.
55. Interview mit »Sindbad«, Oktober 2013.
56. Interview mit Ehud Barak, 24. November 2013.
57. Kopie des Briefes im Archiv des Autors, erhalten von »Midburn«.
58. Efrat Mass, *Yael, the Mossad Warrior in Beirut* (unzensierter Manuskriptentwurf im Archiv des Autors, erhalten von »Maurice«), S. 117.
59. Er und sein Berater, Tawfik Tirawi, trafen sich gerade mit den drei Terroristen,

die am Münchner Massaker beteiligt gewesen und von den Deutschen freigelassen worden waren. Gegen ein Uhr morgens, so erzählte Tirawi, hörten sie Schüsse, und einer der Bodyguards, der draußen gewartet hatte, stürzte herein und schrie: »Der Mossad, der Mossad, sie sind hier.« Interview mit Tawfik Tirawi, Juni 2002.

60. Weitere Dokumente wiesen auf Verbindungen zwischen der PLO und linken Organisationen in Europa hin, wodurch sich das Ansehen des Mossad verbesserte, denn er konnte für westliche Staaten in ihrem eigenen Kampf gegen den örtlichen Terrorismus nützlich sein. Auch das israelische Argument, dass nur Zusammenarbeit gegen dieses Phänomen helfen könne, wurde dadurch gestärkt. Interviews mit Shimshon Issaki, 2. September 2015, und Reuven Hazak, 1. Februar 1999; Sayigh, *Armed Struggle*, S. 311.
61. Wenige Tage nach der Operation verlangte Brigadegeneral Schaked, dass der Mossad-Direktor den Caesarea-Agenten feuerte, und als der sich weigerte, drängte Schaked Stabschef Elazar, die Ministerpräsidentin zu bitten, den Befehl zu seiner Entlassung zu geben, aber »in der euphorischen Stimmung nach der Operation wollte niemand auf mich hören«. Interview mit Emmanuel Schaked, 1. Mai 2013.
62. Zitiert in *Haaretz*, 12. März 1973.

11 »Die falsche Identifizierung einer Zielperson ist kein Versagen, sondern ein Fehler«

1. Der Mossad hatte al-Kubaisi in Verdacht, einen Besuch Golda Meirs in New York für einen Anschlag auf sie nutzen zu wollen, bei dem eine Autobombe zur Explosion gebracht werden sollte. Al-Kubaisi war im Februar nach Paris gereist, hatte in einem kleinen Hotel in der Nähe der Place de la Madeleine eingecheckt und gleich angefangen, Bars zu besuchen, die von jungen Arabern frequentiert wurden. Da Nechemia Meiri das Gefühl hatte, zu alt zu sein, um sich unter diese Leute zu mischen, hatte er, um al-Kubaisi im Auge zu behalten, die äußerst unorthodoxe Entscheidung getroffen, seinen Sohn Mosche in diese Bars zu schicken. Der Junge hatte keinerlei formelle Ausbildung in der Kunst der Spionage erhalten, sagt aber, Nechemia sei überzeugt gewesen, ihm davon etwas mit seinen Genen weitergegeben zu haben. »Ich betrat die Bar, bestellte mir etwas zu trinken und sprach einen der Araber an. Ich hatte eine Tasche mit einer versteckten Kamera und fotografierte die Leute in der Bar, während ich dort saß.« Auf diesen Fotos und in Materialien, die andere Überwachungsteams beschafft hatten, hatte der Mossad Belege für Treffen zwischen al-Kubaisi und Mitgliedern der Fatah gefunden. Interviews mit Mosche und Nechemia Meiri, 12. Juni 2012.
2. »Leider verrecken sie nicht von selbst. Man muss ihnen dabei helfen«, so »Kurtz«, der an der Tötung von Hussein Al Bashir beteiligt war. Interview mit »Kurtz«, Oktober 2005; Klein, *Striking Back*, S. 137 f.
3. Mossad, Abteilung für Geschichte, *Report on Operation* 1996, S. 17, zitiert nach dem Jahresbericht des AMAN für

1978/79 (Archiv des Autors, erhalten von »Lexikon«).

4. Interview mit Mike Harari, 11. April 2014. Eine in manchen Aspekten ähnliche Darstellung findet sich in Klein, *The Master of Operations*, S. 17 ff.; »Two Bomb-Carrying Arabs Injured in Explosion«, in: *JTA*, 18. Juni 1973.
5. Interview mit Arie Hadar, 7. Februar 2012.
6. Interviews mit Mike Harari, 12. Februar 2014, »Dunkle Schokolade«, 2. November 2012, und Aaron J. Klein, 28. Mai 2014.
7. Boudias Tod war ein großer Verlust für die PFLP. Zwei Tage danach gab die Organisation bekannt, dass sie Boudia durch Tötung des israelischen Militärattachés in Washington gerächt habe. Oberst Josef »Joe« Alon war am 1. Juli in der Einfahrt zu seinem Haus in Maryland erschossen worden. Die genauen Umstände von Alons Tod sind noch immer rätselhaft und Gegenstand zahlreicher Verschwörungstheorien. Die Ermittlungen sind vor Kurzem wiederaufgenommen worden, nachdem Beweise aufgetaucht sind, dass Ilich Ramírez Sánchez – Carlos »der Schakal« – in die Sache verwickelt war oder zumindest davon wusste. Adam Goldman, »I Wrote to Carlos the Jackal, and an Israeli's Assassination Case Was Revived«, in: *New York Times*, 8. Januar 2017; E-Mail-Korrespondenz mit Sophie Bonnet, Regisseurin einer in Entstehung befindlichen Fernsehdokumentation über Carlos, Mai 2017.
8. Interview mit »Kurtz«, Oktober 2005.
9. Nadia Salti Stephan, »Abu Hassan by Abu Hassan«, in: *Monday Morning*, April 1976.
10. Forschungsabteilung des AMAN, »Terror Activity Abroad«, 1. Mai 1969 (Einblick gewährte dem Autor »Lexikon«).
11. Interview mit Shimshon Issaki, 2. September 2015; Bird, *The Good Spy*, S. 90.
12. Ebd., S. 133 f.; Klein, *Striking Back*, S. 192.
13. Interview mit Shimshon Issaki, 2. September 2015.
14. Harari-Zitat aus Yarin Kimor, *Sealed Lips*, 1. Programm, 20. September 2014.
15. Klein, *Striking Back*, S. 186 f.; Interviews mit Mike Harari, 10. März 2014, Ilan Misrachi, 2. Oktober 2014, »Kurtz«, Oktober 2005, und »Dunkle Schokolade«, November 2012.
16. Nach einer anderen Version hatte Benamene in Mailand einen Zug nach Oslo bestiegen, und ein Mossad-Team war ihm gefolgt. Einem der Agenten zufolge »war der Irrtum dadurch zustande gekommen, dass wir ihn mit einem anderen Fahrgast in dem Zug verwechselt hatten«. Interview mit »Schaul«, Juni 2017.
17. General Aharon Jariv, BBC-Interview vom 23. November 1993.
18. Dagegen glaubte Meiri, dass der Mann, der dem Anschein nach ein ruhiges Leben in Lillehammer führte, tatsächlich Salameh war. Interviews mit Mike Harari, 10. März 2014, Nechemia und Mosche Meiri, 12. Juni 2012, und »Schaul«, Juni 2017.
19. Interview mit Mike Harari, 23. März 2014.
20. Stattdessen ließ Arbel den Wagen in der Tiefgarage eines renommierten dänischen Hotels zurück, wo er drei Jahre lang stand, bis ein Parkwächter erkannte, dass damit etwas nicht stimmte, und der Autoverleih den Wagen zurückerhielt.
21. Interviews mit Mike Harari, 29. März 2014, und »Schaul«, 4. Juli 2011. J. lehnte ein Interview, um das ich ihn am 20. März 2017 über einen Verwandten,

einen ehemaligen Kommandeur der israelischen Luftwaffe, gebeten hatte, ab.

22. Bouchiki war auch der Bruder von Chico Bouchiki, dem Mitbegründer der Gipsy Kings. Interview mit Uli Weidenbach, 26. Februar 2017.
23. Moshe Zonder, »I Was Sure They'd Kill Me Too«, in: *Maariw*, 13. September 1995.
24. Yarin Kimor, *Sealed Lips*, 1. Programm, 20. September 2014.
25. Interviews mit »Schaul«, Juli 2011, und Mike Harari, 23. März 2014.
26. In den Unterlagen der norwegischen Polizei findet sich jedoch eine abweichende Darstellung der Umstände, unter denen Arbel verhaftet wurde. Danach war die Polizei Arbel selbst auf die Spur gekommen, nicht erst dank der aufmerksamen Nachbarin, die die Nummer aufgeschrieben hatte. Wie auch immer, das Ergebnis war eine Katastrophe für den Mossad. Yossi Melman, »Protocols of Lillehammer Failure Revealed«, in: *Maariw*, 2. Juli 2013.
27. Zu Schauls Aussage sagte Harari: »Vor Lillehammer wussten wir nicht, dass er [Arbel] an Klaustrophobie litt, und in all seinen früheren Missionen hatte er ja großartig funktioniert.« Aber hätten sie von seiner Klaustrophobie nicht wissen *sollen?* Mit dieser Frage konfrontiert, unterbricht mich Harari in sarkastischem Ton: »Sie sind doch ein ernsthafter Mensch, nicht wahr? Nehmen wir an, Sie sind Agent und befinden sich in Norwegen, am Ende der Welt, nahe am Nordpol, und Sie beherrschen weder die Sprache, noch können Sie die Schrift lesen. Sie können also nichts lesen, was relevant sein könnte für Ihre Mission – weder die Straßennamen noch das Klingelschild einer Wohnung noch eine Schlagzeile in einer Zeitung. Was ich damit sagen will: Weil meine voll ausgebildeten Leute die Sprache nicht beherrschen, nehme ich weniger qualifizierte Leute, darunter ›Quasi-Agenten‹, das heißt Leute, die noch in Ausbildung sind, die aber Norwegisch *können*, weil ich es damit zu tun habe und jemanden brauche, der übersetzen kann.« Interview mit Mike Harari, 23. März 2014.
28. Viele Fragen, die das Handeln der Chefs der Caesarea in der Lillehammer-Affäre betreffen, harsche Kritik an ihnen und unveröffentlichte Informationen enthält ein anonymer Brief eines Untergebenen Hararis vom April 2014, der sich im Archiv des Autors befindet.
29. Israel beschloss erst Mitte der 1990er-Jahre, nachdem in Norwegen Prozesse gegen Harari und Zamir eröffnet worden waren, sich zu der Tötung zu bekennen. Israel zahlte Torill Larsen Bouchiki und ihrer 22 Jahre alten Tochter Malika 283 000 Dollar, während Bouchikis Sohn aus einer früheren Ehe, Jamal Terje Rutgersen, 118 000 Dollar erhielt. »Israelis to Compensate Family of Slain Waiter«, in: *New York Times*, 28. Januar 1996.
30. Israels diplomatische und juristische Verwicklung in Lillehammer ist gut in Palmor, *Die Lillehammer-Affäre* (hebräisch), beschrieben, einem Bericht eines Beamten des Außenministeriums, der mit der Koordination der Bemühungen in dieser Sache beauftragt war.
31. Interview mit Moti Kfir, 9. Juni 2011.
32. Interview mit Mike Harari, 23. März 2014.
33. Gaddafi hatte eigene Gründe für den Wunsch, ein israelisches Flugzeug zum Absturz bringen zu lassen. Am 21. Februar 1973 hatte die israelische Luftwaffe ein Passagierflugzeug der Libyan Airlines auf dem Weg von Tripolis nach Kairo abgeschossen, das, von

seiner Route abgekommen, in den von den Israelis kontrollierten Luftraum über dem Sinai eingedrungen war und auf die geheime kerntechnische Anlage bei Dimona zusteuerte. Von den 113 Personen an Bord waren 108 getötet worden.

34. Interview mit Mike Harari, 23. März 2014; Zamir, *With Open Eyes*, S. 142–146; Klein, *Master of Operations*, S. 28–35.
35. Interviews mit Mike Harari, 23. März 2014, Nechemia und Mosche Meiri, 12. Juni 2012, sowie mit »Schwarz«, November 2015.
36. Die Mehrzahl der palästinensischen Gefangenen wurde in ein Transportflugzeug der italienischen Luftwaffe verbracht, das nach Libyen fliegen sollte, aber über dem Mittelmeer explodierte. Alle Personen an Bord wurden getötet. Italienische Offizielle legten dem Mossad das mysteriöse technische Versagen zur Last, das die Explosion verursacht hatte. Israel bezeichnet die Anschuldigung bis heute als unberechtigt, und soweit ich feststellen konnte, ist das die Wahrheit.

12 Hybris

1. »Frühling der Jugend« war 1973 nicht der einzige Erfolg der Geheimdienste. Der Mossad hatte, mit angeblich großartigen Ergebnissen, einen Spion in den höchsten Rängen der ägyptischen Regierung gehabt, einen Mann namens Aschraf Marwan, Büroleiter von Präsident Anwar as-Sadat und Schwiegersohn des verstorbenen Präsidenten Nasser. Außerdem hatte die Sajeret Matkal im Rahmen der Operation »Konsulat« tief im Sinai Überwachungseinrichtungen platziert, die die wichtigsten Kommunikationskabel des ägyptischen Militärs anzapften und dem AMAN das Mithören von Teilen der Top-secret-Gespräche des Feindes ermöglichten. Interviews mit »Konstantin«, November 2011, Ehud Barak, 13. Januar 2012, und Amiram Lewin, 10. Mai 2017. Zur Rekrutierung und Führung von Aschraf Marwan und zu seiner möglichen Verwicklung in das ägyptische Täuschungsmanöver vor dem Jom-Kippur-Krieg siehe Bergman und Meltzer, *The Yom Kippur War – Moment of Truth*, S. 31–41 und 470–522.
2. *Dawar*, 17. April 1973.
3. Zitate aus gescannten Dokumenten, die in Zamir, *With Open Eyes*, Bildteil nach S. 128, abgedruckt sind.
4. Interview mit Ehud Barak, 13. Januar 2012.
5. Kissinger an Präsident Nixon, Washington, 25./26. Februar 1973, National Archives, Nixon Presidential Materials, NSC Files, Kissinger Office Files, Box 131.
6. Kipnis, *1973: The Way to War*, S. 89 (hebräisch).
7. Aussagen von Generalstabschef David Elazar vor der Agranat-Kommission, 31. Januar 1974, 17. Februar 1974, 21. Februar 1974 (Archiv des Autors, erhalten von »Picasso«).
8. Harari und die Caesarea hatten mehrere Notfallpläne für den Ausbruch des Krieges. So sollte ein mit Sprengstoffen gefüllter Container nach Port Said transportiert und dort in die Luft gejagt werden. Oder man wollte in Militärhauptquartieren und Regierungsbüros in Kairo Sprengsätze zünden. Harari legte diese Pläne Ministerpräsidentin Meir vor, die jedoch ablehnte, weil sie, schockiert

und abgestoßen von den Ereignissen, keine zusätzlichen Risiken eingehen wollte. Bergman und Meltzer, *The Yom Kippur War – Moment of Truth*, S. 23–97; Interview mit Mike Harari, 29. März 2014.

9. *Jedioth Ahronoth*, 16. Mai 1974.
10. *The Truth Behind the Maalot Massacre*, Dokumentarfilm von Orly Vilnai und Guy Meroz, 10. Programm, März 2014.
11. Zonder, *Sayeret Matkal*, S. 119.
12. Interview mit Shimshon Issaki, 2. September 2015.
13. Interview mit Mike Harari, 29. März 2014.
14. Sayigh, *Armed Struggle*, S. 310 f.
15. Israelische Armee, Generalstabsabteilung, Abteilung für Geschichte, *The Terror Attack at the Savoy Hotel*, August 1975 (Archiv des Autors, erhalten von »Gomez«).
16. Interview mit Schlomo Gasit, 12. September 2016.
17. Interview mit Omer Bar-Lev, 15. November 2012.
18. Interviews mit »Greco«, Oktober 2014, und »Dominick«, August 2015.
19. Interview mit Schlomo Gasit, 12. September 2016.
20. Die Operation erhielt den Codenamen Operation »B'nei Mazor« (Söhne der Befreiung). Interview mit Aviem Sella, 10. Juli 2013. Den in den Archiven der Luftwaffe vorhandenen Bericht über die Aktion gab »Roi« dem Autor zu lesen.
21. Von Dezember 1973 bis Mai 1978 verübte die Volksfront 20 Terroranschläge außerhalb Israels. Merari und Elad, *The International Dimension of Palestinian Terrorism*, S. 170–174.
22. Interview mit Ilan Misrachi, 22. April 2014.
23. Interview mit Shimshon Issaki, 2. September 2015.
24. The Mitrokin Archive, K-24, S. 365, Churchill College, Cambridge University; Ronen Bergman, »The KGB's Middle East Files: Palestinians in the Service of Mother Russia«, in: *Yedioth Ahronoth*, 4. November 2016; Andrew und Mitrokhin, *The Mitrokhin Archive* II, S. 244; Interview mit Christopher Andrew, 21. Februar 2016.
25. Interview mit Shimshon Issaki, 2. September 2015; Mossad, *Report on Operation Heartburn*, S. 7.
26. Ravid, *Window to the Backyard*, S. 49.
27. Die Verbindung zwischen Haddad und der Baader-Meinhof-Gruppe war von Haddads Stellvertreter Taysir Kubeh, der für die geheimen Auslandsbeziehungen der Organisation zuständig war, über palästinensische Lehrkräfte und Studenten in Deutschland hergestellt worden. Interview mit Shimshon Issaki, 2. September 2015.
28. Weitere Palästinenser und Deutsche waren nach Nairobi geflogen worden, um dort bei der Logistik zu helfen. Der von Haddad geschriebene Einsatzbefehl ist zitiert in Mossad, *Report on Operation Heartburn*, S. 68–80.
29. Ebd., S. 73.
30. Ebd., S. 30.
31. Interview mit Eliezer Tsafrir, 2. Oktober 2015.
32. Interview mit Shimshon Issaki, 2. September 2015.
33. Der Mossad hatte eine lange und sehr erfreuliche Geschichte der Zusammenarbeit mit den kenianischen Geheimdiensten. Bergman, *Israel and Africa*, S. 112–116.
34. Mossad, *Report on Operation Heartburn*, S. 30 f.
35. Interview mit Eliezer Tsafrir, 2. Oktober 2015.
36. Mossad, *Report on Operation Heartburn*, S. 36 f.

37. Tsafrir, einer der Agenten, die der Mossad nach Nairobi geschickt hatte, war in einem besonderen Dilemma: Er hatte erfahren, dass seine Nichte Gilat Yarden diesen Flug gebucht hatte. »Ich wusste nicht, ob ich sie warnen und ihr empfehlen sollte, nicht zu fliegen, oder ob ich das nicht tun sollte. Einerseits war absolute Geheimhaltung wichtig. Jedes Durchsickern von Informationen konnte die Terroristen abschrecken. Und ich war ziemlich sicher, dass wir sie stoppen würden, bevor sie die Rakete abfeuern konnten. Andererseits ging es um die Tochter meiner Schwester, und in einer Operation wie dieser konnte alles Mögliche passieren. Was, wenn es uns nicht gelänge, die Terroristen zu finden? Was war wichtiger: Loyalität dem Mossad oder meiner Familie gegenüber?« Am Ende entschied sich Tsafrir, dass der Mossad Vorrang habe, und ließ Gilat das Flugzeug besteigen, womit er Verantwortung für ihr Leben übernahm. Interview mit Eliezer Tsafrir, 2. Oktober 2015.
38. Interview mit Eliezer Tsafrir, 14. Juli 2015; Mossad, *Report on Operation Heartburn*, S. 59.
39. Interviews mit »Eleanor«, September 2014, »Mark«, März 2011, und »Ringo«, Juli 2013; Mossad, *Report on Operation Heartburn*, S. 59 f.
40. Nachdem er den Raum verlassen hatte, rief Barak hochrangige Beamte des Justizministeriums mit Staatsanwalt Gabriel Bach an der Spitze zusammen, um mit ihnen über die Sache zu beraten. Auch Bach war »aufs Äußerste schockiert«, als er von Seevis Vorschlag erfuhr. Interviews mit Dorit Beinisch, 28. September 2014, und »Ringo«, Juli 2013.
41. Interview mit Arieh Hadar, 14. Mai 2017.
42. Interview mit »Mark«, März 2011.
43. Interview mit Jigal Simon, 29. Juli 2012.
44. Interview mit Schlomo Gasit, 19. Juli 2017.
45. Interview mit Arieh Hadar, 14. Mai 2017. Einen starken Eindruck machte Schulz auch auf John le Carré (David Cornwell), für den der mit ihm befreundete AMAN-Chef Gasit einen Besuch in der geheimen Internierungseinrichtung arrangiert hatte, die damals nach der deutschen Terroristin den Beinamen »Villa Brigitta« trug. Die Mossad-Angestellte, die für Hadar die Verhöre übersetzte, war le Carré mit falschem Namen und Titel als »Gefängnisdirektorin Hptm. Kaufman« vorgestellt worden. Le Carré, *Der Taubentunnel. Geschichten aus meinem Leben*, S. 109–115 (hebräisch).
46. Protokoll der Kabinettssitzung vom 27. Juni 1976 (Archiv des Autors, erhalten von »Paul«). Die Notiz, die Poran übergab, erhielt der Autor von Avner Avraham; sie befindet sich in seinem Archiv. Interview mit Amos Eiran, 11. Februar 2009.
47. Israelische Armee, Abteilung für Geschichte, *Operation Thunder Ball*, November 1977, MODA, 107.79.18, S. 3–11.
48. Bergman, *Israel and Africa*, S. 121–139.
49. Interviews mit Avner Avraham, 14. Oktober 2015, Akiva Laxer, 1. April 2016, und Iddo Netanyahu, 29. Juni 2016; Netanyahu (Hg.), *Sayeret Matkal at Antebbe*, S. 25–28 (hebräisch).
50. Bericht von Schin-Bet-Direktor Abraham Achituv, Sitzung des Sicherheitskabinetts vom 30. Juni 1976 (Archiv des Autors, erhalten von »Paul«).
51. Interview mit Eliezer Tsafrir, 2. Oktober 2015.
52. Schließlich erwies sich bei einer Aufklärungspatrouille eines Marinekommandos am Ufer des Viktoria-Sees, dass der Plan nicht durchführbar war, weil

der See von Krokodilen wimmelte. Halevy, Reicher und Reisman (Hg.), *Operation Jonatan aus erster Hand*, S. 38 f. (hebräisch); Interview mit Amos Eiran, 11. Februar 2009.

53. Interview mit Amos Eiran, Juli 2013; Ronen Bergman, »Gilad Shalit and the Rising Price of an Israeli Life«, in: *New York Times Magazine*, 9. November 2011.
54. Rabin sprach bei einer Krisensitzung führender Köpfe des Verteidigungsapparats, die er am Nachmittag des 20. Juni einberufen hatte. Generalstabschef Mordechai Gur stimmte Rabin zu, dass der Journalist vom Schin Bet durch die Mangel gedreht werden sollte. »Ich denke, dass das notwendig ist, und bin hundertprozentig einverstanden. Es ist auch nicht zu spät, wenn wir es heute machen.« Es kam aber nicht zu einem solchen Verhör, da Generalstaatsanwalt Barak Rabin sagte, dass das illegal wäre, und es verbot. »Besprechung zwischen dem Premierminister und dem Verteidigungsminister mit Leitern des Verteidigungsapparats«, 30. Juni 1976 (Archiv des Autors, erhalten von »Paul«).
55. Während er mit ihnen sprach, konnte er vom Boden aus Fotos vom Kontrollturm machen und erhielt sogar die Information, die die Luftwaffe so dringend benötigte – den Durchmesser der Zapfventile am Flughafen. Interviews mit Mike Harari, 10. März 2014, Aaron J. Klein, 6. Oktober 2014, und Avi Weiss Livne, 12. September 2016. Kopien der Fotos, die »David« am Flughafen Entebbe schoss, erhielt der Autor von »Ethan«; sie befinden sich in seinem Archiv.
56. »Protokoll der Kabinettssitzungen vom 3. Juli 1976 und vom 4. Juli 1976« (Archiv des Autors, erhalten von »Paul«); Interview mit Schimon Peres, 4. August 2015.
57. Interviews mit Jiftach Reicher, 25. November 2013, und Weiss Livne, 16. Mai 2016; Ronen Bergman, »Operation Entebbe as Told by the Commandos: Planning the Mission«, in: *Yedioth Ahronoth*, 27. Juni 2016; Halevy, Reicher und Reisman (Hg.), *Operation Jonatan aus erster Hand*, S. 19–32 (hebräisch).
58. Ronen Bergman und Lior Ben Ami, »Back from Africa«, in: *Yedioth Ahronoth*, 17. Juni 2016.
59. Interviews mit Iiftach Reicher, 25. November 2013, Weiss Livne, 16. Mai 2016, Amir Ofer, 1. April 2016, Giora Zussman, Mai 2016, Dani Arditi, 13. Juni 2011, Omer Bar-Lev, 15. November 2012, Pinchas Buchris, Mai 2016, Rami Sherman, 6. Juli 2016, Shlomi Reisman, 6. Juli 2016, Schaul Mofas, 14. Juni 2011, und Muki Betser, 10. Juni 2016.
60. Interviews mit »Greco«, März 2015, und »Dominick«, August 2015.

13 Der Tod in der Zahnpasta

1. Begin Center, Interview mit Jitzchak Chofi, 11. Januar 2002.
2. Interview mit Nachum Admoni, 29. Mai 2011.
3. Begin annullierte die Entscheidungen früherer Ministerpräsidenten (Eschkol hatte das Dekret am 31. Dezember 1968 unterzeichnet, und Meir und Rabin hatten es ratifiziert), die Jagd nach Nazi-Verbrechern auf der Prioritätenliste des Mossad nachrangig zu platzieren, und so beschloss das Sicherheitskomitee des Kabinetts mit seiner starken Rückendeckung am 23. Juli

1977, »den Mossad anzuweisen, die Suche nach Nazi-Kriegsverbrechern wieder aufzunehmen [...] und diese zu töten, wenn es keine Möglichkeit gebe, sie vor Gericht zu stellen«. Insbesondere gelte das für Josef Mengele. Von da an setzte der Mossad alles daran, Mengele zu finden und zu eliminieren, doch ohne Erfolg. Immerhin spürte die Caesarea Klaus Barbie, den »Schlächter von Lyon« und Gestapo-Chef in dieser Stadt, der für die Deportation von Tausenden Juden in die Vernichtungslager verantwortlich war, in Bolivien auf. Caesarea-Direktor Harari reiste nach La Paz, um die Vorbereitungen für Barbies Ermordung zu überwachen, entschied sich jedoch schließlich aufgrund von Unwägbarkeiten bei der Fluchtroute, die Sache abzublasen. Im Rückblick glaubte er, allzu vorsichtig gewesen zu sein: »Ich meine, dass wir mehr [gegen diese Verbrecher] hätten tun sollen. Solange auch nur ein einziger Nazi in irgendeinem Winkel der Welt atmete, hätten wir ihm helfen sollen, das Atmen einzustellen. Heute, da ich weiß, wo diese Nazis lebten, nämlich in Mittel- und Südamerika, und wie leicht es für uns gewesen wäre, die Welt dort auf den Kopf zu stellen, sage ich mir: Was waren wir doch für Idioten!« Statt Barbie zu töten, gab Israel die über ihn gesammelten Informationen an Frankreich weiter, das ihn ausliefern ließ und 1983 vor Gericht stellte. Barbie wurde 1987 zu lebenslänglicher Haft verurteilt und starb 1991 an Krebs im Gefängnis. Interviews mit Raphi Medan, 30. Juni 2015, Mike Harari, 10. März 2011, Aaron J. Klein, 28. Mai 2014, und Jossi Chen, 22. September 2017; Mossad, Caesarea, Revav, Kommandeur von »Messer«, an Mike Harari, 11. April 1978; Mossad, Abteilung für Geschichte, *Looking for the Needle in the Haystack*, 2007, S. 117–220 (Archiv des Autors, erhalten von »Midburn«); Ronen Bergman, »Why Did Israel Let Mengele Go?«, in: *New York Times*, 6. September 2017; Begin Center, Interview mit Jitzchak Chofi, 11. Januar 2002; Klein, *Master of Operations*, S. 236–239.

4. Interview mit Schlomo Nakdimon, 18. Februar 2015.
5. Elad und Merari, *The International Dimension of Palestinian Terrorism*, S. 130 f. (hebräisch).
6. Vollversammlung der Vereinten Nationen, 29. Sitzung, Offizielles Protokoll, A/PV.2282.
7. AMAN, Nachrichtendienst, Forschungsabteilung, Special Report 12/906 vom 25. Dezember 1974 (Archiv des Autors, erhalten vom »Biologen«).
8. Interview mit Amos Gilad, 31. Juli 2012.
9. Interview mit Jigal Pressler, 6. Juli 2017.
10. Interview mit Shimshon Issaki, 2. September 2015.
11. Mossad, *Report on Operation Heartburn*, S. 105–108.
12. Interviews mit Meir Dagan, 20. Juli 2013, »Bertie«, Juni 2009, »Eldy«, August 2016, und »Ethan«, Juni 2015.
13. In Aaron Kleins Buch *Striking Back* findet sich eine abweichende Darstellung, nach der sich das Gift in belgischer Schokolade befand, die Haddad besonders mochte und die ihm von einem seiner Männer, einem Mossad-Agenten, geschenkt worden war. Klein, *Striking Back*, S. 179 ff.
14. Bericht über den Patienten »Ahmed«, verfasst von Dr. O. Prokop, Humboldt-Universität, vom 21. April 1978 (Archiv des Autors, erhalten von Gunther Latsch).
15. Die interne Korrespondenz des DDR-Geheimdienstes ist nicht frei von unverhohlen rassistischen Bemerkungen über die Palästinenser, die

in diesen Memos als »Kamelficker« bezeichnet werden. Die Stasi unterstützte die palästinensischen Organisationen mit Ausbildung und Waffen und drängte sie gemeinsam mit dem KGB, gegen israelische und amerikanische Ziele vorzugehen, sorgte aber auch dafür, dass sie nicht innerhalb des kommunistischen Blocks operierten. Diese Informationen wurden dem Autor freundlicherweise von dem Journalisten Gunther Latsch zur Verfügung gestellt. Ronen Bergman, »KGB's Middle East Files«, in: *Yedioth Ahronoth*, 4. November 2016.

16. Konvolut mit drei Dokumenten. Deckblatt: »Berlin, 22.4.1978 / *Genosse Minister* [wahrscheinlich Erich Mielke] / Beiliegend reiche ich Ihnen / 1. eine Expertise von Prof. Prokop in 2 Exemplaren für Sie persönlich / 2. zwei offizielle Gutachten des Instituts für gerichtliche Medizin. / Dr. Fister / Generalmajor« Die Expertise trägt das Datum »21.4.78« und die Überschrift »Betr.: Fall *Ahmed*«, die Gutachten sind auf den »29.3.1978« bzw. den »20. April 1978« datiert, als Betreff ist »Leichensache Ahmed *Doukli*« angegeben (Archiv des Autors, erhalten von Gunther Latsch).
17. Issaki lächelte, nachdem ich ihm die Berichte der deutschen Ärzte über das furchtbare Leiden Haddads vorgelesen hatte, und sagte: »Diese Leidensgeschichten entfalten ihre eigene Wirkung. Sie sprechen sich herum und kommen anderen Terroristen zu Ohren, setzen sich in deren Bewusstsein fest, verbreiten Furcht und Schrecken, beeinträchtigen das Urteilsvermögen dieser Leute, führen dazu, dass sie ihr Verhalten ändern und Fehler machen.« Interview mit Shimshon Issaki, 2. September 2015.
18. Bird, *The Good Spy*, S. 152.
19. Interview mit »Schwarz«, September 2016.
20. Interview mit Jair Ravid, 17. Januar 2013.
21. Interview mit »Ethan«, Juni 2015.
22. Kai Bird beschreibt in *The Good Spy* eine ähnliche Szene, in der Alan Wolfe von der CIA und der Mossad im Sommer 1978 über die Beziehungen zwischen Salameh und dem amerikanischen Geheimdienst diskutierten. Bird, *The Good Spy*, S. 207 f.; Interview mit »Legende«, Mai 2011.
23. Interview mit Shimshon Issaki, 2. September 2015.
24. Gesprächsnotiz: Kissinger, Helms, Saunders, 23. Juli 1973, und Anlage: Ames an Helms, 18. Juli 1973. National Archives, RN, NSC Files Box 1027.
25. Bird, *The Good Spy*, S. 145.
26. Ebd., S. 126.
27. Ebd., S. 151.
28. Interview mit »Dominick«, August 2015.
29. Bird, *The Good Spy*, S. 176 ff.
30. Interviews mit Mike Harari, 10. März 2014, Aaron J. Klein, 6. Oktober 2014, und Shimshon Issaki, 2. September 2015.
31. Bird, *The Good Spy*, S. 181 ff.
32. Ebd., S. 179 f.
33. Ebd., S. 208.
34. Interview mit »Dominick«, August 2015.
35. Interview mit »Legende«, Mai 2011.
36. Interview mit Mike Harari, 10. März 2014.
37. Interview mit Amin al-Hadsch (in Gegenwart des ehemaligen Mossad-Verbindungsoffiziers »Kobi«), 14. August 2014; Ronen Bergman, »Waltz with Amin«, in: *Yedioth Ahronoth*, 14. November 2014.
38. Interview mit Mike Harari, 29. März 2014.
39. Interview mit »Schwarz«, Juni 2015.
40. Interviews mit Mike Harari, 29. März

2014, Aaron J. Klein, 28. Mai 2014, und »Tuna«, August 2015.

41. Dietl, *Die Agentin des Mossad*, S. 85–96, 112, 147.
42. Die drei übten nicht nur für die Tötung, sondern auch für das Entkommen auf See, da man annahm, dass die Behörden nach der Explosion einer Autobombe in der Innenstadt den Flughafen von Beirut schließen oder zumindest die Sicherheitsvorkehrungen verschärfen würden. David Schiek, damals junger Offizier, später stellvertretender Kommandeur von Flottille 13, bildete sie darin aus, mit Notlagen fertigzuwerden, in denen sie gezwungen sein könnten, zu schwimmen oder auf dem Weg zum Meer von ihren Waffen Gebrauch zu machen. Interview mit David Schiek, 11. April 2013.
43. Interview mit »Litschi«, November 2011.
44. Interview mit Mike Harari, 23. März 2014.
45. Interview mit »Schwarz«, September 2016.
46. Bird, *The Good Spy*, S. 215 f.
47. Interview mit David Schiek, 11. April 2013.
48. Bird, *The Good Spy*, S. 217.

14 Eine Meute wilder Hunde

1. Interviews mit Amos Gilad, 4. August 2015, und Gadi Zohar, 2. Januar 2013.
2. Interviews mit Amos Gilad, 31. Juli 2012, und Joaw Galant, 19. August 2011.
3. Generalstab, Historische Abteilung, *Terror Attack on the Coastal Road*, 1. Dezember 1983 (Archiv des Autors, erhalten von »Paul«).
4. In einigen späteren Medienberichten ist behauptet worden, Panik und ein Missverständnis der Situation auf israelischer Seite hätten zu der heftigen Schießerei geführt, die die meisten Todesopfer gefordert habe, während die Angreifer das Ziel hatten, Verhandlungen über die Freilassung von Gefangenen zu führen. Selbst wenn dies zutreffen sollte, sind sich alle darüber einig, dass Abu Dschihad seinen Männern befahl, die Geiseln zu töten, wenn die Verhandlungen erfolglos sein sollten. *Uvda*, Channel 2, 26. Mai 2013, »The Terrorist Who Carried out the Attack on the Bloodbath Bus. I Apologize and I Regret It«, 31. Oktober 2011.
5. Die meisten dieser Fälle kamen nie vor Gericht, wie die ernsten Vorfälle am 15. März und 16. April, bei denen unter anderem ein »Terrorist im Alter von 13 Jahren« ermordet wurde. »Treatment of Prisoners«, J. Einstein, Chef der Inspektion der Israelischen Streitkräfte beim Staatlichen Rechnungshof, an den Generalstabschef, 9. November 1978 (Archiv des Autors, erhalten von »Glocke«).
6. Interview mit Joaw Galant, 4. September 2014.
7. Militärgerichtsakte Nr. 313/78, Staatsanwaltschaft der Israelischen Streitkräfte gegen Oberleutnant Daniel Pinto, Urteil (*in camera*) vom 9. Februar 1979 (Archiv des Autors, erhalten von »Schnee«); Eitan, *A Soldier's Story. The Life and Times of an Israeli War Hero*, S. 163 ff. (hebräisch).
8. Interview mit David Schiek, 11. April 2013.
9. Die Fakten verdanke ich Mike Eldar. Eldar, *Israels geheime Marinekommandos. Geschichte – Einsätze – Hintergründe der Flottille 13*, S. 572–583 (hebräisch).

10. Interviews mit Ami Ajalon, 21. Januar 2013, Joaw Galant, 4. September 2014, und Mike Eldar, 18. September 2011; Eldar, *Flottille 13*, S. 583 (hebräisch).
11. Zrair blieb einer der Topaktivisten bei PLO-Aktionen gegen Israel und war auch an den Kämpfen nach dem israelischen Einmarsch in den Südlibanon im Juni 1982 beteiligt. In jenem Jahr rekrutierte die Einheit 504 einen Ibrahim Firan, einen hohen Beamten im Hafen von Tyros, der Zrair nahestand. Die beiden teilten eine Vorliebe für Jungen. Einheit 504 zahlte Firan eine beträchtliche Summe, die er zum Teil für die Vergnügungen der beiden verwendete. Im Gegenzug verriet Firan Zrairs Versteck, eine Strandvilla zwischen den Mündungen der Flüsse Zahrani und Litani, nördlich von Tyros. Am 5. August 1982 stürmte eine von Soldaten der 91. Division unterstützte Truppe der israelischen Polizei-Antiterroreinheit JAMAM das Haus. Nach Aussagen der Beteiligten wurde Zrair erschossen, als er eine Pistole zog. Der Fatah-Geheimdienst hatte Firan im Verdacht, Zrair verraten zu haben, und liquidierte ihn zwei Wochen später in der Nähe des Cafés, das Attentäter der Flottille 13 etwas mehr als zwei Jahre zuvor im Visier gehabt hatten. Laut Zvika Bandori vom Schin Bet war Zrair nicht bewaffnet und leistete keinen Widerstand. Er sei in einer »Krenk« (jiddisch für »Krankheit«) genannten Schin-Bet-Hinrichtungsart getötet worden. Seine Kameraden taten sich, um ihren Rachedurst zu befriedigen, mit Elementen der gerade erst gegründeten Hisbollah zusammen, um wenig später das israelische Hauptquartier in Tyros in die Luft zu sprengen. Interviews mit Jair Ravid, 17. Januar 2013, Jitzchak Mordechai, 22. März 2015, und Zvika Bandori, 11. September 2017.
12. Interview mit David Schiek, 11. April 2013.
13. Interview mit »Olive«, Mai 2013.
14. Interview mit Jair Ravid, 17. Januar 2013.
15. Schiff und Yaari, *Israel's Lebanon War*, S. 50–75 (hebräisch).
16. Interview mit Usi Dajan, 18. April 2013.
17. Hatem lebt seit Mitte der 1990er-Jahre unter dem Schutz der französischen Sicherheitsdienste in Paris, wo ich 2005 mehrere Interviews mit ihm führte. Ronen Bergman, »The Cobra«, in: *Yedioth Ahronoth*, 4. März 2005.
18. Interview mit Reuwen Merhav, 5. Oktober 2011.
19. Interview mit Mordechai Zippori, 11. März 2015.
20. Ronen Bergman, »Dismissal in the Mossad Leadership«, in: *Haaretz*, 3. Januar 1997.
21. Smadar Haran Kaiser, »The World Should Know What He Did to My Family«, in: *The Washington Post*, 18. Mai 2003.
22. Interview mit Avigdor Ben Gal, 6. November 2013.
23. Eitan, *A Soldier's Story*, S. 182.
24. Interviews mit Avigdor Ben Gal, 6. November 2013, und Meir Dagan, 26. Mai 2013.
25. Interview mit Avigdor Ben Gal, 6. November 2013.
26. Interview mit David Agmon, 28. Oktober 2015.
27. Interview mit Avigdor Ben Gal, 6. November 2013.
28. Bei einem Mitglied dieser Einheit regte sich wegen deren Aktionen, die nach seiner Ansicht »nichts Geringeres als Kriegsverbrechen« waren, das Gewissen. Er schied aus der Armee aus, emigrierte in die Vereinigten Staaten und kappte die meisten Verbindungen

nach Israel. Interviews mit »Rupert«, März 2016, Avigdor Ben Gal, 6. November 2013, Meir Dagan, 29. Mai 2013, David Agmon, 8. Mai 2016, und Gadi Aviran, 16. April 2012.

29. Interviews mit Avigdor Ben Gal, 6. November 2013, und Akel al-Haschem, Dezember 1999; Sayigh, *Armed Struggle*, S. 513–521.
30. Interview mit Jehoschua Saguj, 20. November 2015.
31. Interview mit Amos Gilboa, 18. März 2015.
32. Interview mit Avigdor Ben Gal, 6. November 2013.
33. Interview mit Ephraim Sneh, 20. Oktober 2015.
34. Interview mit Avigdor Ben Gal, 6. November 2013.
35. Interview mit Mordechai Zippori, 11. März 2015.
36. Interview mit Avigdor Ben Gal, 6. November 2013.
37. Die Schilderung der Sitzung beruht auf Interviews mit Mordechai Zippori, 11. März 2015, und Avigdor Ben Gal, 6. November 2013. Bis auf einige geringfügige Unterschiede stimmen beide Darstellungen überein.
38. Interview mit Amos Gilboa, 30. Dezember 2013.
39. Interview mit Avigdor Ben Gal, 6. November 2013.
40. Schiff und Yaari, *Israel's Lebanon War*, S. 125 f.
41. Interview mit Ephraim Sneh, 26. Oktober 2015.
42. Sayigh, *Armed Struggle*, S. 513–521; Al-Hurrijja, 9. Juli 1981; Liste von Vorfällen, in die die »Front zur Befreiung des Libanon von Ausländern« verwickelt war, in der Global Terrorism Database (GTD): http://www.start.umd.edu/gtd/search/Results.aspx?perpetrator=2991.
43. Interview mit »Sally«, Februar 2015.
44. Interview mit »Eldy«, Januar 2015.
45. Interview mit Avigdor Ben Gal, 6. November 2013.
46. Interview mit Meir Dagan, 26. Mai 2013.
47. Interviews mit Avigdor Ben Gal, 6. November 2013, Meir Dagan, 26. Mai 2013, David Agmon, 28. Oktober 2015, Ephraim Sneh, 20. Oktober 2015, und Asriel Newo, 5. Januar 2016.
48. Laut Zvika Bandori, damals stellvertretender Leiter der arabischen Abteilung des Schin Bet, legten ihm Rafi Eitan, der Terrorismusberater des Ministerpräsidenten, und Meir Dagan den Plan vor und wiesen seinen Einspruch wegen der Anwesenheit einer großen Zahl von Unbeteiligten zurück. Sie erwiderten, dass nicht viele Unbeteiligte dort sein würden. Auf Eitans Bitte arrangierte Bandori für ihn ein Treffen mit Schin-Bet-Direktor Avraham Schalom, der ebenfalls starke Einwände gegen die Operation erhob. Interviews mit Zvika Bandori, 11. September 2017, und »Henry«, Oktober 2015.
49. Interview mit Ephraim Sneh, 20. Oktober 2015.
50. Interviews mit Jehoschua Saguj, 20. November 2015, und Meir Dagan, 26. Mai 2013.
51. »Ich hatte schon lange nicht mehr so viel Angst gehabt wie auf diesem Flug nach Jerusalem«, erinnerte sich Dagan. Eitan besaß einen militärischen Flugschein und unternahm ab und zu, wenn er einen Luftwaffenstützpunkt besuchte, einen Übungsflug, wobei reguläre Flieger es vermieden, ihn zu begleiten. »Es war wirklich eine Gefahr für Leib und Leben«, sagte einer von ihnen. Manchmal nahm Eitan Salzsäcke mit, die er auf küssende Paare am Strand warf. Ben Gal erinnerte sich mit Schrecken an diese Flüge. Ein-

mal, erzählte er, habe Eitan, als er auf See ein Schiff sah, gerufen: »Da ist ein Terroristenboot. Zeigen wir's ihm!« Er lenkte die Cessna von der Küste fort und hielt auf das Schiff zu, das sich als Zerstörer der 6. US-Flotte herausstellte. Eitan führte den Scherz mutwillig fort und tat weiter so, als hätten sie es mit einem Terroristenboot zu tun. Ben Gals Ausruf »Guck dir die Kanonen und die Flagge an!« überhörte er. Er genoss Ben Gals Ängstlichkeit und begann in Masthöhe über den Zerstörer hinwegzufliegen, bis dessen Mannschaft genug davon hatte und Schaum auf die Cessna sprühte. Interviews mit Meir Dagan, 29. Mai 2013, Jair Ravid, 13. November 2012, und Avigdor Ben Gal, 6. November 2013.

52. Interview mit Jehoschua Saguj, 20. November 2015.
53. Interview mit Meir Dagan, 26. Mai 2013.
54. Interviews mit Meir Dagan, 26. Mai 2013, und »Sally«, Februar 2015.

15 »Abu Nidal, Abu Shmidal«

1. Interview mit Joav Biran (Argows damaliger Nummer 2 in der Botschaft und an jenem Abend ebenfalls im Dorchester), 22. April 1999.
2. Telefoninterviews mit Hussein Said, April und Mai 1999.
3. Hussein Said an den Autor, 20. April 1999 (Archiv des Autors); Telefoninterviews mit Hussein Said, April und Mai 1999.
4. Die Tat führte zu starken Reibungen zwischen dem britischen und dem israelischen Geheimdienst, nachdem Mossad-Bedienstete behauptet hatten, die Briten hätten mehr tun können, um den Mordversuch zu verhindern. Fünf Jahre später hatte Israel einen Doppelagenten in einer operativen Fatah-Zelle in London, ohne dass die Briten davon wussten. Nachdem Mitglieder der Zelle Nadschi al-Ali, einen palästinensischen Karikaturisten mit britischem Pass, der Arafat lächerlich gemacht hatte, auf Arafats Befehl hin ermordet hatten, behaupteten die britischen Behörden, Israel hätte den Mord verhindern können, habe das aber aus Rache für den Anschlag auf den Botschafter oder einfach aus Gleichgültigkeit gegenüber der Tötung eines Arabers unterlassen. Die Briten wiesen daraufhin die meisten Angehörigen der Londoner Mossad-Residentur aus. Interviews mit Jair Ravid, 17. Januar 2013, und »Gelato«, Februar 1999; Sharon Sade und Ronen Bergman, »I Shot Shlomo Argov«, in: *Haaretz*, 11. Juni 1999.
5. Interview mit Jigal Simon, 29. Juli 2012.
6. Saddam wollte sich an Israel auch für den ein Jahr zuvor verübten Angriff auf den irakischen Atomreaktor Tamuz Osirak rächen. Amatzia Baram und Pesach Malovany, »The Revenge of Saddam Hussein«, in: *Yedioth Ahronoth*, 14. Juni 2012.
7. Schiff und Yaari, *Israel's Lebanon War*, S. 12 (hebräisch).
8. Ebd., S. 16.
9. Brief von Hussein Said an den Autor vom 20. April 1999 (Archiv des Autors); Telefoninterviews mit Hussein Said, April und Mai 1999.
10. Der Verteidigungsminister vor dem Ausschuss für auswärtige Angelegenheiten und Verteidigung, Knesset, 7. Juni 1982, S. 1 (Archiv des Autors, erhalten von »Dorris«).

11. Schiff und Yaari, *Israel's Lebanon War*, S. 146.
12. Landau, *Arik*, S. 140 f., 196 ff. (hebräisch); Interview mit Asriel Newo, 14. Januar 2016.
13. Begin Center, Interview mit Jitzchak Chofi, 11. Januar 2002; Interview des Autors mit Jehoschua Saguj, 20. November 2015.
14. Bergman, *Vollmacht gewährt*, S. 170–180 (hebräisch).
15. Schilderungen der Invasion in Schiff und Yaari, *Israel's Lebanon War*, S. 163–182 (hebräisch), und Sayigh, *Armed Struggle*, S. 508–531.
16. Das Kampfgebiet von Israel und Syrien wurde zum ersten Testgelände für die modernsten Waffen, die in den Vereinigten Staaten und Israel gegen die Schmieden der Roten Armee entwickelt worden waren. Das Ergebnis war eindeutig. Am 9. Juni kam es über dem Libanon zur größten Luftschlacht des Düsenjetzeitalters. In der Operation »Maulwurfsgrille 19« schaltete die israelische Luftwaffe fast alle im Libanon stationierten syrischen Boden-Luft-Raketenbatterien sowjetischer Bauart aus, und in der Luftschlacht schoss sie 26 sowjetische Kampfjets der Syrer ab. Ingesamt wurden in 46 Stunden 82 syrische Kampfflugzeuge zerstört, aber nur ein einziges israelisches Flugzeug. Interviews mit Aviem Sella, 10. Juli 2013, David Iwri, 18. April 2013, Iitzchak Ben-Iisrael, 5. Juni 2011, und »Amit«, April 2013; Schiff und Yaari, *Israel's Lebanon War*, S. 183–222 (hebräisch).
17. Interview mit Asriel Newo, 5. Januar 2016.
18. Interview mit Asriel Newo, 14. Januar 2016.
19. Mossad, »Notes on Meeting Between Johni Abdu, Bashir Gemayel and the CoS«, 16. Juni 1982 (Archiv des Autors, erhalten von »Dorris«).
20. »Summary of Course of Events in West Beirut«, dem Untersuchungsausschuss zu Verteidigungsminister Scharon vorgelegtes Dokument (Archiv des Autors, erhalten von »Dorris«).
21. Büro des Verteidigungsministers, »Notes on Meeting Between Bashir Gemayel, Johni Abdu and the Minister of Defense«, 1. August 1982 (Archiv des Autors, erhalten von »Dorris«).
22. »Meeting of Knesset Foreign Affair and Security Committee«, 13. Juni 1982, S. 10, und »Statement of Defense Minister at Cabinet Meeting«, 7. Juli 1982 (Archiv des Autors, erhalten von »Dorris«).
23. Schiff und Yaari, *Israel's Lebanon War*, S. 259 f. (hebräisch).
24. Interview mit Asriel Newo, 14. Januar 2016.
25. *Yedioth Ahronoth*, 18. Juli 1982; Interviews mit »Miguel«, Juli 2012, und »Pfeil«, Januar 1999.
26. Schiff und Yaari, *Israel's Lebanon War*, S. 116 (hebräisch).
27. Scharon verklagte den Journalisten Usi Bensiman, der die Geschichte des Prozesses später in einem Buch mit dem Titel *Ich habe die Wahrheit gesagt* (hebräisch) erzählt hat. Eine ausführliche, spannende, manchmal amüsante und natürlich sehr subjektive Darstellung des Prozesses findet sich auf S. 38–75 des Buches *Ariel Sharon: A Prime Minister* von Dov Weissglass (der auch der leitende Anwalt Scharons in dessen Prozess gegen das *Time*-Magazin war).
28. In einem langen Interview, das Begin Ende Juni 1982 dem israelischen Fernsehen gab, bestritt er entschieden, dass eines der Ziele des Feldzugs die Tötung Arafats gewesen sei. Es sei nur darum gegangen, der Herrschaft Arafats und der beiden »Abu Soundso« – eine ver-

ächtliche Anspielung auf Arafats Stellvertreter – ein Ende zu bereiten. Begin sagte: »Die israelische Armee ist nicht nur eine humane, sondern auch eine demokratische Armee. Es ist wunderbar zu sehen, wie [ihre Kommandeure] ihren Job machen.« Ein Indiz dafür, wie hochsensibel die Sache war, findet sich in den Forschungen der Geschichtsabteilung der israelischen Armee über den Libanon-Krieg, die ausführliche Bezugnahmen auf die Operation »Salzfisch« enthalten: Als der Forscher, Prof. Motti Golani, zu viel Unabhängigkeit an den Tag zu legen schien, wurde das Projekt bezeichnenderweise abrupt beendet. Die Arbeit, die brisantes Material enthält, ist nie vollendet worden, und Golanis gesamtes Material wurde beschlagnahmt. Interview mit Motti Golani, 15. Januar 2013.

29. *Yedioth Ahronoth*, 3. August 1982; Schiff und Yaari, *Israel's Lebanon War*, S. 274 (hebräisch).
30. *Yedioth Ahronoth*, 30. Juni 1982.
31. Interview mit Usi Dajan, 4. Juni 2012.
32. Interview mit »Vivaldi«, 21. August 2011.
33. Das »Salzfisch«-Team wollte Abu Dschihad auf die Todesliste setzen. Da der Mossad wusste, wo seine Frau Intisar sich aufhielt, hatte das Team vor, sie mit Gift schwer krank zu machen. Abu Dschihad, ein treu sorgender Familienmensch, würde dann kommen, um nach ihr zu sehen, und seine Mörder würden auf ihn warten. »Aber Begin erfuhr von dem Plan und«, so ein hochrangiges Mitglied des »Salzfisch«-Teams, »verwarf ihn als zu teuflisch.« Interviews mit Usi Dajan, 18. April 2013, und »Joaw«, Dezember 2016.
34. Interview mit Usi Dajan, 4. Juni 2012.
35. In einem Mossad-Dokument vom 1. Juli 1982, das »Matthias« dem Autor zu lesen gab, heißt es: »Der Salzfisch trifft stengste Sicherheitsvorkehrungen und führt laut Tsomet-Quellen sogar seine eigenen Leute irre – aus Furcht, dass einige von ihnen für uns arbeiten.«
36. Interview mit Mosche Jaalon, 16. August 2011. »Er wechselt ständig seinen Aufenthaltsort. ... von Befehlsstand zu Befehlsstand, mit allen Kommunikationssystemen, auch für die interne Kommunikation ...« Bericht Scharons für das Kabinett, 18. Juli 1982. Arafat selbst behauptete, während der Belagerung 13 Versuche der Israelis, ihn zu töten, gezählt zu haben. Rubin und Colp-Rubin, *Yasir Arafat*, S. 98 f., 102.
37. Interview mit Uri Avnery, 19. Juli 2013.
38. Interview mit Mosche Jaalon, 16. August 2011.
39. Interview mit Avner Azoulai, 6. Juli 2015.
40. Interview mit David Iwri, 30. Mai 2011.
41. Interview mit Usi Dajan, 4. Juni 2012.
42. Interview mit Aviem Sella, 7. April 2013.
43. Später am selben Abend flog Eitan zurück, um in einer Kabinettssitzung Bericht zu erstatten. Scharon erzählte den Ministern stolz, dass Generalstabschef Eitan am Morgen »an einem Bombenangriff auf Beirut« teilgenommen habe. Transkript der Kabinettssitzung vom 4. August 1982, S. 7 (Archiv des Autors, erhalten von »Eric«).
44. Schiff und Yaari, *Israel's Lebanon War*, S. 273–276 (hebräisch).
45. Interview mit Usi Dajan, 15. Mai 2012. Während meiner Arbeit an diesem Buch haben mir ehemalige Angehörige der Fallschirmjägeraufklärungseinheit, einer der Elite-Infanterieeinheiten der israelischen Armee, die die Speerspitze der Invasionstruppen bildeten, die Kopie eines Briefes geschickt, den sie im September 1982 an Prof. Amnon Rubinstein, ein liberales Mitglied des Parlaments, geschrieben und mit den Worten begonnen

hatten: »Die Situation verbietet es, länger zu schweigen.« Woraufhin sie Scharon beschuldigt hatten, Israel mit seinen Lügen und Täuschungen in einen unnötigen Krieg hineinzuziehen, in dem es zu grausamen Kriegsverbrechen kommen könne.

46. Interview mit »Simon«, April 1994.
47. Interview mit Mosche Jaalon, 16. August 2011.
48. Interview mit Amos Gilboa, 4. August 2015.
49. »Arafat in Greece in Snub to Arabs«, in: *New York Times*, 2. September 1982.

16 Schwarze Flagge

1. Soldaten und Angehörige des Mossad, einschließlich Meir Dagan und Rehavia Vardi, leiteten die bewaffnete »Eskortierung« von Abgeordneten, die aus Furcht vor den Syrern und der PLO nicht an der Abstimmung teilnehmen wollten. Mossad, »Minutes of Meeting Between Maj. Gen. Amir Drori and Gemayel«, 27. Juli 1982; Interview mit Rehavia Vardi, 19. August 1997. Laut dem stellvertretenden Mossad-Direktor Menachem Navot, der für das Vorgehen im Libanon verantwortlich war, handelte es sich bloß um »Überredungsversuche«. Interview mit Menachem Navot, 6. April 2017; Navot, maschinenschriftliches Tagebuch (Kopie im Archiv des Autors), S. 99–103.
2. Notizen von Scharons Treffen mit den Spitzen von Mossad und Schin Bet und Scharons Darstellung der Kabinettssitzung vom 21. August 1982 (Archiv des Autors, erhalten von »Dorris«).
3. Außen- und sicherheitspolitischer Ausschuss, Protokoll Nr. 118, 24. September 1982, S. 22 (Archiv des Autors, erhalten von »Eric«).
4. Protokoll der Kabinettssitzung am 15. Juni 1982 (Archiv des Autors, erhalten von »Dorris«).
5. Interview mit Avner Azoulai, 6. Juli 2015.
6. Scharons Bericht ans Kabinett, 16. September 1982, S. 9 (Archiv des Autors, erhalten von »Dorris«).
7. Interview mit Jair Ravid, 17. Januar 2013.
8. Interview mit Robert Hatem, Februar 2005.
9. Sayigh, *Armed Struggle*, S. 539.
10. »Main Points of Defense Minister's Version at the Inquiry Commission«, der Kahan-Kommission vorgelegtes Dokument, Paragraf 34 (Archiv des Autors, erhalten von »Eric«).
11. »AMAN's References to Phalange Characteristics, Dec. 1981–September 1982«, der Kahan-Kommission vorgelegtes Dokument, Paragraf 29 (Archiv des Autors, erhalten von »Dorris«).
12. Scharon sprach ein halbes Jahr vor dem israelischen Einmarsch in den Libanon im Rahmen der Vorbereitungen auf diesen Feldzug, was sein späteres Verhalten umso schwerwiegender erscheinen lässt. Verteidigungsministerium, »Minister's Visit to the Northern Command«, 14. Januar 1982 (Archiv des Autors, erhalten von »Dorris«).
13. Interviews mit Juval Diskin, 18. Oktober 2011, Amos Gilad, 31. Juli 2012, Asriel Newo, 5. Januar 2016, Amos Gilboa, 8. Januar 2014, Amir Drory, Mai 1996, und Ron Ben-Jischai, 30. März 2014; Mossad, *Summary of Meeting Between the CoS and CoS of Lebanese Forces*, 19. September 1982; Schiff und Yaari, *Israel's Lebanon War*, S. 334 (hebräisch).

14. »Minister of Defense at the Foreign Affairs and Defense Committee«, 24. September 1982, S. 11 (Archiv des Autors, erhalten von »Eric«).
15. Interview mit Asriel Newo, 5. Januar 2016.
16. Polizeiminister Josef Burg schlug vor, die Demonstranten von der Polizei aus der Anhörung bringen zu lassen, aber der lupenreine Demokrat Begin entgegnete: »Unter keinen Umständen. Sie haben das Recht zu protestieren.« Interview mit Asriel Newo, 5. Januar 2016.
17. Interview mit Nachum Admoni, 23. Juli 2006, Begin Center. Ich danke Rami Schahar vom Begin Center für seine Hilfe beim Aufspüren dieses Materials.
18. Schilon, *Begin*, S. 411–437 (hebräisch).
19. Interview mit Asriel Newo, 5. Januar 2016.
20. Interview mit Aviem Sella, 31. Mai 2011.
21. Interview mit Nachum Admoni, 23. Juli 2006, Begin Center.
22. Interview mit Amos Gilboa, 20. Dezember 2013.
23. Interviews mit »Sally«, Mai 2016, und »Tavor«, Juni 2011.
24. Interview mit Amos Gilad, 30. Dezember 2013.
25. Interview mit Amos Gilboa, 17. Januar 2016.
26. Interview mit Amos Gilboa, 1. März 2016.
27. Interview mit Nachum Admoni, 29. Mai 2011.
28. Interview mit David Iwry, 18. April 2011.
29. Dokumente über die Operation wurden dem Autor von »Dvir« gezeigt.
30. Interview mit David Iwry, 18. April 2011.
31. Interview mit »Eldy«, August 2014.
32. Interviews mit David Iwry, 18. April 2011, und »Tavor«, Juni 2011.
33. Interview mit Aviem Sella, 9. April 2014.
34. Interview mit Amos Gilboa, 17. Januar 2016.
35. Ebd.
36. Militärstaatsanwaltschaft gegen Hauptmann Malinki, 3/57, S. 213 f.
37. Interview mit Aviem Sella, 9. April 2014.
38. Einer der Piloten, der in Alarmbereitschaft war, um Goldfisch abzufangen, war »Amit«, der mit seinen 24 Jahren bereits als eines der Asse der israelischen Luftwaffe galt. »Bis heute quält mich die Frage, was ich getan hätte, wenn ich tatsächlich den Befehl erhalten hätte, das Flugzeug abzuschießen. Hätte ich das Feuer eröffnet? Hätte ich den Befehl verweigert? Im Lauf der Jahre habe ich diese Frage gegenüber vielen Auszubildenden angesprochen und sie gefragt, was sie tun würden. Ich möchte natürlich hoffen, dass wir alle uns geweigert hätten zu schießen und zum Stützpunkt zurückgeflogen wären.« Interview mit »Amit«, April 2013.
39. Interview mit Aviem Sella, 31. Mai 2011.
40. Im Februar 1983 veröffentlichte die Zeitschrift *Time* einen Artikel des Journalisten David Halevy, in dem behauptet wurde, Scharon habe von dem Vergeltungsplan gewusst. Scharon verklagte *Time* daraufhin bei einem New Yorker Gericht wegen Verleumdung. Laut Halevy hatte *Time* einen hohen Beamten und engen Mitarbeiter Scharons bestochen, um an die Geheimdokumente über die Affäre zu kommen. Das Gericht ließ jedoch ihre Vorlage nicht zu und befand, dass Scharon in der Tat verleumdet worden sei. Da dies jedoch nicht böswillig geschehen sei, wurde ihm keine Entschädigung zuerkannt. Interviews mit David Halevy, 20. September 2016, und Dov Weissglass, 23. Dezember 2014; Ariel Scharon, Kläger, gegen Time, Inc., Beklagter, United States District Court, S. D. New York, 599 F. Supp. 538 (1984).

41. Während der Ausschuss Zeugen anhörte, schlug die »Front zur Befreiung des Libanon von Ausländern« wieder zu. Am 29. Januar 1983 zündete sie in der Nähe des Fatah-Hauptquartiers in Schtura im Bekaa-Tal und in West-Beirut, unweit des Hauptquartiers der linken, der Fatah nahestehenden Mourabitoun, Autobomben. Rund 60 Menschen kamen ums Leben, und Hunderte wurden verletzt. Es war die letzte Aktion der »Front zur Befreiung des Libanon von Ausländern«.
42. Eine Zusammenfassung der Tätigkeit der Kahan-Kommission findet sich in *Cabinet Discussions of Establishment of Kahan Commission and Ist Conclusions*, 10. Februar 1983, am 1. Februar 2013 vom Israelischen Staatsarchiv veröffentlicht.

17 Ein Putschversuch des Schin Bet

1. Die Einzelheiten stammen aus Rachum, *The Israeli General Security Service Affair*, S. 44 f.
2. Interview mit Nachman Tal, 24. November 2016.
3. Interview mit Ehud Barak, 8. März 2013.
4. Interview mit Shai Avital, Dezember 2010.
5. Interview mit Micha Kubi, 8. September 2013.
6. Interview mit Karmi Gilon, 27. Januar 2016.
7. Moreh, *The Gatekeepers*, S. 33 (hebräisch). Schalom hatte die Angewohnheit, Zuspätkommenden im Hauptquartier des Schin Bet im Norden Tel Avivs aufzulauern und sie zu bestrafen, indem er beispielsweise ihre Fahrzeuge beschlagnahmte. Einmal kam ein Agent, der wegen seiner enormen Körpergröße den Beinamen »Spartacus« trug, nach anstrengender Nachtarbeit im Außendienst eine halbe Stunde zu spät. Schalom sagte ihm, er müsse zur Strafe einen Monat lang mit dem Bus zur Arbeit kommen. Daraufhin beugte sich der riesige »Spartacus« drohend über den ziemlich kurz gewachsenen Schalom und dröhnte, er sei nicht bereit, die Strafe zu akzeptieren. Schalom wich nicht zurück, sondern sagte, er sehe in Spartacus' Verhalten »Verrat«. Dann beschlagnahmte er den Wagen des Agenten für *zwei* Monate. Interview mit »Avishag«, Mai 2008.
8. Interview mit Micha Kubi, 11. Juni 2013.
9. Moreh, *The Gatekeepers*, S. 37 (hebräisch).
10. Interview mit Micha Kubi, 11. Juni 2013.
11. Interview mit Dov Weissglass, der von seinen Gesprächen mit Ginossar berichtete, 23. Dezember 2014.
12. Interview mit »Raphael«, März 2006.
13. Interviews mit »Elvin«, Januar 2013, und »Yan«, August 2017.
14. Interview mit »Edgar«, Januar 2013.
15. Interview mit »Raphael«, Mai 2011.
16. Maiberg, *The Patriot*, S. 66 f.
17. Hadar gibt zu, dass zumindest einmal ein Geständnis eines Mannes sich als falsch erwies, betont aber, dass er darüber sogleich das Justizministerium informiert habe. Interview mit Arieh Hadar, 9. Oktober 2011; »Report of committee of inquiry into interrogation means used by the General Security Services« (Landau-Ausschuss), Teil 1, Paragraf 2.27.
18. Der Schin Bet hat eine Mosche Goldfarb, dem an jenem Tag getöteten Agenten, gewidmete Seite ins Netz gestellt: https://www.shabak.gov.il/

memorial/Pages/110.aspx. Vor Goldfarbs Tod war ein Offizier der israelischen Armee in einem Vorort von Rafah ums Leben gekommen, nachdem er sich einer Grube genähert hatte, die er für ein Waffenversteck hielt. Als er die Abdeckung hob, explodierte ein Sprengsatz, den der Schin Bet in der Grube versteckt hatte. Interviews mit Arieh Hadar, 9. Oktober 2011, Zvi Bandori, 11. September 2017, und »Edgar«, Januar 2013.

19. Moreh, *The Gatekeepers*, S. 28f. (hebräisch).
20. Interviews mit Jaakow Peri, 21. Mai 2011, Karmi Gilon, 27. Januar 2016, Ami Ajalon, 21. Januar 2013, Avi Dichter, 4. November 2010, Uri Sagie, 3. Juni 2012, Amos Jadlin, 15. Januar 2012, Aharon Seevi Farkasch, 7. November 2016, und Danny Jatom, 7. April 2011.
21. Maiberg, *The Patriot*, S. 108.
22. Gidi Weitz, »The Bus 300 Affair«, in: *Haaretz*, 28. Februar 2013.
23. Interview mit Alex Levac, Oktober 1998.
24. David K. Shipler, »News of Hijacking Denied to Israelis«, in: *New York Times*, 14. April 1984.
25. David K. Shipler, »Israel Said to Name Panel on 4 Hijackers«, in: *New York Times*, 28. April 1984.
26. Als *Hadaschot* die Zensur einmal mehr ignorierte und über einen der Ausschüsse berichtete, wurde die Zeitung mit viertägigem Publikationsverbot belegt. Außerdem wurden ihre Herausgeber verklagt und vom Bezirksgericht verurteilt, vom Obersten Gericht aber im Berufungsverfahren freigesprochen. Berufungsgericht 93/1127, Staat Israel ./. Jossi Klein und andere, Urteil *mem-het* (3) 485.
27. Justizministerium, »Opinion in the Matter of the Investigation of the Terrorists on Bus 300«, 20. Dezember 1986, S. 31 (Archiv des Autors, erhalten von »Liran«).
28. *Kill Them!*, Dokumentarfilm von Levi Zeini und Gidi Weitz, 10. Programm, Oktober 2011.
29. Interview mit Reuven Hazak, 21. Juni 2012.
30. Der auf Ginossar gemünzte Ausdruck »Trojanisches Pferd« ist dem Bericht des Untersuchungsausschusses über die Methoden des Schin Bet, Teil 1, Paragraf 2.4, entnommen.
31. Maiberg, *The Patriot*, S. 65.
32. Interview mit Jossi Ginossar, September 2002 (Dank an den Journalisten Rami Tal für das Arrangieren des Gesprächs).
33. Justizministerium, »Opinion in the Matter of the Investigation of the Terrorists on Bus 300«, 20. Dezember 1986, S. 33f.
34. Interviews mit Jitzchak Mordechai, 22. März 2015, und Jossi Ginossar, 22. Juli 1999; Maiberg, *The Patriot*, S. 95.
35. »The Bus 300 Affair«, in: *Haaretz*, 28. Februar 2013.
36. Doch wurden einige Schin-Bet-Agenten, darunter Jatom und Kubi, von einem internen Disziplinargericht angeklagt und freigesprochen. Interviews mit Micha Kubi, 20. September 2017, und Jaakow Peri, 21. Mai 2011.
37. Interview mit Ehud Barak, 2. April 2014.
38. Interview mit Jitzchak Mordechai, 28. August 2015.
39. Interview mit Menachem Finkelstein, 18. Juli 2012.
40. »Lethal Blow and Blow of a Lethal Nature«, Stellungnahme der Obersten Militärstaatsanwaltschaft der israelischen Armee (Archiv des Autors, erhalten von »Glocke«).
41. Zusätzliche Hilfe war in Form eines anonymen Telefonanrufs gekommen,

den Generalmajor Chaim Nadel, der Vorsitzende des Sonderkriegsgerichts, am Abend vor dem Prozess zu Hause erhalten hatte. Die Stimme am anderen Ende sagte ihm, dass er irregeführt werde und dass Mordechai die Terroristen nicht getötet habe. Die Stimme war die von Kubi, dessen Gewissen ihm keine Ruhe ließ. Interview mit Micha Kubi, 11. Juni 2013.

42. Mordechai machte weiter und wurde General. Nach seinem Ausscheiden aus der Armee ging er in die Politik und wurde 1997 Verteidigungsminister im ersten Kabinett von Benjamin Netanjahu.
43. Interview mit Peleg Raday, 1. April 1998.
44. Interview mit Asriel Newo, 14. Januar 2016; Zeini und Weitz, *Kill Them!*, 10. Programm, Oktober 2011.
45. Black und Morris, *Israel's Secret Wars*, S. 406.
46. Interview mit Jehudit Karp, 7. Januar 2016.
47. Schin-Bet-Konferenz über die »Bus-300-Affäre«, Beinisch-Rede, Kibbuz Tsuba, Juni 2004.
48. Justizministerium, »Opinion in the Matter of the Investigation of the Terrorists on Bus 300«, 20. Dezember 1986, S. 22.
49. Rachum, *The General Security Service Affair*, S. 101.
50. Interview mit Dov Weissglass, 23. Dezember 2014; Maiberg, *The Patriot*, S. 223–229.
51. *New York Times*, 10. Juli 1984; Black und Morris, *Israel's Secret Wars*, S. 397.
52. Interview mit »Elvin«, Januar 2013.
53. Moreh, *Töte zuerst! – Der israelische Geheimdienst Schin Bet*, 2012.
54. Interview mit Danny Jatom, 7. Juli 2011.
55. Als Rabin 1992 zum Ministerpräsidenten gewählt worden war, wollte Ginossar Generaldirektor des Wohnungsbauministeriums werden. Rabin antwortete, das würde aufgrund seiner Vergangenheit schwierig werden. Ginossar gab aber nicht auf. Er wandte sich an »Amos«, einen hochrangigen Schin-Bet-Bediensteten, und bot ihm einen Deal an: »Wenn ich ihm helfen würde, zum Generaldirektor des Ministeriums ernannt zu werden, würde er mir einen hohen Posten darin zuschanzen. Er wollte, dass ich mit ihm zu Rabin gehe und ihn mit der Drohung erpresse, wir würden Attentate enthüllen, die er in den 1970er-Jahren gebilligt habe, wenn er Ginossar nicht ernenne.« Amos habe Ginossar aber aufgefordert, sein Haus zu verlassen. Eine ähnliche Drohung sprach Ginossar bei einem Treffen mit dem Journalisten Dan Margalit aus, wohl in der Hoffnung, sie würde Rabin zu Ohren kommen. Margalit wurde wütend und ging – und hat sich danach lange geweigert, mit Ginossar zu sprechen. Rabin gab dem Druck jedoch nach und gewährte Ginossar den Posten, auf den er so versessen war. Daraufhin wurde beim Obersten Gericht eine Petition eingereicht, der das Gericht mit scharfen Worten stattgab: »Wie könnte ein Rechtsbrecher, der einen Meineid geschworen, die Justiz behindert und dadurch individuelle Freiheit verletzt hat, ein Regierungsministerium leiten?« Schließlich betraute Rabin Ginossar mit einer wichtigen Funktion, gegen die das Oberste Gericht nicht intervenieren konnte: Ginossar durfte ihm als sein Verbindungsmann zu Jassir Arafat dienen, eine Position, aus der Ginossar ohne Rabins Wissen in Form von einträglichen privaten Geschäften mit führenden Persönlichkeiten der korrupten Palästinensischen Autonomiebehörde Kapital

schlug. Ginossar starb 2004 als schwerreicher Mann. Interviews mit »Amos«, Juli 2013, Dan Margalit, 17. Januar 2017, und Jossi Ginossar, Mai 1999; Ronen Bergman, »The Man Who Swallowed Gaza«, in: *Haaretz*, 4. März 1997; Margalit, *I Have Seen Them All*, S. 180; *Joel Eisenberg ./. Minister für Bauwesen und Wohnungsbau*, Oberster Gerichtshof, 6163/92.

56. Chaim Herzog, Interview in *Yedioth Ahronoth*, 27. Juni 1986.

18 Dann gab es einen Funken

1. Der Film von Abu Dschihad, wie er seine Kämpfer instruiert, wurde im Jahr 1985 aufgenommen und von der Fatah zum Jahrestag der Gründung der Organisation, am 1. Januar 2012, freigegeben.
2. Interview mit Mike Harari, 23. März 2014.
3. Die neue Kidon führte ihren ersten Auftrag am 25. Juli 1979 in einem Apartmenthaus in Cannes an der französischen Riviera aus. Als Zuhair Muhsin, der Führer der prosyrischen Palästinenserorganisation al-Saiqa, ankam, schoss »Berry« vier Kugeln auf ihn, und das Team jagte davon. Muhsin starb später im Krankenhaus. Nach seinem Tod gab al-Saiqa Terroranschläge auf. Der Mossad wertete den Anschlag als Erfolg. Interviews mit Shimshon Issaki, 2. September 2015, Iigal Presler, 6. Juli 2017, und »Sally«, Februar 2015.
4. Interviews mit »Sally«, Februar 2015, und Schmuel Ettinger, 11. Februar 2013; »Palestinian Shot Dead by Gunmen in Athens«, in: *New York Times*, 21. August 1983.
5. Mitte der 1980er-Jahre war eine Hochphase weltweiter palästinensischer Terroranschläge. Allein im Jahr 1985 kamen dabei 105 Männer, Frauen und Kinder ums Leben, und 433 weitere wurden verwundet. Merari und Elad, *International Dimension of Palestinian terrorism*, S. 29–41 (hebräisch).
6. Die Ministerpräsidenten Schamir und Peres genehmigten die Reihe der gezielten Tötungen. Allerdings kam »die Auswahl der Zielpersonen von unten, vor Ort, von den operativen Ebenen, über den Chef des Mossad bis zum Ministerpräsidenten«, sagt Nachum Admoni, der Mossad-Chef von 1982 bis 1989. »Ich erinnere mich an keinen einzigen Fall, bei dem die politische Ebene mich anwies, gegen irgendjemanden vorzugehen.« Interview mit Nachum Admoni, 29. Mai 2011.
7. Der Mossad versuchte auch mit aller Kraft, Muhammad Zaidan (Abu al-Abbas), einen Führer der Palästinensischen Befreiungsfront, zu finden. Die Israelis hatten ihn weiterhin auf dem Radar, doch er setzte außerordentlich effektiv Vorsichtsmaßnahmen ein, sodass sich nie eine Gelegenheit für einen Anschlag bot. Dennoch fing die AMAN-Einheit 8200, dank der engen Überwachung, am 7. Oktober 1985 einen Telefonanruf zwischen Zaidan und einem Team seiner Männer ab, die das italienische Kreuzfahrtschiff *Achille Lauro* vor der ägyptischen Küste entführten. Die Terroristen ermordeten Leon Klinghoffer, einen alten, jüdischen Amerikaner im Rollstuhl, und warfen seine Leiche über Bord. Später erklärten sie sich bereit, in Ägypten das Schiff zu verlassen, weil ihnen im Gegenzug sicheres Geleit

nach Tunesien angeboten wurde. Israel spürte das Flugzeug auf, in dem sie saßen, und informierte die Amerikaner. Washington schickte prompt Kampfflugzeuge, um die Maschine abzufangen, und zwang sie, auf einem NATO-Stützpunkt in Sizilien zu landen. Doch die Italiener befreiten Zaidan, der sich in dem Flugzeug befand, gegen den Protest der Vereinigten Staaten. Zaidan bestritt, etwas mit der Entführung zu tun zu haben, doch der damalige AMAN-Chef Ehud Barak veröffentlichte bei seinem ersten Auftritt im israelischen Fernsehen das abgefangene Telefongespräch und entlarvte die Lügen des Terroristen. Baraks zivilisierter und charismatischer Auftritt, zu einer Zeit, als Israel nur einen Fernsehsender hatte, machte großen Eindruck und gab den Weg vor, wie manche sagen, für seine politische Laufbahn. Interviews mit Ehud Barak, 26. August 2015, und »Cinema«, Oktober 2014.

8. Interviews mit Schmuel Ettinger, 21. Januar 2013, und »Ethan«, Januar 2015.
9. Interview mit Ami Ajalon, 14. März 2016; »Operation Hawk's Way: How the Navy Operated in Algeria«, in: *Israel Defense*, 8. August 2015.
10. Interview mit Oded Ras, 20. Januar 2013; Michal Yaakov Itzhaki, »The Terrorists Planned to Arrive at the Kirya Base in Tel Aviv«, in: *Maariv*, 12. April 2013.
11. Eine staatliche Untersuchungskommission unter der Leitung des ehemaligen Richters am Obersten Gerichtshof Mosche Landau wurde im Zuge der Enthüllungen über die Kultur der Lügen und Folter im Schin Bet ins Leben gerufen. In einem geheimen Anhang zu dem Bericht entschied die Kommission, dass es zulässig sei, bei der Vernehmung von Terrorverdächtigen »maßvollen physischen Druck« auszuüben. Diese Wendung wurde in den internen Bestimmungen, die die Rechtsberater des Schin Bet und der AMAN-Einheit 504 verfassten, sehr großzügig ausgelegt, sodass die Anwendung von »besonderen Maßnahmen«, ein Euphemismus für Folter, ermöglicht wurde. Danach gingen Vernehmungsbeamte von Schin Bet und 504 noch einige Schritte weiter und folterten Verdächtige mit Methoden, die um ein Vielfaches aggressiver waren, und ignorierten die neuen Vorschriften. Wiederum wurden Verdächtige physisch verletzt und schweren Traumata ausgesetzt. Manche starben wegen der Foltermethoden. Siehe Unit 504, »Order on the Use of Auxiliary Interrogation Methods«, aktualisierte Akte, Juli 1994 (Archiv des Autors, erhalten von »Glocke«).
12. Interview mit Oded Ras, 20. Januar 2013.
13. Interviews mit Jitzchak Mordechai, 22. März 2015, und »Nano«, März 2012.
14. Interview mit »David«, Oktober 2015.
15. Director of Central Intelligence, Foreign Denial and Deception Analysis Committee, Oktober 1987, *The Jonathan Jay Pollard Espionage Case: A Damage Assessment*, S. 4 (Archiv des Autors, erhalten von »Patriot«).
16. Ebd., S. 5.
17. Interview mit Rafi Eitan, 24. Januar 2013.
18. Der Militärsekretär der Ministerpräsidenten unter Peres und Schamir, Brigadegeneral Asriel Newo, bestreitet energisch, dass er als der Empfänger des gesamten Geheimdienstmaterials, das an den Regierungschef gehen sollte, etwas von Pollard wusste oder dass Israel einen Spion in den Vereinigten Staaten gehabt hätte. Interview mit Asriel Newo, 5. Januar 2016.

19. Interview mit Schlomo Brom, 27. Oktober 2015.
20. Interview mit Eliot Lauer, 20. Oktober 2015; Director of Central Intelligence, *Jonathan Jay Pollard Espionage Case*, S. 40.
21. Interview mit Jitzchak Mordechai, 24. Januar 2013.
22. Drei Jahre später wäre Abu Dschihad um ein Haar als Folge genau der gleichen Wahlkampfstrategie gestorben, als die vom Likud angeführte Regierung die Streitkräfte unter Druck setzte, ihn in Amman, der jordanischen Hauptstadt, zu töten. »Es war absolut durchsichtig«, sagt Omer Bar-Lew, der damals die Sajeret Matkal befehligte. »Der Likud wollte, dass sie [die Tötung Abu Dschihads] noch vor den Wahlen im Juli vollstreckt wurde, damit er die Wahl gewann. Ich stand vor einem heiklen persönlichen und politischen Konflikt.« Bar-Lews Vater Chaim, ein ehemaliger Generalstabschef, war inzwischen ein prominenter Politiker in der Arbeiterpartei. Der Erfolg seines Sohnes bei der Tötung al-Wasirs würde sich vermutlich massiv auf seine Karriere auswirken. Wie der Zufall es wollte, wurden diese früheren Pläne mehrfach aus operativen und nicht aus politischen Gründen aufgeschoben. Interview mit Omer Bar-Lew, 15, November 2012.
23. Interview mit Joni Koren, 22. März 2013.
24. Diese Information wurde dem Mossad von Agent Amin al-Hadsch, »Rummenigge«, mitgeteilt, der auf Bitte des Mossad hin nach Zypern umgezogen war und ein Netz aus Fahrern, Zollbeamten und Prostituierten geknüpft hatte, das dem Mossad viele Informationen über die PLO beschaffte. Interview mit Amin al-Hadsch, 5. November 2013.
25. Der oberste Anwerber von Informanten der Einheit Tsomet, Jehuda Gil, fuhr nach Piräus, trieb die Zollbeamtin mit dem Decknamen »Golden Earrings« auf und brachte sie dazu, ihm Informationen über die Palästinenser zu geben, die über ihre Agentur die Container mit Sultaninen verschickten. Abu Dschihad sandte, da er den Verdacht hatte, sie würde mit dem Mossad zusammenarbeiten, zwei Männer aus, um sie zu töten. Jehuda Gil, der Führungsoffizier von »Golden Earrings«, hatte den Ruf, er könne »einen Telefonmasten zum Reden bringen«. Später entpuppte sich Gil jedoch als einer der großen Versager des Mossad-Apparats für die Rekrutierung und Betreuung seiner Mitarbeiter. Im Jahr 1974 hatte er einen syrischen General, den »Red Falcon«, als Agenten angeworben und ihn viele Jahre lang betreut. 1996 stellte sich heraus, dass Gil die Informationen, die angeblich sein Agent geliefert hatte, aufgepeppt hatte, weil er nicht zugeben wollte, dass die Rekrutierung ein Blindgänger gewesen war. Er wollte jedoch weiterhin das Sagen haben. Diese Falschinformationen hätten zweimal beinahe dazu geführt, dass zwischen Israel und Syrien ein Krieg ausgebrochen wäre. Gil war keineswegs die einzige dramatische Katastrophe der Tsomet. Ben Zygier, ein australischer Jude und überzeugter Zionist, wanderte nach Israel ein und wurde 2003 vom Mossad rekrutiert. Damals waren die hektischen Tage der Diktatur Meir Dagans, als gigantische Budgets für die Expansion der Organisation zur Verfügung gestellt wurden. Das brachte ein Nachlassen der Sorgfalt mit sich, mit der Rekruten ausgewählt wurden. Zygier, der im Ausland geboren und aufgewachsen war, galt als idealer

Kandidat. Nach Abschluss der Ausbildung bei Tsomet, als er versuchte, in Firmen, die im Iran und in arabischen Staaten Geschäfte machten, Informanten zu beschaffen, stellte sich jedoch heraus, dass Zygier außerstande war, die Erwartungen des Mossad zu erfüllen. Er wurde mit dem schmerzlichen Gefühl des Versagens nach Israel zurückgerufen, mit dem er offenbar nicht fertigwurde. Er versuchte, auf eigene Faust eine nicht autorisierte Operation in die Wege zu leiten, noch dazu ohne seine Vorgesetzten zu informieren. Er traf sich mit einem Mitglied der Hisbollah und versuchte, den Betreffenden anzuwerben, um zu beweisen, dass er dazu fähig war. Die Zielperson war jedoch raffinierter als Zygier und brachte ihn dazu, unwillentlich Informationen über das System zu enthüllen, mit dessen Hilfe Mossad-Agenten miteinander kommunizierten. Prompt wurden zwei Agenten verbrannt. Eine gemeinsame Ermittlung von Mossad und Schin Bet deckte den Fall auf, und Zygier wurde in aller Stille verhaftet. Er wurde angeklagt, beging aber vor dem Prozess Selbstmord. Bergman, *Operation Red Falcon*, https://magazine.atavist.com/operation-red-falcon; Interviews mit Jehuda Gil, 30. März 2015, Dvorah Chen, 21. März 2012, Chaim Tomer, 3. März 2015, »Oktoberfest«, März 2013, und »Loacker«, Dezember 2016; Ronen Bergman, Julia Amalia Heyer, Jason Koutsoukis, Ulrike Putz und Holger Stark, »Der Spion in Zelle 15«, in: *Der Spiegel*, 25. März 2013, S. 94–97.

26. Supreme Court, 861/87, *Abu Sharah v. Lod Military Court*, Bd. 42 (1), S. 810; Interview mit Anwalt Amnon Zichroni, 27. Januar 2011.
27. Interviews mit Eran Ron, August 1995, Talia Avner, August 1995, und David Avner, August 1995; Ronen Bergman, »Pilot's Fate«, in: *Haaretz*, 8. September 1995.
28. »›Alpha‹, the Pilots Reported. ›Terror Fortress Destroyed‹«, in: Erele Weissberg und Lior Yacovi, *Yisrael Hayom*, 18. September 2015.
29. »Tunisia's Leader Bitter at the U. S.«, in: *New York Times*, 3. Oktober 1985.
30. »Remembering Wooden Leg, the longest-range attack«, unter: Webseite der israelischen Luftwaffe, http://www.iaf.org.il/4373-37989-he/IAF.aspx, 27. September 2011.
31. »›Alpha‹, the Pilots Reported«, in: *Yisrael Hayom*, 18. September 2015.
32. Interview mit Joni Koren, 22. Dezember 2013.
33. Nur Ali war mit Prinzessin Dina verwandt, der Ex-Frau König Husseins und damals Frau von Salah Tamari, einem hohen Fatah-Kommandeur, der in einer israelischen Haftanstalt im Südlibanon gefangen gehalten wurde. Dina und Ali bemühten sich, einen großen Gefangenenaustausch zwischen der PLO und Israel zu organisieren, und blieben anschließend im Zentrum geheimer Kommunikationskanäle zwischen den beiden Seiten. Interview mit Gadi Zohar, 8. Juli 2017; Bergman, *Mit allen erforderlichen Mitteln*, S. 83 f. (hebräisch)
34. Einige im Mossad plädierten für die Tötung einer nicht so bekannten, aber aus operativer Sicht wichtigeren Zielperson: des Vizechefs des Westsektors Mustafa Liftawi (Abu Firas). Letzterer galt als Kopf hinter den Terroranschlägen, als Mann, der »in einer Wanne voller jüdischen Blutes badete«, laut Jisrael Hasson, dem Schin-Bet-Mitarbeiter, der für die Abwehr seiner Tätigkeit zuständig war. Aber letztlich zogen die Oberen des Mossad, und später auch der Ministerpräsident, es

vor, eine symbolträchtigere Person auszuwählen, jemanden, der der Öffentlichkeit bekannt war, anstelle des heimlich agierenden, anonymen Abu Firas. Interviews mit Jisrael Hasson, 17. November 2010, Schimon Schapira, 31. Januar 2015, »Sally«, September 2016, und Oded Ras, 20. Januar 2013.

35. Interview mit Amnon Lipkin-Schachak, 3. April 2012.
36. Schiff und Yaari, *Intifada: The Palestinian Uprising*, S. 44–70.
37. Interview mit David Tzur, 30. Mai 2011.
38. Interview mit Asriel Newo, 14. Januar 2016.
39. »*Fatalities in the First Intifada*«, B'Tselem Website (hebräisch), http://www.btselem.org/hebrew/statistics/first_intifada_tables.
40. Shalev, *The Intifada: Causes and Effects*, S. 19–36.
41. Interview mit Nachum Admoni, 29. Mai 2011.
42. Interviews mit Jitzchak Schamir, Januar 1997, und Mosche Nissim, 21. Februar 2013.
43. Interview mit »Sally«, September 2016.
44. Interview mit »Elvin«, Januar 2013.
45. Interview mit »Pegasus«, Februar 2011.
46. Interview mit Joaw Galant, 19. August 2011.
47. Das Kabinett war nach dem Eindringen eines Trupps aus drei Terroristen des Westsektors am 7. März von Ägypten nach Israel zusammengerufen worden. Die drei stießen zufällig auf einen Bus mit Zivilisten, von denen viele berufstätige Mütter waren, die zum Atomforschungszentrum in Dimona wollten. Die Terroristen eröffneten das Feuer auf den Bus, töteten zwei Frauen und entführten ihn. »Abu Dschihad hat uns geschickt!«, rief ein Entführer aus dem Bus. Dann richteten sie einen weiteren Fahrgast hin. Wenige Augenblicke später töteten Scharfschützen eines Einsatzkommandos der Polizei die drei. »Was mich betrifft«, so Lipkin-Schachak, »so besiegelte der Anschlag auf den ›Mütter-Bus‹ das Schicksal Abu Dschihads.« Interviews mit David Tsur, 30. Mai 2011, und Amnon Lipkin-Schachak, 3. April 2012.
48. Interview mit Asriel Newo, 14. Januar 2016.
49. Interview mit Schimon Peres, 17. September 2012.
50. Interview mit Mosche Nissim, 21. Februar 2013.
51. Ebd.
52. Interview mit Nachum Lew, August 2000.
53. Die Israelis, die al-Wasirs Telefonanrufe überwachten, belauschten einen heftigen Streit zwischen ihm und seinem ältesten Sohn Dschihad, der Business Administration studierte. Dschihad wollte sich dem bewaffneten Kampf anschließen, aber sein Vater wollte davon nichts hören und befahl ihm, an der Universität zu bleiben und das Studium fortzusetzen. »Wenn unser Staat gegründet ist«, sagte er seinem Sohn, »dann braucht er Menschen wie mich nicht mehr, sondern eher Menschen wie dich.« Im Jahr 2012 begleitete ich eine Gruppe hoher deutscher Staatsdiener auf einer Tour durch das Westjordanland, wo sie sich mit Vertretern der Autonomiebehörde trafen. Einer von ihnen, der Chef der palästinensischen Währungsbehörde, wurde als »unser bedeutendster junger Wirtschaftsexperte« vorgestellt. Er beeindruckte mich sehr. Er sprach eloquent und vernünftig, fließend Englisch und hielt sich, im Gegensatz zu seinen Kollegen, zurück, Israel an allem Schlimmen, das jemals passiert war oder was damals der palästinensischen Bevöl-

kerung zustieß, die Schuld zu geben. Während er redete, wurde mir klar, dass hier der junge Student der Business Administration vor mir stand. Er hatte getan, was sein Vater ihm befohlen hatte, das Studium fortgesetzt und war tatsächlich zu einem Gründervater der Wirtschaft in dem keimenden Palästinenserstaat geworden. Dr. Dschihad al-Wasir hatte nach dem Mord an seinem Vater »Chalil« seinem Namen hinzugefügt. Nach dem Gespräch trat ich an ihn heran und erzählte ihm von dem Buch, an dem ich schrieb, und von der Aufzeichnung des Gesprächs mit seinem Vater, die in den Archiven des militärischen Geheimdienstes aufbewahrt wurde. Er sagte, dass er sich sehr gut an das Gespräch erinnere, und dann kamen ihm die Tränen. Interview mit Oded Ras, 13. Oktober 2014.

54. Interview mit »Sally«, Februar 2015.
55. Die ganze Operation wurde von »Steven«, einem Nachrichtenoffizier der Caesarea, geplant und geleitet. Interviews mit Mosche Jaalon, 21. Dezember 2016, Ehud Barak, 8. März 2013, Jiftach Reicher, 28. November 2013, Nachum Lew, August 2000, »Sally«, Februar 2015, Schmuel Ettinger, 21. Januar 2015, Joaw Galant, 4. September 2014, und Ami Ajalon, 21. Januar 2013.
56. Eine Aufzeichnung des Gesprächs wurde erstmals in der Sendung *Uvda* auf Kanal 2 am 27. Mai 2013 ausgestrahlt.
57. Am Vortag hatte der Schin Bet in der Tat Fais Abu Rahma verhaftet, einen Anwalt und Abu Dschihads Vetter. Man hatte ihn schon vorher verhaftet, aber diesmal war es lediglich ein Vorwand für den Anruf, der wenige Stunden später folgte.
58. Die Frage, ob es notwendig oder vertretbar war, den Gärtner zu töten, blieb offen und war selbst nach Abschluss der Operation noch Gegenstand eines Streits innerhalb der Sajeret. Es wurde Mitarbeitern der Sajeret Matkal von ihren Kommandeuren erlaubt, Zivilisten zu töten, die deren Anwesenheit auf feindlichem Territorium bezeugen könnten – eine verklausulierte Erlaubnis zum Töten. Schon früher, Ende 1978, begab sich ein Trupp der Sajeret unter dem Kommando eines Offiziers namens Shai Avital auf eine Mission tief im Innern eines sehr feindseligen arabischen Landes. Sie stießen auf einen Schafhirten, der seine Herde hütete. Der Trupp machte halt und fesselte den Hirten, sodass er de facto ausgeschaltet war. Aber dann brach ein Streit zwischen Avital und seinen Vorgesetzten in der Kommandozentrale aus. Stabschef Eitan befahl Avital, den Hirten zu töten, während Avital darauf bestand, ihn zu verschonen. »Wie kann ich ihn töten?«, flehte Avital eindringlich, der in eine bäuerliche Gemeinschaft geboren wurde und an einer landwirtschaftlichen Hochschule studiert hatte. »Er ist ein Bauer, wie wir.« Eitan blieb hart. Irgendwann stand ein Soldat auf und schoss dem Hirten in den Kopf, dann warf er den Leichnam in einen Brunnen in der Nähe und sagte dem verblüfften Avital: »Das war's. Ende der Diskussion. Wir können unsere Mission fortsetzen.« Doron Avital, ein Soldat und Offizier der Sajeret mit einem Doktortitel der Philosophie, erhob Shai Avitals dringende Bitte zu einem Glaubensgrundsatz. Im Jahr 1994, als er die Sajeret befehligte, gab er, während Pläne für die Entführung eines Hisbollah-Aktivisten namens Mustafa Dirani ausgearbeitet wurden, die Anweisung aus: »Wenn wir bei dieser Operation libane-

sische Zivilisten töten, dann haben wir die moralische Berechtigung für ihre Durchführung verloren.« Interviews mit »Lenin«, Dezember 2016, Shai Avital, 29. Dezember 2010, und Aviram Halevi, 12. Oktober 2010; Bergman, *Mit allen erforderlichen Mitteln*, S. 381. (hebräisch)

59. Interview mit Nachum Lew, August 2000.
60. Interviews mit Nachum Lew, August 2000, Jiftach Reicher, 28. November 2013, »Sally«, Februar 2015, und Mosche Jaalon, 21. Dezember 2016. Laut manchen Aussagen schoss Lew nicht auf Abu Dschihad, sondern blieb während der Operation vor dem Haus und sicherte es. *Uvda*, Kanal 2, 27. Mai 2013.
61. Interview mit Mosche Jaalon, 21. Dezember 2016.
62. In dem U-Boot, das die Truppe nach Tunesien und zurück eskortierte, in der *Gal*, war das Verhältnis zwischen Mannschaft und Vizekommandant nicht gerade freundlich. Auf dem Heimweg heftete jemand folgende anonyme Nachricht an das Schwarze Brett: »Streng geheim / An: Jassir Arafat / Werter Herr, / Wir haben Ihren Vize umgebracht! Bringen Sie bitte unseren Vize um! / Grüße, die Crew des israelischen Kriegsschiffs *Gal*«
63. Diese offizielle Funkstille hielt Jahrzehnte an. Im Jahr 2012, während ich an diesem Buch arbeitete, gestattete mir die Zensur, nachdem ich drohte, beim Obersten Gericht gegen meine militärischen Zensoren zu klagen, einige Details über die Ermordung in der Zeitung *Yedioth Ahronoth* zu veröffentlichen (http://www.theguardian.com/world/2012/nov/01/israel-acknowledges-killing-palestinian-deputy). Nach der Veröffentlichung schrieb der Kommandeur der Sajeret Matkal an alle Veteranen der Einheit einen Brief, in dem er forderte, dass »der Mantel der Geheimhaltung rings um die klassifizierte operative Tätigkeit der Einheit wiederhergestellt [werde] und dass man die Einheit aus den Machenschaften der Medien heraushalte«. *WallaNews*, 2. Dezember 2012, https://news.walla.co.il/item/2592534.
64. Interview mit Mosche Nissim, 21. Februar 2013.
65. Interview mit Amnon Lipkin-Schachak, 3. April 2012.

19 Intifada

1. Interviews mit Uri Bar Lev, 17. Dezember 2015, Shai Avital, Dezember 2010, Asriel Newo, 5. Januar 2016, und Avraham Pazner, 19. März 2016; »Israel Mounts Inquiry into a Charge by ABC«, in: *New York Times*, 7. Juli 1988.
2. Interviews mit Ehud Barak, 26. August 2015, und Meir Dagan, 20. Juli 2013.
3. Interview mit Joaw Galant, 7. Juli 2011.
4. Interviews mit Uri Bar Lev, 17. Dezember 2015, und Asriel Newo, 5. Januar 2016.
5. Interview mit Joni Koren, 22. Dezember 2013.
6. Interview mit »Santa«, Mai 2016.
7. Final Report of Military Police Investigation (CID) 92/0450/06 of MP Central Unit, 9. Juli 1992 (Archiv des Autors, erhalten von »Glocke«).
8. Die große Zahl an Hunden, die bei der geringsten Provokation losbellten, war für Duvdevan-Kämpfer, die sich nachts heimlich arabischen Dörfern nähern wollten, ein ernstes Problem.

Viele Lösungen wurden getestet, selbst Instrumente, die Geräusche mit einer Wellenlänge erzeugten, die nur Hunde hörten und sie beruhigen sollten. Am Ende fand man heraus, dass Beutel mit Löwenkot, den man im Safari Park in Ramat Gan sammelte, am besten funktionierten. Sobald die Hunde den Duft rochen, der vom König der Tiere ausging, wurden sie still und schlichen davon.

9. Interview mit Uri Bar Lev, 17. Dezember 2015.
10. Dem Mossad gelang es nicht, die übrigen Terroristen, die mit dem Attentat in München in Verbindung standen, zu töten. Nur zwei davon, Jussuf al-Nadschar und Ali Salameh, wurden während Hararis Amtszeit getötet. Besonders schmerzlich war das Scheitern der Jagd auf den Kommandeur des Anschlags, Mohammad Udeh (Abu Daud). Im Jahr 1985 erhielt der Mossad Informationen über den Aufenthaltsort von Dschamal al-Gaschey, einem der drei Palästinenser, die in München tatsächlich Israelis töteten. Er hatte Libyen verlassen, wo er sich niederließ, nachdem die deutschen Behörden ihn entlassen hatten, und in Spanien unter falschem Namen Zuflucht gesucht. Er litt an Krebs und bekam eine Chemotherapie. Im Mossad kam eine Diskussion auf, ob man Ressourcen einsetzen sollte, um ihn aus dem Land zu holen, oder ob man ihn dem Krebs überlassen sollte. Letztlich entschied Schavit, dass man al-Gaschey töten solle, vorausgesetzt, man komme an ihn heran. Ein Caesarea-Agent schüttete unbemerkt eine tödliche Dosis in eine Tasse Kaffee, die al-Gaschey in einem Restaurant nicht weit von seinem Haus trank. Das Gift brachte ihn nicht um, offenbar weil die Dosierung falsch war oder wegen der Nebenwirkungen der schweren Chemotherapie, die er damals durchmachte. Tatsächlich erholte sich al-Gaschey, kurz nachdem er das Gift geschluckt hatte, und kehrte zu seinem angenehmen früheren Leben zurück. Im Jahr 2000 wurde er für Arthur Cohns preisgekrönten Dokumentarfilm über das Massaker in München interviewt: *Ein Tag im September.* Interviews mit Mike Harari, 10. März 2014, und »Sally«, Januar 2015.
11. Interviews mit »Oktoberfest«, Februar 2013, und »Alfred«, Februar 2013. Mossad-Direktor Schavit sagte nur: »Das war eine sehr hübsche Operation, nicht wahr?«
12. Interview mit »Oktoberfest«, Februar 2013.
13. Interview mit Dschibril ar-Radschub, 23. August 2002.
14. Die Affäre hatte den Rücktritt hoher Beamter im Außenministerium und des Direktors des französischen Roten Kreuzes zur Folge, der zugleich ein wichtiger Berater Präsident François Mitterrands war. Siehe *Los Angeles Times*, 4. Februar 1992; Interview mit Richter Jean-Louis Bruguière, Mai 2000; diverse Korrespondenz zwischen dem Außenministerium und der israelischen Botschaft in Paris (Archiv des Autors, erhalten von »Paul«).
15. Interview mit »Polly«, März 2016.
16. Interview mit »the Pilot«, November 2015.
17. Interview mit Robert Baer (in Gegenwart von Seymour Hersh), August 2001; E-Mail von Robert Baer, 1. Februar 2016.
18. Interviews mit »Polly«, März 2016, und »the Pilot«, November 2015.
19. Interview mit Richter Jean-Louis Bruguière, Mai 2000.

20. Bergman, *Vollmacht gewährt*, S. 178 f. (hebräisch)
21. Agence France-Presse, 26. Februar 1991.
22. Interviews mit Dalia Rabin, Oktober 2005, Amos Eran, 11. Februar 2009, Eitan Haber, 21. Juni 2009, und Schimon Scheves, 25. August 2010.
23. Interview mit Yezid Sayigh, Oktober 2001.
24. Interviews mit Schimon Peres, 17. September 2012, Jossi Beilin, 14. Oktober 2002, Ron Pundak, August 2002, und Jossi Alpher, 18. Mai 2015.
25. Pundak, *Secret Channel*, S. 100–105, 122, 146–149, 172.
26. Interviews mit »Noah«, Januar 2016, und »Polly«, März 2016.
27. Interviews mit Eitan Haber, 21. Juni 2009, und »Polly«, März 2016.
28. Was häufig zur Sprache kam, war Abbas' glühender Hass auf Arafat. Mal nannte er ihn »der Bastard«, mal »die kleine Hure«.
29. Interviews mit »Oktoberfest«, Dezember 2015, »Polly«, März 2016, und »Dschango«, Oktober 2016.
30. Interview mit »Oktoberfest«, Februar 2013.
31. Interview mit Dschibril ar-Radschub, 23. August 2002.
32. »Top PLO Security Official Accused of Being Mossad Spy: Arafat Orders Inquiry«, in: *Independent*, 4. November 1993.
33. Interview mit Ron Pundak, August 2002; Beilin, *Touching Peace*, S. 61–164; Pundak, *Secret Channel*, S. 129–190.
34. Interviews mit David Meidan, 2. August 2015, Avi Dichter, Juni 2012, und Jisrael Hasson, 17. November 2010.
35. Interview mit »Oktoberfest«, Februar 2013.

20 Nebukadnezar

1. Interview mit Raphael Ofek, 24. Januar 2016.
2. Interviews mit »April«, November 2016, Mike Harari, 29. März 2014, und Benny Seevi, 12. Februar 1999. Eine ähnliche Darstellung findet sich in Ostrovsky, *By Way of Deception. The Making of a Mossad Officer*, S. 19 f.
3. Im Rahmen der Peripheriedoktrin unterstützte der Mossad in einer Reihe feindlicher Staaten Befreiungsbewegungen und Untergrundmilizen, unter anderem die christlich-separatistische Anya-Nya im Südsudan. Interviews mit Jossi Alpher, 18. Mai 2015, und Meir Amit, 12. Juli 2005; Alpher, *Periphery*, S. 57–71; Ben Uziel, *On a Mossad Mission to South Sudan*, S. 9–36; Ronen Bergman, »Israel and Africa«, S. 234–246.
4. Interview mit Natan Rotberg, 5. März 2012.
5. Als der mit einer Sprengfalle versehene Koran fertig war, schickte man ihn »an irgendeinen Gouverneur, der sie misshandelt hatte, und er wurde zusammen mit seinem gesamten Stab getötet«, wie Rotberg berichtete.
6. Er machte sich die Mühe, eine luxuriöse Ausgabe der Gedanken seines verehrten Onkels Tulpah zu veröffentlichen, einschließlich des Bonmots, es gebe drei Dinge, »die Allah nicht hätte schaffen sollen: die Perser, die Juden und Fliegen«. Karsh und Rautsi, *Saddam Hussein*, S. 19 (hebräisch).
7. Interview mit Amatzia Baram, 28. Oktober 2015.
8. Nakdimon, *Tammuz in Flammen*, S. 50 (hebräisch).

9. Ebd., S. 75 f.
10. Interviews mit Nachum Admoni, 29. Mai 2011, und Schlomo Gasit, 12. September 2016.
11. Interview mit Jehuda Gil, 15. Mai 2011; Koren Yehuda, »My Shadow and I«, in: *Yedioth Ahronoth*, 6. Juli 2001.
12. Hoda Kotb, Interview mit Dr. Khidir Hamsa, Recherchematerial von NBC *Dateline*, »Iraq 1981« (Archiv des Autors, dank Schachar Bar-On).
13. Interviews mit »Elmo«, August 2010, und »Oktoberfest«, Januar 2013.
14. Interview mit Raphael Ofek, 24. Januar 2016.
15. »Decision of the Cabinet Security Committee«, 4. November 1978, dem Autor von »Paul« gezeigt.
16. Interviews mit Mike Harari, 12. Februar 2014, und »Schwarz«, September 2016.
17. Interview mit Raphael Ofek, 17. Januar 2016.
18. Eine ausführliche Biografie von Jafar Jafar findet sich in Windrom, *Critical Mass*, S. 35–40.
19. Interview mit »April«, Dezember 2016.
20. Interview mit »Schwarz«, Juni 2015; eine ähnliche Darstellung in Ostrovsky, *By Way of Deception*, S. 22–25.
21. Hoda Kotb, Interview mit Dr. Khidir Hamsa, Recherchematerial von NBC *Dateline*.
22. Interviews mit »Schwarz«, Juni 2015, und »Amir«, Februar 2016; Claire, *Raid on the Sun*, S. 76 f.
23. Aus naheliegenden Gründen – der Verwendung von Gift und der Tatsache, dass Bombenanschläge und Attentate auf französischem Territorium ausgeführt wurden – hielt Israel alles, was mit den Aktionen zusammenhing, streng geheim. 1990 tat sich jedoch eine undichte Stelle auf, als ein Mossad-Aussteiger namens Victor Ostrovsky bekannt gab, in Kanada unter dem Titel *By Way of Deception. The Making of a Mossad Officer* seine Memoiren veröffentlichen zu wollen. Dies stellte einen Bruch der Mossad-Regeln und der israelischen Sicherheit dar. Der Geheimdienst versuchte Ostrovsky von seinem Vorhaben abzubringen, aber er weigerte sich. Agenten brachen in die Verlagsbüros ein und stahlen die Setzschiffe. Wie sich herausstellte, enthielt das Buch eine Vielzahl von teils durchaus zutreffenden Informationen über den Mossad, einschließlich vieler Seiten über Aktionen, die er gegen das irakische Atomprojekt und irakische Wissenschaftler durchgeführt hatte. Dies alles löste innerhalb des Mossad erhebliche Panik aus. »Ich wurde ins Büro des Direktors beordert«, erzählte Ami Jaar, der Ostrovsky ausgebildet hatte und in dem Buch erwähnt wurde, »wo man mir die mich betreffenden Seiten zeigte. Es war äußerst unangenehm.« Jossi Cohen, ein junger Offizier und aufgehender Stern des Mossad, der Ostrovsky in der Ausbildung kennengelernt hatte, legte dem Mossad-Chef einen detaillierten Plan für die Eliminierung Ostrovskys vor. Schavit gefiel der Plan, und er ging damit zu Ministerpräsident Schamir, der jedoch unter Verweis auf die Devise »Wir töten keine Juden« Einspruch erhob. Stattdessen bat der Mossad Kanada und die Vereinigten Staaten, die Veröffentlichung des Buchs aufgrund des von Ostrovsky beim Eintritt in den Geheimdienst geleisteten Verschwiegenheitseids zu verbieten. Die Gerichte entschieden jedoch dagegen, und das Ganze hatte lediglich zur Folge, dass die Glaubwürdigkeit und die Verkaufszahlen des Buchs gesteigert wurden. Interviews mit Ami Jaar, 3. Dezember 2012, »Advantage«, April 2017, »Toblerone«, Mai 2014, und »Lexikon«, Januar 2017.

24. Nakdimon, *Tammuz in Flammen*, S. 309 (hebräisch).
25. Die ostdeutsche Stasi und der KGB, die Verbindungen zu Husseins Geheimdienst unterhielten, hatten ihre Lehren aus der Eliminierung von Wadi Haddad gezogen. Interview mit »Ilay«, Juni 2010.
26. Interview mit Jitzchak Chofi, Begin Center, 11. Januar 2002.
27. Interview mit Uzi Eilam, 2. Dezember 2009.
28. Interview mit Uzi Even, 2. Dezember 2009.
29. Nachdem Peres davon erfahren und an Begin geschrieben hatte, herrschte im Verteidigungsestablishment helle Aufregung. Der Angriff wurde verschoben, und die Decknamen wurden geändert. Operationsleiter Eitan ordnete eine umfangreiche Abhöraktion gegen den Generalstab und andere hohe Offiziere, die eine Sicherheitszulassung für die Operation hatten, an. Aber der wirkliche Whistleblower, Professor Even, wurde nicht gefunden. Er gestand seine Rolle erst 1996 in einem Interview mit mir ein. Interview mit Uzi Even, Mai 1996; Ronen Bergman, »The First Iraqi Bomb«, in: *Haaretz*, 31. Mai 1996.
30. Zufälligerweise flogen die Maschinen direkt über König Hussein hinweg, der sich im Golf von Akaba an Bord seiner Staatsjacht befand. Er muss die Flugzeuge gesehen und erkannt haben, wohin sie flogen. Aber sollte er die Saudis oder Irakis gewarnt haben, ist die Warnung auf dem Weg zu ihnen versickert oder gar nicht erst durchgegeben worden. Nakdimon, *Tammuz in Flammen*, S. 15 f. (hebräisch).
31. Interview mit Aviem Sella, 31. Mai 2011; Nakdimon, *Tammuz in Flammen*, S. 188–203 (hebräisch).
32. Interview mit Raphael Ofek, 24. Januar 2016.
33. Internationale Pressekonferenz Menachem Begins, 9. Juni 1981. Die israelische Aktion wurde für ihre Ausführung bewundert, löste international aber auch scharfe politische Kritik aus. Anscheinend war das *Wall Street Journal* die einzige Zeitung, die die Aktion guthieß. Der entsprechende Leitartikel hängt bis heute gerahmt im Sitzungssaal der Zeitung.
34. Mitschnitt des Obersten Rats der Baath-Partei, Pentagon Archives, CRRC SH.SHTP.A.001.039, freundlicherweise zur Verfügung gestellt von Professor Amatsia Baram.
35. Interview mit Amos Gilad, 31. Juli 2012.
36. Interview mit »Gauguin«, dem Agenten des Mossad im wissenschaftlichen Bereich des Condor-Projekts in Argentinien, Juni 2016; Director of Central Intelligence, *Jonathan Jay Pollard Espionage Case*, 30. Oktober 1987, S. 39.
37. Interview mit »Sally«, September 2016; Burrows und Windrem, *Critical Mass*, S. 442, 461, 466–480.
38. Die Mossad-Akte über Bull enthält einen großen Teil seiner Verträge und seiner Korrespondenz mit Irakern, insbesondere mit General Hussein Kamel, Saddam Husseins Schwager, dem die Waffenbeschaffung des Irak unterstand (Archiv des Autors, erhalten von »Bogart«).
39. Der AMAN übergab das gesamte Material, das er selbst und der Mossad über Bull zusammengetragen hatten, dem Amt für Waffenentwicklung und technische Infrastruktur des Verteidigungsministeriums (das unter seinem hebräischen Akronym MAFAT bekann ist) sowie dem Artilleriekorps der Israelischen Streitkräfte. Diese Einheiten prüften Bulls Berechnungen und testeten ein paar Computermodelle: mit dem überraschenden Ergebnis, dass

seine Superkanone wissenschaftlich machbar war. Bull fantasierte also nicht. Interview mit Amos Gilad, 31. Juli 2012.

40. »In den wenigen Fällen, in denen wir zum Schluss kamen, dass die örtlichen Behörden nicht die Absicht hatten, etwas zu unternehmen«, erklärte Kidon-Nachrichtendienstoffizier Mosche »Mischka« Ben-David, »gab es Lieferungen, die in Brand gerieten oder explodierten, und einige Gentlemen, die heute nicht mehr unter uns weilen.« Interview mit »Romeo«, Januar 2013; Cockburn, *Dangerous Liaison*, S. 306.

41. Interview mit »Romeo«, einem der Chefs von Caesarea, der den Anschlag auf Bull organisierte, Mai 2000.

42. In derselben Zeit, in der die israelischen Sicherheitschefs sich mit dem Problem Condor und der Superkanone beschäftigten, mussten sie sich auch mit der Möglichkeit der Eliminierung eines israelischen Juden auseinandersetzen: 1986 schmuggelte Mordechai Vanunu, ein untergeordneter Techniker im Atomreaktor in Dimona, der sich aufgrund seiner marokkanischen, nichteuropäischen Herkunft diskriminiert fühlte und extreme linke Ansichten hegte, einen Fotoapparat in die geheimste Einrichtung Israels und fotografierte unter anderem eine Wasserstoffbombe. Er verkaufte die Fotos und viele andere wertvolle Informationen an die britische *Sunday Times*, die vorhatte, das Material zu veröffentlichen. Der Mossad erfuhr durch eine seiner ältesten Quellen davon, den Pressezaren Robert Maxwell. »Sie müssen Vanunu kriegen«, sagte ein führender israelischer Journalist namens Dan Margalit in dem inoffiziellen Vorgespräch zu einem Interview zu Ministerpräsident Schimon Peres. »Tot oder lebendig.« Peres wies dies zurück: »Wir töten keine Juden.« Mir gegenüber erklärte Peres, der Mossad habe ihn um die Erlaubnis gebeten, den Mann zu eliminieren, was er jedoch strikt abgelehnt habe: »Ich habe seine Ermordung verhindert und angeordnet, ihn nach Israel zurückzubringen und vor Gericht zu stellen.« Margalit, ein bekannter Kommentator von Tagesereignissen, ist bis heute überzeugt, dass Peres einen Fehler begangen hat: »Sie hätten Vanunu im Ausland umbringen oder einfach in Ruhe lassen sollen. ›Wir töten keine Juden‹ ist eine rassistische Devise. Entweder geht Israel gegen Menschen vor, von denen eine ernste Gefahr für seine nationale Sicherheit ausgeht, oder es tut dies nicht. Rasse oder Religion spielen dabei keine Rolle.« Vanunu wurde schließlich von einer Mossad-Agentin überredet, mit ihr von London – wo der Geheimdienst sich scheute, in Aktion zu treten – nach Rom zu fliegen, wo er ergriffen, unter Drogen gesetzt und auf ein israelisches Handelsschiff geschmuggelt wurde. Er kam vor Gericht und wurde zu acht Jahren Haft verurteilt. Interviews mit »Sally«, Februar 2015, »Raphael«, Mai 2011, Jechiel Horev, Juli 2004, Benny Seevi, 12. Februar 1999, Schimon Peres, 30. Januar 2005, und Dan Margalit, 17. November 2016.

43. Ronen Bergman, »Killing the Killers«, in: *Newsweek*, 13. Dezember 2019; »The Man Who Made the Supergun«, *Frontline* (PBS), 12. Februar 1992; Burrows und Windrem, *Critical Mass*, S. 164–177.

44. »Iraq Chief, Boasting of Poison Gas, Warns of Disaster if Israelis Strike«, in: *The New York Times*, 2. April 1990.

45. Interview mit Schimon Schapira, 31. Januar 2015.

46. Am 16. Januar 1990, in der Nacht, nachdem die Vereinigten Staaten und ihre

Verbündeten die Operation »Wüstensturm« begonnen hatten, befahl Hussein einen massiven Raketenangriff auf Israel – mit eben jenen Raketen, von deren Entwicklung der israelische Nachrichtendienst nichts gewusst hatte und die später »wie Steine ins Meer fallen« sollten. Die Verteidigungschefs schlugen einen Angriff auf den Irak vor, aber auf amerikanischen Druck entschied man sich dagegen. Präsident Bush fürchtete bei einer Intervention Israels um den Zusammenhalt seiner internationalen Koalition. Viele Jahre stand Hussein in dem Ruf, der einzige arabische Führer zu sein, der einen Angriff auf Israel gewagt und bewiesen hatte, dass dessen Drohungen leere Worte waren. Die Demütigung Israels hatte tief greifenden Einfluss auf die anschließende Diskussion darüber, ob man ein Attentat auf Hussein planen sollte.

47. Interviews mit Rolf Ekeus, September 1996, und Hans Blix, August 2000.
48. Barak stützte sich auf ein von AMAN-Ärzten erstelltes psychiatrisches Gutachten über Saddam Hussein, in dem es hieß: »Saddam nimmt die Welt als brutalen, kalten Ort wahr, an dem man ständig in Lebensgefahr schwebt. In diesem System ist kein Platz für moralische Gesetze und gibt es keinen Verhaltenskodex, der nicht aufgrund gesellschaftlicher Normen gebrochen werden kann. … Saddam schreckt ein Krieg nicht, selbst nicht, wenn es sich um einen starken Gegner handelt. Im Gegenteil würde er einen Krieg gegen starke Kräfte wahrscheinlich als Beweis für die Bedeutung und Macht des Irak betrachten. … Saddams Ehrgeiz, an Atomwaffen zu gelangen, … hängt mit seinem psychologischen Verlangen zusammen, für sich selbst ein unanfechtbares Machtgefühl zu schaffen. … Er vergisst nie und vergibt niemandem, der ihn verletzt hat. … Saddam wird nicht zögern, nichtkonventionelle Waffen gegen Israel einzusetzen, … andere Kosten und moralische Skrupel werden ihn nicht hindern.« AMAN, Forschungsabteilung, *Psychological Portrait of Saddam Hussein, Special Intelligence Survey* 74/90, November 1990; Interview mit Ehud Barak, 1. Juli 2013.
49. Büro des Stabschefs Barak an Amiram Lewin, Stellvertretenden Stabschef, AMAN-Chef und Mossad-Chef, »Sheikh Atad« (Dornenbusch) [der Deckname der Operation], 20. Januar 1992 (Archiv des Autors, erhalten von »Julius«).
50. Büro des Stabschefs an Stellvertretenden Stabschef, die Chefs von AMAN und Mossad, den Kommandeur der Luftwaffe und Amiram Lewin, *Thorn Bush*, 17. März 1992 (Archiv des Autors, erhalten von »Julius«).
51. Interview mit Ehud Barak, 13. Januar 2012.
52. Interview mit Nadav Seevi, 15. Oktober 2012.
53. Interview mit »Solphi«, September 2012.
54. Am 8. Oktober fragte Ministerpräsident Rabin noch einmal: »Soll der Staat Israel den amtierenden Führer eines anderen Landes töten?« Amiram Lewin antwortete: »Stellen Sie sich vor, jemand hätte 1939 Hitler getötet.« Rabin ließ sich schließlich überzeugen und teilte dem Stabschef und den Chefs von AMAN und Mossad mit, dass er das Ziel genehmige. Asriel Newo an Stabschef und die Chefs von AMAN und Mossad, *Computer Workshop* (einer der Decknamen der Operation), 13. Oktober 1992 (Archiv des Autors, erhalten von »Julius«).
55. Interviews mit Nadav Seevi und Ejal Katvan, dem Soldaten, der die Rolle

Saddam Husseins übernahm, 15. Oktober 2012.
56. Interviews mit Ehud Barak, 10. Mai 2013, Uri Sagie, 3. Juni 2012, Amnon Lipkin-Schachak, 3. April 2012, Shai Avital, 29. Dezember 2010, und Nadav Seevi, 15. Oktober 2012. Eine detaillierte Darstellung der Auseinandersetzungen in den oberen Rängen Israels über den Fall findet sich in Assenheim, *Ze'elim*, S. 221–304 (hebräisch).

21 Ein »grüner Sturm« zieht auf

1. Zum Teil wurde diese Begegnung zum ersten Mal beschrieben in Bergman, *Secret War with Iran*, S. 15–18.
2. Ebd.
3. Interview mit Reuwen Merhav, 22. April 2014.
4. Menashri, *Iran Between Islam and the West*, S. 134 (hebräisch).
5. Taheri, *The Spirit of Allah*, S. 27 f., 131 (hebräisch); Menashri, *Iran Between Islam and the West*, S. 131 (hebräisch).
6. Taheri, *Spirit of Allah*, S. 132 f. (hebräisch); Interviews mit Uri Lubarni, 26. Dezember 1997, und Eliezer Tsafrir, 2. Oktober 2015.
7. Bergman, *Secret War with Iran*, S. 13 f.
8. Bergman, *Kein zurück*, S. 50 (hebräisch).
9. Ebd., S. 51 f.
10. Interview mit Reuwen Merhav, 5. Oktober 2011.
11. Bergman, *Secret War with Iran*, S. 17.
12. Interview mit Eliezer Tsafrir, 2. Oktober 2015.
13. Interview mit Jossi Alpher, 18. Mai 2015.
14. Bachtiar selbst ging ins Exil nach Paris, wo er zehn Jahre später von Attentätern getötet wurde, die der iranische Geheimdienst geschickt hatte. Bergman, *Mit allen erforderlichen Mitteln*, S. 316 f (hebräisch);
15. Interview mit Jitzchak Segev, 5. Januar 2007; Bergman, *Kein Zurück*, S. 74 (hebräisch); Taheri, *The Spirit of Allah*, S. 273–294 (hebräisch).
16. Israel versuchte auch, sich den iranisch-irakischen Krieg zunutze zu machen, um die Militärbeziehungen zum Iran aufrechtzuhalten, indem es unzählige Waffen lieferte. (Die Operation »Muschel« [Seashell] wird ausführlich beschrieben in Bergman, *Secret War with Iran*, S. 40–50.) Noch später wurden Israel und die Vereinigten Staaten in die Iran-Conra-Affäre hineingezogen, einen schändlichen und gescheiterten Versuch, westliche Geiseln, die die Hisbollah entführt hatte, gegen Waffen auszutauschen – und das hinter dem Rücken des Kongresses. Siehe Bergman, *Secret War with Iran*, S. 110–122. Der Berater von Ministerpräsident Schimon Peres zu Terrorfragen Amiram Nir leitete die israelische Seite der Operation. Er informierte Vizepräsident Bush über die Angelegenheit, und seine Schilderung sollte einen Schatten auf Bushs Präsidentschaftswahlkampf von 1987 werfen. Nir starb 1988 unter mysteriösen Umständen in Mexiko (die ungarische Akte Octagon im Archiv des Autors, erhalten von »Cherry«).
17. Interview mit Robert Gates, 7. November 2012.
18. Das Scheitern des Versuchs, die Geiseln in Teheran zu befreien, machte tiefen Eindruck auf das amerikanische Establishment und war einer der Gründe für den Widerstand von Verteidigungs-

minister Robert Gates gegen die Operation zur Ergreifung oder Ausschaltung von Osama bin Laden im Mai 2011. Als Gates im Weißen Haus im Lageraum saß und sah, wie ein amerikanischer Hubschrauber in Abbottabad abstürzte, sagte er sich, wie er noch gut weiß: »Da haben wir's, die Katastrophe beginnt von Neuem.« Interview mit Robert Gates, 7. November 2012.

19. Bergman, *Kein Zurück*, S. 147, 162 (hebräisch).
20. Kramer, *Fadlallah: Die moralische Logik der Hisbollah*, S. 29 (hebräisch).
21. Shapira, *Hizbullah: Between Iran and Lebanon*, S. 134–137.
22. Bergman, *Secret War with Iran*, S. 58 f.; Shapira, *Hizbullah*, S. 135–139.
23. Interview mit Meir Dagan, 19. Mai 2011.
24. Shapira, *Hizbullah*, S. 144–160.
25. Aus einem Interview mit den Eltern, das ein Historiker der Hisbollah führte und auf Al-Manar in einem Film über das Leben von Qassir 2008 ausgestrahlt wurde, unter http://insidehezbollah.com/Ahmad%20Jaafar%20Qassir.pdf.
26. Erst im Jahr 2012, und nachdem ich die Angelegenheit publik gemacht hatte (*Mit allen erforderlichen Mitteln*, S. 160 ff. [hebräisch]), wurde im Schin Bet ein geheimer Untersuchungsausschuss gegründet. Der Ausschuss kam zu dem Schluss, dass die Wahrscheinlichkeit in der Tat sehr hoch war, dass es sich hier um einen Selbstmordterroranschlag handelte, der von Qassir begangen wurde. Nichtsdestotrotz hielt der Schin Bet die Einstufung des Berichts als streng geheim aufrecht und lehnte mein Gesuch ab, ihn auszuhändigen. Interviews mit Nachman Tal, 24. November 2016, und Zvi Bandori, 11. September 2017.
27. Interview mit Oded Ras, 20. Januar 2013.
28. Interview mit Jekutiel Mor, 12. Januar 2009.
29. Interview mit David Barkai, 18. Juli 2013. Die CIA war ebenso überrascht und schlecht informiert über die neue Bewegung. Weiner, *Legacy Of Ashes*, S. 390.
30. Interview mit Amin al-Hadsch, 14. August 2014.
31. Herzlichen Dank an Dr. Schimon Schapira für das Material zur Kindheit von Imad Mughniyya.
32. Interview mit »Eldy«, Januar 2015.
33. Diese Wendung wurde von Martin Kramer geprägt, in seinem Buch über Fadlallah, *The Moral Logic of Hizballah*.
34. Hala Jaber, *Hezbollah*, S. 82.
35. Fadlallah, *Taamolat Islamia*, S. 11 f.
36. Der früheste Präzedenzfall könnte durchaus die biblische Figur Samson gewesen sein, der sich selbst umbrachte, um sich an den Philistern zu rächen, indem er die Säulen des Hauses in Gaza einstürzen ließ. Und der Legende nach setzte eine fanatische muslimische Sekte am Rand des Kaspischen Meeres im 11. und 12. Jahrhundert, die Haschischijun (»Haschisch-Nutzer«, von denen das englische Wort »assassin« abgeleitet ist), junge Männer unter Drogen und überredete sie, mörderische Missionen zu übernehmen, von denen sie nicht zurückkehrten. Die Japaner hatten im Zweiten Weltkrieg ebenfalls ihre Kamikaze-Piloten, und auch die peruanische Terrorgruppe Leuchtender Pfad setzte Selbstmordtaktiken ein.
37. Kenneth Katzman, *Terrorism: Middle Eastern Groups and State Sponsors*, Congressional Research Service, Library of Congress, 9. August 1995.
38. Hala Jaber, *Hezbollah*, S. 77, 83.
39. Robert Baer sagte, die CIA verfüge über Beweise, dass Jassir Arafat an der Planung der drei Anschläge in Beirut 1983 beteiligt gewesen sei. Diese Infor-

mation, so Baer, sei nie veröffentlicht worden, weil der Geheimdienst eine Arbeitsbeziehung zur PLO beibehalten wollte. Darüber hinaus sagt der damalige Stationschef des KGB Juri Perfiljew, dass Arafats nächste Schritte mit Mughniyya koordiniert waren. Interviews mit Robert Baer, August 2001, und Juri Perfiljew, Oktober 2001 (mit der Unterstützung Isabella Ginors); Bergman, *Kein Zurück*, S. 164f. (hebräisch).

40. Interview mit Dov Biran, 28. Januar 2013.
41. Mitte 1983 wies der Botschafter Mughniyya an, eine neue und außerordentlich wirkungsvolle Waffe einzusetzen. Er und seine Hisbollah-Männer fingen an, Flugzeuge und Einzelpersonen zu entführen, um politische und symbolträchtige Ziele zu erreichen. Den Vereinigten Staaten gelang es nicht, die Freilassung der meisten Entführten zu erwirken. Zwei hochrangige Amerikaner wurden entführt: Colonel William Higgins, der bei den Vereinten Nationen diente, und William Buckley, der Stationschef der CIA in Beirut. Später wurde bekannt, dass beide gefoltert und ermordet worden waren. Die Enttäuschung und das Gefühl der Ohnmacht nahmen in den Vereinigten Staaten zu. Zwei Mossad-Informanten teilten mir Ende 1983 mit, dass die CIA ihnen inoffiziell mitteilte, dass »unsere Freunde in Washington« harte Maßnahmen gegen den Iran und Führer der Hisbollah »begrüßen« würden. »Es lag auf der Hand, dass sie uns drängten, Mordanschläge auszuführen«, sagte mir ein Informant. Damals waren der CIA durch die präsidiale Verordnung Nr. 12333 die Hände gebunden, aber es gab Leute in der Regierung, die, laut diesen Quellen, Israel baten, in ihrem Namen zu handeln. Bergman, *Mit allen erforderlichen Mitteln*, S. 163–180 (hebräisch); Interviews mit David Barkai, 18. Juli 2013, und »Salvador«, Mai 2012.
42. Interview mit »Sally«, Juni 2015.
43. Wright, *Sacred Rage*, S. 89.
44. Shahryar Sadr, »How Hezbollah Founder Fell Foul of Iranian Regime«, Institute for War and Peace Reporting, 8. Juli 2010.
45. Interview mit Hassan Nasrallah, Nada al-Watan, 31. August 1993.
46. Einige Monate später verhaftete die Hisbollah zwei Schiiten aus dem Dorf Tibneen unter dem Vorwurf, sie hätten Harb erschossen. Unter Folter gestanden sie, dass sie seit Jahren für den israelischen Geheimdienst arbeiteten und die Tötungsmission ausgeführt hätten. Kurz danach wurden sie von einem Erschießungskommando hingerichtet. Dagan sagte, die Hisbollah habe die Falschen geschnappt: »Es ist keine Schwierigkeit, sich jemanden zu schnappen und zu einem Geständnis zu zwingen. Die Leute, die es wirklich taten, wurden nie gefasst.« Im Jahr 2008 gestand Danny Abdallah, ein libanesischer Krimineller, der in Dänemark lebte, dass er Harb erschossen habe. Seither steht er auf der schwarzen Liste der Hisbollah, und die libanesische Regierung hat seine Auslieferung verlangt.
47. *Tehran Times*, 20. Februar 1984.
48. In seinem Buch *Geheimcode Veil* behauptet Bob Woodward, die Saudis hätten William Casey bei der Durchführung der Operation geholfen, als Rache für den Selbstmordanschlag auf die amerikanische Botschaft und die Kasernen der Marines, die Mughniyya organisierte. Andererseits erklärte Tim Weiner, die Vereinigten Staaten hätten mit dem Vorfall nichts zu tun gehabt, und seiner Meinung nach trug Israel die Verantwortung dafür. Diese Version wird von mehreren anderen Quellen erhärtet. Ein hoher

Mossad-Vertreter gab an, dass die Front zur Befreiung des Libanon von Ausländern, eine von Meir Dagan im Libanon gegründete Terrorbewegung, dahintersteckte. Interviews mit Tim Weiner, 12. Juni 2016, »Pier«, Dezember 2012, und Kai Bird, 11. Oktober 2012; Bergman, *Secret War with Iran*, S. 73; Woodward, *Geheimcode Veil. Reagan und die geheimen Kriege der CIA*, S. 455–458.

49. Interview mit David Barkai, 18. Juli 2013.
50. Am 20. Mai 2002 platzierten israelische Agenten zwei Kilogramm TNT unter dem Fahrersitz des Wagens, den Dschihad Dschibril fuhr, Ahmeds Sohn und Erbe, als er in dem Viertel Mar Elias von Beirut geparkt war. Die Zielperson wurde sofort getötet.
51. Interviews mit David Barkai, 18. Juli 2013, Jitzchak Tidhar, April 2011, Jekutiel Mor, 23. Februar 2009, und Danny Rothschild, 15. Dezember 2008.
52. Die Zahlen stammen aus *Israel Government Statistical Yearbooks* 1984–1991. Ronen Bergman, »Like Blind Ducks«, *Haaretz*, 14. Mai 1999.

22 Das Zeitalter der Drohne

1. AMAN Research Division, *Night Time: The Elimination of Hizballah's Secretary General, Abbas Mussawi in Februar '92*, von Brigadegeneral Amos Gilboa, 20. Januar 1999, S. 25 (Archiv des Autors, erhalten von »Robin«).
2. Interviews mit Aviem Sella, 7. April 2013, Eitan Ben Elijachu, 28. April 2011, und Jitzchak Jaakov, 5. Januar 2007.
3. Israeli Air Force, *The History of Squadron* 200, S. 7–14 (Archiv des Autors, erhalten von »Hilton«).
4. Interviews mit David Iwri, 18. April 2013, und Eitan Ben Elijachu, 24. April 2011; Israeli Air Force, *The History of Squadron* 200, S. 20 ff.
5. Interview mit Alon Unger, 21. April 2013; Israeli Air Force, *The History of Squadron* 200, S. 24 ff.
6. Interview mit Aviem Sella, 26. Oktober 2015; Israeli Air Force, *The History of Squadron* 200, S. 27 ff.
7. Interview mit »Onyx«, Mai 2013.
8. Interview mit Alon Unger, 21. April 2013; Israeli Air Force, *The History of Squadron* 200, S. 42 f.
9. Bergman, *Mit allen erforderlichen Mitteln*, S. 197–206 (hebräisch).
10. Dieses Thema wird ausführlich behandelt in dem Artikel Ronen Bergman, »Gilad Shalit and the Rising Price of an Israeli Life«, *New York Times Magazine*, 9. November 2011.
11. Interviews mit »Mark«, April 2005, und Lior Lotan, Mai 2009.
12. Interviews mit Israel Perlov, 15. Oktober 2000, Rami Igra, Februar 2008, und »Amazonas«, Oktober 2011; Bergman, *Mit allen erforderlichen Mitteln*, S. 279–290 (hebräisch).
13. Interview mit Jekutiel Mor, 12. Januar 2009.
14. Zolfiqar Daher, »From Lebanon to Afghanistan, Sayyed Abbas: The Leader, the Fighter, the Martyr«, Al-Manar, 18. Februar 2015, http://archive.almanar.com.lb/english/article.php?id=196205;L Shapira, *Hizballah*, S. 110 f.
15. AMAN Research Division, *Night Time*, S. 5.
16. Interview mit Schimon Schapira, 31. Januar 2015; AMAN Research Division, *Night Time*, S. 15.
17. Arditi behauptete, er sei zu den weiteren Diskussionen an jenem Tag nicht eingeladen gewesen, auch nicht

zu denen mit Verteidigungsminister Mosche Arens, weil auf der Hand lag, dass er sich vehement gegen die Operation aussprechen würde. Interview mit Dani Arditi, 13. Juni 2011.

18. AMAN, *Night Time*, S. 9.
19. Interviews mit Jekutiel Mor, 12. Januar 2009, und Josi Dimenstein, 26. Januar 2016.
20. Der Berater des Stabschefs zur Terrorbekämpfung Meir Dagan schlug einen eigenen Plan vor: das Monument für Raghib Harb, hinter dessen Ermordung 1984 er selbst gesteckt hatte, durch ein identisches zu ersetzen, in dem eine Sprengfalle steckte. Diese sollte gezündet werden, sobald Mussawi kam. Der AMAN betrachtete Dagan jedoch als Rivalen und bat Stabschef Barak, diesen Plan auszuschließen, weil er das Leben von Frauen und Kindern gefährde. »Ich sagte dem Stabschef, das sei Blödsinn«, sagte Dagan. »Laut den schiitischen Trauerbräuchen würden nur männliche Würdenträger in der ersten Reihe stehen. Die Frauen warteten in der *hussainia*, ... aber denen [AMAN] gelang es, Ehud [Barak] zu überzeugen.« Interview mit Meir Dagan, 19. Juni 2013.
21. AMAN, *Night Time*, S. 11.
22. Ebd., S. 15; Interview mit Mosche Arens, 25. August 2009.
23. Interviews mit Dani Arditi, 13. Juni 2011, Ehud Barak, 8. März 2013, Jehoschua Saguj, 20. November 2015, Ofer Elad, 12. Januar 2015, und Alon Unger, 21. Mai 2013.
24. AMAN, *Night Time*, S. 16.
25. Ebd., S. 17.
26. Ebd., S. 15.
27. Interview mit Jekutiel Mor, 12. Januar 2009.
28. AMAN, *Night Time*, S. 22.
29. Ebd., S. 23.
30. Israeli Air Force, *The History of Squadron* 200, S. 43 ff.
31. Interview mit Meir Dagan, 19. Juni 2013.
32. Am 3. Mai 1992 informierten Barak Ben Zur von AMAN und Uri Chen, der Leiter der Mossad-Delegation in den Vereinigten Staaten, Mitglieder der CIA über die Operation »Nachtzeit« und bezeichneten sie als »die erste kombinierte Tötung aus der Luft«. Sie brachten Videomaterial mit, das die Drohnen aufgenommen hatten. Die Unterweisung begann mit verhaltenen Lachern, als ein Techniker versehentlich den Anfang des Filmes *Die Ehre der Prizzis* abspielte, wurde aber in einer ernsteren Stimmung fortgeführt. Die Amerikaner waren beeindruckt. Robert Gates, der damalige CIA-Direktor, sagte mir, dass die Aufnahmen ihn dazu bewogen, gegen den hartnäckigen Widerstand der amerikanischen Luftwaffe nachdrücklich eine Weiterentwicklung der Kampfdrohne Predator zu fordern. Jim Woolsey, der Gates als CIA-Chef ablöste, äußerte sich ähnlich über den Beitrag der Israelis zur Entwicklung der US-Drohnen. Interviews mit Robert Gates, 7. November 2012, James Woolsey, Dezember 2001, und Barak Ben Zur, April 2010.

23 Mughniyyas Rache

1. AMAN, *Night Time*, S. 24.
2. Interview mit »Roni«, November 2008.
3. »New Hezbollah Leader a Disciple of Iran's Revolution«, in: *Associated Press*, 12. Februar 1992.
4. Interview mit Hassan Nasrallah, Almanar, 27. Dezember 1997.
5. Interview mit Meir Dagan, 20. Juli 2013.
6. Eiran, *The Essence of Longing*, S. 97.
7. Interview mit »the Pilot«, Juni 2015;

Bergman, *Kein Zurück*, S. 249 f. (hebräisch); Gespräche per E-Mail und Telefon mit Rachel Sadan, Januar 2007.

8. Amerikanische Geheimdienste gaben den Israelis deutliche Beweise – »keine rauchende Pistole, sondern eine blinkende Mündung«, wie ein AMAN-Mann sagte –, dass Imad Mughniyya und sein Stellvertreter Talal Hamia hinter dem Angriff standen. Die Amerikaner hatten ein Telefonat mit Hamia abgehört, in dem Mughniyya sich darüber lustig machte, dass der Schin Bet die Botschaft nicht geschützt hatte. Interviews mit »Lenin«, April 2013, und Alberto Nisman, 18. Dezember 2007; Bergman, *Kein Zurück*, S. 210–222 (hebräisch).
9. Interviews mit Stanley Bedlington, 31. Oktober 2011, Hugo Anzorgi, September 2001, Alberto Nisman, 18. Dezember 2007, und Daniel Carmon, 24. Februar 2016.
10. Interview mit »the Pilot«, Juni 2015.
11. Tamir, *Undeclared War*, S. 133–136; Bergman, *Kein Zurück*, S. 335–339 (hebräisch).
12. Interview mit »the Pilot«, Juni 2015.
13. Interview mit »Advantage«, Februar 2016.
14. Er blieb hoch oben in der Hierarchie des iranischen Regimes und war in eine Reihe von Angriffen auf Israel und die Vereinigten Staaten verwickelt. Im Februar 2007 verschwand er spurlos aus seinem Hotelzimmer in Istanbul. Einigen Quellen zufolge lief er zu Israel oder zu den Vereinigten Staaten über. Die Iraner und seine Familie sagen jedoch, dass er entführt und möglicherweise getötet wurde. Interviews mit Meir Dagan, 19. Mai 2011, Uri Sagie, 6. März 2012, und »Herods«, September 2017, sowie Briefwechsel mit Robert Baer, September 2017.
15. Interview mit »Lenin«, Juli 2016.
16. Interview mit Barak Ben Zur, April 2010.
17. Das argentinische Ermittlungsverfahren zu den zwei Bombenanschlägen zog sich über Jahre hin und wurde nie abgeschlossen. Der Sonderermittler Alberto Nisman, der eingesetzt wurde, um die Affäre zu untersuchen, sammelte große Mengen von Informationen, die dazu führten, dass Interpol gegen eine Reihe von hochrangigen Iranern und Hisbollah-Führern internationale Haftbefehle ausstellte. Nisman erhob außerdem Anklage gegen »all die argentinischen Staatsbürger, die in die Verschleierung verwickelt waren«, und erklärte den Geheimdiensten des Landes, dem Rechtssystem und der politischen Führungsriege den Krieg. Kurz bevor er die Dokumente und Tonbandaufnahmen veröffentlichen konnte, die er gesammelt hatte, um die schweren Anschuldigungen vor einem Parlamentsausschuss zu beweisen, wurde Alberto Nisman unter rätselhaften Umständen in seiner Wohnung erschossen. Interview mit Alberto Nisman, 18. Dezember 2007; Ronen Bergman, »Holding Iran Accountable«, in: *Majalla*, 24. November 2016.
18. Interviews mit Ilan Mizrahi, 22. März 2015, und »the Pilot«, September 2016.
19. Interviews mit »Oktoberfest«, Januar 2013, »the Pilot«, September 2016, Clovis Francis, 15. Juli 2003, und »Eldy«, September 2014.
20. Es war Ramzi Nahara, ein Drogenhändler, der viele Jahre lang von der Einheit 504 eingesetzt wurde. Er war Teil eines Netzwerks von Drogenhändlern, die Israel mit Unmengen von Informationen versorgten, um weiter in Ruhe ihre Geschäfte machen zu können. Interview mit Jair Ravid, 13. November 2012.
21. Interviews mit Uri Sagie, 24. Juni 2007, und Mosche Arens, 25. Mai 2009.
22. Interview mit Ehud Barak, 7. Juni 2011.

24 Nur ein Schalter: an und aus

1. Interview mit Jisrael Hasson, 17. November 2010.
2. Aviad, *Lexicon of the Hamas Movement*, S. 150–154.
3. Interview mit »Aristo«, Juni 2013.
4. Interview mit Amnon Lipkin-Schachak, 26. Mai 2011.
5. Interview mit Ami Ajalon, 29. März 2012.
6. Interview mit Juval Diskin, 23. Oktober 2011.
7. Interview mit Micha Kubi, 8. September 2013.
8. Wright, *Der Tod wird euch finden. Al-Qaida und der Weg zum 11. September*, S. 120–130 (hebräisch).
9. Interview mit »Aristo«, Oktober 2013.
10. Shaked und Shabi, *Hamas: Palestinian Islamic Fundamentalist Movement*, S. 88–97.
11. Interview mit Micha Kubi, 29. Mai 2013.
12. Interview mit »Aristo«, Juni 2013.
13. Bergman, *Mit allen erforderlichen Mitteln*, S. 101 (hebräisch); Interview mit Micha Kubi, 29. Mai 2013; Ronen Bergman, »Oops, How Did We Miss the Establishment of Hamas?«, in: *Yedioth Ahronoth*, 18. Oktober 2013.
14. Nachman Tal, »Suicide Attacks: Israel and Islamic Terrorism«, in: *Strategic Assessment*, Bd. 5, Nr. 1, Juni 2002, Jaffee Center for Strategic Studies, Tel Aviv.
15. Shaked und Shabi, *Hamas*, S. 92–107.
16. Interviews mit Avi Dichter, 4. November 2010, und Micha Kubi, 29. Mai 2013.
17. Gelber, *Eine Lilie hegen und pflegen*, S. 104–137 (hebräisch).
18. Ronen Bergman, »The Dubai Job« in: GQ, 4. Januar 2011.
19. »›To Israel I Am Stained with Blood‹«, al-Dschasira, 7. Februar 2010, unter: http://www.aljazeera.com/focus/2010/02/2010271441269105.html.
20. Interview mit »Aristo«, Juni 2013.
21. MOD, Office of the Chief Coordinator for Judea and Samaria, *Hamas announcement on the kidnapping to The Soldier*, 11. Oktober 1994 (Archiv des Autors, erhalten von »Glocke«).
22. Interview mit Barak Ben Zur, 26. März 2011.
23. Shaked und Shabi, *Hamas*, S. 11–21.
24. Interview mit Danny Jatom, 7. April 2011.
25. Oberster Gerichtshof, Akte 5973/92, *Association for Civil Rights in Israel v. Minister of Defense*.
26. AMAN Research Division, *Brief on Saudi Money Funneled to HAMAS*, 6. Mai 2002 (Archiv des Autors, erhalten von »Chili«).
27. Interview mit »Leon«, Juli 2013; Aviad, *Lexicon of the Hamas Movement*, S. 199 ff.
28. *Globe and Mail* (Kanada), 28. Dezember 1993.
29. Obwohl es eine Fülle von Informationen vom Schin Bet erhielt und auch selbst eine ansehnliche Menge an Informationen sammelte, unterließ es das FBI bis zu dem Tag, an dem die Zwillingstürme fielen, irgendetwas zu unternehmen. (The FBI, Holy Land Foundation for Relief and Development, International Emergency Economic Powers Act, Dale Watson, Assistant Director, Counterterrorism Division to Richard Newcomb, Director, Office of Foreign Assets Control, Department of the Treasury, 5. November 2001.) Bergman, *Follow the Money: The Modus Operandi and Mindset of HAMAS Fund-*

raising in the USA and the PA Using American and Saudi Donations, Cambridge University, Centre of International Studies, Oktober 2004.

30. Interview mit Avi Dichter, 4. November 2010.
31. Interview mit Eitan Haber, 21. Juni 2009.

25 »Bringt uns den Kopf von Ajasch«

1. Goldstein, *Rabin: A Biography*, S. 415–424.
2. Interview mit Ami Ajalon, 4. September 2002.
3. Dokumente aus »Gray File« (Vorbereitung für Geheimgespräche mit Syrien), Archiv des Autors, erhalten von »Glocke«; Ronen Bergman, »The Secret of the Grey File«, in: *Yedioth Ahronoth*, 26. Januar 2007.
4. Interviews mit Erez Gerstein, April 1996, und Ehud Eiran, 13. Mai 2013.
5. Interview mit Akel al-Haschem, Dezember 1999.
6. Tamir, *Undeclared War*, S. 116.
7. Raviv Shechter, Interview mit Mosche Tamir, in: *Yisrael Hayom*, 14. Mai 2010.
8. Interview mit Amiram Lewin, 16. Juli 2017.
9. Interview mit Ronen Cohen, 5. Juli 2015.
10. Interview mit Ronen Cohen, 1. September 2016.
11. Die Israelischen Streitkräfte mussten für diese Anschläge neue Geräte und Kapazitäten entwickeln. Zum Beispiel brachten Bomben einige Probleme mit sich. Die Batterien der Zündmechanismen mussten den in manchen Fällen langen Zeitraum zwischen dem Legen und der Zündung überdauern, eine drahtlose Langstreckenverbindung war für die Zündung erforderlich, und die Sprengsätze mussten klein und getarnt sein. Die Forschungsabteilung der Streitkräfte sprengte ein paar Dutzend alte Mercedes-Limousinen in die Luft, das beliebteste Auto im Libanon, wobei man mithilfe von angegurteten Schaufensterpuppen im Wageninneren herauszufinden versuchte, welche Menge von welchem Sprengstoff die höchste Wirkung erzielte. In einem wichtigen Experiment wurden betäubte Schweine eingesetzt, weil deren Haut und Bindegewebe dem menschlichen ähnelt. Die Bomben, die die Tiere töteten, bekamen den Spitznamen »Oink, oink«. Interviews mit »Leo«, Februar 2016, und »Pie«, November 2011.
12. Interview mit Schimon Scheves, 25. August 2010.
13. Interview mit »Leo«, Februar 2016.
14. Kurtz, *Islamic Terrorism and Israel*, S. 139–148.
15. Lara Marlowe, »Interview with a Fanatic«, in: *Time*, 6. Februar 1995.
16. Interview mit »the Pilot«, Mai 2016.
17. Interview mit Karmi Gilon, 27. Januar 2016; Gilon, *Shin-Beth Between the Schisms*, S. 201.
18. Interview mit Uri Sagie, 6. März 2012.
19. Im Jahr 1998 wies ein Bezirksrichter die iranische Regierung an, Flatows Familie ein Schmerzensgeld in Höhe von 247,5 Millionen Dollar zu zahlen, und im Juni 2014 wurde die Geschäftsbank BNP Paribas dazu verurteilt, der Familie eine hohe Entschädigung zu zahlen, weil sie verbotene finanzielle Transaktionen mit dem Iran tätigte.
20. Interview mit Amnon Lipkin-Schachak, 3. April 2012.
21. Interview mit »Diamond«, August 2011.
22. Interview mit »the Pilot«, Mai 2016.

23. Interviews mit Joaw Galant, 19. August 2011, und Ami Ajalon, 22. Juni 2011.
24. Interview mit »Fred«, September 2015.
25. Interview mit Ami Ajalon, 14. März 2016.
26. Interview mit Mosche Ben-David, 23. Januar 2013.
27. Interview mit »Lego«, Mai 2000.
28. Interview mit »the Pilot«, Mai 2016; Bergman, *Secret War with Iran*, S. 213–216.
29. Interview mit Karmi Gilon, 27. Januar 2016.
30. Interview mit Jassir Arafat, April 1995.
31. Interview mit Jisrael Hasson, 17. November 2010.
32. Interview mit Amit Forlit, 4. Januar 2010.
33. Interview mit Jitzchak Ilan, 26. Januar 2016.
34. Interview mit Karmi Gilon, 27. Januar 2016.
35. Interview mit Jisrael Hasson, 17. November 2010.
36. Interview mit Jitzchak Ilan, 5. November 2014.
37. Interview mit Karmi Gilon, 27. Januar 2016.
38. Interview mit Jisrael Hasson, 17. November 2010.
39. Interview mit Avi Dichter, 4. November 2010.
40. Ebd.
41. Interview mit Jitzchak Ilan, 5. November 2014.
42. Gilon, *Shin-Beth Between the Schisms*, S. 267–276.
43. Interview mit Lior Akerman, 15. Oktober 2015.
44. »The Phone Rang, Yihyeh Ayyash Answered, and the Instrument Blew Up«, in: *Haaretz*, 7. Januar 1996.

26 »Schlau wie eine Schlange, naiv wie ein kleines Kind«

1. Interview mit Dschibril ar-Radschub, 3. Mai 2010.
2. Interview mit Juval Diskin, 15. Oktober 2011.
3. Interview mit Mosche Jaalon, 16. August 2011.
4. Interview mit Schimon Peres, 17. September 2012.
5. Interview mit Jisrael Hasson, 17. November 2010.
6. Ronen Bergman, »For Israel, Frightening New Truths«, in: *New York Times*, 7. Januar 2017.
7. Interview mit Mosche Jaalon, 16. August 2011.
8. Interview mit Jossi Kuperwasser, 21. Mai 2004.
9. Interview mit »Disco«, August 1997.
10. Interview mit Danny Jatom, 7. Juli 2011.
11. Interview mit Mischka Ben-David, 23. Januar 2013.
12. Interview mit Benjamin Netanjahu, 3. Juli 2007.
13. Interview mit Mischka Ben-David, 6. Mai 2002.
14. Interview mit Schimon Schapira, 27. Oktober 2013.
15. Interview mit Mischka Ben-David, 15. Januar 2013; Request for the Extradition of Abu Marzook, Israeli Ministry of Justice, U. S. District Court for the Southern District of New York—924 F. Supp. 565 (S. D. N. Y. 1996) (Archiv des Autors, erhalten von »Mocha«).
16. Interview mit »Lego«, Mai 2000.
17. Als ich Netanjahu sagte, was ich von den Mossad-Leuten gehört hatte, gab dieser an, dass ihn niemand beeinflusst habe und dass er selbst Maschal

als Zielperson einer Tötung ausgewählt habe. »Ich spürte, dass Maschal eine sehr problematische Figur ist, und sehr gefährlich. Gerade da erkannten wir seine furchtbare Leidenschaft, uns zu töten. Im Rückblick, wenn man sich anschaut, wohin dieser Mann gekommen ist und was er getan hat und wie er zum Motor der Hamas wurde, ist es für alle offensichtlich, dass ich recht hatte, als ich glaubte, sein Verschwinden von der Landkarte werde die Kapazitäten der Hamas vermutlich empfindlich treffen.« Interview mit Benjamin Netanjahu, 3. Juli 2007.

18. Interview mit »the Pilot«, Mai 2016.
19. Doron Meiri, »The Terrorist Entered the Street Dressed as a Drag Queen«, in: *Yedioth Ahronoth*, 7. September 1997.
20. Interview mit Danny Jatom, 7. Juli 2011.
21. Das lag daran, dass Caesareas Abteilung für Dokumente keine anderen geeigneteren Reisepässe für das ganze Team zur Verfügung hatte. In anderen Fällen, in der Vergangenheit, hatten solche Umstände zwangsläufig eine Verschiebung der gesamten Operation zur Folge gehabt, bis eine Lösung gefunden wurde.
22. Interview mit »the Pilot«, Mai 2016.
23. Interview mit Jitzchak Mordechai, 28. August 2015.
24. Interview mit Danny Jatom, 7. Juli 2011.
25. Interview mit Benjamin Netanjahu, 3. Juli 2007.
26. Auf eine Bitte um Stellungnahme von Dr. Platinum kam folgende Antwort: »Hallo Ronen, es wäre mir eine Ehre, mich mit Ihnen zu unterhalten, aber ich weiß nicht, inwiefern ich damit in Verbindung stehe oder imstande wäre, Ihnen zu helfen. Platinum.« Versuche, ein Telefongespräch mit ihr zu arrangieren, hatten keinen Erfolg. E-Mail, Ronen Bergman an Dr. Platinum, 25. Dezember 2013, und ihre Antwort vom 26. Dezember 2013.
27. Interview mit Mischka Ben-David, 23. Januar 2013.
28. Als ich Jatom sagte, die Mitarbeiter behaupteten, sie hätten das kleine Mädchen oder den Fahrer nicht gesehen und dass Jerry keine Möglichkeit gehabt habe, sie zu warnen, schob er das verächtlich beiseite: »Das ist alles Unfug. Sie waren schlicht übermotiviert, nach all den Tagen, in denen sie nichts hatten tun können. Deshalb taten sie auf eigene Faust etwas, das völlig im Widerspruch zu meinen grundlegenden Anweisungen stand.«
29. Im Gegensatz zu dieser Aussage gaben Geheimdienstmitarbeiter der Hamas und Jordaniens an, Abu Seif sei Maschals Leibwächter gewesen, kein zufälliger Passant. Wenn das zutrifft, so war das Versäumnis des Kidon-Teams desto größer, weil die Attentäter nicht einmal von seiner Existenz wussten, ganz zu schweigen von seiner Ausbildung, und deshalb auch nicht vorhersehen konnten, was passieren würde.
30. Interview mit Saad al-Chatib, Dezember 2013.
31. Es besteht eine beträchtliche Diskrepanz zwischen al-Chatibs Version des Vorfalls und der der beiden Israelis, aber sie sind sich einig, wie es endete.
32. Interview mit Mischka Ben-David, 23. Januar 2013.
33. Interview mit Danny Jatom, 7. Juli 2011.
34. Interview mit Sami Rababa, Dezember 2013.
35. Interviews mit »the Pilot«, Mai 2016, und Danny Jatom, 7. Juli 2013.
36. Interview mit Mischka Ben-David, 15. Januar 2013.
37. Interview mit Sami Rababa, Dezember 2013; E-Mail-Korrespondenz mit Rababa, Dezember 2013.

38. Wie wurde Maschal wirklich gerettet? Die jordanischen Ärzte behaupten, sie hätten es selbst getan, ohne jede Hilfe und ohne ihm das Gegenmittel zu spritzen. »Als die Ergebnisse der chemischen Analyse von der Substanz, die wir von der Ärztin erhalten hatten, eintrafen«, so Rababa, »stellten wir fest, dass es exakt dieselbe Medikation war, die wir ihm bereits verabreicht hatten. Die Formel des Giftes selbst bekamen wir, nachdem Maschal sich ganz erholt hatte.« Die Israelis behaupten ihrerseits, dass dies reine Prahlerei sei, weil es unmöglich sei, dass ihr geheimes Toxin von jordanischen Ärzten identifiziert wurde. Maschals Leben sei nur deshalb gerettet worden, weil der Mossad den Jordaniern das Gegengift sowie die Formeln für das Gegengift wie auch für das Gift ausgehändigt habe. Interviews mit Mischka Ben-David, 15. Januar 2013, Danny Jatom, 7. April 2011, »Jeffery«, November 2013, und Sami Rababa, Dezember 2013.
39. Halevy lehnte ein Interview für dieses Buch ab. Allerdings äußerte er sich bei einer Begegnung am 13. Juli 2011 mit dem deutschen Verteidigungsminister, in Gegenwart von General Amos Gilad und dem Autor, ganz offen über die Affäre Maschal. Er rühmte (zu Recht) seinen eigenen Beitrag zur Lösung und erwähnte mehrmals, dass Gilad, der damalige Chef der Forschungsabteilung des AMAN, zu den Hauptgegnern seines Vorschlags, Jassin freizulassen, zählte, und fügte gnädig hinzu: »und das war in der Tat einer der wenigen, kleinen Fehler, die Sie während Ihrer Laufbahn begingen«. Siehe auch Halevy, *Man in the Shadows*, S. 132–142 (hebräisch).
40. Interview mit Micha Kubi, 8. September 2013.
41. Halevy, *Man in the Shadows*, S. 138 ff. (hebräisch).
42. Interview mit Joram Ben Zeev, 17. April 2012.
43. Interviews mit Joseph Ciechanover, 28. April 2017, und »the Pilot«, Mai 2016. Ciechanover kam zu der Schlussfolgerung, dass Netanjahu im Großen und Ganzen vernünftig und angemessen gehandelt habe.
44. Interviews mit Jitzchak Mordechai, 28. August 2015, und Mosche Jaalon, 16. August 2011.
45. Interview mit Ami Ajalon, 4. September 2002.
46. Interview mit »the Pilot«, Mai 2016.

27 Auf dem Tiefpunkt

1. Rami Michaela, der Nachrichtenoffizier für die Operation »Lied der Pappel« der Flottille 13, erklärt, er könne sich nicht an irgendwelchen Widerstand seitens des Nordkommandos gegen den Anschlag erinnern. Wie dem auch sei, allle sind sich einig, dass das Kommando für die Operation dem Nordkommando entzogen und an den Generalstab übertragen wurde. Interviews mit Ronen Cohen, 18. Februar 2016, und Rami Michaela, 15. März 2016.
2. Interviews mit Rami Michaela, 15. März 2016, Joaw Galant, 4. September 2014, Shay Brosh, Mai 2013, und Oren Maor, Januar 2013.
3. Bergman, *Mit allen erforderlichen Mitteln*, S. 428 (hebräisch).
4. Geheimdienstleute, die sich wegen der Operation Gedanken machten, von Michaela über den Geheimdienstchef

der Marine Brosch bis hin zu Stabschef Jaalon, behaupten alle, nicht ein Leck habe zur Katastrophe geführt, sondern ein Problem mit den Sprengsätzen. Auf die Truppe sei nie das Feuer eröffnet worden, und die Männer wären alle von den Detonationen umgekommen. Interviews mit Eljaschiw Brosch, Mai 2013, Rafi Michaela, 15. März 2016, Joaw Galant, 4. September 2014, Jitzchak Mordechai, 28. August 2015, und Amnon Lipkin-Schachak, 3. April 2012.

5. »The Four Mothers Are Four Dishrags«, Nana 10 Website, 16. Februar 2000, http://news.nana10.co.il/Article/?ArticleID=6764.
6. Die drei Agenten, die die Schweizer Polizei im Kellergeschoss antraf, taten so, als wären sie Touristen, die sich nur für einen flotten Dreier in die Wohnung geschlichen hätten. Man erwischte sie buchstäblich mit heruntergelassenen Hosen. Die Polizei glaubte ihnen auch, bis einer von ihnen behauptete, die Tasche mit Apparaten und Kabeln, die er trug, sei »Diplomatengepäck«.
7. Rede von Schin-Bet-Direktor Avi Dichter bei der Konferenz von Herzlijah, 16. Dezember 2003.
8. Interview mit Juval Diskin, 1. Juni 2017.
9. Interview mit Ami Ajalon, 21. Januar 2013.
10. Ein Vater der technologischen Revolution im Schin Bet war der in Jerusalem geborene Gadi Goldstein. Er vertiefte damals sein Wissen über verschiedene philosophische Konzepte, vom Judentum bis hin zu orientalischen Religionen. Mitte der 1990er-Jahre, insbesondere in dem Macho-Umfeld des Schin Bet, schien Goldsteins Beschäftigung mit solchen Dingen, gelinde gesagt, merkwürdig. Goldstein basierte sein innovatives operatives Konzept auf die Wörter, die dem biblischen Mose zugeschrieben wurden, neben den Grundsätzen der Zen-Philosophie. Er betonte die Lehre des *anatta*, oder »Nicht-Selbst«, das besagt, dass das Ich eines jeden von uns nicht allein steht und nicht von allein definiert wird. Nach der Zen-Lehre befindet sich das Ich in einem ständigen Dialog mit allem in der Umgebung, indem es sie beeinflusst und von ihr beeinflusst wird. Folglich gibt es keine unabhängige Existenz für irgendein Individuum oder Tier oder Ding; alles existiert nur als Teil einer viel größeren Ordnung, die es definiert. »Nehmen wir an, zehn Menschen leben in einem Haus«, sagte Goldstein bei einer Diskussion, die stattfand, während das neue System ausgearbeitet wurde, »und wir, der Schin Bet, wollen wissen, ob und was sie aushecken, und wir haben die Menge x an Energie, um das Haus zu untersuchen. Wir müssen unsere Energie in das investieren, was zwischen ihnen im Gange ist, in die Synergieeffekte, die sie miteinander schaffen, in die ›Bandbreite‹, mit der jeder von ihnen beeinflusst und beeinflusst wird.« Auf dieser Sitzung zitierte Goldstein aus dem Buch *Zen oder die Kunst, ein Motorrad zu warten* von Robert Pirsig, das das Prinzip des Nicht-Selbst rühmt, fast schon heiligspricht. Ein Teilnehmer schlug mit einem Grinsen vor, Goldsteins neue Geheimdienstdoktrin »Zen und die Kunst des Attentats« zu nennen. Interview mit Gadi Goldstein, November 2012.
11. Interview mit Juval Diskin, 1. Juni 2017.
12. Details über Scharif beschafft von »Twins«, März 2016.
13. Laut den Unterlagen des Schin Bet standen die Brüder mit einer Reihe von Terroranschlägen in Verbindung, bei

denen Dutzende von Israelis getötet und Hunderte verwundet wurden, darunter der Anschlag im Café Apropos in Tel Aviv am 21. März 1997, als drei Menschen umkamen und 47 verwundet wurden, zwei Selbstmordanschläge in Jerusalem im Jahr 1997, einer am 30. Juli, als 15 getötet und 170 verwundet wurden, und einer am 4. September mit fünf Toten und 169 Verwundeten. Sie waren außerdem für Gewehrangriffe in der Region Hebron und in Jerusalem verantwortlich, bei denen sieben Israelis getötet wurden, sowie für die Entführung und die Ermordung des Soldaten Scharon Edry am 9. September 1996. Siehe Shin Bet, »Elimination of the Awadallah Brothers and Deciphering the Archive of the Military Arm of Hamas in Judea and Samaria«, März 2014 (Archiv des Autors, erhalten von »Twins«).

14. Interview mit Ami Ajalon, 21. Januar 2013.
15. Diskin führte ein ganz neues Konzept im Schin Bet ein: Den meisten Terroranschlägen, vor allem Selbstmordanschlägen, geht eine Reihe von Aktionen der Terrororganisationen voraus, die sich von einem Anschlag zum nächsten weitgehend gleichen. Diese Aktionen, argumentierte Diskin, hinterlassen eine Spur, sowohl in der digitalen als auch in der materiellen Welt. Wenn sie bestimmt und identifiziert werden kann, ist es möglich, einen künftigen Anschlag in der Anfangsphase zu stoppen. Das von Diskin entwickelte System rettete in den kommenden Jahrzehnten unzähligen Israelis das Leben.
16. Interview mit Juval Diskin, 1. Juni 2017.
17. Interview mit »Amazonas«, Oktober 2011.
18. Interviews mit Schaul Mofas, 14. Juni 2011, und Ami Ajalon, 22. Juni 2011.
19. Interview mit Ami Ajalon, 21. Januar 2013.
20. Shin Bet, »Elimination of the Awadallah Brothers«, S. 2.
21. Interview mit Ami Ajalon, 21. Januar 2013.
22. Shin Bet, »Elimination of the Awadallah Brothers«, S. 3.
23. Interview mit Mosche Jaalon, 16. August 2011.
24. Interview mit Juval Diskin, 1. Juni 2017.
25. Der Anschlag auf Batat hatte aus Sicht der Einheit Duvdevan ein recht schrilles Ende. Die Leichen von Batat und Nader Masalma wurden in das Hauptquartier der Einheit gebracht, und dort fingen die Soldaten, die an der Operation teilgenommen hatten, an, mit ihnen für Fotos zu posieren. »Schon bald herrschte eine enorme Nachfrage nach Fotos. Jeder wollte ein Foto. Das ging vielleicht zwei Stunden lang so. Ich sagte kein Wort, ich dachte nicht an Moral, das ist ein toter Körper, kein lebender Mensch, und dein Offizier posiert für Bilder mit ihnen und den eigenen Offizier tadelt man niemals. ... Man schaut sich die Bilder an, und später legt man sie in den abgelegensten Winkel des Hauses und achtet darauf, dass man sie jahrelang nicht wiedersieht. Sie stießen mich ab. Ich weiß nicht, was mich mehr abstieß, die Leichen oder mein eigenes Verhalten. So einmal im Jahr sah ich die Tasche mit den Bildern drin aus der Ferne und machte sie nie wieder auf. Sie waren am Ende in einer Schublade vergraben.« Ein Sprecher der Streitkräfte erklärte, das Militär habe eine scharfe Ermittlung durchgeführt und die an diesen bizarren Geschehnissen Beteiligten strafrechtlich verfolgt. Interview mit Alon Kastiel, 29. Mai 2016; Gideon

Levi, »A Nightmare Reunion Foto«, in: *Haaretz*, 25. Dezember 2004.

26. Interview mit Mosche Jaalon, 16. August 2011.
27. Interview mit Avi Dichter, 4. November 2010.
28. Interview mit Juval Diskin, 28. Juni 2017.

28 Totaler Krieg

1. Stellungnahme des Ministerpräsidenten, Protokoll der Knesset-Sitzung Nummer 59, 13. Dezember 1999.
2. Gilboa, *Morning Twilight*, S. 25–28 (hebräisch); Ronen Bergman, »AMAN Chief to PM Barak«, in: *Yedioth Ahronoth*, 12. Februar 2016.
3. Eine Kommunikationsüberwacherin der Einheit 8200 mit Namen Mor, die fließend Arabisch sprach, war Expertin im Identifizieren von Mughniyyas Stimme. Aus Respekt für Mors Kompetenz, Erfahrung und Engagement war der Codename »Maurice«, den Mughniyya in diesen Jahren bekommen hatte, an den Klang ihres Namens angelehnt worden. Doch Imad Mughniyya war für viele Jahre wie vom Erdboden verschluckt, und die Einheit 8200 konnte in der Kommunikation der Hisbollah keine Spur von ihm ausfindig machen. Am 21. Mai 2000 identifizierte Mor, die auf einem Stützpunkt der Einheit 8200 auf dem Berg Garizim im nördlichen Israel stationiert war, seine Stimme, während sie die Kommunikation einer Reise von Hisbollah-Führern entlang der Grenze zu Israels Sicherheitszone im Libanon abhörte. Diese Reise fand wahrscheinlich zur Vorbereitung auf den erwarteten israelischen Rückzug statt. »Er ist es! Ganz sicher. Er ist es. Da spricht ›Maurice‹«, rief Mor freudig. Auf Basis dieser Überwachung und der Lokalisierung der Gesprächsquelle schmiedeten der AMAN und die Luftwaffe ihren Plan zur Ermordung Mughniyyas. Handschriftliche Zusammenfassung der Sitzung am 22. Mai durch den Militärsekretär des Ministerpräsidenten, General Mosche Kaplinsky, dem Autor gezeigt von »Ben«, April 2014.
4. Rede von Nasrallah, Bint Dschubail, 26. Mai 2000.
5. Interview mit Ehud Barak, 2. April 2014.
6. Interview mit Mosche Jaalon, 21. Dezember 2016.
7. Interview mit Dschibril ar-Radschub, 3. Mai 2010.
8. Interview mit Dan Margalit, 17. November 2016.
9. Landau, *Arik*, S. 263 (hebräisch).
10. Mitglieder der amerikanischen Delegation, insbesondere Robert Malley in seinem Buch *Camp David: The Tragedy of Errors*, beschuldigten Ehud Barak für sein herablassendes und unsensibles Verhalten. Barak führte den Großteil der Verhandlungen über Jossi Ginossar, der damals eine Geheimverbindung zu Arafat unterhielt und – wie sich später zeigte – sein Geschäftspartner war. Lew, *In Arafats Tasche*, S. 163 (hebräisch); Interviews mit Ehud Barak, 26. August 2015, und Reuwen Merhav, 20. Dezember 2016.
11. Interview mit Itamar Rabinovich, Juli 2013.
12. Landau, *Arik*, S. 262–265 (hebräisch).
13. Interview mit »Hendrix«, August 2013.
14. Interviews mit Alexander Pantik, November 2003, und Karmi Gilon, 27. Januar 2016; Gilon, *Schin-Bet zwischen den Schismen*, S. 100–136 (hebräisch);

Dokumente aus der militärpolizeilichen Untersuchung des »Jüdischen Untergrunds« und seiner Verschwörung zur Sprengung der Moscheen auf dem Tempelberg im Archiv des Autors, erhalten von »Glocke«.

15. Landau, *Arik*, S. 269 (hebräisch). Anat Roeh und Ali Waked, »Sharon Visits the Temple Mount: Riots and Injuries,« in: *Ynet*, 28 September, 2000, http://www.ynet.co.il/articles/0,7340,L-140848,00.html.
16. Interviews mit Ahmed Tibi, 23. August 2002, und Tawfik Tirawi, Juni 2002; Bergman, *Vollmacht gewährt*, S. 106–110 (hebräisch).
17. Interviews mit Aharon Zeevi-Farkasch, 10. April 2013, Schaul Mofas, 14. Juni 2011, Mosche Jaalon, 16. August 2011, Dan Halutz, 5. Juli 2011, Avi Dichter, 4. November 2010, Juval Diskin, 18. Oktober 2011, Jitzchak Ben-Jisrael, 5. Juni 2011, Giora Eiland, 5. Juni 2011, Ami Ajalon, 22. Juni 2011, Amos Gilad, 25. Juni 2012, und Jossi Kuperwasser, Januar 2011.
18. Interview mit Schaul Mofas, 14. Juni 2011.
19. Interview mit Juval Diskin, 1. Juni 2017.
20. Harel und Issacharoff, *Der Siebte Krieg*, S. 37 ff. (hebräisch); Mark Seager, »›I'll Have Nightmares for the Rest of My Life‹«, in: *Daily Telegraph*, 15. Oktober 2000, http://www.jr.co.il/articles/politics/lynch.txt.
21. Interview mit Avi Dichter, 4. November 2010.
22. Angaben der Menschenrechtsorganisation B'Tselem, http://www.btselem.org/hebrew/statistics/fatalities/before-cast-lead/bydate-of-event.
23. Gad Barzilai, »Wars, Internal Conflicts, and Political Order: A Jewish Democracy in the Middle East«, in: *SUNY series in Israeli Studies 1996*, S. 148; Karpin, *Imperfect Compromise: A New Consensus Among Israelis and Palestinians*, S. 94.
24. Landau, *Arik*, S. 171–175, 207–211 (hebräisch).
25. Interviews mit Schalom Turgeman, 28. Juni 2011, Assaf Schariw, 28. Januar 2007, Danny Ajalon, 22. Juni 2011, und Dov Weissglass, 11. Juni 2012.
26. Interview mit Joaw Galant, 1. Juni 2011. Am Anfang versuchte Scharon mit Arafat zu reden, beziehungsweise wollte es zumindest so aussehen lassen, als versuche er es. Im April 2001 schickte er seinen Sohn Omri nach Ramallah zu einem Geheimtreffen mit dem palästinensischen Anführer, das jedoch schnell zu Ende war. »Es lag auf der Hand, dass der Kontakt zwischen den beiden [Ariel Scharon und Arafat] nur in einem großen Knall enden konnte«, sagte einer der Teilnehmer. Interview mit »Date Palm«, August 2017.
27. Interviews mit Joaw Galant, 1. Juni 2011, und Dov Weissglass,11. Juni 2012.
28. Interview mit Juval Diskin, 1. Juni 2017.
29. Interview mit Schlomo Cohen, 28. März 2012.
30. Shuli Zuaretz und Sharon Rofeh, »Haifa: 14 of 15 Dead in Attack Are Identified«, in: *Ynet*, 2. Dezember 2001, http://www.ynet.co.il/articles/0,7340,L-1373989,00.html.
31. Staat Israel, »Special Committee for Examining the Targeted Killing of Salah Shehade«, 21. Februar 2011 (Archiv des Autors, erhalten von »Ellis«).
32. Interview mit Avi Dichter, 4. November 2010.
33. Interview mit Schaul Mofas, 14. Juni 2011.
34. Interview mit Jitzchak Ben-Jisrael, 5. Juni 2011.
35. Interview mit Giora Eiland, 5. Juni 2011.
36. »Er war dabei, uns umzubringen«, sagte Uri Halperin, der höchste Offizier des

AMAN im nördlichen Westjordanland. Interview mit Uri Halperin, 27. Mai 2014.

37. Anat Waschler, »The Drone Pilots' War«, in: *Air Force Journal*, 1. Dezember 2000.
38. Interview mit »Matan«, Juni 2012.
39. Ali Wakad, »The Funeral of Abu Ali Mustafa Is Held in Ramallah«, in: *Ynet*, 28. August 2001, http://www.ynet.co.il/articles/1,7340,L-1058108,00.html.
40. Ben Zur, der mir im April 2010 von dem Treffen erzählte, bat mich darum, den Namen der Bank nicht zu nennen.
41. Eine Analyse der zerstörerischen Auswirkungen der Intifada der Selbstmordattentäter auf die israelische Wirtschaft sowie die der Palästinenserbehörde findet sich bei Ben-Jisrael, »Facing Suicide Terrorists: The Israeli Case Study«, in: Golan und Shay, *A Ticking Bomb*, S. 19 ff.
42. Interview mit Jisrael Hasson, 17. November 2010.
43. Der Schin Bet schlug noch zwei weitere Maßnahmen vor, denen das Kabinett jedoch erst in einem späteren Stadium zustimmte – kurzfristige Übertritte auf das Territorium der Palästinenserbehörde, um Verhaftungen durchzuführen (Operation »Schutzschild«), und dem Bau einer Sperranlage (Sperranlage Westjordanland) zwischen Israel und den Palästinensergebieten. Interview mit Avi Dichter, 4. November 2010.
44. In einem Interview mit Benjamin Ben-Eliezer, dem damaligen Verteidigungsminister, erinnerte sich David Landau an einen ähnlichen Satz von Scharon, der den Israelischen Verteidigungsstreitkräften und dem Schin Bet aufgetragen habe, »die Hunde zu töten«, was Ben-Eliezer zufolge noch seine »bescheidenste Forderung« war. Landau, *Arik*, S. 291 (hebräisch).

29 »Mehr Selbstmordbomber als Sprengstoffwesten«

1. Interview mit Jitzchak Ben-Jisrael, 5. Juni 2011.
2. Interview mit Avi Dichter, 4. November 2010.
3. Interview mit Jitzchak Ilan, 5. November 2014.
4. Interview mit Avi Dichter, 4. November 2010.
5. Interview mit Jitzchak Ben-Jisrael, 5. Juni 2011; Ben-Yisrael, »Facing Suicide Terrorists«, S. 25 f.
6. Interview mit Jitzchak Ilan, 5. November 2014.
7. Interview mit Mosche Jaalon, 21. Dezember 2016.
8. Die wichtigste Drohne war ein UAV, das imstande war, Raketen zu transportieren: Hermes 450, inoffiziell »Zik« (auf Hebräisch »Funke«) genannt, die von Elbit Systems Ltd. mit Sitz in Haifa produziert wird, und die Heron und Heron TP von Israel Aircraft Industries.
9. Interview mit Mosche Jaalon, 21. Dezember 2016.
10. Interview mit Wesley Clark, 23. Januar 2012. (Herzlichen Dank an Eytan Stibbe, dass er half, diese Begegnung zu arrangieren.)
11. Interview mit Joaw Galant, 4. September 2014.
12. Human Rights Watch (Hg.), *Precisely Wrong: Gaza Civilians Killed by Israeli Drone-Launched Missiles*, Juni 2009.
13. Interviews mit Joaw Galant, 4. September 2014, Avi Dichter, 4. November 2010, und Aharon Seevi-Farkasch, 7. November 2016.
14. Interview mit »Fidel«, April 2014.
15. Vortrag von Jitzchak Ilan, Herzlija IDC, Mai 2013.

16. Interview mit Mosche Jaalon, 21. Dezember 2016.
17. Interview mit Avi Dichter, 4. November 2010.
18. Shin Bet, *Preventive Strike Procedure*, Absatz 1, 3. Januar 2008 (Archiv des Autors, erhalten von »Ellis«).
19. State of Israel, *Special Committee for Examining the Targeted Killing of Salah Shehadeh*, S. 26.
20. Interviews mit »Leila«, März 2013, und »Amazonas«, Oktober 2011.
21. Interview mit »Amazonas«, Juni 2017.
22. Daten von der Nichtregierungsorganisation B'Tselem, http://www.btselem.org/hebrew/statistics/fatalities/before-cast-lead/by-date-of-event.
23. Interview mit Jossi Kuperwasser, 24. Dezember 2014.
24. Interview mit Dov Weissglass, 11. Juni 2012.
25. Interview mit »Pixie«, August 2016.
26. Nach der ersten Tötungswelle (vor dem 11. September) gingen bei Scharon die ersten Beschwerden aus den Vereinigten Staaten ein. Er beschloss, Dichter nach Washington zu einem Treffen mit amerikanischen Geheimdienstchefs zu schicken, um ihnen zu erklären, warum die Tötungspolitik Leben rettete. Dichter bat seine Mitarbeiter, die PowerPoint-Präsentation ins Englische zu übersetzen. Wie die meisten Israelis waren diese Mitarbeiter überzeugt, dass ihr Englisch aus der Highschool ausreichte, um sie für die Aufgabe zu qualifizieren. Sie verwendeten mehrfach die Wendung »focused preventions«, also fokussierte Präventionen, die, wie Dichter später merkte, »eher nach einer Art Kondom als nach dem Töten von Terroristen klingt«. Dichter traf sich im Pentagon mit seinen Partnern und schickte sich eifrig an, ihnen einen Vortrag über »focused preventions« zu halten. Dabei achtete er darauf, sich nicht deutlicher zu äußern, doch sein scharfer Blick erkannte schon bald, dass »sie keine Ahnung hatten, wovon ich überhaupt sprach«. Nach einiger Zeit hob, laut Dichter, CIA-Direktor George Tenet die Hand und sagte: »Ah, jetzt verstehe ich Sie, Dichter, Sie meinen gezielte Tötungen«, auf Englisch: »targeted killings«. »Da wurde mir klar«, sagt er, »dass man es mit der weichgespülten Sprache auch übertreiben konnte und dass es kein Problem war, ›killing‹ zu sagen, und damit war die Sache erledigt.« Interview mit Avi Dichter, 4. November 2010.
27. Interview mit Aharon Seevi-Farkasch, 14. März 2011.
28. Interview mit Ami Ajalon, 14. März 2016.
29. Interview mit Jitzchak Ilan, 26. Januar 2016; Harel und Issacharoff, *Der Siebte Krieg*, S. 181–188 (hebräisch).
30. Dichter und seine Leute weisen Ajalons Unterstellungen rundweg zurück und argumentieren, dass Arafat und mit Sicherheit Karmi keineswegs die Absicht gehabt hätten, den Kampf zu beenden. Jitzchak Ilan, der die Verantwortung für die Tötungsoperation gegen Karmi hatte, sagt: »Die Behauptung, dass die Tanzim erst nach der Ausschaltung Karmis angefangen habe, Selbstmordanschläge auszuführen, ist eine glatte Lüge. Er hatte zuvor bereits zwei Selbstmordbomber ausgesandt, aber es [der Anschlag] hat einfach nicht geklappt. Wir spürten den einen auf, und der andere steckte sich unterwegs eine Zigarette an, zündete die Bombe und wurde an einem verlassenen Ort in Stücke gerissen. Karmi war im Begriff, einen dritten Anschlag zu planen, als wir ihn töteten.« Interviews mit Avi Dichter, 4. November 2010, und Jitzchak Ilan, 26. Januar 2016.

31. Interview mit Ami Ajalon, 14. März 2016.
32. Interview mit Menachem Finkelstein, 18. Juli 2012. Unter den jungen Offizieren war Dr. Roi Scheindorff, ein New Yorker Anwalt, der zum jüngsten jemals ernannten Vizejustizminister wurde, der für Israels Bemühungen zuständig war, eine strafrechtliche Verfolgung seiner Vertreter vor internationalen Gerichten wegen der Beteiligung an Mordanschlägen und gezielten Tötungen zu vermeiden.
33. IDF Advocate General, »Striking Against Persons Directly Involved in Attacking Israelis in the Framework of Events in the Warfare in Judea and Samaria and the Gaza District«, 18. Januar 2001 (Archiv des Autors, erhalten von »Ellis«).
34. Ebd., S. 1, Absatz. 1.
35. Interview mit Menachem Finkelstein, 18. Juli 2012.
36. IDF Advocate General, »Striking Against Persons«, S. 8.
37. Oberrichter Aharon Barak schrieb das ausführliche Urteil des Gerichts zu den Tötungen. In einer Perle der Jurisprudenz hatte das Oberste Gericht entschieden, dass Mordanschläge im Prinzip gesetzlich erlaubt waren, solange sie bestimmte Bedingungen erfüllten, ähnlich denen, die in dem Gutachten des Militärstaatsanwalts gefordert wurden. Viele Grundsätze in dem Urteil wurden von den Rechtsberatern der amerikanischen Geheimdienstgemeinde übernommen und sind bis heute ein Eckstein der Auffassung, die gezielte Tötungen gestattet. Interview mit Juval Diskin, 18. Oktober 2011; Supreme Court 769/02, *Public Committee Against Torture v. State of Israel and Others*, 14. Dezember 2006. Eine umfassende Analyse des Urteils findet sich in Scharia, *Judicial Review of National Security*, S. 58–66; Interview mit Juval Diskin, 23. Oktober 2011.
38. Interview mit Dov Weissglass, 11. Juni 2012. Der kanadische Außenminister Bill Graham besuchte am 26. Mai 2002 Scharon in seinem Büro, um ihn darum zu bitten, die Tötungen zu beenden. »Das sind illegale Handlungen«, betonte der Außenminister nachdrücklich. Mitten in seinem erregten Monolog brachte Militärsekretär Galant eine Notiz ins Zimmer. Scharon las sie für sich und dann auf Englisch laut, damit der Kanadier es verstand. Nach einem Bericht des Schin Bet hatte soeben ein Mitglied der Hamas Dschenin in Richtung Israel verlassen. Er trug einen Rucksack mit neun Kilogramm Sprengstoff, Schrauben und Nägeln. Der Schin Bet und die Luftwaffe baten um die Erlaubnis, ihn zu töten. »Herr Minister«, sagte Scharon mit dem Anflug eines Lächelns, »sagen Sie mir doch, was würden Sie an meiner Stelle tun? Genehmigen? Aber Sie sagten doch, das sei illegal. Nicht genehmigen? Und das Blut der Opfer auf dem Gewissen haben und in den schlimmsten Albträumen?«
39. Interview mit Ariel Scharon, Mai 2002.
40. Michael Abramowitz, »Bush Recalls 1998 Trip to Israel«, in: *Washington Post*, 10. Januar 2008.
41. Interview mit Schalom Turgeman, 28. Juni 2011.
42. Um die Koordination zwischen den Ländern zu verbessern, befahl der stellvertretende Sekretär des Präsidenten Elliott Abrams, eine verschlüsselte Direktleitung zwischen dem Weißen Haus und Scharons Büro einzurichten. »Unser Ziel war es«, sagt Danny Ajalon, der damalige israelische Botschafter in

Washington, »zu gewährleisten, dass der Präsident, wenn er am Morgen aufwachte, beim täglichen Briefing das gleiche Geheimdienstbild wie Israel bekam.« Interviews mit Dov Weissglass, 11. Juni 2012, und Danny Ajalon, 9. Oktober 2012.

43. Bei einem Besuch in Paris am 5. Juli 2001 versuchte Scharon, Präsident Jacques Chirac dazu zu bringen, seine Haltung zu den gezielten Tötungen zu ändern. Er ließ den Vizedirektor des Schin Bet Diskin eine Operation beschreiben, die drei Tage zuvor stattgefunden hatte: Ein Hubschrauber der israelischen Luftwaffe hatte vier Raketen abgefeuert, die drei Hamas-Funktionäre tötete, darunter Muhammad Bischarat, der an mehreren Terroranschlägen beteiligt war. Er gab einen Überblick über Bischarats Beteiligung an Selbstmordanschlägen und erzählte ausführlich von den Gesuchen an die Palästinensische Autonomiebehörde, ihn zu verhaften – ohne Reaktion. Chirac schwieg einen Moment lang. Dann räusperte er sich und sagte: »Ich muss zugeben, dass die Dinge aus einer Entfernung von 4000 Kilometern ganz anders aussehen.« Von da an mäßigte Frankreich seine Kritik an Israel in diesem Punkt, hob sie jedoch nicht ganz auf. Nicht lange danach bat Scharon Diskin, ihn bei einem Besuch im Kreml zu begleiten, um Putin den gleichen Vortrag zu halten. Diskin setzte an, aber Putin schnitt ihm nach drei Sätzen das Wort ab: »Das macht mir wirklich gar nichts aus. Von mir aus können Sie die alle umbringen«, sagte er. Dann wandte er sich Scharon zu und sagte: »Kommen Sie, gehen wir etwas essen und trinken.« Die Haltung des französischen Präsidenten Nicolas Sarkozy, der Chirac nachfolgte, gegenüber Israel war viel positiver als die seines Vorgängers und nachsichtiger gegenüber dem Einsatz gezielter Tötungen. Interviews mit Juval Diskin, 1. Juni 2017, und Nicolas Sarkozy, 7. November 2012.

44. Interview mit Giora Eiland, 5. Juni 2011. Die Haltung der Amerikaner gegenüber gezielten Tötungen hat sich komplett auf den Kopf gestellt. Als ich den ehemaligen Minister für die Sicherheit des Landes Michael Chertoff fragte, wie er über gezielte Tötungen denke, erwiderte er: »Ich halte sie für viel besser als nichtgezielte Tötungen.« Interview mit Michael Chertoff, 27. Mai 2017.

45. Die israelische Überwachung der Hamas, des Palästinensischen Islamischen Dschihad und der Hisbollah führte unter anderem in den Sudan, der in den 1990er-Jahren von Dr. Hassan al-Turabi regiert wurde, einem in Großbritannien aufgewachsenen, kultivierten, radikalen islamischen Geistlichen. Khartum war zu einem großzügigen Gastgeber für viele Terrororganisationen geworden und zu einem Freund der Staaten, die sie unterstützten, wie der Iran. Im Oktober 1993 fuhr Imad Mughniyya nach Khartum, um sich mit den beiden prominentesten Anführern zu treffen, die dort Asyl gefunden hatten. Der eine war Aiman al-Sawahiri, der Führer des ägyptischen Islamischen Dschihad, der an dem Attentat auf den ägyptischen Präsidenten Anwar as-Sadat 1981 beteiligt gewesen war. Der zweite war Osama bin Laden, der sein Bauunternehmen für den Heiligen Krieg des Islam instrumentalisiert hatte. Am 7. Juli 1995 versuchte ein Terrorkommando, den ägyptischen Präsidenten Hosni Mubarak, einen Verbündeten Israels, zu töten, indem

es zwischen Addis Abeba, der Hauptstadt Äthiopiens, und dem Flughafen der Stadt die Wagenkolonne angriff. Mubarak entkam auf wundersame Weise. Dank seiner Tätigkeit im Sudan war es Israel gelungen aufzudecken, dass Aiman al-Sawahiri und Osama bin Laden das Mordkommando ausgesandt hatten. Die israelische Aufklärung erkannte als erster Geheimdienst, welche Gefahr von dem »globalen Dschihad«, wie man heute sagt, ausging. Und beim Mossad wurde ein eigenes Ressort eingerichtet, um sich mit diesem Phänomen zu befassen. Der Mossad plante eine komplexe Tötungsoperation gegen bin Laden, und Rabin unterzeichnete einen Tötungsbefehl gegen ihn. Man warb bin Ladens Sekretär an, es kam zu einer Kooperation mit dem Geheimdienst des gemäßigten muslimischen Staates, wo der Sekretär begeistert aufgenommen wurde, und später wurden bin Laden sogar überwacht und einige erste Informationen beschafft. Aber vor dem entscheidenden Schritt, der den Sekretär aufgefordert hätte, ihn zu vergiften, fror der erwähnte muslimische Staat wegen der Sackgasse im Friedensprozess mit den Palästinensern die Beziehungen zu Israel ein, und die Operation konnte nicht fortgeführt werden. Interviews mit »Joseph«, Januar 2015, Ehud Olmert, August 2011, Dan Meridor, 30. August 2006, Nathan Adams, 21. August 1996, und Aharon Seevi-Farkasch, 14. März 2011; Bergman, *Secret War with Iran*, S. 217–223.

46. Danny Ajalon, der damalige israelische Botschafter in Washington, erinnert sich an eines der ersten Treffen nach dem 11. September, als er hohe Offiziere der israelischen Luftwaffe zu einer Begegnung mit Verteidigungsminister Donald Rumsfeld und seinem Stellvertreter Paul Wolfowitz begleitete: »Rumsfeld begann mit den Worten: ›Wir brauchen eure Hilfe. Wir möchten wissen, wie ihr aus Informationen eine Rakete macht, die einen Terroristen trifft.‹« Interviews mit Juval Diskin, 1. Juni 2017, Paul Wolfowitz, Juli 2008 (mein Dank an Mark Gerson, dass er half, dieses Treffen zu arrangieren), und Danny Ajalon, 24. August 2017.

30 »Zielperson ausgeschaltet, Operation gescheitert«

1. Interview mit Avi Dichter, 4. November 2010.
2. Israel Defense Forces, Anklageschrift, *Military Prosecutor v. Salah Mustafa Mahmud Shehadeh*, 11524/89, 17. September 1989 (Archiv des Autors, erhalten von »Twins«).
3. Shin Bet, *Condensed Summary on Salah Shehadeh*, 25. Juni 2001 (Archiv des Autors, erhalten von »Ellis«).
4. Interview mit »Goldi«, Januar 2010.
5. Shin Bet, *Salah Shehadeh – Military Head of Hamas in the Gaza Strip*, 23. November 2003 (dem Autor von »Ellis« vorgelegt).
6. Special Committee for Examining the Targeted Killing of Salah Shehadeh, »Testimony of A. L.«, S. 45.
7. Interview mit Avi Dichter, 4. November 2010.
8. Interview mit Daniel Reisner, 6. Juli 2011.
9. Die Fortsetzung von Reisners Ausführungen erfolgte mit einem Grinsen: »Andererseits waren wir auch mit Frauen verheiratet, und wir wussten,

wie Frauen waren. Bei Frauen war es einfacher, den Schießbefehl zu genehmigen.« Ebd.

10. State of Israel, *Special Committee for Examining the Targeted Killing of Salah Shehadeh*, S. 67.
11. Minister of Defense, *Sorties and Operations Discussion*, 17. Juli 2002 (dem Autor von »Ellis« gezeigt).
12. Interview mit Mosche Jaalon, 21. Dezember 2016.
13. Shin Bet, Deputy Head of Service, *Flag Bearer*, Anhang: *Framing/Activation*, 19. Juli 2002 (dem Autor von »Ellis« gezeigt).
14. Interview mit Aharon Seevi-Farkasch, 14. März 2011.
15. Shin Bet, *The Flag Bearer – Head of Service's Orders Regarding His Framing*, 21. Juli 2002 (dem Autor von »Ellis« gezeigt).
16. State of Israel, *Special Committee for Examining the Targeted Killing of Salah Shehadeh*, S. 69.
17. Der Pilot hielt am 19. Dezember 2010 im Binah Center in Tel Aviv einen Vortrag. Die Mitschrift wurde erstmals veröffentlicht von Amira Haas in *Haaretz*, 7. Januar 2011.
18. Interview mit Gideon Levy, 30. März 2011.
19. Interview mit Avi Dichter, 4. November 2010.
20. Interview mit Dan Halutz, Vered Barzilai, *Haaretz*, 23. August 2002.
21. Spector nahm an dem Angriff auf die USS *Liberty* am 8. Juni 1967 teil, bei dem 34 amerikanische Seeleute getötet wurden. Israel behauptete, das Schiff habe die amerikanische Flagge nicht gehisst und man habe die *Liberty* deshalb für ein ägyptisches Kriegsschiff gehalten, doch der wahre Grund für den Angriff ist nie eindeutig geklärt worden. Manche meinen, Spectors Unterschrift auf dem offenen Brief sei seine Buße für das, was damals geschehen war.
22. »You, Opponents of Peace«, Interview mit Joel Peterberg, *Anashim*, 27. Juni 2006.
23. Interview mit Dov Weissglass, 23. Dezember 2014.

31 Der Aufstand in Einheit 8200

1. Interview mit »Amir«, März 2011. Er bat darum, anonym zu bleiben, weil er fürchtete, dass die Aufdeckung seiner Identität ihm dort schaden könnte, wo er heute arbeitet und forscht.
2. Interview mit »Globus«, April 2011.
3. Unit 8200, Center 7143, *Reaction of Unit 8200 to Information Request Regarding the Bombing of Fatah Facility in Khan Yunis*, 4. März 2003 (Archiv des Autors, erhalten von »Globus«).
4. Interview mit »Amir«, März 2011.
5. Interview mit Ejal Zisser, 1. April 2011.
6. Als der Kommandeur der Einheit davon erfuhr, ließ er den Sachbearbeiter »Janek« ins Militärgefängnis stecken, was in 8200 extrem selten vorkam. Er kündigte an, dass der nächste Soldat, der bei einem vergleichbaren Vergehen ertappt werde, aus der Einheit fliege. Es stellte sich jedoch heraus, dass die Kommandeure der Einheit längst nicht so zimperlich waren, wenn es um das Recht auf Privatsphäre von Arabern ging. Im Jahr 2014 unterschrieb eine Gruppe Offiziere und Soldaten aus 8200 einen scharfen Protestbrief über den Vorwurf, einigen der Unterzeichnenden sei befohlen worden, Gespräche von Palästinensern zu belauschen und

sich intime Informationen zu notieren. Diese Informationen wurden anschließend dem Schin Bet übergeben, damit er diese Palästinenser unter Druck setzen und dazu zwingen konnte, als Spitzel für die Behörde zu arbeiten. Die Informationen und die Aufzeichnungen wurden, laut dem Brief, zum Vergnügen der Mitarbeiter auch in der Einheit weitergegeben. Die Streitkräfte untersuchten nie die Beschwerden dieser Briefschreiber, und sie wurden alle aus den Reserven der Einheit hinausgeworfen. Interview mit »Leila«, Dezember 2015. »Janek« und die Medienstelle der Streitkräfte lehnten jeden Kommentar ab.

7. Interview mit Jair Cohen, 18. August 2011.
8. Rekonstruktion der Ereignisse aus Dokumenten zum Angriff auf Objekt 7068, einschließlich der Einsatzbefehle, Befragungen und dem Austausch interner E-Mails zwischen Teilnehmern über den sicheren Server von 8200 (Archiv des Autors, erhalten von »Globus«).
9. Interview mit Dani Harari, 18. August 2011.
10. Interview mit »Roman«, März 2011.
11. Interview mit Elasar Stern, 18. August 2011.
12. Interview mit Asa Kascher, 5. Juni 2011. Kurz nach dem Vorfall erklärte Stabschef Jaalon, er habe niemals den Befehl gegeben, jemanden in dem Gebäude in Chan Junis zu töten. Diese Behauptung deckt sich jedoch nicht mit den schriftlichen Befehlen und streng geheimen internen Dokumenten der Einheit 8200. Und im Jahr 2012 bestätigte Jaalon, der mittlerweile stellvertretender Ministerpräsident war, in einem Interview für dieses Buch, dass er die Tötung angeordnet hatte, argumentierte aber, der Befehl sei legal gewesen. Jaalons Aussagen widersprechen jedoch eklatant der Position des Militärstaatsanwalts in der Rechtsabteilung zum Thema der Tötungen. Dort heißt es eindeutig, dass nur Personen, die »direkt verknüpft« mit dem Terror waren, legitime Zielen seien.
13. Interview mit Alon Kastiel, 31. Dezember 2013.
14. Der Fall »Zwei Türme« wurde erstmals von Uri Blau in *Haaretz*, am 28. November 2008, veröffentlicht und löste im Verteidigungsestablishment große Bestürzung aus. Der Schin Bet leitete unverzüglich eine Ermittlung ein, um Blaus Informanten zu finden. Die Entlarvung kam relativ bald: Anat Kam, eine junge Mitarbeiterin im Zentralen Kommando. Sie wurde vor Gericht gestellt und ins Gefängnis geschickt. Darauf folgte eine heftige Attacke gegen den Journalisten Blau. Aus Angst vor Verhaftung und strafrechtlicher Verfolgung verschob Blau, der sich zu der Zeit im Ausland befand, die Rückkehr um einige Zeit. Die israelische Polizei erklärte ihn für flüchtig und erließ einen internationalen Haftbefehl gegen ihn. Als er schließlich zurückkehrte, wurde er gezwungen, sein ganzes Archiv dem Schin Bet zur Vernichtung auszuhändigen. Er wurde der schweren Spionage angeklagt, schuldig gesprochen und zu vier Monaten gemeinnütziger Arbeit verurteilt.
15. Interview mit »Oscar«, Mai 2014.
16. Laut der Zählung des AMAN wurden beispielsweise in einem Zeitraum von nur vier Monaten, von Anfang Juli bis Ende Oktober 2005, mehr als 70 Terroristen bei Abfangoperationen getötet.
17. Im Jahr 2004 überredete ich einen Sprecher der Streitkräfte, mich bei so einer Strohwitwen-Operation zusehen zu lassen. Der Deckname lautete »Sumpfkönig«, und das Ziel lautete, Terroristen der

Hamas und des Islamischen Dschihad im Herzen des Marktes der Stadt Nablus im Westjordanland hervorzulocken und zu töten. Die Operation wurde von dem Fallschirmspringerbataillon 890 ausgeführt, dessen Kommandeur Amir Baram häufig mit Strohwitwen-Techniken arbeitete. Zum Motto seiner Einheit hatte er den Wahlspruch der amerikanischen Marines auserwählt: »Geduld, Ausdauer und ab und zu eine Kugel zwischen die Augen«. Auf dem Briefing vor der Operation sagte er: Schießt auf die Mitte des Körpers und ein wenig darüber, das ist das Beste. Wenn einer fällt, schießt noch einmal, um auf Nummer sicher zu gehen. Vergesst nicht, wir wollen, dass er tot aufwacht!« Ronen Bergman, »Code Name Grass Widow«, in: *Yedioth Ahronoth*, 26. April 2004; Interview mit Amir Baram, März 2004.

18. Shin Bet, *Survey of Characteristics of Salient Terror Attacks in the Current Confrontation. Analysis of Characteristics of Terror Attacks in Last Decade*, S. 2–5; Ben-Yisrael, »Facing Suicide Terrorists«, S. 16.
19. Interview mit »Guy«, November 2012.
20. Interview mit Aharon Seevi-Farkasch, 7. November 2016.

32 Windröschen pflücken

1. Interview mit »Guy«, November 2012.
2. Interview mit Amos Gilad, 4. August 2015.
3. Interview mit Aharon Seevi-Farkasch, 7. November 2016.
4. Interview mit Ami Ajalon, 14. März 2016.
5. Eldar, *Hamas kennenlernen*, S. 51 (hebräisch).
6. Jassin war immer noch kein Ziel, aber spielte das eine Rolle? Wenn sämtliche politischen und militärischen Führer der Hamas auf einmal getötet werden konnten, wenn man ihre Leichen allesamt in den Trümmern desselben Hauses finden würde, wäre es ein Beweis für die alte israelische Behauptung, dass es praktisch keinen Unterschied zwischen dem sogenannten politischen Arm und denjenigen, die Juden ermordeten, gebe. Interviews mit Avi Dichter, 4. November 2010, und Ofer Dekel, Februar 2009.
7. Rekonstruktion der Ereignisse auf der Grundlage von Interviews mit Avi Dichter, 4. November 2010, Mosche Jaalon, 12. Juni 2011, Schaul Mofas, 14. Juni 2011, Aharon Seevi-Farkasch, 10. April 2013, Joaw Galant, 19. August 2011, und Giora Eiland, 5. Juni 2011.
8. Ich spielte gegenüber Jaalon des Teufels Advokat, indem ich ihn fragte: »Was hätten Sie getan, wenn nebenan kein Wohnblock gestanden hätte, sondern es nur das Gebäude gegeben hätte, in dem sich das Dream-Team traf, und wenn auch Kinder anwesend gewesen wären?« Jaalon antwortete: »Ich hätte kein Problem damit gehabt. Ich hätte es genehmigt. Wo ist das Problem?« »Und fünf Kinder?«, hakte ich nach. »Hätte ich auch genehmigt. Schauen Sie, wir wussten vorher, dass wahrscheinlich Familienmitglieder des Gastgebers im Haus sein würden. Wir wussten nicht, wie wir es vollkommen clean halten konnten. Nach meiner Ansicht gab es einen Unterschied zwischen der Wahrscheinlichkeit, dass Mitglieder derselben Familie, und derjenigen, dass viele Dutzend Menschen in einem benachbarten Haus zu Schaden kommen würden.«
9. Dichter meinte dies natürlich nicht ernst. Tatsächlich wurde Jassin

hinausgetragen. »Wir hörten den Knall über uns«, erzählte Jassins Sohn. »›Wir werden bombardiert, *ja scheikh*‹, sagte Abu al-Abed, ›wir müssen hier schnell raus.‹« Um keine Zeit mit dem Rollstuhl zu verschwenden, nahm al-Abed die Beine des Scheichs, und sein Sohn nahm die Arme, und so trugen sie ihn zusammen zum Auto. Eldar, *Hamas kennenlernen*, S. 39 (hebräisch).

10. Interview mit Schaul Mofas, 14. Juni 2011.
11. Interview mit Avi Dichter, 4. November 2010.
12. Interviews mit Silvan Schalom, 1. März 2011, und »Guy«, November 2012.
13. Interviews mit Avi Dichter, Juni 2012, Amos Gilad, 31. Juli 2012, und Aharon Seevi-Farkasch, 14. März 2011.
14. Interview mit Mosche Jaalon, 12. Juni 2011.
15. Interview mit Schaul Mofas, 14. Juni 2011.
16. Interview mit Giora Eiland, 5. Juni 2011.
17. Interview mit Asa Kascher, 5. Juni 2011.
18. Interview mit Daniel Reisner, 6. Juli 2011.
19. Interview mit »Terminal«, 26. November 2015.
20. Ali Wakad, »Suicide Bomber. ›I Always Wanted Parts of My Body to Fly Through the Air‹«, in: *Ynet*, 14. January 2004. Rijaschi war die achte Frau, die einen Selbstmordanschlag ausführte, aber die erste von der Hamas. http://www.ynet.co.il/articles/0,7340,L-2859046,00.html.
21. Interview mit Schaul Mofas, 14. Juni 2011.
22. Interview mit Jair Cohen, 4. Dezember 2014.
23. Interview mit Aharon Seevi-Farkasch, 14. März 2011.
24. Interview mit Schimon Peres, 17. September 2012.
25. Interview mit Ehud Olmert, 29. August 2011.
26. Interview mit Dov Weissglass, 11. Oktober 2012.
27. Die letzte Entscheidung, Jassin zu töten, fiel nach einem weiteren Anschlag: Am 15. März 2004 sprengten sich zwei Selbstmordattentäter der Hamas im Hafen von Aschdod, in den sie in einem doppelwandigen Container geschmuggelt worden waren, in die Luft. Zehn Menschen kamen ums Leben, 13 wurden verletzt. An diesem Abend schrieb Stabschef Mofas in sein Tagebuch: »Entscheidung: Einsatz gegen Hamas-Führung erhöhen. Gangschaltungshebel [dies war der für Jassin verwendete Deckname] morgen zur Genehmigung vorlegen.« Interview mit Schaul Mofas, 14. Juni 2011.
28. Eldar, *Hamas kennenlernen*, S. 55 (hebräisch).
29. Ein Video des Anschlags auf Jassin befindet sich, wie alle Videos der Operation »Windröschen pflücken«, im digitalen Archiv des internen Systems der Luftwaffe (wurde dem Autor von »Hilton« gezeigt).
30. Interview mit Schaul Mofas, 14. Juni 2011.
31. Interview mit Assaf Schariw, 9. Juni 2011. Als klar war, dass Jassin bei dem Angriff tatsächlich getötet worden war, heftete einer der Offiziere im Turban-Bunker, der die Operation ausgeführt hatte, einen Zettel an die Tür, auf den er geschrieben hatte: »Nur Gott vergibt. Wir haben das Treffen arrangiert.«
32. Interview mit Dov Weissglass, 11. Juni 2012.
33. Interview mit »Diamant«, August 2011.
34. Das Video von »Elektronische Auslöschung«, dem Mordanschlag auf Rantisi, wurde dem Autor von »Hilton« gezeigt.
35. Itamar Eichner, »Not the Last Killing«, in: *Yedioth Ahronoth*, 18. April 2006.
36. Gesprächsrekonstruktion auf der Grundlage meines Interviews mit Schaul Mofas, 14. Juni 2011, und einer Zusammenfassung, die Mofas damals in sein Notizbuch schrieb.

37. Interview mit Joaw Galant, 19. August 2011.
38. Interview mit Schaul Mofas, 14. Juni 2011; Eldar, *Hamas kennenlernen*, S. 62 f.
39. Interview mit Dov Weissglass, 23. Dezember 2014.
40. Scharon, Rede in der Knesset, 8. April 2002.
41. Sharon, *Sharon. The Life of a Leader*, S. 363 (hebräisch).
42. Bergman, *Vollmacht gewährt*, S. 17–28, 165–177 (hebräisch).
43. Ein hochrangiger Vertreter Scharons, der von einem Vertreter Meir Dagans begleitet wurde, bot an, die Übersetzung meines Buchs über die Palästinensische Autonomiebehörde – *Vollmacht gewährt* – ins Englische zu finanzieren und bei allen anderen anfallenden Kosten behilflich zu sein. »Geld ist kein Thema«, sagte er. »Das Wichtigste ist, dass die Welt die Wahrheit über diesen verabscheuungswürdigen Mann erfährt.« Ich lehnte das Angebot ab. Treffen mit dem »Prinzen« und »Leonid«, September 2002.
44. Pacepa, *Red Horizons*, S. 44 f.
45. Interviews mit Jossi Kuperwasser, 21. Mai 2004, Schaul Mofas, 14. Juni 2011, und Amos Gilboa, 9. April 2014.
46. Die Firma hatte eine weibliche Kommandeurin namens Tali. Scharon war von Arafat besessen und wollte von Stabschef Jaalon genauestens wissen, wo die Bulldozer vorrückten. »Er rief mich jeden Tag an«, erzählte Jaalon, »und fragte: ›Also, was macht Tali *hahoreset* heute?‹ [*Hahoreset* bedeutet »zerstören«, im hebräischen Slang aber auch »hinreißende Frau«.] Er sabberte regelrecht, so toll fand er es.« Interview mit Mosche Jaalon, 21. Dezember 2016.
47. Interview mit Dan Halutz, 5. Juli 2011.
48. Interview mit Amir Blumenfeld, 28. Mai 2010.
49. Interview mit Giora Eiland, 19. Januar 2015.
50. »Swiss Study. Polonium Found in Arafat's Bones« in: al-Dschasira, 7. November 2013.
51. Harel und Issacharoff, »What Killed Him?«, in: *Haaretz*, 6. September 2005.
52. Hier einige Beispiele dafür, was hohe israelische Beamte auf meine Frage antworteten, woran der Palästinenserführer gestorben sei: Mosche Jaalon, damals Stabschef, sagte mit einem Lächeln (16. August 2011): »Was meinen Sie? Arafat starb aus Kummer.« Der stellvertretende Ministerpräsident Schimon Peres erklärte (17. September 2012): »Ich glaubte nicht, dass wir ihn töten sollten. Nach meiner Meinung würden wir ihn am Ende brauchen, um Frieden zu schließen.« Der stellvertretende Stabschef Dan Halutz sagte (5. Juli 2011): »Ah, ich verstehe, das ist jetzt der Teil des Interviews, in dem Sie meine Körpersprache zu entziffern versuchen.« AMAN-Chef Seevi-Farkasch antwortete (10. April 2013): »Ich war gespalten: Manchmal dachte ich, wir müssten gegen ihn vorgehen, und manchmal dachte ich, wir müssten es nicht, dass es einen Unterschied zwischen ihm und Nasrallah oder Jassin gab.«
53. Aluf Ben, »A Responsible Leadership Will Enable Resumption of Negotiations«, in: *Haaretz*, 12. November 2004.
54. Interviews mit Juval Diskin, 23. Oktober 2011, Gad Goldstein, September 2012, und »Hoover«, Dezember 2015.
55. E-Mail-Korrespondenz mit Professor Gabriella Blum, August 2017. Zur weiteren Lektüre siehe Gabriella Blum und Phillip B. Heymann, »Law and the Policy of Targeted Killing«, in: *Harvard National Security Journal*, Bd. 1, Nr. 145, 2010.

33 Die Radikale Front

1. Bergman, *Secret War with Iran*, S. 350–358.
2. Interview mit Michael Hayden, 20. August 2014.
3. Ronen Bergman, »The Secret Syrian Chemical Agent and Missile City«, in: *Yedioth Ahronoth*, 6. September 2002.
4. Ronen Bergman, »They are all ›the Hezbollah Connection‹«, in: *New York Times Magazine*, 10. Februar 2015.
5. Interviews mit »Terminal«, September 2014, und »Iftach«, November 2016.
6. Interviews mit Meir Dagan, 26. Mai 2013, und »Advantage«, Januar 2016.
7. Interview mit »Loacker«, August 2015.
8. Bergman, *Secret War with Iran*, S. 352.
9. Interview mit Dov Weissglass, 23. Dezember 2014.
10. Bergman, *Vollmacht gewährt*, S. 269–296 (hebräisch).
11. Interview mit Aharon Seevi-Farkasch, 10. April 2013.
12. Interview mit Ronen Cohen, 17. November 2015.
13. Bergman, *Mit allen erforderlichen Mitteln*, S. 462 f. (hebräisch).
14. Interview mit »Leo«, September 2016.
15. Interview mit Ronen Cohen, 17. November 2015.
16. Er hatte Imad Mughniyya geholfen, Ahmad Halak zu entführen, den Mossad-Agenten, der Mughniyyas Bruder getötet hatte (siehe Kapitel 23), und stand im Zentrum der Spionagetätigkeit des Iran und der Hisbollah in Israel. Zudem schickte er Geld und Handlungsanweisungen an die Organisatoren der Selbstmordattentate.
17. Interview mit »Bourbon«, Oktober 2016.
18. Dagan war im Jahr 1997 zum stellvertretenden Direktor der Antiterrorbehörde ernannt worden und engagierte sich außerdem politisch, unter anderem in der Bewegung gegen den Rückzug von den Golanhöhen. Außerdem organisierte er die Einsätze an Scharons Wahltag im Jahr 2001.
19. Interview mit »Mozart«, Mai 2016.
20. Kurz nachdem er im Jahr 2002 Meir Dagan zum Mossad-Direktor ernannt hatte, fragte ich Ministerpräsident Scharon, ob dieser Mann, der als impulsiv, streitsüchtig und schießwütig galt und der eine große Abneigung gegen die vorgeschriebene Befehlskette hatte, seiner Meinung nach in der Lage sein würde, den Mossad zu seinem einstigen Ruhm zurückzuführen. Scharon konterte mit seinem listigen Grinsen und einem angedeuteten Schmunzeln: »Ganz ohne Zweifel, ja. Wissen Sie, was Meirs besonderes Spezialgebiet ist?« Ich schüttelte den Kopf, und Scharon beantwortete seine eigene Frage mit dem zynischen Humor, der typisch für ihn war: »Meirs Spezialgebiet ist es, Terroristen von ihren Köpfen zu trennen.« Interview mit Ariel Scharon, April 2004.
21. Interviews mit »Eldy«, August 2014, und Joaw Galant, 7. Juli 2011.
22. Dagan erwähnte zwei Journalisten, von denen er eine kritische Berichterstattung erwartete – Amir Oren von der Zeitung *Haaretz* und Ronen Bergman. Dagans Vorhersage war in beiden Fällen richtig. Interview mit Meir Dagan, 29. Mai 2013.
23. Interview mit »Salvador«, Mai 2012.
24. Interview mit Meir Dagan, 19. Juni 2013.
25. Ursprünglich enthielt die Liste ein weiteres Ziel: den Krieg gegen den globalen Dschihad, der mit großer Dringlichkeit verfolgt wurde, seit al-Qaida im November 2002 in Mombasa versucht hatte, ein israelisches Flugzeug mit einer tragbaren Boden-Luft-Rakete abzuschießen.

Dieses Ziel wurde jedoch später zurückgestellt, als Dagan nämlich zu dem Schluss gekommen war, dass jeglicher Beitrag, den der Mossad im globalen Kampf gegen al-Qaida leisten konnte, neben den enormen Anstrengungen der USA verblassen würde.

26. Interview mit Aharon Seevi-Farkasch, 31. Januar 2016.
27. Interviews mit »Eldy«, September 2014, und »Iftach«, November 2016.
28. Dagan beauftragte David Meidan von der für Geheimverbindungen mit ausländischen Nachrichtendiensten zuständigen Mossad-Abteilung Tewel (»Welt«), diese Anstrengungen zu leiten. Dagan und Meidan unternahmen dann immer wieder geheime Reisen, um sich mit den Chefs der Regierungen und Geheimdienste zahlreicher Länder des Nahen Ostens zu treffen und sie von dem Undenkbaren zu überzeugen: einer Zusammenarbeit mit dem israelischen Mossad gegen andere arabische und islamische Länder. Dass Meidan fließend Arabisch sprach und ein tiefes Verständnis für die arabische Welt und ihre Kultur mitbrachte, war extrem hilfreich, um das Eis zu brechen. Interviews mit David Meidan, 16. Juli 2015, Meir Dagan, 19. Juni 2013, und Turki bin Faisal al Saud, Februar 2014.
29. Ronen Bergman, »A Wave of Resignations at the Mossad Command«, in: *Yedioth Ahronoth*, 7. Oktober 2005.
30. Interview mit Meir Dagan, 29. Mai 2013.
31. Interview mit »Eldy«, Januar 2015.
32. Interview mit Meir Dagan, 19. Juni 2013.
33. Interview mit Ronen Cohen, 18. Februar 2016.
34. Interview mit Jitzchak Ilan, 22. Oktober 2014.
35. Interview mit »Iftach«, März 2017.
36. Interview mit Meir Dagan, 19. Juni 2013.
37. Der Handel betraf auch Oberst (d. R.) Elhanan Tannenbaum, den Artillerieoffizier, den man zu einem Drogendeal nach Dubai gelockt und dann nach Beirut entführt hatte. Interviews mit Elhanan Tannenbaum, August 2004, Lior Lotan, 13. Januar 2009, und Aharon Haliva, 17. November 2002; Bergman, *Mit allen erforderlichen Mitteln*, S. 440–456, 475–488 (hebräisch).
38. Interview mit »Amazonas«, Oktober 2011.
39. Bergman, *Mit allen erforderlichen Mitteln*, S. 563–571 (hebräisch).
40. Interviews mit Ehud Barak, 22. November 2011, und »Fanta«, Dezember 2016.
41. Netanjahu hatte seine internationale Karriere begonnen, indem er sich selbst als Terrorismusexperte präsentierte, der stets gepredigt hatte, dass man niemals nachgeben sollte, wenn gefordert wurde, im Austausch mit Geiseln Gefangene freizulassen. Und doch war er derjenige, der im Austausch für Schalit die Freilassung von 1027 palästinensischen Gefangenen anordnete, unter ihnen zahlreiche Hamas-Mitglieder, die direkt an der Ermordung von Israelis beteiligt gewesen waren. Es war der höchste Preis, der jemals in einem derartigen Tauschgeschäft bezahlt wurde. Ronen Bergman, »The Human Swap«, in: *New York Times Magazine*, 13. November 2011. Einige der Terroristen, die in dem Handel freigelassen worden waren, wurden in den Folgejahren von Israel ins Visier genommen und getötet. Einer von ihnen war Mazen Fuqaha, der an Selbstmordattentaten beteiligt gewesen war und den man im Jahr 2003 zu neun lebenslangen Haftstrafen und zusätzlichen 50 Jahren verurteilt hatte. Von Israel beauftragte Todesschützen töteten ihn am 24. April 2017 in der Nähe seines Hauses im Gazastreifen mit mehreren Kopfschüssen.
42. Interviews mit Meir Dagan, 29. Mai 2013,

Ehud Barak, 22. November 2011, und »Iftach«, November 2011.
43. Interviews mit Ehud Adam, 9. August 2006, und Mordechai Kidor, 4. August 2006; Bergman, *Secret War with Iran*, S. 364–378.
44. Interview mit Meir Dagan, 29. Mai 2013.
45. Interview mit Dan Halutz, 5. Juli 2011.
46. Interviews mit Meir Dagan, 19. März 2013, »Eldy«, Januar 2014, »Iftach«, März 2017, und »Advantage«, Dezember 2016.

34 Maurice töten

1. Interviews mit »Charles«, April 2012, und »Iftach«, Dezember 2016.
2. Interview mit »Leila«, März 2013.
3. Interview mit Schahar Argaman, 17. März 2013.
4. Bei der israelischen Aufklärung gingen widersprüchliche Berichte ein, ob die Iraner wussten, dass ein Teil ihres Geldes für die Finanzierung des nordkoreanisch-syrischen Atomprojekts verwendet wurde. Bergman, *Secret War with Iran*, S. 257 f.
5. Interview mit Assaf Schariw, 10. August 2006.
6. Interview mit Ehud Olmert, 29. August 2011.
7. Hayden, *Playing to the Edge*, S. 255.
8. Olmert bildete einen Sonderausschuss unter Jaakow Amidrors Führung und unter Beteiligung eines Experten aus der Forschungsabteilung des AMAN, der das Material des Mossad kritisch prüfen sollte. Der Ausschuss kam zu der gleichen Schlussfolgerung: Syrien baute einen Reaktor mit dem Ziel, Atomwaffen zu produzieren. Interviews mit »Charles«, April 2012, und Ehud Olmert, 29. August 2011.
9. Interviews mit Meir Dagan, 19. Juni 2013, und Michael Hayden, 20. August 2014.
10. Interview mit Michael Hayden, 1. Februar 2014.
11. Ebd.
12. Hayden, *Playing to the Edge*, S. 256.
13. Secretary of State Rice, »Syria's Clandestine Nuclear Program«, 25. April 2008 (dem Archiv von Wikileaks entnommen, das dem Autor von Julian Assange übergeben wurde, 4. März 2011).
14. Interview mit »Oscar«, April 2014.
15. Interview mit Michael Hayden, 20. Juli 2016.
16. Der Abzug wurde Assad von der internationalen Gemeinschaft, unter Führung der Vereinigten Staaten und Frankreichs, aufgezwungen, weil er in den Mordanschlag gegen Rafik Hariri verwickelt war.
17. Interviews mit Meir Dagan, 29. Mai 2013, und »Ed«, Oktober 2016.
18. Hayden, *Playing to the Edge*, S. 261 ff.
19. Die Ansicht von Rice wurde von Hayden und der übrigen amerikanischen Geheimdienstgemeinde unterstützt. Hayden erinnerte Bush an den bekannten Wahlspruch der Behörde, »Kein Kern, kein Krieg«, und sagte, dass er noch keine Hinweise auf den Bau einer Plutoniumfabrik habe, ohne die es keine Bombe gebe. Interview mit Michael Hayden, 20. August 2014.
20. Hayden erinnerte sich: »Ich war völlig ruhig wegen der Sache mit dem syrischen Reaktor, weil für mich klar war, dass, wenn wir nicht angriffen, die Israelis angreifen würden.« Ebd.; Hayden, *Playing to the Edge*, S. 263 f.
21. In einem Interview für dieses Buch im Jahr 2011, als Olmert den Ernst des Dilemmas wegen des syrischen Reaktors

und seiner Entscheidung, etwas zu unternehmen, erklären wollte, zeigte er auf ein Foto in seinem Büro, das er nach dem Abschied aus dem Büro des Ministerpräsidenten mitgenommen hatte. Eine identische Aufnahme ist an den Wänden vieler Büros hoher israelischer Regierungsvertreter zu sehen. Sie wurde auf dem Flug 301 der israelischen Luftwaffe aufgenommen, der am 4. September 2003 im polnischen Radom startete. Drei F-15-Kampfflugzeuge sind zu sehen, wie sie über das wohl bekannteste Tor und Eisenbahngleis der Welt fliegen: über die des Todeslagers Auschwitz. Auf das Foto, das der Kommandeur der Luftwaffe Eliezer Shkedi an eine Reihe hoher israelischer Regierungsvertreter verteilte, schrieb er: »Die israelische Luftwaffe über Auschwitz, im Namen des jüdischen Volkes, des Staates Israel und der IDF: Damit wir uns daran erinnern und nie vergessen, dass wir auf uns selbst angewiesen sind.«

22. Am 9. Juni 2011 gab die IAEA bekannt, dass Syrien es versäumt hatte, den Bau eines Atomreaktors zu melden, ein schwerer Verstoß gegen den Atomwaffensperrvertrag. IAEA Board of Governors, *Implementation of the NPT Safeguards Agreement in the Syrian Arab Republic*, 9. Juni 2011; Interview mit »Charles«, April 2012.
23. Interview mit Michael Hayden, 20. August 2014.
24. Interview mit »Eldy«, August 2014.
25. Interview mit Ehud Olmert, 29. August 2011.
26. Interview mit Meir Dagan, 26. Mai 2013.
27. Interview mit »Leila«, März 2013.
28. Ebd.
29. Interviews mit »Iftach«, Mai 2011, »Leila«, März 2013, und Richard Kemp, März 2007.
30. Interview mit Meir Dagan, 29. Mai 2013.
31. Interview mit »Neta«, Juli 2013.
32. Auf die Bitte hin, die gezielten Tötungen der Vereinigten Staaten gegen al-Qaida zu erklären, stellte Hayden fest, dass »Attentat« als verbotene tödliche Handlung »gegen politische Gegner« definiert sei, während »die gezielten Tötungen der USA gegen al-Qaida sich gegen Mitglieder einer gegnerischen bewaffneten Streitmacht richteten. Das ist Krieg. Das geschieht nach den Gesetzen eines bewaffneten Konflikts.« Er fügte hinzu: »Israel ist vermutlich das einzige andere Land auf der Welt, das wie die Vereinigten Staaten denkt: dass das, was wir tun, legal ist.« Interview mit Michael Hayden, 20. August 2014.
33. Interview mit »Neta«, Juli 2013.
34. Laut einer Reportage in *Newsweek* dauerte es knapp 30 Sekunden, bis Bush auf Haydens Frage zu einem Anschlag auf Mughniyya antwortete: »Ja, und wieso habt ihr das nicht schon längst gemacht? Meinen Segen habt ihr. Geht mit Gott.« Jeff Stein, »How the CIA Took Down Hezbollah's Top Terrorist, Imad Mugniyah«, in: *Newsweek*, 31. Januar 2015.
35. Präsident Bush ordnete absolute Geheimhaltung zu sämtlichen Aspekten der Tötung Mughniyyas an. Erst im Januar 2015 veröffentlichten Adam Goldman von der *Washington Post* und Jeff Stein von *Newsweek*, am selben Tag, Berichte über die Zusammenarbeit zwischen dem Mossad und der CIA bei dieser Operation. Zumindest Teile dieser beiden Berichte scheinen von denselben Quellen zu stammen, die als hohe Vertreter der amerikanischen Geheimdienste bezeichnet wurden, die an der Tötung beteiligt gewesen waren. Laut diesen Quellen war (anders als in der Darstellung dieses Buches) die CIA und nicht der Mossad der Hauptakteur, während Michael Hayden bei der Ope-

ration den Oberbefehl hatte. In einem Interview mit Hayden im Juli 2016 in den Büroräumen der Chertoff Group, wo er im Management tätig ist, habe ich ihm den Abschnitt des Buches vorgelesen, der sich mit der Zusammenarbeit der Vereinigten Staaten und Israels beim Anschlag auf Mughniyya befasst. Als ich fertig war, lächelte Hayden und sagte: »Interessante Geschichte. Ich habe dazu nichts zu sagen.«

36. Interview mit »Iftach«, Mai 2011.
37. Ebd.
38. »Wenn wir Erfolg haben, versprechen Sie mir nur, dass Sie mir die Ehre überlassen, den Angriffsbefehl (*Raschai*) zu geben«, sagte Nussknacker und ging wieder an das Zeichenbrett zurück. Interview mit Meir Dagan, 29. Mai 2013.
39. Interviews mit »Loacker«, Februar 2015, und »Lexikon«, Januar 2017.
40. Interviews mit »Shimshon«, August 2011,»Iftach«, Mai 2011, und »Lexikon«, Januar 2017.
41. Dagan hielt sein Versprechen, Nussknacker den Befehl zur Tötung Mughniyyas erteilen zu lassen, doch der übertrug dieses Privileg einem Elektronikingenieur, der bei der Operation eine zentrale Rolle gespielt hatte. Interview mit »Loacker«, Januar 2015.
42. Im Juni 2008 stattete Ministerpräsident Olmert dem Weißen Haus einen Besuch ab. Vizepräsident Cheney wartete draußen, um ihn zu begrüßen, als die Wagenkolonne vor dem Eingang vorfuhr. Als Olmert auf ihn zutrat, nahm Cheney, statt die ausgestreckte Hand zu ergreifen, Haltung an und salutierte dem israelischen Regierungschef. Nur die beiden Männer und ihre engsten Vertrauten verstanden die Bedeutung dieser Geste. Im Innern des Oval Office dankte Präsident Bush Olmert herzlich dafür, dass er Mughniyya beseitigt hatte. Dann zeigte er ihm Saddam Husseins Pistole, die in einer Schachtel mit der Aufschrift »To Our President« [Unserem Präsidenten] aufbewahrt wurde. Das Team der Delta Force, das den irakischen Diktator gefasst hatte, hatte sie Bush überreicht. Interview mit »Shimshon«, August 2011.
43. Interview mit Meir Dagan, 29. Mai 2013.
44. Interviews mit »Shimshon«, August 2011, und »Diamond«, März 2014.
45. Eine Beschreibung der Begräbnisfeier und Bilder mit freundlicher Genehmigung der *Spiegel*-Korrespondentin in Beirut, Ulrike Putz, die daran teilnahm.
46. Die Revolutionsgarden und Mughniyyas Nachfolger heckten eine Reihe wagemutiger Pläne aus – für die Entführung von Israelis, die in den Geheimdiensten gearbeitet hatten, für Bombenanschläge auf israelische Gesandtschaften und zionistische Einrichtungen auf der ganzen Welt, für Angriffe auf die Mitglieder der chassidischen Sekte, die auf der ganzen Welt Zentren für israelische Reisende unterhalten, und für Anschläge auf israelische Touristen, wo immer man ihrer habhaft wurde. So gut wie alle diese Pläne wurden dank präziser Warnungen seitens der israelischen Geheimdienste vereitelt. In einem Fall jagte die Polizei in Thailand nach einem heißen Tipp vom Mossad eine Gruppe iranischer und libanesischer Terroristen. Einer besaß eine hoch entwickelte Bombe mit Zeitzünder, die er eigentlich an dem Wagen eines israelischen Diplomaten befestigen wollte. Stattdessen warf er sie auf die Polizei, als sie ihn verfolgte. Sie traf jedoch einen Baum und prallte zurück, dem Terroristen vor die Füße, bevor sie detonierte und ihm beide Beine abriss. Die Polizisten ließen den restlichen Körper an den Baum gelehnt, sodass Pressefotografen diesen

grauenvollen Augenblick für die Nachwelt festhalten konnten.

47. Interview mit Meir Dagan, 19. Juni 2013.
48. Interview mit »Terminal«, September 2014.
49. »Boehner's Meeting with Prime Minister Olmert«, 23. März 2008, Tel Aviv 000738 (Archiv des Autors, erhalten von Julian Assange).
50. Interview mit »Shimshon«, November 2012.
51. Interview mit Ehud Olmert, 29. August 2011.
52. »Manhunting Timeline 2008«, Intellipedia, NSA (Snowden-Archiv), www.documentcloud.org/documents/2165140-manhunting-redacted.html#document/p1.
53. Im April 2008 war die CIA zu der Schlussfolgerung gelangt, dass Assad keinen Krieg wegen der Bombardierung des Reaktors beginnen würde, dass man die Sache nicht länger geheim halten müsse und dass man das Material zu der Angelegenheit für andere Zwecke nutzen könnte. Israel war vehement gegen die Veröffentlichung der Bilder, aber Hayden war anderer Meinung: »Wir mussten es [den syrischen Reaktor] öffentlich machen, weil wir im Begriff waren, ein Abkommen mit Nordkorea zu schließen, das sich das größte Verbrechen gegen den Atomwaffensperrvertrag der Geschichte zuschulden kommen ließ. Wir mussten den Kongress davon in Kenntnis setzen.« Die Angelegenheit war ein großer Aufklärungserfolg, und nach viel negativer Publicity im Laufe der Jahre war die Behörde froh darüber, einen Erfolg vorweisen zu können. Die CIA fügte ein Bild von General Suleiman mit dem Chef des nordkoreanischen Atomprogramms bei. Der Mossad und AMAN schäumten vor Wut, weil sie fürchteten, das Foto könne durchsickern und Suleiman warnen, dass er ein gezeichneter Mann war. Dazu kam es nicht. »Background Briefing with Senior U.S. Officials on Syria's Covert Nuclear Reactor and North Korea's Involvement«, 24. April 2008; Interviews mit Meir Dagan, 20. Juli 2013, und Michael Hayden, 20. Juli 2016; Hayden, *Playing to the Edge*, S. 267 f.
54. Es gab auch Leute im Mossad, die eine Tötung Suleimans kategorisch ablehnten. Ein sehr hochrangiger Mossad-Informant sagte: »Das ist die Hinrichtung eines uniformierten Offiziers eines souveränen Staates. Suleiman dient seinem Land nach besten Kräften und nach bestem Gewissen. Er ist kein Terrorist. Gewiss ist er in sehr dunkle Machenschaften verwickelt, aber wir haben auch Offiziere, die an Taten beteiligt sind, die der anderen Seite fragwürdig erscheinen.« Interviews mit »Iftach«, März 2017, und »Dominick«, April 2013.
55. Diese Beschreibung der Tötung stützt sich auf ein Video, das Kommandos aus Flottille 13 aufgenommen haben, und auf Interviews mit »Shimshon«, November 2012, und »Dominick«, Mai 2011.
56. Laut den von Edward Snowden beschafften und auf der Website First Look veröffentlichten Dokumenten fing die amerikanische Aufklärung Kommunikation von Flottille 13 vor dem Angriff ab und wusste genau, wer dahintersteckte. Matthew Cole, »Israeli Special Forces Assassinated Senior Syrian Official«, in: *First Look*, 15. Juli 2015.
57. Interview mit »Oscar«, Mai 2014.
58. Interviews mit Meir Dagan, 19. Juni 2013, und »dem Prinzen«, März 2012.
59. Selbst nach der zurückhaltenden Schätzung des deutschen BND verzögerte allein Stuxnet das iranische Atom-

projekt um mindestens zwei Jahre. Interview, zusammen mit Holger Stark, mit »Alfred«, einem hohen deutschen Geheimdienstvertreter, Februar 2012.

60. Interviews mit Meir Dagan, 29. Mai 2013, »Iftach«, März 2017, »Eldy«, September 2014, und »Luka«, November 2016.
61. Interview mit »Leila«, Dezember 2015.
62. Interview mit »Iftach«, März 2017.
63. Interviews mit »Iftach«, März 2017, »Leila«, Dezember 2015, und »Advantage«, März 2017.
64. Interview mit Meir Dagan, 8. Januar 2011.

35 Eindrucksvoller taktischer Erfolg, katastrophaler strategischer Fehlschlag

1. Interview mit »Ethan«, November 2011.
2. Interview mit »Eldy«, April 2014.
3. Ronen Bergman, »The Dubai Job«, in: GQ, 4. Januar 2011.
4. Die Quittungen für den Imbiss und die Getränke befinden sich im Archiv des Autors, erhalten von »Junior«.
5. Interview mit »Loacker«, Februar 2015.
6. Interview mit »Ilay«, Juni 2010.
7. Interview mit »Iftach«, März 2017.
8. Netanjahu beauftragte Dagan, einen internen Untersuchungsausschuss einzusetzen, was Dagan auch versprach, um ihm kurz darauf aber mitzuteilen, dass der gerade in den Ruhestand getretene hochrangige Mossad-Funktionär, den er zum Ausschussvorsitzenden hatte machen wollen, angeblich abgelehnt habe, den Job zu übernehmen. Einer Netanjahu nahestehenden Quelle zufolge hat dieser Mann die Sache dem Ministerpräsidenten gegenüber anders dargestellt. Wie auch immer, es wurde kein Untersuchungsausschuss eingesetzt. Interview mit »Nietzsche«, Mai 2017.
9. Interview mit Meir Dagan, 19. Juni 2013.
10. Interview mit »Nietzsche«, Mai 2017.
11. Interview mit Usi Arad, 20. Dezember 2011.
12. Um Netanjahus Furcht, als Zauderer oder Schwächling zu erscheinen, noch zu verstärken, vergrößerte Dagan die Delegationen, mit denen er sich beim Ministerpräsidenten einfand, um sich Operationen genehmigen zu lassen. Manchmal stand er bei Netanjahu mit nicht weniger als 15 Mossad-Offiziellen auf der Matte, weil er annahm, der Ministerpräsident würde vor so vielen Zeugen, die ein Zaudern von seiner Seite kaum für sich behalten würden, nicht wagen, seine Genehmigung zu verweigern. Unmittelbar nach solchen Besprechungen dachte Dagan jedoch: »Jetzt werden seine Eier wieder schrumpfen, und er wird bedauern, sein Okay gegeben zu haben.« Dagan weiter im Interview: »Ich esse für mein Leben gern Falafel. Und weil ich wusste, dass Netanjahu mich in Kürze anrufen würde, fuhr ich zum Mahane-Jehuda-Markt [der ein paar Minuten vom Büro des Ministerpräsidenten entfernt liegt], um Falafel zu essen und auf den Anruf zu warten, statt gleich nach Tel Aviv zurückzufahren. Wenn ich nicht sicher war, besuchte ich das kurdische Restaurant in Mevaseret Zion [einem Vorort von Jerusalem] oder ein Hummus-Place-Restaurant in Abu Gosch [einem Dorf in der Nähe von Jerusalem] und wartete dort. Die Hauptsache war, dass ich mich nicht zu weit von Jerusalem entfernte. Und glauben Sie mir, ich habe mich nie geirrt. Er hat mich immer angerufen.« Interview mit Meir Dagan, 19. Juni 2013.

13. Interview mit Ehud Barak, 13. Januar 2012.
14. Interview mit Meir Dagan, 19. Juni 2013.
15. Im Zusammenhang einer Stellungnahme zu den Äußerungen, die Dagan über ihn gemacht hatte, schrieb mir Barak: »Auch wenn Dagan es so dargestellt hat: Es hat in der israelischen Führung nie jemanden gegeben, dem nicht klar war, dass das iranische Atomprogramm durch einen gezielten Angriff nicht für immer gestoppt werden konnte. Bestenfalls konnte es für eine Reihe von Jahren aufgehalten werden. Die *dagegen* waren, einen solchen Angriff in Erwägung zu ziehen, und die *dafür* waren, waren sich einig, dass eine [militärische] Aktion nur als letztes Mittel zulässig war, und auch nur dann, wenn es operativ möglich, von internationalem Recht gedeckt und dringend notwendig war.« E-Mail von Barak an den Autor vom 30. März 2016.
16. Interview mit Meir Dagan, 19. Juni 2013.
17. Interview mit »Iftach«, November 2011.
18. Interview mit »Terminal«, September 2014.
19. Interview mit »Iftach«, Mai 2017.
20. Interview mit Meir Dagan, 19. Juni 2013.
21. Die Anschläge gingen weiter, auch gegen andere Angehörige der Radikalen Front. Die Zielperson mit dem höchsten Rang war der vom Mossad seit 1996 gejagte Hassan al-Lakis, der die Waffenentwicklungsabteilung der Hisbollah leitete. Er wurde am 3. Dezember 2013 von Killern mit schallgedämpften Pistolen ausgeschaltet, die ihn auf dem Parkplatz seines Hauses in einem Vorort von Beirut mit Kugeln vollpumpten. Hassan al-Lakis hatte eng mit dem Tunesier Mohammed al-Sawahri zusammengearbeitet, einem Luftfahrtingenieur, der als Angehöriger der Opposition seines Landes jahrelang im Exil hatte leben müssen, wo er sich der Hisbollah und der Hamas angeschlossen hatte. Nach der Rückkehr in sein Land arbeitete al-Sawahri an der Aufstellung einer Flotte von Drohnen und unbemannten U-Booten für die Hamas, die bei Angriffen auf Israels Öl- und Gasbohrinseln im Mittelmeer zum Einsatz kommen sollten. Der inzwischen von Jossi Cohen geführte Mossad hörte Telefonate zwischen al-Sawahri und seinen Helfern in Gaza und im Libanon ab und tötete ihn am 16. Dezember 2016. Interviews mit »Charles«, April 2012, »Advantage«, Dezember 2016, und »Iftach«, Mai 2017.
22. Nach den Operationen gegen Moghaddam und Roshan scheint Israel von der Politik des Stillschweigens abgerückt zu sein. Bezugnehmend auf den Tod dieser Wissenschaftler brachte Ehud Barak die Hoffnung zum Ausdruck: »Möge es noch viele weitere Tote geben.« Der Generalstabschef der israelischen Armee, Generalleutnant Benny Gantz, sagte: »Im Iran geschehen unnatürliche Dinge«, und der Armeesprecher bekannte, er »weine Roshan keine Träne nach«. Die Tageszeitung *Haaretz* brachte eine frohlockende Karikatur, auf der Roshan im Himmel zu sehen war und ein etwas irritierter Gott »Schon wieder einer!« knurrte, während ein kleiner Cherub neben ihm witzelte: »Wir haben jetzt genug, um einen Atomreaktor zu betreiben.«
23. Interview mit Michael Hayden, 20. Juli 2016.
24. Interview mit dem »Prinzen«, März 2012.
25. Ab einem bestimmten Zeitpunkt verheimlichten Netanjahu und Barak ihre Absichten nicht mehr. So ließ Barak in einem Interview, das ich im Januar 2012 mit ihm für eine Titelgeschichte des *New York Times Magazine* führte, durchblicken, dass der Angriff bald

kommen werde. Zu der von Leuten aus dem Verteidigungsapparat und den Geheimdienstkreisen geäußerten harschen Kritik sagte Barak: »Wir, Bibi und ich, sind in sehr direkter und konkreter Weise für die Existenz des Staates Israel, ja für die Zukunft des jüdischen Volkes verantwortlich. [...] Wenn die Militär- und die Geheimdienstführung nach oben schauen, sehen sie letztlich uns: den Verteidigungsminister und den Ministerpräsidenten. Wenn wir nach oben schauen, sehen wir nur den Himmel über uns.« Ronen Bergman, »Israel vs. Iran: When Will It Erupt?« in: *New York Times Magazine*, 29. Januar 2012.

26. Obama und sein Team standen allerdings auch unter dem Druck von Teilen der amerikanischen Medien, die behaupteten, Obama sei dem Iran gegenüber zu weich. Treffen mit Roger Ailes, 4. Januar 2012.

27. Tamir Pardo meinte, dass die Wiener Vereinbarung sowohl positive als auch negative Aspekte habe und dass Israel auf jeden Fall versuchen müsse, Hand in Hand mit der Obama-Administration zusammenzuarbeiten, um die Bestimmungen zu verschärfen, da es keine Möglichkeit gebe, die Verabschiedung des Abkommens zu blockieren. Netanjahu war anderer Meinung und unternahm verzweifelte Anstrengungen, seinen beträchtlichen Einfluss auf die Republikaner in Washington geltend zu machen, um das Abkommen zu verhindern. Im März 2015 hielt er zu diesem Zweck sogar eine (kontrovers aufgenommene) Rede vor dem versammelten Kongress. Doch er irrte sich; die Wiener Vereinbarung war nicht mehr zu stoppen.

28. Das Abkommen enthält, wie angedeutet, weit strengere Bestimmungen als all jene, die das Regime in Teheran in der Vergangenheit akzeptiert hatte. Es dokumentiert aber auch beträchtliche Zugeständnisse seitens der internationalen Gemeinschaft, darunter das Überschreiten roter Linien, von denen die Vereinigten Staaten Israel versprochen hatten, sie würden nicht überschritten werden, und einen fast uneingeschränkten Freibrief für die Militärindustrie des Iran, mit der Entwicklung von Raketen fortzufahren. Ronen Bergman, »What Information Collected by Israeli Intelligence Reveals About the Iran Talks«, in: *Tablet*, 29. Juli 2015.

29. Veranstaltung zum Gedenken an Josef Harel, Kommandeur der für Attentate zuständigen Einheit 188 des AMAN. Dagan wurde von dem Journalisten Ari Schavit interviewt.

30. Ronen Bergman, »Israe's Army Goes to War with Its Politicians«, in: *New York Times*, 21. Mai 2016.

Bibliografie

Interviews

Acharon Abramovich, Worko Abuhi, Amram Acharoni, Zvi Acharoni, Ehud (Udi) Adam, Nathan Adams, Avraham Adan, Nachum Admoni, Gadi Afriat, Shlomi Afriat, David Agmon, Ami Ajalon, Dani Ajalon, Wanda Akale, Lior Akerman, Fereda Aklum, Amin al-Hadsch, Akel al-Haschem, Hani al-Hassan, Wafiq al-Samarrai, Kanatjan Alibekov, Doron Almog, Zeev Alon, Jossi Alpher, Hamdi Aman, Jaakov Amidror, Meir Amit, Frank Anderson, Christopher Andrew, Hugo Anzorreguy, Dschibril ar-Radschub, Uzi Arad, Dror Arad-Ajalon, Jassir Arafat, David Arbel, Dani Arditi, Mosche Arens, Anna Aroch, Julian Assange, Rojer Auqe, Gad Aviran, Shai Avital, Juval Aviv, Pinchas Avivi, David Avner, Talia Avner, Uri Avnery, Avner Avraham, Chaim Avraham, Acharon Avramovich, Avner Azoulai, Robert Baer, Jossi Baidatz, Uri Bar Lev, Omer Bar-Lew, Hannan Bar-On, Ehud Barak, Amatzia Baram, Miki Barel, David Barkai, Acharon Barnea, Avner Barnea, Itamar Barnea, Hanoch Bartow, Mehereta Baruch, Jona Baumel, Stanley Bedlington, Benjamin Begin, Jossi Beilin, Dorit Beinisch, Ilan Ben David, Mosche Ben-David, Gilad Ben Dror, Benjamin Ben-Eliezer, Eitan Ben Elijachu, Elijachu Ben-Elissar, Avigdor »Janosch« Ben Gal, Ron Ben-Jischai, Jitzchak Ben-Jisrael, Asher (Arthur) Ben Natan, Ejal Ben Reuven, David Ben Uziel, Joran Ben Zeev, Eitan Ben Zur, Barak Ben Zur, Zvika Bendori, Ronnie (Acharon) Bergman, Muki Betser, Avino Biber, Amnon Biran, Dov Biran, Ilan Biran, Joav Biran, Kai Bird, Uri Blau, Hans Blix, Gabriella Blum, Naftali Blumenthal, Jossef Bodansky, Joyce Boim, Zeev Boim, Chaim Boru, Avraham Botzer, Eitan Braun, Schlomo Brom, Shay Brosh, Jean-Louis Bruguière, Pinchas Buchris, Chaim Buzaglo, Zvi Caftori, Chaim Carmon, Igal Carmon, Acharon Chelouche, Dvora Chen, Uri Chen, Michael Chertoff, Itamar Chizik, Jitzchak Chofi, Joseph Ciechanover, Wesley Clark, Avner Cohen, Chaim Cohen, Jair Cohen, Mosche Cohen, Dr. Ronen Cohen (Wissenschaftler), Ronen Cohen (AMAN-Offizier), Juval Cohen-Abarbanel, Reuven Dafni, Meir Dagan, Ruth Dajan, Usi Dajan, Avraham Dar, Jossi Daskal, Puyya Dayanim, Ofer Dekel, Avi Dichter, Juval Diskin, Amnon Dror, Mosche Efrat, Dov Eichenwald, Uzi Eilam, Giora Eiland, Robert Einhorn, Jom Tov (Jomi) Eini, Amos Eiran, Ehud Eiran, Elad Eisenberg, Miri Eisin, Rafael Eitan, Rolf Ekeus, Ofer Elad, Avigdor (Azulay) Eldan, Mike Eldar, Jean-Pierre Elraz, Haggai Erlich, Reuven Erlich, Dror Eschel, Schmuel Ettinger, Uzi Even, Gideon Ezra, Meir Ezri, Menachem Finkelstein, Amit Forlit, Moti Friedman, Uzi Gal, Jehoar Gal, Joaw Galant, Joram Galin, Schlomo Gasit, Robert Gates, Karmit Gatmon, Jeschajahu Gawisch, Joav Gelber, Reuel Gerecht, Dieter Gerhardt, Erez Gerstein, Benjamin Gibli, Mordechai Gichon, Gideon Gideon, Jehuda Gil, Amos Gilad, Amos Gilboa, Karmi Gilon, Jossi Ginat, Isabella Ginor, Jossi Ginossar, Caroline Glick, Tamar Golan, Motti Golani, Ralph Goldman, Gadi Goldstein, Karnit Goldwasser, David Golomb, Sarit Gomez, Oleg Gordievsky, Ran Goren, Uri Goren,

Eitan Haber, Arie Hadar, Asher Hakaini, Eli Halachmi, Acharon Halevi, Aliza Magen Halevi, Aviram Halevi, David Halevi, Amnon Halivni, Uri Halperin, Dan Halutz, August Hanning, Elkana Har Nof, Dani Harari, Schalom Harari, Isser Harel, Alouph Hareven, Jisrael Hasson, Robert Hatem, Schai Herschkovich, Seymour Hersh, Robin Higgins, Schlomo Hillel, Gal Hirsch, Jair Hirschfeld, Jehiel Horev, Lior Horev, Rami Igra, Jitzchak Ilan, Shimshon Issaki, Arjeh Ivtzan, David Iwri, Jitzchak Jaakov, Mosche Jaalon, Amos Jadlin, Joram Jair, Amos Jaron, Danny Jatom, Ehud Jatom, Eli Jossef, Jehiel Kadischai, Oleg Kalugin, Anat Kamm, Tsvi Kantor, Jehudit Karp, Asa Kascher, Eugene Kaspersky, Samy Katsav, Kassa Kebede, Paul Kedar, Ruth Kedar, Moti Kfir, Gedaliach Khalaf, Moti Kidor, David Kimche, Jarin Kimor, Ephraim Kleiman, David Klein, Joni Koren, Joseph Kostiner, Arjeh Krischak, Itzchak Kruizer, David Kubi, Chen Kugel, David Kulitz, Jossi Kuperwasser, Anat Kurz, Gunther Latsch, Eliot Lauer, Nachum Lev, Schimon Lev, Alex Levac, Amichai Levi, Nathan Levin, Nathaniel Levitt, Acharon Levran, Avi Levy, Gideon Levy, Udi Levy, Bernard Lewis, Rami Liber, Avi Lichter, Alon Liel, Danny Limor, Amnon Lipkin-Schachak, Dror Livne, Tzipi Livni, Lior Lotan, Uri Lubrani, Uzi Mahnaimi, Nir Man, Francine Manbar, Nachum Manbar, Victor Marchetti, Dan Margalit, David Meidan, Gideon Meir, Mosche Meiri, Nechemia Meiri, Joram Meital, David Menashri, Ariel Merari, Reuwen Merhav, Dan Meridor, Joy Kid Merkham, Gidi Meron, Hezi Meshita, Benny Michelson, Ilan Misrachi, Amram Mitzna, Schaul Mofas, Jekutiel Mor, Jitzchak Mordechai, Schmuel (Sami) Moriah, Benny Morris, Schlomo Nakdimon, Hamid Nasrallah, David Nataf, Jair Naveh, Joni Navon, Menachem Navot, Juval Neeman, Ori Neeman, Jack Neria, Benjamin Netanjahu, Jaakow Nimrodi, Nimrod Nir, Alberto Nisman, Mosche Nissim, Tzila Noiman, Rafi Noy, Oded (Familienname vertraulich), Arje Oded, Raphael Ofek, Amir Ofer, Ehud Olmert, Schah Mohammed Reza Pahlavi, Schmuel Pas, Gabriel Pasquini, Alexander Patnic, Avi Peled, Jossi Peled, Gustavo Perednik, Schimon Peres, Amir Peretz, Juri Perfiljew, Jaakow Peri, Richard Perle, Israel Perlov, Giandomenico Picco, Zvi Poleg, Eli Pollak, Jigal Pressler, Avi Primor, Jitzchak Pundak, Ron Pundak, Ahmed Qrea, Rona Raanan Schafrir, Dalia Rabin, Itamar Rabinovich, Gideon Rafael, Rani Rahav, Haggai Ram, Chaim Ramon, Oded Ras, Muhammad Raschid, Jair Ravid-Ravitz, Benny Regev, Jiftach Reicher Atir, Schlomi Reisman, Daniel Reisner, Bill Rois, Dafna Ron, Eran Ron, Jiftach Ron-Tal, Natan Rotberg (Rahav), Avraham Rotem, Danny Rothschild, Eljakim Rubinstein, Joseph Saba, Dov Sadan, Ezra Sadan, Rachel Sadan, Jehan Sadat, Uri Sagie, Yehoshua Saguy, Jom Tov Samia, Eli Sanderovich, Jossi Sarid, Nicolas Sarkozy, Igal Sarna, Mosche Sasson, Uri Savir, Oded Savoray, Yezid Sayigh, Oren Schachor, Jarin Schachaf, Mosche Schachal, Hezi Schai, Emmanuel Schaked, Arik Schalev, Noam Schalit, Silvan Schalom, Jitzchak Schamir, Jaakov Schapira, Schimon Schapira, David Scharia, Assaf Schariv, Schabtai Schavit, Gideon Scheffer, Rami Scherman, Schimon Scheves, David Schiek, Dov Schilansky, Dubi Schiloach, Gad Schimron, Otniel Schneller, Amir Schoham, Dan Schomron, David Schomron, Eliad Schraga, Zvi Schtauber, Joram Schweitzer, Patrick Seale, Benny Seevi, Dror Seevi, Nadav Seevi, Aharon Seevi-Farkasch, Jitzchak Segev, Samuel Segev, Dror Sela, Aviem Sella, David Senesch, Michael Sfard, Jigal Simon, Ori Slonim, Ephraim Sneh, Ovadia Sofer, Sami Sokol, Ali Soufan, Juval Steinitz, Elasar Stern, Rafi Sutton, Rami Tal, Anat Talshir, Dov Tamari, Avraham Tamir, Elhanan Tannenbaum, Benjamin Telem, Ahmad Tibi, Jitzchak Tidhar, Rafi Tidhar, Jona Tilman, Tawfiq Tirawi, Chaim Tomer, Richard Tomlinson, Eliezer (Geize) Tsafrir, Mosche Tsipper, Joram Turbowicz, Schalom Turgeman, David Tzur, Ernst Uhrlau, Alon Unger, Rehavia Vardi, Matan Vilnai, David Vital, Ali Waked, Tim Weiner, Anita Weinstein, Avi Weiss

Livne, Dov Weissglass, Robert Windrem, Paul Wolfowitz, James Woolsey, Dov Zakheim, Zvi Zamir, Doron Zehavi, Eli Zeira, Amnon Zichroni, Ejal Zisser, Eli Ziv, Schabtai Ziv, Eli Zohar, Gadi Zohar und Giora Zussman sowie weitere 350 Interviewpartner, die nicht namentlich genannt werden können; die Initialen oder Decknamen von 163 davon sind in den Anmerkungen zu finden.

Bücher

Abrahamian, Ervand, *Khomeinism: Essays on the Islamic Republic*. London 1993.
Adam, Kfir, *Schließung*. Oranit, Israel 2009 (hebräisch).
Adams, James, *The Unnatural Alliance*. London 1984.
Agee, Philip, *Inside the Company: CIA Diary*. Harmondsworth 1975; deutsch: *CIA Intern. Tagebuch 1956–1974*. Hamburg 1979.
Almog, Ze'ev, *Flottilla 13. Israeli Naval Commandos in the Red Sea, 1967–1973*. Anapolis 2010.
Alpher, Yossi, *Periphery: Israel's Search for Middle East Allies*. Lanham, Maryl. 2015 (zitiert nach hebräischer Ausgabe).
Amidror, Yaakov, *Die Kunst der Aufklärung*. Haqirya, Israel 2006 (hebräisch).
Amit, Meir, *Kopf voraus: Die Memoiren eines ehemaligen Mossad-Direktors*. Or Yehuda, Israel 1999 (hebräisch).
Andrew, Christopher, *For the President's Eyes Only*. London 1995.
–, *The Defence of the Realm: The Authorized History of the MI5*. London 2009; deutsch: *MI5. Die wahre Geschichte des britischen Geheimdienstes*. Berlin 2010.
Andrew, Christopher, und Vasili Mitrokhin, *The Mitrokhin Archive II*. London 2005; deutsch: Andrew, Christopher, und Wassili Mitrochin, *Das Schwarzbuch des KGB. Bd. 2: Moskaus Geheimoperationen im Kalten Krieg*. Berlin 2006.
–, *The Sword and the Shield: The Mitrokhin Archive and the Secret History of the KGB*. New York 1999; deutsch: Andrew, Christopher, und Wassili Mitrochin, *Das Schwarzbuch des KGB. Bd. 1: Moskaus Kampf gegen den Westen*. Berlin 1999.
Angel, Anita, *The Nili Spies*. London 1997.
Argaman, Josef, *Der Schattenkrieg*. Haqirya, Israel 2007 (hebräisch).
–, *Es war streng geheim*. Haqirya, Israel 1990 (hebräisch).
Arnon, Arie, Israel Luski, Avia Spivak und Jimmy Weinblatt, *The Palestinian Economy: Between Imposed Integration and Voluntary Separation*. New York 1997.
Asculai, Ephraim, *Rethinking the Nuclear Non-Proliferation Regime*. Tel Aviv 2004.
Assenheim, Omri, *Ze'elim*. Or Yehuda, Israel 2011 (hebräisch).
Avi-Ran, Reuven, *Der Libanonkrieg – Arabische Dokumente und Quellen: Der Weg zum »Frieden für Galiläa«-Krieg*. Bde. 1 und 2. Tel Aviv 1978 (hebräisch).
Avi-Ran, Reuven [Erlich], *The Syrian Involvement in Lebanon since 1975*. Boulder, Colo. 1991.
Aviad, Guy, *Lexikon der Hamas-Bewegung*. Ben Shemen, Israel 2014 (hebräisch).
Avnery, Uri, *Mein Freund, der Feind*. Bonn 1988.
Bakhash, Shaul, *The Reign of the Ayatollahs: Iran and the Islamic Revolution*. New York 1984.
Banai, Yaakov, *Anonyme Soldaten*. Tel Aviv 1974 (hebräisch).
Bango-Moldavsky, Olena, und Yehuda Ben Meir, *The Voice of the People: Israel Public Opinion on National Security*. Tel Aviv 2013.

Bar-Joseph, Uri, *The Angel: The Egyptian Spy Who Saved Israel.* New York 2016.
Bar-On, Mordechai, *Moshe Dayan. Israel's Controversial Hero.* New Haven 2012 (zitiert nach hebräischer Ausgabe).
Bar-Zohar, Michael, *David Ben Gurion. 40 Jahre Israel, die Biographie des Staatsgründers.* Bergisch-Gladbach 1988 (zitiert nach hebräischer Ausgabe).
–, *Issar Harel and Israel's Security Services.* London 1970 (zitiert nach hebräischer Ausgabe).
–, *Phoenix. Shimon Peres – The Biography.* New York 2007 (zitiert nach hebräischer Ausgabe).
–, *The Avengers.* London 1968 (zitiert nach hebräischer Ausgabe).
Bar-Zohar, Michael, und Eitan Haber, *Massaker in München.* Or Yehuda, Israel 2005 (hebräisch).
–, *The Quest for the Red Prince.* London 1983.
Baram, Amatzia, *Building Towards Crisis: Saddam Husayn's Strategy for Survival.* Washington, D.C. 1998.
Barda, Yael, *Die Bürokratie der Besatzung.* Bnei Brak, Israel 2012 (hebräisch).
Barnaby, Frank, *The Indivisible Bomb.* London 1989.
Bartov, Hanoch, *Dado: 48 Jahre und noch 20 Tage.* Or Yehuda, Israel 2002 (hebräisch).
Bascomb, Neal, *Hunting Eichmann.* Boston 2010 (zitiert nach der hebräischen Ausgabe).
Bechor, Guy, *PLO-Lexikon.* Haqirya, Israel 1991 (hebräisch).
Beilin, Yossi, *Frieden in Reichweite.* Tel Aviv 1997 (hebräisch).
–, *Handbuch für eine verwundete Taube.* Jerusalem 2001 (hebräisch).
Ben Dror, Elad, *Der Vermittler.* Sde Boker, Israel 2012 (hebräisch).
Ben Israel, Isaac, *Die Verteidigungsdoktrin Israels.* Ben Shemen, Israel 2013 (hebräisch).
Ben-Menashe, Ari, *Profits of War: Inside the Secret U.S.-Israeli Arms Network.* New York 1992.
Ben-Natan, Asher, *Die Chuzpe zu leben. Stationen meines Lebens.* Düsseldorf 2003.
Ben Porat, Yoel, *Ne'ilah.* Tel Aviv 1991 (hebräisch).
Ben-Tor, Nechemia, *Das Lechi-Lexikon.* Haqirya, Israel 2007 (hebräisch).
Ben Uziel, David, *Über einen Mossad-Einsatz im Süd-Sudan: 1969–1971.* Herzliya, Israel 2015 (hebräisch).
Ben-Zvi, Yitzhak, *Sefer Hashomer.* Or Yehuda, Israel 1957 (hebräisch).
Benziman, Uzi, *Ich habe die Wahrheit gesagt.* Jerusalem 2002 (hebräisch).
Bergen, Peter L., *Holy War Inc.: Inside the Secret World of Osama Bin Laden.* London 2003; deutsch: *Heiliger Krieg Inc. Osama Bin Ladens Terrornetz.* Berlin 2001.
Bergman, Ronen, *Israel and Africa: Military and Intelligence Liaisons.* Diss., University of Cambridge, November 2006.
–, *Kein Zurück: Israelische Aufklärung gegen Iran und Hisbollah.* Or Yehuda, Israel 2007 (hebräisch).
–, *Mit allen erforderlichen Mitteln: Israels verdeckter Krieg um seine Kriegsgefangenen und Vermissten.* Or Yehuda, Israel 2009 (hebräisch).
–, *The Secret War with Iran: The 30-Year Clandestine Struggle Against the World's Most Dangerous Terrorist Power.* New York 2008.
–, *Vollmacht gewährt.* Tel Aviv 2002 (hebräisch).
Bergman, Ronen, und Dan Margalit, *Die Grube.* Or Yehuda, Israel 2011 (hebräisch).
Bergman, Ronen, und Gil Meltzer, *Der Jom-Kippur-Krieg: Augenblick der Wahrheit.* Tel Aviv 2003 (hebräisch).
Betser, Muki (Mosche), *Secret Soldier.* New York 1996; deutsch: Muki Rosenberg Betser, *Soldat in geheimem Auftrag.* Hamburg 1999.

Bird, Kai, *The Good Spy.* New York 2014.
Black, Ian, und Benny Morris, *Israel's Secret Wars: A History of Israel's Intelligence Services.* London 1991.
Blanford, Nicholas, *Killing Mr. Lebanon.* London 2006.
Bloom, Gadi, und Nir Hefez, *Ariel Sharon: A Life.* New York 2006.
Blum, Gabriella, *Islands of Agreement: Managing Enduring Rivalries.* Cambridge, Mass. 2007.
Boaz, Arieh, *Der Ursprung des Verteidigungsministeriums.* Ben Shemen, Israel 2013 (hebräisch).
Bobbitt, Philip, *Terror and Consent: The Wars for the Twenty-first Century.* London 2008.
Bolker, Joan, *Writing Your Dissertation in Fifteen Minutes a Day: A Guide to Starting, Revising, and Finishing Your Doctoral Thesis.* New York 1998.
Boroumand, Ladan, *Iran: In Defense of Human Rights.* Paris 1983.
Bowden, Mark, *The Finish. The Killing of Osama Bin Laden.* New York 2012.
Brecher, Michael, *Decisions in Israel's Foreign Policy.* London 1974.
Brom, Shlomo, und Anat Kurz (Hg.), *Strategische Einschätzung für Israel 2010.* Tel Aviv 2010 (hebräisch).
Burgin, Maskit, David Tal und Anat Kurz (Hg.), *Islamischer Terrorismus und Israel.* Tel Aviv 1993 (hebräisch).
Burrows, William E., und Robert Windrem, *Critical Mass.* London 1994.
Burton, Fred, *Chasing Shadows.* New York 2011.
Butler, Richard, *Saddam Defiant.* London 2000.
Calvocoressi, Peter, *World Politics, 1945–2000.* 9. Aufl. Harlow 2001.
Carew, Tom, *Jihad: The Secret War in Afghanistan.* Edinburgh 2000; deutsch: *In den Schluchten der Taliban.* Frankfurt a. M. 2001.
Caroz, Ya'acov, *Der Mann mit zwei Hüten.* Haqirya, Israel 2002 (hebräisch).
Carr, Olivier, *L'Utopie islamique dans l'Orient arabe.* Paris 1991.
Cesarani, David, *Major Farran's Hat.* London 2009.
Claire, Rodger W., *Raid on the Sun.* New York 2005.
Cline, Ray S., und Yonah Alexander, *Terrorism as State-Sponsored Covert Warfare.* Fairfax, Va. 1986.
Cobban, Helena, *The Palestinian Liberation Organisation.* Cambridge 1984.
Cockburn, Andrew, und Leslie Cockburn, *Dangerous Liaisons: The Inside Story of the U.S.–Israeli Covert Relationship.* New York 1991.
Cohen, Avner, *Israel and the Bomb.* New York 1998.
Cohen, Gamliel, *Undercover.* Haqirya, Israel 2002 (hebräisch).
Cohen, Hillel, *An Army of Shadows: Palestinian Collaborators in the Service of Zionism,* Berkeley 2008.
–, *Good Arabs.* Berkeley 2010.
Cohen-Levinovsky, Nurit, *Jüdische Flüchtlinge in Israels Unabhängigkeitskrieg.* Tel Aviv 2014 (hebräisch).
Cookridge, E. H., *Gehlen: Spy of the Century.* London 1971.
Dan, Ben, Uri Dan und Y. Ben-Porat, *The Secret War: The Spy Game in the Middle East.* New York 1970.
Danin, Ezra, *Für immer Zionist.* Jerusalem 1987 (hebräisch).
Dayan, Moshe, *Shall the Sword Devour Forever?* Tel Aviv 1981 (hebräisch).

–, *Story of My Life*. New York 1976; deutsch: *Die Geschichte meines Lebens*. Wien 1976 (zitiert nach hebräischer Ausgabe).

Deacon, Richard, *The Israeli Secret Service*. London 1977.

Dekel, Efraim, *Shai: The Exploits of Hagana Intelligence*. New York 1959.

Dekel-Dolitzky, Elliyahu, *Unbegründete Aufklärung*. Elkana, Israel 2010 (hebräisch).

Dekmejian, R. Hrair, *Islam in Revolution: Fundamentalism in the Arab World*. 2. Aufl. Syracuse, N. Y. 1995.

Dietl, Wilhelm, *Die Agentin des Mossad. Operation Roter Prinz*. Düsseldorf 1992.

Dor, Danny, und Ilan Kfir, *Barak: Kriege meines Lebens*. Or Yehuda, Israel 2015 (hebräisch).

Drogin, Bob, *Curveball*. New York 2007.

Dror, Zvika, *Der »Araber« der Palmach*. Bnei Brak, Israel 1986 (hebräisch).

Drucker, Raviv, *Harakiri – Ehud Barak: Der Versager*. Tel Aviv 2002 (hebräisch).

Edelist, Ran, *Der Mann, der den Tiger ritt*. Or Yehuda, Israel 1995 (hebräisch).

Edelist, Ran, und Ilan Kfir, *Ron Arad: Das Rätsel*. Tel Aviv 2000 (hebräisch).

Eilam, Uzi, *Der Eilam-Bogen*. Tel Aviv 2013 (hebräisch).

Eiran, Ehud, *Das Wesen der Sehnsucht: General Erez Gerstein und der Krieg im Libanon*. Tel Aviv 2007 (hebräisch).

Eisenberg, Dennis, Uri Dan und Eli Landau, *The Mossad: Israel's Secret Intelligence Service: Inside Stories*. New York 1978; deutsch: *Mossad. Die Aktionen des israelischen Geheimdienstes*. Stuttgart 1980.

Eisenstadt, Michael, *Iranian Military Power: Capabilities and Intentions*. Washington, D.C. 1996.

Eitan, Rafael, *A Soldier's Story: The Life and Times of an Israeli War Hero*. New York 1991 (zitiert nach hebräischer Ausgabe).

Eldar, Mike, *Flotilla 11: Das Ringen um die Nennung*. Tel Aviv 1996 (hebräisch).

–, *Israels geheime Marinekommandos. Geschichte – Einsätze – Hintergründe der Flottille 13*. Stuttgart 2000 (zitiert nach hebräischer Ausgabe).

–, *Soldaten im Schatten*. Haqirya, Israel 1997 (hebräisch).

Eldar, Shlomi, *Hamas kennenlernen*. Jerusalem 2012 (hebräisch).

Elpeleg, Zvi, *Grand Mufti. Haj Amin al-Hussaini, founder of the Palestinian national movement*. London 1993 (zitiert nach hebräischer Ausgabe).

Elran, Meir, und Shlomo Brom, *The Second Lebanon War: Strategic Dimensions*. Tel Aviv 2007.

Erel, Nitza, *Ohne Angst und Vorurteil*. Jerusalem 2006 (hebräisch).

Erlich, Haggai, *Alliance and Alienation: Ethiopia and Israel in the Days of Haile Selassie*. Trenton 2014 (zitiert nach hebräischer Ausgabe).

Erlich, Reuven, *Das Wirrwarr im Libanon: Die Politik der zionistischen Bewegung und des Staates Israel gegenüber Libanon, 1918–1958*. Tel Aviv 2000 (hebräisch).

Eshed, Haggai, *Reuven Shiloah: The Man behind the Mossad*. London 1997 (zitiert nach hebräischer Ausgabe).

–, *Wer gab den Befehl?* Tel Aviv 1979 (hebräisch).

Eveland, Wilbur Crane, *Ropes of Sand: America's Failure in the Middle East*. New York 1980.

Ezri, Meir, *Wer unter euch aus dem ganzen Volk: Memoiren seiner Jahre als israelischer Gesandter in Teheran*. Or Yehuda, Israel 2001 (hebräisch).

Farman Farmaian, Sattareh, und Dona Munker, *Daughter of Persia*. New York 1992 (zitiert nach hebräischer Ausgabe).

Farrell, William R., *Blood and Rage: The Story of the Japanese Red Army*. Toronto 1990.
Feldman, Shai, *Israeli Nuclear Deterrence: A Strategy for the 1980s*. Bnei Brak, New York 1983 (zitiert nach hebräischer Ausgabe).
Finkelstein, Menachem, *Die siebte Säule und die Reinheit der Waffen: Natan Alterman über Sicherheit, Moral und Gesetz*. Bnei Brak, Israel 2011 (hebräisch).
Freedman, Robert O., *World Politics and the Arab-Israeli Conflict*. New York 1979.
Friedman, Thomas L., *Von Beirut nach Jerusalem*. Rastatt 1990 (zitiert nach hebräischer Ausgabe).
Gabriel, Richard A., *Operation Peace for Galilee: The Israeli-PLO War in Lebanon*. New York 1984.
Gates, Robert, M., *From the Shadows*. New York 1996.
Gazit, Shlomo, *In Schlüsselmomenten*. Tel Aviv 2016 (hebräisch).
–, *Trapped Fools: Thirty Years of Israeli Policy in the Territories*. London und Portland, Ore. 2003.
Gelber, Yoav, *Eine aufkeimende Lilie: Israelische Nachrichtendienste im Unabhängigkeitskrieg, 1948–1949*. Haqirya, Israel 2000 (hebräisch).
–, *Eine Lilie hegen und pflegen: Die Nachrichtendienste der Juden in Palästina, 1918–1947*. Haqirya, Israel 1992 (hebräisch).
–, *Israeli-Jordanian Dialogue, 1948–1953: Cooperation, Conspiracy, or Collusion?* Brighton, GB 2004 (zitiert nach hebräischer Ausgabe).
–, *Jüdisch-palästinensische Freiwillige in der britischen Armee im Zweiten Weltkrieg*. Bd. III: *Die Standartenträger: Die Mission der Freiwilligen aus dem jüdischen Volk*. Jerusalem 1983 (hebräisch).
–, *Unabhängigkeit gegen Nakba: Der arabisch–israelische Krieg von 1948*. Or Yehuda, Israel 2004 (hebräisch).
Gilbert, Martin, *The Routledge Atlas of the Arab-Israeli Conflict*. New York 2005.
Gilboa, Amos, *Mr. Intelligence: Ahrale Yariv*. Tel Aviv 2013 (zitiert nach hebräischer Ausgabe).
Gilboa, Amos, und Ephraim Lapid, *Israel's Silent Defenders: An Inside Look at Sixty Years of Israeli Intelligence*. Lancaster 2012 (zitiert nach hebräischer Ausgabe).
Gilon, Carmi, *Shin-Bet zwischen den Schismen*. Tel Aviv 2000 (hebräisch).
Ginor, Isabella, und Gideon Remez, *Foxbats over Diamona*. New Haven, Conn. 2007.
Givati, Moshe, *Abir 21*. Jerusalem 2003 (hebräisch).
Golan, Hagai, und Shay Shaul, *A Ticking Bomb: Confronting Suicide Attacks*. Maa'rachot 2016.
Golani, Motti (Hg.), *Hetz Shachor: Der Angriff auf Gaza und die israelische Politik der Vergeltung in den Fünfzigern*. Haqirya, Israel 1994 (hebräisch).
Goldstein, Yossi, *Golda: Biographie*. Sde Boker, Israel 2012 (hebräisch).
–, *Rabin: Biography*. New York 2006 (zitiert nach hebräischer Ausgabe).
Goodman, Micha, *Die Geheimnisse des Führers zum Verworrenen*. Or Yehuda, Israel 2010 (hebräisch).
Goren, Uri, *On both Sides of the Crypto*. Selbstverlag 2010 (zitiert nach hebräischer Ausgabe).
Gourevitch, Philip, und Errol Morris, *The Ballad of Abu Ghraib*. New York 2009 (zitiert nach hebräischer Ausgabe).
Gutman, Yechiel, *Ein Sturm in der GSS*. Tel Aviv 1995 (hebräisch).
Halamish, Aviva, *Meir Yaari: Der Rebbe aus Merhavia*. Tel Aviv 2009 (hebräisch).
Halevy, Aviram, Yiftach Reicher Atir und Shlomi Reisman (Hg.), *Operation Jonatan aus erster Hand*. Modi'in, Israel 2016 (hebräisch).

Halevy, Efraim, *Man in the Shadows*. New York 2008 (zitiert nach hebräischer Ausgabe).
Halkin, Hillel, *A Strange Death*. New York 2005.
Haloutz, Dani, *Rundheraus*. Tel Aviv 2010 (hebräisch).
Harclerode, Peter, *Secret Soldiers: Special Forces in the War Against Terrorism*. London 2000.
Harel, Amos, und Avi Issacharoff, *34 Days. Israel, Hezbollah, and the War in Lebanon*. New York 2008 (zitiert nach hebräischer Ausgabe).
–, *Der Siebte Krieg*. Tel Aviv 2004 (hebräisch).
Harel, Isser, *Anatomie des Verrats*. Jerusalem 1980 (hebräisch).
–, *Operation Yossele*. Tel Aviv 1982 (hebräisch).
–, *Sicherheit und Demokratie*. Jerusalem 1989 (hebräisch).
–, *Wenn der Mensch sich gegen den Menschen auflehnt*. Jerusalem 1982 (hebräisch).
Harouvi, Eldad, *Palestine Investigated. The Criminal Investigation Department of the Palestine Police Force, 1920–1948*. Sussex 2016 (zitiert nach hebräischer Ausgabe).
Hass, Amira, *Gaza. Tage und Nächte in einem besetzten Land*. München 2003 (zitiert nach hebräischer Ausgabe).
Hatem, Robert M., *From Israel to Damascus: The Painful Road of Blood, Betrayal, and Deception*. La Mesa, Kalif. 1999.
Hayden, Michael, *Playing to the Edge*. New York 2016.
Hendel, Yoaz, und Yaakov Katz, *Israel vs. Iran. The Shadow War*. Lincoln, Neb. 2012 (zitiert nach hebräischer Ausgabe).
Hendel, Yoaz, und Shalom Zaki, *Lasst die IDF gewinnen: Ein Wahlspruch wird wahr*. Tel Aviv 2010 (hebräisch).
Herrera, Ephraim, und Gideon M. Kressel, *Dschihad: Grundlagen und Fundamentalismus*. Haqirya, Israel 2009 (hebräisch).
Herschovitch, Shay, und David Simantov, *Aman nicht unter Verschluss*. Tel Aviv 2013 (hebräisch).
Hersh, Seymour, *The Samson Option*. New York 1991.
Hoffman, Bruce, *Recent Trends and Future Prospects of Iranian Sponsored International Terrorism*. Santa Monica, Kalif. 1990.
Hollis, Martin, und Stephen Smith, *Explaining and Understanding International Relations*. Oxford 1990.
Hounam, Peter, *The Woman from the Mossad. The Story of Mordechai Vanunu and the Israeli Nuclear Program*. London 2000 (zitiert nach hebräischer Ausgabe).
Hurwitz, Harry, und Yisrael Medad (Hg.), *Peace in the Making*. Jerusalem 2011.
Jaber, Hala, *Hezbollah: Born with a Vengeance*. New York 1997.
Jackont, Amnon, *Meir Amit: Ein Mann des Mossad*. Tel Aviv 2012 (hebräisch).
Jonas, George, *Vengeance: The True Story of a Counter-Terrorist Mission*. London 1984.
Juergensmeyer, Mark, *Terror in the Mind of God: The Global Rise of Religious Violence*. Berkeley 2000; deutsch: *Terror im Namen Gottes. Ein Blick hinter die Kulissen des gewalttätigen Fundamentalismus*. Freiburg i. Br. 2004.
Kabha, Mustafa, *The Palestinian People: Seeking Sovereignty and State*. Boulder, Col. 2013 (zitiert nach hebräischer Ausgabe).
Kam, Ephraim, *From Terror to Nuclear Bombs: The Significance of the Iranian Threat*. Haqirya, Israel 2004.
Kampf, Zohar, und Tamar Liebes, *Transforming Media Coverage of Violent Conflicts*. New York 2013.

Karpin, Michael, *Imperfect Compromise: A New Consensus Among Israelis and Palestinians.* Dulles 2013.

Karsh, Efraim, und Inari Rautsi, *Saddam Hussein: A Political Biography.* New York 1991 (zitiert nach hebräischer Ausgabe).

Keddie, Nikki R. (Hg.), *Religion and Politics in Iran: Shi'ism from Quietism to Revolution.* New Haven, Conn. 1983.

Kenyatta, Jomo, *Facing Mount Kenya.* Nairobi 1938.

Kfir, Ilan, *Die Erde hat gebebt.* Tel Aviv 2006 (hebräisch).

Kimche, David, *The Last Option. After Nasser, Arafat, & Saddam Hussein – the quest for peace in the Middle East.* New York 1991.

Kipnis, Yigal, *1973: The Way to War.* Charlottesville 2013 (zitiert nach hebräischer Ausgabe).

Klein, Aaron J., *Der Meister der Operation: Die Geschichte von Mike Harari.* Jerusalem 2014 (hebräisch).

–, *Striking Back: The 1972 Munich Olympics Massacre and Israel's Deadly Response.* New York 2005; deutsch: *Die Rächer. Wie der israelische Geheimdienst die Olympia-Mörder von München jagte.* München 2006 (zitiert nach hebräischer Ausgabe).

Klieman, Ahron, *Zweischneidiges Schwert.* Tel Aviv 1992 (hebräisch).

Klingberg, Marcus, und Michael Sfard, *Der letzte Spion.* Münster 2012.

Knopp, Guido, *Göring: Eine Karriere.* München 2006.

Kotler, Yair, *Joe kehrt ins Rampenlicht zurück.* Ben Shemen, Israel 1988 (hebräisch).

Kramer, Martin, *Fadlallah: Die moralische Logik der Hisbollah.* Tel Aviv 1998 (hebräisch).

Kramer, Martin (Hg.), *Protest and Revolution in Shi'i Islam.* Tel Aviv 1987.

Kupperman, Robert H., und Darrell M. Trent, *Terrorism: Threat, Reality, Response.* Stanford 1979.

Kurginyan, Sergey, *The Weakness of Power: The Analytics of Closed Elite Games and Its Basic Concepts.* Moskau 2007.

Kurtz, Anat, *Islamischer Terrorismus und Israel: Hisbollah, Palästinensischer Islamischer Dschihad und Hamas.* Tel Aviv 1993 (hebräisch).

Kurtz, Anat, und Pnina Sharvit Baruch (Hg.), *Recht und nationale Sicherheit.* Tel Aviv 2014 (hebräisch).

Kwitny, Jonathan, *Endless Enemies: The Making of an Unfriendly World.* New York 1984.

Lahad, Antoine, *Im Auge des Sturmes: 50 Jahre Dienst für meine Heimat Libanon: Eine Autobiografie.* Tel Aviv 2004 (hebräisch).

Landau, David, *Arik: The Life of Ariel Sharon.* New York 2014 (zitiert nach hebräischer Ausgabe).

Landler, Mark, *Alter Egos.* New York 2016.

Laqueur, Walter, *The New Terrorism: Fanaticism and the Arms of Mass Destruction.* London 1999.

Lazar, Hadara, *Six Singular Individuals. Jews and Arabs under the British Mandate.* New York 2016 (zitiert nach hebräischer Ausgabe).

le Carré, John, *Der Taubentunnel. Geschichten aus meinem Leben.* Berlin 2016 (zitiert nach hebräischer Ausgabe).

Levi, Nissim, *Ein Jahr ohne Vögel.* Tel Aviv 2006 (hebräisch).

Lew, Uzrad, *In Arafats Tasche.* Or Yehuda, Israel 2005 (hebräisch).

Livingstone, Neil C., und David Halevy, *Inside the PLO.* New York 1990.

Livneh, Eliezer, Yosef Nedava und Yoram Efrati, *Nili: The History of Political Daring*. New York 1980.
Lotz, Wolfgang, *Fünftausend für Lotz. Bericht des israelischen Meisterspions Wolfgang Lotz*. Frankfurt a. M. 1975.
Lowther, William, *Arms and the Man*. New York 1991.
Macintyre, Ben, *Double Cross: The True Story of the D-Day Spies*. New York 2012.
Maiberg, Ron, *Der Patriot*. Or Yehuda, Israel 2014 (hebräisch).
Mann, Nir, *Die Kirja in Tel Aviv, 1948–1955*. Jerusalem 2012 (hebräisch).
–, *Sarona: Jahre des Kampfes, 1939–1948*. 2. Aufl. Jerusalem 2009 (hebräisch).
Mann, Rafi, *The Leader and the Media. David Ben-Gurion and Struggle Over the Public Sphere 1948–1963*. Tel Aviv 2012.
Maoz, Moshe, *The Sphinx of Damascus*. New York 1988.
Marchetti, Victor, und John D. Marks, *The CIA and the Cult of Intelligence*. New York 1980; deutsch: *CIA*. Stuttgart 1974.
Margalit, Dan, *Disillusionment*. Or Yehuda, Israel 2009.
–, *Fallschirmspringer im syrischen Gefängnis*. Tel Aviv 1968 (hebräisch).
–, *Ich habe sie alle gesehen*. Or Yehuda, Israel 1997 (hebräisch).
Marinsky, Arieh, *Bei Tag und bei Nacht*. Jerusalem 1992 (hebräisch).
Mass, Efrat, *Yael: Der Mossad-Mann in Beirut*. Bnei Brak, Israel 2015 (hebräisch).
McGeough, Paul, *Kill Khalid*. New York 2009.
Mearsheimer, John, und Stephen Walt, *The Israeli Lobby and U.S. Foreign Policy*. New York 2007; deutsch: *Die Israel-Lobby. Wie die amerikanische Außenpolitik beeinflusst wird*. Frankfurt a. M. 2007.
Medan, Raphi. Unveröffentlichtes Manuskript, 2010.
Melman Yossi, *Israels Auslandsaufklärung und Sicherheitsdienste, ein Überblick*. Or Yehuda, Israel 1982 (hebräisch).
–, *The Master Terrorist: The True Story Behind Abu-Nidal*. London 1987.
Melman, Yossi, und Eitan Haber, *Die Spione: Israels Spionagekriege*. Tel Aviv 2002 (hebräisch).
Melman, Yossi, und Dan Raviv, *Spies Against Armageddon. Inside Israel's Secret Wars*. New York 2012.
–, *The Imperfect Spies. The History of Israeli Intelligence*. London 1989 (zitiert nach hebräischer Ausgabe).
Menashri, David, *Iran After Khomeini: Revolutionary Ideology Versus National Interests*. Tel Aviv 1999.
–, *Iran Between Islam and the West*. Haqirya, Israel 1996.
Menashri, David (Hg.), *Islamic Fundamentalism: A Challenge to Regional Stability*. Tel Aviv 1993.
Merari, Ariel, und Shlomi Elad, *The International Dimension of Palestinian Terrorism*. Bnei Brak, Israel 1986 (zitiert nach hebräischer Ausgabe).
Mishal, Shaul, *The PLO Under Arafat*. New Haven, Conn. 1986.
Mitrokhin, Vasiliy, *KGB Lexicon*. London 2002.
Mohaddessin, Mohammad, *Islamic Fundamentalism: The New Global Threat*. Washington, D. C. 1993.
Moreh, Dror, *The Gatekeepers. Aus dem Inneren des israelischen Geheimdienstes*. Köln 2015 (zitiert nach hebräischer Ausgabe).

Morris, Benny, *Israel's Border Wars, 1949–1956*. Oxford 1997 (zitiert nach hebräischer Ausgabe).
Nachman Tepper, Noam, *Eli Cohen: Ein offener Fall*. Modi'in, Israel 2017 (hebräisch).
Nadel, Chaim, *Wer wagt, gewinnt*. Ben Shemen, Israel 2015 (hebräisch).
Nafisi, Azar, *Lolita lesen in Teheran*. München 2005.
Nakdimon, Shlomo, *Tammuz in Flammen*. Tel Aviv 1986 (hebräisch).
Naor, Mordecai, *Laskov*. Haqirya, Israel 1988 (hebräisch).
–, *Ya'akov Dori: I. D.F. Erster Stabschef*. Ben Shemen, Israel 2011 (hebräisch).
Nasr, Vali, *The Shia Revival*. New York 2006.
Naveh, Dan, *Staatsgeheimnisse*. Tel Aviv 1999 (hebräisch).
Navot, Menachem, *Der Mossad eines Mannes*. Or Yehuda, Israel 2015 (hebräisch).
Netanyahu, Iddo (Hg.), *Sayeret Matkal in Antebbe*. Tel Aviv 2006 (hebräisch).
Nevo, Azriel, *Militärsekretär*. Tel Aviv 2015 (hebräisch).
Nimrodi, Yaakov, *Irangate: Eine zerschlagene Hoffnung*. Tel Aviv 2004 (hebräisch).
Norton, Augustus Richard, *Amal and the Shia: Struggle for the Soul of Lebanon*. Austin, Texas 1987.
Oded, Arye, *Africa and the Middle East Conflict*. Boulder, Colo. 1988.
Oliphant, Laurence, *The Land of Gilead*. London 1880.
Oren, Ram, und Moti Kfir, *Sylvia Rafael – Mossad-Agentin*. Zürich 2012.
Ostrovsky, Victor, und Claire Hoy, *By Way of Deception: The Making and Unmaking of a Mossad Officer*. New York 1990; deutsch: *Der Mossad. Ein Ex-Agent enthüllt Aktionen und Methoden des israelischen Geheimdienstes*. Hamburg 1991.
Oufkir, Malika, und Michele Fitoussi, *Die Gefangene. Ein Leben in Marokko*. Berlin 2001.
Pacepa, Ion Mihai, *Red Horizons*. Washington, D. C. 1990.
Pail, Meir, und Avraham Zohar, *Palmach*. Haqirya, Israel 2008 (hebräisch).
Palmor, Eliezer, *Die Lillehammer-Affäre*. Israel 2000 (hebräisch).
Parsi, Trita, *Treacherous Alliance: The Secret Dealings of Israel, Iran and the United States*. New Haven, Conn. 2007.
Payne, Ronald, *Mossad: Israel's Most Secret Service*. London und New York 1990; deutsch: *Mossad – Israels geheimster Dienst*. Erlangen, Bonn, Wien 1991.
Paz, Reuven, *Selbstmord und Dschihad im palästinensischen radikalen Islam: Der ideologische Aspekt*. Tel Aviv 1998 (hebräisch).
Pedahzur, Ami, *The Israeli Secret Services and the Struggle Against Terrorism*. New York 2009.
Perry, Yaakov, *Zuerst zuschlagen*. Jerusalem 1999 (hebräisch).
Picco, Giandomenico, *Man Without a Gun*. New York 1999.
Pipes, Daniel, *The Hidden Hand*. New York 1996.
Pirsig, Robert M., *Zen und die Kunst, ein Motorrad zu warten*. Frankfurt a. M. 1976.
Polakow-Suransky, Sasha, *The Unspoken Alliance: Israel's Secret Relationship with Apartheid South Africa*. New York 2010.
Porat, Dina, *The Fall of a Sparrow: The Life and Times of Abba Kovner*. Stanford 2010 (zitiert nach hebräischem Original).
Porath, Yehoshua, *In Search of Arab Unity, 1930–1945*. London 1986.
Posner, Steve, *Israel Undercover: Secret Warfare and Hidden Diplomacy in the Middle East*. Syracuse, N. Y. 1987.
Pressfield, Steven, *Killing Rommel*. New York 2009.

Pundak, Ron, *Geheimer Kanal.* Tel Aviv 2013 (hebräisch).
Pundak, Yitzhak, *Fünf Einsätze.* Tel Aviv 2000 (hebräisch).
Qutb, Sayyid, *The Future Belongs to Islam: Our Battle with the Jews.* Tel Aviv 2017.
Rabinovich, Itamar, *Am Rande des Friedens: Israel & Syrien, 1992–1996.* Tel Aviv 1998 (hebräisch).
–, *Waging Peace. Israel and the Arabs 1948–2003.* Princeton 2004.
–, *Yitzhak Rabin: Soldier, Leader, Statesman.* New Haven 2017.
Rachum, Ilan, *Die Affäre des israelischen allgemeinen Sicherheitsdienstes.* Jerusalem 1990 (hebräisch).
Ram, Haggai, *Iran in Israel lesen: Das Eigene und das Andere, Religion und Moderne.* Bnei Brak, Israel 2006 (hebräisch).
Ranelagh, John, *The Agency: The Rise and Decline of the CIA.* New York 1986.
Raphael, Eitan, *A Soldier's Story: The Life and Times of an Israeli War Hero.* New York 1991 (zitiert nach hebräischer Ausgabe).
Ravid, Yair, *Window to the Backyard: The History of Israel-Lebanon Relations – Facts & Illusions.* Yehud, Israel 2013.
Regev, Ofer, *Prinz von Jerusalem.* Kokhav Ya'ir, Israel 2006 (hebräisch).
Rika, Eliahu, *Durchbruch.* Haqirya, Israel 1991 (hebräisch).
Rimington, Stella, *Open Secret: The Autobiography of the Former Director-General of MI5.* London 2002.
Rivlin, Paul, *The Russian Economy and Arms Exports to the Middle East.* Tel Aviv 2005.
Ronen, David, *Die Jahre des Shabak.* Haqirya, Israel 1989 (hebräisch).
Ronen, Yehudit, *Sudan im Bürgerkrieg: Zwischen Afrikanismus, Arabismus und Islam.* Tel Aviv 1995 (hebräisch).
Rosenbach, Marcel, und Holger Stark, *Staatsfeind WikiLeaks. Wie eine Gruppe von Netzaktivisten die mächtigsten Nationen der Welt herausfordert.* München 2011.
Ross, Michael, *The Volunteer: The Incredible True Story of an Israeli Spy on the Trail of International Terrorists.* New York 2007.
Rubin, Barry, und Judith Colp-Rubin, *Yasir Arafat: A Political Biography.* Oxford 2003.
Rubinstein, Danny, *Yassir Arafat. Vom Guerillakämpfer zum Staatsmann.* Heidelberg 1996 (zitiert nach hebräischer Ausgabe).
Ruwayha, Walid Amin, *Terrorism and Hostage-Taking in the Middle East.* o. O. 1990.
Sadjadpour, Karim, *Reading Khamenei: The World View of Iran's Most Powerful Leader.* Washington, D. C. 2009.
Sagie, Uri, *Lichter im Nebel.* Tel Aviv 1998 (hebräisch).
Said, Edward, *The End of the Peace Process: Oslo and After.* London 2000.
Sauer, Paul, *Uns rief das Heilige Land. Die Tempelgesellschaft im Wandel der Zeit.* Stuttgart 1985.
Sayigh, Yezid, *Armed Struggle and the Search for State.* Oxford 1997.
Scharia, David, *Der reine Klang des Piccolo: Das Oberste Gericht von Israel, Dialog und der Kampf gegen Terrorismus.* Srigim, Israel 2012 (hebräisch).
-, *Judicial Review of National Security.* Oxford 2014.
Schiff, Ze'ev, und Ehud Ya'ari, *Israel's Lebanon War.* New York 1984 (zitiert nach hebräischer Ausgabe).
Schulz, Richard, und Andrea Dew, *Insurgents, Terrorists and Militias.* New York 2006.

Schulze, Kirsten E., *Israel's Covert Diplomacy in Lebanon*. Basingstoke 1998.
Seale, Patrick, *Abu Nidal: A Gun for Hire*. London 1992; deutsch: *Abu Nidal – der Händler des Todes. Die Wahrheit über den palästinensischen Terror.* München 1992.
–, *Asad. The Struggle for the Middle East*. Berkeley 1990.
Segev, Shmuel, *Allein in Damaskus: Leben und Tod von Eli Cohen*. Jerusalem 2012; erstmals erschienen 1986 (hebräisch).
–, *Die Marokko-Connection*. Tel Aviv 2008 (hebräisch).
–, *The Iranian Triangle: The Secret Relation Between Israel-Iran-U.S.A.* New York 1988.
Segev, Tom, *Simon Wiesenthal. Die Biografie*. München 2010.
Senor, Dan, und Saul Singer, *Start-Up-Nation Israel. Was wir vom innovativsten Land der Welt lernen können*. München 2012.
Shabi, Aviva, und Ronni Shaked, *Hamas: Eine palästinensische islamisch-fundamentalistische Bewegung*. Jerusalem 1994 (hebräisch).
Shai, Nachman, *Medienkrieg: Das Ringen um die Herzen und Köpfe*. Tel Aviv 2013 (hebräisch).
Shalev, Aryeh, *The Intifada: Causes and Effects*. Tel Aviv 1990.
Shalom, Zaki, und Yoaz Hendel, *Den Terror besiegen*. Tel Aviv 2010 (hebräisch).
Shamir, Yitzhak, *Fest wie ein Fels*. Tel Aviv 2008 (hebräisch).
Shapira, Shimon, *Hisbollah: Zwischen Iran und Libanon*. Bnei Brak, Israel 2000 (hebräisch).
Sharon, Gilad, *Sharon: The Life of a Leader*. New York 2011 (zitiert nach hebräischer Ausgabe).
Shay, Shaul, *The Axis of Evil: Iran, Hezbollah, and Palestinian Terror*. Abingdon 2005.
–, *The Endless Jihad. The Mujahidin, the Taliban and Bin Laden*. Herzliya, Israel 2002.
–, *The Islamic Terror and the Balkans*. Piscataway Township 2006.
–, *The Shahids: Islam and Suicide Attacks*. New Brunswick 2004.
Sheleg, Yair, *Wüstenwind: Die Geschichte Jehoschua Cohens*. Haqirya, Israel 1998 (hebräisch).
Sher, Gilad, *Außer Reichweite*. Tel Aviv 2001 (hebräisch).
Shilon, Avi, *Menachem Begin: A Life*. New Haven 2012 (zitiert nach hebräischer Ausgabe).
Shimron, Gad, *Der Mossad und sein Mythos*. Jerusalem 1996 (hebräisch).
Shimron, Gad, und Anton Künzle, *Der Tod des Henkers von Riga*. Gerlingen 2002.
Shirley, Edward, *Know Thine Enemy*. New York 1997.
Shlaim, Avi, *The Iron Wall*. London 2000.
Shomron, David, *Zwangsweise im Untergrund*. Tel Aviv 1991 (hebräisch).
Shur, Avner, *Grenzen überschreiten*. Or Yehuda, Israel 2008 (hebräisch).
–, *Itamars Trupp*. Jerusalem 2003 (hebräisch).
Sivan, Emmanuel, *Die Fanatiker des Islam*. Tel Aviv 1986 (hebräisch).
Skorzeny, Otto, *Meine Kommandounternehmen*. Dresden 2007.
Smith, Steven, Ken Booth und Marysia Zalewski, *International Theory: Positivism and Beyond*. Cambridge 1996.
Sobelman, Daniel, *New Rules of the Game: Israel and Hizbollah After the Withdrawal from Lebanon Memorandum No. 65*. Tel Aviv: INSS, März 2003.
Stav, Arie (Hg.), *Ballistic Missiles, Threat and Response: The Main Points of Ballistic Missile Defense*. Eastbourne 2004.
Steven, Stewart, *The Spymasters of Israel*. London 1981.
Sumaida, Hussein, und Carole Jerome, *Circle of Fear*. London 1992.
Sutton, Rafi, *Der Sahlav-Verkäufer: Autobiografie und Operationen im israelischen Nachrichtendienst und Mossad*. Jerusalem 2012 (hebräisch).

Sutton, Rafi, und Yitzhak Shoshan, *Männer voller Geheimnisse, Männer voller Rätsel.* Tel Aviv 1990 (hebräisch).

Sykes, Christopher, *Cross Roads to Israel.* London 1973.

Taheri, Amir, *The Spirit of Allah.* London 1985; deutsch: *Chomeini und die islamische Revolution.* Hamburg 1985.

Tal, Nahman, *Confrontation at Home: Egypt and Jordan Against Radical Islam.* Tel Aviv 1999.

Tamir, Moshe, *Nicht erklärter Krieg.* Haqirya, Israel 2006 (hebräisch).

Tenet, George, *At the Center of the Storm.* New York 2007.

Teveth, Shabtai, *Ben-Gurion's Spy: The Story of the Political Scandal That Shaped Modern Israel.* New York 1996.

–, *Schurzeit: Erschießungskommando in Beth-Jiz.* Tel Aviv 1992 (hebräisch).

Theroux, Peter, *The Strange Disappearance of Imam Moussa Sadr.* London 1987.

Thomas, Gordon, *Gideon's Spies: The Secret History of the Mossad.* London 2000; deutsch: *Die Mossad-Akte. Israels Geheimdienst und seine Schattenkrieger.* München 1999.

Transparency International, *Global Corruption Report 2004.* London 2004.

Trento, Joseph J., *The Secret History of the CIA.* New York 2001.

Trevan, Tim, *Saddam's Secrets: The Hunt for Iraq's Hidden Weapons.* London 1999; deutsch: *Der unsichtbare Tod. Im Einsatz gegen Saddams Geheimwaffen.* Düsseldorf 1999.

Treverton, Gregory F., *Covert Action.* London 1988.

Tsafrir, Eliezer (Geizi), *Großer Satan, kleiner Satan: Revolution und Flucht im Iran.* Tel Aviv 2002 (hebräisch).

–, *Labyrinth im Libanon.* Tel Aviv 2006 (hebräisch).

Tsiddon-Chatto, Yoash, *Bei Tag und Nacht, durch Dunst und Nebel.* Tel Aviv 1995 (hebräisch).

Tsoref, Hagai (Hg.), *Itzchak Ben-Zvi, der zweite Präsident: Ausgewählte Dokumente (1884–1963).* Jerusalem 1998 (hebräisch).

Tzipori, Mordechai, *In gerader Linie.* Tel Aviv 1997 (hebräisch).

Tzipori, Shlomi, *Gerechtigkeit in Verkleidung.* Tel Aviv 2004 (hebräisch).

Urban, Mark, *UK Eyes Alpha: The Inside Story of British Intelligence.* London 1996.

Venter, Al J., *How South Africa Built Six Atom Bombs.* Kapstadt 2008.

Verrier, Antony (Hg.), *Agent of Empire.* London 1995.

Walsh, Lawrence E., *Firewall: The Iran-Contra Conspiracy and Cover-up.* New York 1997.

Walton, Calder, *Empire of Secrets.* London 2013.

Wardlaw, Grant, *Political Terrorism: Theory, Tactics and Counter-Measures.* Cambridge 1982.

Wasserstein, Bernard, *The Assassination of Lord Moyne, Transactions & Miscellanies*, Bd. 27. London 1978–1980.

Webman, Esther, *Anti-Semitic Motifs in the Ideology of Hizballah and Hamas.* Tel Aviv 1994.

Weiner, Tim, *Enemies: A History of the FBI.* New York 2012; deutsch: *FBI. Die wahre Geschichte einer legendären Organisation.* Frankfurt am Main 2012.

–, *Legacy of Ashes: The History of the CIA.* New York 2007; deutsch: *CIA. Die ganze Geschichte.* Frankfurt am Main 2008.

Weissbrod, Amir, *Turabi, Sprecher für den radikalen Islam.* Tel Aviv 1999 (hebräisch).

Weissglass, Dov, *Ariel Scharon: Ein Ministerpräsident.* Tel Aviv 2012 (hebräisch).

Wolf, Markus, *Spionagechef im geheimen Krieg. Erinnerungen.* München 1998.

Woodward, Bob, *Geheimcode Veil. Reagan und die geheimen Kriege der CIA, 1981–1987.* München 1990.

Wright, Lawrence, *Der Tod wird euch finden. Al-Qaida und der Weg zum 11. September*. München 2007 (zitiert nach hebräischer Ausgabe).
Wright, Robin, *Sacred Rage: The Wrath of Militant Islam*. New York 1986; deutsch: *Die Schiiten. Allahs fanatische Krieger*. Reinbek bei Hamburg 1985.
Ya'alon, Moshe, *Die lange Abkürzung*. Tel Aviv 2008 (hebräisch).
Ya'ari, Ehud, *Strike Terror: The Story of Fatah*. New York 1970.
Yahav, Dan, *Sein Blut sei auf seinem Haupt: Morde und Hinrichtungen in der Ära der Jischuw, 1917–1948*. Selbstverlag 2010 (hebräisch).
Yakar, Rephael, *Die Sultan-Jakov-Schlacht*. Tel Aviv 1999 (hebräisch).
Yalin-Mor, Nathan, *Lohamey Herut Israel*. Jerusalem 1974 (hebräisch).
Yatom, Danny, *Der Vertraute*. Tel Aviv 2009 (hebräisch).
Yeger, Moshe, *Die Geschichte der politischen Abteilung der Jewish Agency*. Tel Aviv 2011 (hebräisch).
Zahavi, Leon, *Getrennt und Gemeinsam*. Jerusalem 2005 (hebräisch).
Zamir, Zvi, und Efrat Mass, *Mit offenen Augen*. Or Yehuda, Israel 2011 (hebräisch).
Zelkovitz, Ido, *The Fatah Movement: Islam, Nationality, and the Politics of Armed Struggle*, Tel Aviv 2012 (hebräisch).
Zichrony, Amnon, *1 gegen 119: Uri Avnery in der sechsten Knesset*. Tel Aviv 1969 (hebräisch).
Zonder, Moshe, *Sajeret Matkal: Die Geschichte der israelischen SAS*. Jerusalem 2000 (hebräisch).

Register